Monika Schacker

Im Einklang leben

Ein neues Bewusstsein für eine neue Erde

Monika Schacker

Im Einklang leben

**Ein neues Bewusstsein
für eine neue Erde**

Bibliografische Information der Deutschen Bibliothek
Die Deutsche Bibliothek verzeichnet diese Publikation in der
Deutschen Nationalbibliografie;
detaillierte bibliografische Daten sind im Internet über
http://dnb.ddb.de abrufbar.

1. Auflage 2008

Herzbachweg 2, D-63571 Gelnhausen
www.triga-der-verlag.de

Druck: Gemi s.r.o, Prag
Printed in Czech Republic

ISBN 978-3-89774-606-0

Dieses Buch widme ich meinen beiden Kindern

Claudia und Daniela

ॐ

Inhaltsverzeichnis

Anhang

Danksagung

Zuerst gilt mein Dank meinem spirituellen **Meister Paramahansa Yogananda**, dem Verfasser der »Autobiographie eines Yogi«, durch dessen Segen ich Zugang zur indischen Philosophie, Kultur, Yoga, Meditation und zu tieferem Christentum bekommen und Verständnis für die mannigfaltigen spirituellen Wege aus verschiedenen Kulturen erworben habe.

Besonderer Dank gilt all meinen geschätzten **Lehrern**, die ihren reichen Wissens- und Erfahrungsschatz im Rahmen ihrer Ausbildungen an mich weitergaben:
Meinem Mann Reinhart, dass er mir die Kunst des Handauflegens, Reiki, gelehrt hat und meiner lieben mütterlichen, bereits verstorbenen Freundin Marianne Drechsler, die mich in meiner Arbeit stets liebevoll motiviert und ermutigt hat. Von ihr kam auch die Idee, die Bachblüten-Therapie in die beratende Tätigkeit und in die Heil- und Energiearbeit einzubeziehen. Sie war als Mensch für mich in jeder Hinsicht ein Vorbild und ein Engel, und ist es auch heute noch.
Herbert Neurauter danke ich dafür, dass er mir in mehreren Seminaren grundlegendes Wissen über Metaphysik und über den Umgang mit Depressionen und Trauerarbeit vermittelt hat.

Bei seinen Ausbildungen zum Intuitionstrainer, Partnerschafts-, Ehe- und Lebensberater vermittelte mir Prof. Dr. Kurt Tepperwein in brillanter Weise theoretisch und praktisch alles, was man zu einer guten Beratung braucht.
Im Rahmen der Lebensberater-Ausbildung war auch Dr. phil. Alexander Gosztony als Rückführungs-Therapeut zugegen. Durch seine sehr kompetente Schulung und einfühlsame, spirituelle Art der Rückführung versetzte er mich in die Lage, jetzt selbst Rückführungen durchführen zu können. Er war für mich eine unschätzbare Hilfe.

Durch die fundierte Ausbildung in Aura- und Energiearbeit von Rositta Virag konnte ich nicht nur meine anfängliche Heilarbeit vertiefen, sondern auch Channeling erlernen. Dafür bin ich ihr dankbar, denn diese Methode stellt bei der Beratung eine wertvolle Hilfe dar.
Durch den Geistheiler Gerhard Klügl und den philippinischen Geistheiler Emilio Laporga gewann ich im Rahmen ihrer Ausbildungs-Seminare Einblick in die Aura-Chirurgie und erlernte erstmals, wie man karmische Verletzungen der Aura spüren und heilen kann.
Bei Dr. med. Harro Danninger lernte ich bei der Licht-Heilung immer besser meiner eigenen Wahrnehmung zu vertrauen und an den verschiedenen Schichten der Aura zu arbeiten. Er und seine Assistentin Birgit Herzog standen mir ratgebend bei schwierigen Fällen zur Seite. Durch Gerhard, Harro und Birgit konnte ich nicht nur lernen, sondern habe auch selbst Hilfe und Heilung erfahren. Dafür bin ich allen sehr dankbar.
Ich bin Dr. Danninger auch sehr dankbar, dass er mich beim Schreiben dieses Buches in medizinischer Hinsicht mit fachlichem Rat unterstützte und sich die Zeit dafür nahm.

Mein Dank geht auch an Prof. Dr. Avinash Lele von der International Academy of Ayurveda und dem Atreya-Hospital in Poona/Indien. Während meines Indienaufenthaltes anlässlich des Praktikums meines Mannes konnte ich einen Einblick in die Arbeit eines ayurvedischen Arztes gewinnen. Das hat mein Verständnis über Ayurveda vertieft. Seine Spiritualität und sein herzlicher Umgang mit seinen Patienten haben mich sehr beeindruckt.

Vor allem bedanke ich mich bei allen Ratsuchenden, die zu mir gekommen sind, denn von ihnen habe ich vieles gelernt und konnte wertvolle Erfahrungen sammeln und immer wieder Neues lernen. Ein Großteil dieses Wissens fließt auch in dieses Buch ein, und ich gebe es gerne weiter.
Es ist mir bewusst, dass es jetzt meine Aufgabe und der Wunsch der höheren, geistigen Welt ist, dieses Buch zu schreiben. Ich danke für die Kraft der Umsetzung. Ohne Gottes Hilfe und

Inspiration meiner geistigen Führer und Helfer hätte ich dieses Buch nicht verfassen können. Auf meine Bitte gaben sie mir immer die richtigen Gedanken ein und führten mir fehlende Informationen zu bestimmten Themen zu.

Ich möchte auch »danke« sagen all meinen lieben, guten Freunden, die mir beim Schreiben des Buches wichtige Anregungen und Informationen gaben und mich in meiner Arbeit bestärkten, vor allem Sylvia und Markus, Gerti und Johannes, Christoph und Annemarie sowie Renate, Sissy, Barbara, Sabina und Margit. Auch meine lieben Freunde aus Luxemburg Gerard Pierre und seine Frau Eliane möchte ich dankend erwähnen.
In besonderem Maße gilt mein Dank Sylvia Strasser dafür, dass sie mich bei vielen Computerarbeiten und bei der Gestaltung des Buches unterstützte und Markus Wielander, dass er mir einige seiner wunderbaren Fotografien für das Buch zur Verfügung stellte. In diesem Zusammenhang darf ich auch meiner Schwägerin Edith Resch, meinem Schwiegersohn Othmar Gstöttner, Michaela Koller und Gerhard Klügl für ihre privaten Fotos für das Buch herzlich danken.

Vor allem danke ich meinem lieben Mann Reinhart für seine Unterstützung beim Schreiben dieses Buches, seine wertvollen fachlichen Ratschläge in Ayurveda und Yoga und besonders für sein Verständnis, wenn ich über das Arbeiten am Buche die Zeit vergaß und stundenlang hinter dem Computer »verschwunden« war.

Geleitwort

Wohl jeder Mensch möchte gern »im Ein-Klang« leben mit sich SELBST, kennt aber weder den Weg, noch die richtigen Schritte. Er braucht einen erfahrenen »Wegbegleiter«, der den Weg nicht nur kennt, sondern ihn selbst bereits gegangen ist und daher aus eigener Erfahrung weiß, wo »Stolpersteine« eine besondere Aufmerksamkeit erfordern.

BEVOR man sich auf diesen Weg zu sich selbst macht, zur »Wiedervereinigung mit sich SELBST«, muss man natürlich seine eigene Antwort finden, auf die Frage: »Wer bin ich?« Wer macht sich da auf den Weg zu WEM?

Dann muss ich auch erkennen, WO stehe ich derzeit und wie sieht mein Ziel aus? WILL ich wirklich, oder »möchte« ich bloß, denn das wird nicht reichen.

Auf diesem »Heimweg zu sich SELBST« ist dieses Buch ein verlässlicher Begleiter, obwohl jeder Mensch einmalig ist und so ist auch sein Weg einmalig, das Leben eine ewige Premiere und jeder Schritt ist ebenfalls einmalig.

Erst in der heutigen Zeit gibt es Bücher, die in einer klaren Sprache konkret sagen, WAS, WIE zu tun ist. Aber auch erst in der heutigen Zeit ist das Bewusstsein von immer mehr Menschen so weit erwacht, dass sie die Notwendigkeit der »Wiedervereinigung mit sich SELBST« erkennen und wirklich bereit sind, sich auf den Weg zu machen.

Auf diesem Weg ist JEDER Schritt ein Abenteuer, eine einmalige Erfahrung, die zu der Erkenntnis führt, dass der Weg das Ziel ist, nicht irgendwann, irgendwo »anzukommen«. Denn erst wenn wir ganz angekommen sind, erkennen wir, dass wir NIE WEG WAREN. Worum es geht ist, die »Illusion des Ich« aufzulösen und wieder einzutreten in die »Wirklichkeit des SELBST«, die wir nie verlassen haben.

Auf diesem einmaligen Weg sind Sie nicht allein. Dieses Buch ist ein verlässlicher Begleiter, dem Sie vertrauen können. Sie können das Ziel nicht verfehlen, einfach dadurch, dass Sie vorher nicht aufgeben.
Dieses Buch ist ein wunderbarer Begleiter, aber gehen müssen SIE den Weg, bei dem JEDER Schritt eine Belohnung IST.

Kurt Tepperwein

Prof. Kurt Tepperwein ist Autor zahlreicher Bücher und Dozent an der Internationalen Akademie der Wissenschaften in Vaduz/FL

Vorwort

Im Jahr 2000 leitete ich ein Seminar »Heilen und Musik« in Tirol. Eine Frau fiel mir dabei besonders auf. Es war die Lebendigkeit und Fröhlichkeit, die wie ein Strahlen von ihren Augen ausging. Die Lebenserfahrung einer erwachsenen Frau verband sich mit der noch immer vorhandenen Neugierde des inneren Kindes. Aus dieser Begegnung entstand eine Freundschaft und ich durfte so ein Stück des Weges von Monika Schacker zum Heiler-Werden begleiten. All ihre Begegnungen mit Lehrern und Heilern haben dieses Buch entstehen lassen.

»Im Einklang Leben« sind keine leeren Worte, sondern es ist selbst erlebte Erfahrung, die hier als Botschaft weitergegeben wird. Eine Botschaft, die sowohl den Therapeuten, als auch jeden am Heilen Interessierten anspricht. Wie ein großer Blumenstrauß, der mit Sorgfalt gebunden wurde, so zeigt das Buch die verschiedenen Methoden des Heilens und die Vielfalt der Spiritualität.

»Im Einklang Leben« wird immer wichtiger, um das Überleben der Menschheit zu sichern. Wollen wir im Einklang mit der Natur und unseren Mitmenschen sein, so ist zuerst der Einklang mit uns selbst die zentrale Aufgabe. So ist es auch mit der Liebe, erst wenn ich mich selbst liebe, kann ich Liebe weitergeben. Im Grunde unseres Herzens wissen wir es alle, doch der Alltag lässt uns diese Erkenntnis oft vergessen, wenn der Verstand, das Ego an erster Stelle steht.
Monika Schacker ist es mit diesem Buch gelungen, Herz und Verstand wieder miteinander zu verbinden. Das Buch ist Einstieg und Vertiefung zugleich, wo Wege aufgezeigt werden, um Schritte hin zum Einklang zu finden. Gehen müssen wir den Weg dann schon selbst, aber das Buch kann ein Wegweiser sein. Es gibt den Mut und die Sicherheit, den ersten Schritt zu tun.

Ruggell im April 2006

Gerhard Klügl

Gerhard Klügl versteht es in wunderbarer Weise in seinen Seminaren Harmonie, Musik und Heilung miteinander zu verbinden. Er hat für geistiges Heilen am 10. April 05 den Alternativen Europäischen Medizinpreis von der Dr. Ingeborg Gebert-Heiß Stiftung verliehen bekommen.

Vorwort der Autorin

Bevor Ihre »Reise« zu einem Leben in Einklang beginnt, möchte ich noch einige Gedanken vorausschicken. Denn um Vertrauen aufbauen zu können, muss man jemand erst ein wenig kennenlernen.
Mein Leben war schon vorgezeichnet für meine späteren Aufgaben. Als mich meine Verwandten als kleines Schulkind befragten, was ich einmal werden wolle, antwortete ich damals ganz klar und sicher: »Ein Buch schreiben und Sängerin werden«. Das hat natürlich niemand ernst genommen und sie haben gelacht.
Im Jahre 1999 hatte ich die Gelegenheit, das erste Buch meines Mannes Reinhart, »Das Ayurveda Lebensbuch«, in den Computer zu tippen und im Herbst 2004 erschien unser zweites Buch »Ayurvedakuren – Ein Verwöhnprogramm für Gesundheit und Schönheit« bei der Frankfurter Buchmesse. In diesem Zusammenhang lernte ich auch viel über Ayurveda als ganzheitliches, Jahrtausende altes indisches Medizinsystem, das auf die Individualität der Menschen in der Gesundheitsvorsorge und Therapie eingeht.

Mein Mann ermunterte und motivierte mich, nun selbst ein eigenes Buch zu schreiben und meine Ideen und Erfahrungen einzubringen und weiterzugeben. Das tue ich sehr gerne. Ich hatte die ganzen Jahre nie mehr an meine Kinderwünsche gedacht, erst jetzt kamen sie mir wieder in den Sinn, während ich dieses Buch schreibe. Meine Kinderseele hat es gewusst.

Mein Kinderwunsch, Sängerin zu werden, hat sich auch teilweise erfüllt. Ich bildete mit meinem Freundeskreis eine Musik-Gruppe, bei der wir spirituelle Lieder öffentlich vortrugen.

In mir erwachte auch schon früh das Interesse an der Heilkunde. Fasziniert las ich als Schulkind im Kräuterbuch meiner Großmutter, in dem Heilpflanzen und Rezepte abgedruckt waren und betrachtete die Bilder. Ich wurde durch mein Leben vorbereitet auf meine jetzige Aufgabe als Lebensberaterin, als Heilerin und als Kanal für Botschaften aus göttlichen Ebenen und letztendlich als Autorin.
Nichts was ich lernte und keine Erfahrung war umsonst. Aber das konnte ich erst viel später erkennen – der rote Faden zog sich durch mein ganzes Leben. Jetzt darf ich meinen reichen Erfahrungsschatz weitergeben. Da ich durch viele Höhen und Tiefen des Lebens gegangen bin, kann ich auch gut beraten und einfühlen, wie es dem Menschen geht, der vor mir sitzt und ihn verstehen.

Meine Kindheit verbrachte ich in der Obhut meiner Großmutter und diese verlief karg und streng. Das hat mich geprägt. Schon als junger Mensch war ich ernst und offen für die Fragen des Lebens, über den Sinn, das Woher und Wohin.

Richtungsweisend für mich und mein Leben wurden die Bücher »Autobiographie eines Yogi« von Paramahansa Yogananda und »Einweihung« von Elisabeth Haich. Damit eröffneten sich mir ganz neue Perspektiven, fasziniert las ich die Geheimnisse der Metaphysik.
Ich bekam Antworten auf meine Fragen über den Sinn des Lebens. Es eröffnete sich mir ein ganz neues Weltbild. Ich erfuhr vom Gesetz von Karma und Wiedergeburt und vieles, mit dem ich noch gehadert hatte in meinem Leben, konnte ich nun als sinnvoll erkennen und mich damit aussöhnen. So konnte ich mich vom Selbstmitleid befreien.

Da ich als Einzelkind ohne intakte Familie aufgewachsen war, wünschte ich mir eine eigene Familie. Ich heiratete und bekam meine zwei lieben Töchter Claudia und Daniela, mit denen ich auch heute – wo sie bereits erwachsen sind – viel Freude habe.

Ich wollte meine Kinder nicht »zwischen Tür und Angel« aufziehen, sondern ihnen in den ersten Lebensjahren die Basis und Geborgenheit für das ganze Leben mitgeben. So gab ich meine gute Stellung als Chefsekretärin auf und verzichtete auf ein erfolgreiches Berufsleben, um ganz für meine Familie da sein zu können. Aber ich habe es gerne getan und heute bin ich froh, dass ich mich damals so entschieden habe.
Mein damaliger Mann und ich zogen unsere beiden Kinder liebevoll, aber konsequent auf. Wir gestalteten die Familienfeste und Festtage, besonders Weihnachten, immer sehr schön. Das Beste, was wir den Kindern mitgeben können, sind schöne Erinnerungen.
Nach 10 Jahren fing ich wieder an, berufstätig zu werden und mich mehr der Außenwelt zu widmen. Umwelt- und Tierschutz waren mir ein großes Anliegen. Es begannen Krisen in mein Leben hereinzubrechen. Es folgten schwere Jahre mit Arbeitslosigkeit, Operation und letztendlich Scheidung.
Ich wurde in meiner Lebensmitte gezwungen, ein ganz neues Leben, eine Wende einzuschlagen und mich von meiner Familie und meiner Heimat zu trennen und an einem anderen Ort privat und beruflich neu zu beginnen. Das erforderte viel Mut und Gottvertrauen.
Ich war immer bedacht auf ein gutes, freundliches Verhältnis zu meinem Exmann und meinen Kindern, auch nach meiner erneuten Heirat. Wir sind alle miteinander in gutem Einvernehmen, und feiern unsere Geburtstage und die Festtage nun – so oft es geht – gemeinsam. Heute darf ich sagen, dass sich alles zum Guten gewendet hat.

Das Loslassen damals war sehr schmerzhaft, aber heute kann ich erkennen, dass das notwendig gewesen war. Ich wäre sonst nie auf meine wahre Berufung gekommen. Es war die göttliche Führung, um die ich stets gebetet hatte.
Denn erst durch meinen zweiten Mann Reinhart lernte ich dann die Kunst des Handauflegens und wurde Reiki-Meisterin. Die Kombination von Reiki mit der Bachblüten-Heilmethode erwies sich als sehr hilfreich und ich sammelte mit diesen beiden Methoden sehr gute Erfahrungen. Meine Hände wurden immer sensibler. Reiki ist Herzarbeit und ich konnte mich immer besser den Menschen öffnen und sie bedingungslos und liebevoll annehmen.
In der Folge hatte ich ausgezeichnete Lehrer, die mich immer mehr in die Geheimnisse der Heilung und Metaphysik einweihten. Dadurch konnte ich Einblicke gewinnen in die tieferen Ursachen der Krankheiten und Heilung derselben. Ich absolvierte Ausbildungen in Aura- und Energiearbeit, Geistheilen und in Channeling.
Um meine Heilarbeit mit fachlicher Beratung kombinieren zu können, absolvierte ich bei der Internationalen Akademie der Wissenschaften die Ausbildungen zum Lebensberater, Intuitionstrainer, Partnerschafts- und Eheberater bei Prof. Dr. Kurt Tepperwein. Als Beraterin in Lebens- und Partnerfragen bringe ich nun eine 10-jährige Erfahrung mit. Bei meiner beratenden Tätigkeit kommen mir auch meine Kenntnisse über Ayurveda zugute.

Ich arbeite in Demut und lasse Heilung durch mich geschehen, indem ich mich als Kanal der göttlichen Heil- und Lichtenergie zur Verfügung stelle. Dazu gehe ich in das ICH BIN Bewusstsein und stimme mich auf Gott ein. Dieses Wirken erfüllt mich mit Kraft, Freude und Liebe, denn in jedem Menschen begegne ich wieder DEM EINEN.
Ich helfe den Menschen bei der Beratung, ihr wahres Wesen und ihr Potenzial zu erkennen. Denn eine Krise stellt immer eine Chance zu einer notwendigen Änderung im Leben und zu geistig/seelischem Wachstum dar.

Allmächtiger Gott, mein Herr.
Erleuchte die Finsternis meines Herzens,
schenke mir rechten Glauben, gefestigte Hoffnung,
vollendete Liebe und tief gründende Demut.
Gib mir das rechte Empfinden und das Erkennen,
damit ich Deinen heiligen Auftrag erfülle,
den Du mir in Wahrheit gegeben.
Amen

Einleitung

Wenn wir zufrieden, stimmig und im Einklang sind und eine gute Gesundheit haben, dann können wir leichter unsere Lebensaufgabe erfüllen.

Stimmig sein, im Ein-Klang leben, was bedeutet das für Sie?

Harmonie, Liebe, Geborgenheit, Lebensfreude, Zufriedenheit, Friede und Gesundheit. Wer wünscht sich das nicht? Jeder sehnt sich danach. Aber WIE können wir das erreichen und WAS können wir dazu tun? Ich möchte Ihnen Möglichkeiten aufzeigen, wie Sie dem Wunsch näher kommen können, Ihr innerliches und äußerliches Glück und Erfüllung finden. Das gilt für jeden Lebensbereich. Um das vermittelte theoretische Wissen anhand von praktischen Beispielen anschaulicher zu gestalten, lasse ich auch meine eigenen Erfahrungen als Lebensberaterin und Heilerin in dieses Buch einfließen.

Angesichts der derzeit schwierigen Welt- und Wirtschaftslage, der vielen Katastrophenmeldungen, der wachsenden Arbeitslosigkeit, des kaum mehr finanzierbaren Gesundheitssystems scheint es unmöglich zu sein, ein harmonisches, stimmiges und erfülltes Leben zu führen. Aber jegliche Krisen sind eine Herausforderung, eine große Chance, um unsere eigenen schöpferischen Kräfte zu entdecken und über uns selbst hinauszuwachsen! Ich möchte neue Perspektiven und Möglichkeiten eröffnen, wie wir Änderungen zum Positiven herbeiführen können.

Viele Menschen sind unzufrieden mit dem Leben, sie fühlen sich unglücklich, unverstanden. Es fehlen ihnen die Perspektiven, die Sinnhaftigkeit des Lebens. Unstimmigkeiten spiegeln sich z. B. in Träumen, Ängsten und Disharmonie in allen Bereichen des Lebens wider. Aber auch körperlich schlägt sich die Unstimmigkeit in Form von Krankheiten nieder. Das alles sind Zeichen der Seele dafür, dass etwas nicht stimmt. Viele versuchen ihr Unbehagen zu betäuben durch die Flucht in Suchtgifte und äußere Vergnügungen. Aber was steckt hinter dieser Sucht? Wie können wir einen Ausweg finden?

In diesem Buch gehe ich auf alle diese Fragen ein und begleite Sie durch die Lebensphasen, in alle Lebensbereiche. Sie werden Ihre eigenen schöpferischen Fähigkeiten erkennen und erfahren, wie Sie Ihr Leben in die Hand nehmen und besser gestalten können. Ich werde neben ganz praktischen Hinweisen und Anregungen für das Leben im Alltag auch auf die Sinn-Fragen des Lebens, auf die Metaphysik und Spiritualität eingehen, so dass Sie immer mehr Ihr geistiges Potenzial entdecken und erkennen, ***wie*** Sie harmonisch, im Einklang mit sich selbst und der Schöpfung, leben können.

Als Lebensberaterin möchte ich Ihnen neue Impulse für Ihr Leben geben, Sie zu notwendigen Änderungen in Ihrem Leben motivieren und Samen der Erkenntnis säen. Es liegt an Ihnen, wie schnell Sie diese Samen in Ihrem Leben zu Ihrem Wohl aufblühen lassen.

Ich selbst musste durch alle Höhen und Tiefen des Lebens gehen und es ist mein Anliegen, vielen Menschen durch dieses Buch meine Erfahrungen und Erkenntnisse weiterzugeben, um zu helfen, Leiden zu vermeiden, die meist durch Unwissenheit entstehen.

Denn es muss ja nicht sein, dass man nur aus eigenen leidvollen Erfahrungen lernt, sondern es ist auch möglich, aus den Erfahrungen anderer zu lernen und sich so viele unnötige Schwierigkeiten zu ersparen. Dieses Buch richtet sich an alle, aber in besonderem Maße an junge Menschen, in denen die Zukunft liegt.

Wir sind all diesen aufgezeigten Umständen und den persönlichen Nöten nicht hilflos ausgeliefert. Jeder kann etwas beitragen zur Verbesserung der Lebensqualität für sich, sein Umfeld und die Erde. Dazu möchte ich motivieren, neue Hoffnung geben und möglichst viele Menschen erreichen, und aus diesem Grunde habe ich dieses Buch geschrieben.

Möge Ihnen, lieber Leser, dieses Buch zum Nutzen und zum Segen sein.

Das wünscht Ihnen

Monika Schacker.

1. Kapitel

Im Einklang leben mit sich selbst

Wenn man an sich arbeiten und Fortschritte erzielen möchte, muss man an der Basis beginnen, und darf keine Ebene vernachlässigen. Es ist gleichsam wie der Bau eines Hauses. Man fängt nicht mit dem Dachstuhl an, sondern legt zuerst ein Fundament, um dann Stock für Stock aufzubauen.
Deshalb beginne ich bei der körperlichen Ebene (Selbstbild, Lebensweise, Nahrung, Disziplin, Gesundheitspflege, Psychohygiene), um später auf die feinstofflichen und geistigen Ebenen einzugehen. Auf einer stabilen Grundlage ist der Erfolg gewährleistet.

Über jedes Kapitel in diesem Buch könnte man ein eigenes Buch schreiben. Ich werde in den einzelnen Kapiteln nicht zu sehr ins Detail gehen. Mir geht es darum, Ihnen die **Essenz**, das Wichtigste zu den einzelnen Themen zu vermitteln. Wenn Sie es wünschen, können Sie über die entsprechende Fachliteratur, die im Anhang angeführt ist, Ihr Wissen darüber vertiefen.
In diesem ersten Kapitel werden Sie mit verschiedenen Themen, z. B. mit Menschenkenntnis, Ayurveda, Yoga-Philosophie und den geistigen Gesetzmäßigkeiten vertraut. Auf diese Weise bekommen Sie das Grundwissen, auf das alle weiteren Kapitel aufbauen.

Es gilt einen Überblick zu bekommen, wie wir Harmonie in unser Leben bringen können. Wir Menschen sind eingebettet im Kosmos. Kosmos bedeutet **Ordnung**. Wenn wir aus der Ordnung fallen, erleben wir Leid. Erstrebenswertes Ziel ist es aber, in Harmonie, im Einklang und glücklich zu leben.
Um dies zu können, müssen wir aber einen gewissen Weitblick und Erkenntnis über uns selbst gewinnen. Dazu gehört Weitsicht, ein umfassendes Weltbild, eine tiefere Sicht über die Dinge des Lebens. Damit wir uns als Menschen wieder harmonisch mit der Erde und dem Kosmos verbinden können, ist es notwendig, über die geistigen Gesetzmäßigkeiten und von der kosmischen Ordnung Kenntnis zu haben.
Allzu oft ist der Mensch »der Sand im Getriebe der Schöpfung«, der die Harmonie der göttlichen Schöpfung stört. Steine, Pflanzen und Tiere leben und wirken im Einklang mit der Schöpfung, nur der Mensch nicht. Er verursacht Disharmonie.
Er hat vom Schöpfer den freien Willen geschenkt bekommen und ist verantwortlich für seine Handlungen.

Als Erstes ist es wichtig, uns bewusst zu machen, wer wir sind. In Delphi in Griechenland stand über dem Tempel »Mensch, erkenne dich selbst«. Erst wenn wir wissen, wer wir sind und welche Fähigkeiten und schlummernden Talente in uns ruhen, können wir uns optimal in das Leben einbringen.
Und somit beginnen wir im ersten Kapitel mit diesen Fragen. Zunächst lernen wir uns selbst kennen. Es gibt nicht zwei gleiche Menschen, jeder von uns ist ein Individuum. Und das ist gut so. Aber wir können oft feststellen, dass es Gruppen und Typen von Menschen gibt, die ähnliche Eigenschaften haben und ähnlich reagieren. Es gibt verschiedene Temperamente, z. B. hitzige Naturen, Luftikusse, schwerblütige, gemütsvolle und verstandesbetonte Menschen.
Es stellt eine große Hilfe im Umgang mit Menschen dar, wenn wir über uns selbst Bescheid wissen und auch die Mitmenschen erkennen. Wir gewinnen mehr Verständnis über uns selbst und über das Wesen der anderen, über ihr Verhalten. Wir können besser auf sie eingehen und verstehen, warum sie so handeln und so verschieden reagieren.

Sich selbst annehmen und zu sich stehen

In der heutigen Zeit gilt das Schlagwort »Beauty nach Maß« Der Trend zu Schönheits-Operationen ist unübersehbar, sogar ganz junge Frauen wollen ihren Körper verändern lassen, weil er nicht ihren Vorstellungen entspricht. Vieles geschieht nur, um dem Zeitgeist zu entsprechen.

In Europa haben es besonders die Frauen schwer, dem gängigen Schönheitsideal zu genügen. Jeder strebt die »schlanke Linie« an. Man glaubt, dass schlank sein gleich Jugendlichkeit und Schönheit bedeutet. Die Leute richten sich nach dem Modediktat.
Viele Frauen plagen sich mit Kalorientabellen herum und haben ein schlechtes Gewissen, wenn sie sich einmal etwas Kalorienreiches gönnen. Viele junge Mädchen haben sich auf diese Weise Essstörungen erworben.
Sie begreifen nicht, dass gerade die weichen Proportionen des Körpers einer Frau Anmut vermitteln, aber auch das Gefühl von Geborgenheit und durchaus nicht reizlos sind. Wie langweilig wäre es, wenn wir alle gleich aussehen würden!
Ich möchte nicht propagieren, dass Frauen dick werden und sich gesundheitlichen Risiken aussetzen sollen. Es geht darum, sich und seine Persönlichkeit zu **akzeptieren** und nicht krankhaft auf das sogenannte »Idealgewicht« Ausschau zu halten. Wir werden später darauf zurückkommen. Jeder Mensch hat eine besondere Konstitution, die er auch nicht verändern kann und soll.
In Indien werden Frauen mit etwas fülligem Körper sehr geschätzt und begehrt. Diese Frauen vermitteln Stabilität, Vitalität und strahlen Selbstbewusstsein aus. Sie lassen sich nicht so schnell aus der Ruhe bringen. Sie stehen zu sich selbst.

Und das sollten wir auch tun, **zu uns stehen und uns annehmen**. Jeden von uns ist einmalig auf dieser Erde, kein Mensch ist gleich wie wir, kein Fingerabdruck gleicht dem anderen.

Herr, ich danke dir dafür,
dass ich wunderbar gemacht bin.
Psalm 139.14

Unser Körper ist ein sichtbarer Ausdruck unseres Seins, unserer Emotionen und des Lebens. Unser Körper ist ein **Wunderwerk**. Er birgt viele Geheimnisse. In den Augen, Ohren, Händen und Füßen ist der **ganze** Mensch zu erkennen:
In den Augen kann der Irisdiagnostiker Krankheitstendenzen und Schwächen ablesen, in den Ohren, Händen und Füßen sind die Reflexpunkte für die Organe des ganzen Körpers. Das machen sich Therapeuten zunutze, indem sie die dortigen Reflexpunkte stimulieren oder dämpfen, je nach körperlicher Störung, wie z. B. bei der Fußreflexzonen-Massage. Es gibt auch die sanfte Cranio-Sacral-Therapie, bei der Kopf und Wirbelsäule ausbalanciert werden.
Die Zähne sind ebenfalls mit dem ganzen Körper über die Meridiane reflektorisch verbunden. Deshalb ist es auch wichtig, Zahnherde zu sanieren, die sonst körperliche Beschwerden verursachen können.

Aber damit noch nicht genug. Aus den Händen kann der Fachkundige das Schicksal des Menschen ablesen, seine Stärken und Schwächen, seine Gesundheit.
Von den Augen können wir das Seelenleben ablesen, aber nicht nur von den Augen, sondern vom ganzen Körper kann der Kundige das Wesen eines Menschen erfassen.

Die Körperintelligenz weiß genau, was gut für uns ist. Und wenn wir uns selbst ablehnen, wie soll unser Körper Impulse zu seiner Gesundheit erhalten und heilen? Indem wir uns

selbst ablehnen und mit unserem Erscheinungsbild nicht zufrieden sind, geben wir unserem Körper und uns damit selbst keine Achtung.
In der Schönheitschirurgie wird ein »perfektes Körperdesign« angestrebt. Was heißt das? Frauen unterwerfen sich einem Modediktat und unterziehen sich schmerzhaften, nicht risikolosen Eingriffen, nur um bei ihrem Partner Gefallen zu finden. Dabei entbehren diese kosmetischen Eingriffe jeglicher medizinischen Grundlage und Notwendigkeit. Unser Schöpfer hat uns einen Körper geschenkt und wir sollten nicht respektlos an Seiner Schöpfung herumpfuschen.

Natürlich gibt es ernsthafte Gründe zu einem plastischen Eingriff, wenn z. B. jemand durch eine Brandverletzung, nach einem Unfall, durch eine Missbildung oder eine Krankheit entstellt ist. Da leistet die Chirurgie ausgezeichnete Dienste und in diesen Fällen ist es auch eine unschätzbare Hilfe, dass die Betroffenen dadurch wieder eine neue Lebensqualität bekommen. So können diese Menschen wieder ein normales Leben führen, ohne sich verbergen zu müssen oder häufig angestarrt zu werden.

Aber warum nimmt in der heutigen Zeit der Trend zu ewiger Jugend und Schönheit so sehr zu, dass Frauen sich sogar Operationen unterziehen? Auch viele Männer »stählen« ihre Körper so, dass sie nur noch wie Muskelpakete aussehen. Ihr »Body« geht ihnen über alles. Der Großteil ihrer Freizeit wird einer Vorstellung geopfert, wie ein Mann auszusehen hat und sie unterziehen sich in jeder freien Minute einem Training, um ja wie ein »richtiger Mann« auszusehen. Sie glauben, Frauen so von ihrer Männlichkeit beeindrucken zu können und damit Erfolg zu haben. Aber zählen zu einem »richtigen Mann« nicht auch noch andere Kriterien? Da muss doch ein tieferer Grund dahinterstehen. **Warum** beziehen Frauen und Männer ihren Selbstwert, ihr Lebensgefühl und ihr Glück nur aus der Äußerlichkeit und betreiben einen derartigen Körperkult?
Gibt es keine anderen Quellen für Selbstbewusstsein, Harmonie und Glück? Viel wichtiger ist doch die **Ausstrahlung** eines Menschen!

Das alles machen Menschen nur, weil sie sich ihrer **wahren Wurzeln** und ihres **wahren Wesens** gar nicht bewusst sind. Sie **identifizieren** sich vollkommen mit ihrem **Körper**.
Auch viele Männer sehen meist nur das Äußere einer Frau, und erkennen nicht, dass ja ein seelisches Wesen hinter dem Körper steht. Es beleidigt das Wesen einer Frau, wenn sie nur als Lustobjekt betrachtet wird.

Ewig können wir unseren Körper nicht jung halten, er wird nach dem Gesetz der Zeit seine Jugendlichkeit verlieren. Aber gerade davor haben die nur nach außen hin orientierten Menschen Angst. Woher und wovon sollen sie dann ihren Selbstwert und ihr Lebensgefühl beziehen, wenn sie nichts anderes kennen? Und so fallen viele bei den ersten Alterserscheinungen in ein tiefes, depressives Loch. Denn dann zählt nur mehr das **Wesen** eines Menschen. Und das sollte **das** Ausschlaggebende sein.
Aber was ist unser wahres Wesen?

Unser wahres Wesen

Wir Menschen sind eine Einheit von Körper, Geist und Seele. Unserem wahren Wesen nach sind wir eine Seele.
Die **Seele – unser wahres Ich** – ist ihrem Wesen nach göttlich und unvergänglich. Sie hat ihren Ursprung in der spirituellen Welt, bei Gott. Unser physischer Körper ist sozusagen das Fahrzeug für die Seele in diesem Leben.
Der **physische** grobstoffliche **Körper** ist an sich unbelebt ohne das innewohnende Prinzip der **Seele** – das Bewusstsein. Wenn Menschen sterben, sagen wir im Volksmund »er ist von uns gegangen«, obwohl der Körper mit all seinen Teilen noch hier ist. Aus sich selbst heraus kann er nicht existieren.

Nach der Sankhya-Philosophie Indiens ist die Seele eingehüllt von **3 Körpern**:
Der erste Körper ist der **grobstoffliche, physische Körper**. Dieser ist wiederum von zwei feinstofflichen Körpern, dem **Astralkörper** und dem **Kausalkörper** umgeben, die für gewöhnliche Augen unsichtbar sind.

Jeder Mensch besteht aus 24 Bestandteilen (5 grobstofflichen und 19 feinstofflichen Bestandteilen) und einem spirituellen Teil, der Seele (Atman).
Der **physische** Körper besteht aus den 5 grobstofflichen Elementen (Mahabhutas): Erde, Wasser, Feuer, Luft und Äther/Raum. Er wird als **Annamaya-Kosha** bezeichnet, was soviel wie die »nährende Schicht« bedeutet. Er erhält seine Energie vom Astralkörper.

Der **feinstoffliche Astralkörper** umschließt und durchdringt den physischen Körper. Mit dem Astralkörper denken und fühlen wir, und von ihm bekommen wir erst die Fähigkeit zum Handeln. Unsere Gedanken und Emotionen befinden sich auf astraler Ebene.
Für mich ist dies keine graue, abstrakte Theorie. Ich kann den Astralkörper mit dem Äther-, Emotional- und Mentalkörper bei meiner Energie- und Heilarbeit fühlen, Hellsichtige können ihn sehen.

1. Der feinstoffliche Astralkörper setzt sich wiederum aus drei Schichten zusammen:

a) Die **Energieschicht (Pranamaya-Kosha)** mit ihren Energiezentren und Energiebahnen. Prana bedeutet Lebensenergie und Kosha heißt Körper bzw. Hülle.
Die Energiezentren (Chakren) und –bahnen (Meridiane) dienen im Körper als Verteilerstationen der Lebensenergie, welche wir von Gott empfangen. Ohne seine Energieschicht mit den Lebensströmen und den Energiezentren könnte der physische Körper gar nicht existieren.
Hier befinden sich auch die 5 vitalen Luftströme (Vayus) sowie die 5 Organe des Handelns: Das sind Mund, Hände, Füße, Organe der Ausscheidung und der Fortpflanzung. Damit ist die Fähigkeit des Sprechens und der Nahrungsaufnahme, des Greifens und Haltens, des Laufens und Stehens, der Ausscheidung und der Fortpflanzung gemeint. Diese Schicht wird auch **Ätherkörper** genannt und ist das genaue feinstoffliche Doppel des physischen Körpers.

b) Die **emotionale und mentale/geistige Schicht (Manomaya-Kosha)**. Manas bedeutet der Geist oder Verstand.
Hier befinden sich die 5 Organe des Wissens und der Wahrnehmung: die Augen, Ohren, Nase, Zunge und Haut. Damit ist die Fähigkeit zum sehen, hören, riechen, schmecken und fühlen verbunden.

Hier ist der Sitz des Geistes, der Gedanken und des Sinnesbewusstseins (Manas), mit den niederen Emotionen, wie z.B. Zorn, Neid, Begierden, Leidenschaften und Ängsten und des Unterbewusstseins (Citta). Diese Schichten werden auch der **Emotionalkörper** und der **Mentalkörper** genannt.

c) Die **Intelligenzschicht (Vijnanamaya-Kosha)**. Vijnana bedeutet höheres Wissen. Das ist der zur Gotteserkenntnis fähige Körper. Intelligenz (Buddhi) und das Ego oder Ich-Bewusstsein (Ahamkara) befinden sich auf dieser Schicht.

Diese Schicht ist sozusagen die oberste Kontrollinstanz des Verstandes (Buddhi) und prüft und analysiert anhand der Erfahrungen und der gespeicherten Erinnerungen sinnvolles und unsinniges Handeln.
Intelligenz (Buddhi) und Ego/Ich-Bewusstsein (Ahamkara) arbeiten mit dem Geist (Manas) und dem Unterbewusstsein (Citta) zusammen.

Die 5 vitalen Luftströme, die 5 Organe des Handelns, die 5 Organe des Wissens und der Wahrnehmung, das Sinnes- und das Unterbewusstsein, die Intelligenz sowie das Ego/ Ich-Bewusstsein bilden die 19 Teile des Astralkörpers.

Erst mit Hilfe der höheren Intelligenz (Buddhi) gelangt der Mensch zu tieferer Erkenntnis, entdeckt sein **wahres Ego** und beginnt, sich mit seinem wahren Selbst, der Seele, zu identifizieren. Nun betrachtet er den Körper als das was er wirklich ist, nämlich als »Fahrzeug« der Seele. Wir benötigen den Körper, um uns in dieser materiellen Welt bewegen und handeln zu können, aber wir sind **nicht** der Körper.

Unseren grobstofflichen, physischen Körper umgibt rundherum eine **Aura**. Das ist eine feinstoffliche, farbige Ausstrahlung in Form einer ovalen Hülle. Alles ist von eine Aura umgeben, nicht nur Menschen, sondern auch Tiere, Pflanzen, Steine, Bäume und Berge. Auch unsere Erde hat eine aurische Ausstrahlung. Diese ist auch feinstofflich mit Energiezentren- und Bahnen.
Auf alten Gemälden, Heiligenbildern und Ikonen haben Künstler die Aura oft als Heiligenschein dargestellt. Das findet sich in allen Kulturen. Bei manchen alten Kunstwerken, wie etwa Christus- und Mariendarstellungen kann man mitunter auch die Darstellung von Auren entdecken. Sie zeigen sie in der »Mandorla«, einem regenbogenfarbigen, mandelförmigen oder ovalen Gebilde, das ihre ganze Gestalt umgibt.

Heiler können die Aura und die feinstofflichen Körper durch ihre Hellsichtigkeit wahrnehmen. Ich nehme bei meiner Energie- und Heilarbeit diese Körper und ihre Störungen wahr. Bei meiner Ausbildung habe ich diese Fähigkeiten vertieft und gelernt, mit diesen feinstofflichen Körpern zu arbeiten.

Es gibt bereits die Möglichkeit, mittels Aura-Fotografie die momentane Verfassung eines Menschen zu erfassen. Je nach der Art der Gedanken und Empfindungen der Person zeigt die Aura-Fotografie die entsprechenden Farben. Nach Harmonisierung, z.B. durch Atemübungen oder Meditation, ändern sich die Farben immer mehr zu Klarheit und Schönheit.

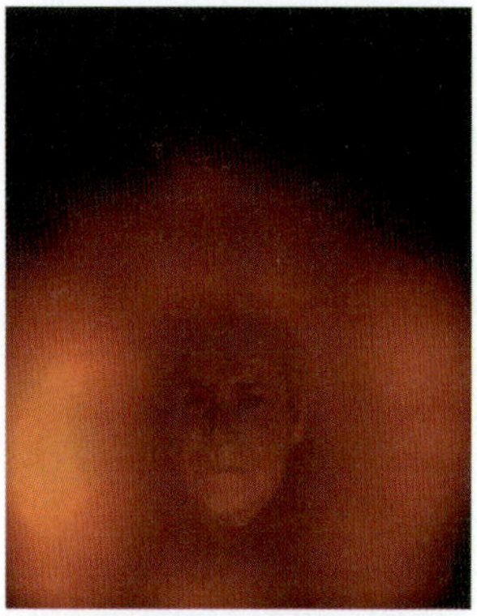

Ausgeglichen, aber müde, auf Rückzug bedacht, Aura verkleinert

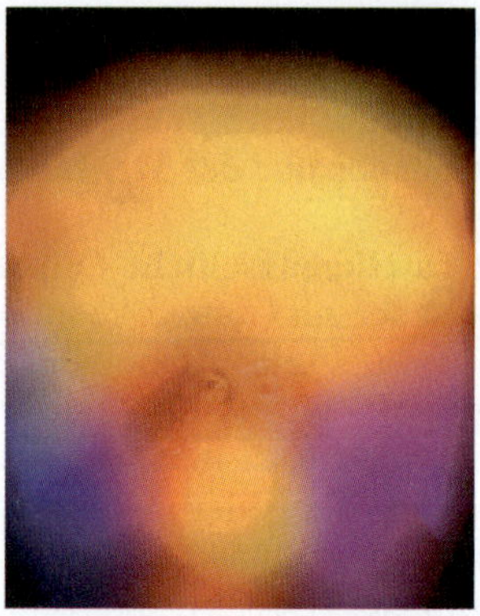

Aufgeladen, nach Energiebehandlung, deutliche Auravergrößerung

Die Autorin glücklich, voller Liebe, nachdem sie als Heilerin gearbeitet hat.

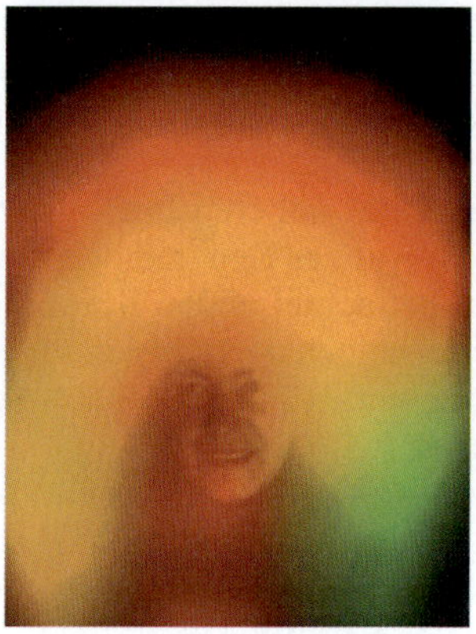

nach Meditation

In den 50-er Jahren gelang es dem sowjetischen Ingenieur Semjon Kirlian und seiner Frau Valentina mittels Elektrofotografie im Hochfrequenzfeld die Aura feinstofflicher Körper von Menschen, Tieren und Pflanzen festzuhalten.

Ganz faszinierend war die Feststellung, dass sich bei einem lebenden, aber teilweise abgeschnittenen Blatt trotzdem das ganze Blatt fotografisch zeigte. Nur an der abgeschnittenen Stelle war die Ausstrahlung etwas schwächer. Damit ist erwiesen, dass alles von einem Energiefeld umgeben und durchdrungen ist.

Nun kann man das Phänomen des Phantomschmerzes erklären. Der Amputierte spürt die Schmerzen nicht mehr im abgetrennten Körperteil, sondern im feinstofflichen Astralkörper, genauer gesagt im Ätherkörper, auch Energiekörper genannt.

Durch die **Kirlian-Fotografie** bestätigt sich die alte Wahrheit, dass es einen feinstofflichen Astralkörper gibt, wie es von Hellsehern berichtet und im Yoga, in der Esoterik und in allen alten Weisheitslehren gelehrt wurde. Daraus leitet sich die Erkenntnis ab, dass nach dem Tode der feinstoffliche Astral-Körper immer noch weiter besteht und dass es ein Leben nach dem Tode gibt!

Viele Mütter, die ihre Männer und Söhne während des Krieges auf dem Felde verloren haben, berichteten, dass diese sich bei ihnen »abgemeldet haben« und sie diese gesehen haben. Sie alle haben den feinstofflichen Astralkörper des Verstorbenen wahrgenommen. Viel später kam erst die Todesnachricht per Post und bestätigte den Zeitpunkt. Über solche Erlebnisse bewahrte man meist Stillschweigen, man wollte nicht »als Spinner« abgetan werden.

Ganzheitlich orientierte Ärzte benutzen bereits die Kirlian-Fotografie als diagnostisches Mittel. Die Kirlian-Fotografie der Fingerspitzen und Zehen, an den Endpunkten der feinstofflichen Energiebahnen, zeigt nämlich die Pranaschicht (Energieschicht) des Astralkörpers, aus der man dann genau ableiten kann, **wo** sich Energiestaus und Energiedefizite im Körper befinden.
Da sich Energiedefizite lange vorher schon zeigen, bevor sie sich auf der körperlichen Ebene als Krankheiten manifestieren, lassen sich rechtzeitig vorbeugende Maßnahmen treffen.
Aus dem Ergebnis der Kirlian-Fotografie leitet sich dann die Therapie ab und beim anschließenden Kontrollbild kann man deutliche Verbesserungen im Energiehaushalt des Patienten erkennen.

2. Der Kausalkörper
Die feinste, unsichtbare Lichthülle ist der Kausalkörper **(Anandamaya Kosha), der auch »Schicht der Glückseligkeit«** genannt wird. Der Kausalkörper ist auch der Sitz der höheren Emotionen und der ursächlichen Ideen, aus denen unser astraler und physischer Körper gestaltet wurde.
Der Kausalkörper wird auch als »Ursachenkörper« bezeichnet. Denn in ihm sind alle unsere Bemühungen, unsere Wünsche, unsere karmischen Reaktionen als Anlagen nach dem geistigen Gesetz von Ursache und Wirkung gespeichert, die sich gestaltend auf den neuen, physischen Körper und sein Schicksal bei der nächsten Reinkarnation auswirken, sowohl im Positiven, als auch im Negativen.
Der Kausalkörper zeichnet alle unsere Aktivitäten und alle Bemühungen auf. Alle Taten, Talente, Fähigkeiten, Tugenden, geistigen Bemühungen und unser spiritueller Fortschritt werden registriert. Nichts geht verloren. Das bedeutet, dass wir bereits in diesem Leben die Umstände für unsere nächste Inkarnation schaffen.

Nur die Kräfte des feinstofflichen Astralkörpers und die Seele erhalten den physischen Körper am Leben. Während des Schlafs trennt sich der Astralkörper vom physischen Körper. Beim Tode, wenn sich die Seele und der Astralkörper vom physischen Körper endgültig abtrennen, lösen sich die grobstofflichen Elemente wieder auf.

Wie schon erwähnt, identifizieren sich die meisten Menschen während ihres Lebens vollständig mit ihrem Körper und ihrer Rolle, die sie im Leben spielen. Sie beziehen ihr Selbstbewusstsein und ihren Wert vorwiegend aus ihrem materiellen Dasein (Karriere, gesellschaftliche Position, Besitz etc.) und vergessen dabei ihre **wahre Identität** als spirituelle Seele.
Sie entwickeln dadurch ein falsches Ego (Ahamkara) und vergessen ganz ihren **göttlichen Ursprung. Das ist die Quelle allen Leides**. Denn die Seele – Jivan-Atman – unser wahres Ich, ist unsterblich und ewig, voller Wissen und voll unendlicher Glückseligkeit (Sat-Cit-Ananda-Vigraha).

Gott ist unser Ursprung. Gottes Geist durchströmt alles Sein. Seine Liebe/Intelligenz ist in ALLEM, in jeder winzigen Zelle und im gesamten riesigen Kosmos. Gott ist Liebe und Licht. Wir sind ein Teil von Ihm.
Was die heiligen Schriften und Weisen bereits vor Jahrtausenden verkündeten, wird durch die wissenschaftlichen Forschungen der Mathematik und Physik sowie der modernen Quanten-Physik bestätigt: **Materie ist nur verdichtete Licht-Energie**. Letztendlich wird das bestätigt, was die Mystiker schon immer sagten: »Alles ist eins, und eins ist alles.«

Unsere unvergängliche und vergängliche Natur

Ich möchte nun einen allgemeinen Überblick über die vorigen Erklärungen geben. Unser Sein beruht auf 3 Ebenen:

1. Der göttlichen Ebene: Gott, Vater im Himmel, Monade (das Eine, Unteilbare, die unauflösliche Ursubstanz), **Gott individualisiert im Menschen als höchstes Bewusstsein ICH BIN.**
Es besteht aus 3 Aspekten: ***Sat*** (Dasein, Unsterblichkeit)
Cit (tschit gespr.) (wahres Bewusstsein, allwissendes Gefühl)
Ananda (Glückseligkeit und Liebe).

2. Der seelischen Ebene:
Seele, das höhere Selbst, der unsterbliche Mensch, Christus/Krishna-Bewusstsein, der Sohn Gottes individualisiert im Menschen. Sie ist eine Einheit aus folgenden drei Aspekten:
Atman – göttlicher Funke, Wille, Macht
Buddhi – Spiritualität, Intuition, allumfassende Liebe,
Höheres Manas – Kausalebene, höhere Weisheit, höchste Tugenden, feinstes Gemüt.
Diese Aspekte der Seele bilden den ***buddhischen und kausalen Körper***

Die Seele ist der Vermittler bzw. der Transformator der Energien von Gott und den niederen Körpern.

Diese ersten beiden Ebenen sind unsterblich.

3. Persönlichkeitsebene – die vergängliche Menschennatur:

Die Seele kleidet sich noch in weitere 4 Hüllen, durch die sie wirkt:

1. ***Niederes Manas*** – Mentalebene:	Persönlichkeit, der niedere Mensch, das falsche Ego – Ahamkara
Gedankenwelt:	Verstand, Intellekt
2. ***Kama*** – höhere und niedere Astralebene	die Triebnatur mit dem Astral-, Emotional- bzw. Gefühlskörper
3. ***Prana*** – ätherische Ebene	Prana – odische Nervenkraft, feinstofflicher Ätherkörper mit Energiezentren – Chakren, Lebensenergie

Diese drei Hüllen bilden den ***feinstofflichen Astralkörper***.

4. PHYSISCHE EBENE	***grobstofflicher Körper***, kristallisierte Lichtenergie

Nach vedischer Lehre löst sich beim Tode nur der physische Körper auf. Die Sutratma, auch Silberschnur genannt, ist der Lebensfaden von Gott herunter in alle feinstofflichen Hüllen, zuletzt den grobstofflichen Körper. Im Tode reißt die Silberschnur, das Bewusstsein verlagert sich in den Astralkörper. Dieser geht in die Astralebene ein.
Erst wenn die Seele vollkommen frei von Karma und Anhaftungen ist, braucht sie sich auf dieser Erde nicht mehr wiederverkörpern.
Die so befreite Seele verrichtet dann eine gewisse Zeit auf den höheren Astralebenen verschiedene Aufgaben, legt dann ihren Astralkörper ab und geht auf eine noch höhere geistige Ebene – die Kausalebene. Schließlich vereint sie sich vollständig mit Gott. Sie bleibt sich ihrer Individualität aber stets bewusst. Auf die Seele und Gott gehe ich in den späteren Kapiteln »Im Einklang leben mit der Seele« und »Im Einklang leben mit Gott« näher ein.

Aus der oberen Aufstellung wird ersichtlich, dass wir mehr sind als nur ein sterbliches Bündel von Knochen, Fleisch und Haut. Wir sind in Wirklichkeit viel mehr! Wir sind nicht nur da, um zu essen, zu arbeiten, Sex zu haben und zu schlafen. Das tun die Tiere weitgehend auch.

Es ist unsere Aufgabe, wieder unser göttliches Erbe anzutreten und als »verlorener Sohn«, heimzukehren, uns unseres wahren Wesens bewusst zu werden, als Teil von Gott, als Seele, die unsterblich, voller Liebe und Glückseligkeit ist.
Als Seelen gingen wir von Gott aus, um auf der Erde Erfahrung zu sammeln und spielten viele Rollen, gute und böse. Wir legten uns immer wieder ein neues Kleid, einen physischen Körper an, identifizierten uns völlig mit ihm und seiner Rolle auf der materiellen Ebene, und vergaßen ganz unseren göttlichen Ursprung. Und nun ist es Zeit, wieder unseres wahren Selbst bewusst zu werden.

Chakren – Die feinstofflichen Energiezentren des Körpers

Wie aus dem vorangegangenen Text hervorgeht, sind wir Menschen irdische und himmlische Wesen. In unserem Herzen ist der göttliche Kern, der Gottesfunke, verankert. Unsere Lebensaufgabe besteht darin, dass wir unser göttliches Potenzial zur Entfaltung bringen. Alles ist in uns angelegt.
Die Evolution ist ein Grundgesetz, dem alles untersteht: Mineralien, Pflanzen, Tiere, Menschen und unser Kosmos. Alles muss sich entwickeln. Die Mineralien entwickeln sich weiter, bis sie zu Edelsteinen und höheren Metallen werden. Und so ist es mit den Pflanzen auch, je weiter sie in ihrer Entwicklung sind, umso mehr Heilkräfte besitzen sie.

Die Chakren sind 7 feinstoffliche Energiezentren, die sich im Astralkörpers befinden. Die unteren drei Chakren dienen der Lebenserhaltung, die oberen drei, also Hals-, Stirn- und Kronenchakra, dienen der spirituellen Entfaltung.
Das vierte mittlere Chakra, das Herzzentrum, ist gleichsam der Vermittler zwischen den oberen und unteren Chakren. Erst wenn der Mensch Herzensqualitäten entwickelt, sich selbst annehmen und Liebe geben und empfangen kann, werden die oberen Zentren immer mehr zur Entfaltung kommen und der Mensch entwickelt höhere Wahrnehmung und spirituelles Bewusstsein.

Wir Menschen durchlaufen verschiedene Entwicklungsstadien in vielen Leben, bis wir uns unserer göttlichen Wurzeln bewusst werden und letztendlich Gottesbewusstsein entfalten.
Aus der folgenden Chakren-Aufstellung können wir ersehen, wie der Entwicklungsweg eines jeden Menschen von Geburt bis zum Tode verläuft. Zuerst geht es um die lebenserhaltenden Aspekte, wie Nahrungsaufnahme, Sexualität und Durchsetzung im Leben. Durch die

liebevolle Hinwendung vom Ich zum Du entfaltet sich das Herzchakra und der Mensch wird für höhere Wahrnehmungen offen und sich seiner spirituellen Wurzeln bewusst.

Die Chakren 2 bis 6 sind paarig angeordnet, und zwar an der Vorder- und Rückseite des Körpers. Das Wurzelchakra öffnet sich nach unten zum Damm und das Kronenchakra nach oben zum Scheitel. Man kann also auch von 12 Chakren sprechen.
Jedes Chakra regiert ein bestimmtes Element, bestimmte Organe und Drüsen, entspricht Bewusstseinsstufen und beinhaltet eine Lernaufgabe.

1. Wurzel- oder Basis-Zentrum – Muladhara-Chakra

Lage:	Zwischen Anus und Genitalien
Farbe:	Rot
Element:	Erde
Sinn:	Riechen
Körperliche Zuordnung:	Knochen, Wirbelsäule, Zähne, Nägel, Anus, Dick-, Mast- und Enddarm, Prostata, Blut- und Zellaufbau
Zugeordnete Drüse:	Nebennieren
Verbindung zur:	1. Aura-Ebene, zum feinstofflichen Ätherkörper, er ist das Vorbild, die Matrix des physischen Körpers
Bewusstsein:	Nahrungsbewusstsein, Erdverbundenheit
Thema/Lernaufgabe:	Urvertrauen, Erdung, Stabilität, Durchsetzungskraft, Lebenswillen.

2. Sakral- oder Sexual-Zentrum – Swadhisthana-Chakra

Lage:	Zwischen Bauchnabel und Schambein
Farbe:	Orange
Element:	Wasser
Sinn:	Schmecken
Körperliche Zuordnung:	Beckenraum, Fortpflanzungsorgane, Niere, Blase, alles Flüssige: Blut, Lymphe, Verdauungssäfte, Sperma
Zugeordnete Drüse:	Keim- oder Geschlechtsdrüsen
Verbindung zur:	2. Aura-Ebene, zum feinstofflichen Emotionalkörper, er zeigt alle Farben der Chakren
Bewusstsein:	Sexualbewusstsein, Kreativität, Lebensfreude
Thema/Lernaufgabe:	Sinnlichkeit, Erotik, Kreativität, Selbstwertgefühl, Begeisterung.

3. Solar-Plexus oder Sonnengeflecht – Manipura-Chakra

Lage:	Bauch, knapp oberhalb des Nabels
Farbe:	gelb
Element:	Feuer
Sinn:	Sehen
Körperliche Zuordnung:	unterer Rücken, Bauchhöhle, Verdauungssystem, Magen, Leber, Milz, Galle, vegetatives Nervensystem
Zugeordnete Drüse:	Bauchspeicheldrüse (Pankreas)
Verbindung zur:	3. Aura-Ebene, zum feinstoffliche Mentalkörper, dieser zeigt sich in gelben Schwingungen und ist durchzogen von goldenen Fäden
Bewusstsein:	Energiebewusstsein, Körperbewusstsein
Thema/Lernaufgabe:	Entfaltung der Persönlichkeit, Einfluss und Macht, Kraft und Fülle, Verarbeitung von Gefühlen und Erlebnissen.

4. Herz-Zentrum – Anahata-Chaka

Lage:	Mitte Brustbein
Farbe:	grün/rosa
Element:	Luft
Sinn:	Tasten
Körperliche Zuordnung:	oberer Rücken, Herz, Brustraum, unterer Lungenbereich, Blutkreislaufsystem
Zugeordnete Drüse:	Thymusdrüse. Es verbindet die 3 oberen Chakren mit den 3 unteren, es ist das Heilungszentrum
Verbindung zur:	4. Aura-Ebene, zum höher schwingenden Astralkörper, er wird auch als »Negativkörper« bezeichnet. Er ist dem Emotionalkörper übergeordnet und besteht aus feinen Farbwolken.
Bewusstsein:	Gefühlsbewusstsein (Emotionen)
Thema/Lernaufgabe:	Entfaltung der Herzensqualitäten, Selbstannahme, bedingungslose Liebe, Heilung.

5. Hals-Zentrum – Vishuddha-Chakra

Lage:	zwischen Halsgrube und Kehle
Farbe:	türkis, hellblau/silbrig
Element:	Äther im Sinne von Raum
Sinn:	Hören
Körperliche Zuordnung:	Hals-, Nacken-, Kieferbereich, Ohren, Sprechapparat (Stimme), Luftröhre, Bronchien, oberer Lungenbereich, Speiseröhre, Arme
Zugeordnete Drüse:	Schilddrüse
Verbindung zur:	5. Aura-Ebene, zum ätherischen Negativkörper, er ist die Matrix des Ätherkörpers und hat eine kobaltblaue Farbe mit weißen bzw. transparenten Linien
Bewusstsein:	gelehrter Austausch, Sprache
Thema/Lernaufgabe:	Loslassen, Wissensaustausch, Kommunikation, kreativer Selbstausdruck, Inspiration, Zugang zu den feineren Ebenen des Seins, Erkenntnis und Bewusstwerden des ICH BIN

6. Stirn-Zentrum oder 3. Auge – Ajna-Chakra

Lage:	in der Mitte der Stirn, zwischen den Augenbrauen
Farbe:	weiß/dunkelblau, indigoblau, auch magenta
Element:	Mahat-tattwa – unmanifestierte Schöpfung, Feinstofflichkeit
Sinn:	übersinnliche Wahrnehmung
Körperliche Zuordnung:	Gesicht, Augen, Ohren, Nase, Nebenhöhlen, Kleinhirn, Zentralnervensystem, Hormonsteuerung
Verbindung zur:	6. Aura-Ebene, zum Kausalkörper, auch »himmlischer Körper« genannt. Dieser ist kugelförmig aus irisierenden Lichtstrahlen, hat zarteste Pastelltöne, er ist Sitz der vollkommenen Gefühle und Liebe
Zugeordnete Drüse:	Hirnanhangdrüse (Hypophyse)
Bewusstsein:	spirituelles, geistiges Bewusstsein, ICH BIN
Thema/Lernaufgabe:	höhere Sinneswahrnehmung, Hellsehen, Hellhören, Telepathie. Sitz von Willen, Geist und Verstand, Imagination und Intuition.

7. Kronen-Zentrum, Scheitelchakra – Sahasrara-Chakra

Lage:	Schädeldecke, Scheitel
Farbe:	gold/violett, auch weiß
Element:	spirituell
Sinn:	reines Sein
Körperliche Zuordnung:	Großhirn, Fontanelle (Brahmarandra)
Zugeordnete Drüse:	Zirbeldrüse (Epiphyse)
Verbindung zur:	7. Aura-Ebene, zum Ketherkörper, auch »Buddhischer Körper« genannt. Kether heißt »Krone« und Buddhi bedeutet »höchste, geistige Erkenntnisfähigkeit«. Er ist Ausdruck des höchsten Geistes und ist dem Mentalkörper übergeordnet, er schützt alle anderen Aura-Körper. Er zeigt sich als Kugel mit Fäden aus golden schimmerndem Licht.
Bewusstsein:	kosmisches Bewusstsein, Gottesbewusstsein
Thema/Lernaufgabe:	Gelassenheit, Gotteserkenntnis, Vollendung, Vereinigung mit dem All-Seienden.

Die Angaben zu den verschiedenen Aura-Ebenen und den feinstofflichen Körpern beruhen auf Beobachtungen, die von hellsichtige Heilern gemacht wurden und werden. In diesem Zusammenhang möchte ich Barbara Ann Brennan und Maud Nordwald Pollock erwähnen, die ihre Erkenntnisse in ihren Büchern niedergelegt haben.
Sie decken sich weitgehend mit den geistigen Lehren der Theosophie, insbesondere von Charles W. Leadbeater und Annie Besant sowie der Shankya- und Yoga-Philosophie Indiens. Nur die Bezeichnungen sind verschieden.
Die in der Bibel erwähnten »sieben Sterne«, die »sieben goldenen Leuchter« und die »sieben Gemeinden« in der Offenbarung des Johannes 1, 12.13.16 und 20 entsprechen den 7 Chakren.
»Und als ich mich wandte, sah ich sieben goldene Leuchter und mitten unter den sieben Leuchtern einen, der war eines Menschensohne gleich.«
»Und er hatte sieben Sterne in seiner rechten Hand.«
»Die sieben Sterne sind Engel der sieben Gemeinden; und die sieben Leuchter, die du gesehen hast, sind sieben Gemeinden.«
In der jüdischen Religion symbolisiert der 7-armige Leuchter die Chakren. Der mittlere Leuchter stellt das Herzchakra dar, mit dem alle anderen Chakren verbunden sind.

Selbstbild optimieren

Unser Selbstbild ist entscheidend, ob wir im Leben erfolgreich und glücklich sind oder nicht, in jeder Beziehung, privat und beruflich.
Jeder von uns hat ein gewisses Selbstbild von sich. Dieses ist subjektiv und muss nicht immer der Realität entsprechen und echt sein. Durch unsere Vorstellungen über uns selbst, aus der Meinung anderer oder aus gewissen Normvorstellungen, denen wir entsprechen wollen, kann es auch falsch, überzogen oder untertrieben sein.

Oft wurde unser Selbstbild durch Einflüsse in der Kindheit und Jugend getrübt. Leider passiert es allzu oft, dass Erwachsene den Kindern Negativbilder suggerieren, indem sie ihnen immer wieder Versagen vorhalten, z. B. »Du wirst immer …« oder »du bist ...« oder »aus dir wird nie etwas« usw.

Erheblich kann das Selbstwertgefühl auch einen Einbruch erleiden, wenn Kinder seitens der Eltern Ungerechtigkeiten gegenüber Geschwistern ausgesetzt sind, immer wieder zurückgesetzt und benachteiligt werden.
Auch bestimmte Umstände können zu Minderwertigkeitsgefühlen beitragen. In der Nachkriegszeit waren z. B. die Menschen arm, es musste an Kleidung gespart werden. Es ist mir noch sehr gut in Erinnerung, wie ich als Kind ständig gebrauchte, bereits getragene Kleider anziehen musste. Auch mein erster Mann musste die Kleidung von seinen älteren Geschwistern tragen, auch Schuhe, die ihm viel zu groß waren und die Mitschüler verspotteten ihn deswegen.
Pädagogen können durch unsensible Art der Bloßstellung beim Unterricht oder beim Turnunterricht das gesunde Selbstbild eines Kindes nachhaltig beeinträchtigen. Diese Einflüsse prägen und verhindern, dass wir uns später genug wertschätzen und lieben können.

Wie können wir uns ein positives Selbstbild schaffen?
Dazu ist es notwendig, dass wir uns zunächst einmal einen Überblick über unser eigenes Selbstbild verschaffen und aufschreiben. Wir hinterfragen unsere Vorstellung über uns selbst und **klären**, **wie** sie ist, **warum** sie so ist und **wodurch** sie so geworden ist.
Die Antworten dazu notieren wir uns auf.
In der Mehrzahl sind es Dinge, die uns an uns nicht gefallen, viel zu wenig haben wir unsere positiven Seiten im Blick. Allzu oft ist unser Selbstbild untertrieben. Ausnahmen bilden überzogene Vorstellungen und Selbstüberschätzungen, die oft auch zur Arroganz führen. Diese sind genauso schädlich, weil sie unrealistisch sind und zu Misserfolgen im Leben führen müssen.

Als nächstes fragen wir uns: Entspringt mein Selbstbild aus der Meinung **anderer** über mich, ihren Wünschen und Ansprüchen? Mache ich mein Selbstbild von ihnen abhängig?
Anschließend fragen wir uns, **worauf** sich unser Selbstbild bezieht. Steht für uns das Persönliche, das Berufliche oder das Geistig/Spirituelle im Vordergrund?
Und nun klären wir, **woraus** wir unser Selbstbewusstsein beziehen: Ist es mein Ego, mein Körper, mein Verstand, meine Fähigkeiten, meine Gesundheit, mein Beruf, meine Leistung, mein Besitz, meine Partnerschaft oder Familie?
In welchem Bereich des Lebens fehlt mir Selbstbewusstsein und **wodurch** könnte dies ausgelöst worden sein?
Besonders wichtig ist, dass wir uns darüber klar werden, ob unser Selbstbild wirklich der Realität des Lebens entspricht.
Nachdem wir diese Punkte geklärt haben, machen wir uns bewusst, was wir **an uns mögen** und an uns positiv erkennen und **was nicht** und **warum nicht**.
Nun haben wir eine schriftliche Bilanz.

Von der Bilanz, dem **Jetzt-Stand** aus können wir erkennen, wo wir etwas an uns ändern müssen, und nun ein positives Selbstbild von uns kreieren. Denn wenn wir uns einmal selbst klar werden über unsere Stärken und Schwächen, haben wir die Möglichkeit, ab sofort unsere Stärken optimal einzusetzen und unsere Schwächen in Stärken umzuwandeln bzw. Dinge, die wir nicht ändern können, anzunehmen und unsere Einstellung dazu zu ändern.

Es ist wichtig, dass wir uns so wie wir sind akzeptieren, uns wert fühlen und zu uns stehen. Wichtig ist auch zur Einsicht zu kommen, dass niemand vollkommen ist. Wir sind alle auf dem Wege, uns stetig zu vervollkommnen und aus Fehlern zu lernen.
Es gilt, alte, hinderliche Denkmuster und Meinungen über uns hinter uns zu lassen und uns zu vergegenwärtigen, dass wir **im Jetzt** leben und uns über die alten Prägungen erheben können im Bewusstsein unserer eigentlichen Stärke, des Göttlichen in uns, unserer **eigenen Göttlichkeit, des wahren Selbst**.

In Erkenntnis unseres wahren Wesens können wir auch eine **ganz andere** Einstellung zu uns selbst gewinnen und zu uns stehen. Wir beschränken uns dann nicht mehr so sehr auf Äußerlichkeiten. Wir sollten aber danach trachten, »stimmig« zu sein und unser inneres Wesen und das, was wir nach außen zeigen, in Einklang zu bringen.
Dazu gehört auch, dass wir uns möglichst authentisch und nicht dauernd angepasst verhalten. Das heißt, dass wir nicht nach außen hin lächeln, obwohl uns dazu gar nicht zumute ist und nicht zustimmen, obwohl wir eigentlich »nein« sagen sollten. Viele von uns haben sich aus Selbstschutz einen gewissen »Panzer« oder eine Maske zugelegt. Das hatte in der Kindheit sicher seine Berechtigung, aber im Erwachsenenalter sind diese Verhaltensweisen auf unserem Lebensweg hinderlich.

In den Momenten, in denen es uns gelingt,
zu sein, was wir sind,
ohne zu fragen, was wir sein sollten,
funkelt unser Lebenslicht wie ein heller Stern.

Selbstvertrauen, Selbstliebe

Selbstvertrauen und Selbstliebe erwachsen aus einem positiven Selbstbild. Es ist für unser Selbstvertrauen wichtig, dass wir zu uns stehen und uns annehmen.
Wie aber können wir mehr Sicherheit und Selbstvertrauen gewinnen? Oft genug passiert es, dass wir uns unserer Stärken gar nicht so richtig bewusst sind. Im Gegenteil, oft genug setzen wir uns herunter mit Selbstkritik und betonen unsere Schwächen sogar noch.
Wichtig ist, dass wir uns auf unsere **Stärken** konzentrieren und uns diese bewusst machen, und nicht so sehr auf unsere Unvollkommenheiten. Es muss uns bewusst werden, dass wir auch in diesem Bereich Schöpfer sind, und wenn wir uns immer nur die negativen Dinge bewusst machen, so werden sich diese immer stärker manifestieren.

Unser Selbstwertgefühl muss aus uns **selbst** kommen, sodass wir zu uns stehen. Wir dürfen es nicht von Leistungen und Erfolgen auf der äußeren Ebene abhängig machen. Sonst ist bei Misserfolgen Enttäuschung vorprogrammiert und das Selbstbewusstsein und Selbstwertgefühl bricht wie ein Kartenhaus zusammen.

Um ein positives Selbstbild voll starkem Selbstvertrauen zu bekommen, müssen wir die Punkte beachten, die ich im vorherigen Abschnitt beschrieben habe. Ich möchte sie hier noch einmal kurz zusammenfassen.

Das Selbstvertrauen können wir in drei Schritten gewinnen:
1. Indem wir uns zunächst unsere Stärken einmal bewusst machen und ausbauen. Diese können sich durch körperliche Qualitäten und Fähigkeiten, geistige Begabungen, Talente, Geschicklichkeit, Sensibilität, Ausdauer und besondere Eigenschaften äußern. Es ist ganz gut, alles, was uns dazu einfällt, zu Papier zu bringen, um einen gewissen Überblick zu gewinnen.

2. Der zweite Schritt wird sein, dass wir all unsere Fähigkeiten, unsere Stärken, optimal im Alltag und im Beruf zum Ausdruck bringen, einsetzen und auch in der Freizeit mit unseren Fähigkeiten schöpferisch umgehen.

3. Indem wir unser Selbstbild optimieren. Das können wir auf äußerliche und innerliche Weise tun:

a) Durch passende, geschmackvoll farblich abgestimmte Kleidung, je nach Anlass, beruflich oder privat.
Ein gepflegtes Äußeres spielt dabei eine große Rolle, denn es gibt uns Selbstsicherheit.
Dabei ist es von Vorteil, wenn wir das Schöne, die Vorzüge an uns betonen und die Farben der Kleidung auf unseren Typ abstimmen. Wir sollten uns nicht dem Modediktat unterwerfen, sondern unseren eigenen Typ vorteilhaft unterstreichen. Mit zeitloser, auch sportlicher Eleganz können wir nie falsch liegen.
In den 70-er Jahren ist allgemein eine Lockerung der Kleidervorschriften und der Mode eingetreten, eine lässigere Note hat vielfach Platz gegriffen. Aber dies sollte nicht zu Lasten von Ästhetik, Eleganz, Schönheit und Anmut gehen.

b) Indem wir uns über alte, negative, meist in der Kindheit erworbene Ansichten über uns bewusst werden, dieselben durch positive ersetzen durch Anwendung von Mentaltraining und Affirmationen.

Auf das Mentaltraining und Affirmationen, die Technik, sich neue, konstruktive Denkweisen anzueignen und sich selbst zu heilen, werde ich in den Kapiteln über harmonische Lebensweise und über Heilung eingehen.

Menschenkenntnis und Selbsterkenntnis

Menschenkenntnis ist für uns alle wichtig, beruflich und privat, in allen Bereichen des Lebens, z. B. bei der Partnersuche, in der Erziehung, besonders für Menschen, die mit viel Menschen zu tun haben, wie für Lehrer, Vorgesetzte, Therapeuten, Ärzte usw.

Der **erste Eindruck** ist entscheidend, das sind die ersten 7 Sekunden, und dazu gehören eben auch unsere Kleidung und unser Äußeres, unser ganzes Outfit (Aufmachung). Deshalb ist es so wichtig, ein besonderes Augenmerk darauf zu richten.

Der erste Eindruck spielt eine bedeutende Rolle im beruflichen und im gesellschaftlichen Leben, bei der Stellenbewerbung, aber auch beim Kennenlernen. Erst auf den zweiten Blick kann man bei einem Menschen auch sein Wesen erfassen. Aber da kann es bereits schon zu spät sein, wenn der erste Eindruck ungünstig ausgefallen ist.

Das äußerliche Erscheinungsbild lässt auf unser **Selbstbild** schließen! Ich möchte hier zur Verdeutlichung ein besonderes Zeitphänomen herausgreifen, das besonders augenscheinlich ist:
Viele junge Leute bevorzugen leider einen Kleiderstil, der äußerst unvorteilhaft für ihr Äußeres ist, z. B. die modischen Bluejeans mit langen Zwickeln, überlangen Hosenbeinen, die am Boden schleifen oder die Hüfthosen, unförmige Oberteile, die die Figur verschandeln, oft viel zu klobige Schuhe für zarte Beine und Füße, die zu ihren Trägern überhaupt nicht passen. Die bevorzugte Farbe ist schwarz.
Oft wird der exzentrische Kleidungsstil noch mit extremer Schminke und ausgefallenen Haarschnitten und -farben unterstrichen.
Hier haben wir es wohl mit einem Phänomen zu tun, das einer gewissen Protesthaltung und Abgrenzung gegenüber der älteren Generation entspringt, aber auch dem Wunsch »in« zu sein und »dazu zu gehören.« Das alles spiegelt auch eine gewisse Unsicherheit wider, bei der sich junge Menschen unter sich in der Gruppe wohler fühlen. Sie passen sich an.
Die Mode- und Kosmetikindustrie macht sich diesen Trend zunutze, sie kreiert immer neue Modetorheiten und macht fette Gewinne daraus.

Je mehr aber der junge Mensch in seinem Selbstvertrauen gefestigt ist, wird er seine eigene persönliche Note finden und von diesen Extremen ablassen können.

Unser Selbstbild hat, wie wir gesehen haben, auch u. a. mit der Art zu tun, wie wir uns typengerecht, passend kleiden und schmücken. Wenn wir uns unserer Vorzüge nicht sicher sind, werden wir uns auch nicht adäquat und attraktiv präsentieren können, sei es beruflich oder privat. Unser Auftreten hängt eng mit dem Selbstbild zusammen.
Unser Selbstbild hat aber auch mit der **Selbstannahme** zu tun, mit der Fähigkeit, sich wert zu schätzen, sich einmal etwas Gutes zu tun, z. B. sich für die Gesundheit einen Urlaub zu gönnen, sich Gutes zukommen zu lassen, kurzum alles was freut und gut tut.
Unser Selbstbild hat eine entscheidende Auswirkung auf unser ganzes Leben. Es lohnt sich also, wenn wir unser Selbstbild optimieren!

Menschenkenntnis ist zugleich auch Selbsterkenntnis. Es gibt viele Systeme, die wir anwenden können zum besseren Erkennen von uns selbst und anderen. Graphologie, Chirologie (Handlesekunst), Numerologie und Physiognomie, Charakterkunde, Typologie sowie Astrologie kommen dazu in Frage.

Über die Graphologie kann man aus dem Schriftbild charakterliche Merkmale und Fähigkeiten herauslesen. Sie wird z. B. bei Stellenbewerbungen angewandt.
Die Chirologie (Handlesekunst) befasst sich mit den Formen und Linien der Hände, vor allem der Innenflächen. Es ist die Wissenschaft von der Charakter- und Schicksalsdeutung.
Die Numerologie richtet sich nach dem Namen einer Person. Nach dem kabbalistischem System entspricht jeder Buchstabe einer Zahl. Aus der Kombination des Geburtsdatums und der Namenszahl kann der Kundige ähnlich wie beim Horoskop das Wesen und die Talente eines Menschen erfassen.
Ich werde nun auf einige Methoden der Menschenkenntnis näher eingehen, und zwar auf die Physiognomie und Charakterkunde, Typologie und Astrologie.

Physiognomie und Charakterkunde

Sie ist ein ausgezeichnetes Mittel, das Wesen eines Menschen zu erfassen. Mit etwas Übung gelingt es immer besser. Wir können z. B. beim Fernsehen üben, indem wir die Gesichter und die Gestik der Menschen betrachten. Damit können wir niemanden stören.

Die Physiognomie war für mich immer wichtig und interessant. Schon vor dreißig Jahren war ich begeistert von einem Foto-Bildband, in dem Carl Huters Lehre über die Physiognomie durch Amandus Kupfer anschaulich dargelegt wurde. Ich habe mich oft gefragt, warum dieses Wissen so wenig bekannt ist und so wenig Beachtung findet. Ist es doch außerordentlich wertvoll, um Menschen und ihr Wesen, ihre Reaktionen über das Betrachten des Gesichtes einschätzen zu können.

Viel Leid hätte erspart werden können, wenn man die Zeichen – die Signatur des Denk- und Gefühlslebens – und das Bewusstsein von Menschen hätte ablesen können, besonders in der Politik. Wenn die Menschen doch ein bisschen Kenntnis davon gehabt hätten, hätten sie sofort erkannt, welcher Geist hinter dem Machthaber und Diktator in Deutschland vor über 60 Jahren stand, und sich nicht verführen, verlocken und aufhetzen lassen.
Das gleiche gilt auch in der heutigen Zeit für viele Politiker, die auch wieder Unfrieden unter die Bevölkerung streuen und Feindbilder aufbauen. Sehen wir sie uns einmal genauer an, und lassen uns von schönen Worten nicht täuschen.

Zuerst lassen wir den **gesamten Gesichtsausdruck** auf uns wirken. Ist er fröhlich, offen, streng, gütig, energisch, verschlossen, verkniffen, sauer, bitter oder verbissen? Daraus können wir schon unsere ersten Schlüsse ziehen. In unbeobachteten Augenblicken zeigen Menschen oft ihr »wahres« Gesicht.

Hat jemand eine ganz flache, harte **Wangenpartie**, dann wird nicht viel Gemütswärme vorhanden sein. So einen Menschen wird das Schicksal von Menschen nicht besonders berühren. Herzenswärme hingegen zeigt sich in einer weichen Wangenpartie.
Allerdings können wir bei kranken Menschen ausgehöhlte Wangen vorfinden, was wir bei der Beurteilung mitberücksichtigen müssen.

Ist das Kinn eckig und sehr breit und hebt sich der **Unterkiefer** unter den Ohren kantig und stark hervorstehend ab, dann müssen wir bei diesem Menschen mit Aggressionsbereitschaft, Unbeugsamkeit und Härte rechnen. Ein breites, wohlgeformtes Kinn verrät Ausdauer und Durchsetzungskraft. Dieses kann man oft bei Sportlern beobachten.
Je mehr ein **Kinn** nach vorne geht, umso mehr wird der Antrieb, der Wille stark und impulsiv sein. Ein rundes Kinn verrät Harmonie, Ausdauer und Familiensinn. Ein feines Kinn weist auf einen Menschen mit Lebenskultur hin.

Zieht man eine Linie von einem Augenwinkel zum anderen, kann man feststellen, ob die Iris genau auf der Linie, darüber oder darunter ist. Das ist die **Augenachse**. Die Augenachse zeigt die bewusstseinsmäßige Einstellung an. Je höher die Gesinnung eines Menschen, umso höher steht sein Auge. Bei tiefer Augenachse ist Vorsicht angebracht! Hier zeigt sich eine niedere Absicht.

Große **Augen** zeigen Gefühlstiefe, die das Verstandesdenken überwiegt und Weitblick. Diese Menschen erfassen größere Zusammenhänge und denken ganzheitlich.
Bei kleinen Augen herrscht vorwiegend das Verstandesdenken vor, Gefühle werden eher zuruckgehalten. Kleine Augen zeigen Menschen, die sich im Detail verlieren. Sie verlieren sich in Nebensächlichkeiten und sind in ihrem Denken fixiert. Wir finden sie oft bei Handwerkern, bei denen es auf Details ankommt.

Wie ist der **Blick**? Offen, ehrlich, voller Spontaneität und Lebensfreude, getrübt, kühl, leidenschaftlich, hart oder ist es ein schräger, ausweichender Blick? Augen sind Spiegel der Seele. Generell verdunkeln negative Gedanken die Iris, auch körperliche Schmerzen und seelisches Leid, Sorgen, Angst, Wut und Ärger lassen das Auge dunkler erscheinen. Hingegen wird die Iris heller durch positive Gedanken, Heiterkeit, Freude, Wohlwollen, Zuneigung, Güte und Liebe, sie lässt die Augen strahlen. Das rechte Auge hat einen Bezug zum Außenleben, das linke Auge zum Innenleben eines Menschen.

An den **Ohren** können wir die Ausgewogenheit eines Menschen zwischen Fühlen und Denken und seinen Seelenadel ablesen. Je feiner und gut ausgeformter sie sind, umso feiner und kultivierter und ausgewogener ist der Mensch. Grobe Ohren deuten jedoch auf das Gegenteil hin. So können wir an der Beschaffenheit ablesen, wie sich ein Mensch nach außen hin verhält. Abstehende Ohren verraten Impulsivität, Menschen mit starkem Willen, die sich nicht gerne anpassen.

Auch die Form der **Lippen** sagt einiges über einen Menschen aus: Sind sie schmal, verkniffen, da werden wir nicht viel Herzenswärme und Gemüt erwarten können, eher das Gegenteil.
Ein schön geformter **Mund** und aufsteigende **Mundwinkel** zeigen die Lebensfreude, die Fähigkeit zum Genießen, Optimismus, und eine feine Lippenpartie verrät, dass der Mensch sich sprachlich fein ausdrücken kann.

Beim Sprechen kann man oft Menschen beobachten, wie sie einen Mundwinkel oder beide herabziehen. Damit lassen sie Menschenverachtung, Spott und Missgunst erkennen.
Hier muss man differenzieren: bei Kummer und Entmutigung, Resignation, bei negativem hoffnungslosem Denken können die Mundwinkel auch herunterhängen.

Wenn ein Mensch lächelt, müssen neben dem Mund **auch** seine Augen lächeln, das verraten die kleinen Falten um die Augen. Ist das nicht der Fall, lächelt nur der Mund, dann ist Verstellung im Gange!

Die **Nase** verrät Persönlichkeitsanspruch, Selbstwertgefühl und Durchsetzungsstreben in dem Maße, wie sie vorspringend ist.
Nun wollen wir die Nase von der **Nasenwurzel** aus betrachten:
Menschen mit einer schnellen, oft unüberlegten Reaktion und einer raschen Auffassungsgabe haben einen flachen Übergang an der Nasenwurzel von der Stirn zur Nase. Hingegen haben wohlüberlegte, sorgfältige Menschen eine leichte Einbuchtung an der Nasenwurzel. Sie reagieren eher langsam und haben eine langsamere Auffassung, sie sind aber dafür umso gründlicher.

Der **obere Nasenrücken** zeigt die Ichbetonung, die Dominanz und die Anpassungsfähigkeit eines Menschen.
Kleinen Kindern ist noch eine Stupsnase zu eigen. Sie zeigt noch die Formbarkeit, Beeinflussbarkeit, Spontaneität, ihre Kindlichkeit und ihr Gemüt an. Ihr Persönlichkeitsanspruch und Selbstwertgefühl wird erst entwickelt. Deshalb ist auch ihr Nasenrücken noch eher eingefallen.
Bei einer Einbuchtung am oberen Nasenrücken herrscht Bescheidenheit, Selbstlosigkeit und Gemeinschaftssinn vor. Ist der obere Nasenrücken vorgewölbt, ist die Person Ego-betont. Da haben wir einen Willensmenschen vor uns, selbstbewusst und zu Herrschsucht neigend.
Das krasseste Beispiel ist die Hakennase, auch Adlernase oder Indianernase genannt. Sie zeigt einen Menschen mit Willensbetonung, starker Selbstbehauptung und Ehrgefühl, aber mit weniger Anpassungsvermögen und Rücksicht.

Der **mittlere Nasenrücken** zeigt die Tatkraft, den Antrieb und das Gemüt an.
Je mehr dieser Bereich ausgebuchtet ist, umso mehr herrscht Tatkraft, Arbeitswille, Fleiß. Umgekehrt besteht bei einer Einbuchtung des mittleren Nasenrückens ein geringerer Antrieb. Erwachsene mit eingesunkenem Nasenrücken sind eher unselbständig, beeinflussbar und anpassungsfähig, ganz im Gegensatz zu Menschen mit einer Adlernase.
Eine gerade Nase zeigt eine fleißige, dynamische Person an, die kontrolliert und abwägt. Eine feine, schmale, gerade Nase zeigt, dass der Mensch Tat und Genuss kontrolliert, er ist vernunftbetont und hat geistige Kraft.
Im Gegensatz dazu verliert die Nase eines Alkoholikers ihre Form und Struktur durch die Willensschwäche, der Genussaspekt ist bei ihm verstärkt.
Eine Einbuchtung vor der Nasenspitze zeigt Empfindung, Mitgefühl und Gemüt. Hingegen weist dort eine Ausbuchtung wie bei einer Adlernase auf verstandesbetontes Handeln hin.

Die **Nasenspitze** zeigt den leiblichen Genuss an:
Eine ausgeprägte, fleischige Nasenspitze lässt Genussfreudigkeit erkennen, denken wir an das »Knollennäschen«. Das Gegenteil ist bei einer knochigen, schmalen Nasenspitze der Fall. Hier haben wir es mit einer disziplinierten Person zu tun, die abwägt. Bei sehr wissbegierigen Menschen kann die Nasenspitze etwas stärker ausgeprägt hervorragen.
Ein mit Ausdauer und Sorgfalt ausgestatteter Mensch wird eine lange, nach unten stehende Nase haben. Hingegen verrät eine kurze, noch oben gerichtete Nase wenig Ausdauer und Gründlichkeit.

An der **Stirn** lassen sich Gesinnung, Verstand und Ethik eines Menschen ablesen. Die Stirn ist aufgeteilt in 7 Ebenen, beginnend an der Nasenwurzel bis zum höchsten Punkt des Scheitels.
Die ersten drei unteren Ebenen sind der Wahrnehmung, dem Vorstellungs- und Auffassungsvermögens und dem **praktischen und logischem Denken** zugeordnet. Eine starke wulstige Ausprägung üben den Augenbrauen zeigt eine gute Vorstellungs- und Auffassungskraft, gute Beobachtungsgabe, technische und handwerkliche Begabung. Bei praktisch veranlagten Menschen und Realisten zeigt sich die Mittelstirn gut ausgeprägt. Menschen mit **philosophischem, theoretischem, abstraktem Denken** haben die nächste vierte Stirn-Ebene gut ausgeprägt.
Je mehr und höher die Stirn ausgeprägt ist, also Ebene 5 bis 7 bis zum Scheitelpunkt, umso mehr werden wir **höheres Denken**, intuitives Erfassen, Imagination, Inspiration, ethische Werte, Weisheit, Mitgefühl, Spiritualität und All-Liebe vorfinden. Ein hohes Schädeldach weist auf Gottesliebe hin.

Der DU-Punkt und WIR-Punkt bildet die **Gemeinschafts-Achse** des Kopfes.
Eine deutliche Ausprägung am oberen Teil der Stirn zum Haaransatz hin zeigt den DU-Punkt, die Aufgeschlossenheit gegenüber anderen Menschen. Ein schön ausgeprägter unterer Hinterkopf zeigt den WIR-Punkt, den Gemeinschaftssinn eines Menschen. Hingegen weisen eine fliehende Stirn und ein flacher unterer Hinterkopf auf das Gegenteil hin.

Die **Willensachse** verläuft von der Kinnspitze bis zum oberen Hinterkopf, wo sich der EGO-Punkt befindet. Je mehr das Kinn und der Ego-Punkt ausgeprägt sind bzw. hervorspringen und die anderen Anteile zurücktreten, umso mehr haben wir es mit einem Egoisten zu tun.

Wir müssen bei der Beurteilung der Gesichtszüge **vorsichtig** sein. Manchmal können dichte, in die Stirn hängende Haare leicht den Blick verstellen, oder jemand hatte ein gebrochenes Nasenbein. Im Zweifelsfalle müssen wir stets noch andere dazu passende Merkmale am Kinn, am Mund und am Ohr mitberücksichtigen.
Ich habe eine liebe Bekannte. Mir fiel auf, dass ihre Physiognomie, vor allem die Nase, nicht zu ihrem Wesen passt und konnte es mir gar nicht erklären. Im Zuge eines Gespräches erzählte sie mir, dass sie schon von klein auf einen sehr starken Bezug zum Chinesischen gehabt habe. Sie wäre von ihrer Mutter stets gescholten worden, weil sie sich als Kind nie richtig auf einen Stuhl setzen konnte, sondern es vorzog, im Fersensitz zu sitzen – ganz typisch wie es die Asiaten tun. Wenn man sie betrachtet, trägt sie chinesische Gesichtszüge. Sie hat eher schmale, mandelförmige Augen und eine kleine Nase. Ihr ist bewusst, dass sie das aus ihrem Vorleben in China mitgebracht hat. Das chinesische Volk lebt seit vielen Generationen in Anpassung und Unterdrückung, Individualität und Widerspruchsgeist sind in diesem Regime nicht gefragt. So bilden sich in jedem Volk gewisse physiognomische Merkmale, wie in diesem Falle eine dementsprechende Nase.

Es ist sehr wichtig, bei der Physiognomie die verschiedenen Merkmale **im Gesamten** zu beachten. Das ergibt ein Bild über **das Wesen** des Menschen. Die linke Seite des Gesichtes oder des Körpers zeigt immer das Innenleben, während die rechte Seite das Handeln in der Außenwelt zeigt.

Die Prinzipien **Geist, Seele und Körper** können wir am Körper durch drei Zonen ablesen, und zwar am **Kopf** in Vorderansicht und Profil.

Zone I Denken, höhere Ethik:
Diese Zone befindet sich im oberen Gesichtsteil, also am Oberkopf. Sie umfasst den Augen- und Stirnbereich und entspricht dem **Geist**, dem Mentalen und Spirituellen.

Die Einteilung der Stirn in die 7 Ebenen werden wir nicht nur am Profil erkennen, sondern auch von vorne an der Stirnbreite. Der Schwerpunkt des Bewusstseins wird an der breitesten Stelle des Kopfes zu erkennen sein. Eine gleichmäßige Form weist auf gleichmäßige Entwicklung der Bewusstseinsbereiche hin.
Eine quadratische Stirn weist auf eine gute Intelligenz, präzises Entscheiden und kühles, logisches Abwägen hin. Die Dreieckstirn, oben schmal und unten breit, weist auf einen praktischen, auf die Wirklichkeit ausgerichteten Menschen hin.
Eine ausgeprägte Ober-Stirn zeigt Ideen- und Vorstellungswelt, philosophisches Denken. Je stärker diese Region bei einer Person ausgeprägt ist, umso mehr werden wir diese Werte bei ihr finden: Feingeistigkeit, Erkenntnis, Intelligenz, Gottesbewusstsein.
Eine schwache Ausprägung dieser Region deutet auf das Fehlen derselben hin.

Zone II Gemüt:
Die mittlere Gesichtspartie beginnt mit der Nasenwurzel und reicht bis zur Nasenspitze. Sie umfasst den Bereich von Augen, Nase, Wangen und Ohren. Hier zeigen sich **seelische Funktionen** und Gefühlskräfte. Diese Zone entspricht dem Gemütshaften und der Psyche.

Zone III Wille:
Diese Zone erstreckt sich auf das Untergesicht und reicht von der Oberlippe bis zum Kinn. Dieser untere Gesichtsbereich entspricht den materiellen Interessen, der **Körperlichkeit**.

Der Mund und die Nase zeigen die Genussfähigkeit und Sinnlichkeit. Je grober und hervorstehender die Unterlippe, umso genusssüchtiger und rücksichtsloser ist der Mensch. Umgekehrt, bei deutlichem Zurücktreten der Unterlippe, kann sich die Person nicht so gut durchsetzen.
Die Oberlippe zeigt das Feingeistige, den Schönheitssinn, ihre Ausprägung verrät Gemütstiefe oder -kälte.
Die Höhe oder Tiefe der Augen, Ohren und Nase verrät, ob die Person höheren Eindrücken gegenüber offen ist oder nicht. Bei Personen mit tiefliegenden Ohren verraten eher »weltliche« Interessen, sie stehen höheren Weisheiten verschlossen gegenüber.
Das Kinn zeigt den Willen. Es zeigt, wie der Mensch auf physischer Ebene agiert. Ein schwaches Kinn bedeutet schwachen Willen, wenig Durchsetzungskraft. Ein starkes Kinn hingegen starken Willen. Ein ausgeprägtes, grobes, kantiges Kinn zeigt rücksichtslosen Willen, bis hin zu Aggressionsneigung.

Wir haben nun die Prinzipien Geist, Seele, Körper im Gesicht betrachtet. Das dominierende Prinzip herrscht, das zweitstärkste beeinflusst und das schwächste ordnet sich den anderen unter.
Ich möchte das anhand von Beispielen darlegen:
Bei einem Menschen mit hoher Geistigkeit, stark ausgeprägtem Stirn- und Oberkopfbereich werden sich das Sinnesleben und die materiellen Interessen sowie der Wille dem Spirituellen unterordnen.
Der umgekehrte Fall zeigt sich, wenn die untere Partie, der Mund- und Kinnbereich sehr betont ist bzw. scharf hervortritt gegenüber den anderen Gesichtsbereichen. Dann werden die Sinnesgenüsse, der Ego-Wille und die materiellen Interessen über die Geistigkeit regieren.
Menschen, die das **mittlere und untere Drittel** ihres Gesichtes am stärksten ausgeprägt haben, die **weiche Wangen** haben, verraten **Herzlichkeit** und Gemüt, oft praktisches Geschick und Ausdauer und Willen. Die Gedankengänge des geistigen Menschen können sie nicht nachvollziehen, aber bewundern.

Bei Menschen, in denen nur **das untere Drittel** des Gesichtes dominiert, also das Kinn unangenehm hervorsticht, hingegen die Stirn sehr niedrig und fliehend ist, haben wir ein **disharmonisches Naturell** vor uns. Hier ist Vorsicht geraten.

Eine niedere Stirn lässt erkennen, dass keine höheren Einsichten bei einem Menschen herrschen. Hier sind die Gesichtsstrukturen außer Balance, unausgewogen, besonders links und rechts, die Kinn- und Mundpartie viel zu betont im Vergleich zu der oberen Gesichtspartie Augen und Stirn.
Ein abgeflachter unterer Hinterkopf (fehlender Gemeinschaftssinn) und das zu starke Kinn zeigen Neigung zu Gewalt und Rücksichtslosigkeit.
Abstehende, grobe Ohren verraten ein rohes Wesen und tiefsitzende Ohren zeigen, dass die Person nur Materielles wahrnimmt. Schräg sitzende Ohren verraten ein »Schlitzohr«. Die Augen sind verschlagen und zeigen zusammengewachsene Augenbrauen, die auf Triebhaftigkeit hinweisen. Ein grober Mund und eine starke Unterlippe zeigen starke Sinnlichkeit.

Hier muss ich nochmals erinnern, dass wir bei der Beurteilung immer **das Gesamte** im Auge behalten müssen, nicht nur abstehende Ohren alleine oder einen abgeflachten Hinterkopf. Ein abgeflachter Hinterkopf kann auch darauf zurückgehen, dass die Person als Säugling zu viel auf dem Hinterkopf gelegen ist und dadurch das Babyköpfchen verformt wurde.

Am **idealsten** ist es, wenn alle drei Bereiche des Kopfes Stirnbereich, Mittelgesicht und Untergesicht, also Geist-, Seele- und Körperprinzip, ein harmonisches Gleichmaß haben, also ein ausgeglichenes Profil zeigen.
Wunderbare Beispiele hierfür finden wir bei dem Geiger Yehudi Menuhin, geistigen Lehrern und Heiligen. Bei ihnen sind alle drei Gesichtspartien (Stirn, Wangenbereich und Kinnbereich) ausgewogen, gleichmäßig und fein, sie haben offene Augen.

Unser Gesicht verrät auch unsere Gesundheit. Dieses Spezialgebiet nennt man Pathophysiognomik. Ebenso verraten unser Körperbau und unsere Haltung unsere unbewussten Verhaltensmuster. Sehr eindrucksvoll geht Ken Dychtwald in seinem Buch »Körperbewusstsein« darauf ein. Wenn Sie sich in diesen Gebieten vertiefen wollen, finden Sie diesbezügliche Hinweise im Literaturverzeichnis.

Der ganze Körper ist eine Übersetzung der Seele ins Sichtbare. **Geist formt Materie**. Gewisse Anlagen sind mitgebracht, vorgegeben und das Lebensthema. Es gibt Möglichkeiten zur Veränderung. Ändert sich jemand, so kann sich auch die Struktur ändern.

Spätestens ab dem 40. Lebensjahr hat jeder das Gesicht, das er »verdient.« Das Gesicht ist der Spiegel innerer Wirklichkeit. Es zeichnen sich schon ganz deutlich Charakterzüge ab. Fröhlichkeit, Harmonie, Humor, aber auch Zorn, Hass und Neid, Genusssucht, Verbitterung hinterlassen deutliche Spuren. Es zeigen sich auch Denk-, Lach-, Zorn- oder Kummerfalten im Laufe des Lebens.

Nun betrachten wir das **ganze Auftreten und die Körpersprache**:
Das Aussehen, die Gepflegtheit von Körper und Kleidung spielen eine große Rolle, auch die ganze Körperhaltung und Ausstrahlung. Sie sagen etwas über das **Selbstbild** aus.

Welche **Kleidung** bevorzugt der Mensch? Elegant, schlicht, edel, übertrieben auffällig und gewagt (übertriebenes Ego), sportlich, konservativ, dem Anlass angemessen usw. Hier müssen wir achtsam sein. Nachlässige Kleidung muss nicht unbedingt auf Schlampigkeit oder Armut hinweisen. Es können Individualisten, Künstler, Junggesellen sein, die nicht so auf Äußerliches achten.

Ist die **Körperhaltung** aufrecht, selbstsicher, gebeugt, zurückhaltend oder der **Gang** flott, energisch, unsicher, langsam, bedächtig usw.

Bei der Haltung müssen wir differenzieren: eine aufrechte Haltung zeigt Aufrichtigkeit. Sie kann aber auch gestrafft, erzwungen oder angespannt sein. Eine gebeugte Haltung spricht für eine seelische Belastung, Müdigkeit, sie kann schlaff, lässig oder gebrochen sein.

Wir sollten unterscheiden, entspringen die Umgangsformen der Erziehung oder dem angeborenen Taktgefühl einer Person, ihrem Wesen?

An den Händen, ihren Formen und Linien können wir nicht nur Charakter und Schicksal ablesen, sondern auch über den **Händedruck** und die Gestik können wir Rückschlüsse auf das Wesen eines Menschen ziehen. Ist er zurückhaltend mit hohler Hand oder zu stark? Oder ist er herzlich, kräftig und gefühlvoll, umfasst seine Innenhand meine Hand?

Durch spontane Körperbewegungen werden Emotionen zum Ausdruck gebracht. Wir nennen es die **Körpersprache**.
Wir kennen doch alle, wenn uns jemand »eine kalte Schulter« zeigt oder uns mit offenen Armen entgegengeht. An verschränkten Armen können wir erkennen, dass jemand verschlossen ist. Er muss erst überzeugt werden, bevor er sich öffnen kann.
Bei **Gestik und Gebärden** müssen wir darauf achten, ob sie einer Gegenwartslaune entspringen oder einem festgefahrenen Verhaltensmuster. Es kann ja jemand nur verschlossen sein, weil er vorsichtig ist oder generell ein verschlossener, introvertierter Mensch sein.
Schon die Art wie jemand sitzt und die Mimik und Haltung beim Zuhören verraten, ob uns jemand zugetan ist. Wendet sich uns eine Person beim Gespräch freundlich zu oder verschränkt sie die Füße so, dass sie als Barriere dienen und dreht sich leicht weg? Geht sie mit dem Oberkörper zurück oder beugt sie sich interessiert vor?
Besonders schön können wir Liebespaare bei der ersten Annäherung beobachten. Ihr Lächeln, die Koketterie und die besitzergreifende Hand an Schulter, Arm oder Knie.

Das Erkennen von Signalen bei der Körpersprache ist nicht nur beim Kennenlernen, sondern auch im Berufsleben, im Umgang mit Autoritätspersonen wichtig.
Es ist nicht von Vorteil, wenn wir verkrampft bei einem Bewerbungsgespräch dasitzen. Das verraten eingezogene Schultern, die Hände und verschränkte Beine. Damit signalisieren wir Unsicherheit. Hingegen werden wir bei aufrechter, gelöster Haltung viel überzeugender wirken.
Körpersprache wird auch gezielt eingesetzt bei der Werbung, um uns bestimmte Dinge »schmackhaft« zu machen, vor allem muss sie ein Verkäufer oder Vertreter gut beherrschen.

Der Pantomime Samy Molcho, Professor am Max-Reinhardt-Seminar in Wien, sagt:

»Der Körper ist der Handschuh der Seele.
Er ist mit wacher Sensibilität und Fingerspitzengefühl zu erfassen.«

Es ist ein wahres Vergnügen, seinen anschaulichen Fotoband »Körpersprache« mit seinen zahlreichen Beispielen aus dem Leben anzusehen und zu betrachten.
Aus all diesen aufgezählten Fakten können wir uns ein **Gesamtbild** über den Menschen machen.

Lassen wir uns von einer erstklassigen Erscheinung nicht zu sehr beeindrucken. Der erste Eindruck kann **täuschen**. Wir müssen tiefer sehen und unsere **Intuition** befragen. Oft haben eher unscheinbar aussehende Menschen ein schöneres Seelenleben als bestechend schöne Menschen. Am besten ist es, wenn wir die Menschen mit **dem Herzen sehen**.

Wollen wir einen Menschen charakterlich noch etwas besser kennenlernen, müssen wir seine **Umgangsformen**, seinen **Seelenadel** beobachten. Ist alles echt, kommt es von Herzen oder

ist alles nur einstudiert? Am besten »verrät« sich jemand in der Art, wie er über jemanden spricht und im Verhalten gegenüber Kindern und Tieren und in der Art, wie diese auf ihn zugehen. Das Verhalten eines Menschen im Zorn kann unkontrolliert oder diszipliniert oder gar übersteigert sein.
Mit wem sich jemand umgibt und die Art, wie er mit seinem Geld umgeht, lässt Schlüsse auf seine Einstellung und Gesinnung zu. All dies ist wichtig zu beachten, um einen richtigen Gesamteindruck von einer Person zu erhalten, und zu wissen, wie wir uns ihr gegenüber zu verhalten haben.
Eine weitere Betrachtungsweise wäre, Menschen nach der **Typologie** zu betrachten.
Wir können Menschen nach ihrer **ayurvedischen Konstitution** und nach ihrem **Typus** beobachten.
Ist er/sie ein Vata-, Pitta- oder Kapha-Typ? Sie werden ganz unterschiedlich reagieren, sprechen und sich bewegen. Ich bin immer wieder fasziniert, wie zutreffend die Merkmale von Vata, Pitta oder Kapha sind. Da gibt es viele aufschlussreiche Beobachtungen hinsichtlich der Partnerwahl und im Berufsleben zu machen.

Ayurvedische Typeneinteilung
Vata, Pitta und Kapha

Das indische ayurvedische Medizinsystem unterscheidet grundsätzlich **drei Konstitutionstypen**. Sie werden als Kapha, Pitta und Vata bezeichnet. Alle Ausdrücke aus der indischen Philosophie und von Ayurveda stammen aus dem Sanskrit, der ältesten aller indogermanischen Sprachen. Sanskrit bedeutet »geschliffen, vollkommen«.
In jedem Körper ist immer ein Zusammenspiel der Bioenergien Kapha, Pitta und Vata zu beobachten. Diese entwickelten sich aus den Elementen Äther/Raum, Luft, Feuer, Wasser und Erde, welche wiederum aus Gottes Schöpfergedanken entstanden.

Kapha Dosha setzt sich aus Erde und Wasser zusammen.
Pitta Dosha setzt sich aus Feuer und etwas Wasser zusammen.
Vata Dosha setzt sich aus Luft und Raum/Äther zusammen.

Generell sind die Aufgaben der Bioenergien (Doshas) in unserem Körper folgende:
Kapha **Stabilisierung**, Aufbau und Zusammenhalt, Regeneration,
Pitta **Transformation**, Umwandlung (Stoffwechsel, Verdauung),
Vata **Koordination aller Bewegungen**, Weiterleitung der Nervenimpulse und Abbau.
Ohne diese Funktionen könnte kein Leben entstehen. Es braucht alle drei Bioenergien.

Aus dem Verhältnis der Bioenergien (Doshas) zueinander bzw. der **Dominanz** eines Doshas wird der **Konstitutionstypus (Prakriti)** bestimmt.
Der Kapha-, Pitta- oder Vata-Typ haben sehr verschiedene Eigenschaften, äußerlich als auch in ihrem Temperament und Wesen. Daher sind sie unschwer zu erkennen. Natürlich muss man berücksichtigen, dass es auch Mischformen gibt.

Eigenschaften der verschiedenen Konstitutionen

***Kapha*:**
Hier haben wir eine stämmige, eher kräftig gebaute Person vor uns. Kapha-Menschen zeichnen sich immer durch eine gleichmäßige Fülle aus, bei den Haaren, Wimpern und am Körper. Sie haben meist eine fettige, ölige Haut, keine Falten, schöne große Augen. Ihre Nase ist groß mit breiten Nasenflügeln. Ihre Körperformen sind weich, die Gelenke sind bedeckt.

Die Kapha-Menschen sind vom Wesen und Temperament die Gemütlichsten, sie lassen sich nicht so schnell aus der Ruhe bringen und lieben Frieden und Harmonie. Ihre Sprache ist eher langsam und ruhig.
Sie sind besonders gut bei Arbeiten, bei denen Geduld und Genauigkeit und/oder Kraft gefragt sind, aber sie sind nicht spontan. Sie brauchen mehr Zeit, bis sie sich zu etwas entschließen, bleiben aber dann auch dabei. Die Kapha-Naturelle sind zuverlässig. Flexibilität ist nicht ihre Stärke. Sie brauchen Motivation und Begeisterung bei einer Sache. Dann sind sie ausdauernd und leistungsfähig. Ihr Bewegungsdrang ist nicht sehr ausgeprägt.
Sie neigen zu Übergewicht und haben ein hohes Potenzial an Kraftreserven.

Pitta:
Hier haben wir eine eher drahtige, muskulös gebaute Person vor uns. Die feurigen Pitta-Menschen sind sehr bewegliche, sportliche Menschen. Ihre Haare und ihre Haut haben einen rötlichen Schimmer, oft Sommersprossen. Sie haben oft ein markantes Gesicht mit mittelgroßer, schmaler, spitzer, gerader Nase. Ihre Haare sind seidig fein, aber oft haben sie auch eine Glatze oder sind früh ergraut.
Die Pitta-Menschen sind vom Wesen und Temperament her die Hitzigsten. Sie sind sehr dynamisch, ehrgeizig und neigen dazu, sich zu überarbeiten. Geduld ist nicht ihre Stärke. Sie reagieren schnell, sind gute Redner, ihre Sprache ist sehr prägnant und die Stimme eher scharf. Sie bewegen sich schnell und reagieren auch schnell. Es besteht bei ihnen die Neigung zu Entzündungen und dass sie sich zu sehr verausgaben.

Vata:
Vata-Naturen haben einen schmalen, hageren, oft lang aufgeschossenen Körper. Es gibt aber auch ausgesprochen feingliedrige, zarte Vata-Typen. Ihre Gelenke, Sehnen und Adern sind gut sichtbar. Sie neigen zu trockener Haut und haben oft Falten. Die Haare sind eher trocken und spröde. Ihre Nase kann klein oder groß sein, oft ist sie gebogen und unregelmäßig geformt.
Die Vata-Menschen sind vom Wesen und Temperament her die Spontansten. Sie sind oft Künstlernaturen, haben viele Ideen, bewegen sich gerne und schnell und reagieren auch schnell. Leider haben sie eine nicht allzu große Ausdauer.
Da Vata für Bewegung im Körper steht, lieben es Vata-Typen, sich zu bewegen. Längeres Stillsitzen ist für sie im Gegensatz zum Kapha-Typ eine Qual. Sie lieben Tanz und Sport, jedoch ohne ehrgeizige Ziele. Sie sind die Sensibelsten von den dreien.
Da Vata-Naturen (außer sie sind der Mischtyp Vata/Pitta) das Feuerelement fehlt, neigen sie zum Frieren und haben oft kalte Hände und Füße. Im Gegensatz zum Kapha-Typ nehmen sie schnell ab und schwer zu.

Typeneinteilung nach Dr. Kretschmer: Pykniker, Athletiker und Astheniker

Von dem Arzt Prof. Dr. Ernst Kretschmer (1888–1964) stammt eine **dreifache** Einteilung von Konstitutionstypen. Seine Erkenntnisse darüber hat er in den Jahren um 1920 schriftlich niedergelegt. Die Typen werden durch die Gesichtsform und den Körperbau erkennbar. Hier sind gewisse Parallelen zu Kapha, Pitta und Vata zu erkennen.

Der Ernährungstypus, der Pykniker:
Er hat einen runden Kopf mit rundlichem Gesicht. Er ist eher kleinwüchsig und zeichnet sich durch Körperfülle und Fettpolster aus, besonders um den Bauch. Er ist ein guter Futterverwerter. Deshalb spricht man in diesem Fall auch vom »Rumpfmenschen oder Herz-

menschen.« Bei ihm stehen die seelischen Funktionen des Fühlens, der Gemüthaftigkeit im Vordergrund.
Als »Säftetypus« ist sein Verhalten ganz von seinem Ruhebedürfnis bestimmt. Er ist sehr gesellig und liebt das unbeschwerte Beisammensein und die Gemütlichkeit. Konflikte sind ihm zuwider. Er ist langsam, geduldig und bedächtig, mag keine voreiligen Handlungen und Entscheidungen.
Er strebt nach Harmonie und ist durch sein verträgliches, ausgeglichenes Wesen ein wohltuender Ausgleich für die anderen Typen.
Zusammenfassend ist er dem **Kapha-Typ** zuzuordnen.

Der Bewegungstypus, der Athletiker:
Er weist einen breiten Brustkasten und ausgeprägte Muskeln auf. Sein ganzer Körper ist kubisch, eher viereckig gebaut. Er ist der »Gliedmaßenmensch«. Bei ihm steht die Bewegung, das Tätigsein mit Händen und Füßen im Vordergrund. Er zeichnet sich durch seelische Robustheit aus.
Der »Muskeltypus« verbindet die Dynamik des Asthenikers mit der Statik des Pyknikers. Er ist tatkräftig und zuverlässig, aber auch eigensinnig. Er ist der unermüdlich Schaffende, der das Gewünschte und Geplante sofort umsetzt. Sein Streben ist Leistung.
Zusammenfassend können wir die **Pitta-Natur** erkennen.

Der Empfindungstypus, der Astheniker:
Sein Merkmal ist ein breiter Oberkopf und ein nach unten hin schmales Gesicht mit einem spitzen Kinn, ähnlich einem umgekehrten Dreieck. Er hat einen schlankwüchsigen, leptosomen, hoch aufgeschossenen oder kleinen, grazilen Körperbau. Er ist der typische »Kopfmensch.« Bei ihm stehen die Nervenfunktionen im Vordergrund, er ist deshalb sehr sensibel. Die Nervenfunktionen sind leicht gestört, wenn es zu nervlicher Überbeanspruchung kommt.
Als »Nerventypus« neigt er zu nervöser Erregbarkeit, ist feinfühlig und voller Impulsivität und Dynamik. Er hat viele Ideen. Er neigt aber auch zu Sprunghaftigkeit und Unberechenbarkeit. Dieser Typ hat hohe Ideale, Erkenntnis und Sinngebung des Lebens sind ihm wichtig.
Zusammenfassend ist er eindeutig dem **Vata-Typ** zuzuordnen.

Natürlich müssen wir berücksichtigen, dass es **Mischtypen** gibt, sie vereinigen in sich die Merkmale von beiden Naturen:

Pitta/Vata	Bewegungs- und Empfindungsnaturell,
Kapha/Vata	Ernährungs- und Empfindungsnaturell,
Kapha/Pitta	Ernährungs- und Bewegungsnaturell.

Vier verschiedene Temperamente: Choleriker, Sanguiniker, Melancholiker und Phlegmatiker

Bereits in der **Antike** gab es bei den griechischen Ärzten (Hippokrates 460 – 377 v. Chr.) eine vierfache charakterliche Einteilung von Typen.
Als gute Menschen- und Naturbeobachter stellten sie eine auffallende Übereinstimmung der Temperamente zu den Qualitäten der Grundelemente (warm, trocken, feucht und kalt) fest. Sie entdeckten vier Temperamente, die sie in Beziehung zu den vier Grundelementen (Feuer, Luft, Wasser und Erde) brachten.
Dr. Hans Endres hat in seinem Buch »Menschenkenntnis schnell und sicher« diese Typen so anschaulich und treffend beschrieben, dass ich einige seiner bildhaften Ausdrücke übernehmen werde.

Der Choleriker:

Er ist der **«feurige«**, energiegeladene **Willensmensch**, impulsiv, aufbrausend, dynamisch. Er ist der geborene Revolutionär, eine Herrscher- und Kämpfernatur, die sich durchsetzt.

Unsere Sprache beschreibt sehr treffend den Choleriker. Wenn vom »Hitzkopf«, von »Feuer und Flamme« für etwas sein, von anfeuerndem Temperament, von flammender Begeisterung und von zündender Rede gesprochen wird, haben wir diesen Typ vor uns. Er neigt zu Leidenschaftlichkeit in der Liebe und auch im Hass. Sein Hass kann in Zerstörungswut ausarten.

Choleriker sind freiheitsliebend und vertragen keinen Zwang, da werden sie aufsässig und neigen zu Gewalt.

Ihre Haltung ist stolz, ihr Gang kraftvoll, ihre Stimme laut oder durchdringend. Sie haben einen schlanken, drahtigen Körper und bewegen sich rasch und zielsicher.

Choleriker sind am ehestem dem Pitta-Typ zuzuordnen.

Der Sanguiniker:

Er ist der **»luftige«** optimistische Typ, ein **intellektueller Bewusstseinsmensch**, kein Praktiker. Unsere Sprache drückt sein Wesen als »Luftikus« oder im negativen Sinn als »Windhund« aus. Er ist agil und beschwingt und hat die Dynamik und Aktivität mit dem Choleriker gemeinsam.

Er ist eine Denkernatur und ist außerordentlich geistig beweglich und reagiert schnell. Seine positive Natur kann man so beschreiben, dass er einen »weiten Horizont« hat. Er »schwebt« über den Dingen, hat viele Ideen und baut »Luftschlösser«, die er jedoch mangels Geduld, Ausdauer und Ernsthaftigkeit oft nicht realisiert.

Leider ist er oft zu wenig geerdet und verliert den Boden unter den Füßen. Das kann zu Leichtsinnigkeit, Haltlosigkeit und Oberflächlichkeit führen.

Die Haltung des Sanguinikers ist aufnahmebereit und interessiert. Er hat einen schlanken, feingliedrigen und leichten Körperbau. Seine Bewegungen sind leicht, spielerisch, können aber auch hastig und nervös sein, er geht niemals langsam und gemütlich. Seine Stimme ist hell und umfasst alle Register der Rhetorik von kühler Intellektheit bis zu suggestiver Beeinflussung.

Zusammenfassend kann man feststellen, dass er **Vata-bedingte** Eigenschaften hat.

Der Phlegmatiker und der Melancholiker:

Diese Typen haben einiges **gemeinsam**: Beide sind die langsam und bedächtig, tiefgründig und schwer. Unterschiede gibt es nur in Bezug auf das Wasser- und Erdelement. Der Phlegmatiker ist der Gemütsmensch und der Melancholiker der Gestaltungsmensch. Diese Typen sind im Gegensatz zum Choleriker und Sanguiniker langsamer und bedächtiger, eher schwerere Naturen ihrem Wesen nach. Ihre Antriebskräfte sind geringer.

Der **Phlegmatiker** wird dem feuchten **Wasserelement** zugeordnet, was mit dem Fühlen zu tun hat, er ist der weiche **Gemütsmensch**. Unsere Sprache drückt dies bildhaft in folgenden Äußerungen aus: »Er hat ein überfließendes Herz«, »er ist in Tränen aufgelöst, zerfließt vor Rührung«.

Er stellt sozusagen den Gegenpol des Cholerikers dar. Im Gegensatz zum feurigen Choleriker, der sich durch jeden Widerstand wie das Feuer durchfrisst, neigt der Phlegmatiker, so wie das Wasser dazu, den Widerstand zu umgehen durch geduldige, sanfte Gewalt. So wird jeder Gegner weich und gibt letztendlich nach.

Durch ihr reiches Gefühlsleben und dem Wunsch nach Schönheit und Harmonie, lieben sie die Musik besonders.

Im Gegensatz zum unbeschwerten Sanguiniker, neigt der Phlegmatiker zu Schwermut und wird von allem tief berührt, durch fremdes oder eigenes Leid.

Er lässt sich leicht »herunterziehen« und durch seine Passivität und Ängstlichkeit hat er oft nicht den Schwung, seine Entschlüsse und Wünsche zu realisieren. Er neigt zu Trägheit und Depressionen.

Wenn Phlegmatiker über ihre Selbstbezogenheit, ihre Verwundbarkeit und Trägheit hinauswachsen, ist ihr liebevolles, nach Harmonie und Geborgenheit strebendes Wesen eine Wohltat für alle. Durch ihre Anpassungsfähigkeit, ihr ausgeprägtes soziales Empfinden, ihr behütendes, mütterliches Wesen eignen sie sich besonders für Berufe, in denen vermittelnde und ausgleichende, pflegerische und heilerische Fähigkeiten gefragt sind.
Sie wirken beruhigend auf den Choleriker durch ihre Gutmütigkeit und können auch den Gedankensprüngen der Sanguiniker verständnisvoll folgen.
Oft ist die Gesundheit der Gefühlsmenschen gefährdet, denn sie können sich nicht aggressiv nach außen entladen wie die Choleriker oder einfach so leicht alles abschütteln wie die Sanguiniker, sondern sie neigen dazu, ihren Kummer in sich hineinzufressen oder in Resignation zu verfallen.
Deshalb ist für sie ein liebevolles Umfeld wichtig, in dem sie Auftrieb und Rückhalt haben.
Äußerlich zeigen sie sich in lässiger Körperhaltung, eher zurückhaltend oder anschmiegsam. Ihre Bewegungen sind fließend und betonen die Weichheit und Fülligkeit ihrer Gestalt. Der Gang ist zögerlich, eher vorsichtig. Ihre Stimme ist gefühlvoll und melodisch.

Der **Melancholiker** wird dem kalten **Erdelement** zugeordnet, er ist der Tat- und **Gestaltungsmensch**, der sich mit den »irdischen Tatsachen« befasst.
Er lässt sich durch nichts aus der Ruhe bringen und ist beharrlich und ausdauernd. Dadurch bildet er den Gegenpol zum Sanguiniker. Er neigt zu einer »felsenfesten Haltung, bei ihm beißt man auf Granit.« Sein Wesen ist eher konservativ, fundamental, erdverbunden. Durch seine Tiefgründigkeit neigt er zum Grübeln und zu Depressionen.
Phlegmatiker und Melancholiker haben – wie bereits erwähnt – einiges **gemeinsam**: Beide sind sie langsam und bedächtig, tiefgründig und schwer.
Aber der Melancholiker ist »wie ein Fels in der Brandung« und nicht unentschlossen und schwankend wie der Phlegmatiker. Im Gegensatz zum Phlegmatiker ist er fleißig, schwer zu beeinflussen und umzustimmen. Er ist auch gefühlsärmer.
Er hat geringe Antriebskräfte, ist viel zu grüblerisch, um Führungsqualitäten zu haben, bei denen es auf rasche Entschlussfähigkeit und Wendigkeit ankommt. Seine Stärke liegt vielmehr in der Beharrlichkeit, Ausdauer und Genauigkeit, mit denen er die ihm gegebenen Anweisungen ausführt. Melancholiker sind die verlässlichen »Säulen« in einer Firma.
Ihr Auftreten ist ruhig und einsatzbereit. Sie haben den Kopf vorgeneigt. Sie haben einen kantigen Körperbau, starkes Knochengerüst. Ihre Bewegungen sind bedächtig und ihr Gang ist langsam und gleichmäßig schreitend.
Sie haben eine tiefe Stimme und sie können sich nicht so leicht und flüssig äußern wie der Sanguiniker und Choleriker.
Nach ayurvedischen Gesichtspunkten können wir diese **beiden** Typen **Kapha-Konstitutionen** zuordnen.

Ob es nun diese oder die ayurvedische Einteilung von Menschen und ihrer Wesensarten ist, wir brauchen **alle Typen zusammen** für unser Zusammenleben.
Was wäre die Welt ohne die Begeisterung und der Tatkraft der feurigen Typen?
Was wäre die Welt ohne die Ideen und die Künste der kreativen, luftigen Typen?
Was wäre die Welt ohne die stabilisierende Kraft und Ausdauer der erdigen Typen?
Was wäre die Welt ohne die mitfühlenden, ausgleichenden, Herzwärme spendenden wässrigen Typen?

Eine ideale Firma besteht
aus Vata-Persönlichkeiten als spontane Ideengeber und kreative, künstlerische Planer,
aus Pitta-Persönlichkeiten, die diese Ideen ausarbeiten, umsetzen und vorantreiben sowie
aus Kapha-Persönlichkeiten, die die Genauigkeit und Effizienz überwachen
und gegebenenfalls auf Fehler hinweisen.

Die Sternzeichen

Nun kommen wir zur Astrologie, denn das Sternzeichen, unter dem wir geboren sind, übt einen maßgeblichen Einfluss auf unser Wesen aus.
Unsere Sonne beschreitet innerhalb eines Jahres, also in 365 Tagen, ihre ekliptische Bahn. Nach einem Jahr steht sie wiederum genau an dem Himmelspunkt, an dem sie ihre Wanderung begann. Die Astrologen teilten diese Sonnenbahn in zwölf gleiche Teile: die Tierkreiszeichen. Die Tierkreiszeichen sind entgegen dem Uhrzeigersinn auf dieser Ekliptik angeordnet. Das ist der Siderische Tierkreis.
Es gibt noch das astrologische System des Tropischen Tierkreises, hier bleibt der Frühlingspunkt stets bei 0° Widder, während beim Siderischen Tierkreis die Sternbilder rückläufig sind.

Bei unserer Geburt zeigt der Stand der Gestirne, die Konstellation genau an, unter welchem Sternbild wir stehen. Wie bereits in diesem Kapitel erwähnt, werden in unserem Kausalkörper alle unsere Aktivitäten und Bemühungen, erworbenen Fähigkeiten, alle Taten und unser spiritueller Fortschritt aufgezeichnet.
Bei unserer neuen Inkarnation nehmen wir diese gespeicherten Informationen des Kausalkörpers mit, und wir kommen genau zu dem Zeitpunkt auf die Welt, der unseren künftigen Aufgaben entspricht. Das Horoskop zeigt genau die Konstellation zum Geburtszeitpunkt an. Und alle Lebensaufgaben, das mitgebrachte Karma und die Fähigkeiten, scheinen darin auf. Das Sternzeichen, unter dem wir geboren werden, beeinflusst unsere Wesensart.
Es gibt eine Differenzierung der Tierkreiszeichen **nach den Elementen**. Vorhin hatten wir bereits eine ähnliche Typenbeschreibung aus der griechischen Antike.

Alle **Feuerzeichen** zeichnen sich aus durch Impulsivität, Temperament, Energie, Ehrgeiz und Macht. Die Feuerzeichen sind Widder, Löwe und Schütze.

Alle **Luftzeichen** zeichnen sich aus durch Neugier, Freiheitsliebe, Kontaktfreudigkeit und Ablenkbarkeit. Die Luftzeichen sind Zwillinge, Waage und Wassermann.

Die **Erdzeichen** zeichnen sich aus durch Traditionsbewusstsein, Verantwortungsbewusstsein, Ordnungssinn und Sachlichkeit. Die Erdzeichen sind Stier, Jungfrau und Steinbock.

Die **Wasserzeichen** zeichnen sich aus durch Kreativität, Fantasie, Sensibilität und Fürsorglichkeit. Die Wasserzeichen sind Krebs, Skorpion und Fische.

Der Stand der Sonne (das Geburtsdatum), der Aszendent (der Zeitpunkt der Geburt und Geburtsort), die Planeten und ihre Einflüsse, die Jahresregenten und die Häuser müssen zu einer korrekten Berechnung eines Horoskops herangezogen werden. Das hier Aufgezählte stellt nur das Wichtigste bei der Erstellung eines Horoskops dar, es gibt da noch u. a. die Aspekte und Mondknoten (schicksalhafte, karmische Belastungen).

Während ein Sonnenzeichen einen ganzen Monat seine Wirkung entfaltet, so begrenzt der Aszendent den Zeitraum auf zwei Stunden. Da die Gestirne immer in Bewegung sind, geht alle zwei Stunden ein neues Sternzeichen am Horizont auf und das zur Geburtszeit aufsteigende Zeichen ist der Aszendent.

Bei den Beschreibungen der Sternzeichen dürfen wir den Einfluss des Aszendenten nicht vernachlässigen. Daher gibt es so viele verschiedene Fische, Löwen und Widder usw. Der Aszendent kann das Sonnenzeichen sehr dämpfen oder verstärken.

Es folgt nun ein Überblick über die Sternzeichen, ihre Eigenschaften und Elemente, die Planeten sowie die Häuser:

Sternzeichen	Haus	Planet	Eigenschaften	Element
♈ Widder	1. Haus	Mars	unternehmungslustig, draufgängerisch, eigenwillig	Feuer
♉ Stier	2. Haus	Venus	beharrlich, anhaftend, genießerisch, liebt Ästhetik	Erde
♊ Zwilling	3. Haus	Merkur	neugierig, kontaktfreudig, schnelles Denken	Luft
♋ Krebs	4. Haus	Mond	empfangend, fürsorglich, gefühlsbetont	Wasser
♌ Löwe	5. Haus	Sonne	dynamisch, geltungsbedürftig, beschützend, stolz	Feuer
♍ Jungfrau	6. Haus	Merkur	analytisch, kritisch, arbeitsam, zuverlässig	Erde
♎ Waage	7. Haus	Venus	verbindend, diplomatisch, gesellig, schönheitsliebend	Luft
♏ Skorpion	8. Haus	Pluto (Mars)	defensiv, engagiert, widerstandsfähig, tiefgründig	Wasser
♐ Schütze	9. Haus	Jupiter	freiheitsliebend, enthusiastisch, idealistisch, begeisterungsfähig,	Feuer
Steinbock	10. Haus	Saturn	verantwortungsbewusst, ernst, ausdauernd, sachlich, kühl	Erde
♒ Wassermann	11. Haus	Uranus (Saturn)	individualistisch, freiheitsliebend, intellektuell, originell	Luft
♓ Fische	12. Haus	Neptun Jupiter	hilfsbereit, beeinflussbar, mitfühlend, medial	Wasser

Das **Geburtsdatum** entscheidet, welchem Sternzeichen wir unterstehen.

Widder	21. März bis 20. April
Stier	21. April bis 20. Mai
Zwillinge	21. Mai bis 21. Juni
Krebs	22. Juni bis 22. Juli
Löwe	23. Juli bis 23. August
Jungfrau	24. August bis 23. September
Waage	24. September bis 23. Oktober
Skorpion	24. Oktober bis 22. November
Schütze	23. November bis 21. Dezember
Steinbock	22. Dezember bis 20. Januar
Wassermann	21. Januar bis 19. Februar
Fische	20. Februar bis 20. März

Nun spielen bei einem Horoskop auch die ***Planeten*** eine große Rolle. Sie sind die Herrscher der Tierkreiszeichen. Was ist die Bedeutung der Planeten im Horoskop und was zeigen sie an?

Sonne:
Die Sonne zeigt das innere Wesen, die Persönlichkeit und das eigentliche Selbst, den göttlichen Funken des Menschen an. Sie zeigt die Tagseite des Menschen, im Gegensatz zum Mond. Die Sonne spiegelt die Potenziale wider, die jemand mitgebracht hat. Diese Potenziale müssen in der Erziehung gefördert werden. Wir dürfen sie uns nicht blockieren lassen aus der Umgebung. Die Sonne symbolisiert die Selbstentfaltung. Sie zeigt Lebenskraft und Vitalität.

Mond:
Er bestimmt das Gefühlsleben, die Emotionen. Der Mond entspricht allem, was mit Familienleben und frühester Kindheit zu tun hat, dem Mutter-Kind-Verhältnis, außerdem dem Unterbewusstsein, dem Traumleben und der Nacht.

Merkur:
Er symbolisiert das Denken, unser Bewusstsein, die zwischenmenschliche Kommunikation. Er ist wichtig in Bezug auf die Lernfähigkeit.

Venus:
Sie symbolisiert unsere Fähigkeit zu Liebe, Zuneigung und Erotik. Venus hat auch einen Bezug zu Luxus und den angenehmen Dingen des Lebens, zur Schönheit, Freundlichkeit.

Mars:
Er bestimmt das Willens- und Triebleben. Er ist der Planet der Tatkraft und Umsetzung, auch der Aggression.

Jupiter:
Er ist der Planet der Erweiterung, des Wachstums, Glaubens, Optimismus, konstruktiven Zusammenlebens in der Gesellschaft.

Saturn:
Er ist der Planet der Einschränkung, der Begrenzung und von ihm kommen die Lernaufgaben für die Seele. Er spiegelt die Tiefe, aber auch Depression, Pessimismus und Rückzug.
Bis zur Entdeckung des Uranus 1871 n. Chr. galt das traditionelle System der 7 Planeten. Im neueren System werden Uranus, Neptun und Pluto mit einbezogen.

Uranus, Neptun und Pluto werden auch »geistige Planeten« genannt, da sie den Rahmen unserer materiellen Existenz sprengen. Sie kennzeichnen eine neue Ära der Bewusstseinserweiterung. Uranus hat im Wassermann-Zeitalter großen Einfluss, dazu Näheres im Kapitel über die Zeit.

Uranus:
Er ist der Planet, der neue, kreative Möglichkeiten aufzeigt, er bewirkt plötzliche Veränderungen, aber auch Chaos. Sein Einfluss fördert allumfassende, intuitive Erkenntnisse.

Neptun:
Er weist den Weg aus der Beschränkung des Materiellen. Er kann aber auch die Flucht aus der Wirklichkeit bedeuten. Eine Neptun-Qualität ist Einfühlsamkeit. Durch seinen Einfluss wird die persönliche Liebe zur allumfassenden. Der Neptun hat Bezug zum Mystischen.

Pluto:
Er steht für den Willen zur völligen Erneuerung. Ob dies durch äußere Gewalt oder aus innerlicher Kraft geschieht, hängt wesentlich von der geistigen Reife des Menschen ab.

Generell symbolisieren Sonne und Mond die Urkräfte Yang und Yin, das Männliche und Weibliche, das menschliche Ich, das sich entfaltet.
Merkur, Venus und Mars sind die Werkzeuge für das Denken, das Empfinden und Spüren sowie für das Handeln.
Jupiter und Saturn sind die Planeten, die im gesellschaftlichen Leben, in Kultur und Zivilisation wirken. Jupiter trägt zu Glück und Harmonie bei, Saturn gibt die nötigen Grenzen und Lernaufgaben.

In der Tabelle sind die jeweiligen ***Häuser*** den Tierkreiszeichen zugeordnet. Auf ihre Bedeutung möchte ich nun kurz eingehen. Die **Themen** der Häuser, in denen unsere meisten Planeten stehen, werden in unserem Leben eine große Rolle spielen. Aber grundsätzlich ist jedem Tierkreiszeichen ein Haus zugeordnet.

Die Themeninhalte der 12 Häuser (oder Felder) im Horoskop sind:

♈ Widder 1. Haus
Es bezieht sich auf die Selbstdarstellung und Eigenausdruck. Es geht um die Identitätsfindung. Je ehrlicher und authentischer wir unsere Individualität zum Ausdruck bringen, umso besser ist es für die Partnerschaft, die im 7. Haus Ausdruck findet.

♉ Stier 2. Haus
Es bezieht sich auf unsere Mittel, den Besitz und den Selbstwert. Hier geht es um die Themen von Verlust oder Gewinn, Finanzen, Absicherung.

♊ Zwilling 3. Haus
Es bezieht sich auf Kommunikation, Austausch mit Verwandten und Nachbarn, Sprache, intellektuellen Ausdruck und kurze Reisen.

♋ Krebs 4. Haus
Es bezieht sich auf Familienleben, Herkunft, Tradition und Innenleben, Geborgenheit.

♌ Löwe 5. Haus
Es bezieht sich auf Abenteuerlichkeit, Kreativität, Entfaltung der Persönlichkeit, Erwerb von Geld und Ansehen.

♍ Jungfrau 6. Haus
Es bezieht sich auf Arbeit, Existenz, Gesundheit, Krankenpflege.

♎ Waage 7. Haus
Es bezieht sich auf Partnerschaften und Verträge, Suchen nach Harmonie, soziale Kontakte.

♏ Skorpion 8. Haus
Es bezieht sich auf Statusstreben, gesellschaftliches Engagement, Stirb- und Werdeprozess im Zusammenhang mit Machtkonflikten, geistigen Besitz, innerliche Kräfte, Regeneration.

♐ Schütze 9. Haus
Es bezieht sich auf geistige Bereicherung und lange Reisen ins Ausland, Religion, Philosophie, Bewusstseinserweiterung.

♑ Steinbock 10. Haus
Es bezieht sich auf den Platz in der Gesellschaft, Beruf und Berufung, Autorität und Karriere.

♒ Wassermann 11. Haus
Es bezieht sich auf Freunde, Kameraden, Vereine, Gruppen, Gleichgesinnte, höhere Ideale für eine neue Gesellschaft

♓ Fische 12. Haus
Es bezieht sich auf Innenwelt, Traumwelt, Transzendenz, Verlust, Isolation, Loslassen und Ergebenheit in sein Schicksal, Annehmen seiner Grenzen.

Eigenschaften des Geistes – Sattva, Rajas, Tamas

Im Verständnis von Ayurveda und Yoga bewirken drei Kräfte der Kosmischen Intelligenz die Eigenschaften des Geistes. Es sind die wichtigsten Kräfte, die unser **spirituelles Wachstum** bestimmen. Es sind die drei Eigenschaften (Trigunas) des Geistes und werden als Sattva, Rajas und Tamas bezeichnet.
Sattva beschreibt den hellen, bewussten und spirituellen Geist, **Rajas** den aktiven, schöpferischen und leidenschaftlichen Geist und mit **Tamas** meinen wir den trägen, desinteressierten und dumpfen Geist.

Sattva ist das Prinzip der Reinheit, der Intelligenz. Es verleiht Gleichgewicht und Harmonie. Es ist das Streben nach Spiritualität und geistigem Wachstum. Durch das Ansteigen von Sattva gewinnt man Frieden und Harmonie und Heilung.

Rajas ist das Prinzip der Bewegung und Energie, der Leidenschaft, das Ungleichgewicht verursacht. Es bringt Disharmonie mit sich und kann so eine vorhandene Balance zerstören. Es ist die Kraft der Leidenschaft, die Kummer und Auseinandersetzungen schafft.

Tamas ist das Prinzip der Substanz, der Passivität. Diese schafft Trägheit, die der Kraft von Sattva und Rajas entgegenwirkt in Form von Dunkelheit und Unwissenheit.
Tamas wirkt als Schwerkraft, die die Dinge verlangsamt und sie in einer spezifischen, begrenzten Form hält. Tamas bewirkt Verfall und Auflösung sowie Unwissenheit und Selbsttäuschung.

Einen wesentlichen Einfluss auf unseren Geist üben unsere Lebensgewohnheiten, vor allem die Ernährungs- und Trinkgewohnheiten aus. Im Kapitel »Im Einklang leben durch harmonische Schwingungen« komme ich auf dieses Thema noch einmal zurück.

Es gibt sieben Bewusstseinsebenen des Menschen:

1. **Der Materialist**: Er akzeptiert nur »Tatsachen« die er mit seinen Sinnen erfassen kann. Er ist wissenschaftsgläubig. Für ihn gibt es nur die Lebensspanne von Geburt bis zum Tode und seine Interessen kreisen nur um materielle Dinge.
2. **Der positive Denker**: Für ihn sind die Gedankenkräfte Quelle der Macht und er setzt sie positiv zu seinem Nutzen ein.
3. **Der soziale Mensch**: Seine Interessen gelten dem Wohle seiner Mitmenschen und er setzt sich dafür ein und sieht im Dienst an anderen und an der Gemeinschaft seine Aufgabe. Er liebt seinen Nächsten wie sich selbst.
4. **Der geistige Mensch**: Er hat die geistigen Gesetze, die die Materie beherrschen, erkannt und lebt nach ihnen. In Kenntnis der geistigen Gesetze gestaltet er sein Leben ganz bewusst und strebt immer mehr nach geistigen Erkenntnissen.
5. **Der religiöse Mensch**: Er lebt nach dem Motto »Herr, Dein Wille geschehe« und stellt sich als Werkzeug für den göttlichen Willen zur Verfügung. Dazu hört er auf die innere Stimme der Intuition und begibt sich ganz in die göttliche Führung. So erfüllen ihn seine Aufgaben mit Freude.
6. **Der Erleuchtete**: Nachdem der religiöse Mensch kurze Augenblicke der Erleuchtung hat, ist der Erleuchtete ständig in der Erkenntnis der Wirklichkeit. Aus diesem Bewusstsein dient er seinen Mitmenschen und hilft ihnen, bewusstseinsmäßig zu erwachen. Er lehrt sie in Liebe und lebt nach seinen Erkenntnissen als Vorbild.
7. **Der Heimgekehrte**: Das sind jene, die die vollkommene Meisterschaft erlangt haben und ständig in der göttlichen Wahrnehmung leben. »Der Vater und ich sind eins.« Sie inkarnieren freiwillig, um der Schöpfung zu dienen. Es sind die wahrhaften Gott-Menschen und spiegeln das Göttliche vollkommen wider.

Auf der ersten Bewusstseinsebene ist der Mensch noch weitgehend dem Einfluss von Rajas und Tamas unterworfen. Auf der zweiten und dritten Bewusstseinsebene wird der Einfluss von Tamas immer mehr zurücktreten, Rajas wirkt aber noch stark. Aber je höher die Bewusstseinsebene des Menschen wird (ist), umso mehr und leichter entwickelt er eine sattvische Geisteshaltung und bevorzugt eine sattvische Lebensweise. Die Gefahr des Abgleitens in eine rajasische und tamasische Geisteshaltung wird immer seltener.

Wie erkennen wir sattvische Menschen?
Ein Mensch mit sattvischem Geist ist erwacht, spirituell/religiös mit freudigen, lichten und edlen Gedanken. Er liebt die Meditation, das Gebet und die Gemeinschaft von spirituellen Menschen.
Er beschäftigt sich mit »Genüssen«, die im Einklang mit der menschlich/seelischen Entwicklung stehen und diese fördern, oder er neigt zu Askese und Loslösung von materiellen Anhaftungen. Er ist ausgeglichen, ruhig und von heiterer Fröhlichkeit bzw. Gelassenheit. Er ist genügsam, zufrieden und sieht Dinge, die ihm zukommen, als Geschenk Gottes an. Er beneidet niemanden, und wenn ihm Übles widerfährt, so verzeiht er schnell und ist nicht nachtragend. Das kann so weit gehen, dass er die böse Absicht nicht einmal erkennt.

Er lebt nach dem Ideal der Gewaltlosigkeit (Ahimsa). Er sagt und denkt immer die Wahrheit und lügt nie. Er achtet auf geistige und körperliche Reinheit. Er ist freundlich und hilfsbereit zu Untergebenen und respektvoll zu Höherstehenden. Liebe und Weisheit leiten seine Handlungen. Er hat ein hohes ethisches Ideal.

Wie erkennen wir Menschen, die unter dem Einfluss von Rajas stehen?
Ein Mensch mit rajasischem Geist ist aktiv, arbeitsam und geschäftstüchtig. Er strebt stets nach Erfolg und Anerkennung, wobei ihm die Mittel und Wege relativ egal sind. Er ist kämpferisch, überaus ehrgeizig und hat ein hohes Durchsetzungsvermögen. Er ist leidenschaftlich, an Sinnesbefriedigung angehaftet und meist ruhelos in seinem Tatendrang. Er ist zielstrebig mit hoher Ausdauer, jedoch oft sehr verbissen. Er ist materiell angehaftet, und seine Interessen sind selten spirituell/religiös ausgerichtet. Er hat ein gewisses Gerechtigkeitsempfinden: Er wird diejenigen, die ihm loyal und demütig untergeben sind, immer beschützen. Bei Widerstand und Auflehnung wird er jedoch schnell aggressiv und zornig. Auch sonst ist er leicht aus der inneren Balance zu bringen. Er verzeiht schwer und hasst lange. Er liebt die Gemeinschaft von erfolgreichen Menschen und sieht geringschätzig auf Schwächere herab.

Wie erkennen wir Menschen, die unter dem Einfluss von Tamas stehen?
Ein Mensch mit tamasischem Geist ist träge, faul und nicht an Wissen und Bildung interessiert. Er hasst Verantwortung und verdrängt gerne. Er flüchtet sich in übermäßigen Schlaf und jegliche Art von geistiger Betäubung wie Alkohol und Drogen etc. Er nimmt nur ungern Ratschläge und Belehrungen an, besitzt keinen Ehrgeiz und will meist in Ruhe gelassen werden. Er ist unsauber in seinen körperlichen und geistigen Gewohnheiten. Er ist oft überheblich, zynisch, selbstherrlich und hat oft eine (selbst) zerstörerische Lebenshaltung. Er neigt zu Atheismus oder Geisterglaube, wie Spiritismus oder gar Satanismus. Er erträgt nur die Gemeinschaft seinesgleichen, und oft ist er ein Einzelgänger.

Es ist wichtig zu wissen, dass die Eigenschaften des Geistes Einfluss auf unsere körperliche Verfassung nehmen können (Geist herrscht über Materie).
Der geistige Zustand ist jedoch im Gegensatz zur angeborenen Konstitution (Vata, Pitta oder Kapha) nicht fixiert, sondern jederzeit durch geeignetes Interesse, geistiges Training, richtigen Umgang bzw. richtige Gesellschaft, richtige geistige und körperliche Nahrung etc. zum Positiven **veränderbar**.
Befindet sich jemand im **tamasischen** Geisteszustand, so kann er zunächst **nur über Rajas,** der Kraft der geistigen Leidenschaft, aus seiner Trägheit und Lethargie herausgerissen werden, damit er sein Leben ändern kann. Eine sattvische Lebensweise und Geisteshaltung sollte letztendlich angestrebt werden.

Fünf Geburten des Menschen

Die **erste Geburt** des Menschen erfolgt mit der Zeugung, der Empfängnis. Zu diesem Zeitpunkt beginnt unsere Entwicklung. Die Seele sucht sich ihre Eltern je nach ihrem Lebensplan, den notwendigen Lernschritten und nach karmischen Umständen aus. Das wollen wir oft nicht gerne wahrhaben, vor allem, wenn unser Verhältnis zu den Eltern schwierig ist. Aber die Seele sucht sich nicht immer den bequemen, angenehmen Weg für eine Inkarnation aus, sie will aus Erfahrungen lernen und Fortschritte machen.
Die Verantwortung der Eltern beginnt bereits schon in der **vorgeburtlichen Phase**. Je nach der Lebensweise der Eltern, besonders der Mutter, finden in diesem Stadium die ersten unbewussten Prägungen statt. Auch die spätere Gesundheit wird maßgeblich beeinflusst.

2. Bei der **eigentlichen Geburt** findet die erste Prägung, der **erste Eindruck** vom Leben statt. Hier entscheidet sich, wie das Neugeborene das Leben empfindet – lebensbedrohlich, fremd, oder liebevoll und geborgen. Das einschneidende Erlebnis der Geburt wird im Unterbewusstsein gespeichert, und wirkt sich auf das ganze Leben aus. Nur durch Selbsterkenntnis und mentales Umerleben, durch Lösen der Blockaden, können Leid erzeugende Prägungen wie z. B. Ängste, später gelöscht werden.

Die Seele formt in den 9 Monaten der Schwangerschaft den physischen Körper nach dem Entwurf des Kausalkörpers. Die ersten drei Lebensjahre muss die Seele sich immer mehr mit dem physischen Körper verbinden. Das Kind hat noch kein Ich-Bewusstsein. Es ist ganz mit der Mutter verbunden.

3. Die Geburt zu sich selbst

Jedes Kind macht eine Trotzphase durch, es lernt, »nein« zu sagen und sich gegen die Umwelt zu behaupten. Es wird **sich als das »Ich« bewusst** und kann die **anderen als »Du«**, getrennt von sich, **erkennen**. Die Individualität ist damit erwacht. Der nächste Entwicklungsschritt ist getan und sollte positiv gesehen werden. Natürlich ist diese Zeit für die Eltern nicht leicht, sie stellt eine Herausforderung dar.

Behutsame Erziehung, die dem Kind nicht den Willen bricht und andererseits aber auch einen Halt gibt, ist wichtig für seine Persönlichkeitsentwicklung. Dazu gehört das Schützen und Pflegen seiner Talente und Stärken und das Ablenken seiner Schwächen auf konstruktivere Verhaltensweisen. Die Mutter hat die Aufgabe, das Wesen ihres Kindes zu pflegen, auch der Vater nimmt eine wichtige Rolle in dieser Phase ein. Er soll das Kind beschützen, es führen und seine Ich-Bildung unterstützen.

Verläuft die Kindheit einschränkend, muss man die schädlichen unterbewussten Lernprogramme erkennen und auflösen – ein mühsamer Weg zum Selbstwertgefühl und Selbstbewusstsein.

Ganz wichtig ist es, Kinder in ihrem Seelenleben zu fördern, und ihnen ein positives Gottesbild zu vermitteln, in dem sie sich getragen fühlen. Es ist wichtig, die Kinder in ihren frühen Wahrnehmungen ernst zu nehmen. Bei ihnen sind noch die »Seelenfenster« offen und sie nehmen das Feinstoffliche wahr. Oft reden sie dann mit einem unsichtbaren Kameraden, wenn sie spielen und sich unbeobachtet fühlen. Das kann ihr Schutzengel oder geistiger Freund sein. Man sollte auch ihre Erinnerungen an frühere Leben, wenn sie hoch kommen, ernst nehmen.

4. Die Pubertät

In der Pubertät machen junge Menschen eine schwierige Zeit durch. Sie empfinden körperlich oft wie Erwachsene, werden aber noch wie Kinder behandelt. Diese Zeit ist eine **Doppelgeburt**, einerseits in die Rolle als Mann oder Frau, andererseits in die Rolle als Gemeinschaftswesen, als Glied in der Gesellschaft.

Es ist die Zeit der Selbstfindung, die am leichtesten in einer Gruppe bewältigt wird – solange der junge Mensch nicht gefestigt ist. Wichtig ist der richtige Umgang – hier liegen große Gefahren verborgen. Hier zeigt sich, wie viel Halt der junge Mensch in der Kindheit, in der Familie erhalten hat. Aber eine starke, reife Seele macht aus den schlechtesten Umständen das Beste.

Leider werden den Kindern heutzutage häufig nur materielle Werte (Geld, Ausbildung, Karriere) als erstrebenswert vorgestellt. Dann bleiben viele im Ego stecken und haben als Erwachsende »Kinderprogramme«. D. h., sie reagieren als Erwachsene immer noch wie kleine Kinder, sind **Ich-bezogen**, verletzlich und trotzig, oft genug das ganze Leben lang.

Die Seelen- und Herzensbildung, **die Vermittlung von Lebensweisheit**, die Ausbildung und Förderung der geistigen Fähigkeiten, werden bei der Erziehung heutzutage oft vernachlässigt.

So hat der junge Mensch kaum die Werkzeuge, die Aufgaben in einer Ehe und Familie zu bewältigen. Durch die geistige Unwissenheit entstehen die meisten Lebens-Probleme.

Die Hauptaufgaben des Lebens, die Seelen- und Herzensbildung sowie die Ausbildung der geistigen Fähigkeiten, kommen bei vielen Menschen in ihrem Leben zu kurz. Aber in der nächsten Inkarnation bekommt der »Sitzengebliebene« die Möglichkeit, seine Lektionen und Lernprozesse zu wiederholen bzw. nachzuholen.

Je früher ein Mensch den wahren Sinn seines Lebens, sein wahres Wesen erkennt, kann er der Menschheit als Ganzes dienen und sein schlummerndes Potenzial entfalten, seine Lebensaufgabe erfüllen.
Bis er zu sich selbst und aus der Täuschung der Maya aufwacht, sein wahres unsterbliches Wesen erkennt, können Inkarnationen vergehen. Maya ist die illusionierende Kraft innerhalb der materiellen Schöpfung, die das Wirkliche als unsichtbar und das Unwirkliche als sichtbar erscheinen lässt. Maya lässt uns vergessen, dass wir ewige spirituelle Seelen sind, und hilft uns, uns mit der materiellen Existenz zu identifizieren. Im späteren Kapitel »Im Einklang leben mit Gott« wird darauf näher eingegangen.

5. Die geistige Geburt
Die geistige Geburt erfolgt, wenn der Mensch sich als individualisierter Teil des Schöpfers erkennt. Die Prioritäten sind nicht mehr vordergründig materielle Ziele, sondern geistige Erkenntnis und spirituelle Entwicklung. Die Führung übernimmt das Hohe Selbst, das ICH BIN. Der Ego-Eigenwille tritt zurück und der Mensch geht in Harmonie mit Gottes Willen. Das ist der Weg zur weiteren Vervollkommnung, zur Bescheidenheit, in dem Bewusstsein des wahren Selbst.
Ideal ist ein Ausgleich zwischen materiellem und spirituellem Leben. Man freut sich an allem Schönen, man erkennt seine **wahre Berufung** und **dient**.

Die Lebenszyklen des Menschen

Jeder Mensch durchläuft alle 7 Jahre einen neuen Zyklus seines Lebens. Bei einer Lebensspanne von 84 Jahren durchlaufen wir 12 Zyklen. Alle 7 Jahre ist unser Körper vollständig erneuert.
Der geistige Entwicklungsweg eines Menschen, auch als »der königliche Pfad«, »der Einweihungsweg der Seele« oder »Gralsweg« bezeichnet, verläuft ebenfalls in 12 Stufen. Die Zeitdauer, die jeder Mensch zur Vollendung einer Entwicklungsstufe braucht, kann verschieden sein und individuell abweichen, je nach Bewusstseinsstufe. Aber die Reihenfolge der geistigen Entwicklungsstufen verläuft unumstößlich und präzise.

Der Österreicher Hans Sterneder, (1889-1981), bekannt durch seine Dichtkunst und den Einweihungsroman »Der Wunderapostel«, war auch weitgereister Forscher, der sich mit den großen Religionen der Welt und ihren Mythologien intensiv befasste.
In seinem Werk »Tierkreisgeheimnis und Menschenleben« legte er auf eindrucksvolle Weise die körperlichen Lebenszyklen und geistigen Entwicklungsstufen im menschlichen Leben anhand des **astrologischen Tierkreises** nieder. Auf einzigartige Weise entschlüsselte er die Bedeutung der Sigel der Tierkreiszeichen. Daraus lässt sich die tiefe Weisheit uralter Kulturen ablesen.

Wichtig ist bei all diesen Betrachtungen die Erkenntnis, dass es zwei Zeiteinteilungen gibt: Den **Zeit**-Kalender des Jahres und den **Lebens**-Kalender des Tierkreises. Sie treffen auf unserer nördlichen Erdhalbkugel zusammen. Im Frühling der Widder als Lebensanfang, im Sommer der Krebs als Lebens-Hochstand, im Herbst die Waage als Lebensmitte und im Winter der Steinbock als Alter.
Diese beiden Kalender sind auf der südlichen Erdhalbkugel genau entgegengesetzt. Dort trifft der Steinbock auf den Sommer, die Waage auf den Frühling, der Widder auf den Herbst und der Krebs auf den Winter. Aber die 12 Lebenszyklen bleiben stets die gleichen.

Ich werde nun die einzelnen Lebenszyklen und geistigen Entwicklungsstufen des Menschen aus **astrologischer** Sicht beschreiben und parallel dazu auch den **Zusammenhang** mit den

7 **Chakren** – den feinstofflichen Energiezentren – mit den verschiedenen Lebenszyklen und Entwicklungsstufen des Menschen aufzeigen.

Aus dem **Geburtsmonat** ergibt sich unser **Sternzeichen**. Der Tierkreis beherrscht nicht nur das Jahr und teilt es in 12 Monate, er teilt auch den 24-Stunden-Tag in 12 Zwei-Stunden, sodass innerhalb eines Tages alle 2 Stunden ein anderes Tierkreiszeichen »regiert.«
Durch das über den Horizont »heraufsteigende« Tierkreiszeichen in unserer **Geburtsstunde**, ergibt sich unser **Aszendent**.
In ihrer Weisheit und tiefsten Erkenntnis der kosmischen Gesetze gaben die Weisen vor Jahrtausenden den Sternzeichen Namen, die die Lebenszyklen bildhaft beschrieben und das dahinterliegende geistige Wissen zugleich aber auch verschlüsselten.

Ich werde nun den zyklischen Reigen der Tierkreiszeichen eröffnen:

Für die erste Stufe der Lebensentwicklung – der Geburt – steht das Symbol und Wort »Widder«. Der Widder kämpft mit blindem Lebenserhaltungs- und Selbstbehauptungstrieb so lange mit seinen Hörnern gegen seinen Gegner, bis er siegt. Das gleiche macht eine Pflanze, die ihre ersten Triebe mit unerschütterlicher Kraft durch die harte Erdkrume bohrt oder die Baumknospe, die mit Gewalt ihre Hüllen sprengt.
Bei den Widder-Hörnern und beim aufbrechenden Keimling der Pflanze sowie bei der aufbrechenden Baumknospe können wir das **Sigel des Sternzeichens Widder** erkennen.

♈

Es herrscht vom **21. März bis 20. April**. Es ist die Frühlingszeit, das Erwachen der Natur aus dem Winter. Das bewirkt die Sonne durch die erwärmende Kraft ihrer Strahlen. Es ist die Zeit der Tag- und Nachtgleiche.

Was bedeutet diese Signatur:
Zum einen sind es die Widderhörner, zum anderen schaut so ein neuer Keimling aus, der aus der Erde wächst und sich zuerst teilt. Sie stellt den sprengenden **Geburtsvorgang** dar.
Die Geburt ist ein elementares Ereignis, es zielt auf die Freiwerdung und auf das Heraustreten aus den Mutterhüllen. Alles ist bei der Geburt auf die **Ich-Durchsetzung** gerichtet, so wie die Knospe die harte Hülle sprengt, so auch das Kücken die Eischale durchbricht und der Mensch den mütterlichen Schoß verlässt. Dazu braucht es viel Kraft. Daher ist dieses Zeichen dem **Element Feuer** zugeordnet. **Es ist feurig und dynamisch**. Widder-Geborene tragen auch diese Eigenschaften in sich.
Es bedarf einer gewaltigen Kraft beim Geburtsvorgang. Diese Kraft stammt vom **göttlichen** Geist, dem die alten Weisen der Frühzeit das **Element Feuer** zugewiesen haben. Die inkarnierende **Seele** ist das Bindeglied zwischen Geist und Körper, sie ist das »Lebenslicht« oder die »Lebensflamme« des Menschen.
Diese **Seele** lenkt nun die zahlreichen körperlichen Funktionen ganz aus sich selber heraus – ohne das bewusste Zutun des Menschen. Dazu zählen die Atmung, der Blutkreislauf, die Herztätigkeit, die Verdauung, das Wachsen des Körpers, die Erneuerung des Zellenstaates und die Heilung von Wunden.
Die Seele ist das innerleibliche Feuer. Sie bewirkt jede Bewegung und Willensäußerung.

Der **erste Lebenszyklus** eines Menschen – das sind die **ersten 7 Lebensjahre** eines Kindes – ist ganz auf die **Lebenserhaltung** und die **Ich-Durchsetzung** gerichtet. Diese Zeit ist die prägendste Phase im ganzen Leben. In der Trotzphase entdeckt sich das Kind als eigenständiges Wesen und will sich mit aller Gewalt durchsetzen. Das ist eine schwierige Zeit für Eltern und Kind.

Menschen **im Zeichen des Widders** sind **feurige**, wagemutige und kämpferische Naturen. Sie sind begeisterungsfähig, sehr dynamisch und willensstark, aber auch fleißig, zielbewusst und ehrlich. Gemäß den »Widder-Hörnern« können sie aber auch eigensinnig sein.

Das **Basis Chakra – Muladhara-Chakra – ist der Sitz des Lebenswillens und des Urvertrauens**. So wie sich die ersten Lebensmonate und 7 Lebensjahre gestalten, so entfaltet sich das Basis-Chakra – harmonisch oder gestört. Das **Thema und die Lernaufgabe** für diesen Lebenszyklus ist Urvertrauen, Erdung, Stabilität, Durchsetzungskraft und Lebenswillen.

✿ ✿ ✿

Für die zweite Stufe der Lebensentwicklung – dem Wachsen – steht das Symbol und Wort »Stier«. Wachsen und Nahrungsaufnahme sind die vornehmlichen Themen des Kindes vom **8. bis 14. Lebensjahr**. Es ist die Phase des körperlichen Aufbaues und der Nahrungsaufnahme körperlicher und geistiger Art.

So zeigt sich das **Sigel des Sternzeichens Stier:**

♉

Es herrscht vom **21. April bis 20. Mai**. Es ist die Frühlingszeit, in der Natur wächst alles, auch die jungen Tiere, die geboren wurden. Die Vegetation tritt voll in Erscheinung, es ist der »Liebesmonat«. Überall erfolgt der Auf- und Ausbau des Körpers, sei es bei den Pflanzen, Insekten, Vögeln, jungen Säugetieren. Die Nahrungsaufnahme steht im Vordergrund.

Was bedeutet diese Signatur:
Oberflächlich betrachtet könnte man einen Stierkopf mit seinen Hörnern erkennen. Der Sinn desselben liegt aber viel, viel tiefer. Der Kreis ist das Primäre. Er stellt eine Einheit, das »Neue Wesen« nach der Geburt dar. Und über dem **Kreis** liegt eine **Halbschale**, wie eine Schale zum Füllen. Die Schale will gefüllt werden mit Nahrung. Es ist das beste Symbol für **Nahrungsaufnahme und Wachstum**.
Der Halbbogen kann aber auch den **Halbmond** darstellen. Es ist seit Urzeiten bekannt, dass der Mond das Wachstum der Pflanzen beeinflusst.

Der Stier ist ein **»erdiges«** Zeichen, da die Haupttätigkeit dieses Lebenszyklusses im Aufbau des physischen Körpers, also der Materie, **dem Erdelement**, besteht.
Die **Stier-Geborenen** sind auch meist recht erdverbunden und naturliebend. Sie sind genussfähig und essen gerne und gut. Sie sind wie der Stier ausdauernd, ihre »Hörner« machen sie dickköpfig. Man sollte ihre Geduld nicht überstrapazieren und sie zu sehr reizen, sonst werden sie wie ein wütender Stier.
Im Zeitraum von 8 bis 14 Jahren haben die Kinder stets Hunger, sind oft unersättlich. Ihr Körper braucht zum Aufbau und zum Wachsen Nahrung. In diese Zeit fällt auch die Zeit der Entwicklung zur körperlichen Reife.

Das **Sakral- oder Sexualzentrum – Swadhisthana-Chakra – ist der Sitz des Sexualbewusstseins, der Kreativität und der Lebensfreude.**
Das Thema für diesen **zweiten Lebenszyklus** ist das körperliche Wachstum. Die Lernaufgabe ist, mit der erwachenden Sexualkraft umzugehen, sie zu sublimieren durch kreatives Schaffen und sportliche Aktivitäten, das Entfalten von Selbstwertgefühl und Begeisterung.
Es ist aber auch die Zeit für das **innere geistige Wachstum**. Erfahrungen werden gesammelt, aus dem ursprünglichen Spieltrieb entwickelt sich Wissensdurst. In diesem zweiten Lebenszyklus hat das heranwachsende Kind die stärkste geistige Aufnahmefähigkeit – kurzum – es

ist die Zeit größter Aufnahmefähigkeit an körperlicher und geistiger Nahrung – es ist die Zeit des Nährens und des Wachstums.

❀ ❀ ❀

Für die **dritte Stufe der Lebensentwicklung – der Entfaltung der Zweiheit und Erblühen der Geschlechtsreife – steht das Symbol und Wort »Zwilling«**. Die Themen des jungen Menschen vom **15. bis zum 21. Lebensjahr** sind die Pubertät, die Ausreifung des Körpers zu Mann oder Frau.

So zeigt sich das **Sigel des Sternzeichens Zwilling:**

♊

Es herrscht vom **21. Mai bis 21. Juni**. In vielen Regionen unseres Landes wird die Sommer-Sonnenwende am 21. Juni – dem längsten Tag und der kürzesten Nacht im Jahr – mit Sonnwend- oder Johannisfeuer gefeiert.
In dieser Zeit können wir überall in der Natur das vielfältige Erblühen beobachten. Blühen bedeutet die volle Reife der Pflanze. Es ist aber auch die Zeit der vollen Blüte der Geschlechtsreife – es ist die Zeit des Lebens-Maies. Ohne Blühen gäbe es keine spätere Befruchtung und auch keine Frucht.

In diesem **dritten Lebenszyklus** erwacht das volle Feuer der Sexualkraft. Es ist die Zeit der völligen Umwandlung des halberwachsenen Kindes in erwachsene junge Männer und Frauen. Es ist die Zeit der ersten unschuldigen Liebe.

Es ist auch die Zeit des Erwachens der Seele, das Erahnen der geistigen Welt. Zugleich fängt in dieser Lebensphase die Vorbereitung auf das berufliche Leben in Form einer weiteren Fortbildung oder einer Lehrausbildung an. Der junge Mensch wird so zwischen Geist und Materie hin und hergerissen, und sich mehr und mehr der Dualität, die Zweipoligkeit der Schöpfung – Materie und Geist bewusst.
In diesem Lebenszyklus geht es um die psychische Entwicklung, das Einordnen in die Gemeinschaft und um das Übernehmen von Verantwortung.

Was bedeutet diese Signatur:
Das Sigel besteht aus zwei senkrechten **Balken**, die oben und unten von einem geöffneten Halbbogen begrenzt sind. Die beiden Balken stellen die **Zweipoligkeit** des Lebens dar.
Dieser Lebenszyklus führt aus einem Leben in Einheit in der Kindheit in die Zweiheit von Mann und Frau und in die Erkenntnis, dass die materielle Welt auch einen unsichtbaren, geistigen Urgrund in sich bergen muss. Diese Trennungen stellt das Symbol dar.

Die Chinesen stellen gleichfalls diese Trennung im Yin/Yang Symbol dar. Im Kreis der Einheit werden der helle, männliche +Yang-Anteil und der dunkle, weibliche -Yin-Anteil **geteilt** dargestellt.

☯ ♊

Die **beiden Halbbögen** stellen zwei **Schalen** dar, aus denen der Mensch irdische und himmlische Nahrung aufnimmt. Mutter Erde und Vater Sonne sind zweipolig. Von Mutter Erde erhält der Mensch die irdische Speise, von Vater Sonne erhält er sein Lebensfeuer und seine Lebenskraft.
Die Ausreifung des Geschlechts als auch das Voll-Bewusstwerden der Seele sind unsichtbare, innere Vorgänge. Deshalb ist diesem Tierkreisfeld das unsichtbare **»Luft-Element«** zugeordnet worden.
Zwilling-Menschen sind sehr bewegliche, vielseitige und **luftige** Naturen. Sie reisen gerne. Dem Luft-Element ist das Denken zugeordnet. Deshalb sind Zwillinge **Denker-Naturen**, neugierig, geistig und körperlich sehr schnell und wechselhaft.

Der Solar-Plexus oder Sonnengeflecht – Manipura-Chakra ist der Sitz des Energie- und Körperbewusstseins.
Das Thema dieses Chakras ist die Entfaltung des Energie- und Körperbewusstseins. Die Lernaufgabe für diesen Lebenszyklus ist die volle Entfaltung der Persönlichkeit, der Kraft und Fülle. Das ist ganz typisch für das 15. bis 21. Lebensjahr.
Es geht um Entwickeln des Verantwortungsgefühls durch Übernahme von Pflichten in der Gesellschaft und um die Schaffung einer Basis für eine gesicherte Existenz, auch um das richtige Durchsetzen und Auftreten in der Gesellschaft und um einen adäquaten Ausdruck von Gefühlen.

Für die vierte Stufe der Lebensentwicklung steht das Symbol und Wort »Krebs«. Das Thema der reifen, jungen Frau und des Mannes vom **22. bis zum 28. Lebensjahr** ist die Gründung einer Familie.

So zeigt sich das **Sigel des Sternzeichens Krebs**:

♋

Es herrscht vom **22. Juni bis 22. Juli**.
In dieser Jahreszeit nähert sich das Jahr seinem Zenith. Die Sonne hat den längsten Tagesbogen mit dem höchsten Mittagspunkt.
Zur Zeit der Sommer-Sonnen-Wende am 21. Juni hält die Sonne ihr Höhersteigen an, und **wendet** sich, indem die Tage bis zur Winter-Sonnen-Wende wieder kürzer werden. Ihr Vorwärts-Schreiten verwandelt sich in einen **Rückwärts-Gang**. Dies findet nördlich vom Wendekreis des Krebses, oberhalb des Äquators statt. Südlich des Äquators ist es genau umgekehrt. Dort findet wieder eine aufsteigende Tendenz der Sonnenbahn statt. Die Zahl der Entwicklungsstufen und die Reihenfolge dieser Stufen sind aber die gleichen.
Die Sonne ähnelt in ihrem Rückwärts-Gang tatsächlich einem **Krebs**, und daraus ergibt sich die logische Erklärung für das Tierkreiszeichen Krebs.

Aber auch im äußeren Leben, in der 4. Entwicklungsstufe des Lebens bei Pflanze, Tier und Mensch kehrt eine Wende nach rückwärts ein, wo es noch zuvor in den ersten drei Lebenszyklen stets ein Streben nach **außen** und vorwärts gab.
Mit der Gründung einer Familie, der **Zeugung** eines Kindes, kommt es zu einer **Umkehrung** des bisherigen Entwicklungsweges. Die Zeugung ist ein nach **innen** gerichtetes Geschehen. Die Vereinigung der Samenzelle mit der Ei-Zelle der Frau dient als Grundstein für den physischen Körper des Kindes. Aber damit verbunden ist das Eindringen des belebenden Prinzips – der Seele. Erst durch das Zusammenwirken der geistigen Welt mit der irdischen Welt entsteht neues Leben. Durch das Wirken der Seele als Bauherr entsteht der physische Körper.

Die Jahre großer Herausforderungen im Außen, sei es beruflicher Art oder bei der Existenzgründung, führen oft zu einem Zurückdrängen des geistig/seelischen Lebens.
Viele Menschen bleiben auf dieser Stufe stecken und verfallen dem Materialismus, dem Ehrgeiz, Besitzstreben und Genüssen, und ignorieren höhere Wahrheiten. Sie suchen ihr Glück hauptsächlich im Außen. Mit der Zeit fühlt sich der Mensch immer unglücklicher, weil er immer mehr mit dem Gesetz des Schicksals kollidiert, in die Leiderfahrung geht. Er wird zum geistigen Sucher.
Erst mit der Zeit erwacht allmählich die Einsicht, dass hinter allem Geschehen eine göttliche Ordnung besteht, dass hinter der äußeren Materie das Immaterielle, Göttliche steht und dass die ganze Materie nichts anderes als verdichteter Geist ist.

Wenn der Mensch wieder aus der Täuschung herausgeht und den **geistigen Rückwärtsgang hin** zur **Erkenntnis** antritt, kooperiert er immer besser mit den geistigen Gesetzen und Gottes Willen. Die Rosenkreuzer haben das Tierkreisfeld des Krebses »das Tor des Menschen« genannt. Der Mensch erwacht zur Erkenntnis, **sein Geist wird befruchtet** mit dem **Wasser der Erkenntnis.**

Was bedeutet diese Signatur:
Das Sigel zeigt zwei schräg sich gegenüberliegende, kleine Kreise, von denen jeder einen Bogen aussendet, der nach dem anderen Kreis zustrebt.
Ein Bogen gleicht einer aufnehmenden Schale, der andere spannt sich wie ein Dach darüber.
Die kleinen gegenüberliegenden Kreise stellen die **Samenzelle und die Eizelle** dar, die der Vereinigung zustreben. Die Signatur zeigt das Zusammendrängen der beiden Lebenspole im Augenblick der Zeugung, wobei der darüberliegende Bogen den männlichen Samen darstellt, der sich über den darunterliegenden Bogen, das Ei, senkt – es ist der Augenblick der **Empfängnis.**
Das Sigel stellt auch die **geistige Befruchtung** dar, wobei der Geist der **linke obere** Bogen ist, der sich mit dem sehnsüchtigen Gottsucher vermählt – mit der an die materielle, irdische Welt gebundenen Seele. Die Seele zeigt sich in der Form des **rechten, unteren** Bogens. Die nach Erkenntnis dürstende Seele erhält das »Wasser des ewigen Lebens«.

Die Zeugung und das Austragen des Kindes im schützenden Fruchtwasser sind wässrige Vorgänge. Auch der Krebs lebt im Wasserelement.
Daher sind die **Krebs-Menschen dem Wasser-Element** zugeordnet. Das Wasser stellt die **Gefühlsebene** dar. Krebs-Menschen sind eher beschützende, gefühlsbetonte Menschen, die gerne im Kreise der Familie mit ihren Kindern leben. Sie sind fürsorgliche Menschen.
Wenn sie emotional verletzt sind, ziehen sie sich zurück und schlagen den Rückwärts-Gang ein. Sie kapseln sich innerlich ab – so wie sich der Krebs bei Gefahr in seinen schützenden Panzer begibt. Krebse können aber auch ganz schön mit ihren Scheren »zwicken.«

Das Herz-Zentrum – Anahata-Chakra ist der Sitz des Gefühlsbewusstseins.
Es ist ganz natürlich, dass dieser Lebenszyklus zum Thema die Entfaltung der Herzensqualitäten hat. Ein Kind braucht viel Geborgenheit und Zuwendung.
Wenn wir aus irgendwelchen Gründen keine eigenen Kinder haben (können), können wir unser Herz auch anderen Kindern oder hilfsbedürftigen Menschen im liebevollen Dienst zuwenden. Die Sexualkraft können wir auch umwandeln in Kreativität und schöpferische Schaffenskraft, mit der wir unsere eigenen »geistigen« Kinder zeugen. Das kann in Form von Malen, Musizieren und jeder Art von schöpferischer Tätigkeit geschehen.

Die Lernaufgabe des Herz-Zentrums besteht in der liebevollen Selbstannahme, aber auch in der Hinwendung zum Du, dem Abweichen vom egoistischen Verhalten. Das Herzzentrum ist das Zentrum der Heilung. Mit ihm verbunden ist die Thymusdrüse, die die Immunkraft stärkt. Je mehr wir bedingungslose Liebe leben, umso besser kann Heilung geschehen. Da haben wir in der Familie ein reiches Übungsfeld für diese Lernaufgabe im 4. Lebenszyklus.

Für die fünfte Stufe der Lebensentwicklung steht das Symbol und Wort »Löwe«. Das Thema von Mann und Frau vom **29. bis zum 35. Lebensjahr** vollzieht sich im Weitergeben von Leben und schöpferischem Schaffen. Beide stehen in der vollen Kraft ihres Lebens.

Mit dem 4. Lebenszyklus bis zum 28. Lebensjahr haben wir den **ersten Elemente-Zyklus** von Feuer, Erde, Luft und Wasser und **ein Drittel** des Gesamt-Lebensringes abgeschlossen. Nachdem im 4. Lebenszyklus unsere Persönlichkeit gefestigt wurde, treten wir mit dem 5. Lebenszyklus in eine Phase erhöhter körperlicher und geistiger Kreativität ein.

So zeigt sich das **Sigel des Sternzeichens Löwe**:

♌

Es herrscht vom **23. Juli bis 23. August**.
In dieser Zeit ist die heißeste Zeit des Jahres, oft werden die Strahlen der Sonne als sengend und unbarmherzig empfunden. Die ganze Natur und der Mensch werden mit der Feuerkraft der Sonne aufgeladen. In der Natur geht es um das Nähren der fruchtbildenden Samen. Daher stehen die Pflanzen und Bäume in dieser 5. Entwicklungsstufe in höchster Kraft und Fülle ihrer Säfte. Sie geben den Samen – dem neuen Leben – ihre ganze Kraft.
Auch in der Tierwelt können wir das beobachten. Oft verteidigt das Männchen das Weibchen, das das neue Leben in sich trägt oder verteidigt die Brut. Bei den Vögeln kann man beobachten, dass sich beide an der Aufzucht beteiligen, sie setzen darin ihre ganze Kraft ein.

Das gleiche geschieht beim Menschen. Auch er ist in diesem Lebenszyklus in seiner höchsten Lebenskraft und es ist die ideale Zeit, um Kinder zu zeugen. In der Mutterschaft nährt die Mutter ebenfalls das Kind mit ihren Lebens-Säften. Normalerweise schützt auch der werdende Vater seine schwangere Frau. Die meiste Aufmerksamkeit beider Eltern ist auf das werdende Kind, das Baby und das heranwachsende Kind gerichtet – zumindest wäre das der Idealfall.

Der Mann steht in seinem 5. Lebenszyklus in seiner größten Schaffenskraft und Vitalität. Er hat seine Aufgabe in der Vervollkommnung seines Könnens. In dieser Zeit ist er mit dem Ausbau seines Berufslebens und Besitzes beschäftigt und erfüllt seine Aufgaben in der Gesellschaft. Der Mann vergrößert auch seine Familie. Als Vater beschützt er sie »wie ein Löwe«, wie auch die Mutter beschützend ihre Kinder hegt und pflegt.

Wir zeugen mittels der Sexualkraft in diesem Lebenszyklus nicht nur Kinder, sondern nehmen den Liebesakt als Möglichkeit, unsere Zärtlichkeit und Verbundenheit mit dem geliebten Menschen auszudrücken. Sexualität ohne Liebe stellt eine Verschwendung der Lebenskraft dar. Wir können die feurige Sexualkraft auch bändigen, indem wir sie in **schöpferische, kreative Kraft** umwandeln und schöpferisch handeln. Unser Interesse für höhere Fähigkeiten erwacht allmählich, und wir entdecken die Kraft der Imagination.
In der wachsenden Erkenntnis unserer göttlichen Natur schlagen wir mehr und mehr unseren eigenen Weg ein.

Was bedeutet diese Signatur:
Das Löwe-Sigel zeigt einen **Kreis mit einer Schlinge**. Der Kreis ist uns im Zeichen des Stiers schon begegnet, er stellte den von der Mutter gelösten, jungen heranwachsenden Erdenbürger als Einheit dar. Das zweite Mal begegneten wir dem Kreis im Sternbild Krebs, besser gesagt, in zwei kleinen Kreisen, die der Vereinigung zustreben, symbolisch Samen und Ei. Und im Löwe-Sigel sehen wir auch **einen Kreis**, das durch die Zeugung entstehende neue Wesen.
Dieses Sigel hängt an einem **Faden**, der seltsam geschwungen ist. Die erste Bewegung richtet sich nach oben, die zweite bildet einen Bogen. Die dritte Bewegung ist eine absteigende Linie, die unter den Kreis hinuntersteigt, und als Viertes richtet sich die Bewegung wieder hakenförmig nach oben.
Was für eine Bedeutung haben diese Bewegungen und was steht verschleiert dahinter?
Wenn wir uns vorstellen, dass sich im oberen Bogen ein Kreis befindet, so wird deutlich, dass der Faden diesen imaginären Kreis wie eine Kugel umschließt. Es ist der Kreis der Sonne. Das junge, keimende Leben muss sich die Kraft von der Sonne holen. Die **Sonne** ist der Spender aller Urkraft und Spender allen Lebens. Alles hängt vom **feurigen** Lebenskraftstrom der Sonne ab.
Der aufsteigende Faden stellt den **unsichtbaren Lebensfaden** zur lebensspendenden Sonne dar, mit dem sich das werdende Leben verbindet, es ist der **Lebenswille**. Das werdende Kind ist mit Vater Sonne und der irdischen Mutter verbunden. Die dritte herabsteigende Linie deutet an, dass das werdende Wesen, das an die Lebensquellen angebunden ist, die Lebenskraft zu sich ins Irdische herunterzieht.
Die vierte aufsteigende hakenähnliche Schlinge zeigt an, dass sich das neue Wesen mit der herangeholten Lebenskraft nun im Leben behaupten und aufrichten kann.

Nun wollen wir das Sigel aus geistiger Sicht betrachten. Der große, unsichtbare Kreis – um den sich der Faden schlingt – ist **Gott, die »geistige Sonne**.« Der Faden stellt den **Willen** dar, mit dem sich der wissende Mensch ständig an Gott anbindet, um sich die geistige und sittliche Kraft zu holen, den Versuchungen der negativen Kräfte zu widerstehen. Der Wille hat eine **feurige** Qualität.
Aus dem Gesagten wird deutlich, warum das **Löwe-Zeichen dem Feuer-Element** und der **Sonne** zugeordnet ist. In diesem **fünften Lebenszyklus** steht der Mensch in der höchsten körperlichen Schaffenskraft und in der feurigen Sexualkraft. Das spiegelt sich im Leben wider.
In der zunehmenden Gottes-Erkenntnis und im Erkennen, dass er ein Teil Gottes ist, wird der Mensch immer mehr den Wunsch entwickeln, in Einklang mit Gott zu kommen. Es wird nun das Ziel sein, die Vervollkommnung anzustreben. Da stehen ihm aber noch seine Leidenschaften, Lüste und Wünsche im Weg. Er muss seine ganze **geistige Kraft**, den **feurigen Willen**, einsetzen, um sich zu vervollkommnen. Er muss kämpfen wie ein Löwe.
Löwe-Menschen sind **feurige**, kämpferische **Willens-Naturen** und nehmen auch andere in Schutz. Sie sind stolze Menschen wie der »königliche Löwe.« Die Sonne ist ihr Zeichen, sie haben eine sonnige Ausstrahlung, und lenken die Aufmerksamkeit gerne auf sich. Sie stehen oft im Mittelpunkt. Sie reagieren schnell verletzt.

Das **Hals-Zentrum – Vishuddha-Chakra** ist das Zentrum des gelehrten Austausches und der Sprache. Das Thema und die Lernaufgabe ist der Wissensaustausch, Kommunikation und kreativer Selbstausdruck. Dazu ist der Löwe-Mensch geradezu prädestiniert.
In diesem Lebenszyklus geht es aber nicht nur um Kommunikation und Selbstausdruck.
Es geht auch um die Umwandlung der Sexualkraft in geistige Kräfte. Diese sollen zur Inspiration und Imagination genutzt werden. In dieser Lebensstufe ist der Zugang zu den feineren Ebenen des Seins anzustreben. Es geht um das Loslassen des »alten« Menschen, damit das wahre geistige Sonnen-Wesen in uns immer mehr zum Vorschein kommt.

Für die sechste Stufe der Lebensentwicklung steht das Symbol und Wort »Jungfrau«. Das Thema dieses Lebenszyklusses vom **36. bis zum 42. Lebensjahr** ist körperliche und geistige Reinigung.

So zeigt sich das **Sigel des Sternzeichens Jungfrau**:

♍

Es herrscht vom **24. August bis 23. September.**
Der blaue Septemberhimmel zeigt sich sehr klar und geradezu jungfräulich rein, nicht so wie im Hochsommer dunstig und oft gewitterverhangen. Der Hoch-Sommer neigt sich seinem Ende entgegen, und die Sonnenwärme wird als etwas milder empfunden. Auch die Tageslänge hat bereits stark abgenommen. Es ist die Zeit der nahen Tages- und Nachtgleiche.
Die Pflanzen nähren weiterhin mit ihren Säften die Früchte und Samen. (Die Samen ruhen noch, aber sie tragen die künftigen Körperformen potenziell in sich.) Dazu brauchen die Pflanzen aber Nahrung und Bausteine. Diese holen sie sich aus der **mütterlichen Erde**, um sie dann in Lebens-Säfte für Früchte und Samen umzuwandeln.
Die Erde **nährt** alle, genauso wie die werdende Mutter ihr Kind über die Nabelschnur mit allen Nährstoffen versorgt. Aber in der Natur ist in diesem 6. Lebenszyklus ein allgemeines Abnehmen der Säfte und Kräfte zu bemerken.
Genauso ist es beim Menschen. Auch bei ihm findet eine Abnahme der Lebenskräfte und -säfte statt. Das Feuer der Leidenschaften lodert nicht mehr so stark, es geht in ein gemäßigtes, gleichmäßiges Brennen über. Der Lebens-Sommer klingt allmählich aus.
Im 42. Lebensjahr haben wir zwar die Höhe unseres Lebensweges erreicht, aber wir sind nicht mehr in der vollen Kraft und ermüden schneller. Es machen sich die ersten Zeichen von ungesundem Lebenswandel in Form von Unpässlichkeiten oder Krankheiten bemerkbar. Krankheit ist ein Zeichen, dass wir aus der Harmonie mit dem Schöpfer gefallen sind, es ist ein Verlieren des Einklanges mit Gott, sei es durch unrichtiges Denken, durch ein ungesundes Gefühlsleben, sei es durch ungesunde Ernährung.

Dieser **sechste Lebenszyklus** fordert uns auf, er mahnt uns geradezu, eine **Reinigung des Körpers** vorzunehmen, bevor sich irreparable Schäden am Körper manifestieren können. Im Körper sammeln sich viel leichter Schlacken an. Diese müssen ausgeschwemmt werden.
Dieser Lebenszyklus fordert uns auch auf, eine **geistige Reinigung** vorzunehmen. Unser Körper ist der Tempel des göttlichen Geistes, der Seele.
Bereits im vorigen Löwe-Zyklus hat der Mensch begonnen, mittels feuriger Willenskraft den Versuchungen der Welt zu widerstehen. In dieser Zeit muss er sich bemühen, den Körper von Schlacken und den Geist von allem Unreinen in der Denk- und Gefühlswelt zu befreien. Damit meine ich auch, dass wir uns von schädlichen Denkmustern befreien, die uns nur einengen und kleinhalten. Jetzt haben Körper und Geist noch die nötige Kraft dazu.
Dann entsprechen wir dem Zeichen der Jungfrau in diesem Lebenszyklus, denn die **Jungfrau** ist die Verkörperung der **Unberührtheit und Reinheit**.

Was bedeutet diese Signatur:
Das Sigel sieht aus wie die Zusammensetzung eines kurrenten »m«, an das sich ein lateinisches »p« anschließt. Eine buchstäbliche Deutung kann aber nicht zutreffen. Betrachten wir es näher. Das Sigel besteht aus:

1. zwei senkrechten, gleich langen, kurzen Balken
2. aus einem senkrechten, bedeutend tiefer nach abwärts gezogenen Balken
3. aus drei, diese Balken verbindenden Haarstrichen und
4. aus einer fadenförmigen Schlinge, die aus dem langen Balken wächst, sich nach vollzogenem Bogen rückwärts wendet und den langen Balken durchschneidet.

Von den **drei Senkrechtbalken** hat der letzte eine deutliche Verlängerung und ist zu den anderen dominant. Die drei Senkrechtbalken sind durch dünne Querstriche verbunden.
Sie sehen aus wie drei **Stützpfosten**, wie Lebensfundamente oder Konstruktionen des neuen Wesens. Was stellen diese Stützpfosten dar? **Es sind Geist, Seele und Körper**.
Diese stellen die magische Ur-Dreiheit dar, auf welche der Schöpfer das Sein jedes irdischen Geschöpfes gestellt hat. Die Seele ist das Verbindungsglied zwischen Geist und Körper. Die **Seele** wird durch den **mittleren** Balken dargestellt.
Der **rechte verlängerte betonte Balken** entspricht dem **physischen Körper**. Er spielt im 6. Lebenszyklus die wichtigste Rolle.
Dem letzten Teil, dem bogenförmigen Faden, begegneten wir bereits beim Löwe-Zeichen. Er bedeutet den Lebensfaden. Dieser **Lebensfaden** stellte im 5. Zyklus die Verbindung zur Lebens-Sonne und zur Mutter dar. Folgerichtig muss der bogenförmige Faden beim Jungfrau-Zeichen das vorgeburtliche Wachstum darstellen.

Aus dem rechten Balken wächst der Faden heraus, er bildet wieder einen Bogen. Dieser Teil stellt anschaulich den Vorgang dar, wie sich die Eizelle in die Gebärmutter einnistet und mit ihr verwächst (die Gebärmutter ist der unsichtbare Kreis innerhalb des Bogens).
Dann führt der Bogen wieder zurück zum rechten, verlängerten Körperbalken, geht über ihn hinaus bis hin zum Seelenbalken. Das stellt die innige nährende Verbindung zwischen Mutter und Kind dar.
Dass der Bogen bis zum Seelenbalken hinunterreicht, zeigt, dass die Mutter auch einen starken Einfluss auf die seelische Entwicklung des werdenden Kindes ausübt.
Daraus ergibt sich zwingend, dass die werdende Mutter nicht nur ihren Körper rein halten muss durch reine Nahrung und richtige Lebensweise, sondern auch auf der mentalen/emotionalen Ebene auf Harmonie achten muss!

Das **Jungfrau-Sigel** fordert den Menschen im 6. Lebenszyklus auf, sich aufgrund seiner seelischen Erkenntnisse leiblich zu **reinigen**. Er soll nur die **richtige, reine Nahrung von der Erde** (kreisförmige Schlinge um die unsichtbare Erdkugel) seinem Körper – der durch den rechten, langen Balken dargestellt ist – zuführen.
Nun kommen wir zur **geistigen** Bedeutung dieses Sigels. Der **unsichtbare Kreis**, um den sich der Geist des Menschen schlingt, an den sich der erwachte Mensch mit der Kraft seines Willens anbindet, ist wiederum **Gott**. Die geistige Nabelschnur, mit der er sich mit Gott verbindet, ist der Wille. Durch ihn bekommt er die nötige Hilfe für die geistig/seelische Reinigung. Er muss sich durch viel Disharmonie durchkämpfen.
Dass das ein schmerzlicher Läuterungsvorgang ist, zeigen die spitzen Verbindungsstriche. Wann dieser seelische Entwicklungsprozess einsetzt, ist bei jedem Menschen unterschiedlich.

Es ist bereits hervorgegangen, dass der Mensch im Jungfrau-Siebenjahr die Aufgabe hat, seinen Körper durch die **richtige Nahrung** zu reinigen. Die bekommt er von **Mutter Erde**. Nun schließt sich der Kreis, wie wir es bereits bei der Pflanze gesehen haben.
Aus diesem Grunde ist das **Jungfrau-Zeichen dem Erdelement** zugeordnet.
Es ist auffallend, dass **Jungfrau-Menschen** ein hohes ästhetisches Empfinden haben, Ordnung und Reinheit sehr zugetan sind, und stets auf ein ordentliches und gepflegtes Äußeres achten. Sie sind sehr pflichtbewusst und hilfsbereit, aber auch sehr kritisch.

Das **Stirn-Zentrum oder Drittes Auge – Ajna-Chakra** entspricht dem spirituellen, geistigen Bewusstsein. Wenn es sich entfaltet, setzen übersinnliche Wahrnehmungen ein.
Voraussetzung für die Entfaltung des Dritten Auges aber ist eine **reine Lebensführung** in jeder Hinsicht, körperlich, gedanklich, emotional. Damit können wir den Zusammenhang mit dem 6. Lebenszyklus im Zeichen der Jungfrau erkennen.
Die Humanität sollte im Leben einen immer größeren Raum einnehmen. Durch regelmäßige

Meditation, Verbindung mit Gott, beginnen sich für uns verborgene Dinge des Lebens zu erschließen. Auch das intuitive Erfassen wird sich immer mehr verstärken.
Mit der Entfaltung des Drittes Auges werden höhere Wahrnehmungen, wie Hellsehen, Hellfühlen, Hellhören und Telepathie möglich.

Für die siebte Stufe der Lebensentwicklung steht das Symbol und Wort »Waage«. Das Thema dieses Lebenszyklusses vom **43. bis zum 49. Lebensjahr** ist der harmonische Ausgleich der körperlichen und geistigen Kräfte.

So zeigt sich das **Sigel des Sternzeichens Waage**:

♎

Es herrscht vom **24. September bis 23. Oktober.**
Am Anfang der Waage-Zeit ist die Tag und Nachtgleiche des Herbstes. Tag und Nacht sind gleich lang. Es herrscht in der Natur völliges Gleichgewicht. Licht und Dunkelheit, Wärme und Kühle sind ausgewogen. Und nun haben wir bereits die Erklärung für die Namensgebung des Sternzeichens **Waage**. Aber es gibt noch mehr Begründungen dafür.

So wie im Frühling im Zeichen Widder bei der Tag- und Nachtgleiche des Frühlings die Sonnenbahn (Ekliptik) den Himmels-Äquator überschritt und die Tage bis zur Sommer-Sonnenwende immer länger und die Nächte immer kürzer wurden, so wiederholt sich dieses Geschehen bei der Herbst-Tag- und Nachtgleiche. Die Sonnenbahn überschreitet wieder den Himmels-Äquator. Nur mit dem Unterschied, dass die Tage immer kürzer und die Nächte wieder länger werden bis zur Winter-Sommerwende.

Das können wir auch in der Natur erkennen. Die Blütenpracht geht immer mehr zurück, dafür zeigt sich der Herbst in seiner vollen Farbenpracht in dem sich färbendem Laub. Die Bäume und Sträucher bereiten sich auf den Winter vor und ziehen ihre Lebenssäfte wieder zurück. Aber bevor sie ihre Blätter fallen lassen, geben sie uns noch ein herrliches Schauspiel. Durch die zunehmende Einstellung der Saftzufuhr ebbt das Wachstum der Pflanzen ab. Sie gehen in einen Zustand der Ruhe und welken. Es ist die Zeit der Ernte. Es wird ruhiger in der Natur und die Zugvögel verlassen uns.
Die Sonne hat nur mehr ein mildes Licht und ihre wärmenden Strahlen tun uns gut. Die ersten Morgen- und Abendnebel legen sich über die Landschaft – die ersten Boten des lichtarmen Winters.

Und so geht es auch uns Menschen in diesem **7. Lebenszyklus** vom 43. bis 49. Lebensjahr. Wir werden ruhiger und ausgeglichener, das Feuer der sexuellen Kräfte lässt nach. Es ist nicht mehr so fordernd, aber angenehm wohltuend. In diese Zeit fällt auch das Klimakterium der Frau und ihre Fruchtbarkeit erlischt allmählich. Es zeigt sich auch ein allgemeines Nachlassen der Körperkräfte und unsere Haut beginnt erste Alterserscheinungen zu zeigen, sie welkt.
Wir kommen mehr zur Ruhe, die verantwortungsvollen Pflichten der Kindererziehung sind erfüllt, wir haben wieder mehr Freiraum. Wir beginnen in unserem Leben ganz neue Prioritäten zu setzen, lösen uns mehr und mehr aus den weltlichen Angelegenheiten, und interessieren uns zunehmend für geistige Dinge und vertiefen uns darin. Das tut unserer Seele gut.
So kehrt eine gewisse wohltuende körperliche und emotionelle Ausgeglichenheit ein – die Schalen von Körper und Geist stehen im Gleichgewicht.

In unserer kosmisch-geistigen Seelen-Entwicklung auf dieser siebten Lebensstufe – wann immer wir auch in diese eintreten – stellen sich ebenfalls ein Gefühl des Gleichklangs und eine Ausgewogenheit ein.
Wir haben die geistigen Stürme und Kämpfe mit unserem niederen Selbst, unserer niederen Natur, das Ringen um Reinheit auf jeder Ebene, wie wir sie unter dem Löwe- und Jungfrau-Zeichen hatten, weitgehend hinter uns. Es ist kein Zwiespalt mehr da, weder innerlich mit sich, noch mit der Welt und Gott. Stattdessen erleben wir inneren Frieden und wir leben in Harmonie mit Gott. Das führt zu einem inneren Glück und zu einer Ausgeglichenheit.
Der Mensch ist selbst zur Waage geworden.

Was bedeutet diese Signatur:
Wenn wir das Sigel betrachten, sehen wir, dass es aus einem langen, **waagrecht geführten** unteren **Balken** und zwei kurzen, darüberliegenden Balken besteht, die durch einen **Bogen** in der Mitte verbunden sind.
Es symbolisiert die **Tag- und Nachtgleiche** des Herbstbeginns. Die beiden oberen, gleich langen Balken sind Nacht und Tag und der mittlere **Bogen** stellt die **Sonne** dar, die wir uns darin vorstellen müssen.
Der **untere** längere **Balken** ist die **Erde**, über der die Sonne thront. Die Parallelität des oberen und unteren Balkens zeigt die Ausgeglichenheit des Herbstes. Saat und Ernte haben sich erfüllt, die Sonne gab ihre Kraft und die Erde empfing, alles nach kosmischem Plan.
Nun ist eine Zeit der Ruhe eingekehrt.
Das zeigt auch das Sigel in Bezug auf die **Pflanzenwelt**:
der linke waagrechte Balken ist der Gottesfunke der Pflanze, der rechte Balken der Körper der Pflanze. Die **Sonne**, symbolisiert durch den Bogen, bringt den Gottesfunken und den Körper der Pflanzen zur Ruhe, in Einklang mit der Ruhe der Mutter Erde. Der untere waagrechte Balken ist die **Erde**, mit der die Pflanze aufs Engste verbunden ist.

In Bezug auf die menschliche, **körperliche** 7. Lebensphase symbolisiert der linke, **obere kleine Balken** den **Geist**, der rechte den **Körper**. Es ist das innere Feuer, das in den früheren Lebenszyklen meist zur körperlichen Dominanz führte. Wenn die Fesseln der körperlichen Leidenschaft in den reiferen Lebensjahren nachlassen, kommt der Mensch ganz von selbst in die Balance zwischen Körperlichkeit und Geist. Dadurch kommt auch die **Seele** in Ausgeglichenheit, die im Sigel der Waage als **Bogen** dargestellt wird. Die Seele ist auch unsere innere Sonne.
Der **untere**, parallel laufende **Langbalken** ist die **irdische Welt**, mit der der ausgeglichene Mensch in Einklang ist.

Wenn wir das Symbol aus **geistiger** Sicht betrachten, so stellt der **Bogen Gott** dar. Der kurze, linke Balken ist der **Geist** und der rechte der **Körper**.
Der **untere Balken** ist wiederum die irdische **Welt**. Das bedeutet, dass sich der gottverbundene Mensch mit der irdischen Welt und Gott in Ausgeglichenheit befindet.
Auch auf dem **geistigen Entwicklungsweg** des Menschen spiegeln sich Frieden und Harmonie, wenn der Mensch durch Erkenntnis, Wille und Reinheit in den Zustand des Friedens, der völligen Ausgeglichenheit zwischen Geist, Körper und Seele gekommen ist.
Der Mensch ruht in Gott.

Wenn wir uns noch einmal das Geschehen in der Natur im Herbst und beim Menschen in seinem 7. Lebenszyklus betrachten, so ist es offensichtlich, dass überall eine allgemeine Harmonie und Ausgewogenheit eingetreten ist. **Alles ist in der Waage**.

Und nun ist die Frage, **warum** das Sternzeichen Waage dem **Luft-Element** zugeordnet ist.
Alle bereits beschriebenen Vorgänge, die des Reifens, des Nachlassens des Feuers der Sexualität und die damit verbundene Harmonisierung auf körperlicher und geistiger Ebene, aber

auch der zunehmende Erkenntnis-Prozess, das vorangegangene innere Ringen mittels der Willenskraft mit den niederen Kräften im Löwen, das Bemühen um körperliche und geistige Reinheit in der Jungfrau, spielen sich eigentlich im **Unsichtbaren**, Verborgenen ab. Es sind auch alles seelische Reifeprozesse. In der Symbolsprache bedeutet Luft die Seele.
Deshalb ist diesem 7. Entwicklungszyklus in der Waage das Luft-Element zugeordnet, das ja für uns ebenfalls unsichtbar ist.

Menschen, die im **Zeichen der Waage** geboren sind, streben nach Harmonie. Unfriede und Streit sind ihnen zuwider. Vor allem ist ihnen Gerechtigkeit sehr wichtig in allen Lebensbereichen. Sie wägen lange ab, bevor sie sich entscheiden.
Wenn der Mensch wie oben beschrieben, in den Zustand des Ruhens in Gott gekommen ist, kommt er zu einer tiefen **Gelassenheit**, die durch nichts mehr zu erschüttern ist. Das wird uns immer besser gelingen im Vertiefen der Gotteserkenntnis.
Die Gelassenheit, **innere Balance** soll im 7. Seelenzyklus im Zeichen der Waage angestrebt werden auf dem Weg zur weiteren Vervollkommnung.

Das **Kronen-Zentrum, Scheitelchakra – Sahasrara-Chakra** entspricht dem kosmischen Bewusstsein, dem Gottesbewusstsein des völlig erwachten Menschen. Es ist der Zustand der Gelassenheit, des Ruhens in sich selbst und des Eins-Seins mit Gott.

Aber bis zu unserer Vollendung, der Vereinigung unserer Seele mit Gott, führt uns noch der Weg über weitere Entwicklungsstufen.

Für die achte Stufe der Lebensentwicklung steht das Symbol und Wort »Skorpion«. Das Thema dieses Lebenszyklusses vom **50. bis zum 56. Lebensjahr** ist Transformation.

So zeigt sich das **Sigel des Sternzeichens Skorpion**:

♏

Es herrscht vom **24. Oktober bis 22. November.**
Nun sind wir mitten in der Herbstzeit, die kalten Herbstwinde raffen die letzten Blätter von Bäumen und Sträuchern. Die Blätter bedecken die kalte, kahle Erde. Die herrlichen Wiesenblumen des Sommers und die Sonnenblumen sind verwelkt. Der scharfe Reif hat nun auch die letzten Rosen, farbenprächtigen Dahlien und Astern mit seinem kalten Atem verbrannt. Die Pflanzenwelt hat ihre Kraft in die Wurzeln und Zwiebeln gelenkt und lebt im Verborgenen in der Erde weiter. Sie ist mit der Sonne »in die Unterwelt« verzogen, wie es die Mythen beschreiben.
Es ist die Zeit der Nebel, die der grauen Landschaft ein düsteres Gepräge geben. Der Vogelgesang hat aufgehört. Nur unsere heimischen Vögel harren in der kalten Jahreszeit bei uns aus. Die Saatkrähen und Raben beleben die Szene. Sie fallen auf die Felder ein und holen sich Nahrung.
Die Raupen haben sich verpuppt und ruhen dem nächsten Frühling und ihrer Verwandlung als Schmetterling entgegen. Auch die übrige Tierwelt hat sich vielfach verkrochen und hält Winterschlaf. Das Eichhörnchen sammelt Nüsse und legt einen Vorrat für den Winter an.

Die Novemberkälte zieht uns in die Knochen, wir müssen zu heizen beginnen. Diese Jahreszeit ist dazu angetan, sich mehr zurückzuziehen und auszuruhen, und ebenso wie die Natur seine Kräfte zu sammeln. Das alles entspricht der **Skorpion-Jahreszeit**.

Sehr früh wird es düster. In dieser Zeit kommen viele Menschen in depressive Stimmungen, zumal noch in diese Zeit das Allerheiligen- und Allerseelen-Fest fallen, bei denen der Verstorbenen gedacht wird. Es ist die Jahreszeit, sich der körperlichen Sterblichkeit und Vergänglichkeit bewusst zu werden. Aber zugleich müssen wir uns bewusst sein, dass diese Sterblichkeit nur **scheinbar** ist.
Der Tod ist ein Wechseln in einen anderen Seinszustand, so wie die Raupe sich zum Schmetterling verwandelt. In der Natur liegen die Geheimnisse des Lebens und Sterbens verborgen – wir müssen sie nur sehen.

Die Körper der Pflanzen und Menschen verwelken und vergehen, aber die Lebensfunken der Pflanzen und die Seelen der Menschen leben weiter! Die Pflanzenwelt ruht geschützt vor den Winterkräften, um im Frühling wieder wie die Sonne »aus der Unterwelt in die Oberwelt« in voller Pracht und Kraft hervorzutreten, und auch die Seele bekommt wieder ein neues Erdenkleid, wenn sie sich neu inkarniert. Nicht umsonst fällt Ostern, das Fest der Auferstehung, in den Frühling!

Das Fest des Heiligen St. Martin am 11. November bringt etwas Licht und Wärme in die düstere, schwere Zeit, wenn die kleinen Kinder ihre selbstgebastelten Laternen tragen und ihre Lieder dazu singen. Dieser wohltätige Bischof erinnert an das Gebot der Nächstenliebe.

Der Autor Hans Sterneder beleuchtet das Fest des heiligen Martin noch aus einer ganz anderen Perspektive:
»Wie ergreifend ist dieses Bild in seiner Menschlichkeit. Doch nicht minder ergreifend und schön ist es in seiner kosmischen Symbolik! Ein Heiliger auf einem Roß – dieses Bild ist uns aus unserem Norden und auch von Indien her bekannt! Im Nordland reitet Gott Wotan, in Indien Gott Indra auf einem weißen Roß. Immer verweist das Roß auf den Himmel! … Der heilige Martin ist das christliche Sinnbild des im **Skorpion** seinen Anfang nehmenden Winters. Dieser vom Himmel kommende Winter (Martin auf dem Pferd) begegnet einem nackten, frierenden Bettler, der ihn um Bekleidung, Umhüllung, um Schutz bittet.
Wer sich das Naturgeschehen dieser Zeit vergegenwärtigt, erkennt unschwer, dass dieser nackte Bettler nur die Erde sein kann, die um diese Zeit nackt und entblößt von allen Blättern, Blüten, Schmetterlingen, Käfern und Vögeln ist. Sie ist wirklich zum armen, frierenden und nackten Bettler geworden, der nichts mehr besitzt von aller sommerlichen Pracht und Herrlichkeit!
Der Winter erhört die Bitte der kahlen, frierenden Erde und schenkt ihr die Hälfte seines warmen Mantels: Er läßt aus der Fülle seines himmlischen Schneegewölks die eine Hälfte als bergende, einhüllende Decke zur Erde fallen, während er die andere Hälfte oben am Himmel für sich behält.
Hier muß ich noch einmal sagen, wie sehr ich es beklage, dass der christliche Mensch so gänzlich vom Naturleben abgeschnitten worden ist …«
Könnte man die **Skorpion-Zeit** besser und schöner beschreiben?

Im **achten Lebenszyklus** im Alter zwischen dem 50. und 56. Lebensjahr treten auch wir wie die herbstliche Landschaft in einen Zustand, der uns auch an die Winter-Zeit unseres Lebens erinnert und gemahnt. Auch wir fühlen uns körperlich nicht mehr ganz so fit, die Vitalität, u. a. die Sehkraft der Augen, lässt nach. Wir dürfen uns nicht mehr so viel zumuten, denn wir stecken »Sünden«, sei es durch Ernährungsfehler, durch Schlafmangel oder durch Überanstrengung, nicht mehr so leicht weg, brauchen längere Erholungsphasen und müssen unseren Ehrgeiz zurückschrauben. Das lässt uns ein wenig der Jugend nachtrauern.
Typisch für diesen Lebensabschnitt ist, dass das sexuelle Begehren noch einmal stark aufflammt, im Volksmund wird es »Johannistrieb« genannt. Da zieht es den reifen Menschen zur Jugend. Oft kommt es zu Trennungen, wenn ein Ehepartner sich einem jüngeren Partner

zuwendet. Eine gewaltige Sehnsucht bemächtigt sich seiner, er will die Jugendlichkeit spüren und genießen. Es ist ein gewaltiges Aufflackern der Sexualität. Für reife Eheleute ist es der Quell von Verjüngung und Glückserleben.

Und nun kommen wir zur Erklärung, **warum** diesem Lebenszyklus, diesem Sternzeichen der Name **Skorpion** gegeben wurde. Der Skorpion symbolisiert die **Sexualkraft**. Er trägt aber auch den **Stachel**, mit dem er sich bei Gefahr selbst tötet.
Was bedeutet nun der Stachel?
Im vorigen 7. Lebenszyklus der Waage erlebten wir auf jeder Ebene Harmonie und Ausgeglichenheit. Auch in unserer Seelenentwicklung erreichten wir Ruhe und Gelassenheit. Im Skorpion-Zyklus werden wir noch einmal aus diesem Zustand herausgerissen.
Durch das vermehrte Aufflackern der Sexualkraft fallen wir wieder mehr in die Stofflichkeit, ins Irdische, zurück. Es ist für die Seele wie ein Fall aus dem Paradies. Und gerade dieses Zurückgeworfensein in die Materie erzeugt **Leid und Disharmonie** – das ist der **Stachel** des Skorpions. Und gerade dieses Leid ist aber **zugleich** die Antriebskraft für geistiges Streben und Freiwerden der Seele aus dem Gefängnis der Materie.

Was bedeutet diese Signatur:
Als erstes fällt uns eine gewisse Ähnlichkeit mit dem Jungfrau-Zeichen auf, nur mit dem Unterschied, dass jenes keine Spitzen hat. Es zeigt, dass die schmerzliche Phase im Jungfrau-Lebenszyklus vorbei ist. Die drei Bögen stellen Geist, Seele und Körper dar, wobei die Seele der mittlere Bogen ist.
Der **rechte Bogen**, der den **Körper** darstellt, ist wiederum wie beim Jungfrau-Zeichen stark nach unten verlängert. Es geht also wieder um ein körperliches Geschehen. Es ist das Wiederaufflammen der sexuellen, **skorpionischen Kräfte**. Das reißt den Menschen aus seiner im Waage-Zeichen gewonnenen Ausgeglichenheit.

Von der Seelenebene aus gesehen bedeutet es den **Fall in die Materie**. Das bedeutet die starke Verlängerung des rechten Bogens **nach unten**.
Wenn der bewusstseinsmäßig erwachte Mensch bereits durch Willenskraft seine niedere Natur bezähmt hat, seine Ausgeglichenheit in der Waage-Stufe gefunden hat, und nun erneut den Versuchungen der Materie erliegt, empfindet er seinen Abstieg schmerzlich.
Das Bild des » verlorenen Sohnes«, der sich in der Welt verliert, zeigt diesen Zustand auf. Aber genau dieser Seelenschmerz, der **Stachel des Skorpions**, treibt den Menschen dazu, sich wieder aus der weltlichen Täuschung zu erheben, und den Heimweg zu Gott anzutreten. Und das zeigt das Sigel in dem letzten **aufsteigenden Bogen**. Auf diesem sitzt ein **kleiner Pfeil**. Dieser bedeutet die Sehnsucht nach Licht und der Wille nach Befreiung und zugleich auch hoffnungsvolle Verheißung.

Der **Skorpion-Lebenszyklus** – fordert uns auf, nach innen zu gehen. So wie die Natur ihr Leben nach innen ins Verborgene lenkt, so sollten wir unsere Aufmerksamkeit mehr von der Außenwelt abziehen und uns mehr den geistigen Dingen zuwenden. So kommen wir der Essenz unseres Lebens wieder näher. Diese Essenz ist unsere Seele.
Nur wenn wir uns nach innen wenden, wird das **Leid überwunden** werden. Wir beleben unsere inneren Seelenkräfte. Wir können uns wie der Phönix aus der Asche erheben im Skorpion-Lebenszyklus. Der **erlöste Skorpion** wird auch als **Adler** dargestellt, er erhebt sich über die Erde in den Himmel.
Es ist ein Stirb- und Werdeprozess in unserer **kosmisch-geistigen** Seelenentwicklung auf der 8. Entwicklungsstufe im Skorpion-Tierkreis.

Der letzte aufsteigende Bogen bedeutet auch die **Unsterblichkeit** alles Lebens, so wie ich es bereits unter der Skorpion Jahreszeit im Naturerleben geschildert habe.

Warum ist der Skorpion ein **Wasserzeichen**?
Hier müssen wir wieder einen Blick in die Natur der Herbst-Skorpion-Zeit machen. Alle Pflanzen und Bäume ziehen ihre **Säfte in den Boden**. Im Frühling und Sommer war es genau umgekehrt, alle Säfte stiegen nach **oben**.
In den Jugendjahren (im Krebs) und im Sommer des Lebens (im Löwen) sind die Menschen im Vollbesitz ihrer Körpersäfte und Zeugungskräfte. Die Vorgänge im Skorpion- Lebenszyklus lassen die hormonellen Säfte noch einmal stark ansteigen. Das sind alles wässrige Vorgänge.
Von der geistigen Ebene aus betrachtet, bedeutet Wasser **das Geistige**.
Das Geschehen auf der 8. Stufe des Entwicklungsweges bedeutet den Fall aus der geistigen Welt – zugleich aber auch den geistigen Aufstieg über die Leiderfahrung.

Skorpion Menschen sind faszinierende Menschen, sie sind tiefgründig wie das Wasser. Ihre sexuelle Ausstrahlung ist stark, sie sind leidenschaftlich und eifersüchtig. Da kommt der Skorpion zum Ausdruck. Sie sind starke Persönlichkeiten und wagemutig. Man muss sich aber vor ihrem Stachel hüten, sie können verletzend sein und schwer versöhnlich.

Für die neunte Stufe der Lebensentwicklung steht das Symbol und Wort »Schütze«. Das Thema dieses Lebenszyklusses vom **57. bis zum 63. Lebensjahr** ist Loslassen von äußeren Verpflichtungen und Vertiefung des Seelenlebens.

So zeigt sich das **Sigel des Sternzeichens Schütze**:

♐

Es herrscht vom **23. November bis 21. Dezember**.
Wir nähern uns der dunkelsten Zeit des Jahres. Nur mehr 8 Stunden erhellen den Tag, die übrige Zeit ist Dämmerung und Nacht. Was im Skorpion begonnen hat, findet im Schütze-Monat seine Verstärkung. Die Pflanzenwelt ruht in der Erde, geschützt von einer Schneedecke vor den Nachtfrösten. Diese licht- und farbenlose Zeit drückt auf das Gemüt der Menschen. Sie sehnen sich nach Licht, jede Stunde wird ausgenützt, um ein paar spärliche Sonnenstrahlen zu erheischen.
Es ist, wie ich schon im vorigen Zeichen beschrieb, die Zeit sich mehr zurückzuziehen und neue Kräfte zu sammeln, so wie es die Natur tut.
Es ist die Zeit für Innenschau und Lebensbilanz, uns bewusst zu machen, wo wir stehen und welche Wünsche wir noch haben, und welche Aufgaben des Lebens bisher noch versäumt wurden. Jetzt haben wir noch die Kraft dazu, etwas im Leben zu ändern bzw. etwas Versäumtes nachzuholen. Die langen Abende eignen sich auch dazu, über die Sinnfragen des Lebens, woher wir kommen und wohin wir gehen, nachzudenken.

Am 4. Dezember werden Kirschzweige zu Ehren der Hl. Barbara geschnitten, um sie dann in der Weihnachtszeit erblühen zu sehen. Ist das nicht eine Verheißung für die Unsterblichkeit, ein Hoffnungszeichen auf das Neuerstehen des Lebens?

Aber so wie die Pflanzenwelt scheinbar wie in einem Grab ruht, ist in Wirklichkeit Mutter Erde nur eine Wiege für das neue, erwachende Leben der Pflanzen. Sie ruhen nur aus und sammeln Kräfte.
Ein freundlicher, willkommener Bote, vor allem für die Kinder, ist der Heilige Nikolaus. Zu seinen Gaben gehören nach alter, weiser Sitte Früchte wie Äpfel, Nüsse, Mandeln, zusammen

mit Lebkuchen. Diese Früchte bergen in ihren Kernen das verborgene Leben, das Wiedererwachen, das in der Maienzeit im kommenden Jahr in schönster Blüte zum Ausdruck kommen wird. Wenn wir in dieser dunklen Jahreszeit trübsinnig werden, soll uns das erinnern an die Auferstehung des Lebens in der Natur, aber auch an unsere eigene Unsterblichkeit.
Aber die **Schütze-Zeit** ist auch die Zeit der sehnsuchtsvollen Erwartung nach mehr Licht, auf dass in der Winter-Sonnenwende die Sonne wieder ihren Siegeszug antreten wird, auf Erlösung aus der Dunkelheit dieser Jahreszeit, aber auch aus der geistigen Dunkelheit, unseren Versuchungen und Verstrickungen in der Materie. Es ist auch die Sehnsucht auf das Weihnachtsfest. Die Kerzen am Adventkranz sind die Zeichen der Erwartung Christi, das geistige Licht der Welt.

Das alles entspricht dem **Schütze-Lebenszyklus**. Durch ihn wird die **Sehnsucht** nach Leben, Licht und Freiheit ausgelöst. Im Skorpion-Zeichen sah es aus, als ob die Natur stürbe, aber im Schützen ergeht der Ruf: Werde! Aus der Sehnsucht erwächst Wille und ein starker Wille bahnt sich den Weg zum Leben. Und in aller Stille und im Verborgenen bereitet sich die Natur mitten im Winter bereits auf das Leben vor.

Auf der **körperlichen Ebene** zeigt sich der 9. Lebenszyklus im Nachlassen der Körperkräfte. Das erweckt in uns die Sehnsucht nach mehr Freiheit. Es veranlasst uns immer mehr, die äußeren Verpflichtungen, vor allem die beruflichen zurückzustellen. Es ist auch die Sehnsucht nach Ruhe aus dem Getriebe des hektischen Lebens. Der Körper ist müde geworden.
Es ist eine Herausforderung, dass wir in diesem reiferen Alter auch unsere sexuellen Kräfte nicht mehr so wie bisher verausgaben, sondern sie immer mehr transformieren in geistige Kräfte. Das können wir durch Vertiefen des spirituellen Lebens erreichen, durch Pflege des Seelenlebens.

Nicht nur in der Natur, sondern auch **in uns** wächst der **Wille**, angefacht durch die **Seelen-Sehnsucht** nach Befreiung aus der materiellen Knechtschaft. Es ist die Sehnsucht des »verlorenen Sohnes« nach der Heimkehr zum Vater.
Hans Sterneder entschlüsselt auch das Geheimnis der 144.000 Menschen, der von Gott Erwählten, wie es in der Bibel steht. Beim genaueren Hinsehen und Zusammenzählen der Zahlen erhalten wir die Zahl 9. Lassen wir ihn selbst sprechen:
»Die ›Erwählten‹ sind also nicht nur 144.000, sondern jene **unbegrenzte Zahl** von Menschen, die sich auf ihrem Entwicklungsweg durch alle Bande des Stoffwahns und der Erdgebundenheit bis in das 9. Tierkreis-Feld, die 9. Stufe des Lebensweges empor gerungen haben und auf ihren Stirnen die heilige, flammende Zahl 9, die Zahl des Tierkreiszeichens ›Schütze‹ … tragen. … Es ist die trostreichste Verheißung – dass von Gott kein Mensch verworfen wird – sondern jede Menschenseele im Laufe ihres Entwicklungsweges irgendeinmal zum ›Erwählten‹ Gottes wird … Jeder Mensch ist ein Kind Gottes, über Jedem schwebt die geduldig harrende Liebe des Ewigen Vaters.«

Warum trägt der 9. Entwicklungszyklus den Namen »Schütze«?
Ein Schütze ist ein Jäger, der seiner Beute unerschütterlich folgt, bis er sie erlegt hat. Sein ganzes Handeln ist zielgerichtet. Der erwachte Mensch hat sich das erstrebenswerteste Ziel zur Aufgabe gemacht, nur nach den »unvergänglichen Schätzen« der Seele zu jagen, der geistigen Welt zuzustreben – so wie Jesus Christus gesagt hat: »Trachtet zuerst nach dem Reiche Gottes.«

Was bedeutet diese Signatur:
Das Schütze-Sigel ist sehr eindeutig. Im Sigel des Schütze-Zeichens setzt sich das fort, was im Skorpion-Sigel bereits angedeutet wurde. Dort zeigt sich im letzten aufsteigenden Bogen einen **kleiner Pfeil**. Das Schütze-Sigel zeigt einen **großen**, noch oben gerichteten **Pfeil**.

Er symbolisiert die Sehnsucht nach Licht im körperlichen und geistigen Sinn, aber auch den **dynamischen Willen** in der Natur zum Leben, der alle winterlichen Fesseln sprengen wird.

Auf der 9. Stufe der geistigen Lebensentwicklung erwächst auch **in uns**, aus der Sehnsucht nach Befreiung aus den Fesseln der Materie, ein feuriger Wille.
Der Schütze-Pfeil hat noch einen **Querstrich**. Damit will das Sigel noch ausdrücken, dass ein Hemmnis der Sehnsucht nach Befreiung entgegensteht:
Beim pflanzlichen Leben ist es die Gefangenschaft in der Erde unter Schnee und Eis. Bei uns Menschen ist es noch die Bindung an Beruf und äußere Verpflichtungen, auch unser Angehaftetsein an das Materielle.

Aus dem vorhin Gesagten ist deutlich, dass das **Schütze-Zeichen** vom **Willen** betont ist. Und der Wille ist feurig. Dem **Element Feuer** sind wir schon in den Zeichen Widder und Löwe begegnet. Beim Widder-Lebenszyklus war es der unbändige Lebens- und Durchsetzungswille, beim Löwen der Wille zur Beherrschung der niederen Natur und im Schütze-Zeichen der Wille zur Befreiung.

Schütze Menschen sind sehr zielstrebig, willensstark, idealistisch und feurig. Sie haben einen großen Drang nach Freiheit. Das können wir auch an ihrer Reiselust erkennen. Sie lieben die Unabhängigkeit. Schützen sind Wahrheitssucher. Religion und Philosophie und Bewusstseinserweiterung sind ihnen wichtig. In ihrer Impulsivität schießen sie gerne über das Ziel hinaus, sei es in ihrer Rede, sei es in ihren Vorhaben.

Für die zehnte Stufe der Lebensentwicklung steht das Symbol und Wort »Steinbock«.
Die Themen dieses Lebenszyklusses vom **64. bis zum 70. Lebensjahr** sind, sich auf das Wesentliche zu besinnen, Rückzug, geistige Auferstehung.

So zeigt sich das **Sigel des Sternzeichens Steinbock:**

♑

Es herrscht vom **22. Dezember bis 20. Januar.**
Es ist Winter-Sonnen-Wende. In der Sommer-Sonnen-Wende am 21. Juni setzte für die Natur der unsichtbare Prozess des Sterbens ein, der im Schütze-Zeichen seinen Höhepunkt fand.
Am 21. Dezember setzt wiederum für die Natur der unsichtbare Prozess für den **Beginn** des Lebens ein, der im Frühlingspunkt im Widderzeichen die **Geburt** des Lebens der Natur einleitet. Dann tritt erst das Pflanzenleben sichtbar und in aller Pracht zutage.

Die Winter-Sonnen-Wende ist die Auferstehungszeit in der Pflanzenwelt im Verborgenen. Mitten im Winter ahnen wir noch gar nichts von diesem wundersamen Geschehen, wenn die Pflanzen im Erdgrund erwachen. Ein kleines Wunder erscheint schon mitten im Winter, die weiße Christrose!

Gleichzeitig erleben wir in der Steinbock-Zeit das Weihnachtsfest. Die immergrünen Christbaum-Tannen erinnern an die Unsterblichkeit. Der weihnachtliche Mistelzweig symbolisiert ebenfalls neues Leben und Wiedergeburt zur Zeit der Wintersonnenwende.

Das Weihnachtsfest ist auch das Fest für das Auferstehen der Sonne. Jetzt hat sie ihren Wendepunkt erreicht und erhöht von Tag zu Tag ihren Himmelsbogen. Die Sonne können wir auch geistig betrachten als den sichtbaren Ausdruck der Christus-Energie.

Die Weihnachtszeit, das Geburtsfest des Heilandes, bringt Licht in die kalte Winterwelt. Im tieferen Sinne bringt Weihnachten Licht in unsere Herzen. Jeder verspürt, dass auch die Herzen mehr aufgehen als in jeder anderen Jahreszeit. Die Menschen sind viel mehr zur Hilfsbereitschaft und Nächstenliebe bereit. Der hohen Christus-Energie, die sich während der ganzen Weihnachtszeit – dazu zählt auch die Zeit bis zum Dreikönigsfest – auf die Erde und in die Herzen niedersenkt – kann sich kaum jemand entziehen – die Herzen werden weich.

Die **Steinbock-Jahreszeit** ist eine Zeit des Rückzugs, innerlich wie äußerlich. In dieser Zeit sind wir mehr empfänglich für den feinen, innerlichen Ruf der Seele, unser Leben zu vertiefen. Leider werden in dieser Zeit diese stillen Rufe durch das hektische Treiben bei den Weihnachtseinkäufen immer öfter überhört. Vielmehr wird dem Kommerz gehuldigt. Die Menschen kommen nicht zur Ruhe, wie es für diese Zeit angemessen wäre.

Auf der **körperlichen Ebene** zeigt sich der **10. Lebenszyklus** im Nachlassen der Kräfte. Wir ziehen uns gerne zurück, lieben die Ruhe. Der ältere Mensch wird eher schweigsam und zieht sich in seine innere Welt zurück. Er hat sich der meisten Pflichten entledigt und kann ganz für sich leben. Hör- und Sehsinn lassen nach. Es ist eine Aufforderung der Seele, in diesem Lebensabschnitt die Gelegenheit zu nützen, das Innenleben zu vertiefen.
Jetzt ist die richtige Zeit, sich vermehrt der Spiritualität zuzuwenden. Meditation, Yoga können sowohl dem Körper helfen, zur Ruhe zu finden, als auch den Geist auf richtige Bahnen zu lenken.
Falls in der Jugend Interesse an spirituellem Leben erwachte, das jedoch im Laufe des nach außen gerichteten Lebens immer mehr nachließ, so ist nun der richtige Zeitpunkt, den Faden wieder aufzunehmen und das spirituelle Leben wieder zu vertiefen.
Auch ist dieser Lebensabschnitt geeignet, der trivialen Literatur spirituelle Lektüre vorzuziehen. Spirituelle Texte bzw. heilige Bücher, wie die Bibel, können wir nun mit der nötigen Erfahrung des Lebens viel mehr wertschätzen und ihren Sinn besser erfassen.

Die zehnte Stufe der **seelischen Lebensentwicklung** im Steinbock ist die der **geistigen Auferstehung**. In dieser 10. Entwicklungsstufe nimmt bei den meisten Menschen schon ganz allein durch das Alter das Interesse und die Bindung an das Irdische immer mehr ab.
Der erwachte Mensch entledigt sich dem Einfluss der Materie ganz bewusst, oft schon viel früher in seinem Leben. Er löst sich u. a aus den Leidenschaften der Sexualität und verwandelt diese in spirituelle Kraft. Dieser innere Kampf wird durch den Drachen des Heiligen Georg symbolisiert, der von ihm siegreich bezwungen wurde.
Das ganze Geschehen geht einher mit einem Rückzug. So befreit er sich und wird ruhig.
Das muss nicht bedeuten, dass er sich von den Menschen und allem zurückzieht – er zieht sich innerlich zurück und löst Anhaftungen auf – immer mehr erwacht in ihm das Göttliche, und er lässt das Göttliche durch sich wirken.

Warum trägt der 10. Entwicklungszyklus den Namen »Steinbock?
Der Steinbock lebt in der Einsamkeit und Stille der Berge. Erde und Stein sind sein Reich, weit über den Niederungen des Tales. Er ist frei.

Was bedeutet diese Signatur:
Das Steinbock-Sigel ähnelt einem geschwungenen **Horn** eines Steinbocks, darüber ein **gerader Querstrich.**

Das Zeichen beginnt von **unten** und **führt nach oben**, so wie die Natur wieder ihren Weg in die Freiheit antritt von der »Unterwelt in die Oberwelt« zum Zeitpunkt der Winter-Sonnenwende. Genauso bedeutet es Freiwerden, das innere Auferstehung der Seele im seelischen Entwicklungszyklus.

Bei der **kreisförmigen** Linie finden wir wieder wie im Löwe-Zeichen die **Sonne** angedeutet. Die Sonne ist von jeher das Symbol für das Leben. Es zeigt wieder das verborgene winterliche Geschehen in der Natur im Zeichen des Steinbocks, wenn sich die Gottes-Funken der Pflanzen mit der Lebenssonne verbinden und erwachen.
Kreis und Sonne stehen wiederum für das Göttliche. Mit dem Sigel wird an das Anbinden der Seele an Gott zum Ausdruck gebracht.
Der **waagrechte** Strich oberhalb des Kreises symbolisiert die **Erde**, zu deren Oberfläche sich im Winter die verborgenen Säfte in der Pflanzenwelt emporarbeiten. Gleichzeitig bedeutet es aber auch den Menschen in seiner 10. geistigen Entwicklungsstufe, der seine Seele von der »Grabplatte«, der Bindung an die **Materie**, befreit.

Das **Steinbock-Zeichen** ist dem **Element Erde zugeordnet**. »Erde« bedeutet aber auch Materie. Das ergibt sich ganz klar aus den geschilderten Vorgängen in der Natur und den Themen im menschlichen Leben.

Dem Erd-Element sind wir bereits im **Stier**-Zeichen begegnet. Dort ging es um Aufbau und Nahrung für den Körper von Mutter Erde. Gleichzeitig band sich der Mensch an die **Materie**.
Das zweite Mal spielte das Erd-Element im **Jungfrau-Zeichen** eine Rolle. Der Mensch befand sich im 6. Lebenszyklus und da erfolgte eine körperliche und geistige Reinigung von allen Schlacken. Er sollte nur (mehr) reine »Lebens«- Mittel von Mutter Erde bevorzugen.
Und im **Steinbock-Zeichen** ist das Thema wieder Erde und Materie und die Befreiung aus derselben, wie ich vorhin bereits ausgeführt habe.

Steinbock-Menschen sind »erdige« und praktische Menschen, sie sind pflichtbewusst und verlässlich, zielstrebig und beharrlich. Dadurch sind sie oft sehr erfolgreiche Menschen. Sie haben Autorität. Sie neigen zu einer »felsenfesten Haltung«.
Sie halten ihre Gefühle eher zurück und sind selbstbeherrscht und wortkarg. Damit verstecken sie ihre empfindsame Seele. Sie sind auch gerne alleine, und durch ihre Erdverbundenheit halten sie sich mit Vorliebe in der Natur auf.

Für die elfte Stufe der Lebensentwicklung steht das Symbol und Wort »Wassermann«.
Das Thema dieses Lebenszyklusses vom **71. bis zum 77. Lebensjahr** ist Spiritualität und Entfaltung geistiger Fähigkeiten.

So zeigt sich das **Sigel des Sternzeichens Wassermann**:

♒

Es herrscht vom **21. Januar bis 19. Februar.**
Der Winter herrscht mit aller Macht, Jänner und Februar zählen in der nördlichen Halbkugel der Erde zu den kältesten Monaten des Jahres. Es gibt auch die zahlreichsten Niederschläge in Form von Schnee.

Aber das Tageslicht wird von Tag zu Tag länger, die abendliche Dämmerung weicht immer mehr zurück, und am 2. Februar ist der Tag bereits eine Stunde länger.
Der 2. Februar bedeutet im Kirchenjahr das Ende der Weihnachtszeit und zugleich das Fest von Maria Lichtmess, an dem die Kerzenweihe stattfindet. Hier erkennen wir wieder den symbolischen Zusammenhang mit dem »Licht der Welt« Jesus Christus und der Sonne, die wieder ihren Siegeszug am Himmel antritt.

Ganz im Verborgenen vollzieht sich in der Natur ein zweifaches Geschehen:
Die pflanzlichen Gottesfunken empfangen von der **Sonne** die **Lebenskraft**, treten **über** die in der Steinblock-Phase erreichte Erdoberfläche hinaus und steigen in die »Oberwelt«, in die Welt des Lichts, in die Äste und Wipfel von Bäumen und Sträuchern.
Angeregt durch die Gottesfunken der Pflanzen, erfolgt das **Aufsteigen der Pflanzensäfte** von den Wurzeln hinauf in die Äste und Kronen von Sträuchern und Bäumen. Zugleich weichen die in der Erde ruhenden Samenkörner und Fruchtkerne auf. Durch den Einfluss der Wassermann-Zeit kommt wieder Leben in die Pflanzen, damit sie im Frühling sichtbar wieder in Erscheinung treten als Blumen, Gräser und als hervorbrechende Blatt- und Blütenknospen an Bäumen und Sträuchern.
In diese Zeit fällt auch der Fasching mit den traditionellen Fasnachtbräuchen, bei denen die Leute Masken tragen und die Geister des Winters vertrieben werden. Da wächst auch wieder die Lebensfreude und Lebenslust, die Menschen gehen auf Bälle und tanzen.

Im **11. Lebenszyklus** des Wassermanns in den Jahren von 71 – 77, erlebt der ältere Mensch, nachdem er aus allen Pflichten des Berufslebens enthoben ist, eine gewisse Freiheit. Er kann seine Zeit frei gestalten. Bei guter Gesundheit kann er sich noch seinen Hobbys widmen oder auf Reisen gehen.
Es kann auch eine schöne Aufgabe im reifen Alter sein, sich den heranwachsenden Enkeln oder jungen Menschen zu widmen, ihnen freundschaftlich mit Rat und Tat zur Seite zu stehen, ihnen Vorbild zu sein, und die eigene Lebenserfahrung und Weisheit weiterzugeben – so wie es die österreichische Pop-Gruppe STS in ihrem Lied vom »Großvater« so schön zum Ausdruck bringt. Da zählt die menschliche Verbundenheit und Liebe viel mehr als alle äußerlichen Errungenschaften, die erworben wurden.

Mit den Jahren kommt es allmählich zu einem körperlichen und geistigen Rückzug aus dem weltlichen Getriebe. Das hängt mit einem gewissen Nachlassen der körperlichen und geistigen Kräfte zusammen. Auch auf emotionaler Ebene lebt der ältere Mensch nicht mehr so intensiv. Vieles berührt ihn nicht mehr so stark wie es in jüngeren Jahren war.
Alles das sind Zeichen, dass das Innen- und Seelenleben mehr Oberhand gewinnt. Vieles von dem, was früher sehr wichtig und erstrebenswert erschien, verblasst in der Erkenntnis, dass materielles Gut und materieller Ruhm vergänglich sind.
Nun treten die wahren, unvergänglichen Werte im Leben in den Vordergrund. Alles was die Seele nährt und ihr gut tut, gibt uns inneren Frieden.
Immer häufiger wird der Ahnen, der vorangegangenen Lieben gedacht, und eine gewisse Sehnsucht auf ein Wiedersehen mit ihnen in der jenseitigen Welt und auf Befreiung von der körperlichen Hülle – die immer mehr Probleme macht – macht sich breit. Aber auch eine gewisse Bangigkeit vor den verbleibenden Jahren entsteht, und eine gewisse Unsicherheit, wie wohl der Übergang sein wird, tritt auf.
In dieser Zeit sind die Hinwendung zu Gott in Gebet und alle Aktivitäten, die ich bereits im Steinbock-Zyklus erwähnt habe, besonders hilfreich und trostspendend. Die **Seele trinkt** so das **Wasser des Lebens**.
Je mehr die Körperlichkeit und Sexualität in den Hintergrund tritt, umso mehr erwachen durch das vertiefte spirituelle Leben **geistige Fähigkeiten**, eine innere Gewissheit der eigenen Göttlichkeit und die Intuition. Es kommt zum Öffnen der höheren geistigen Zentren, der Chakren.

In die **11. Lebensstufe der Seelenentwicklung** kann der Mensch bereits viel früher in seinem Leben eintreten. Er kann auf seinem Einweihungsweg bereits die sehnsüchtige Phase des Schütze-Zeichens nach Licht und Erkenntnis, die Steinbock-Phase der Einsamkeit, der inneren Ablösung aus der Materie hinter sich gebracht, und die Wassermann-Phase der Entfaltung der geistigen Fähigkeiten schon erreicht haben.
In der Wassermann-Entwicklungsstufe soll der **erwachte** Mensch schon zu **Lebzeiten** in die geistige Welt eintreten und in ihr wirken, zum Unterschied zum Unerwachten, der erst im Sterbevorgang in sie eintritt. Er soll seine transzendenten, metaphysischen Fähigkeiten, die in jedem Menschen potenziell angelegt sind, entwickeln.
Das kann er mit dem Erwachen der höheren Sinne durch die Entfaltung des 6. und 7. geistigen Chakras erreichen. Dies geschieht durch ständige Vergegenwärtigung von Gott und Bewusstwerden der eigenen göttlichen Natur. Durch das Öffnen der bisher ungenützten geistigen Zentren kann es zum Auftreten übersinnlicher Fähigkeiten und geistig-magischer Kräfte kommen, die zum Wohle der Menschen, der Natur und der ganzen Erde sowie auch der jenseitigen Welt eingesetzt werden.
So kann der Erwachte in seiner mystischen Entfaltung letztendlich zur Brücke und Mittler zwischen Menschen und Gott, zum Seher und Heiler werden. Er holt – so wie der Lebensfunke der Pflanze den »Lebenssaft« aus der Erde holt und die Pflanze tränkt – mit der linken Hand das »Wasser des Himmels«, empfängt es in seinem Herzen und reicht es **»als Wasser des ewigen Lebens«** an die geistig dürstenden Menschen mit der rechten Hand weiter. Im Bewusstsein der ICH BIN-Gegenwart hilft er den Mitmenschen zu erwachen, denn er weiß um die göttliche Gegenwart in jedem Menschen. Das macht er in dienender Liebe.

Aus dem Erwähnten erklärt sich schon von selbst, warum diesem **Entwicklungs-Zyklus** der Name **»Wassermann«** gegeben wurde. Der Wassermann wird als Mann dargestellt mit einem Krug, mit dem er das Wasser auf alles Leben ausgießt. Dieses Bild vom Wassermann stammt aus dem Orient, in dem im südlichen Winter große Hitze herrscht und in der südlichen Herbst-Zeit der Wassermann aus einem Krug das kühlende, erquickende, heiß ersehnte Wasser spendet.
Wir haben den lebensspendenden, geheimnisvollen Vorgang in der Natur betrachtet, wie alles belebt wird. Das Wasser ist der Ursprung allen Lebens, bei der Pflanze, bei Mensch und Tier, bei der Eizelle und beim entstehenden Leben in der Gebärmutter.
Symbolisch steht der Wassermann auch für den Erwachten, der sich aus letzter irdischer Bindung innerlich gelöst hat, und nun geöffnet in der geistigen Welt steht, das »Wasser des Himmels« empfängt und es weitergießt in die Seelen der geistig hungrigen Menschen.

Was bedeutet diese Signatur:
Es zeigen sich zwei parallel laufende **Wellenlinien**, gleich Wellen auf dem Meere. Ganz deutlich ist erkennbar, dass die Wellen Wasser symbolisieren. Parallelen Linien sind wir bereits im Waage-Zeichen begegnet.
Was bedeutet nun die untere Welle? Die untere Linie bedeutet, so wie im Waage-Zeichen, die Erde, und die obere Linie symbolisiert den **Himmel** bzw. geistiges Geschehen. Es geht somit um irdisches und geistiges Wasser.

Aus **geistiger** Ebene betrachtet stellt die obere Linie den geistig erwachten, wissenden Menschen dar, der von der geistigen Welt das »Wasser des ewigen Lebens«, den Geiststrahl der Erleuchtung empfängt. Er wiederum gießt dieses Himmels-Wasser in die durstigen Seelen der in der Materie gebundenen Menschen ein.
Der geistig erwachte Mensch ist wie ein Brunnen, der ständig Wasser aus der Quelle empfängt und es weitergibt an alle, die es benötigen. Er empfängt aus der göttlichen Quelle Erkenntnis, Kraft, Liebe und Weisheit und gibt sie weiter. Es ist ein ständiges Nehmen und (Weiter)Geben.

Das **Wassermann-Zeichen** ist dem **Element Luft** zugeordnet.
Dem Luft-Element sind wir bereits in der Zwillings- und in der Waagestufe begegnet. In beiden Fällen handelte es sich um unsichtbare Geschehen auf seelischer Ebene. Im Zwilling-Zeichen war es das Erwachen der Seele, das Erahnen der geistigen Welt, und im Waage-Zeichen kam die Seele in eine Harmonie und Ausgewogenheit durch vorangegangene Reinigung auf allen Ebenen.
Auf der Wassermann-Stufe ist sich der Mensch seiner göttlichen Seele und seines Wesens voll bewusst, er lässt Gott durch sich wirken über die irdische Ebene hinaus. Die Seele bildet das Bindeglied zwischen Körper und Geist.

Wassermann-Menschen sind freiheitsliebende, individualistische Menschen, die gerne Freundschaften pflegen. Sie wirken gerne in Vereinen und Gruppen. Sie tragen höhere Ideale in sich für eine neue Gesellschaft, ganz im Geist des jetzigen »Wassermann-Zeitalters.« Sie sind bereit, auch dafür zu kämpfen. Sie sind künstlerische, intellektuelle, bewegliche Naturen.

❀ ❀ ❀

Für die zwölfte Stufe der Lebensentwicklung steht das Symbol und Wort »Fische«. Die Themen dieses Lebenszyklusses vom **78. bis zum 84. Lebensjahr** sind Vollendung des irdischen Lebens und Übergang, Unsterblichkeit der Seele.

So zeigt sich das **Sigel des Sternzeichens Fische:**

♓

Es herrscht vom **20. Februar bis 20. März.**
Es ist Vorfrühling. Die starke März-Sonne sprengt nun alle Fesseln von Eis und Schnee. Überall entstehen kleine Rinnsale, die sich zu Bächen vereinen, die munter von den Höhen glucksen, sich sammeln und in Flüsse münden. Auch die zugefrorenen Seen und Flüsse werden wieder frei.
Das Wasser wirkt belebend auf die Natur und lockert die harte, spröde Erde auf. An den Rändern der Bäche sprießen erste Pflanzentriebe, und sehr schnell keimt und sprosst neues pflanzliches Leben hervor.
Die ersten Leberblümchen erscheinen im Wald und in den Gärten erfreuen uns die Frühlingsboten, das Schneeglöckchen und die glockenförmige Frühlingsknotenblume. Auf den Feldern wächst zuerst der Löwenzahn. Seine jungen Triebe mit dem bitteren Geschmack haben eine reinigende Funktion auf unseren Körper.
Nun tauchen schon die ersten Insekten auf. Die Bienen laben sich an den ersten Weidenkätzchen. Zu unserer Freude lässt sich der erste Vogelgesang vernehmen.
Gerne genießen wir die Frühlingsstrahlen der Sonne und saugen gierig nach den langen Wintermonaten das Licht ein. Dieses Licht weckt auch unsere Lebensgeister und unsere Lebenslust.

Den Menschen im **12. Lebenszyklus** im Fische-Zeichen im Alter von 78 bis 84 Jahren und darüber hinaus erfasst eine zunehmende Altersschwäche. Durch gewisse körperliche Gebrechen wird das Leben im Alltag schon beschwerlicher. Es verlagern sich die Prioritäten, es kommt ganz automatisch zu einer Vertiefung des Innenlebens und Ausrichtung auf das Jenseitige, wie ich es bereits schon im Wassermann-Zyklus erwähnt habe. Ziel ist die Wiedervereinigung mit Gott, das ist bereits der Himmel. Wir können im Leben stehen und uns zugleich innerlich in »unserem Seelenhimmel« der Freude und des Friedens befinden, wenn wir die Beziehung zu Ihm gepflegt haben.

In dem Wissen, dass alles, was wir auf dieser Welt haben, eine Leihgabe Gottes ist, legen wir die Anhaftung daran ab, und lassen los. Im nächsten Abschnitt »4 Lebensziele« werde ich dieses Thema unter »Moksha« vertiefen.

In der **12. Stufe der Seelenentwicklung** tritt der Seelenreichtum eines Menschen voll zu Tage. Der Mensch lässt das Göttliche in ihm immer mehr zum Vorschein treten durch seine Art, wie er mit dem Leben und den Mitmenschen umgeht. Er überlässt sich der Führung des Hohen Selbst, er lässt die ICH BIN-Gegenwart durch sich wirken. So ist er in Harmonie mit Gottes Willen und wirkt im Einklang mit ihm. Innerlich hat er sich bereits vom Irdischen gelöst.
Wenn die Stunde des Übergangs gekommen ist, wird es für ihn leicht sein, denn der Erwachte wirkt ja bereits zu Lebzeiten auf höheren, feinstofflichen Ebenen.

Warum trägt der 12. Entwicklungszyklus den Namen »Fische«?
Fische symbolisieren die Kraft des Wassers als Ursprung und zur Erhaltung des Lebens. Wasser ist ja der Quell allen Lebens, aber es hat ja eine doppelte Bedeutung, es ist auch das »geistige« Wasser des ewigen Lebens, wie es bereits im Wassermann-Zeichen erläutert wurde. Daher ist im Urchristentum der Fisch auch das Symbol für Christus. Er ist selbst der Quell allen Lebens.
Das **Fische-Tierkreiszeichen** ist daher dem **Element Wasser** zugeordnet.

Warum trägt das Bild des 12. Tierkreisfeldes nicht einen, sondern **zwei** Fische?
In der Pflanzenwelt geht der Gottesfunke in der Fische-Jahreszeit in die pflanzliche Knospe **ein**. Der Gottesfunke **verbindet** sich **mit** der Materie.
Im 12. Fische-Lebenszyklus **löst** sich die Seele vom Körper und aus der Materie. Sie geht ein in die **geistige Welt**. Es sind jeweils **zweifache**, spiegelverkehrte Vorgänge. Nun haben wir das Rätsel mit den zwei Fischen gelöst.

Was bedeutet diese Signatur:
Das Sigel besteht aus drei Elementen:
1. aus einem nach **links** gekehrten **Bogen**,
2. einem nach **rechts** gekehrten **Bogen** und
3. aus einer **Mittellinie**, die beide miteinander verbindet und darüber hinausragt.

Die beiden Bögen sind einander entgegengesetzt. Das bedeutet, dass das Sigel **Gegensätze** darstellt. Der dem Wassermann-Zeichen zugewandte linke Bogen bedeutet sozusagen das auffangende Grenztor zwischen Diesseits und Jenseits, durch das die Seele beim **Sterbevorgang** hinüberschreitet.
Der **rechte** Bogen öffnet sich dem Widder-Zeichen wie ein Tor. Es ist das Tor **zum neuen Leben** ins Diesseits in einer neuerlichen Inkarnation.
Der Querstrich ragt über die Bogen hinaus und bildet nun seinerseits drei Abschnitte, zwei kurze und einen langen in der Mitte.
Der Zwischenraum, also die **Mittellinie**, stellt die **jenseitige Welt** dar, in der sich die Seele zwischen Tod und Wiedergeburt befindet.
Die vorderen und rückwärtigen **kurzen Teile** stellen die **Lebensfunken** der Pflanzen bzw. **die Seelen** dar, wie sie vom Wassermann-Feld vom Diesseits in Jenseits wechseln und im Widder-Feld wiederum hinaustreten in das Diesseits durch die 12 Lebensfelder des Tierkreises.
In der 9-monatigen **vorgeburtlichen Phase** ist die Seele in den **Fische-Zyklus** eingebunden. Dort befindet sich das im Sigel erkennbare Widder-Tor zur Geburt, die wiederum die irdische Lebensbahn eröffnet.
Das **Sterben** ist nur ein Übergang in eine andere Seinsform. Es befreit den Menschen von seinen Erdenlasten, gewährt ihm die Zeit des Ausruhens und auch die Chance zum Lernen in der astralen, höheren Welt.

Es ist ein ständiger Wechsel vom materiellen, körpergebundenen Zustand auf der Erde und den körperbefreiten, geistigen Zustand im Jenseits.

Das 12. Feld des Tierkreises Fische ist ein **Doppelfeld**, es stellt Diesseitiges und Jenseitiges dar. Wenn das Leben eines Menschen ausklingt, ist er zugleich im Diesseits und Jenseits. Sterbende haben Visionen, sehen noch einmal ihr ganzes Leben im Lebensfilm vorbeiziehen. Aber auch das ungeborene Kind im Mutterleib ist noch mit der jenseitigen Welt verbunden.

Das Fische-Sigel zeigt uns den ständigen Wechsel von einer irdischen in eine geistige Existenz und umgekehrt. Es ist das »**Stirb- und Werde-Sigel**«. Es verkündet die Botschaft der Unsterblichkeit und der Wiedergeburt.

Fische-Menschen sind geistigen Dingen sehr zugetan, sie sind medial begabt, oft verträumt, sensibel und feinfühlig. Meist sind es »alte« Seelen. Das **Wasser**-Element ist der Gefühlswelt zugeordnet. So sind auch die Fische-Menschen gefühlsbetont, mitfühlend und hilfsbereit. Sie neigen in ihren Stimmungen zu Instabilität und sind beeinflussbar.

Nun schließt sich der Kreis der körperlichen und geistigen Entwicklungsstufen des Menschen. Die Zahlen 7, 12 und 3 sind göttliche Zahlen. Die 12 ergibt die Zahl 3. Davon können wir ableiten, dass der Tierkreis einer göttlichen Ordnung entspricht.

7 x 12 = 84 = Vollendungszahl = 8 + 4 = 12
12= 1+2 = 3

Wir haben gesehen, dass der **körperliche Entwicklungsweg** bei Pflanze, Tier und Mensch auf 12 Stufen beruht.
Unser körperlicher Entwicklungsweg umfasst 12 Lebenszyklen zu jeweils 7 Jahren, also eine Lebensspanne von zusammen 84 Jahren. Die Pflanzen und Tiere haben jeweils andere Entwicklungs-Zeiten, aber die Zahl und die Reihenfolge der Entwicklungsstufen sind stets gleich.
Auf der geistigen Ebene verläuft der **seelische Entwicklungsprozess** des Menschen ebenfalls in 12 Ebenen. Er wird auch als »Einweihungsweg« oder »Gralsweg« bezeichnet.
Aber er muss nicht unbedingt mit dem körperlichen Rhythmus der 7 Lebenszyklen übereinstimmen. Das kommt ganz auf die Seele an und hängt von dem ab, was sie bereits bei der Geburt mitgebracht hat. Ganz »alte« Seelen vollziehen ihre Entwicklungsschritte auf ihrem Lebensweg schneller, andere brauchen für die notwendigen Entwicklungsschritte etwas länger als die entsprechenden Lebensphasen, und andere schließen in einer späteren Inkarnation ihre geistige Entwicklung im irdischen Erdenlauf ab.

Wenn der Mensch die 12. Stufe der Seelenentwicklung im Tierkreis erreicht hat, hat er den gesamten Tierkreis durchschritten in vielen Inkarnationen. Gott lässt jedem Menschen die Zeit, die er auf seinem seelischen Entwicklungsweg zu seiner Vollendung braucht. Der eine durchschreitet schneller alle Entwicklungsstufen, der andere nimmt noch einige Umwege bis dahin. Mit der Widder-Stufe beginnt jede Seele ihre Erdenlaufbahn. Die ersten 6 Entwicklungsstufen vom Widder- bis zum Jungfrau-Zeichen dienen der **Lebensbewältigung auf der Erde**, der Bezwingung der niederen Natur und dem Erfüllen der göttlichen Gesetze. Die Themen sind Urvertrauen, körperliches und geistiges Wachstum, Entfaltung der Persönlichkeit, Familienleben und Herzensbildung, Entwicklung geistiger Kräfte und Reinigung auf jeder Ebene, wie ich sie bereits ausführlich beschrieben habe.

In vielen Inkarnationen verharren wir Menschen in Unwissenheit und Egoismus und verursachen viel Leid. Wir leben nicht im Einklang mit Gott, und entfernen uns von Ihm.

Aber gerade durch die Leiderfahrung erwacht die Seele und strebt, wieder im Einklang mit Gottes Gesetzen zu leben, und den **Heimgang** zu Gott anzutreten. Auf diesem Wege erreicht der Mensch wieder die **höheren feinstofflichen Wirkungsebenen**.
Das geschieht in den folgenden Sternbilder-Stufen 7 bis 12, beginnend mit dem Waage-Zeichen bis hin zum Fische-Zeichen. Die Themen sind seelischer Ausgleich, Frieden und Harmonie, Transformation, Befreiung, geistige Auferstehung und Entwicklung geistiger Fähigkeiten bis hin zur Vereinigung mit Gott, so wie ich sie bereits ausführlich geschildert habe.
Der **Vollendete** beherrscht das irdische, mystische und magische Reich. Da er in vollem Einklang mit Gott wirkt und vollkommen in der Liebe ist, dienen ihm diese Reiche. In Jesus Christus haben wir einen vollendeten Meister vor uns, er beherrschte die Naturgewalten, ihm waren die wilden Tiere zugetan und er heilte.

Es haben sich nun für uns die geheimnisvollen Sigel der Tierkreiszeichen in ihrer symbolischen Bedeutung erschlossen. Wir haben gesehen, dass die Tierkreiszeichen auch in Verbindung mit den Chakren des Menschen stehen, mit seinen körperlichen Lebenszyklen sowie seiner bewusstseinsmäßigen Entfaltung. Umgekehrt stehen die Chakren in Verbindung zu den Tierkreiszeichen und zu den Bewusstseinsstufen des Menschen.

Es wird nun die wunderbare kosmische Ordnung offenbar im Tierkreis, dem Kreis der Sternbilder. Der Lebenskreis der Sonne ist gleichsam die »Weltenuhr«. Alles Leben auf der Erde richtet sich nach der Sonne und danach, wo sie auf ihrer Himmelsbahn steht. Aus diesem Grunde verehrten die Völker der Erde die Sonne stets als etwas Göttliches.

So erkennen wir die geistigen Gesetze der Harmonie und Entsprechung, wie es der altägyptische Eingeweihte Hermes Trismegistos lehrte.

»Wie oben, so unten, wie innen, so außen,
wie im Größten, so im Kleinsten«

Alles ist eins!

Vier Lebensziele: Dharma, Artha, Kama, Moksha

In der vedischen Kultur Indiens gab und gibt es vier große Lebensziele, die jeder Mensch in seinem Leben beherzigen sollte.

Dharma:	Religion, Spiritualität, rechte ethische Lebensweise.
Artha:	Wirtschaftliche Entwicklung und Erlangen von Wohlstand.
Kama:	Sinnesfreuden und Lebensfreude, Dankbarkeit für alles Gute.
Moksha:	Befreiung aus der materiellen Anhaftung, Loslassen.

***Dharma* – rechte ethische Lebensweise, Religion, Spiritualität**
Dharma heißt, nach religiösen Richtlinien oder ethischen Geboten zu leben. Das bedeutet praktisch: Studium der Hl. Schriften, Verinnerlichung der Gebote, regelmäßig Gebet/Meditation, also Sadhana – einem spirituellen Weg folgen, Selbst- und Gotteserkenntnis anstreben. Dharma sollte alle Bereiche des Lebens erfüllen.

Religiöse Gebote sind uns gegeben, damit das Zusammenleben der Menschen in der Gesellschaft so problemlos wie möglich gelebt werden kann. Die Gebote sind eine Hilfe zur Vermeidung von Leid.
Der Weg des Dharma soll uns helfen, eigene Interessen nicht rücksichtslos über die Interessen anderer zu stellen. Dharma bedeutet Ordnung, Wahrhaftigkeit und Menschlichkeit im Leben und erfordert die Achtung aller Lebewesen als unsterbliche Seelen (Atman) und der Allmacht Gottes. Dabei spielt es keine Rolle, welcher Religion wir angehören, da alle Religionen Wege zurück zu Gott sind, vorausgesetzt, dass sie nicht durch Dogmen und Fanatismus der religiösen Führer verdunkelt sind.
Dabei ist es auch nicht wichtig, welchen Namen wir für Gott verwenden. ER ist Einer mit vielen Namen!
Dharma sollte die Grundlage für alle anderen Lebensziele sein.
Deshalb ist es besonders wichtig, dass bereits Kinder mit ethischen und religiösen Richtlinien erzogen werden, und so spirituellen Halt für das ganze Leben bekommen. Kinder und junge Menschen brauchen gute Vorbilder, die sie verehren können, um ihnen nachzustreben. Allmählich finden sie ihren eigenen Weg und identifizieren sich nicht mehr so stark mit ihrem Vorbild, sie wachsen darüber hinaus. Immer mehr finden sie zu sich selbst.

***Artha* – Erlangen von Wohlstand**
Als junge Erwachsene, in der Höhe unserer Schaffenskraft, bauen wir eine Existenz auf, beruflich und privat.
Damit wir ein erfülltes Leben in Wohlstand leben können, ist es wichtig, nur mit rechten Mitteln und auf aufrichtigem Weg zu Wohlstand zu kommen. Dabei müssen wir schon Dharma – das Einhalten der Gebote – mit einbeziehen.
Unter Wohlstand versteht man, dass genug Mittel für eine angemessene Wohnung, ausreichend Nahrung für die ganze Familie und eine gesicherte Ausbildung für die Kinder vorhanden ist.
Wohlstand bedeutet auch vermögend zu sein, aber nicht im Sinne viel zu besitzen, sondern etwas zu vermögen. Besitz kann verloren gehen, aber jemand, der aus jeder misslichen Situation das Beste zu machen vermag, ist wahrhaft vermögend.

Wir sollten versuchen, mit dem zufrieden zu sein, was uns vom Schicksal gemäß dem göttlichen Plan für dieses Leben zugeteilt wurde, das heißt, mit dem zufrieden zu sein, was man bekommt, ohne anderen Lebewesen ein Leid zuzufügen und ohne sich selbst zu Tode zu schuften!
Zum Wohlstand gehört auch soziale Verantwortung, Mildtätigkeit und Spenden.
Diese Zeit als junger Erwachsener ist auch die Zeit, in der wir Erkenntnisse sammeln, unsere Aufgabe, unser Ziel erkennen und erfüllen sollen. Dazu haben wir auch unsere speziellen Fähigkeiten mitbekommen.

***Kama* – Sinnesfreuden und Lebensfreude, Dankbarkeit**
Wir sollten mit allen Sinnen die Schönheit der Natur wahrnehmen und dankbar sein für alles, was uns zur Lebensfreude geschenkt wird. Das kann auch in Kunst und Musik zum Ausdruck kommen, aber auch in ganz alltäglichen Dingen und Begebenheiten. Gott ist Freude, Harmonie und Schönheit! Überall gibt es sie zu entdecken, wir müssen nur die Sinne dafür offenhalten. Lassen wir auch andere an unserer Lebensfreude teilhaben.

Unser Sinnesvergnügen sollte genauso wie Artha, der Wohlstand, ethischen Grenzen unterliegen. Dazu zählt, keine anderen Lebewesen aus Gründen des Sinnesgenusses zu missachten oder ihnen ein Leid zuzufügen oder sie auszubeuten.
Essen, Schlaf und Sexualität sind die 3 Säulen der Gesundheit. Der Sinnesgenuss sollte uns Freude geben und nicht die Gesundheit zerstören!

Deshalb sind Gesundheit und daraus resultierende Fitness und Lebensfreude wichtige Voraussetzungen für einen erfüllten Sinnesgenuss. Um diese zu erhalten, ist Selbstverwirklichung nötig. Wir werden uns immer mehr unseres wahren Selbst bewusst und machen uns nicht mehr zu Sklaven unserer Lust, sondern lassen mehr und mehr unser Hohes Selbst, die Seele, über unseren Körpertempel regieren.

Wir sollten jeden Augenblick unseres Lebens erfüllen, das heißt, ganz bewusst sein und mit allen Sinnen wahrnehmen, was gerade ist: So viele Freuden begegnen uns, die wir oft gar nicht genug beachten und wertschätzen. Das kann eine schöne Begegnung mit einem Menschen sein, ein Naturerleben oder einfach das Prasseln des angenehmen Ofenfeuers im Winter, das Betrachten einer schönen Blüte, das Genießen eines duftenden Bades, eines gutes Essens oder harmonischer Musik.

***Moksha* – Befreiung und Loslassen von allen Anhaftungen**

Moksha ist als Lebensziel in vielen Kulturen erst dem reifen Alter vorbehalten. Wir sollten jedoch so früh wie möglich im Leben damit beginnen, uns von Anhaftungen freizumachen.

Es geht bei Moksha darum, nach und nach die Anhaftungen an Dinge, Personen, Karriere und Äußerlichkeiten loszulassen und die Bindung daran aufzulösen, somit innerlich frei zu sein. Wir dürfen uns weiterhin an allem freuen, aber wir sollen davon nicht abhängig werden. Ruhm, Anerkennung, Besitz etc. spielen nur für unser sterbliches Ich und für die jetzige Lebensspanne eine Rolle, aber für unsere Seele bedeuten sie nichts.

Wir können beim Tode nichts mitnehmen. Aller Besitz ist eine Leihgabe der Natur (Gottes) für dieses Leben und wir werden beim Tod auch danach gerichtet, wie verantwortungsvoll wir mit dieser »Leihgabe« umgegangen sind.

Moksha bedeutet zu erkennen, dass wir nicht der Höchste Kontrollierende (Gott) sind. ER weiß immer, was das Beste für uns ist, auch wenn wir dies nicht erkennen können oder auch wollen! Um Moksha zu erlangen, müssen wir unsere Selbst- und Gotteserkenntnis vervollkommnen. Wichtig ist dabei die Erkenntnis, dass wir nicht der Körper, sondern ewige spirituelle Seelen sind. Nur unser physischer Körper ist dem Verfall preisgegeben, die Seele lebt weiter, sie ist unsterblich!

Moksha – Befreiung der Seele aus dem Rad der Wiedergeburt – können wir nur erlangen, wenn wir bereit sind, ganz nach Gottes Willen und Plan zu leben. »Dein Wille geschehe, oh Herr«. So finden wir immer mehr den Weg zu Gott und bringen das Göttliche in uns immer besser zum Ausdruck.

Moksha beinhaltet aber auch, für begangenes Unrecht Buße zu tun oder eine Wiedergutmachung anzustreben, um Verzeihung zu bitten, und mit sich und anderen Frieden zu schließen.

Im reiferen Lebensalter sollten wir mehr in die Tiefe leben und uns zunehmend mit den Sinn-Fragen des Lebens befassen: woher komme ich, wohin gehe ich? Es geht nicht mehr so sehr um Erwerben von Wissen, sondern um Erwerben von Weisheit. Das Kopfwissen sollte sich mit der Weisheit des Herzens verbinden.

Auf dieses letzte Lebensziel werde ich noch ausführlicher im Kapitel »Im Einklang leben mit der Seele« eingehen.

Yoga – vier Wegweiser zur Harmonie

Es gibt zwei Möglichkeiten, seinen Lebensweg zu beschreiten:
a) einen sinnentleerten, orientierungslosen und unerfüllten oder
b) einen Lebensweg voller Erfüllung, dem Wesen entsprechend und mit einem klaren Ziel.

Die Weisen im alten Indien erkannten mit ihrer unbestechlichen klaren Intuition ganz genau, was die Menschen brauchen, um auf ihrem Lebenswege dem eigentlichen Ziel ihrer Menschwerdung, der Selbstverwirklichung und der seelisch/geistigen Entwicklung näher zu kommen. Sie erkannten auch, dass den Menschen mit ganz verschiedenen Neigungen, Fähigkeiten und Veranlagung auch verschiedene Möglichkeiten gegeben werden müssen. Und so entwickelten sie ein System der Yoga-Wege. Eigentlich sind diese Yoga-Wege nicht »indisch« und auf Indien beschränkt, sondern sie bilden die Grundlage jeder Religion und eines kultivierten Zusammenlebens.
Das Wort Yoga kommt von »yuj« und bedeutet in der altindischen Sanskrit-Sprache »zusammenfügen/verbinden«, also sich mit Gott in Verbindung bringen.

Yoga ist keine Religion, eher eine Lebensphilosophie. Die meisten Menschen sehen Yoga nur als eine Reihe von Körper- und Atemübungen, die dazu dienen, den Körper gesund und fit zu erhalten. Andere Yoga Praktizierende sehen die Meditation zur Stärkung und Beruhigung des Geistes als ein hohes Ziel des Yoga an. Nur wenige Praktizierende versuchen durch Yoga eine Harmonie von Körper, Geist und Seele zu erreichen.
Der ursprüngliche Yoga ist jedoch der Weg zur **Harmonie** mit sich **selbst**, der **Schöpfung** und letztendlich mit dem **Schöpfer**.

Im Yoga kennen wir vier Hauptwege:

1. **Karma-Yoga** selbstloses Handeln und Dienst am Nächsten.
2. **Jnana-Yoga** Studium, Wissenschaft, Kontemplation und Meditation.
3. **Bhakti-Yoga** Hingabe, Gebet, Meditation und Gottesdienst und
4. **Astanga-Yoga** den 8-stufigen, mystischen Weg, den »königlichen« Weg.

Für jeden Gottsuchenden gibt es einen Weg, für den aktiven und praktischen, intellektuellen, gefühlsbetonten und meditativen Menschen.
Es gibt aber keine festen Abgrenzungen der Yoga-Wege, eher fließende Grenzen. Hingabe ohne Wissen wäre Fanatismus und Wissenschaft ohne entsprechendes Handeln wäre trockene Spekulation.

1. Karma Yoga – der Weg des Handelns

Das Wort »Karma« bedeutet in der Sanskrit-Sprache »Handlung«. Dieser Weg des selbstlosen Handelns ist besonders geeignet für aktive Menschen, die ihre Kraft in den selbstlosen Dienst einer Sache stellen wollen.
Das kann sozialer Dienst am Nächsten sein, jede Tätigkeit, für die man keine Belohnung erwartet, sondern nur um der Sache wegen handelt. Karma Yoga ist ein Weg zum Bezwingen des Egos. Der Karma Yogi geht den Weg vom kleinen Ich zum Du. Der Mensch lernt sich zurückzunehmen und etwas ohne Erwartungshaltung und selbstlos für andere zu tun.
Die meisten Menschen beginnen ihren Weg mit Karma-Yoga. Irgendwann stellen sie ihre Talente und ihre Arbeitskraft in den Dienst einer guten Sache. Sie wollen nicht mehr nur für sich und ihr Ego handeln, sondern entwickeln den Wunsch, darüber hinaus etwas zu tun.
Das ist schon die erste Phase ihrer seelischen Weiterentwicklung, sie gehen über die ersten drei lebenserhaltenden Interessen hinaus und beginnen, ihr Herzchakra zu öffnen und damit entwickeln sie Mitgefühl. Das treibt sie zu selbstlosem Handeln für Hilfebedüftige an.
Der Karma Yogi geht im selbstlosen Dienst für andere auf, dabei wird er immer mehr auch zum Bhakta.

2. Jnana Yoga – der Weg des Wissens und der Weisheit

Dieser Weg eignet sich für jene Menschen, die intellektuell veranlagt sind und in ihrem Leben dem Studium, der Kontemplation, Meditation einen großen Platz einräumen wollen.
Es geht dem Jnana-Yogi darum, Erkenntnis und Wissen durch Studium zu erlangen
a) über die eigene Rolle in der Schöpfung,
b) um das Erkennen der Energie Gottes (Brahman), die in der Schöpfung wirkt und
c) um die Unterscheidung (Viveka) von Realität und Traum in der Schöpfung (Maya).
Dieser Weg ist besonders für Menschen geeignet, die sich für Sinnfragen des Lebens interessieren, für das Woher und Wohin, für den Schöpfer und die Geheimnisse der Schöpfung. Das schließt das Studieren der geistigen Schriften, Kontemplation, das Erforschen der Schöpfung und der eigenen Position in der Schöpfung ein.
Der Jnana Yogi wird entdecken, dass Religion und Wissenschaft zu gleichen Erkenntnissen kommen, nämlich dass Materie aus verdichtetem Licht besteht und das Verbindungsglied Energie ist.
Durch seine Unterscheidungskraft wird er sich bestätigen: »Ich bin nicht der Körper. Diese Dramen der Schöpfung können mich nicht erschüttern. Ich bin ein Teil von Gott, ich bin als Seele unverwundbar.«
Der Jnana Yogi ist bei seinem Studium und seinen Forschungen zunächst auf die Beobachtung durch die Sinne angewiesen. Da die Sinne aber nur sehr unzureichend sind, werden seine Schlussfolgerungen aus den Beobachtungen unvollkommen sein. Er kann mit dem Verstand allein nie die Wahrheit ergründen. Intellekt, Logik, Ratio und Verstand stellen eher Hindernisse auf dem geistigen Weg dar. Sie gehören der linken Hemisphäre des Gehirns an. Schlussfolgerungen kann man nur aus der eigenen Erfahrung ziehen. Ich kann den Duft einer Rose beschreiben, aber ich werde nie wissen, wie sie duftet, wenn ich nicht an ihr rieche. Das gilt auch für geistige Erkenntnisse, die nur aus tiefstem, eigenen seelischem Erleben entspringen. Dazu ist die Meditation erforderlich. In der Stille der Meditation wird die rechte Hemisphäre aktiviert und die Intuition, die Stimme der Seele, erwacht. Sie wird dem Jnana Yogi schließlich Antwort auf seine Fragen geben und ihm die reine Wahrheit ohne den Filter über die Sinne und den Verstand direkt offenbaren.
Dadurch eröffnen sich dem Jnana-Yogi immer mehr die Schöpfungsgeheimnisse, und er empfindet dadurch Ehrfurcht und Achtung vor der Schöpfung. Wichtig ist aber für ihn, dass er bei all seinem Wissen Demut bewahrt, seine Herzensqualitäten entwickelt und **Kopf und Herz** miteinander verbindet. Sonst könnte er zu einem einseitigen Intellektuellen werden, in die Ego-Falle der Macht und des Hochmutes fallen und sein Wissen missbrauchen.
Wenn er aber Liebe zu den Mitmenschen und Bhakti, Hingabe zu Gott entwickelt, wird er sein Wissen und seine Weisheit nur zum Wohle der Menschen und im Einklang mit Gott und nie für Profit oder destruktive Ziele einsetzen.

3. Bhakti Yoga – der Weg der Hingabe

Dieser Weg ist besonders geeignet für jene Menschen, die zu großer Hingabe fähig sind. Der Bhakti-Yogi wird Gott immer mehr Platz in seinem Leben einräumen, bis schließlich sein ganzes Leben nur noch Gottesdienst ist.
Die einzige Gefahr auf diesem Wege ist der blinde Fanatismus, wenn der Bhakti-Yogi nicht auch das notwendige Wissen und die Erkenntnisse erwirbt. Kopf und Herz müssen miteinander verbunden werden.
Der Bhakti-Yogi wird alles gerne für Gott und zu Seiner Freude tun und ist von diesem Wunsch geradezu beseelt. Das kann er in verschiedenen Formen tun, im äußerlichen Gottesdienst und der Verehrung, indem er jeden Tag eine bestimmte Zeit Gott widmet. Die Inder schmücken täglich ihren Hausaltar mit Blumen, zünden ein Räucherstäbchen an und beten zu Gott.

Der Weg der Hingabe kann auch ein Weg der Nächstenliebe sein, indem der Mensch in jedem Menschen Gott sieht und gute Werke tut. Indem er Gott in jedem Menschen sieht, dient er Ihm.

Er liebt auch alle Geschöpfe Gottes, weil er in Ihnen den EINEN erkennt. Der Bhakti-Yogi erfüllt das höchste Gebot: »Du sollst Deinen Herrn lieben, von ganzem Gemüte und deiner ganzen Seele.«
Es gibt auch andere Formen der liebevollen Verehrung Gottes: In der Meditation, im Gebet, beim Rosenkranz (Japa) und beim Singen religiöser Lieder (Kirtan, Bajan). Die Meditation wird ihm helfen, noch tiefer als im Gebet mit Gott in Verbindung zu treten. In der Meditation wird er Ihm einen Altar der Liebe in seinem Herzen errichten.

4. Astanga Yoga – der königliche Weg

Asta bedeutet »acht« und Anga »Glieder«. Das heißt, dass Astanga-Yoga in **8 Teile** gegliedert ist. Der indische Gelehrte Patanjali hat diesen Yoga-Weg in den Yoga-Sutren zusammengefasst.

Die ersten 4 Stufen heißen	*Hatha Yoga.*
Die zweiten 4 Stufen heißen	*Raja Yoga.*

Eigentlich zeigt der Astanga-Yoga die **gesamten Entwicklungsstufen** auf, die ein **jeder** Mensch geht bzw. einmal gehen wird. Erinnern wir uns, dass das Wort Yui – Yoga – »vereinen« bedeutet, und zwar mit unserem Ursprung – Gott. Das ist das Ziel der Seele.

Die **ersten zwei Stufen** des **Hatha Yoga** Yama und Nyama dienen dazu, dass der Mensch zuerst die ethischen Grundlagen des Miteinanderlebens befolgen lernt bzw. das Gefühl für Recht und Unrecht entwickelt.
Yama und Niyama sind die Stufenleitern immer höher hinauf zu seiner seelisch/geistigen Weiterentwicklung. Wir kennen alle die 10 Gebote und das Gebot, das uns Jesus Christus gegeben hat: »Liebe deinen Nächsten wie dich selbst.«
Würden die Menschen diese Gebote befolgen, hätten wir den Himmel auf Erden. Die Gebote und Verbote dienen dazu, die Menschen vor den karmischen Auswirkungen und Leiden zu bewahren, die sie durch ihr un-heilvolles und dis-harmonisches Verhalten auslösen.
Die **letzten zwei Stufen** des Hatha-Yoga, Asana und Pranayama, dienen zur Gesunderhaltung des Körpers und zum besseren Meditieren.

Diese Stufen geben erst die Möglichkeit, den Raja-Yoga, **den inneren Weg der Meditation,** anzutreten. **Raja-Yoga** beschreibt die immer tiefer werdenden Stufen der Meditation. Sammlung, Zurückziehen der Sinne vom äußeren und Konzentration stellen die Voraussetzungen für eine erfolgreiche Meditation dar.

A) Hatha Yoga:

Ha bedeutet «Sonne" und entspricht Pingala, einer der feinstofflichen Hauptenergiebahnen in der Wirbelsäule, es ist der erwärmende Lebensstrom in der Wirbelsäule.
Tha bedeutet »Mond« und entspricht Ida, der zweiten feinstofflichen Hauptenergiebahn in der Wirbelsäule, es ist der kühlende Lebensstrom in der Wirbelsäule.
Das Ziel des Hatha Yoga ist die Kontrolle über die Lebensströme Ida und Pingala und die Beherrschung des Körpers.

Die erste Stufe von Hatha Yoga ist ***Yama***. Das sind **soziale** Disziplinen und diese gelten für **alle** Yoga-Wege und sind die **Grundlagen aller** Religionen.

a)	Ahimsa:	Gewaltlosigkeit, auch sich selbst gegenüber
b)	Satya:	Wahrhaftigkeit in Gedanken, Worten und Taten
c)	Brahmacarya:	Enthaltsamkeit, bewusster Umgang mit der Körperenergie
d)	Asteya:	Nicht stehlen, alles ist Besitz Gottes
e)	Aparigraha:	Freiheit von Habgier und Neid, Profitgier.

Die zweite Stufe ist ***Niyama***: Das sind **individuelle** Disziplinen, diese gelten für alle Yoga Wege und sind die **Grundlage aller** Religionen.

a)	Sauncha:	Körperliche und geistige Reinheit (reines Denken).
b)	Santosha:	Genügsamkeit, zufrieden sein mit dem, was das Leben gibt
c)	Tapasya:	Entsagung, Buße, Opfer, Einschränkung der Bedürfnisse
d)	Swadhyaya:	Studium des Selbst und des Dharma
e)	Ishwara Pranidhana:	Hingabe zu Gott, dem Höchsten Kontrollierenden

Bei der körperlichen Reinigung ist die äußere und innere Reinigung gemeint, wie Körperpflege und Fasten. Mit der geistigen Reinheit ist auch gemeint, den Geist von allen Vorurteilen und Dogmen frei zu machen, die uns Menschen engherzig machen.

Die **dritte** Stufe ist ***Asana***: Das sind Körperübungen bzw. Körperhaltungen, die der Meditation und der Gesundheit dienen. Ein gesunder Körper in einem gesunden Geist wird angestrebt. Der Körper wird als Tempel Gottes betrachtet.

Eine besonders effektive Übung zur Gesunderhaltung des Körpers ist der »Sonnengruß«. Eine Aufwärmübung ist auch »die Katze«. Sie dient der Vorbereitung auf die anderen Yoga-Asanas.
Die Asanas werden nach ihrer Wirkung auf die Wirbelsäule eingeteilt. Die Wichtigsten sind:
Vorbeugeübungen, bei denen die Wirbelsäule nach vorne gedehnt wird,
Rückbeugeübungen, bei denen die Wirbelsäule nach hinten gedehnt wird,
Seitneigungen, bei denen die Wirbelsäule zur Seite gedehnt wird,
Streckübungen, bei denen die Wirbelsäule nach oben in die Länge gedehnt wird und
Umkehrübungen, bei denen die normale Haltung der Wirbelsäule umgekehrt wird, also Kopf unten und Füße oben.
Zusätzlich gibt es **Balance-Übungen**, bei denen die innere und die äußere Stabilität trainiert werden.
Diese Übungen dienen zur Belebung der ganzen Energiebahnen des Körpers, zur Geschmeidigkeit der Muskeln und Sehnen und zur Entspannung.
Oft sieht man in den Yoga-Büchern die sonderlichsten schwierigsten Stellungen, aber diese sind nur für sehr fortgeschrittene und geübte Yogis üblich. Die Körper der indischen Menschen sind nicht wie die der Europäer gebaut, die Inder sind beweglicher, weil sie schon früh, oft schon als Kind, mit den Übungen vertraut gemacht werden.
Um Hatha-Yoga richtig praktizieren zu können, bedarf es einer Anleitung eines guten Yoga-Lehrers. Ein seriöser Yoga-Lehrer wird niemals Yoga-Positionen vom Körper erzwingen, sondern ganz vorsichtig immer darauf achten, dass sich bei den Übungen Spannung und Entspannung abwechseln. Die Übungen sollen Spaß machen und keine Schmerzen bereiten. Wenn etwas weh tut, ist es schon falsch!

Entspannung ist eine Voraussetzung für die Meditation. Ein Teil der Asanas dient dazu, eine korrekte Haltung beim Meditieren einzunehmen. Die Inder praktizieren den Diamantsitz. Aber das Becken der Europäer ist einfach nicht genug geschmeidig, um diese Sitzposition spannungs- und schmerzfrei einzunehmen. Für uns genügt eine einfache, gerade Sitzhaltung auf einem geraden Stuhl, die Füße parallel auf dem Boden, die Arme sind in der Rumpfbeuge und die Hände ruhen mit den Handflächen nach oben auf dem Oberschenkel. So kann man nicht so leicht nach vor oder rückwärts kippen und bewahrt eine gerade, aber entspannte Haltung, was bei der Meditation wichtig ist.

Die **vierte** Stufe ist ***Pranayama***: Das sind Atemtechniken zur Beherrschung und Kontrolle der Lebensenergie (Prana). Pranayama-Übungen dienen auch der Entspannung und zur Reinigung des Blutes.

B) Raja Yoga:
Das bedeutet der »königliche Yoga«, weil er alle anderen Yoga-Wege miteinander verbindet. Er dient der Harmonie von Körper, Geist und Seele. Die Beherrschung des Geistes und der Sinne wird angestrebt.
Er eignet sich besonders für Menschen, die sich zur Meditation hingezogen fühlen. Dazu muss man sich nicht völlig zurückziehen. Man kann durchaus Arbeit und Meditation in Einklang bringen, indem man sich morgens und/oder abends eine gewisse Zeit für die Meditation nimmt.

Raja-Yoga ist wiederum in 4 einzelne nachfolgende Stufen gegliedert.

Die **fünfte** Stufe ist ***Pratyahara***: Das ist das Zurückziehen der Sinne von **außen nach innen**. Es führt zum Erleben der **inneren Zufriedenheit**, die uns unabhängig macht von Glück und Leid von außen. Wir werden ausgeglichener, da wir den Hochs und Tiefs von außen nicht mehr so hilflos ausgeliefert sind.

Die **sechste** Stufe ist ***Dharana***: Das ist Konzentration, wir üben, den Geist auf einen Punkt zu lenken und zu halten, z. B. auf den Atem, auf das Dritte Auge oder auf Gott in der persönlichen Form, die einem am liebsten ist. Es ist der Zustand innerlicher Ruhe.

Die **siebte** Stufe ist ***Dhyana***: Das ist Meditation, eine ununterbrochene Verbindung des Geistes mit dem Objekt der Meditation für einen längeren Zeitraum. Das kann die tiefe Versenkung durch Wiederholung eines Namens Gottes (Rosenkranz, Beten mit einer Gebetsschnur) oder eines Mantras (einer heiligen Silbe) oder eine stille Meditation sein.
Es ist der meditative Zustand der innerlichen Schau und der Seligkeit, des Überbewusstseins, eine Eröffnung der innerlichen Sinne, wodurch der Mensch befähigt wird, mit geistigem Auge die innerlichen Geheimnisse der Schöpfung zu erkennen.

Die **achte** und letzte Stufe ist ***Samadhi* (Ekstase)**: Das ist der höchste Zustand des Yogis, des Gottesliebenden, es ist die Glückseligkeit und Liebe, in der die Gegensätze (Dualität) aufgehoben sind und das Einswerden mit dem Göttlichen. Das Königreich Gottes ist in uns.

Indien ist die Wiege der Weisheit und der vollkommenen Meister. Sie haben den höchsten Bewusstseinszustand – Samadhi – erreicht. Heute noch leben im Himalaya Yogis in völliger Zurückgezogenheit und Meditation. Sie sind geistige Magneten, und bringen durch ihre Meditation viel Segen auf die Erde, und helfen damit der ganzen Menschheit.

****

Das sind die 4 individuellen Wegweiser zu Harmonie in unserem Leben. Diese sind ganz unabhängig von Kultur und Religion. Sie zeigen nur Möglichkeiten zur eigenen Erfüllung auf.

Karma Yoga schenkt uns	Harmonie und Frieden mit uns selbst und der näheren Umgebung und Gesellschaft.
Jnana Yoga schenkt uns	Harmonie und Frieden mit der gesamten Schöpfung.
Bhakti Yoga schenkt uns	Harmonie und Frieden mit Gott dem Schöpfer.
Astanga Yoga	verbindet alle Wege miteinander und schenkt uns Harmonie und Frieden mit uns selbst, Körper, Geist und Seele. Es geht immer um den Einklang!

Viele Menschen haben das Wort »Yoga« noch nie gehört, aber eigentlich haben sie schon einen Yoga-Weg beschritten, sie **sind** bereits Yogis.
Wieviele stehen im selbstlosen Einsatz für andere Notleidende? Ihr Beweggrund dafür ist Mitgefühl und Liebe. Alle Notfalldienste für die Bergrettung, Feuerwehr, das Rote Kreuz, von Ärzten und Krankenschwestern in Kriegs- und Krisengebieten, alle selbstlosen Taten zur Rettung der Natur und von notleidenden Tieren sind hier einzuordnen. Denken wir dabei auch an den selbstlosen Einsatz von Familienangehörigen für Schwerstkranke, oft jahrelang. Durch ihren selbstlosen, liebevollen Einsatz sind sie Karma- und Bhakti-Yogis.
Wenn Menschen Liebe im Herzen haben, meiden sie ganz automatisch alles, was lieblos ist, und befolgen ganz von selbst Yama und Niyama. Dadurch erwerben sie ein sehr reines Bewusstsein und machen seelisch/geistige Fortschritte.

Wieviele Menschen schmücken täglich voller Hingabe und Liebe die Altäre und Kapellen, sorgen für schönen Blumenschmuck, halten alles sauber und pflegen die Räumlichkeiten? Sie nehmen sich Zeit für den liebevollen Dienst für Gott und verrichten mit Hingabe Gebete. Zu einem bestimmten Aspekt Gottes, sei es dem himmlischen Vater oder Mutter Maria oder zu einem Heiligen, fühlen sie tiefe Liebe.
Sie pflegen Gemeinschaft mit Menschen im Gottesdienst, singen spirituelle Lieder zu Ehren Gottes. Sie alle sind Gottesliebende, Bhakti Yogis. Auch Sänger, die mit ihrem Gesang die Liebe zu Gott und die allumfassende Liebe in den Herzen der Menschen erwecken, gehören dazu. Die Entwicklung der **Liebe** ist die **erste** und wichtigste Voraussetzung zur Erlösung. Ohne Liebe ist es dem Menschen unmöglich, auch nur einen Schritt in dieser Richtung zu tun.

Jnani-Yogis widmen ihr Leben dem geistigen Studium und erwerben über den kontemplativen Weg Erkenntnis über den Sinn des Lebens und über das Gefüge der Schöpfung. Sie verbinden ihre Erkenntnisse mit Weisheit mit Liebe. Hier finden wir Menschen, die nicht nur ein großes Verständnis erwerben, sondern auch ihr Wissen in liebevoller Weise weitergeben.

Beim Raja Yogi verbinden sich alle Wege: Er arbeitet selbstlos in einer guten Sache, im Einklang mit Gottes Willen, er verbindet Weisheit mit Liebe. Jeden Tag widmet er sich eine gewisse Zeit für Gott und die Meditation. Seine Liebe zu Gott wird immer größer.
Er findet letztendlich zu seinen Wurzeln, und erlebt immer mehr die innere Gewissheit: Er ist in Gott und Gott ist in ihm.

Geistige Gesetze

Unser Leben ist durch bestimmte institutionelle Gesetze geregelt, sei es durch Justiz oder im Straßenverkehr, wo uns Hinweis-, Gebots- und Verbotsschilder auf Beachtenswertes und Gefahren hinweisen. Ohne sie würde auf allen Straßen Chaos herrschen. Es gibt auch Regeln für gutes Benehmen und Anstand sowie religiöse Gebote. Alle dienen für ein harmonisches, geordnetes Zusammenleben in der Gesellschaft. Wenn wir die Gebote der Ethik und Nächstenliebe verletzen, verursachen wir Leid und ernten auch Leid.

Auf der Erde herrschen verschiedene Gesetzmäßigkeiten. Nehmen wir die physikalischen Gesetze der Schwerkraft oder der Statik. Wenn wir sie nicht genügend beachten, tragen wir Schaden davon. Wenn ein Bauherr die Gesetze der Statik bei seinen Bauvorhaben zu wenig beachtet, z. B. bei Häusern und Brücken, kommt es zu den größten Katastrophen.
Aber nicht nur auf der materiellen Ebene herrschen Gesetze und Gesetzmäßigkeiten, sondern auch auf der geistigen Ebene. Es sind die Gesetze der Resonanz, der Fülle, der Gedanken, des Glaubens usw.

Unkenntnis von Gesetzen und Gesetzmäßigkeiten schützt uns vor Schaden nicht. Jene wirken, ob wir sie nun akzeptieren oder nicht. Daher ist es wichtig, dass wir sie kennen und beachten!

Das Gesetz der Harmonie

Dieses Gesetz bewirkt einen ständigen Ausgleich aller Extreme und somit die Herstellung von Harmonie. Alle anderen Gesetze lassen sich von ihm ableiten. Dieses Gesetz wirkt sichtbar in der ganzen Schöpfung. Wann immer wir gegen das Gesetz der Harmonie verstoßen, setzen wir die regulierenden Gegenkräfte in Gang.
Wir sollen daher das Gesetz nicht verletzen, z. B. durch Unehrlichkeit oder Lieblosigkeit **uns selbst** und anderen gegenüber. Wir sollten dem Gebot entsprechen »Liebe deinen Nächsten wie **dich selbst**.« Viele von uns übergehen die zwei letzten Worte. Sie bemühen sich, zu den anderen gut zu sein und nehmen auf sie Rücksicht. Zu sich selber aber sind sie hart, sie verletzen sich ständig selbst durch Überforderung oder Selbstverurteilung. Die Achtung vor den anderen und vor uns selbst trägt zur Harmonie in unserem Leben bei. Dem Gesetz der Harmonie ist das letzte Kapitel »In Einklang bringen« gewidmet.

Das Gesetz der Evolution

Normalerweise verstehen wir unter dem Gesetz der Evolution das darwin'sche Gesetz der Evolution, das besagt, dass jeweils höhere Lebensformen aus niederen entstehen. Deshalb sagt man, dass der Mensch vom Affen abstammt. Das ist eine rein **materialistische** Auffassung.
Aus der **spirituellen Sicht** entwickeln sich jedoch die Seelen in immer höhere Bewusstseinsstände, und benötigen daher immer höhere Lebensformen als Körper. Deshalb sind nach dem göttlichen Schöpfungsplan alle höheren Lebensformen schon vorhanden, viele jedoch noch in einem unmanifestierten Zustand. Sie manifestieren sich erst, wenn genügend Seelen in eine höhere Lebensform inkarnieren wollen.
Die seelische Reife eines Neandertalers entsprach einer primitiven Lebensform und er hätte im Körper eines zivilisierten Menschen (Homo sapiens) nicht existieren können. Wenn sich diese Seelen aber weiterentwickeln, so benötigen sie Körper höherer Lebensformen und würden mit einem Körper z. B. eines Neandertalers, nicht mehr leben können.

Es ist also die **Bewusstseinsentwicklung** der Seelen, die einen Auf- oder Abstieg der körperlichen Lebensform bestimmt. Als Beispiel für die geistige Entwicklung vergleiche man die Kopfform eines Neandertalers mit der eines zivilisierten Menschen. Er hatte einen starken Wulst über den Augen, aber noch keine Stirn. Aus dem Thema über Menschenkenntnis und Physiognomie wissen wir bereits, dass die Stirn die Art und den Grad des Bewusstseins anzeigt.

Stete Veränderung entspricht dem Gesetz der Evolution. Alles ist im Fluss. Die Materie verändert sich. Oft braucht es Chaos, um etwas in Bewegung zu bringen.
Wir müssen im Fluss des Lebens bleiben! Wenn Wasser steht, vertümpelt es und verdirbt. Und wenn wir etwas im Leben festhalten wollen, stagniert es ebenso.
Wir müssen lernen loszulassen, damit etwas Neues kommen kann und geistig beweglich bleiben, neue Möglichkeiten und Denkkonzepte zulassen. Erst dann ist auch geistiges Wachstum möglich.

Das Gesetz der Entsprechung

Der Mystiker Hermes Trismegistos, der 3.000 v. Chr. lebte, lehrte die kosmischen Gesetze, sie wurden auch die **hermetischen** Gesetze genannt. Eines davon ist das Gesetz der Entsprechung, auch **Analogie-Gesetz** genannt.
Bereits im vorigen Thema der Lebenszyklen des Menschen habe ich es erwähnt:
»Wie oben, so unten, wie im Himmel, so auf Erden, wie innen, so außen, wie im Größten, so im Kleinsten.«

Das bedeutet, wie im Mikrokosmos, so im Makrokosmos – und umgekehrt. Dadurch können wir zu Erkenntnissen und Schlussfolgerungen gelangen, und Dinge und Ebenen verstehen, die sich jenseits unseres Vorstellungsvermögens abspielen. So entspricht der Atomkern einer einzigen Zelle in seiner inneren Ausdehnung dem unendlichen Universum mit der Sonne und umgekehrt. Bei der Menschenkenntnis haben wir gesehen, dass das Gesicht eines Menschen seinem Innenleben entspricht.
Hermes Trismegistos lehrte wie viele andere Weisheitslehrer und geistige Meister auch das Prinzip der Geistigkeit, dass alles seinen Ursprung im Geistigen hat, also bei Gott. Das Geistige ist unsterblich. Nur die Materie ist dem ständigen Wandel von Werden und Vergehen unterworfen. Vom Ursprung geht alles aus und wieder zurück.

Das Gesetz der Resonanz

Im Kapitel »Im Einklang leben durch harmonischen Schwingungen« gebe ich viele Anregungen, wie wir uns resonanzfähig für Positives machen, und somit in unserem Leben **Positives** anziehen und vermehren können.
Dazu zählt die Auswahl von Farben, Tönen, Düften, der Ernährung, unsere Lebensweise, Naturerleben und unser gesellschaftlicher Umgang. Wir können uns dieses Gesetz für unser Wohl zunutze machen, denn Gleiches zieht Gleiches an und wird durch Gleiches verstärkt.

Unsere Partnerschaft, unser Erfolg, unser finanzieller Status und unsere Gesundheit hängen von dem ab, **wofür** wir resonanzfähig sind oder uns machen. Maßgeblichen Anteil daran haben auch unsere **Gedanken**. Worauf wir unsere Aufmerksamkeit richten, danach richtet sich unser Leben. Das Stärkere bestimmt das Schwächere und gleicht es sich an.
Wenn wir uns für Positives resonanzfähig gemacht haben, werden wir nichts Negatives anziehen, denn Ungleiches stößt einander ab.
Alkoholkonsum hingegen verändert unser Bewusstsein und unsere Aura, und macht uns offen und schutzlos gegenüber den Schwingungen von anderen Menschen, die uns je nach Umständen ungut beeinflussen können. Wir machen uns somit resonanzfähig für Unangenehmes.

Je mehr wir vor etwas davonrennen, es (ver)meiden wollen, desto eher holt es uns ein. Ängste ziehen genau das an, was wir eigentlich vermeiden wollen. Wir müssen uns daher den Problemen stellen und dürfen keine Ausflüchte gebrauchen.

Je mehr wir etwas begehren und festhalten wollen, umso mehr oder eher entfernt es sich von uns. Daher ist es so wichtig in der Partnerschaft, dem Partner gewisse Freiheit bzw. Freiraum zu geben. Dann wird er von selbst gerne bleiben.
Loslassen ist das Geheimnis, dann kommt das **Gewünschte** ganz automatisch zu uns. Das gilt für alles, was wir brauchen, sei es Informationen oder andere Dinge.
Wir können es uns zuerst wünschen, dann aber müssen wir den Wunsch innerlich loslassen, und uns im Gebet dafür bedanken »Herr, ich danke dir, dass alles erfüllt ist.« Dann setzen wir die Glaubens-Kräfte in Gang, die zur Wunscherfüllung nötig sind.

Das Resonanz-Gesetz bewirkt auch, dass wir die Dinge umso mehr übersehen, je mehr wir nach ihnen suchen. In diesem Falle ist es auch besser, loszulassen, statt sich zu zwingen und unter Druck zu setzen »ich muss«.
Je mehr wir uns hetzen, um etwas zu erreichen, umso mehr rinnt uns die Zeit davon, und wir haben nie genug Zeit. Menschen, die gelassen an ihre Aufgaben herangehen, haben immer genug Zeit, vor allem fallen ihnen die Dinge wie von selbst zu.
Durch das Resonanzgesetz wird verständlich, warum der eine Mensch empfänglich für eine bestimmte Sache ist, Interesse dafür zeigt und der andere nicht, denn wir können immer nur jenes wahrnehmen, für das wir resonanzfähig sind.

Der eine hat einen Blick für Naturschönheiten, ist ein sensibles, künstlerisches Naturell oder liebt klassische Musik und interessiert sich nicht so sehr für Sport. Der andere nimmt Naturschönheiten gar nicht wahr und geht achtlos an ihnen vorüber, liebt gar keine Musik oder bevorzugt eine andere Musikart und hat für Sport viel übrig. Keiner ist resonanzfähig für die Interessen des anderen.
Ein praktischer, materialistisch eingestellter Mensch wird kaum resonanzfähig sein für philosophische Gedankengänge. Umgekehrt kann ein Philosoph meist nichts mit dem engen Weltbild des praktisch orientierten Materialisten anfangen.
Wir können uns aber im Laufe des Lebens stetig weiterentwickeln, und auf einmal tun sich wie von selbst ganz neue Dinge und Begegnungen auf, und in uns beginnt ein Verständnis und eine Offenheit für Dinge zu wachsen, für die wir früher nicht resonanzfähig waren.

Wir ziehen immer nur Menschen und Ereignisse an, für die wir resonanzfähig sind. Wenn uns unerfreuliche Ereignisse zustoßen, z. B. ein Unfall, müssen wir eine gewisse Affinität dazu haben. Etwas muss in uns sein, das uns resonanzfähig dafür macht. Ein Aufprall an einer Mauer, ein äußeres Hemmnis, kann z. B. eine Widerspiegelung einer inneren Hemmung sein. Ein Unfallgeschehen weist uns auf dramatische Weise darauf hin, dass wir einen anderen Kurs in unserem Leben einschlagen müssen.
Oft stecken versteckte Aggressionen, Schuldgefühle, Minderwertigkeitskomplexe und Selbstbestrafungstendenzen dahinter, wenn uns immer wieder Unerfreuliches widerfährt. Mit diesen Gefühlen und Komplexen machen wir uns resonanzfähig dafür.
Was wir in anderen sehen, was wir über sie sagen, worüber wir uns aufregen, was uns begegnet und zustößt – all dies sind Widerspiegelungen unseres Innenlebens. Das Ärgern oder gekränkt sein durch andere zeigt uns an, dass etwas **in uns** ist, das mit dem Verhalten des anderen in Resonanz geht. Sonst würden wir uns darüber gar nicht ärgern oder kränken. Das sind Hinweise, **wo** wir etwas klären und ändern müssen. Ein äußeres Ereignis zeigt nur an, worüber wir resonanzfähig sind. Ein erlittener Verlust oder Diebstahl kann bedeuten, dass diesem Ereignis ein Verlust an Eigenwert und Selbstsicherheit vorausgegangen ist.

Was wir verdrängen, begegnet uns gemäß dem Resonanzgesetz wieder als schicksalhaftes Ereignis, gesundheitliche Störung oder in unseren Beziehungen.
Wenn eine Frau ihren Zorn ständig unterdrückt und sich äußerlich aber stets friedfertig gibt, zieht sie mit Sicherheit einen streitsüchtigen Partner an. Wenn sie sich nicht ändert und ihrem Ärger adäquaten Ausdruck verschafft, wird sie nach der Trennung auch wieder einen aggressiven Mann in ihr Leben ziehen. Denn ihre unterdrückte, verdrängte Seite macht sich in ihrem Leben bemerkbar. Das kann auch ihr versteckter Selbsthass sein.

Das Gesetz der Schwingungen
Über die Äther-Ebene, die Akasha Chronik, welche auch als morphogenetisches Feld bezeichnet wird, ist alles schwingungsmäßig miteinander verbunden.
Wir werden ständig durch die Schwingungsfrequenzen unseres Umfeldes im Positiven wie auch im Negativen beeinflusst.

Alles was uns umgibt, befindet sich in Schwingung und bewegt sich. Das gilt auch für uns selbst. Diese Schwingungen sind veränderlich.
Wir können unsere eigene Schwingung jederzeit durch Gedanken, Gefühle und durch unser Verhalten beeinflussen. Ich habe den Schwingungen und ihren mannigfaltigen Wirkungen auf uns und unser Umfeld ein eigenes Kapitel gewidmet.
Die Schwingungen sind ganz unterschiedlich. Jede Schwingung entspricht einem Ton, einer Farbe oder Form. Hellsichtige nehmen das deutlich wahr, wenn sie Gedankenformen sehen. Die höchsten Schwingungen sind für uns unsichtbar, sie werden zu reinem Licht – Gottes Licht.

Unser Körper, unsere Organe und auch unsere Aura haben jeweils eine eigene Schwingung. Unsere feinstofflichen Körper schwingen wiederum in ihrer eigenen Frequenz.
Durch Musik und Farben können wir wesentlich zur Erhöhung und Harmonisierung von Schwingungen beitragen. Wir können harmonische Schwingungen deshalb auch zum Heilen oder zur geistigen Erbauung einsetzen, sie sind geradezu Bedingungen für die Heilarbeit.
Schwingungen kann man nicht mit den groben Sinnen erfassen, aber erspüren. Jeder von uns hat schon den Unterschied verspürt, wenn er sich in verschiedenen Räumen aufhält, z. B. ist die Atmosphäre von Amtsräumen oft kühl und beklemmend. Die Wirtsstube eines Gasthauses lässt uns spüren, ob hier Fröhlichkeit oder Streit herrschte. In einer Kirche werden wir die spirituelle Atmosphäre wahrnehmen, die sich durch die Gläubigen, die hier beten, immer wieder vertieft. In der stillen Natur lässt sich die Schwingung der vollkommenen Harmonie deutlich spüren, weshalb die Natur auch solch einen heilsamen Effekt auf uns hat.
Auch von Menschen werden wir schwingungsmäßig beeinflusst. Es ist daher wichtig, auf guten Umgang zu achten.

Das Gesetz der Fülle

Es steht in direktem Zusammenhang mit den Gesetzen der Resonanz und der Schwingung. Wenn wir in uns unbewusste Denk-Muster von Armut und Begrenzung tragen, können wir nicht resonanzfähig für Fülle und Wohlstand sein. Dazu müssen wir erst unsere hinderlichen Denkmuster ändern und loslassen. Die Qualität unserer bewusstseinsmäßigen Schwingung ist ausschlaggebend, wie viel wir erhalten bzw. annehmen können.
Es ist wichtig, dass wir uns dafür wert fühlen. Wir brauchen uns nur dafür zu öffnen und bereit sein. Wichtig ist das Vertrauen und der Glaube, dass Gott uns mit allem versorgt, was wir brauchen. Wenn wir unser wahres Wesen, unsere göttliche Natur erkennen können – wir sind ja ein Teil von Ihm –, so wird uns zweifelsfrei klar werden, dass Mangel einer Täuschung entspricht.
Jesus sagte, dass wir die Fülle haben sollen. Er meinte damit nicht nur die äußere in Form von Wohlstand und harmonischen Beziehungen, sondern auch die innere Fülle an Erkenntnissen. Unsere innere Fülle müssen wir anerkennen und bejahen, sodass die Fülle auch im Außen in Erscheinung treten kann.
Mit den Worten »Trachtet zuerst nach dem Reiche Gottes, so wird euch alles Übrige zufallen« meinte Jesus, dass wir uns ganz Gott hingeben, Ihm dienen und unser Ego, das kleine Ich, unserem wahren höheren Selbst – Gott in uns – übergeben sollen. Dann wird es keinen Mangel mehr geben. Als Empfänger der Fülle dürfen wir nicht vergessen, auch diese an andere weiterzugeben. Geben und Nehmen sollen eins sein. Wenn wir immer nur nehmen, ohne zugleich etwas weiterzugeben, so wird der Strom der Fülle versiegen. Wenn wir aber immer nur geben, ohne etwas nehmen zu wollen, so hat man bald nichts mehr zu geben. Auch hier wird der Strom der Fülle versiegen. Dies wiederum entspricht dem Gesetz der Polarität.

Die Gesetze der Polarität und des Rhythmus

Rhythmus ist immer die Art der Bewegung zwischen zwei Polen. Das chinesische Yin/Yang-Symbol bringt die **Polarität** in unserer Welt klar zum Ausdruck, es zeigt, dass alles zwei Pole, zwei Seiten hat. In Wirklichkeit bilden sie EINS. Sie sind jederzeit umwandelbar.
So ist es nur möglich, die Wahrheit zu erkennen, wenn wir auch die Unwahrheit kennen. Hinter jeder Krise verbirgt sich zugleich eine neue Chance.
Liebe kann sich in Hass verwandeln und umgekehrt. Wenn jemand sehr intensiv liebt, so wird er sehr schnell nach einer Trennung oder einer Ablehnung seiner Liebe in genau solch intensiven Hass verfallen.
Bei der Bachblüten-Therapie werden negative Seelenzustände in positive mittels höherer Schwingung umgewandelt. Hinter der Schwäche, z. B. des Hasses, verbirgt sich das eigentliche Potenzial des Menschen, seine Liebesfähigkeit. In diesem Falle bewirkt dies die Blüte »Holly«.

Alles ist auch dem **Rhythmus** unterworfen. Der Rhythmus lässt sich mit dem Schwingen eines Pendels vergleichen, das ständig zwischen zwei Polen hin und her schwingt. Ein extremer Pendelschlag in die eine Richtung, wird einen extremen Wechsel in die andere Richtung nach sich ziehen.
Äußerlich können wir dies an den Modeströmungen in den letzten Jahren entdecken und in dem Sittenwechsel in der Gesellschaft. Zu den Zeiten unserer Urgroßeltern und Großeltern herrschten noch ganz strenge Sitten. Oft ging es bis zur Prüderie. In der heutigen Zeit hat das Pendel in das andere Extrem ausgeschlagen, es herrscht eher Zügellosigkeit.
Wir erkennen die Polarität im Wechsel von Tag und Nacht, Ebbe und Flut, Leben oder Tod, Aufstieg und Untergang von Kulturen und Reichen, im Hoch und Niedrig, im Steigen und Fallen und Aktivität und Ruhe. Es ist sehr wichtig für unsere körperliche und geistige Gesundheit, dass bei uns Aktivität und Ruhe in einem **individuellen** Rhythmus stattfindet.

Das Gesetz der Polarität ist im Sichtbaren und Unsichtbaren wirksam, in unserem körperlichen, geistigen und seelischen Bereich. Wir sind ständig den Polaritäten dieser materiellen Welt ausgesetzt – Freud und Leid, Gesundheit und Krankheit, Erfolg – Misserfolg. Vergleichen wir dies mit einer Sinuskurve, so entsprechen die auf- und absteigenden + und – Wellen den beiden entgegengesetzten Polen, in denen wir in einem gewissen Rhythmus hin und her schwingen. So geht es uns ständig in den Wechselfällen unseres Lebens.

Durch eine Haltung der inneren Ruhe bzw. der Neutralität gegenüber den materiellen Dingen können wir eine gewisse Losgelöstheit von den Polaritäten des Lebens, von Freuden und Leiden, bekommen. Dies erreichen wir durch Sadhana, d. h. regelmäßiges Praktizieren von Spiritualität, wie Meditation, innere Versenkung, Andacht, Gebet oder Gottesdienst.
Wenn wir Sadhana in unser Leben einbeziehen, werden wir den Wechselfällen des Lebens leichter gewachsen sein und nicht mehr so leicht von einem ins andere Extrem von Euphorie oder tiefer Trauer fallen können.
Die 0-Linie der Sinuskurve – die gerade Linie, die sich durch die Welle zieht – entspricht einem Zustand, in dem wir nicht mehr zwischen diesen beiden Polen schwanken, sondern in einen Zustand der inneren Ruhe und Zufriedenheit kommen, wobei wir zwar im Äußeren wohl immer noch Glück und Leid erleben, sie uns aber innerlich im seelisch/geistigen Bereich nicht mehr aus dem Gleichgewicht bringen.

Das Gesetz des Karma, der Kausalität

Das Wort »Karma« bedeutet Tat. Es ist das Gesetz von Ursache und Wirkung, Aktion und Reaktion. Der Volksmund sagt dazu »Wie jemand in den Wald hinein ruft, so schallt es heraus.«
Je nach unseren Handlungen ernten wir positives oder negatives Karma. Wir sind Schöpfer unseres Schicksals. Deshalb sollten wir auf die Art unserer Gedanken, Gefühle und Handlungen achten.
Selbst ein Mensch, der mit Gott und der Spiritualität gar nichts am Hut hat, z. B. ein Dieb oder Betrüger, würde sich überlegen – wenn er um dieses Gesetz wüsste – ob sich seine Tat lohnen würde, wenn er dann später selbst bestohlen und betrogen würde und Verluste erleiden müsste.
Andererseits ist nichts, was wir anderen Menschen an Hilfe zukommen lassen, umsonst. Es wird uns in Zukunft auch wieder als unerwartete Hilfe zugute kommen.

Es gibt nicht nur ein individuelles Karma, sondern auch ein Gruppen- und Völkerkarma. Es ist kein Zufall, wo jemand hingeboren wird. Völkerkarma entlädt sich, wenn ein ganzes Volk früher einem anderen Volk Unrecht zugefügt hat. Hass erzeugt Leid. Dann gehen »alte karmische Rechnungen« in Form von Kriegen und Unruhen oder Not auf.
Beim Gruppenkarma kann es vorkommen, dass Menschen gemeinsam verunglücken. Eine Person, z. B. ein Busfahrer oder Pilot, ist sozusagen der »Erfüllungsgehilfe« des Karmas für

diese Personen. Da kommt es dann zu geheimnisvollen Fügungen, bei denen Menschen dem Unglück entkommen, weil sie im letzten Augenblick die Fahrt oder den Flug verpassen. Für diese ist das Unglück vom Karma her nicht bestimmt.

Wir können negatives neues Karma vermeiden, wenn wir im Einklang mit Gottes Willen Handlungen setzen. Daher sollten wir täglich im Gebet um göttliche Führung bitten im Sinne von »Herr, Dein Wille geschehe.«
Wir sind **frei** in dem, was wir **wählen**, wir **müssen** aber die **Wirkung** erfahren. »Was der Mensch sät, das muss er ernten.« Wir sind keine Opfer, wir haben unser Schicksal kreiert. Wir können eine Wendung zum Besseren erreichen, wenn wir Verantwortung für unser Handeln übernehmen.

Aus dem Altem Testament geht hervor, dass es in der jüdischen Tradition Sitte war, einen Schafbock als »Sündenbock« in die Wüste zu schicken. Man glaubte tatsächlich, wenn man auf ein Tier sämtliche Sünden lade und es wegschicke, dass man frei werde von Schuld.
Auch der Gebrauch von Opfertieren zur Sühne von Sünden ist in vielen archaischen Religionen und schamanischen Bräuchen noch Sitte.
Alle diese Gebräuche beruhen auf Irrtümern. Sie sind Relikte einer magischen Zeit, denn mit dem Blut der Tiere kommt man mit der Lebenskraft der Tiere in Verbindung. Aber leider werden durch diese Praktiken auch sehr niedere astrale Wesenheiten angezogen! Keine höhere Wesenheit, z. B. ein Engel Gottes, würde dadurch »angelockt« werden.

Im Gegenteil, Jesus Christus sagte dazu, als ihn seine Jünger nach dem Gebrauch von Opfertieren im Tempel fragten: »Kein Blutopfer von Tier oder Vogel oder Mensch kann die Sünden hinwegnehmen. Denn wie sollte seine Schuld durch das Vergießen von unschuldigem Blut getilgt werden? Nein, es würde die Schuld noch vergrößern.« So steht es im »Evangelium des vollkommenen Lebens«. Er jagte selbst die Händler und Geldwechsler aus dem Tempel hinaus und ließ die Tiere frei.

Viele Christen meinen, dass Jesus Christus durch seinen Kreuzestod die ganze Schuld der Menschen abgetragen hätte. Er nahm in der Tat viel karmisches Leid von anderen Menschen auf sich, dies geschah aber hauptsächlich für seine Jünger und Schüler zu deren schnellerem geistig/seelischem Fortschritt. Sein Opfer enthebt uns Christen nicht unserer karmischen Schuld, die wir durch unser Verhalten auf uns ziehen und gezogen haben. Wir müssen schon **selbst** die Folgen unseres Tuns ernten und abtragen.

Wir müssen Sühne auf uns nehmen oder eine Wiedergutmachung, notfalls Versöhnung anstreben, um Karma zu tilgen. Es besteht auch die Möglichkeit sich vom Karma zu erlösen bzw. Karma zu mildern, indem wir Verzeihen, Vergeben, den anderen und uns selbst. Das bewirkt die Kraft der erlösenden Liebe. Darauf und auf das Gesetz der Wiedergeburt werde ich in den späteren Kapiteln »Im Einklang leben mit der Seele« und »Im Einklang leben mit Gott« noch näher eingehen.

Das Gesetz der Wiedergeburt

Es ist eng verknüpft mit dem Karma-Gesetz. Wir haben gutes oder weniger gutes Karma aus einem früheren Leben mitgebracht. Das beeinflusst in diesem Leben unsere Lebensumstände. Wir wiederum beeinflussen durch unsere jetzige Lebensführung auch die Umstände, die wir in der nächsten Inkarnation haben werden. Alles wird im Kausalkörper gespeichert.

Somit gibt es keine Ungerechtigkeit, denn jede Wirkung entspricht in Qualität und Quantität der Ursache. Es gibt daher im Leben weder Zufall noch Belohnung oder Strafe, sondern entsprechend dem Karma-Gesetz nur Ursache und Wirkung.

Wenn jemand besonders vielfältige Begabungen und praktische Fertigkeiten hat, bedeutet das, dass er diese bereits in früheren Inkarnationen erworben hat. Viele Menschen beherrschen berufliche Tätigkeiten, ohne eine spezielle berufliche Ausbildung dafür absolviert zu haben.
Gewisse Vorlieben für bestimmte Länder, in denen wir uns »wie zu Hause« fühlen, deuten darauf hin, dass wir dort schon einmal gelebt haben.
Wir werden auch unseren einstigen Freunden, Familienangehörigen oder einer großen Liebe aus einem früheren Leben wieder begegnen. Es kann aber auch vorkommen, dass wir mit den Menschen wieder zusammenkommen, mit denen wir in einem früheren Leben Probleme hatten oder denen wir Unrecht getan haben. Wir bekommen dann eine neuerliche Chance zur Lösung der Probleme, zur Aussöhnung und zu gegenseitiger Unterstützung bei der geistigen Weiterentwicklung.

Was wir in einem früheren Leben nicht geschafft haben, können wir jetzt nachholen und nachlernen und wir bekommen die Chance, neue Fähigkeiten entwickeln.
Es lohnt sich also, uns in diesem Leben gute Freunde zu schaffen und in Frieden miteinander zu leben.
Wenn jemand am Ende seines Lebens erkennt, dass er etwas besser und anders machen hätte sollen, es aber nun nicht mehr ändern kann, braucht er darüber nicht traurig sein. Er bekommt dazu später neue Möglichkeiten in einem neuen Leben.
Dazu eine Begebenheit: Ich kannte eine Frau, die sich ihr Leben lang nichts gönnte, sie war geizig mit sich und den anderen. Als sie ihren Irrtum erkannte, als ihr die ganzen Ersparnisse zum Schluss nichts halfen, die sie im Laufe ihres Lebens angehäuft hatte, sagte sie zu mir: «Wenn ich noch einmal auf die Welt komme, werde ich nicht mehr so sparen und das Leben mehr genießen!« Das war ihre Erkenntnis.
Sie hat um die Wiedergeburt nichts gewusst, aber sie wird in einem künftigen Leben die Chance bekommen, mit ihre Gütern besser und vernünftiger umzugehen und wahrscheinlich auch anderen mittels ihrer Mittel und Möglichkeiten Hilfe angedeihen lassen.

In einigen östlichen Religionen herrscht die Ansicht, dass sich die menschliche Seele auch in einem Tier wiederverkörpern kann. Das ist im Allgemeinen nicht der Fall und kommt auf die geistige Entwicklungsstufe eines Menschen an. Nur bei Menschen auf der untersten Entwicklungsstufe, die noch überhaupt keinen Zugang zu feinstofflichen Ebenen haben, völlig unbewusst gegenüber höheren Wahrheiten und ihrer wahren Natur sind, kann es vorkommen, dass ihre Seele »rückgestuft« wird in eine Tierinkarnation.
Diese sind noch völlig an die Materie angehaftet, mit ihren Interessen nur auf das Irdische eingestellt, stecken noch ganz in ihrem Ego, verfolgen rücksichtslos ihre Interessen und leben ihre tierische Natur hemmungslos aus. Sie interessieren sich auch nicht für Höheres.

Gesetze des Denkens und Glaubens

Unser Denken und unser Glauben schafft Realität. Auf diese beiden Gesetze werde ich ausführlich später in den entsprechenden Themen im nächsten Kapitel eingehen und vor allem im Kapitel über Heilung.

Das Gesetz des Segnens

Wenn wir etwas segnen, heiligen, durchlichten wir es, geben ihm eine höhere Schwingung. Auf welche Weise wir dies tun, spielt keine Rolle. Ich habe mir z. B. einen Segens-Spruch aufgeschrieben und so platziert, dass ich ihn täglich sehe. So sende ich die liebevollen Segensgedanken einfach aus. Wir können Speisen oder Wasser segnen, indem wir darüber in Gedanken einen Segen sprechen, ein Christuskreuz machen oder die Hände darüber halten und den Segen laut aussprechen. Das kommt ganz auf die Situation an.

Wir können alles segnen: uns selbst, unseren Körper, unsere Lieben, die Kinder, unsere Arbeit, den Chef und die Mitarbeiter, den/die Nachbarn, unsere Lebensmittel und Getränke, auch die Medikamente, unsere Edelsteine und Kristalle, Symbole, unsere Wohnung oder das Haus, die Natur und Tiere sowie die ganze Erde. Und wenn wir Hiobsbotschaften aus den Medien vernehmen, senden wir gedanklich den Segen auch in Katastrophengebiete und Notsituationen. Aber auch unsere Geräte, z. B. den Computer, können wir segnen. Alles reagiert gemäß dem Gesetz der Schwingung. So auch sogenannte »leblose« Dinge.

Das Segnen bewirkt nur das Gute, für uns und unser Umfeld.

Im Namen Gottes segne ich meine Familie,
Kinder, Verwandten und Freunde
für ein gesundes, erfolgreiches Leben.

Ich habe nun die geistigen Gesetze vorgestellt. Diese Gesetzmäßigkeiten haben ihre Wirksamkeit nicht nur in unserem persönlichen Bereich, sondern auch auf globaler Ebene. Darin liegt für uns eine große Verantwortung, aber auch eine große Chance zur positiven Veränderung verborgen.

2. Kapitel

Im Einklang leben mit seinem Körper durch harmonische Lebensweise

Es ist wichtig, dass wir entsprechend unserer Natur unsere Lebensweise gestalten. In diesem Kapitel und in den weiteren werden Sie wertvolle Hinweise finden zu Ihrer optimalen Lebensgestaltung, die Sie nicht nur gesund erhalten, sondern auch Ihr ganzes Leben harmonisieren, wenn Sie diese beherzigen. Sie werden wieder in Einklang kommen, mit jeder Ebene Ihres Seins und äußeres und inneres Glück erfahren.

Indische Medizin (Ayurveda) und Medizin der Weisen im klassischen Altertum

In Indien existiert ein Jahrtausende altes Medizinsystem. Es heißt Ayurveda, und das bedeutet »Wissen vom langen, gesunden Leben«, »Ayus« bedeutet Leben, eigentlich die Lebensspanne und »Veda« bedeutet Wissen. In den alten Schriften der Weisen Indiens, den Veden, wurden alle medizinischen Wissenschaftszweige niedergelegt.

Das Besondere ist, dass Ayurveda auf die individuelle Konstitution des Menschen und dessen Bedürfnisse für eine gesunde Lebensführung eingeht. Im vorigen Kapitel haben Sie die einzelnen Konstitutionen bereits kennengelernt und sicher schon Ihre eigene Konstitution erkannt.
Einen Schwerpunkt bei der Ayurvedischen Medizin bildet die **Vorsorge zur Gesunderhaltung**. Ein wichtiger Bestandteil davon sind die »3 Säulen der Gesundheit.«

Drei Säulen der Gesundheit: Schlaf, Ernährung, Sexualität

Unser Körper ist das Fahrzeug unserer Seele für dieses Leben, wir sollten gut mit ihm umgehen. Im ayurvedischen Gesundheits- und Medizinsystem bilden Schlaf, Ernährung und Sexualität die drei grundlegenden Säulen der Gesundheit.

Zum Schlaf:
Das Schlafhormon Melatonin wird genau dann vom Körper produziert, wenn es dunkel wird bzw. wenn wir das Licht ausschalten. Je früher wir zu Bett gehen, umso mehr Schlafhormon haben wir zur Verfügung, umso besser und erholsamer wird der Schlaf sein.
Je länger wir aufbleiben und das Licht anlassen, umso später kommt die Wirkung des Schlafhormons Melatonin zum Tragen. Kortison, der Gegenspieler von Melatonin, wird uns wach halten. Die Schlafqualität wird entsprechend schlechter sein und der Schlaf kürzer.

Nun betrachten wir dies aus ayurvedischer Sicht. Es deckt sich genau mit den obigen Erkenntnissen aus der medizinischen Wissenschaft von heute:
Ayurveda empfiehlt um 6 Uhr aufzustehen. Hier ist der Einfluss der Vata-Zeit noch stark. Vata ist das Prinzip der Bewegung, also tun wir uns leichter beim Aufstehen als in der nachfolgenden beruhigenden Kapha-Phase um 8 Uhr früh.
Umgekehrt beginnt am Abend die Kapha-Phase um 18 Uhr. Sie dauert von 18 bis 22 Uhr.

Also haben wir die beste Zeit zum Schlafengehen, wenn wir uns gegen 22 Uhr zu Bett begeben. Vor Mitternacht hat der Schlaf höchste Regenerationskraft. Alle Zeitangaben beziehen sich auf die Normalzeit, nicht auf die künstliche Sommerzeit.
Während am Tag zu Mittag durch den Einfluss von Pitta die beste Zeit zum Verdauen ist, ist um Mitternacht die Zeit der Gewebeverdauung. Der Körper baut jetzt alle Stoffe in die Zellen ein, repariert sie und entschlackt die Gewebe. Wenn wir also um Mitternacht oder sehr spät essen, stören oder unterbrechen wir diesen nächtlichen Gewebeaufbau, die Regeneration und die Gewebereinigung.

Früher lebten die Leute am Land viel besser im Einklang mit den Rhythmen der Natur und des Körpers. Sie gingen meist früh zu Bett und standen morgens früh auf. Es gab noch keinen elektrischen Strom, der sie bis in die Nachtstunden mit Licht versorgte und auch kein Radio und kein Fernsehen, wie es heutzutage der Fall ist.
Im Laufe der Jahre werden sich gute oder schlechte Schlafgewohnheiten auf die Gesundheit im Positiven oder Negativen niederschlagen. In der heutigen Zeit, besonders in der Stadt, ist es nicht möglich, den Lebensstil von früher zu pflegen.
Wenn wir aber trachten, uns im Großen und Ganzen nach den obigen Lebensrhythmen zu richten, und im Einklang mit den körperlichen Phasen zu leben, wird der Körper auch belastungsfähiger bleiben, wenn auf uns einmal außergewöhnliche Belastungen zukommen, und wir diesen Schlafrhythmus nicht einhalten können.

Normalerweise ist eine Schlafdauer von 6 bis 8 Stunden ausreichend. Durch genügend Schlaf können sich Körper und Geist regenerieren, wir verarbeiten Erlebnisse des Tages im Unterbewusstsein und stärken durch den Schlaf unser Immunsystem.
Die Schlafdauer sollten wir je nach eigener **Konstitution** verschieden gestalten. Der Kapha-Typ sollte am wenigsten schlafen, also nicht mehr als 6 Stunden, vor allem nicht am Tage. Das macht ihn, der ohnehin zu Antriebslosigkeit neigt, sonst noch schläfriger.
Pitta-Typen brauchen 7 Stunden zu ihrer Regeneration und zur geistigen Erholung. Tagsüber sollten sie sich immer wieder kurz entspannen und innehalten, damit sie sich nicht überfordern bzw. ausbrennen!
Der Vata-Typ sollte unbedingt trachten, dass er 8 Stunden Schlaf bekommt. Er soll sich auch tagsüber Ruhepausen gönnen.
Diese Vorschläge gelten für gesunde, erwachsene Menschen. Natürlich haben Kinder und ältere Menschen andere Schlafbedürfnisse, auf die man eingehen muss. Geschwächte und kranke Personen brauchen mehr Schlaf zur Regeneration.

Darüber hinaus müssen auch die Voraussetzungen für einen guten Schlaf geschaffen werden. Dazu gehört die Vorbereitung. Unser Geist sollte vor dem Schlafengehen nicht mehr mit aufregenden, emotional aufrüttelnden Themen durch Fernsehen oder Lektüre beunruhigt werden, denn das würde die Schlafqualität und den Erholungswert erheblich einschränken. Genauso verhindert das Grübeln über Probleme den Schlaf. Ebenso, wenn wir spät abends noch ein opulentes, schwer verdauliches Mahl zu uns nehmen.
Eine gute Hilfe zum Einschlafen ist eine Tasse warmer Milch mit etwas Rohrzucker oder Honig und einer Prise Ingwer. Milch und Süßes haben gemäß Ayurveda beruhigende Eigenschaften und die erhitzende, verdauungsfördernde Wirkung des Ingwers hilft, dass die Milch gut verdaut werden kann.
Ein Hausmittel für einen harmonischen Schlaf sind getrocknete Rosenblütenblätter, die in ein Leinensäckchen gefüllt werden, welches man dann aufs Nachtkissen legt. Auch eine Tiefenentspannung ist hilfreich für einen guten Schlaf.

Zum guten, erholsamen Schlaf gehört auch die richtige Gestaltung des Schlafzimmers. Im späteren Kapitel über das Wohnen gehe ich näher darauf ein.

Zur Ernährung:
Dieses Kapitel ist dem Thema gewidmet, wie wir mit unserem **Körper** in Einklang leben durch eine harmonische Lebensweise. So befasse ich mich hier auch mit der Auswirkung der Ernährung auf unsere **individuelle Konstitution**.

Jeder Mensch hat je nach seiner Konstitution ganz unterschiedliche Bedürfnisse. Und so ist es auch bei den Kapha-, Pitta- oder Vata-Naturen. Was für den einen für sein Wohlbefinden gut ist, kann für den anderen ausgesprochen schädlich sein.
Wenn wir uns nicht entsprechend der eigenen Konstitution ernähren, hat dies Störungen im Körper zur Folge, die sich später – wenn nichts an der Lebensweise geändert wird – zu Krankheiten auswachsen können.

Dazu muss ich noch zum besseren Verständnis etwas zu den **Eigenschaften von Kapha, Pitta und Vata** erwähnen:
Kapha (Erde/Wasser-Element) ist schwer, kalt, ölig, wässrig, stabilisiert, fördert Gewichtsaufbau und ist schwieriger zu verdauen, wirkt beruhigend auf den Geist. Im Übermaß führt es zu Trägheit und dem Gefühl der Schwere.
Pitta (Feuer-Element) ist heiß und ölig, wirkt verdauungsfördernd, regt den Stoffwechsel an, bewirkt Gewichtsabnahme. Im Übermaß kann es Entzündungen auslösen und Zorn und Ärger verstärken.
Vata (Luft-Element) ist leicht, kalt, trocken, reduziert das Gewicht, ist leicht verdaulich, vermittelt ein Gefühl von Leichtigkeit und Beweglichkeit. Im Übermaß führt es zu Unruhe, Nervenschmerzen und Austrocknung der Gewebe, Verlust an Stabilität.

Aus dieser Aufstellung können wir ersehen, dass Kapha, Pitta und Vata ganz unterschiedliche, gegensätzliche Eigenschaften haben und wie wichtig ein **Ausgleich** für die Kapha-, Pitta- und Vata-Naturen ist. Aber nicht nur über die Ernährung, sondern über die Körperpflege und allgemeine Lebensweise können wir ausgleichend auf unsere Natur einwirken.
Beispiele: ein schwerer Kapha-Körper braucht leichte Nahrung, eine Vata-Konstitution aufbauende Kost, eine trockene Haut braucht ölig/feuchte Substanzen und bei Hitze helfen ein kühles Bad oder kühles Wasser.
Wenn ein Pitta-Typ erhitzende Pitta-Kost bevorzugt, wird er seine Konstitution stören, aus dem Gleichgewicht bringen und letztendlich erkranken, z. B. an entzündlichen Prozessen. Das gleiche gilt auch für den Kapha-Typ, wenn er schwere Kapha-Kost vorzieht und den Vata-Typ, wenn er überwiegende leichte, trockene Vata-Kost zu sich nimmt.
Im Kapitel über die Heilung werde ich näher auf Krankheitsursachen und darauf eingehen, was der einzelne vermeiden sollte und was er zur Gesunderhaltung braucht.

Kapha-Naturen sollten im allgemeinen Nahrung mit leichten, trockenen und wärmenden Eigenschaften bevorzugen, also Nahrung mit **Vata- und Pitta-Eigenschaften**. Dazu gehören Trockenfrüchte, Getreideflocken, Blattsalate, Hülsenfrüchte, Trauben, Beerenobst, Kirschen, gedünstetes Gemüse mit wenig Getreide und Früchte und Gemüse mit roter Farbe.
Erhitzende, stoffwechselanregende, scharfe Gewürze, z. B. Senf, Ingwer, Pfeffer, Chili, Nelken, Zimt, Wacholder sowie bittere, scharfe Geschmacksrichtungen sind für Kapha geeignet, ebenso Obst mit herbem Beigeschmack und Honig. Warme Getränke sind vorzuziehen, z. B. Ingwertee oder Tee mit Zimt.
Der Kapha-Typ braucht anregende und erwärmende Nahrung für seinen trägen Stoffwechsel. Das gilt besonders für die Kapha-Zeit, den kalten, nassen Winter.

Das meiste, was dem Kapha-Typ gut tut, ist für den Vata-Typen abträglich und umgekehrt, weil sie komplett gegensätzliche Eigenschaften haben. Beide, die »kalten« Kapha- und Vata-Typen, brauchen aber als Ausgleich Pitta, das Erhitzende.

Pitta-Naturen sollten im allgemeinen Nahrung mit schweren, befeuchtenden und kühlenden Eigenschaften bevorzugen, also Nahrung mit **Kapha-Eigenschaften**. Dazu gehören Kartoffeln, Getreide, Wurzelgemüse, Milch und Milchprodukte von guter Qualität, frische, süße Früchte und Gemüse mit blauer und dunkler Farbe. Süße, herbe und bittere Geschmacksrichtungen sind vorzuziehen.
Zum Ausgleich brauchen sie kühlende Gewürze, wie Koriander, Kurkuma (Gelbwurz), ebenso Ingwer. Ingwer regt die Verdauung an, verstärkt aber nicht das Pitta-Temperament. Kühlende Getränke und kühles (aber nicht eiskaltes) Wasser sind vorzuziehen.
Alle diese Lebensmittel helfen, seine »hitzige« Natur zu beruhigen, zu kühlen. Zu fette Kost ist für ihn abträglich. Er sollte weitgehend alle scharfen Gewürze, die dem Kapha-Typ gut tun, meiden. Der Pitta-Typ muss auch generell mit Tomaten vorsichtig sein. Sonst riskiert er nicht nur Entzündungen, sondern auch, dass er »ausrastet.« Das gilt besonders für die Pitta-Zeit, den heißen Sommer.

Vata-Naturen sollten im allgemeinen Nahrung mit schweren, ölig/feuchten und erhitzenden Eigenschaften bevorzugen, also Nahrung mit **Kapha- und Pitta-Eigenschaften**. Dazu gehören Kartoffeln, Wurzelgemüse, Getreide, Milch und Milchprodukte, Butter, frische Sahne von guter Qualität und Öle (Sesamöl, Olivenöl), Nüsse, saftiges, reifes Obst, rotes Gemüse und Früchte, Fruchtsäfte und Tees.
Die Geschmacksrichtungen süß, sauer und salzig und erhitzende Gewürze, Senf, Knoblauch, Zimt, Muskat, Kardamom, Kümmel, Kreuzkümmel sind vorzuziehen, ebenso wärmende Getränke, wie Ingwertee oder Tee mit Zimt. Vata-Naturen brauchen aufbauende, nährende und wärmende Nahrung und Getränke. Sie neigen ohnehin schon dazu, leicht abzunehmen und Stabilität zu verlieren. Mit dieser Nahrung können sie dem entgegenwirken.
Für Vata-Naturen gilt dies in besonderem Maße in Vata-Zeiten, also im kühlen, windigen Herbst und im reiferen Alter, der Vata-Phase des Lebens.

Für Kinder und reifere Menschen gibt es **Ausnahmen**: Alle **Kinder** brauchen **aufbauende** Nahrung mit **Kapha-Eigenschaften**, besonders Vata-Kinder. Sie sind in der Aufbau-Phase des Lebens.
Ab dem 50. Lebensjahr herum, wenn wir in die Vata-Phase des Lebens kommen, müssen wir vermehrt stabilisierende, aufbauende Nahrung mit schweren, ölig/feuchten Kapha-**Eigenschaften** bevorzugen und genügend Flüssigkeit aufnehmen in Form von reinem Wasser und Kräutertees, um den abbauenden und austrocknenden Wirkungen von Vata im Alter entgegenzutreten.

Es geht darum, jede Einseitigkeit zu vermeiden, natürlich kann jeder zwischendurch auch einmal etwas essen, was seiner Konstitution nicht entspricht, aber der empfohlene Weg sollte generell eingehalten werden – zum eigenen Nutzen.
Wie lösen die indischen Hausfrauen die Frage, wie jedes Familienmitglied die richtige, zu ihm passende Nahrung bekommt? Müssen sie gar separat für jeden Typ kochen?
Nein, sie lösen das ganz praktisch, sie stellen das Mahl zusammen mit **allen** Geschmacksrichtungen und Farben, sodass es Kapha-, Pitta und Vata-Qualitäten hat.
Es gibt im Ayurveda **sechs** Geschmacksrichtungen: süß, sauer, scharf, bitter, salzig und herb. Zum süßen Geschmack wird alles Nährende, z. B. Reis, Kartoffel, Getreide, Milch und Milchprodukte und nicht nur Zucker oder Honig gerechnet.

So kann jeder das für sich Passende und Zuträgliche aus dem Mahl wählen. Nehmen wir z. B. Blattsalat: Dieser hat an sich leichte Qualitäten, er ist nicht so gut für Vata-Naturen. Gibt der Vata-Typ aber zur Essig/Öl-Marinade etwas Joghurt oder saure Sahne bei, dann hat der Salat auch nährende Eigenschaften von Kapha, und dann ist er auch für ihn zuträglich.

Die wichtigsten ayurvedischen Essensregeln:

- Kochen Sie mit Liebe, die Speisen sind dann viel bekömmlicher und angereichert mit guten Schwingungen. Vergessen Sie nicht, dass wir auch mit den Augen essen, richten Sie daher die Speisen gefällig an. Auch die Schwingungen der Farben von Gemüse und Obst haben positive Auswirkungen auf den Organismus. Die Farben und der Duft der Speisen regen bereits die Produktion der Verdauungssäfte an.
- Den Durst einige Zeit vor der Mahlzeit stillen, zum Essen höchstens schluckweise zu den Speisen trinken, vor allem nichts Eiskaltes.
- Keine Milch zu den Mahlzeiten trinken! Sie zählt im Ayurveda nicht zu den Getränken, sondern gilt als Nahrungsmittel und muss gut eingespeichelt werden. Milch soll vor allem nicht mit Saurem kombiniert werden.
- Nicht essen bei Stress und Müdigkeit und Ärger, vor allem keine belastenden Gespräche bei Tisch, ersparen Sie sich das selbst und Ihren Kindern. Die Verdauungstätigkeit wird dadurch gestört, blockiert. Jede noch so gute, wertvolle Nahrung wird dadurch unverdaulich und wandelt sich in Gift im Körper um! Da ist es besser, eine Mahlzeit ausfallen zu lassen.
- Die Essensmenge muss der Verdauungskraft entsprechen. Auf beides sollten wir achten. Wir dürfen die Verdauungsorgane nicht überfordern. Oft essen wir zu viel und obendrein das Falsche. Wichtig ist vor allem, sich Zeit zu nehmen und gut zu kauen. Die beste Ernährung nützt wenig, wenn unsere Verdauungskraft geschwächt ist und unser Körper sie nicht aufnehmen kann.
- Vermeiden Sie nach dem Essen eiskalte Getränke und Eis. Das stört den Verdauungsvorgang erheblich, das »Verdauungsfeuer« erlischt. Daher ist es ratsam, erst nach ca. 1–2 Stunden nach dem Essen wieder etwas zu trinken. Nach dem Essen etwas entspannen oder einen kleinen Verdauungsspaziergang machen ohne Anstrengung.

Bedenken wir, dass alles was wir nicht richtig verdauen, sich dann als krankmachende Schlacken im Körper niederschlägt.

Optimale Essenszeiten:
Für das Frühstück ist die Zeit gegen 7 Uhr ideal. Später wird durch den Einfluss der Kapha-Zeit die Verdauungskraft schwächer. Wenn wir spät abends noch etwas gegessen haben, ist es besser, das Frühstück auszulassen, um den Verdauungsorganen Zeit zu geben für die Rest-Verdauung. Das Frühstück sollte leicht verdaulich sein.

Die beste Zeit zum Essen ist die Mittagszeit zwischen 11 und 13 Uhr. In dieser Zeit ist durch den Einfluss von Pitta unsere Verdauungskraft am stärksten, da verdauen wir am besten. Abends hingegen ist die Verdauungskraft am schwächsten, daher sollten wir am Abend nur leicht Verdauliches zu uns nehmen in geringer Menge. Zu meiden ist alles, was leicht gärt und fault und schwerverdaulich ist: wie Obst, Salate, Hülsenfrüchte und Vollkornprodukte. Es empfiehlt sich daher, nicht zu spät zu essen, am günstigsten wäre die Zeit von 18 bis 19 Uhr. Dann ist die Abendmahlzeit schon verdaut, wenn wir zu Bett gehen. Ansonsten bilden sich Verdauungsschlacken durch unverdaute Nahrung. Alle Zeitangaben gelten für die Normalzeit, das wäre in der Sommerzeit zu berücksichtigen.

Der Vitamin-, Spurenelemente und Mineralstoff-Gehalt hat in Gemüse und Obst in den letzten Jahren drastisch, bis zu 50–70 % abgenommen. Das hat zum einen mit der nachlassenden Qualität der vielfach überdüngten und ausgelaugten Ackerböden zu tun, andererseits tragen auch die langen Transportwege der Nahrungsmittel dazu bei. Im Gegensatz dazu ist der Konsum von weißem Zucker, Salz und Mehl gestiegen. Das alles sind Mineralstoff- und Vitaminräuber. Es ist deshalb notwendig, dem Körper zusätzlich diese Stoffe als Nahrungsergänzung zuzuführen. Besonders bei Kindern treten Mängel infolge ihrer schlechten Ernährungsgewohnheiten – auch außer Haus – auf.

Die beliebtesten Speisen sind bei ihnen Fast Food, Pommes frites, Spaghetti, Eis und als Getränk werden gesüßte Limonaden, vor allem Cola, bevorzugt. Ist es da ein Wunder, wenn Kinder als traurige Folge bereits Haltungs-, Gebiss- und Wirbelsäulen-Schäden haben und immer mehr zu Übergewicht neigen? Wie soll sich der junge Körper aufbauen durch diese tote, leblose Kost, zumal viele Speisen schon aus der Mikrowelle kommen und kein Prana – keine Lebensenergie mehr liefern? Es ist sehr bedauerlich, wenn Mütter infolge Berufstätigkeit keine Zeit mehr haben, richtig zu kochen und den Kindern eine gesunde Kost vorzusetzen. Wir sollten bedenken, dass dieser Trend für die junge Generation keine guten Auswirkungen haben wird.

Wir sollten Kinder nie zum Fleischessen zwingen, vor allem zu keinem Verzehr Schweinefleisch. In dieser Hinsicht sollten wir Vorbild sein für die Kinder.
Früher gab es selten Fleisch, auch wurde schwer gearbeitet, der Körper konnte so die Gifte und Säuren leichter über das Schwitzen ausscheiden. Wenn Sie auf Fleisch nicht verzichten wollen, sollten Sie den Fleischkonsum auf 1 x pro Woche beschränken. Der Körper braucht nicht so viel tierisches Eiweiß, wie es immer behauptet wird, im Gegenteil, es belastet den Organismus nur. Aber unterstützen Sie beim (Direkt)-Kauf die Biobauern, die ihre Tiere gut und artgerecht aufziehen und halten. Das gilt auch für die Eier-Betriebe und andere Betriebe ähnlicher Art.

Eigentlich ist unser Körper gar nicht für den Fleischverzehr geschaffen. Betrachten wir nur einmal unsere **Zähne**:
Raubtiere haben wenig ausgeprägte Schneidezähne, aber dafür sehr lange, spitze Eckzähne, um die Beute packen zu können. Ihre Backenzähne sind ebenfalls spitz, um die Muskelfasern zertrennen zu können.
Bei den pflanzenfressenden Tieren ist es genau umgekehrt, sie haben gut entwickelte Schneidezähne, die Eckzähne sind eher verkümmert. Die Backenzähne haben eine breite Kaufläche, damit sie die Pflanzenfasern gut zerkleinern können.
Bei den fruchtfressenden Tieren finden sich alle Zähne in ziemlich gleicher Höhe, die Eckzähne sind wenig hervorstehend, kegelförmig und stumpf. Sie eignen sich nur für kräftiges Kauen und nicht zum Ergreifen einer Beute. Die Backenzähne haben eine breite Kaufläche und sind nicht spitz, sie sind für das Zerkleinern von Fleisch nicht geeignet.

Beim Menschen können wir feststellen, dass die Zähne weder den Fleischfressern (spitze Eckzähne) noch den Pflanzenfressern gleichen. Sie gleichen genau den fruchtfressenden Tieren. Was können wir daraus folgern? Dass wir von der Anatomie her **Früchteesser** sind.

Aber auch bei der Anatomie des **Verdauungskanals** lässt sich dies gut erkennen. Hier können wir ebenfalls sehen, dass der Verdauungskanal der **fruchtfressenden Tiere**, gemessen vom Maul bis zum After, 10- bis 12-mal so lang wie ihr Körper ist und er hat auch eine Verlängerung am Zwölffingerdarm. Genauso ist es beim Menschen (nicht wie die Anatomie lehrt 3- bis 5-mal so lang). Sie misst irrtümlich den Körper vom Scheitel bis zu den Sohlen, anstatt vom Mund bis zum After.

Stellen wir nun einen Vergleich zwischen Frucht-, Fleisch- und Pflanzenfressern an:
Die Eingeweide der fleischfressenden Tiere, vom Maul bis zum After gemessen, sind 3- bis 5-mal so lang wie ihr Körper, ihr Magen ist kugelförmig. Der Dünn- und Dickdarm der pflanzenfressenden Tiere sind 20- bis 28-mal so lang wie ihr Körper. Ihr Magen ist länger und komplizierter gebaut.
Diese Erkenntnis lässt nur einen Schluss zu, dass für den Menschen der Verzehr **von Früchten** und Samen der **beste ist**. Das geht auch aus der Genesis hervor und so lehrte es auch Jesus Christus.

Im 38. Kapitel, Punkt 3 des »Evangeliums des vollkommenen Lebens« sagte er zur richtigen Ernährung:
»Gott gibt die Saatkörner und die Früchte der Erde zur Nahrung; und für den Gerechten gibt es keine andere rechtmäßige Nahrung für den Körper.«

Und wenn wir einmal genau hinspüren, würde uns das bloße Fleisch zum Verzehren locken ohne Gewürze, ohne pikante Zubereitung? Würden wir es verzehren, wenn wir die Tiere selbst töten müssten?
Unsere **Sinne** geben uns dazu schon die richtige Empfindung. Beim Anblick von schönen Früchten läuft uns das Wasser im Munde zusammen, der Duft von Obst und Gemüse erfreut uns. Was ist hingegen beim Anblick von rohem Fleisch der Fall?

Wertvoll und aufbauend für den Körper sind gereifte Bananen, unpräparierte Feigen, Mohrrüben, Äpfel, Orangen, reife Zitronen, Nüsse, vor allem Mandeln, Kichererbsen, Butter, Olivenöl, Datteln, Avocado, Weintrauben, frische Milch und Sahne (keine H- und homogenisierten Produkte), Ziegen- und Schafskäse, Buttermilch, Vollkornbrot, z. B. mit Dinkel (dieser ist leicht verdaulich), Hirse, Vollkorn-Müsli aus frisch gemahlenem Getreide oder Müsli mit Haferflocken oder das sogenannte »Studentenfutter« aus verschiedenen Nüssen und getrockneten Früchten. Reiner Honig, Vollwertzucker und Ahornsirup sind Genussmittel und sollten sparsam verwendet werden.

Wenn Sie noch mehr über die richtige Auswahl der Nahrung, über die Wirkung von Gewürzen erfahren, vielleicht Ihre Kenntnisse über Ayurveda vertiefen wollen, darf ich in diesem Zusammenhang auf das von meinem Mann Reinhart Schacker geschriebene »Ayurveda Lebensbuch« und Ayurveda-Kochbücher im Anhang hinweisen. Darin finden Sie viele praktische Anregungen für eine gesunde und ganzheitliche Lebensführung.

Über die Wirkung der Ernährung auf uns in geistiger Hinsicht können Sie im nachfolgenden Kapitel 3 über Schwingungen unter »Der Einfluss von Ernährung und Getränken« nachlesen. Beim nachfolgenden Thema über Gesundheitspflege werde ich noch auf den Einfluss von Säuren und Basen bei unserer Ernährung eingehen und weitere praktische und nützliche Hinweise geben, wie Sie sich Ihre körperliche und geistige Vitalität erhalten können.

Zur Sexualität:
Das Reproduktionsgewebe des Mannes, der männliche Samen, bildet das feinste und subtilste Körpergewebe mit der konzentriertesten Energie. Es enthält eine geballte Ladung Prana – Lebensenergie -, da es ja einem neuen Körper zum Leben verhelfen soll! Die Erneuerung des Reproduktionsgewebes, der Samen, erfordert daher auch die längste Zeit und die meiste Energie.

Beim sexuellen Verkehr verliert der Mann nun viel Körpergewebe in Form seiner Samen und damit viel Lebenskraft. Deshalb empfiehlt Ayurveda, nach dem Sexualakt zusammen ein warmes Bad zu nehmen, warme Milch mit Honig zu trinken und dazu einige Mandeln zu essen, um die Erneuerung der Samen zu fördern und Energieverlust zu vermeiden.

Laut Ayurveda hat das männliche und weibliche Fortpflanzungsgewebe nämlich noch eine weitere wichtige Funktion: Aus ihm wird Ojas gebildet. Ojas heißt soviel wie »Glanz« oder »Leuchten«. Wir können es auch als **Lebenskraft**, Vitalität oder **Gesundheitspotenzial** bezeichnen. (Es lässt sich auch mit dem WEI-CHI der chinesischen Medizin vergleichen).
Diese Lebenskraft durchströmt wiederum den ganzen Körper, regt die Selbstheilungskräfte an und reguliert und stimuliert unser Immunsystem. Von ihr hängt auch die **Ausstrahlung** eines Menschen ab, die ihn sympathisch und interessant für andere macht.

Wir sollten verstehen, dass bei einer exzessiv und übertrieben gelebten Sexualität natürlich Mann und Frau viel Lebensenergie verlieren, was zwangsläufig zu einer Schwächung des Lebens- und Gesundheitspotenzials führt. Es wäre wichtig, sich öfters zu fragen: »Bin ich Herr oder Sklave meiner Sinne?«
Ebenso hat die dauernde, krampfhafte Unterdrückung von sexuellen Impulsen eine krankmachende Wirkung. Energie lässt sich nicht verdrängen, sie muss einen Ausdruck finden. Die Sexual- und Lebenskraft sollte vielmehr in andere Kanäle geleitet, durch andere Aktivitäten **kompensiert** werden, z. B. durch körperliche Betätigung oder schöpferische Tätigkeiten. Im Falle einer dauernden Verdrängung kann es sonst zu Verkrampfungen, Kopfschmerzen und zur Verlagerung in andere Süchte, z. B. zur Fress-Sucht kommen. Außerdem ist es möglich, dass sich die Sexualenergie in Aggressionspotenzial umwandelt. Es gilt, jedes Extrem in die eine oder andere Richtung zu vermeiden.
Deshalb ist für die Gesundheit ein geregeltes, harmonisches Sexualleben unerlässlich. Ein positiver Nebeneffekt von geregelter Sexualität ist sowohl körperliche Gesundheit und Ausstrahlung, Bewahrung von Jugendlichkeit und Schönheit, als auch ein harmonisches, ungetrübtes Leben. Das Akzeptieren unseres natürlichen Bedürfnisses nach Zärtlichkeit und das Ausleben derselben gibt uns ein Gefühl von Selbstwert und Selbstliebe, das wiederum eine heilende und gesundheitsfördernde Wirkung auf unsere Gesundheit hat.
Im Kapitel über Partnerschaft werden Sie noch weitere Hinweise für ein erfüllendes Liebesleben finden.

Gesundheitspflege

Der Mensch ist, was er isst. Das gilt für Körper und Psyche. Wenn wir uns Gesundheit und Lebensfreude erhalten wollen, ist es wert, dass wir auf gesunde Ernährung und Lebensführung achten.
Vielfach besteht bei den meisten Menschen eine Übersäuerung. Das ist eine Folge von ungesunder, ballaststoff-, vitamin- und mineralstoffarmer Ernährung, vielfach auch von Stress, hektischer Lebensweise und Ärger verursacht. Ärger macht im wahrsten Sinn »sauer«.
So wie Säuren Gebäude und steinerne Kunstwerke angreifen und allmählich zerstören und Bäume durch den sauren Regen krank werden und allmählich absterben, so wird auch unser Körper durch Säuren geschädigt.
Übersäuerung breitet den Boden für alle möglichen Erkrankungen, die in der Folge chronisch werden können. Säure im Körper verursacht Sauerstoffmangel in den Zellen. Das schwächt die Abwehrkräfte. Das Rauchen hat den gleichen Effekt.
Herz-, Kreislauf- und Krebserkrankungen, Entzündungen sind nur ein Teil der möglichen Folgen von Übersäuerung. Es treten auch gerne Pilzerkrankungen auf, die in dem sauren Milieu gut gedeihen. Der gesunde Organismus steckt Pilze (Candida albicans) leicht weg, aber

wenn die Abwehrkräfte schwach werden, nehmen die Pilze überhand. Wenn Pilze absterben, produzieren sie Gifte, und diese machen dem Körper erhebliche Probleme, sie greifen die Leber und das Gehirn an.

Wie erkennen Sie eine Übersäuerung?
Befinden wir uns im Säuren/Basen-Gleichgewicht, so sind wir ausgeglichen, fühlen uns wohl und vital, haben glänzende Haare und feste Nägel und können gut denken. Kommt unser Körper aber ins saure Milieu, so fühlen wir uns müde, antriebslos, haben schlechte Stimmung und verschiedene körperliche Beschwerden, wir werden anfällig für Erkältungen, es können u. a. Kopfschmerzen auftreten. Übersäuerung spielt sich hauptsächlich im Bindegewebe ab. Die Gewebe-Übersäuerung kann man nur schwer erfassen. Aber es gibt eine einfache und kostengünstige Methode, sie zu ermitteln und zu prüfen, und zwar am Urin oder Speichel mittels pH-Mess-Streifen.
Diese Test-Streifen bestehen aus einem speziellen Indikatorpapier und sind in der Apotheke erhältlich. Die darauf befindliche pH-Skala zeigt einen neutralen Wert von 7 bei einem Säuren/Basen-Gleichgewicht. Bei pH-Werten darüber befinden wir uns im basischen Bereich, bei Werten darunter sind wir im sauren Bereich. Unser Blut hat einen leicht basischen pH-Wert von ca. 7,4 bis 7,5.

Gut ist es, wenn der Urin bei einem neutralen pH-Wert um 7 herum liegt. Bei einem Wert **unter pH 7** ist unser Körper **übersäuert** und wir sollten ihn durch zusätzliche Basen sogleich entlasten, je niedriger der Wert umso dringlicher.
Die Idealwerte des Speichels betragen 6,8 bis 7,1. Sinkt aber sein pH Wert unter 6, müssen dem Körper dringend lebenswichtige Basen zugeführt werden.
Das kann durch die Gabe von Basenpulver geschehen. Nehmen Sie dazu einen gehäuften Teelöffel Basenmischung. Das entlastet den Körper sofort.

Das Ergebnis einer einmaligen Messung des Morgenharns ist nicht ausschlaggebend, besser ist es, wenn Sie den Harn an **drei aufeinander folgenden Tagen** bestimmen.
Über Nacht versucht der Körper überschüssige Säuren aus dem Körper auszuscheiden, deshalb ist der Morgenurin am sauersten, er zeigt dann Werte unter 7 pH.
Wir testen den Urin morgens vor dem Frühstück, vor dem Mittag- und Abendessen und jeweils 1 Stunde **nach** allen Mahlzeiten. Notieren Sie sich die Werte, so erhalten Sie ein **Tagesprofil**. Das ist wichtig, denn der Urin-pH-Wert unterliegt normalerweise tageszeitlichen Schwankungen, gleich einer rhythmischen Kurve, die 3 Säure- und 3 Basenfluten zeigt.

Gegen **17 Uhr** sollte der Körper basische (alkalische) Werte **über 7** haben. Ist das nicht der Fall und bleibt der Harn den ganzen Tag im sauren Bereich, ist der Körper stark übersäuert. Wir müssen ihm dann unbedingt helfen, indem wir täglich einen leicht gehäuften Teelöffel Basenmischung in einem Glas Wasser einnehmen, bis der Morgenurin wieder den **neutralen pH-Wert 7** erreicht und nicht mehr unter diesen Wert fällt.

Der tägliche Eiweißbedarf des Körpers beträgt 70 Gramm, aber die durchschnittliche Eiweißzufuhr bei uns in Mitteleuropa beträgt das Doppelte und mehr, vor allem des tierischen Eiweißes. Bei der Eiweißverdauung entstehen Phosphor- und Schwefelsäure. Das führt zu einer Überlastung des Körpers mit Eiweiß und Säuren. Überschüssige Säuren werden im Bindegewebe, in Gelenken, an Gefäßwänden und Organen abgelagert.

Starke Säurebildner bzw. Basenräuber sind Fleisch und Fleischwaren, Fisch, Bohnenkaffee, weißer Zucker und Weißmehl-Produkte, Hartkäse sowie gehärtete, raffinierte Fette und Öle. Innereien wie Leber und Niere sind Entgiftungsorgane, sie liefern daher nebenbei viele Gifte, auch fettes Schweinefleisch und -fett, weil im Fettgewebe alle Gifte gespeichert werden. Fleischbrühen und -soßen beinhalten besonders viel Harnsäure (Purine). Säurebildend sind

alle kohlensäurehaltigen Getränke und Limonaden. Ein starker Spender von Säuren ist Alkohol, besonders Weißwein. Der Genuss desselben kann Gichtanfälle auslösen. Nicht umsonst werden Alkohol, Fleisch, Fleischprodukte und –suppen bei Gicht-, Rheuma- und Herzkrankheiten verboten.
Übersäuerung produziert Osteoporose, vor allem Frauen in den Wechseljahren sind gefährdet. Milch und Milchprodukte werden als Kalziumspender angepriesen, aber das ist nicht ganz zutreffend, weil der menschliche Organismus es daraus nicht genügend auswerten kann.
Eine Alternative zur Kuhmilch sind Produkte aus der Schafs- und Ziegenmilch. Diese dienen als wichtige Kalziumquelle für die Knochen. Das Kalzium kann aus ihnen sehr gut ausgewertet werden. Diese Milcharten haben eine feinere Molekularstruktur und liefern die Enzyme mit, die der Körper für die Kalziumauswertung braucht. Weitere gute Kalziumquellen sind Gemüse und Küchen-Kräuter Brennnessel, Petersilie und Getreidesprossen, getrocknete Feigen und Mandeln. Sesamsaat ist hiefür der beste Lieferant.
Nur bei genügender Zufuhr der Vitamine A, C und D wird Kalzium vom Körper richtig verarbeitet!

Ich möchte Ihnen zum Ausgleich einige **Ernährungsvorschläge** für eine basische Kost unterbreiten. Basische Lebensmittel haben einen pH-Wert ab 7,1 und neutrale einen pH-Wert von 7. Alles andere, das unter dem pH Wert von 7 liegt, wirkt säuernd auf den Organismus. 80% der Nahrung sollten basisch bzw. neutral sein, nur 20% darf sauer bzw. säuernd sein. Das sollte bei der Kostzusammenstellung berücksichtigt werden.

Bevorzugen Sie also gesunde, **basenreiche**, leicht verdauliche Kost mit Heilgewürzen nach Ayurveda-Art und frischen Kräutern wie Petersilie, Basilikum und Schnittlauch.
Pellkartoffel, Gemüsesuppe auf pflanzlicher Basis, ballaststoffreiches Obst und Gemüse, Vorzugs-Milch und Milchprodukte (keinesfalls H-Milch-Produkte), u. a. Schlagrahm (Sahne) sowie Mandeln sind gute Basenspender. Zum Würzen empfiehlt sich Vollsalz (unbehandeltes Meersalz, Himalaya-Salz).
Bei den Getränken sind es Zitronen- und Gemüsesaft, stilles Mineralwasser oder reines Quellwasser, Kräutertees.
Bei der Zubereitung der Speisen sollten wir auf schonende Art des Garens achten und das Gemüse erst vor der Zubereitung schneiden. Sonst gehen wertvolle Vitamine, Spurenelemente und Mineralstoffe verloren. Schockgefrorenes Tiefkühl-Gemüse sollten wir langen Lagerzeiten vorziehen. Das Obst sollte reif sein.
Die reichhaltige Mittelmeer-Küche mit ihren vielen Gemüsesorten ist sehr gesund und bekömmlich durch die Verwendung von Olivenöl. Es ist eine Quelle von Vitamin E, ebenso das Weizenkeimöl.

Rezept für eine Gemüsesuppe als Basenspender
Zutaten für 2 Personen:
½ kleine Zwiebel, 3 mittlere Kartoffeln, 2 Petersilienwurzeln, 1 kleine Sellerieknolle, 1 kleine Fenchelknolle oder 2 kleine Zucchini, 2 Stangen Lauch, 3 Karotten.
Gewürze: Meer- oder Himalaya-Salz, Wacholder, Lorbeerblatt, Petersilie, Muskatnuss.
Dazu zerkleinern wir das gewaschene Gemüse in Würfel, und setzen es mit 2 l Wasser mit den Gewürzen kalt an und lassen es bis zum Garwerden ca. 2 Stunden leicht kochen, damit die Mineralstoffe gelöst werden.
Wir gießen die Brühe durch ein Sieb ab und trinken diese als **klare Gemüse-Bouillon** in kleinen Mengen über den Tag verteilt bei einer Entsäuerungs-Kur. Sie schmeckt vorzüglich. Diese Gemüse-Bouillon ist ideal zur Gewichtsreduktion und Basenfasten oder bei Fasten- und Entschlackungskuren. Durch ihren Basenreichtum schützt sie vor Übersäuerung. Nach der Entsäuerungs- bzw. Fasten-Kur kann man die **Gemüsesuppe** je nach Belieben auch mit Butter, Nudeln oder Reis anreichern und wie üblich mit allen Zutaten essen. Sie eignet sich vorzüglich als leichte Abendmahlzeit.

Indirekt hängt Übersäuerung (Azidose) auch mit einem Wassermangel des Körpers (Dehydration) zusammen. Menschen, die zum Entwässern Diuretika einnehmen, sind davon betroffen.
Es ist wichtig, dass wir **genügend** Flüssigkeit in Form von reinem, ohne Kohlensäure versetztem Wasser oder Kräutertee zu uns nehmen. Das sind 4 – 6 Gläser je ¼ l pro Tag. Während einer Fastenkur müssen wir uns mehr Flüssigkeit als angegeben zuführen. Dies gilt für gesunde Menschen, Herz- und Nierenkranke sollten ihren Arzt darüber befragen.
Es kommt auch auf die Ernährung an, welchen Bedarf jemand hat. Jemand, der viel Fleisch isst, wird einen höheren Bedarf an Wasser haben als jemand, der viel Gemüse und Obst zu sich nimmt. Jahreszeiten, Klima und persönliche Konstitution spielen ebenfalls eine Rolle. Genaueres über diese beiden Krankheitsursachen Übersäuerung und Dehydration können Sie noch im Kapitel über Heilung nachlesen.

Zusammenstellung von geeigneten Maßnahmen, um ihre Gesundheit, Vitalität und Schönheit zu erhalten und zu stärken, und der Übersäuerung, somit der Alterung, Verschlackung und deren Erkrankungen entgegenzuwirken:

1. Kontrolle der Säure/Basenwerte und Gabe von Basenmischungen bis die Harn-Werte wieder neutral auf 7 pH sind und das Säuren-Basen-Gleichgewicht hergestellt ist.
2. Basenbäder bzw. Basen-Fußbäder
3. Vorwiegend basische, vitamin- und mineralstoffreiche und mit Spurenelementen angereicherte Kost, wie Gemüse und Obst, Basensuppen, wie bereits empfohlen.
4. Ausreichend Vitamin C und E sowie Folsäure durch den Vitamin-Komplex B 1, B 6 und B 12, OPC, Omega 3-Fettsäuren, das sind wichtige Antioxidantien.
   Vitamin E befindet sich in kaltgepressten, hochwertigen Pflanzenölen.
5. Regelmäßig ausreichend trinken. Dabei natürliches Quellwasser oder »stilles« Wasser bevorzugen.
6. Das Rauchen aufgeben, es raubt Sauerstoff und erzeugt Übersäuerung.
7. Fasten- und Entschlackungskuren.
8. Mit der Gabe von Schüssler Salzen können Sie das Mineralstoff-Defizit auffüllen.
   Zur Entsäuerung ist Nr. 9 Natrium phosphoricum geeignet und
   zum Entschlacken Nr. 10 Natrium sulfuricum.
9. Mit richtiger Atmung und Atemübungen führen wir uns genügend Sauerstoff und Lebensenergie (Prana) zu.
10. Ausreichend körperliche Bewegung, dabei ist zu bedenken, dass zu viel Anstrengung wiederum Säure (Milchsäure) produziert, also gemäßigt. Treppensteigen ist z. B. eine gute Übung. Das fördert die ausreichende Fettverbrennung des Körpers.

Zu Punkt 2 Basenbäder bzw. Basen-Fussbäder
Mit diesen können wir den Körper deutlich von Säuren entlasten. Besonders hilfreich sind sie zur schnellen Entsäuerung. Basenbäder dienen auch der Schönheit, sie wirken verjüngend bei regelmäßiger Anwendung, die Haut wird schöner.
Das **Basenbad** bereiten wir mit einigen Esslöffeln Natron oder noch besser mit einer fertigen Basenmischung zu. Es sollte einen pH-Wert von etwa 8,5 haben. Mit der Basenmischung wird der Körper nicht nur entsäuert, sondern auch noch mit wichtigen Mineralien versorgt.
Beim Basenbad spielt die Dauer eine große Rolle, je länger Sie in der Badewanne bleiben, umso mehr Säuren verlassen den Körper. Also sollte es möglichst lange ausgedehnt werden – bis ca. 45 Minuten. Hingegen sollte es bei Kreislaufschwäche nicht länger als 20 Minuten dauern. Halten Sie danach eine Nachruhe von ca. 30 Minuten ein. Während der Hauptentschlackungsphase können wir es zwei- bis dreimal wöchentlich wiederholen. Sonst können wir es einmal die Woche wiederholen, bis die Säure/Basen-Werte wieder normal sind.

Das Badewasser sollte dabei nicht zu warm sein, also um 35 bis 37 Grad, um den Kreislauf nicht unnötig zu belasten. Nach einigen solchen »Verjüngungsbädern« steigert sich deutlich das Wohlbefinden und es findet eine sichtbare Verjüngung der Gewebe, auch im Gesicht statt.
Bei einem **Basen-Fußbad** nehmen wir 1 Esslöffel Basenpulver. Das Fußbad lässt sich einfach nebenher machen beim Lesen oder Fernsehen. Es ist nicht so zeitaufwendig, aber doch sehr effektiv.

Auch **Himalaya-Kristallsalz-Bäder** können wir zur Entgiftung und zur Remineralisierung des Körpers einsetzen. Dazu nehmen wir Salz-Kristalle, ca. 900 Gramm für eine Badewanne, und lassen diese vorher ca. ½ Stunde auflösen. Die Badedauer liegt bei ca. 20 Minuten bei 37–38°.

In **akuten Notfällen** bei Herzinfarkt oder Schlaganfall sollten wir **sofort** bis zum Eintreffen des **Arztes Basen verabreichen**. Das hilft dem Körper sofort, den gefährlichen Säurenüberschuss abzubauen bzw. zu neutralisieren. Dazu nehmen wir einen **gehäuften Kaffeelöffel Kaiser-Natron** (Küchenmittel, auch im Backpulver) aufgelöst in körperwarmem Wasser, möglichst auf leeren Magen. Besser ist noch das fertige Basenpulver, wenn wir es im Hause haben.
Durch diese Maßnahme kann man zumindest die **größte Gefahr** von Gewebsschäden durch Säuren abwenden, denn damit steht dem Körper sofort eine **Basenflut** zur Verfügung, um eine beginnende Starre der roten Blutkörperchen so schnell wie möglich aufzulösen. Das ist in den **ersten Minuten lebenswichtig!**

Zusätzlich ist es hilfreich, den ganzen Körper, besonders die betroffene Körperpartie (Herz oder Kopf) großflächig mit in Wasser gelöstem Natriumbikarbonat Kaiser-Natron oder Speisesoda oder Basenpulver (1 Esslöffel voll zu 1 Liter Wasser) einzureiben, sodass es über die Haut in den Körper aufgenommen werden kann.
Natürlich sollte es nicht bei der einmaligen Gabe von Basen bleiben. Sie sollten in diesem Falle noch ein- bis zweimal am gleichen Tag mit etwa 5 Gramm, aufgelöst in warmem Wasser, genommen werden. So kann der Körper nach der Basenflut besser weiter auftretende Säuren neutralisieren.

Zu Punkt 5 Trinken

Eine besonders gute Methode, den Körper ausreichend mit Flüssigkeit zu versorgen und zu entschlacken und zu entgiften, ist das Trinken von **Ayurveda-Heilwasser**. Es eignet sich vorzüglich zum Fasten oder zum Entschlacken.
Bei kaltem Wasser hängen die Wassermoleküle sehr dicht zusammen, und so hat das Wasser keine hohe Fähigkeit, Schlacken aufzunehmen. Durch das Kochen wird die Molekularstruktur des Wassers so gelockert, dass das Wasser in der Lage ist, viele Schlackenstoffe aufzunehmen. Durch das Kochen bekommt das Wasser zusätzlich Anteile des Feuer-Elements, was wiederum den Stoffwechsel antreibt. Außerdem wird das Wasser durch das Kochen gereinigt, d.h., im Wasser gelöste Stoffe wie Kalk bzw. Schwermetalle, lösen sich aus dem Wasser, was man an einem Satz, der sich am Topfboden bildet, erkennen kann.

Ein Ayurveda-Arzt erklärte mir, dass durch dieses reine Wasser die Zellen wieder die Information von klarem, reinem Wasser erhalten und auch dadurch der Reinigungs- und Entschlackungsprozess des Körpers angeregt wird.
Gleich nach dem Aufstehen getrunken, regt es die Verdauung an. Das Ayurveda-Heilwasser ist auch ein Schönheitsmittel. Dazu kocht man 1 Liter Wasser für ca. 15 Minuten, gießt es vorsichtig ab. Der Satz, der sich am Topfboden abgesetzt hat, sollte auf gar keinen Fall mitgetrunken werden. Man gibt das Wasser noch heiß in die Thermoskanne und trinkt es über den Tag verteilt.

Eine gute Methode, den Körper ausreichend mit Mineralstoffen zu ersorgen, ist die **Sole Trinkkur**. Hierzu löst man einige Kristalle von naturbelassenem Himalaya-Salz in einem verschließbaren Einweckglas auf. Daraus entsteht eine 26%-ige Sole. Einige Salzkristalle bleiben ganz. Wir können die Sole immer wieder mit Wasser auffüllen, bis sich die Steine ganz aufgelöst haben. Von dieser Sole geben wir 1 Teelöffel voll in ein ¼ l Wasserglas und trinken diese Menge täglich, am besten am Morgen auf nüchternen Magen.
Generell sind **reines Quellwasser** (am besten frisch vom eigenen Brunnen) und Kräutertees vorzuziehen. Das Mineralwasser sollte ohne Kohlensäure sein.

Zu Punkt 7 Fasten und Entschlackungskuren
Am besten ist es, wenn wir regelmäßig zur Entlastung des Organismus wöchentlich oder 14-tägig einen Fasten- oder Früchtetag einhalten. Man kann auch mit Obst- und Gemüsesaft fasten. Das bewirkt neben der Entschlackung auch die Zufuhr von wertvollen Vitaminen und Spurenelementen.
Bei allen Entschlackungskuren ist zu beachten, dass **vor** Beginn eine Darmreinigung erfolgen muss, um einer Selbstvergiftung vom Darm her vorzubeugen.
Zu allen Fasten- und Entschlackungskuren gehört unbedingt die Gabe von Basenmischungen! Diese federn gefährliche Säureüberschüsse, die durch das Freiwerden aus dem Binde-Gewebe entstehen, ab. Sonst wird Fasten gefährlich. Auf genügend Flüssigkeitszufuhr achten!

Alle bereits angeführten Maßnahmen zur Entgiftung und Entsäuerung sollen zum Einsatz kommen. Denn auch die Gifte aus dem Fettgewebe werden beim Fasten und Entschlacken freigesetzt. Auch Entschlackungstees, die die Leber und Niere stärken und die Basensuppe werden dabei eine wertvolle Hilfe sein.

Zu Punkt 8 Schüssler Salze
Schüssler Salze Nr. 9 und 10 fördern Entsäuerung und Entschlackung. Wichtig ist auch während der Kur, dass wir vermehrt trinken, bis zu 2,5 bis 3 Liter reines Wasser oder dünne Kräutertees, damit die Niere unterstützt und die Gifte gut ausgeschwemmt werden können.
Beim Fasten treten nicht nur körperliche Schlacken zutage, sondern auch seelische Schlacken, alte Emotionen aus unverarbeiteten Erlebnissen können auftauchen, wir sollten diese Emotionen zulassen und allen Schmerz herausweinen. Das löst sie auf, und dann lassen wir die damit verbundenen Erinnerungen endgültig los. Das ist ein wichtiger Heilungsprozess.
Selbstverständlich gehört auch Schwitzen, ausreichende Bewegung und gute Atmung dazu. Damit können Sie eine Fastenkrise verhindern.

Zu Punkt 9 Atmung
Mit der **Atmung** nehmen wir nicht nur Luft und Sauerstoff auf, sondern auch Prana – Lebensenergie. Außerdem reinigen wir unsere Lunge und das Blut über die Atmung von schädlichem Kohlendioxyd. Auch Säurenüberschuss können wir wegatmen.
Die Atmung ist also ein wichtiger Faktor für unsere Lebensqualität. Richtiges Atmen verjüngt und stärkt das Immunsystem. Es ist deshalb besonders wichtig, **richtig** und voll zu atmen, und die richtige Atmung beginnt mit der **Bauchatmung**.
Kinder machen noch ganz automatisch die Bauchatmung. Erst mit dem Schulstress beginnen sie falsch zu atmen. Die meisten Menschen haben eine zu flache Atmung.

Bauchatmung:

> Zunächst beginnen wir in den Bauch zu atmen, sodass sich dieser vorwölbt. Bei der Einatmung senkt sich das Zwerchfell nach unten und erweitert dadurch das Lungenvolumen. Die Bauchorgane werden durch den Druck des Zwerchfells nach unten und außen gepresst und drücken die Bauchdecke nach vorne und in die Seiten. Bei der Einatmung wölben sich die Bauchdecke und die seitlichen Flanken nach außen. Wir atmen also bewusst nach unten in den Bauchbereich!

Beim **Ausatmen** ziehen sich die Bauchdecke und die Flanken nach innen und drücken die Bauchorgane dabei wieder nach innen und oben. Durch den Druck der Bauchorgane wölbt sich das Zwerchfell nach oben und presst die Lunge zusammen, wodurch die Luft entweicht.

Dieser wechselnde Druck auf die Bauchorgane wirkt wie eine Massage und regt die Funktion der Bauchorgane an, sorgt für eine gute Durchblutung im Bauchraum und fördert und verstärkt die Darmperistaltik. Da sich die Lunge beim Atmen größtenteils in den Bauchraum ausdehnt, ist die Bauchatmung die **Grundlage** für tiefe und volle Atemzüge.

Bei der Yoga-Atmung oder »vollständigen Atmung« nutzen wir jedoch nicht nur die Atmung im Bereich Bauchraum, sondern auch den Bereich Brustkorb und Schlüsselbein (Lungenspitzen). Durch diese dynamische Atmung werden Lebenskräfte aktiviert und regeneriert.

Richtige Vollatmung – Yoga Atmung:

Hierbei atmen wir zuerst in den Bauchraum, sodass sich dieser wölbt und dann immer weiter nach oben in den Brustkorb bis zum Hals und in die Lungenspitzen.
Die Rippen heben und weiten sich, wobei jedoch die Bauchdecke vorgewölbt bleibt. Beim Einatmen darf sich die Bauchdecke nie nach innen ziehen. Zuletzt atmen wir in die Lungenspitzen, die sich hinter den Schlüsselbeinen befinden. Wir vermeiden hierbei aber unbedingt das Hochziehen der Schultern! Wir versuchen einfach nur, die Lunge soweit wie möglich zu füllen.
Beim Ausatmen gehen wir umgekehrt vor: Wir atmen zuerst die Luft aus den Lungenspitzen, leeren dann den Lungenbereich im Brustraum, bis wir zum Schluss die Bauchdecke kräftig nach innen ziehen.
Um uns diese Atmung bewusst zu machen, legen oder setzen wir uns ganz bequem hin und legen eine Hand auf die Bauchdecke. Wir beobachten aufmerksam, wie sich die Bauchdecke hebt und senkt. Der Atemrhythmus sollte dabei ganz natürlich fließen – ruhig und entspannt – und wir versuchen, ihn nicht durch die Gedanken zu kontrollieren. – Hier lautet die Devise: **»Es atmet mich«**.

Wir können diese bewusste Atmung auch als eine Art **Atemmeditation** gestalten, indem wir uns vorstellen, wie wir mit jeder Einatmung Lebensenergie und Lebensfreude aufnehmen, die den ganzen Körper wie eine Welle überflutet. Bei der Ausatmung stellen wir uns nun vor, dass wir jeden Stress, alle Spannungen oder Schmerzen auflösen und ausatmen. Dabei versuchen wir, die Kraft und Freude beim Einatmen und die Erleichterung und Entspannung beim Ausatmen so bewusst wie möglich wahrzunehmen.

Als **zweite** Variante stellen wir uns dann vor, dass wir gezielt in einen bestimmten Bereich des Körpers hineinatmen. Wir lenken dabei die Energie – Freude und Heilkraft – in diesen Bereich. Bei der Ausatmung lösen wir nun in diesem Bereich alles Schmerzende oder Kranke auf und atmen es aus. Dies ist eine sehr wirksame Methode, um z. B. kranken Organen, verletzten Körperpartien und verspannten Muskeln heilsam zu helfen. Es ist dabei jedoch von großer Wichtigkeit, sich besonders gut zu konzentrieren und alle Aufmerksamkeit in den betroffenen Bereich zu lenken.

Atemübung zur Entgiftung der Lunge:

Diese können wir während dem Spazierengehen oder auch im Sitzen machen:

- Wir zählen beim Einatmen von 1 bis 8 oder 12, solange es angenehm ist.
- Halten mit der gleichen Zahl den Atem an.
- Und atmen mit der gleichen Zahl langsam wieder aus.

Die **Klangatmung** erweist sich bei Depression als sehr hilfreich. Sie fördert Freude und Spontaneität.
Wir atmen tief ein und auf die Töne O und M tief aus.
Das trägt zur Chakrenharmonisierung durch die hohe Schwingung bei. Durch den O-Laut wird das Sonnengeflecht – Solar Plexus – unsere Energiebatterie angeregt und harmonisiert. Durch das M wird eine Anregung und Harmonisierung des Herz-(Heil)-Zentrums bewirkt. Dadurch kann sich der Kranke wieder öffnen für Hilfe und Heilung! Die Übung trägt zu einem besseren Umgang mit unseren Gefühlen bei und zur Offenheit für andere Personen.

Im Kapitel über die Heilung unter »Imagination« befinden sich eine Atem-Meditation zur Heilung und eine weitere Heil-Atemübung unter »Depressionen« zum Aufladen mit Energie und zur Stärkung der Aura.

Ölmassagen

Diese erhalten nicht nur die Haut schön, sie tragen auch zur Stabilisierung, zum Ausgleich des Körpers und dessen Entgiftung sowie zum Harmonisieren des ganzen Befindens bei. Gemäß der eigenen Konstitution sollten Vata- und Kapha-Naturen Öl auf Sesambasis oder Mandelöl vorziehen, Pitta-Naturen brauchen hingegen kühlende Öle auf Kokosbasis. Wenn Sie morgens die Ohrmuschel mit Öl einmassieren, ebenso die Hände und die Füße, können Sie über die Reflexpunkte sämtliche Bereiche des Körpers aktivieren. Das belebt den ganzen Körper.
Wenn Sie sich mehr für ayurvedische Ölmassagen und Kuren interessieren sollten, kann ich Ihnen die Lektüre des Buches »Ayurveda-Kuren – ein Verwöhnprogramm für Gesundheit und Schönheit«, das mein Mann und ich geschrieben haben, empfehlen.

Bäder

Über die Anwendung diverser erholsamer und duftender Bäder unter Zusatz von Kräutern und Essenzen und wie Sie sich damit verwöhnen können, können Sie im nächsten Kapitel über harmonische Schwingungen unter »Die Welt der Düfte« nachlesen. Ein paar Vorschläge dazu finden Sie nachfolgend unter Entspannung.

Tiefenentspannung ist ein wertvoller Beitrag für unsere Gesundheit. Die Übung zur Tiefenentspannung findet sich nun im nächsten Abschnitt.

Ausgleich zwischen Tätigkeit und Entspannung

Jeder Mensch braucht einen Ausgleich zwischen Aktivität und Entspannung, besonders in dieser hektischen Zeit. Wir sollten uns regelmäßig Erholungsphasen gönnen, und wenn es tagsüber in Arbeitspausen zwischendurch nur ein paar tiefe Atemzüge in frischer Luft sind.

In unserer Freizeit sollten wir uns Zeit für Erholungsphasen geben. Natürlich ist es wichtig, Alltagspflichten zu erfüllen. Aber wenn wir auch regelmäßig für unser Wohlbefinden sorgen, werden wir uns nie so ausbrennen. Wir werden zufriedener, ausgeglichener sein, und den Schwierigkeiten des Alltags besser begegnen können. Wir sollten uns dafür eine gewisse Zeit reservieren.
Wie könnten solche Erholungsphasen aussehen?
Hier bietet sich der Aufenthalt in der Natur an, das Innehalten in der Stille, das Anhören schöner Musik.
Wir können uns zu Hause ein ***Entspannungsbad*** bereiten mit Lavendel-Öl oder bei nervöser Erschöpfung ein Melissenölbad. Alle guten Düfte, die wir lieben, dazu schöne Musik, werden den Entspannungs- und Erholungseffekt des Bades erhöhen.

Nehmen wir zum Beispiel das Rosenblüten-Bad. Mit seinem Duft schenkt es wahren Genuss. Es tut zugleich dem Herzen gut und stärkt das Herzchakra. Dazu nehmen wir eine gute Handvoll Rosenblüten, getrocknet oder frisch, wickeln diese in ein Seidentuch und geben diese zusammen mit ein wenig Rosenöl ins warme Wasser, einige Rosenblätter streuen wir auf das Wasser.
Wir können auch im warmen Wasser eine imaginäre Reise machen und uns in besonders schöne Situationen versetzen, die uns Freude gemacht haben oder uns innerlich an einen Meeresstrand oder einen anderen schönen Platz unserer Wahl begeben.
Eine besonders gute Möglichkeit, wieder in unsere Mitte zu kommen und für geistig/körperliche Ausgeglichenheit – eine Voraussetzung für Intuition – zu sorgen, ist die Tiefenentspannung. Sie dient unserer Regeneration.

Tiefenentspannung

Diese Entspannungsmethode nennt sich progressive Muskelentspannung nach Jacobson. Wichtig ist zu beachten, dass es dabei nicht nur um Spannung und Entspannung der Muskeln geht, sondern auch um das **Wahrnehmen**.
Tiefenentspannung heißt, dass der Körper schläft, der Geist/das Gemüt aber wach bleibt. Die Tiefenentspannungs-Methode entspannt **zuerst** den **Körper**, um den Geist zur Ruhe kommen zu lassen.

Bei der Meditation geht man den umgekehrten Weg. Bei der Meditation wird **zuerst** der **Geist** entspannt und anschließend der Körper. Viele krankmachende, seelisch/geistig, emotionale und körperliche Verspannungen können durch die Tiefenentspannung gelöst werden.

Die Tiefenentspannung kann eigentlich in jeder Haltung durchgeführt werden, wenn man sie beherrscht. Am besten eignet sich aber dafür die Totenstellung, eine Position aus dem Hatha-Yoga. Es ist die entspannte Lage auf dem Rücken. Dabei liegen die Hände mit nach oben gedrehten Handflächen seitlich neben dem Körper, die Beine sind leicht gespreizt und die Füße fallen locker nach außen.

Technik der Tiefenentspannung:

Als erstes spannen wir **alle Bereiche des Körpers** von den Füßen zum Kopf nacheinander bewusst und kräftig an, um deren Spannung danach wieder ruckartig loszulassen. Beim Anspannen konzentrieren wir uns auf das **Gefühl** der Spannung und erlernen so, die Verspannungen im Körper sofort zu erkennen. Beim Loslassen konzentrieren wir uns auf das Gefühl der Entspannung und lernen so, auch diese bewusst zu spüren.
Dabei gehen wir mit Anspannen und Loslassen durch den ganzen Körper, zuerst die Füße, dann nacheinander Beine, Becken und Po, Bauchdecke, Brustkorb (wobei wir den Brustkorb nach vorne wölben und die Schulterblätter nach hinten zusammenziehen), Hände (indem wir sie zuerst spreizen und dann zur Faust ballen), Arme, Schultern, Hals und Nacken, Unter- und Oberkiefer, Mund und Wangen, Augen, Stirn und Kopfhaut.
Zum Abschluss spannen wir noch einmal den gesamten Körper von den Füßen bis zum Kopf an, lassen dann mit einem Ruck die Spannung los und entspannen uns.

Jetzt **fühlen wir** nochmals in der gleichen Reihenfolge durch den Körper, um uns zu vergewissern, ob wir wirklich entspannt sind. Im Zweifelsfall spannen wir einzelne Körperteile nochmals an, um sie dann mit einem Ruck zu entspannen.
Als letzten Schritt gehen wir nochmals **gedanklich** in der gleichen Reihenfolge durch den Körper und geben uns Impulsbefehle zur Entspannung. Wir konzentrieren uns nacheinander auf die einzelnen Körperteile und geben uns in Gedanken folgende Befehle:

»Die Füße entspannen, die Füße entspannen – die Füße **sind** entspannt, die Unterschenkel entspannen, die Unterschenkel entspannen – die Unterschenkel **sind** entspannt« – bis wir wieder bei der Kopfhaut angelangt sind.

Nun entspannen wir den **Geist**. Wir stellen uns einen See vor, mit vollkommen ruhiger Oberfläche und versuchen, den Geist genauso ruhig zu halten. Wenn Gedanken in das Bewusstsein dringen, nehmen wir die Haltung eines neutralen Beobachters ein. Wir wehren uns nicht gegen die Gedanken, halten sie aber auch nicht fest, um uns mit ihnen zu befassen. Wir lassen sie liebevoll gehen. Wenn wir anfangs bis zu 12-mal pro Minute von Gedanken gestört werden, ist dies ganz normal. Wir sollten uns aber bemühen, die Anzahl der Störungen nach und nach zu reduzieren.

20 Minuten Tiefenentspannung hat den Regenerationswert von 2 bis 3 Stunden Schlaf!

Wenn wir diese etwas zeitaufwendige Entspannungsmethode perfekt beherrschen, so sind wir in der Lage, überall und jederzeit eine ***Kurzentspannung*** durchzuführen, für die wir nur wenige Minuten benötigen.

Dabei setzen oder legen wir uns hin und spannen mehrmals hintereinander den ganzen Körper von den Füßen bis zum Kopf kräftig an und halten die Spannung für einen Moment bewusst. Dann lassen wir mit einem Ruck die ganze Spannung wieder los. Die Anspannung begleiten wir mit tiefer Einatmung und das Loslassen mit tiefer Ausatmung.

Innerhalb von Sekunden sind wir dann tief entspannt. Diese Entspannung sollten wir 3 bis 5 Minuten lang halten und danach fühlen wir uns frisch, wie nach einem erholsamen Schlaf.

Natürlich ist es wichtig, für ausreichenden **Schlaf** zu sorgen. Denn nur während des Schlafes finden die nächtlichen **Regenerationsphasen** des Körpers statt. Am besten ist es, in den Stunden vor Mitternacht zu Bett zu gehen.

Diesem Thema haben wir uns schon in diesem Kapitel gewidmet. Unser Körper steckt manches weg, aber wenn Schlafmangel sich über Jahre hinzieht, wird es früher oder später zu ernsten gesundheitlichen Problemen kommen.

Psychohygiene

Wir haben uns bisher vornehmlich mit der Gesunderhaltung des Körpers und der Gesundheitspflege befasst. Nun wollen wir uns mit der Psychohygiene und der Reinigung der feinstofflichen Ebenen befassen.

Ich werde nun auf einige Aspekte der Reinigung der **Psyche**, der **feinstofflichen**, **astralen Bereiche** eingehen. Darunter verstehen wir den Geist mit der Verstandes- und Gefühlsebene (Emotionen), den mentalen Bereich (Gedankenebene), die Energiezentren und die Aura.

Für unsere körperliche Gesundheit ist **Psychohygiene**, also die Reinigung der Gedanken und Gefühle, die Harmonie des Geistes, eine wichtige Voraussetzung.

Hier liegen oft die feinstofflichen Ursachen für die meisten Krankheiten: Disharmonische Gedanken und Emotionen erzeugen im Astralkörper Störungen, die sich in Form von dunklen Feldern und disharmonischen Farben zeigen. Sensible und hellsichtig begabte Menschen können dies beobachten. Diese Disharmonien schlagen sich dann je nach Dauer und Intensität auf den physischen Körper nieder, der wiederum geschwächt, in seinen Funktionen gestört und schließlich krank wird.

Deshalb ist es besonders wichtig, den Geist und die Gefühle zu kontrollieren – nicht im Sinne von Unterdrückung oder Verdrängung, sondern im Sinn von Beobachtung und Bewertung unserer Gedanken und Gefühle.

Aber auch für unsere spirituelle Entwicklung stellt Psychohygiene eine Voraussetzung dar. Deshalb gibt es in allen Religionen als Grundlage ethische Richtlinien (Gebote), die uns dabei unterstützen sollen, Leid durch falsche Handlungen zu vermeiden.
Nur um einem Irrtum vorzubeugen: Wir sprechen in diesem Zusammenhang vom Geist als unserem Instrument des Verstandes, unserer Emotionen, unserer Gedanken und von der Seele als unserem unsterblichen göttlichen Wesen. In unserer westlichen, vom Christentum geprägten Kultur, ist es oft umgekehrt. Hier werden die Emotionen und Gefühle als seelisch bezeichnet und der Geist wird als das Göttliche betrachtet.

Die Kraft der Gedanken

Ein Großteil unserer Gedanken läuft meist unbewusst ab, d. h. die Gedanken kommen spontan und ohne Vorwarnung und wenn wir sie nicht im Griff haben und unsere Intelligenz als Kontrollinstanz nützen, so sagen oder tun wir oft etwas Unsinniges, für das es uns danach leid tut. Man sagt dann, das war »gedankenlos«.
Alles, was wir gedanklich aussenden, kommt nach dem Gesetz von Ursache und Wirkung (Karma) zu uns zurück bzw. wir ziehen es an. Es lohnt sich also, darauf zu achten, was wir denken.
Ständig wird unser Geist durch Eindrücke aus unserem Umfeld abgelenkt oder agitiert. Alle Eindrücke jeglicher Art werden im Unterbewusstsein gespeichert.
Und hier setzt die Psychohygiene an. Wir sollten eine bewusste **Auswahl** treffen, was wir an »geistiger Nahrung« zu uns nehmen. Dazu gehören ein guter Umgang, ein harmonisches Umfeld, schöne Literatur und Musik, ein Aufenthalt in der Natur, kurzum alles Aufbauende.

Hier ist zu überlegen, was wir von den Medien, Zeitschriften und dergl. annehmen wollen. Es ergibt sich daraus eine große Verantwortung für die Wahl, die wir treffen, z. B. verstärken aggressive Inhalte das negative Potenzial an Gedankenkräften auf globaler Ebene. Es ist wirklich so, **jeder einzelne** Gedanke von uns hat Einfluss auf die ganze Erde, er trägt je nach Beschaffenheit zum Positiven als auch zum Negativen bei. Hier kommt das geistige Gesetz der Resonanz zum Tragen, Gleiches zieht Gleiches an.

Wenn wir ein friedliches und harmonisches Leben führen wollen, so ist es z. B. nicht von Vorteil, Horrorfilme oder vergleichbare Literatur zu »verschlingen«. Auch die meisten Nachrichtensendungen mit ihren pausenlosen Gewaltmeldungen sind unverträglich für einen friedlichen Geist. Sie führen dazu, dass wir völlig abstumpfen und ziehen uns energetisch völlig herunter. Wenn wir schon Katastrophen und Grausamkeiten hören und sehen, ist es besser, in die betreffenden Gebiete Gedanken des Friedens und der Liebe zu senden oder für die Betroffenen zu beten, als das negative Energiepotenzial auf der Erde durch unsere Gedanken von Angst und Wut noch zu verstärken.

Für ein ausgeglichenes und gesundes Sexualleben ist es nicht förderlich, wenn wir uns laufend aufreizende oder gar pornographische Bilder oder Bücher zu Gemüte führen. Auch die meist freizügige Werbung trägt viel dazu bei, dass unser Geist agitiert wird und lustvolle und leidenschaftliche Gedanken produziert.
Gleiche, immer wiederkehrende Gedanken haben die Tendenz, sich zu **verstärken**. Das führt dazu, dass wir davon nicht mehr loskommen und allmählich Süchte entwickeln, die uns abhängig machen. Wir sind dann nicht mehr »der Herr in unserem Haus«, sondern werden zu Sklaven der Sinne. Außerdem wird der Partner immer mehr zu einem Sexualobjekt degradiert. Achtung und Respekt gehen in der Beziehung verloren.

Wir sehen also, wie wichtig die richtige, passende und gesunde geistige Nahrung für einen ausgeglichenen, ruhigen Geist und für ein spirituelles Bewusstsein ist. Es hat Auswirkungen auf unsere ganzen Lebensbereiche.

Wir sollten vor allem Kinder und Jugendliche in dieser Richtung fördern. Ihr Geist ist noch sehr beeindruckbar und schädliche Einflüsse der oben genannten Art schaffen schon früh die Basis, dass sie destruktive Denk- und Verhaltensmuster entwickeln.

Aus Gedanken werden **Worte** und letztendlich **Handlungen**. Das gilt im Guten wie im Bösen. Schon aus kleinen Unstimmigkeiten können Unglück und Untaten erwachsen.
So arten z. B. oft anfänglich nachbarliche, harmlose Missverständnisse letztendlich zu Untaten aus. Jeder wiederholte disharmonische Gedanke des Ärgers gegen den Nachbarn führt zu einer Verstärkung der negativen Gedankenkraft und Gemütsschwingung in Ablehnung und Hass, die zu gegensätzlichen mündlichen Beleidigungen ausarten und letztendlich in ungezügelten Gewalttätigkeiten enden können.
Viel Ärger können wir im Vorfeld vermeiden, indem wir Missverständnisse sofort klären und eine Aussprache herbeiführen.

Richtiger Umgang mit unseren Gefühlen

Das, was ich hier über den Geist und die Gedanken erwähnt habe, gilt natürlich auch für das Gemüt und die Gefühle. Unsere Gefühle sollten möglichst auch bewusst gelebt und kontrolliert werden. Vor allem dürfen wir sie nicht unterdrücken. Aber wie gehen wir mit ihnen richtig um?

Unangenehme Gefühle haben meist zwei Ursachen:
Einerseits entspringen sie gewissen Situationen, denen wir ausgeliefert sind und die wir schwer beeinflussen oder ändern können, also einem **Mangel an Einfluss**. Es entsteht ein Gefühl der Macht- und Hilflosigkeit. Daraus resultieren Frustration, Ärger, Wut und Ängste. Andererseits entstehen sie auch aus einem **Mangel an Liebe**. Daraus kann Kummer in einer unglücklichen Partnerschaft oder nach einer Trennung erwachsen. Durch Zurückweisung entstehen mitunter Gefühle, wie nicht geschätzt, anerkannt und akzeptiert zu werden, nicht erwünscht zu sein und nicht gebraucht zu werden. Wenn wir uns selbst nicht wertschätzen, uns ständig heruntersetzen und mit Schuldgefühlen und Selbstvorwürfen belasten, haben wir es mit einem Mangel an Selbstliebe zu tun. Misserfolge aller Art können daraus resultieren. Kritiksucht, Intoleranz, Arroganz, Wut und Zorn gegenüber anderen entstehen ebenfalls aus einem Mangel an Liebe.

Lösen von Gefühlen

Das Verdrängen von unangenehmen Gefühlen macht uns krank, es kostet uns viel Energie. Es ist besser, sie zu lösen. Zunächst nehmen wir das Gefühl an, das in einer bestimmten Situation entsteht, und machen es uns bewusst. So können wir uns etwa fragen: Entspringt das aufkommende Gefühl aus einem Mangel an Einfluss oder einem Mangel an (Selbst) Liebe? Nachdem wir es einordnen konnten, fragen wir uns »möchte ich an diesem Gefühl keine Liebe zu haben, festhalten?« oder »will ich an dem Gefühl festhalten, dass es mir an Einfluss mangelt?« Wir entschließen uns innerlich zu einem klaren Nein. Es gibt keinen vernünftigen Grund, dass wir an diesem unangenehmen Gefühl festhalten. Es ist uns nicht dienlich. Nachdem wir uns bewusst gemacht haben, dass wir dieses Gefühl nicht mehr brauchen und wollen, können wir es loslassen und auflösen.
Das können wir bei allen möglichen Situationen des Lebens und im Umgang mit unseren Mitmenschen praktizieren und wir werden mit der Zeit immer ausgeglichener werden.

Nachdem wir in gewissen Alltagssituationen das Gefühl des Mangels an Einfluss aufgelöst haben, kann es vorkommen, dass noch ein Ärger über uns selbst, also ein Mangel an Selbstliebe, auftaucht. Dann lösen wir auch dieses Gefühl anschließend auf.
Dazu ein anschauliches Beispiel:
Nehmen wir einen Stau auf der Autobahn. Zuerst werden wir – besonders wenn wir termingerecht an einem Ziel ankommen müssen – frustriert und ärgerlich werden. Natürlich kommt dann noch die Angst dazu, zu spät zu kommen. Hier haben wir es mit Gefühlen zu tun, die entstehen, weil wir auf die **Situation kaum Einfluss** nehmen können.
Haben wir diese Gefühle bewusst gelöst, werden wir wahrscheinlich ärgerlich auf uns selbst sein, weil wir nicht früher die Fahrt angetreten oder nicht eine bessere Route genommen haben. Das sind jetzt Gefühle, die einem **Mangel an Selbstliebe** entspringen. Kommt noch ein Zorn über andere Autofahrer auf, ist das ebenfalls ein Mangel an Liebe.
Alle diese Gefühle lösen wir nacheinander auf, und wir werden die unangenehme Situation gelassener meistern können. Es werden sich nicht mehr so leicht Gefühle anstauen, wenn wir uns dies zur Gewohnheit machen.

Unsere Gefühle sollten uns nicht zu unbedachter Sprache oder Handlungen verleiten. In einem Bibelspruch heißt es sinngemäß »Die Frauen mögen in der Gemeinde schweigen, wenn die Männer sprechen«. Das klingt sehr frauenfeindlich und nach Maulkorb-Erlass. Dieser Spruch wird sehr missverstanden. Bibel-Aussagen sind oft mehrdeutig aufzufassen.
Mit »Frau« ist die Emotion gemeint, mit »Mann« der Verstand. Das bedeutet, dass wir zuerst, bevor wir uns aufregen, ärgern und argumentieren und vorschnell aus der Emotion heraus reden und handeln, den Verstand einschalten und die Konsequenzen unserer Worte und Handlungen überlegen sollten. Dann erst sollten wir sprechen und handeln. Dann können wir uns und anderen viel unnötiges Leid ersparen. Unendlich viel Schaden ist schon durch unüberlegte Worte und Handlungen aus Zorn und Ärger entstanden.
Hass hat schon viele Familien zerstört und in unkontrollierter Wut ist schon manches Verbrechen geschehen. Aber auch ungezügelte Freude und Übermut führen oft zu Verletzungen, wenn man dabei unbedacht über andere herzieht.

In der Bhagavad Gita, der Hl. Schrift der Inder, werden ein unkontrollierter Geist und ungezügelte Gefühle mit durchgehenden Pferden vor einer Kutsche verglichen. Der Kutscher verliert dann meist die Kontrolle über die Kutsche.

Ärger, Aggressionen, Groll und Enttäuschung entstehen oft dadurch, wenn gewisse Erwartungen nicht erfüllt wurden und werden. Aber Ärger ist nicht sehr hilfreich, im Gegenteil, alles schaukelt sich noch mehr auf, wenngleich man am Geschehenen nichts mehr ändern kann. Ärger raubt uns nur Energie und vergiftet unseren Körper, da er Ama (Gifte) erzeugt. Er bringt uns und unsere ganze Umgebung in Disharmonie, und macht uns unbeliebt.

»Regt euch nicht wegen jeder Kleinigkeit auf.
Merkt euch folgendes: Jedesmal, wenn ihr euch aufregt,
gewinnt die kosmische Täuschung (Maya) mehr Gewalt über euch.«
Paramahansa Yogananda

Ärger ist eine schädliche Gewohnheit, aber Gewohnheiten kann man ändern. Machen wir uns bewusst, dass Ärger uns im wahrsten Sinn »sauer« macht und uns körperlich vergiftet. Die Sinnlosigkeit von Ärger machen wir uns klar, indem wir uns fragen: »Würde ich mich nach einem Monat oder einem Jahr auch noch darüber aufregen?«.

Viel unnötigen Ärger können wir vermeiden, wenn wir uns dies rechtzeitig in Erinnerung rufen und bewusst machen. Das macht es uns leichter, Ärger über Kleinigkeiten erst gar nicht mehr aufkommen zu lassen, denn Ärger produziert nur neuen Ärger und löst kein Problem. Es wird auch leichter mit Ärger umzugehen, wenn wir die Aufmerksamkeit darauf richten, **was** uns geärgert hat und nicht wer. Das schafft eine bessere Ausgangsbasis für ein klärendes Gespräch, weil da keine Angriffshaltung gegen die andere Person besteht und diese die Kritik nicht zu persönlich auffasst, sondern damit sachlich besser umgehen kann.

Es ist auf jeden Fall besser, etwas rechtzeitig zu klären, als still vor sich hin zu grollen, den Ärger aufzustauen und dann im ungünstigsten Moment unkontrolliert mit einem Wutausbruch zu reagieren. Damit fügen wir nicht nur anderen, die dann als »Blitzableiter« dienen (oft ungerechter Weise), Leid zu, wir schaden auch uns selbst.

Eine Ursache von Aggressionen liegt mitunter in der Kindheit, in der es verboten wurde, Gefühle von Zorn zu äußern. Wir haben dann gelernt, unsere Gefühle zu unterdrücken bzw. zu verbergen. Daraus resultiert oft die jetzige Schwierigkeit, adäquat seine Gefühle zu äußern. Daraus entsteht wiederum Frust und innerer Druck, der sich dann unkontrolliert entlädt. Wenn das der Fall ist, ist es wichtig, sich bewusst zu machen, dass man jetzt nicht mehr unter elterlicher Obhut steht, sondern erwachsen und frei ist. Lernen Sie jetzt, Ihre Gefühle und Wünsche angemessen auszudrücken.

Ärger entspringt auch einer hohen Erwartungshaltung an sich und andere. Wird diese enttäuscht, so entsteht Ärger. Es ist besser, wenn wir unsere Erwartungen herunterschrauben. So kann uns auch nichts mehr so sehr enttäuschen und ärgern.
Ärger hat auch seine Wurzel in der Frustration. Das kann eine einschränkende Lebenssituation, z. B. Arbeitslosigkeit und Erfolglosigkeit sein. Oft steckt auch ein geschwächtes Selbstwertgefühl dahinter.

Manchmal ärgern wir uns auch über uns selbst. Ärger entsteht, wenn uns etwas nicht so gut gelingt oder wenn wir glauben, versagt zu haben. Das kommt mitunter auch bei Sport und Spiel vor, bei denen es um Geschicklichkeit oder schnelles Denken und Reagieren ankommt. Wenn wir uns über solche Misserfolge ärgern, werden wir von den anderen als »Spielverderber« angesehen, die keinen Spaß verstehen. Mit dem alten Kinderspiel »Mensch ärgere dich nicht« können Kinder schon lernen, Niederlagen gelassener hinzunehmen und sich nicht die gute Laune verderben zu lassen.

Jeder reagiert nach seinem Temperament, der eine entmutigt oder deprimiert, der andere ärgert sich oder wird wütend. Besonders die hitzigen Pitta-Naturen ärgern sich sehr schnell. Sie sind Perfektionisten, ehrgeizig und meist ungeduldig. Geht es einmal nicht nach ihren Vorstellungen, reagieren sie mit Ärger und Zorn. Typische Situationen ergeben sich im Straßenverkehr, bei Missgeschicken oder Misserfolgen, aber auch unter Zeitdruck.
Die Aufgabe liegt darin, mehr Geduld, Gelassenheit und Humor zu entwickeln. Das würde viele Situationen entschärfen und das Leben leichter machen.

Wie können wir besser und konstruktiver mit Ärger umgehen? Indem wir die aggressive Kraft nutzen, etwas in Angriff zu nehmen, zu dem uns vorher die Entschlusskraft gefehlt hat. So lässt sich diese Kraft in Kreativität umwandeln und in körperliche oder geistige Aktivitäten umsetzen.
Körperliche Bewegung hilft, »Dampf abzulassen« und krankmachende Ärger-Energie aus dem Körper herauszubekommen, z. B. das Laufen, Sport oder eine anstrengend Tätigkeit, wie das Holzhacken und Wohnungsputz. Zur Not können wir uns »Luft machen«, indem wir mit den Fäusten auf einen Polster eintrommeln. So kommt niemand und nichts zu Schaden.

Es gibt eine **Übung aus dem Qi Gong**, die uns effektiv hilft, Ärger und Anspannung abzubauen und loszulassen:

> Wir stellen uns breitbeinig mit leicht gebeugten Knien hin, ballen die Fäuste und legen allen Ärger und Wut hinein. Dann atmen wir den Ärger kräftig aus, und zugleich stoßen wir die Hände kräftig zum Boden hin. Dies wiederholen wir mehrmals.

Auch aus dem **Yoga** ist eine bestimmte Atemübung bekannt, die Ärger und Spannung lösen kann:

> Wir stellen uns breitbeinig hin, strecken die Arme über den Kopf, atmen dabei tief ein. Und nun lassen wir unseren Oberkörper locker vornüber zwischen die Beine fallen. Dabei atmen wir kräftig mit »haaa« aus und lassen alle Spannung und Stress bewusst los. Dies wiederholen wir mehrmals, bis wir uns wieder gut und gelöst fühlen.

Oft wissen wir es schon vorher, wenn eine Situation Ärger in uns aufkommen lassen wird, z.B. ein Treffen mit einer Person, mit der es immer Probleme und Ärger gibt oder Staus auf der Strasse. Hier ist es möglich, die Situation mental und in der Vorstellung so vorauszuerleben, dass wir uns **nicht** ärgern. **Wir** entscheiden, ob wir uns ärgern lassen oder nicht. Diese imaginäre Übung wiederholen wir immer wieder, mindestens 30 Mal und noch mehr. Es wird uns immer besser gelingen, mit ärgerlichen Situationen gelassener umzugehen.

Eng verbunden mit Ärger und Ungeduld ist Kritik. Die feurigen »Pitta-Naturen« neigen besonders leicht dazu. Aber was bewirken wir mit unbedachter Kritik? Sie macht mutlos, ängstlich, untergräbt den Selbstwert des Betroffenen oder produziert Abwehr.
Vata-Naturen werden zu Angst neigen und die Angst verstärkt wiederum die Tendenz zu Missgeschicken. Kapha-Naturen werden mutlos und fühlen sich als Versager. Sie können einfach nicht gleich schnell wie Pitta- oder Vata-Typen sein und Zeitdruck blockiert sie. Viel besser ist es, ihnen Aufgaben zu stellen, bei denen Genauigkeit, Geduld und Ausdauer gefragt sind. Das sind ihre Stärken. Sie brauchen positive Motivation.
Pitta-Menschen vertragen Kritik am schlechtesten, sie bewirkt bei ihnen einfach Abwehr und Opposition und es entsteht noch mehr Ärger.
Wenn schon Kritik notwendig ist, sollte sie konstruktiv sein, also Lösungsvorschläge unterbreiten. Es ist besser, sich zur Konfliktlösung in den anderen hineinzuversetzen und ihm aufmerksam zuzuhören.

Im Allgemeinen wird viel mehr Kritik ausgeteilt als Lob. Gutes wird als selbstverständlich betrachtet und findet kaum Erwähnung. Das kann man überall beobachten, im Elternhaus, in der Schule, im Beruf und in der Partnerschaft.
Das ist sehr schade, denn mit Lob, Geduld, Anerkennung und Wertschätzung erreichen wir bei unseren Mitmenschen viel mehr als durch Kritik: Freude, Motivation für bessere Leistungen, Ermutigung, Selbstvertrauen und Kreativität. Wir können so Talente und Intelligenz fördern. Der berühmte Psychiater Dr. Viktor Frankl betonte einmal, um das gute Potenzial im Menschen zu wecken, sollten wir ihn nicht nur akzeptieren, wie er ist, sondern in ihm das **Beste** sehen und fördern.

Es wird uns leichter fallen, Toleranz und Mitgefühl zu entwickeln, wenn wir uns alle als Seelen in menschlichen Rollen sehen, auf dem Weg zur Vervollkommnung. Wir sollten uns dabei gegenseitig unterstützen und nicht so sehr die Schwächen betonen.

Alle unguten Emotionen entspringen unserem kleinen Ego, der niederen menschlichen Natur, weil wir unsere wahre Natur vergessen haben und uns mit dem Körper und unserer Rolle total identifizieren. Wären wir uns unserer göttlichen Natur und Kraft bewusst, könnten wir uns gar nicht mehr so ärgern und ängstigen. Es würde uns nichts anhaben.

Regelmäßige spirituelle Praktiken, wie Yoga, Gebet, Meditation oder Andacht sind eine große Hilfe, um den unruhigen Geist zu zügeln. Mit Hilfe von Atemübungen, mit harmonischer Musik, mit Farben und Düften können wir unseren Geist beruhigen, wunderbar entspannen und jeglichen **Stress abbauen.**

Methoden zur Heilung von Gedanken- und Gefühlsmustern

1. Affirmationen, Imagination und mentales Training
Sind uns »ungesunde« Gedanken und Gefühle zur Gewohnheit geworden und wir fühlen uns ihnen hilflos ausgeliefert, so können sie durch Affirmationen, Imagination und mentales Training ausgeglichen und gelöscht werden.
Viele negative Gedankenmuster und Gefühle ruhen im Unterbewusstsein. Wir haben sie oft in der Kindheit erworben. Das sind falsche Selbstbilder und regelrechte Sabotageprogramme, die uns unglücklich, krank und erfolglos machen. Zum Beispiel können Schuldgefühle Selbstbestrafung in Form von Schmerzen oder auch Unfällen nach sich ziehen.
Affirmationen sind positive Gedanken oder Sprüche, die wir bewusst einsetzen, um negative oder unerwünschte Gedankenmuster oder Gefühle zu löschen und sie durch positive zu ersetzen. So kann z. B. Angst durch eine Affirmation, wie »ich bin beschützt und bekomme genug Kraft für alle meine Wege« ausgeglichen werden. Anhand dieses Beispiels kann jeder für sich selbst hilfreiche Affirmationen kreieren.
Aus der Schulung von Top-Managern ist bekannt, dass neue Muster innerhalb von 21 Tagen fest in uns verankert sind, wenn diese Affirmationen mehrmals am Tage gesprochen, gedacht und zumindest einmal geschrieben werden.
Unter Ängsten leidet fast jeder von uns, sie sind mannigfaltig und betreffen alle Lebensbereiche. Angst ist ein Schutzmechanismus, der uns vor Gefahren warnen soll. Es gibt irrationale, unerklärliche Ängste und klare, benennbare Ängste vor bestimmten Situationen oder Personen. In beiden Fällen können Bachblüten hilfreich sein.

Es eröffnet sich aber auch die Möglichkeit zu schöpferischer Imagination. Hierbei entspannen wir uns und begeben uns geistig in eine bestimmte Situation oder Herausforderung, die uns belastet oder ängstigt, z. B. in eine bevorstehende Prüfung, ein Vorstellungsgespräch oder in ein notwendiges, klärendes Gespräch mit einem »schwierigen« Vorgesetzten oder Kollegen.

Übung:

> Wir entspannen und stellen uns vor, wie wir diese Prüfung oder Situation erfolgreich und sicher meistern. Wir spüren dabei die Freude über unser Gelingen. Diese Übung wiederholen wir immer wieder, bis wir uns ganz sicher fühlen. Nun werden wir uns immer besser und angstfreier einer Situation oder Herausforderung stellen können, sei es privat oder beruflich.

Im Kapitel über Heilung kommen wir auf diese Themen noch einmal ausführlich zurück.

2. Die Kunst des Loslassens
Dem Loslassen ist nachfolgend ein eigenes Thema gewidmet unter »Vergangenheit loslassen«.

3. Bach-Blütentherapie
Auf diese Heilmethode werde ich noch näher in den beiden folgenden Kapiteln über harmonische Schwingungen und Heilung eingehen. Hier gebe ich nur einen allgemeinen Überblick.
Eine besondere Möglichkeit zum Aufarbeiten von seelischen Verletzungen und Narben aus der Vergangenheit und hinderliche, krankmachende Gefühls- und Gedankenmuster zu heilen sowie Persönlichkeitspotenziale zu entfalten, ist die von dem Arzt Dr. Edward Bach entwickelte Blüten-Therapie.

Ihre Wirkung beruht auf einer Übertragung von **höheren Schwingungen** auf den feinstofflichen **Astralkörper** durch 38 Blütenessenzen. Durch die entsprechende Blütenessenz wird eine Information übertragen, die eine niedrige Schwingung, z.B. Angst, in eine höhere Schwingung, und zwar in Mut und Zuversicht, umwandelt.

Das heißt, die disharmonische, blockierende Angst-Energie wird aufgelöst und das eigentliche Seelenpotenzial der Persönlichkeit, das hinter der Blockade steckt, wird freigesetzt. Körperliche Störungen, die mit der Angst zusammenhängen, werden gelindert oder verschwinden ganz.

Jede negative Emotion trägt in sich das **Potenzial zur Umwandlung ins Positive**, Hass, Ärger, Zorn in Liebesfähigkeit, Depression und Verzweiflung in Hoffnung und Zuversicht, Schwäche in Kraft usw.
Die Rescue-Notfalltropfen können jederzeit hilfreich eingesetzt werden in allen Situationen, in denen Panik, Schock und Angst herrscht, vor allem vor Prüfungen, bei Unfällen und Verletzungen. Das feinstoffliche Energiesystem von Verletzten und Helfern kann sich besser vom Schock erholen und dies fördert den körperlichen Heilungsprozess.
So kommt unser wahres Seelenpotenzial erst zum Vorschein. Die **feinstoffliche Bachblütentherapie** hilft, die negativen, niederen Energien, die im Astralkörper gespeichert sind, in positive, höhere Schwingungen umzuwandeln.

Auswirkungen von Gedanken und Gefühlen auf die Chakren

Wie bereits erwähnt, befinden sich in unserem Astralkörper auch 7 Energiezentren, die Chakren. Sie haben verschiedene Aufgaben: Sie dienen der Energieversorgung des physischen Körpers und seiner Organe. Mit ihrer Entfaltung hängt auch die spirituelle Entwicklung des Menschen zusammen.

Durch disharmonische Gedanken und Gefühle und Schocks entstehen **Energieblockaden** in den Chakren. In der Folge werden die Organe durch die feinstofflichen Energiebahnen, die Nadis (Meridiane) nicht genügend mit Energie versorgt oder es kommt zu Energiestauungen, und daraus entstehen letztendlich Krankheiten. Mittels der Kirlian-Fotografie an Händen und Füßen lassen sich diese Störungen, oft schon vor dem Ausbruch von Krankheiten, vom Arzt oder Heilpraktiker diagnostizieren. Mit Hilfe von Pendel, Rute oder Biotensor lässt sich der Zustand der Chakren gut diagnostizieren.

Besonders durch die Gefühle des Hasses, der Unversöhnlichkeit und Ablehnung, wird das 4. Chakra, das **Herzzentrum** blockiert. Es ist das Zentrum der **Liebe** und der **Heilung**. Von ihm aus werden die Selbstheilungskräfte und die Heilungstendenz des Körpers aktiviert.
Hass ist der Gegenpol von Liebe, deshalb ist er eine sehr zerstörerische Energie, die nur Negatives hervorruft, anzieht und vermehrt. Hassgefühle und Lieblosigkeiten blockieren das Herzzentrum.
Angst ist ein Energieräuber und aus Angst geschehen die meisten Lieblosigkeiten, die nur Leid verursachen. Lassen wir uns bei unseren Handlungen von Angst oder von Liebe leiten?

Es gibt viele Ängste, die meisten sind Verlustängste, so die Angst vor dem Verlassenwerden, die meist schon früh in der Kindheit gelegt wurde.
Dazu gehört die auch Eifersucht, den geliebten Menschen zu verlieren. Sie macht kleinlich, herrschsüchtig und oft grausam und lässt dem Partner keinen Raum zur Entfaltung. Meist endet Eifersucht traurig oder in Unglück. Wenn der Eifersüchtige uneinsichtig bleibt und kein Vertrauen in den Partner entwickelt, ist die Partnerschaft früher oder später zum Scheitern verurteilt. Er sollte erkennen, dass Liebe nur durch Freiraum gedeihen kann. Keiner ist des anderen Eigentum, man kann Liebe nicht erzwingen, sondern man muss sich Liebe schenken lassen.

Im Berufsleben ist es oft der Konkurrenzkampf, der Menschen lieblos und rücksichtslos werden lässt. Dahinter stecken nicht nur Existenzängste, sondern auch die Angst vor dem Versagen. Und warum? Haben die Eltern immer nur ihre Zuwendung von der Leistung des Kindes abhängig gemacht, so entsteht die Vorstellung, sich Liebe durch Leistung verdienen zu müssen. Und so bringen sich viele unter Druck, Höchstleistungen erbringen zu müssen. Unterbewusst hat sich bei ihnen die Meinung festgesetzt, keine Wertschätzung und Liebe mehr zu bekommen, wenn sie versagen sollten. Angst vor Liebesentzug ist die wahre Wurzel ihrer Handlungen.

In der Erziehung von Kindern und Jugendlichen findet oft unnötige Strenge und Härte statt. Meist verbirgt sich hinter dieser Strenge einfach Angst und Hilflosigkeit.
Dazu eine Begebenheit aus meinem Leben: Als ich ca. 4 Jahre alt war, bekam ich von meiner Großmutter furchtbare Schläge, nachdem ich, als ich alleine war, auf ein hohes Fensterbrett gestiegen war. Ich wollte damals nur in den Hof zu den spielenden Kindern schauen, während ich alleine und eingeschlossen in der Wohnung war.
Ich hatte diese Schläge nie vergessen, und fragte dann nach vielen Jahren – als ich bereits eine junge Frau mit eigener Familie und Beruf war – meine Großmutter, warum sie mich damals so sehr geschlagen habe. Ihre Antwort war: »Ich habe ja so viel Angst um dich gehabt, dass du noch einmal da hinaufsteigst, herunterfällst und dir ernstlich weh tust. Durch die Schläge wollte ich dich davon abhalten, es wieder zu tun. Ich wollte, dass du das nie wieder tust.«
Bei dieser Gelegenheit sah mich meine Oma liebevoll und mit Stolz an und sagte: »Ist schon was Rechtes geworden aus dir. Es war gut, dass ich so streng zu dir war.« Ich erkannte nun in diesem Augenblick, dass sich hinter all ihrer Strenge und Härte eine große Liebe verborgen hatte. Das habe ich bis dahin nicht gewusst, denn als Kind konnte ich das nicht erkennen und habe mich sehr ungeliebt gefühlt.

Viele Menschen bauen einen Schutzwall auf, verschließen ihr Herz, wenn sie zu sehr verletzt wurden, aus Angst vor neuen emotionalen Verletzungen. Sie stoßen dann die Menschen, die ihnen zugetan sind, lieblos zurück, sind unzugänglich und lassen sich nicht helfen.
Sie haben Sehnsucht nach Liebe, aber ihre Angst vor neuen Verletzungen ist größer. Aber das führt sie in noch größere Isolation.
Hier braucht es einen »beherzten« Menschen, der sich von dem abweisenden Verhalten nicht abschrecken lässt, der die **wahre Ursache** hinter der Abwehr erkennt und der einfach **liebevoll** auf den anderen zugeht und ihn **akzeptiert**. So gibt es die Chance, dass allmählich wieder Vertrauen aufgebaut wird, der Mensch sich wieder öffnen kann und seine Seelenwunden heilen.
Wie sollen wir aber alle diese oft unbewussten Ängste heilen? Indem wir erkennen, dass wir heute keine Kinder mehr sind, die von den Eltern abhängig sind. Als Erwachsene können wir uns frei machen von diesen Prägungen und Ängsten.
Die wahre Wurzel der Angst ist, dass wir unsere Beziehung zu Gott vergessen haben und uns getrennt von Seiner Kraft, Hilfe und Führung fühlen. Wir sollten wieder Vertrauen zu Ihm entwickeln und uns bewusst sein, dass wir Kinder Gottes sind!

Aus diesen aufgezählten Beispielen wird uns klar, dass **hinter** all diesen Ängsten und äußeren Fassaden eine verzweifelte Sehnsucht nach Anerkennung, Wertschätzung, Geborgenheit und Liebe steckt. Liebe hat die stärkste Heilkraft. Und wenn wir lernen, **aus dem Herzen heraus** zu agieren, bewirken wir Heilung und können selbst die widrigsten Umstände und Ängste besiegen!
Erst wenn wir lernen, **uns selbst** und die Mitmenschen liebevoll anzunehmen, zu verzeihen und loszulassen, Liebe empfangen und geben zu können, kann sich das Herzzentrum voll entfalten. Erst dann kann Heilung auf jeder Ebene geschehen.

Pflege und Schutz unserer Aura

Die Aura ist unser feinstoffliches Energie- und Kraftfeld, das den Körper wie ein Schutzschild umgibt. Sie hat eine Ausdehnung von etwa 30 bis 50 cm, kann aber je nach spiritueller Entwicklung 1 bis 3 Meter groß und mehr werden. Sie hat eine ovale Form. Bei vollendeten Meistern erstreckt sie sich kreisförmig auf einige Kilometer.
Unsere Mitmenschen reagieren unbewusst auf die Ausstrahlung unserer Aura, wenn wir ihnen begegnen und umgekehrt. Sind wir gesund und harmonisch, hat sie eine starke, angenehme Ausstrahlung und die Menschen fühlen sich wohl in unserer Gegenwart. Das Gegenteil ist bei Disharmonie der Fall.

Dieses Schutzschild sollte jedoch immer gepflegt und gestärkt werden, da es ständig Einflüssen bis hin zu »Angriffen« ausgesetzt ist, und zwar von innen wie auch von außen.
Von **innen** her schädigt der Mensch seine Aura besonders durch Suchtgifte, wie Alkohol und Drogen. So wird die Aura bei jedem Vollrausch, sei es durch Alkohol oder Drogen, für etwa zwei Wochen »löchrig«. Sie verliert ihre Schutzfunktion und ist geöffnet für alle schädlichen Einflüsse jeglicher Art. Auch verdorbene oder ungesunde Nahrung und Missachtung der Energiereserven des Körpers können die Aura schwächen.
Weitere innere Faktoren für die Schwächung der Aura sind Gedanken und Gefühle von Ärger, Hass, Neid, Zorn, Eifersucht, Gier, Schuld und Ängste.

Ein großer Anteil der negativen Einflüsse oder »Angriffe« kommt jedoch von **außen**. Dazu müssen wir uns bewusst machen, dass jedes Lebewesen Schwingungen und Gedanken aussendet. Jeder Gedanke und jedes Gefühl erzeugt Schwingungsmuster, die in die Umwelt abstrahlen. Man spricht ja auch von »dicker Luft«, wenn in einer Gesellschaft heftig gestritten wird. Negative Schwingungen werden in uns negative Potenziale verstärken, so wie wir durch positive Schwingungen unsere positiven Potenziale entfalten. Es lohnt sich also in unserem eigenen Interesse, **guten** Umgang zu pflegen, denn unbewusst nehmen wir die Schwingungen von unserer Umgebung auf, die uns je nach ihrer Beschaffenheit im Guten oder Negativen beeinflussen. Um gut geschützt vor negativen Einflüssen und Schwächung der Gesundheit zu sein, ist also eine starke und intakte Aura sehr wichtig.

Was können wir tun, um unsere Aura zu stärken und zu reinigen?

1. Vorerst ist es wichtig, die **inneren** Faktoren für die Schwächung und Schädigung der Aura möglichst zu meiden und daran mit Hilfe der Methoden der Psychohygiene zu arbeiten.
2. Um negative Einflüsse auf die Aura von **außen** abzuhalten, uns davor zu schützen, die Aura zu reinigen und zu stärken, haben wir mehrere Möglichkeiten:

Bevor wir aus dem Hause gehen, stellen wir uns geistig **in einen Strahlenkranz von Licht**, der unsere Aura umgibt. Unseren Solar Plexus in der Magengegend, das 3. Chakra, schützen wir geistig, indem wir uns in der Vorstellung einen Gürtel aus weißem Licht umlegen.

Es besteht auch die Möglichkeit die Aura zu schützen, indem wir einen **Pomander der Aura-Soma-Öle** verwenden, drei Tropfen in die linke Hand geben, mit der rechten Hand verstreichen und mit beiden Händen rundum vom Kopf bis zu den Füßen in die Aura einfächeln.
Edelsteine und Kristalle können ebenfalls zur Stärkung der Aura eingesetzt werden. So haben der Bergkristall und der Rosenquarz stärkende, reinigende und heilende Eigenschaften. Heilsteine sollten möglichst auf der Haut getragen werden. Ein guter Heil- und Schutzstein ist u. a. der Türkis.

Bitte zu beachten! Diese Steine brauchen auch Pflege. Sie **müssen**, bevor sie zur Anwendung kommen, energetisch gereinigt werden. Die entsprechenden wichtigen Hinweise dafür finden Sie im nächsten Kapitel »Im Einklang leben durch harmonische Schwingungen« unter »Die Welt der Steine, Pflanzen und Bäume«.

Nach einem Arbeitstag oder wenn wir uns unter vielen Menschen aufgehalten haben, fühlen wir uns oft ausgelaugt oder sind in schlechter oder niedergeschlagener Stimmung und wissen eigentlich nicht warum. Das verursachen die diversen disharmonischen Schwingungen, die wir aus unserem Umfeld aufgenommen haben. Sie hängen in unserer Aura und in unserer Kleidung. Deshalb ist es besonders wichtig, am Feierabend nach der Arbeit oder nachdem wir mit vielen Menschen zu tun gehabt haben, zu Hause die Arbeits- oder Straßenkleidung sofort zu wechseln und gegen bequeme Hauskleidung auszutauschen und die Tageskleider zum Lüften aufzuhängen, um sie so von den (Stress)-Schwingungen des Tages zu reinigen.

Hatten wir belastende Situationen, z. B. einen Krankenhausbesuch, so ist es vorteilhaft, direkt nach dem Verlassen des Gebäudes oder der Situation mehrmals tief und kräftig auszuatmen und uns dabei vorzustellen, alle negativen Schwingungen, die wir aufgenommen haben, loszulassen.
Das Duschen hilft, Schwingungen, die wir tagsüber aufgenommen haben, aus der Aura zu reinigen. Waren wir in sehr belasteter Umgebung, wie etwa einem Krankenhaus, so können wir uns zu Hause mit leicht gesalzenem Wasser abwaschen. Natürliches Meeressalz oder Himalaya-Salz befreit die Aura von belastenden Schwingungen, die wir von außen aufgenommen haben.
Es besteht auch die Möglichkeit, dass wir uns imaginär unter eine Lichtdusche oder einen Wasserfall begeben und so in der Vorstellung unsere Aura reinigen. Diese Maßnahme wirkt sehr erquickend auf Körper und Geist und wir fühlen uns wieder wohl.
Wir können auch unsere Aura mit einer Räucherung aus Salbei reinigen. Auch Räume lassen sich auf diese Weise von disharmonischen Schwingungen säubern, z. B. nach einem Streit.

Gute Dienste, um unsere Aura zu stärken und zu pflegen, leistet Energiearbeit, wie etwa Reiki oder Handauflegen. Auch richtiges und bewusstes Atmen stärkt die Aura.
Besonders stärkend und schützend auf die Aura wirkt eine **spirituelle Praxis** in Form von Meditation/Andacht und Gebet. Das kann z. B. eine Bitte um täglichen göttlichen Schutz und um Führung sein. Das ist zugleich Nahrung und Medizin für die Seele.

Ayurveda, das indische, traditionelle Medizinsystem, bezieht bei der Therapie und Behandlung auch die spirituellen Aspekte mit ein. Herr Prof. Dr. Dinesh Sharma riet anlässlich eines Ayurveda-Ausbildungs-Seminars zur Stärkung unserer Aura:
»Auch das Aufsuchen von Pilgerorten und heiligen Stätten ist hilfreich. An diesen Kraftorten befinden sich starke, hohe Schwingungen von Heiligen und es wird dort viel gebetet. Dadurch werden sie stark mit positiver Energie aufgeladen. Davon profitieren sogar negative Menschen. Sehr geschwächte und negativ belastete Auren können an diesen Orten gereinigt und gestärkt werden.«
Ich kann dies nur bestätigen. In den letzten Jahren unternahm ich eine Reise nach Amerika zu den Wirkungsstätten von Meister Paramahansa Yogananda (1893 – 1952) in Kalifornien. Diese werden jetzt von Mönchen der Organisation geleitet und betreut. U. a. besuchte ich mit einer Gruppe den Lake Shrine, ein wunderschönes Grundstück mit einem kleinen See, gelegen am Pazifik in der Nähe der Stadt Pacific Palisades. Meister Yogananda hatte diese paradiesische Anlage errichten lassen, er war oft dort und hat sie 1950 dem Weltfrieden geweiht. Sie ist öffentlich zugänglich.
Es wurde uns Besuchern von einem Mönch folgende berührende Begebenheit erzählt: Einmal besuchte auch eine Gruppe straffällig gewordener Männer diese geweihte Stätte und spazierte rund um den See. Danach richtete sich ein junger Mann aus dieser Gruppe an den anwesenden Mönch, öffnete ihm sein Herz und erzählte ihm sein ganzes Leben, dass er

sehr verbittert und hassvoll gewesen war, dass sich aber in ihm während dieses einstündigen Aufenthalts an diesem stillen Ort eine innere Wandlung vollzogen hätte. Er wäre innerlich immer friedlicher geworden. Er hätte sich zum ersten Mal in seinem Leben wirklich geliebt und angenommen gefühlt, er sei jetzt ganz glücklich, wie verwandelt – er wisse jetzt, dass Gott ihn liebe.

Er hatte nichts von der Besonderheit dieses Platzes gewusst, aber diese wahrgenommen. Die segensreichen, heilsamen und liebevollen Schwingungen von Heiligen bleiben an Orten erhalten, wo sie gelebt haben und wirken weiter auf Körper, Geist und Seele der Menschen.

Ayurveda empfiehlt zur Stärkung unserer Aura aber auch Wohltätigkeit und **Mitgefühl**, auch Tieren gegenüber und eine **positive** Einstellung zum Leben und **Dankbarkeit**. Dadurch entsteht wahre Freude, die unabhängig von materiellen Dingen ist.

Zusammenfassend darf gesagt werden, dass Psychohygiene positiv auf die Ebenen des Geistes, der Gedanken und Gefühle wirkt. Sie hat auch einen heilsamen und stärkenden Einfluss auf die feinstofflichen Bereiche, die Energiezentren und die Aura und somit auf den ganzen Astralkörper. Das findet natürlich seinen positiven Niederschlag auch auf der grobstofflichen Ebene in unserem Leben.
Mit den vielfältigen, aufgezählten Methoden haben wir ein wirkungsvolles Instrument für Gesundheit und Schönheit, unser Glück und Wohlergehen.

Vergessen wir nicht, wir sind in Wahrheit göttliche Wesen, vergleichbar mit einem klaren, reinen Spiegel, der das Göttliche reflektiert. Nur unsere disharmonischen Gedanken und Gefühle verunreinigen und trüben diesen Spiegel. Lassen wir uns nicht begrenzen in unseren Vorstellungen. Wenn wir mit der Psychohygiene unseren »Seelenspiegel« reinigen, kommt unser göttliches Potenzial, unser wahres Wesen, immer mehr zum Vorschein.

Ein Lächeln

Es kostet nichts und bringt sehr viel.
Es bereichert den Empfänger,
ohne den Geber ärmer zu machen.

Es ist kurz wie ein Blitz,
aber die Erinnerung daran ist oft unvergänglich.
Keiner ist so reich,
dass er darauf verzichten könnte.
Und keiner ist so arm,
dass er es sich nicht leisten könnte.

Es bringt Glück, zeigt guten Willen,
man kann es weder kaufen noch erbitten,
noch leihen oder stehlen,
denn es bekommt erst dann Wert,
wenn es verschenkt wird.
Niemand braucht es so bitternötig,
wie derjenige,
der für andere keines mehr übrig hat.

Autor unbekannt

Tagesvorschau und Tagesrückblick

Alles wird in unserem Leben aufgezeichnet. Im Schlaf entleert sich alles, was wir am Tag erlebt haben, in unser Unterbewusstsein.
Wenn wir das Unterbewusstsein nicht reinigen, schleppen wir die ganzen früheren unerfreulichen Eindrücke unseres Lebens mit uns herum, und werden am Ende des Lebens viel Unerledigtes, Belastendes mit uns beim Sterben mitnehmen. Es sammelt sich ja immer mehr an. Und diese Inhalte entscheiden, in welche Astralsphäre wir nach dem Tode eintreten.

Es lohnt sich also, **täglich** vor dem Schlafengehen einen **Tagesrückblick**, eine Gewissenserforschung zu machen und das Unterbewusstsein von schädlichen Eindrücken zu entleeren. Wir gehen den Tag geistig mit all seinen Situationen noch einmal durch, und rufen uns in Erinnerung, was wir zu anderen gesagt und was wir getan haben. Dann überlegen wir, was falsch war, wie hätten wir es besser machen können.
Das bedeutet, dass wir alles Schlechte aussortieren, bereinigen, indem wir uns mit Personen innerlich versöhnen und entschuldigen, geistige Wiedergutmachung leisten, also Psychohygiene machen. Wir plagen uns nicht mit Selbstvorwürfen, sondern nehmen uns an, in der Erkenntnis, dass wir ja aus Fehlern lernen und es in Zukunft besser machen können. Wir **lassen ganz los** und versöhnen uns auch mit uns selbst.

Mit dem täglichen Rückblick vor dem Einschlafen werden wir auf negative Verhaltensmuster aufmerksam, über die wir immer wieder stolpern. Indem wir sie erkennen, können wir sie aufarbeiten und uns von ihnen befreien. Dabei hilft uns, dass wir Unerfreuliches bei der Tagesrückschau sofort **imaginär in Positives umerleben**, wir kreieren damit ein Erfolgserlebnis.
Das bedeutet, dass wir uns geistig in die Situation begeben, die wir tagsüber als belastend empfunden haben. Aber nun durchleben wir in der Vorstellung die Situation **neu**, und zwar mit dem **erwünschten** guten Ergebnis, z. B. ein erfolgreiches harmonisches Gespräch oder die bravouröse Meisterung einer Situation, die uns zuvor Angst gemacht hat. Wir erleben dabei die Freude und den Stolz, und dieses neue Erleben löscht die unerfreuliche Einprägung im Unterbewusstsein.
Es ist so, als würden wir eine Datei im Computer überspielen oder ändern und mit der Änderung die alte Version löschen. Auf diese Weise reinigen wir das Unterbewusstsein, es bleibt nur das Positive gespeichert.
Wenn wir zurückblicken, machen wir uns auch bewusst, was Gutes an dem Tag gewesen war und **bedanken** uns dafür mit einem Gebet.
So wie der Vortag gewesen ist, so wird der nächste Tag beeinflusst. Aber wenn wir den Abend gut mit einem Tagesrückblick und dem geistigen Umerleben abgeschlossen haben, haben wir optimale Voraussetzungen für einen guten, neuen Tag geschaffen.

Am **Morgen** machen wir eine Tagesvorschau, und gehen wir geistig den kommenden Tag mit all seinen Pflichten durch, stellen uns auf die Begegnungen und Situationen des Tages ein.

Wenn wir uns fragen, was wir erreichen möchten, was wir auf jeden Fall vermeiden möchten und wie wir uns in gewissen Situationen optimal verhalten, sind wir geistig gut vorbereitet. Im Geiste können wir auch **erwünschte Situationen vorauserleben** – so wie wir es beim Tagesrückblick gemacht haben. So gehen wir auf positive Weise schöpferisch mit unserer Imaginationskraft um.
Wir beginnen den Tag mit einem Gebet, bitten um göttliche Führung, und lassen uns von Kraft und Harmonie durchströmen.

Neues Denken, schöpferisch sein

Wir haben uns nun mit unseren Gedanken beschäftigt. Gedanken können wir auch an unsere weit entfernten Lieben, an andere Erdteile überall hinsenden. Es ist eine wunderbare Möglichkeit, gute Schwingungen auszusenden, vor allem an alle, die sie brauchen. Gedanken sind keinen Begrenzungen ausgesetzt. Wir müssen mit ihnen sorgfältig umgehen, denn was wir aussenden, kommt nach dem Karmagesetz zu uns zurück.
Wir können auch unsere Gedanken unseren lieben Verstorbenen senden und für sie beten. Sie werden unsere Gedanken empfangen. Auf der Astralebene kommunizieren die Seelen gedanklich miteinander. Hellsichtige Menschen können gewisse Gedankenstrukturen wahrnehmen und erkennen.

Auch das ungeborene Kind registriert sehr wohl Gedanken und Gefühle der Mutter. Daher ist es nicht egal, wenn die zukünftige Mutter ablehnende Gedanken und Gefühle gegen das Ungeborene hegt, womöglich über Abtreibung mit ihrem Partner diskutiert. Das Kind leidet viele Ängste. Diese Ängste können sich nach der Geburt beim kleinen Kinde äußern. Darum ist es wichtig, dass die junge Mutter nicht zu vielen Belastungen aller Art ausgesetzt ist. Somit hat auch der werdende Vater Verantwortung.
Je ruhiger und harmonischer eine Schwangerschaft verläuft, umso besser wird es dem Kinde gehen. Es liegt viel Verantwortung in der Elternschaft. Die Eltern haben es in der Hand, ob es ihrem werdenden Kind gut geht oder nicht.

Wir können auch mit Tieren und Pflanzen gedanklich kommunizieren. Tiere reagieren sofort auf unsere Gedanken und Gefühle. Sie »wissen« schon im Voraus, wann Frauchen und Herrchen planen, aus dem Haus zum Spazieren zu gehen oder zu verreisen. Sie merken ganz genau die Absicht, wenn sich die Besitzer von ihnen trennen wollen. Oft flüchten sie oder sie verkriechen sich schon vorher und sind traurig und ängstlich.
Wir können sie auch auf nonverbale, gedankliche Weise erziehen, da braucht es nicht so viele Worte und Befehle. Bei kleinen Kindern und Tieren kommt es vielmehr auf unseren Tonfall in der Stimme an als auf Worte. Auf das Aussenden von beruhigenden, liebevollen Gedanken und eine beruhigende Stimme reagieren selbst sehr verängstigte, schwierige Tiere und werden wieder zugänglich. Für die Tiere spielt auch die Körpersprache eine viel größere Rolle als für die Menschen, da sie uns meist nicht so bewusst ist wie den Tieren. In diesem Zusammenhang möchte ich an den einfühlsamen »Pferdeflüsterer« erinnern, dessen Leben beschrieben und verfilmt worden ist.
Tiere sehen unsere Aura und erkennen genau, wie sie sich verändert, wenn wir ärgerlich werden oder wenn wir uns freuen. Auch Pflanzen reagieren auf unsere Gedanken. Wenn wir ihnen immer wieder liebe Gedanken geben, werden sie viel besser gedeihen als wenn wir sie kaum beachten.

Wir sind uns meist nicht bewusst, dass wir ständig auf körperlicher **und** astraler Ebene tätig sind. Mit unserem **Astralkörper**, zu dem der Mental- und Emotionalkörper gehören, denken und fühlen wir, von ihm bekommen wir erst die **Fähigkeit zum Handeln**. Zunächst befinden sich unsere Gedanken und Empfindungen auf astraler Ebene.

Alles, was wir schaffen, findet zuerst seinen geistigen Entwurf auf feinstofflicher Gedankenebene, um sich dann im Materiellen zu gestalten. Jeder Gedanke hat die Tendenz zur Manifestation im Materiellen. Gedanken und Emotionen verdichten sich auch im physischen Körper und dieser wird Ausdruck unserer Gedanken und Emotionen, je nach ihrer positiven oder negativen Beschaffenheit und Intensität. Hier liegt bereits die Wurzel zu Gesundheit oder Krankheit, Glück oder Unglück! Positives Denken bringt uns in Einklang mit Gottes Segnungen.

Der Gedanke ist immer der Same des Wortes
und das Wort ist der Same der Tat.

Die meisten Menschen sehen schon im Geiste alle möglichen Katastrophen, Schwierigkeiten und Krankheiten auf sich zukommen, pflegen im Geiste schon ihre Ängste – und wundern sich dann, wenn sie erfolglos und krank werden. Sie missbrauchen ihre Schöpferkräfte. Eigentlich sind sie auf ihre Weise auch erfolgreich, denn jedem geschieht nach seinem Glauben – aber leider in der negativen Art. Alles das, was wir beachten, wird verstärkt.
Wenn wir hin und wieder in eine solche Geisteshaltung verfallen sollten, nehmen wir uns sofort zurück und widerrufen diese negativen Vorstellungsgedanken und -gefühle. Wenn wir es umgekehrt machen und uns imaginär in die **erwünschte Situation** versetzen und diese geistig im Voraus **positiv** erleben, werden wir auch Erfolg haben, aber einen, der uns das Leben erleichtert und glücklich macht.

Wir haben schöpferische Fähigkeiten und sind also für unsere Gesundheit und Lebensumstände selbst verantwortlich. Je nachdem, wie wir unsere Gedanken- und Gefühlswelt gestalten, werden die Umstände unseres Lebens sein, sei es privat und beruflich.

Der Positive sieht in jeder Schwierigkeit eine Möglichkeit.
Der Negative sieht in jeder Möglichkeit eine Schwierigkeit.

Vergangenheit loslassen

Vorhin habe ich eine Möglichkeit aufgezeigt, wie wir Unerfreuliches und Unerwünschtes aus dem Tagesgeschehen loslassen und positiv umerleben können.

Ein nicht zu unterschätzendes Mittel, um Belastendes aus der Vergangenheit zu bewältigen, ist das Loslassen. Dies gilt natürlich auch für schmerzliche Erlebnisse und Enttäuschungen aus früheren Jahren. Wenn diesbezügliche, längst verdrängte Gefühle hochkommen, ist es am besten, diese zuzulassen und nicht dagegen anzukämpfen, sich die Situation noch einmal anzuschauen und dann alles, was geschehen ist, endgültig loszulassen und zu segnen. Dadurch verlieren die damit verbundenen krankmachenden Emotionen ihre Kraft, es findet ein Heilungsprozess statt.
Krisen und Schicksalsschläge sind nicht nur karmischen Ursprungs aus diesem oder einem früheren Leben, sondern auch eine Chance für eine Korrektur in der Lebensführung und zum geistig/seelischen Wachstum.
Oft können wir erst nach Jahren das Gute, den versteckten Segen, hinter all den Schwierigkeiten und Leiden erkennen. Ohne diese Herausforderungen würden wir sonst nie die Kraft entwickeln, über uns selbst hinauszuwachsen. Auf dieses Thema werde ich noch im späteren Kapitel »Im Einklang leben mit der Seele« näher eingehen.

Loslassen ist oft nicht leicht, aber sehr **heilsam** und befreiend. Warum die alten schmerzlichen Erinnerungen immer wieder neu aufleben lassen? Viel besser ist es, den Geist auf Positives auszurichten. **Unsere Gedanken sind unser Schicksal**. Viele Menschen haben ein Talent, durch ihre negative Haltung geradezu alle widrigen Umstände anzuziehen.

Aber wir können schädliche Denkgewohnheiten auflösen, indem wir uns auf das **Aufbauende** ausrichten und dem Negativen dadurch Kraft entziehen.
Natürlich kann es vorkommen, dass wir wieder in alte Gedanken- und Gefühlsmuster zurückfallen. Wir dürfen aber nicht aufgeben und müssen uns diese Muster immer wieder bewusst machen und sie künftig meiden.

Die Vergangenheit können wir nicht mehr ändern, aber unsere Beziehung zur Vergangenheit. Außerdem leben wir jetzt in der Gegenwart und sie sollte für unsere Lebensausrichtung wichtig sein, da wir im **Jetzt** gute Umstände für unser zukünftiges Leben mittels unserer schöpferischen Gedankenkräfte kreieren können. Damit wieder etwas Neues in unser Leben kommen kann, ist es nötig, Altes loszulassen.
Natürlich ist es wichtig, nach Verlusten Trauerarbeit und Tränen zuzulassen. Man sollte nicht nur anderen vergeben, sondern auch sich selbst verzeihen und Groll und Schuldgefühle loslassen. Aber dann sollte man sich entschlossen dem Leben wieder zuversichtlich zuwenden.

Es gibt einfache Methoden, wie man Belastendes, Ängste und Sorgen loslassen kann.
Dazu eine **Loslass-Übung**, die über den Atem geht:

> Mit dem bewussten Einatmen atmen wir Lebensenergie und Freude ein, mit dem Ausatmen lassen wir alles, was uns belastet, los und geben es über die Füße an die Erde zur Transformation ab.

Und wenn des Nachts Gedanken um Probleme kreisen und uns den Schlaf rauben, hilft ein kleines Gebet, wie »Himmlischer Vater, ich lege alles und alle in Deine Hände«. Dann kann man sehr gut loslassen und einschlafen, in dem Vertrauen, dass es für alles eine Lösung und Hilfe gibt. Es ist gut möglich, dass sich die Antwort auf ein Problem beim Erwachen oder später einstellt.

Probleme lösen, Wünsche erfüllen und Zukunft gestalten

Probleme lösen

Probleme im Leben sind Aufgaben des Lebens, die wir zu lösen haben. Wir bekommen nur so viele Probleme, als wir auch die Kraft haben, sie zu lösen. Sie sind auch ein geistiges Training, um tragfähiger zu werden, sodass uns nichts mehr so schnell aus dem Gleichgewicht bringen kann. Denn haben wir ein Problem gelöst, haben wir auch Erfahrungen und Lernschritte gemacht und geistige Kraft sowie neue Erkenntnisse gewonnen.

Es herrscht vielfältig die irrtümliche Meinung, dass Probleme durch gewisse Umstände oder Beziehungen, also stets von außen, entstehen. Aber es kommt immer auf die **eigene Einstellung** an, was wir **für uns** zu einem Problem machen. Was für den einen überhaupt kein Problem darstellt, ist für den anderen geradezu ein unüberwindliches Hindernis. Natürlich hat das mit unserem Denken, unserer Lebenserfahrung und unseren Einstellungen zu gewissen Themen zu tun. Hinter immer wiederkehrenden, gleichen Problemen verbergen sich falsche Verhaltens- und Denkmuster. Das Heilen derselben wird im Kapitel »Heilung im Einklang mit allen Ebenen« u. a. das Thema sein.

Viele Menschen reden stets von ihren Problemen. Damit verstärken sie aber nur ihre Schwierigkeiten, das gleiche gilt für Krankheitsprobleme. Alles, worauf wir unser Denken, Reden und unsere Aufmerksamkeit richten, wird verstärkt!
Erst wenn wir ein Problem und dessen **Ursache** erkennen, haben wir die Möglichkeit, es zu lösen. Hierbei ist hilfreich, wenn wir unsere Einstellungen dazu hinterfragen und mögliche Ursachen überdenken, wie und durch was wir selbst dazu beigetragen haben. Wo habe ich die geistigen Prinzipien verletzt oder gegen die geistigen Gesetze verstoßen?
Wenn es uns einfach über den Verstand nicht gelingt, eine Ursache eines Problems zu entdecken und seine Lösung dazu, unsere Gedanken sich im Kreis drehen, können wir folgende Lösungstechnik anwenden:

Paketübung nach E. F. Freitag

Wir stellen uns vor, unser Problem sei ein Ding. Wir nehmen es in der Vorstellung in einen Karton, packen das Problem hinein und verschließen den Karton ganz fest. Wir tragen das Paket in den Keller. Es ist ein sauberer, trockener Raum, in dem ein Regal steht. Wir legen das Paket dort ab und schließen nach Verlassen des Raumes die Tür fest hinter uns zu.

Und nun denken wir nicht mehr an das Problem. Das ist sehr wichtig. Wir ziehen unsere Gedanken vollkommen von unserem Problem ab.

Nach einiger Zeit wird aus dem Keller – der natürlich unser Unterbewusstsein ist – **intuitiv** eine Antwort auf die Frage nach den **Ursachen** des Problems aufsteigen und die Lösung wird klar ersichtlich.

Diese Übung ist sehr effektiv, wenn wir es schaffen, das Problem wirklich in Ruhe zu lassen.

Zur Lösung von Problemen ist es wichtig, dass wir einen inneren Abstand gewinnen und diese loslassen. Ansonsten verstricken wir uns immer mehr gedanklich darin und geben ihnen Kraft. Nur in der Ruhe und Entspannung steigen durch die Intuition Ideen hoch. Das kann u. a. durch das Aufsuchen eines schönen, stillen Platzes in der Natur geschehen.

Übung:

Wenn wir emotional aufgewühlt sind, ist es gut, ein wenig innezuhalten und uns auf das Herz zu konzentrieren und mehrmals tief durchzuatmen. Das wird uns beruhigen. Nun verlagern wir unser Bewusstsein auf das Dritte Auge, den Punkt zwischen den Augenbrauen. Das ist das Zentrum der intuitiven Erkenntnis. Wir lassen die problematische Situation vor unserem inneren Auge ablaufen. Wir spüren hinein und lassen uns Zeit. Es wird uns auf diese Weise leichter fallen, intuitiv gewisse Zusammenhänge und den Sinn von Problemen zu erfassen.

Und nun verlagern wir unser Bewusstsein auf das Kronenchakra, die Scheitelgegend und darüber hinaus, ca. 20 cm über den Kopf. Wir betrachten die Problem-Situation aus dieser Perspektive aus höherer geistiger Warte, unserem Hohem Selbst. Es wird uns auf diese Weise gelingen, die besten und weisesten Lösungen zu finden und Entscheidungen für unsere Handlungen zu treffen.

Wenn wir nun die Ursache und Lösung eines Problems erkannt haben, können wir in **4 Schritten** an diese herangehen. Wir setzen dazu praktische, mentale und spirituelle Methoden ein:
1. Durch den eigenen **Entschluss**, es zu lösen und die Muster und das Verhalten, die zum Problem geführt haben, zu ändern. Mit dem Willen bekommen wir auch die Kraft dazu.

2. **Konkretisieren**. Dazu klären wir für uns, was es uns so schwer macht, an die Lösung heranzugehen. Ist es Angst? Welche Hilfe muss ich dabei in Anspruch nehmen?

3. **Klären**, welche Schritte als nächstes zu tun sind und Teilziele setzen.

4. **Handeln**, den Willen einsetzen. Hier sollten wir uns von keinem »wenn« und »aber« einschränken oder behindern lassen. Zweifel schwächen nur unsere Entschlusskraft.

a) Wenn wir nun zur Tat schreiten und an die Lösung eines Problems herangehen, ist es wichtig, dass wir immer wieder unsere **Intuition** befragen »Ist das stimmig für mich?« Allerdings sollten wir auch auf unser Herz hören und darauf achten, dass wir bei der Problemlösung auch das Wohl anderer im Auge behalten.
Dabei wird uns das Gebet um **göttliche Führung** und innere Ruhe helfen. Wir können zusätzlich die Hilfe der Gottesboten erbitten.

b) Wir arbeiten mit unseren Geisteskräften und gehen imaginär immer wieder in die **erwünschte** Situation und erleben das angestrebte Ziel geistig im Voraus. Wir versetzen uns dabei für einige Minuten in das freudige Gefühl, das wir haben, wenn unser Ziel erreicht ist und wir es geschafft haben. Das kann z. B. eine bestandene Prüfung sein.

c) Wenn wir eine intuitive Antwort zur Lösung eines Problems haben, unternehmen wir auf der äußeren Ebene alles was zur Lösung beiträgt. Gedanklich lassen wir das Problem wirklich **los**, in dem Vertrauen, dass sich alles zu unserem Besten fügen wird. Wenn Problemgedanken und Zweifel aufsteigen, brechen wir diese sofort ab. Wir halten uns geistig das **erstrebte positive Bild** vor Augen.

Wünsche erfüllen und Zukunft gestalten

Denk daran, dass etwas, was Du nicht bekommst,
manchmal eine wunderbare Fügung des Schicksals sein kann.
Dalai Lama

Es ist wichtig, alle unsere Wünsche zu prüfen. Oft bildet sich nur unser blindes Ego ein, etwas unbedingt haben zu müssen. Meist wird die Begehrlichkeit schon geweckt, wenn uns etwas gefällt. Mit den materiellen Wünschen hat es eine Eigenart. Je mehr wir sie uns erfüllen, um so mehr vermehren sie sich. Das hat mit unserem Ego zu tun.

Erst wenn wir uns immer mehr in Einklang mit Gott bringen, nach Seinem Willen leben durch die Hilfe der inneren Stimme, der Intuition, wissen wir, dass uns alles, was für uns nach göttlichem Plan bestimmt ist, zukommt. Wir können es deshalb auch nicht verlieren.
Wir brauchen nur die Fülle, die stets um uns ist, zulassen und für uns bejahen. Es gilt somit Mangelgedanken aufzulösen und ein Bewusstsein der Fülle aufzubauen, sie einfach zuzulassen. Das hängt auch mit unserem Selbstwertgefühl zusammen. Wenn wir uns annehmen und uns für alles Gute wert fühlen, kann das Gute auch zu uns kommen.

Wir können unsere Wünsche hinterfragen:

a) Ist es wirklich nötig, brauche ich es oder kann ich darauf verzichten? Die innere Stimme, die Intuition wird uns den Weg weisen.

b) Ist es stimmig für mich? Wir können das prüfen:
Dazu versetzen wir uns imaginär in die Wunscherfüllung und klären, ob wir das wirklich wollen oder brauchen, ob es vielleicht sogar eine Belastung wäre, wenn wir das Gewünschte hätten oder ob es uns Freude und Erfüllung bringen würde. Vielleicht ist der Wunsch schon gelöscht, allein dadurch, dass wir die geistige Wunscherfüllung innerlich gesehen haben. Bestimmte erfüllte Wünsche können sich als Belastungen und hinderlich erweisen, z. B. ein Traumhaus oder Traumauto usw.

c) Schade ich jemandem mit diesem Wunsch?
Vom Gesetz von Ursache und Wirkung aus sollten wir bedenken, dass mit unserer Wunscherfüllung kein anderer zu Schaden kommen darf.

Um uns Klarheit über **unser Lebensziel und unsere Berufung** zu verschaffen, kann es ganz nützlich sein, wenn wir uns dafür Zeit nehmen und folgende Fragen aufschreiben:

a) Was ist mein **größter Wunsch** und warum?
b) Was erwarte ich vom Leben und warum?
c) Was muss ich noch zur Verwirklichung tun, was fehlt mir noch dazu?
d) Wichtig ist noch zu klären, was steht mir wirklich im Wege, es umzusetzen?
Sind es Ängste? Welche? Was sind meine Stärken, meine Schwächen?

Hinsichtlich unserer **Zukunftsgestaltung** fragen wir uns, was ist mein nächstes Ziel in persönlicher, beruflicher, familiärer und geistiger Hinsicht? Was will ich erreichen in 5, 10 oder 20 Jahren? Diese Fragen können sich nun auf Eigenschaften, Verhalten, Gesundheit und Vermögen richten.
All diese Fragen schreiben wir uns auf und beantworten sie. Aus den Antworten werden wir die nötigen Konsequenzen erarbeiten. Dann erstellen wir uns einen Plan, was wir am schnellsten umsetzen können. Wir setzen Prioritäten und erstellen einen Zeitplan.

Erst wenn wir uns **klar** werden, was wir eigentlich wollen, können wir auch zielgerichtet unseren Willen einsetzen. Auch hier gilt wieder, dass wir keine Zweifel durch »wenn« und »aber« aufkommen lassen. Wir sollten vor wichtigen Vorhaben und größeren Plänen andere Menschen nicht davon unterrichten, damit keine schwächenden Energien von Zweiflern das zukünftige Projekt und unser Vorhaben stören können. Das kann eine berufliche Sache sein oder unser Vorsatz, von einer schädlichen Gewohnheit abzulassen, die uns am Lebensziel hindert, usw.

a) Wir arbeiten mit unseren Geisteskräften und versetzen uns imaginär immer wieder in die **erwünschte Situation** und erleben diese geistig vor dem Dritten Auge im Voraus.
b) Natürlich ist es auch hier so wie bei der Problemlösung. Wir richten uns an die göttliche Kraft und Macht und bitten um Führung und Kraft, dass wir alles in richtiger Weise umsetzen können.
c) Dabei wird uns die **Intuition** eine sehr wichtige Hilfe sein. Sie ist die Sprache der Seele. Diese kennt unseren Lebensplan. Dazu gehen wir in die Stille.

Wie kommen wir nun zur Erfüllung eines aufrichtigen **Herzenswunsches**? Während wir die Erfüllung des Wunsches erbitten, legen wir eine Hand zum Herzen, wir stellen damit zu Gott in unserem Herzen eine Verbindung her. Wir nehmen den Wunsch, z. B. eine strahlende Gesundheit, in unser Herz und stellen uns diesen in der Vorstellung bildhaft und lebendig vor, und zwar vor dem **Dritten Auge**. Dann senden wir den Wunsch ganz bewusst ins Universum aus. Wir halten inne und stellen uns auf die intuitive Antwort ein. Sie äußert sich verschiedenartig, als innere Stimme, klarer Gedanke oder inneres Bild. Dann bedanken wir uns für alles Gute.

Wir müssen lernen, demütig zu sein. Wir kennen den göttlichen Plan für uns nicht. Vielleicht hält Gott noch viel Besseres für uns bereit, als das, was wir uns wünschen oder vorstellen. Wenn wir Gott Seinen gebührenden Platz in unserem Leben einräumen, wird uns alles was wir brauchen, zufallen. Darauf können wir vertrauen.
Wenn wir Wünsche für andere haben, z. B. für Heilung, Erfolg oder Problembewältigung in einer bestimmten Angelegenheit, können wir dies in der Form tun, dass wir im Gebet um Erkenntnis und Einsicht des Betreffenden bitten, damit er sich selbst helfen kann, und dass sich das Beste gemäß seinem Lebensplan erfüllen möge. Damit entsprechen wir dem Gebot, in den Willen eines anderen nicht einzugreifen, seinen Willen zu akzeptieren, denn wir wissen ja nicht, was für ihn am besten ist.
Wenn wir uns von anderen Menschen Trost und Zuwendung wünschen, müssen wir bereit sein, auch selbst anderen Trost und Zuwendung zu geben, so wie es der Hl. Franziskus in seinem Gebet formulierte:

O göttlicher Meister, gib, dass ich nicht so sehr suche,
getröstet zu werden, sondern selber zu trösten,
verstanden zu werden, sondern selber zu verstehen,
geliebt zu werden, sondern selber zu lieben.

Denn wenn wir geben, empfangen wir,
wenn wir verzeihen, wird uns verziehen werden,
und wenn wir unserem niederen Selbst ersterben,
werden wir geboren zu ewigem Leben.

Franz von Assisi

Wir sollten uns auch fragen, »was könnten sich die anderen von mir wünschen und was wünscht sich Gott von mir?«

Entwicklung der Intuition

Neues Denken fängt da an, wo wir die Grenzen unseres Verstandes aufheben und die Weisheit unserer Seele zu Wort kommen lassen.

Die Intuition ist das klare Wissen, eine Eingebung, die man mit dem Verstand nicht begründen kann. Intuition ist das Wissen der Seele. Der intuitive Mensch hat eine ganzheitliche Wahrnehmung, ist schöpferisch. Die intuitive Wahrnehmung ist immer richtig. Der erste Gedanke, der uns in den Sinn kommt, ist meist richtig. Nur der Verstand bringt wieder Zweifel.

Wie entsteht die Intuition? Dazu müssen wir die Funktionen unseres Gehirns betrachten. Das Gehirn ist das materielle Instrument unserer Seele bzw. für alle anderen feinstofflichen Körper (Astralkörper, Kausalkörper). Unsere Seele regiert über das Nervenzentrum im Gehirn, von dem alle nervlichen Impulse in den ganzen Körper ausgehen. Unser Gehirn ist wie eine Sendestation, von der alle Gedanken und Impulse ausgesendet, wie auch von außen aufgefangen werden können.

Die elektrischen Gehirnströme sind in 4 Frequenzbereiche eingeteilt, sie werden nach den griechischen Buchstaben Beta, Alpha, Theta und Delta benannt. Die Einheit Hertz (Hz) bezeichnet die Frequenz, das ist die Anzahl der Schwingungen pro Sekunde.

Die Beta-Wellen entstehen in der linken Gehirnhälfte und sind dem **analytischem Denken**, der Logik, der Zahlen, der Sprache und dem Ego-Bewusstsein zugeordnet. Der Verstandesmensch prüft alles im Außen auf wissenschaftliche Weise. Dabei ist er aber auf die Sinneswahrnehmung angewiesen, welche Täuschungen unterliegen kann.
Im normalen **Tagesbewusstsein** erzeugen wir **Beta-Wellen** von ca. 14 Hz, die bei Anspannung, Stress und Angst sogar bis zu 30 Hz ansteigen können. Je größer Aufregung, Ärger und negativer Stress sind, desto mehr Schwingungen produziert das Gehirn. Dann können wir uns nicht mehr konzentrieren, nicht mehr besonnen reagieren, es kommt zu »Ausrastern«.

Im entspannten Zustand erzeugt unser Gehirn Alpha-Wellen von ca. 13–8 Hz. Die **Alpha-Wellen** entstehen in der rechten Gehirnhälfte und sind dem **intuitiven**, ganzheitlichen Erfassen zugeordnet. Je besser wir entspannen, umso ruhiger wird unser Nervensystem und umso besser ist unsere Intuition.

Im **Tiefenentspannungszustand** erzeugt unser Gehirn **Thetawellen** von ca. 7–4 Hz. Auch in der **Meditation** und im **Tiefschlaf** erreichen wir diesen Zustand.
Deltawellen von ca. 3–0,5 Hz entsprechen den erweiterten Bewusstseinszuständen von vollkommenen Meistern während tiefster Meditation.

Was sind die Voraussetzungen für die Entfaltung einer guten Intuition?
Aus der vorgenannten Aufstellung können wir entnehmen, dass wir uns nur in **entspanntem Alpha-Zustand konzentrieren** und intuitiv sein können. Wir merken ja selbst, dass wir, wenn wir in Stress geraten, keinen klaren Gedanken mehr fassen können. Angst hat die gleiche Auswirkung, etwa beim Lernen. Selbst das bereits Erlernte fällt einem nicht mehr ein. Davor fürchtet sich jeder in einer Prüfungs-Situation.

Wie kommen wir zu einer guten Entspannung?
Zum Entspannen ist **Harmonie** in jeder Form hilfreich, z.B. das Lauschen schöner Musik, ein wohltuendes Entspannungs-Bad mit Lavendel oder Melisse, das Streicheln einer Katze, ein Blick auf eine grüne Wiese oder auf Wald, um nur ein paar Möglichkeiten aufzuzeigen.

Für die schnelle Entspannung zwischendurch im Alltag, wenn wir keine Muße haben, eignet sich folgende kurze **Entspannungsübung**:

> Wir stellen uns aufrecht hin oder besser noch, wir legen uns hin. Nun spannen wir den ganzen Körper an, ballen die Fäuste und lassen dann los. Zugleich atmen wir mit einem kräftigen Atemzug alle Spannung aus, mit der Vorstellung, dass alle Spannung aus dem Körper entweicht. Das können wir mehrere Male wiederholen.

Nur in der **Stille** kommen wir von der Ebene des Verstandes/Intellekts weg, werden gedanklich und emotional wieder ruhig, und können dann die Intuition – unsere innere Stimme bzw. den inneren Ratgeber – wieder vernehmen. Das äußert sich in einer plötzlichen inneren Klarheit über die Lösung eines Problems, in Ideen und »Einfällen«.

Schaffen wir uns nach Möglichkeit täglich den Freiraum, einige Zeit in völliger Stille in einem möglichst ungestörten Raum zu verbringen. Gönnen wir uns Momente der Ruhe und Besinnung und sei es nur für wenige Minuten. Gehen wir in den Alpha-Zustand.
Nun versuchen wir, alle Geräuschquellen möglichst auszuschalten bzw. zu verringern. Auftauchende Gedanken lassen wir zu, wir schenken ihnen aber keine weitere Beachtung, und lassen alle Alltagsprobleme los.
Auch ein Aufenthalt in der unberührten Natur an einem stillen Plätzchen, etwa an einem See, im Wald, in den Bergen, am Meer, lässt uns leichter innerlich zur Ruhe – wieder in unsere Mitte – kommen, weil es dort weniger störende Einflüsse von außen gibt.
In dieser Zeit der Stille um uns entsteht nach und nach wieder **die Stille** in uns. Wir gehen dann von der Ebene des Verstandes/Intellekts weg, was in uns wiederum die Intuition – unsere innere Stimme bzw. den inneren Ratgeber – weckt.

In der Tiefenentspannung oder während der **Meditation** erreichen wir noch entspanntere Zustände, wir erzeugen Thetawellen. Diese Thetawellen erzeugen wir auch im Schlaf. Wenn wir also eine Tiefenentspannung machen, haben wir das gleiche Resultat von Erholung wie nach einem mehrstündigen Schlaf.
Die praktische Übung zur **Tiefenentspannung** finden Sie in diesem Kapitel.
Wenn Ihnen die Meditation nicht liegen sollte, eröffnet sich für Sie die Möglichkeit zur Tiefenentspannung. Danach werden Sie geistig ganz klar und intuitiv sein.

Wie Sie die Kunst des Meditierens erlernen können, finden Sie im späteren Kapitel »Im Einklang leben mit der Seele« beschrieben.

Eine weitere Voraussetzung für eine gute Intuition ist, dass wir geerdet, zentriert und zugleich auf das Göttliche eingestellt sind.

Übung:

Wir stellen uns aufrecht hin. Und nun verankern wir uns tief in der Erde, dazu lassen wir uns in der Vorstellung an den Füßen Wurzeln wachsen und verlängern diese bis in den Erdmittelpunkt. Wir nehmen bewusst die Energie von Mutter Erde über das Wurzelchakra auf und lassen die Energie über das Kronenchakra hinaus in den Kosmos fließen.

Nun öffnen wir über unsere Vorstellung das Kronenchakra – das Zentrum unserer Wahrnehmung – und lassen die göttliche Kraft einströmen und über die Wirbelsäule hinunter in die Erde fließen. Wir sollten dabei ganz in den Vorgang hineingehen und die Verbindung beider Kräfte spüren, die sich in uns verbinden zu **einer** Kraft. Wir erkennen: ICH BIN die Eine Kraft.

Wir werden uns danach ganz entspannt und ausgeglichen fühlen.

Und nun können wir unsere Aufmerksamkeit auf eine Frage, ein Problem, eine Situation lenken, für das wir eine Antwort bzw. Lösung suchen. Das kann sich auf Gesundheit, Partnerschaft, Beruf oder eine Lebensfrage u. a. beziehen.
Wir lauschen nach innen. Die Antwort kann sogleich erfolgen in einer klaren, inneren Gewissheit oder in Gedanken, oder sich in den nächsten Tagen kundtun – vielleicht auch über Menschen oder über Bücher, die uns in die Hände gespielt werden oder sonderbare »Zufälle.«

Praktische Anwendung für die Intuition:
In allen Lebenslagen, für sich selbst und andere, sei es, ob es u. a. um Problemlösung, Wünsche im Alltag, um die richtige Ernährung für unseren Körper oder um Lebensfragen und -ziele geht.
Die Botschaften der Intuition kommen aus der rechten, imaginären Gehirnhälfte. Die Zeichen und Antworten der Intuition sind bildhaft, in Träumen, Symbolen. Die Intuition teilt sich auch über Gefühle mit. Wir spüren einfach, dass etwas stimmt oder nicht, oder wir hören innerlich eine klare Stimme, wenn wir nach innen lauschen.
Wir bekommen mittels der Intuition ständig Impulse, aber oft überhören wir sie oder tun sie verstandesmäßig als Unsinn ab. Erst später erkennen wir, dass wir besser auf den ersten Impuls gehört hätten und denken: »Hätte ich mich doch anders verhalten!«
Wenn wir ständig die täglichen Denkanstöße und die Lektionen des Lebens missachten, und nicht auf unsere Intuition achten, sondern nur auf die Argumente des Verstandes hören, bekommen wir in Form der Organsprache oder der Sprache des Lebens immer härtere Mahnungen in Form von Krankheiten und mannigfaltigen Schwierigkeiten. Auf diese werde ich im Kapitel über Heilung näher eingehen.
Unsere Intuition schwindet, je weniger wir sie beachten. Dann machen wir viele Fehler und treffen ständig Fehlentscheidungen. Der Verstand kann zwar praktische Dinge lösen und von ihm können wir erlerntes Wissen abrufen, aber in Lebensfragen, aber auch in Fragen was für den Körper gut ist, ist die Intuition die richtige Instanz. Das trifft im Besonderen auf die Ernährung zu.

Intuition ist eine in uns angelegte Fähigkeit, jeder hat sie, wir müssen sie nur im Alltag trainieren. Dazu gibt es mehrere Möglichkeiten.
Voraussetzungen für die Verbesserung der eigenen Intuition sind:
- der entsprechende eigene Wunsch,
- praktische Maßnahmen, um eine deutlichere und genauere Intuition zu erreichen.

Der **ernsthafte Wunsch**, die Intuition zu verbessern, zeigt sich vor allem darin, dass wir uns so häufig wie möglich folgende Fragen stellen: »Welches Verhalten ist richtig? Was sollte ich jetzt unternehmen? Was ist wahr?«

Bereits in der ersten Morgenstunde haben wir entscheidenden Einfluss auf die Intuition, wenn wir mit dem Vorsatz den Tag beginnen, uns intuitiv führen zu lassen. Klarheit und Präzision der Intuition, welche wir untertags empfangen, hängen zu 95% von diesem Vorsatz ab. Immer entscheidet unser Vorsatz: »Ich möchte so häufig wie möglich das tun, was wirklich richtig ist« und »Ich möchte nur das essen, was mein Körper braucht.«

Hilfreich für das gute Empfangen der intuitiven Eingebungen ist es, die Tätigkeiten des Tages mit Konzentration zu verrichten, Sorgengedanken zurückzustellen und sich positiv zu programmieren (einzustellen). Eine weitere praktische Maßnahme ist es, auf »Empfang« zu gehen, indem wir uns darauf programmieren, eine intuitive Eingebung oder Antwort zu einer bestimmten Zeit zu erhalten, das kann am Morgen oder vor dem Einschlafen sein.
Die abendliche Rückschau und die Tagesvorschau wird es uns sehr erleichtern, den Morgen intuitiv richtig anzugehen. Wer der Intuition vertraut, ist demütig und bereit, sich einem höheren Willen unterzuordnen und die eigenen Wünsche und Vorlieben zu kontrollieren. Vor einer Entscheidung demütig zu fragen, welches Verhalten wirklich richtig ist, öffnet das Tor, um in der Wahrheit zu leben. Es ist eine hohe Erscheinungsform der Liebe eines Menschen zu Gott, seinem Schöpfer.

Hindernisse zur Intuition:
Die Intuition kann während des ganzen Tages als beste Hilfe zur Entscheidungsform herangezogen werden. Und doch verliert man immer wieder die Verbindung zur Wahrheit, entweder dadurch, dass man die Intuition nicht beachtet und den Verstand dazwischenfunken lässt, oder weil die Intuition selbst nicht präzise genug ist und man sie nicht deutlich empfängt. Dafür gibt es verschiedene Gründe:

Wir sind unkonzentriert, wir richten unser Bewusstsein nicht darauf.
Wir vertrauen nicht der Intuition und hören mehr auf den Verstand.
Wir versuchen, die Intuition zur falschen Zeit zu erhalten.
Wir befinden uns an einem falschen, unpassenden Ort.
Die Intuition ist aufgrund persönlicher Schwächen abgeschwächt.
Wir machen gravierende Fehler im gesundheitlichen Bereich.
Wir behindern durch eine ungeeignete Tätigkeit, durch falsche Freizeittätigkeiten erheblich die eigene seelische Entwicklung, vielleicht sogar auch diejenige anderer Menschen.
Wir bemühen uns insgesamt zuwenig darum, überhaupt auf die Intuition zu achten.
Wir erkennen die Botschaft nicht. Sie kann eingebunden sein in Träume, Symbole oder Gefühle, deren Bedeutung uns nicht klar ist.
Wir kommen nicht zur Ruhe, sind ständig mit Äußerem beschäftigt und nicht »empfangsbereit.«

Ein Feind der Intuition ist der Alkohol. Unter seinem Einfluss können wir die intuitiven Warnungen der Seele nicht mehr wahrnehmen. So geraten wir in den Sog von Handlungen, die uns immer mehr schaden. Wir verlieren das Gefühl für das, was für uns gut ist, und treffen die falschen Entscheidungen.

Die Intuition ist der wirksamste Schutz vor falschen Entscheidungen. Es lohnt sich also, sie zu trainieren.

Wie kann sich Intuition zeigen:

- Über Gefühle und Gedanken, die vor, während oder nach einer Entscheidung auftreten. An ihrer Art können wir erkennen, ob die Entscheidung richtig war oder nicht. Die richtige Entscheidung gibt sich als bestätigendes, angenehmes Gefühl der Freude kund. Negative Eindrücke, Gefühle der Angst oder »Gewissensbisse« zeigen uns, dass wir uns nicht richtig entschieden haben.

- Durch Denkanstöße während des Tages. Diese können sich zeigen durch einen klaren Impuls, etwas zu erledigen, z. B. einen bestimmten Anruf, einen Besuch usw.
- Über Gefühle und Gedanken, die uns bestimmte Einsichten offenbaren, beispielsweise Antworten auf Fragen betreffend persönlicher Schwierigkeiten. Oder wir fühlen, wenn jemand lügt, etwas nicht stimmig ist.
- Durch Gedankenübertragung – Telepathie. Wir wissen, wer am Telefon ist oder wir rufen im gleichen Moment an, in dem jemand an uns denkt. Partner sprechen die Gedanken des anderen aus.
- Über Hellsichtigkeit, Wahrnehmen der Aura, Erfassen des Charakters eines Menschen.
- Über Hellhören, die innere Stimme, das Gewissen.
- Über Präkognition – durch Vorausahnungen, Voraussicht.
- Über Psychometrie – durch Befühlen eines Gegenstandes seine Schwingungen spüren.
- Über Fernwahrnehmung – Mütter wissen, wann sie das Kind braucht, was mit ihm passiert.
- Über Rückschau, in die Vergangenheit sehen. Das geschieht in der Reinkarnations-Therapie, wenn ein früheres Leben angeschaut wird, um karmische Krankheitsursachen aufzulösen oder um Hintergründe unerklärlicher Beziehungsprobleme zu klären und aufzulösen.

Bei der Heilarbeit ist es wichtig, den Menschen grob- und feinstofflich zu erfassen. Das können wir am besten, wenn wir »mit dem Herzen« sehen, vorurteilslos, ohne Wertung. Mein Lehrer Dr. Danninger sagte immer »lasst euch reinfallen«, um besser wahrnehmen zu können. Jeder hat seine eigene Art der Wahrnehmung. Der eine »sieht«, der andere bekommt Gedanken, Informationen oder Gefühle, einer spürt wiederum mit den Händen die Aura und die Ausstrahlung.

Wir können unsere Intuition auch üben, ob wir beim Läuten des Telefons merken, wer es ist oder wir lassen unsere Intuition für uns arbeiten, indem wir einen zu erlernenden Stoff, ein Buch unter das Kopfkissen legen und eine Lösung für eine Aufgabe erbitten. Wir lassen es uns »vom Herrn im Schlaf geben«.

Wir können auch bitten, dass wir zu einer gewissen Stunde aufgeweckt werden. Oder wir versuchen, Gedankenübertragung mit einem Partner zu üben. Es gibt viele Möglichkeiten. Wir werden zunehmend sicherer und merken, auf welche Art unsere Intuition sich zeigt. Jeder hat verschiedene Begabungen, der eine ist mehr visuell, der andere auditiv, der andere »spürt«. Eine Möglichkeit wäre, mittels Farbkarten oder einfärbigen Tüchern die Farben zu erspüren. Farben können sich belebend, beruhigend, kühl oder warm anfühlen.

Wissen, Ratio und Intuition verbinden, ganzheitlich lernen

Wenn wir uns bei unseren Entscheidungen und Handlungen ausschließlich vom Verstand leiten lassen, werden sie oft mit wenig Weitblick ausfallen. Wir werden Wesentliches dabei übersehen. Der Verstand, das rationelle Denken läuft über die linke Hirnhälfte. Dabei zählen nur die durch die Sinne klar erkennbaren Fakten.
Der Verstand ist uns ein treuer Diener bei allen praktischen Aufgaben im Alltag, wie z. B. beim Einkauf und beim Berechnen und Kalkulieren von Tabellen, beim Entwerfen von Möbeln, im Haushalt und bei der Arbeit im Beruf. Man sagt ja auch »Er/sie die hat einen Hausverstand«. Der Verstand, die Ratio arbeitet auf der materiellen Ebene.

Wir lernen über unsere Sinne, aus den Erfahrungen unseres Lebens. Aber Erkenntnisse, die nur über die Beobachtung der Sinne laufen, führen zwangsläufig zu Irrtümern, denn die Sinne lassen nur einen beschränkten Einblick zu, sie können uns täuschen. Viele Tiere sind uns weit überlegen in der Sinneswahrnehmung.

Denken wir an Hunde, ihre Nasen übertreffen bei weitem unsere Fähigkeit des Riechens oder an die Fledermaus – sie arbeitet sogar mit Radar – um in der Nacht Insekten und Schmetterlinge aufzuspüren – oder an Raubvögel, die ein kleines Beutetier aus der Höhe ganz genau ausnehmen können. Ebenso ist unser Farb- und Tonspektrum sehr beschränkt – wir nehmen z. B. UV-Licht oder Töne über gewisse Frequenzen nicht mehr wahr.

Aber zum Erfassen von Immateriellem und zur Gewinnung von tieferen Erkenntnissen oder zur Sinnfindung des Lebens lässt uns der reine Verstand kläglich im Stich. Wir brauchen dazu die Intuition. Die rechte Gehirnhälfte ist der Sitz der Imagination und der Intuition. Jeder von uns hatte schon einmal ganz klare Eingebungen, er »wusste« einfach, ohne dass der Verstand eine Erklärung dafür liefern konnte. Das ist unsere Intuition.

Beim Lernen tun wir uns wesentlich leichter, wenn wir beide **Gehirnhälften miteinander verbinden.**
Das können wir tun, indem wir in **Kombination mit Musik und Entspannung** lernen. Das Erfassen von Lerninhalten liegt auf der Verstandesebene, der linken Seite des Gehirns, Musik und die damit verbundene Entspannung aktiviert die rechte Gehirnhälfte. So lernen und erfassen wir ganzheitlich. Kinder tun das oft ganz instinktiv und lassen oft zum Lernen und bei den Hausaufgaben Musik spielen. Diese sollte natürlich harmonisch und fröhlich sein.

Superlearning arbeitet mit dieser Methode. Es wurde von Prof. Lozanov entwickelt und beruht auf Entspannungstechniken, verbunden mit entspannender, meditativer Musik. Dadurch kann effektiv in viel kürzerer Zeit mehr erlernt werden als mit den üblichen Lernmethoden, z. B. eine Fremdsprache.
Bei dieser Gelegenheit mochte ich noch darauf aufmerksam machen, dass ich im Kapitel über die Familie bei den Kindern auf das ganzheitliche Lernen und die Förderung ihrer Intelligenz eingehen werde.

Geist verändert Materie, die Macht des Willens und des Geistes

Unsere Willenskraft ist der Motor zu höheren Leistungen. Nehmen wir z. B. die Sportler. Sie sind zu unglaublichen Leistungen fähig und überschreiten oft die Grenzen des denkbar Möglichen. Denken wir in diesem Zusammenhang auch an die Behinderten-Sportler, die sich durch ihr körperliches Handikap nicht abschrecken lassen, sondern sich im Gegenteil eiserne Disziplin auferlegen und mit äußerster Konzentration hervorragende sportliche Leistungen erbringen.
Oder nehmen wir die Artisten im Zirkus. Es grenzt schon an Wunder, wie sie sich auf dem Trapez bewegen mit unglaublicher Präzision und Eleganz. Jongleure und Illusionskünstler legen eine nicht mehr zu übertreffende Geschicklichkeit an den Tag.
Oder denken wir an Dirigenten und die hervorragenden Musiker in einem Orchester, besonders an die Solisten. Alle diese Künstler beherrschen virtuos ihr Instrument.

Was haben alle diese Menschen gemeinsam? Sie alle haben einen starken Willen, Disziplin und Vertrauen in ihre eigenen Fähigkeiten. Ihr **machtvoller Wille** befähigt sie zu Höchstleistungen.

Diese Menschen zeigen uns, dass es möglich ist, Grenzen zu überwinden. Lassen wir uns durch nichts und niemanden mehr einschüchtern und uns »klein« machen.
Begrenzende Vorstellungen über uns müssen wir loslassen, und die Worte «ich kann nicht« und »unmöglich« müssen wir aus unserem Wortschatz streichen!

Denken wir an die Hummel:

Sie hat 0,7 qcm Flügelfläche bei 1,2 Gramm Gewicht.
Nach den bekannten Gesetzen der Aerodynamik ist es unmöglich,
bei diesem Verhältnis zu fliegen.
Die Hummel weiß das aber nicht und fliegt einfach!

3. Kapitel

Im Einklang leben durch harmonische Schwingungen

»Im Anfang war das Wort, und das Wort war bei Gott, und Gott war das Wort und es war gut so. Alle Dinge sind durch dasselbe (dasselbe oder OM) gemacht, und ohne dasselbe ist nichts gemacht, was gemacht ist«.
Das ist der Schöpfungsbericht aus der Bibel, Johannes 1, 1.3.

Aus dem »Wort«, dem Ur – Klang »OM« entstand die Materie und die ganze sichtbare Schöpfung. **OM ist die Urschwingung, die Manifestation Gottes** als Heiliger Geist innerhalb der Schöpfung. Diese heilige Schwingung des OM-Lautes durchdringt die ganze Schöpfung und hält sie aufrecht. Deshalb sind wir Menschen auch in Gott und ER ist in uns. Wenn der Mensch Selbstverwirklichung erlangt, nimmt er diese Schwingung in tiefer Meditation auch wahr und ist sich des Eins-Seins mit Gott auch bewusst und fühlt es auch – er wird im göttlichen »Strom des Lebens« getauft.

Nun gibt es eine ganze Skala von Schwingungen. Je reiner, feiner und harmonischer sie sind, desto mehr sind sie im Ein – Klang mit dem Göttlichen. Das bezieht sich u. a. auf die Welt der Töne und der Farben. Unsere Sprache drückt es wunderbar aus. Wenn etwas harmonisch ist, ist es »stimmig«. Auf feinstofflicher Ebene entsprechen sich Töne, Farben und Gerüche gegenseitig, je nach Schwingungsqualität. Das bedeutet, dass harmonische Töne schöne, klare Farben erzeugen und umgekehrt auch Farben wunderschöne Töne hervorbringen. Bei Disharmonie ist das Gegenteil der Fall.
Je höher und harmonischer die Schwingungen sind, umso angenehmer werden sie empfunden und umgekehrt. Nicht umsonst werden Heilige und hohe göttliche Wesenheiten mit Wohlgerüchen und Düften wahrgenommen und teuflische Energien mit Schwefelgestank verbunden. Je unreiner, grober und disharmonischer Schwingungen sind, desto mehr entfernt sind sie vom Göttlichen. Wir Menschen haben die Wahl, was wir in unser Leben ziehen wollen.
Mit Tönen und Farben können wir nicht nur Schönheit und Harmonie in unser Leben bringen, sondern auch heilen. Alles schwingt, wir selbst, unser Körper, jedes Organ, unsere Energiezentren und alles um uns herum. Dieses Kapitel eröffnet vielfältige Möglichkeiten, wie wir förderliche, harmonische Schwingungen in unser Leben bringen können.

Die Welt der Töne

Musik

Nun wollen wir die Welt der Töne etwas näher betrachten.
Töne sind das Reich der **Musik und des Gesanges**. Mit der Welt der Töne und der harmonischen Musik haben wir ein Mittel, uns von der materialistischen Ebene auf eine höhere, feinstoffliche Ebene zu begeben. Die Musik ist gleichsam die Vermittlerin zwischen Materie und feinstofflichen Ebenen, sie ist Vermittlerin von Gefühlen, die uns nicht greifbar sind.
Reine, überirdische Klänge tragen dazu bei, dass wir uns vom Druck des äußeren Lebens befreien und bewusst von geistigen Kräften tragen lassen können. Diese Musik wird dann zur Quelle von Kraft und Heilung für Körper, Geist und Seele – sie ist die Sprache der Seele und ein Geschenk des Himmels. Musik spricht eine internationale Sprache und verbindet alle Menschen miteinander.

Musik begleitet uns auf allen Stationen des Lebens. Ihr Rhythmus und ihr Takt geben die jeweiligen Stimmungen wider. Alle Völker spiegeln in Musik, Gesang und Tanz ihre Lebensart, ihre Kultur wider und gebrauchen sie als Ausdrucksmittel ihrer vielfältigen Empfindungen. Oft wird Musik auch ganz bewusst eingesetzt, um Menschen in eine bestimmte Stimmung zu bringen. Denken wir an Wander-, Volks- und Liebeslieder, sanfte Wiegenlieder, geistige Lieder, heitere Operettenmelodien, Opern, Konzerte, Tanz-, Hochzeits-, Trauer-, Kriegs- oder Marschmusik oder Musik zur Heilung.

Musik kann uns in ihren Bann ziehen, bewegen und ergreifen. Begnadete Komponisten verstehen es, aus höheren Ebenen Melodien zu empfangen, sie »hören« innerlich schon das ganze Werk, das sie komponieren. Diese Komponisten sind ein Geschenk für die ganze Welt, denn durch ihre Kompositionen bringen sie Lebensfreude, Heilung und geistige Erbauung für die Menschen.
Alle großen Komponisten wie z. B. Mozart, Bach, Beethoven waren Meister darin, ganze musikalische Gemälde von freudigen und dramatischen Lebensszenen und Landschaften zu entwerfen, sodass sie förmlich vor dem geistigen Auge des Zuhörers erstehen.
Denken wir doch an das letzte Werk von Peter I. Tschaikovsky, seine aufrüttelnde Pathetique mit allen Höhen und Tiefen eines Menschenlebens. Bei der Komposition » Die Moldau« von Friedrich Smetana können wir gleichsam hören, wie die Wellen des Flusses immer stärker werden und zu einem mächtigen Strom anwachsen.
Die »Ode an die Freude« von Ludwig van Beethoven – die jetzige Europa-Hymne – spricht den Geist der Freiheit und der Einigkeit unter den Menschen und Völkern an. Tiefe Sehnsucht nach Licht und Freiheit bringt der Gefangenenchor im »Fidelio«, der einzigen Oper von Ludwig van Beethoven, zum Ausdruck. Die Spiegel-Arie aus Mozarts Zauberflöte »Dies Bild, es ist bezaubernd schön« drückt innige Liebe aus.
Als Kind empfand ich die mächtigen Orgelklänge und den Chor an Festtagen in der Kirche besonders erhebend, z. B. das mächtige »Halleluja« von Georg Friedrich Haendel zum Osterfest.
Das Operetten-Lied aus dem »Zarewitsch« mit dem Text »Hast Du vergessen dort droben auf mich, es sehnt doch mein Herz nach Liebe sich. Du hast im Himmel viel Engel bei dir, schick nur einen doch auch zu mir« hat mich als Kind sehr berührt, denn es hat genau das wiedergegeben, was ich oft empfand.
Dieser kleine Streifzug durch die Musik soll ihre Vielfalt und ihre Stimmungen aufzeigen.

Wir können die Musik auch zu unserer **Erholung und Lebensfreude** einsetzen. Die Rhythmen der südamerikanischen und afrikanischen Tänze wirken belebend und erdend zugleich. Sie bilden einen wunderbaren Ausgleich zum Alltag, zumal bei sitzender Tätigkeit. Der Salsa-Tanz erfreut sich hierzulande immer größerer Beliebtheit. Die Musik ist Lebensfreude pur und der Tanz zugleich auch eine ästhetische Augenweide.

Die Walzer, besonders der Donau-Walzer von Johann Strauß, wirken besonders gut auf das Herz-Chakra. Unser Herz schlägt genau im ¾-Takt wie der Walzer. Die Walzermusik hat eine besonders hohe Schwingung, sie ist im wahrsten Sinne »himmlisch«. Die Menschen spüren das und lieben sie auf der ganzen Welt. Könnten Menschen mit Walzer-Musik in den Krieg ziehen?
Es gibt kaum etwas, was die Verbindung zur geistigen Welt besser beflügelt als harmonische Musik. Höhere Wesenheiten und Engel werden von den schönen Schwingungen angezogen, sei es in einem Konzert, während eines Gottesdienstes oder bei uns zu Hause.
Barockmusik und klassische Musik, besonders von Mozart, Bach und Händel, belebt und harmonisiert die Energiezentren (Chakren) und das hat wiederum einen belebenden, heilenden Einfluss auf den Körper, aber zugleich auch einen harmonisierenden und erhebenden Effekt auf den Geist. Besonders die Instrumente Harfe und Flöte wirken positiv auf die Chakren.

Durch ihre hohe Schwingung wirkt vor allem spirituelle Musik heilend. Hier möchte ich das Agnus Dei aus der Krönungsmesse von Mozart, das Credo aus der h-Moll-Messe von Bach, das Credo aus anderen Messen von Mozart oder Schubert und das Sanctus aus der Schubertmesse sowie das Benediktus aus der Cäcilienmesse von Charles Gounod erwähnen. Nehmen wir uns die Zeit und lassen die Musik auf uns einwirken.

In Indien gibt es eine ganz spezielle Musikform, die Gandharva-Veda genannt wird. Hierbei wird über ein besonderes Tonsystem, das Raga-System, eine ausgleichende Schwingung erzeugt. Diese Ragas werden mit großem Erfolg zur Harmonisierung und Heilung eingesetzt. Auch Mantras werden mit Raga-Melodien vertont.

Musik und Gesang lässt sich auch wunderbar **zum Heilen** einsetzen. Allein schon das Singen ist heilsam. Durch das gründliche Ausatmen von Tönen beim **Singen** gelangen wir zu einer besseren Einatmung und damit zu mehr Sauerstoff und Lebensenergie.

Den Einfluss der **Schwingungen der Musik** hat der japanische Wissenschaftler Dr. Masaru Emoto eindrucksvoll in seinem Bildband »Die Botschaft des Wassers« dokumentiert. Im Rahmen seiner Forschungsarbeit setzte er Wasser verschiedensten Einflüssen aus. Die Tropfen davon fror er ein. Die daraus entstandenen Wasser-Kristalle analysierte er anhand der entstandenen Form. Es zeigte sich, dass sich die wunderbarsten Kristalle bei Kompositionen von Bach, Mozart und Beethoven bildeten, hingegen unter dem Einfluss von Heavymetal-Musik bzw. Hard Rock zeigten die Kristalle hässliche, unsymmetrische Formen, teilweise wurden die Eiskristalle zerstört. Auch der Einfluss von gesprochenen Worten zeigte sich anhand der Kristalle deutlich.
In seinem Buch »Das geheime Leben der Pflanzen« schildert der Forscher Peter Tompkins Pflanzenexperimente mit Musik. Pflanzen reagieren auf Musik sehr empfindlich. Bei disharmonischer Hard Rock- und Heavymetal-Musik mit ihren harten Rhythmen gehen sie ein, aber bei den klassischen Kompositionen von Mozart und Bach gedeihen sie optimal. Pflanzen gedeihen am besten bei indischer Raga-Musik. Diese indische Raga-Musik ist Teil der Musik-Therapie von Ayurveda – der ganzheitlichen indischen Medizin.

Aus diesen beiden ganz unabhängigen Forschungsarbeiten können wir erkennen, wie stark der Einfluss von Musik ist. Jede hektische, disharmonische, mit harten Rhythmen und unguten Song-Texten versetzte Musik wirkt zersetzend und zerstörerisch auf die kleinsten Bausteine des Lebens, auf Tiere und Pflanzen und letztendlich auch auf uns. Es werden negative, zerstörerische Energien angezogen, die Folge sind Gewalt und Vandalismus.

In Pythagoras Mysterienschulen lehrte man bereits:

- Der Rhythmus wirkt auf den Körper,
- die Melodie auf die Emotionen und
- mit der Harmonie kommt man auf höhere Schwingung, auf spirituelles Bewusstsein.

Wir sollten uns diese Erkenntnisse ebenso zunutze machen und Musik nur heilend und harmonisierend zu unserem und zum Wohl aller einsetzen.

Klangschalen/Gongs

Eine weitere Möglichkeit, mit Tönen gute Schwingungen zu erzeugen, sind die **Klangschalen**. Sie werden bereits therapeutisch eingesetzt. Dazu ist aber eine Schulung notwendig, weil durch unbedachten Einsatz der Klangschalen am Körper des Klienten die Schwingungen zu stark sein und schädigen können. Schwangere Frauen sollten davon Abstand nehmen.
Klangschalen eignen sich ideal, um die Schwingungen eines Raumes zu reinigen und zu erhöhen. Das können wir ebenso mit dem Klang eines Gongs.

Trommeln

Der Klang indianischer und afrikanischer Trommeln bringt uns mit dem Herzschlag von Mutter Erde in Verbindung. Sie haben eine Wirkung auf das 1. Chakra, sie erden.

Sound Clearing – Heil-Tönen – Raumklären

Barbara Ann Brennan beschreibt in ihrem Buch »Licht-Arbeit«, wie sie u. a. auch Klang und bestimmte Tonqualitäten bei ihrer Heilarbeit einsetzt. Dieser Einsatz von Heil-Tönen hat eine Wirkung auf Chakren und Organe.
Durch das Resonanztönen mit **der menschlichen Stimme** wird das Schwingungsmuster in den Zellen in Schwingung gebracht, wodurch die Vibration blockierte Energien **auflöst**. Es wird zur Lösung festsitzender Blockaden und zur Schwingungserhöhung eingesetzt. Folgendes Prinzip steht dahinter: Wenn wir mit etwas in Resonanz gehen, löst es sich auf – löst sich Energie auf. Wenn wir hingegen in Widerstand gehen, wird Energie gestaut. Das kann man z. B. bei einer Debatte zwischen Kontrahenten sehr gut beobachten.

Wie bereits erwähnt, hat alles eine bestimmte Schwingung: Unser Körper, seine Organe, unsere Emotionen und unsere Energiezentren sowie unser feinstofflicher Astralkörper.
Unsere feinstofflichen Energiezentren, die **Chakren**, haben nicht nur Farben, sondern sie schwingen auch in Tönen. Der tief Meditierende kann diese astralen, inneren Töne auch wahrnehmen, wenn er seine Sinne von der Außenwelt abzieht. Sie klingen wie Bienensummen, wie Flöten- und Harfenklänge, wie der Ton einer Glocke oder eines Gongs, wie Rauschen und tiefes Meeresrauschen. Letztendlich ertönt der heilige OM-Laut.
Deshalb wirken auch Kompositionen mit diesen Instrumenten sehr positiv auf unsere Chakren, und wir fühlen uns nach so einer Musik energetisch sehr gut und sind ausgeglichen. Ebenso tun uns die Laute in der Natur, wie das Rauschen der Wälder und Gewässer gut und sind heilsam.
Auch unsere **Emotionen** haben eine ganz bestimmte Schwingung, je nach Intensität und Eigenschaft. Jedes **Organ** hat seine ihm entsprechende Schwingung. Ist es gesund, klingt es anders, als wenn es krank oder geschwächt ist. Die Chakren, Emotionen und die Organe sind eng miteinander verbunden. Mit der Methode des Tönens können wir harmonisierend und heilend auf sie einwirken.

Praktische Übung des Heil-Tönens

Wir stellen uns locker hin. Wir konzentrieren uns auf ein krankes, geschwächtes Organ. Wir lassen einfach einen Ton entstehen. Er kommt ganz von selbst, wenn wir uns auf das Organ einstellen. Wir holen immer wieder Luft und tönen weiter. Allmählich wird der Ton immer mehr harmonisch und ist zum Schluss ganz angenehm.
Mit dieser Methode haben wir das Organ wieder in seine entsprechende Schwingung gebracht. So kann es wieder besser arbeiten.

Wenn wir uns einmal sehr traurig, angespannt oder unausgeglichen fühlen, können wir diese Methode genauso anwenden. Anfangs hören sich die Töne grässlich an, aber mit der Zeit verwandeln sie sich in sehr harmonische, feine Töne und wir fühlen uns wieder ausgeglichen.

Ich habe einmal einen Schock erlitten und das hat sich auf meinen Magen geschlagen. Ich hatte Schmerzen in der Magengegend und ich fühlte mich energielos. Ich wandte diese Methode an. Der Magen hat eine tiefere Tonschwingung. Anfangs klang es fürchterlich und krächzend, wie eine alte Säge, ziemlich disharmonisch. Ich machte eine Weile weiter, die Töne wurden zunehmend harmonischer.
Zusätzlich trug ich gegen den Schock auf den Solar Plexus, das 3. Chakra, ein paar Tropfen von der Notfall-Bachblüten-Essenz auf. Zu meiner Überraschung klangen sogleich die Töne schöner und harmonisch! Probieren Sie es aus. Auf die heilsame Wirkung der Bachblüten kommen wir noch später in diesem Kapitel.

Tönen ist nicht nur eine spezielle Methode zum Heilen, sondern auch zum Reinigen von negativen Schwingungen in geschlossenen **Räumen** und auf Plätzen in der Natur. Dazu ist es notwendig, dass wir uns entspannen, in uns gehen und zentrieren und ganz natürlich unsere Stimme ertönen lassen, indem wir uns auf den Raum einstimmen.
Beginnen wir mit der östlichen Ecke des Raumes. Das kann anfangs unschön klingen, besonders wenn es im Raum vorher disharmonisch zuging. Bleiben Sie dabei, gehen Sie weiter im Raum. Sie werden merken, dass die Töne immer klarer und reiner, auch höher kommen werden. Gehen Sie in einem Kreis von außen immer weiter nach innen. Es ist ein schönes Erlebnis, wenn die Töne zum Schluss den Raum ganz klar und schön mit Harmonie erfüllen.
Nachfolgend, unter »Die Welt der Steine, Pflanzen und Bäume«, können Sie mein Erlebnis mit dem Heil-Tönen nachlesen.

Mantren

Es gibt eine weitere effektive Möglichkeit, mit Tönen zu arbeiten, und zwar mit **Mantren**. Diese sind Klangschwingungen und Gebete. Sie wurden und werden in der ayurvedischen Medizin als Begleit-Therapie eingesetzt, vor allem zur Beruhigung des Geistes. Es gibt Heil-, Schutz-, und Verehrungs-Mantren. Diese Schwingungen sind in der Lage, unser Bewusstsein zu verändern. Es ist eine bekannte Tatsache, dass unser Bewusstsein, unsere Gedanken und Gefühle uns auf der körperlichen Ebene beeinflussen.
Jedes Mantra ist vor unsachgemäßem Gebrauch durch ein sogenanntes »Bandha« – einen Verschluss – geschützt. Um die volle Wirkung des Mantras zu erhalten, gibt es zwei Methoden, dieses Bandha zu lösen. Erstens, indem man das Mantra von einem spirituellen Lehrer bei einer Einweihung erhält oder indem man das Mantra sehr sorgsam und ausdauernd rezitiert. Dadurch verstärkt sich die Kraft des Mantras. Für viele Mantren gibt es in der indischen Tradition eine festgelegte Anzahl von Rezitationen, bevor sich die volle Wirkung des Mantras manifestiert.

Die zwei wichtigsten und **machtvollsten vedischen Heilmantren** sind das Gayatri Mantra und das Maha Mrityunjaya Mantra. Es gibt zahlreiche Berichte von **Spontanheilungen bzw. Heilungserfolgen,** die mit Unterstützung dieser beiden Mantren erzielt wurden:

Das **Gayatri Mantra** ist eine Anrufung an die Sonne als wichtige Quelle unserer Lebenskraft. Es wird sowohl zur Erweckung unseres spirituellen Bewusstseins als auch zur Stärkung der körperlichen Heilkräfte und der Gesundheit angewendet.
Die wirkungsvollste Weise mit diesem Mantra zu arbeiten, ist die stille Meditation. Hierbei wird das Mantra im Geist leise wiederholt, wobei man darauf achten muss, dass sich keine anderen Gedanken ins Bewusstsein »schleichen« und die Meditation stören:

OM BHUR BHUVAH SVAHA
TAT SAVITUR VARENYAM
BHARGO DEVASYA DHIMAHI
DHIYO YO NAH PRACO DAYADE

Übersetzung aus dem Rig-Veda 3.60.10:

»Im Kreislauf des Lichts und des Lebens, im Eingehen, Ausgehen und im Gleichgewicht, halten wir unsere Aufmerksamkeit im heiligen Glanz der leuchtenden, herrlichen Quelle allen Seins: Möge sie uns führen, damit sich uns das Selbst offenbare!«

Das **Maha Mrityunjaya Mantra** ist ein Gebet oder Anrufung an Mahadeva (Shiva) – den erhabenen Gott – in dem man **um Schutz vor Unglück, vor Krankheit oder frühen Tod** bittet.

OM TRAYAMBAKAM YAJAMAHE
SUGANDHIM PUSHTI-VARDHANAM
URVARUKAM IVA BANDHANAM
MRITYOR MUKSHIYA MAMRITAT

Übersetzung aus dem Rig-Veda 7.559.12:

»Ich schaue nach innen auf das reine, stille Licht der inneren Schau, lieblich und nährend, mit dem Duft des Lebens.
Möge ich ohne Schmerz von den Banden des Todes befreit werden wie eine reife Frucht, die vom Weinstock fällt.
Möge ich nie wieder mein unsterbliches Wesen vergessen.«

Om Namah Shivaya

Wenn Gott sich nach der vedischen Auffassung in der materiellen Welt manifestiert, tut er dies in drei Aspekten: Brahma als Schöpfer, Vishnu als Erhalter und Shiva repräsentiert den Zerstörungsaspekt.
Hier müssen wir unser westliches Denken verlassen, und Zerstörung als etwas rein Negatives zu betrachten. Shiva ist derjenige, der die alten, überkommenen Dinge zerstört, um so Raum zu schaffen für neue Schöpfung. Er ist derjenige, der die alten »Mauern« niederreißt, um Größeres und Schöneres zu schaffen, auch in geistiger Hinsicht.
Man verehrt Shiva z. B. auch, damit er uns hilft, negative Eigenschaften und Angewohnheiten loszulassen oder uns von karmischen Reaktionen zu befreien.

Om Shanti Om

»Shanti« ist der Ausdruck für Friede. Dieses Mantra soll uns in Frieden mit und in Gott führen. Wenn wir in Frieden mit Gott sind, sind wir es auch mit der Welt und der ganzen Schöpfung. Es ist wichtig, dass wir zuerst den Frieden in uns selbst entwickeln, dann können wir auch sehr viel zum Frieden in der Welt beitragen. Mit dem Mantra verstärken wir den Frieden in der Welt.

Die ***Heilige Silbe Om*** hat die höchste Schwingung, denn sie ist eins mit Gott. Sie ist die Klangrepräsentanz Gottes. Deshalb eignet sie sich ideal für die Meditation, um mit Ihm in Verbindung zu treten. Versuchen Sie es einmal selbst, eine gewisse Zeit nur die Silbe OM leise zu sprechen, zu flüstern und dann nur mehr innerlich zu sprechen. Sie können sie auch eine Weile singen. Sie werden innerlich ganz ruhig. Unser christliches Amen ist eine Ableitung des ursprünglichen OM.
Diese heilige Silbe wird in der altindischen Sanskrit-Schrift so dargestellt, und sie besteht eigentlich aus den drei Buchstaben A U M: Der Buchstabe A ist ähnlich der Zahl 3, das U entspricht der nach unten gehenden Schlaufe am A und das M wird mit dem kleinen oberen Bogen mit Punkt geschrieben.

ॐ

Für die von mir beschriebenen Mantren gilt, dass der jeweils unterstrichene Vokal besonders betont wird. Ansonsten gilt, dass die Betonung auf der zweiten Silbe liegt. Es ist empfehlenswert, sich für die korrekte, genaue Aussprache von Mantren an einen Lehrer zu wenden, der sich mit Mantren auskennt.
Es gibt Mantren, die nicht nur zur Heilung und Verehrung rezitiert werden, sondern auch, um einen feinstofflichen Schutz vor Angriffen und Unglück zu erhalten. Einzelheiten entnehmen Sie bitte dem Abschnitt »Schutz vor Negativiät« im Kapitel über Heilung.

Über die heilsame, kraftvolle Wirkung von **religiösen Liedern** möchte ich Ihnen aus **eigener** Erfahrung berichten: Vor 14 Jahren trafen mein Mann und ich uns regelmäßig mit Freunden und sangen traditionelle Bajans und Kirtans, indische religiöse Lieder/Gebete. Wir waren eine kleine Gruppe, die musikalische Begleitung dazu waren das indische Harmonium, die indischen Tablas (Trommeln) und ein Tamburin.
Das sprach sich herum und so wurden wir öfters eingeladen, bei Veranstaltungen zu singen, u. a. bei einer Fachärztin für Psychiatrie. Wir sollten anlässlich eines mehrtägigen Heil-Seminars für ihre Patienten dabei den »Musikteil« übernehmen und jeden Tag ca. 1 bis 2 Stunden unsere Bajan-Lieder vortragen.
Die Wirkung war verblüffend und für alle völlig unerwartet: Eine Frau, die zwei Jahrzehnte unter Depressionen gelitten hatte, begann während unseres Konzerts aufzustehen und voller Freude im Raum zu tanzen. Eine andere, schwierige Patientin, die der Ärztin bei ihrem Seminar immer wieder Probleme bereitete, fing an laut mitzusingen und war für den Rest des Seminars vollkommen harmonisch und ist es auch geblieben. Wie uns im Nachhinein die Ärztin bestätigte, hatte auch die depressive Patientin keinen Rückfall mehr erlitten.

Wie ist das zu erklären? Durch die hohe Schwingung der spirituellen Lieder wurden der Geist und das Gemüt von krankmachenden Schwingungen geheilt und die Teilnehmer auf eine höhere, göttliche Bewusstseinsstufe gehoben.
Das »Halleluja« hat ebenfalls eine heilsame Schwingung und wirkt positiv auf die Chakren.

Wirkung der Worte

Unsere Sprache und unser Wortgebrauch wirken sich sehr wesentlich auf unsere und die Befindlichkeit anderer und auf unsere Umgebung aus.
In diesem Zusammenhang darf ich nochmals auf Dr. Masaru Emoto und sein Buch »Die Botschaft des Wassers« hinweisen. Er hat eindrucksvoll bewiesen, dass Worte, die gesprochen oder geschrieben werden, einen maßgeblichen Einfluss im Positiven oder Negativen haben, und zwar bis in die kleinste Zelle hinein. Unser Körper besteht zu 70% aus Wasser. Das Wasser nimmt die Schwingungen der Worte auf und das hat letztendlich Einfluss auf unsere Gesundheit. Aber nicht nur auf uns, sondern die ganze Umgebung, unsere Mitmenschen und unser Umfeld, selbst die Nahrung wird durch unsere Worte positiv oder negativ beeinflusst!

Sehr eindrucksvoll wurde dies in einer Versuchsreihe von Dr. Masaru Emoto bewiesen: Kinder sagten jeden Tag einen Monat lang zu einem Glas mit gekochten Reis »Danke« und zu einem zweiten Glas mit gekochtem Reis »Dummkopf«. Das Ergebnis war, dass der »Danke«-Reis nach einem Monat noch immer appetitlich und weiß aussah, hingegen der »Dummkopf« – Reis vollkommen schwarz geworden war und einen üblen Geruch hatte. Die gute Schwingungs-Energie Danke förderte das Wachstum der nützlichen Bakterien, die schlechte Energie verstärkte das Wachstum der schädlichen Bakterien.
Fazit: Der Unterschied zwischen guten und schlechten Worten wirkt sich auch auf die Qualität von Nahrungsmitteln und Wasser und unsere Gesundheit aus.
Die schönsten Wasser-Kristalle bildeten sich beim Wort »Dankbarkeit« und durch Gebete. Durch Gebete, die an Gewässern gesprochen wurden, wurden sogar verunreinigte Flüsse und Seen wieder klar, was die Vergleichsfotos von den Wasserproben dokumentierten. Welch eine Möglichkeit für alle Gewässer dieser Erde!

Die hässlichsten Kristallformen entstanden durch den Gebrauch von Schimpfwörtern, wie z. B. »Dummkopf«. Sogar ein wesentlicher Unterschied bei der Kristall-Bildung war zu sehen im Befehl »Tu das!« oder »Wollen wir das tun?«.
Das sollten sich besonders Eltern oder Erzieher zu Herzen nehmen, wenn sie Kinder mit Schimpfwörtern bedenken. Sie haben eine sehr verletzende Wirkung auf die Kinder und auf sie selbst.
Kinder, besonders Babys, Tiere und Pflanzen hören auf die **Schwingung** und **wie** etwas klingt, das ist ausschlaggebend. Sie müssen die Worte noch gar nicht verstehen. Pflanzen gedeihen bei guten Worten besonders gut, auch Tiere lassen sich damit sehr gut beeinflussen. Alle reagieren eigentlich schon auf unsere Gedanken, die wir aussenden.

Aber nicht nur auf der physischen Ebene manifestieren sich unsere Gedanken und Worte, auch auf feinstofflicher Ebene. Hellsichtige können deutlich wahrnehmen, wie sich unsere Aura entsprechend den ausgesendeten Gedanken, Worten und Gefühlen verändert.
Liebende haben eine ganz andere Ausstrahlung als Menschen, die miteinander streiten. Die Aura liebevoller und harmonischer Menschen mit aufbauenden Gedanken und Worten hat wunderschöne, lichte Farben, hingegen nimmt sie bei Menschen in Zwietracht und Hassausbrüchen sehr hässliche Farben an.
Ein lichtvoller Gedanke hat auf astraler Ebene eine schöne Form und Farbe, während sich bei einem Mensch während eines Zornausbruches die Aura verdunkelt und die ausgesprochenen Hassgedanken sehr hässliche Formen bilden, sie sehen aus wie rote Pfeile, die in alle Richtungen schießen, gleich ausgesendeten Blitzen. Es ist klar, dass diese Angriffe in jeder Hinsicht sehr verletzend sind.

Unsere Sprache sollte für andere heilsam sein. Und ist schon Kritik nötig, so sollte sie konstruktiv sein, also aufbauend, motivierend, mit neuen Ideen und Vorschlägen, wie man es besser machen könnte.
Manche Worte fallen oft unbedacht und können verwunden wie Waffen, die ein Leben lang nie mehr vergessen werden. In der heutigen Zeit sind Ausdrücke geläufig, die in meiner Jugend absolut verpönt waren. Überhaupt stelle ich eine allgemeine Verrohung der Sprache fest. Vor allem ist es der respektlose Ton, der allenorts Eingang gehalten hat. Ihren Beitrag dazu werden wohl die Medien, vor allem die Privatsender im Fernsehen, dazu geleistet haben.
Wir pflegen unsere schöne deutsche Sprache nicht mehr, sie verarmt. Nur ein Vergleich: Ein Rendezvous, Stell-dich ein, eine Romanze wurde zum nichtssagenden »date« oder wunderbar, toll, phantastisch, schön ist dem phantasielosen, etwas ordinären Ausdruck »geil« gewichen.

Wenn Jugendliche sich Heavymetal bzw. Hard Rock mit harten Rhythmen mit oft hässlichen, destruktiven Song-Texten aussetzen oder selbst spielen und singen, schaden sie sich und anderen doppelt: erstens durch die disharmonischen Töne und Rhythmen und zweitens durch die darin enthaltenen Worte und Botschaften. Sie werden selbst unausgeglichener und aggressiver, und schaffen sich dadurch auch Schwierigkeiten in ihrem Umfeld, das sie in ihrer Art negativ anstecken.

Pflegen wir wieder die Kunst der liebevollen Worte! Viel zu wenig wird Anerkennung, Dankbarkeit, Zärtlichkeit den Mitmenschen gegenüber zum Ausdruck gebracht. Schon ein einziges nettes Wort kann einen ganzen Tag im Leben eines Menschen verschönen und ihn aufrichten! Aber auch Tiere und Pflanzen brauchen gute Worte! Letztendlich kommt alles zu uns zurück.

Unser Körper besteht, wie bereits erwähnt, zu ca. 70% aus Wasser. Wasser hat folgende Eigenschaften: Es ist Lösungs- und Transportmittel, Träger von Substanzen und Informationen und gibt diese in den ganzen Körper weiter. Wasser ist ein Photonenempfänger und -geber.

Alles hat eine elektromagnetische Schwingungsfrequenz: Töne, Worte, Texte, selbst Gedanken haben Schwingungen.
Aus den Versuchen von Dr. Masaru Emoto können wir schließen, dass Musik, Töne, Gedanken, Worte und Gebete die **Wasser-Struktur in den Zellen** unseres **ganzen** Körpers je nach ihrer Beschaffenheit **positiv oder negativ** beeinflussen.
Wir haben die Wahl in dem, was wir aussenden und in dem, was wir uns zuführen.

Durch ein Bewusstseins-Feld (Äther-Feld, Akasha Chronik oder auch als morphogenetisches Feld bezeichnet) ist alles schwingungsmäßig miteinander verbunden. Jeder Mensch wird immer und zu jeder Zeit durch die Schwingungsfrequenzen seines Umfeldes positiv oder negativ beeinflusst. Letztendlich wird das bestätigt, was die Mystiker schon immer sagten: »Alles ist eins, und eins ist alles.«

Die Welt der Düfte

Im limbischen System des Gehirns sind die Erinnerungen an Düfte gespeichert, es sind unbewusste Eindrücke positiver oder negativer Art, je nach Erinnerung.
Wenn wir uns in die Kindheit versetzen und an die Ferien denken, werden wir uns erinnern an die Düfte von Heu und Wiese oder vom Meer oder an die Weihnachtszeit mit dem Duft der Kekse, des Weihnachtsbaums und an Weihrauch. Auch Erinnerungen an Düfte werden wach, wenn wir an liebe Menschen denken, vielleicht an das Lieblingsparfüm oder Rasierwasser.
Die Vorliebe für gewisse Speisen hängt auch mit ihren Gerüchen und den damit verbundenen angenehmen Erinnerungen zusammen. Der feine Duft von Speisen, auch von Obst, kann zu unserem Wohlbefinden beitragen und den Appetit anregen.
Düfte verbinden uns auch mit Erinnerungen an Urlaub, ferne Länder, die wir bereisten. Ich denke hier z. B. an Indien, wo es an Märkten und Straßen ein buntes Gemisch von Düften gibt: Der feine Duft von Gewürzen, Kräutern und Räucherstäbchen vermischt sich mit dem Geruch von Kuhdung und Benzin.

Zur Welt der Düfte gehören Öle, Duftessenzen, Kosmetik, Bäder, Räucherstäbchen und Räucherwerk. Wir können Düfte zum Genießen, zu unserem Wohlbefinden, aber auch therapeutisch oder als Schutz und zum energetischen Reinigen benutzen.

Räucherstäbchen, Räucherwerk:
Räucherstäbchen gibt es in allen Duftvariationen. Sie sind in ihrer Wirkung gleich wie die Essenzen für Duftlampen oder Heilkräuter-Öl-Bäder. Es ist nur besonders darauf zu achten, dass wir Räucherstäbchen mit reinen, natürlichen Substanzen benützen, da leider in Indien inzwischen industriell viel mit Chemikalien gearbeitet wird. Hier ist es besonders wichtig, dass man eine seriöse Bezugsquelle findet.

Sandelholz und Weihrauch wirken beruhigend und klärend. Sie sind gut für die Meditation.
Getrockneter Salbei reinigt die Atmosphäre eines Raumes, ebenso Wacholder.
Rose und Sandelholz wirken beruhigend und entspannend.

Duftlampe und Luftbefeuchter:
Duftöle und Kräuter-Essenzen:
Ihre Anwendung ist denkbar einfach: Wir geben 5 bis 10 Tropfen des Aromaöls in die Wasserschale einer Duftlampe und lassen sie verdunsten.
Stellt man die Schale ins Schlafzimmer, kann man auch über Nacht – in der Zeit der Regeneration – die gewünschte Wirkung erreichen.
Die besten Resultate erzielen wir mit Ölen von hochwertiger Qualität und Reinheit!

Badezusätze:
Kräuter und Blüten: Rose zur Entspannung, Heublumen zur Belebung und zur Förderung des Stoffwechsels und der Durchblutung..
Heilkräuter-Ölbäder und andere Badeessenzen:
Belebend: Rosmarin, Bergamotte, Patchouli, Wacholder, Lavendel, Fichtennadel und Heublumen.
Entspannend: Melisse, Rose, Sandelholz, Hopfen. Lavendel wirkt belebend und entspannend.

Düfte können wir auch individuell, passend für unsere **Kapha-, Pitta- oder Vata-Konstitution** anwenden, sei es als Räucherstäbchen, in der Duftlampe oder als Badezusatz.

Geeignet für Kapha sind:

Rosmarin:	anregend, beschwingt,
Bergamotte:	leicht, hebt die Stimmung,
Citronelle:	wirkt aufmunternd und ausgleichend auf die Seele,
Lemongrass (Zitronengras):	ebenfalls erfrischend, am Abend stimmt es gemütlich und optimistisch,
Rosenholz:	fördert die Aktivität,
Ingwer:	erwärmend, schmerzlösend,
Wacholder, Kampfer:	wirken anregend auf Kapha-Typen,
Zimt:	würzig und erwärmend, hebt die Konzentration und das Selbstbewusstsein.

Geeignet für Pitta sind:
Minze, Zypresse, Orange, Geranium wirken kühlend und gleichen Pitta aus,

Sandelholz:	süßlich, erwärmend, hautberuhigend, heilend für Lungen und Bronchien,
Rose und Jasmin:	lieblich ausgleichend.

Geeignet für Vata sind:

Lavendel:	beruhigt das Nervensystem, löst stressbedingte Verspannungen, wirkt blutdrucksenkend,
Rose:	zentrierend, spannungslösend, hat öffnende, beruhigende Wirkung, besonders auf das Herzchakra, fördert Liebe und Zuneigung,
Muskatellersalbei:	krampflösend, aufhellend,
Weihrauch:	beruhigend, für höheres Maß an Ruhe und Konzentration, geeignet für Meditation,
Orange:	beruhigend und erfrischend zugleich,

Vetiver:	beruhigend, löst nervöse und verkrampfte Verspannungen in Geist und Körper,
Basilikum, Nelke:	erhitzend.

Wir sollten dankbar sein über die Vielfalt in der Schöpfung und dafür, dass uns Pflanzen und Blüten geschenkt werden, die allein schon durch ihren Duft Freude und Heilung schenken und uns helfen, harmonische Schwingungen zu verbreiten.

Die Welt der Farben

Isaac Newton erbrachte im Jahre 1672 den Nachweis, dass weißes Licht aus den Farben des Regenbogens besteht. Wenn es auf ein Prisma trifft, wird es in die Farben Rot, Orange, Gelb, Grün, Blau, Indigo und Violett/weiß aufgespalten.

Ist es nicht wunderbar, auch unsere Chakren haben die gleiche farbenmäßige Anordnung wie der Regenbogen. Hier können wir die Gesetzmäßigkeit, wie im Großen – so auch im Kleinen, wie oben – so auch unten, sehen. Wir Menschen sind eingebunden in den herrlichen Kosmos.

Auch unser feinstofflicher Emotionalkörper trägt die Farben des Regenbogens in der Reihenfolge der 7 Chakren, ebenso der Astralkörper, der alle anderen Körper umschließt – nur viel lichter und zarter. Feinste Pastellfarben hat die strahlende Seelenebene.
Bei der Aura-Fotografie kann man deutlich an der farbigen Ausstrahlung den momentanen Zustand eines Menschen erkennen. Aura-Fotos befinden sich im Band 1, 1. Kapitel. Diese spezielle Kamera zeichnet jede Veränderung auf, z. B. nach einer Meditation zeigt sie im vergleichenden Kontrollbild viel lichtere, kräftigere, klarere und schönere Farben als vorher, wie wunderschöne Blau-, Gelb- und Rosatöne. Das Blau entspricht dem inneren Frieden und Gottvertrauen, Gelb der Erkenntnis und Rosa der bedingungslosen Liebe, Violett der Transformation und Türkis dem »Delphinbewusstsein.« Je lichter und reiner die Farben sind, umso besser geht es einem Menschen körperlich und geistig. Auch ein Hellsehender kann an der Aura den körperlichen und bewusstseinsmäßigen Zustand eines Menschen erfassen.

Jeder Mensch hat seine Lebensfarbe in der Aura. Die Lebensfarbe entspricht seinem Wesen und bleibt konstant. Sie kann blau, gelb, indigo-blau, violett, rot, beige oder hellbraun u. a. sein. Es gibt natürlich auch Farbkombinationen.
Hat jemand z. B. blau mit indigo-blau und beige als Lebensfarbe bedeutet das, dass er ausgeglichen, geduldig, sensibel und für die Mitmenschen engagiert ist und dass ihm Spiritualität im Leben wichtig ist. Das Indigoblau zeigt, dass er sozusagen ein Vorreiter für die neue Zeit ist, vergleichbar mit den Indigo-Kindern. Er lässt sich nicht so leicht in ein Schema pressen und passt sich auch nicht an die Allgemeinheit an. Das Beige zeigt an, dass dieser Mensch auch Sinn für das Praktische und Logische hat und ordentlich und gewissenhaft arbeitet.

Rot als Lebensfarbe bedeutet Erdverbundenheit und Dynamik, eine hellbraune Aura haben Logiker, sogenannte Realisten, für die es nur das Irdische gibt. Eine violette Aura haben charismatische, visionäre und dynamische Menschen, die gerne etwas für andere Menschen tun und sich dafür einsetzen. Eine gelbe Aura haben heitere, intellektuelle Naturen, die sich auch für geistige Dinge interessieren.

Die sieben Farbstrahlen der Schöpfung

Die ganze Schöpfung wird durch Gottesenergie und Seinem Licht erhalten, das sich in sieben farbigen Strahlen manifestiert. Jeder Strahl hat eine bestimmte Qualität und Farbe.
Jeder dieser Strahlen wird von seinem Meister und Lenker ca. 2000 Jahre hindurch geleitet, und innerhalb dieser 2000 Jahre soll die Menschheit das entwickeln, was der betreffende Strahl symbolisiert und beinhaltet. Die sieben Strahlen sind Grundenergien des Kosmos.

Die 7 Strahlen und ihre Farben stellen folgende Tugenden dar:

	Farbe	Meister(in)	Erzengel	Aufgaben, Qualitäten
1. Strahl	blau-kristallweiß	El Morya	Michael	Glaube, Schutz, Stärke, Macht, Wille Gottes
2. Strahl	goldgelb	Konfuzius	Jophiel (Orfiel)	Weisheit, Erleuchtung, Liebe, Unterscheidungskraft
3. Strahl	Rosa	Rowena	Chamuel (Haniel, Anael)	göttliche Liebe, Anbetung, Toleranz,
4. Strahl	kristallweiß	Serapis Bey	Gabriel	Reinheit, Klarheit, Auferstehung, Verkündung
5. Strahl	moosgrün/gold	Hilarion	Raphael	Wahrheit, Heilung, Weihe, Wissenschaft
6. Strahl	rubinrot/gold	Nada	Uriel	Frieden, Heilung, Hingabe Gnade und Dienen
7. Strahl	violett	St. Germain	Zadkiel (Tsadkiel)	Gnade, Barmherzigkeit, Anrufung, Zeremonie, Freiheit (Transformation)

Die Erzengel arbeiten mit aufgestiegenen Meistern zusammen. Ihre göttliche Gemeinschaft nennt sich »Die Große Weiße Bruderschaft«. Der Hierarchie der Großen Weißen Bruderschaft gehören außer Meister Jesus und Gautama Buddha viele andere Meister an. Der Autor Baird Spalding hat in seinem mehrbändigen Werk »Leben und Lehren der Meister im Fernen Osten« vom verborgenen Wirken der aufgestiegenen Meister im Himalaja berichtet.

In den vergangenen 2000 Jahren hat Meister Jesus den 6. rubinrot-goldenen Strahl gelenkt, durch den das Christentum ins Leben gerufen wurde.
Meister Saint Germain ist der Herr dieses beginnenden Zeitalters mit dem **violetten 7. Strahl.** Der violette Strahl ist die Farbe der Umwandlung und Gnade. Durch sie soll alles Unvollkommene aufgelöst werden und es soll zur Befreiung (Transformation) von menschlichen Schwächen und Begrenzungen kommen.

Der große Erzengel Zadkiel wurde mit der Obhut des violetten Feuers betraut, zur Umwandlung aller negativen Zustände. Wir können die Engelfreunde bitten, uns zu helfen, die Erde zu reinigen mit dem violetten Feuer, indem sie von diesem durchströmt und eingehüllt wird. Es ist aber wichtig, nach dem violetten Feuer mit **goldener** Flamme alles wieder aufzufüllen. Wir sollen die Qualitäten der sieben Strahlen entwickeln, uns mit ihnen verbinden und mit ihnen arbeiten.

Ich setze u. a. auch bei der **geistigen Heilarbeit** Farben ein:

Die Farbe **grün** ist eine der wichtigsten Heilfarben.

Rosa wird für die Heilung der Emotionen eingesetzt, denn es ist die Farbe der bedingungslosen Liebe. Rosa und grün sind gut für das Herzchakra. Die Schwingung von Rosa schützt gegen alle negativen Kräfte. Zur Transformation negativer Energien hilft **violett**.

Mit der Farbe **gelb** oder gold können wir den Solar-Plexus stärken, gelb wirkt auf den mentalen Bereich. Zu den stärksten Heilfarben gehört **weiß**, es reinigt und schützt.
Gold spielt bei der Heilarbeit eine große Rolle. Es ist eine Schutz- und Heilfarbe, wirkt regenerierend, reinigend und energetisch aufladend.

Silber hat eine desinfizierende und keimtötende Wirkung. Es wird in der Medizin als kolloidales Silber als Antibiotikum gegen Infektionen eingesetzt. Silber ist auch eine Schutzfarbe.

Allgemeine Übersicht über die Farben und ihre Wirkung:

Die Farben haben einen erheblichen Einfluss auf unsere **Konstitution**. Wir sollten diesen Einfluss beachten und die Farben richtig einsetzen.

Rot: Es steigert Temperament und Energie, es hat erhitzende, aktivierende Eigenschaften und verstärkt Pitta. Es tut Vata und Kapha-Konstitutionen als Ausgleich gut. Zuviel an Rot stört Pitta und verursacht Entzündungen und Aggressionen.

Rosa (Pink): Es ist die Farbe der Sanftheit und der Zärtlichkeit, es geht auf das Herzchakra und erweckt sensible Empfindungen von Liebe.

Orange: Wirkt erwärmend, belebend, es vermittelt aber auch Gemütlichkeit und ist ideal für Kapha- und Vata-Naturen. Orange ist Heilfarbe bei Antriebslosigkeit und Depression, sie fördert Optimismus. Da sie eine Mischung von rot und gelb ist, darf sie nicht zu viel oder zu lange angewandt werden, vor allem nicht bei Pitta.

Gelb: Erheitert das Gemüt, bewirkt Steigerung der Intelligenz, fördert die Spiritualität. Gelbe Heilpflanzen speichern besonders viele Sonnenkräfte, wie z. B. das Johanniskraut und das Sonnenröschen. Das Sonnenröschen ist bei der Bach-Blüten-Therapie ein Bestandteil der Notfall-Tropfen, welche bei Angst und Panik eingesetzt werden.

Grün: Ist eine neutrale, harmonisierende Heilfarbe, ist entzündungslindernd. Sie ist besonders gut für die Sehkraft der Augen. Bei Vata-Störungen, also bei Auftreten von Ängsten, ist sie beruhigend, bei Kapha-bedingter Antriebslosigkeit ausgleichend. Grün beruhigt den Geist und die Gefühle. Deshalb sind Spaziergänge in der Natur so wohltuend.

Blau: Wirkt kühlend und ist einzusetzen bei Pitta-Störungen, also bei Aggressivität und Entzündungen, übermäßige Verwendung stört Kapha und Vata. Blau beruhigt Körper und Geist und kann den Blutdruck senken. Hellblau erheitert unsere Seele.

Türkis: Hier vereinigen sich die Eigenschaften von blau und grün. Es ist eine Schutzfarbe und tut bei geistiger Erschöpfung, besonders nach Computerarbeit, gut. Es beruhigt Vata. Es entspricht dem einfühlenden, kollektiven Bewusstsein, so wie die Delphine es in ihrer Gemeinschaft haben.

Violett (dunkles Purpur): Ist gut bei Störungen von Pitta und Kapha. Durch seine blau/rote Mischung wirkt es auf beide Naturen ausgleichend, aber übermäßiger Gebrauch stört die Vata-Naturen. Es fördert die Spiritualität, Inspiration und Intuition. Violett hat die höchste Schwingungsfrequenz und wirkt reinigend. Der Begriff Violett kommt aus dem französischen Wort für Veilchen (violette).
Die Farbe Lila ist helleres Violett, wird auch mittleres Purpur genannt. Der Begriff Lila leitet sich vom arabischen Begriff für Flieder ab.

Magenta (helles Purpur): Magenta ist eine Mischfarbe und hat eine ähnliche Wirkung auf die Naturen wie das Violett. Bei den Fuchsien-Blüten ist diese Farbe zu beobachten oder beim »purpurnen« Wein. Magenta ist die hohe Schwingung bedingungsloser, dienender Liebe und wird gemäß Aura-Soma dem 8. Chakra zugeordnet. In letzter Zeit wird zartes Magenta beim 6. Chakra hellsichtig wahrgenommen, normalerweise ist diesem Chakra indigoblau zugeordnet. Magenta ist eine Heil- und Schutzfarbe.
Es gibt auch die dunkle Variante, das **Tiefmagenta**, auch Purpurmagenta genannt. Beide Farbtöne kommen bei der Aura-Soma-Heilmethode zur Anwendung.

Vielfältiger Einsatz von Farben

Wenn wir die Qualität der Farben kennen, können wir sie auch gezielt und vielfältig einsetzen: Bei unserer Kleidung, beim Schmuck, bei den Edelsteinen, Bildern, als Therapie, bei der Nahrung, in der Natur, bei der Gestaltung unserer Wohnung usw. Weitere Anregungen, wie Sie Ihre Wohnräume farblich optimal gestalten können, finden Sie im Kapitel »Im Einklang leben mit seinem Umfeld, der Wohnung, des Hauses.«

Es eröffnen sich auch Möglichkeiten zu einer **Farbtherapie**. Das kann mittels spezieller Farb-Lampen geschehen. Hier dringt die Lichtenergie durch die Chakras in die Organe vor. Eine andere Möglichkeit eröffnet sich, wenn wir ein Wasserglas oder eine Speise auf einen Untersetzer stellen, der die für uns förderliche Farbe trägt.
Oft fühlen wir schon ganz intuitiv, was uns gut tut. Wenn wir z. B. Halsprobleme haben oder beruflich viel sprechen müssen, können wir ein blaues oder türkisfarbenes Halstuch verwenden, das wird das Halschakra stärken.

Die von Vicky Wall entwickelte **Aura Soma-Farb-Therapie** arbeitet mit den heilsamen Schwingungen von Farben. Bei der Aura Soma-Methode werden die Öl-Essenzen in dic Aura gefächelt oder direkt auf der Haut aufgetragen, wobei die Schwingungen der Farben positive Auswirkungen auf die Aura und somit auf Körper, Geist und Seele haben.

Die **Farbe unserer Kleidung** spielt eine nicht zu unterschätzende Rolle. Sie beeinflusst unsere Stimmungen und hat eine Wirkung auf unsere Konstitution. So verstärkt Rot das Pitta, Blau vermehrt Kapha und grelle Farben, wie etwa Neonfarben, verstärken Vata. Ein Zuviel dieser Farben würde den jeweiligen Konstitutionstyp aus der Harmonie bringen.

Als Ausgleich braucht der Pitta-Typ Blau, dem Kapha-Typen tun rot/orange, belebende Farbtöne gut, und Vata sollte beruhigende Farben wählen. Wenn wir dies berücksichtigen, so können wir schon bei der Kleidung für eine Harmonie unserer Konstitution sorgen.

So lässt sich etwa Unruhe, Zorn oder Aggression durch blaue Kleidungsstücke beruhigen, auch bei Stress bei der Arbeit ist ein beruhigendes Blau ein guter Schutz.

Rote Kleidung macht uns aktiver, entscheidungsfreudiger, aber auch leidenschaftlicher und regt die Sinne an. Praktisch können wir auch die rote Farbe tragen, um uns gegen Übermüdung bei der Arbeit zu schützen und aktiv und dynamisch zu bleiben, z. B. bei Vorträgen, Verkaufsgesprächen oder wenn wir vor besonderen Herausforderungen stehen. Die Farbe orange stimmt optimistisch, gelb erheiternd und grün ist ideal zum Entspannen. Grün ist auch eine Heilfarbe. Wenn wir uns nicht ganz so gut fühlen, sollten wir sie tragen. Nicht umsonst tragen operierende Ärzte eine grüne Kleidung.
Weiß ist die Summe aller Farben und mit anderen Farben kombiniert, erhöht es deren Schwingung. Deshalb wirken helle, reine, sanfte Farben und Weiß sattvisch. Trübe, dunkle Farben und Schwarz hingegen beeinflussen uns wegen ihrer niedrigen Schwingung tamasisch. Grelles Rot wirkt rajasisch.
Gold, Gelb oder Safran sind Farben, die die Spiritualität fördern und unseren Geist erheben. Ein deutliches Beispiel hierfür sind die Mönchsroben im Hinduismus und Buddhismus bzw. die feierlichen Ornate christlicher Priester (hier finden wir auch weiß und violett als spirituelle Farben). Diese Farben können uns bei Meditation, Gebet und Andacht in spirituelle Stimmung bringen.

Wenn wir bewusst die **Farben in der Natur** auf uns einwirken lassen, werden wir ihre wohltuende Wirkung spüren. Das Grün in Wald und Wiesen bringt uns in Harmonie, desgleichen das schöne Blau des Himmels und der Seen. Wenn wir das türkisfarbene Meer betrachten, so vereinen sich die beruhigenden Wirkungen von grün und blau auf den Geist und das Gemüt. Oder denken wir an einen schönen Sonnenuntergang. Da zeigt uns der abendliche Himmel mit seinen Wolken herrliche Farben in allen Nuancen mit ihren heilenden Wirkungen.

Die Welt der Symbole

In der heutigen Zeit werden Symbole hauptsächlich zur praktischen Verwendung im Alltag eingesetzt. Sie dienen als Hinweis- oder Warnsymbole, z. B. im Straßenverkehr oder zur Kennzeichnung giftiger Substanzen. Dabei kommen zusätzlich Farben zum Einsatz, orange gilt als Signalfarbe, rot wird zur Warnung bei Gefahr eingesetzt. In der Graphik gibt es eine Vielfalt von Symbolen.

Der Gebrauch von Symbolen ist seit Urzeiten bekannt und universell. Die ältesten mystischen Symbole zeigen das gleichschenkelige Kreuz und Kreise, Spiralen. Sie stellen verborgenes geistiges Wissen dar, das verschlüsselt niedergelegt wurde. In diesen zeitlosen Symbolen drücken sich ewige Wahrheiten aller Kulturen aus. Symbole wurden und werden auch zum Schutz benützt, z. B. das Kreuz.

Das in den Jahren um 1990 weltweit aufgetauchte Phänomen der Kornkreise, u. a. in England und Kanada, soll uns wieder an altes Wissen erinnern, das tief in uns im Unterbewussten ruht. Die mystischen, kosmischen Kornkreis-Symbole und Piktogramme in den Kornfeldern sollen unser vergessenes inneres Wissen reaktivieren.

Symbole kommen auf den Tarot-Karten und in der Astrologie vor, welche noch auf die Weisheit der Alt-Ägypter und die sumerisch-babylonischen Kulturen Mesopotamiens und Indiens zurückgehen.

Symbole fanden auch in der Heraldik reiche Verwendung. Auf alten Wappen kann man von den Symbolen auf die Attribute des jeweiligen Adels schließen. Nur ein paar Beispiele:
Bienen: Sie symbolisieren Fleiß, Ordnung, Reinheit der Seele.
Adler: Königswürde, Autorität, Stärke, das geistige Prinzip, die Mittagssonne.
Lilien: Reinheit, Frieden, Auferstehung, Königswürde.

Auch in der alten Wissenschaft der Alchimie fanden Symbole reiche Verwendung. Oberflächlich betrachtet war Alchimie die Chemie des Mittelalters und die Kunst, unedle Stoffe durch gewisse Verbrennungsprozesse in edle Stoffe, vor allem in Gold, zu verwandeln.

Tiefer gesehen geht es bei der Alchimie um eine höhere Alchimie, die Verwandlung des Ich-Menschen zum Gott-Menschen, die Transformation unseres Niederen Selbst zum wahren, Hohen Selbst, in dem alles, was nicht zu uns gehört, im Feuer der Läuterung und göttlichen Liebe verbrennt und wie Asche von uns abfällt, auf dass wir unser »wahres, lebendige Gold« – die Göttlichkeit – immer vollkommener zum Ausdruck bringen.

Wir können die positive innewohnende Kraft und Schwingung von Symbolen nutzen, denn ihre Schwingungen geben uns Kraft, Schutz und Energie. Jedes Symbol, auch in einem Gemälde, hat eine Kraft. Diese Kraft wird jedes Mal aktiviert, wenn wir einen Raum betreten, in dem sich dieses Symbol befindet, es beeinflusst unser Leben.
Symbole sind vielfältig einzusetzen, im privaten oder beruflichen Bereich, aber auch in Arztpraxen, Krankenhäusern, therapeutischen Einrichtungen, Schulen und Ämtern. Ich werde nun einige Symbole und ihre Bedeutung vorstellen.

Ich möchte nur vorausschicken, darauf zu achten, dass die Symbole korrekt wiedergegeben sind. Ist das nicht der Fall, wird dadurch ihre positive Wirkung geschwächt oder gar ein negativer Effekt erzielt. Außerdem ist es besser, wenn Symbole farbig und **nicht** schwarz sind, wenn sie auf Stoffen und Bildern aufgetragen sind.

Es ist empfehlenswert, wenn wir **alle Symbole**, die wir kaufen, umhängen oder in der Wohnung aufhängen oder aufstellen möchten, vorerst **segnen**. Wir reinigen es mittels der Violetten Flamme des 7. Strahls oder bitten Gottesboten, dass sie das erworbene Symbol von etwaigen anhaftenden unguten Energien reinigen und segnen mögen.

ॐ

Das heilige **OM**-Zeichen kommt aus der altindischen Sanskritsprache. Es entspricht der Trinität Gottes in Seiner Urschwingung, die alles schafft und durchdringt. Es sollte **kein** Quadrat im oberen Bogen beinhalten, sondern nur einen **runden** Punkt.

∞

Die **liegende Acht**: Sie wird auch Möbiusschleife, kosmische Acht oder Lemniskate genannt. Sie entspricht der Unendlichkeit. Es ist ein machtvolles, kosmisches Symbol.
Wenn wir dieses Symbol in jedem Raum in die Luft zeichnen, können wir alle Räume mit seinen positiven Schwingungen erfüllen. Es eröffnet sich auch die Möglichkeit, uns selbst in Harmonie zu bringen, indem wir stehend unseren Körper von den Füßen her nach oben einschwingen lassen in die liegende Acht.
Die Möbiusschleife, auf Elektrogeräte und Steckdosen gezeichnet oder aufgeklebt, soll Elektrosmog reduzieren und den Strom rechtsdrehend machen.
Man kann das Unendlichkeitszeichen auch einsetzen zum Neutralisieren von schädlichen Strahlen-Einflüssen. Wenn man merkt, dass man auf einem bestimmten Platz ungewöhnlich müde wird, legt man eine gezeichnete liegende Acht auf den Sitzplatz und setzt sich anschließend drauf. Es ist auch möglich, sie über dem Platz in die Luft zu zeichnen. Machen Sie einen Versuch.

Y

Hagal Rune oder Lebens-Rune. Sie stellt den Menschen dar, wie er mit geschlossenen Beinen und nach oben gerichteten Armen stehend die kosmische, göttliche Energie über das Kronenchakra empfängt, gleich einem Y. Dieses Symbol ist nur nach oben gerichtet positiv. So bedeutet es Friede und Leben. Hingegen nach unten gekehrt bedeutet es lebensfeindliche Kräfte, Unglück verheißend für den Träger.

5-Stern- Pentagramm, der stehende Mensch – mit dem Kopf nach oben weisend – wird für Schutz und Anrufung der guten Kräfte eingesetzt. Das umgekehrte Pentagramm wird von schwarzmagischen Kreisen angebetet. Wer es trägt, verbindet sich bewusst oder unbewusst mit gottfernen Kräften.

Die **Blume des Lebens** ist ein Symbol der heiligen Geometrie, ein uraltes, wichtiges Schutz- und Aktivierungssymbol für Lebensenergie. Es bildet ein Kreis, in dem sich 19 weitere

Kreise befinden, die einander durchdringen. Es ist ein Sinnbild für die Unendlichkeit. Es trägt in sich starke, harmonische Schwingungen.
Wir können dieses Symbol vielfältig einsetzen: als Schmuck, auch in der Wohnung als Fensterschmuck, als Untersetzer zum Energetisieren von Lebensmitteln, aber auch auf beidseitig bestickten Stoffen, wie Polster, Decken und T-Shirts.

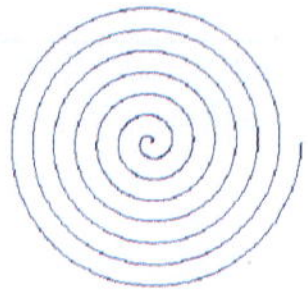

Die **Spirale (Lebens- und Weltspirale)** ist eine heilige geometrische Figur, die wir in verschiedenen Kulturen, u. a. Kreta im minoischen Palast von Knossos oder in Mexiko, finden. Die Spirale findet sich überall in der Natur wieder, u. a. in den Wasserwirbeln, in Blumen, beim Schneckenhaus, nach oben gehend in den Tannenzapfen und in den Galaxien. Wir leben ja selbst in einer spiralförmigen Galaxie. Wenn man durch eine gelegte Steinspirale (Mandala) geht, ist das ein kraftvolles Erleben. Das eckige Spiralenmuster ist eine Abwandlung derselben. Es ist oft auf Handtüchern und Tischwäsche zu finden.

Das **Kreuz** ist ein kraftvolles Symbol des Heils. Das Symbol des Kreuzes gab es schon lange vor dem Christentum und es ist eines der ältesten Symbole zum Schutz. Man findet es überall auf der Erde. In ihm ist eine Wahrheit dargestellt, von der die Weisen in früheren Kulturen bereits wussten, und sie in Formen kleideten: Der Senkrechtbalken stellt das Göttliche dar, der Querbalken die Materie. Das Göttliche ist im unerwachten Menschen noch nicht offenbar, sondern an die dreidimensionale Welt, an die Gesetze der Materie, gebunden. Das Kreuz ist somit das Abbild des noch unerwachten Menschen – gefangen in Zeit und Raum.

Das Kreuz symbolisiert ewiges Leben, Wiederauferstehung und göttlichen Schutz vor dem Bösen. Viele reagieren beim verlängerten Balkenkreuz beim kinesiologischen Test negativ, beim gleichschenkeligen positiv und umgekehrt. Dr. John Diamont, der Autor des Buches »Der Körper lügt nicht«, hat dies untersucht und beschrieben.

Mir war dieser Widerspruch unerklärlich und so erbat ich in einem Channeling eine Erklärung:
»In diesem Zusammenhang ist zu sagen, dass es wirklich darauf ankommt, welche Bedeutung ein Symbol für jemanden hat. Dem einen sagt ein Symbol gar nichts, der andere hat schlechte Erinnerungen im Zusammenhang mit dem Kreuz (mitunter aus einem früheren Leben), und reagiert sogar energetisch negativ darauf, und für den Dritten ist es das Zeichen des Heils und Segens, Kraft und Schutz.
Grundsätzlich ist zu sagen, dass das Kreuz das Göttliche und die Materie darstellt, wie du bereits weißt. Das gleichschenkelige Kreuz ist uralt, bestand bereits vor Christi Geburt. Es stellt auch die 4 göttlichen Himmelsrichtungen, die »4 Gesichter Gottes« dar. Es ist ein universelles Symbol in allen Kulturkreisen, unabhängig vom Christentum.
Das Christuskreuz oder Erlöserkreuz wurde von gewissen Kreisen ebenfalls (wie andere Symbole) verändert und der verlängerte Sockel (der die göttliche Ordnung symbolisiert) entfernt. Wende jedenfalls das Christuskreuz beim Heilen und zum Schutz an, sei es für dich selber oder zum Raumschutz.

Beim Tragen kommt es darauf an, welche Einstellung der einzelne zum Kreuz hat, sei es das Erlöserkreuz oder das gleichschenkelige.- Aber in Wirklichkeit sind die Symbole nicht so wichtig. Es kommt auf die innere Einstellung des Menschen an, ob er ***Christus in seinem Herzen*** *leben lässt und liebt.«*

Zu dem gleichschenkeligen Kreuz und den »4 Gesichtern Gottes« finden Sie eine Erklärung im späteren Kapitel » Im Einklang leben mit den Völkern der Erde«.
Auf jeden Fall sollten wir das Kreuz nach dem Kauf **segnen im Namen Gottes**. Dazu sprechen wir ein Gebet, und bitten Gott, dass er Seinen Segen dazu gebe. Dann ist es zum Heil. – Kurzum, wir sollten **alles** segnen, dann bekommt es eine hohe Kraft und Schwingung. Das bezieht sich nicht nur auf das Kreuz und die genannten Symbole.

Ein trauriges Beispiel für den Missbrauch von Symbolen ist der von der **Swastika, eines uralten heiligen Sonnensymbols aus Indien**. Dieses wurde in der NS-Zeit verändert zum 45° geneigten, nach links gedrehten Hakenkreuz und für Machtzwecke missbraucht. Es wurde zum Symbol für die dunklen Kräfte, denen dieses Regime diente. Letztendlich erwuchs daraus nur Verderben, Zerstörung und Leid für unzählige Menschen.

Das Sonnensymbol, insbesondere die Swastika, stellt mit ihren nach rechts gehenden Strahlen Gott, Seine Macht und die lichten Kräfte dar. Es bewirkt nur Gutes.
Auf meiner Reise in Indien habe ich die Swastika oft auf den hinduistischen Tempeln abgebildet gesehen. Sie gilt dort als Glück- und Segensbringer und ist rechtsdrehend, gemäß dem Lauf der Sonne. Sie ist eines der ältesten Symbole der Menschheit.

Die **Sonne** spielte in allen Völkern von altersher eine bedeutende Rolle. Sie verkörperte das **Göttliche** und wurde deshalb auch verehrt, denken wir an die ägyptische Kultur und an die Maya- und Inka-Völker in Mexiko bzw. Peru. Bei den Azteken wurde die aufgehende Sonne durch den Adler symbolisiert.

»Sie ist das sichtbare Abbild göttlicher Güte ... das transzendente Urbild des Lichtes«
Dionysios Areopagita

☼

Symbolisch dargestellt wird die Sonne als runde **Scheibe**, umgeben von einem Strahlenkranz. **Kugel oder Kreis** stellen immer Vollkommenheit, Unendlichkeit, Göttlichkeit dar.

An vielen alten Tempeln, an Wänden und Fenstern alter Gotteshäuser sowie in der Ornamentik der Schnitzereien finden sich kosmische Symbole wie z. B. Kreuze und »Die Blume des Lebens«.
Kosmische Symbole werden auch zu Heilzwecken eingesetzt. Der Wiener Bioresonanzforscher Erich Körbler (gest. 1994) hat eine energetische und informative medizinische Methode entwickelt, bei der Symbole zur Anwendung kommen, die auf der Haut aufgetragen werden.
Die Beschreibung religiöser und kosmischer Symbole und deren Bedeutung finden sich noch im Kapitel »Im Einklang leben mit den Völkern der Erde«.

Das vierblättrige Kleeblatt, der Pilz, das Schweinchen und der Marienkäfer gelten als **Glückssymbole**. Sie werden ja gerne zu Sylvester geschenkt. Ein Hufeisen ist ebenfalls ein Glückssymbol. Wir sollten es nach oben offen aufhängen, nur so soll es eine dämonenabwehrende Wirkung haben und Glück spenden. Schmetterlinge sind ein Auferstehungs- und Unsterblichkeitssymbol. Wir können auch in Träumen über die Symbolsprache wichtige Botschaften von der Seele empfangen.

Achtung! Es ist Vorsicht und Aufmerksamkeit beim Kauf von Symbolen in Form von Anhängern oder als Tatoos auf Bekleidung, Mustern und Stoffen und sonstigen Gegenständen geboten! Wir sollten nur positive Symbole benutzen und anwenden.

Auf die beschriebenen negativen Kennzeichen sollte geachtet werden. Negative Symbole, wie die umgekehrte Hagal-Rune oder das umgekehrte Pentagramm verkehren alles ins Gegenteil! Auch die im Modetrend stehenden Totenkopf- und Teufelsfratzen-Abbildungen gehören dazu. Der Träger und alle anderen werden, wenn sie diese sehen, schon geschwächt und ungut beeinflusst. Negative, schwarzmagische Symbole und Darstellungen ziehen Unglück an. Vor allem junge Leute sind gefährdet, sie tragen in Unkenntnis der Dinge oft diese Symbole, auch als Tatoos auf der Haut. Ich empfehle jungen Leuten dringend, dass sie sich keine dauerhaften Tatoos machen lassen sollten, vor allem keine dieser Art! Durch den Gebrauch von unsauberen Nadeln besteht auch die Gefahr von Hepatitis- oder AIDS-Infektionen.
Bei Schlangen- und Drachenabbildungen ist Vorsicht angebracht, vor allem bei roten und schwarzen! Sie haben je nach Kulturkreis eine doppelte, also positive und/oder negative Bedeutung. Es ist besser, diese nicht in der Wohnung oder am Arbeitsplatz zu platzieren!

Die Radiästhesistin Frau Berta Eggersberger hat ausgetestet, dass auch Symbole auf Kleidungs- und Wäschestücken, und zwar **Größen-Etiketten** (XS, XL, XXL, meist am Kragen eingenäht) ungute Strahlenbelastungen hervorrufen können, die energieschwächend auf den Körper wirken.
Das gleiche bewirken aufgedruckte **Waschanleitungssymbole** auf allen Textilien, Leib- und Bettwäsche, Unterbetten, Decken und Kuscheltieren. Das sind Dreiecke, durchgestrichene Pyramiden oder durchgestrichene Kreise ⊗ und das umgekehrte Ypsilon.
Man sollte sie am besten alle herausschneiden, vor allem bei Leib- und Nachtwäsche und bei Kuscheltieren, die die Kinder ins Bett nehmen. Frau Berta Eggersberger erklärt, dass man die strahlenaufbauende Wirkung auch beheben kann, indem man eine **liegende Acht** auf das Symbol zeichnet.

Weitere wichtige Hinweise, auf was Sie beim Einrichten Ihres Heimes oder Arbeitsplatzes achten sollten, finden Sie im späteren Kapitel über die harmonische Gestaltung Ihres Umfeldes, der Wohnung, des Hauses.

Natürlich ist auch noch die **Zahlensymbolik** zu erwähnen. Die Zahlensymbolik spielt bei der Kabbala, der jüdischen Geheimlehre, eine Rolle, und zwar in Bezug auf den Namen. Der Name mit seinen verborgenen Schwingungsrhythmen hat eine besondere Bedeutung. Demnach entspricht jeder Buchstabe einer Zahl. Die Gesamtsumme sagt dann in der Lebensanalyse etwas über den Menschen und seine Fähigkeiten und Aufgaben im Leben aus.

Die Zahl 1 entspricht dem Göttlichen, mit dem alles verbunden ist. Die 10 entspricht der Verbundenheit mit dem ganzen Kosmos.
Die Zahlen **3,7, 21, 12** sind heilige Zahlen. 21 und 12 ergeben in der Quersumme die göttliche Zahl 3. Die Zahl 21 besteht wiederum aus 3 x 7. Zusammen mit der 3, die die Seele ist, und der 4, die der Körper ist, ergibt sich die Zahl 7, also den Menschen. Es gibt 7 Wochentage, 3 x 4 ergibt wiederum 12, das ist die Zahl der Tierkreiszeichen und der Monate im Jahr.
In der Bibel finden wir zahlreiche Beispiele der Zahlensymbolik.
Über die Bedeutung der Zahlen wussten die alten Kulturen viel, die Mayas, die Ägypter und Chaldäer. In vielen Kulturtraditionen, besonders in Babylon, im Hinduismus und bei Pythagoras ist die Zahl ein grundlegendes Prinzip, von dem die gesamte objektive Welt ausgeht. Sie ist der Ursprung aller Dinge und die dem Universum zugrunde liegende Harmonie.
Zahlen sind nicht nur mathematische Größen, sie spielen im Rhythmus und bei den Proportionen der bildenden Künste eine Rolle. Pythagoras und seine Schüler wussten, dass alles im Universum nach einem bestimmten System geordnet ist – »alles nach Maß und Zahl«.

Kraftplätze, heilige Orte

Die Menschen aus früheren Zeiten – von uns respektlos als »Heiden« bezeichnet, hatten noch das Gespür für die Kräfte in der Natur. Sie errichteten ihre Kultstätten und Tempel genau dort, wo Kraftplätze waren. Viele alte Heiligtümer stammen von den Kelten. Aber auch in Griechenland herrschte eine große Heiltradition an Quellen. Da befanden sich die Äskulap-Tempel, von denen heutzutage nur mehr Ruinen bestehen. Aber man kann dort heute noch die starken Schwingungen wahrnehmen.
Über die alten, zerstörten Heilungstempel, z.B. auf Kreta; wurden später christliche Kirchen erbaut. Auch viele unserer Kirchen und Kapellen an Wallfahrtsorten wurden auf alten, ursprünglichen Quellenheiligtümern errichtet. Es sind Kraftorte. In Tirol befinden sich Marien Wallfahrtsstätten, verbunden mit Heilquellen, z. B. »Heiligwasser« bei Igls und »Maria Waldrast« bei Matrei am Brenner, von denen sich viele Menschen vom Brunnen das Heil-Wasser holen, das eine sehr hohe Schwingung hat und sehr lange frisch bleibt.
In meiner Heimatstadt Innsbruck im Stadtteil Wilten befindet sich eine wunderschöne barocke Basilika, die Maria als Königin des Himmels geweiht ist, es ist ein Gnadenort.

In meiner Kinderzeit fuhr meine Großtante hin und wieder mit dem Zug zu dem kleinen Dorf am Inn namens Mötz. Das war für mich ein ganz besonders Erlebnis, mit dem Zug fahren zu dürfen. Dort befindet sich auf einer Anhöhe auf einem Felsen ein weißes Kirchlein mit einem spitzen Kirchturm, vom Tal aus schon von weithin zu sehen. Dieser Wallfahrtsort heißt »Locherboden.« Man spaziert durch den Wald hinauf.
Später unternahm ich auch mit meinen beiden Kindern einen Ausflug dorthin. An diesem wunderschönen Platz befindet sich auch eine ganz kleine Kapelle, die zuerst an dem ursprünglichen Erscheinungsort von Mutter Maria erbaut worden war. Vor dem Eingang ist ein weißer Marmorstein in den Boden eingelassen und darauf steht: »Hier stand Maria«.

Ich stellte mich drauf und spürte sogleich eine sehr starke, wohltuende Kraft von den Füßen herauf in mich aufsteigen. Das hat mich sehr beeindruckt.
In den Kapellchen oder Kirchen kann man noch Zeichen der Dankbarkeit der geheilten Menschen in Form von Votivbildern oder alten Krücken sehen. Auch im Museum von Korinth waren in den Vitrinen kleine Darstellungen von geheilten Körperteilen, wie Arme, Beine u. dergleichen zu sehen. Diese stammten aus dem zerstörten Äskulap-Heiltempel in Korinth, in dem u. a. auch mit Wasser geheilt worden ist.
Es gibt ganz besonders starke Kraftorte, die wegen ihrer zahlreichen dokumentierten Wunderheilungen bekannt wurden, wie z. B. Lourdes in Frankreich, Medugorje im ehemaligen Jugoslawien. Es sind Erscheinungsorte von Mutter Maria, die dort, wie auch in Fatima in Portugal, an die Seherkinder ihre göttlichen Botschaften übermittelte. Sie hat immer wieder zur Umkehr der Menschen aufgerufen.

Ich selbst habe einmal vor ca. 30 Jahren den kleineren Ort San Damiano in Italien besucht, bei dem Mutter Maria jeden Tag zu bestimmten Zeiten einer Seherin, einer einfachen Bauersfrau, erschien. Dorthin pilgerten viele Gläubige. Ich war mit meiner Schwiegermutter und Schwägerin dort gewesen. Als es hieß, wir sollten niederknien, die Mutter Gottes sei jetzt da, dachte ich mir, dass dies schwierig werden würde. Wir hielten uns im Freien vor einem kleinen, eingezäunten Garten auf, in dem Mutter Maria stets bei einem Baum erschien. Wir standen aber auf steinigem, hartem Boden. Zu meiner Überraschung spürten weder meine beiden Begleiterinnen noch ich die Steine beim Knien.
Meine Schwiegermutter nahm auch das »Sonnenwunder«, die Veränderung der Farbe der Sonne wahr – so wie es in Fatima in Portugal anlässlich der damaligen Erscheinungen der Madonna geschehen ist.

Pilgerort Hardwar in Indien

Als sie wieder zu Hause war, erzählte sie das Erlebte natürlich ihren Söhnen, dass sie weich, wie auf einem Polster gekniet habe und von ihrer Sonnen-Wahrnehmung, aber diese nahmen sie nicht ernst und sagten: »Aber Mama, das hast du dir alles nur eingebildet.«
Sie hat mir berichtet, dass sie ganz verunsichert war, sich auf einen stillen Platz am Balkon zurückgezogen hatte und Maria in Gedanken fragte: »Stimmt das alles, was ich erlebt habe, ist es wahr oder habe ich mich nur getäuscht?« Sogleich nahm sie einen ganz intensiven, feinen, unvergleichlichen Duft wahr, das war eine sehr beredte Antwort! Da war sie in ihrem Herzen wieder getröstet. Es ist ja bekannt, dass ganz hohe Wesenheiten einen wunderbaren Duft ausstrahlen und oft auf diese Weise wahrgenommen werden können.

Natürlich werden wir überall auf der Welt solche heilige Stätten finden. Nicht umsonst empfiehlt Ayurveda, heilige Orte aufzusuchen wegen ihrer guten Schwingungen, die dort besonders stark sind, schon allein durch die vielen Gebete der Gläubigen.
Die Kraft dieser hohen göttlichen Heilschwingungen bewirkt, dass die niederen, krankmachenden Schwingungen weichen müssen, und Spontanheilungen geschehen können. Manchmal setzt ein Heilprozess auch später ein. Aber Heilungen finden nicht nur auf der körperlichen Ebene statt, sondern auch auf einer ganz anderen, der seelischen. Erkenntnisse erwachen in den Menschen, oft haben sie auch tiefe spirituelle Erlebnisse.

Licht ist immer stärker als das Dunkel! Wenn manche auch von ihrem körperlichen Leiden nicht befreit worden sind, haben sie danach doch eine ganz andere Einstellung zum Leben, sie können mit ihrer Krankheit leichter umgehen und freuen sich am Leben. Das ist fast noch eine wichtigere Heilung als die körperliche.

Aber der größte Heilungstempel ist Gottes Natur selber, sei es in der Stille der Bergwelt, an einem Bergsee, sei es an einem Sonnenauf- oder Untergang am Meer, im Dickicht des Waldes oder an einem Wasserfall, überall in der unberührten Natur.

Die Welt der Steine, Pflanzen und Bäume

Der Mensch ist eng mit der Natur verknüpft. Das zeigen Horoskop-Analysen, wie z.B. die kabbalistische Lebensanalyse. Es gibt dort deutliche Entsprechungen zur Person und zum Geburtstag. Sie finden sich in Glückszahlen, Edelsteinen und Metallen.
Das indianische Horoskop zeigt ebenso den Zusammenhang zwischen den menschlichen Wesen und der Natur. Horoskope beruhen auf der Erkenntnis, dass der individuelle Charakter eines Menschen seine Entsprechung in der Natur findet.
Personen können Tieren (z.B. dem Biber), Blumen und Steinen zugeordnet werden, die Aufschluss über die ihnen innewohnenden Fähigkeiten geben können. Die 4 Himmelsrichtungen und die 4 Elemente Erde, Wasser, Luft und Feuer werden in der Analyse miteinbezogen.
Erst wenn der Mensch seiner wahren Bestimmung gerecht wird, kann er im Einklang mit der Natur und mit seinen natürlichen Begabungen ein erfülltes Leben führen.

Steine, Edelsteine und Kristalle

Seit altersher ist bekannt, dass man Steine zum Heilen als auch zum Schutz verwenden kann. Das haben sich alle Völker und Kulturen schon seit Jahrtausenden zunutze gemacht. Beim Erstellen der indianischen und chinesischen Horoskope spielen Steine eine große Rolle. In allen Kulturen gibt es eine reiche Tradition über den Gebrauch von Steinen zum Heilen, als Schutz und als Glücksbringer.
Steine werden auch als Orakelsteine verwendet.

Auch weltliche und geistige Herrscher, die Könige und Kirchenfürsten, wussten um die Kraft der Edelsteine, der Diamanten, Rubine und Smaragde usw. Bescheid, und ließen ihre Kronen daraus fertigen. Die Heilige Hildegard von Bingen hat sich auch mit der Steinheilkunde befasst.
Wir können Steine als Schmuck tragen oder damit unsere Wohnung bzw. den Arbeitsplatz harmonisch und kraftvoll gestalten. Es eröffnen sich viele Möglichkeiten.

Heilsteine sind u.a. der Bergkristall, der Amethyst und der Rosenquarz. Sie haben stärkende, reinigende und heilende Eigenschaften.
Neben Heilsteinen gibt es auch **Schutz-Steine**. Hier wäre u.a. der Türkis zu erwähnen. Bei den Ägyptern und Persern galt der Türkis als heiliger Stein, der heilt und schützt. Bei ihm, wie auch bei allen anderen Steinen sollte man allerdings auf gute Qualität achten. Bei den

indianischen Völkern wird der Türkis verehrt als Glücks- und Schutzstein und kombiniert mit roter Koralle und Silber verarbeitet. Das Silber verstärkt zusätzlich die guten Wirkungen des Türkis. Der Türkis wird auch in Tibet zusammen mit roter Koralle getragen. Ich habe von einer Steinkennerin erfahren, dass der Türkis, die rote Koralle sowie der Bernstein etwas Besonderes haben: Sie können in ihrer Wirkung nicht beeinträchtigt und umgepolt werden, wie es bei den anderen Steinen möglich ist. Sie eignen sich daher gut zum Schutz, auch als Kombination getragen.
Der Opal wird oft als Unglücksstein bezeichnet. Das kommt ganz auf die Eigenschaften des Trägers an. Der Opal ist ganz neutral. Er nimmt Positives und Negatives auf und verstärkt es. Die Qualität unserer Emotionen und ausgesendeten Gedanken entscheidet, ob uns der Stein gut tut oder nicht. Wir sollten ihn nur tragen, wenn wir in Harmonie sind und uns gut fühlen. Dann wird er alles Gute verstärken und Freude, Klarheit und Intuition schenken. Der Träger eines Opals sollte seine Gedanken und Emotionen beherrschen können, da sonst Negatives verstärkt auf ihn zurückfällt. Der Opal ist ein sehr starker Stein und sollte nicht mit anderen Steinen zusammen getragen werden.

Edelsteine entfalten ihre Wirkung nach **Farbe und ihren Schwingungen**. Sie wirken sowohl auf die Konstitution, wie auf bestimmte Organe, den Geist, als auch auf die Chakren. Falls wir Steine zur Therapie tragen wollen, sollten wir unbedingt den Rat eines Fachmanns einholen. Über die Wirkung der Farben und ihre Qualitäten können Sie sich in diesem Kapitel informieren.
Die Edelsteine beeinflussen unseren Körper in **dreifacher Weise**: über die Lichtenergie, über die Schwingungsenergie ihrer Farbe und über ihre Mineralien und Spurenelemente.

Das können wir nutzen, indem wir Edelsteine tragen oder uns ein **Edelstein-Wasser** zubereiten. Dazu nehmen wir einen Wasserkrug, legen einen energetisch gereinigten Bergkristall, einen Rosenquarz und einen Amethyst hinein und füllen ihn mit frischem Wasser auf und lassen diesen über Nacht stehen und trinken dann davon. So nehmen wir über das magnetisierte Wasser zu den Schwingungsqualitäten der Steine auch ihre Mineralien und Spurenelemente direkt in unser Blut und die Zellen auf.

Das indische Medizinsystem Ayurveda stellt in Jahrtausende alter Tradition **Edelstein-Medizin** her. Die Edelsteine werden dazu pulverisiert. Die früheren Herrscher ließen sich z. B. aus kostbaren Rubinen Essenzen herstellen. Der Rubin hat eine sehr belebende Kraft.

Steine aufgestellt in der Wohnung und am Arbeitsplatz oder als Zimmerspringbrunnen, schaffen ein angenehmes Raumklima. Dadurch wird nicht nur eine negativ geladene Ionenatmosphäre erzeugt, das angenehme Plätschern bildet auch einen heilsamen Klang.

Der Bergkristall zusammen mit dem Rosenquarz und dem schwarzen Turmalin kann schädliche Strahlungen von Computern und Fernsehern abhalten und insgesamt das Raumklima verbessern. Auch Achatscheiben und Amethyst-Drusen schützen vor diversen Strahlungen.
Schwarze Steine, z. B. ein Onyx oder ein dunkler Obsidian absorbieren Licht und geben im Gegensatz zu Bergkristallen oder Diamanten keines ab. Sie sind wie der schwarze Turmalin, der Hämatit und der Sardonyx geeignet, negative Energien abzuziehen.

Der Bergkristall, Rosenquarz und der schwarze Turmalin und andere Steine müssen, wenn sie zum Entstrahlen eines Raumes eingesetzt werden, **wöchentlich** für je fünf Minuten unter kaltem, fließendem Wasser entladen und anschließend energetisch wieder aufgeladen werden. Der Bergkristall und der Turmalin werden an der Sonne und der Rosenquarz einige Stunden in Verbindung mit Bergkristall und Amethyst aufgeladen.

Es heißt, der schwarze Turmalin habe selbstreinigende Kräfte und brauche nicht gereinigt werden. Es können ihm aber ungute Energien anhaften, möglicherweise schon bevor wir ihn verwenden. Ich würde in jedem Fall empfehlen, ihn zu reinigen, zu segnen und vor allem Erzengel Michael bitten, dass er helfen möge, etwaige dunkle, negative Energien aus ihm zu entfernen.

Ganz **wichtig** ist zu beachten, dass wir **alle Steine vor ihrer Anwendung** und dem Gebrauch energetisch reinigen und aufladen. Das können wir auf nachstehend beschriebene Weise tun. Sie werden von negativen Energien befreit, wenn wir sie in die Hand nehmen, ein Gebet sprechen und sie **segnen**. Wir können dazu auch die Hilfe der Engel erbitten.

Da Heilsteine sowohl starke Schwingungen abgeben als auch aufnehmen können, ist es notwendig, diese **regelmäßig** – ein- bis zweimal im Monat – von negativen Schwingungen zu **reinigen bzw. zu entladen**. Nach jeder therapeutischen Anwendung am Körper sind sie **sofort** zu reinigen! Das können wir tun, indem wir sie etwa fünf Minuten unter kaltes, fließendes Wasser halten. Wichtig ist, dass wir uns dabei auch vorstellen, dass der Stein energetisch gereinigt wird und alles Unreine, Belastende von ihm abfließt.
Es wird empfohlen, Ketten in eine Schale mit Hämatit-Trommelsteinen zum Reinigen bzw. Entladen zu legen, um die Knüpfung zu schonen. Das gilt im Besonderen auch für wasserempfindliche Steine, wie den Türkis, Chrysokoll, Hämatit und die Pyritsonne.

Zum **Aufladen** legen wir die Steine anschließend nach dem Abtrocknen in eine Bergkristallgruppe oder -druse. Wir können sie auch im Freien – aber keinesfalls in der prallen Sonne – oder im Vollmondlicht mit Kraft aufladen lassen. Es gibt Ausnahmen! U. a. dürfen Türkise und Amethyste nicht an der Sonne aufgeladen werden. Amethyste werden in einer Druse oder Gruppe von Amethyst-Kristallen aufgeladen, der Türkis mit Bergkristallen.
Da die einzelnen Edelsteine unterschiedliche Behandlung brauchen, ist es auch hier günstig, vorsichtshalber einen Fachmann zu Rate zu ziehen.

Es ist auch wichtig, sich über die Wirkung der Edelsteine auf unseren Konstitutionstyp genau zu informieren und nicht einfach aus einer Laune heraus Steine zu tragen. Wir achten auf jeden Fall auf eine gute Qualität der Steine, z.B. sollten sie keine Sprünge oder Einschlüsse haben, die ihre Wirkung beeinträchtigen könnten. Sie sollten auch nicht bestrahlt oder gefärbt sein.
Achten wir beim Kauf darauf, wie sich ein Stein für uns anfühlt. Gehen wir intuitiv daran und wir werden mit Sicherheit den richtigen Stein für uns finden, wir werden es spüren. Bitten wir dabei innerlich um göttliche Führung. Edelsteine fühlen sich ganz unterschiedlich an, die einen wirken kühlend und beruhigend oder stabilisierend, die anderen lebendig, pulsierend und aktivierend.

Über die Wirkung der Edelsteine können wir auf der körperlichen Ebene Vata, Pitta und Kapha ausgleichen und harmonisieren oder auf der feinstofflichen, energetischen Ebene die Chakren und Energiebahnen beeinflussen.
Um die beste Wirkung der Edelsteine zu erzielen, ist Hautkontakt erforderlich. Deshalb sollten wir beim Schmuck darauf Wert legen, dass die Steine so gefasst sind, dass sie zur Haut- oder Körperseite offen liegen.
Es kann sein, dass an Steinen und Kristallen beim Kauf negative Energien anhaften, das können Ketten, Anhänger, Handschmeichler oder Steine zum Aufstellen sein. Dies gilt natürlich auch für Erbstücke und wertvollen Familienschmuck mit Edelsteinen. Sie sind daher alle, wie bereits erwähnt, **vor Gebrauch** energetisch zu reinigen und aufzuladen. Wir geben ihnen nach der Reinigung ihre gute Energie wieder, indem wir sie, während wir sie in der Hand halten, **segnen** und ein Gebet sprechen.

Einige Beispiele für die **Wirkung von Edelsteinen** auf die **eigene Konstitution** möchte ich hier anführen:

Amethyst:	Verleiht Liebe, Mitleid, Hoffnung, gleicht alle Konstitutionen aus, besonders günstig bei Vata/Pitta-Ungleichgewicht.
Hämatit:	Zur Blutreinigung und gut bei Blutarmut.
Granat:	Wirkt erhitzend, gut bei Vata/Kapha-Ungleichgewicht.
Lapislazuli:	Stärkt Körper, Geist und Bewusstsein, augenstärkend, reduziert Pitta, senkt hohen Blutdruck.
Mondstein:	Beruhigt den Geist (Verstand), wirkt kühlend, reduziert verstärktes Pitta und Vata, verstärkt Kapha.
Opal:	Gut für Vata/Kapha-Konstitution zur Harmonisierung.
Rubin:	Gut für Vata/Kapha-Konstitutionen, stärkt Herz und Leber, kräftigt den Geist und die Gedanken.
Koralle:	Wirkt Pitta-beruhigend, kontrolliert daher die Emotionen, bewirkt Blutreinigung.
Saphir:	Wirkt gegen verstärktes Vata, bei Rheuma und bei Nervenleiden.
Topas:	Hilft bei Angst, gibt geistige Stärke und Intelligenz.
Achat:	Gut bei Kapha-Störung, regt spirituelles Erwachen an.
Diamant:	beruhigt Pitta, regt Vata und Kapha an, verstärkt subtile Schwingungen in Herz und Gehirn, verstärkt Bindung zwischen Lebenspartnern.
Perle:	reduziert Pitta, reinigt das Blut, fördert die Lebenskraft.

Nun folgen einige Beispiele für die ausgleichende Wirkung von Edelsteinen auf die **Chakren:**

Wurzel-(Muladhara)-Chakra:	Hämatit, Achat, Blutjaspis, Granat, Rubin.
Sexual-(Svadhisthana)-Chakra:	Mondstein, Karneol.
Solar-Plexus (Manipura)-Chakra:	Tigerauge, Bernstein, Edeltopas, Zitrin, zur Stärkung Rubin.
Herz-(Anahata)-Chakra:	Rosenquarz, Turmalin, Smaragd, Kunzit und Jade.
Kehl-(Vishudda)-Chakra:	Aquamarin, Türkis, Chalcedon.
Stirn-(Ajna)-Chakra:	Lapislazuli, indigoblauer Saphir, Sodalith.
Kronen-(Sahasrara)-Chakra:	Amethyst, Bergkristall.

Jeder Stein ist in gewisser Weise beseelt, und wir können mit ihm auch gedanklich kommunizieren. Wir sollten uns auch bei ihm bedanken für seinen Dienst und sorgen, dass er immer wieder gereinigt und aufgeladen wird.
Steine geben uns ihre Kraft. Ich habe einen Amethyst-Ring. Der Stein hatte eine sehr kräftige Farbe, im Laufe der Zeit merkte ich, dass er blasser geworden ist – er hat mich beschützt und mir seine Kraft abgegeben. Meine Freundin machte mich darauf aufmerksam, dass ich ihn besser pflegen muss. Ähnliches habe ich in Bezug auf die Türkise gehört, sie verlieren ihre Farbe, wenn der Besitzer krank ist, manche zerspringen gar.

Pflanzen und Bäume

Wir fühlen uns in der Natur sehr wohl und das verdanken wir den Pflanzen, Sträuchern und Bäumen. Sie spenden nicht nur Sauerstoff, sondern auch durch ihre wohltuenden Schwingungen Erquickung für Körper, Geist und Seele. Ihnen verdanken wir auch die Früchte und Nüsse, selbst die Tannen- oder Kiefernzapfen dienen als Heizmaterial oder als Schmuck für Kränze oder Dekoration für Weihnachten. Blumen erfreuen unser Herz.

Wir sollten Pflanzen und Bäume aber nicht nur vom wirtschaftlichen Standpunkt aus betrachten. Viele denken bei Bäumen nur an ihren Nutzwert als Holz, sie schenken auch Lebens- und

Heilkraft, sie sind Lebensspender. Bäume haben eine mächtige Aura und Ausstrahlung. Neben den Bachblüten-Essenzen von Dr. Edward Bach gibt es auch Baum-Essenzen zur Heilung. Die Natur schenkt uns eine Vielfalt von Heilkräutern und Beeren.

Es würde den Rahmen dieses Buches sprengen, die vielfältigen Heilkräuter, ihre Wirkungen und Anwendungsmöglichkeiten aufzuzählen. Dazu gibt es ausreichende Literatur. Aber ich werde in dem späteren Kapitel »Im Einklang leben mit Natur, Tieren, Erde, Kosmos« unter »Die Schätze der Natur« auf heilkräftige Pflanzen und Bäume eingehen.

Wir sollten dankbar für alles sein, und die Natur nicht plündern – wie die Pilze, Beeren oder Zweige von Sträuchern, z. B. die Palmkätzchen zu Ostern. Gerade im Frühling bilden sie die erste Nahrung für Bienen. Auch beim Ernten von Heilpflanzen sollten wir sorgsam sein.
Meine Großmutter hat mir Achtsamkeit gelehrt und mich aufmerksam gemacht, dass Blumen Lebewesen seien und sterben würden, wenn ich sie nicht daheim mit Wasser versorge. Das hat in mir das Gefühl für die Lebewesen geweckt. Wir sollten unsere Kinder auch darauf aufmerksam machen, dass sie nichts einfach abreißen sollen. Vielfach denken sie sich nichts dabei, wenn sie Blumen danach achtlos wegwerfen.
Wenn wir auf einem Waldplatz oder einer Wiese Picknick machen, so sollten wir die Natur auch so verlassen, wie wir sie aufgefunden haben, also unsere Flaschen und Verpackungen, den ganzen Müll, wieder mitnehmen. Achtsamkeit ist auch angesagt mit brennenden Zigarettenstummeln. Das sind wir der Natur schuldig. Oft schon ist durch das Aufglimmen der Glut am trockenen Waldboden ein Waldbrand entstanden.

Wenn wir in der Stadt wohnen, holen wir uns gerne Pflanzen und Blumen in die Wohnung. Wir sollten uns aber vorher erkundigen, was für einen Platz sie brauchen und welche Pflege. Oft leiden Pflanzen vor sich hin, weil ihnen etwas fehlt. Es ist doch bekannt, dass Blumen und Pflanzen viel besser gedeihen, wenn wir mit ihnen kommunizieren und sie beachten. Wir sollten sie loben, wenn sie gut gedeihen und trösten, wenn es ihnen nicht gut geht, etwa wenn wir sie umgetopft haben. Da können wir ihnen auch helfen mit Bachblüten.
Pflanzen registrieren Schwingungen und haben ein Gedächtnis. In seinem Buch »Das geheime Leben der Pflanzen« beschreibt Peter Tompkins dies.
Ich habe in meinem Therapie- bzw. Meditationszimmer einen Hibiskus. Er zeigt mir genau an, wenn die Energie im Raum nicht stimmt, vor allem nach Heilbehandlungen. Er lässt dann ganz schnell einige Blätter gelb werden, die abfallen. Dann muss ich eine Raumreinigung mit der Violetten Flamme machen und auch die Engel bitten, dass sie mir dabei helfen. Anschließend fülle ich den Raum auf mit goldenem Licht.
Pflanzen lieben schöne Musik, bei disharmonischen Tönen gehen sie ein. Die Wirkung von Tönen habe ich bereits in diesem Kapitel beschrieben.

Der geniale Pflanzenzüchter Luther Burbank aus Kalifornien (1849 – 1926) sagte einmal:

»Pflanzenveredelung beruht nicht nur auf wissenschaftlichen Erkenntnissen, sondern vor allem auf Liebe.«

Luther Burbank bewies dies auf eine sehr eindrucksvolle Art. Indem er mit einem Kaktus regelmäßig liebevoll sprach, legte dieser mit der Zeit seine Stacheln ab. Es gelang ihm somit, eine dornenlose Opuntia zu züchten. Ich habe in Kalifornien selbst so ein prächtiges Sukkulenten-Exemplar gesehen. Viele von ihm gekreuzte, veredelte Gemüsesorten und Lilien und Rosen sind nach ihm benannt.

Geheimnisvolle Welt der Natur

Hinter dem geheimnisvollen und harmonischen Geschehen und der Schönheit der Natur stehen feinstoffliche Wesenheiten, die **Natur- oder Elementargeister** genannt werden. Sie sind den Elementen Erde, Wasser, Luft und Feuer zugeordnet, und existieren im Ätherbereich. Sie haben verschiedene Aufgaben und verschiedene Entwicklungsstufen.
Blumen- bzw. Waldelfen nähren und betreuen die Blumen und Pflanzen, ebenso die Wichteln. Ihre Führerinnen sind die Feen. Feen haben ein sehr anmutiges, mädchenhaftes Aussehen. Baumelfen und Baum-Devas sind groß und mächtig, sie versorgen Bäume mit Energie. Die Bergelfen versorgen ganze Regionen, sie sind die höchsten Devas. Das Bild von der kleinen Blumenelfe hat mir dankenswerter Weise Frau Michaela Koller zur Verfügung gestellt.

Nun folgt ein kleiner Auszug aus dem Buch »Naturwesen – Begegnung mit Freunden« von Margot Ruis:

Eine Blumenelfe:
»Meine Blüten blühen zur Freude der Wesen
alle Jahre
nichts wünschend
nichts hoffend
seiend;
zur Freude der Sonne, des Mondes
und aller Wesen.
Meine Blüten blühen!«

Die Erdgeister, Gnome betreuen das unterirdische Reich der Kristalle und Edelsteine und bewachen diese. Alte Sagen berichten von »Venediger Mandln« im Großglockner-Berg. Gnome – Zwerge oder Wichtelmänner – haben verschiedene Funktionen. Sie halten sich nicht nur im Freien, sondern auch in Häusern auf. Es gibt auch Kobolde, die die Menschen necken.
Das wässrige Reich beleben Nixen, Wassernymphen und Wassermänner sowie Meereselfen. Feuergeister sind überall dort, wo Feuer ist, in den Öfen, in den Vulkanen, sie werden Salamander genannt. Salamander halten sich gerne in der Nähe von zornigen Menschen auf, die sie zum Zündeln zu animieren versuchen. Bei Unwettern wirken die Sturmgeister der Luft, die Sylphen und die Feuergeister, die Salamander, zusammen. Sie versuchen, mit dem Blitz Feuer zu entfachen. Auf allen Kriegsschauplätzen, bei Explosionen, bei Bränden, treiben sie ihr Unwesen. Sie sind bei allen Bränden dabei und schüren diese durch ihre Aktivitäten.

Anlässlich eines speziellen Seminars mit Herrn Dr. Danninger wurde an einem besonders schönen Tag ein Ausflug an einen stillen Bergsee unternommen. In unberührter Natur nahmen die Seminarteilnehmer Kontakt mit den feinstofflichen Welten auf.

Und in der Tat nahmen sie Feen, Blumenelfen, Nixen und Erdwichte wahr. Eine Wasserelfe saß auf einem Felsen, sie trug ein weißes Kleid und einen Blumenkranz. Eine der Teilnehmerinnen fragte die Naturgeister gedanklich, ob sie etwas zu essen wünschten. Das wurde bejaht. Und sie nahmen Käse, Brot und Früchte in geistiger Form an. Am meisten schätzten sie Weintrauben. Ich habe selbst erlebt, wie mich eine Seminarteilnehmerin auf eine Fee auf einer Alm-Wiese aufmerksam gemacht hatte.
Auch meine liebe Freundin Marianne war hellsichtig und nahm in ihrem Garten bei den Rosensträuchern Wichteln wahr. Sie hat sie dann selbst – so wie sie sie gesehen hat – in Handarbeit gefertigt und mir so einen Wichtel geschenkt. Er sieht einem kleinen Gartenzwerg ähnlich, mit roter Mütze, ein wenig krummen Beinchen.

Wir sollten also Kinder ernst nehmen, wenn sie feinstoffliche Wahrnehmungen haben und sie nicht lächerlich machen. Kinder haben noch die hellseherische Fähigkeit, bis wir sie grausam aus ihrer inneren Seelenwelt vertreiben und ihnen das materialistische, logische Denken – die »Tatsachen« – einhämmern. Kinder nehmen Elfen wahr. Oft reden kleine Kinder mit unsichtbaren Gefährten bei ihrem Spiel. Man sollte sie gewähren lassen und ihnen ihre kleinen unsichtbaren Freunde lassen. Kinder können auch besonders in Fieberzuständen negative astrale Wesenheiten sehen, die sie sehr ängstigen. Auch in diesem Fall muss man ihre Ängste ernst nehmen und sie beruhigen und ihre Wahrnehmung nicht als lächerlich abtun. Kinder sollten wissen, dass sie stets ihren Schutzengel anrufen können. Sie bräuchten sich dann nicht mehr so zu fürchten und fühlten sich sicherer, vor allem, wenn sie alleine sind.

Schöne Wesen, Devas, können sich auch auf Fotografien zeigen. Bei meinen Fotos von dem bereits erwähnten Ausflug an den Bergsee war eines dabei, das eine Wiese zeigt, in der eine schöne Lichtkugel abgebildet ist.

Nach dem Entwickeln der Fotos von meinen aztekischen, indianischen Freunden bei ihren Tänzen zu Ehren von Vater Sonne und Mutter Erde entdeckte ich wunderschöne Energiekugeln. Diese Energiekugeln schauen aus wie bei den klassischen Walt-Disney-Märchenfilmen, die zerplatzen und daraus feinstoffliche Elfen, Geistwesen entschweben.
Ich habe einmal gelesen, dass Walt Disney ein »Wissender« war.

Nach einem Heilseminar bei Herrn Gerhard Klügl, wo eine wunderschöne Atmosphäre und gute Energie im Raum herrschte, zeigten sich ebenfalls nach dem Entwickeln der gemachten Fotos zahlreiche Energiekugeln.
Dabei war auch Herr Gerard Pierre aus Luxemburg zugegen, der uns Seminarteilnehmern abends im Seminarhaus als Überraschung, zusammen mit Herrn Gerhard Klügl, einen vergnüglichen Abend mit Spaß und Illusionskunst bereitete. Gerard Pierre – mit Künstlernamen Jerry Darnelle – ist ein Künstler der Illusion, der für seine Kunst international ausgezeichnet wurde. Er hatte jahrzehntelang zahlreiche Auftritte auf großen Bühnen und im Fernsehen, auch vor Königshäusern. Er ist jetzt von der Magie der Bühne zur Magie des Heilens übergetreten. Früher wirkte er bereits heilend auf die Menschen, indem er ihnen Freude mit seiner Kunst bereitete und schöne, unvergessliche Stunden schenkte.

Auch bei seinem improvisierten »Privatauftritt« bei uns im kleinen Kreise traten Energiekugeln beim Entwickeln der Fotos zutage.
Diese erwähnten Energiekugeln zeigen die Anwesenheit geistiger Helfer aus Gottes Reich an, die uns stets in positiver Weise unterstützen und inspirieren.

Es gibt Bücher, in denen Fotografien von kleinen Elfen abgebildet sind. Man sieht sie in ihrer sehr grazilen Gestalt auf Blumen und Sträuchern. Herr Daniel Swarovski sen., der Gründer der weltbekannten Kristallglasmanufaktur in Wattens, hat einmal ein solches Büchlein herausgebracht. Er war nicht nur ein tüchtiger Geschäftsmann, sondern hatte auch einen Blick für die feinstofflichen Ebenen.

Die nebenstehende Fotografie ist entstanden, als Herr Markus Wielander seine Orchidee fotografiert hat. Es ist eine Teilansicht vom Zentrum der Blüte mit dem Blumen-Deva.

Wir können Kraft tanken unter alten Bäumen. Auf schönen Plätzen gibt es noch alte Linden. Meine Tochter Daniela hat mir erzählt von einer schwerkranken Frau, die sich regelmäßig an einen Platz mit einer schönen, alten Linde setzte, allmählich wieder zu Kräften kam und genas.

Auch wir sollten Bäume umarmen, oder uns an ihren Stamm setzen mit dem Rücken angelehnt. Wir müssen sie aber davor gedanklich um Kraft bitten.

Wenn wir uns dem Dom des Waldes nähern, sollten wir es in einer respektvollen Haltung tun. Wir werden den beseelten Wald ganz anders erleben, wenn wir ihn, bevor wir ihn betreten, gedanklich um Einlass bitten und die Bäume begrüßen. Das taten wir als Gruppe im Rahmen eines Seminars mit Herrn Gerhard Klügl. Wir nahmen Kontakt zu den Bäumen auf. Jeder von uns erhielt auf seine Fragen an ihn eine innere Antwort. Ich spürte die Lebendigkeit eines schlagenden Herzpulses beim Berühren der Rinde.

Als wir uns um einen großen Baum versammelten, spürten wir alle eine tiefe Ruhe und Kraft von ihm ausgehen, und ich durfte die Botschaft des Baumes an die Gruppe weitergeben:

»Meine lieben Freunde!
Ihr seid nun bei mir versammelt. Ich bin euer älterer Bruder. Ich spende euch Kraft und Friede. Ruht euch in meiner Aura aus.
Wir sind eure Freunde. Ihr betrachtet uns leider nur hauptsächlich vom Nutzwert aus. (Hier spüre ich deutlich eine Traurigkeit). Dabei sind wir für euch Transformatoren für höhere Energien, die wir an euch weitergeben.
Ich möchte eine wichtige Bitte an euch richten im Namen all meiner Brüder: Bitte sagt es den Bäumen, bevor ihr sie fällt, damit sich die Baumseelen einen neuen Platz suchen können! Sie erleiden sonst einen Schock, wenn sie ihrer Heimat unvorbereitet beraubt werden.
Nehmt nun zum Abschied jeder ein kleines Stück von meiner Rinde und bewahrt es auf. Und jedes Mal, wenn ihr Ruhe, Friede und Kraft braucht, berührt es und denkt an mich. Ich werde euch damit beschenken und ihr werdet es fühlen. Ich liebe euch.«

Wir sollten die Bitte des Baumes beherzigen und die Baum-Devas warnen, wenn Bäume gefällt werden, damit sie sich rechtzeitig von ihrer Behausung, dem Baum, entfernen und anderswo hingehen können. Die Indianervölker wussten um diese Wesenheiten und hatten Respekt vor ihnen, vor den Seelen der Pflanzen und Tiere. Bevor sie Bäume fällten oder ein Tier töteten, baten sie den Geist des Baumes oder des Tieres um Erlaubnis. Stets hinterließen sie in der Natur eine kleine Opfergabe zum Dank, wenn sie von ihr Früchte ernteten oder etwas aus der Erde entnahmen, z. B. Steine oder etwas Tabak.

Was macht unsere »Zivilisation«? Sie treibt Raubbau an wertvollen Bodenschätzen, seien es Gold und andere Metalle oder sei es Erdöl. Sie zerstört rücksichtslos wertvolle Naturlandschaft, vernichtet die Heimat der dort lebenden Menschen und Tiere, aber auch der feinstofflichen Wesenheiten.
Dazu ein Kommentar eines Elf: »Die Gedanken der Menschen reichen bis in die Berge … bis auf den Grund der Ozeane. Auf den höchsten Gipfeln hören wir sie. Sie sind laut und grob. Sie werden immer lauter. Der Mensch zerstört die Oberfläche unseres Planeten nicht nur mit seinem grobstofflichen Mist, sondern macht sie zunehmend durch seine feinstofflichen – emotionalen und mentalen – ›Absonderungen‹ für feiner schwingende Wesen unbewohnbar.«

In **Island** hingegen ehrt und respektiert man diese Wesenheiten noch. Die Menschen nehmen ganz natürlich Feen und Zwerge wahr, es ist für sie nichts Außergewöhnliches. Sie nehmen auf sie Rücksicht und nehmen lieber beim Bau einer Straße eine Umfahrung eines Hügels in Kauf, als dass sie das Zuhause von Naturgeistern und Feen zerstören würden.
Wie sehr die Natur, ihre Lebewesen und die Naturgeister durch die »Zivilisation« leiden, möchte ich anhand eines eigenen Erlebnisses schildern. Anlässlich eines Seminars mit Aura- und Energiearbeit begab sich unsere Gruppe ins Freie, um die Auren der Bäume und Pflanzen in der Natur wahrzunehmen. Wir gelangten in der Stadt an einen Platz mit einer Wiese mit Bäumen, Sträuchern und einem Bächlein. Rundum war alles verbaut. Diese Lichtung war umgeben von Straßen und einer Zuglinie, unweit davon bemerkten wir den nahen Lärm vom Straßenverkehr.

Ich habe bereits in diesem Kapitel über die klärende Wirkung der Methode des Tönens geschrieben. Wir bildeten einen Kreis und unsere Seminarleiterin Frau Rositta Virag begann zu Summen. Dieses Summen wurde immer kläglicher, es klang wie ein jämmerliches Weinen, Wimmern. Sie forderte uns auf, uns mit einzustimmen und mitzumachen. Teilweise wurden die Laute kreischend, misstönend, aber wir machten so lange weiter, bis sie sich allmählich in harmonischere, schöne Töne wandelten und in einen wunderschönen OM-Laut mündeten. Die Atmosphäre auf dem Platz wurde auch leichter, fröhlicher und harmonischer. Wir fühlten es und unsere Aura-Wahrnehmung verlief dann auch recht erfolgreich.
Erst später wurde mir klar, dass die klagenden und misstönenden Laute von den umgebenden unglücklichen Pflanzen und Bäumen, von den kleinen Geschöpfen, die hier weilten und den Naturwesen stammten. Mit dieser Methode des Tönens können wir den geplagten Lebewesen helfen, dass sie sich aus ihrer tristen Lage erlösen und ihre Situation ändern können. Tönen ist ein großer Hilfsdienst für die Tier- und Pflanzenwelt, aber auch für die feinstofflichen Wesenheiten der Natur. Wir erzeugen damit höhere, heilsame Schwingungen und können somit einen energetischen Kraftplatz schaffen.
Es ist ratsam, beim Tönen darauf zu achten, dass man ungestört ist. Man sollte es nur mit verständigen Menschen in einer Gruppe gemeinsam durchführen, die sich darauf einstimmen können. Diese Methode praktiziert auch Marko Pogacnik, ein bekannter Geomant.

Oft sind Naturwesen und Natur-Devas sehr erzürnt und verbittert über die Gedankenlosigkeit der Menschen, die ihnen ihr schönes Reich mutwillig zerstört (sei es durch Straßenbau oder anderes) und mit Müll verunreinigt haben. Dann arbeiten sie nicht mehr mit den Menschen zusammen. Im Gegenteil, sie vertreiben die Menschen, sie können sogar poltergeistähnliche Phänomene hervorrufen. Naturgeister können auch Ameisen und stechende Insekten schicken, wenn sie Menschen an einem bestimmten Platz nicht haben möchten.

Im Fernsehen wurde von einer Familie berichtet, die ständig massive Probleme beim Errichten ihres Hauses am Waldrand hatte. Sie holten den Rat einer Frau ein, die diesen Schwierigkeiten auf den Grund gehen sollte. Es stellte sich heraus, dass die Baum-Devas, die sehr mächtige Wesen sind, den Bau hatten verhindern wollen. Sie waren sehr erzürnt, zumal die Menschen auf diesem Platz mehrere Bäume gefällt hatten. Diese Frau ging in den geistigen Dialog mit den Baum-Devas und erreichte, dass diese sich wieder mit den Menschen versöhnten. Die Hausbewohner setzten ihrerseits – nachdem alles klar war – zur Versöhnung und Dank für den Bauplatz an die Baum-Devas, neue Pflanzen, Blumen und Bäume. Von nun an hatten sie keine Schwierigkeiten beim Bauen mehr, alles ging reibungslos vonstatten, und die Familie konnte bald in ihr neues Haus einziehen.

Naturgeister mögen auch kein lautes Dröhnen von Radios. Bei Lärm ziehen sie sich vollkommen zurück. Zorn, Hass und Wut hören sie als Kreischen. Stille ist in der Natur angesagt. Denn nur, wenn wir ganz still, friedvoll und harmonisch sind, kann es sein, dass sie sich in ihrer astralen Form zeigen. Wir können gedanklich mit ihnen kommunizieren, und ihnen

liebevolle Gedanken senden und ihnen in geistiger Form Früchte darbieten. Sie dienen den Naturreichen, kümmern sich um das Wachstum der Pflanzen und betreuen diese.
Wenn Sie Feen in Ihren Garten einladen möchten, gestalten Sie ihn mit Blumen und Sträuchern, die die Schmetterlinge und Bienen anlocken. Das sind u. a. der Schmetterlingsstrauch, der Lavendel und der Holunderstrauch. Sie können auch einen kleinen Teich oder Springbrunnen installieren. Lassen Sie einen Teil des Gartens unberührt. Das alles lieben die verschiedenen Naturgeister sehr.

Naturgeister können in der Evolution aufsteigen und zu Devas werden. Wenn wir Menschen ihnen Vorbilder sind, können sie geistig wachsen. Ein besonderes Beispiel ist Findhorn, ein kleines Fischerdorf im Norden von Schottland. Dort arbeiten die Menschen harmonisch und respektvoll mit ihnen zusammen. Und sie erbringen reiche Ernte auf den sonst unfruchtbaren Böden im kühlen Klima. Wenn gewisse Schädlinge in Garten und Haus auftreten, können wir uns mit den Tier-Devas gedanklich in Verbindung setzen und diese bitten, dass sie uns z. B. im Garten Schnecken oder im Haus Ameisen, Fliegen oder Mücken u. a. abhalten. Tiere reagieren auf unsere Gedanken. Es braucht dann auch kein Gift und Töten mehr.
Wenn wir die Natur- und Hausgeister bitten, dass sie uns bei der Blumen-, Gemüse- und Obstzucht beistehen und zu einer guten Ernte sowie zu Ordnung im Garten und Haus verhelfen, sollten wir ihnen stets als Dank eine kleine Gabe, z. B. eine Schale mit etwas Obst oder Honig, bereitstellen. Die alten Römer nannten ihre Schutz- und Hausgeister Laren.
Handelt der Mensch böse, werden die Naturgeister aufsässig und wenden sich gegen ihn und lehnen sich auf. Dann gibt es auch keine guten Ernten. Sie bewirken dann Disharmonien in der Natur, Stürme und dergleichen. Feuergeister können durch jähzornige, aggressive Menschen ermutigt werden, Brände zu entfachen.

Meister Jesus Christus konnte den Stürmen auf dem See Genezareth Einhalt gebieten. Alle Elementarwesen, der Luft, des Wassers, der Erde und des Feuers gehorchten und dienten ihm
In seinen Büchern schreibt Wladimir Megre über die Einsiedlerin Anastasia. Er beschreibt, wie die Tiere und die Pflanzen des Waldes den Menschen dienen. Sie versorgen die junge Anastasia mit Nahrung. Auch die ganzen Elementargeister und wilden Tiere, wie Bären, beschützen und unterstützen sie. Sie lebt harmonisch im Einklang mit der Natur in der sibirischen Taiga.

Kontakt mit Engeln und Natur-Devas

Vorhin habe ich Natur- und Baum-Devas genannt. Die Pflanzen-Devas sind die Seelen der Pflanzen. Es gibt auch Tier-Devas. Pflanzen und Tiere haben zunächst eine Gruppenseele, über deren Art ein entsprechender Deva wacht. Das Wort »Deva« bezeichnet in der altindischen Sanskrit-Sprache engelhafte Wesen, die im Einklang mit Gott verschiedene Aufgaben auf der Erde haben. Einem Natur-Deva sind die Naturgeister unterstellt. Devas helfen Menschen, Tieren, Pflanzen, Mineralien und Naturgeistern. Erzengel Raphael ist der Führer aller Luft- und Natur-Devas.
Immer, wenn wir uns respekt- und liebevoll der Natur und ihren Geschöpfen nähern, werden wir auch die wohltuenden Ausstrahlungen und Schwingungen der Devas spüren können. Die Anwesenheit einer hohen Wesenheit kann sich durch einen wunderbaren Duft kundtun – wir können mit ihnen gedanklich kommunizieren. In der Stille der Natur kommen wir Menschen wieder in unsere Mitte, unsere intuitiven Kräfte werden erweckt.

Jeder Mensch hat von Geburt an Schutzengel für das ganze Leben. Im Laufe des Lebens können wir auch Geistführer dazu bekommen, die uns bei ganz bestimmten Aufgaben helfen und inspirieren.

Für das Wort »Engel« gibt es verschiedene Erklärungen. Es leitet sich vom altägyptischen Wortstamm »Ankh« – »ang« ab. Ang bedeutet »Leben« und el »Gottes Licht«. Die Übersetzung lautet dann »die im Gottes Licht Lebenden.«
Das Wort »Angelos« stammt aus dem Griechischen. Es ist eine Übersetzung des hebräischen Wortes »malach«, das »Bote« bedeutet. Engel stehen uns ständig und in jedem Augenblick zur Seite. Ihre Funktion als Mittler zwischen Himmel und Erde, als göttliche Boten und Beschützer ist in unzähligen religiösen Traditionen vertraut.
Kleine Kinder sehen mitunter auch ihren Schutzengel. Er ist es auch, der uns in bestimmten Situationen warnt, uns gedanklich vor etwas abhält oder uns Menschen schickt, die uns helfen. Wenn wir uns täglich mit ihm gedanklich in Verbindung setzen, wird er uns noch viel effektiver beistehen, leiten und helfen können. Engel können in den freien Willen des Menschen nicht eingreifen. Oft sind sie traurig, wenn wir Menschen an ihre Existenz nicht glauben. Wir müssen sie einladen, dass sie uns beistehen und ihnen dafür auch danken.

Das gilt für alle möglichen Situationen im Alltag, sei es, dass sie uns bei einer Fahrt sicher und zeitgerecht an ein Ziel führen und helfen, einen unbekannten Ort zu finden oder wenn wir ein wichtiges Gespräch führen wollen, vor dem uns bange ist. Das kann ein beruflicher oder privater Anlass, etwa ein Vorstellungsgespräch oder eine Aussprache sein. Streben wir eine Versöhnung mit jemand an, trauen uns aber nicht, so können wir unseren Schutzengel bitten, dass er sich mit dem Schutzengel der anderen Person verbindet, und so die Versöhnung herbeiführen möge.
Engel können uns lenken über Eingebungen, auch über Träume oder sie senden uns die richtigen Menschen oder lassen uns wichtige Informationen »durch Zufälle« zukommen. Wir können sie aber auch einfach bitten, dass sie uns bei der Auswahl und beim Kauf eines passenden Geschenkes für unsere Lieben inspirieren. Dann können wir sicher sein, dass wir leicht das Richtige finden werden.
Im immer größer werdenden Straßenverkehr können wir sie bitten, dass sie uns helfen, sicher und wohlbehalten an unser Ziel zu kommen. Aber auch in alltäglichen Situationen, wie bei Computerpannen, können wir ihre Hilfe erbitten.
Meine liebe Freundin Barbara erzählte mir, dass sie einen Engel herbei bat, ihr beim Halten einer langen Leiter zu helfen, während ihr Mann auf der Leiter stand und Reparaturarbeiten am Hause vornahm. Sie hatte als fast 80-jährige Frau nicht mehr so viel Kraft und ihr war bange um ihren Mann. Da sah sie (sie ist hellsichtig) einen sehr großen Engel mit starken Händen, der seine Hände auf ihre legte. Sie spürte, wie er mit ihr die Leiter hielt. Als ihr Mann wohlbehalten herunterstieg, entfernte sich der Engel wieder. Sie dankte ihm sehr.

Wie liebevoll sich unsere Schutzengel um uns kümmern, soll eine Botschaft von Frau Maria … zeigen, die diese für eine Klientin geistig empfangen hat. Sie hat mir die Erlaubnis erteilt, sie ins Buch zu nehmen. Jeder Engel hat einen Namen, dieser nannte sich Ephidus.

Botschaft von Ephidus an seine Schutzbefohlene

Dein Geist braucht Stille, der Weg zum Höchsten ist hart. Dein Fehler ist, dass Du Dich zu wichtig nimmst. Den inneren Stolz musst Du bekämpfen, nimm Deine Schmerzen demütig an, sie werden schwinden. Sei heil mit Dir selbst und Deiner Umwelt, strahle Glück und Zufriedenheit aus.
Ich werde Dir helfen, frei von allen negativen Gedanken und Verhaltensmustern zu sein.
Ich umarme Dich und schicke Dir die Heilsfarbe blau, umhülle Dich damit.
Sei stark, denn Du wirst heil!

Ich weiß aus eigener Erfahrung und auch aus Erzählungen von Bekannten und Freunden, dass sich Schwierigkeiten lösten und sich fast wie von selbst Wege und Möglichkeiten zur Lösung fast unüberwindlicher Probleme eröffneten, wenn sie sich an Gottesboten gewandt hatten. Wenn wir aber eine Bitte an unseren Schutzengel oder Gottesboten ausgesprochen haben, sollten wir gedanklich das Problem **loslassen** und auch **vertrauen**, dass Hilfe kommt. Es ist gemäß Berichten schon oft vorgekommen, dass Engel als ganz normale Menschen in Not- und Gefahrensituationen in Erscheinung traten und halfen, dann aber auf einmal nach der überstandenen Gefahr spurlos verschwunden waren – als die Geretteten sich bei ihnen bedanken wollten.

Engel haben ganz verschiedene Aufgaben. Wir können uns an sie in bestimmten Situationen wenden. Wenn sich zwei Menschen streiten, können wir einen Friedensengel herbeibitten, der sich zwischen die Parteien stellt. So kann eine Eskalation vermieden werden.
Es gibt auch Engel der Heilung, des Zeremoniells, der Musik und Kunst, um nur einige aufzuzählen. Kein Mensch ist beim Übergang alleine, Elohims stehen den Sterbenden trostreich zur Seite und sie werden stets von ihnen begleitet in die astrale Welt.

Dionysios Areopagita schuf im 5. Jahrhundert n. Chr. die **Engelhierarchie**. Er teilte die göttliche geistige Welt in drei Triaden auf. Zur dritten Triade gehören die Erzengel. Es gibt verschiedene Bereiche, für die die entsprechenden Erzengel zuständig sind.

Erzengel Michael ist unser Beschützer und der Hüter unseres Karmas. Er befreit mit seinem Flammenschwert von allen Drangsalen, schneidet schädliche Energien durch, trennt Wahres vom Unwahren. Wann immer wir uns in Gefahr und Bedrängnis welcher Art auch immer befinden – sei es körperlicher oder geistiger Art – können wir Erzengel Michael und seine Gottesboten (Krieger) mit dem flammenden Schwert und silbernem Schild zu Hilfe rufen. Wir können ihn auch anrufen, um uns in unserer Glaubenskraft zu stärken.

Erzengel Jophiel / Orfiel schenkt Erleuchtung, Wissen und Inspiration. Er ist der Ideengeber und Lehrer. Wir können ihn bitten, uns beim Planen zu helfen und Unterscheidungskraft zu entwickeln. Wenn wir einmal niedergeschlagen sind, können wir ihn bitten, mit seinem goldgelben Licht unser Gemüt und unser Leben zu erhellen.

Erzengel Chamuel /Anael /Haniel ist die Gnade Gottes und Hüter des Herzchakras. Er ist der König der allumfassenden und bedingungslosen Liebe, der Hüter der Sanftheit und Zärtlichkeit, der Verständigung und Kommunikation. Er hilft auch, Ängste, Aggression und Verurteilen zu überwinden. Bei Partnerproblemen können wir uns an ihn wenden, damit wir Toleranz, liebevolle Annahme, kurzum unsere Herzensqualitäten entwickeln. Zu ihm gehören die Friedensengel und wir können ihn bei Streit anrufen, dass er einen Friedensengel schickt.

Erzengel Gabriel ist als der göttliche Bote bekannt, der Mohammed und Mutter Maria zur Verkündigung erschien. Er ist die Stimme und Kraft Gottes. Er ist der Führer aller Engel der Erlösung, Befreiung und Reinheit. Wir können ihn bitten, dass er Engel zu einem Sterbenden schickt, dass er ins Licht gehen kann, wenn dieser sich dabei sehr schwer tut.
Wenn wir uns auf gedanklicher und gefühlsmäßiger Ebene reinigen und uns auf reine Nahrung umstellen wollen, können wir ihn bitten, dass er uns dabei hilft.

Erzengel Raphael ist der Hüter der Heilung. Er ist der Führer aller göttlichen Heilungsengel, und sie alle lenken die göttliche Heilenergie, um die wir bitten. Er schenkt Trost. Die Energie des Erzengels Raphael transformiert und heilt die Seelenzustände wie Verzweiflung und Depression. Jeder Mensch, der sich mit Heilung welcher Art auch immer beschäftigt – die dem göttlichen Prinzip der bedingungslosen Liebe entspricht – hat einen oder mehrere Heilengel an seiner Seite. Erzengel Raphael ist der Engel der Wissenschaft.

Erzengel Uriel /Auriel ist das Feuer Gottes. Er ist der Hüter der Kreativität und hilft uns bei der Umsetzung und Manifestation unserer Talente, zum Wohle aller Beteiligten. Durch seine Hilfe können wir unsere Wünsche und Ideen rascher umsetzen. Wir wissen dann wie, denn sein Feuer inspiriert uns. Erzengel Uriel verkörpert auch den Dienst am Nächsten.

Erzengel Zadkiel/Tsadkiel wurde mit der Obhut des Violetten Feuers betraut, mit der Umwandlung/Transformation aller negativen Zustände und Energien. Wir sollten an die transformierende Heilkraft der Vergebung denken. Er hilft uns zur schnelleren spirituellen Entwicklung, indem er Traumas aus früheren Leben heilt und negative Energien mit seinem violetten Feuer umwandelt. Darum können wir ihn bitten.

Die verschiedenen Erzengel haben ganz verschiedene Schwingungsqualitäten. Man kann sie deutlich unterscheiden. Bei einem Licht-Seminar nahmen wir Seminarteilnehmer über eine Anrufung Kontakt zu den Erzengeln auf. Dazu bildeten wir einen Kreis, wiederholten den Namen des Erzengels mehrmals, und schwangen uns in die Energie des jeweiligen Erzengels ein.
Erzengel Michael wurde allgemein in der Gruppe als stark, gütig und machtvoll empfunden. Von ihm ging eine große Klarheit und Kraft, aber auch eine gewisse Strenge aus. Seine blaue Schwingung wurde wahrgenommen.
Bei **Erzengel Gabriel** habe ich eine heitere und sanfte Qualität gespürt, ebenso die anderen.
Erzengel Raphael war sanft, ich hatte ein sehr starkes Herzgefühl, von ihm ging Güte aus. Ich richtete die Bitte an ihn, dass er mich bei der Heilarbeit unterstützen möge.
Erzengel Uriel hatte eine sehr kraftvolle Ausstrahlung. Ich bat ihn, mir beim Umsetzen meiner Pläne zu helfen – vor allem beim Schreiben dieses Buches. Erzengel Uriel gibt Mut und Kraft, etwas zu tun.
Erzengel Haniel wurde von allen als sehr sanft und liebevoll empfunden. Eine Teilnehmerin spürte ein Streicheln ihrer Hand. Eine andere hörte den Satz »Du darfst glücklich sein.« Auch ich habe seine Sanftheit und Liebe gespürt.

Natürlich waren auch unsere **Schutzengel** anwesend. Sie verteilten Farben im Raum. Die hellsichtige Birgit sah, wie ein goldenes Band uns alle im Kreis am unteren Rücken verband.

Am Abend vor dem Schlafengehen sollten wir nie einfach »Engel« zum Schutz herbeirufen, sondern ganz klar **Gottesboten** bzw. unseren Schutzengel aus dem Gottesreich. Dann können wir sicher sein, dass wir nur von der lichten Seite besucht werden. Es gibt ja auch Engel der anderen Art.

Der Einfluss von Ernährung und Getränken

»Wie die Nahrung, so das Gemüt;
wie das Gemüt, so die Gedanken;
wie die Gedanken, so das Verhalten;
wie das Verhalten, so die Gesundheit.«
Sai Baba

Unser Leben ist eng verknüpft mit der Natur. An dem Ort, wo wir leben, wachsen die Pflanzen und Früchte, die genau jene Stoffe und Schwingungen enthalten, die wir für unseren Körper brauchen. Deshalb empfiehlt auch Ayurveda, in unserer Ernährung die Pflanzen, Gemüse und Früchte vorzuziehen, die in unserer Gegend wachsen.

Im zweiten Kapitel bin ich bereits auf die Säulen der Gesundheit eingegangen. Eine davon ist unsere Ernährung. Die ayurvedische Medizin beschreibt nicht nur den Einfluss der Nahrung und Getränke auf unseren **Körper** und die Konstitution, sondern auch **auf unseren Geist**. Im ersten Kapitel wurden bereits die geistigen Grundkräfte **Sattva, Rajas und Tamas** angesprochen. Ihnen unterliegen nicht nur die Menschen, sondern auch die ganze Natur.

Wie bereits erwähnt, ist **Sattva** das Prinzip der Reinheit und Intelligenz. Durch Sattva gewinnt man Frieden, Harmonie, Heilung und geistiges Wachstum.
Rajas ist das Prinzip der Bewegung und Energie, der Leidenschaft, die Ungleichgewicht verursacht. Es ist die Kraft der Leidenschaft, die Kummer und Auseinandersetzungen schafft.
Tamas ist das Prinzip der Passivität. Es fördert Trägheit, Verfall, geistige Dunkelheit, Unwissenheit und Selbsttäuschung.

Wir haben mit der bewussten, richtigen Auswahl unserer Nahrung und der Getränke die Möglichkeit, **gute, förderliche Schwingungen** aufzunehmen, die uns auch geistig und spirituell erheben und zugleich unser seelisches und körperliches Wohlbefinden fördern. Das wird in dieser **heutigen Zeit** auch immer nötiger, denn die Schwingungen der Erde erhöhen sich weiter und es ist wichtig, dass wir mithalten können.
Sensible Menschen spüren es ganz genau, dass ihnen gewisse Speisen nicht mehr so bekömmlich sind wie früher. Manchmal tritt bei gewissen Speisen sogar eine Übelkeit auf. Das hat mit den Schwingungen zu tun. Der Körper verlangt zu seinem Aufbau feinere Schwingungen.

Es gibt aber Leute, die sich vegetarisch ernähren und hochmütig auf andere herabsehen, die noch anderen Ernährungsgepflogenheiten nachgehen. Sie glauben, etwas Besseres zu sein. Vegetarische Ernährung allein macht aber noch nicht »heilig«. Einer bewusstseinsmäßigen Weiterentwicklung müssen auch die Handlungen im Leben entsprechen. Ausschlaggebend ist die innere Harmonie und Ausgeglichenheit und die Haltung gegenüber unseren Mitmenschen.

Wir Menschen haben unterschiedliche Körperschwingungen, die einen gröbere und die anderen höhere, feinere. Was dem einen noch gut tut, ist für den anderen nicht mehr passend. Der eine hat schwere, körperliche Arbeit zu verrichten, der andere hat Schreibtischarbeit mit wenig Bewegung. Daraus ergeben sich ganz unterschiedliche Essensbedürfnisse, auch in der Menge. Es gibt daher auch keine allgemeinen Ernährungs-Regeln, die für alle passen.

Aber an diese allgemein gültige Richtschnur können wir uns halten, indem wir uns

a) **typengerecht** nach Kapha, Pitta oder Vata, gemäß unserer Konstitution, ernähren,
b) mit **hohen, guten Schwingungen** angereicherte, **sattvische, vitalreiche Nahrung** zu uns nehmen, die uns in jeder Hinsicht förderlich ist.

Der körperliche und geistige Einfluss von Ernährung

Sattvische Ernährung ist leichtverdaulich und macht uns zufrieden, ruhig und ausgeglichen. Sattvische Speisen geben viel Ojas (Lebenskraft und feine Ausstrahlung) und unterstützen die Spiritualität und alle höheren Bestrebungen. Wir können damit auch ausgleichend auf ungute Zustände einwirken.

Diese Lebensmittel haben alle eine sehr hohe Schwingung und wirken sattvisch: naturbelassenes Getreide, wie Weizen, Dinkel, Roggen, Gerste, Reis, Milch (keine H-Milch, homogenisierte Milch oder Kondensmilch), Butter und andere naturbelassene Milchprodukte, Sesam, Nüsse, Mandeln, grünes Gemüse, Blattgemüse, rote Rüben (rote Beete), süße Karotten, frisch gepresste Obst- und Gemüsesäfte, süßes, reifes Obst, süße Speisen (ohne Industriezucker), Ghee (Butterschmalz), Rohzucker und Honig. Sattvisch sind Speisen, die ganz frisch zubereitet und nur mild gewürzt sind. Sattvische Gewürze sind Zimt, Ingwer, Minze, Kardamom und Safran.

Rajasische Ernährung macht uns aktiv, dynamisch und leidenschaftlich. Sie verleitet zu einer materialistischen Lebenseinstellung. Sie regt die Sinne und das Verlangen an. Rajasische Ernährung ist z. B.: Fleisch und alle Speisen, die scharf gewürzt, sehr salzig und sauer, in Öl gebraten, schwer zu verdauen oder blähend sind und erhitzend wirken, auch Tee, Kaffee, Kakao. Zu den rajasischen Gewürzen gehören Chili, Pfeffer, Zwiebeln und Knoblauch.*)

Tamasische Ernährung macht uns träge, müde und lässt das Interesse an Spiritualität erlahmen. Tamasisch sind: mehrfach aufgekochte, halbgare oder verdorbene Speisen, Fleisch, Wurst, Speck, Fisch, Ei, Knoblauch*), Zwiebel, Pilze, Weißmehl, Industriezucker, Konserven, Tiefkühlkost, homogenisierte und ultrahocherhitzte (H)-Milch, Dosenmilch, Nahrung aus der Mikrowelle, unreifes Obst, Alkohol und Drogen, die die Realität verfälschen. Das Wort »Tamas« bedeutet in der Sanskrit-Sprache Unwissenheit.

Der körperliche und geistige Einfluss von Getränken

Leider sind auch die Trink-Gewohnheiten in unserer Gesellschaft nicht die besten. Schon bei der Jugend kehren immer früher alkoholische Getränke ein, der Alkoholkonsum steigt, u. a. werden Alkopops, das sind Limonaden mit hochprozentigem Alkohol gemischt, in diversen Lokalen und Diskos angeboten. Das schmeckt den Jugendlichen besser, aber sie übersehen dabei die verheerende Wirkung. Ein sehr gefährliches Gebräu ist Red Bull, es ist nervenaufputschend, stärker wie Kaffee und kann bei Überdosis gefährlich für Herz und Kreislauf werden. Es ist besonders traurig, dass alkoholfreie Getränke meist teurer als die alkoholischen sind.
Nebenbei bemerkt führt das Trinken aus Aluminium-Dosen dazu, dass dem Gehirn Aluminium zugeführt wird. Aluminium kann im Gehirn die Alzheimer Krankheit auslösen. Es ist besser, beim Kauf Getränke in Glasflaschen zu bevorzugen und Plastikflaschen oder Dosen zu meiden.

Alkohol, vor allem Schnaps, verstärkt Pitta. Wenn ihn Pitta-Naturen zu sich nehmen, kann es leicht sein, dass es bei den ohnehin zu Zorn neigenden Pitta-Naturen zu gefährlichen Jähzorn-Ausbrüchen kommt. Starker Alkohol wirkt auch auf das Nervensystem reizend.
Längerer, regelmäßiger Alkoholkonsum schädigt die Nerven und die Leber. Die Folgen sind Alkoholismus mit seinen Spätfolgen, die Veränderung der Psyche. Alkohol ist ein Säurebildner und ein Vitaminräuber, vor allem des so wichtigen Vitamin-B Komplexes für die Nerven. Nun habe ich nur die Auswirkungen auf den **Körper** beschrieben. Wie sieht die Wirkung auf den Geist und das Bewusstsein aus?
Alkohol und die mit Alkohol versetzten Limonaden wirken allesamt rajasisch und tamasisch. Der rajasische Einfluss fördert Leidenschaft und Zorn, der tamasische Einfluss bewirkt und verstärkt geistige Trägheit, Desinteresse sowie geistige Dumpfheit.

Kaffee und schwarzer Tee: Sie wirken rajasisch und daher anregend durch Koffein bzw. Teein, besonders für geistige Tätigkeit. Sie sind auch Säurebildner für den Körper. Davon

*) zu Knoblauch: Die therapeutische Wirkung von Knoblauch wird in der ayurvedischen Medizin hoch geschätzt. Jedoch für Personen, die einen spirituellen Weg gehen, ist Knoblauch nicht geeignet. Durch seinen tamasischen Einfluss macht er geistig träge, was die Entschlossenheit für Sadhana, Meditation und Yoga beeinträchtigt. Seine rajasische, aphrodisierende Wirkung ist hinderlich für die Ausgeglichenheit auf dem spirituellen Pfad. Als Alternative bietet sich das Gewürz **Asafötida** an. Das hat die gleichen guten Heilwirkungen wie Knoblauch, aber keinen negativen Einfluss auf den Geist und agitiert die Sinne nicht.

ausgenommen sind Kräutertees. Eine gute Alternative stellen Malz- oder Getreidekaffee oder Roibos-Tee dar, diese sind auch für Kinder bekömmlich und beeinträchtigen den Schlaf nicht.

Limonaden: Die meisten Limonaden sind mit Kohlensäure und Zusätzen (z.B. Aspartam) versetzt und sehr stark gesüßt. Dadurch fördern sie allesamt eine Übersäuerung des Körpers. Cola ist eine »Zucker- und Säurebombe« für den Körper. Durch den hohen Anteil an raffiniertem, weißem Zucker wirken sie allesamt tamasisch.
Besser für uns sind »stille« Wasser ohne Kohlensäure, Quellwasser, Kräuter-Tees, frisch gepresste Obst- und Gemüsesäfte. Wir können uns auch ein Edelsteinwasser zubereiten, indem wir Bergkristall, Rosenquarz und Amethyst zum Trinkwasser in einen Wasserkrug geben und tagsüber immer wieder davon trinken. Das Wasser ist natürlich täglich zu erneuern.

Ein sehr bekömmliches und wohlschmeckendes Getränk ist auch **Lassie**. Es ist Wasser und Joghurt in gleicher Menge vermischt. Pikant wird es mit gemahlenem Kreuzkümmel und mit etwas Salz zubereitet oder für den süßen Geschmack mit Früchtemus oder Obstsaft gemischt. Vor allem im Sommer ist es sehr erfrischend.
Wärmende Tees mit Ingwer oder Zimt sind für die kühle Jahreszeit und den Winter geeignet.

In der ayurvedischen Medizin werden Getränke nicht nur nach ihren Inhaltsstoffen, wie Vitaminen und Spurenelementen gewertet, sondern auch nach ihren **Eigenschaften** und **Qualitäten**.
So haben die **Milch** und ihre Produkte **Kapha-Qualitäten und fördern sattvische Eigenschaften**. Daher wirkt sie beruhigend, aufbauend, nährend und auf den Geist ausgleichend.
Nach einer langen Fahrt, einer langen Anreise oder einen nervlich anstrengenden Tag wirkt ein Glas warme Milch, gesüßt mit etwas Honig und etwas Ingwer sehr beruhigend, ebenso ein Glas reines Wasser ohne Kohlensäure – da es ebenfalls stabilisierende Eigenschaften von Kapha hat. Das bringt den nervösen, überdrehten Vata-Zustand wieder zur Ruhe.
Die alte Sitte der Schulmilch hat schon seine Berechtigung. Bei den Schulkindern bildet sie einen idealen Ausgleich gegen den Leistungs-Stress. Sie wirkt beruhigend auf die Nerven. Außerdem sind die Kinder in der Aufbauphase ihres Lebens, da brauchen sie alles Stabilisierende. Die Kinder sollten die Milch aber nicht mit saurem Obst kombinieren.
Aber auch für die unruhigen Vata-Naturen und älteren Menschen wirkt sie auf den Körper aufbauend und auf den Geist stabilisierend. So eine Tasse warme Milch verhilft auch zu gutem Schlaf.
Milch enthält alle für den Aufbau unseres Körpers wichtige Stoffe, Mineralstoffe und Vitamine B2, A, D, H und K. Ich rede hier nur von frischer Biomilch oder Vorzugsmilch.

Der österreichische Arzt Dr. Franz Xaver Mayr baute die F.X. Mayr-Kur als Schondiät auf. Dabei beschränkte er die Diät auf getrocknete Semmeln und hochwertige Milch, weil er die Meinung vertrat, dass die Milch ein **vollkommenes Nahrungsmittel** sei und in harmonischer Einheit alle wesentlichen Nährstoffe enthalte, die der Körper während des Fastens braucht. Nicht umsonst bildet Milch für Babys und Kleinkinder neben der Muttermilch die Hauptnahrung, besonders wenn die Mutter nicht (mehr) stillen kann. Damit meinte er aber sicher nicht die H-Milch, Dosenmilch und homogenisierte Milch.
Die Kursemmel dient dem Training des guten Kauens und der Ertüchtigung der Speicheldrüsen. Sie ist leicht verdaulich und schont somit den Magen-Darmtrakt. Die Schonung des Darms durch die trockene Weizensemmel und das gute Einspeicheln zusammen mit der Milch, bewirken eine Gesundung des gereizten, kranken, oft überlasteten Darms. Somit wird wieder die Verdauungskraft gestärkt.

Diese Auffassung von Dr. F.X. Mayr deckt sich mit Ayurveda, dass es auf die **Verdauungskraft** des Organismus ankommt. Die biologisch beste Nahrung nützt wenig, sie kann sogar schaden, wenn sie nicht richtig verdaut wird.

Der Genuss von Milch wird heutzutage verteufelt und ihr Genuss als wertlos betrachtet. Das hat natürlich auch mit den heutigen Methoden zu tun, wie sie oftmals behandelt wird. Durch Ultrahocherhitzen und Homogenisieren verliert sie nicht nur alle wertvollen Inhaltsstoffe, sondern sie wird so gut wie unverdaulich und schadet dadurch dem Körper. Das gilt auch für ihre Produkte, wie z.B. den haltbar gemachten Rahm (Sahne). Diese sollten gemieden werden. Durch das Homogenisieren wird die Fettstruktur der Milch zerstört.
Pasteurisierte Milch und pasteurisierte Milchprodukte können gemäß Ayurveda toleriert werden. Am besten ist aber unbehandelte Rohmilch, die man vor Gebrauch kurz erhitzt, also sie nur kurz aufwallen lässt.
Viele vertragen sie auch nicht so gut und bekommen Blähungen. Dahinter kann eine Milchallergie oder eine Laktoseintoleranz dahinterstecken. Besonders bei älteren Menschen kann eine Laktoseintoleranz entstehen durch einen Mangel des Enzyms Laktase.
Weitere Ursachen bestehen darin, dass im Umgang mit der Milch viele gravierende Fehler gemacht werden:

a) Milch ist **kein** Getränk, sondern gemäß Ayurveda aufgrund seiner wertvollen Nährstoffe als ein vollständiges Nahrungsmittel anzusehen. Milch sollte daher stets für sich **alleine** »gegessen« werden, und vor allem nicht in großen Mengen. Dabei müssen wir sie **gut einspeicheln**, bevor wir sie hinunterschlucken! Dafür ist z.B. der alte Brauch des Einbröckelns von Brot in Milch optimal.

b) Oft wird Milch zusammen mit saurem Obst verzehrt oder mit Säften gemischt, aber gemäß Ayurveda sollte Milch nicht mit Saurem gemischt werden, weil das die Verdauung blockiert. Wenn wir Milch zu uns nehmen, stellt sich der Magen auf die Verdauung von Milch ein. Wenn wir aber die Milch mit Saurem, z.B. Zitronen oder Fruchtsaft oder saurem Obst kombinieren, so gerinnt die Milch sofort. Das schädliche daran ist, dass der Magen nur auf die Verdauung von Milch eingestellt ist, jedoch kommt im Magen durch die Verbindung mit saurem Geschmack geronnene Milch an. Daraufhin ist es für den Magen sehr schwierig, sich auf die Verdauung von dieser geronnenen Milch einzustellen. Warum?
Die Verdauung wird durch drei Reflexbögen auf die Speise vorbereitet: Durch das Sehen, Schmecken und Erinnern. Der Magen stellt sich dann auf die entsprechende Verdauung ein und stellt die dafür nötigen Fermente und Enzyme zusammen und die richtige Magensaft-Konzentration bereit.
Hingegen kann der Magen Joghurt, Kefir, saure Buttermilch oder Dickmilch sehr gut verdauen, da er ja bereits vor der Nahrungsaufnahme auf geronnene Milch eingestellt ist. Diese kann man auch gut mit Saft und Obst kombinieren.
Gut zu Milch passt Getreide wie Reis, Weizen, Hirse, Hafer und Ghee (Butterschmalz). Pell-Kartoffel mit Salz und Milch ist eine gute Kombination.

c) Oft wird sie eiskalt aus dem Kühlschrank in großen Schlucken getrunken. Das ist ein grober Fehler, denn durch ihre schwere und kalte Kapha-Qualität wirkt sie dann schwächend auf die Verdauungskraft, sie löscht das »Verdauungsfeuer«. Die Folge sind Verdauungsprobleme.

Die Milch wird viel besser vertragen, wenn wir sie mit ein wenig Wasser verdünnen, das wir vorher kurz aufkochen. Milch soll man generell nur kurz erwärmen, aber nicht kochen, sonst verliert sie all ihre Nährstoffe und Vitamine. So wird auch ein Kakaogetränk bekömmlicher. Eine gute Alternative bildet auch die Buttermilch, sie liefert wertvolle Vitamine und ist leichter verdaulich, ebenso Ziegen- und Schafsmilch.

Mit dem Älterwerden kann der Körper das Eiweiß nicht mehr so gut verarbeiten. Auch haben wir keinen so großen Bedarf an Eiweiß mehr. Natürlich gilt das auch für die Milch. Es ist für den Körper dann zuträglicher, den tierischen Eiweißquellen pflanzliche vorzuziehen. Als Ersatz bieten sich Kokos-, Mandel- oder Nussmilch, Soja- und Reismilch an. Das sind auch gute Alternativen bei bestehender Laktoseintoleranz, bei der die Darmflora saniert werden muss.

Alles steht unter dem Einfluss von Sattva, Rajas und Tamas, den drei Grundkräften in der Natur. Aber wir können durch unsere Lebensweise und **Auswahl** entscheiden, welchen **Einfluss** wir in unserem Leben fördern.
Im besonderen Maße gilt das für die Ernährung und die Auswahl der Lebensmittel und Getränke.

Die Wichtigkeit von energiereicher Nahrung

Lebensmittel sollen »Lebens-Mittel« und keine Nahrungsmittel sein, d. h. sie sollen Lebenskraft (Prana) enthalten und auch das Leben und die Gesundheit fördern.
Die Vorstellung ist falsch, dass der Mensch allein durch Essen und Trinken den Körper erhalten kann. »Nicht von Brot allein lebt der Mensch, sondern von jenem **Wort**, das aus dem Mund Gottes kommt.« Damit ist **Lebens- oder Odkraft** gemeint, welche auch als **Prana, Qi, Ki** und **Chi** (tschi) bezeichnet wird.
Das Wort »Od« leitet sich von dem Wort »Odem« – Atem ab. Immer wenn mit Lebens-Energie gearbeitet wird, kommt dieses Wort vor, und zwar im Yoga, bei den Atemübungen, im Feng Shui, in der chinesischen Medizin in der Akupunktur, beim Reiki, beim Tai Chi oder im Qi Gong.
Etwa 30% unserer Lebensenergie kommt aus der Nahrung, 70% ist geistigen Ursprungs.

Essen aus der Mikrowelle hat kein Prana mehr, ebenso Totgekochtes, Aufgewärmtes und Tiefkühlkost. Tiefkühlkost enthält nur bis maximal 4 Wochen die volle Lebensenergie (Prana), danach tritt ein rapider Energieverlust ein. Alle denaturierten Nahrungsmittel, wie weißer, geschälter Reis, Zucker, Salz und Mehl, H-Milch, haben auch keine Lebenskraft mehr und sind aller Vitamine, Mineralien und Spurenelemente beraubt. Diese Nahrung ist nur mehr »Füllmittel«, der Körper bekommt aber keine Energie mehr. Er wird so nur komplett verschlackt. Limonaden aus Weißzucker, vor allem Cola, stellen Vitamin- und Mineralstoffräuber ersten Ranges dar.
Weißzucker ist ein Vitaminräuber, vor allem ein Räuber der Vitamin B-Gruppe, die wichtig für den reibungslosen Ablauf von Nervenfunktionen ist. Hoher Zuckerkonsum kann somit bei Kindern auch zur Entstehung von Hyperaktivität – die ja auch nervenbedingt ist – beitragen. Ein Mangel an Vitamin C schwächt die Abwehrkraft.
Vitamin-B-Quellen sind Bio-Milch, Buttermilch, Bierhefe, Getreidekeimlinge, Haferflocken, Vollkornbrot, Vollreis, Bananen, Nüsse, Kartoffeln, Linsen, Brokkoli und Champingnons.
Gute, natürliche Zuckerquellen sind Obst, Trockenobst wie Datteln, Feigen und Rosinen, Honig, naturbelassener Zuckersirup oder Rohrzucker sowie Ahornsirup. Für Diabetiker bietet sich als natürlicher Zuckerersatz die Süße aus der Stevia-Pflanze an.

Ernährungsgewohnheiten in unserer Gesellschaft

Von den Kindern, die im Ponyhof meiner Schwägerin ihre Ferien verbringen, weiß ich, dass ihre Lieblingsspeisen Spaghetti, Ketchup, Pommes frites, Burgers, Eis und Cola sind. Viele gute, gesunde Gerichte kennen sie oft gar nicht. Unsere Kinder sollen doch einmal unsere Zukunft sein, und gesunde, leistungsfähige und frohe Menschen werden! Auf diese Weise?

Machen wir nun einen kritischen Blick, wie sehen denn unsere Ernährungsgewohnheiten aus?

Die meisten Menschen bevorzugen Fleisch, Fleischprodukte, tierische Fette und süße Speisen bei ihrer Ernährung. Diese nehmen den Anteil von 2/3 ein, Kohlehydrate aus Brot, Kartoffel, Reis, Polenta (Mais) usw. sind sehr in den Hintergrund gedrängt und ungerechterweise als Dickmacher verpönt. Das restliche Drittel ist nur mehr für Gemüse, Salat und Obst vorbehalten. Außerdem nehmen die Menschen viel zu viel fettreiche Kost auf.

Diese Ernährungsgewohnheiten haben auf die Volksgesundheit eine erheblich einschränkende Wirkung. Die Folge ist Übersäuerung des Organismus (durch den überhöhten Fleisch-, Kaffee und Limonaden- und Zuckergenuss). Die Übersäuerung führt zu Sauerstoffmangel und Verschlackung in den Geweben und zu daraus resultierenden Krankheiten. Es entstehen daraus auch erhebliche Mängel an lebensnotwendigen Mineralstoffen, Spurenelementen und Vitaminen.

Eigentlich sollte es gerade **umgekehrt** sein. Der Kohlehydrat-, Obst-, Gemüse- und Salat-Anteil sollte 2/3 betragen und das restliche Drittel aus tierischen Produkten, u. a. Butter, Eier, Yoghurt, Käse bestehen. Fleisch und Fleischprodukte sollten ganz in den Hintergrund treten.
Ballaststoffreiche Lebensmittel und kaltgepresste Öle zu Salaten sind zu bevorzugen. Zum Kochen ist normales Olivenöl (vergine) zu empfehlen, zu Salaten ist extra vergine das Beste.

Die Wirkungen von Fleisch und Fleischprodukten

In der Auflistung der tamasischen Nahrungsmittel stehen diese an erster Stelle. Sie machen allesamt müde und träge.
Vielfach herrscht noch die Meinung, der Verzehr von Fleisch gebe Kraft. Aber das ist ein Irrtum. Der Körper verbraucht mehr Energie, das Fremdeiweiß aufzuspalten und verwertbar zu machen, als dass er Energie gewinnt.
Früher braute man noch aus Rindsknochen und deren Knochenmark eine sogenannte »Kraft-Fleischbrühe.« Aber das ist heutzutage infolge der gefährlichen BSE-Tierseuche nicht mehr ratsam. Ich gebe zu bedenken, dass Rinder sich ausschließlich vegetarisch ernähren. In der Massentierhaltung bekommen sie jedoch ein Futter, das teilweise auch aus den tierischen Resten der Tierkörperverwertung hergestellt wird. Rinder sind aber keine Fleischfresser! Daraus **müssen** schwere Krankheiten resultieren.
Es herrscht auch die Meinung – auch bei Ärzten –, dass ohne Fleischverzehr Anämie (Blutarmut) durch Eisenmangel entstehe, Eisen sei nur im Fleisch enthalten.
Es gibt wertvollere **Quellen von Eisen und für den Blutaufbau**: Brennnessel, Petersilie, Ingwer, rote Rüben, auch rote Bete genannt, Linsen, Kichererbsen, Spinat, Rübenzuckersirup, Nüsse, Sonnenblumenkerne, Getreide u. a. in Hirse, Hafer, Vollkornbrot, getrocknete Bierhefe und alle roten Beeren, auch die roten Weintrauben, Sesam und getrocknete Marillen.

Auch das Schüssler Salz Nr. 3, Ferrum phosphoricum, liefert Eisen in einer Form, die der Körper leicht aufnehmen kann. In der ayurvedischen Medizin gibt es das Loha-Bhasma (Eisenoxyd), das vom Körper gut aufgenommen wird.
Eisen wird vom Körper leichter aufgenommen in Kombination von Vitamin C. Das kann in Form von täglichen Vitamin C-Gaben (z. B. aus der Acerola-Kirsche) oder Vitamin-C-Spendern wie Obst, vor

allem Zitrofrüchten, Äpfeln, Kiwis, schwarzen Johannisbeeren, Hagebutten, Sanddorn, Sauerkraut, frischem Gemüse, Paprikaschoten und Kartoffeln erfolgen.
Eine Ursache von Eisenmangel kann ein Mangel des Vitamin-B-Komplexes sein. Wer unter Blutarmut leidet oder einen Blutverlust nach Operation oder Unfall erlitten hat, sollte Rotwein, Schwarztee, Kaffee, Kakao und Milch möglichst meiden, weil diese die Eisenaufnahme (Eisenabsorption) des Körpers hemmen und stattdessen Vitamin C und die oben genannten Lebensmittel bevorzugen, damit sich sein Blutbild bessert.

Fleisch hat die Schwingung des **Todes**, es geht eine **Information in unsere Zellen** von Todesangst. Angstzustände und Depressionen sind die Folge. Warum? Die Schwingungen der Todes-Ängste der Tiere gehen in das Fleisch über. Man kann in der heutigen Gesellschaft ein deutliches Zunehmen von Ängsten und Depressionen beobachten. Natürlich nehmen wir auch Schwingungen von Aggressionen auf.
Niedere Schwingungen ziehen auch niedere Wesenheiten an, die wiederum negative Tendenzen in den Emotionen verstärken. Denken wir dabei an das Gesetz der Resonanz. Diese niederen Schwingungen sind auch nicht förderlich für die Meditation. Es ist so, als wenn wir uns energetische »Bleigewichte« anhängen würden, die uns in einer niederen Schwingung halten.
Fleisch und Fleischprodukte beeinträchtigen unser Bewusstsein in rajasischer und tamasischer Weise, ungute Leidenschaften wie Zorn, Gier werden erweckt. Auf der anderen Seite entsteht die Neigung zu geistiger Trägheit, auch Interesselosigkeit an höheren Dingen und Werten.
In Indien bekommen nur Soldaten und Polizisten Fleischspeisen, denn diese brauchen ein gewisses Aggressions-Potenzial. Soldaten und Polizisten gehören zum größten Teil der Sikh-Religion an, für die Fleischessen keine Sünde ist. Alle anderen Hindus essen fleischlos.

Kirchenvater Basilius der Große, Erzbischof von Cäsarea, geb. 329 n. Chr., äußerte sich darüber wie folgt: »Der Leib, der mit Fleischspeisen beschwert wird, wird von Krankheiten heimgesucht ... die Dünste der Fleischspeisen verdunkeln das Licht des Geistes … die Seele wird gleichsam unter der Last der Speise erstickt.«
Leonardo da Vinci, Albert Einstein, Wilhelm Busch, Mahatma Gandhi, Pythagoras waren alle Vegetarier. Auch der Hl. Antonius, der Hl. Augustinus und der Heilige Franz von Assisi ernährten sich fleischlos, und gaben ihren Orden entsprechende Regeln.
Leonardo da Vinci äußerte sich besonders drastisch zum Fleischkonsum: »Wahrlich ist der Mensch der König aller Tiere, denn seine Grausamkeit übertrifft die ihrige. Wir leben vom Tode anderer; wir sind wandelnde Grabstätten!«

Die Gaben von Antibiotika und Hormonen, die die Tiere in ihr Fressen bekommen, lagern sich im Fettgewebe ab. Das Fettgewebe fungiert als Giftdepot im Körper. Vor dem Schlachten erhalten sie noch Beta-Blocker zur Beruhigung.
Fleischkonsum – ich weigere mich den Ausdruck »Fleischgenuss« zu verwenden – führt zur Verschlackung und Vergiftung des ganzen Körpers, was natürlich den Alterungsprozess des Körpers fördert und zu chronischen Krankheiten führt. Wir sollten uns bewusst machen, dass wir keine lebendige Nahrung zu uns nehmen.
In dieser Hinsicht ist der Verzehr von Schweinefleisch besonders verheerend, denn es ist bekanntlich fett und im Fettgewebe sind Giftstoffe deponiert. Fleisch bildet schwere Zersetzungsgifte im Darm. Aber das Schweinefleisch zersetzt sich am schnellsten von allen Fleischsorten im Körper. Es produziert Eiter und Entzündungen im Körper. Bei Abszessen und Pickeln sollte man daran denken. Natürlich sind Produkte aus dem Schweinefleisch, wie Speck und Würste, auch das Schweineschmalz, möglichst zu meiden.
Wenn die Verdauung eines Menschen zu schwach ist und das Fleisch in der Folge zu langsam über den Verdauungskanal ausgeschieden wird, hat das auf Dauer eine chronische Selbstvergiftung vom Darm her zur Folge mit allen katastrophalen gesundheitlichen Auswirkungen nach Jahren.

Nitritsalze, die für das bessere Aussehen zum Röten des Fleisches verwendet werden, sind krebserregend. Außerdem produziert Fleisch Harnsäure und der Körper holt sich die ausgleichenden Basen dafür aus den Knochen, um die schädlichen Säuren abzubinden.
Alle Fleischprodukte (Wurstsorten, Speck usw.) sind sehr stark mit raffiniertem Salz gesalzen. Das ist für den Körper nicht sehr zuträglich. Wollen Sie sich das wirklich alles antun und die Risiken einer ernährungsbedingten Erkrankung in Kauf nehmen?

Gute Eiweißquellen

Es lohnt sich, ungesunde Ernährungsgewohnheiten zu ändern, und es ist auch nicht so schwer. Man kann nämlich **ganz allmählich** das Fleischessen reduzieren und stattdessen mehr Gemüse, Kohlehydrate und Obst essen. In Reformhäusern werden auch schon sehr gute Fleisch-Ersatz-Produkte, wie Sojawürstchen, Gemüsebratlinge, geräucherter Tofu und dergleichen angeboten.
Als andere, gute **Eiweißquellen** können reine Bio-Milch und verschiedene Milchprodukte wie Butter, Sahne, Käse, Topfen (Quark), Ei, Kartoffel, alle Getreidesorten, Soja, Hülsenfrüchte und Nüsse dienen.
Eine besonders gute und wertvolle Eiweißquelle für den Körper sind Linsen aller Art. Die Inder leben bekanntlich vegetarisch, ihr täglicher Bestandteil des Menüs ist Dal, eine Köstlichkeit aus Linsen. So decken sie ihren Eiweißbedarf. Dieses Eiweiß ist für den Körper leicht verwertbar.
Die verwendeten Sojaprodukte dürfen nicht genmanipuliert sein. Es sollten weitgehend naturbelassene Produkte aus biologisch dynamischem Anbau vorgezogen werden.

Praktische Umstellung der Ernährung

Eine allmähliche Ernährungsumstellung lässt sich auch in der Familie leichter bewältigen. Mit der Zeit werden auch die Familienmitglieder entdecken, dass die neue Kost gut schmeckt und sie werden sich alle wohler fühlen.

Probieren Sie doch die indische Küche aus. Durch die herrlichen Gewürze, die im Ayurveda auch als Medizin eingesetzt werden, schmeckt das Gemüse besonders fein und würzig, z. B. gibt der Kreuzkümmel ein feines Aroma. Nebenbei sind die Gewürze auch heilsam. Auch die Kreta- oder Mittelmeer-Küche mit dem Olivenöl ist sehr gesund.

Auch ich stellte in jungen Jahren meine Kost allmählich um. Zuletzt mochte ich nur noch Fleischlaibchen, Frankfurter und Fleischkäse. Bei dem Schnitzel erkannte ich, dass mir eigentlich nur die Panier gut schmeckte. Von da an panierte ich mir Champignons, Gemüse und Käse. Die »Fleischlaibchen« wurden aus Sojagranulat und Haferflocken zubereitet und genau so gewürzt wie vorher. Heutzutage gibt es ja bereits Gemüselaibchen zu kaufen.
Ich hielt an meinen Ernährungsgewohnheiten stets fest und auch bei beruflichen Betriebsfeiern ließ ich mich nie mehr zur früheren Kost »verführen«. Damals brauchte ich schon Zivilcourage und ich musste hinnehmen, dass ich mitunter schief angeschaut wurde. Aber mit der Zeit akzeptierten meine Arbeitskollegen und Kolleginnen auch meine Ernährungsweise und mir wurde sogar bei Feiern extra ein vegetarischer Teller angeboten. Einmal fragte mich ein Arbeitskollege, ob ich krank sei, worauf ich ihm entgegnete: »Nein, ich bin nicht krank, aber ich möchte gesund bleiben.« Da war er verblüfft.
Es hat sich gelohnt, heute nach gut 30 Jahren halten mich viele für jünger als ich bin. Meine Kinder habe ich weitgehend lakto-vegetarisch ernährt. Sie merkten sehr schnell, wenn sie außer Haus bei Schulfreunden waren, dass »Fleisch und Wurst stinkt.« Ihre Sinne waren geschärft in dieser Hinsicht.
Wenn sich der Körper einmal an **gesunde** Nahrung mit feiner Schwingung gewöhnt hat, dann verliert sich ganz von selbst das Verlangen nach Fleischgerichten, sie schmecken nicht mehr.

Folgen denaturierter Nahrung

Die durch den Konsum von Fleisch und Fleischprodukten, von gezuckerten Limonaden-Getränken, von Kaffee und von Süßigkeiten entstehende Übersäuerung führt dazu, dass im Körper Mangelzustände entstehen und Knochensubstanz abgebaut wird. Die Übersäuerung ist die **Mutter vieler Krankheiten**! Im Kapitel über Heilung können sie sich unter »Ursachen von Krankheiten« über die Folgen der Übersäuerung informieren. Haltungsschäden durch eine geschädigte Wirbelsäule sind heutzutage keine Seltenheit. Schon bei kleinen Kindern faulen die Milchzähne zusammen, weil sie von Anfang an stets gesüßten Tee zu trinken bekommen.

Allergien sind im Vormarsch, sie schießen wie Pilze aus dem Boden. Noch nie wurde der Körper mit so vielen unnatürlichen Stoffen konfrontiert, wie sie vielen Nahrungsmitteln und Getränken zugesetzt werden. Das sind keine »Lebens-Mittel« mehr.
Wollen Sie die Produzenten von denaturierten Nahrungsmitteln und die Fleisch- und Getränke-Konzerne und die Zuckerlobby, **die auf Kosten der Volksgesundheit satte Profite** erzielen, durch den Kauf ihrer Produkte weiter unterstützen?
Aus der Lebensmittel- und Backindustrie kommen Fast Food, Erzeugnisse aus weißem Mehl mit Zusätzen und raffiniertem weißen Zucker und Salz, kohlensäurehältige (Zucker)-Limonaden mit diversen Zusätzen, u. a. Aspartam als Süßungsmittel und Phosphaten. Auch Fleisch- und Fleischprodukte (Wurst) sowie Fertiggerichte mit Geschmacksverstärker, (Glutamat), Konservierungs-, Farb- und künstlichen Aromastoffen werden angeboten. Dazu kommen noch Gen-Soja, bestrahltes Gemüse und Salate.
Wir sollten bei Nahrungsmitteln, Konserven, Fertigspeisen, Süßwaren und Getränken auf Nahrungsmittelzusätze und auf folgende E-Nummern achten und diese möglichst **meiden**:
Es sind Farbstoffe: Nr. 104, 123, 127, 131, Konservierungsstoffe, Antioxidationsmittel: Nr. 214 – 219, 250, 312, Säuerungsmittel (Phosphate): Nr. 338 – 341 und 450 bis 452 sowie Zuckerersatzstoffe, z. B. Aspartam: Nr. 951.

Durch eine offizielle medizinische Studie mit Kindern ist erwiesen, dass Zusatzstoffe, vor allem **Gelier- bzw. Verdickungsmittel Nr. E 407 und E 425**, die in Süßwaren, Sahne und Pudding stecken, bei Kindern Kopfschmerzen verschlimmern können. Nach 3 Monaten gesunder, zusatzfreier Kost hatten 60% der Kinder nur halb so viel Schmerzen.
Farbstoffe können u. a. Auslöser von **Allergien** sein.
Phosphate (Säuren) finden sich fast in allem, was Kinder gerne mögen, in Süßwaren, Sahne, Wurst, Ketchup, Schokolade, etc. Cola-Getränke enthalten besonders reichlich Phosphate **(E-Nr. 338).**
Es ist bekannt, dass Säuren Mineralstoffräuber sind und die Knochensubstanz angreifen. Kinder, die sehr viel Cola trinken, laufen Gefahr, schneller Knochenbrüche zu erleiden.
Zu viele Phosphate in der Nahrung sollen aggressionsfördernd wirken, Unruhe und Konzentrationsstörungen (Hyperaktivität) auslösen. Das hat man bei Kindern im Schulbetrieb beobachten können. Hier hilft nur eine phosphatarme Nahrung.

Den sogenannten Light-Getränken und vielen anderen zuckerfreien Produkten, wie z. B. Hustenzuckerl, Kaugummi und Pillen, bzw. deren Überzug, ist der Zuckerersatzstoff **Aspartam (E-Nr. 951)** zugesetzt. Seine Grundsubstanzen wirken sich außerordentlich schädlich auf den Körper aus, vor allem auf das Nervensystem und die Augennetzhaut (Retina). Die Folgen sind vielfältig, sie können von Muskelschmerzen, Gedächtnisstörungen, neurologischen Erkrankungen bis zu Blindheit reichen – vor allem bei regelmäßigem und längerem Konsum. – Für hyperaktive Kinder, die ohnehin ein schwaches Nervensystem haben, pures Gift!

Aus all diesen Ausführungen geht deutlich hervor, dass besonders Kinder eine natürliche Kost ohne Zusatzstoffe brauchen, die frisch zubereitet wird!

Symptome, wie sie bei der Multiplen Sklerose auftreten, z. B. Lähmungen und neurologische Ausfälle, gingen nach dem Stopp der Zufuhr von Aspartam bei betroffenen Personen zurück. Diese sind fälschlicherweise als an Multipler Sklerose Erkrankte diagnostiziert worden.

Diabetiker und Figurbewusste greifen gern zu Light-Getränken und – Produkten. Sie glauben, damit eine gute Alternative zum Zucker zu haben. Aber damit »tauschen sie den Teufel mit dem Beelzebub« aus, denn Aspartam richtet größeren Schaden als Zucker an. Eine wirkliche Lösung sind die natürlichen Süßungsmittel aus der Stevia Pflanze.

Ein natürliches Haltbarkeitsmittel ist Vitamin C. Gewisse Färbungsmittel in Nahrungsmitteln und Getränken sind schädlich, harmlos ist das gelbe Karotin, die Vorstufe von Vitamin A. Bei Konsumenten-Beratungsstellen wie Ökotest, Stiftung Warentest und bei Verbraucherzentralen gibt es Informationen über die E-Nummern der Nahrungsmittelzusätze, ebenso im Internet.
Es ist wichtig, auf diese oben genannten Zusätze beim Einkauf zu achten und solche Produkte zu meiden!

Denaturierte Lebensmittel sind **ohne** Lebenskraft. Sie rauben unserem Körper nicht nur lebenswichtige Vitamine, Spurenelemente und Mineralstoffe. Sie ziehen uns auch geistig herunter und machen energielos.
Als Konsumenten und Kunden können wir durch entsprechende Nachfrage dahin wirken, dass mehr und mehr hochwertige Lebensmittel auf den Markt kommen.

Wollen Sie länger Ihre Jugendlichkeit, Schönheit, Gesundheit und geistige Frische bewahren?
Streben Sie Harmonie und geistiges Wachstum an?
Wenn ja, dann **ändern** Sie Ihre Einkaufs- und Ernährungsgewohnheiten und **fördern Sie** durch den Kauf von gesunden, **biologischen Lebens-Mitteln** die Unternehmen und Bauern, die gute, vollwertige Produkte aus biologisch-dynamischen Anbau anbieten.
Das können Sie nach und nach bewerkstelligen, indem Sie immer mehr hochwertige Lebensmittel, wie Obst und Gemüse bevorzugen, Fleischprodukte einschränken und durch wertvollere Eiweißquellen wie Linsen, Kartoffel, Getreide, Vollreis, Hülsenfrüchte, Topfen (Quark), Rohmilch oder pasteurisierte Bio-Milch, Käse, bevorzugt von Schafen und Ziegen, Yoghurt u. a. ersetzen, wie ich es bereits erwähnt habe. Besonders Getreide hat einen hohen und sehr gut verträglichen Eiweißanteil, das Gluten.
Gemäß Ayurveda ist immer das, was in unserer Nähe wächst, für unseren Körper am bekömmlichsten. Hier gewachsene Früchte und Gemüse beinhalten genau die Inhaltsstoffe, die wir brauchen. Am besten für uns sind Früchte und Gemüse, wenn sie frisch und saisongerecht verzehrt werden.

Bevorzugen Sie **reine, sattvische** Nahrung. Das hat auch eine vorbildhafte Wirkung auf die Kinder, die dann ihrerseits gute Ernährungsgewohnheiten entwickeln werden. So können sie in ihrem Leben weitgehend von ernährungsbedingten Krankheiten verschont bleiben – darüber hinaus werden sie bewusstseinsmäßig in harmonischer Weise beeinflusst und in ihrer geistig/seelischen Entwicklung in positiver Weise gefördert.

Der Einfluss von Umgang, Kunst und Medien

Der Einfluss des Umgangs

Unsere Umgebung ist stärker als der eigene Wille. Ich möchte dies anhand eines Beispiels verdeutlichen. Eisen hat normalerweise nichts mit Feuer gemein. Es fühlt sich kalt an und ist starr. Halten wir das Eisen jedoch eine längere Zeit in die Glut, so wird das Eisen die Eigenschaft des Feuers annehmen und zu glühen beginnen. Auch verliert das Eisen durch das Feuer seine Starrheit und lässt sich vom Schmied zu allerlei Gegenständen formen.

Und so ist es auch mit einer Person in einer Gemeinschaft. Eine einzelne Person mit Schwächen wird in einer Gemeinschaft von Menschen mit guten Eigenschaften keinen wesentlichen Einfluss auf die anderen ausüben. Im Gegenteil, sie wird sich allmählich leichter von ihren Schwächen befreien und ihre guten Vorsätze besser umsetzen können.
Hält sich hingegen eine Person mit guten Absichten und guten Vorsätzen für einige Zeit und wiederholt in einer schlechten, nicht förderlichen Gemeinschaft auf, so wird sie mit Sicherheit allmählich diesem negativen Einfluss unterliegen. Das hat mit der Kraft der uns umgebenden Schwingungen zu tun.

Wenn wir also ein gutes, förderliches Umfeld um uns haben, werden wir uns viel leichter tun, das Gute in uns zu stärken und unsere Schwächen abzulegen. Das können wir uns zunutze machen, es wird uns helfen.
Es wird uns sehr zugute kommen bei unserer seelischen Entwicklung und unserem Wohlbefinden, wenn wir Freundschaft mit guten Freunden haben, Umgang mit harmonischen, kultivierten und wohlwollenden Menschen pflegen, die auch die Natur und ihre Geschöpfe lieben, aber auch Interesse an geistig/seelischem Fortschritt haben. Wir können dadurch auch viel voneinander lernen und Erfahrungen austauschen. Viel mehr Freude und Lebenslust wird einkehren.
Umgekehrt gilt natürlich das Gleiche, nur im Negativen. Ungute Gemeinschaft zieht uns nur herunter in jeder Hinsicht, in unseren Gedanken, Gefühlen und im Lebensgefühl. Unsere Schwächen werden gestärkt.

Wenn wir also ungute Gewohnheiten und Süchte ablegen wollen, so müssen wir uns strikt von den bisherigen Freunden und ihrer Umgebung distanzieren. Wir können noch so gute Vorsätze haben, der Einfluss einer disharmonischen, schlechten Umgebung wird mit der Zeit stärker sein als alle guten Vorsätze zusammen und wir unterliegen. Wir geraten wieder in ihren verderblichen Sog.
Sogenannte »Freunde« haben gar kein Interesse daran, dass wir von der Zigarette oder vom Alkohol lassen. Im Gegenteil, sie werden uns immer wieder dazu animieren oder andere gesundheitsschädliche Gewohnheiten oder Laster bei uns fördern. Sie werden uns auch immer wieder in Lokale und Örtlichkeiten locken, wo wir »schwach« werden.

Der Einfluss von Kunst und Medien

»Wir behaupten, dass Kunst und Wissenschaft, Schönheit und Weisheit die Grundsteine sind, auf denen die zukünftige Geisteskultur ruhen und die Stelle der gegenwärtigen technischen Zivilisation einnehmen wird. Heute findet bei einer großen Anzahl von Menschen offenkundig eine Rückkehr zur Rohheit statt.
Nur Schönheit und Weisheit können die Menschen an die Schätze des Geistes erinnern, die sie verloren hat.«

Das sind Worte des Malers, Archäologen und Philosophen Prof. Nicholas Roerich (1874-1947).

Begnadete Künstler – die Schönes und Aufbauendes schaffen – hat es zu allen Zeiten gegeben und gibt es auch heute.
Wenn ich mir »Kunstwerke« gewisser Maler, Opern-Inszenierungen, Schauspiele oder Kompositionen aus neuerer Zeit vor Augen halte, so fällt auf, wie wenig inspirierend und aufbauend diese gestaltet sind – ganz im Gegenteil. Deren Inhalte sind oft trist, die Musik und Sprache herunterziehend oder aufpeitschend – auf keinen Fall wohltuend.

Oft sind die Neu-Inszenierungen von Opern und deren Ausstattungen äußerst konträr, so unpassend zum Stil der Zeit in der sie komponiert wurden, gestaltet, sodass sich der Komponist »im Grabe umdrehen würde«, wenn er sie zu sehen bekäme. Aber auch die Moderne, sei es in der Malerei und der Musik, im Theater ist im Gegensatz zur Kunst früherer Kulturen und Zeiten, meist sehr disharmonisch. In der Literatur und im Theater ist die Sprache meist hässlich, ordinär oder aggressiv, wie es ja auch in vielen Fernsehfilmen der Fall ist.
Sie bauen allesamt keine guten Schwingungen auf, im Gegenteil, sie wirken verstärkend auf alle disharmonischen Schwingungen, die um uns rundherum und um den ganzen Globus sind und schwächen uns.

Die vollendeten Meisterwerke der früheren Künstler hingegen sind erbaulich, sie erfreuen das Auge und das Ohr und sie sind ein Genuss. Erhoben an Geist und Seele verlässt der Besucher die Vorstellung oder Ausstellung.

Früher im alten Griechenland wurde **die Kunst zum Heilen** eingesetzt. Theater und Gesänge sollten den Leidenden bei der Heilung helfen. Wie sieht es heute mit der Kunst aus? Davon hat sich die moderne Kunst in den meisten Fällen sehr weit entfernt. Sie hat den tiefen Sinn weitgehend verloren, dass sie erbaulich auf die Seele des Zuhörers wirken soll.

Durch ihre Popularität haben alle Künstler großen Einfluss auf die Menschen. Wir sollten nur jene Künstler fördern, die wirklich mit ihren Schöpfungen den Menschen gute Schwingungen und Gefühle vermitteln und sie vom Alltag erholen lassen.

Alle anderen »Machwerke«, sei es im Theater, bei Musikern, Malern und Schriftstellern, die jeglicher göttlicher Inspiration entbehren, sollten wir nicht fördern, nicht besuchen und auch nicht kaufen.
Hingegen sollten wir jene Künstler fördern und wertschätzen, die uns mit ihrem Talent schöne, unvergessliche Stunden im Leben bescheren, unseren Alltag vergolden, sei es im Schauspiel, bei Musik, Tanz und Gesang, mit inspirierenden, schönen Bildern und Büchern. Wir sollen sie segnen, damit sie Kraft zum weiteren kreativen Schöpfen haben, und ihnen dankbar sein.

»Wahre Kunst, ob in Film, Musik, Literatur oder Malerei,
gibt es nur in Verbindung mit Gott,
denn aus uns selbst heraus vermögen wir nichts,
sondern es wird uns von oben gegeben.«
H.G. Leiendecker

Die Gesetze der Resonanz und Schwingung

Unser Körper besteht aus 70% Wasser, Wasser ist Resonanz- und Informationsträger. Deshalb reagiert er auf alle Schwingungen, egal aus welcher Quelle. Die Qualität der Schwingungen entscheidet über Wohlergehen und Gesundheit oder Leid und Krankheit.
Aus den Ausführungen über die Kraft der Töne, der Musik, der Symbole und der gesprochenen und geschriebenen Worte können wir entnehmen, dass alles miteinander in Resonanz geht. Ausschlaggebend ist nur, **welche** Resonanzen wir wählen, ob sie für uns wohltuend oder schädigend sind.

Auch die Düfte, Farben und die Kräfte der Natur und heiliger Orte können wir zu unserem Wohlbefinden einsetzen. Unser Umgang und unsere Ernährungsgewohnheiten spielen dabei eine wesentliche Rolle. Zu den vorherigen Themen kann man zusammenfassend sagen, dass Schwingungen uns bewusstseinsmäßig und körperlich entscheidend beeinflussen.

Schutz vor negativen Schwingungen

Leider werden wir alle immer mehr mit vielfältigen, neuen Strahlenbelastungen aus Handy-Masten und Radar von Satelliten konfrontiert und ihnen ausgesetzt. Feinfühlige Menschen spüren diese Einflüsse und leiden darunter. Zugvögel und Wale leiden auch unter diesen Einflüssen, sie werden irritiert bei ihren Wanderungen, weil durch die weltweiten negativen Einflüsse das magnetische Gitternetz der Erde verändert wurde.
Da die aufgezählten Schwingungen alle eine absolut negative, schwächende und krankmachende Auswirkung auf uns haben, muss ich aus Gründen der Aktualität und Wichtigkeit darauf eingehen. Über diese Fakten herrscht noch allgemeine Unwissenheit, Unklarheit und Skepsis.

Strichcodes: Diese haben überall ihren Einzug angetreten. Bei allem was wir kaufen – auf Lebensmitteln, Getränken, Kosmetika und allen Gegenständen des täglichen Bedarfs, wie auch auf unserer Kleidung – sind sie zu finden. Sie tragen eine sehr negative Schwingung und Information in sich.
Die Radiästhesistin Frau Berta Eggersberger hat getestet, wie man den Strichcode entschärfen kann: indem wir ein oder zwei Millimeter oberhalb des Codes eine Querlinie setzen oder ihn mit einer liegenden Acht überschreiben.
Dies ist besonders im Hinblick auf Lebensmittel, Medikamente und Nahrungsergänzungsmittel sowie Getränke wichtig.

Um schädliche Schwingungen aus Getränken und Speisen, Medikamenten zu bringen bzw. zu vermindern, können wir sie auch auf einen violetten Untersetzer oder auf die Neutralise-Karte des spirituellen Sai Sanjeevini-Heilsystems stellen. Dazu verrichten wir ein kleines Gebet mit der Bitte, dass alle schädlichen Schwingungen daraus neutralisiert und unschädlich gemacht werden mögen. Damit erhält alles einen Segen, das auf der Karte liegt oder steht. Etwas zu segnen, ist der beste Schutz für alles. Informationen über dieses Heilsystem können Sie abrufen im Internet unter »Sanjeevini« und sich diese Karte herunterladen.
Ich erinnere in diesem Zusammenhang an die Forschungs-Ergebnisse von Dr. Masaru Emoto. Wir können wunderschöne, geheiligte Nahrung und Heilwasser erzeugen durch Gebet, Segnung oder indem wir das, was wir zu uns nehmen, kurz auf ein Bild eines großen Heiligen stellen. Eine schöne, harmonische Musik beim Essen und Trinken erhöht die Schwingung.

Schädliche Strahlenbelastungen: Beim Betrieb von mobilen Kommunikationseinrichtungen (Handys, DECT-Telefonen, Funkgeräten etc.) entstehen elektromagnetische Hochfrequenz-Wellen (HF-Wellen). Wissenschaftliche Studien und Untersuchungen weisen nach, dass durch diese gepulsten HF-Wellen Befindlichkeitsstörungen, wie z. B. Kopfschmerzen, Müdigkeit, Nervosität, Gedächtnis- und Herzrhythmusstörungen, Allergien, Schweißbildung usw. bei Menschen ausgelöst werden können. Immer mehr Menschen leiden darunter. Manche Menschen leiden so sehr darunter, dass sie überhaupt keinen Strom mehr in ihrer Umgebung vertragen.
Durch Neurofeedback und Biofeedback-Messverfahren ist erwiesen, dass sich nach 10-minütiger Handynutzung die Gehirnwellen verändern bis hin zu erhöhtem Stress. Außerdem wurde bei den Probanden eine deutliche Verschlechterung des Blutbildes, eine Verdickung desselben durch Verklumpung der roten Blutkörperchen (Geldrollen-Bildung – verschlechterte Sauerstoffbindung und Durchblutung) nach dem Telefonieren mit Handy festgestellt.

Für Handys, Babyphon und Schnurlos-Telefone gibt es nun die Möglichkeit, Belastungen von **Elektrosmog** zu reduzieren, indem man Aufkleber von der Neutralise-Karte an ihnen anbringt. Die liegende Acht eignet sich auch dafür. Gespräche stets kurz halten!

Wenn Schlüssel und Handys am Körper getragen werden, ist das für ihn sehr belastend, es entstehen Strahlungen. Ich habe von jemand – der das Handy ständig in der Hosentasche getragen hatte – erfahren, dass bei ihm Schmerzen in der Hüftgegend und Gehbeschwerden bis hin zu Lähmungserscheinungen aufgetreten waren infolge einer Nervenschädigung durch die Strahlung.
Um diese negativen Einflüsse hintanzuhalten, ist es empfehlenswert, das Handy mit einem violetten Seidentuch einzuwickeln. Diese Methode wurde von Frau Berta Eggersberger entwickelt und erfolgreich getestet. Zu diesem Zweck entwarf sie auch diverse Symbole zur Abhilfe von Elektrosmog und Strahlung. Aber auch hier gilt, der beste Schutz ist der Segen.

Strahlung aus Fernseher und Computer können wir minimieren bzw. abschirmen durch Rosenquarz- und Bergkristall-Kristalle und den schwarzen Turmalin. Allerdings müssen diese Kristalle regelmäßig am fließenden Wasserstrahl entladen und wieder energetisch aufgeladen werden, wie ich es bereits erwähnt habe.
Seide hat abschirmende Eigenschaften gegen Strahlungen und Schwingungen. Das können wir uns zunutze machen, indem wir über Nacht diese Geräte mit einem violetten Seidentuch abdecken. Auch hier kann ein Neutralise Karten-Aufkleber gute Dienste leisten, den wir an ihnen anbringen. Wir sollten vor allem keine Fernseher oder Computer in Schlafräumen haben und möglichst auch keine anderen Elektrogeräte, um Elektrosmog und HF-Strahlung zu vermeiden.

Mikrowellenherde und Interferenz-Kochplatten absolut meiden! Die Strahlung ist äußerst schädlich! Wenn wir schon der zunehmenden Strahlenbelastung von Handymasten und Satelliten nicht ausweichen können, so wenigstens der gefährlichen Strahlung aus der Mikrowelle und den Interferenz-Kochplatten in der Küche.

Seit Ende der 80er Jahre ist wissenschaftlich erwiesen, dass

a) der Nährwert der Nahrung durch die Mikrowellen-Strahlung zerstört wird, weil der Körper die Nährstoffe, Fette, Eiweiße, Kohlehydrate, Vitamine und Mineralien nicht mehr aufnehmen kann. Die Lebens (Vital)-Energie, das Prana geht aus der Nahrung verloren. Die Nahrung wird übersäuert.
b) Direkte Strahlenschäden durch den bloßen Betrieb von Mikrowellenöfen entstehen. Eine vollkommene Abdichtung ist selbst bei geschlossenen Mikrowellenöfen nicht möglich, es gibt immer Leckstrahlungen. In Brusthöhe installierte Geräte beeinträchtigen vor allem Augen, Herz und Genitalien. Wer das Gerät zum Herausnehmen der Speisen öffnet, wird unmittelbar bestrahlt.
c) Gesundheitsschäden durch die im Mikrowellenofen erhitzten oder aufgetauten Speisen und Getränke auftreten. Durch Untersuchungen ist erwiesen, dass auf die beschädigten Molekularstrukturen in der Nahrung das körpereigene Immunsystem wie auf ein Gift reagiert. Es reagiert mit Abwehr. Dabei verändern sich die Blutwerte wie bei einem beginnenden Krebsprozess: die Leukozyten vermehren sich, der Hämoglobinwert sinkt, das bedeutet, dass das Blut weniger Sauerstoff aufnehmen und transportieren kann. Der Hämatokrit-Wert steigt, das bedeutet, dass das Blut verklumpt und verdickt, sodass die Gefahr von Embolien steigt.

Leider werden die Wirkungen all dieser Strahlungen leicht unterschätzt. Schleichende, krankmachende Prozesse aus all diesen Strahlungsbelastungen gehen über Jahre, bis sie sich als Krankheiten manifestieren. Die Wirkung der Summierung all dieser Einflüsse und von zusätzlichem Stress aller Art sollten wir bedenken.

Im nachfolgenden Kapitel über Heilung werde ich noch weitere Hinweise zum Schutz vor Negativität geben.

Bachblüten

»Wie schöne Musik oder andere großartige,
inspirierende Dinge sind Blütenessenzen in der Lage
unsere ganze Persönlichkeit zu erheben
und uns unserer Seele näherzubringen.«
Dr. Edward Bach

Mit Hilfe dieser Heil-Methode, die auf hohen Schwingungsqualitäten von Pflanzen beruht, können belastende Emotionen und Seelenzustände leichter bewältigt werden. Der feinstoffliche Körper wird mit heilsamen höheren Schwingungen von 38 Blüten in Harmonie gebracht und somit wird das ursprüngliche Seelenpotenzial geweckt.
Die Bachblüten-Therapie dient zur Unterstützung, ersetzt aber in keiner Weise das eigene Bemühen. Diese Methode stammt von dem englischen Arzt Dr. Edward Bach. Er war sehr feinfühlig und er erfühlte die heilenden Schwingungsqualitäten der Pflanzen zu bestimmten Seelenzuständen.

Im Rahmen meiner beratenden Tätigkeit setze ich manchmal Channeling ein. Ich erhielt für eine Ratsuchende eine Botschaft, u. a. mit folgender Empfehlung:

»Die Bachblüten werden Dich sehr unterstützen, alle belastenden, krankmachenden Gedanken und Gefühle, z. B. Ängste und Schweres zu verarbeiten und loszulassen und wieder hoffnungsfroh in die Zukunft zu schauen. Dein Leben wird wieder freudvoller werden. Dein ganzer Energiekörper wird durch die Bachblüten in eine höhere, leichtere Schwingung versetzt und das kommt der körperlichen Gesundheit wiederum zugute.«

Babys, Kleinkinder und Kinder reagieren auf Bachblüten besonders gut. Sie lassen sich damit schneller beruhigen, wenn sie Ängste plagen, die Eifersucht nach dem ersten Geschwisterchen lässt sich damit lindern, ebenso die Prüfungsangst vor Schularbeiten. Da gibt es bestimmte Lern-Kombinationen.

In **jeder Lebenslage** sind Bachblüten einsetzbar. Bei der Geburt erweisen sich Bach-Blüten-Tropfen als äußerst hilfreich. Dabei werden Nr. 23 Olive, Nr. 29 Star of Bethlehem und Nr. 33 Walnut eingesetzt. Olive wirkt gegen die körperliche und geistige Erschöpfung, Star of Bethlehem gegen den Schock und Walnut hilft beim Durchbruch, Neuanfang. Sie werden Mutter und Kind in Tropfen-Form verabreicht.
Die normale Einnahme-Dosis beträgt 4 x 4 Tropfen täglich, bei Schocks können auch mehr genommen werden. Inzwischen sind sie auch in den Apotheken erhältlich, auch die Rescue-Notfall-Tropfen und die Notfall-Salbe. Die Notfall-Tropfen helfen bei Schocks jeglicher Art, körperlichen und seelischen, vom Schnitt in den Finger bis zu einer schockierenden Nachricht. Notfall-Tropfen sind besonders gut einzusetzen bei allen kleinen und größeren Verletzungen. Die Wunden heilen viel schneller, wenn die Salbe sofort aufgetragen wird. Der Schmerz lässt sofort nach. Bei Umschlägen nimmt man 6 Tropfen auf ½ Liter.

Die Gabe von Bachblüten ist auch eine wunderschöne Möglichkeit, **Tieren und Pflanzen zu helfen.**
In der letzten Zeit kam zu mir eine liebe Freundin Judith. Sie klagte mir, dass es ihrem kleinen Kater gar nicht gut gehe. Er leide immer wieder an Entzündungen der Blase, könne den Harn nicht halten und sei ängstlich. Seine Jugend an einem Bauernhof, von dem sie ihn geholt hatte, ist nicht sehr schön verlaufen.
Um die Bachblüten für das Tierchen zu bestimmen, legte ich die Blütenkarten zugedeckt auf und erfühlte mit meinen Händen die nötigen Blüten.

Zu meiner Überraschung – ich hatte für Tiere noch nie Bachblüten-Karten gezogen, sondern nur direkt Blüten verabreicht – zog ich die Nr. 2 Aspen gegen Angst, Nr. 21 Mustard gegen schwere Seelenkrisen, Depressionen, Nr. 9 Clematis für Motivation und Nr. 24 gegen Schuldgefühle.
Nun war das ganze Elend des Tieres offenbar: Das Kätzchen hatte in der Tat Angst. Es hatte beim Arzt gemerkt bzw. die Gedanken aufgenommen, dass die Familie es nicht behalten könne (wolle), wenn sich sein hartnäckiges Leiden trotz Gaben von Medikamenten nicht bessere.
Das löste in ihm großes Leid und eine schwere Depression aus. Außerdem hatte das Kätzchen Schuldgefühle, weil es seinen Harn in der Wohnung nicht halten konnte. Es litt darunter, dass es nicht rein sein konnte. Inzwischen sind ca. 2 Wochen her, ich habe gehört, dass es ihm inzwischen in jeder Hinsicht wieder besser geht. Er ist wieder ganz munter und entwickelt sich prächtig.
Tiere sind sehr zugänglich für feinstoffliche Heilweisen und reagieren sehr gut darauf. Die Schwester meines Mannes betreut an ihrem Ponyhof die Island Ponys und Norweger mit Bachblüten und homöopathischen Mitteln. Auch ich verabreiche meinen Zebrafinken Bachblüten in das Trinkwasser bei Bedarf. Sie bekommen gleich nach dem Transport aus dem Geschäft Notfall-Tropfen. Wenn sie trauern, einen Partner verloren haben oder eifersüchtig sind, bekommen sie die entsprechenden Blüten.
Das sollten wir stets tun, wenn wir Tiere nach dem Kauf nach Hause nehmen. Da haben sie oft Panik. Mit den Rescue-Notfall-Tropfen können wir helfen, ihnen den Schock des Transports und der Trennung von den anderen Tieren oder der Familien zu nehmen. Notfall-Tropfen haben vielen Tieren schon bei akuten Krankheiten und Unfällen das Leben gerettet. Bei Verletzungen kann man auf Umschläge die Notfall-Tropfen (6 Tropfen aus der Vorratsflasche auf ½ l Wasser) geben oder Notfall-Salbe auf die Wunde auftragen. Die Tropfen können wir ins Futter oder Trinkwasser geben, oder direkt ins Maul träufeln.

Blumen reagieren sehr dankbar, wenn sie Bach-Blüten erhalten. Bei Schnittblumen hält das Wasser länger frisch, wenn wir eine Münze auf den Vasenboden legen. Mit der Gabe von drei Tropfen der Rescue-Notfall-Tropfen, Nr. 33 Walnut und Nr. 37 Wild Rose erholen sich die Schnittblumen, auch bereits leicht gewelkte, sichtlich schnell vom Schock des Abschneidens. Auch Blumenstöcken können wir damit helfen, wenn sie umgetopft worden sind.
Für das Wachstum von Pflanzen empfiehlt sich die Kombination von Nr. 32 Vine, Nr. 17 Hornbeam und Nr. 23 Olive. Diese geben ihnen Kraft. Als Garten-Kombination haben sich Nr. 10 Crab Apple gegen Ungeziefer aller Art, Nr. 33 Walnut und Rescue Notfalltropfen bewährt. In allen Fällen kommen 3 Tropfen aus der stock bottle jeder Blütenessenz in eine große Gießkanne.

Neue Heilmethoden, basierend auf Schwingung und Information

Nicht nur die Bachblüten-Therapie arbeitet mit harmonischen Schwingungen. Es gibt auch andere Heilmethoden, die auf Schwingung, Resonanz und Information beruhen. Dazu gehört auch das Tönen, wie ich es bereits unter »Die Welt der Töne« geschildert habe.

In diesem Zusammenhang wäre auch die von Vicky Wall im Jahre 1983 entwickelte **Aura Soma Methode**, die Farbheilung mit speziellen Ölen zu erwähnen. Die harmonischen Schwingungen und Farbkombinationen der in Glasflaschen abgefüllten Equilibrium-Öle (früher als Balance Öle bezeichnet) wirken auf Körper, Geist und Seele, also auch auf feinstofflicher Ebene, ebenso die speziell entwickelten Meister-Essenzen mit ihren hohen Licht- und Heil-Schwingungen.

Ergänzend zur klassischen Schulmedizin kann man auch die spirituelle Heilmethode mit Sanathana Sai Sanjeevini **Heilschwingungen durch SS-Sanjeevini Karten** einsetzen. Jede Karte entspricht einem gezielten Gebet, um einen bestimmten Körperteil oder eine Krankheit zu heilen.

Eine Heil-Methode, die ja schon länger bekannt ist und auch immer mehr Anerkennung und Anwendung bei den Ärzten findet, ist die **Homöopathie**. Sie wurde von dem Arzt Dr. Hahnemann (1755-1843) begründet. Hierbei werden die medizinischen Wirkstoffe soweit verdünnt (D- und C-Potenzen), bis letztendlich nur noch ihre feinstofflichen Schwingungen bzw. Informationen in der Trägersubstanz (Tropfen, Globuli) übrig bleiben. Diese regen den Körper zur Selbstheilung an.

Ein guter Homöopath findet anhand der Symptome des Patienten die richtigen Mittel für ihn heraus. Oft gibt es dann sehr schnelle Reaktionen des Körpers, wenn die Heilkräfte des Patienten durch das richtige Mittel angeregt werden. Auch bei Depressionen zeitigt die Homöopathie Erfolge.

Der Arzt Dr. Heinrich Wilhelm Schüßler (1821-1898) war der Begründer der biochemischen **Schüssler-Mineraltherapie**. Dr. Schüssler ging davon aus, dass alle Krankheiten auf einen gestörten Mineralsalzhaushalt des Organismus zurückzuführen sind. Er wollte eine sehr effektive Therapiemöglichkeit finden.
Er war der Entdecker der 12 Lebenssalze, die in homöopathischer Form gereicht werden. Dadurch werden sie leicht vom Körper aufgenommen. Diese Salze kann man einerseits zur Vorbeugung durch Auffüllen allfälliger Mineralstoff-Defizite, als auch zur Therapie einsetzen. Zum Beispiel werden durch Nr. 10 Natrium sulf. D6 die körpereigenen Abwehrzellen aktiviert, es dient auch als Entschlackungsmittel. Als Entsäuerungsmittel zur Regulierung des Säure- und Basengleichgewichts wird Nr. 9 Natrium phosphorium D6 eingesetzt. Das Schüssler Salz Nr. 7 Magnesium phosphoricum D6 dient als Schmerz- und Krampfmittel. Die Mineralsalze helfen auch bei seelischen Problemen und stabilisieren das Nervenkostüm.

Bei der bioenergetischen Informations-Medizin hat der Bioenergetiker und Energieforscher **Erich Körbler** (1938-1994), geboren in Wien, Großes geleistet und neue Möglichkeiten eröffnet.
Bei seiner Heilmethode kommen kosmische Symbole oder geometrische Zeichen zur Anwendung, die auf der Haut aufgezeichnet werden. Nachdem mit Hilfe der Körbler-Einhand-Rute disharmonische Schwingungen erkannt werden, können mittels der entsprechenden Symbole förderliche Schwingungen und Informationen zur Heilung des Körpers gegeben und schädigende, krankmachende Informationen gelöscht werden.

Mittels der Körbler-Einhand-Rute werden u. a. eventuelle schädliche Einflüsse von Zahnfüllungen (Quecksilber-Amalgam oder Gold-Beimischung Palladium), Wasserader/Kreuzungen bei Schlafplätzen und von Elektrosmog geprüft und alle möglichen Unverträglichkeiten vom speziell ausgebildeten Arzt oder Heilpraktiker festgestellt.
Diese Methode mit kosmischen Schutz- und Heil-Symbolen wurde bereits vor Jahrtausenden praktiziert. Man fand sie auch bei dem im Tiroler Ötztaler Gletschergebiet entdeckten Eismann, dem »Ötzi«. Sie waren auf seiner Haut eintätowiert.

Auch mittels weiterer bioenergetischer Methoden, der **Bioresonanz** oder der **Vitalfeldtherapie** können wie bei der Körbler Methode schädliche, krankmachende Einflüsse mannigfacher Art und Allergien mittels Test erkannt (Pollen, Quecksilber, Nahrungsmittel) und mittels heilsamer Frequenzen behandelt werden. Genauso wie in der klassischen Homöopathie werden bei der Bioresonanz-Therapie dem Körper Informationen zu seiner Gesundung gegeben, zwar nicht in Form von Globuli, sondern in Form von ultrafeinen Schwingungen.

Die Bioresonanz-, Vitalfeld- oder die Körbler-Therapie sollen die Schulmedizin ergänzen. Gerade **vorbeugend** kann damit viel erreicht werden, da sich Krankheiten zunächst als Information im Körper ablagern und so die Grundlage für eine spätere chronische Belastung bilden.
Mittels der Schüssler-Mineraltherapie können Defizite an Mineralsalzen im Körper rechtzeitig behoben werden, bevor sie sich als Krankheiten manifestieren.

Auf Bachblüten, Aura Soma, die Sai-Sanjeevini-Heilschwingungen, Homöopathie, die Körbler- und Bioresonanz-Therapie reagieren Menschen und Tiere gleichermaßen.

ETAScan, ein ganz neu entwickeltes bioenergetisches Diagnosegerät nach den Erkenntnissen in der Quantenmedizin, ermöglicht es, in den menschlichen Körper und seine Organe zu sehen, Krankheiten und Störungen zu erkennen und ihm die Information zu geben, sodass er gesunden kann.

Im nachfolgenden Kapitel über Heilung komme ich noch auf geistige Heilweisen zurück, durch die dem Körper ebenfalls Heil-Schwingungen übertragen werden.

Von der Kraft des Segnens und der Dankbarkeit

Alles, was ich ehrlichen Herzens segne, ist im gleichen Augenblick gesegnet.
Jede Person, die ich ehrlichen Herzens segne, muss mir zum Segen werden.

Zum Segnen

Wir können Menschen, denen wir begegnen, segnen, z. B. solche, die in Not sind, vielleicht gerade einen Unfall erlitten haben, oder den übermüdeten Fernfahrer auf der Autobahn, der wer weiß schon wieviele Stunden am Steuer sitzt oder die Autofahrer rund um uns. So werden uns die Schwingungen von Hektik und Stress kaum etwas anhaben können. Negatives wird abgehalten.
Wir können auch liebevolle Segens-Gedanken an alle in der Ferne lebenden Verwandten und Freunde und an unsere verstorbenen Lieben senden. Alle werden die segensreiche Wirkung spüren. Und so werden wir zum Segen auch für andere.

Wir können Heilwasser herstellen, indem wir das Wasser segnen und darum bitten, dass es Medizin für uns wird. Es ist wichtig, dass Segnen nur in harmonischer Umgebung vorzunehmen, spirituelle Musik unterstützt diese heilige Handlung.
So segnen wir Wasser und Getränke oder Medizin:

> Wir heben das Gefäß vor das 3. Auge an, und bitten Gott um Segen und Heilung. Dann halten wir kurz inne, bis wir Energie, z. B. ein Prickeln, beim 3. Auge spüren. Danach bedanken wir uns bei Gott. Das gesegnete Wasser wird nun einen anderen Geschmack haben wie vorher. Es ist durch das Segnen eben genau mit den Stoffen angereichert, die der Körper braucht. So kann man für sich selbst und andere Heilwasser und gesegnete Medizin herstellen.

Das Segnen wird **immer wichtiger**, denn Mineralwässer werden zur Haltbarkeit bestrahlt und viele Getränke enthalten gesundheitsschädliche Stoffe. Auch das Leitungswasser trägt mitunter unzuträgliche Schwingungen und Informationen in sich. Durch das Segnen kann man dem Wasser wieder eine höhere, bessere Schwingung geben.

Wie bereits unter »Die Welt der Töne« erwähnt, ist Wasser auch Träger von Informationen. Schadstoffe im Wasser tragen auch feinstoffliche Informationen und Schwingungen in sich. Diese können durch Wasseraufbereitungsanlagen nicht beseitigt werden.

Durch die Aufbereitung von Trinkwasser mit Chlor und Fluor entsteht ein unnatürliches Frequenzmuster, dessen Dissonanz bewirkt, dass materielle Denkstrukturen in unserem Gehirn gefördert werden. Auch der Einsatz von Fluor bewirkt eine Schädigung des Gehirnbereiches, der für den Behauptungswillen zuständig ist. Das Ergebnis von regelmäßigem, jahrelangem Konsum von angereichertem Leitungswasser mit Chlor und Fluor ist dann der wachsende Anteil von willenlosen, materiell eingestellten Menschen in unserer Gesellschaft.

Natürlich gilt das Segnen auch für alle Lebensmittel und Speisen. Besonders dann, wenn wir auswärts essen in einem Restaurant. Wenn wir die Speisen segnen, ist es möglich, in ihnen enthaltene schädliche Stoffe und Schwingungen zu neutralisieren bzw. unschädlich zu machen. Leider werden Lebensmittel immer mehr »behandelt«, sie werden bestrahlt, gespritzt und mit allen möglichen Zusätzen versetzt.
Auch Rotwein kann man segnen, er wird besser. Generell ist gegen den gelegentlichen Konsum von einem Glas Rotwein in körperlicher Hinsicht nichts zu sagen. In bestimmten Maßen ist er sogar günstig für den Körper, es kommt immer auf das Maß an.
Aber Achtung! Ein Glas Rotwein sollte man nur in guter Umgebung und guter Stimmung trinken, also mit schöner Musik konsumieren.

Hingegen in primitiven Gaststuben und Bars mit schlechter Atmosphäre öffnet er uns für alle negativen Schwingungen von den Personen, die von den Nachbartischen kommen. Die Folge ist eine schlechte, niedergedrückte oder aggressive Stimmung.
Alles was wir segnen, muss uns zum Segen werden, auch Computer, Auto und dergl. Alles wird besser und störungsfreier funktionieren.

Haussegen
Im Namen Gottes segne ich
meine ganze Wohnung und das ganze Haus
in dem ich lebe,
meinen Computer und alle technischen Geräte,
die mich störungsfrei bei der Arbeit unterstützen.
Ich bin dankbar dafür.

Wir können auch unsere Briefe, die wir an unsere Lieben und Freunde senden, segnen oder Geschenke an andere. Da sind uns keine Grenzen gesetzt. Auf die Gesetzmäßigkeit des Segnens bin ich bereits im 1. Kapitel näher eingegangen.

Denken wir an den schönen Brauch, als man die Kinder beim Verlassen des Hauses mit Weihwasser segnete, oder das Brot, bevor man es anschnitt oder das Haus und die Wohnung in den Tagen zwischen Weihnacht und Dreikönig.
Der Tag wird eine ganz andere Qualität haben, wenn wir bereits am Morgen, bevor wir mit unserem Tageswerk beginnen, ein paar Segens-Gedanken aussenden: an unseren Körper, an unsere Familienmitglieder, an alle Menschen, denen wir im Laufe des Tages begegnen werden (u.a. auch an den »schwierigen« Chef, Arbeitskollegen oder Nachbarn), an unsere Wohnung oder das Haus, an die Pflanzen und Tiere in unserem Umfeld sowie auch an unsere Geräte, mit denen wir arbeiten.
Bevor wir Edelsteine und Kristalle oder Symbole benutzen, sollten wir sie segnen. Das gilt vor allem, wenn wir sie zu Heilzwecken und zum Schutz verwenden wollen. Es gibt immer die Möglichkeit einer energetischen Verunreinigung, und auf diese Weise können wir sie von allfälligen negativen Schwingungen, die ihnen anhaften könnten, befreien.

Zur Dankbarkeit

Genauso können wir am Abend Gedanken der **Dankbarkeit** aussenden für jede schöne Begegnung oder Begebenheit, die uns während des Tages widerfahren ist, für die Arbeit, für alles, was wir haben, für gute Freunde, auch unsere Fähigkeiten. Wir sollten auch dankbar sein für göttlichen Schutz und die Führung, die wir von unserem Schutzengel und geistigen Führern erhalten, für jede Inspiration, Idee.

Dazu ist es ganz gut, wenn wir uns einmal eine Liste zusammenstellen, auf der wir alles Positive zusammenfassen. Oft ist es uns gar nicht bewusst, was wir alles haben. Wir sehen Vieles als Selbstverständlichkeit an, auch die Umstände, wie gut wir leben im Vergleich zu anderen Menschen auf der Erde, wie privilegiert wir leben dürfen:
Wir haben ein Heim, wir leben in einer schönen Landschaft mit genug Wasser, in Freiheit, ohne politische Verfolgung und Kriegswirren und der Möglichkeit, uns geistig weiter zu entfalten. Viele Menschen auf der Welt müssen tagaus und tagein um das Nötigste für ihr Leben kämpfen, sie können sich gar nicht mit Meditation und höheren, geistigen Dingen befassen.

Erfolg und Wohlstand
sind zwei Begleiter in meinem Leben
und ich segne sie mit Liebe und
dafür bin ich dankbar.

Von der Kraft des Frohsinns und des Lachens

Kindern ist die natürliche Fröhlichkeit und Spontaneität noch zu eigen, aber je älter wir werden, umso mehr geht diese Fähigkeit zur Freude in uns verloren. Natürlich tragen die Alltagspflichten und Probleme des Lebens dazu bei.
Aber es ist möglich, diese Fähigkeit zur Freude zu bewahren bzw. sie wieder zu kultivieren. Bei all den Schwierigkeiten des Lebens ist es doch möglich, unsere Aufmerksamkeit auch im Alltag bewusst auf Schönes zu richten, sei es in der Natur, in der Musik, sei es auf schöne Erinnerungen an wertvolle Begegnungen mit lieben Menschen und Reisen.

Es ist wichtig, dass wir die Freude an den kleinen Dingen des Lebens nicht verlernen, dass wir dafür dankbar sind. Dazu gehört, dass wir uns einmal etwas Gutes gönnen und es auch genießen.
Das Schöne, an dem wir uns freuen können, ist oft ganz nahe, wir haben nur oft den Blick dafür verlernt. Betrachten wir die Jahreszeiten und die Schönheiten der Natur: die Eiskristalle, die glitzernden Eiszapfen und den Schnee in der Sonne, die Morgen- und Abendstimmungen, die ersten Frühlingsboten, den Vogelgesang, die Schmetterlinge, die kleinen, hübschen Marienkäfer, eine spielende Katze, die Farben und den Duft der Blumen und des Heues im Sommer, die guten, saftigen Früchte im Herbst, ein schönes Kaminfeuer und gebratene Kastanien im Herbst.
Alle diese kleinen Freuden werden uns geschenkt und kosten uns nichts, wir brauchen nur Augen und Ohren dafür offen halten.

Wir können uns auch das Schöne in unser Heim holen in Form von Blumen, Kristallen, von Bildern und Fotografien, die auf uns aufbauend wirken und in uns Erinnerungen an Schönes und Liebes, das uns Freude bereitet, erwecken.

Humor ist eine besondere Gabe und er entschärft sogar schwierige Gesprächssituationen und nimmt Spannungen weg. Durch das Lachen kommt das Zwerchfell in Bewegung und das wirkt belebend auf die inneren Organe und die Peristaltik des Darms, ebenso bekommt der

Körper durch die vertiefte Atmung mehr Sauerstoff. Das Lachen stärkt unsere Immunkraft. Inzwischen gibt es eigene Lachkurse. In Indien werden diese bereits in Rishikesh in Nordindien und in Bombay und an anderen Orten angeboten und es gibt immer mehr davon, in den letzten Jahren auch in Europa. Man hat die heilende Kraft des Lachens erkannt und nutzt sie auch therapeutisch. Es hat sich erwiesen, dass schwer kranke Menschen durch gezielte Lachtherapie ganz gesunden konnten.

Heiterkeit ist ansteckend und lässt unsere Lebensfreude aufblühen. Tanzen und schöpferische Tätigkeit schenkt ebenfalls Lebensfreude. Halten wir uns doch so oft wie möglich in Gemeinschaft fröhlicher Menschen auf und spielen mit Kindern.
Lesen wir heitere Lektüre oder sehen wir uns vergnügliche Comics an, z. B. von Dick und Doof mit Oliver Hardy und Stan Laurel, den Schweizer Emil und Clowns. Seien wir dankbar für alle Menschen, die mit der Gabe des Humors gesegnet sind – für alle Clowns, positive Illusionisten, Komiker, Komödianten – die ihn verbreiten, die uns erfreuen mit ihrem Witz und Esprit.
Wenn wir uns am Morgen im Spiegel betrachten, sollten wir uns ein Lächeln schenken. Das gibt uns Kraft und nicht nur uns, sondern auch jedem, der uns begegnet. Es ist mittels kinesiologischem Armtest erwiesen, dass ein lächelnder Mund sofort unser ganzes energetisches System stärkt, hingegen herabhängende Mundwinkel schwächend wirken. Sogar eine Zeichnung mit dem kleinen, lächelnden Smily tut uns gut.

Ein freundliches, ermunterndes Lächeln wirkt auf das eigene Gemüt erhellend und kann auch anderen Menschen den ganzen Tag verschönen und diese positiv motivieren.
Frohsinn, Heiterkeit und Lächeln sind Quellen der Kraft für andere und uns selbst. Sie wirken heilend. Bewahren wir uns und kultivieren wir doch diese Herzensgaben und schenken wir diese weiter bei jeder Gelegenheit. Seien werden wir Medizin für andere!
So werden wir zu einem Geschenk für andere, und nach dem Gesetz der Resonanz kehrt die Freude zu uns zurück.

Die Welt ist voll von kleinen Freuden,
die Kunst besteht nur darin, sie zu sehen
und ein Auge dafür zu haben

Chinesische Weisheit von Li-Tai-Phe

☺

4. Kapitel

Heilung im Einklang mit allen Ebenen

Wer viel Geld hat, ist reich.
Wer gesund ist, ist glücklich.

Ganzheitliches Heilen

Das Wort »Heilung« kommt von Heil, heilig, Heiligung, Heiland.
Da muss wohl in der deutschen Sprache ein weiser Zusammenhang bestehen zwischen Heilung und heilig. In früheren Zeiten kannte und beachtete man noch den Zusammenhang zwischen Heilung und Heiligung. Der ganze Mensch mit all seinen Aspekten wurde in die Heilung mit einbezogen.

Im alten Griechenland gab es eigene Tempel der Heilung, die dem Gott Äskulap (griech. Asklepios) geweiht waren. Das Heilungssymbol ist in unseren Apotheken durch die Äskulap-Schlange symbolisiert, die sich um den Baum des Lebens rankt.
Die Kranken bekamen Schlaftherapie, über ihre Träume sollten sie Botschaften der Seele und des Unterbewusstseins zur Heilung bekommen. Kunst wurde eingesetzt, um die Leidenden durch Musik, Gesang, Theater zu heilen. Es gab eigene gefasste Heilquellen, in denen die Kranken badeten und nicht zu guter Letzt waren die Ärzte zugleich auch Priester.
Den damaligen Priestern und Ärzten waren die Zusammenhänge zwischen Seele, Geist und Körper weitgehend bekannt und danach richteten sie auch ihre Therapien aus. Als Priester führten sie den leidenden Menschen wieder zurück an seinen Ursprung, sein wahres Selbst, und als Arzt konnten sie sich der Krankheiten der Patienten annehmen.

In Griechenland bestehen noch Reste von Asklepios-Heiligtümern, wo u. a. auch Orakel, Weissagung praktiziert wurde. Diese Reste von alten Tempeln des Heilgottes Äskulap bestehen auch noch in Kreta und Korinth. Ich konnte selbst die alten, umgefallenen Tempelsäulen in Lentas sehen, die wunderschönen, teilweise erhaltenen Mosaiken am Boden und die Einfassungen einer Heilquelle. Das Wasser aus dieser Gegend ist auch heute noch heilkräftig. Die Atmosphäre dort auf diesen stillen Plätzen ist noch immer von den heilsamen Schwingungen des Friedens und der Spiritualität von früher erfüllt.

Aber Gott sei Dank brauchen wir nicht nur in die Vergangenheit blicken, und den alten Heilweisen nachtrauern. Wie schon in den vorigen Kapiteln 1 und 2 erwähnt, gibt es heute in Indien ein altes Medizinsystem seit Jahrtausenden, seine Lehre ist zeitlos gültig. Es heißt Ayurveda, und das bedeutet »Wissen vom langen, gesunden Leben«, »Ayus« bedeutet Leben, eigentlich die Lebensspanne und »Veda« bedeutet das Wissen.
Der Leitspruch von Ayurveda ist, dass wir ein gesundes, erfülltes und glückliches Leben führen sollen, aber ohne unsere spirituellen Wurzeln zu vernachlässigen.

Dieses Medizinsystem entspricht noch dem Gedanken, den Menschen in seiner Ganzheitlichkeit zu betrachten und aus diesem Blickwinkel die Heilung desselben einzuleiten. Während die heutige Schulmedizin Spiritualität und Therapie weitgehend trennt und teilweise als unvereinbar betrachtet, stellt die Spiritualität im Ayurveda eine Säule der Heilmethode dar.

Ein weiterer grundlegender Unterschied zum heutigen Medizinsystem besteht darin, dass bei Ayurveda alle Fachrichtungen noch in einer Hand sind und die Behandlung des ganzen Menschen unter Berücksichtigung seiner Psyche und seines Umfeldes stattfindet, während die Schulmedizin in Fachrichtungen aufgeteilt ist und die Organe einzeln rein symptomatisch behandelt werden.
Ayurveda beruht auf Beobachtungen in der Natur, Spiritualität und Erfahrungen, während die Schulmedizin auf reinen naturwissenschaftlichen Kenntnissen, auf Labor- und Tierversuche und einer rein materialistischen Anschauung basiert.
Die persönliche Zuwendung, das Gespräch mit dem Patienten, kommt bei dem heutigen westlichen Medizinsystem kaum zum Tragen, weil das ganze System der Krankenversicherung nicht darauf aufgebaut ist. Die Ärzte werden für ein umfassendes Gespräch schlechter bezahlt als für eine Spritze.
Der Gedanke, dass die Menschen selbst für ihre Gesundheit sorgen, Gesundheitsvorsorge betreiben und sich mit natürlichen Heilkräutern helfen können, ist weit in den Hintergrund getreten. Die alte Volksmedizin und das alte Heilwissen werden heutzutage weitgehend verdrängt.
Ist es da ein Wunder, dass die Menschen immer kränker werden bzw. immer mehr chronische Leiden überhand nehmen?
Natürlich leistet die Medizin hervorragende Arbeit bei akuten Erkrankungen, bei der Ersten Hilfe, bei der Notfall-Chirurgie, aber bei chronischen Krankheiten hat sie keine so guten Erfolge zu verzeichnen.

Bei unserem System der Schulmedizin gibt man allen Leuten mit dem gleichen Symptom die gleiche Medizin und Therapie, während man in Ayurveda auf die Individualität des Patienten eingeht. Ayurveda hat die drei Grundkonstitutionen des Menschen entdeckt, die ganz verschiedene Arten der Therapie erfordern. Sie heißen Vata, Pitta und Kapha und diese habe ich bereits im ersten und zweiten Kapitel vorgestellt und bin darauf eingegangen, wie man im Ein – Klang mit seiner Konstitution lebt.

Vielfach unbekannt sind die Zusammenhänge zwischen Emotionen und Krankheiten, über die Ursachen im feinstofflichen Bereich. Bevor sich eine Störung im Körper manifestiert, ist sie schon im Feinstofflichen – in der Aura – angelegt.
Chronische Krankheiten sind Krankheiten, die auf der körperlichen Ebene behandelt werden, deren wahre Ursache aber oft im Feinstofflichen liegt. Aus diesem Grund ist es leicht verständlich, dass es nicht ausreicht, nur die körperlichen Symptome zu therapieren, ohne jedoch die feinstofflichen Ursachen bzw. Verletzungen mit zu behandeln.
Über diese Betrachtungsweise lassen sich die Erfolge der alternativen, ganzheitlichen Medizin, wie Homöopathie etc. gut verstehen, und hier setzen natürlich auch die geistigen Heilweisen und die Gesprächstherapie bei einer Lebensberatung an.

Die feinstoffliche Heilmethode von dem englischen Arzt Dr. Edward Bach, die Bachblüten-Therapie, bewirkt eine Beseitigung von Blockaden bzw. eine Umwandlung von negativen Seelenzuständen, sodass das wahre Potenzial des Menschen zum Vorschein kommen kann. Dadurch wird die Krankheitsursache schon oft im Vorfeld beseitigt bzw. wird der Mensch wieder gesund. Er kann seinem Seelenplan wieder folgen, indem die Impulse des Höheren Selbst wieder zu ihm durchdringen können.

Im vorigen Kapitel haben Sie die heilende Wirkung von harmonischen Schwingungen jeglicher Art auf Körper, Geist und Seele kennen gelernt. Wenn wir das Gesetz der Resonanz, den Einfluss unserer Ernährung, des Umganges beachten, werden wir immer mehr das Förderliche, Wünschenswerte in unser Leben ziehen und damit auch die Gesundheit.

Heilung muss auf jeder Ebene stattfinden

Im Rahmen meiner Tätigkeit auch als Kanal für Botschaften aus höherer Ebene empfing ich für einen schwer kranken Klienten folgende Botschaft:

»Den Heilungsprozess muss man auf jeder Ebene fördern:

a) ***mit körperlicher und energetischer Therapie***

b) ***auf feinstofflicher Ebene*** *Bachblüten und Affirmationen, Lichtheilung,*

c) ***auf seelischer Ebene,*** *Gebet, Hinwendung zu Gott. Vergebung sich und anderen.*

Setzt alle Möglichkeiten ein, die ihr zur Verfügung habt.

Der ***zweite Faktor*** *besteht darin, dass die Wohnung, der Schlafraum und das ganze Haus energetisch gereinigt werden sollte. Bitte Erzengel Michael, dass er unerwünschte Energien entfernt.*

Der ***dritte Faktor*** *ist, dass seine Partnerin noch unbewusste Programme des Denkens in sich trägt. Diese rufen die alten Muster geradezu hervor. E. reagiert auf diese Muster entsprechend. Affirmationen zur Optimierung ihres Selbstbildes und somit Löschen der alten Muster ist erforderlich. Die Aufgabe für* ***beide*** *besteht im Loslassen der alten, hinderlichen Denk- und Gefühlsmuster. Dabei sind hilfreich die* ***Bachblüten.****«*

Aus dieser Botschaft geht ganz deutlich hervor, dass wir auf **jeder** Ebene arbeiten müssen, um Heilung herbeizuführen. Wir müssen bei der Therapie auch alle möglichen **krankmachenden Faktoren** berücksichtigen, und zwar die Lebensgewohnheiten, das Umfeld, den Schlafraum und bewusste oder unbewusste schädliche Denk- und Gefühlsmuster.

Ursachen von Krankheiten, auch auf der feinstofflichen Ebene

Aus ayurvedischer Sicht tragen folgende Faktoren zu Störungen und Krankheiten bei:

a) Persönliches Fehlverhalten:

- falsche Ernährung, zu viel, zur falschen Zeit, zu viel oder zu wenig Schlaf, Stress ohne geeigneten Ausgleich, mangelnde Hygiene, Suchtgewohnheiten u. a.
- Falscher Gebrauch der Sinne, zu wenig oder zu viel. Das bedeutet z. B. ein Defizit an zärtlicher Berührung oder eine Überanstrengung der Augen durch übermäßiges Lesen oder Arbeiten am Computer, sexuelle Ausschweifungen, zu viel Essen.
- Unter- oder Überbeanspruchung des Körpers. Das bedeutet einerseits Bewegungsmangel und andererseits das übermäßige Betreiben von Sport, Extremsport oder von Training, auch Verausgabung der Kräfte bei der Arbeit.
- Fehlverhalten in verbaler Form, Schwätzen, Lügen, negative Äußerungen über sich und andere etc.
- Psychisches Fehlverhalten, wie unkontrollierte Emotionen, unbegründete Angst oder Eifersucht, Ärger, unbeherrschter Zorn oder übertriebene Trauer.

b) Die Konstitution wird durch natürliche Ursachen gestört, z. B. durch Klima, wie Herbstwinde, zu viel Hitze im Sommer etc.

Vata-Naturen sind besonders empfindlich gegen kalte Winde. Das löst Störungen in ihrem Befinden aus, wie z. B. Schmerzen. Ihnen tut Wärme und Feuchtigkeit gut.

Pitta-Naturen vertragen Hitze schlecht und leiden darunter. Sie brauchen Kühle als Ausgleich. Sie neigen sonst bei zu viel Hitze zu Entzündungen und Zornausbrüchen.

Kapha-Naturen hingegen tut die Wärme gut, sie vertragen aber kaltes, regnerisches Wetter nicht so gut. In der kalten, feuchten Jahreszeit sind sie anfällig für Schnupfen und leiden unter Antriebslosigkeit.

Dies ist auch wichtig bei der Auswahl des Urlaubsortes:
Vata-Typen tut ein Meeresaufenthalt gut, wobei sie darauf achten müssen, dass es keine windige Gegend ist. Sie sollten auch nicht zu oft lange Fahrten unternehmen. Das stört ihre Konstitution, da es ihren Vata-Anteil (das bewegliche Luft-Element) stark erhöht.
Pitta-Typen sollten für den Urlaub Orte und Jahreszeiten meiden, in denen es sehr heiß ist. Sie erholen sich bei Wanderungen im Wald und in gebirgigen Regionen am besten. Das Baden in kühlen Seen tut ihnen gut. Für Pitta-Typen ist es wichtig, dass sie im Urlaub auch Ruhe und Erholung finden als Ausgleich für ihre sonst eher dynamische und ehrgeizige Lebensführung.
Der **Kapha-Typ** wird sich hingegen am Meer gut erholen. Er braucht Wärme und Sonnenschein als Ausgleich für seine Konstitution. Für den Kapha-Typ ist es wichtig, dass er den Urlaub für Bewegung nutzt, wie z. B. Sport, Wandern und Tanzen.

c) Externe Faktoren:
Smog, Lärmbelastung, Lebensmittelvergiftungen, krankmachende Faktoren, Grippewelle usw. Hier sollte man auch auf belastete Schlafstellen durch Wasserader-Kreuzungen, Erdstrahlen oder Elektrosmog im Haushalt und an Stromsmog durch Überlandsleitungen denken, ebenso an Strahlungen von Handymasten und Satelliten.

d) Karmische Ursachen und das Fehlen von Spiritualität im Leben:
Bei karmischen Krankheiten können nur spirituelle Methoden helfen (Gebet, Vergebung, Geistheilung unter göttlicher Führung, Gebet für Heilung, sich der Heilkraft öffnen).
Mangelnde Sinngebung im Leben lassen Lebenswillen, -freude und Motivation erlahmen. Durch geistige Unwissenheit und das daraus resultierende fehlende Wissen um die Eingebundenheit in Gott und Seinen Schutz, sind Menschen viel mehr krankmachenden Lebensängsten ausgesetzt. Die Unwissenheit über geistige Gesetzmäßigkeiten lässt die Menschen in die Fallgrube von Handlungen und Gewohnheiten fallen, die wiederum ständig neues Leid verursachen.

Volksleiden Wassermangel und Übersäuerung des Körpers
Bereits im zweiten Kapitel unterbreitete ich unter den »drei Säulen der Gesundheit« und unter »Gesundheitspflege« mannigfaltige Vorschläge zur Gesunderhaltung und zur Vermeidung möglicher Krankheitsursachen. Im vorigen Kapitel »Im Einklang leben durch harmonische Schwingungen« wurde bereits auf den Einfluss von Ernährung und Getränken auf unseren Körper und unsere Befindlichkeit hingewiesen.

Zwei Krankheitsursachen **zu Punkt a)** möchte ich nochmals aufgreifen, es sind **Wassermangel (Dehydration) und Übersäuerung (Azidose)** im Körpergewebe. Diese sind bereits zum Volksleiden geworden – sie wären aber leicht und billig zu beheben bzw. von vornherein zu vermeiden. Nur die wenigsten wissen das.

Es wird im Allgemeinen schon viel getrunken, aber das **Falsche**. Nach Ayurveda zählen nur reiner Kräutertee und reines Wasser als Getränke für den Körper. Alles andere, alkoholische Getränke und die gebräuchlichen Limonaden sind ihm in dieser Hinsicht nicht dienlich. Milch darf nur für sich allein getrunken werden, weil sie als Nahrungsmittel einzustufen ist.

Meist ist auch die tägliche **Menge**, die wir trinken, zu wenig und die Nieren können ihren Entgiftungs-Aufgaben nur erschwert nachkommen.

Empfohlen wird die Menge von 1 bis 1 1/2 Liter – aber wie gesagt, nur Kräutertee und reines, stilles Wasser (ohne Kohlensäure) zählen zu Getränken. Dies gilt für gesunde Menschen, für Herz- und Nierenkranke ist es wichtig, mit ihrem Arzt darüber zu sprechen.

Natürlich spielt es eine Rolle, ob jemand viel Gemüse und Obst isst, dann bekommt der Körper automatisch mehr Flüssigkeit. Das ist bei der Trinkmenge zu berücksichtigen, ebenso die persönliche Konstitution, die Jahreszeit und das Klima.

Wichtig ist, dass **vor** dem Essen und zwischen den Mahlzeiten getrunken wird und nicht während der Mahlzeiten oder gleich danach.

Damit man ans Trinken denkt, stellt man sich am besten täglich einen Wasserkrug hin und nimmt immer wieder zwischendurch auf den Tag verteilt ein Glas Wasser zu sich. Dies ist besonders wichtig in der Winterzeit, wenn wir uns größtenteils in zentralgeheizten Räumen aufhalten. Die Zentralhcizung trocknet die Raumluft besonders stark aus, sodass dadurch dem Körper vermehrt Feuchtigkeit entzogen wird. Dies müssen wir ganz bewusst durch erhöhte Trinkmengen ausgleichen.

Aus diesen beiden angeführten Fakten, das Falsche und/oder zu wenig zu trinken, können wir schließen, dass ein Wassermangel im Körpergewebe und somit in den Zellen besteht. Die Zellen haben aber nicht nur die Aufgabe, Nährstoffe aufzunehmen, sondern auch zu entgiften. Das können sie zur, wenn sie ausreichend Wasser zum Ausschwemmen haben.
Ein erheblicher Faktor zur Entstehung von Dehydration ist Stress. Dehydration fördert wiederum Stress, an dem Botenstoffe und Hormone des Körpers beteiligt sind, es entsteht so ein Teufelskreis.

Unter Wassermangel leiden auch das Gehirn und das Nervengewebe, es kann zu Funktionsstörungen kommen, die mitunter chronische Müdigkeit und Depressionen auslösen. Das Nervengewebe kann seine Impulse nicht mehr so gut weiterleiten, darunter leidet das Gedächtnis. Auch die Augen können durch Dehydration austrocknen, und sich dann entzünden. Bluthochdruck entsteht u. a. durch Wassermangel. Eine Folge von Wassermangel können auch mannigfaltige Schmerzen im Körper sein. Besonders Vata-Typen und ältere Menschen neigen besonders zur Dehydration und zu Nervenschmerzen. Sie sollten auf genügend Flüssigkeitszufuhr achten. Mancherlei Leiden könnten so ohne großen Aufwand und Kosten von vornherein vermieden werden.

Probieren Sie es doch einfach aus, wenn Sie z. B. unter Kopfschmerzen leiden. Ein Glas reines Wasser könnte sie schon beheben – wenn nicht eine andere Ursache dahinter steckt.

Wassermangel (Dehydration) des Körpergewebes hat auch mit der Entstehung von **Übersäuerung** (Azidose) im Körper zu tun. Reines Wasser ist neutral, es trägt zum Säuren-Basen-Gleichgewicht im Körper bei, sein pH-Wert beträgt 7. Auch das menschliche Blut hat einen basischen pH-Wert von 7,35 – 7,5.
Wie ich bereits erwähnt habe, entsteht sie aus falschen Ernährungs- und Trinkgewohnheiten. Alle alkoholischen Getränke und die Limonaden fördern Übersäuerung. Zur Übersäuerung tragen auch noch das Rauchen und Ärger, Stress, Elektrosmog und »saure« Gefühle sowie Schlafmangel bei. Übersäuerung hat viele Wurzeln, in vielen falschen Lebensgewohnheiten.

Die Liste der Krankheiten, die auch durch Übersäuerung entstehen können, ist lang. Sie reicht von Müdigkeit, geschwächter Widerstandskraft, erhöhter Infektionsanfälligkeit, Kopfschmerzen, Aufstoßen nach dem Essen, Depression, rheumatischen Erkrankungen, Gicht, bis hin zu Schlag- und Herzanfällen oder zu Krebserkrankungen.

Es entstehen:

- Mineralstoffmangelkrankheiten, z. B. Osteoporose, Karies, Wirbelsäulen probleme u. a.
- Ausscheidungskrankheiten, wie Akne, eitrige Mandeln, offenes Bein, Zahnplaque u. a.

- Ablagerungserkrankungen, wie z. B. Altersflecken, Arteriosklerose, Arthrose, Gallen- und Nierensteine, Gicht, Schlaganfall und Zahnstein u. a.
- Lebensbedrohliche Krankheiten durch Sauerstoffmangel, Unterversorgung der Zellen in übersäuerten Bereichen des Körpers, z. B. bei Herz und Gehirn akuter Herzinfarkt oder Gehirnschlag, langzeitmäßig Krebs.

Mineralstoffmangelkrankheiten entstehen dadurch, dass der Körper Säuren durch Basen neutralisieren muss. Diese holt er sich über die Mineralien im körpereigenen Gewebe.

Ausscheidungskrankheiten entstehen dadurch, dass der Körper sich »Ventile« schaffen muss, um Schlackenstoffe, die durch Übersäuerung entstehen, aus dem Körper zu entfernen. Hier macht sich ein Wassermangel im Körper ganz besonders bemerkbar.

Ablagerungskrankheiten resultieren daraus, dass der Körper sich »Depots« für die Säuren und Schlacken schafft, die er aus dem Körper nicht mehr herausbringt.

Unser Blut ist basisch. Binden sich zu viele Säuren an die roten Blutkörperchen, können sie nicht mehr ausreichend Sauerstoff aufnehmen. Durch Übersäuerung kommt es daher zu **Sauerstoffmangel** im Gewebe und in den Zellen.
Außerdem wird bei einer höheren Säurekonzentration die Elastizität der roten Blutkörperchen verringert oder es kann zu einer sogenannten Säurestarre (Azidose-Starre) im Gewebe kommen, wodurch die Blutkörperchen die feinen Kapillaren nicht mehr passieren können und diese verstopfen. Auch dadurch entsteht eine Mangel- oder eine **Unterversorgung** von Körpergewebe.
Eine »Säurekrise« kann einen plötzlichen Zusammenbruch der Versorgung herbeiführen, der einen **akuten Schlaganfall** oder einen **Herzinfarkt** auslösen kann. Sie können **sofort** bis zum Eintreffen des Arztes durch Gabe von Basenpulver oder Kaiser-Natron die ärgste Gefahr abwenden und dem Körper helfen, die Säurekrise zu bewältigen. Dazu nehmen Sie **einen gehäuften Kaffeelöffel Kaiser-Natron** (Küchenmittel, auch im Backpulver) aufgelöst in körperwarmem Wasser, möglichst auf leeren Magen. Besser ist noch das fertige Basenpulver, wenn Sie es im Hause haben.
Mit dieser Maßnahme steht dem Körper sofort eine **Basenflut** zur Verfügung, um eine beginnende Starre der roten Blutkörperchen so schnell wie möglich aufzulösen.
Was Sie noch zusätzlich tun können, habe ich bereits im zweiten Kapitel unter »Gesundheitspflege« erwähnt. Gegen Schock und Panik helfen zusätzlich Rescue-Notfall-Tropfen von Dr. Bach.

Prof. Dr. Günther Enderlein (1872 – 1966) entwickelte eine besondere Methode zur ganzheitlichen Diagnose, die Dunkelfeldmikroskopie. Dabei wird zur Untersuchung ein Blutstropfen genommen. Im Dunkelfeldmikroskop kann man deutlich die Folgen von Verschlackung und Übersäuerung erkennen durch die »Geldrollenbildung« der roten Blutkörperchen. Die »Geldrollenbildung« zeigt die Verdickung und Verklumpung des Blutes an, welche die feinen Blutgefäße verstopft, in der Folge zu Unterversorgung der Körpergewebe mit Sauerstoff, zu hohem Blutdruck und in weiterer Folge zu Herz-Erkrankungen, Herzinfarkt oder zu Schlaganfall führen kann.
Bei **Krebserkrankungen** bestehen **immer** ein Sauerstoffmangel der Zellen und eine Übersäuerung des Körpers. Krebs kann nur im sauren Milieu entstehen.

Wie Sie dem Ganzen entgegenwirken können, habe ich, wie bereits erwähnt, im zweiten Kapitel unter »Gesundheitspflege« und im vorigen Kapitel unter »Der Einfluss von Ernährung und Getränken« aufgezeigt. In diesem Zusammenhang möchte ich auf die empfohlenen Bücher im Literaturverzeichnis aufmerksam machen, und zwar »Wasser, die gesunde Lösung« und »Jungbrunnen Entsäuerung« sowie »Gesundheitserlebnis Basenfasten«.

»Es mag schon sein,
dass Ihnen der liebe Gott Ihre Sünden vergibt.
Ihr Körper tut es nicht.«
Erich Körbler

Krankmachende Faktoren für Vata, Pitta und Kapha

Im ersten Kapitel habe ich bereits die verschiedenen **Konstitutionstypen** vorgestellt. Jeder hat **individuelle Bedürfnisse** und muss entsprechend seiner Natur einen **Ausgleich** in seiner Lebensweise und Ernährung schaffen, um gesund zu bleiben. Das war auch Thema der »3 Säulen der Gesundheit« im zweiten Kapitel.

Der luftige, bewegliche Vata-Typ braucht Stabilität, Wärme und alles, was aufbauend wirkt, also das Kapha und Pitta zum Ausgleich.
Vata = Luft-Element. Ausgleich: Erde/Wasser- und Feuer-Element.

Der hitzige Pitta-Typ braucht zum Ausgleich das kühlende Kapha.
Pitta = Feuer-Element. Ausgleich: Wasser/Erd – Element.

Der erdige, wässrige Kapha-Typ braucht zum Ausgleich das wärmende Pitta und zum Beleben das bewegliche Vata.
Kapha = Erde/Wasser-Element. Ausgleich: Luft- und Feuer-Element.

Der Weise Caraka beschreibt in seinem umfassenden, ca. 2.000 Jahre alten Werk, der Caraka-Samhita, was die verschiedenen Konstitutionstypen negativ beeinflusst oder stört. Wichtig ist dabei, dass wir die Störung, die durch Nahrung oder körperliche Tätigkeit hervorgerufen wird, therapeutisch beeinflussen können, während die Störung, die durch Tageszeit, Jahreszeit und das Lebensalter hervorgerufen wird, nur schwer oder gar nicht beeinflussbar ist.

***Vata* wird gestört durch:** Maßlosigkeit, Unterdrückung von körperlichen Bedürfnissen, wie Hunger, Durst, Schlaf, Stress- und Angstsituationen, lange Reisen bzw. Autofahrten, plötzlichen Wetterwechsel, kaltes, windiges Wetter, trockene Nahrungsmittel, **zu viel** Nahrung mit bitterem, scharfem und herbem Geschmack, Auslassen von Mahlzeiten und zu wenig Schlaf.
Beim Fasten erhöht sich Vata sehr. Es empfiehlt sich daher nur für kurze Zeit – etwa 1–2 Tage für Vata-Konstitutionen. Sie nehmen schnell ab und schwer wieder zu. Sie verlieren dadurch schnell an Stabilität körperlicher und psychischer Art. Sie neigen zu Dehydration, sie sollten daher genügend reines Wasser oder Kräutertee trinken.
Wenn die beweglichen Vata-Naturen zu stundenlangem Sitzen gezwungen sind oder krampfhaft versuchen, lange Zeit zu meditieren, wird ihr Geist agitiert, sie werden immer unruhiger. Sie brauchen viel Bewegung als Ausgleich und für sie eignet sich besser Bewegung im Freien zur Entspannung, wie Laufen, Radfahren, Wandern etc.
Schmerz hat immer eine Ursache in gestörtem Vata. Zittern, Nervosität, Unkonzentriertheit, mangelnde Koordinationsfähigkeit im Körper, brüchige Fingernägel sind Zeichen von gestörtem Vata.

***Pitta* wird gestört durch:** übertriebene Anstrengung, Leistungs- und Zeitdruck, Ärger, Wut und Kummer, zu viel Hitze oder Sonne, **zu viel** Nahrung mit scharfem, saurem und salzigem Geschmack, zu viel erhitzendem Öl (Sonnenblumen-, Sesam-, Senfsamenöl) sowie durch zu viel Alkohol. Sie brauchen das kühlende Olivenöl innerlich und das Kokosöl äußerlich zur Massage.

Wenn eine Pitta-Natur ständig gezwungen wird, ihr Temperament zurückzuhalten, wird es zum Ausbruch von Entzündungen kommen, das »Pitta-Feuer« bricht an anderer Stelle aus. Übler Körpergeruch, übermäßiger Schweiß, Gereiztheit, starker Durst und Verlangen nach Kaltem sind Zeichen von gestörtem Pitta.

***Kapha* wird gestört durch:** Mangel an Bewegung, disharmonisches Umfeld (bewirkt den Aufbau von einem körperlichen »Schutzpanzer«), Schlaf während des Tages, feuchte Kälte, **zu viel** Fett, Milch und Milchprodukte, Zucker, süße Früchte, Meeresnahrung und zu viel süßem, saurem und salzigem Geschmack.
Wenn Kapha seine Natur nicht leben kann, wird es in Form von Verkühlungen und Verschleimungen zu Tage treten.
Ein Gefühl der Schwäche, Schwere, starke Gewichtszunahme, Benommenheit, Müdigkeit, Juckreiz und Blässe sind Zeichen von gestörtem Kapha.

Einheit von Körper und Geist

Für die ayurvedischen Ärzte bestand nie ein Zweifel, dass Geist und Körper eine untrennbare Einheit bilden, die sich gegenseitig beeinflussen. Deshalb ist es wichtig, sich der Gefühle und Gedanken stets bewusst zu sein und sie auch kontrollieren zu können. Aber darauf sind wir schon bei der Psychohygiene ausführlich im zweiten Kapitel eingegangen.

Die Einheit von Geist und Körper möchte ich durch einige Beispiele erläutern:
In der chinesischen Medizin gibt es die Erkenntnis, dass **Gefühle** mit bestimmten **Organen** in direkter Beziehung stehen:

Herz mit Trauer und unkontrollierte Freude, aber auch mit Hassgefühlen,
Leber mit Zorn und Unglücklichsein, Aggression,
Galle mit unterdrückter Wut und Aggression,
Milz mit Sorge,
Lunge mit Kummer, aber auch mit übertriebenem Stolz,
Magen mit Hetze, Stress, Ärger, Ablehnung und Ekel und
die Niere mit Angst.

Die chinesische Medizin meint damit nicht nur das jeweilige Organ, sondern auch die Energie und den Meridian, der mit dem Organ in Bezug steht.
So kann es sein, dass eine schwache Niere oder ein gestörter Nierenmeridian Zustände von Angst und Panik erzeugt. Ein anhaltender Zustand der Angst wiederum erzeugt eine Schwäche der Niere. Und so ist es bei allen erwähnten Emotionen und den damit in Verbindung stehenden Organen.

Auch **Gedanken** greifen sehr direkt in die körperlichen Funktionen ein. Wenn wir beim Essen nur über Arbeitsprobleme sprechen oder uns ärgern, so wird die Verdauung nachhaltig beeinträchtigt, es wird uns buchstäblich »auf den Magen schlagen« oder »im Magen liegen«, wie der Volksmund so schön sagt. Wenn wir vor dem Einschlafen Probleme wälzen oder aufregende Filme sehen, wird es garantiert zu Schlafproblemen kommen.

Wie können wir nun negative Emotionen und Gedanken überwinden?
Indem man sich diese bewusst macht und sie erkennt und versucht, **neue**, bessere, **konstruktive Gefühls- und Gedankenmuster und Gewohnheiten** zu entwickeln.
Gedanken und Gewohnheiten haben die Tendenz, sich zu verstärken. Und so kommt man aus gewissen Mustern allmählich nur mehr schwer heraus. Das ist vielen Menschen nicht bewusst und so verstärken sie ungünstige, für sie schädigende Emotionen, Gedanken und Umstände.

Nehmen wir z. B. den Ärger und Zorn. Bei vielen Menschen ist es schon Gewohnheit, über alles ärgerlich zu sein, besonders **Pitta-Naturen** neigen dazu. Aber Umstände werden durch Ärger nicht besser, sie verschlechtern sich eher. Die Disharmonie geht auch auf die Mitmenschen über und verstärkt sich. Ärger entsteht auch, indem man zu hohe Erwartungen an andere hegt, die dann aber enttäuscht werden. Ärger ist sinnlos und macht krank und hässlich. Hier könnte man trainieren, auf gewisse ärgerliche Situationen mit etwas mehr Geduld und Besonnenheit zu reagieren, in dem Bewusstsein, wie sehr uns Ärger schadet. Mit der Zeit wird es immer besser gelingen.

Vata-Naturen neigen sehr zu Befürchtungen und Ängsten und **Kapha-Naturen** neigen zu Antriebslosigkeit und hegen oft Gedanken, die sie bis in die Depression treiben.
Der Ausweg aus diesem gewohnheitsmäßigen, leidvollen Dilemma ist, dass wir diesen schädigenden, negativen Gedanken und Gefühlen die Nahrung entziehen und beharrlich beginnen, Mut, Zuversicht und Hoffnung in uns zu stärken.
Durch diese Methode werden schädigende Verhaltensmuster durch positive ersetzt und dadurch allmählich zurückweichen. Dazu muss man mit sich selbst Geduld und Ausdauer haben, aber es lohnt sich. Das Leben wird dadurch lebenswerter und freudiger!
Gewohnheiten können unsere ärgsten Feinde sein. Machen wir sie uns durch diese Methode zu Freunden und Helfern! Nur so können wir uns aus den Fängen von eingefahrenen Verhaltensmustern, die uns schaden, Schritt für Schritt befreien.

Besonders unterstützend dabei wirken **Affirmationen**. Man kann sich auch Affirmationen oder aufbauende Sätze aufschreiben oder in Reichweite aufhängen, so dass sie uns beim Hinsehen stets aufbauen und stärken. So ein Satz könnte z. B. lauten: »Ich bin jung, gesund und heiter und das Glück ist stets mein Begleiter.« So kann man allmählich negative Prägungen und Einstellungen in hilfreiche, positive umwandeln. Dies wird sich nach gewisser Zeit auch in **positiver Weise in der Außenwelt manifestieren**, denn wir haben unsere Schwingung, unsere Ausstrahlung geändert und sind nun für das neue Positive resonanzfähig.

Die meisten Menschen sind sich gar nicht bewusst, dass sie mit ihren Befürchtungen und angstvollen Vorstellungen widrige Umstände geradezu herbeiziehen. Das stellt einen Missbrauch der schöpferischen Gedankenkräfte dar.
Aber wir können mittels der **Visualisierungstechnik (Imagination)** den umgekehrten Weg nutzen, indem wir in unserer Vorstellungskraft z. B. angstbesetzte Situationen oder solche, die uns Schwierigkeiten bereiten, vorher im Geiste möglichst **lebendig und bildhaft positiv durchleben.** So werden wir erfolgreicher und leichter schwierige Situationen in der Praxis bewältigen.
Oder wir denken intensiv an eine Problemzone des Körpers, wie etwa ein erkranktes Organ, ein schmerzendes Gelenk oder einen verspannten Muskel. Nun stellen wir uns diese Zone in optimalem, gesundem Zustand bildhaft vor. Mit etwas Übung gelingt dies ganz gut und zeigt unerwartete Erfolge.

Alle Gedanken und Emotionen befinden sich auf **astraler, feinstofflicher** Ebene. Negative Emotionen und Gedanken machen uns nicht nur krank, sondern sie schwächen und verunreinigen den Astralkörper und behindern auch unseren geistigen Fortschritt. Durch Disharmonie in Gedanken und Emotionen werden unsere feinstofflichen Energiezentren, die Chakren, gestört und nehmen nicht mehr so viel Prana auf, was uns krankheitsanfällig macht. Dies alles zeigt uns, wie wichtig es ist, sorgsam mit seinen Gedanken und Gefühlen umzugehen. Wir sollten sie nie unterdrücken, aber bewusst machen, anschauen, was sie uns sagen wollen und lernen, sie loszulassen. Hier kann auch hilfreich die Bachblüten-Therapie eingreifen.

Auf alle diese Methoden gehen wir in diesem Kapitel noch ausführlicher ein. Hier soll nur ein kurzer Überblick über die verschiedenen Möglichkeiten aufgezeigt werden.

Wir sind in der Krankheit aus der Ordnung, in Dis-Harmonie

Medizinische Untersuchungen ergaben, dass negative Gefühle – Zorn, Angst, Traurigkeit und selbst alltägliche Sorgen – starke Pulsschwankungen auslösen und unseren Körper ins Chaos stürzen. Umgekehrt zeigen andere Studien, dass positive Gefühle wie Freude, Dankbarkeit und vor allem Liebe die Kohärenz (Pulswellen des Herzens) harmonisieren.

Dr. David Servan Schreiber

Normalerweise sollte zwischen unseren Emotionen und dem rationalen Denken ein Gleichgewicht herrschen. Dann arbeiten beide Hirnsysteme, das verstandesmäßig orientierte Gehirn und das emotionale Gehirn, auch limbisches System genannt – das sich tief im Inneren des Gehirns befindet – harmonisch zusammen. Dann fühlen wir uns ausgeglichen.
Ein Lächeln, Humor, Geborgenheit, Freundschaft, Liebe, Entspannung und Meditation, das alles sind Faktoren, die unsere Ausgeglichenheit fördern, vor allem unserem Herzen gut tun.

Wenn wir aber ständig unsere Gefühle unterdrücken, nach dem Motto »ein Junge weint nicht« oder jahrelang Gefühle des Ärgers und seine Äußerung unterdrücken, z.B. in einer unguten Beziehung oder mit einem schwierigen Arbeitskollegen am Arbeitsplatz, so verlieren wir allmählich die Fähigkeit, auf die inneren Impulse des emotionalen Gehirns, also auf das limbische System, zu hören.
Aber wenn wir an einer auswegslosen und konfliktreichen Situation nichts ändern, verschaffen sich die ständig vom Verstand kontrollierten und unterdrückten Gefühle von Angst, Stress und Groll sowie die Warnimpulse aus dem emotionalen Gehirn, dem limbischen Gehirnsystem, schließlich über den Körper Ausdruck.
Das emotionale Gehirn ist mit dem Körper eng verbunden. So »funkt« es Alarm über mannigfaltige körperliche Stress-Symptome: unerklärliche Müdigkeit, Bluthochdruck, Erkältungen, Herzkrankheiten, Magen- und Darmbeschwerden und Hautprobleme. Letztendlich kann Stress auf Dauer Depressionen oder Krebs auslösen, zumal durch diesen die Abwehrkräfte des Körpers ständig geschwächt werden.
Wissenschaftler sind sogar der Ansicht, dass nicht nur Angst, Ärger und Stress sowie Traurigkeit, sondern sogar deren gedankliche Unterdrückung unsere Organe, u. a. unser Herz und unsere Arterien belasten.

Und hier haben wir einen Schlüssel zum Erkennen, es ist die Körper- und Organsprache.

Die Aufgabe hinter dem Symptom erkennen: Körper- und Organsprache

Krankheit ist weder Grausamkeit noch Strafe,
sondern einzig und allein ein Korrektiv;
ein Werkzeug, dessen sich unsere eigene Seele bedient,
um uns auf unsere Fehler hinzuweisen,
um uns von größeren Irrtümern zurückzuhalten,
um uns daran zu hindern, mehr Schaden anzurichten –
und uns auf den Weg der Wahrheit und des Lichts zurückzubringen,
von dem wir nie hätten abkommen sollen.

Dr. Edward Bach

Diese Aussage von Dr. Bach gibt uns schon Hinweise, dass uns Krankheiten und deren Symptome darauf hinweisen, dass wir uns aus unserer Mitte entfernt haben, aus dem Gleichgewicht gefallen sind. Unsere Seele bedient sich des Körpers und unserer Gefühle, um uns auf etwas aufmerksam zu machen, wenn etwas in unserer Lebensführung und den Lebensgewohnheiten nicht stimmt – und wir etwas ändern müssen.

Anfänglich meldet uns unser Körper ein Unbehagen und Verkrampfungen treten auf. Meist überhören wir diese erste Botschaft des Körpers, wollen unsere Gefühle nicht wahrhaben.
Die nächste Botschaft des Körpers ist schon deutlicher, sie zeigt sich in Krankheitssymptomen und Schmerzen. Spätestens dann müssen wir unseren Körper fragen, was er braucht, was wir übersehen haben und wie wir ihm helfen können.
Jede Unterdrückung und Verdrängung von körperlichen Symptomen und seelischen Problemen, ständiges Herunterschlucken, Beiseiteschieben und Ignorieren führt zu immer stärker werdenden Krankheitssymptomen durch die blockierte Lebenskraft.

Aus ayurvedischer Sicht blockieren unverdaute Gefühle und Erlebnisse, die im feinstofflichen Bereich abgespeichert werden, unsere Lebensenergie. Durch angesammelte Schlackengifte (Ama) werden die Körperkanäle und die Meridiane (Nadis) verstopft, sodass die dazugehörenden Organe nicht mehr mit der nötigen Energie versorgt werden, was dauerhaft zu Störungen und in der Folge zu Krankheiten führt.

Werden die Symptome des Körpers, die als »Warnlampe« dienen, nur mit Symptom-bekämpfung behandelt, so verschwindet wohl das Symptom, aber es kommt an anderer Stelle wieder hervor – solange, bis die wahre Ursache erkannt und eventuelle Konflikte gelöst sind oder Änderungen in der Lebensführung gemacht werden. Dann braucht der Körper das Symptom bzw. die Krankheit nicht mehr und sie verschwindet. Über die Krankheit haben wir neue Einsichten gewonnen und erforderliche Lernschritte gemacht.
Verhallen die Hilferufe des Körpers und die Aufforderung der Seele zur Änderung jedoch weiterhin ungehört, kommt es zu chronischen und schweren Leiden bis hin zum Sterben. Im nächsten Leben muss dann die Lektion der Seele nachgeholt werden.

Die Lehre von der Einheit von Körper, Geist und Seele ist ein uraltes Wissen der Menschheit, sei es in Indien, China oder Ägypten bis hin zu dem großen mittelalterlichen Arzt Paracelsus.
Man sollte sich immer wieder vor Augen führen, dass in alten Hochkulturen Arzt und Priester in einer Person vereint waren. Daher war ein ganzheitliches Heilen von Körper, Geist und Seele normal.

Erst als die Naturwissenschaft ihren »Siegeszug« antrat, klaffte die ganzheitliche Betrachtung des Menschen immer mehr auseinander. Daraus ergaben sich immer mehr Spezialisierungen in der Medizin. Gemäß dem wachsenden, materialistischen, naturwissenschaftlichen Denken wurden tiefere Krankheitsursachen nicht mehr verstanden und weitgehend außeracht gelassen.

Krankheiten erscheinen im Vorfeld als Blockaden auf energetischer Ebene, sie verursachen Energiedefizite oder Energiestaus. Das ist aus der Kirlianfotografie ersichtlich. Hier kann auch die Akupunktur helfend eingreifen. Wenn nichts geändert wird, senken sie sich immer mehr ins Körperliche und münden in Krankheit.

Die ***Psychosomatik*** ist ein ziemlich neues Medizinfach und erst 1922 wurde es in der deutschen medizinischen Fachliteratur veröffentlicht. Es nimmt sich körperlicher Leiden an, die der Psyche entspringen. Dazu gehört u. a. die Magersucht.

Gewisse Redewendungen aus dem Volksmund bergen in sich gewisse Wahrheiten und weisen schon auf einen Zusammenhang von **Gefühlen und Körper** hin:
»Er spuckt Gift und Galle, er ist verbittert oder sauer, es ist ihm eine Laus über die Leber gelaufen, sie ist grün vor Neid, es geht ihr ans Herz, es wird einem leicht ums Herz, das schlägt mir auf den Magen, das kann ich nicht schlucken, er/sie kann das Kreuz nicht mehr ertragen, es hat ihm das Kreuz gebrochen, alles steigt ihm zu Kopf, es macht ihm Kopfzerbrechen, das geht mir auf die Nerven, ich könnte aus der Haut fahren, mir steckt die Angst in den Knochen, das geht mir an die Nieren« und viele mehr.
Nehmen wir nur als Beispiel die ersten Redewendungen: »Er spuckt Gift und Galle, er ist verbittert oder sauer, es ist ihm eine Laus über die Leber gelaufen, sie ist grün vor Neid«.

Galle und Leber

Zwischen Ärger, Aggression und Neid besteht ein enger Zusammenhang mit Galle und Leber. Ständiger Ärger »es läuft ihm die Galle über« beeinträchtigt die Galle. Unterdrückte Aggressionen kristallisieren sich mit der Zeit als Gallesteine heraus. Akute Konflikte lösen Entzündungen aus.
Auch machen Ärger und Stress den ganzen Körper sauer, es entstehen Säuren im Körper, die das Basen-Gleichgewicht im Körper empfindlich stören.

Magen

Oder »das schlägt mir auf den Magen, das kann ich nicht schlucken«. Wenn wir nicht gut kauen und große Brocken hinunterschlucken, so wird es unserer Verdauung und dem Magen abträglich sein. Wenn wir ständig Probleme hinunterschlucken, dann sind das auch »Brocken«, die mit der Zeit das ganze Verdauungssystem belasten. Wir sagen doch »es liegt mir schwer im Magen« oder »das haut mir auf den Magen.«. Unverarbeitete Erlebnisse oder Konflikte können in Entzündungen und Magengeschwüre ausarten, wenn sie nicht gelöst werden. Magenprobleme haben auch mit Ablehnung und Ekel zu tun »das finde ich zum Kotzen« oder »da dreht es doch einem den Magen um.«

Schnupfen

Nehmen wir das Beispiel »er/sie ist verschnupft«. Schnupfen hat stets die Bedeutung, dass der Körper überfordert ist oder wenn sich jemand überfordert fühlt oder verärgert ist, » hat er die Nase davon voll«. Der Schnupfen ist ein Reinigungsprozess des Körpers.

Entzündungen

Wo immer eine akute Konfliktsituation ist, tritt zuerst eine Entzündung im Körper auf. Krankheiten sind immer Zeichen eines Konflikts. Ist der Konflikt in der Ehe oder Partnerschaft, im Sexualleben, kann sich dieser in den Nieren oder in den Fortpflanzungsorganen niederschlagen. Der Busen ist der Ausdruck der Weiblichkeit und symbolisiert die seelische Nahrungsquelle. Ist die geistig/seelische Partnerschaft mit einem Menschen gestört oder besteht ein Konflikt mit der Weiblichkeit, können die Brüste betroffen werden.

Wirbelsäule und Schultern

Beschwerden in der Wirbelsäule und der Schultern deuten auf einen zu großen seelischen Druck, auf eine körperliche und seelische Be (Über)-lastung hin. Auch finanzielle Sorgen können einen »erdrücken«.

Nieren und Blase

Angst belastet die Nieren und die Blase, »das geht mir an die Nieren«. Das kann ein Dauerkonflikt mit dem Partner oder anderen Menschen sein. Auch Äußerungen wie »das ist mir in die Knochen gefahren, hat mich bis ins Mark getroffen« zeigen, dass hier Schockierendes passiert ist.

Die Zähne sind energetisch mit Organen verbunden. So ist z. B. der Schneidezahn mit Niere-Blase in Verbindung. Das Niere-Blase System ist wiederum verbunden mit der Partnerschaft.
Bei Partnerschafts-Konflikten kann es zu Problemen mit dem Schneidezahn kommen. Er kann sogar abbrechen, wenn es zur Trennung kommt.
Es kann auch passieren, dass Kinder »stellvertretend« für ihre Eltern bei Dauerkonflikten gesundheitliche Probleme, mitunter mit der Niere, bekommen können.
Kinder sind der »Spiegel« für ihre Eltern. Hier muss dann schnellstens eine Änderung und Lösung der belastenden Situation herbeigeführt werden. Es kann sonst zu noch härteren »Warnungen« in Form von Unfällen und Verletzungen in der Familie kommen. Oft sind es Machtkämpfe, die zwischen den Eltern ausgefochten werden zu Lasten der Kinder.

Zähne und Kiefer

haben mit Durchsetzen und Aggression zu tun »Er beißt sich durch«.

Bettnässen

Bettnässen eines Kindes zeigt innere Spannung und Druck durch Unterdrückung oder Überforderung jeglicher Art an, dem das Kind durch Familie und Schule ausgesetzt wird. Angst vor Strafe oder auch Trennungsängste spielen dabei häufig eine Rolle. Tagsüber kontrolliert sich das Kind, aber im Schlaf entlädt sich der seelische Druck über die Blase. Bettnässen kann auch ein Ausdruck von Trauer, von ungeweinten Tränen sein, wenn sich das Kind vernachlässigt oder zurückgesetzt fühlt.
Ich habe in einem Bericht über Radiästhesie gelesen, dass auch ein schlechter Schlafplatz Ursache für Bettnässen und nächtliche Unruhe sein kann. Hier ist auf jeden Fall die Ursache zu klären, Abhilfe zu schaffen, das Bett an einen anderen Platz zu verschieben und das Kind von seiner seelischen Not zu entlasten.

Haut und Nervengewebe

Haut und Nervengewebe sind eng miteinander verbunden. Wenn also das Nervenkostüm angegriffen ist, kann es sich auf die Haut niederschlagen, auch in Form von **allergischen** Ausschlägen. Eine allergische Hautreaktion kann auch Angst vor Berührung bedeuten. Angst kann aber auch buchstäblich lähmend auf den Körper wirken oder Panikreaktionen auslösen.
Aber auch ein Mangel an Körperkontakt und Zärtlichkeit kann Ausschläge hervorrufen. Neurodermitis gehört in dieses Feld. Es ist eine stille – über den Körper ausgesprochene – Bitte und ein Hilferuf: »Bitte nimm mich in den Arm, und stoße mich nicht weg«. Gleichzeitig besteht aber die Angst, wegen des Ausschlages nicht mehr geliebt zu werden. Jugendliche in der Pubertät leiden oft unter entzündlichen Pickeln. Hier ist der Konflikt zwischen Angst vor Berührung und zugleich Sehnsucht nach Berührung offensichtlich.
Bei entzündlichen Hauterkrankungen müssen wir uns fragen, was brennt oder juckt mir auf der Haut – oder auf der Seele?

Natürlich dürfen wir andere Ursachen von Juckreiz und Hauterkrankungen nicht übersehen. Hauterkrankungen treten schon bei Babys und kleinen Kindern, aber auch bei pflegebedürftigen Menschen auf. Natürlich kann es auch an **mangelnder Körperpflege** (das ist ja schon Mangel an Berührung), ständig nassen Windeln oder an Unverträglichkeit eines Pflegemittels liegen.
Juckreiz kann auch durch eine **trockene Haut** hervorgerufen werden. Trockene Luft in zentralgeheizten Räumen im Winter fördert das Austrocknen der Haut. Vata-Naturen, aber auch ältere Menschen, neigen sehr zu trockener Haut. Durch besonders hautpflegende Maßnahmen, wie sanfte Ölmassagen, kann man trockener Haut vorbeugen.
Dadurch wird nicht nur der Körper gepflegt, auch die Seele bekommt »Streicheleinheiten«.

Allergien

Die Ursachen für Allergien sind sehr komplex. Sie liegen in einem kranken Darm mit einer gestörten Darmflora, in der Psyche und in der Außenwelt.
Durch eine angstvolle Abwehr gegen eine Situation oder eine starke Ablehnung gegen eine Person »ich kann dich nicht mehr riechen« kann das Abwehrsystem überaktiviert werden, und allmählich können Allergien und Unverträglichkeiten gegen alles Mögliche, auch Harmloses, entstehen.
Ein gewisser Zusammenhang kann auch bestehen zwischen einem frühen, schlechten Mutter/Kind-Verhältnis und einer späteren Unverträglichkeit von Milch.
Ist z. B. die Mutter beim Stillen ständig ungeduldig, »sauer« und übel gelaunt, so überträgt sich nicht nur ihre Stimmung auf das Baby, es wird auch die Muttermilch »sauer« sein und dem Baby nicht bekommen. Die Muttermilch wird nicht nur durch Gedanken und Gefühle der Mutter beeinflusst, sondern auch durch das, was die Mutter während der Stillzeit trinkt und isst. Die unguten Erfahrungen mit der Mutter prägen sich in das Unterbewusstsein des Kindes ein. Später beim Erwachsenen kann schon das Betrachten der Milch Unbehagen auslösen.

Stress, Hektik, zwischenmenschliche Konflikte, jegliche Disharmonie und negative Lebenseinstellung, Nichtannehmen des Schicksals und seiner Lernaufgaben, Aggressionen gegen sich selbst und andere, machen das Zell- und Immunsystem nicht nur schwächer, sondern auch störungsanfälliger. So kann es z. B. passieren, dass die Immunzellen aus dem Gleichgewicht geraten und sich nach innen, gegen uns selbst richten. Der »Kampfplatz« verlagert sich von außen nach innen. Er ist dann der Körper, der durch vermehrte Histaminausschüttung allergische Reaktionen hervorruft.
Wie erwähnt, besteht ein enger Zusammenhang zwischen Thymusdrüse, den Abwehrkräften und dem Herzzentrum. Selbstannahme und eine vergebenden Haltung uns selbst und anderen gegenüber, liebevolles, friedliches Zusammenleben, innerer Friede und Lebensfreude sind »Medizin« für unser Immunsystem. Sie stärken unser Herzzentrum (Herzchakra), das die Selbst-Heilungskräfte über die Thymusdrüse aktiviert.

Natürlich sind alle **äußeren** Faktoren abzuklären für das Entstehen einer Allergie, wenn jemand z. B. in seinem Beruf allergenen Stoffen (Giften) ausgesetzt ist.
Andere Ursachen für Allergien bilden Lebensmittelzusatzstoffe (Farbstoffe, Glutamat, Aspartam, Konservierungsmittel, Aromastoffe u. a.), Umweltschadstoffe, Elektrosmog, Schwermetalle wie Blei, Amalgamfüllungen, Palladium in Goldfüllungen, Gift durch Schimmelpilze und Medikamente. Kuhmilch, Hühnerei oder Weizen können eine Nahrungsmittel-Allergie durch Eiweiß-Unverträglichkeit bereits bei Kindern auslösen. Hinter einer Pollenallergie kann eine solche unerkannte »zentrale Allergie« stecken. Noch nie gab es so viele Kinder mit Allergien wie heute!
Viele Kinder werden dadurch hyperaktiv. Ist das ein Wunder, wenn man bedenkt, wie die Tiere heutzutage in Massentierhaltung gehalten werden oder wenn Weizen gentechnisch manipuliert wird? Hier wird es immer notwendiger, nur jene Produkte zu kaufen, die aus einwandfreien Betrieben mit biologisch-dynamischem Anbau und aus guter, artgerechter Tierhaltung kommen.
Weizen kann u. a. durch Dinkel, Hafer und Roggen gut ersetzt werden. Bei Allergien werden Atemwege, Magen/Darm, Nervensystem und Lymphorgane betroffen.
Mittels bioenergetischer Methoden, wie z. B. Bioresonanz oder Vitalfeldtherapie können die Auslöser von Allergien gefunden und therapiert werden. Natürlich muss dabei der Säure/Basen-Haushalt reguliert und die Darmflora saniert werden. Bei einer Nahrungsmittel-Allergie müssen die Auslöser der Allergie für 4 – 6 Wochen gemieden werden, dass sich die Darmschleimhaut wieder regenerieren kann. Hochwertige Vitamine, Mineralstoffe und Spurenelemente müssen zugeführt werden.

Das Trinken von Sole aus naturbelassenem Himalaya-Salz ist u. a. ein hervorragendes Mittel, um Defizite des Körpers an Mineralstoffen und Spurenelementen zu beheben, ebenso die Gabe von Schüssler Salzen. Lesen Sie bitte darüber im Kapitel »Im Einklang leben mit seinem Körper …« unter »Gesundheitspflege« nach.
Auch Blütenpollen liefern wertvolle Mineralstoffe, Vitamine und Spurenelemente. Durch die Gabe von Blütenpollen über die Wintermonate kann eine Pollenallergie auf ganz natürliche Weise behandelt werden. Der Körper wird ganz langsam an die Allergene gewöhnt und die auftretenden Beschwerden im Frühling und Sommer gehen mehr und mehr zurück.

Unser Körper kann uns ganz genau sagen, was ihm gut tut oder nicht. Dazu führen wir einen einfachen **Selbsttest** durch:

> Zuerst entspannen wir uns kurz und trinken ein wenig Wasser. Dann testen wir die Stärke des Oberschenkelmuskels, indem wir gegen dessen Widerstand mit der Hand auf das leicht angehobene Knie drücken. Nun nehmen wir ein zu testendes Lebensmittel in die rechte Hand oder in den Mund unter die Zunge. Ist es für uns gut, wird das Knie unter dem Druck der Hand nicht nachgeben und stark bleiben. Ist es für uns nicht gut, wird das Knie nachgeben und sinken.
> Eine zweite Methode besteht darin, dass wir den Mittelfinger auf den Zeigefinger legen und Druck auf den Zeigefinger geben. Bleibt der Zeigefinger unter dem Druck stark, ist es für uns förderlich, wird er schwach, wissen wir, dass es uns nicht gut tut.

Testen Sie zum Üben z. B. ein frisches Bio-Obst und danach ein Stückchen Wurst oder Zigaretten in der Hand. Sie werden unterschiedliche Ergebnisse erhalten. Aber auf diese Weise bekommen Sie heraus, was für Sie gut ist oder nicht und auf was Sie eventuell allergisch reagieren. Ganz leicht und unauffällig können Sie auf diese Weise beim Einkauf gewisse Lebensmittel oder kosmetische Pflegemittel testen. Kleider können Sie testen, indem Sie diese kurz mit der Stirn berühren und dann Ihren Muskel testen.

Blut

Das Blut ist der physische Sitz der Seele, er wird ja auch der »Lebenssaft« genannt. Anämie, also **Blutarmut**, deutet auf einen Mangel an Lebensfreude, Vitalität und an Durchsetzung hin.
Es ist interessant, dass gewisse Bachblüten zur Verbesserung des Blutbildes beitragen können. Es sind Cerato Nr. 5, Clematis Nr. 9 und Hornbeam Nr. 17. Alle drei fördern die Vitalität und Wachheit und Lebensfreude, Intuition.
Bei **Blutvergiftung** könnte man sich fragen, »was hat meine Seele vergiftet?«

Herz

Trauer, Ängste und Sorgen können sich auch aufs Herz schlagen, aber auch Unversöhnlichkeit und Hass, liebloses Verhalten, gegen uns selbst und andere. Man sagt ja auch »es bricht das Herz vor Kummer« oder »er/sie hat ein kaltes Herz« zu einem hartherzigen Menschen.

Krebs

Dieser hat vielfältige Ursachen, beginnend mit schlechten Ernährungs- und Lebensgewohnheiten, die zu Sauerstoffmangel und Übersäuerung in den Körpergeweben führen. Auch externe Faktoren, wie ein Schlafplatz auf einer geopathischen Zone, Umweltgifte, Schadstoffe oder Gifte bei der Ausübung eines Berufes können mit eine Rolle spielen, wie z. B. Asbest.
Genauso kann ein traumatisches Ereignis, ein Verlust eines Partners, die Immunkraft so schwächen, dass es in der Folge zu einem Krebsgeschehen im Körper kommen kann.
Beim Krebs deutet wiederum der Entstehungsort, das Organ an, um welchen psychosomatischen Konflikt es sich ursächlich handelt. Meist spielen negative Gefühle in Zusammenhang mit unverarbeiteten Konflikten eine Rolle. Das kann ein jahrelanger Prozess sein.
Brandon Bays beschreibt in ihrem Buch »The Journey – Der Highway zur Seele« ihre Selbst-

heilungs-Methode, wie sie sich vom Krebs heilen konnte, indem sie die ursprüngliche krankmachende emotionale Ursache erkennen, loslassen und vergeben konnte.

Mein Mann Reinhart arbeitete viele Jahre als freier Mitarbeiter und Yoga-Lehrer an Krebskliniken, die ganzheitlich orientiert waren. Er fand sich wöchentlich dort ein, lehrte den Kranken Yoga-Atemübungen und auch Energieübungen des Qi Gong, »die acht Schätze«, auch »Brokatübungen« genannt. Dadurch wurde der angenehme Effekt erzielt, dass die Kranken weniger Schmerzen hatten, weniger Medikamente brauchten und sich besser fühlten in jeder Weise.
Natürlich kam es auch zu Beratungsgesprächen mit den Patienten. Im Zuge der Gespräche mit erkrankten Frauen stellte sich heraus, dass bei vielen Frauen, besonders aus der früheren Generation, ein Mangel an eigener Wertschätzung besteht. Sie wurden in einer Zeit erzogen, in denen den jungen Mädchen keine eigenen Interessen zugestanden wurden. Sie wurden quasi auf »brave Tochter« erzogen, die schon früh lernte, alle ihre eigenen Wünsche denen ihres Mannes, ihrer Familie und ihrer Kinder unterzuordnen. Sie lernten dadurch auch nie, ihr eigenes Seelenprogramm und ihre eigene geistige Entwicklung zu verwirklichen, geschweige denn, ihre eigene Persönlichkeit zu entdecken. Vielfach waren diese Frauen sehr gewissenhaft und wollten alles perfekt und allen recht machen. Und so gingen sie jahrelang ganz in den vielfältigen Pflichten für Familie und Beruf auf, ohne für sich selbst persönliche Freiräume einzuräumen – und oft bis zur Erschöpfung, bis der Körper kapitulierte.
Nach der Krebserkrankung – einer ernsten Warnung der Seele – mussten sie dann erst lernen, zu ihrer eigenen Persönlichkeit, ihren Wünschen und Interessen zu stehen und sich Zeit für sich selber zu nehmen. Das war für viele nicht leicht. Sie mussten gegen den Widerstand der eigenen Familie ankämpfen, die oft aus Bequemlichkeit keine Änderung in den alltäglichen Gepflogenheiten zulassen wollten.
Jenen erkrankten Frauen und Müttern, denen es gelang, etwas in ihrem Leben zu ändern, sich durchzusetzen und sich immer mehr persönliche Freiräume innerhalb ihrer Familie zu schaffen, ging es zusehends besser und teilweise wurden sie total gesund. Auch gelang es ihnen größtenteils ihre Persönlichkeit zu entfalten und ihr Seelenprogramm zu verwirklichen.

In diesem Zusammenhang muss ich an meine besonders liebe Freundin Christine denken, die nur knapp über 40 Jahre alt geworden ist. Wir hatten uns in der Wochenstation kennengelernt, wo wir fast zu gleicher Zeit unsere Mädchen entbunden hatten. Ich hatte sie von Anfang an sehr gern, und wir blieben viele Jahre in freundschaftlicher Verbindung bis zu ihrem traurigen Lebensende. Sie war eine außerordentlich hübsche Frau mit einem liebenswerten Wesen.
Sie und ihr Mann führten ein Schneidergeschäft in der Stadt. Beide waren unermüdlich, sie halfen fest zusammen. Tagein und tagaus, von früh bis spät, verrichtete sie viele Näharbeiten nebst der Versorgung des Haushaltes und der Kinder. Ihre ganze Energie ging in die Familie und ins Geschäft. Die Familie bedeutete ihr alles. Sie hatte wenig Freizeit und kaum Freiräume für sich. Nur einmal im Jahr leistete sich die Familie einen Urlaub am Meer stets am gleichen Ort und gemeinsam mit anderen Familienmitgliedern. Das war ihre einzige Freiheit.
Nach etlichen Jahren äußerte sie mir gegenüber schon den Wunsch nach mehr Abwechslung in ihrem Leben und aus diesen vielen Verpflichtungen einmal aussteigen zu können. Aber leider war ihr Mann in dieser Hinsicht nicht flexibel genug. Nach Jahren erkrankte er schwer an Krebs und Christine musste die Führung des Schneider-Geschäftes und die gesamte Näharbeit übernehmen, bis er nach einer Operation wieder gesundete und seine Arbeit wieder antreten konnte. Natürlich war das notwendig, denn alle laufenden Kosten für Geschäftserhalt und Familie mussten aufgebracht werden. Sie war äußerst pflicht- und verantwortungsbewusst.
Als ich sie aber da im Geschäft bei ihrer Arbeit sah, machte sie schon einen sehr erschöpften Eindruck auf mich. Die Angst um ihren kranken Mann, die Existenzsorgen und die viele Ar-

beit lasteten schwer auf ihr. Sie verriet mir bei dieser Gelegenheit, dass man anlässlich einer Brust-Untersuchung entdeckt habe, dass bei ihr ein großer Verdacht auf Krebs bestehe.
Ich war entsetzt, aber meinen Rat, sich endlich doch ein wenig zu schonen und zu entlasten, einmal eine Auszeit zu nehmen und mit ihrem Mann einen Urlaub zu machen, alles zu ihrer Kräftigung und Heilung zu tun, hat sie leider nicht befolgt. Ihr Körper hatte letztendlich keine Kraft mehr, sich gegen den Krebs zu wehren. Er schritt unheimlich schnell fort und bald darauf ist sie viel zu jung gestorben.
Es ist einfach nicht richtig, wenn sich Frauen von morgens bis abends um den Mann, die Kinder, den Haushalt, den Beruf und auch noch um das Haustier, Blumen und das Telefon kümmern – um es überspitzt zu sagen – und dann vielleicht nur mehr kurz vor dem Einschlafen noch ein wenig Zeit für sich haben, vielleicht ein bisschen zu lesen. So überfordern sie sich ständig selbst. Das ist zu wenig für ihre Seele, die so völlig zu kurz kommt. Der eigene Lebensauftrag wird versäumt. Wenn ein Mensch über den aufopferungsvollen Dienst für andere seine eigene Seelenaufgabe verabsäumt, sieht die Seele einfach keinen Grund mehr, den Körper weiter gesund zu erhalten und es tritt eine schwere Krankheit auf. –
Wie gesagt, meist sind es sehr liebevolle Frauen, die so wie Christine, ihr Leben vollkommen der Familie mit all ihren Pflichten widmen. Aber sie machen einen Fehler, sie sind ständig lieblos mit sich selbst, indem sie keine Rücksicht auf sich selbst nehmen, sich ständig überfordern und nicht auf ihre eigenen Bedürfnisse schauen. Jesus Christus gab das Gebot »Liebe Deinen Nächsten **wie dich selbst**.« Dieser zweite Teil dieses Gebotes ist äußerst wichtig, den vergessen aber die meisten. Denn nur, wenn wir uns auch selbst lieben, geben wir dem Körper die nötige Abwehrkraft, damit er gesund bleiben kann.

Aber es ist nie zu spät! Wenn Menschen die Aufgabe, die hinter der schweren Erkrankung steht, erkennen und ihr Leben ändern, können sie wieder gesunden.
Mein Mann sagte stets zu den erkrankten Frauen, dass auch sie mit zwei Ellbogen auf die Welt gekommen seien und sie auch ihren Willen gebrauchen und sich abgrenzen sollten. Sie sollten einmal ihre eigenen Bedürfnisse wahrnehmen. Wichtig ist, sich täglich eine gewisse Zeit zum Innehalten, Kraftschöpfen zu gönnen und das auch die Familienangehörigen wissen zu lassen, dass man in dieser Zeit nicht gestört werden will. Diese müssen Rücksicht lernen und auch lernen, gewisse Arbeiten der Mutter abzunehmen und sie zu entlasten.
Später, wenn die Kinder größer sind, sollten sich Frauen auch etwas mehr Zeit für sich reservieren, z. B. einen halben Tag, der nur ihnen gehört oder einen Abend in der Woche. Sie sollten Freundschaften pflegen und etwas tun, was ihnen Freude bereitet und an dem sie interessiert sind.
Es gibt eine spezielle Bachblüte, es ist Centauri Nr. 4. Diese hilft, sich leichter abzugrenzen und auch einmal »nein« sagen zu können zu den vielen Ansprüchen der Angehörigen. Das ist nämlich nicht immer so leicht. Gott sei Dank können dies junge Frauen der heutigen Zeit besser. Sie gehen nicht mehr so angepasst durch das Leben wie frühere Generationen.

Es gilt, den **goldenen Mittelweg** zu finden zwischen der Verwirklichung eigener Wünsche und Interessen und der Fürsorge und Liebe für die Familie und den beruflichen Verpflichtungen. – Und wenn nur **eine** Frau diesen Rat beherzigt und rechtzeitig auf sich schaut, dann ist meine liebe Freundin Christine nicht umsonst gestorben.

Entschlüsselung der Krankheitssymptome

Unser Körper ist stets ein Ausdruck unserer Gefühle. Er zeigt uns an und weist uns hin, wo etwas fehlt und geheilt werden möchte.
Um eine Heilung zu erreichen, müssen wir zuerst den **Ursachen** auf den Grund gehen. Dabei ist es wichtig zu bedenken, dass Bakterien, Viren nur Auslöser einer Krankheit sind. Die Ursache dafür liegt aber im geistig-seelischen Bereich.

Wie können wir nun unsere Krankheitssymptome und ihre Bedeutung entschlüsseln?
Zunächst sollten wir auf die rechte und linke Körperseite achten.
Links ist unsere emotionale Seite, unser Innenleben. Die linke Körperhälfte wird von der rechten Gehirnhälfte, die der weiblichen Yin-Energie entspricht, regiert. Ist ein Organ oder ein Körperteil auf dieser Seite betroffen, dann haben wir es mit **gefühlsmäßigen Konflikten** und inneren Problemen zu tun.
Rechts befindet sich die Seite der äußeren Aktivität, des Willens. Die rechte Körperhälfte wird von der linken Gehirnhälfte, die der männlichen Yang-Energie entspricht, regiert. Ist ein Organ oder ein Körperteil auf dieser Seite betroffen, stehen wir mit unserem **Handeln im außen in Konflikt.**
Der Idealzustand ist, wenn beide Hirnhälften – die rationelle, verstandesbetonte, linke und die emotionale, intuitive, imaginäre, rechte Seite – harmonisch zusammenarbeiten, dann sind wir in Einklang.
Als nächstes stellen wir uns folgende Fragen:
Welches Organ oder welcher Körperteil ist betroffen, welche Beschwerden sind es?
Welche Funktion hat das Organ oder der Körperteil?
Welche Art der Erkrankung ist es, z. B. eine Entzündung?
War ein Ereignis ein Auslöser? Seid wann leide ich daran?
Wozu zwingt mich das Symptom?
Was muss ich tun, was sollte ich besser lassen?
Welche charakterlichen Schwächen habe ich?
Wo unterdrücke ich Gefühle? Wie äußern sich diese körperlich?
Kommen die gleichen Symptome immer wieder, wo sind meine Schwachstellen?
Welche Konsequenzen ergeben sich daraus?

Oft liegt ja schon in gewissen Redewendungen die Antwort, wir müssen das Geschehen nur auf die **geistig/seelische Ebene** übertragen. Nehmen wir ein paar Beispiele zum Entschlüsseln der **Ursache** von Leiden und Krankheiten: »Ein Kreuz tragen, etwas auf sich nehmen, etwas lastet auf den Schultern, blind für etwas sein, er ist mit Blindheit geschlagen, es ist eine Laus über die Leber gelaufen, mir läuft die Galle über.«

Wirbelsäule, Bandscheiben und Schultern:	
	Was ist meine geistig-seelische Fehlhaltung, wo bin ich zu starr, wo fehlt mir Halt? Was kann ich nicht mehr ertragen? Wo lade ich mir zu viel auf, körperlich oder seelisch? Könnte ich Verantwortung und Druck abgeben, welche? Wie kann ich mich entlasten?
Sehstörungen:	Was kann und will ich nicht sehen, wo fehlt mir der Durchblick, die geistige Erkenntnis?
Dickdarm, Verstopfung:	Was kann ich nicht loslassen? Woran halte ich fest? Habe ich Schuldgefühle?
Fußprobleme:	Wo bin ich nicht im Gleichgewicht. Gehe ich in die falsche Richtung – seelisch/geistig? Muss ich meinen Standpunkt ändern? Kann ich notwendige Schritte nicht gehen?
Galle:	Welchen Ärger unterdrücke ich ständig? Wie kann ich mich adäquat äußern?

Weitere wertvolle Anregungen zur Körpersprache finden Sie in den Literaturhinweisen im Anhang, u. a. im Buch von Louise L. Hay.

Ausgleich für den Körper

Dass ein enger Zusammenhang zwischen Körper und Gefühlen besteht, beweist schon **die Tätigkeit des Herzens**. Es reagiert immer auf unsere Emotionen. Das sagen schon die Sprü-

che aus »es geht ihr ans Herz, es wird einem leicht ums Herz, es erfreut das Herz, es bricht ihr das Herz oder das lässt das Herz höher schlagen, das lässt das Herz rasen, es blieb mir das Herz vor Schreck fast stehen, es ist ihr bang ums Herz« usw.
Wir sind ständig einem Wechsel aus Harmonie und Unruhe unterworfen. **Dauerstress** hat ungute Auswirkungen auf unsere Beziehung, vielfach fühlen wir uns überfordert. Er hat auch etliche negative Auswirkungen auf den Körper und Geist. Er kann wie bereits erwähnt, u. a. zu Bluthochdruck, Herzproblemen, Depressionen oder Angstgefühlen, Schlaflosigkeit, Rückenschmerzen, Haut- und Verdauungsproblemen, Anfälligkeit für Infektionen, Unfruchtbarkeit und Impotenz führen.

Wir haben im Körper ein autonomes Nervensystem, das Vegetativum genannt wird. Dieses reguliert das Funktionieren aller Organe, ohne dass wir es mit unserem Willen beeinflussen können. Sympathikus und Parasympathikus sind die zwei Gegenspieler des Vegetativums – der »Antreiber« und der »Bremser«.
Diesem System entsprechen auf feinstofflicher Ebene etwa Ida und Pingala, das sind zwei feinstoffliche Energiebahnen, die entlang des Wirbelkanals links und rechts verlaufen. Es handelt sich um den erwärmenden oder kühlenden Lebensstrom, die eine aktivierende und eine beruhigende Wirkung ausüben.
Diese beiden Nervenstränge regeln die Zufuhr von Hormonen bzw. Neurotransmittern: Der Sympathikus setzt z. B. Adrenalin frei, um Kampf- oder Fluchtreaktionen bei Stress auszulösen, der Parasympathikus hingegen beruhigende Neurotransmitter.

Dieses autonome Nervensystem ist eng mit dem Herzen und dem emotionalen Gehirn, also dem limbischen System verbunden. Wenn wir also in einer Situation unter Stress oder Angst geraten, wird der Antreiber Sympathikus aktiviert und der Herzrhythmus wird unregelmäßig und chaotisch.
Tritt wiederum Entspannung ein, wird der beruhigende Parasympathikus aktiviert, und der Herzschlag beruhigt sich. Normalerweise gleichen sich die beiden Systeme gegenseitig aus.
Das emotionale Gehirn, das limbische System, reagiert sehr schnell auf Stress bzw. auf Beruhigung und Harmonie. Es regelt Sympathikus und Parasympathikus und den Herzschlag entsprechend.
Unser Herz bekommt einen chaotischen Herzrhythmus nicht nur durch Stress, auch Angstgefühle, Traurigkeit, Zorn und Aggression lösen diesen aus. Das ist eine enorme Belastung für das Herz. Es bedeutet einen enormen Energieverlust. Die Folge ist eine **Dauermüdigkeit** und ein Gefühl, ausgelaugt zu sein. Hingegen fördern Entspannung, Harmonie, Wohlbefinden, Mitgefühl, Freude und Dankbarkeit einen gleichmäßigen Herzschlag.

Und nun haben wir den **Schlüssel** in der Hand, wie wir unser Nervensystem, das Herz und sämtliche Organe schonen und uns gesund erhalten können: Wir können immer wieder für einen Ausgleich sorgen, durch **bewusste Entspannung** jeglichem Stress **entgegensteuern**. Und vor allem lernen, schädliche, belastende Emotionen wie Ärger, Groll in den Griff zu bekommen, und mehr **harmonische, liebevolle Gefühle** zu pflegen.

Wenn wir das nicht tun, verliert der Körper die Fähigkeit zum Ausgleich. Der untrainierte Parasympathikus, der »Bremser« wird schwächer, und der antreibende Sympathikus gewinnt immer mehr Oberhand, wir rutschen so in eine ständige Stress-Situation des Körpers. Energieverlust und Erschöpfung sind die Folgen. Auf Dauer verträgt das kein Herz.
Nicht umsonst haben die indischen Weisen (Rishis) schon in alter Zeit und die Ärzte aus dem klassischen Altertum (Ägypten, Griechenland) Yoga, Meditation, Gebet und Entspannungstechniken empfohlen, weil sie uns wieder ins körperliche und seelische Gleichgewicht bringen, somit einen wirksamen Ausgleich darstellen, z. B. tritt durch das Gebet tritt eine deutliche Entlastung ein, Ängste werden gelindert.

Durch regelmäßige Praxis derselben kommen wir erst gar nicht mehr in eine solche Unruhe, weil der Parasympathikus stärker wird und beruhigend einwirkt. Wir werden tragfähiger und ausgeglichener gegenüber den Anforderungen des Alltags. Natürlich wirkt auch der Aufenthalt in der Natur heilend und ausgleichend.

Natürlich werden wir immer wieder im Alltag belastenden Situationen ausgesetzt sein, in denen wir aufgeregt sind. Nehmen wir die Situation an, es geht um eine Prüfung oder um ein schwieriges Gespräch mit dem Chef. Das allein lässt unser Herz heftiger schlagen, unser Körper ist auf »Alarm« eingestellt.
Um uns in solchen Situationen **schnell zu beruhigen** und unser Herz zu besänftigen, gibt es eine **einfache Übung**. Sie wird von Dr. David Servan-Schreiber empfohlen, und hat sich in klinischen Untersuchungen bei zahlreichen Patienten vielfach bewährt. Wir werden anschließend in der Lage sein, die Situation ruhiger und angemessener zu meistern.

Beruhigungs-Übung 1. Schritt:

Wir halten einmal kurz inne. Wir konzentrieren uns auf **unser Herz** und denken zugleich an etwas Schönes, rufen uns ein schönes, beglückendes Gefühl in Erinnerung. Und sogleich bekommt das Herz wieder seinen regelmäßigen Rhythmus. Der beruhigende Parasympathikus ist wieder aktiviert. Das wurde in medizinischen Versuchen mit Herz-Patienten getestet und geprüft.
Das ist auch mittels kinesiologischen Muskeltests erwiesen. Wird die getestete Person aufgefordert, an etwas Trauriges, Belastendes oder Ärgerliches zu denken, zeigt der Körper sofort eine Schwächung an. Wird der Vorgang umgekehrt und der Getestete denkt an etwas Erfreuliches oder an eine liebe Person, so tritt augenblicklich eine Stärkung des Körpersystems ein.

2. Schritt:

Mit dem ersten Schritt haben wir eine Stabilisierung erreicht. Um die Übung **noch effektiver** zu gestalten, atmen wir ganz ruhig und langsam tief ein und aus. Wir konzentrieren uns auf das **Herz** und stellen uns vor, dass wir **durch** das Herz atmen. Beim Einatmen spüren wir, wie wir Sauerstoff und Lebensenergie (Prana) aufnehmen. Beim Ausatmen entlassen wir alles Verbrauchte und Belastende aus dem Herzen. Wir achten darauf, dass wir ganz langsam ausatmen und bevor wir wieder einatmen, kurz innehalten.
Wir stellen uns während des Atmens vor, wie unser Herz in den schönen, beglückenden Gefühlen aus einer angenehmen Erinnerung gleichsam badet und sich von allen belastenden Momenten befreit, wie ein kleines Kind, das fröhlich und unbeschwert in der Badewanne plantscht.
Atem und Gedanken sind sehr eng verbunden. Je ruhiger wir atmen, umso ruhiger wird unser Gedankenleben. Friede kehrt ein.

Bei regelmäßiger Anwendung dieser Übung kommen wir wieder in Einklang. Wir werden innerlich ruhig. Und das findet auch in der Außenwelt seinen Niederschlag. Nebenbei stärken wir mit dieser Übung unsere Immunkräfte ganz erheblich. Stressgeplagte und vor allem Herzpatienten könnten von ihr erheblich profitieren.
Oft können wir Situationen nicht ändern, aber unsere Einstellung dazu. Dadurch können wir damit besser umgehen, alles wird leichter, weil wir ausgeglichener sind.
Wir müssen bei organischen Krankheiten auch bedenken, dass dahinter auch ein Herd-Geschehen stecken kann. Jeder Zahn ist über Energiebahnen (Meridiane) mit einem Organ verbunden. Mittels der Fußreflexzonen-Massage kann man testen und prüfen, ob ein Organ durch einen kranken Zahn betroffen ist. Dabei berührt man den kranken Zahn und testet die dazugehörige Zone des Organs an der Fußsohle. Wenn diese schmerzt, ist unbedingt eine

Herdsanierung erforderlich. Ist der Zahn-Herd behoben, wird man bei der nachfolgenden Fußreflexzonen-Kontrolle feststellen, dass der Fußsohlenbereich des betroffenen Organs nun nicht mehr schmerzt, also das Organ energetisch wieder gesund ist.
Die Fußreflexzonen-Massage ist ein gutes Mittel, um Organprobleme schon im Vorfeld abzuklären und in positiver Weise zu beeinflussen.
Wir sollten auch andere krankmachende Faktoren, wie ich sie bereits vorhin erwähnt habe, ins Auge fassen. Dabei spielen Umweltgifte und negative Umwelt-Einflüsse, eine schlechte Schlafstelle, ein Dauerkonflikt, ein unpassender Arbeitsplatz usw. mitunter eine wichtige Rolle. In diesen Bereichen muss natürlich, soweit es geht, Abhilfe geschaffen werden, damit dauerhafte Gesundung eintreten kann.

Die Sprache des Lebens

Oft stoßen uns Dinge zu, deren Ursachen uns unerklärlich sind und deren Sinn wir anfänglich nicht verstehen können. Oft hadern wir auch darüber. Denn oft bringen diese Geschehnisse unsere Tagesroutine völlig durcheinander, auch unsere (Lebens-) Pläne. Dazu gehören Unfälle, Verletzungen, Verluste, Sachbeschädigungen.
Aber nun möchte ich an die geistigen Gesetze erinnern, die Sie schon im ersten Kapitel kennengelernt haben. Denken wir nur an das Gesetz der Fülle, der Resonanz und die Gesetze des Denkens und des Glaubens.
Wenn wir stets Mangel in irgendeiner Form erleben oder uns immer wieder ähnliche unangenehme Erlebnisse widerfahren, müssen wir uns fragen, für was habe ich mich resonanzfähig gemacht? Habe ich ein geistiges Gesetz verletzt?

Oft werden wir zum Innehalten gezwungen und müssen unsere Verletzungen kurieren. Aber was steckt hinter Unfällen, Knochenbrüchen, Verletzungen?
Es ist die Sprache des Lebens. Das Leben will uns damit sagen, dass wir etwas ändern müssen. Der Einfluss des Planeten Saturn bedeutet gemäß der Astrologie immer Einschränkung. Er tritt dann in Kraft, wenn wir etwas zu lernen haben, und es bisher unterlassen haben, auf unsere innere Stimme, auf die stillen Mahnungen, die wir bereits erhalten haben, zu hören. Oft hatten wir schon längst ein Unbehagen in einer privaten oder beruflichen Angelegenheit oder fühlten uns körperlich nicht gut. Wir spürten, dass etwas nicht stimmt, änderten aber nichts an unserer Lage.
Oft werden wir durch ein Geschehnis, einen Unfall und daraus resultierenden Verletzungen gehindert, so weiter zu machen wie bisher, und gezwungen, ganz neue Wege einzuschlagen, das oberflächliche Terrain des Lebens zu verlassen. Das kann eine geistige/seelische Vertiefung, eine neue Sinngebung des Lebens bewirken oder ein Besinnen auf wahre Werte und Wertschätzung des Lebens.

Wir müssen resonanzfähig sein für ein Geschehen, das uns widerfährt. Oft können wir von den Ereignissen auf unsere eigenen gedanklichen Einstellungen schließen, sie werden uns durch diese gespiegelt, und zwar nicht nur über unseren Körper, sondern auch im Außen. Gedanken haben die Tendenz zur Verwirklichung. Sie spiegeln sich über Mitmenschen, in unseren Lebensumständen, sogar am Haustier, an unserer finanziellen Lage, an unseren Elektrogeräten und auch an unserem Auto.

Unfälle können bedeuten, dass wir in unserem Leben »ins Schleudern geraten sind« oder »aus der Bahn geworfen« wurden. Hier ist eine deutliche Aufforderung und Mahnung des Lebens gegeben, einen anderen Kurs einzuschlagen. Ein Unfall bedeutet immer einen Stopp, eine Unterbrechung. Was sollen wir unterbrechen? Es ist eine Aufforderung, unsere Geisteshaltung zu überdenken und uns ganz neu zu orientieren. Hier müssen wir uns fragen: habe ich

mich in meinem Leben in die falsche Richtung bewegt? Was muss ich ändern, wovon muss ich mich trennen?
Unfälle durch zu schnelles Fahren bedeuten, dass wir auch im Leben zu schnell unterwegs sind. Haben wir uns in etwas verrannt? Auto-Pannen sollen uns ermahnen, im Leben Pausen zur Regeneration und Besinnung zu machen. Bei Unfällen durch andere sollten wir uns fragen: wo lasse ich mich verletzen, verletze ich mich selbst?
Bei immer wiederkehrenden **Verletzungen** sollten wir uns fragen, ob wir nicht versteckte Schuldgefühle haben. Diese können nämlich Selbstbestrafungstendenzen hervorrufen, die sich dann so äußern, dass wir uns immer wieder wehtun.

Dabei spielt die **rechte und die linke Körperseite** wieder eine Rolle.
Ist die rechte, männliche Seite betroffen, so hat es mit einem Konflikt **im außen** zu tun. Das kann ein beruflicher Konflikt sein. Vielleicht ist es auch eine Aufforderung, einen anderen Beruf zu ergreifen oder in einer Beziehung zu handeln, etwas zu ändern.
Ist die **linke**, weibliche Seite betroffen, steht meist ein innerer, **gefühlsmäßiger** Konflikt dahinter. Hier können z. B. Ängste im Hintergrund stehen, die einen hindern, Gefühle zu äußern und das Richtige zu tun.

Nun müssen wir uns fragen, **welches Organ oder welcher Körperteil** betroffen wurde.

Hände sind Organe des Handelns, wir haben sie zum arbeiten, greifen, geben und nehmen. So können wir uns fragen, wo sind wir handlungsunfähig oder wo ergreife ich eine Chance nicht? Wo könnte ich mehr geben oder was will oder kann ich nicht annehmen?
Die **Füße** sind Organe des Bewegens, sie dienen uns zum Gehen und Stehen und zum Halten des Gleichgewichtes. Bei Verletzungen am Fuße sollten wir uns fragen, ob unser Standpunkt im Leben richtig ist, ob wir ihn allenfalls ändern sollten, welche Schritte wären notwendig im Leben. Gehe ich in die falsche Richtung?

Wenn wir uns am **Kopf** anstoßen, kann das bedeuten, dass wir einen Anstoß zum Umdenken gebraucht haben.

Bei **Knochenbrüchen** müssen wir uns fragen, ob wir uns zu sehr innerlich auf etwas versteift haben, ob wir zu wenig geistige Elastizität haben, zu sehr auf einem Standpunkt beharren. Oft ist auch ein Knochenbruch das Zeichen für einen inneren Zusammenbruch. Der Gipsverband zwingt zur Ruhe, zum Innehalten. In dieser Zeit hat man Zeit zum Nachdenken, Neuorientieren. Bei **Überdehnen, Reißen und Zerren** steht eine Überbeanspruchung dahinter. Ist etwas **verrenkt**, sollte nicht nur der Körper, sondern eine Situation oder ein geistig/seelischer Konflikt wieder eingerenkt und in Harmonie gebracht werden.

Das **Blut** ist der physische Sitz der Seele. Bei Blutverlusten »rinnt« sozusagen das Leben, die Lebensfreude und Vitalität aus. Hier ist zu fragen, wo sind auch seelische Verwundungen? Habe ich meine Seele verletzt, weil ich etwas tue, was für mich nicht stimmt?

Das Leben macht uns auf ein Defizit aufmerksam. Bei **Verlusten** jeglicher Art sollten wir uns fragen, ob in unserem Selbstwert etwas nicht stimmt. Dass wir selbst unser Glück verhindern, durch was, vielleicht durch negatives Erwartungsdenken? Oder glauben wir, dass wir es nicht wert sind, glücklich zu sein? Haben wir Schuldgefühle oder eine Wut in uns?

Nach dem Resonanz- bzw. Spiegelgesetz widerfährt uns das, was wir (unbewusst) denken. Machen wir uns diese schädlichen Muster bewusst und ändern wir sie. Kummer und Selbstmitleid bringen uns da nicht weiter.

Unsere eigenen gedanklichen Fehlhaltungen realisieren sich auf allen möglichen Ebenen. Unsere eigene Disharmonie zeigt sich in schlecht gedeihenden Zimmerpflanzen, am »ungezogenen« Hund oder der Katze, an den widerspenstigen Kindern und Schäden an diversen Geräten, auch am Auto. Da der äußere Raum um uns herum unserem inneren Seelenraum entspricht, sind unser Wohnraum und alles rundherum der Spiegel unseres Lebens. Ein tropfender Wasserhahn kann uns darauf hinweisen, dass man Gefühle nicht mehr länger unter Kontrolle halten kann, ein verstopfter Abfluss weist auf gestaute Gefühle und ein gesprungener Spiegel weist auf ein angeschlagenes Selbstbild hin.

Wenn uns jemand mutwillig unser Auto beschädigt oder einen Blechschaden verursacht, etwas daran kaputt macht, weist das auf einen »Defekt« in unseren gedanklichen Einstellungen hin. Dann sollten wir uns fragen, wo denke ich falsch?
In diesem Falle weist es darauf hin, dass der Besitzer des Autos sich selbst, seine Persönlichkeit verletzt, indem er zulässt, dass er von seiner Umgebung eingeschränkt oder eingeengt wird, sei es beruflich oder privat.
Das unerfreuliche Ereignis ist für ihn zugleich ein Hinweis und eine Aufforderung, dass er nicht durch zu viel Rücksichtnahme auf andere sein eigenes Leben, seine Interessen vernachlässigen und sich selbst verletzen darf, sondern sich mehr Freiraum und Rückzugsmöglichkeiten gestatten muss.
Aggressionen von außen – in diesem Fall ein Vandalenakt – können auch ein Hinweis auf innerliche, verdrängte Wut und schwelende Konflikte sein. Innere Wut und Konflikte locken auch im Außen Negatives an. Ich möchte in diesem Zusammenhang noch einmal an das geistige Gesetz der Resonanz erinnern.

Vielleicht soll auch so ein Vorfall gemahnen, das geliebte Auto nicht zu sehr zu vergöttern und in den Mittelpunkt zu stellen. Das geliebte Auto stellt in diesem Fall unseren Körper und das materielle Leben dar. Es gilt, nicht nur einseitig auf der körperlichen Ebene des Lebens zu leben, sondern sich auf die Seele, auf höhere Werte zu besinnen, dem Leben mehr Tiefe zu geben.
In diesen Zeiten der Natur-Katastrophen werden viele Menschen auf dramatische Art all ihrer Güter beraubt. Alles, was für sie wichtig und wertvoll war, ist ein Raub von Wasser, von Stürmen oder Feuer geworden. So traurig und dramatisch dieses Geschehen auch ist, es birgt in sich die Chance, sich auf das Wesentliche zurückzubesinnen. Die Menschen werden gezwungen, sich vollkommen neu zu orientieren und ihre bisherigen Werte in Frage zu stellen. Dann zählen nur mehr die Lieben im familiären Kreis, die gegenseitige Hilfsbereitschaft erwacht. Erst jetzt wird vielen bewusst, was sie alles als selbstverständlich betrachtet haben und dass alles im Leben nur als Leihgabe für dieses Leben gegeben wurde.

In solchen Zeiten werden die Menschen aus ihrem bewusstseinsmäßigen Schlaf gerissen, ihre Sehnsucht nach Gott und nach seiner Hilfe flammt wieder auf, und sie beginnen wieder zu beten. Viele Menschen wachsen in solchen Situationen über sich selbst hinaus und entwickeln Kräfte und Fähigkeiten und vollbringen Dinge, die sie vorher nicht für möglich gehalten hätten. In tiefster Not geschieht auch viel Gutes, in vielen Menschen erwacht der Geist der Nächstenliebe und der Solidarität.
In allen Fällen müssen wir erkennen, dass **wir selbst** diese Ereignisse hervorgerufen oder notwendig gemacht haben. Sie sollen uns zu einer Korrektur in unserer Lebens- und Denkweise auffordern.

Alte Verletzungen und das Selbstbild heilen

»Probleme, die das Gefühlsleben betreffen, sind die Folge von Funktionsstörungen des emotionalen Gehirns, von denen viele ihren Ursprung in schmerzlichen Erlebnissen der Vergangenheit haben. Sie beziehen sich in keiner Weise auf die Gegenwart, haben sich jedoch dem emotionalen Gehirn unauslöschlich eingeprägt.
Das emotionale Gehirn verfügt über natürliche Mechanismen der Selbstheilung: die angeborene Fähigkeit, wieder zu Harmonie und Wohlbehagen zu finden.«

Dr. David Servan Schreiber

Dieser Arzt, ein Mediziner und Psychiater, schreibt in seinem Buch »Die neue Medizin der Emotionen«, dass man seit den letzten Jahren einen ganz neuen Behandlungsansatz für Depressionen, Angstzustände und Stress entdeckt hat, und zwar nicht mehr über die Sprache mittels der Psychoanalyse, sondern mit Behandlungsmethoden, die direkt das emotionale Gehirn ansprechen .
Ein Teil des Gehirns ist das emotionale Gehirn, bzw. das limbische Gehirn. Es unterscheidet sich von dem Großhirn, der Großhirnrinde, in der die Sprache und das Denken angesiedelt sind, es funktioniert oft unabhängig vom Neokortex. Sprache sowie Wahrnehmung und Erkennung haben nur begrenzten Einfluss darauf: Man kann einem Gefühl nicht befehlen, stärker zu werden oder zu verschwinden, so wie man seinem Verstand befehlen kann.
Alles, was das psychische Wohlbefinden regelt, die Herzfunktion, den Blutdruck, die Hormone, selbst das Verdauungs- und das Immunsystem werden vom emotionalen Gehirn kontrolliert.
Daraus wird deutlich, dass man alte emotionale Verletzungen kaum über verstandesmäßige Erklärungen und Analysen heilen kann, sondern indem man auf die **Gefühlsebene** eingeht.

Durch bestimmte Ereignisse oder durch ein bestimmtes Verhalten eines Mitmenschen kann es vorkommen, dass in uns alte, verdrängte Verletzungen angerührt werden. Oft sind es Ereignisse, die wir längst überwunden glauben. Aber unsere tiefe emotionale Betroffenheit ist stets ein Zeichen dafür, dass eine »alte Wunde« in unserem Inneren berührt wurde.
Es können Ängste, Trauer und Wut aufsteigen, für die wir oft nicht gleich eine Erklärung finden können. Wir sollten darüber nicht einfach hinweggehen. Denn das Auftauchen solcher tiefen Gefühle ist auch eine Chance zur Heilung.
Wir werden entdecken, dass die spontan und unkontrolliert auftretenden Gefühle mit menschlichen Enttäuschungen, leidvollen Trennungen oder Verlusten, aber häufig auch mit leidvollen Ereignissen aus der Kindheit zusammenhängen. Das können Gefühle des Ausgeliefertseins, des Alleinseins, der Wertlosigkeit usw. sein. Indem alte, schmerzliche Erinnerungen hochsteigen, können wir uns aus den traurigen, ängstlichen und zornigen Emotionen befreien, wenn wir uns vergegenwärtigen, dass wir jetzt keine kleinen Kinder mehr sind, die hilflos ihren Eltern ausgeliefert sind, sondern jetzt als Erwachsene leben. Und so werden uns die leidvollen »Sabotageprogramme« und unbewussten Verhaltensmuster bewusst und wir **erkennen** sie. Das ist äußerst wichtig, denn nur so können wir sie ändern, und zwar **jetzt**.
Mit dem Verstand können wir zwar Verhaltensweisen erkennen, die uns nicht dienlich sind und uns mit der Vergangenheit aussöhnen. Aber in unserem Zellgedächtnis sind alle schmerzlichen Erinnerungen gespeichert. Nur über die **Gefühlsebene** kann man die **Energie** aus den Erinnerungen nehmen, indem man sie sich noch einmal geistig anschaut und durchlebt. Wir werden die Ereignisse nicht vergessen, aber sie tun dann nicht mehr weh.

Deshalb ist es gut, wenn wir uns unsere Gefühle **ganz bewusst** anschauen und zulassen, und sie dann ganz entschlossen **loslassen**. Wir machen uns bewusst, dass wir im Jetzt leben und die eingeprägten Erinnerungen loslassen und neue Verhaltensmuster entwickeln können. So

wird es uns gelingen, uns aus dem leidvollen Kreislauf von gewissen Ereignissen und Gefühlen und dem wiederholten Abgleiten in alte Verhaltensmuster allmählich zu befreien.
Zur Unterstützung dieser nicht leichten Bewusstseinsarbeit zur Selbstheilung können wir die Bachblüten, die ich im vorigen Kapitel erwähnt habe, zu Hilfe nehmen. Wenn es sich um alte Schockerlebnisse und Erschütterungen handelt, die wieder hochgestiegen sind, empfehle ich die Blüte »Star of Bethlehem« Nr. 29, bei Ängsten die entsprechenden Blüten gegen Ängste und bei Hassgefühlen Nr. 15 »Holly« oder gegen Verbitterung Nr. 38 »Willow«.

In akuten Fällen, wo Schockerlebnisse mit all ihren Ängsten, Panik und Traurigkeit mit Heftigkeit hochkommen, ist die Notfallkombination der Bachblüten sehr hilfreich, denn in ihr sind die Blüten gegen Schocks und Panik enthalten. Man kann sie nicht nur als Tropfen einnehmen, sondern auch auf der Haut auftragen, und zwar auf das 3. Auge, den Solar Plexus und alle Stellen und Chakren, in deren Bereichen Verletzungen stattgefunden haben. Das können emotionale und körperliche Verletzungen sein. Die Notfallkombination gibt es auch als Salbe in den Apotheken.
Eine weitere Möglichkeit, die Folgen von Schocks zu heilen, – auch auf feinstofflicher Ebene – ist die Aura-Soma Methode und da im Speziellen das Balance-Öl Nr. 26 orange über orange.

Um das zu verdeutlichen, möchte ich aus meinem eigenen Erleben schildern: Ein von mir sehr geschätzter und geliebter Mensch, dem ich sehr vertraut hatte, äußerte mir gegenüber eine scharfe Kritik, auf die ich nicht gefasst war und entzog mir seine Hilfestellung. Ich reagierte darauf innerlich wie auf einen Keulenschlag. Eine für mich zunächst unerklärliche, riesige Traurigkeit stieg in mir hoch. Schon lange überwunden geglaubte Gefühle aus meiner Kindheit des Getrenntseins, des Ausgeschlossenseins, der Zurückweisung drängten machtvoll an die Oberfläche. Dazu gesellten sich Erinnerungen an Geschehnisse aus meiner Kindheit. Allmählich wurden mir gewisse Zusammenhänge zwischen damals und dem Auftreten meiner akut auftretenden schmerzlichen Gefühle bewusst.

Es war wie eine Kettenreaktion, immer mehr stieg in mir hoch. Das war ein sehr schmerzlicher Prozess. Aber in diesen Tagen kamen viele ungeweinte Tränen hoch, ich verdrängte sie nicht mehr und ließ es zu. Letztendlich trat in mir eine innerliche große Erleichterung und Klarheit auf und Blockaden lösten sich. Dieser ganze »Reinigungsprozess« wurde von einer starken Erkältung begleitet.
Dabei wurden mir mehrere unbewusste Verhaltensmuster bewusst, die natürlich mein Leben bisher negativ beeinflusst hatten und nach dem Gesetz der Resonanz die entsprechenden Reaktionen meiner Mitmenschen auslösten. Aus dem unbewussten mangelnden Selbstwertgefühl und dem innerlichen Gefühl der Resignation heraus, doch nicht zu bekommen, was ich mir wünsche, aus der Angst, mich nicht äußern zu dürfen und zu können, hatte ich in meinem Leben immer wieder die Erlebnisse von Mangel und Frust hervorgerufen.

Ganz falsch wäre es, wenn wir auf den Menschen böse wären, der in uns diese Gefühle und überaus starke Betroffenheit auslöst. Im Gegenteil, wir müssen dankbar sein, dass er uns auf eine alte Wunde aufmerksam macht, die es zu heilen gilt. Unsere Seele will von »Altlasten« frei werden, und da bedient sie sich der »Auslöser« in Form von Ereignissen und durch Mitmenschen.

Gleichzeitig ist es eine Chance, von altem Groll auf die »Schuldigen« abzulassen, denn unsere Seele hat sich ja unsere Eltern und die Umstände unserer Kindheit ausgesucht, um bestimmte Erfahrungen zu machen. Es ist aber wichtig, dass wir bei einer schweren, belastenden Kindheit mit emotionalen Verletzungen unseren Persönlichkeitsanteil, das Innere Kind, in unsere Heilungsarbeit mit einbeziehen. Wie das geschehen kann, wird das nachfolgende Thema sein.

Wichtig ist, dass wir unsere hochsteigenden Gefühle zulassen und uns dabei **selbst** annehmen, in all unseren Schwächen, z.B. Wut und Ängsten. So heilen wir unseren **Emotionalkörper**. Wir rufen uns dabei in Erinnerung, was wir in Wirklichkeit sind und machen uns unser wahres Wesen, unsere göttliche ICH BIN Gegenwart bewusst, und dass unser Emotionalkörper, der Mentalkörper und der physische Körper zu unserer sterblichen Persönlichkeit gehören. Diese sollen unsere Helfer und Diener in diesem Leben sein. Zu dieser Erkenntnis hilft uns auch die Meditation. Heilsame Affirmationen, auf die ich noch in diesem Kapitel eingehen werde, können uns dabei unterstützen.

Ganz bewusst verabschieden wir uns dann von den alten Bildern unserer Macht- und Hilflosigkeit, des Unwerts und Ungeliebtseins. Sie haben keine Macht mehr über uns. Jetzt erkennen wir, dass **wir ein schönes, wertvolles und liebenswertes Wesen sind, von Anfang an geliebt, von Anfang an von Gott gewollt,** und wir bejahen uns selbst.

Das Innere Kind heilen

Im nachfolgenden Kapitel beschreibe ich die Kinder und ihre wahre Natur und wie wir sie ihnen weitgehend erhalten, bewahren und fördern und dazu beitragen können, dass sie sich zu selbstbewussten, freudigen und liebevollen Erwachsenen entwickeln können.
Denn diese Qualitäten sollten wir uns bis ins Alter bewahren!

Aber viele von uns wurden, als wir Kinder waren, in irgendeiner Weise seelisch verletzt, sei es durch Eltern, Lehrer oder durch andere Umstände. Und irgendwann verloren wir unsere kindliche, ursprüngliche, unbeschwerte Natur. Oft haben die Eltern ihre eigenen ungeheilten Muster an uns weitergegeben, sie konnten oft nicht anders. Ihre eigenen Ängste und Hilflosigkeit ließen sie uns gegenüber mitunter grausam oder ungerecht werden.

Damals konnten wir das, was uns geschah, nicht verstehen, wir konnten auch kein Gespräch herbeiführen. Möglicherweise war es uns sogar verboten, unseren Schmerz und unsere Wut in ausreichendem Maß auszudrücken. In der Folge blieb das Innere Kind in dieser Phase stecken und konnte sich nicht weiterentwickeln.
Das Kind, das wir damals waren, lebt immer noch in uns – es versteht immer noch nicht und ist immer noch verletzt, verzweifelt oder wütend – es ist in seiner Entwicklung steckengeblieben.
Es hat sich in ihm die unverarbeitete traumatische Erfahrung eingeprägt, und wann immer wir heute in eine Situation geraten, die auch nur **die entfernteste Ähnlichkeit mit dem alten Trauma** hat, **reagiert** nicht der vernünftige Erwachsene, sondern **das gebrannte Kind in uns!**

Solange dieser Anteil der Persönlichkeit nicht geheilt ist, kann keine endgültige Heilung erfolgen, auch für das Selbstwertgefühl und den Emotionalkörper nicht. Das Innere Kind ist sozusagen **die** Schlüsselfigur für die Heilung des Emotionalkörpers, es ist **sein Hüter.**
Normalerweise wächst das Innere Kind heran und wird erwachsen, genauso wie Kinder heranwachsen. Aber durch traumatische Erfahrungen in früher Kindheit – die dem Erwachsenen meist nicht mehr bewusst sind – kann es passieren, dass das Innere Kind in seiner Entwicklung bewusstseinsmäßig stagniert, also im erlittenen Trauma stecken bleibt. Wir müssen mit ihm Kontakt aufnehmen, mit ihm Freundschaft schließen, damit wir eine **Aussöhnung** mit Erlebnissen aus der Kindheit erreichen können. Es braucht von uns Ermutigung, dass es den Anforderungen des Lebens gewachsen und erwachsen wird.

So ist auch meine Reaktion auf den Vorfall, den ich vorhin unter »alte Verletzungen und das Selbstbild heilen« beschrieben hatte, zu erklären. Ich wusste ja selbst nicht, warum ich mich danach so verletzt, hilflos und voller Angst gefühlt hatte.
Zugleich mit der Erinnerung an das Ereignis in der Gegenwart blendeten sich schmerzhafte, quälende Bilder aus meiner frühen Kindheit, in denen ich geschlagen und abgewiesen wurde, vor meinen Augen ein. Immer und immer wieder – auch nachts.
Und wie schon in früheren Situationen in meinem Leben – als ich Schockerlebnisse durch Ablehnung und Zurückweisung erfahren hatte – traten wieder alte Beschwerden auf, wie Lähmungsgefühl und Schwäche in den Beinen, nachts Panikattacken und tiefe Traurigkeit.

Allmählich konnte ich die Zusammenhänge zwischen den Ereignissen richtig einordnen und erkennen, dass es mein Inneres Kind war, das sich auf diese Weise bemerkbar gemacht hatte, um endlich geheilt zu werden.

Das alles lässt sich auch wissenschaftlich erklären: Unser emotionales Gehirn, das limbische System, übernimmt in Gefahrensituationen ganz automatisch die Führung, löst Alarm aus, der innerhalb von Sekunden sämtliche Vorgänge des kognitiven, verstandesorientierten Gehirns storniert und seine Tätigkeit unterbricht. Das bedeutet, dass wir dann ganz automatisch und sehr schnell reagieren, ohne dass wir dabei denken müssen. Das ist ein wertvoller Schutzmechanismus. Denken wir dabei an die Gefahren auf der Autobahn, bei denen wir blitzschnell reagieren müssen. Da haben wir keine Zeit zum Überlegen und hier regiert das emotionale Gehirn. Und das ist auch gut so.
Wenn Menschen z. B. eine Katastrophe oder ein Trauma erleben, reagiert noch sehr lange Zeit danach (in gewissen Fällen ein Leben lang) das limbische System bei jeder Situation, die dem damaligen Ereignis nur ähnelt, mit Panikattacken, Schweißausbrüchen, Herzklopfen.

Ich wählte für mich **Bachblüten** aus, und zwar mit meiner Methode: Ich lege die 38 Bachblüten-Karten umgekehrt auf und fühle mit meinen Händen, welche Blüte gebraucht wird. Es waren:
Nr. 30 Sweet Chestnut zur Transformation des Seelenschmerzes,
Nr. 29 gegen Schock Star of Bethlehem,
Nr. 9 Clematis zur Motivation,
Nr. 13 Gorse zur Hoffnung,
Nr. 15 Holly gegen das Gefühl, ungeliebt zu sein und
Nr. 26 Rock Rose gegen Panik während Lebenskrisen.

Wie können wir unserem Inneren Kind helfen?
Wir können unserem Inneren Kind Heilenergie geben. Zuerst stellen wir uns vor, wie wir als kleines Kind ausgesehen haben, und anschließend, wie ein rosa Lichtstrahl uns als Kind umfängt oder lassen es mit viel göttlichem Licht durchfluten.
Es gibt auch die Möglichkeit, mit Reiki das Innere Kind zu heilen, wenn wir den zweiten Reiki-Grad haben. Auf alle leidvollen Ereignisse aus der Vergangenheit können wir mit dem dritten Reiki-Fernsymbol Licht- und Heilenergie senden, denn mit diesem überschreiten wir Zeit und Raum. Zur Verstärkung der Heilenergie arbeiten wir mit dem ersten Reiki-Symbol. Zusätzlich geben wir mit dem zweiten Reiki-Symbol auch der Mentalebene Heilenergie. Dabei lassen wir eine **heilende Affirmation** einfließen. Frauen müssen darauf achten, dass sie das Innere Kind mit dem ledigen Kindernamen ansprechen!
Bevor wir mit der Heilarbeit beginnen, legen wir die Hände aufs Herz, verrichten ein Gebet. So stimmen wir uns auf die göttliche Heilenergie ein.

Ich möchte nun schildern, wie ich mein Inneres Kind heilen konnte und dieses Erlebnis mit Ihnen teilen, damit auch Sie sich selbst helfen können, wenn Sie einmal selbst in so eine ähnliche Lage wie ich kommen sollten:

In den nächsten Tagen gab ich meinem Inneren Kind öfters Reiki, sendete ihm Heilenergie. Als ich des nachts wieder plötzlich mit einer Panikattacke aufwachte und das Gefühl hatte, hilflos im Treibsand von Hoffnungslosigkeit und Traurigkeit zu versinken, wurde es mir klar, dass ich meinem verletzten Kind direkt helfen und mit ihm **in einen Dialog gehen** musste.

Ich ging innerlich in die Zeit und in die Situation zurück, wo ich als Kind gelitten hatte. Ich schaute mir die Szene an, die nach dem Schockerlebnis immer wieder quälend vor meinem inneren Auge erschien:
Ich sah mich wieder als kleines Kind jämmerlich weinen, ca. 4 Jahre alt, weil ich täglich so viel alleine sein musste. Ich war eingeschlossen in der Wohnung und stand vor der Eingangstüre, endlose Zeit des Wartens, bis ich von meinem Alleinsein erlöst wurde und Großmutter endlich von der Arbeit heimkam. Aber – eines Tages – ich hatte wieder geweint an der Türe – kommt die Großmutter herein – ich stürme auf sie zu, will sie freudig und liebevoll umarmen. Da schlägt sie mich in ihrem Zorn windelweich, und droht mir wieder Schläge an, wenn ich wieder an der Türe weinen sollte. Die Vergangenheit war jetzt wieder in der Gegenwart.
Nun nahm ich mein Inneres Kind in die Arme, wiegte, liebkoste und tröstete es, gab ihm die Geborgenheit, die es brauchte. Ich drückte mein verzweifeltes und verängstigtes Inneres Kind ganz fest an mein Herz.
Nun begann ich mit ihm einen liebevollen Dialog. Ich nannte es bei seinem Namen und gebrauchte auch den Kosenamen, den ich als Kind liebte. Dann lauschte ich ganz nach innen, was die kleine Stimme meines Inneren Kindes zu mir sagte.
Sinngemäß vernahm ich von ihm, es glaube, Mama habe es nicht lieb, überhaupt habe es das Gefühl, nirgendwo dazuzugehören. (Ich habe als Kind meine Großmutter als meine »Mama« bezeichnet).
Ich **erklärte** der kleinen Monika alles, was sie nicht verstehen konnte, dass Mama arbeiten habe gehen müssen und sehr zornig über das laute Weinen gewesen sei. Aber dass Mama sie trotzdem sehr geliebt habe. (Später als Erwachsene habe ich von jemandem erfahren, dass sie einmal geäußert hatte, mich als Kind sehr geliebt zu haben).
Ich beruhigte sie, dass sie sich nie mehr ängstigen müsse und niemals mehr hilflos sei.
Ich besänftigte ihre Verbitterung, dass sie nicht mit den anderen Kindern habe spielen können, und so oft eingeschlossen gewesen war.

Mir war klar, dass das Trauma noch viel früher angefangen haben musste, also fragte ich mein Inneres Kind danach. Ich fühlte das hoffnungslose Warten, ich hörte mich und die anderen Babys im Kinderheim schreien. (Ich war dort die ersten 18 Monate meines Lebens).Mein Inneres Kind klagte: »Da sind Frauen und immer, wenn ich eine lieb habe, geht sie fort und kommt nicht mehr. Alle gehen sie fort« Darüber hat mein Inneres Kind noch mehr geweint als bei der Szene mit Oma. Ich fühlte einen überwältigenden Seelenschmerz.
Ich erklärte ihm, dass die Frauen keine Mamas waren, sondern Frauen, die auf viele Babys aufpassen müssen und dass sie immer wieder heimgehen, weil sie frei haben und nicht im Heim wohnen. Ich erkläre ihm, dass es schon eine Mama habe, aber die habe arbeiten gehen müssen und es im Heim zurückgelassen.
Mit meinen Erklärungen gewann mein Inneres Kind das Verständnis für die Situationen und konnte sich mit den Umständen und beteiligten Personen auch **aussöhnen.**

Ich sage ihm, dass es nicht mehr so traurig zu sein braucht, dass ich mich jetzt um es kümmern werde, es werde nie mehr allein sein, die Vergangenheit ist vorbei.
Ich sage ihm, dass es jetzt ganz viel **göttliches Liebeslicht** bekommt und hülle das Baby ein in **rosa Licht**. Ich versichere ihm, dass es nun mit mir wachsen könne und wir nun Kameraden seien. Ich möchte wieder fröhlich mit ihm sein.
Ich verspreche ihm, dass ich es **nicht vergessen** werde und dass es sich bei mir melden soll, wenn es Lust zum Singen oder zum Tanzen habe.

Da erinnerte ich mein Inneres Kind daran, dass es ja so gerne Musik gehört habe und gesungen hätte, dass wir das jetzt **zusammen machen können. Auch dass wir miteinander Spazieren gehen oder tanzen können – alles das, was ihm Spaß macht und was es früher vermisst hatte.**
Ich setzte meinen Dialog so lange fort, bis ich fühlte, dass eine große Erleichterung einkehrte und die seelischen Schmerzen sich linderten und es ganz ruhig und friedlich in mir wurde.

Ich wiederholte immer wieder diesen Dialog, fast täglich. Inzwischen war es schon zuversichtlicher geworden und nicht mehr so traurig. Ich nahm mein Kind auf eine **innere Heil-Reise mit**. Ich nahm es bei der Hand und fragte es, ob es nicht mit mir ein Abenteuer erleben wolle. Dann führte ich es zu einer sonnigen, schönen Wiese mit vielen Blumen, wo es laufen und spielen durfte. Es freute sich an den Tieren, entdeckte einen kleinen Hasen, einen Marienkäfer. Wir kamen zu einem Bächlein und plantschten miteinander, legten uns ins seichte, erfrischende Wasser. Das Wasser nahm von uns alle unsere Schmerzen und Traurigkeit, spülte sie einfach weg.
Dann führte ich es zu einem Kristall, es war ein riesengroßer Amethyst. Wir gingen in das Innere hinein. Die Strahlen des **violetten Lichts** ließen wir auf uns wirken. Es ist die Farbe der **Reinigung und Transformation**. Das tat uns beiden gut.
Hernach spazierten wir durch einen lichten Wald. Die Sonne schien durch die Blätter und wir ließen das **Grün des Waldes** und der Wiese auf uns wirken. Das **Grün** ist die Farbe der **Heilung**.
Wir gelangten zu einer wunderschönen Grotte, in die wir hineingingen. Da drinnen war Wärme und eine **rosa Strahlung**. Wir legten uns darin gemeinsam hin, das Kind nahm ich in meine Arme und wir genossen, in dieser Farbe zu baden. Das ist die Farbe der universellen, göttlichen Liebe. Wir ließen uns ganz und gar von dieser Geborgenheit und Liebe einhüllen und füllen.
Da erklärte ich meinem Kind, dass es vom himmlischen Vater und der himmlischen Mutter immer geliebt worden ist und wird, und dass wir jederzeit diese Liebe haben können.
Mein Kind war ganz glücklich, ich fühlte deutlich seine Freude in mir aufsteigen. Ich versprach ihm, mich weiterhin um es zu kümmern, als wir unseren Ausflug beendet hatten.

Bei den nächsten inneren Dialogen mit meinem Inneren Kinde gab ich ihm weitere Erklärungen, mit den Worten, die es auch verstehen konnte, so wie eine Mutter zu ihren Kind spricht. Ich spürte, dass da noch eine so große Panik vor dem Verlassensein war.
Mein Inneres Kind hatte in den ersten 18 Lebensmonaten im Kinderheim »gelernt«, dass es nur Aufmerksamkeit und Hinwendung bekommen konnte über Krankheit und Leiden. Das war sein »Überlebensprogramm«. Ich fühlte die Vernichtungsangst des Kindes, »wenn ich nicht krank bin, wer kümmert sich um mich? Dann muss ich sterben. Ich muss krank sein und schreien, damit jemand zu mir kommt«. Daraus resultierte seine Angst vor Heilung.

Zu meiner eigenen Heilung erhielt ich folgende Botschaft:
»Du bist auf die wahre Wurzel deiner gesundheitlichen Probleme gestoßen. Führe weiterhin den Dialog, gebe deinem Inneren Kind Mentalreiki und verwende den Satz:

Ich bin geliebt.
In der Liebe habe ich meinen Schutz und bin geborgen.
Ich lasse alle Muster von Krankheit und Leiden los,
die ich hervorgerufen habe.

Zusätzlich nehme die Bachblüten, die du bereits nimmst. Nimm dich und dein verletztes Kind an. Lasse Trauer und Schmerz zu, gehe nicht dagegen an, dann werden sie sich auflösen. Befehle aus deiner göttlichen Vollmacht, aus dem ICH BIN, dass alles, was dich belastet, aus dem Zellprogramm gelöscht wird, und zwar endgültig. Werde frei!«

Das Erkennen dieses Musters erschreckte mich sehr. Erfolgreich hatte mein Inneres Kind bisher in meinem Leben verhindert, dass ich ganz gesund werden konnte. Ich habe mich jahrelang bemüht, meinen Zwerchfellbruch und meinen Magen zu heilen. Aber es gelang mir bis jetzt nicht. In meinem Leben traten Krankheiten dann auf, wenn ich von den Menschen enttäuscht wurde und mich ungeliebt fühlte.
Es ist auch kein Wunder, dass meine Schilddrüse durch die jahrelange Blockade in meinem Halschakra streikte und ich daran operiert werden musste. Alle Gefühle habe ich heruntergeschluckt, und so wurde der Magen belastet. Durch den Vorfall in der Kindheit habe ich mich stets sehr schwer getan, mich mündlich zu äußern und zu weinen. Es hat mich oft viel Überwindung gekostet, um etwas zu bitten.

Um dieses verheerende Muster zu heilen, ging ich mit meinem **Inneren Kinde immer wieder in liebevolle Dialoge.**
Wiederholt erklärte ich ihm, dass das alles **Vergangenheit sei und nie mehr wiederkommen** könne und ich jetzt erwachsen sei und nicht mehr von anderen abhängig. Ich könne es jetzt beschützen. Und nicht nur ich, sondern dass unser Himmlischer Vater/Mutter immer für uns da sind, wenn wir sie rufen und um Hilfe bitten.
Ich erklärte, dass ich es liebe und annehme, seine Angst vor dem Verlassenwerden unbegründet sei. Dass ich mich mit ihm freuen möchte und es an meinem Leben teilhaben soll und mich mit seiner Lebensfreude und Spontaneität wieder anstecken und inspirieren soll, dass ich mit ihm lernen und vieles entdecken möchte. Dazu sei es wichtig, dass **ich ganz gesund bin**. Dann könnten wir miteinander noch viel mehr Spaß am Leben haben. Ich weckte in ihm den Wunsch zur Gesundung. Es soll mit mir wachsen und an all meinen Aktivitäten teilnehmen und lernen.
In der kommenden Zeit hob ich es auch auf meinen Arm, wenn ich tanzte und wir tanzten gemeinsam. Da kam richtige Freude auf! Wir sangen auch gemeinsam. Oder wenn ich einen Vortrag oder ein Seminar besuchte, lud ich es ganz bewusst ein, sich neben mich zu setzen und zu lauschen. Mit der Zeit merkte ich, dass es heranwuchs und auch lernte. Nach einiger Zeit spürte ich, dass es die Größe eines sechsjährigen Kindes erreicht hatte, dann allmählich die eines Jugendlichen. Es hat dann gerne mit mir zusammengearbeitet, und vor allem konnte mein körperlicher Gesundungsprozess fortschreiten. Ich konnte es überzeugen, dass wir, wenn ich gesund bin, viel mehr Spaß miteinander haben, und das Innere Kind ist sehr verspielt!
Ich lud es auch ein **zu meinen Meditationen**, ich nahm es bei der Hand. Wir fühlten **uns gemeinsam** eingebunden in Gottes Liebe, vor der alle menschlichen Unvollkommenheiten verblassten und die Schmerzen schmolzen wie das Eis der Bäche im Frühling. Im erhöhten Bewusstsein konnten wir uns über all die Schmerzen erheben, ihre Täuschung durchschauen und unser wahres Wesen und unser Eins-Sein mit Gott, in dem es keine schmerzliche Trennung gibt, erkennen und fühlen. Und gemeinsam konnten wir uns heilen, mein Inneres Kind fasste allmählich wieder Vertrauen und legte das Muster von Krankheit, Angst und Leiden ab. Dazu brauchte ich viel Zuversicht, und durfte mich auch nicht durch auftretende Rückschläge entmutigen lassen. Lebensfreude und Gesundheit kehrten wieder ein.

Ich möchte aber alle, die mit ihrem Inneren Kind arbeiten möchten, darauf hinweisen, dass es Geduld und Zeit braucht. Wir haben das Innere Kind mit all seinen Problemen und Schmerzen jahrelang mit uns herumgetragen und nicht beachtet. Daher dürfen wir auch nicht enttäuscht sein, wenn die Heilung des Inneren Kindes nicht sofort und spontan geschieht.
Von der Logik her müssten wir genauso viel Jahre mit dem Kind arbeiten, wie es gebraucht hat, verletzt zu werden, doch durch Gottes Hilfe, unsere Liebe und dem Willen, das Innere Kind zu heilen, geht es natürlich viel schneller.
Wichtig ist, sich auch für den inneren Dialog mit ihm genügend Zeit zu nehmen, eine ungestörtes, ruhiges Umfeld zu schaffen und so lange den inneren Dialog weiterzuführen, bis sich eine deutliche Erleichterung und sogar innere Freude kundtut.

Wichtig ist, es bei unserem Leben und Freuden Anteil nehmen zu lassen, es ganz bewusst bei der Hand zu nehmen und immer wieder mit ihm gedanklich zu kommunizieren und ihm alles zu erklären – so wie wir es mit unseren eigenen Kindern machen. So entwickelt es sich weiter und wird erwachsen. Man muss sich für diesen Heilungsprozess Zeit nehmen, es kann einige Monate dauern.

Kinder, die in ihrer frühen Kindheit und auch später Gewalt, schweren körperlichen und seelischen Misshandlungen oder Missbrauch seitens der Eltern oder Erziehungsberechtigten ausgesetzt waren, können allmählich schwere, selbstzerstörerische Tendenzen entwickeln. Es ist wissenschaftlich erwiesen, dass ihre Empfindungsfähigkeit für den Körper und für Berührungen verkümmert ist, und sie kaum fühlen, was ihnen gut tut. Ihre ursprüngliche unbeschwerte, heitere, unbefangene Natur geht verloren, sie verlieren die Fähigkeit zu lieben, sich selbst und andere. Ihr Herzchakra kann sich kaum entfalten.
Das wird verständlich, wenn wir uns die verheerende Wirkung von solchen frühen, traurigen und dramatischen Kindheits-Erfahrungen auf die Energiezentren vor Augen halten. Diese werden nämlich dadurch in ihren Funktionen gestört und blockiert.
Dabei geht der Lebensmut und Lebenswille der Kinder und Jugendlichen auf Null, sie entwickeln Ängste, Depressionen. Also richten sie Aggression gegen sich selbst oder nach außen und werden gewalttätig. Es kann sich so ein (oft unbewusster) Hass auf die Gesellschaft entwickeln. Dieser tragische Hintergrund ist oft der Nährboden für Süchte und Elend aller Art.
In ihrer Sehnsucht nach Zuwendung gelangen sie oft in falsche Kreise und leider kann eine »Karriere« in Strafanstalten folgen. In gewissen Situationen kommen ihre seelischen Wunden als unkontrollierte, emotionale Ausbrüche hervor.
Mir wurde von einem jungen Mann erzählt, der völlig panisch reagierte, als ihm eine ältere Frau bei einem freundlichen Gespräch in argloser Absicht ihre Hand auf seinen Oberschenkel gelegt hatte. Sie hatte sich nichts dabei gedacht. Der tiefere Grund für sein unadäquates Verhalten trat alsbald zutage. Er war in seiner Jugend nicht nur schwer misshandelt, sondern von seinem Vater jahrelang missbraucht worden. Dadurch geriet sein Inneres Kind in totalen Aufruhr. Schon bei der harmlosen Berührung auf seinen Oberschenkel trat die alte Seelenwunde zutage. Das ist die Erklärung für seine vollkommen überzogene panische Reaktion. Aber für andere ist das Verhalten völlig unverständlich. Und solche Betroffene werden dann zum Außenseiter gestempelt und einsam.
Misshandlungen und Missbrauch können erhebliche Probleme im späteren Leben bei Opfern bewirken. So kann es passieren, dass die Betroffene, z. B. als Angestellte, Panikattacken und Schweißausbrüche bekommt, wenn der Chef hinter ihr steht – wenn dieser nur dem einstigen Täter ein wenig **ähnlich** ist. Das kann mitunter bis zur Arbeitsunfähigkeit und zum Verlust des Arbeitplatzes führen. Für den Chef sind solche Reaktionen abnormal, weil er den Hintergrund nicht kennt. Aber leider sind sich die Betroffenen darüber auch oft selbst nicht klar.

Die aufgezeigten Reaktionen werden verständlich, wenn wir verstehen, dass alte Gefühle eines früheren Ereignisses, einer Katastrophe oder eines Traumas (Unfall, Missbrauch, Gewalt) wieder aktiviert werden durch ein **ähnliches** Geschehen. Hier übernimmt das emotionale, limbische Gehirn, das jetzt den Vorrang zu dem kognitiven hat, allmählich die Herrschaft über das Denken des Opfers und seine Körperfunktionen, die außer Kontrolle geraten.
Es verliert die Kontrolle über seine Gedanken und ist nicht mehr in der Lage, sich adäquat gemäß der Situation zu verhalten. So erklären sich auch die emotionalen Überreaktionen von Menschen, die körperlich, sexuell oder emotional missbraucht wurden, aber auch die Panik, Herzklopfen, Lähmungen oder Schweißausbrüche. Das limbische Gehirn ist mit dem Körper sehr eng verbunden.
So findet auch das sogenannte posttraumatische Stress-Syndrom eine Erklärung.

Zur Heilung von emotionalen Verletzungen sind alle Methoden geeignet, die das **limbische System** ansprechen. Heilungsrituale und alles, was das **Gefühl** anspricht, sind effektiv. Das kann eine imaginäre Reise sein, zu einem schönen Erlebnis oder einen schönen Ort, wo Heilung geschieht. Dazu gehören auch Düfte und Musik. Heil-Affirmationen müssen so gestaltet sein, dass sie das Gefühl ansprechen.
Unverarbeitete Erlebnisse und Konflikte machen auch krank. Einige Zeit nach meiner Heilarbeit am Inneren Kinde entdeckte ich das Buch »The Journey – Der Highway zur Seele« von Brandon Bays. Mittels ihrer Selbstheilungs-Methode konnte sie ihre seelischen Wunden und ihren Krebs heilen.

In manchen Kreisen herrscht die Meinung, dass solche Umstände doch karmisch bedingt und verursacht seien, und dass die Seele sich dieses Programm ausgesucht habe und man soll solche unglückliche Menschen sich selbst ihren Schicksal überlassen.
Dagegen muss ich einwenden, dass wir uns jeglichen Urteils enthalten sollten. Kennen wir das Programm der Seele, aus welchem Grund sie diese Erfahrungen macht? Oft nehmen sehr reife, feine Seelen ein schweres Schicksal freiwillig auf sich, z. B. um ihren Angehörigen zu helfen und ihnen Gelegenheit dazu zu geben, Nächstenliebe, Geduld und Toleranz zu lernen.
Und selbst, wenn karmische Gründe bestehen sollten, enthebt uns das nicht der Pflicht, sich ihrer anzunehmen und ihre Not zu lindern. Jesus Christus kümmerte sich auch um alle Notleidenden, obwohl er ihre Vergehen aus diesem oder früheren Leben aus seiner inneren Seelenschau kannte. Er sah in allen Menschen das Göttliche, das in ihnen wohnte.

Solcherart geschädigte Menschen kann **nur bedingungslose Liebe heilen**: Dass sie einmal im Leben **mit all ihren Schwächen von jemandem liebevoll angenommen und aufgerichtet werden.** Dass ihnen jemand eine **Chance** gibt, aus dem Teufelskreis auszubrechen. Wichtig ist, ihnen das Selbstwertgefühl und den Glauben an sich selbst zu stärken. Nur so können sie mit der Zeit lernen, **sich selbst** mit all ihren Schwächen liebevoll anzunehmen.
Das wäre der **erste** Schritt, dass sie sich selbst verzeihen und Schuld-, Hass- oder Angstgefühle ablegen können. Unterstützend dazu ist, dass man sie segnet und für sie betet. Natürlich sollen im Anschluss alle möglichen Heilmaßnahmen für Körper, Geist und Seele ergriffen werden.

Nur sehr starke Seelen können solche belastenden Lebenssituationen unbeschadet überstehen, ja manche wachsen geradezu über sich selbst hinaus, und werden dann auch noch später als Erwachsene Helfer für andere, die in Not sind. Sie wissen genau, was der andere braucht und fühlt, weil sie ja das Leid selbst am eigenen Leibe erlebt haben.

Mit allen Aspekten in uns in Einklang kommen

Aus dem eben Geschilderten wird deutlich, dass es in uns ganz verschiedene Aspekte gibt: den Verstand, das Gemüt, das Innere Kind, das Unterbewusstsein, den Körper, unsere Persönlichkeit, das Ego und die Intuition, die die Stimme unserer Seele ist.
Wir haben auch daraus entnehmen können, dass die verschiedenen Aspekte in uns ganz gegensätzlicher Meinung sein können und Verschiedenes wollen. Das war ganz deutlich, meine Persönlichkeit, mein Körper und meine Seele strebten Heilung an. Mein Inneres Kind hatte aber Angst davor.
Solange aber nicht alle Aspekte harmonisch zusammenarbeiten, haben wir Probleme. Es wird immer Hindernisse geben, unsere Ziele – welche auch immer – zu erreichen. Darum kann es ganz nützlich sein, wenn wir uns einmal Zeit nehmen für einen »inneren Dialog«, wobei wir uns fragen: »Wer in mir will was und warum?«

Dazu können wir den nachfolgenden Text auf eine Kassette sprechen oder sprechen lassen und anhören, uns führen lassen.

Übung innerer Dialog:

Zunächst entspanne dich, gestatte deinem Körper vollkommen bewegungslos zu sein. Schließe die Augen und atme ruhig und gleichmäßig.
Nun sinke ich in mich hinein, bis in meine Mitte. Ruhe in mir.

Vor mir, in meiner lichten Innenwelt, erkenne ich eine Wiese. Und ganz leicht und frei gehe ich jetzt auf diese Wiese, nehme die Wiese mit allen Sinnen wahr.

Während ich mich umschaue, erkenne ich in der Nähe eine Gestalt und sehe, es ist **mein Körper**. Ich begrüße meinen Körper und frage ihn, wie ich ihm helfen kann.

Eine weitere Gestalt tritt hinzu, und ich erkenne mein **Gemüt**. Ich begrüße mein Gemüt und frage es, wie ich ihm helfen kann. Ich sage ihm auch, wie es mir helfen könne.

Nun begegne ich meinem **Inneren Kind.** Ich begrüße es liebevoll, und frage, was es braucht und wünscht, und ob es mir helfen kann, wieder spontan und fröhlich zu sein.

Als nächstes tritt der **Verstand** in die Runde, und ich begrüße auch ihn, höre ihm zu, was er mir sagen will.

Nun kommt auch mein **Ego** in den Kreis, und ich höre, was es zu sagen hat.

Dann erscheint **meine Persönlichkeit**, und wieder begrüße ich sie und höre, was sie sich wünscht.

Zum Schluss erscheint die **Intuition** und ich wende mich ihr zu, um zu erfahren, was ich tun kann, um in ständigem Kontakt zu ihr zu sein. Die Seele möge mir ihre Absicht kundtun.

Wenn ich so nacheinander mit allen Aspekten meines Seins spreche, lerne ich die einzelnen Stimmen zu unterscheiden, erfahre die Haltung des Einzelnen und kann so auf jeden eingehen.

Nun sage ich jedem einzelnen, was ich von ihm erwarte und dass ich gern bereit bin, regelmäßig alle zu treffen, um alles zwischen uns zu klären und harmonisch miteinander zu leben.
Dafür lasse ich mir viel Zeit.
Nach einer gewissen Zeit kehren wir wieder bewusstseinsmäßig in die Außenwelt zurück.

Wir werden merken, dass unser Ego und unser Verstand oft etwas ganz anderes wollen als unsere Seele. Die Seele spricht zu uns mittels der Intuition und des Gewissens.
Gemüt und Verstand sind oft nicht in Einklang, sie wollen oft etwas ganz anderes und ringen miteinander. Der Körper kann schon lange den Wunsch nach Erholung und Regeneration haben, aber das Ego und der Verstand lassen es durch ehrgeizige Pläne und Argumente nicht zu. Unsere Persönlichkeit kann etwas anstreben, aber das Innere Kind und das Gemüt können sich dagegen wehren, weil eventuelle Ängste und Schuldgefühle dagegen stehen.
Es gilt, alle Aspekte unseres Seins in Einklang zu bringen. Am besten ist es, wenn sich letztendlich alle Aspekte unseres Seins den Wünschen der Seele unterordnen. Dann sind wir im Einklang mit unserer Lebensaufgabe.

Schuldgefühle, Selbstbestrafungstendenzen

Viele Menschen tragen mit sich Schuldgefühle herum. Sie entschuldigen sich für jede Kleinigkeit, so als ob sie sich entschuldigen möchten, dass sie auf der Welt sind. Wahrscheinlich sind ihnen schon in der Kinderzeit ständig Schuldgefühle wegen allem Möglichen eingetrichtert worden, die sie jetzt noch immer plagen.

Ich habe vor mehreren Jahrzehnten, als ich mit 15 Jahren wegen einer Blinddarm-Operation im Krankenhaus weilte, von einer alten Frau ihr Schicksal erzählt bekommen. Sie schilderte mir, dass, als sie noch ein kleines Mädchen war, ihre kleine Schwester vor ihren Augen durch Kutschenpferde niedergetrampelt wurde, als diese plötzlich auf die Straße gelaufen war. Sie habe es nicht verhindern können, aber die Eltern hätten ihr die Schuld für den Tod ihrer kleinen Schwester gegeben und ihr die Liebe entzogen. Sie hat keinen Trost bekommen, obwohl sie das alles sehr geschockt und traurig gemacht habe.
Dieses Erlebnis hat sie ihr Leben lang nie verwunden, es hat ihr das Leben vergiftet. Selbst in ihrem hohen Alter fühlte sie sich immer noch schuldig, ich konnte ihre innere Seelenqual wahrnehmen. Sie ist an einer schweren Krankheit gestorben. Ich bin froh, dass ich sie damals mit guten Worten, so gut es ging, trösten konnte.
Ihr Schicksal habe ich bis heute nicht vergessen können. Während ich mich mit diesem Thema befasste, fiel es mir wieder ein. Was für eine Last haben die Eltern dem kleinen Kinde aufgebürdet! Aber damals kümmerte man sich nicht um die verletzliche Psyche eines Kindes und war diesbezüglich auch unwissend.

Bei manchen Unfall-Katastrophen kommt es vor, dass einer von vielen überlebt. Oft kommt es vor, dass dieser dann unter Schuldgefühlen leidet, weil er überlebt hat. Aber diese Menschen müssen erkennen, dass es in ihren Seelenplan nicht gepasst hat, zu sterben. Sie haben noch eine Aufgabe in diesem Leben zu erfüllen. Schuldgefühle in diesem Fall bringen sie auf keinen Fall weiter.

Schuldgefühle wirken wie ätzendes Gift auf den Körper und machen krank, vor allem belasten sie den Dickdarm. Das kann man bei Meridiantests feststellen. Bei Schuldgefühlen können u. a. auch Kopf- und Rückenschmerzen auftreten. Schuldgefühle können aber auch unbewusste Selbstbestrafung in Form von Unfällen und Verletzungen bewirken. Sie verhindern nachhaltig ein unbeschwertes, glückliches Leben.
Für eine Ratsuchende, die unter Schuldgefühlen litt, deren Ursache ihr aber nicht bewusst war, erhielt ich im Rahmen einer Lebensberatung folgendes Channeling:
»Bachblüten – Pine Nr. 24 gegen die alten Schuldgefühle sind auf jeden Fall angebracht. Es wäre wichtig und gut, wenn sie eine Rückführung anstreben würde, damit sie sich endgültig von den alten Schuldgefühlen befreien kann. Sie hat hier etwas aufzulösen mit ihrer Mutter. Diese Zeit ist eine große Chance, alte Programme aufzulösen, mit heilsamen Affirmationen die unbewussten Prägungen von Schuld ins Positive umzuwandeln.«

Im späteren Kapitel »Im Einklang leben mit der Seele« geht es um das Thema Rückführung. Die in diesem Zusammenhang vorgestellte »Bühnenheilung« ist ideal, um Schuldgefühle aufzulösen und sich mit Personen auszusöhnen.
Bei Selbstvorwürfen und Schuldgefühlen müssen wir uns klar machen, dass wir Geschehenes nicht mehr ungeschehen machen können. Wenn wir eine vermeintliche Chance nicht wahrgenommen haben oder glauben, etwas im Leben versäumt oder falsch gemacht zu haben, so müssen wir uns vor Augen halten, dass wir damals gar nicht anders konnten. Jeder macht nur Fehler, weil er es nicht besser weiß, kaum absichtlich. Und wenn wir es jetzt anders machen würden, so setzt dies doch eine Erkenntnis voraus, dass wir aus dem Fehler gelernt haben und uns bewusstseinsmäßig weiterentwickelt haben. Schlimm wäre nur, wenn wir immer wieder die gleichen Fehler machen und resignieren würden.

Aus unseren Fehlern lernen und wachsen wir. Wir leben im Hier und Jetzt und nur in der Gegenwart kreieren wir unsere Zukunft. Unsere Seele ist zeitlos.

Innere Bestätigung:

ICH BIN im Hier und Jetzt
Und weder vorher noch nachher
Weder früher oder später
Weder in der Vergangenheit
Noch in der Zukunft
Ich bin NUR jetzt
Was berührt mich also die
VERGANGENHEIT
Oder die
ZUKUNFT
???

Nachstehend noch eine sehr schöne Affirmation speziell bei Angst- und Schuldgefühlen, die sich auf der körperlichen und seelischen Ebene heilsam auswirkt. Ich habe sie beim Channeling für eine Ratsuchende erhalten. Den Affirmationen ist anschließend in diesem Kapitel noch ein eigenes Thema gewidmet.

*»**Ihre Angst** raubt ihr viel Kraft und das ist auch die Ursache für ihre geschwächte Gesundheit. Ihre Angst rührt von einer Ehe in einer früheren Inkarnation in Italien her, wo sie sich sehr eingeschränkt fühlte und sie viele Schuldgefühle hatte. Diese **Schuldgefühle** haben heute **keine Berechtigung** mehr, alles ist karmisch getilgt. Sie hatte damals ihren Mann schwer enttäuscht und deshalb hatte sie (in diesem Leben) sehr lange enttäuschende Beziehungen.*
*Sie soll sich keine Sorgen machen und **dem Strom des Lebens vertrauen**. Der tiefere Grund ihrer Angst liegt darin, dass sie sich noch getrennt von der göttlichen Kraft fühlt.*
*Aber darin liegt **ihre Aufgabe**, dass sie diese Verbindung **stärkt**. Dann wird sie sich immer mehr geborgen und geführt von liebevollen göttlichen Kräften fühlen. Das ist das Ende aller Angst und Schwäche!*

Wir segnen, umarmen sie. Sie kann sich jederzeit, besonders vor dem Einschlafen, mit uns gedanklich verbinden. Wir sprechen für sie durch ihre Träume und ihre Intuition.«

Ich lasse los, was nicht mehr zu mir gehört.
Ich bin von Grund auf rein und gut.
Ich bin es wert, geliebt zu werden.
Alles ist gut, so wie es ist.

Wenn wir an unsere Fehler oder Versagen aus der Vergangenheit immer wieder zurückdenken oder an die eines anderen Menschen und uns darauf konzentrieren, so hilft das uns und dem anderen nicht. Es entspricht nicht dem gesunden Menschenverstand, wenn wir uns auf Böses konzentrieren und uns und andere als »arme Sünder« im Bewusstsein halten, denn diese negativen Gedankenformen werden dadurch stärker und wirken auf uns unheilvoll zurück. Halten wir das Gute und Förderliche in unserem Bewusstsein, lassen wir die Vergangenheit los und verzeihen uns und anderen!

Anlässlich eines Heilseminars empfing ich eine Botschaft von Jesus Christus für alle Gruppen-Teilnehmer. Hier eine auszugsweise Wiedergabe. Dem ist nichts hinzuzufügen:

»Seid Euch bewusst, dass Ihr herrliche, strahlende göttliche Wesen seid. Geht in die Stille, ***dort*** *ist Eure Kraft und Euer Schatz!*
Eure Fehler und Schwächen sind nur Schatten, sie werden vergehen, schaut nicht auf Eure Unvollkommenheiten, sondern betrachtet Euch als göttliche Wesen, voller Schönheit und Kraft.
Ich habe gesagt »folget mir nach« und »ihr werdet größere Werke tun als ich«. Habt Vertrauen in Eure Fähigkeiten und beschränkt Euch nicht mit eingrenzenden Vorstellungen über Euch. Und verzeiht Euch Eure Fehler, ***ICH habe Euch schon verziehen.***
Betrachtet Euch als Kinder Gottes und Schöpfer. Achtet auf Eure Gedanken und Worte.

Liebe für alle Geschöpfe aus dem Herzen ist Euer größter Schutz. Dann kann Euch nichts anhaben.
Gehet nun hin in Frieden. ICH BIN allezeit bei Euch.

Amen, Amen, Amen.«

Süchte

Allen Süchten liegen gemeinsame Gründe zugrunde. Oft ist es ein innerer Mangel, der durch die Sucht kompensiert werden soll. Es kann an Selbstvertrauen fehlen. Oft ist es auch eine Flucht vor der Realität, das ist bei Alkohol und Drogen der Fall. Da spielen Lebensängste, Frust und ungelöste Probleme mit, die der Betroffene einfach betäuben und vergessen möchte. In vielen Fällen ist es auch einfach nur hartnäckige Gewohnheit, die man sich einmal leichtsinnig angeeignet hat und sie nicht mehr loswird, wie z. B. das Rauchen oder Kaffeetrinken. Der Anfang einer Sucht beginnt meist harmlos, aber durch die Wiederholung kommt es zur Gewohnheit, die nur schwer losgelassen werden kann. Das hat zwei Gründe, einen körperlichen und einen feinstofflichen.

Die körperlichen Gründe für Süchte

Bei allen Genuss- und Suchtgiften, seien es Alkohol, Nikotin, Rauschgift, diverse Drogen antwortet der Körper zum Schutz anfangs mit starken Abwehrreaktionen durch Übelkeit, Unwohlsein.
Wird aber der Suchtgift-Konsum weiter fortgesetzt, bildet das Immunsystem zum Schutz des Körpers Gegengifte (Antitoxine). Dieser entwickelt dadurch eine gewisse Toleranz und Fähigkeit, die zugeführten Giftstoffe zu neutralisieren und unschädlich zu machen. Die anfängliche Übelkeit tritt nicht mehr auf und Alkohol, Nikotin u. a. werden besser vertragen.

Versucht nun ein Süchtiger vom Rauchen und Trinken u. a. loszukommen, aufzuhören, so fühlt er sich erst recht schlecht, weil die Gegenreaktion des Körpers nach den gewohnten Giften verlangt. Dies verursacht im Körper einen Aufruhr und Spannungszustände, Kopfschmerzen, vielerlei Beschwerden treten auf.
Auch tritt eine psychische Unausgeglichenheit zutage. Der Süchtige kann sich unguter, oft aggressiver Gefühle kaum erwehren, er wird im Umgang mit anderen »sauer« und unverträglich. Das geschieht bei sonst völlig friedlichen, ausgeglichenen Menschen. Der ungute Zustand ist oft so quälend, dass die Angehörigen sogar froh sind, wenn der Süchtige wieder anfängt zu trinken oder zu rauchen. Wenn er das tut, fällt wieder sein Unbehagen ab und er wird wieder ausgeglichen und fühlt sich wieder wohl. Und so kommt der Süchtige nur sehr schwer aus diesem Kreislauf heraus, er ist in seiner Sucht gefangen.

Manche Menschen brauchen Schmerzmittel, Schlafmittel oder Medikamente für ihre Psyche. Da steckt auch eine gewisse Gefahr dahinter durch Gewöhnung. Der Körper braucht immer höhere Dosierung, und letztendlich tritt bei ihnen eine Medikamenten-Abhängigkeit auf.

Entzug
Hier kann nur eine **Reinigungskur zur Entgiftung** des Körpers Abhilfe schaffen, dass die Suchtgifte und die körpereigenen Gegengifte (Antitoxine) im Blut so schnell wie möglich aus dem Organismus ausgeschieden werden können. **Erst dann** wird der Süchtige die schwierige Zeit der Entwöhnung erfolgreich bestehen können.
Eine **Sole-Trinkkur** mit reinen Himalaya-Salzkristallen kann effektiv den Entzug unterstützen. Das gilt für die Zucker-, Kaffee-, Nikotin-, Alkohol- und Drogensucht. Das hat sich in einer Studie mit Heroinabhängigen in Zürich erwiesen. Es hat sich gezeigt, dass sich das Verlangen der Suchtkranken nach der Droge während einer Soletrinkkur drastisch reduziert hatte.
Die Erklärung dafür wäre, dass meist der Körper durch denaturierte Nahrung unter einem Mangel an Mineralien und Spurenelementen leidet. Wird der Mangel behoben, lässt dann auch das Sucht-Verlangen nach.

Je schwerer die Suchtgifte (Rauschgift, Psycho-Drogen, Tabletten, u. a. Schlaftabletten, Morphium, gewisse Anti-Depressiva oder psychische »Aufheller« oder »Hemmer«- (Tranquilizer) sind, umso schwieriger, auch (lebens)-gefährlicher und schmerzhafter sind die Entzugserscheinungen. Dazu muss unbedingt ein Arzt zugezogen werden!
Schwerstkranken wird u.a. Morphium zur Schmerzlinderung verabreicht. In diesen Fällen wird man eine auftretende Abhängigkeit in Kauf nehmen, da es sich ja hier um eine Maßnahme handelt, die dem Patienten aus seinem Schmerzzustand helfen soll, und ihm eine gewisse Lebensqualität garantiert.

Feinstofflicher Hintergrund für Süchte
Ich habe bereits auf die Macht der Gedanken hingewiesen und dass sie Schöpferkräfte sind. Gedanken sind Energie und wollen sich verwirklichen. Das kann je nach ihrer Qualität und Quantität ein Segen oder ein Fluch sein!
Gehen wir manchen Gedanken nach, kann es passieren, dass sie uns immer wieder durch den Kopf spuken und wir schwer davon loskommen. Das kann quälend sein, vor allem wenn sie uns den Schlaf rauben.
Und wenn ein Süchtiger ständig an sein »Gift« wie z.B. an Alkohol und Zigaretten denkt oder sich ständig gedanklich mit dem Objekt seiner Sucht beschäftigt, das können Spielsucht, Arbeitssucht, Sexsucht, Ess-Sucht usw. sein, so bilden sich auf der astralen Ebene machtvolle Gedankenformen, die zur Verwirklichung auf der stofflichen Ebene drängen.
Ein Hellsichtiger kann diese feinstofflichen Gedankenformen – die auch **Sucht-Elementale** genannt werden – wahrnehmen. Sie sind hässlich und können menschenähnliche oder tierische Formen haben. Diese entwickeln mit der Zeit ein »Eigenleben«. Sie drängen den Süchtigen durch Wecken von Gedanken der Begierde immer mehr in das Suchtverhalten, sie nähren sich so von der Energie.
Magersüchtige sind geradezu von dem Gedanken »besessen«, dass sie zu dick sind. Es geht so weit, dass sie in lebensgefährliche Zustände geraten, wo sie dringendst ärztlicher Hilfe bedürfen. Ebenso untergraben Ess-Süchtige ihre Gesundheit. Spielsüchtige treiben ihre Sucht mitunter so weit, dass sie sich in den finanziellen Ruin treiben. Alkohol- und Arbeitssüchtige zerstören ihr Familienleben und ihre Gesundheit über kurz oder lang, weil nur mehr ihre Interessen wichtig sind. Ähnlich ist es bei den Sex-Süchtigen.

Hinter allem Unheil stehen dämonische Kräfte, die ein Sucht-Elemental entstehen lassen. Sie bedrängen Menschen und verleiten sie mitunter, zu einem Sucht-Gift wie Alkohol zu greifen, um Probleme zu verdrängen oder zu »vergessen.« Das schafft aber nur kurze Erleichterung. Sie werden immer wieder aufs Neue dazu gedrängt, bis sie süchtig sind.
Anfällig für solche Versuchungen sind Menschen, die es noch nicht gelernt haben, sich dem Göttlichen anzuvertrauen und um Hilfe bei Problemen zu bitten.

Erst wenn es dem Süchtigen gelingt, sich von seiner Sucht zu befreien, so suchen sich die Sucht-Elementale ein »neues Opfer«, sodass sie ihren verderblichen Einfluss woanders ausüben können.
Dunkle Kräfte sind es auch, die ungute Gedanken aller Art den Menschen eingeben, von denen diese dann nur schwer wieder loskommen. Verbrecherische Gedanken drängen genauso zur Verwirklichung. Sie werden u. a. durch gewisse Literatur, Gewalt- und Sexspiele auf Videos gefördert. Die Gewaltbereitschaft wird durch aggressive Computerspiele oder virtuelle Bühnen bei Videospielen durch aktives Mittun verstärkt. Dadurch geht die Hemmschwelle zur Tat immer weiter herunter.
Immer mehr gerät der Mensch in den Sog solcher Gedanken, bis es dann zu einem tatsächlichen Aggressionsausbruch mit schweren Folgen oder sittlichen Verbrechen kommt. Das kann man bedauerlicherweise bei vielen Jugendlichen beobachten. Sie wissen noch nichts von der Macht der negativen Manipulation.
Daher muss man sich bereits beim Aufkommen von unguten Gedanken (Angst, Aggression, Begierde, Neid, Hass) diesen **sofort** verschließen, das Gegenteil denken. Man tut gut daran, seine Neugier zu bezähmen, und sich über die diversen Medien mit gewalttätigen und lasterhaften Themen gar nicht abzugeben. Dann haben dunkle Kräfte keine Macht über uns.
Wir haben den freien Willen, für was wir uns empfänglich machen. Denken wir an das Gesetz der Resonanz! Alles, auf was wir uns konzentrieren, wird verstärkt! – Aber wir wollen doch nur das Gute in unser Leben hereinholen.

Normalerweise ist unsere Aura ein feinstofflicher Schutzmantel um unseren Körper. Alkohol und Drogen beschädigen, »durchlöchern« unsere Aura und machen sie durchlässig für andere feinstoffliche Einflüsse. Das kann schon zur Folge haben, dass sich erdgebundene Seelen von ehemaligen Alkohol-, Drogen- und Sexsüchtigen an die Aura des Süchtigen heften, um über ihn Alkohol, Drogen und Sex zu genießen.
Wir legen ja nur unsere physische Hülle beim Übergang ab, nicht aber unseren feinstofflichen Körper mit all seinen Emotionen, Wünschen und Verlangen. Dieser bleibt erhalten und geht normalerweise in die, gemäß unserer Schwingung, passende Astralsphäre ein.
Aber es kommt vor, dass Seelen durch ihre Anhaftungen an Laster und Süchte erdgebunden bleiben. Über ihren feinstofflichen Körper können sie diese nicht befriedigen. Und nun versuchen solche erdgebundenen Seelen ihre Süchte und Begierden über die Menschen auszuleben. Sie halten sich an allen Orten auf, wo Leidenschaften und Süchten gefrönt wird, also in Nachtlokalen, Bordells, Spielhöllen, Bars, überall, wo viele Menschen trinken, rauchen und Drogen nehmen und sich Glücksspielen hingeben. Sie animieren die Menschen über Gedankenkraft und feuern sie dazu an.

Ich habe einmal erwähnt, dass durchaus nichts gegen ein gutes Gläschen Wein einzuwenden ist. Voraussetzung ist aber, dass wir es in guter Stimmung alleine zu Hause, bei Kerzenschein und schöner Musik oder in netter Gesellschaft trinken. Wir sollten den Rotwein nur in einer guten Atmosphäre in kleiner Menge genießen. In gemäßigter Form getrunken hat ein guter Rotwein günstige Eigenschaften auf den Körper, er verhütet die Verkalkung in den Gefäßen. Wenn wir aber den Alkohol missbrauchen und unseren Kummer, die Sorgen, Einsamkeit oder verschiedene Probleme mit Alkohol, gar harten Getränken, zu ertränken versuchen, dann können wir sicher sein, dass wir bald nicht mehr alleine, sondern in »Gesellschaft« sind.
Man kann es ja oft beobachten, wenn ein Vollbetrunkener Selbstgespräche führt und mit den Armen herumgestikuliert und schimpft. Da haben sich einige an ihn angeheftet.
Ein sonst gutmütiger Mensch kann unter Alkoholeinfluss völlig verändert sein, entweder wird er aggressiv, jähzornig, ordinär oder fällt plötzlich in Depressionen oder Ängste. Man sagt ja auch »der ist nicht mehr er selbst.« Sie können sich meist später nach dem Rausch an nichts mehr erinnern und schämen sich oft deswegen. Alkoholkranke zeigen auch mit der Zeit Wesensveränderungen.

Unendlich viel Leid erwächst daraus: Familien zerbrechen, berufliche Probleme, sozialer Abstieg, Krankheit, Unfälle, bis hin zu Obdachlosigkeit.
Das alles hat mit dem Geschilderten zu tun. Es ist ganz gleich, um welche Sucht es sich handelt, die erdgebundenen Seelen werden den Süchtigen immer wieder animieren, seinen Begierden und Verlangen nachzugeben. Man braucht in diesem Zusammenhang nur an Spielsüchtige denken, die mit ihrem Verstand da gar nichts entgegenzusetzen haben und sich völlig unsinnig durch ihr Suchtverlangen in den Ruin treiben lassen. Die Sucht hat viele Gesichter: Eifersucht, Habsucht, Tobsucht, Geiz, Genussgifte, Sexsucht usw.

Psychische Hintergründe für Süchte

Die psychischen Hintergründe sind, wie schon bereits angedeutet, mannigfaltig. Ängste, Verdrängung, Flucht vor dem Alltag, Überspielen von Schwächen und mangelndes Selbstbewusstsein. Die Folge von Süchten ist die Unehrlichkeit. Der Süchtige belügt sich immer mehr selbst und findet Ausreden. Er will seine Krankheit am Anfang nicht wahrhaben, besonders ist das bei Alkohol der Fall.
Der Süchtige »sucht« nach Glück, er will es aber am falschen Ort finden, und zwar im Außen. Es fehlt ihm häufig das innere Glück, die Zufriedenheit. Ich möchte ein paar Beispiele herausgreifen.

Arten von Süchten

Viele Menschen verstecken sich hinter der **Arbeit**, um sich nicht mit dem Partner oder der Familie auseinandersetzen zu müssen. Sie verdrängen so eigene Probleme. Aber nach außen hin geben sie sich sehr tüchtig und haben durchaus Erfolg, bis sie auf privater und gesundheitlicher Ebene Schiffbruch erleiden. Hinter der Arbeitssucht steckt auch ein Perfektionsdrang, dem alles andere untergeordnet wird. Arbeit wird zur Sucht, wenn nur mehr aus der Arbeit das Gefühl der Erfüllung bezogen wird.

Zur **Nikotinsucht** kommt es ganz harmlos. Oft beginnt es aus Neugierde. Bei diesen ersten Versuchen geht es einem schlecht, Übelkeit tritt zutage. Aber was ist es, was uns weiterhin zur Zigarette greifen lässt, bis wir süchtig geworden sind?
Es ist das Gefühl, zu einer Gesellschaft dazuzugehören, und dabei will man nicht »feig« und Außenseiter sein. Oft dient die Zigarette dazu, unbehagliche Gefühle zu unterdrücken, die einen finden den Zigarettenkonsum anregend, die anderen entspannend.
Dass Langzeitrauchen ernste gesundheitliche Folgen nach sich zieht, wird meist verdrängt. Ich habe selbst gesehen, als ich als medizinische Schreibkraft in einem Rehabilitationszentrum arbeitete, dass ehemalige Raucher ein Bewegungstraining mit der Krücke absolvieren mussten, weil sie infolge ihrer schweren Durchblutungsstörungen ein Bein verloren hatten.
Rauchen erinnert an Saugen. Hat es mitunter damit zu tun, dass der Säugling an der Mutterbrust gestillt wird, und der Raucher **unbewusst** zur Zigarette greift, um das alte Verlangen nach Geborgenheit und Trost zu stillen? Ist es nicht auffallend, dass Raucher erst dann wieder »rückfällig« werden, wenn sie eine Aufregung oder Stresssituation haben? Dann **müssen** sie einfach zur Zigarette greifen. Leider stillt die Zigarette weder Angst noch Kummer. Im Gegenteil, das Nikotin führt zur Verengung der Blutgefäße, was die Ängste weiter schürt.

Ganz ähnlich ist es beim Alkoholkranken. Er greift zur Flasche und wird rückfällig meistens dann, wenn es um Situationen geht, mit denen er nicht zurechtkommt. Hier liegt sicher auch ein ganz ähnliches unbewusstes Muster wie beim Raucher zugrunde. Die (Milch)-Flasche hat nur ihren Inhalt gewechselt.
Auf die verheerende Wirkung des **Alkohols** auf den Körper, den Geist, die Psyche und auf die Seele durch seine rajasischen und tamasischen Eigenschaften bin ich bereits im Kapitel über Schwingungen unter »Der Einfluss von Ernährung und Getränken« eingegangen.

Für hitzige Pitta-Naturen ist Alkohol, besonders Schnaps, sehr gefährlich. Denn dann sind sie imstande, durch plötzliche Jähzorn-Ausbrüche großes Unglück anzurichten. Das geschieht durch den rajasischen Einfluss, der Leidenschaften jeglicher Art fördert. Bei trägen Naturen fördert der tamasische Einfluss des Alkohols noch mehr Antriebs- und Interesselosigkeit.

Hinter der Alkoholsucht steht eine Flucht und Angst vor Problemen sowie Verdrängung von schmerzlichen Erinnerungen aller Art, die der Kranke mit Alkohol zu betäuben versucht. Aber die Probleme bleiben weiter bestehen und das ernüchternde Erwachen am Morgen ist grausam.
Der Kranke findet immer einen Anlass zum Trinken, geht etwas schief, muss er sich »trösten«, hat er Grund zur Freude, muss er das »feiern.«
Er will sich nicht eingestehen, dass er süchtig ist, er belügt sich selbst. Erst, wenn er es zur Kenntnis nimmt, dass er krank ist, kann er etwas dagegen tun, und sich helfen lassen.
Um dem Grund herauszufinden, **wovor** er wegläuft, muss der Alkoholkranke beobachten, wann, wo – bei welcher Gelegenheit und wie er zum Alkohol greift. Dann kann er der Ursache für seine Trunksucht auf die Spur kommen, und etwas dagegen tun.
Wichtig ist, das angeschlagene Selbstvertrauen zu stärken. Oft plagen die Kranken auch Schuldgefühle wegen ihres oftmaligen Versagens. Sie brauchen eine geschützte Gruppe, wo sie sich aussprechen können und dass sie sich, wenn Schwierigkeiten auftreten, an eine Vertrauensperson wenden können. Das alles gibt ihnen Halt, dass sie ihr Leben wieder in die Hand nehmen können und »trocken« werden.
Süchtige und deren Angehörige können auch in eine gegenseitige Abhängigkeit geraten. Der eine »opfert« sich und der Süchtige wird immer abhängiger vom Helfer. Diese Muster innerhalb einer Familie müssen erkannt und auch in einer Gruppe therapiert werden.

Hinter der **Sexsucht** steht eigentlich ein sehr unsicherer Mensch, der glaubt, seine Männlichkeit/Weiblichkeit stets unter Beweis stellen zu müssen. Oft ist er bindungsunfähig, davor hat er Angst. Nach außen hin gibt er sich sehr dominant und selbstsicher.

Hinter der **Ess-Sucht** versteckt sich das Verlangen nach Liebe. Schokolade oder Süßigkeiten sollen das Leben »versüßen«. Der süße Geschmack verstärkt in uns das Wohlgefühl. Tritt im Leben ein Mangel an Wohlgefühl auf, so lässt sich dieser gut durch süße Lebensmittel ausgleichen. Die süße Torte soll über den Frust hinweghelfen. Es ist ein Gefühl der inneren Leere und von Mangel, das zum übermäßigen Essen treibt. Gleichzeitig legt sich der Süchtige unbewusst einen »Schutzpanzer« zu, damit er nicht so verletzt werden kann.
Eine Ursache für das unmäßige Verlangen nach Süßem kann auch der Mangel an Mineralstoffen und Spurenelementen im Körper sein. Weißer Zucker ist ein Räuber von Mineralien und Spurenelementen und von Vitaminen. Wenn Sie in das Trinkwasser täglich etwas Sole vom reinen Himalaya-Salz geben, werden Sie bald merken, dass die Sucht nach Süßem nachlassen wird. Der Körper bekommt mit der Sole endlich die Stoffe, die er braucht.
Auch eine Grundversorgung mit Mineralstoffen durch Schüssler-Salze kann die Sucht nach Süßem reduzieren.

Die Ursachen der **Magersucht** sind sehr komplex. Sie tritt meist bei jungen Mädchen auf. Das schwere Krankheitsbild der Magersucht kann wirklich aus einer anfänglichen »Schlankheitsmanie«, um dem Modetrend zu entsprechen, durch strenge Diäten entstehen. Tiefere Hintergründe können dafür auch sein, dass das heranwachsende Mädchen die Rolle als Frau unbewusst ablehnt und nicht annehmen möchte, weil sie durch die Mutter ein negatives Frauenbild vorgelebt bekommen hat. Es ist einfach die Angst, erwachsen zu werden. So halten sie ihren Körper durch das Hungern mager, so dass er seine typischen weiblichen Rundungen verliert. Es geht soweit, dass sie ihre Periode verlieren, und so wieder körperlich in die Kind-Phase zurückgehen. Hier braucht es ärztliche Hilfe und Therapie.

Drogen- und Rauschgiftsüchtige haben eine ganz ähnliche Problematik wie Alkoholiker, nur dass sie sich vom Leben abwenden, mit ihm gar nichts zu tun haben wollen. Es ist eine Flucht aus der Realität. Sie wollen einfach »weg«. Irgendwelche schockierenden oder frustrierenden Erlebnisse in ihrem Leben mögen sie dazu bewogen haben, dass sie sich in sich zurückziehen. Meist tun sie sich mit Gleichgesinnten in gewissen Kreisen zusammen.
Rauschgift und Drogen führen aber viel **schneller** in die Sucht als andere Suchtmittel. Deshalb sind sie auch **viel gefährlicher**. Unbedacht – nur weil sie neugierig sind und etwas ausprobieren wollen – rutschen junge Menschen oft nur durch **einen** Versuch (durch harte Drogen Heroin u. a.) in die Sucht.
Der Anfang beginnt mit Alkohol und Zigaretten, dann probieren Jugendliche vielleicht Haschisch. Unter Haschischeinfluss werden alle Gefühle, sei es angenehme oder unangenehme, verstärkt. Meist ist die Versuchung groß, es nun auch mit weiteren Drogen zu probieren, etwa mit harten Drogen wie Kokain, Heroin, Crack oder mit »Designerdrogen«, wie z. B. mit Ecstasy.

Gefährlich wird es bei der **Kombination von Alkohol mit Beruhigungsmitteln** (Tranquilizern) und anderen **Drogen**. Die wirksame und die tödliche Dosis liegen sehr nahe beisammen. Die Gefahr einer **tödlichen Überdosierung** wird bei der Kombination verschiedener Drogen erhöht, da sich ihre Wirkungen gegenseitig potenzieren.
Drogensüchtige müssen wie der Alkoholiker ärztliche Hilfe in Anspruch nehmen und eine fachgerechte Betreuung. Alleine können sie den Entzug und die Rückkehr in ein geordnetes Leben nicht schaffen.

Angeborene Suchtneigung

Süchtige haben mitunter die Suchtneigung mitgebracht **aus früherem Leben**. Das ist besonders typisch bei den Alkoholikern. In der Gesellschaft empfindet niemand etwas Anstößiges, wenn alkoholische Getränke konsumiert werden, im Gegenteil. Es gehört oft zur gesellschaftlichen Etikette, dass bei gewissen Anlässen privat oder beruflich Alkohol getrunken wird. Vielen macht das auch gar nichts aus.
Aber bei den Menschen, die eine angeborene Anlage zum Alkoholismus haben, braucht es nur einen Auslöser dazu – und die Sucht bricht aus. Typisch für die Sucht ist der Kontrollverlust.

Sich aus der Sucht befreien

Ich glaube, nun wird auch deutlich, **warum** es so schwer ist, gegen Süchte jeglicher Art anzugehen.

Das muss in mehreren Schritten erfolgen:

1. Zuerst muss bei Suchtgift-Kranken auf **der körperlichen Ebene eine Sanierung** erfolgen. Den Entzug müssen Reinigung und Aufbau des Organismus begleiten. Durch denaturierte Nahrung und das Suchtverhalten (Zucker- und Alkoholsucht) besteht vielfach beim Süchtigen auch ein Mangel an Mineralstoffen, Vitaminen und Spurenelementen. Dieser muss behoben werden. Dann geht auch das Suchtverhalten zurück. Der Körper bekommt dann das, was er wirklich braucht.

2. Wichtig für den **nachhaltigen** Erfolg des Entzugs ist eine Verbesserung oder Umstellung der Ernährungsgewohnheiten – eine Entgiftung des Körpers, vor allem, wenn bereits Darm und Leber geschwächt sind. Im zweiten und dritten Kapitel bin ich darauf ausführlich darauf eingegangen, wie wichtig vitalreiche Kost für unseren Energiehaushalt ist, und habe unter »«Gesundheitspflege« Vorschläge dafür unterbreitet. Ich habe auch auf die Schwingungsqualitäten in der Nahrung hingewiesen und wie verheerend tamasische Ernährung auf Körper und Geist wirkt. Es ist wichtig, auch genügend Wasser zur Entgiftung zu trinken.

3. Aufbauende, neue Gedankenprogramme schaffen, Affirmationen werden dabei hilfreich sein. Auch das Finden der tieferen Gründe für das Entstehen der Sucht, das **Heilen des Inneren Kindes und der Psyche**, gehört zum Heilprozess.

4. Bei Alkohol- und Rauschgiftsüchtigen wäre es wichtig und gut, dass sich auch die Familienangehörigen beraten lassen und die ganze Familie therapeutische Unterstützung von Fachkundigen erfährt. Der Halt innerhalb der Familie, von guten, hilfreichen Freunden, einer Selbsthilfegruppe oder in einer sozialen Gemeinschaft ist eine tragende Säule für einen erfolgreichen Entzug aus der Krankheit. Sie sollen den Kranken beim Umsetzen seines Therapie-Programms unterstützen.

5. Nur ein abruptes Abbrechen der Beziehungen aus dem gewohnten, alten »Freundeskreis« und aus dem Milieu, die feste Entschlossenheit sowie zielbewusster, eiserner Wille können einen Süchtigen aus seiner Abhängigkeit befreien. Dazu muss er auch sein Selbstbewusstsein stärken. Er soll sich nicht mit Schuldgefühlen quälen und sich nicht selbst strafen. Es ist wichtig, sich nicht unter Druck zu setzen, sondern sich Zeit zu geben und sich zu akzeptieren.
   Ich möchte nochmals an das erinnern, was ich bereits im dritten Kapitel unter »der Einfluss des Umganges …« betont habe: **unsere Umgebung ist stärker als unser eigener Wille.** Wenn wir also unsere unguten Gewohnheiten und Süchte ablegen wollen, so müssen wir uns strikt von den bisherigen »Freunden« und ihrer Umgebung distanzieren. Wir können noch so gute Vorsätze haben, der Einfluss einer disharmonischen, schlechten Umgebung ist mit der Zeit stärker als alle guten Vorsätze zusammen und wir unterliegen ihm. Wir geraten wieder in ihren verderblichen Sog.
   Umgekehrt gilt natürlich das Gleiche. Wenn wir ein gutes, förderliches Umfeld um uns haben, werden wir uns viel leichter tun, das Gute in uns zu stärken und uns von allem Negativen abzuwenden. Das können wir uns zunutze machen.

6. Der Suchtkranke muss auch lernen, sich an eine **höhere Hilfsquelle**, an Gott, zu wenden, und bei Ihm Schutz suchen. Dazu gehört auch der Entschluss, den eigenen Willen und das Leben der Sorge Gottes anzuvertrauen und das regelmäßige Gebet.
   Wie erwähnt, macht jede Sucht feinstoffliche »Begleiter«. Diese rufen ein Gefühl von Schwere und das Suchtverlangen immer wieder hervor. Hier muss der Süchtige die Gottesboten (Erzengel Michael und seine Helfer) bitten, dass diese ihm helfen und ihn von diesen Energien befreien.
   Nur so kann er sich auch den erwähnten negativen feinstofflichen Einflüssen und Schwingungen – die ihn immer wieder »hineinreißen« – weitgehend entziehen.
   Wichtig ist, gedanklich den Erfolg, das gute Ergebnis im Bewusstsein festzuhalten und nicht mehr Gedanken an Schuld und Versagen Raum zu geben. Sonst behindern wir unsere gute Zukunft selbst mit diesen negativen Gedankenformen.

Suchtgifte wie Alkohol, Zigaretten oder Drogen versprechen ja am Anfang Genuss und verschaffen ihn auch. Auch der Arbeitssüchtige verschafft sich ein Stück Befriedigung, ist stolz über seine Leistung und deren Anerkennung. Der Sexsüchtige fühlt sich ganz wohl in seiner Rolle. Aber nur für gewisse Zeit. Viele glauben, sich durch diese Mittel ein Wohlgefühl verschaffen zu können.

Aber eigentlich, was bedeutet Sucht? ***Suche.*** Nach was? Es ist die Suche nach dem wahrhaften Glück, das nur in der eigenen Seele liegt und nicht im Außen.

Trauerarbeit

Wenn wir den Verlust eines Angehörigen, Freundes oder eines Haustieres beklagen müssen, gehen wir durch eine Phase der Trauer. Das ist ganz natürlich, ist doch durch den Tod körperliche Nähe und Kommunikation mit dem geliebten Menschen oder Haustier unmöglich geworden.
Oft lassen es die vielen behördlichen Besorgungen rund um einen Todesfall in den ersten Tagen danach nicht zu, zur Ruhe zu kommen. Man »funktioniert« einfach ganz automatisch, wie betäubt. Aber wir dürfen die Trauer und Tränen oder auftretende Gefühle von Auflehnung über den Verlust auf gar keinen Fall verdrängen und sollen sie auch zulassen! In den südlichen Ländern gibt es richtiggehende Trauerrituale, wo die Trauer voll zum Ausdruck gebracht wird. Denken wir z. B. an die Klageweiber in vielen, alten Kulturen.

Hierzulande wird die Trauer eher versteckt, oft mit Rücksicht auf andere. Aber nur durch das **Zulassen von Trauer und Tränen** kann der Trennungsschmerz geheilt werden. Es besteht sonst die Gefahr, dass die verdrängten Gefühle nach Jahren in Form von Depressionen wieder hochkommen. Angehörige sollen die Trauernden unterstützen und ihren Schmerz anerkennen.

Die Trauerbewältigung läuft in verschiedenen Phasen ab:
Erstens ist es der Schock, besonders wenn der Tod des Angehörigen völlig unerwartet, ohne Vorbereitung, hereingebrochen ist oder gar dramatisch war.
Dieser Schock mündet in die Phase des Haderns und des Zorns, der ständigen Frage »warum«.
Aber schließlich muss man zur Einsicht kommen, dass man Unabänderliches annehmen und den Verstorbenen loslassen muss.
Langsam orientiert man sich wieder nach außen, kehrt zum Leben zurück. Man merkt, dass noch andere da sind, die einen brauchen, und ist froh, dass man sie noch hat.
Letztendlich orientiert man sich neu und stellt sein Leben um.
Je liebevoller wir mit dem Verstorbenen umgegangen sind, umso schneller wird sich die Trauer verwandeln in stille Freude und Dankbarkeit.

In Wirklichkeit gibt es keine Trennung, denn auf der seelischen Ebene bleiben wir verbunden. Wir können jederzeit Gedanken der Liebe und des Segnens, der Dankbarkeit, der Vergebung zu den Verstorbenen richten, auch für sie beten.
Und in dieser Erkenntnis werden wir die Gefühle der Trauer und des Haderns allmählich loslassen, dabei können uns die Bachblüten sehr unterstützen. Wir beginnen uns zu freuen, dass unsere Angehörigen und Freunde sich jetzt auf schönerer Ebene im Astralreich befinden, bar aller körperlichen Schmerzen, frei von körperlichen Begrenzungen. Es wird ein Wiedersehen mit unseren Vorausgegangenen bei unserem eigenen Übertritt geben, sie werden uns empfangen. Auch geliebte Haustiere werden um uns sein.
Die Sterbeforscherin Frau Dr. Kübler-Ross und das Medium Paul Meek bestätigen das in ihren Büchern »Über den Tod und das Leben danach« und »Das Tor zum Himmel ist immer offen.« In dem Bild-Band »Der entschleierte Tod«, herausgegeben von Gisela Weigl/Franz Wenzel, ist anschaulich auf den Gemälden des Künstler Franz Wenzel der Übergang auf die astrale Ebene und das Wiedersehen des Verstorbenen mit den vorangegangenen Lieben dargestellt. Er hat sie nach den Angaben des hochbegabten Sehers Erhard Bäzner gemalt.

Und wenn die Hinübergegangenen bemerken, dass wir sie loslassen, uns nach der Trauer wieder dem Leben zuwenden und uns auch wieder daran erfreuen können, sind sie darüber sehr erleichtert. Sie können dann weitergehen in höhere Astral-Sphären.

Depressionen

Depressionen sind ein Phänomen dieser Zeit, sie nehmen immer mehr zu. Jeder zweite ist schon betroffen; vor allem viele junge Menschen! Fast jeder Mensch kommt in seinem Leben einmal in depressive Zustände.

Diese können durch Lebens- und Sinnkrisen und Verluste im Leben ausgelöst werden. Es gibt mannigfaltige Gründe dafür, wie Einsamkeit, Diskriminierung, eine traurige Beziehung, das Gefühl, abgelehnt und nicht mehr geliebt zu werden, Arbeitslosigkeit, eine lange Krankheit oder Ziellosigkeit usw. Wenn wir nicht gemäß dem Plan unserer Seele – unserer eigentlichen Lebensaufgabe leben – können wir in die Sackgasse der Depression geraten.
Auch die Entmutigung durch das Gefühl, die Aufgaben des Lebens nicht mehr meistern zu können, ist oft ein Auslöser für Depressionen.

Ganz allgemein tragen in dieser Zeit auch die zunehmenden Einstrahlungen von Handymasten und Satelliten dazu bei. Der Elektrosmog durch Hochfrequenz und Niederfrequenz-Wellen (HF und NF) belastet das Nervensystem der Menschen.
Die Gedanken- und Gefühls-Schwingungen von Verzweiflung, Angst, Not, Aggression und Hass, die von den Menschen auf der ganzen Welt ausgehen, bilden eine zusätzliche Ursache. Wir sind alle miteinander vernetzt, nicht nur über die modernen Medien, sondern auch im Feinstofflichen. Schwere Schwingungen umgeben die Erde wie eine dunkle Wolke und besonders sensible Menschen spüren das, wenn sich eine Katastrophe auf der Welt zuträgt, wie z. B. Überschwemmungen und Kriege. Alles, was sich auf der Erde zuträgt, trifft auch uns.

Auslöser von Depressionen

Wir sind alle verschieden belastbar. Es ist oft ein Zusammenkommen von mehreren Faktoren, die eine Depression auslösen. Wenn schon eine depressive Veranlagung oder ein unverarbeitetes Ereignis aus dem Leben besteht, z. B. eine schwere Jugend, ist der Mensch noch weniger belastbar. Dann kommt es viel schneller dazu, dass das Fass überläuft und eine Depression ausbricht.
Depressionen können auch ein Ausdruck verdrängter Aggressionen sein, die sich jetzt gegen die eigene Person richten. Das Wort »Depression« spricht es ja schon aus, es ist Druck. Aber was kann noch drücken? Manchmal sind es auch Schuldgefühle und Selbstverurteilung, die eine Depression auslösen können. Hier muss etwas in Ordnung gebracht werden, damit der Druck von der Seele weichen kann.
Um den Ursachen einer immer wiederkehrenden Depression auf den Grund zu gehen, empfiehlt es sich, uns zu fragen, gibt es eine auslösende Situation oder wo habe ich meine Lebensäußerungen unterdrückt, und immer nur »geschluckt«?
Oder hege ich im tiefsten Herzen einen Groll, den ich unterdrücke? Bei Groll und Verbitterung empfiehlt sich die Bachblüte Nr. 38 Willow. In diesen Fällen muss es zu einer Aussöhnung mit dem Schicksal und mit Menschen kommen. Dies wird das Thema des späteren Kapitels über die Seele sein.

Die **Leber** ist u. a. ein Entgiftungsorgan für körpereigene Gifte und Gifte von außen. Auch durch unsere »giftigen« Gefühle, wie Groll, Zorn, Verbitterung wird sie belastet. Oft wird sie auch krank durch Maßlosigkeit in jeglicher Form, sei es beim Essen, durch zu viel Fett und Süßem, Alkohol oder Sex. Dann kann sie auch ihre Entgiftungsfunktion nicht mehr optimal ausführen. In der Folge kann es zu Müdigkeit und Depressionen kommen, da der ganze **Körper mit Giften belastet** wird. Ein geschwächter, überlasteter Darm durch zu viel und falsches Essen führt mitunter ebenfalls zu diesen Symptomen.

Bei Lebererkrankungen müssen wir uns fragen, in welchem Bereich wir zu maßlos waren. Dabei ist es immer die Dosis, die etwas zu Gift macht. Also erkenne ich, was gut für mich ist und was mich vergiftet. Hier wären auch gewisse schädliche Ernährungs- und Suchtgewohnheiten zu überdenken. Ich erinnere in diesem Zusammenhang an das Kapitel »Im Einklang leben durch harmonische Schwingungen« unter »Einfluss der Ernährung.« Hier müssen wir dann ansetzen, dass die Leber wieder gesunden kann.

Eine Reinigungs- und Fastenkur zur Entlastung und Entgiftung des ganzen Organismus, u. a. auch des **Darms**, wäre jetzt besonders in Betracht zu ziehen, wenn es zu depressiven Verstimmungen ohne bestimmten äußeren Anlass kommt.

Auch **andere körperliche Ursachen**, wie etwa Blutarmut (Anämie) oder eine Unterfunktion der Schilddrüse können hinter Antriebslosigkeit und Müdigkeit stecken. Dies muss ärztlicherseits abgeklärt werden.

In weiterer Folge wäre die Fragen zu klären, »was für Werte gibt es in meinem Leben« oder »gibt es für mich höhere Werte, eine Anbindung an das Göttliche?« Die Leberfunktion wird gestört, wenn es uns an Urvertrauen, an rechter Einsicht und an Anbindung zu Gott fehlt. Daraus resultieren Lebensängste, die hindern, das zu tun, was wir uns eigentlich wünschen. In diesem Falle ist die Erkrankung an einer Depression die Herausforderung, in dieser Richtung in seinem Leben etwas zu ändern. Die Depression ist kein Feind, den wir bekämpfen müssen, sie ist nur das »Warnsignal« unserer Seele.
Die Frage wäre zu stellen »worüber bin ich unzufrieden? Wie kann ich meinem Leben eine neue Ausrichtung geben, die mir Sinnerfüllung und Freude schenkt?«

Weitere Ursachen von Depressionen

Diese können vielfältiger Art sein:
Eine oft nicht bedachte Möglichkeit wäre ein **schlechter, belasteter Schlafplatz durch Wasserader-Kreuzungen** oder **Erdstrahlung.** Dieser verhindert die nächtliche Regeneration und das Auftanken mit Lebensenergie. Dadurch entsteht ein erhebliches Energiedefizit, das nach einiger Zeit in eine Depression und Krankheit münden kann. Hier muss **sofort** Abhilfe geschaffen werden! Liegt nur dieser **eine** belastende Faktor vor, ist vollständige Heilung von Krankheiten möglich, wenn das Bett an eine andere Stelle gestellt wird. Mir sind solche Fälle glaubhaft berichtet worden. Viele Selbstmorde könnten auf diese Weise verhindert werden.
Ein Radiästhesist erzählte mir aus Fällen in seiner Praxis von Leuten, die bereits so krank waren, dass sie von den Ärzten aufgegeben worden waren. Auch hier waren Wasserader-Kreuzungen das Übel gewesen. Nachdem sie ihr Bett an eine andere Stelle des Raumes verrückt hatten, kam ihre Lebens- und Heilkraft wieder und sie wurden wieder ganz gesund.

Depressive Verstimmungen entstehen oft durch **Mangel an Licht**, besonders in der Herbst- und Winterzeit, wo die Tage immer kürzer und lichtarmer werden. Man nennt sie auch die **Winter-Depression**. Es ist bekannt, dass in den nördlichen Ländern Europas, wo die Zeit der Dunkelheit sehr lange anhält, die Selbstmordrate rapide ansteigt.
Sobald das Licht ausgeschaltet wird und es dunkel ist, beginnt die Produktion des Schlafhormons Melatonin, sodass wir gut schlafen können, und endet beim ersten Lichtreiz am Morgen.
Genauso steigt die Melatonin-Produktion während der dunklen Wintermonate und verursacht Antriebslosigkeit. Am Morgen wird durch den ersten Licht-Impuls die Produktion des Kortison-Hormons wieder angeregt. Das körpereigene Kortison ist sozusagen »der Gegenspieler« von Melatonin, dem Schlafhormon. Kortison ist der »Muntermacher«. Diese hormonellen Vorgänge regelt die Zirbeldrüse (Epiphyse). Sie reagiert auf Lichteinflüsse.

Daher ist der regelmäßige Aufenthalt im Freien und Spazierengehen – auch bei bedecktem Himmel – als Ausgleich des Lichtmangels sehr hilfreich. Auch durch eine Licht-Therapie mit speziellen therapeutischen Lampen kann man winterlichen depressiven Zuständen entgegenwirken, und das Gemüt wird sich wieder aufhellen.

Verschiedene Formen und Grade von Depressionen

Wie bereits erwähnt, treten gerne **depressive Verstimmungen** in den lichtarmen Wintermonaten auf.

Reaktive Depressionen können durch **jegliche Verluste** im Leben, sei es durch den Tod von Angehörigen, Freunden oder Haustieren, durch Trennungen von Heimat, Wohnung, Partner, Kinder, Freunden, durch zerbrochene Freundschaften und Liebe, durch Verlieren des Arbeitsplatzes oder der Gesundheit, sei es durch Unfall oder Krankheit, entstehen.

Selbst Kinder und Jugendliche werden leider schon davon betroffen, vor allem, wenn sie die Geborgenheit des Elternhauses oder ihren Halt verlieren durch Trennung der Eltern, oder wenn sie glauben, nicht mehr geliebt zu sein, wenn die einzige Bezugsperson, die sie haben, zu ihnen sehr lieblos ist, sie ständig abweist oder ihre Liebe zurückweist.

Mir ist es selbst so ergangen. Ich kann mich erinnern, dass ich einmal so verzweifelt war, dass ich als 14-jährige einmal einfach mit geschlossenen Augen über die Straße ging. Mir war egal, ob ich überfahren würde. Ich konnte den seelischen Schmerz kaum mehr ertragen und wollte von ihm erlöst werden.

Eine weitere Ursache dafür kann darin liegen, wenn Kinder spüren, dass die elterliche Liebe nur von ihren guten Leistungen abhängt, wenn sie ständig unter Leistungsdruck stehen, gute Noten zu erbringen. Die Angst vor Liebesentzug und Strafe kann bei schlechten Schulnoten so unerträglich für Kinder werden, dass sie sich umbringen. Wenn bei einem Jugendlichen familiäre Krisen, schlechte Noten oder Arbeitslosigkeit und vielleicht noch der Verlust ihrer ersten Liebe oder der Bruch von Freundschaften zusammenkommen, kann es zu viel für sie werden, zumal sie ja noch nicht so gefestigt in ihrer Persönlichkeit sind.

Auch ältere Menschen sind gefährdet, besonders jene, die in ihrem Leben sehr aktiv waren, leiden darunter, dass sie ihre Fähigkeiten und ihre Gesundheit immer mehr einbüßen. Auch ihre Kontakte gehen immer mehr verloren, weil ihnen ihre Partner und Freunde wegsterben. Oft verkraften sie auch den Umzug in ein Senioren- oder Pflegeheim und den Verlust ihrer gewohnten Umgebung nicht. Sie fühlen sich völlig unnütz, wenn sie nicht mehr gebraucht werden. Dem muss natürlich entgegengesteuert werden durch entsprechende Beschäftigungsprogramme, in denen sie ihre Fertigkeiten ausüben können, z. B. Hand- und Bastlerarbeiten oder Malen, Musizieren sowie Garten- oder Blumenpflege.

Dann gibt es die **Erschöpfungsdepression**. Oft tritt diese nach längerer Zeit schwerster körperlicher, geistiger und seelischer Überanstrengung ein. Man nennt dies auch Burned out Syndrom. Das kann z. B. durch starkes berufliches Engagement oder jahrelange intensive Krankenpflege und Schlafmangel, also körperlicher und emotionaler Überlastung entstehen. Bei dieser totalen Erschöpfung empfiehlt sich die Bachblüte Nr. 23 Olive.

Die Bachblüte Nr. 11 Elm hilft, das Gefühl der Überforderung zu überwinden und führt wieder in die eigene Stärke. Wichtig ist, dass der Betroffene lernt, sich zurückzunehmen und »nein« zu sagen und sich nicht mehr zu viel aufzubürden.

Ist die Erschöpfung mehr mentaler, geistiger Art, dass man am Morgen glaubt, es nicht mehr schaffen zu können, aber am Tage schafft man es doch, empfiehlt sich Nr. 17 Hornbeam.

Oft tritt Depression auch nach einer Entbindung auf, man nennt dies die **»Wochenbett-Depression.«** Beim Entstehen dieser Depression bei den jungen Wöchnerinnen können gewisse **hormonelle Umstellungen** mit eine Rolle spielen. Dies ist ärztlicherseits abzuklären und zu behandeln. Oft ist es auch die Angst vor dieser neuen Lebensphase mit dem Baby, besonders

wenn die Kindesmutter keine Unterstützung in irgendeiner Weise vom Vater des Kindes oder von ihren Angehörigen bekommt. War die Geburt dazu noch sehr kräftezehrend, ist alles zur Regeneration und zur körperlichen und seelischen Entlastung zu tun, u. a. zur Abhilfe in finanziellen Nöten – eventuell durch unterstützende institutionelle, soziale Maßnahmen.
Durch die Hormonumstellung in den **Wechseljahren** können ebenfalls Depressionen, verbunden mit Schlafstörungen und Schweißausbrüchen, ausgelöst werden. Diese Wechseljahresbeschwerden können durch Einnahme von Nahrungsergänzungsmitteln mit Soja-Isoflavonen auf natürliche Weise gelindert werden. Denn die Sojabohne enthält hormonähnliche Stoffe – die werden auch Phytoöstrogene genannt. Damit besteht die Möglichkeit, die auftretenden Hormondefizite in den Wechseljahren auszugleichen. Es ist bekannt, dass japanische Frauen kaum Wechseljahresbeschwerden haben, weil sie viele Soja-Produkte essen.
Es kommt auch auf die Einstellung der Frau zu diesem neuen Lebensabschnitt an. Die eine erlebt dies als eine Belastung, fürchtet ihre Attraktivität und Weiblichkeit zu verlieren, während die andere erleichtert ist, dass sie die Sexualität genießen kann ohne Angst, schwanger zu werden. Je besser sich Frauen auf diesen Lebensabschnitt einstellen, je weniger sie sich dagegen innerlich auflehnen, umso weniger Beschwerden werden auftreten.

Wertvolle Dienste bei Depressionen leistet auch die **Homöopathie**, mit der aufgrund der individuellen Symptome vom Arzt oder Heilpraktiker das passende homöopathische Mittel gefunden und dem Kranken verschrieben wird.

Die bereits aufgezählten Depressionen sind heilbar, aber es gibt Formen der **angeborenen endogenen Depression,** z. B. der manisch-depressiven Form, bei der der Stoffwechsel des Gehirns gestört ist. Bei diesen Formen ist eine medikamentöse Behandlung erforderlich, die eine gewisse Linderung des Zustandes bewirkt.
Dieses Leiden hat dann meist karmische Hintergründe. Eine Erklärung dafür wäre, dass der Kranke nun selbst Machtlosigkeit spüren muss, weil er in einem früheren Leben andere unterdrückt oder seine Macht missbraucht hat. Die Seele »weiß« genau und hat dann unterbewusste Schuldgefühle, und diese rufen die Depression hervor. Eine allfällige Rückführung könnte die Hintergründe dazu erhellen.
Auf die Themen »Versöhnung« und »Rückführung« werde ich im späteren Kapitel »Leben im Einklang mit der Seele« näher eingehen. Beim Geistheilen muss klargestellt werden, ob Heilung im Seelenplan für den Betroffenen vorgesehen ist, oder ob er die Krankheit als Lernaufgabe braucht.

Es kann auch sein, dass eine Depression **durch Alkoholkonsum** ausgelöst wird. In diesem Falle ist wieder an die Gedanken-Elementale zu denken, durch die die immer wiederkehrenden depressiven Gedanken, Ängste und die Sucht verstärkt werden. Sie treiben in die Verzweiflung, die sich extrem steigern kann. Bei depressiven Zuständen, verbunden mit Selbstmordgedanken oder Panik, sind sehr negative Energien im Spiele. Es sind Zustände der Gottferne.
Aber gerade in diesen Situationen **muss** sich der an Depression Erkrankte an eine **höhere Macht, an Gott wenden,** und wenn er nur **ein kurzes Stoßgebet** gegen den Himmel richtet: »Herr, hilf mir!«, damit er Not und Gefahren von ihm abwende. Er kann auch seinen Schutzengel, Jesus Christus oder Mutter Maria um Beistand bitten.
Er kann auch in Gefahr Erzengel Michael und seine Helfer bitten, dass sie ihm beistehen und ihn von negativen Energien befreien. Dann werden lichte Engelkräfte aktiviert, die die negativen Kräfte und ihre Gedanken-Elementale in die Flucht schlagen.

Ich möchte erinnern, dass **wir** die Engel um Hilfe bitten müssen. Sie können uns sonst nicht so optimal beistehen, weil sie unseren freien Willen respektieren müssen.

Augenblicklich wird es besser werden. Bedingung ist, dass ab **sofort** von Alkohol oder Drogen abgelassen wird, denn diese sind die Tore, durch die negative Kräfte an uns herantreten und uns in negativster Weise beeinflussen können. Alkohol und Drogen zerstören nämlich den schützenden, lichten Auramantel um uns. Wie bereits gesagt, Hinwendung zu Gott ist vonnöten.
Aus welchem Grund, aus welcher unbewältigten Krise auch die Depression entstanden sein mag und besteht, hier ist **sofort** Handlungsbedarf gegeben und jeglicher Beistand dringend nötig. Die Depression ist ein sehr **gefährlicher** Zustand. Zu oft geschieht es, dass ausweglos Verzweifelte ihr Leben beenden. Sie haben einfach keine Kraft mehr, weiterzumachen.

Alle Depressionen haben gleiche Symptome

Wie zeigt sich nun die Depression? Die Willenskraft ist enorm geschwächt. Typisch für eine Depression ist, dass sie am Morgen am schlimmsten ist, während sie sich während des Tages aufhellen kann. Abends ist die Befindlichkeit noch am besten.
Schon der Gang ins Bad und das Zähneputzen kostet enorme Kraft und Überwindung. Der ganze Tag erscheint grau. Depressive machen sich oft Vorwürfe, weil sie »nichts mehr weiterbringen« und haben oft Schuldgefühle. Der Rat »reiß dich doch zusammen!« ist völlig deplaziert. Er zeigt nur, dass der andere den Depressiven nicht versteht. Solche Sprüche bewirken nur noch mehr Schuld- und Versagergefühle. Depression ist eine Krankheit!

Wenn jemand einen Gips trägt, z. B. nach einem Knochenbruch, ist die Verletzung offensichtlich. Da würde niemand auf die Idee kommen, dass der Verletzte etwas tragen oder laufen soll. Wir verlangen ja auch nicht von einem schwachen Menschen, dass er einen 50 kg schweren Kartoffelsack schleppen soll, sondern nur das, was er tragen kann.
Bei der Depression ist es ebenso, dem Kranken fehlt die Energie und Kraft und die Willenskraft ist wie gelähmt. Oft sind Ängste und Panikattacken, Schlafstörungen Begleiter von Depressionen. Natürlich fehlt auch der Appetit und es tritt eine allgemeine Lustlosigkeit auf. In schweren Zuständen kann auch harmonische Musik nicht mehr aufmuntern. Selbst sonnige Tage werden als unangenehm empfunden durch den Kontrast mit der inneren Dunkelheit.
Oft verstecken Depressive, so gut es geht, ihr Leiden. Sie versuchen, in ihrem Beruf ihre Arbeit so gut wie möglich, zu verrichten. Aber nach der Arbeit fallen sie in Erschöpfung und verkriechen sich. Es fällt ihnen zunehmend schwerer, ihren Haushalt in Ordnung zu halten, einkaufen zu gehen und sich zu konzentrieren.
Gefährlich wird es, wenn sie nicht einmal mehr den Antrieb oder die Kraft haben, jemanden anzurufen, wenn es ihnen ganz schlecht geht!
Daher ist sozialer Kontakt und Familienanschluss sehr nötig. Ein soziales Netz sollte aufgebaut werden, zumindest die Möglichkeit, dass ein Kranker anrufen kann, wenn er in einer akuten Selbst-Mord-Krise steckt.
Aber vielfach, besonders in den Städten, herrscht die Anonymität unter den Hausbewohnern. Viele kennen sich kaum untereinander. Leider ist das eine Erscheinung dieser Zeit. Früher nahm man noch mehr Anteil und Nachbarschaftshilfe war selbstverständlich.

Wie können wir uns selbst und anderen helfen?

Oft ist der Blick in einer leichten depressiven Verstimmung getrübt und wir nehmen kaum wahr, wie es den anderen Menschen um uns herum geht. Oft kreisen wir mit unseren trübsinnigen Gedanken nur um uns selbst. Und aus diesem unheilvollen Kreislauf müssen wir wieder heraus! Wir wissen ja bereits, dass sich nach dem Gesetz der Resonanz alles Gleiche verstärkt.

- Ein erster kleiner Schritt kann sein, sich einmal einer **anderen** Person zuzuwenden, jemanden zu besuchen, für ihn da zu sein, einfach nur Zeit nehmen und zuhören. Und wenn wir uns nur einem Tierchen zuwenden, es pflegen. Es muss ja nichts Großes sein.

So wird unsere Aufmerksamkeit auf etwas anderes gerichtet und wir haben zugleich das Gefühl, etwas Gutes getan zu haben, etwas geleistet zu haben. Indem wir anderen helfen, schmilzt unser eigener Seelenschmerz. Dann kommen wir aus unserer Selbstisolation und dem Selbstmitleid heraus, und oft vergeht auch die depressive Verstimmung. Wir geben den trostlosen Gedanken einfach keine Nahrung mehr.

- Denken wir daran, dass nach dem Gesetz der Polarität nach jedem Tal wieder ein Hoch, nach dem Tunnel das Licht und nach der Nacht der Tag kommen muss! Wir sind ja auch einem Biorhythmus unterworfen. Alles geht vorbei, auch dieser Zustand.

- Wenn wir einmal in depressiver Stimmung sind und in Selbstmitleid versinken, ist es ganz hilfreich, wenn wir uns eine Plus- und Minus-Liste erstellen. Es ist wichtig, dass wir unseren Blick einmal auf das **Gute** in unserem Leben richten. Meist schauen wir wie von einer Schlange hypnotisiert, stets auf die unguten Seiten des Lebens und übersehen ganz das andere.
  Erst wenn wir uns einmal bewusst sind, was wir an Gutem alles haben, nicht beachtet und als selbstverständlich erachtet haben, können wir die Welt wieder mit anderen Augen betrachten und leichter aus den trüben Gedanken aussteigen. Wie viele Menschen auf der Welt haben nichts, sie müssen um das nackte Überleben kämpfen. Seien wir dankbar für alles Gute.
  Fragen wir uns, was wir gerne tun würden, was uns Freude macht. Beginnen wir mit Kleinigkeiten und stecken uns Ziele. Das gibt wieder Kraft und Auftrieb.

- **Verbesserung oder Umstellung der Ernährungsgewohnheiten – Entgiftung des Körpers,** vor allem, wenn bereits Darm und Leber geschwächt sind. Im zweiten und dritten Kapitel bin ich darauf ausführlich eingegangen, wie wichtig vitalreiche Kost für unseren Energiehaushalt ist. Ich habe auch auf die Schwingungsqualitäten in der Nahrung hingewiesen und wie verheerend tamasische Ernährung auf Körper und Geist wirkt. Es ist wichtig, auch genügend Wasser zu trinken, weil dies eine Voraussetzung für eine gute Funktion des Gehirns ist.

- **Bachblüten-Tropfen**, sie in der Apotheke je nach Bedarf zusammenstellen lassen. Dazu gehören:
  Nr. 21 Mustard bei Depressionen, die plötzlich, scheinbar ohne Grund auftreten,
  Nr. 13 Gorse gegen Hoffnungslosigkeit,
  Nr. 9 Clematis für das Wachwerden und zur Motivation,
  Nr. 19 Larch für das Gewinnen neuen Selbstvertrauens.
  Nr. 29 Star of Bethlehem ist bei schockartigen Erlebnissen zusätzlich zu den anderen Tropfen zu nehmen.
  Nr. 23 Olive ist bei totaler Erschöpfung, körperlich und seelisch, angebracht,
  Nr. 6 Cherry Plum bei Panikgefühlen und Selbstmordtendenzen und
  Nr. 30 Sweet Chestnut gegen schreckliche Verzweiflung und Seelenqual.

- **Natürliches Licht** tut gut, vor allem in den lichtarmen Wintermonaten. Nutzen wir deshalb die hellen Stunden für Spaziergänge und Aufenthalt an der frischen Luft. Licht aktiviert die Produktion von dem körpereigenen Hormon Kortison, das munter macht. Außerdem tut die Sauerstoffaufnahme gut, sie belebt alle Körperzellen und erfrischt. Tägliche regelmäßige Bewegung harmonisiert und entspannt.

- Die Gabe von Johanniskraut lindert leichte oder mittlere Depressionen.

- Ebenso braucht der Körper **Nervennahrung**:
  a) Vitamin B-Komplex,
  b) Schüssler Nerven-Salze Nr. 5 (Kalium phosphoricum) u. Nr. 7 (Magnesium)
  c) Omega-3-Fettsäuren in Form von Leinöl, das kalt und lichtgeschützt aufbewahrt werden muss.

  Omega 3-Fettsäuren sollte man am besten in pflanzlicher Form aus der chinesischen Heilpflanze Perilla (in Kapseln erhältlich) einnehmen. Diese werden leichter vertragen als die Kapseln mit Omega-3-Fischöl.
  Der Arzt Dr. Servan-Schreiber berichtet in seinem Buch »Die neue Medizin der Emotionen«, dass die Gabe von Omega-3-Fett-Säuren außerordentlich gute Besserungserfolge bei manisch-depressiven Erkrankungen erbrachte, ebenso bei Schwangerschafts-Depressionen.

- Sehr wichtig ist ein tägliches Gebet um vollkommenen göttlichen Schutz und Führung gegen alle negativen feinstofflichen Einflüsse und mannigfaltigen Strahlungen. Wir hüllen unseren ganzen Körper täglich visuell in helles, strahlendes göttliches Licht, das uns rundherum wie eine Schutzhülle umgibt. Als zusätzlichen Schutz können wir uns ein goldenes oder silbernes Schild vor dem Solar Plexus vorstellen.

- Bevorzugen Sie freundliche, harmonische Farben, wie ich es bereits im Kapitel über die Schwingungen beschrieben habe. Das kann über die Gestaltung der Wohnung, besonders des Schlafzimmers, über die Kleiderwahl bis hin zum Malen gehen. Meiden Sie schwarze Kleidung, Bettwäsche und Möbel, das raubt Kraft und zieht herunter! Alle harmonischen Schwingungen tun gut, von der Musik angefangen bis zum Naturerleben. Auch die Wahl des Umganges spielt eine große Rolle.

- Bei der Depression sind das Solar Plexus-Zentrum und das Wurzelchakra schwach. Deshalb fehlt Energie und Lebenswille. Wir stärken den Solar Plexus mit gelb/goldener Farbe, das Wurzelchakra braucht rot. Dem Herzchakra tut es gut, wenn es rosa Farbe bekommt, besonders bei Liebes-Kummer nach Trennungen und Kummer aller Art. Das kann man bei einer Entspannung sich visualisieren oder sich mit einer speziellen Farblampe bestrahlen.
  Wir können auch die Hände auf die jeweiligen Chakren auflegen, und uns vorstellen, wie Energie vom Kronenchakra einfließt und von da aus zum Herzen in die Hände. Dabei erbitten wir die göttliche Heilkraft. Wenn wir Reiki beherrschen, Reiki-Heil-Energie zusätzlich draufgeben.

- **Heilatmung:** Es ist ganz wichtig, die Atmung zu verbessern. Die meisten Menschen atmen viel zu flach. Sie müssen erst die **Bauchatmung** lernen. Sie haben sonst ein viel zu flaches Aufnahmevolumen der Lunge. Diesbezüglich bitte ich im zweiten Kapitel unter »Gesundheitspflege« nachzulesen. Die **Klangatmung OM** ist ebenfalls dort nachzulesen. Sie löst Depressionen, sie schenkt neue Energie und fördert Heilung, da sie das Sonnengeflecht, den Solar Plexus und das Herzzentrum auflädt.
  Aber in diesem Kapitel finden Sie unter »Heilung durch Imagination« noch weitere heilsame Atemübungen.
  Bei der Übung c) lenken Sie die Energie zum Wurzelchakra und zum Solar Plexus.

- Von dem philippinischen Geistheiler Emilio Laporga habe ich anlässlich seines Heil-Seminars eine **Selbst-Heilungsmethode** erlernt:
  a) Wir setzen uns auf einen Stuhl oder legen uns hin. Die Beine und Arme dürfen nicht überkreuzt sein. Im Sitzen Hände mit den Handflächen nach oben locker auf die Oberschenkel auflegen. Augen schließen und ruhig ein- und ausatmen, dabei seinen Atem beobachten, wie er ruhig ein- und ausströmt.

b) Nun die rechte Hand auf das Herzchakra (Brustbeinmitte) auflegen und leise sprechen oder denken:
»Ich bitte Gott, dass bei jedem Atemzug die göttliche, heilende Kraft in mich einströmen möge, mich reinigen, stärken und heilen möge, mich schützen und führen möge auf den Weg des Lichts.«
c) Danach für jeweils einige Minuten die Hände auf die kranken und schwachen Stellen des Körpers auflegen, bei Depression auf den Solar Plexus und das Wurzelchakra. Wir versuchen zu spüren, wie besonders an diesen Stellen die Heilkräfte einströmen.
d) Zum Schluss rechte Hand wieder auf das Herzchakra in der Brustmitte auflegen und sich bedanken mit den Worten:
»Ich danke Dir Gott, dass ich die göttliche Heilkraft empfangen durfte. Ich bedanke mich für alles.«

Diese Übung sollte **dreimal täglich**, und zwar **morgens, mittags und abends** durchgeführt werden.
Ideal ist es, wenn wir die Bitte um Heilung unter Punkt b) mit **7 ganz bewussten,** tiefen Atemzügen kombinieren, sodass wir insgesamt am Tag auf 21 tiefe, bewusste Atemzüge kommen.
Als erstes atmen wir aus. Dann atmen wir tief mittels Bauchatmung ein, sodass sich die Bauchdecke vorwölbt, halten kurz mit dem Atem inne und atmen dann wieder aus. Die Einatmung verbinden wir mit der lebendigen Vorstellung, dass Heil- und Lebenskraft mit allem, was wir brauchen, in uns einströmt. Und bei der Ausatmung stellen wir uns vor, dass von uns alle verbrauchte Energie und alles Belastende ausströmt und entfernt wird.
Diese Übung mit der Heilatmung hat sich äußerst effektiv erwiesen bei Depressionen. Natürlich ist sie geeignet auch für alle anderen Beschwerden.

- Bei Schwächezuständen können wir uns bewusst anbinden an die göttliche, kosmische Energie mit einer »Lichtinfusion«, indem wir von Gott Kraft erbitten und uns vorstellen, dass wir vom Kronenchakra aus direkt über eine »Energieschnur« mit Lebensenergie gespeist und aufgeladen werden, dass sie von dort einströmt. Mit der Einatmung können wir diesen Vorgang unterstützen, und den einfließenden Licht-Energiestrom förmlich spüren. In Gedanken sagen wir innerlich »danke, Vater«.
Jeder Mensch ist ständig an die göttliche Lichtenergie angeschlossen, sonst würde er sterben. Nur müssen wir uns diese Verbindung immer wieder bewusst machen.

- Alkohol meiden! Besonders verheerend wirkt er, wenn er mit Beruhigungsmitteln (Tranquilizern) kombiniert wird. Er ist ein Vitamin B-Räuber. Er verschlimmert die Depression, öffnet die Aura für ungute Einflüsse. Alle schwächenden Einflüsse abstellen (Symbole, schwarze Kleidung, Strahlungen), so wie es im Kapitel »Im Einklang leben durch harmonische Schwingungen« nachzulesen ist.

- In schwerer, innerer Not und Bedrängnis **sofort** Gott anrufen, »Herr hilf mir bitte!«, auf dass er jegliche Gefahren abwende. Unbedingt jemanden kontaktieren, wenn Selbstmordgedanken aufkommen, dass geholfen werden kann! Nicht alleine bleiben.

Das sind alles Methoden, die bei leichteren Depressionen sehr effektiv sind. Auf jeden Fall sind alle aufgezählten Methoden geeignet, Depressionen zu lindern. Der Einsatz von Homöopathie kann hier wertvolle Dienste leisten. Aber ziehen Sie auf jeden Fall jemanden ins Vertrauen. Bei schweren, vor allem angeborenen Depressionen, müssen Sie auf jeden Fall zum Arzt gehen. Aber meiden Sie es, Schlafmittel und Tranquilizer zu nehmen, denn diese führen zu Abhängigkeit!

Richtiger Beistand

Viele fühlen sich sehr hilflos, wenn Angehörige oder Freunde Depressionen haben. Depression sieht man nicht und man bemerkt lange nicht, dass etwas nicht stimmt, bis sich der Depressive selbst äußert oder immer apathischer wird.
Und da ist es äußerst wichtig, dass wir richtig reagieren. Auf keinem Fall dürfen wir seine Äußerungen verharmlosen und sagen, »er soll sich doch zusammenreißen.« Ich wiederhole – bei einem gebrochenen Gipsbein würde niemand auf den Gedanken kommen und verlangen, dass der Verletzte geht und Lasten trägt. – Der Depressive ist ebenfalls krank, ihm fehlt die Willenskraft, er ist wie **gelähmt**.

Wir müssen den depressiven Menschen in seinen Aussagen sehr **ernst nehmen**, besonders wenn er Selbstmordabsichten äußert. In diesem Fällen ist der Einsatz von Bachblüten anzuraten, und zwar Nr. 30 Sweet Chestnut gegen schreckliche Verzweiflung und Seelenqual, Nr. 6 Cherry Plum gegen unwiderstehliche Selbstmordtendenzen und Nr. 13 Gorse bei Hoffnungslosigkeit.
Ganz wichtig ist, dass wir uns **Zeit** für den Depressiven nehmen, ihm Mut machen, dass er sich öffnen und aussprechen kann. Dazu ist eine Umgebung mit einer guten, ungestörten Atmosphäre wichtig. Wir können ihn ja einladen oder besuchen.
Dabei ist es besonders wichtig, sich in den Menschen hineinzufühlen und ihm zu bestätigen »Ich kann dich verstehen, du hast es jetzt schwer«. Beschönigungen, »es ist ja nicht so schlimm« machen alles nur noch schlimmer.

Oft ist das Selbstwertgefühl sehr angeknackst, besonders Menschen, die sonst viel geleistet und sich überfordert haben, fühlen sich als »Versager« und sind total unglücklich, wenn sie nichts mehr zustande bringen. Dann brauchen sie als Bachblüte Nr. 19 Larch zu den anderen Tropfen dazu. Je nach Bedarf können Sie die verschiedenen Blüten in der Apotheke zusammenzustellen lassen.

Was auch immer die Ursache für die Depression ist, ein Todesfall, ein Verlust des Arbeitsplatzes, Einsamkeit, Trennung vom Partner usw., hören wir einfach zu. Allein schon das Gefühl, dass jemand für ihn da ist, ihn anhört und versteht, bringt schon große Erleichterung und ist der **erste Schritt** aus dem dunklen Loch der Depression. Wir können auch Hilfestellungen anbieten, z. B. wenn jemand seinen Arbeitsplatz verloren hat.
Auch klären, wie es beim Aufstehen in der Früh geht, vielleicht steckt ein schlechter Schlafplatz (Wasseradern-Kreuzung u. a.) dahinter, wenn es dem Kranken bereits in der Früh sehr schlecht geht. Durch einen solchen wird nämlich die Regenerationsfähigkeit des Körpers mit der Zeit völlig blockiert und der Mensch fühlt sich immer energieloser. Ein guter Radiästhesist könnte Klärung und Abhilfe schaffen.
Wir sollten den Depressiven bei allen Maßnahmen unterstützen, die zu seiner Gesundung beitragen.
Ganz wichtig ist, dass wir ihm anbieten, für ihn – wenn es ihm schlecht geht – erreichbar zu sein, wenn nötig auch nachts über das Telefon. Das kann sehr entscheidend in gewissen Augenblicken sein – lebensrettend!

Heilungsschritte, die Kraft des Glaubens

Channeling:

*»Es ist wichtig, zu vertrauen und an die göttliche Hilfe zu **glauben**. Zweifel verzögern, erschweren oder verhindern, dass geholfen werden kann. Es können sich daraus zeitliche Verschiebungen ergeben.*

*Liebe Edith, es ist jetzt **Deine Aufgabe**, daran zu glauben, dann wirst Du aus dem Ganzen gestärkt hervortreten.*
*Befallen Dich Unsicherheit und Zweifel, gehe in die Mitte und bete. Das Gebet gibt Dir Kraft, um durchzuhalten. Wenn Du Dich mit Gott verbindest, wirst Du Seine Führung bekommen und unter Seinem Schutz stehen, Heilung bekommen, wenn Du darauf **vertraust**.*
Lasse alle Zweifel los und gib Dich, alle und alles in SEINE Hände. Nehme unterstützend dazu die Bachblüte Gorse.«

Über die Kraft des Glaubens und der Stille:
Unter Glauben verstehe ich eine **positive** Kraft, die zu einer **lebensbejahenden**, zuversichtlichen und vertrauensvollen Grundhaltung dem Leben gegenüber führt, und zwar ganz unabhängig von Dogma von Religion und Wissenschaft. Glaube heißt in diesem Zusammenhang also, von etwas fest überzeugt sein, was wir für gut und positiv erkannt haben und nicht, was uns eine wie immer geartete religiöse Bewegung vorschreibt.

Der Glaube war für die Menschen über Jahrtausende eine Quelle der Lebenskraft. Der Leitspruch »Glaube und Du wirst bekommen« war und ist für viele Menschen die Devise für Erfolg, Reichtum und Gesundheit. Denn nur das, an das ich glaube, werde ich bekommen – im Positiven wie im Negativen! Durch ernsthaften Glauben wird eine Vorstellung zur Realität, zuerst als geistige und dann als materielle Realität. Der Glaube birgt in sich also ein gewaltiges, schöpferisches Potenzial.
Dabei ist zu bedenken, dass der Glaube nicht auf der Verstandesebene entsteht. Der Glaube entsteht auf der Ebene des Herzchakras – des Heilungszentrums – und des »Dritten Auges« – des 6. Chakras als Sitz der Intuition. Wenn ich etwas weiß, so glaube ich noch lange nicht daran. Hingegen ist es möglich, an etwas zu glauben, obwohl ich es nicht verstehe. Aber der Glaube gibt mir das Vertrauen, dass es so ist. Es wird zur Realität! Ein starker Glaube kann Berge versetzen.
Daher eröffnet uns der Glaube Zugang zu höherer Energie – Schöpfungsenergie. Nehmen wir als Beispiel die **Religion**. Fast jeder Mensch auf dieser Erde gehört einer Religion an und glaubt an eine – meist persönliche – Form Gottes. Obwohl Ihn noch niemand gesehen hat, sind viele Menschen fest davon überzeugt, dass es Ihn gibt. Für sie ist Er Realität. Das ist Glaube.
Wenn wir an Gott glauben, bekommen wir Zugang zu göttlicher Energie und Kraft. Wir bekommen Vertrauen und Sicherheit, von Ihm geschützt und geleitet zu sein. Wir haben weniger oder keine Angst vor dem Schicksal und den Gefahren des Lebens. Dadurch bekommen wir mehr Tatkraft und sind weniger gehemmt, etwas zu riskieren und **unseren** Weg zu gehen.

Dasselbe gilt nun auch für die **Gesundheit**. Wenn wir ernsthaft daran glauben, gesund zu sein, so sind wir gesund und fühlen uns gesund! Der Glaube an einen gesunden Körper lässt Gesundheit Realität werden und schafft das nötige Kraftpotenzial, um ihn vor Krankheiten zu schützen. Der Glaube aktiviert also unser Immunsystem und unsere Selbstheilungskräfte, die auch vom Herzchakra ausgehen.
Ich erwähnte anfangs, dass der Glaube zuerst eine geistige Realität schafft. Wenn wir nun bedenken, dass der Geist über Materie zu herrschen vermag, so wird uns klar, dass hier ein gewaltiges Schöpfungspotenzial für die Gesundheit liegt. Wichtig ist jedoch, dass wir nicht nur an Gesundheit und Heilung denken, sondern wirklich an sie **glauben** – mit voller Überzeugung und **ohne den geringsten Zweifel!**

Die Kraft des Glaubens ist die magische Kraft in uns. Sie wirkt dreifach: auf unser Inneres, auf uns selbst und durch uns auf die äußere Natur, z. B. bei der Heilarbeit. Im Glauben vereinigen sich alle Sinne und Geistes-Kräfte.

Und das ist das Grundproblem der heutigen Zeit und seiner Menschen – die Mehrzahl hat nicht mehr die Kraft, zu glauben. Wir alle sind einer gewaltigen Informations- und Reizüberflutung hilflos ausgesetzt. Es gibt kaum einen Ort, wo nicht ein Radio oder TV-Gerät läuft, Menschen zusammenstehen oder sitzen und schwatzen oder Zeitungen mit ihren schrillen, neuesten Schlagzeilen herumliegen oder -hängen und sich aufdrängen »lies mich!«
Die meisten Wahrheiten werden auch schon mit »Verfallsdatum« geliefert. Ständig sich verändernde Tatsachen, Informationen und Realitäten (oder was wir dafür halten) rauben uns die Fähigkeit, **Beständigkeit** zu erleben.
Den meisten Menschen wird so die **Beständigkeit einer festen Ordnung** genommen. Dies wiederum hat zur Folge, dass die meisten Menschen die Fähigkeit verlieren, zu glauben, und dies nährt **Zweifel** und Angst.
Zweifel schleichen sich permanent in unser Leben und Bewusstsein ein. Der Zweifel wiederum ist der größte Feind des Glaubens und raubt uns die Beständigkeit, die Stabilität und letztlich das Vertrauen. Dies sehen wir am rapiden Verfall der Religion. Die Menschen glauben nicht mehr, sie fordern Beweise. Sie »glauben« nur mehr, was sie sehen.
Doch die Dinge nur von der Ebene des Verstandes und der Sinne aus zu bewerten, ist sehr riskant. Die Sinne sind permanent Täuschungen ausgesetzt und der Verstand irrt sich laufend, denn er zieht ja seine Schlussfolgerungen meist über die Beobachtung durch die Sinne. Wer das nicht glaubt, betrachte bitte die illusionierenden Bilder des Zeichners M. C. Escher. Dann vertraut man seinen Sinnen und dem Verstand weit weniger.
Das ist die Natur des menschlichen Geistes. Er wertet, d. h. er verlangt und lehnt ab und zweifelt. Der Zweifel besitzt jedoch ein starkes, zerstörerisches Potenzial. Er verhindert, dass sich das realisiert, was wir uns wünschen und herbeisehnen, z. B. unsere Heilung.
Wenn wir nicht gelernt haben, auf unsere innere Stimme – **die Intuition** – zu hören, können wir nicht wirklich glauben.

Angst und Zweifel schwächen aber die Abwehrkräfte des Körpers und schaden der Gesundheit. Glauben wir hingegen unerschütterlich an die Kraft des Körpers, Gifte eliminieren zu können, so wird es höchstwahrscheinlich weniger gesundheitlichen Schäden geben. Wir müssen also an die heilenden und reinigenden Kräfte unseres Körpers glauben.
So wie jedoch der Glaube und positive Gedanken Schöpfungskräfte sind, so sind auch Zweifel und negative Gedanken, wie Hoffnungslosigkeit, Sorgen, Kummer und Ängste Schöpfungskräfte, nur dass sie eine zerstörerische Kraft haben. Und dies gilt in besonderem Maße für die Gesundheit.
Wenn wir nicht an unsere Gesundheit glauben und nicht überzeugt sind, gesund zu sein bzw. geheilt zu werden, so gibt es für den Geist und den Körper keinen überzeugenden Grund, gesund zu sein bzw. Kräfte aufzuwenden, die Gesundheit gegen Angriffe zu schützen. Wenn wir mit uns, unserem Körper und unserem Leben nicht zufrieden sind, da uns der Glaube fehlt, dass alles letztendlich nur zu unserem Besten geschieht, so schwächt dies unsere Selbstheilungskräfte.
Diese hängen nämlich ganz besonders von unserem Glauben, unserer Zufriedenheit und unserer Überzeugung ab, so wie Jesus Christus bei seinen Heilungen sagte »Dein Glaube hat dich geheilt«.

Lernen wir also wieder zu glauben. Glauben wir an uns, unsere Fähigkeiten, Kräfte und vor allem an unsere Gesundheit. Vom spirituellen Standpunkt aus betrachtet, sind wir göttliche Seelen und es gibt keinen Grund krank zu sein, wenn wir die göttlichen Naturgesetze beachten. Liebe für den Nächsten, Mitgefühl, Freiheit von Geiz, Neid und Beherrschung der Sinne sowie Ehrlichkeit sind **auch** Voraussetzungen für unsere Gesundheit.

Es gibt einige Methoden, die sowohl den **Glauben an Heilung** stärken, als auch für unsere **mentale Gesundheit** von positiver Wirkung sind. Dazu gibt es verschiedene heilsame Möglichkeiten.

Heilung durch Affirmationen

»Da jeder Mensch verschieden betont veranlagt ist –
es gibt Willensmenschen, Verstandes- und Gemütsmenschen
und Menschen mit guter Imaginations- bzw. Vorstellungskraft –
ist auch nicht jede Methode für jeden Menschen gleich geeignet.
Jeder muss seine für sich geeignete Methode finden.«

Paramahansa Yogananda
Wissenschaftliche Heilmeditationen.

Dieser Satz bedarf noch einer Erklärung. Je nachdem, ob es sich um einen phantasiebegabten, intellektuellen, ehrgeizigen, gefühlvollen, willensstarken oder zielstrebigen Menschen handelt, kann man die Heilung durch Vorstellungskraft, Vernunft, Glaube, Gefühl oder Willensaufwand zustande bringen.
Von Couè stammt die Methode vom positiven Denken, der Autosuggestion. Aber dies funktioniert bei einem intellektuell geprägten Menschen nicht. Ihn kann man nur von dieser Methode überzeugen, wenn er die Macht unseres Geistes auf unseren Körper versteht. Es ist ja erwiesen, dass durch Hypnose Blasen auf der Haut entstehen können, wenn dem Proband suggeriert wird, dass er eine glühende Münze in der Hand hält – obwohl das in Wirklichkeit gar nicht der Fall ist. Für starke Willensmenschen ist die Autosuggestions-Methode ebenfalls weniger geeignet. Diese müssen bei der Affirmations-Methode mehr an Gedanken festhalten, die ihre **Willenskraft** anregen. So wie in diesem Beispiel:

Ich will meine Lebenskraft mit dem göttlichen Willen erfüllen, damit
sie durch Nerven und Muskeln, durch das Gewebe, die Glieder, den ganzen Körper fließt.
O prickelndes Feuer, o glühende, feurige Kraft!
Auf höchsten Befehl durchfließe mein Blut, meine Drüsen!
Auf meinen Befehl leuchte und glühe!

Für **gefühlsbetonte** Menschen und Menschen mit guter **Vorstellungskraft** eignen sich Affirmationen und imaginäre Vorstellungen sowie Visualisierungen – wie ich sie nachher noch vorstellen werde – hingegen vorzüglich. Da gibt es auch sehr gute erstaunliche Heilergebnisse. Wenn der Geist uns krank machen kann, so können wir durch die Kraft des Geistes auch wieder gesunden.

Vater, Du bist in mir, ich bin gesund.
Dein heilendes Licht fließt durch alle Zellen meines Körpers hindurch.

Wir sollten also immer bedenken, dass es auf den richtigen Einsatz von bestimmten Heilmethoden ankommt, um damit Erfolg zu haben.

Mit Affirmationen werden neue, konstruktive Programme ins Bewusstsein gegeben. Wir nutzen dazu besonders aufbauende, motivierende und heilende Sätze, die man möglichst regelmäßig für sich wiederholt oder aufschreibt und sichtbar aufhängt, sodass sie jederzeit ihren positiven Einfluss ausüben und uns stärken. Um die neuen Denkprogramme auch in das Unterbewusstsein einzuprägen, ist es wichtig, sie für 30 Tage, aber mindestens **21 Tage lang** zu wiederholen, und zwar so oft wie möglich, schriftlich, mündlich, in Gedanken.
Jeder muss seinen Satz finden, der ihn besonders aufbaut, motiviert und positiv stimmt. Nehmen wir z. B. den einfachen Satz, der leicht ins Gedächtnis geht:

Ich bin froh, gesund und heiter und das Glück ist stets mein Begleiter.

Zu beachten ist, dass die Affirmation keine Verneinung enthält, sondern den **erwünschten**, positiven Zustand durch Bejahung ausdrückt: »Ich bin gesund, voller Kraft, Freude und Zuversicht.« Affirmationen für alle Lebensbereiche und Krankheitssymptome können Sie auch in den Büchern von Louise L. Hay, wie z. B. »Heile deinen Körper« und »Gesundheit für Körper und Seele« finden.

Wichtig ist jedoch, dass Affirmationen regelmäßig und konstant geübt werden, um ein nachhaltiges und befriedigendes Ergebnis zu bekommen. Man kann sie täglich mehrmals aufschreiben oder sie geistig immer wieder während des Tages wiederholen. Durch die Wiederholung bekommen die positiven Gedankenformen immer mehr Kraft.
Sehr effektiv ist es, wenn wir Affirmations-Gedanken mit dem entsprechenden positiven, freudigen Gefühl aufladen. Dann haben sie viel mehr Kraft zur Verwirklichung.

Konsequentes Üben bringt Erfolg, denn durch die Affirmation wird ein neues, konstruktives Verhaltensmuster im Unterbewusstsein eingeprägt, das sich letztendlich in der geänderten, positiveren Ausstrahlung äußert, auf die die Umwelt entsprechend reagiert. Wichtig ist zu **beachten**, dass die Affirmation keine Verneinung enthält, denn das Unterbewusstsein kennt kein »nicht.« Die Formulierung »Ich bin nicht mehr krank« ist nicht dienlich, es muss heißen »Ich bin gesund.«
Es gibt eigene Ausbildungen in Mentaltraining, die u. a. von Firmen-Managern besucht werden. Sie lassen sich schulen, um die Kraft der positiven Gedanken für ihren Erfolg nutzen zu können. Auch Sportler bedienen sich des Mentaltrainings. Warum nutzen wir diese Methode nicht auch für unsere Gesundheit und unser Wohlergehen!?

Ist die Kindheit von frühen Entbehrungen – oft durch schicksalhafte Ereignisse, wie Flucht und Hunger – geprägt, kann der Erwachsene in sich **Lebens- und Existenzängste** tragen.

Meister Paramahansa Yogananda lehrte eine einfache Methode zur Ausschaltung von Angst. »Immer wenn ihr euch vor etwas fürchtet, legt eure Hand über das Herz – auf der bloßen Haut – und reibt von links nach rechts und sagt: ›Vater, ich bin frei. Beseitige alle Angst in meinem Herzen.‹« So wird die Angst aus dem Herzen vertrieben. Während man wiederholt mit der Hand von links nach rechts über das Herz streicht, konzentriert man sich auf diesen Gedanken. Er riet ferner: »Sagt euch jede Nacht, ehe ihr schlafen geht ›Der Himmlische Vater ist bei mir, ich bin beschützt.‹ Stellt euch in Gedanken vor, dass der GEIST und Seine kosmische Energie euch ganz einhüllen. Singt dann dreimal das ›OM‹ oder das Wort ›Gott‹«.
Für einen Ratsuchenden, der an Lebens- und Existenzängsten litt, bekam ich in einem Channeling folgenden **Heilsatz**:

Ich bin wertvoll,
mir kommt alles zu, was ich brauche.
Ich bin versorgt.
Ich lege alle Sorge und Hetze ab,
weil ich geführt werde.
Mein Gott liebt mich.
Ich bin gelassen.

Folgende Affirmation erweist sich als sehr hilfreich bei Verbitterung, Bedrücktheit und Hoffnungslosigkeit:

Ich vergebe der Vergangenheit und lasse sie los.
Ich schreite weiter zur Freude.
Ich lasse die früheren Begrenzungen hinter mir
und begebe mich in die Freiheit des Jetzt.

Freude strömt frei durch mich.
Ich bin mit dem Leben in Frieden.

Die Affirmation

Ich liebe und akzeptiere mich und das Leben liebt und unterstützt mich

hilft, ein stabiles Selbstwertgefühl, Urvertrauen und Mut aufzubauen. Die obige Affirmation hat mein Mann krebskranken Menschen gegeben. Er hat an Krebskliniken in Bayern wöchentlich Abende mit den Patienten gestaltet mit Qi Gong- und Atemübungen.
Angehörige können Affirmationen **stellvertretend** für einen Kranken machen, indem sie sich auch den **Idealzustand des Kranken** bildhaft, lebendig vorstellen und daran glauben.

Das kann in der Form verlaufen, indem man das »ich« jeweils durch den Namen des Patienten ersetzt. So kommen auch ganz **neue Impulse** in den Körper des Kranken, dieser wird zur Heilung angeregt.

Christiane liebt und akzeptiert sich, und das Leben liebt und unterstützt sie.

In seinem Büchlein »Wissenschaftliche Heilmeditationen« gibt Meister Paramahansa Yogananda viele Heilsätze und Anweisungen zu **Heil-Meditationen,** nicht nur für die Gesundung des Körpers, sondern auch für wirtschaftliche und psychologische Erfolge, für Gottes-Erkenntnis sowie zur Überwindung von schlechten Gewohnheiten.

Er betont, dass es sehr wichtig ist, unseren Willen, unser Gefühl und unsere Vernunft zu gebrauchen. So müssen Worte des Willens mit großer Entschlusskraft, Worte des Gefühls von echter Hingabe und Worte der Vernunft von tiefer Erkenntnis durchdrungen sein.
Wenn man für einen anderen Menschen Heilarbeit machen möchte, so muss man eine Heilmeditation aussuchen, die der natürlichen Veranlagung des Patienten entspricht. Das bedeutet, dass sie entweder an seine Vorstellungskraft, sein Gefühl oder an seine Vernunft appelliert.
Wichtig bei der Heilmeditation sind die Tiefe der Konzentration, die Beharrlichkeit und die standige Wiederholung. Das gilt gleichermaßen auch für Affirmationen.
Unsere Sehnsucht nach Gott wirkt wie ein Magnet. Es zieht uns zu IHM. Dazu eine Heilaffirmation von Meister Paramahansa Yogananda. Angst hat keinen Bestand mehr, wenn wir uns in Gottes Hand begeben und uns bestätigen:

Ich bin beschützt in der Burg Deiner Gegenwart.

Die Formulierung ICH BIN spricht unser wahres Selbst, unser Göttliches in uns an und hat auch die schöpferische Kraft zur Verwirklichung. Meister St. Germain lehrt in seinen Schriften über die Kraft des ICH BIN. Alle aufgestiegenen Meister gebrauchen das ICH BIN.

Praxis der Heilmeditation:

Zuerst schaffen wir einen ruhigen Raum für uns, setzen uns hin. Wir kommen zur Ruhe, beobachten unseren Atem. Wir lassen ihn ruhig werden. So wird auch unser Geist ruhig.
Nun nehmen wir den Satz »Ich bin beschützt in der Burg Deiner Gegenwart« in unsere Konzentration auf, und sprechen ihn zuerst anfänglich laut – ganz bewusst jedes einzelne Wort, das wiederholen wir ca. 5 Minuten.
Dann lassen wir unsere Stimme immer leiser werden, bis wir nur noch flüstern. Dann werden wir ganz still und drücken diesen Satz nur mehr in Gedanken aus. Auf diese Weise sickert die Wahrheit dieses Heilsatzes vom Wachbewusstsein in unser Unterbewusstsein, bis wir es auch als eine befreiende Realität im höheren Bewusstsein empfinden. Wir überlassen uns dem Gefühl der Geborgenheit, das sich uns kundtut und genießen es und lassen es noch in uns nachklingen.

Wenn uns wieder einmal bange werden sollte, können wir uns an dieses Gefühl des Beschützt- und Geborgen-Seins in Gott wieder erinnern, und die Ängste werden schmelzen in der Gewissheit des Schutzes. So verfahren wir mit allen Affirmationen und Heilsätzen.

Heilung durch Imagination, durch lebendige Vorstellung

Mit der Imagination setzen wir schöpferische Kräfte in Gang, wir können Imagination zu unserem Wohl einsetzen.
Situationen, die uns geistig in besonderem Maße fordern oder angstbeladen sind (z. B. Prüfungen), durchleben wir in der Vorstellung positiv, um sie dann in der Praxis erfolgreich bestehen zu können.

Aber wir haben auch die Möglichkeit, uns mittels der Vorstellungskraft zu heilen. Dazu richten wir unsere **Gedanken und Vorstellung auf den erwünschten, gesunden Zustand**.

Krebskranke Kinder haben so mit dieser Methode den Krebs besiegt. Sie haben sich immer wieder regelmäßig vorgestellt, dass die Krebszellen in ihrem Körper mit Soldaten besiegt werden oder dass sie von einem Tier aufgefressen werden. Und mehr und mehr ging die Zahl der Krebszellen zurück.
Auf Lähmungen oder Multiple Sklerose kann man positiv einwirken, indem sich der Kranke lebendig vorstellt, wie er immer besser geht oder sich bewegen kann. Er muss sich richtig hineinleben und sich sehen, wie er immer besser gehen oder seine Arme immer besser bewegen kann. So wird die **Lebenskraft** durch Vorstellungskraft angeregt. Indem man immer wieder **Willensimpulse** auf den erwünschten Zustand richtet und damit Lebenskraft in Hände und Füße lenkt, kann es geschehen, dass die Heilung, die jetzt noch auf **feinstofflicher, energetischer** Ebene stattfindet, letztendlich auch auf **körperlicher** Ebene ihren Ausdruck findet, indem allmählich die Nerven auf die Impulse wieder reagieren.
Je mehr der Kranke Willenskraft aufbringt, umso besser kann das Ergebnis werden und umso früher eintreten durch das Leiten der Heilkraft in den Körper.

Die nächsten Methoden sind besonders geeignet, mentale Gesundheit und den **Glauben an die Heilung** wesentlich zu verstärken, weil man an der Heilung aktiv mitarbeiten und deren Wirksamkeit fühlen kann:

Visualisieren:
Kranke stellen sich z. B. möglichst bildhaft und lebendig vor, wie sie wieder spazieren und sich schmerzfrei bewegen können. Dabei ist es wichtig, wirklich die Freude und Erleichterung zu **fühlen**. Es ist wichtig, das Visualisieren immer wieder zu wiederholen.
Bei Krankheiten oder Verletzungen stellt man sich seinen Körper oder den zu heilenden Körperteil oder ein Organ gesund, geheilt und gestärkt vor und fühlt, wie Heilkraft einströmt.

Ich möchte Ihnen drei Beispiele von wirksamen Visualisierungstechniken geben:

a) Als erstes schaffen wir uns eine angenehme Atmosphäre, z. B. durch Entspannungsmusik und Duftlampe. Es ist für die Visualisierung wichtig, dass wir uns wohlfühlen, keinen Zeitdruck haben und Störungen weitestmöglich ausschalten (Telefon, Besuch etc.). Nun legen oder setzen wir uns total entspannt hin und gehen auf eine **Phantasiereise durch unseren Körper** und besuchen alle Organe und Körperbereiche, indem wir z. B. dem Kreislauf folgen.

Überall, wo wir verweilen, sprechen wir in Gedanken froh und voller Kraft mit den Organen, Muskeln und Zellen. Wir vermeiden nach Möglichkeit jeden Gedanken an Krankheit und Schmerz und vermitteln dem jeweiligen Körperbereich ein Gefühl von Kraft, Freude, Gesundheit und Wohlbefinden.

Unser Bewusstsein manifestiert dann gesunde Schwingungen in diesem Körperbereich, die wiederum die Heilung fördern. Wichtig ist, dass wir nicht nur versuchen, positive Signale zu senden, sondern dass wir dies definitiv tun! Hier würde jeglicher Zweifel unsere Bemühung ins Gegenteil umkehren.

b) **Atemmeditation:** Wir sitzen oder liegen wieder vollständig entspannt und konzentrieren uns auf den ruhigen und gleichmäßigen Atem. Eine Hilfe ist, sich bei der Einatmung auf den Klang »So« und bei der Ausatmung auf den Klang »Ham« zu konzentrieren. Wenn wir in der Lage sind, ruhig und gleichmäßig und vor allem ganz entspannt zu atmen, beginnen wir mit unserem Bewusstsein dem Atem zu folgen. Wir stellen uns vor, wie mit jeder Einatmung Licht, Kraft und Freude in den Körper strömt und diesen förmlich überschwemmt. Bei jeder Ausatmung stellen wir uns vor, dass alle negativen Gefühle, Ängste, Sorgen, aber auch Schmerzen und Krankheiten sich auflösen und ausgeatmet werden.
Wenn wir dies eine Weile erfolgreich durchgeführt haben, lenken wir mit unserem Bewusstsein den Atem in eine Problemzone, wo wir Schmerzen oder Schwäche spüren bzw. wo sich eine Krankheit manifestiert hat. Mit der Einatmung lenken wir wieder Freude, Kraft und vor allem Heilkraft ganz gezielt in diesen Körperbereich und bei der Ausatmung lösen wir alle Schmerzen und alles Kranke auf und atmen sie als eine dunkle Wolke aus.

Mit etwas Übung und Konzentration kann es uns gelingen, Schmerzen einfach »wegzuatmen«. Jedem logisch denkenden Menschen ist allerdings klar, dass wir nicht in den Körper – sagen wir in die Leber – hineinatmen können. Aber die Atemluft enthält nicht nur Sauerstoff, Kohlendioxyd, Stickstoff etc., sondern auch Prana – Lebenskraft. Dieses Prana umgibt uns ständig und wir nehmen es z. B. durch den Atem auf. Prana ist nicht an die Atemwege oder das Kreislaufsystem gebunden, sondern zirkuliert zusätzlich in den feinstofflichen Energiekanälen (Meridianen).
So ist es möglich, mittels Vorstellungskraft dieses Prana dorthin zu lenken, wo es gebraucht wird. Prana ist eine unglaublich starke Heilkraft!

c) **Handauflegen:** Wir liegen oder sitzen wieder ganz entspannt und ruhig. Wir stellen uns über unserem Kopf ein helles, warm und angenehm strahlendes Licht, etwa wie eine Sonne, vor. Nun konzentrieren wir uns auf einen Strahl dieser Sonne, der den Kopf durchströmt und in die Wirbelsäule fließt. Normalerweise würde dieser Strahl die Wirbelsäule bis zum Steißbein durchströmen, aber wir sammeln dieses Licht, diese Heilkraft, im Herzzentrum (Anahata-Chakra mitten auf dem Brustbein). Von dort lenken wir dieses Licht in zwei kräftigen Strahlen durch die Arme in die Handchakren (Mitte der Handfläche). Wenn wir uns nun die Hände auf Bereiche des Körpers legen, die schwach sind oder Heilung brauchen, wie etwa die Augen, Leber, Magen etc., können wir diese Heilkraft aus den Händen auf den Körper übertragen.

Bei Depressionen und Schwäche stärken wir das Wurzelchakra und den Solar Plexus. Wir können auch bei großem Herzeleid die Hand aufs Herzchakra legen. Wollen wir diese Kraft den Nerven zukommen lassen, legen wir für die motorischen Nerven die Hände auf den Hinterkopf und für das vegetative Nervensystem die Hände auf den Solar-Plexus.
Mit etwas Übung und Konzentration können wir spüren, wie die Handflächen Wärme und Kraft ausstrahlen, die in den Bereichen, auf denen die Hände liegen, deutlich spürbar ist.

Denjenigen, die Reiki praktizieren, wird dies bekannt vorkommen. Es ist die gleiche Technik des Handauflegens, nur arbeiten wir ohne Einweihungen, da wir uns die Lebenskraft durch die Visualisierung in den Körper und über die Hände in die Problemzonen leiten.

Die Bachblüten-Therapie von Dr. Edward Bach

Auf diese Therapie sind wir bereits in den vorigen Kapiteln 2 und 3 eingegangen, und zwar unter »Psychohygiene« und »Bachblüten«. Aber ich möchte darauf hinweisen, dass es bei den Bachblüten ganz **spezielle Blüten** gibt, die durch ihre Heilschwingung den **Glauben an Heilung** fördern und unterstützen. Es die Blüte **Nr. 12, der Gentian,** bei uns auch als der bittere Enzian bekannt.
Bei bereits bestehender Hoffnungslosigkeit kann die **Nr. 13 Gorse** genommen werden.
Diese beiden Bachblüten wirken so, dass sie niedere Schwingungen von Angst, Hoffnungslosigkeit in **höhere** Schwingungen in der Seele, in Mut und Zuversicht, Glauben an sich selbst und Gottvertrauen umwandeln.

Lassen Sie die **Blütenessenzen** je nach Bedarf in der Apotheke in einem 30-er Tropf-Fläschchen zusammenstellen. Meist wird ein Fläschchen nicht genügen. Oft werden mehrere nacheinander gebraucht.
Die tägliche Einnahme sind 4 x 4 Tropfen, man kann sie auch in den Tee oder Wasser zum Trinken geben oder direkt mit der Pipette auf die Zunge tropfen (diese aber möglichst nicht berühren wegen der Hygiene).

Weitere Bachblüten können für einen Heilungsprozess nur förderlich sein:
Manchen Krankheiten liegen alte Schocks zugrunde, die müssen zuerst mit **Nr. 29 Star of Bethlehem** behandelt werden. Schocks können sonst eine dauerhafte Heilung verhindern.

Zeiten langer Krankheit lassen die Lebensfreude und das Interesse am Leben erlahmen. Zur Erweckung derselben können wir **Nr. 37 Wild Rose** und **Nr. 9 Clematis** einsetzen.
Verbitterung, Unversöhnlichkeit und Hassgefühle (auch gegen sich selbst) wirken sich ebenfalls gegenüber dem Heilungsprozess hinderlich aus. In diesen Fällen können **Nr. 38 Willow** und **Nr. 15 Holly** eingesetzt werden.

Hier noch ein paar Vorschläge, wie Sie je nach Bedarf sich die Blüten zusammenstellen können:
Nr. 20 Mimulus macht Mut und wirkt gegen alle möglichen Ängste.
Mit **Nr. 19 Larch** kann wieder das nötige Selbstvertrauen aufgebaut werden.
Nr. 21 Mustard hilft bei der Sinnfindung, Wandlung, Trost, ist hilfreich bei Depression.
Nr. 30 Sweet Chestnut bei Lebenskrisen zur Transformation, bei »dunkler Nacht der Seele«.
Nr. 17 Hornbeam fördert Heiterkeit, Interesse am Leben, geistige Frische, hilft gegen Frustration.
Nr. 33 Walnut fördert den Durchbruch zu Neuem, vor allem unterstützend für die Heilarbeit.
Nr. 23 Olive für die körperliche und geistige Regeneration bei totaler Erschöpfung.
Nr. 8 Chicory hilft beim Loslassen bei Fixierung auf Partnerschaft, Angst, verlassen zu werden.

Für Angehörige des Kranken:
Nr. 25 Red Chestnut gibt Gelassenheit und Vertrauen, genügend Abstand zu den Problemen anderer zu gewinnen, hilft bei übertriebener Angst und Sorge um andere.

Bei der Bach-Blütentherapie von Dr. Bach gibt es sogenannte »Typenessenzen« und »Stimmungsessenzen.« Die Typenessenzen entsprechen Persönlichkeits- und Charaktermerkmalen, während die Stimmungsessenzen die augenblickliche Gefühlslage betreffen. Vielfach braucht es eine Kombination von beiden, einerseits unser Wesen zu harmonisieren und unser wahres Potenzial hinter der Schwäche hervorzubringen, andererseits uns aus einer augenblicklichen emotionalen Notlage in einer bestimmten Situation herauszuhelfen.

Mentaltraining

Dabei machen wir uns schädliche, gewohnheitsmäßige Gedankenmuster und Redeweisen bewusst. Dazu gehören oft Sätze »Ich bin immer …, ich werde niemals …«, die oft in der Kindheit in das Bewusstsein einprogrammiert wurden. Mit der Formulierung **»Ich bin«** sprechen wir das Göttliche in uns an und dieses hat die **Kraft zur Verwirklichung** – im Positiven und auch im Negativen! So missbrauchen die meisten Menschen ihre Schöpferkräfte und ernten Misserfolg, Krankheit und Leid usw.
Nun gehen wir den umgekehrten Weg und lassen destruktive Äußerungen über uns los, indem wir diese durch neue positive, aufbauende Sätze ersetzen, sodass ins Unterbewusstsein neue, konstruktive Denk-Programme eingespeist werden und schädigende aufgelöst werden können.

Immer wieder, wenn wir uns bei einem schädigenden Satz ertappen, nehmen wir diese Äußerung **sofort** zurück: »ja, bis jetzt, vorher, war es so, aber **jetzt bin ich** …«, und denkt das positive Gegenteil. Die Wörter »alt, schwach und krank« sollten wir im Zusammenhang mit »Ich bin …« generell aus dem Wortschatz streichen. Unser Körper und sein ganzer Zellenstaat sind treue Diener und richten sich danach, was wir denken und sprechen. Stattdessen können wir z. B. sagen »Ich bin in reifem Alter«, »ich möchte mich ausruhen, schonen, ich brauche ein wenig Erholung und Ruhe« und dergleichen. Durch das Wort wird manifestiert.

Wenn Frauen in den Wechseljahren, oft auch schon früher, sich ängstlich im Spiegel betrachten und jede neue Falte im Gesicht zählen mit dem Gedanken »jetzt werde ich alt und faltig, ich bin nicht mehr begehrenswert« oder Männer um ihre Tat- und Manneskraft fürchten »jetzt lasse ich aber nach und werde schwächer« brauchen sie sich nicht wundern, wenn genau das geschieht, was sie befürchten. Wenn sich jemand einredet »ich bin ja so empfindlich« und verkündet, was er alles nicht (mehr) verträgt, so wird sein Körper seine allergischen Reaktionen verstärken. – Wir müssen uns also, selbst angesichts auftretender körperlicher Probleme, positiv programmieren. Zur Erinnerung, alles das, worauf wir gedanklich unsere Aufmerksamkeit richten, wird verstärkt.

Wir sollen nicht das Negative betonen, von Krankheit sprechen, sondern den **guten Zustand bejahen** – uns vollkommen abwenden vom Unvollkommenen, Unheilen und von negativen Selbstbildern.
Dazu braucht es Selbstbeobachtung, Beharrlichkeit und Disziplin. Aber letztendlich wird die Umwelt entsprechend positiv reagieren, weil man sich durch die neuen Gedankenmuster resonanzfähig dafür gemacht hat. Ich hatte vor etlichen Jahren das Glück, eine gute, geistige Freundin zu haben, die mich immer aufmerksam gemacht hat, wenn ich gedankenlos Äußerungen über mich abgab. Wenn sie mich dabei bei der Unterhaltung ertappte, fragte sie mich dann: »Was bist du?« Und dann habe ich es sofort zurückgenommen.

Wir sollten Wörter wie »wahnsinnig, mörderisch, furchtbar« möglichst meiden. Worte sind Energie, tragen eine Schwingung in sich, und das hat dementsprechende Auswirkungen.

Auf das **mentale Umerleben** bin ich bereits im Kapitel 2 unter »Tagesvorschau und Tagesrückblick« eingegangen. Wir können auch Ereignisse aus früheren Zeiten bereinigen, wenn wir erkennen, dass wir da etwas gemacht haben, was wir jetzt als falsch erkennen. Unsere Seele ist zeitlos, ewig. Auf der Seelenebene gibt es nur Zeitlosigkeit, Gegenwart und keine Beschränkung des Raumes. Deshalb haben wir auch die Fähigkeit, in die Vergangenheit zu sehen. Deshalb ist eine Rückschau durch Zeit und Raum so wertvoll, weil wir durch diese vieles im Nachhinein bereinigen können und nicht in die nächste Inkarnation schleppen müssen. Wir sollen in der Jetzt-Zeit leben, aus der Vergangenheit lernen und neu schöpfen für die Zukunft.
Wie aus diesem Kapitel hervorgeht, sind die Ursachen von gesundheitlichen Störungen und Krankheiten mannigfaltig. Was Sie noch zur Verbesserung Ihrer Lebenssituation tun können und auf welche Weise, finden Sie im zweiten Kapitel »Im Einklang leben durch harmonische Lebensweise« unter »Probleme lösen, Wünsche erfüllen.«

Versteckten schädlichen Gedankenmustern sollten wir auf die Spur gehen und sie ausrotten. Dazu machen wir einmal »Aufräumarbeit« im Geist, so wie wir einen Dachboden oder Keller ausräumen würden. Wir nehmen gewohnte »antiquarische Gedanken« kritisch unter die Lupe, und schreiben uns auf einem Zettel auf, was wir alles loslassen wollen. Das können auch negative Erwartungshaltungen sein, wie z. B. »ich bekomme ja doch keine Arbeit« oder »ich finde keine Wohnung« oder »das schaffe ich nie« usw.
Dann schreiben wir auf einem anderen Zettel eine Liste mit Gedanken und Vorstellungen, die uns gut tun und die wir aufbauen möchten.
In der nächsten Zeit können wir dann zielgerichtet, in kleinen Schritten, daran gehen, hinderliche Gedankenmuster abzubauen bzw. in positive umzuwandeln und die positiven Gedanken stärken und aufbauen.
Hilfreich sind dabei folgende Methoden:

> Den Zettel mit den aufgeschriebenen negativen Gedanken- und Gefühlsmustern können wir vernichten, indem wir ihn verbrennen und ganz bewusst sagen: »Ich lasse das alles los.« Es wird sich ein Gefühl der Erleichterung einstellen. Dieser Akt prägt sich im Unterbewusstsein ein.
> Oder wir gehen in die Entspannung, in den Alpha-Zustand, stellen uns imaginär eine Tafel mit den besagten Sätzen vor. Und diese Negativ-Sätze löschen wir geistig mit dem Schwamm ganz bewusst von der Tafel fort.
> Die »moderne« Variante: Wir stellen uns den Bildschirm eines Computers vor, auf dem die »Sabotagesätze« geschrieben sind. Und nun drücken wir auf die Löschtaste »Entfernen«.
> Wir bestätigen uns, dass diese Sätze aus dem Unterbewusstsein gestrichen sind mit dem Gefühl der Erleichterung. Jetzt hat Neues, Konstruktives in unserem Geist Platz!

Und sollten sich zwischendurch bei Gesprächen und am Telefon alte, undienliche Formulierungen wieder einschleichen, können wir uns jederzeit geistig den Befehl geben »löschen« und in der Vorstellung wegwischen oder die Entfernungstaste bedienen.

Zu einem durchtrainierten Pessimisten gehört auch,
dass er Gutes sehr schlecht und Schlechtes sehr gut hört.
Ernst Ferstl

Ein Optimist ist ein Mensch,
der alles halb so schlimm
und doppelt so gut findet.
Heinz Rühmann

Übung zum Auflösen negativer Gedanken und Gefühle:

Wir können negative Gedankenmuster und Gefühle, wie Unversöhnlichkeit, Ärger, Schuldgefühle, Ängste auf feinstofflicher Ebene auflösen, indem wir sie in der Vorstellung in eine Schachtel verstauen und diese zuschnüren. Solche Disharmonien sehen auf der feinstofflichen Ebene wie dunkelgraue, schwarze Wolken aus. Diese zugeschnürte Schachtel lassen wir verbrennen in einem imaginären Feuer, im Licht der transformierenden, Violetten Flamme. Dazu können wir auch Engel bitten, dass sie uns helfen und die negativen Energien wegnehmen.

Lassen wir in unserem Leben das »ich muss« und Verbote »ich darf nicht« hinter uns. Alles was wir müssen, nimmt uns Kraft, erinnert an Zwang. Das beraubt uns der Motivation und der Freude beim Tun und unserer Energie.

Sagen wir uns aber, dass wir etwas tun **wollen**, dann aktivieren wir **unsere Willenskraft**, und wir bekommen **Kraft** für unsere Handlungen. Dann fällt alles leichter.

Es ist doch viel schöner, wenn wir in Freiheit denken »**ich darf und ich kann**«, als dass wir uns Selbstzwängen unterwerfen. Mit dieser Einstellung werden wir auch notwendige Schritte zu unserer Gesundung leichter tun und umsetzen können, z. B. eine Reinigungs-Diät oder eine Umstellung gewisser Lebensgewohnheiten.

Im zweiten Kapitel habe ich auch auf die Wichtigkeit der Psychohygiene hingewiesen als Grundlage für Gesundheit für Körper und Geist. Wichtig ist dabei, dass man sich die **Kunst der Freude und des Humors** bewahrt.

Überhaupt ist es wichtig, die Fähigkeit zu entwickeln, sich an den kleinen Dingen des Lebens zu erfreuen. Dazu gehört, das Schöne zu empfinden, z. B. in der Natur, in der Musik usw. Und wenn es einmal nichts zu freuen gibt, kann man sich freudvolle Momente des Lebens immer wieder **imaginär** herholen und durchleben. Das wandelt die triste Stimmung wieder um. Die höhere Schwingung der Freude ist immer stärker als die niedrige Schwingung der Traurigkeit.

Es gibt Personen, die mit der wunderbaren Gabe des goldenen Humors geboren werden. Machen wir uns den Humor zu eigen. Damit können wir viele unangenehme Momente und Gespräche entschärfen, und ihnen die negative Kraft nehmen bzw. wieder alles ins Positive wenden. Mit Humor können wir angespannten Situationen ihre Spannung nehmen, wir gewinnen eine andere, gelassene Sichtweise.

Mit Humor nehmen wir uns selbst nicht mehr so sehr wichtig und reagieren nicht mehr so empfindlich auf widrige Situationen.

Für den, der den Geist bezwungen hat, ist der Geist der beste Freund.
Doch für den, der dies versäumt ist, wird der gleiche Geist zum größten Feind.

Bhagavat Gita 6.6.

Schutz vor Negativität

Wir sind nicht nur schädlichen Strahlungen ausgesetzt, sondern die ganzen negativen Schwingungen von Ängsten, Verzweiflung, Zorn, Neid und Hass von den Menschen auf der ganzen Erde beeinflussen uns. Sensible Menschen können das spüren, wenn sich Katastrophen irgendwo auf der Welt abspielen.

Deshalb ist es wichtig, jeden Tag um göttlichen Schutz und Führung zu bitten. So entsteht ein Schutzmantel um unsere Aura. Ohne Schutz können negative Gedanken anderer Menschen in unsere Aura eindringen, uns belasten, z. B. durch Abladen von Sorgen oder Krankheiten. Wir können auch unseren Schutzengel bitten, dass er uns vor Gefahren warnt.

Unsere eigene positive Schwingung und Liebe, die wir aussenden, bilden ebenso einen Schutz gegen Negatives.

Auf meine Frage »Wie kann ich mich effektiv von negativen Energien befreien? Was muss ich tun zum vollkommenen Schutz, besonders vor Heilbehandlungen?« bekam ich die Antwort in einem Channeling:

*»Verrichte das **tägliche** Gebet für **Heilung, Führung und Schutz** am Morgen und vor dem Schlafengehen.*
*Du kannst **Deinen Schutz ausdehnen, indem du Dir vorstellt, von einem dichten Strahlenkranz umgeben zu sein,** durch den nichts ein- und durchdringen kann. Nach der Behandlung reinige Dich sogleich und lüfte den Raum und räuchere. Vergiss auch nie zu bitten und zu danken.*
Wir werden Dich vor Schaden bewahren, wenn Du dies tust. Hab Vertrauen in Deine Fähigkeit.«

Mit dem Reinigen ist das Waschen der Hände bzw. eine Dusche gemeint. Man kann auch eine imaginäre »Lichtdusche« nehmen, indem man sich vorstellt, mit strahlendem Gotteslicht (violett oder weiß) von allen negativen, krankmachenden Schwingungen gereinigt zu werden.

Eine weitere Möglichkeit zum Reinigen der Aura ist ein Reinigungsbad, dem man naturbelassenes Meersalz oder Himalaya-Salz hinzufügt. Es entgiftet den Körper und führt dem Körper Mineralien zu.
Das ist besonders für alle Leute gut, die in Heil- und Pflegeberufen arbeiten oder viel mit Menschen zu tun haben, dass sie sich nach ihrer Arbeit schwingungsmäßig reinigen. Für sie kann es auch nützlich sein, wenn sie Seidenunterwäsche tragen, aber keine schwarze. Seide hat die Eigenschaft, dass sie ungute Schwingungen von Menschen abschirmen kann.
Vor der Heilarbeit wird der Raum schwingungsmäßig optimiert mittels Räucherstäbchen oder Duftlampe. Zum Raumklären können wir nachher die Fenster aufmachen, in alle Ecken gehen und klatschen und den Raum mit Salbei räuchern.

Im eigenen Interesse sollten wir uns von hypnotischen Kunststücken, gewissen magischen oder schamanischen Praktiken, Tischlrücken sowie von Alkohol, Rauschgift und jeglichen Drogen fernhalten. Wir sollten solche Kreise, wo diese Gepflogenheiten üblich sind, unbedingt meiden.
Viele junge Menschen finden gewisse Praktiken faszinierend, wollen ihre Macht auskosten. Sie lassen sich in ihrer Unwissenheit mit Kreisen ein, die anfänglich recht freundlich und verlockend erscheinen. Aber mit der Zeit geraten sie immer mehr durch Druck und Angstmache in der Gruppe – oft durch Androhung von Gewalt – in den Sog von Unfreiheit, aus dem sie sich nur ganz schwer befreien können.

Es herrscht große Unwissenheit über gewisse Gefahren. Aus dem Grunde informiere ich Sie als Leser. Es gibt die weiße und schwarze Magie. Die weiße Magie dient dem Licht und damit Gott. Sie ist gewaltlos in ihrer Anwendung, sie schädigt niemals ein Wesen, auch wenn dieses nicht dem Licht dient. Sie verstärkt vielmehr alle guten Gedanken, Bestrebungen und Gebete.

Das Gegenteil ist der Fall bei schwarzer Magie, diese zwingt die Menschen und bereitet ihnen Angst. Sie bemächtigt sich der Seelen der Menschen oder anderer Wesen (Naturgeister) und macht diese zu willenlosen Sklaven. Hinter vielen Suggestionen, die Macht, Erfolg und Reichtum und Genüsse versprechen – sei es durch Werbung und die verschiedenen Medien sowie durch politische und religiöse Fanatiker – steht nicht nur die Ausbeutung der Menschen, sondern bewusst oder unbewusst die schwarze Magie.

Alle Praktiken, die ein Geschöpf – gleich welcher Art – schädigen, um dem Praktizierenden Nutzen zu bringen, sei es das Erzwingen von Liebe, Gesundung auf Kosten anderer, Profit um jeden Preis oder Macht über andere, stellen eine Verbindung zum Bösen her und zu schwarzmagisch arbeitenden Menschen im Diesseits und in der Astralwelt!
Es gibt Menschen, die geistiges Wissen besitzen, die die geistigen Gesetzmäßigkeiten kennen und über die Kraft der Gedanken Bescheid wissen. Aber sie benutzen ihre Fähigkeiten nicht zum Guten, sondern missbrauchen diese ganz bewusst, um anderen Menschen Leid und Schaden zuzufügen.
Es kommt in der letzten Zeit immer mehr vor, dass Menschen Opfer schwarzmagischer Angriffe werden – auch ich wurde schwer attackiert, weil ich dem Licht diene. Als effektiver Schutz vor Gefahren und Bedrohungen schwarzmagischer Art empfiehlt es sich, **täglich** vom Himmlischen Vater ein strahlendes, weiß leuchtendes Christuskreuz in unser Herz zu erbitten, das sich ausbreitet in alle Körperzellen, über den ganzen physischen Körper, aber auch über alle feinstofflichen Körper, so dass wir mit weißem Licht durchstrahlt und umstrahlt sind. So besteht ein Schutz von göttlichem Licht von **innen** her.
Bei akuter Gefahr, Bedrohung und Bedrängnis jeglicher Art ruft man **augenblicklich** die Hilfe von Jesus Christus und von Erzengel Michael und seinen Gottesboten herbei, damit sie uns davor beschützen und befreien.

Eine sehr effektive Methode als Schutz vor negativen Schwingungen und zur Reinigung der Aura sind spezielle **Schutz-Mantren**. Sie werden auch Kavaca genannt, was soviel wie »Schutzschild« heißt. Diese Mantren verändern die Schwingung in uns und in unserer Umgebung so, dass sich negative Energien erst gar nicht festsetzen können oder weichen müssen.
Das erste wichtige Schutz-Mantra ist das als Heil-Mantra beschriebene **Gayatri-Mantra**. Es befindet sich schon im Kapitel über Schwingungen unter »Die Welt der Töne«

Das zweite Schutz-Mantra ist das **Narashimha-Maha-Mantra**. Es ist eine Bitte um Schutz an eine bestimmte Form Vishnus, der seine Anhänger beschützt. Mit Vishnu bezeichnet man den erhaltenden, bewahrenden Aspekt Gottes in Indien:

OM HRIM KSHRAUM
UGRAM VIRAM MAHA- VISHNUM JVALANTAM SARVATO MUKHAM
NRISHIMHAM BHISHANAM BHADRAM MRTYO-MRITYUM
NAMAMY AHAM

In der vedischen Wissenschaft gibt es neben diesem Schutzmantra auch ein spezielles, langes Schutzgebet zu Narashimha – das Narashimha Kavaca – das jedoch mit einer aufwendigen Zeremonie verbunden ist. Es wird auch heute in Indien mit Erfolg angewendet.

Eine weitere Gruppe von Schutz-Mantren sind die sogenannten **Hanuman-Mantren**. Sie werden als Schutz bei verschiedenen Gelegenheiten rezitiert. Ich möchte hier nur das Mantra gegen schwarze Magie, Flüche, Geister und negative Energien erwähnen:

OM DAKSHINA MUKHAYA PANCHAMUKHA HANUMATE
KARALABADANAYA NARASIMHAYA
OM HRAM HRIM HRUM HRAUM HRAHA.

Im Kapitel »Im Einklang leben durch harmonische Schwingungen« unter »die Welt der Töne« finden Sie wichtige Hinweise zur richtigen Anwendung von Mantren.

Auch bei der Meditation sollten wir stets darauf bedacht sein, den **Geist immer beschäftigt**, auf etwas **konzentriert** zu halten, sei es anfänglich auf den Atem zum Ruhigwerden der Ge-

danken, dann auf einen Gottesnamen und auf Gott. Das ist **sehr wichtig**, denn Gedankenleere kann gefährlich werden! Es besteht nämlich bei Gedankenleere die Gefahr, von vagabundierenden Seelen besetzt zu werden.
Alkohol, Rauschgift und Drogen zerstören den schützenden Aura-Mantel. Dann ist es besonders leicht, sich etwas »einzufangen« und von negativen Energien belegt zu werden.

Bei Besetzungen und schweren Attacken durch negative Energien kann und darf nur der Kundige helfen und von der Besetzung befreien, z.B. ein in dieser Richtung geschultes, befähigtes Medium oder ein hellsichtiger Geistheiler. In diesem Falle müssen **spirituelle Heilmethoden, vor allem Gebete**, zum Einsatz kommen.

Es darf nie mit Gewalt »ausgetrieben« werden, sondern es muss zum gedanklichen Dialog zwischen der besetzenden Wesenheit und dem Medium oder Geistheiler kommen, damit diese zur Einsicht kommt und freiwillig geht. Dabei wird die Hilfe und der Beistand von Jesus Christus, Erzengel Michael und seiner Helfer angerufen.

Bruno Gröning, der legendäre Geistheiler der Nachkriegsjahre, erklärte:

»Der Mensch ist und bleibt göttlich, niemals ist ... der Mensch böse, sondern er kann nur – wenn er Gott vergisst, wenn er sich selbst vernachlässigt – von dem Bösen behaftet werden. Das Böse beeinflusst ihn, und er muss dann dem Bösen dienen. Nicht der Mensch ist es, der Böses tut, sondern das Böse. Das Böse ist mächtig, Gott aber allmächtig.
Wer im Dienste Gottes steht, wird nicht nur von Gott durch Seine Kraft gestützt, sondern auch geschützt. Er wird durch die Macht Gottes das Böse besiegen können.
Jedem Menschen ist es freigestellt, eine geistige Mauer zwischen sich und Gott zu erbauen und durch jeden negativen Gedanken, jedes negative Wort und jede ungute Tat diese Mauer zu verstärken. Gott stellt sich unter den freien Willen des Menschen.
Der Mensch steht zwischen zwei Mächten. Gott, die Quelle allen Guten, der Ursprung des Lebens, auf der anderen Seite der geistige Gegenpol Gottes, der Böse, Satan. Wenn der Mensch »der anderen Stimme« seinen Glauben schenkt, zieht Er sich zurück.«

Er war auch der Auffassung, dass der überwiegende Teil aller Menschen sich unbewusst in den Machtbereich des Bösen begeben, Opfer widriger Umwelteinflüsse und eigener Schwäche sind.
Viele Menschen haben über Jahrzehnte nicht die Kraft gehabt, sich gegen nahe Verwandte oder Familienmitglieder, die sie tyrannisierten, durchzusetzen. Durch falsches Pflichtbewusstsein, Minderwertigkeitskomplexe, Angstgedanken, verdrängte Wut bis zum Hass öffnen sie, ohne es zu wissen, ihr Herz der negativen Macht, die immer enger das Netz von Leid, Unglück und Not um ihr Leben schließt. Denken wir doch in diesem Zusammenhang an das Beispiel, das ich unter »Die Sprache des Lebens« vom mutwillig demolierten Auto gegeben habe.
Die geistige und die seelisch-körperliche Widerstandsfähigkeit werden durch die Vielzahl negativer Einflüsse in Wort und Bild oft schon von Kindheit an deutlich vermindert.

Gerade **sensible** Menschen erleben Leid, weil sie nicht nur sehr empfänglich für das Gute, sondern **auch** für das Negative sind. Sie öffnen aus falsch verstandener Gutmütigkeit ihr Herz allem und jedem und haben Schwierigkeiten, sich dem **Negativen**, welches ihnen von anderen Menschen oft entgegengebracht wird, **zu verschließen.**
Sie nehmen die Not ihrer Nächsten in sich auf, weil sie allen helfen wollen, haben immer ein Ohr für die langen Geschichten des Leids der anderen. Meistens erfüllt sie ein großes **Mitleid** mit ihren hilfebedürftigen Nächsten mit den schon erwähnten verheerenden Auswirkungen auf die eigene Gesundheit.

Hier muss ich betonen, dass wir zwischen Mitleid und Mitgefühl unterscheiden müssen. Unser Mitleid hilft niemanden, dem anderen nicht und uns selbst schadet es, es raubt uns nur Kraft. Aber mit Einfühlen im Gespräch, **Mitgefühl** und liebevoller Zuwendung bauen wir Wärme und Vertrauen auf, die gut tut.

Hier wende ich mich besonders an Angehörige, die einen Schwerkranken zu pflegen haben. Sie müssen einen »gesunden Lebensegoismus« in sich tragen und dürfen sich selbst nicht vergessen. Wir dürfen nicht mehr Kraft ausgeben, als wir selbst haben und aufnehmen können. Sonst machen wir auf unserem Gesundheitskonto »Schulden«, und es kommt die Zeit, dass wir selbst der Hilfe bedürfen.

Wir können bei Leuten, die uns Energie abziehen (sie fühlen sich nach unserem Besuch besser und wir schwächer, völlig ausgelaugt) unsere Aura schützen, indem wir unseren Chakren den geistigen Befehl geben, dass sie sich schließen, vor allem dem Solar Plexus. Wir können uns auch vorstellen, dass wir diese Menschen wieder mit der kosmischen göttlichen Lebensenergie verbinden, sie an diese anschließen, indem wir ihnen mittels unserer imaginären Vorstellungskraft eine Lichtschnur vom Kronenchakra aufwärts errichten. Dann brauchen sie sich Lebensenergie nicht mehr von uns und anderen holen.
Bei allen energielosen Zuständen können wir uns selbst an die »göttliche Infusionsschnur« anhängen und auftanken, indem wir uns diese Verbindung bewusst machen und Gottes Energie und Gotteslicht vom Kronenchakra hereinströmen lassen und mit dem Einatmen verstärken.
Wir können uns auch vor unangenehmen, böswilligen Menschen schützen, indem wir geistig einen Spiegel zwischen uns und die Person stellen, oder imaginär rundherum um uns herum – mit der Spiegelseite nach außen zur Person. So verlaufen Gespräche leichter und ihre ausgesendeten (negativen) Energien bleiben bei ihnen, sie kommen nicht an uns heran. Dies ist auch bei unangenehmen Telefon-Gesprächen anzuwenden.

Zum Reinigen und Transformieren von schlechten Schwingungen in Räumen (Angst und Leid, Krankheit und Disharmonie, Zorn) oder auf Gegenständen können wir violettes Licht visualisieren oder die Violette Flamme erbitten und die Gottesboten bitten, dass die vorhandenen negativen Energien transformiert werden, und/oder wir nehmen eine Wohnungsräucherung mit getrocknetem Salbei vor.
Zur Vorbeugung können wir täglich unsere Räume und das Haus segnen und um göttlichen Schutz bitten.
In diesem Zusammenhang muss ich darauf aufmerksam machen, dass **jeglicher** Schutz geschwächt wird oder ganz erlischt, wenn wir unguten Emotionen Raum geben, z.B. Zorn, Hass! Ich möchte nochmals erinnern, dass Alkohol, Rauschgift und Drogen den Schutzmantel der Aura »löchrig« und uns offen machen für alle unguten Einflüsse.

Heilungshindernisse

Oft sind Kranke gar nicht bereit, etwas an ihrem Leben zu ändern und ihre Ernährungs-, Denk- und Lebensgewohnheiten zu überdenken. Sie schlagen die Ratschläge, die ihnen zum Gesundungsprozess verhelfen sollen, einfach in den Wind. Sie wollen nur von ihren Beschwerden befreit werden, aber nichts dafür tun, dass sie wirklich gesund werden.

Aber **unabdingbar** für einen Heilprozess ist, dass der Kranke auch bereit ist, mit dem Arzt, Heilpraktiker, Therapeuten oder Heiler **zusammenzuarbeiten**, etwas für seine Gesundung zu tun und den Anweisungen, die er dafür bekommt, Folge zu leisten.

Der Leidende muss auch einen Teil bereit sein, für seine Heilung Verantwortung zu übernehmen. Erst dann ist der Erfolg einer Therapie oder Heilungsmethode gewährleistet. Oft hilft schon eine Klärung darüber, was zu einer Krankheit geführt hat und wie der eigene Gesundungsplan aussehen kann. Dazu sollte sich der Patient fragen:

- Was habe ich in meinem Leben bisher gemacht, das ich jetzt nie mehr tun würde?
- War es meine Ernährung, meine Lebensweise oder geistige Einstellung, die mich krank gemacht hat?
- Was soll ich ändern? Soll es im Äußeren sein oder auf der inneren Ebene?
- Wie darf ich mich nicht mehr verhalten, was soll ich unterlassen?
- Wie soll ich mich in Zukunft verhalten, um gesund zu werden und es auch zu bleiben?

So kann der Kranke sich dann einen **eigenen Heilungsplan** zusammenstellen, zusammen mit den ihm gegebenen Anweisungen. Mit diesem Ziel vor Augen – der Gesundheit – ist er viel besser motiviert, weil er **aktiv** am Heilungsprozess beteiligt ist.
Auch ich gebe bei meiner Lebens- und Gesundheitsberatung meinen Rat- und Heilsuchenden »Hausaufgaben«, damit sie selbst mithelfen können, ihre Lage zu verbessern.
Am Ende dieses Kapitels ist eine Zusammenfassung für ein Selbstheilungsprogramm. Das könnte ein Modell für einen individuellen Heilungsplan sein. Jeder nimmt das heraus, was für ihn wichtig und richtig ist und schreibt es für sich auf. Dann geht auch das Umsetzen leichter.

Aber was können die Gründe sein für mangelnde Zusammenarbeit?

- Der Glaube, dass nur Medikamente der Schulmedizin allein genügen, gesund zu werden, ohne etwas in den Lebensgewohnheiten ändern zu müssen.
- Furcht vor Nachteilen. Das können materielle Nachteile sein, dass Kranken- oder Sozialgelder bei der Heilung wegfallen könnten. Es sind auch Bedenken, weniger Fürsorge, Unterstützung und Zuwendung als Gesunder zu bekommen.
- Furcht vor Übernehmen von Verantwortung und Selbständigkeit, Lethargie oder einfach nur Bequemlichkeit.
- Kein Vertrauen an den Heiler und seine Methode und an die Kraft, die heilen soll.
- Kraftlosigkeit, Mutlosigkeit durch einen langen, unter Umständen auch qualvollen Krankheitsverlauf. Hier muss besonders darauf geachtet werden, den Klienten energetisch aufzubauen und seinen Lebensmut zu wecken.

Heilungshindernisse:

Opferrolle
Manche Menschen hängen an ihrer Krankheit, sie holen ihre Leiden, ihre Operationen und ihre Krankengeschichte immer wieder hervor in ihren Erinnerungen. Diese scheinen ihr Lebensinhalt zu sein. Sie beschäftigen sich ständig mit ihren Krankheiten.
Dazu ein Channeling:
»Wenn die Kranke bereit ist, aus der Opferrolle herauszugehen und sich mit den Ursachen ihrer Krankheit auseinanderzusetzen, kann sie durch klare Erkenntnis und bewusstes Loslassen der Vergangenheit die Basis zu ihrer Gesundung schaffen.«

Es ist sehr wichtig, nicht über die Krankheit zu sprechen, dadurch werden Krankheit und Sorge immer wieder geistig angezogen. Wer sich mit der Krankheit beschäftigt, hält sie fest und versperrt der göttlichen Heil-Kraft den Weg. Im Channeling wurde die Wichtigkeit des Loslassens betont.

Unversöhnlichkeit, Hass
Einige Patienten verhindern durch ihren Hass, ihre Unversöhnlichkeit, dass sie wieder gesund werden. Unversöhnlichkeit und Pflegen von Ressentiments gegen Familienangehörige zerstören nicht nur den eigenen Frieden und den der Familie, sie zerstören auch die eigene Gesundheit. Herz und Nieren werden dabei besonders belastet.
Dem 4. Chakra ist die Thymusdrüse zugeordnet, ihre Funktion ist die Krankheitsabwehr. Durch Hassgefühle wird das Herzchakra – das Heilchakra – in seiner Funktion beeinträchtigt. In der Folge werden die Immunkräfte, also die Selbstheilungskräfte, ständig geschwächt.

Selbstvorwürfe, Schuldgefühle, sich unwert fühlen
Andere wiederum sind nicht fähig, sich selbst zu verzeihen für persönliche Fehler und Versäumnisse in ihrem Leben. Sie verharren ein Leben lang in **Selbstvorwürfen** und belasten sich durch diese negativen Gefühle ungemein. Sie verhindern durch ihre Haltung ihre Heilung. Sie quälen sich mit Schuldgefühlen und fühlen sich unwert für eine Heilung.

Resignation, nicht mehr an Heilung glauben können
Jeder negative Gedanke an die Krankheit steht dem Einfließen der heilenden Kräfte im Menschen entgegen. Der Heiler Bruno Gröning sagte:
»Die Gedanken an das Übel hüllen ihn wie ›Nebel‹ ein, so dass die lichten, aufbauenden und reinigenden göttlichen Kräfte nicht in ihn einfließen können.
Ein Mensch darf sich nie aufgeben, denn wenn er sich aufgibt, gibt er Gott auf, und dann kann ihm nicht mehr geholfen werden.«

Ich habe schon vorher unter »Mentaltraining« auf die Wichtigkeit der richtigen Gedanken- und Wortwahl hingewiesen. Negative Glaubenssätze wie »Keiner kann mir helfen« und »ich muss damit leben« verhindern den Erfolg der Heilung und können diese blockieren.
Kranke müssen sich erst innerlich frei von diesen negativen Vorstellungen machen, sich davon lösen.

Zweifel, Unglaube
Das Unterbewusstsein nimmt das Wort »nicht« nicht an. Wenn wir sagen: »Hoffentlich wird es nicht schlechter« so heißt es für das Unterbewusstsein »Hoffentlich wird es schlechter«. So können wir erkennen, wie unsinnig und schädlich solche Formulierungen sind.
Mit dem **positiven Heilungsgedanken** nach getaner Heilarbeit »So ist es und **so bleibt es**« stärken wir unser System, so **stabilisieren** wir den guten Zustand. So wird das System nicht geschwächt durch Angst und Zweifel. Mit dem schaffen wir eine gute Ausgangsbasis zu unserer Gesundung.
In diesem Zusammenhang muss ich erwähnen, dass hier oft auch die Angehörigen und »lieben Freunde, die es gut meinen« einen negativen Einfluss auf den Kranken ausüben. Es kommt immer wieder vor, dass sie mit ihren skeptischen Fragen, offenen Zweifeln und mangelnder Unterstützung und Verständnis für gewisse Heilmethoden zu den Zweifeln des Genesenden beitragen.
Fragen wie »Geht es dir **noch** gut? Hilft das überhaupt etwas? Nimm doch lieber Tabletten« oder »das ist doch alles Unsinn« schüren sie den Zweifel des Betroffenen an der Heilmethode und den Unglauben an seine Heilung.
Ein Genesender sollte sich von all dem Gerede nicht irritieren lassen und »die lieben Freunde« und skeptischen Zeitgenossen möglichst meiden, und am guten Zustand festhalten.

Karmische Leiden
Wenn die Krankheit oder das Leid einer Person jedoch einen karmischen Ursprung hat, bedeutet dies, dass es zu ihrem Seelenprogramm und Lernprozess gehört. Dieses kann man ihm nicht abnehmen. Durch Gebete und Fürbitten kann man aber eine gewisse Linderung oder einen zeitweiligen Aufschub von Schmerzen erreichen.

Diverse andere Heilungshindernisse
Ich möchte nochmals darauf hinweisen, dass in diesem Kapitel bereits erwähnte Krankheitsursachen, wie zum Beispiel eine schlechte Schlafstelle, Elektrostressbelastungen, Quecksilberbelastungen aus Amalgam in Zähnen, Zahnherd-Belastungen, u. a. einer Gesundung im Wege stehen können, und Therapien und Heilarbeit nicht greifen. Diese müssen eventuell vorher noch abgeklärt und beseitigt werden.

In diesem Zusammenhang möchte ich noch etwas zur Verdeutlichung von meinen eigenen Erfahrungen zu diesem Thema einbringen.
Es freut mich sehr, wenn ich bei meinen Beratungen und der Energie- und Heilungsarbeit merke, dass es den Leuten gut geht, sie wieder aufleben und ihr Genesungsprozess fortschreitet oder sie ganz von Schmerzen befreit werden.

Aber manchmal wird leider der Heilungsprozess unterbrochen, weil sich die Menschen nicht an ihr Heilungsprogramm halten. Ich gebe stets Ratschläge mit für die körperliche, geistige und seelische Ebene. Aber ich musste leider die traurige Erfahrung machen, dass manche Kranke nicht bereit waren, mit mir zu kooperieren. Sie waren zwar froh über die deutliche Verbesserung ihres Befindens, aber sie taten nichts oder zu wenig, um diesen Zustand zu festigen.

Einmal kam eine junge Frau zu mir, um die 30 Jahre, Mutter von zwei kleinen Kindern. Sie war seit ca. 2 Jahren an MS erkrankt und hatte schon deutliche Beschwerden beim Gehen. Ihr Schicksal und das ihrer Familie bedauerte ich sehr. Nachdem ich die Erlaubnis von der geistigen Welt hatte, durfte ich mit der Heilarbeit beginnen. Ich arbeitete mit dem Arzt und Heiler Dr. Danninger zusammen. Ich machte alles nach seinen Anweisungen und er kontrollierte jeweils den Heilungsverlauf.
Mehrere Monate hindurch machte ich regelmäßig Heilarbeit, auch aus der Ferne. Es war für mich die größte Freude, als ich bemerkte und spürte, wie sich die Blockierungen lösten und die Lebensenergie wieder in den feinstofflichen Ätherkörper einfloss und es zu wirklichen Verbesserungen kam. Die junge Frau konnte wieder ihre Beine gut anheben und besser gehen. Plötzlich stagnierte der Heilprozess, es traten energetische Blockaden in den Beinen und an der Wirbelsäule auf.
Bei meiner Heilarbeit arbeite ich auch als Channel und erhalte Botschaften für die Ratsuchenden und Leidenden. Aus der Botschaft für die junge Frau ging klar hervor, dass es sich um eine karmische Krankheit handelte und dass eine Aussöhnung mit den Seelen aus einem früheren Leben notwendig sei. Erst durch die Vergebung wäre ihre karmische Schuld, die sie nun abgetragen hätte, ganz getilgt und ihrer endgültigen Gesundung stände dann nichts mehr im Wege. Diese einzige Bedingung hätte sie noch zu erfüllen.
Leider war sie für eine Bühnenheilung (auf die ich im Kapitel über die Seele noch zu sprechen komme) nicht bereit, es gelang ihr nicht.
Ich wollte die Situation für sie noch retten, so unterbreitete ich ihr den Vorschlag, zu einem Gnadenort ihrer Wahl zu gehen und dort die Versöhnung und Vergebung für sich und die beteiligten Seelen zu leisten. Aber auch diesen Rat hat sie nicht beherzigt. Das Ganze war ihr zu unbequem, sie wollte sich damit nicht konfrontieren. Sie versuchte ihr Leiden wieder mit schulmedizinischen Methoden zu kurieren. Dabei wäre die Krankheit auf einer ganz anderen Ebene zu lösen. Sie wollte in der Folge nicht mehr zu mir kommen – obwohl es schon so schöne Fortschritte im Heilungsprozess gegeben hatte. Darüber war ich sehr traurig.

Ein anderer junger, halbseitig gelähmter Mann machte auch sehr große Fortschritte. Er hatte großen Auftrieb, gab seinen Stützstock weg, fing wieder an zu spazieren und es ging ihm immer besser. Deutlich war wieder das Einströmen der Lebensenergie an seiner gelähmten Körperseite wahrnehmbar. Er hatte auch wieder leichte Empfindungen in dem gelähmten

Bereich gespürt. Leider ist er völlig unerwartet wieder in eine alte Gewohnheit zurückgefallen und hat trotz des Verbots von Dr. Danninger mit dem Rauschgift-Konsum wieder angefangen. Er hat sich ganz klar dafür entschieden, mit allen negativen Konsequenzen für ihn.

Ein Nierendialyse-Patient erfuhr durch die regelmäßige Heilarbeit eine signifikante Verbesserung seiner Kreatinin-Werte. Anfangs waren sie sehr hoch und dann erreichte er nahezu Normalwerte, so dass er seine Dialyse-Behandlungen sehr einschränken konnte. Die Ärzte hatten keine Erklärung dafür, aber es ist alles befundmäßig belegt.
Für einen anhaltenden Heilungsprozess wäre aber wichtig gewesen, dass er auf der emotionalen Ebene ausgeglichener geworden wäre. Durch seine Unversöhnlichkeit und Hassgefühle bestimmten Familienmitgliedern gegenüber verschlechterte er sich ständig seinen Gesundheitszustand. Die Nieren sind ja bekanntlich das Partnerorgan. Unter Konflikten wird die Niere angegriffen, auch das Herz. Er vergiftete sich buchstäblich selbst immer wieder durch seinen Groll und seine »giftigen« Gefühle.
Durch die Gabe von Bachblüten, u. a. von »Holly«, wurde er für kurze Zeit friedlicher, aber bald fiel er wieder in seine alten Muster. Er änderte sich nicht in seinem Verhalten, trotz meiner Bitte. Auch in diätischer Richtung nahm er meine Empfehlungen nicht ernst. Ihm fehlte einfach das Verständnis, dass er auch selbst zu seiner Heilung beitragen müsse. Eines Tages bekam ich von der geistigen Welt wegen seiner Unbelehrbarkeit keine Erlaubnis mehr, mit der Heilarbeit fortzusetzen.

Natürlich war ich sehr traurig und auch enttäuscht über diese Geschehnisse und Schicksale, wo sich doch schon so signifikante Heilungsfortschritte bei den aufgezählten Personen abspielten! Zu gerne hätte ich allen die endgültige Heilung gewünscht, dass sie ihre Chance zur Heilung – die nach göttlichem Plan auch für sie vorgesehen und erlaubt war – auch wahrgenommen hätten. Sie hätten die Heilung nur unterstützen und meine Ratschläge beherzigen sollen.
Es war nicht leicht für mich, das so hinzunehmen. Aber ich tröstete mich damit, dass sie zu einem späteren Zeitpunkt Heilung erfahren werden. Sie werden noch wichtige Erfahrungen sammeln müssen, bis sie mich später verstehen werden. Aber die Samen zur Heilung und zu Erkenntnissen wurden gesät. Mehr konnte ich nicht für sie tun, ich habe mein Bestes gegeben.
Für mich war es eine wichtige Erfahrung. Ich gehe von nun an ohne eigene Erwartungen an den Heilungsverlauf an meine Heilarbeit heran. Ich brauche nur Sein Instrument sein, ich heile niemanden – ich darf Sein Werkzeug sein. Alles andere liegt in Gottes Händen, und der Kranke hat seinen freien Willen, der zu respektieren ist.

Heilung durch Therapie und Beratung

Meine Aufgabe als Lebensberaterin:
Ich gebrauche meine Worte nur noch zum Helfen und Heilen, Danken und Segnen.
Mein Bewusstsein ist dabei ausschlaggebend.

Zum Beratungsgespräch:
Ich konnte in all den Jahren reiche Erfahrungen sammeln und Vielen helfen. Ich gebe gern mein erworbenes Wissen beratend weiter.
Meine Aufgabe als Lebensberaterin sehe ich darin, dass meine Worte helfend und heilend auf den Ratsuchenden wirken. Die Ärzte im heutigen Medizinsystem haben oft gar nicht die Zeit, alle Lebensumstände in der Anamnese des Patienten abzufragen, so wie es früher der »gute, alte Hausarzt« tat, der oft die ganze Familie kannte. Meist beschränken sie sich auf Symptombehandlung, ohne viel auf die Krankheitsursachen einzugehen.

Ganz das Gegenteil ist beim indischen, ayurvedischen Medizinsystem der Fall. Dort werden sehr wohl alle Lebensumstände des Patienten – sein Umfeld, sein Beruf, seine Lebensgeschichte und Lebensweise – bei der Therapie berücksichtigt. Vor allem wird seine individuelle Konstitution beachtet, die ganz verschiedene Heilmethoden oder Medikamente erfordert.
Ganz so ist es auch bei der Lebensberatung. Alle Lebensbereiche müssen hinterfragt werden. Wichtig ist, dass genug Zeit dafür zur Verfügung steht.

Bei der **Therapie und Beratung geschieht Heilung**, indem ich bewusstseinsmäßig den **erwünschten Endzustand**, die Vollkommenheit und Gesundheit des Klienten/Patienten bejahe. Ich richte meine Aufmerksamkeit nicht auf den Mangel.
Das gelingt sehr gut, wenn ich mich vor einer Beratung zentriere, tief einatme, auf mein Herz konzentriere und kurz an etwas Schönes denke. Das harmonisiert. In diesem Zustand kann ich angemessen und verständnisvoll mit allen Menschen umgehen, so dass sie sich mir gegenüber auch öffnen und aussprechen können.
Es ist wichtig, dass ich den **anderen intuitiv** und einfühlend erfasse. Das gelingt nur, wenn ich Ratsuchende mit dem **Herzen betrachte**, in hohem Bewusstsein. Ich stelle mich auf Gott ein und lasse mich führen – ohne persönlichen Ehrgeiz. Ich vertraue darauf, dass Heilung geschieht, auch wenn es sich nicht sofort zeigt.

Besonders wichtig ist es für mich, zu erfassen, wo der Ratsuchende bewusstseinsmäßig steht. Ich muss das Beratungsgespräch je nach seinem Verständnis gestalten, so dass ich ihn auch erreiche und er verstehen kann, was ich ihm vermitteln will und warum.

Steckt der Patient oder Klient in einer seelischen Krise, muss ich ihn da abholen, wo er momentan steht.
Da hat es keinen Sinn, ihn über höheres esoterisches Wissen und Philosophie aufzuklären, sondern ihn aufzurichten und ihm das Gefühl vermitteln, dass er, so wie er ist, angenommen wird. Erst dann wird er sich öffnen und über seine Probleme sprechen können.

Ein Arzt wird kaum in einem akuten Unfall oder Krankheitsfall dem Patienten, z. B. bei einem Knochenbruch, die Anatomie der Knochen, die Art der Verletzung oder die Ursache der Krankheit oder der Schmerzen erklären, sondern **sofort** alles unternehmen zur Schmerzlinderung. Erst danach wird er über den Therapieplan und alles weitere mit dem Patienten sprechen.
Und genau so ist es, wenn es sich um **seelische Verletzungen** handelt. Die tun nämlich genau so weh wie körperliche Schmerzen, wenn nicht noch mehr – sie rufen sogar körperliche Probleme und Schmerzen hervor!
Ist ein Mensch emotional aufgewühlt und steckt in einem Prozess, in dem alte, oft auch **unbewusste** Erinnerungen und Schmerzen aus der Kindheit in ihm hochkommen, dann **ist** er bewusstseinsmäßig das verletzte Kind, das getröstet und beruhigt werden will. Die hochsteigenden Gefühle des Ausgeliefertseins, der Einsamkeit, die Wut oder die Angst wollen besänftigt werden. Das kann eine ganze Palette von Gefühlen sein und wenn sie hervorbrechen, ist es wichtig, Tränen und Wut zuzulassen. Notfalls gebe ich ihm ein Polster, worauf er seine Verzweiflung und Wut draufhauen kann oder lasse ihn seine Gefühle kräftig ausatmen.
Das wird ihn aufs erste erleichtern und erst dann wird ein Gespräch möglich sein. Es hilft dem Menschen in diesem aufgewühlten Zustand überhaupt nicht, wenn ich ihm lange Ratschläge erteile, seine Lage erkläre und ihm z. B. sage, er soll sich bewusstseinsmäßig mit seinem Hohen Selbst verbinden oder mit seinem Schutzengel kommunizieren und von ihm Hilfe erbitten. In so einer emotionalen Krise ist der Ratsuchende gar nicht dazu in der Lage, er **kann nicht** logisch denken.

Wie ich bereits unter »alte Verletzungen und das Selbstbild heilen« erläutert habe, ist das logische Denksystem **jetzt** durch das limbische Hirnsystem (das emotionale Gehirn) unter dem Schock von alten Erlebnissen, die nun emotional hochgekommen sind, **blockiert**.

Nun habe ich das **Kind vor mir** und nicht den erwachsenen Menschen. Da braucht es **sofort** hautnah einen Menschen, der es in seiner Verletztheit und Hilflosigkeit in die Arme nimmt oder einfach durch seine liebevolle Präsenz Trost gibt. Einfach nur zuhören und sich dafür genügend Zeit nehmen, einfach dem »Kind« mir gegenüber Zuwendung und Liebe geben, die ihm jetzt fehlt und gefehlt hat. Das allein schon wirkt heilend. Erst dann, wenn die Emotionen ihren Ausdruck gefunden haben über Weinen oder auf den Polster hauen, werden die emotionalen Stürme nachlassen.
Und **erst dann** ist der Ratsuchende in der Lage, auf Erklärungen und Vorschläge vernünftig einzugehen.

Wichtig ist, mit dem Gespräch das Selbstwertgefühl wieder aufzubauen und hoffnungsvolle Perspektiven für die Zukunft zu eröffnen. Das Ziel, der erwünschte Endzustand soll dabei ins Auge gefasst werden. Der Ratsuchende muss selbst seine Lösungen finden, ich helfe ihm nur dabei. Ganz wichtig ist es für mich, den Sinn hinter einem Problem oder einer Krankheit und was daraus zu lernen ist, anzusprechen.
Es ist mir wichtig, dass ich die Aufmerksamkeit des Ratsuchenden auf höhere Dinge, wie auf den Sinn des Lebens, lenke. Ich spreche auch immer wieder mein Gegenüber darauf an, dass es nicht vergessen soll, dass wir in Wirklichkeit Seelen sind und unser Körper nur ein Instrument für die Seele ist auf dieser Ebene, damit wir unsere Aufgabe hier erfüllen können. Dann kommt der Ratsuchende ganz automatisch auf den richtigen Weg und erkennt allmählich sein wahres Wesen.

Geistige Heilweisen, Reiki, Handauflegen, Auraheilung

Bereits im ersten Kapitel habe ich unser wahres Wesen vorgestellt, nur zur Erinnerung. Die Seele kleidet sich bei ihrer Inkarnation in mehrere Hüllen:
Den physischen, sichtbaren Körper, den feinstofflichen Astralkörper und den spirituellen Kausalkörper.

Der Astralkörper umfasst wiederum
1. den energetischen Ätherkörper,
2. den Emotionalkörper und
3. den Mentalkörper.

1. Die Maßnahmen und Therapien der Schulmedizin dienen der **körperlichen Ebene** mit den Medikamenten, Heilkräutern und Behandlungen, um den Körper und seine Organe zur Heilung anzuregen. Sie leistet u. a. Hervorragendes in der Unfallmedizin und Chirurgie.

2. Aber es gibt noch Heilungsarbeit auf **feinstofflicher Ebene** zur wesentlichen **Unterstützung** der schulmedizinischen Maßnahmen und Therapien.
Diese Heilarbeit ist fast noch wichtiger als die körperliche Therapie, weil hier auf dieser Ebene oft die **verborgenen** Krankheitsursachen sitzen. Und an diesen muss man zuerst arbeiten. Sonst haben wir nur eine Symptombekämpfung, die vorerst wohl Linderung bringt, aber letztendlich zur Symptomverschiebung führt und keine vollständige Heilung gibt, weil die dahinter liegenden Ursachen nicht behoben worden sind.

Auf dieser feinstofflichen Ebene entfalten die **Bachblüten** ihre heilende Wirkung und auch die **Energie- und Heilarbeit**.

Unser ganzer Astralkörper wird durch die Bachblüten in eine höhere, leichtere Schwingung versetzt und das kommt der körperlichen Gesundheit zugute. Es geht um die Information, die der Körper und die Seele durch die Blütenessenzen bekommen. Die Wirkung entfaltet sich so ähnlich wie bei der Homöopathie.

Ein besonderes Heilmittel für die Seele ist das **Gebet.** Durch das Gebet werden höhere Kräfte frei für die Heilung für sich und andere. Das ist erwiesen. Wie man wirksam betet und was dabei beachtet werden soll, können Sie im späteren Kapitel »Im Einklang leben mit der Seele« nachlesen.
Auf neue Heilmethoden, basierend auf Schwingung und Information, habe ich bereits im vorigen Kapitel hingewiesen. Neben den Bachblüten erwähnte ich u. a. auch das spirituelle Heilsystem mit **SS-Sanjeevini-Karten.** Das neunblättrige Lotossymbol entspricht **stark konzentrierten Gebeten** zu Gott um Heilung. Bei Gebeten kann man nichts falsch machen, es gibt keine »Überdosierung« oder falsche Anwendung. Mittels dieser Karten ist es möglich, göttliche Heil- und Gebetsschwingungen auf sich und andere Personen, aber auch auf Tiere, Pflanzen und Trägersubstanzen wie Wasser, Globuli oder Nahrungsmittel, zu übertragen.
Natürlich ist es wichtig, **selbst** den Heilungsprozess durch gesündere Ernährungs-, Denk- und Lebensweise und durch Ablegen krankmachender Gewohnheiten zu **unterstützen.**
Es besteht auch die Möglichkeit, schädliche Schwingungen zu neutralisieren.
Sie finden im Internet unter »Sanjeevini« weiterführende Informationen. Im Sanjeevini-Zentrum in A-5760 Saalfelden, Bundesstraße 4, ist das Sanathana Sai Sanjeevini-Heilsystem zu beziehen.

Mit diesen angeführten Methoden haben wir eine **ganzheitliche** Heilarbeit, die alle Ebenen des Menschen einschließt, die körperliche Ebene und den feinstofflichen Astralkörper mit der ätherischen, emotionalen, mentalen Ebene und die Seele. Eigentlich sollten sich Schulmedizin und spirituelle Heilungsarbeit **ergänzen**.

Bei der spirituellen Energie- und Heilarbeit wird der feinstoffliche Astralkörper behandelt. Seine Aura umfasst den physischen Körper und **drei** Lichtkörperschichten, die ineinander übergehen und einander durchdringen:

1. Äther- bzw. Energiekörper:

Der **Ätherkörper**, der das feinstoffliche Doppel, die **Matrix** für den physischen Körper ist, hat eine bläuliche Farbe mit Rasterlinien. Er wird auch als **Energiekörper** bezeichnet, weil sich in ihm die Energiebahnen (Nadis/ Meridiane) und Energiezentren (Chakren) befinden, die die Lebensenergie im Körper verteilen, ohne die der physische Körper nicht existieren könnte, er ist also am engsten mit ihm verbunden.
An ihm kann man die Vitalität des physischen Körpers erkennen. In ihm können auch feinstoffliche, karmische Verletzungen aus früheren Leben liegen. Wenn diese nicht geheilt werden, so kann es im physischen Körper zu Problemen kommen, für die die Ärzte keine Erklärung haben. Da treten Schmerzen auf und sie finden nichts mit ihren diagnostischen Methoden.
So erging es auch meiner Nichte Karin, einer jungen Frau mit einer kleinen Tochter. Bei einem familiären Treffen erwähnte sie beiläufig, dass sie seit ca. 15 Jahren an Schmerzen im Kreuz leide. Sie hat die Schmerzen auf das viele Tragen ihrer kleinen Tochter geschoben. Ich fühlte die Aura entlang des Rückens und nahm mit meinen Händen wahr, dass im Kreuzbein etwas steckte. Ich nahm den feinstofflichen Dolch (aus einer früheren Inkarnation) heraus und siehe da, von dieser Minute an war sie schmerzfrei und sie ist es auch geblieben! Sie konnte es nicht fassen, dass sie sich augenblicklich schmerzfrei bücken und bewegen konnte – und das nach 15 Jahren Leiden.

Ein Phänomen des Ätherkörpers ist der **Phantomschmerz**. Er tritt bei Amputierten auf, denen ein Gliedmaß entfernt wurde. Der physische Körperteil besteht nicht mehr, jedoch im feinstofflichen Ätherkörper ist dieser Teil des Körpers mit den Energie- und Nervenbahnen noch vorhanden. Dadurch empfindet der Betroffene starke Schmerzen im Bereich des amputierten Körperteils.

2. Emotionalkörper:

Der Emotionalkörper trägt alle Farben des Regenbogens, angefangen von rot, orange, gelb, grün, blau bis violett, entsprechend den Chakren. Die sind schön und strahlend. Ungute Emotionen beeinträchtigen aber den Emotionalkörper und lassen seine Farben verschmutzt und trüb aussehen. Ich spüre die Areale, die nicht in Ordnung sind, mitunter auch die Emotionen, die damit verbunden sind. Es ist daher wichtig, auf der **gefühlsmäßigen** Ebene Harmonie anzustreben, sich selbst liebevoll anzunehmen und Gefühle nicht zu verdrängen.
Ich habe bereits erwähnt, dass jegliche emotionale Disharmonie auch den physischen Körper durcheinander bringt, und dass dies zu einem sauren Milieu führt. Ärger, Stress, Unversöhnlichkeit und Groll z. B. machen »sauer« und vergiften den Körper.

Auch über die Ernährung sind viele übersäuert. Das wiederum öffnet Tür und Tor für schwere Erkrankungen. Um einen Säure/Basen-Ausgleich herbeizuführen, ist es notwendig, bei der Ernährung Getreide, Obst und Gemüse den Fleischgerichten weitgehend vorzuziehen.
Fleisch und dessen Produkte belasten nicht nur den physischen Körper, sondern auch den Emotionalkörper durch ihre niederen Schwingungen. Das Fleisch trägt in sich u. a. die Schwingungen von Leiden, Panik und Todesangst, die die Tiere bei der Massentierhaltung und beim Schlachten erleiden. Und diese Schwingungen nimmt der Konsument beim Verzehr in sich auf.

3. Mentalkörper:

Der Mentalkörper ist der Träger unserer **Gedanken**. Er ist gelb, durchzogen mit geraden goldenen Fäden, wie ein Raster. Hier sind bei der Heilarbeit oft um den Kopf herum wahre Knäuel von Gedanken-Energien zu ordnen und »auszukämmen.« Es handelt sich dabei meist um belastende Gedanken, um Sorgen und Probleme. Manchmal sind auch regelrechte Schichten um den Kopf, er ist wie »einbetoniert«. Das entspricht starren, fixen Gedankenkonzepten, an denen Menschen festhalten.

Der höher schwingende ***Astralkörper*** hat ebenfalls Farben wie der Emotionalkörper, nur sind sie noch feiner. So wie das vierte Chakra, das Herzzentrum, die Verbindung zwischen den oberen und unteren drei Chakren herstellt – also zur spirituellen und materiellen, physischen Ebene – so ist der Astralkörper die Brücke zwischen dem spirituellen Kausalkörper und den vorgenannten feinstofflichen astralen Lichtkörpern sowie dem grobstofflichen, physischen Körper.
Verbunden mit dem feinstofflichen **Astralkörper**, der den physischen Körper und den feinstofflichen Äther-, Emotions- und Mentalkörper ovalförmig umschließt und durchdringt, sind sämtliche **Gedankenvorgänge und Emotionen**. Die Heilung des Astralkörpers geschieht durch bedingungslose Liebe, Toleranz und Mitgefühl.

Je nach deren Beschaffenheit hat der Mensch eine starke, gesunde und strahlende ***Aura*** (Ausstrahlung) oder sie ist belastet mit schweren, krankmachenden Energien, die sich letztendlich nachteilig auf die körperliche Gesundheit niederschlagen, so wie es bereits im zweiten Kapitel unter »Psychohygiene« erwähnt wurde.
Die Aura wird besonders durch Suchtgifte wie Alkohol und Drogen geschädigt und verliert so ihre Schutzfunktion. Auch verdorbene oder ungesunde Nahrung und Missachtung der Energiereserven des Körpers können die Aura schwächen.

Es lohnt sich, auf eine gesunde Lebensführung und Psychohygiene zu achten, die Aura zu schützen und zu pflegen.

Die Chakren:

Jeder Mensch hat 7 Haupt-Energiezentren, sie werden auch Chakren genannt. Jedes Chakra öffnet sich nach vorne und nach rückwärts – wie eine trichterähnlichen Blüte – außer das Wurzel- und das Kronenchakra, welche sich nach unten bzw. nach oben öffnen. In Wirklichkeit sind es also **12 Chakren**. »Chakra« ist ein Sanskrit-Wort und bedeutet »Rad«. Das kommt von ihrem wirbelartigen, radähnlichen Aussehen. Ein Hellsichtiger kann sie als farbige Räder wahrnehmen.

Im ersten Kapitel habe ich die Chakren und ihre Funktionen vorgestellt. Sie durchdringen alle feinstofflichen Körper und transformieren die Energie von Gott von den höheren, feinstofflichen Körpern herab bis in den Ätherkörper. Sie sind allesamt verbunden mit einem Energiekanal, der im Yoga Shushumna genannt wird und entlang der Wirbelsäule verläuft. Die Chakren sind sozusagen die »Verteilerstellen« der Lebensenergie für die Organe des physischen Körpers. Bei jedem Menschen strömt ständig Lebensenergie vom Scheitelzentrum, auch Kronenchakra genannt, in den physischen Körper ein und versorgt diesen, sonst könnten wir nicht leben.

Dies geschieht über die verschiedenen Chakren und feinstofflichen Energiebahnen. Die Energiebahnen werden auch als Meridiane in der chinesischen oder Nadis in der ayurvedischen Medizin bezeichnet. Entlang dieser Energiebahnen befinden sich Energiepunkte. Diese heißen im Ayurveda Marma-Punkte und spielen bei der ayurvedischen Ölmassage (Abhyanga-Therapie) eine große Rolle.

Wir haben auch Nebenchakren, dazu gehören u. a. das Milzchakra, das über der Milz liegt, die Fuß- und Handchakren und Chakren an den Knien und Ellbogen.

Das wichtigste Energiezentrum für **Heilung** ist das 4. Energiezentrum – das **Herzchakra**. Je mehr ein Mensch Mitgefühl, Selbstannahme, bedingungslose Liebe entwickelt, je besser er lernt Liebe zu empfangen und zu geben, um so mehr ist das Herzchakra entfaltet und um so besser sind die Abwehrkräfte des Körpers, denn die Thymusdrüse ist dem Herzzentrum zugeordnet. Anderenfalls findet eine Blockierung des Herzzentrums statt und das erschwert den Heilungsvorgang. **Vergeben und Loslassen** ist eine Voraussetzung, dass vollständige Heilung geschehen darf.

Haben die Energiezentren durch Blockaden zu wenig oder zu viel Energie, so leiden auch die entsprechenden Organe darunter, und es entstehen Krankheiten durch Energiemangel oder Energiestau.

Geistige Heilweisen

Bei meiner Energiearbeit setze ich an der Lebensenergie (Prana) an und stehe als Kanal für göttliche heilende Energie zur Verfügung, d. h., dass ich dazu nicht meine eigene Lebensenergie hergebe, sondern dass ich die Heilenergie, die von Gott kommt, an den Klienten weiterleite. Das kann ich direkt oder aus der Ferne tun. Dabei unterstütze und harmonisiere ich die Funktionen der 7 bzw. 12 feinstofflichen Energiezentren (Chakren) des Menschen. Arbeiten die feinstofflichen Energiezentren gut, werden auch die körperlichen Organe gut versorgt und können sich wieder regenerieren.

Die Heilarbeit geschieht am Astralkörper an den verschiedenen Aura-Schichten (Äther-, Emotions- und Mentalkörper). Die chinesische Akupunktur tut dies ebenfalls, und zwar an den feinstofflichen Meridianbahnen des Ätherkörpers, indem sie mit der Nadelbehandlung die Lebensenergie an bestimmten Energiepunkten anregt oder Staus davon beseitigt, sodass wieder ein natürlicher Fluss der Lebensenergie entsteht.

Vor 12 Jahren lehrte mich mein Mann Reinhart Reiki, die Kunst des Handauflegens, und wir beide behandeln mit und lehren auch Reiki. Ich bildete mich weiter in Energie- und Auraarbeit aus. Mein Weg führte mich schließlich zum Geistheiler, Herrn Gerhard Klügl, der in

Europa, vor allem in Deutschland und Amerika tätig ist. Er lehrte mich, Verletzungen in der Aura zu erkennen und zu heilen. Im Laufe der Zeit wurden meine Hände immer sensibler. Ich nehme jetzt immer mehr in der Aura wahr.
Ich habe bei meiner gründlichen Ausbildung bei Herrn Dr. med. Danninger Lichtheilung nach Barbara Ann Brennan gelernt, die feinstofflichen Ebenen des Astralkörpers von krankmachenden Energien zu reinigen und den Astralkörper zu heilen. Damit kann man einen durchgreifenden, ganzheitlichen Heilungsprozess einleiten.

Beim Geistheilen ist es wichtig, mit Engelkräften zusammen zu arbeiten, und so wirke ich mit Erzengel Raphael und Erzengel Michael in Demut zusammen. Vor der Heilungsarbeit hole ich mir noch vom Hohen Selbst des Kranken die Erlaubnis dafür ein.
Hernach stelle ich mich auf Gott ein, bitte um Seine Hilfe und mache mir bewusst: Ich bin jetzt nur ein Instrument, der Heilungsprozess liegt in Gottes Händen »Herr, Dein Wille geschehe.« Nach der Heilarbeit bedanke ich mich bei Gott, dass ich Kanal für Seine göttliche Kraft sein durfte und für den Beistand und Schutz der Engel Gottes und Geistführer.
Die Engel Gottes stehen uns allen jederzeit und sofort zur Hilfe bereit, wir müssen sie nur um Hilfe bitten. Früher habe ich einfach nur an Engel geglaubt, aber durch meine Heilarbeit sind sie mir zur Gewissheit geworden. Die Gottesboten wollen eingeladen und gebeten werden, um uns helfen zu können, denn sie können nicht in unseren freien Willen eingreifen.
Diese schöne Erfahrung habe ich gemacht und erlebe es immer wieder! Besonders schön finde ich es, wenn ich viele Leute bei Ausbildungs-Seminaren treffe, die ganz ähnliche Erfahrungen machen wie ich.

Frau Dr. Fela Winkler, eine Ärztin, macht Heilarbeit in der gleichen Art wie ich. Sie erklärt: *»Das Spektrum meiner Heilarbeit hat sich in den letzten Jahren sehr vertieft und erweitert. Jetzt mache ich auch öfter Channeling. So erhalte ich wichtige Informationen, die der Heilung förderlich sind. Meine Hände brauche ich sowohl für die Diagnostik als für die Therapie. Ich führe sie über den Körper und bekomme Informationen, wo die Blockaden sind, wo Energie nicht fließt. Während der Behandlung bete ich, rufe meine* ***Engel*** *an und bitte um Heilung. Ich lege meine Hände dabei auf die entsprechenden Problembereiche, spüre dann die Heilkräfte in meinen Händen, übertrage die Energie auf den Patienten.«*

Oft ist es nicht gestattet, einer Person eine Krankheit zu nehmen, wenn sie noch karmische Belastungen abzutragen und erst bestimmte Lernaufgaben zu erfüllen hat, die hinter der Krankheit stehen. Diese kann man dem Kranken nicht abnehmen. Daher muss man stets die Erlaubnis vom Hohen Selbst der zu heilenden Person einholen.
Als seriöser, spiritueller Heiler muss ich dies beachten, ich darf nicht in einen karmischen Prozess und Seelenplan eingreifen. Ohne Erlaubnis von der höheren, geistigen Ebene darf man keine Heilarbeit machen! Aber über das Gebet und Fürbitten kann auf jeden Fall Linderung bewirkt werden.

Durch eine spezielle Ausbildung bin ich auch Kanal für Botschaften aus höheren geistigen Ebenen, zum Höheren Selbst, zu Engel Gottes und zur göttlichen Geistigen Hierarchie – so wie ich auch als Kanal für die göttliche Heilenergie fungiere. Bei dem Empfangen der Botschaften bin ich stets voll bewusst, wobei ich je nach Situation eine Botschaft spreche oder aufschreibe, was ich gedanklich empfange. Vorher richte ich mein Bewusstsein auf Gott aus. Ich setze diese Methode nur ein, wenn es wichtig ist und anderen dient und hilft.

Ich nehme meine Aufgabe als Helfer und Lichtarbeiter sehr ernst. Ich muss auf **eine gute Zusammenarbeit** mit dem Klienten bestehen, denn diese ist äußerst wichtig für den Heilungsprozess. Dazu gehört, dass er meine Ratschläge für seine Gesundung auch beherzigt. Ausnahmen sind Fernheilungen, von denen Patienten nichts wissen, die aber von der göttlichen Welt erlaubt sind.

Reiki und Lichtheilung

Handauflegen, auch Reiki genannt, ist eine feine Methode, Schmerzen zu lindern und Organen Heilenergie zuzuführen, indem man dort seine Hände auflegt.
Jede Mutter macht das ganz instinktiv, wenn ihrem Kind etwas weh tut, nimmt sie es in die Arme und schon fließt die Heilenergie zum Kind und der Schmerz hört auf. Die Heilenergie strömt vom Kronenchakra herein, geht ins Herzchakra und von da aus in die Hände. Und das ist Reiki. Dieses Wort bedeutet in der japanischen Sprache nichts anderes als göttliche Lebensenergie.
Aber nicht nur zum Heilen und Lindern von Schmerzen eignet sich das Handauflegen. Man kann auch die Energiezentren, die Chakren, mit Lebensenergie aufladen oder auch harmonisieren. Jedem Chakra sind bestimmte Organe zugeordnet. Durch Handauflegen und Übertragung der Lebens-Kraft auf die betreffenden Chakren werden die Organe wieder mit Lebensenergie gefüllt und können sich wieder regenerieren. Die Chakren sind Eintrittspforten der Energie und Verteilerstellen an den feinstofflichen Energiebahnen bzw. Meridianen. Heilenergie ist Lichtenergie. Wir können sie auf kranke und/oder schmerzende Stellen mit den Händen leiten. Weiters eröffnet sich die Möglichkeit, Fernheilungen zu machen.

Da die Heilkraft göttlichen Ursprungs ist,
ist sie dem göttlichen Willen und dem göttlichen Heilplan untergeordnet.
Sie fließt genau dorthin, wo sie gebraucht wird
und versorgt den Kranken mit genau der Menge Heilenergie, die er benötigt.

Die **Lichtheilung** ist eine Methode nach Barbara Ann Brennan, bei der die feinstofflichen Ebenen des Astralkörpers einzeln gereinigt, aufgeladen und geheilt werden mit Lichtenergie. Bei beiden Methoden gebe ich nicht meine Lebensenergie her, sondern ich bin nur ein Kanal für die Lebens- und Heilenergie, die von Gott kommt, die ich an den Klienten weiterleite.

Damit Sie sich eine Vorstellung machen können, wie göttliche Heilungsenergie empfunden wird, möchte ich einen Geheilten, der beim Heiler Bruno Gröning war, selbst zu Wort kommen lassen:
»Es ist, als wäre durch diese Kraft in mir Licht geworden, als würde durch den Heilstrom der ›Strom des Lebens‹ mein Inneres durchfließen. Aufgrund dieser beeindruckenden Erlebnisse an und in mir konnte ich auch den Glauben an Gott wieder finden, den ich über Jahre aufgegeben hatte.«

Ich erhielt einmal ein Channeling, in dem der Unterschied zwischen Reiki und Lichtheilung dargelegt wird:
*»Bei der **Lichtheilung** brauchst du keine Einstimmung/Einweihung zur Öffnung der Kanäle. Sie **müssen** bereits gereinigt sein, das ist Voraussetzung. Ihr sollt mit Herzenergie, aus dem **Herzen heraus** handeln. Dann kann Heilung geschehen. Liebe ist die göttliche Heilkraft. Das ist die Parallele zu Reiki.*
***Reiki** ist ein **Gnadengeschenk** für alle zur schnelleren Entfaltung der Herzensqualitäten.*
Geht jemand mit unlauteren Motiven mit Reiki um, schwächt er die Heilkraft, aber das ist mit der Lichtheilung (und allen anderen Heilmethoden) auch so.
Die Symbole sind geschützt und können nicht von der anderen Seite besetzt werden. Reiki schützt nicht vor schwarzen Angriffen, aber hält disharmonische Energien ab, sodass sie nicht auf den Spender übertragen werden können.«

Dazu noch eine Erklärung: Bei jedem Menschen sind die Energiebahnen, in denen die Heilenergie vom Kopf in das Herz und von da aus in die Arme und Hände strömt, vorhanden. Aber vielfach sind diese blockiert. Durch die Reiki-Einstimmung werden diese Kanäle geöffnet, gereinigt und versiegelt. Wir sind bewusster mit Gott verbunden und die Herzensenergie weitet sich aus. Wir werden liebevoller.

Mit der Einweihung/Einstimmung und dem vermehrten Einstrom von göttlicher Energie ist ein gewisser Reinigungs- und Entwicklungs-Prozess des Bewusstseins verbunden. Es kann nichts mehr unter den Teppich gekehrt werden, alte Muster werden bewusst und die müssen bereinigt und losgelassen werden. Damit geht eine Bewusstseinserhöhung einher. Einstimmung bedeutet ja, dass wir auf etwas Höheres eingestimmt werden.

Man kann auch ohne Reiki-Einstimmung Hände auflegen und Heilarbeit machen, aber man muss länger daran arbeiten, bis der Heilstrom gut fließt. Das genügt für die Selbstbehandlung, aber für Heilarbeit an anderen noch nicht. Und da ist eine Einstimmung in den ersten Reiki-Grad sehr hilfreich, denn dann fließt der Heilstrom durch die gereinigten Energiekanäle viel stärker und kann jederzeit aktiviert werden. Für die Vertiefung der Heilarbeit, Verstärkung der Heilkraft und zur Fernheilung dient dann der zweite Reiki-Grad.
Manche Menschen haben aber eine natürliche Begabung für das Handauflegen, sie haben es schon mitgebracht aus früheren Leben. In diesen Fällen sind die Energiekanäle frei und die Heilenergie fließt sofort gut und stark. Sie brauchen keine Reiki-Einstimmung mehr.

Das ursprüngliche Usui System der natürlichen Heilung, Reiki genannt, wurde von dem japanischen, christlichen Priester Dr. Mikao Usui (1815-1926) Ende des 19. Jahrhunderts wieder entdeckt und gelehrt. Das Wort »Reiki« bedeutet »Strom der universellen Lebenskraft«, das geht aus der Sprachwurzel »ki« hervor
Die alte Kunst des Handauflegens praktizierte bereits Jesus Christus, und auf die Frage seines Religions-Schülers, ob er ihm nicht auch das Heilen lehren könne, so wie es Jesus Christus getan hat, wusste Dr. Usui keine Antwort. – Und so begann er zu forschen.
Dr. Usui war jahrelang unermüdlich auf der Suche nach der Heilmethode von Jesus Christus und Buddha – dem Handauflegen – gewesen, bis er diese in einem Zenkloster bei Kyoto in 2.500 Jahre alten Sanskrit-Sutras entdeckte. Die darin enthaltenen Symbole wurden später die Grundlage für seine Heilmethode.
In einer 21-tägigen Fasten- und Meditationszeit auf einem heiligen Berg in Japan wurden ihm auf seine Bitte »Vater, bitte zeige mir das Licht!« am 21. Tag nachts in einer göttlichen Vision die Reiki-Symbole, die er in den Sanskrit-Schriften gesehen hatte, offenbart und die Heilkräfte aktiviert. Von nun an konnte er heilen.
Er machte zunächst kostenlos Heilarbeit in den Bettlervierteln von Kyoto, nahm sich dort der Kranken an. Er wurde bitter enttäuscht, denn statt dankbar zu sein und mit ihrer neu gewonnenen Gesundheit ein redliches Leben mit Arbeit zu beginnen, wussten viele ihre Heilung gar nicht zu schätzen und gingen weiterhin betteln. Er erkannte, dass er versäumt hatte, den geheilten Menschen Verantwortungsbewusstsein zu lehren. Er hat die Reiki-Kraft verschenkt, aber damit nur die Bettlermentalität bestärkt.
Er zog daraus die Erkenntnis, dass ein gewisser Austausch zwischen dem Geber und Nehmer der Reiki-Kraft stattfinden soll. Es ist gleich in welcher Form. Diese Erfahrung veranlasste Dr. Usui auch, Heilungen von Patienten nicht nur auf körperlicher Ebene, sondern auch auf geistiger und seelischer Ebene anzustreben. Er stellte Reiki-Lebensregeln für seine Schüler und Patienten auf.
Er setzte als direkten Nachfolger Dr. Ch. Hayashi ein. Frau Hawayo Takata führte das Werk weiter und bildete als erste Reiki-Meisterin viele weitere aus. Sie hat ihrer Enkelin Phyllis Lei Furumoto das Werk weitergegeben. Diese gründete 1982 die Reiki Alliance.

Ich rate aus meiner Erfahrung, nur die traditionelle Form nach dem Original Usui-System von Dr. Mikao Usui zu lernen und von einem Reiki-Meister der Alliance-Gemeinschaft Reiki-Behandlungen zu empfangen. Mein Mann Reinhart hat auch über diese ursprüngliche Linie das Reiki erlernt und mir weitergegeben. Ich habe stets die besten Erfahrungen damit.
Mein Mann hat damals bei seiner Ausbildung sehr viel bezahlt. Wir beide hatten von Anfang an das Bestreben, Reiki für jeden erschwinglich zu machen. Wir blieben freie Reikimeister und sind an keine Organisation gebunden. Reiki sollte aber auch nicht verschenkt werden, da

es sonst von den Menschen nicht wertgeschätzt wird. Ein Energieausgleich in jeder beliebigen Form (es kann ja auch persönliche Hilfe sein) hat seinen Sinn.

Dr. Usui hatte ein hohes ethisches Niveau, er war sehr spirituell. Er betrachtete den Reiki-Weg als spirituellen Entwicklungs- und Herzensweg. Alle nachfolgenden Reiki-Meister/innen waren und sind ihm verpflichtet, nach seinen Regeln auch zu leben. Diese Lebensrichtlinien wurden auch bei jeder Beratung, bei der die Ursache eines Leidens ergründet wurde, den Kranken vermittelt.

Für heute lasse allen Ärger los.
Für heute lasse alle Sorgen los.
Heute sei dir all dessen bewusst, womit du gesegnet bist.
Ehre deine Eltern, Lehrer und Nachbarn.
Nimm dein Essen dankbar zu dir und vergeude nichts.
Heute lebe ehrlich.
Verdiene dein Brot mit ehrlicher Arbeit.
Sei dankbar für das, was du erhältst.
Heute sei freundlich zu allen Lebewesen.

Leider gehen nicht alle respektvoll und demütig an Heil- und Energiearbeit heran. Sie haben eher egoistische, berechnende Interessen, wollen möglichst viel Geld in kurzer Zeit schöpfen. Damit sind sie aber nicht im Einklang mit dem göttlichen Willen, sondern das Gegenteil. So sind auch die Ergebnisse dementsprechend. Es sind mir bezüglich Reiki in der letzten Zeit Informationen zugekommen, die mich veranlassen, hier etwas klarzustellen.

Mit dem ersten Einweihungs-(Einstimmungs)-Grad wird die Reiki-Kraft verstärkt und es beginnt die Arbeit an sich selbst. Mit dem zweiten Grad bekommt man die Symbole zur Verstärkung der Kraft. Mit den Symbolen eröffnet sich auch die Möglichkeit zur Fernheilung und Heilung mentaler Probleme. Den dritten Grad erhält man, wenn man selbst Reiki als Reiki-Meister lehren und weitergeben möchte. Dazu braucht es reichliche eigene Erfahrung.

Daher finde ich es äußerst unseriös, wenn heutzutage Fern-Einweihungen über das Internet angeboten werden.
Jeder Schüler, der Reiki erlernen möchte, muss vom Reiki-Meister auf seine Motivation geprüft werden, er muss genau unterrichtet und geschult werden in dieser Methode. Der Schüler muss wissen, worauf er zu achten hat und vorerst bei sich selbst arbeiten. Nach dem ersten Grad muss er viel Erfahrung sammeln, bevor er in den 2. Grad eingestimmt wird. Der 3. Grad zum Meister ist nur erforderlich, wenn man selbst Reiki-Lehrer sein, das Heilwissen weitergeben und seine Beziehung zu Gott vertiefen möchte.
Dafür ist ein hohes, spirituelles Bewusstsein, viel Erfahrung in der Heilarbeit, eine gründliche Einschulung und ein persönlicher Kontakt mit dem Schüler Voraussetzung. Inzwischen werden mehr als 3 Reiki-Einweihungen angeboten. Das ist alles nicht korrekt.

Jetzt wird unter dem Namen«Reiki« alles Mögliche angeboten, das mit dem ursprünglichen Usui Heilsystem nichts mehr zu tun hat. Z.B. wird es unter »Rainbow-Reiki« (Walter Lübeck) in Zusammenhang mit Schamanismus-Ritualen, Herstellen von Amuletten und Talismanen und Feng Shui usw. genannt. Nichtsahnende glauben, dass das alles zu Reiki gehört – das ist irreführend. Frau Hawayo Takata hat einmal gesagt: »Wer Reiki missbraucht, wird die Kraft verlieren!«
Dazu ein Channeling:
»Warum Reiki bei manchen Leuten nicht mehr funktioniert, liegt daran, dass das ursprüngliche Reiki eigenwillig von gewissen Leuten verändert wurde. Auch die Symbole, wie sie ursprünglich waren sind vielfach nicht mehr korrekt und unwirksam geworden. So wie du es gelernt hast, ist es korrekt.

*Die Leute sollen sich nach der **ursprünglichen Schule** richten. Es braucht keine Extras und zusätzliche Einstimmungen.«*

Nach der ersten Reiki-Gesamtbehandlung kann es zu einer sogenannten Erstverschlimmerung oder **Heilkrise** – wie es auch aus der homöopathischen Medizin bekannt ist – kommen. Diese äußert sich mitunter in Reinigungssymptomen des Körpers, wie etwa Schnupfen. Durch den vermehrten Zustrom von Heilenergie wird der Körper angeregt zur Selbstreinigung, seine Immunkräfte werden gestärkt und er bekommt die Kraft zur Regeneration.

Um eine eventuell auftretende Heilkrise aufzufangen bzw. zu mildern, ist es daher wichtig, dass an vier aufeinanderfolgenden Tagen eine Reiki-Behandlung erfolgt und so soll es auch vereinbart werden. Die anfänglichen Beschwerden klingen dann aus meiner eigenen Erfahrung schnell ab und der Heilungsprozess kann sich vertiefen.
Viele wissen das nicht und es wird ihnen auch nicht gesagt bzw. erklärt. Sie fühlen sich nach der Erstbehandlung schlecht, haben Beschwerden und glauben, dass Reiki nicht helfe.
Dies gilt nur für eine Ganzkörperbehandlung, bei der je nach Bedarf die Chakren harmonisiert, aufgeladen und Organe gestärkt, geheilt und Schmerzen gelindert werden, aber nicht für eine einfache lokale Schmerzlinderung. Vielfach werden aber auch dabei grobe Fehler gemacht. Bei entzündlichen Prozessen, z. B. an den Zähnen, dürfen die Hände nie direkt aufgelegt werden, sonst kommt es zur Schmerzvermehrung! Stattdessen wird in unserem Beispiel die Heilkraft auf das Wurzelchakra gelenkt, das für den Knochen-, Blut- und Zellaufbau und dessen Heilung zuständig ist. Bei anderen Entzündungen verwenden wir für die Heilarbeit das jeweilige Chakra, das diese Region mit Energie versorgt.

Es gibt vielerlei Heilschulen, wie z. B. auch »Therapeutic Touch« oder »Pranic Healing«. Sie müssen auf jeden Fall prüfen, von wem Sie heilende Energie empfangen und bei wem Sie lernen möchten. Es kommt dabei auf das Bewusstsein, die innere Haltung und die Motivation des Heilers und Lehrers an. Der Lehrer muss sein Wissen gewissenhaft weitergeben und auch alles vermitteln, was zur Fehlervermeidung zu beachten ist – am besten auch in schriftlicher Form. Die Motivation des Heilers entscheidet wesentlich über Erfolg oder Misserfolg bei der Heilarbeit.

Wie können Sie nun einen **seriösen Lehrer und Heiler** erkennen und wem können Sie vertrauen? Prüfen Sie ihn auf folgende Kriterien:
Er wird harmonisch in seinem Wesen sein, in sich ruhen, einfühlsam sein und zuhören können. Er ist ehrlich und weiß, wo seine Grenzen sind, und vor allem, sein Motiv zum Heilen ist Liebe.
Er wird – gleich welcher Heilmethode – keine Prognosen und Diagnosen stellen. Das darf nur ein Arzt. Er wird keine großen Versprechungen im Hinblick auf die Heilungsdauer abgeben. Wenn er wirklich demütig ist, kann er das auch gar nicht. Aber er wird den Glauben an Heilung stärken. Er wird alles tun, dass die Selbstheilungskräfte des Kranken in Gang kommen. Er weiß, dass die Gesundung nicht in seiner Hand liegt, sondern gemäß dem göttlichen Heilplan verläuft, wie es für den Kranken bestimmt ist. Viel hängt auch vom Patienten ab.
Wichtig ist, dass der Heiler im Einklang mit Gott arbeitet. Das bedeutet, dass er nicht mit Selbstherrlichkeit, sondern mit Demut und Hintanstellen egoistischer Interessen an seine Arbeit herangeht. Das ist die Voraussetzung für eine gute Heilarbeit.

Daher wird er auch keine überhöhten Honorare verlangen, schon gar nicht im Voraus, sondern nur angemessen, entsprechend dem Zeitaufwand, eine Entschädigung oder Spende nehmen. Er muss sich genügend Zeit für ein Gespräch nehmen. Bei Fern-Heilungsversprechen im Internet nur über Telefon gegen Honorar – ohne den Klienten zu kennen – ist Vorsicht angebracht.

Hier ist anzumerken, dass es Menschen gibt, die eine ganz natürliche Gabe zum Heilen haben. Es sind ganz bescheidene, naturverbundene Menschen mit großer Gottverbundenheit. Ich kannte einen solchen Heiler aus Tirol, Herrn Johann Buchberger. Er hatte die Gabe des »Sehens«. Wenn man ihn anrief, erkannte er sofort, was fehlte. Demütig half er täglich viele Jahre zahlreichen Menschen über das Gebet. Dafür muss man ihm dankbar sein. Man musste ihn nicht aufsuchen und er nahm auch kein Geld.

Achtsamkeit und Vorsicht ist geboten, wenn zu Heilungszwecken schamanistische Rituale angewendet werden. Natürlich gibt es unter den Schamanen große Heiler, gewisse Fähigkeiten haben sich traditionelle, echte Schamanen durch jahrelange strenge Disziplin und Schulung erworben. Aber es ist kaum annehmen, dass jemand, der einen mehrtägigen Kurs in Schamanismus absolviert hat, die Erfahrung und den Weitblick hat, um zu wissen, mit welchen Energien er bei gewissen schamanischen Praktiken arbeitet, ob sie gefährlich für ihn und den Patienten sind oder nicht. Viel Schaden kann damit angerichtet werden.
Ich persönlich würde von Hexen-Ritualen bzw. Woodoo-Zauber oder ähnlichen Methoden Abstand nehmen. Bei all diesen Praktiken wird oft mit sehr erdgebundenen Energien und bisweilen auch mit schwarzen, d. h. nicht göttlichen Energien gearbeitet.
Da das **Bewusstsein** eines Heilers darüber entscheidet, welche Energien er einsetzt oder anruft, ist eine erstmalige persönliche Kontaktnahme zum Heiler wichtig, dass man mit ihm spricht, um entscheiden zu können, ob seine Energien für einen selbst gut sind oder nicht.
Das ist auch in Bezug auf Fernheilungen so. Ich persönlich lege Wert darauf, dass jemand vorerst einmal bei mir zur Behandlung war. Erst dann, wenn ich eine Person kenne, vereinbare ich mit ihr Fernheilungstermine.

Ausgebildete Psychologen und Ärzte praktizieren therapeutische Hypnose. Sie setzen diese u. a. ein zum Beheben von Ängsten und Süchten. Aber sich von ungeschulten Leuten »so zum Spaß« oder aus Neugierde hypnotisieren zu lassen, ist nicht anzuraten. Hingegen eignen sich autosuggestive Methoden gut zur Selbstbehandlung, wie z. B. das Autogene Training, denn es lässt sich gut erlernen. Diese Entspannungsmethode wird u. a. eingesetzt gegen Stress, zur Behebung von Schlafstörungen, zur Verbesserung von Körperfunktionen.

Bevor man sich einem Heiler anvertraut, sollte man ihn möglichst auf seine Lebens-gewohnheiten und Gepflogenheiten prüfen. Wenn ein sogenannter »Energiearbeiter« oder »Heiler« vor der Behandlung raucht oder gar Alkohol trinkt, kann er keine gute, hohe Heilkraft haben bzw. hohe Schwingungen übertragen. Manche behaupten, dass sie dies zum »Erden« brauchen. Ich würde jedoch Abstand von solchen Personen nehmen!
Heilarbeit soll man nur machen, wenn man selbst in guter Verfassung und zentriert ist. Sonst fließt die Heilkraft zuerst zum Heiler, bis bei ihm die Energie-Defizite aufgefüllt sind und dann erst zum Klienten. Dann wird der Klient nicht viel von dieser Behandlung haben.

Für mich ist Heilarbeit heilig, ich darf ja einen Dienst tun, mich als Kanal zur Verfügung stellen, die göttliche Energie empfangen und weitergeben nach dem Motto, Herr, DEIN Wille geschehe. So habe ich es von meinem Mann gelernt und verinnerlicht.
Anfänglich – als ich nur mit Reiki alleine arbeitete – habe ich wundersame Bestätigungen bekommen, dass ich im Einklang mit Gott und Seinen Energien arbeite. Eine Klientin hat mir berichtet, dass sie während ihrer Reiki-Einstimmung mehrere göttliche Symbole wahrgenommen hat, wie das Gottesauge im Dreieck, das Kreuz, die mystische Rose, einen Kelch und eine Pfauenfeder.
Letzteres war ihr unverständlich. Sie hat nicht gewusst, dass die Pfauenfeder ein Attribut von Lord Krishna, einer göttlichen Inkarnation wie Jesus Christus, ist. Meine bereits verstorbene hellsichtige Freundin Marianne nahm anlässlich ihrer Einstimmung Jesus Christus und einen großen Heiligen wahr.

Zusammenarbeit mit der Schulmedizin

Diese wäre sehr erstrebenswert. Energie- und Heilarbeit und Schulmedizin sollten einander **ergänzen**. Dann könnte man diagnostische Vergleiche vor und nach einer Energie- und Heilbehandlung anstellen und die Ergebnisse prüfen.
Das wird bereits durchgeführt, und zwar mit ETAScan, einem bioenergetischen Diagnosegerät nach den Erkenntnissen in der Quantenmedizin. Man kann damit in den menschlichen Körper und seine Organe sehen.
Herr Gerhard Klügl arbeitet auf diese Weise mit Ärzten zusammen. Er hat für geistiges Heilen im April 05 den Alternativen Europäischen Medizinpreis von der Dr. Ingeborg Gebert-Heiß Stiftung verliehen bekommen. Er heilt mittels Aurachirurgie. Nach einer Behandlung von Patienten konnten bei der Nachkontrolle mittels ETAScan zahlreiche Heilungen sofort dokumentiert werden.
Eine weitere Möglichkeit, die Ergebnisse von Energie- und Heilarbeit zu kontrollieren, eröffnet sich mittels der Kirlian-Fotografie, die von dem russischen Forscher-Ehepaar Kirlian entwickelt wurde. Die Kirlian-Fotografie arbeitet mit Hochfrequenz und ist ein hervorragendes Mittel zur Diagnostik im energetischen, feinstofflichen Bereich. Sie zeigt den Energiezustand eines Menschen auf.
An den Fingerspitzen und an den Zehen liegen die Endpunkte der Akupunktur-Meridiane. Der Heilpraktiker Peter Mandel hat die Kirlian-Fotografie weiterentwickelt zur Energetischen Terminalpunktdiagnose (ETD). Bei dieser wird die energetische Ausstrahlung an Fingerkuppen und Zehen abgebildet. Ein Energiestau zeigt sich z. B. durch einen dicken Strahlen-Ring um Fingerkuppe oder Zehe, energetische Blockaden und Schwäche durch Ausfälle im Strahlenkranz oder sehr schwache Zeichnung der Finger- oder Zehenumrisse. Aus der fotografischen Abbildung können verschiedene Krankheitsstadien abgelesen werden.
Mittels dieser Diagnostik-Methode kann man sofort und effektiv den Erfolg und die Wirkung einer Heilarbeit, einer Akupunktur-Behandlung, einer Bachblüten-Therapie, von anderen Therapien oder einer Reinigungs-Kur überprüfen und sichtbar machen.

In England und in der Schweiz in einer Basler Klinik ist es z. B. ganz normal, dass Ärzte mit Heilern zusammenarbeiten. Sie werden herangezogen zur Heilarbeit an den Krankenbetten. Natürlich können dadurch sehr effektive Heilergebnisse erzielt werden, besonders bei chronischen, hartnäckigen Leiden. Wenn nämlich durch die Geist-Heilung die feinstofflichen Hintergründe einer Krankheit beseitigt werden, kann auch leichter Heilung im physischen Bereich erfolgen.
Aber hier bei uns ist man leider nicht so weit. Leider setzt man hierzulande noch hartnäckige Widerstände gegen diese Bestrebungen. Aber es gibt schon immer mehr Bemühungen in dieser Richtung. Viele Ärzte sind schon dazu bereit, sich dafür zu öffnen.
Eine davon ist die Ärztin Frau Dr. Fela Winkler. Sie praktiziert selbst auch spirituelles, energetisches Heilen und Rückführungs-Therapie. Sie war bei der Fliege-Sendung in der ARD im Juli 04 zugegen. Ihr Anliegen ist es, an der Synthese von Schulmedizin, klassischer Naturheilkunde und spiritueller Medizin mitzuwirken.
Sie sagt:

»Schulmedizin und geistiges Heilen unterstützen und ergänzen sich ... Die Schulmedizin ist in akuten Erkrankungssituationen überlegen. Spirituelles Heilen dagegen hat deutliche Vorteile bei chronischen Krankheiten. So haben beide ihre Berechtigung.«

Zu einer gewissen Öffnung der Fronten tragen auch die Medien bei. Das geschah z. B. durch Sendungen der ARD mit Jürgen Fliege, die es aber inzwischen leider nicht mehr gibt. Über diese Themen sind auch schon Bücher von Jürgen Fliege erschienen. Ein Zusammenwirken wäre sehr erstrebenswert und wichtig im Interesse aller.

Die Macht der Liebe

Liebe ist grenzenlos, sie überwindet alle Grenzen, auch über den Tod hinaus. Liebe ist die Quelle der Heilung. Die Liebe hat viele Gesichter:
Freundschaft, zärtliche Partnerschaft, Elternliebe, Geschwisterliste, Liebe innerhalb der Familie, Geduld, Einfühlsamkeit, Verständnis, Treue, Dienst am Nächsten, Verbundenheit mit der Natur und den Tieren, letztendlich der ganzen Erde.
Es sind oft die kleinen Zeichen des Alltags, die das Leben verschönen, ein Lächeln, eine kleine Aufmerksamkeit, mit einem Menschen in Stille verbunden sein, Verstehen ohne große Worte, jemanden Zeit schenken.

Liebe ist die höchste Heilkraft. Wo Liebe ist, haben Angst und Hass keinen Boden mehr. Es ist erwiesen, dass Krebskranke wieder gesund werden, wenn sie vergeben lernen. Ein junger Mann hatte z. B. einen Gehirntumor. Die Situation war lebensbedrohlich und inoperabel. Er trug in sich einen unbändigen, jahrelangen Hass gegen seinen Vater. Dieser Hass hatte sich durch seine ständigen Hass-Gedanken und die Unversöhnlichkeit im Kopf als Tumor festgesetzt. Sein ganzes Wesen war vergiftet von dieser Haltung.

Er wurde auf die Kraft des Vergebens aufmerksam gemacht, nahm sich das zu Herzen und er verzieh seinem Vater. Und in Etappen zeigte sich bei den ärztlichen Kontrolluntersuchungen das Phänomen, dass das bösartige Gewächs in seinem Kopf immer kleiner wurde und schließlich ganz verschwand. Er wurde wieder völlig gesund!

Wie ist dieses Heilungsphänomen zu erklären? Ich habe bereits im zweiten Kapitel unter »Psychohygiene« und hier in diesem Kapitel darauf hingewiesen, wie wichtig die Entfaltung der Herzensqualitäten ist.
Das hat mehrere Gründe, nicht nur ethische oder spirituelle, denn liebevolles Verhalten stellt gleichsam eine Basis für spirituelles Wachstum dar. Es hat auch ganz signifikante Auswirkungen auf unsere Gesundheit. Denn solange wir negative Gefühle der Unversöhnlichkeit, der Ablehnung und des Hasses hegen, schwächen wir ständig die Thymusdrüse, die für unsere Abwehrkräfte zuständig ist. Die Thymusdrüse ist eng mit dem Herzchakra verbunden. Wird das Herzchakra blockiert, wird auch die Thymusdrüse geschwächt.
Erst als der junge Mann zum Loslassen der Vergangenheit und zur Vergebung mit seinem Vater bereit war, wurden seine Selbstheilungskräfte aktiviert. Das Herzchakra konnte sich mehr entfalten, dadurch wurde die Thymusdrüse wiederum gestärkt. Die Abwehrkräfte des jungen Mannes steigerten sich und konnten die schwere Krankheit besiegen.
Darum ist es auch wichtig, zu uns selbst gut zu sein, uns wertzuschätzen und zu lieben. Jegliche Überforderung, jegliche Ablehnung der eigenen Person und Schuldgefühle unterminieren unsere Gesundheit. Das Gebot von Jesus Christus »Liebe deinen Nächsten wie dich selbst« geht sehr tief und wir sollten es uns im wahrsten Sinn »zu Herzen nehmen.«

Die verwandelnde, heilende Kraft der Liebe möchte ich anhand eines eigenen Erlebnisses schildern: Einmal hatte ich mit einer sehr schwierigen, geistig negativ eingestellten Person zu tun. Sie legte eine allgemein stark ablehnende, kritische Haltung an den Tag, gleichsam stellte sie schon von vornherein »ihre Stacheln auf«. Das sollte wohl zu ihrem Selbstschutz dienen, damit sie nicht verletzt würde. Alle gut gemeinten Worte prallten an ihr weitgehend wirkungslos ab. Gleichzeitig heischte sie sehr nach Aufmerksamkeit. Hier hatte ich wohl eine sehr verletzte, einsame Person vor mir. Eigentlich trug ich mich schon mit dem Gedanken, mich räumlich von ihr zu distanzieren. Aber damit hätte ich nichts Positives bewirkt, sondern einen Menschen mit meiner Ablehnung nur noch mehr verletzt und Ärger produziert.
Ich beschloss darum, die Person einfach innerlich – aus meinem Herzen heraus – in ihrer Art anzunehmen, sie zu akzeptieren und ihr gute, segnende Gedanken zuzusenden. Ich hüllte sie

in meiner Vorstellung täglich in Licht und Liebe, bevor ich sie traf. Um mich selbst visualisierte ich einen Lichtkranz. Ich bat auch die Engel Gottes, dass sie mich bei meinem Vorhaben zur inneren Heilung unterstützen mögen.
Zu meiner freudigen Überraschung trat sofort ein auffälliger Wandel im Verhalten dieser Person auf, sie wurde von Tag zu Tag ausgeglichener, weniger kritisch und viel fröhlicher. Mehr und mehr traten ihre liebenswürdigen, auch humorvollen Seiten hervor. Wir hatten schließlich Spaß miteinander und es entstand eine freundschaftliche Verbindung. – Sie hat gefühlt, dass sie in ihrer Art angenommen worden ist, und das war Medizin für ihr verletztes Wesen.

Die Liebe ist nicht nur eine verwandelnde Kraft, sie ist unser größter Schutz. Negativität prallt an ihr ab wie Regentropfen an der Fensterscheibe. Liebe in unserem Herzen ist auch der größte Schatz. So werden wir zum Heilmittel für andere.
Und das Schönste ist, je mehr wir davon weitergeben, um so mehr bekommen wir zurück.

Vorschläge für ein Selbst-Heilungsprogramm:

- Regelmäßige Bewegung an frischer Luft für ausreichende Sauerstoffversorgung, Gelegenheit dazu benützen, z. B. beim Treppensteigen = gut für Venen, Fettverbrennung, Stoffwechsel, Kreislauf, zur erhöhten Leistung und Konzentration.

- Auf genügend Schlaf zur Regeneration achten.

- Auf die bereits gegebenen Ernährungsvorschläge und Essensregeln achten, gut kauen, fettarm kochen, hoch erhitzte Öle und Schweinefett möglichst meiden, hochwertige Pflanzenöle, z. B. Olivenöl, vorziehen.

- Als Nervennahrung den Vit. B-Komplex, Lecithin und Vit. C zur Stärkung der Abwehrkräfte nehmen, aber auch genügend Vitamine, Mineralien und Spurenelemente. Vitamin C und E, OPC, Omega 3 Fettsäuren sind Antioxydantien.

- **Genügend trinken,** ca. 1 1/2 Liter pro Tag reines Wasser (ohne Kohlensäure) oder in Form von Kräuter-Tee. Ursache für Ausfall von Gedächtnis sind oft Übersäuerung des Organismus und Austrocknung des Organismus. Wassermangel wirkt sich verheerend für die Gehirnfunktionen aus, weil die Nerven zur Weiterleitung von Nervenimpulsen genügend Wasser brauchen.
  Die Menge richtet sich auch danach, wie viel Obst und Gemüse verzehrt werden. Es richtet sich auch nach der Konstitution, so werden der Vata- und Pitta-Typ mehr Bedarf haben als der Kapha-Typ.

- **Entsäuerung** des Organismus durch basische Kost, Basenmittel, Bevorzugung von leicht verdaulicher, aber sättigender Kost, mit möglichst wenig Fleisch, dafür mehr Gemüse, Obst und Kohlehydrate. Entgiftungsmaßnahmen, z. B. durch Fasten, Entschlackungskur, Basenbäder oder Basen-Fußbäder.
  Gaben von Schüssler Salzen, besonders Nr. 9 Natrium phosphoricum zur Entsäuerung, Vitamin C und E, OPC, Omega 3-Fettsäuren. Buchtipp: »Gesundheitserlebnis Basenfasten« von Sabine Wacker und Dr. med. Andreas Wacker.
  Gegen Übersäuerung Zuckerkonsum einschränken, vor allem den Genuss von Cola, es ist eine »Zucker- und Säurebombe«, Limonaden mit Kohlensäure und Kaffee wirken stark säuernd und sind Basenräuber.

- Eventuelle Zahnsanierung zur Beseitigung von belastenden Organ-Herden und Quecksilberbelastungen aus Amalgam oder Palladium aus Goldkronen bei hartnäckigen, chronischen Leiden, Allergien und Depressionen (Austesten mittels Kinesiologie, Bioresonanz u. a.).
  Eventuelle Candida-Belastung abklären, die oft infolge Übersäuerung des Organismus auftritt. Bei Pilzbefall Abwehrschwäche beheben und zuckerfreie Diät machen. In diesem Falle empfehle das Buch »Candida albicans – die maskierte Krankheit. Ich fühle mich krank und weiß nicht warum« von Harold H. Markus und Hans Fink.

- Schlafstelle kontrollieren auf eventuelle Belastungen von Erdstrahlen und Wasseradern und nötigenfalls diese Störfaktoren durch einen Fachmann beseitigen lassen bzw. Bettstelle ändern. Besonders bei Auftreten von Depressionen, Schlafstörungen und chronischen Leiden daran denken bzw. bei Beschwerden, die immer beim Aufstehen vorhanden sind und sich untertags bessern!

- Energieblockaden können auch entstehen durch geschlossene Silber- oder Gold-Halsketten oder durch das Tragen von Metall-Uhrenbändern und batteriebetriebene Quarzuhren, besonders am linken Handgelenk. Das kann sogar Herzbeschwerden und Rhythmusstörungen des Herzens auslösen.
  Beim Juwelier können Sie sich ein Plastik-Unterbrecher-Ringlein in die Kette einbauen lassen. Die Uhr nicht am linken Handgelenk tragen, sondern rechts oder in einer Tasche oder die »gute, alte aufziehbare Taschenuhr« bzw. Automatik-Uhr bevorzugen. Einfach ausprobieren. Sie werden dann womöglich selbst eine Besserung im Befinden feststellen können.
  Auch der Modetrend mit mehreren Ohrringen ist nicht förderlich. Am Ohr befinden sich die gesamten Akupunktur-Punkte für den ganzen Körper, da kann es leicht zu Störungen im Energiefluss, zu Defiziten oder Staus, kommen. Daher sollten Sie sich nur von einem Fachmann, der ausreichende Kenntnisse über die Akupunktur-Punkte am Ohr hat und hygienisch arbeitet, die Löcher stechen lassen. Das gilt auch für den Piercing-Körperschmuck. Bei nicht fachgerechter, unsauberer Arbeit besteht sonst auch noch Infektionsgefahr.
  Energetische Belastungen dieser Art lassen sich durch Elektro-Akupunktur nach Voll (EAV) leicht feststellen und prüfen. Nach einem Bericht aus einer Naturheilpraxis waren nach Entfernen diverser Schmuckstücke und Quarzuhren bei Patienten die bioelektrischen Gleichgewichtsstörungen wieder behoben.

- Strichcode auf Lebensmitteln, Kosmetika und Gebrauchsgegenständen unschädlich machen. Meiden von Mikrowelle. Meiden von negativen Symbolen auf Anhängern und Tatoos auf der Haut, auf Bekleidung und Stoffen und in der Wohnung. Informieren Sie sich bitte darüber näher im Kapitel »Im Einklang leben durch harmonische Schwingungen« unter »Die Welt der Symbole« und »Schutz vor negativen Schwingungen«.

- Segnen (Wasser, Speisen, Medikamente), schädliche Nebenwirkungen von Medikamenten werden so neutralisiert.

- Volles Einatmen mit Bauchatmung (Bauch heraus), 3 x täglich 7 bewusste volle Atemzüge, Atemübungen zur Beruhigung und zum Aufladen mit Energie, zur Stärkung der Aura, Freude ein- und Belastungen und Schmerzen ausatmen.

- Energieübung in 6 Positionen, Belastendes mit Energieschnur ableiten über die Füße an Mutter Erde zur Transformation. Siehe dazu Kapitel »In Einklang bringen«. Ich habe die Erfahrung gemacht, dass diese Übung auch im Liegen möglich ist, man muss dann mit der Vorstellung arbeiten. Dies ist bei Krankheit oder großer Schwäche hilfreich.

- Sich selber Hand auflegen auf Chakren oder kranke Körperteile oder schmerzende Stellen des Körpers.

- Bei depressiven Zuständen sich nicht in hoffnungslose Gedanken steigern, sondern allen negativen, quälenden Gedanken die Kraft entziehen, indem Sie **sofort** die Aufmerksamkeit auf Schönes, Positives, Aufbauendes, richten.
  Das kann die Erinnerung an ein früheres freudiges Ereignis oder an liebe Menschen sein oder sich auf eine Fantasiereise begeben auf einen Kraftplatz, z. B. an einen schönen Strand oder eine Waldlichtung, an einen Platz, der in schöner Erinnerung ist. Sich dort mit Energie und Wärme aufladen, Freude, Friede erleben.
  Oder sich schöne Musik anhören, sich um- und einstimmen auf Harmonie und Freude.
  Oder gute, aufbauende Lektüre lesen, von guten Gedanken inspirieren lassen.
  Oder einen Aufenthalt im Freien an einem schönen Platz in der Natur nehmen.
  Bei arger Bedrängnis (Ängsten) und Panikzuständen sofort um göttlichen Beistand bitten und Jesus Christus anrufen »Herr, hilf mir!« und Erzengel Michael und seine Gottesboten um Schutz und Hilfe bitten.

- Täglich Aura schützen, indem Sie sich in der Vorstellung in eine goldene Lichtkugel oder Lichtkranz stellen und um göttlichen Schutz und Führung bitten.
  Vom Himmlischen Vater ein strahlendes, weiß leuchtendes Christuskreuz (Erlöserkreuz) in unser Herz erbitten, das sich ausbreitet in alle Körperzellen, über den ganzen physischen Körper, aber auch über alle feinstofflichen Körper, so dass wir mit weißem Licht durchstrahlt und umstrahlt sind. So besteht ein Schutz von göttlichem Licht auch von **innen** her.

- Tägliche Aura-Reinigung – Lichtdusche, Duschen mit ein wenig Salz. Siehe unter »Psychohygiene« im zweiten Kapitel.

- Affirmationen täglich denken, schreiben, sprechen:
  »Ich liebe und akzeptiere mich, so wie ich bin.«
  »Ich liebe und akzeptiere mich und das Leben (Gott) liebt und unterstützt mich« oder
  »Ich bin in Gottes Hand geborgen und beschützt.«
  »Ich bin ein Kind Gottes und mein Vater/Mutter-Gott ist immer in mir und um mich«.
  Krankmachende Gedankenmuster loslassen, ebenso Schuldgefühle und Ängste, Opferrolle und Zweifel an der Gesundung.

- Bachblüten 4 x 4 täglich bei Bedarf zur Unterstützung der Heilung.

- Heilübung: Gott bitten, dass er ständig vom Kronenchakra her sein göttliches, heilendes, reinigendes und stärkendes Licht in uns einströmen lässt, und sich das auch vorstellen. Eine bequeme Position im Sitzen oder Liegen ist dabei hilfreich.
  Sich vorstellen, wie das Licht auch in die Hände einströmt und diese dann auf Stellen des Körpers legen, die Heilung brauchen oder schmerzen. Es kann sein, dass Wärme wahrgenommen wird. Danken Sie im Geiste Gott für Seine Energie und die Heilung.

- Psychohygiene, tägliche Abendrückschau, imaginäres positives Umerleben.

- Versöhnung und Vergebung für sich selbst und andere, Wallfahrt, Wohltätigkeit, z. B. Spende für Hilfsorganisation. Geistiger Versöhnungsdialog mit Verwandten zur Lösung von Karma (siehe Kapitel über die Seele). Segnen von Menschen, mit denen wir Konflikte haben.
  21 Tage lang: Zum Abend- oder Morgengebet folgende Bitte ehrlichen Herzens sprechen: »Ich bitte alle, denen ich Leid und Unrecht zugefügt habe, um **Vergebung**, und auch ich vergebe allen, die mir Leid und Unrecht zugefügt haben.« Diese Bitte hat schon vielen geholfen, die diesen Rat von mir befolgt haben. Schwierige Beziehungen besserten sich oft überraschend und die Heilung machte bessere Fortschritte.

- Geistig Ziele setzen zur Gesundung, diese mit der lebendigen **imaginären Vorstellung** unterstützen, immer besser gehen und wandern zu können. Viele Sportler, z. B. Schisportler wenden diese Methoden an.
  Sie fahren bereits **vorher** in ihrer Vorstellung **erfolgreich** ihre Rennbahn oder Schanze durch. Die meisten Menschen missbrauchen ihre Imaginationskraft, sie stellen sich in Zukunft Katastrophen aller Art vor!
  Immer wieder körperliche Übungen machen, z. B. das schwache, gelähmte Bein anheben und sich dabei vorstellen, wie Heil- und Licht-Energie in den Körper fließt und nicht aufgeben!
  Wir sind der Herrscher über unseren Zellenstaat von 100 Billionen Zellen unseres Körpers! Diese Zellen haben zwar ihr eigenes Bewusstsein, aber jede einzelne Zelle ist von unserem Bewusstseinszustand, von unserem Schwingungszustand, unseren gedanklichen und emotionalen Impulsen abhängig. Wir sollten weise Herrscher in unserem »Körperreich« sein, die Zellen folgen unseren Impulsen. Wir programmieren unseren Körper.
  Vorstellungen wie von »alt, krank und schwach« sollten wir aus unseren Sprachschatz ganz streichen, sondern den guten Zustand bejahen! »Ich bin geheilt, gesund, kräftig, wohlproportioniert, vital. Ich bin dankbar für alles Gute.«

- Verwöhnprogramm für die Seele: mit Düften, Farben und Klängen.

- Lachen, Humor und Lebensfreude:
  Es gibt bereits eigene Lach-Therapien und Lach-Yoga. Es ist erwiesen, dass Humor und Lachen zur Gesundung erheblich beitragen. Sie erhöhen die Abwehrkräfte, wirken schmerzlindernd. Das macht sich bereits die Psychotherapie zunutze, indem in der Schweiz eine Vereinigung »Humor Care« zur Betreuung von alten, pflegebedürftigen Patienten, gegründet wurde.
  Es gibt ja bereits geschulte Clowndoktoren in Spitälern, vor allem bei der Betreuung von Kindern in Frankreich, Deutschland, Österreich und in der Schweiz. Kinder verlieren ihre Ängste durch diese Ablenkung. Lachen ist die beste Therapie.
  Nebenbei wirkt es als Atemtherapie für Lungen und Bronchien, zur besseren Durchblutung, zur Erhöhung der Darmperistaltik, zur Verbesserung der Abwehrkräfte und als Muskeltraining.
  Verordnen Sie sich eine »Lachkur«, und sehen Sie sich zu Hause täglich Comics, fröhliche Filme oder erheiternde Sendungen an oder lesen Sie etwas Erheiterndes.
  Allein schon durch das Lächeln in den Spiegel, ganz bewusst eine Minute lang, werden Nerven stimuliert und diese signalisieren dem Gehirn »Glückshormone« freizusetzen. Das sind Endorphine, die stimmungaufhellende und schmerzstillende Wirkung haben. Noradrenalin aktiviert die Unternehmungslust, Serotonin stimuliert die Ausgeglichenheit und Dopamin weckt die Kreativität. Es handelt sich um körpereigene Substanzen mit nachhaltigem Heilpotenzial – und ganz ohne Nebenwirkungen.

Botschaft über Heilung

Anlässlich eines Heilungsseminars im August 05 durfte ich an die Gruppe eine Botschaft von Jesus Christus, dem größten Heiler und Mutter Maria überbringen. Sie ist so aktuell, dass ich sie für alle Menschen, die dieses Buch lesen, zugänglich machen möchte. Sie wurde mittels Tonband aufgenommen und danach wortgetreu von mir niedergeschrieben.

Es ist wichtig, diese Botschaft nicht mit dem Verstand alleine, sondern auch mit dem Herzen zu erfassen. Lassen Sie die Worte auf sich einwirken. Sie werden die Präsenz von Jesus Christus und Mutter Maria bzw. deren hohe, liebevolle Energie spüren. Möge dies zu Ihrer Heilung beitragen.

»Meine Lieben!
Sehr viel ist in dieser Woche geschehen, viel Heilsames, viele neue Erkenntnisse. Jeder hat auf seine eigene Weise Hilfe erfahren, lernen dürfen – lernen dürfen auch anderen zu helfen und heilen. Und besonders freue ich mich, dass ihr dabei wart mit so viel Hingabe und Liebe, dass ihr dafür bereit wart für diese Heilarbeit und zu lernen.
Und ich freue mich sehr darüber und bin dankbar, ich brauche euch alle. ***Jeder einzelne****, jeder soll seine Fähigkeit einbringen im Alltag, Liebe weitergeben, Liebe leben. Das ist das Wichtigste, Liebe* ***leben****, wo es geht – mit Worten, mit Taten, mit Gedanken, mit Heilung.*

Es gibt so viele Möglichkeiten, wir müssen keine Wunder bewirken. Die Liebe zeigt sich oft in kleinen Dingen – ein Lächeln, eine kleine Blume, eine Aufmerksamkeit, ein lieber Blick kann einem Menschen den ganzen Tag erhellen – das ist Liebe.

Das ist für mich auch das Wichtigste. ***Liebe ist die größte Heilkraft****, man kann sie aussenden im Großen und im Kleinen, im Erdenkreis, allen Menschen, allen Tieren, allen Pflanzen, überall hin. Wenn ihr einen Menschen in Not seht oder ein Volk in Not oder Katastrophen, sendet Liebe hin. Durchlichtet die Situation, gebt euch nicht Gedanken der Depression und des Ärgers und des Hasses hin, wenn Menschen böse handeln. Sie tun es aus Unwissenheit, sie sind verblendet. Verzeiht ihnen, schickt ihnen das Licht der Liebe.*
Nur so kann Völkerhass verschwinden, es ist das einzige Mittel. Wir müssen ***selber*** *den Frieden in uns aktivieren. Selber, und dann können wir es ausstrahlen. Wir können nicht im Außen sehr viel Frieden bewirken, solange wir im Innern in uns Unordnung haben.*

Aber verurteilt euch nicht für eure Schwächen. Sie sind nur Trugbilder. In Wirklichkeit seid ihr ein wunderbares Wesen, ein wunderbares Wesen – voller Ausstrahlung. Sie ist doch über euch, ihr habt doch sicher diese Präsenz über euch gespürt. Und jeder Mensch hat diese (göttliche) Präsenz. Und das ist die Wahrheit, ***das*** *ist eurer wahrer Kern – und nicht die Unvollkommenheit. Es sind nur die Schleier der Täuschung. Legt sie alle nacheinander ab und lasst euch nicht so sehr von ihnen beeindrucken, von diesen Täuschungen. Euer wahres Wesen ist ewig, voll Glückseligkeit und Wissen. Bewahrt euch das – ewig, voller Glückseligkeit und Wissen.*
Ihr seid unverletzbar, der Tod kann euch auch nichts anhaben, ihr seid ewig. Ihr seid wunderbare Wesen. Ich liebe euch unendlich und ich schätze euch unendlich, denn ich wohne auch in euch, ich bin IN euch.
»Ich bin überall, ich bin in jeder Zelle, ich bin in jedem Tier. Auch die Tiere sind mir sehr, sehr lieb ...

... Ihr wisst, wie jetzt Heilung geht, wie ihr Heilung bewirken könnt. Arbeitet an dem, was ihr gelernt habt, vertieft es, übt es, und ihr werdet merken, es wird immer besser gehen, weil wenn ihr die Engel fragt und um höhere Führung bittet, dann werdet ihr geführt. Habt die

Sicherheit und das Vertrauen. Und selbst wenn ihr glaubt, ihr seid noch nicht perfekt, ihr könnt noch nicht alles. Die Engel werden euch so weit bei der Heilung helfen, dass es in Ordnung ist und perfekt. Also – setzt euch nicht unter Druck, macht so viel ihr könnt, und das andere helfen wir. Aber macht euren Anteil, euer Anteil muss da sein. Und dann helfen wir euch auch weiter.
Und vergesst nie zu bitten. Und wenn ihr einmal in ein Tief kommt, richtet euch an uns, an Mich, an Meine Mutter und auch an Meinen Himmlischen Vater.

- Ich habe einmal gesagt – ich habe einmal gesagt, ihr werdet meine Werke tun und vielleicht noch auch größere. Das habe ich ernst gemeint, es ist kein Märchen. Ihr habt in vielen Inkarnationen gelernt und gelernt und gelernt und ihr werdet noch weiter lernen. Man kann natürlich die Vollkommenheit in einem Leben nicht erreichen. Das ist klar. Aber ihr habt schon viel gelernt und ihr werdet weiter lernen. Der Kern der Vollkommenheit ist ***in euch****, nur ein kleiner Samen, ihr habt ihn jetzt schon geöffnet. Er kommt immer mehr hervor. Die Göttlichkeit tritt in euch immer mehr hervor, ihr braucht nur die Unvollkommenheit loslassen.*

Loslassen *ist das Geheimnis, einfach loslassen, was euch bedrückt, und durchschaut diese Täuschungen. Maya – die göttliche Täuschung – wurde gemacht, dass die Menschen die Dualität erkennen, dass sie unterscheiden können zwischen Licht und Dunkel, Freude – Leid – wenn das eine nicht wäre, könnte man das andere nicht wahrnehmen. Es muss so sein in dieser materialistischen Welt.*

Aber ihr könnt euch darüber erheben in eurem Bewusstsein, und dann gibt es keine Zeit, keine Dualität. Da gibt es nur Vollkommenheit, Licht und Liebe. So lasst euch von dem Gesicht der Maya nicht total täuschen. Es ist einfach in dieser Welt eure Rolle, die ihr bekommen habt, euer Seelenprogramm und Spiel. – Aber ihr dürft euch nicht vollkommen identifizieren mit eurer Rolle. So wie der Schauspieler, wenn er einen Bettler auf der Bühne spielt – das wäre ein trauriger Schauspieler, wenn er sich plötzlich selber als Bettler fühlen würde, dass er in die Täuschung eingehen würde und meint, dass er ein Bettler sei. Er ist sich immer noch bewusst, wer er ist, er ist immer noch der Schauspieler und nicht der Bettler. Und so müsst ihr es auch halten, ihr ***seid die Seele, das Höhere Selbst, und ihr spielt jetzt eine wunderbare Rolle in eurem Leben.***
Und das müsst ihr immer wieder auseinander halten. Lasst euch von der Maya von den Geschehnissen in dieser Welt nicht komplett einfangen – nicht in die Täuschung gehen. Und wenn euch die Täuschung wieder einmal übermannt, die Ängste, dass man sich klein fühlt und schwach, dann erinnert euch wieder, was ihr erlebt habt – an euer Licht, die Heilung, die Engel und an alles, was euch geschenkt und gegeben wurde in dieser Woche.

Meine Mutter und ich waren immer wieder zugegen. Und wir werden auch immer wieder auf euren Wegen zugegen sein. Es liegt an euch, die Verbindung zu uns aufzunehmen. An euch liegt es. Wir sind immer da, aber ihr müsst uns rufen, ihr müsst auch die Engel rufen. Dann stehen wir euch mit voller Kraft bei. Und so gut und optimal und oft mit mehr, vertraut nur darauf.

Und ich segne euch jetzt im Namen des Himmlischen Vaters.

Gehet hin in Frieden.

Meine Mutter, meine Mutter ist auch hier. Und ein paar Worte möchte sie noch an euch richten.«

»Meine lieben Kinder!

Ich habe mich sehr gefreut, ich habe euer Wirken in dieser Woche gesehen, habe die Liebe auch gesehen, euer Bemühen und ich kann euch nur sagen, ich werde immer bei euch sein, ich bin bei euch.
Ihr braucht nur um meinen Schutzmantel bitten. Ich bin da. Ich bin bei euch, ich bin eure Mutter. Ich bin der weibliche Aspekt Gottes, dem Vater. Gott ist nicht nur männlich, er ist auch weiblich. Es soll beides geben. Manche Menschen können mehr mit dem weiblichen Aspekt umgehen und andere haben wieder mehr Beziehung zum Göttlichen Vater. Jeder kann seine Beziehung zu Gott individuell gestalten. Er kann Vater, Mutter, Freund, Geliebter, Kind sein, er kann jede Rolle spielen. Und das was in eurem Herzen am nächsten ist, zu dem sollt ihr beten.
Dann wird euer Gebet lebendig sein und nicht eine leere Formel. Trennt euch von leeren Formeln. Findet eure eigenen Gebete, die euch besonders inspirieren, das ist okay, aber es muss aus dem Herzen kommen. –

Ja, ich sehe das Elend in der Welt, und ich habe schon an vielen Orten auf der Erde meine Botschaften gegeben und meine Warnungen an die Menschheit gerichtet. Ich habe nie aufgehört. Seid gewiss, ich bin in dieser schwierigen Zeit immer bei euch. Und haltet euch an das, was euch mein Sohn übermittelt hat. Dann seid ihr immer im Schutz, immer bewahrt und es kann euch nichts anhaben. Bleibt in der hohen Energie des Gottvertrauens, in der Liebe und des Lichts. Das ist euer stärkster Schutz.
Ich bin eure Mutter, und segne euch alle auf eurem weiteren Lebensweg für die kommende Zeit und breite meinen Schutzmantel über euch aus.

Ich möchte euch nur sagen, ich liebe euch unendlich, seid euch dessen bewusst und lasst die Liebe in euch einströmen. Ich umarme einen jeden von euch. Ich gehe jetzt rundherum. Nehmt mich wahr, nehmt die Energie auf, trinkt sie.
Jeder braucht diese Liebe, diese bedingungslose Liebe. Saugt sie auf, saugt sie auf. Und wenn ihr das Gefühl habt, es ist zu viel, dann gebt sie an die Menschen weiter, die sie brauchen, und an die Kreatur, die Menschen und an die ganze Welt.«

Heilmeditation

Wie wir loslassen können, habe ich in diesem Kapitel aufgezeigt, sei es durch Affirmationen oder imaginäre Übungen, sei es über Bachblüten u. a. Wir brauchen nicht mehr ein negatives Selbstbild, Schuldgefühle, Probleme, Zweifel, Ängste mit uns herumschleppen. Wir können auch Gewohnheiten, Süchte und Erwartungshaltungen an andere loslassen. Das sind die Gewichte, die unser Leben beschweren, uns krank machen und Glück und Erfolg verhindern. Dazu gehören auch Erinnerungen an schmerzliche Erlebnisse, Operationen und Krankheiten aus der Vergangenheit.
Ich möchte Ihnen als Abschluss dieses Kapitels eine schöne Meditation zum Loslassen vorstellen. Für die Meditation zu Hause können Sie sich die Anleitung zur Meditation vorlesen lassen oder auf ein Tonband sprechen, und dann anhören.
Vorerst legen Sie sich entspannt hin und decken sich ein wenig zu. Sorgen Sie dafür, dass Sie nicht gestört werden, stellen Sie das Telefon ab. Und nun lassen Sie sich durch die Anweisungen in die Heilmeditation führen.

Ich bin ganz ruhig, mein Körper ist bewegungslos. Ich lasse mich sinken – ich sinke in mich hinein.
Ich lasse die Außenwelt los und sinke in das Licht in mir selbst. Ich sinke in meine lichte Innenwelt.
Dort erkenne ich eine Wiese – ich gehe zu dieser Wiese, betrete sie und nehme alles um mich herum wahr.
Ich nehme die Wiese mit all meinen Sinnen auf. Ich spüre das Gras unter meinen Füßen, die warme Sonne auf meiner Haut.
Ich höre die Vögel zwitschern und die Blätter im Wind rauschen.
Ich atme die frische und reine Luft tief ein.
Ich fühle mich wohl.
*Hier finde ich Frieden, Ruhe und Harmonie – **ich kann loslassen, kann alles loslassen.***

Ich höre eine Quelle sprudeln und mache mich auf den Weg, sie zu suchen.
Unter einem großen Baum sehe ich, wie das Wasser aus der Erde kommt.
Das Wasser ist ganz rein und klar.
Ich trinke aus meiner Hand das kühle Wasser und spüre, wie es mich reinigt und klärt.
Ich fühle mich so frei und wohl.
Ich entkleide mich und steige ganz in die Quelle.
Ich nehme ein Bad, tauche ganz in das Wasser ein.
Ich genieße das wohltuende Bad und spüre, wie das Wasser mein ganzes Sein reinigt.

Es ist leicht, hier alles loszulassen, was nicht zu mir gehört.
Ich spüre, wie das Wasser mein ganzes Sein reinigt und klärt und alles aufnimmt, was ich loslasse.
Ich mache mir die befreiende Wirkung des Bades noch einmal bewusst,
dann steige ich gereinigt und geklärt aus dem Wasser.
Ich kleide mich in ein neues Gewand der inneren Ruhe und Harmonie.
Ich fühle mich unendlich wohl.

In der Nähe sehe ich einen Berg – ich mache mich auf den Weg zu diesem Berg.
Am Fuße angekommen, sehe ich einen Weg, der zum Gipfel führt.
Ich gehe aufwärts – mit ruhigen und gleichmäßigen Schritten.
Und mit jedem Schritt erhebt sich mein Bewusstsein.

Nach einiger Zeit habe ich den Gipfel erreicht – der Gipfel ist ganz in Licht getaucht.
Ich breite meine Arme aus und wende mich ganz dem Licht zu.
Ich spüre, wie dieses strahlende Licht meinen ganzen Körper reinigt und klärt.
Mein ganzes Sein ist Licht.
Durch das äußere Licht wird mein eigenes inneres Licht zum Leuchten gebracht – es ist hell und strahlend, ein warmes Licht.

Mein wahres Selbst leuchtet über meinen Körper hinaus.
Mein eigenes Licht strahlt über meinen Körper hinaus und wird eins mit dem kosmischen Licht.
Beide Lichter verschmelzen zu einem Licht.
Ich bin ganz bewusst, ***bin eins mit dem Licht.***
In dieser Einheit mit dem Licht öffnet sich mein Bewusstsein ganz weit.
Mein Bewusstsein öffnet sich weit und wird eins mit dem kosmischen Bewusstsein.

In der Einheit mit dem Licht, in der Einheit mit dem kosmischen Bewusstsein ***übergebe ich Gott alles, was ich loslassen möchte.***
In dieser Einheit trete ich vor Gott und übergebe Ihm, was nicht mehr zu mir gehört.
Ich sehe, wie alles, was ich loslasse, im Feuer der Liebe aufgelöst wird.
Eines nach dem anderen übergebe ich und sehe zu, wie es im Feuer der Liebe verbrennt.

Voller Dankbarkeit übergebe ich Gott alles, was ich loslassen möchte, was nicht mehr zu mir gehört.
Während ich zusehe, wie alles im Feuer der Liebe aufgelöst wird, spüre ich, wie ich ***frei*** *werde.*
Ich bin endlich frei *– frei von allem, was nicht mehr zu mir gehört.*
Ich habe es Gott übergeben und habe losgelassen.
Endlich bin ich frei. Ich nehme dankbar Seine Liebe an und bin frei.

Wenn ich eine Frage habe, kann ich sie in der Einheit mit dem Licht und dem kosmischen Bewusstsein an Gott richten.
Während ich frage, spüre ich bereits in mir die Antwort, die Gott mir durch meine innere Gewissheit gibt.

Vielleicht erkenne ich in dieser Gewissheit noch etwas, das ich loslassen möchte.
Ich nutze diese Chance und übergebe auch diesen Ballast an Gott.
Und ich danke Gott für Seine Liebe, die mich frei macht.

Von nun an lebe ich in dieser Liebe und Geborgenheit.
Ich spüre, wie die Liebe Gottes mein inneres Sein verändert – mich neu werden lässt.
Ich lasse zu, dass Seine Liebe in mir wirkt.
Ich gebe mich Ihm ganz hin. Ich lasse dieses wunderbare Gefühl der Harmonie, des Friedens und der Liebe in mir wirken.

Dann löse ich mich behutsam aus diesem Erlebnis und kehre zurück in das Hier und Jetzt.
Ich bin frei, leicht und voller Frieden.
Ich bin im Hier und Jetzt.

5. Kapitel

Im Einklang leben
mit dem Partner, Kindern, Familie und Freunden

Die vorigen Kapitel hatten als Themenschwerpunkte die eigene Persönlichkeitsentfaltung und Heilung. Und nun wollen wir in den folgenden Kapiteln unser nächstes Umfeld – Familie, Beruf und unser zu Hause – betrachten. Die nachfolgenden Kapitel erweitern den Gesichtskreis und sind dem harmonischen Leben mit der Gesellschaft, der Natur, den Völkern, der Zeit und der Spiritualität im Leben gewidmet.
Dieses Kapitel gilt nun unseren Lebensstationen von der Geburt bis zum Tode. Bereits im ersten Kapitel wurden die »5 Geburten« und »die Lebenszyklen des Menschen« beschrieben, die wir alle in unserem Leben durchschreiten.

Vorgeburtliche Einflussnahme

Jeder Mensch hat Sehnsucht nach Glückseligkeit, nach dem Gefühl des Einsseins. Warum? Weil wir dies als Seele von der himmlischen Welt, unserer wahren Heimat, bereits kennen. Hier bestand das Gefühl des Eins-Seins, die Trennung war aufgelöst. Einen Abglanz dieses Glücksgefühl des EINSSEINS erlebt man auch beim Orgasmus, wo sich ebenfalls für einen kurzen Moment das Gefühl der Trennung auflöst und Einheit erfahren wird.
Jeder Mensch hat das Wissen an diesen Zustand in sich und sehnt sich nach Einheit, die er in der intimen Umarmung mit seinem Partner immer wieder sucht.

Die Ei- und Samenzelle sind vom **Schöpfer** aus der Ursubstanz geschaffen. Bei der Verschmelzung von Samen und Ei zu einer Einheit erfolgt eine ekstatische Lichtexplosion. **In diesem Augenblick tritt die Seele hinzu** und verbindet sich mit dem befruchteten Ei, mit der ersten Zelle des neuen Lebens. Diese erste Zelle hat die Information der glückseligen Einheit in sich und gibt sie weiter an alle anderen Zellen. Die Urzellen teilen sich ständig weiter.
Die Seele besitzt einen göttlichen **Plan** und baut mit dem Plan Gottes den Körper auf. **Jeder ist einmalig!** Wir sind so gewollt! Nehmen wir uns selbst an!

In Indien gilt die Lotosblüte als geistiges Symbol für die Seele, unser Höheres Selbst. Die Lotosblume wächst aus dem Sumpf, bleibt aber durch den Sumpf unberührt. Selbst ihre Blätter bleiben im Wasser immer trocken. Sie ist ein Sinnbild für unsere Seele, die in die Materie, in den menschlichen Körper inkarniert, aber immer rein, glücklich und unberührt von der Materie, außerhalb der Dualität, bleibt.
Als Seele sind wir vollkommen, im Herzen tragen wir den göttlicher Funken und sind somit ständig mit Gott verbunden – so müssen wir uns erkennen. Alles andere ist Maya – die kosmische Täuschung, der wir auf dieser Welt immer wieder unterliegen.

Wir inkarnieren also als Seelen auf die Erde und nehmen eine körperliche Hülle an. Besteht im Himmel der Wunsch zur Weiterentwicklung, zur Inkarnation, hilft die Seelenhierarchie der Seele, die richtigen Eltern mit geeigneten Erbanlagen zu finden, sodass sie bei der Zeugung diese an das werdende Kind weitergeben. Kinder suchen sich also ihre Eltern aus.
Soll z. B. die inkarnierende Seele ein Leben als begnadeter Musiker führen, werden es musikalische Eltern sein, die dem Kind ihre musischen Fähigkeiten weitergeben und es darin fördern können.

Bevor sich die Eltern für Kinder entschließen, sollten die äußeren, wirtschaftlichen Rahmenbedingungen, wie Wohnraum und finanzielle Sicherheit gegeben sein, sodass Sorgen von der werdenden Mutter möglichst ferngehalten werden können und die Schwangerschaft harmonisch ablaufen kann. Gesundheit der Eltern und das richtige, verantwortungsvolle Bewusstsein bei der Zeugung schaffen optimale Bedingungen für die inkarnierende Seele. In Indien meditieren spirituell eingestellte Eltern gemeinsam, bevor sie ein Kind zeugen. Auf keinem Fall darf Alkohol dabei im Spiele sein.

Es ist jede Diskussion überflüssig, bis wann eine Abtreibung gerechtfertigt ist. **Die Seele ist vom Augenblick der Befruchtung an dabei und formt den Körper des werdenden Kindes.** Aus Rückführungen ist bekannt, dass sich die Personen genau erinnern an die Umstände ihrer Zeugung. Die Seele verbindet sich während der Schwangerschaft immer mehr mit dem werdenden Kind bis zur Geburt. Zwischendurch macht sie »Ausflüge« ins Astralreich.

Die Schöpfungsgeschichte aus der Bhagavad Purana, einer der heiligen Schriften Indiens, über die Entstehung der Elemente ist bemerkenswert, weil sie eine Parallele zur menschlichen Entwicklung zeigt.
Bei der Entwicklung des Kindes im Mutterleib verbinden sich der feinstoffliche Körper und die Seele immer mehr mit dem physischen Körper, und so entwickelt sich nach und nach die Wahrnehmung des Körpers. Zuerst bildet sich der Sinn des Hörens, und es werden Klänge (das Äther-Element) wahrgenommen. Dann erwachen der Tastsinn (das Luftelement), der Gesichtsinn (das Feuerelement), der Geschmackssinn (das Wasserelement) und zuletzt der Geruchssinn (das Erdelement).

Das werdende Kind nimmt daher alle Geräusche, wie Musik, Lachen und Gespräche, aber auch Lärm und Streit, die in der Gegenwart der Mutter zu hören sind, wahr. Dies gibt ihm die erste Prägung, z. B. ob es geliebt oder abgelehnt wird! Diese ersten Eindrücke werden in der Kindheit vergessen, die Seele zeichnet aber alles im Unterbewusstsein auf.
Darum sind auch die Diskussionen, ob eine Mutter das Kind behalten soll oder nicht, so überaus schädlich. Die kindliche Seele bekommt alles mit. Hier in diesem frühen Stadium werden bereits die Weichen gestellt für spätere unterbewusste Ängste und Aggressionen und Erziehungsprobleme.
Kommt nun ein kleines Menschlein zur Welt, legt sich ein Schleier des Vergessens über sein wahres Wesen. Eine Ausnahme sind die neuen Kinder dieser Zeit. Diese behalten ihre Erinnerungen und sind sich ihres spirituellen Wesens bewusst.
In den ersten Jahren steht den kleinen Kindern der Himmel noch offen, aber spätestens durch den Einfluss der Schule verlieren die Kinder ihre geistigen Gaben und Erinnerungen an frühere Inkarnationen. Jedes Kind wird geprägt von seiner Umwelt, positiv und negativ. Besonders traurige, traumatische Erlebnisse **prägen sich** in sein Unterbewusstsein ein und wirken bis ins **Erwachsenenleben** hinein.

Aus diesem Sachverhalt können wir schließen, dass die Erziehung bereits **vor** der Geburt beginnt, und zwar im Unterbewusstsein des Kindes. Die werdende Mutter und auch der Vater können bereits von Beginn der Schwangerschaft an durch ihre Gedanken und Gefühle mit dem Kind kommunizieren und auf die Seele des Kindes günstig einwirken.
Ich darf erinnern, dass die gedankliche Kommunikation über den feinstofflichen Mentalkörper von Mutter und Kind läuft und die Gefühle über den Emotionalkörper fließen.

Die folgende Begebenheit möchte ich zur Verdeutlichung erzählen. Zu mir kam eine Frau mittleren Alters. Sie trug die Bitte an mich heran, ob ich ihr nicht raten könne. Sie klagte, dass sie ihr Leben lang Schuldgefühle hätte. Eigentlich wisse sie den Grund dafür nicht. Darauf bot ich ihr an, dass ich für sie ein Channeling mache.

Channeling:
»Zu A.'s Geburt ist zu sagen, dass sie schon ***im Mutterleib*** *die Ängste ihrer Mutter gespürt hat* ***vor*** *der Geburt. Schon als Neugeborenes fühlte sie den* ***unausgesprochenen Vorwurf****, dass durch sie ihre Mutter starke Schmerzen erlitten hatte. Das bereitete A. bereits als* ***Neugeborenes Schuldgefühle*** *gegenüber der Mutter ... Es war ein Schock für das Kind, dass es nicht liebevoll aufgenommen worden ist, sondern mit Schuld- und Angstgefühlen belastet wurde.*
Aber sie braucht diese Schuldgefühle ***nicht*** *zu haben. Durch die schmerzliche Geburt hatte die Mutter Gelegenheit, viel Karma abzutragen. Aber das konnte sie nicht erkennen und machte dem Kind Vorwürfe »durch dich habe ich so gelitten«. Das brauchte nicht ausgesprochen zu werden, das Kind* ***spürt*** *das.*
Sie sollte ihr das nicht nachtragen, dass sie damals aus Unwissenheit bei ihrem Kind Schulgefühle ausgelöst hat. Sie soll ihre Mutter segnen.«

Bei der Rückführungstherapie kann man traumatische Erfahrungen, die im Unterbewusstsein verborgen gespeichert sind, noch einmal durchleben und heilen. Die Klientin unterzog sich dieser Therapie und konnte sich von ihren Schuldgefühlen befreien.

Gedankliche Kommunikation der Eltern mit dem Kind ist wichtig von Anfang der Schwangerschaft an. Es tut der Seele des Kindes gut, wenn sie weiß, dass sie willkommen ist. Es spürt auch die streichelnden Berührungen von Vater und Mutter. Liebevolles Handauflegen tut ihm gut.
Die werdende Mutter kann durch Ausgewogenheit in ihrem Verhalten, durch regelmäßiges Spazierengehen an frischer Luft und wertvolle Ernährung viel zum Wohlbefinden des Kindes und zu seiner späteren Gesundheit beitragen. Ihre Ernährung sollte reich an Vitaminen, Spurenelementen und Mineralien sein, vor allem Folsäure ist für den Aufbau des jungen Körpers wichtig. Die Mineralsalze des Dr. med. Schüssler bieten der Schwangeren eine gute Möglichkeit, etwaigen Mangelzuständen in der Schwangerschaft vorzubeugen, für sich und ihr Kind Gutes zu tun, und zwar mit der Gabe von Nr. 1 Calcium fluoratum und Nr. 2 Calcium phosphoricum, die abwechselnd über den Tag verteilt genommen werden.
Vorteilhaft ist es, wenn die Schwangere vor allem eine sattvische, reine Ernährung bevorzugt, aber auch die richtige »geistige Nahrung« mit Liebe und Harmonie von Seiten des Partners spielen eine große Rolle. Das ist für die werdende Mutter und das Kind gleichermaßen wichtig.
Rajasische Nahrung ist auf jeden Fall zu vermeiden, das sind u. a. Fleischgerichte und Speisen mit scharfem, sehr salzigem und saurem Geschmack, weil sonst das Ungeborene darunter leiden muss. Über den Einfluss der Ernährung lesen Sie bitte im Kapitel 3 nach. Ich denke, dass es selbstverständlich ist, dass Rauchen und Alkohol zu den absoluten Tabus gehören. Medikamente nehmen Sie bitte nur nach Absprache des Arztes und nur, wenn sie unbedingt notwendig sind. Alle dies hat für das ungeborene Kind, besonders im Anfangsstadium der Schwangerschaft, verheerende Wirkung auf die Entwicklung seines physischen und astralen Körpers.
Die Schwangere sollte sich immer wieder bewusst machen, dass in ihr ein Wunder geschieht und dass ihr Körper der Tempel des neuen Lebens ist. Sie soll daher auf Reinheit in jeder Hinsicht achten, sei es in der Ernährung und in Gedanken.
Ruhe, Harmonie und gute Schwingungen (schöne Musik, gute Literatur und Filme) tun Mutter und Kind gut. Daran hat der Vater auch einen maßgeblichen Anteil. Wenn er seine junge Frau unterstützt, dass sie nicht mit zu vielen Problemen und Stress belastet und körperlichen Anstrengungen ausgesetzt ist, so kann die Schwangerschaft viel harmonischer und beschwerdefreier verlaufen. Leider fehlt oft vielen jungen Müttern die Unterstützung durch ihre Partner, weil sie sich voneinander getrennt haben. Vielen jungen Vätern fehlt in der heutigen Zeit jegliches Verantwortungsgefühl an dem jungen Leben, an dessen Entstehung sie ja beteiligt waren.

Als gute Vorbereitung für die Geburt eignen sich besonders Schwangerschaftsgymnastik und Gymnastik im Wasser.

Geburt

Je harmonischer die Geburt verläuft, umso leichter hat es der neue Erdenbürger später im Leben, weil keine unguten unbewussten Prägungen ihn belasten.
Einige Tage vor der Entbindung kann die werdende Mutter die Dr. Bach Notfall-Tropfen Rescue Remedy einnehmen. Das wird ihr zu einer leichteren Geburt verhelfen und sie wird so viel gelöster der Geburt entgegensehen. Während und nach der Geburt helfen Mutter und Kind Nr. 29 Star of Bethlehem gegen den Geburtsschock, Olive Nr. 23 gegen Erschöpfung und Walnut Nr. 33 zum Neubeginn. Eine gute Atemtechnik der Gebärenden verhindert einen Sauerstoffmangel des Kindes.
Vor der bevorstehenden Geburt kann die Mutter auch ihr Kind noch im Mutterleib auf die Geburt vorbereiten, mit ihm über die Geburt in Gedanken reden, ihm erklären, was geschieht, um ihm die Angst davor zu nehmen.

Bei der **Geburt** entscheidet sich, ob das Neugeborene das Erdendasein freundlich oder bedrohlich empfindet. Die ersten Eindrücke positiver oder negativer Art prägen sich ins Unterbewusstsein ein. Daher sollte die Geburt liebevoll nach den Methoden des Arztes Dr. Frédérick Leboyer erfolgen und von Sanftheit und Ruhe bei der Ankunft des neuen Erdenbürgers begleitet sein. Eine harmonische Atmosphäre und gedämpftes Licht im Raum, Gaben von Bachblüten-Notfall-Tropfen werden Mutter und Kind bei Problemen gut tun. Zur Entkrampfung während der Wehen ist das Schüssler Salz Nr. 7 Magnesium phosphoricum D6 hilfreich. Auch Handauflegen auf das Herzchakra oder auf die Kreuzgegend wird der Gebärenden Erleichterung bringen. Schön ist es, wenn der Vater des Kindes dabei einbezogen wird.
Hautkontakt gleich nach der Geburt fördert das innige Band der Verbundenheit zwischen Mutter und Kind, das Neugeborene sollte sein Bettchen neben der Mutter haben. So kann auch die manchmal aufkommende Wochenbett-Depression leichter vermieden werden.

Manchmal verlaufen Geburten äußerst schwierig und lang, das Kind will lange nicht kommen. In einem Channeling erhielt ich für eine Ratsuchende folgende Erklärung:
»Die Ursache für die schwierige Geburt des zweiten Zwillingskindes und den daraus resultierenden Sauerstoffmangel finden wir in karmischen Gründen. Die Seele des Ungeborenen wusste genau, dass sie ein schwieriges Leben haben würde. Daher wollte sie ***erst gar nicht kommen.«***
Seelenprogramm und Karma werden im Kapitel 12 »Im Einklang leben mit der Seele« Themen sein.

In ayurvedischen Kliniken in Indien bekommen die Neugeborenen bereits in den ersten Lebenstagen, nachdem die Nabelwunde abgeheilt ist, also ab dem 7. Tag, eine sanfte Ölmassage mit lauwarmem Mandelöl. Zuerst wird das Köpfchen in sanften, kreisenden Bewegungen massiert, danach das Gesicht. Es wird behutsam mit den Fingern von der Stirnmitte aus in die Seiten hin und zurück gestrichen, dann mit den Handtellern über Schläfen und Wangen gekreist. Dabei wird geachtet, dass kein Öl in die Augen gerät. Bei den Ohren werden die Ohrränder sanft massiert. Dann wird sanft über den ganzen Körper, Arme und Beine gestrichen, wobei die Gelenke in kreisenden Bewegungen massiert werden. Den Händen und Füßen wird dabei besondere Aufmerksamkeit gegeben. Ich darf dazu das Buch »Sanfte Hände« von Dr. Frédrick Leboyer empfehlen.
Diese Massage (Abhyanga) ist nicht nur für die Kindesmutter, sondern auch für den Vater eine gute Gelegenheit, dem Baby seine Liebe und Zuneigung durch zärtliche Berührung

spüren zu lassen, und so durch die liebevolle Kommunikation eine innige Beziehung aufzubauen. Wenn Eltern massieren wollen, ist darauf zu achten, nur mit der flachen Hand ganz sanft zu massieren, Fingernägel sollen kurz sein, Ringe sind vorher zu entfernen. Anschließend, nach ca. 10 Minuten, kann das Baby gebadet werden. Das Baby sollte erst nach der Massage gefüttert werden.
Die Babymassage spendet nicht nur Pflege und Schutz für die Haut, sie fördert den Stoffwechsel, den Kreislauf und das allgemeine Wohlbefinden des Kindes.

Generell ist liebevoller Körperkontakt zwischen den Eltern und dem Baby wichtig, es trägt zur Bindung zwischen beiden bei. Dadurch werden beim Kind wohltuende Haut-Reize ausgelöst, die das ganze Nervensystem positiv beeinflussen, und zwar nachwirkend für das ganze Leben. Urvertrauen kann daraus erwachsen.

Optimal ist es, wenn die Mutter stillt, weil dem Kind mit der Muttermilch besonders in den ersten Tagen wichtige Stoffe für die Immunkraft mitgegeben werden. Die Milchproduktion in der Stillperiode kann durch Anis, Fenchel, Kürbiskerne und Bockshornkleesamen angeregt werden. Wichtig ist Ruhe und Harmonie beim Stillen, denn nicht nur was die Mutter zu sich nimmt, auch ihre Stimmung beeinflusst die Qualität der Muttermilch. Das alles wirkt sich auf das Befinden des Säuglings aus.
Ob die Mutter stillen kann oder nicht, auf jeden Fall sollte sie ihr Baby oft in die Arme nehmen und herzen. Durch Streicheleinheiten gedeihen Kinder besser und ihr Immunsystem wird gestärkt. Zärtlichkeit ist genauso wichtig wie die Nahrung, sie ist Nahrung für die Seele und das Kind erfährt die lebensnotwendige Geborgenheit und erlebt das **Urvertrauen**. Das prägt fürs ganze Leben. Kinder ohne Zärtlichkeit verkümmern, sie brauchen unbedingt eine Bezugsperson.

In den ersten Lebensjahren wird entschieden, ob das Kind ein optimistischer und selbstbewusster, liebesfähiger Erwachsener wird oder ob es mit Lebensängsten, Aggressionen und Komplexen belastet wird. Eltern haben eine große Verantwortung, weil durch ihr Verhalten das Leben des Kindes **entscheidend** geprägt wird.
Sind Ablehnung, Mangel an Geborgenheit, Hunger und Gewalt die ersten Erfahrungen des Kindes, führt das zu Blockierungen in den ersten drei Chakren, die zum Urvertrauen, zur Lebensfreude und zum Selbstvertrauen gehören. Die Folge sind Störungen in der gesamten körperlichen und seelischen Entwicklung. Dann werden wir ein verängstigtes, eingeschüchtertes oder ein aggressives Kind vorfinden.
Aber durch elterliche Liebe und Geborgenheit wird es später ein Erwachsener, der mit den Herausforderungen des Lebens viel besser umgehen kann.

Das Ungeborene hört den Herzschlag seiner Mutter, das ist seine erste Orientierung. Auf einer Geburtsstation wurde schreienden und weinenden Babys über Lautsprecher der mütterliche Herzschlag vorgespielt. Es gab interessanterweise ganz verschiedene Reaktionen: Jene Säuglinge, die seelische Probleme durch Alleinsein hatten, und sich nach Zuwendung, Zärtlichkeit und Liebe sehnten, haben sich daraufhin beruhigt.
Nur jene Kinder, die ein körperliches Unbehagen hatten, sei es, dass sie nass waren, Schmerzen hatten durch Wundsein oder Hunger, schrieen weiter. Daraus konnte man erkennen, was die Kinder wirklich brauchten.
Darum ist es so wichtig, dass die Mutter ihr Kind »herzt«. Sie gibt ihm damit Geborgenheit. Es hört wieder den Herzschlag seiner Mutter, wie es ihn vor der Geburt vernommen hat. Das Kind ist im wahrsten Sinn »gestillt« und kann gut schlafen. Wir können ja Herztöne auf Band aufnehmen und dem Kind vorspielen, wenn es weint und sehen, wie es reagiert. Dann wissen wir, was fehlt. Oft werden die Bedürfnisse der Babys von den Erwachsenen auf Hunger und nasse Windeln beschränkt. Schreit ein Kind, bekommt es sofort einen Schnuller in den Mund – ganz gleich, was es wirklich braucht.

Warum lieben wir den Schaukelstuhl oder Schaukeln? Es gibt uns das Gefühl, wie wir im Mutterleib durch das Gehen der Mutter geschaukelt wurden, und später, wie wir in ihrem Arm gewiegt wurden. Die gleichförmigen rhythmischen Bewegungen wirken beruhigend.
Durch das Schaukeln beim Zurücklehnen öffnet sich der Körper und die Lunge weitet sich – wir holen Luft. Im Vorbeugen atmen wir sie mit dem gleichzeitigen Einsinken des Oberkörpers wieder aus. Dieser Rhythmus des Atmens und Schaukelns tut gut – auch uns Erwachsenen. Wenn wir das Baby im Tragtuch bei uns haben, hört es das Herz und wird geschaukelt. Das Kind kommt wieder in die Einheitserfahrung im Mutterleib.

Bei regelmäßiger nächtlicher Unruhe, Weinen und Unwohlsein des Kindes sollten wir die Bettstelle mittels Radiästhesie von einem Rutengänger kontrollieren lassen, ob sie nicht energetisch durch eine Wasserader/Kreuzung schwächt und die Ursache für die Probleme des Kindes ist! Auch Bettnässen kann darin seine Ursache finden.
Es ist bekannt, dass da, wo sich ein Hund hinlegt, ein guter Platz zum Schlafen ist, wo eine Katze sich hinlegt, ist ein energetisch schlechter Platz. Auf solch einfache Weise können Sie den Platz Ihres Kindes auch prüfen.
Besonders kleine Kinder sind sehr sensibel und anfällig gegenüber Strahlenbelastungen und elektromagnetischen Feldern. Davor müssen sie bewahrt werden. Hier wäre eine Netzfreischaltung angebracht. Fernseher sollten auf keinem Fall in der Nähe des Kinderbettes sein, auf jeden Fall Fernseher und allfälligen Computer in der Wohnung mit Seidentuch über Nacht abdecken.
Mir ist von einem erfahrenen Radiästhesisten folgender Fall mitgeteilt worden, der sich in einer Neugeborenenstation zugetragen hatte. Er kontrollierte die Bettstellen der Neugeborenen. Alle Stellen, die belastet und schlecht waren, kennzeichnete er. Die erstaunte Kinderschwester konnte ihm bestätigen, dass genau in diesen Betten die Babys am unruhigsten waren, am meisten weinten, kaum Schlaf fanden und schlecht gediehen. Einigen ging es an diesen Plätzen so schlecht, dass sie fast starben. In der Folge wurden die betreffenden Bettchen aus dem Gefahrenbereich entfernt und woanders hingestellt. Nach dieser Maßnahme gediehen die Babys besser, es gab bedeutend weniger Probleme mit den Babys.
Leider wird auf diesen Einfluss von Wasserader-Kreuzungen und Erd-Strahlungen nicht besonders geachtet. Vielfach wird es noch als Humbug abgetan, auch von Ärzten. Aber warten wir lieber nicht, bis die Wissenschaft alles bestätigt, handeln wir und stellen wir das Kinderbettchen um in eine andere Ecke des Raumes! Probieren Sie es aus.

In den **ersten Lebensjahren des Kindes wird das Fundament für das ganze Leben gebaut.** Das bezieht sich auf die **richtige körperliche, emotionale und seelische Nahrung**. Im zweiten und dritten Kapitel habe ich mich ausführlich mit dem Einfluss der Ernährung auf die Gesundheit und das Wohlbefinden befasst. Im nächsten Abschnitt werde ich noch weitere Tipps geben. In Bezug auf die geistig/seelische Nahrung brauchen Kinder emotionalen Halt, Geborgenheit und für die Seele das Vermitteln von Spiritualität.

Erziehung der Kinder

» Lasset die Kindlein zu mir kommen und wehret ihnen nicht, denn ihrer ist das Himmelreich. So ihr nicht seid wie die Kinder, so werdet ihr nicht das wahre Leben erlangen.«

»Wenn ihr nicht umkehret und werdet wie die Kinder,
werdet ihr nicht in das Himmelreich eingehen.«
Matth. 18,2.

Warum hat das Jesus Christus zu seinen Jüngern gesagt, als er liebevoll eine kleine Gruppe von Kindern um sich scharte und sie zu sich rief?
Im Allgemeinen ist den meisten kleinen Kindern eine natürliche Spontaneität und Lebensfreude zu eigen. Sie sind neugierig, abenteuerlustig und selbstbewusst. Kleine Kinder sind arglos, voller Vertrauen und liebevoll.
Kinder sind unsere Lehrmeister. Wir lernen Geduld, unser Ego zurückzunehmen, flexibel zu sein und die Welt mit den Augen der Kinder zu sehen.
Kleine Kinder haben keine Vorurteile gegen andere und schließen Freundschaften ohne Ansehen der Hautfarbe, Konfession und Herkunft. Sie haben ihre Augen noch offen für die Schönheit der Natur und machen uns aufmerksam auf Dinge, die unserer Aufmerksamkeit schon weitgehend entglitten sind. Sie denken und lernen ganzheitlich, also mit beiden Gehirnhälften, der rationalen und intuitiven Seite. Sie nehmen oft Wesenheiten aus anderen Dimensionen wahr, z. B. Engel, Elfen, auch verstorbene Verwandte, z. B. Großeltern. Aber das Schönste an den Kindern ist, dass sie noch ganz voller Urvertrauen sind und uns ihre Liebe vorbehaltlos schenken.
Deshalb ist es wichtig, darauf schon von Anfang an bei der Erziehung zu achten, dass wir ihnen nicht diese Gaben verderben und ins Umgekehrte verwandeln.
Wir dürfen nie vergessen, dass Kinder sehr alte, weise Seelen sein können, die jetzt in einem kleinen Körper stecken. Wir können von ihnen lernen. Um uns sind die Realität (Materie) und die Wirklichkeit, die himmlische Ebene. Kleine Kinder verbinden diese beiden Welten, sie leben noch ganz darin.
So wie wir ein kleines Bäumchen abstützen, später aber den Pflock entfernen, so muss die Erziehung sein, nicht zu straff, aber auch nicht zu locker.

Dazu muss ich noch einmal auf die Funktionen der Chakren – der Energiezentren, die ich bereits im ersten Kapitel eingehend beschrieben habe, eingehen.
In uns wirken die **göttlichen** und **menschlichen** Kräfte. Diese in **Einklang** zu bringen, das ist unsere Aufgabe.
Die drei unteren Chakren dienen der **Lebenserhaltung**, sie gehören zum physischen (Über-) Leben.

Chakra 1: Das Wurzelchakra ist der Sitz des Urvertrauens, es bildet die Basis für das ganze Leben.
Chakra 2: Das Sexualchakra dient der schöpferischen Lebensfreude und Kreativität und Fortpflanzung.
Chakra 3: Der Solar Plexus steht für die Durchsetzungskraft, wie einer im Leben steht.
Chakra 4: Die Entfaltung des **Herzchakras** geschieht über das Ausbilden der Herzensqualitäten, für das Liebe annehmen und geben können, das sich selbst annehmen können. »Liebe Deinen Nächsten wie Dich selbst«, ist sehr wichtig. Denn nur durch das Herzzentrum kann **Heilung** geschehen.
Das Herzchakra stellt die **Verbindung** zu den drei höheren geistigen Zentren dar.
Chakra 5: Das Kehlchakra steht für Kommunikation und die Weitergabe des Wissens,
Chakra 6: Das 3. Auge ist der Sitz der Intuition, der u. a. hellseherischen Fähigkeiten.
Chakra 7: Das Kronenchakra ist unser spiritueller Sitz, unsere göttliche Eingangspforte.

Je mehr der Mensch liebevoll und harmonisch lebt, öffnen sich auch die oberen Chakren und er bekommt geistige Gaben, kann mehr die innere Stimme, die **Intuition**, vernehmen und bekommt innere göttliche Führung. Dadurch kann er immer besser schöpferisch **im Einklang** mit dem göttlichen Willen leben und handeln.

Auswirkung der Erziehung auf die Chakren des Kindes

Gehören Ablehnung und Schläge, Ungeborgenheit, Hunger, mangelnder Körperkontakt mit der Mutter zu den ersten Lebenserfahrungen des Kindes, wird es viel mehr Lebens- und Verlustängste entwickeln, weil ihm die positiven Erfahrungen des **Urvertrauens** fehlen, die ihm die Basis fürs ganze Leben geben sollten.
Säuglinge verkümmerten seelisch und körperlich und starben sogar in Heimen, in denen sie ohne zärtliche persönliche Zuwendung und nur auf der körperlichen Ebene versorgt wurden. Man bezeichnet das als Hospitalismus. Das zeigt, wie wichtig **von Geburt an** eine **liebevolle Bezugsperson** ist. Aufgrund des ständigen Personalwechsels können Babys und Kleinkinder in einem Heim keine seelischen Beziehungen aufbauen. Das geht mit einem starken Seelenschmerz für das Kind einher – das sich nach Liebe und Geborgenheit sehnt.

Durch solche Defizite wird das **1.Chakra blockiert**, das ja der Sitz des Lebenswillens und des Urvertrauens ist. In der Folge kann das Kind später als Erwachsener ein zu starkes Sicherheitsbedürfnis entwickeln (Mangel an Urvertrauen, Angst, zu wenig zu haben). Mitunter kann dies später zu Habgier, Geiz oder zu (selbst)zerstörerischen Tendenzen wie Suchtverhalten führen. Wie es dazu kommen mag? Macht ein Kind in den ersten Lebensjahren ständig die Erfahrung, dass sein Bedürfnis nach Geborgenheit, Schutz und Liebe nicht erfüllt wird, kann es in seinem Unterbewusstsein beschließen, sich das Gefühl der Sicherheit nur mehr mit materiellen Mitteln zu beschaffen, um seine Lebensangst zu dämpfen.
Wenn sich ein Kind ständig abgelehnt fühlt, wird es kaum lernen, sich wertzuschätzen und zu lieben. Im Gegenteil, es kann seinen Lebenswillen verlieren, resignativ oder aggressiv gegen sich selbst oder andere werden. Darin ist die Wurzel für die aufgezählten negativen charakterlichen Tendenzen zu sehen.

In der spielerischen Phase beginnt das Kind seinen Körper zu erkunden und auch sein Geschlecht unschuldig zu entdecken. Hört es aber in diesem Zusammenhang ständig Wörter wie »schmutzig«, »unanständig«, wird es seinen Körper abzulehnen beginnen und Schuldgefühle sowie Hemmungen entwickeln. Mangel an Zärtlichkeit und körperlicher Zuwendung führen im Leben zu einem Gefühl mangelnder Lebensfreude und zu Schwierigkeiten in der Partnerschaft. Dann ist die Funktion des **2. Chakras** gestört.

In der Trotzphase ab 3 Jahren entdeckt das Kind sein ICH, dann grenzt es sich ab und will sich durchsetzen. Zärtlichkeiten weist das Kind jetzt zurück, es will selbst bestimmen, wann es gekost wird. Wird das Kind nicht liebevoll, konsequent und weise in seinem Willen gelenkt, sondern wird ihm »das Kreuz gebrochen«, kann es zu Minderwertigkeitsgefühlen, Mutlosigkeit, Antriebslosigkeit sowie zu Hassgefühlen kommen. Die ganze Entfaltung der Persönlichkeit wird behindert. Die Person kann später zu Depressionen neigen, sich entweder gar nicht oder nur mit Gewalt durchsetzen. Das **3. Chakra** ist in seiner Funktion gestört.

Wir sollten den Kindern Rücksichtnahme, Nächstenliebe und Mitgefühl gegenüber Tieren sowie Achtung vor der Natur in ihr Herz pflanzen. Lehren wir sie auch Toleranz gegenüber anderen Menschen und Kulturen.

So kann sich das **4. Chakra, das Herzchakra** gut entfalten und das Kind wird später kaum ein gefühlskalter Egoist werden. Widrigenfalls kann es später im Leben zu einem Ausleben reiner Sexualität ohne Mitbeteiligung des Herzens kommen. Die Folgen sind letztendlich Lebensüberdruss, Respektlosigkeit. Das alles verhindert erfüllende Partner-Beziehungen. Kalter, herzloser Ehrgeiz kann zu rücksichtslosem Durchsetzen eigener Interessen und Brutalität führen.

Wird dem Kind sein sprachlicher und emotionaler Ausdruck verboten, darf es sich nicht äußern oder widersprechen, kann nachhaltig das **5. Chakra, das Halschakra**, gestört werden. Spätere Folgen sind Funktionsstörungen an der Schilddrüse und der Mensch hat Schwierigkeiten, sich sprachlich zu artikulieren. Das kann seine ganze schulische und berufliche Laufbahn beeinträchtigen.

Bei kleinen Kindern ist das Geistige Auge, **das 6. Chakra**, noch offen. Sie nehmen Feinstoffliches wahr, auch sind sie intuitiv, lernen ganzheitlich. Bei ihnen spielt noch die Imagination, die Vorstellungskraft eine große Rolle. Sie sind noch mit der geistigen Welt sehr verbunden. Erst beim Eintritt in die Schule verblassen diese Fähigkeiten, zumal durch den Unterricht die rationale Lernphase des Kindes beginnt.

Dazu möchte ich eine Begebenheit mit meiner Tochter Claudia erzählen, als sie ca. 4 Jahre alt war: Das freie Wochenende nutzten wir Eltern gerne, um morgens gemeinsam mit unseren beiden Kindern im großen Ehebett zu liegen und zu kuscheln. Da herrschte oft eine sehr liebevolle, fröhliche Stimmung. Wie wir wieder einmal unsere Gemeinschaft genossen, Claudia und die kleinere Daniela in unserer Mitte, da bemerkte Claudia auf einmal, dass sie über uns lauter rosarote Herzen schweben sehe. Gedanken und Gefühle haben auf feinstofflicher Ebene ihre entsprechenden Formen und Farben. Die Herzen zeigten die liebevolle Atmosphäre zwischen uns.

Wir sollten hinhören und ernst nehmen, was Kinder uns erzählen und nicht alles als lächerlich abtun. Wir müssen ihnen ihre reiche Innenwelt lassen und dürfen sie nicht zu sehr in die intellektuelle Ecke hineindrängen, in das einseitige, verstandesorientierte Denken. Vielmehr sollten wir sie in ihrer ganzheitlichen Wahrnehmung unterstützen.

Später als Erwachsene müssen sie sich sonst die kindlichen Fähigkeiten wieder mühsam antrainieren, das Träumen, die Imagination und die feinstoffliche Wahrnehmung. Die Kinder haben auch noch die Spontaneität und können völlig aufgehen in einer Sache. Da reißen wir sie oft unbedacht heraus.

Heutzutage werden Kinder viel zu früh mit den »harten« Tatsachen des Lebens über alle möglichen modernen Medien konfrontiert. Alles Märchenhafte wird ihnen genommen. Wir müssen ihnen ihre reiche Innenwelt lassen.

Die ersten Jahre der Kinder

Wir haben als Eltern eine große Verantwortung, weil durch uns das Leben des Kindes in den ersten Jahren entscheidend geprägt wird. Kleine Kinder ahmen alles nach. Sie lernen durch **unser Vorbild**. Bereits in der ersten Zeit entstehen die Verhaltensmuster, werden Ursachen gesetzt, ob jemand später mehr zu Depressionen, Ängsten, Aggressionen oder zu Harmonie und Lebensfreude im Leben neigt.
Durch ständige Kritik und das Schuldgefühle machen lernen sie, sich selbst und andere zu verurteilen und abzulehnen. Durch Lob und Annahme lernen sie sich selbst wertzuschätzen und werden fähig für Liebe und Freundschaft.

Kinder brauchen vor allem eine **Bezugsperson,** die ihnen Halt gibt. Das können neben der Mutter auch Vater, Großeltern oder Verwandte sein.
Das Kind muss das Gefühl haben, dass es willkommen ist, und dass man sich freut, es zu haben. Ich habe infolge meiner Lebens- und Partnerschaftsberatung ein Channeling für einen jungen Mann und seine Partnerin gemacht. Es verdeutlicht alles, was ich bereits geschrieben habe.
»S. muss auf ihre Energie achten und E. muss auch einen Beitrag leisten für eine Gemeinschaft. Der Ausgleich zwischen Geben und Nehmen muss stimmen.
Sein Frauen- und Mutterbild muss heilen. Das geht nur mit einer guten Partnerin. Er muss seinen ***Willen gebrauchen lernen – der ihm gebrochen wurde*** *– wieder Vertrauen ins Leben bekommen und Freude daran.*
S. darf ihm auf keinen Fall alles abnehmen. ... Wenn er merkt, dass er ***viel*** *mehr vermag – wenn er herausgefordert wird, wird er auch sein Leben wieder mehr in die Hand nehmen und gestalten.*
Das war sein ***Überlebensprogramm in seiner Kindheit*** *– still sein, nicht auffallen und anpassen und ja keinen eigenen Willen zeigen. Davon muss er geheilt werden. Das ist der erforderliche Lernschritt. – Also in kleinen Schritten Willensentscheidungen fördern, die zu einem Erfolgserlebnis führen – die* ***tiefe Angst*** *allmählich lösen. Angst lähmt – im wahrsten Sinne.«*

Die **Vermittlung höherer Werte** stellt eine wichtige Säule bei der Erziehung dar. Für die Kinder sind die Eltern zuerst die höchste Instanz. **Kinder brauchen Nahrung für die Seele**, Märchen und den Glauben an Schutzengel oder Gott, der sie stets beschützt und dem sie alles sagen können. Das Weihnachtsfest ist nicht nur eine Gelegenheit zu familiärem Beisammensein, sondern auch die Spiritualität zu pflegen. Kinder brauchen den Glauben an etwas Höheres.
Oft sind Kinder sehr enttäuscht, wenn sie in der Schule erfahren, dass es kein Christkind gibt. Da bricht eine Welt für sie zusammen. Das können wir verhindern, indem wir ihnen kindgerecht erklären, dass das Christkind immer da ist, und besonders zu Weihnachten in die Herzen der Menschen kommt. Das spüren die Menschen und deshalb sind sie zu Weihnachten liebevoller und bereiten sich gegenseitig Geschenke. Kinder freuen sich dann sehr, wenn sie beim Christbaum-Schmücken helfen können. So habe ich es bei meinen Kindern gemacht.

Sie sind oft reife Seelen, die ein reiches Wissen in sich tragen und wenn wir mit ihnen über Gott und Schutzengel sprechen, finden sie ihr inneres Gefühl und ihre Wahrnehmungen bestätigt. Mein geschiedener Mann hat mir erzählt, dass er als Kind seinen Schutzengel gesehen hat.
Für die Entwicklung der Kinder ist es vorteilhaft, wenn wir beginnen, ihnen schon im Alter von 2 bis 4 Jahren Fragen zu stellen. Wir würden erstaunt sein, wie gut Kinder intuitiv über geistige Wahrheiten Bescheid wissen. Auf unsere Frage »Was hast du gemacht, als du groß warst?« könnte es sein, dass es uns über ein früheres Leben erzählt. Wir sollten ernst nehmen, was es sagt.
Ich habe eine liebe Freundin seit ca. 30 Jahren. Wir hatten uns damals bei der Schwangeren-Gymnastik kennengelernt. Unsere Kinder waren nur zwei Wochen auseinander, als sie auf die Welt kamen. Wir verbrachten auch viel Zeit miteinander, u. a. besuchten wir einander zu Weihnachten.
Meine Tochter Claudia war damals etwas über 2 Jahre alt. Wir bewunderten den wunderschön geschmückten Weihnachtsbaum und freuten uns über die Geschenke. Da bemerkte Philipp, der Sohn von meiner Freundin Anni: »Das alles gehört uns gar nicht, das haben wir nur ausgeliehen.« Welch eine tiefe Wahrheit aus einem Kindermund – eine weise Seele!

Bis zum Vorschulalter haben die Kinder Erinnerung an das Göttliche, wo ihre Seele herkam und an frühere Inkarnationen. Erst dann verblasst dieses Wissen. Ich erzählte meinen

Kindern schon sehr früh, dass wir alle »einen Himmelpapa und eine Himmelmama« haben, denen wir alles sagen können und sie natürlich auch. Es war in der Zeit, als meine Kinder noch klein waren. Meine kleine, ca. 3 Jahre alte Daniela war zu Hause, während ihr älteres Schwesterchen Claudia im Kindergarten war.
Als ich einmal sehr traurig war, kam die kleine Daniela zu mir und sagte: »Mama, du musst es halt dem Himmelpapa sagen.« Da war ich sehr berührt. Das Kind hatte gespürt, dass es mir nicht gut ging und hat mich getröstet und mich an das erinnert, was ich ihm gesagt habe. Zugleich wusste ich aber, dass meine Kinder meine Unterweisungen verinnerlicht hatten.

Wie bereits erwähnt, durch **elterliche Liebe und Geborgenheit** wird das Kind ein optimistischer, selbstbewusster, liebesfähiger Erwachsener oder durch **Mangel an Liebe** ein von Minderwertigkeits-, Hass- und Angstgefühlen belasteter Mensch. Der eine wird mit den Mitmenschen und den Herausforderungen des Lebens viel besser umgehen können und der andere hat viel mehr Schwierigkeiten damit.
Zum Beispiel lassen Ungerechtigkeiten innerhalb der Familie, also einseitige Bevorzugung eines Kindes, Hass unter den Geschwistern wachsen. Und als Erwachsener überträgt der sich ungerecht Behandelte unbewusst seinen Hass auch mitunter auf seine eigenen Kinder, z. B. auf das Zweitgeborene, das er immer schlechter behandelt (sein Inneres, verletztes Kind rächt sich, denn er als Erstgeborener hat stets die Strafe für sein jüngeres Geschwister einstecken müssen).
Das führt zu einem Kreislauf des Leidens **über Generationen,** weil ja die Eltern ihre unbewussten Prägungen weitergeben. Erst ein Bewusstwerden und Löschen der unterbewussten Programmierungen kann dies durchbrechen. Im Kapitel über Heilung befassen wir uns mit der Heilung unseres Inneren Kindes und der Löschung von unheilvollen Mustern.

Schlagen ist keine gute Erziehungsmethode, es gibt auch keine »gesunde« Ohrfeige. Es ist immer eine Verletzung körperlicher und seelischer Art. Wenn es wirklich einmal passiert, dass wir im Affekt einmal einem Kind eine Ohrfeige geben, ist es wichtig, dem Kind zu sagen, dass es uns leid tut und es wissen und spüren zu lassen, dass wir es lieben. Auch hässliche Worte können sich in die Seele als Wunden einbrennen ein ganzes Leben lang.
Wir müssen mit den Kindern immer wieder reden, damit sie verstehen. Oft werden Kinder gestraft und sie wissen gar nicht warum. Schon mit kleinen Kindern kann man vernünftig reden und ihnen erklären, was sie nicht tun sollen.

Kleine Kinder haben ein natürliches Vertrauen zu ihren Eltern, sie sind ehrlich und spontan. Dieses Vertrauen verlieren sie, wenn wir sie belügen oder ihnen Versprechungen geben, die wir dann nicht einhalten. Sie werden bitter enttäuscht, mitunter auch selber unaufrichtig.
Dieses Vertrauen, ihre Spontaneität und Offenheit verlieren sie auch durch eine Erziehung mit Angst und Druck, durch Androhung von Strafen und Verboten. Dann lernen sie aus Angst, ihre Wut und auch ihre Wünsche zu unterdrücken bzw. zu verbergen und zu lügen. Es kann auch der Fall eintreten, dass Kinder ihre Wünsche und Gefühle nicht mehr äußern, da sich in ihnen das Gefühl einstellt, unverstanden und es nicht wert zu sein, Wünsche erfüllt zu bekommen.
Es entstehen ungute Verhaltensmuster. Wenn sie erwachsen sind, können sie sich nicht adäquat äußern, sie haben kommunikative Probleme. Einerseits stoßen sie mit ihren Aggressionsausbrüchen andere Leute vor den Kopf, andererseits kommt es zu Missverständnissen untereinander, weil sie ihre Wünsche und Absichten nicht klar genug zum Ausdruck bringen. Frustrationen sind dadurch unausbleiblich.
Lehren wir unsere Kinder, wahrhaftig und identisch zu sein. Sie sollten sich nicht »verbiegen« müssen, sondern sich offen und aufrichtig mitteilen können. Sie sollen sagen dürfen, wenn sie etwas bedrückt oder zornig macht und keine Angst haben, es zu sagen, wenn sie etwas angestellt haben. Dann kann man viele Missverständnisse im Gespräch klären und

Probleme aus dem Weg räumen. Geben wir ihnen den angemessenen Rahmen, dass sie auch lernen, mit Aggressionen richtig umzugehen und ihre Grenzen zu akzeptieren. Das kann nur in einer liebevollen und vertrauensvollen Atmosphäre geschehen. So werden sie auch später als Erwachsene ehrlich, angemessen und klar ihre Gefühle und Wünsche äußern können.

Für die Geborgenheit sind gewisse Einschlafrituale für Kinder, besonders für kleine Kinder, wichtig. Diese sollten immer zur gleichen Zeit ablaufen. Das kann ein Bad vor dem Schlafengehen, ein warmes Getränk, eine Gutenachtgeschichte oder ein Schlaflied sein. Wir können auch, damit sich die Kinder nicht fürchten, ein gedämpftes Licht anlassen oder die Tür ein Spalt offen lassen. Dann können sie beruhigter einschlafen. Oft erschrecken in der Nacht reflektierende Scheinwerferstrahlen oder sich durch den Wind bewegende Zweige am Fenster kleine Kinder sehr.
Dazu eine Begebenheit: Einmal wachte mein einjähriges Töchterchen Claudia in der Nacht auf und weinte. Die Kleine schaute zur Decke hinauf und jammerte immer wieder: »Lichti, Lichti«. Erst verstanden wir nicht recht. Aber wir schauten nach der Ursache und bemerkten, dass die Scheinwerfer von den vorbeifahrenden Autos auf der Zimmerdecke helle Lichter bildeten, die sich ständig veränderten.
Daraufhin erklärte ihr der Papa: »Die Decke tut nichts, die Decke ist brav.« Er wiederholte es mehrmals in beruhigender Stimme, weil die kleine Claudia immer wieder fragte, ob die Decke wirklich nichts tut: »Nein, die Decke ist brav, die tut dir nichts.« Mit dieser einfachen, kindgerechten Erklärung war mein Töchterlein beruhigt und konnte wieder einschlafen. Sie hat sich auch dann nicht mehr gefürchtet vor den »Lichtern«.

Kleine Kinder, besonders im Nachahmungsalter, wollen gerne helfen. Dabei kann ihnen schon ein Missgeschick passieren und etwas kaputt gehen. So ging es meiner kleinen Tochter Claudia, als sie ein Tellerchen in die Küche trug und es ihr hinunterfiel und zerbrach. Sie war ganz erschrocken und traurig darüber. Ganz falsch wäre es, das Kind hier zu schelten oder gar zu strafen. Damit legen wir nur die Basis für Angst und Unsicherheit, und das Kind verliert die Freude am Helfen und Tun. Ich habe vielmehr Claudia nach ihrem Missgeschick getröstet und ihr gezeigt, dass ich sie lieb habe.
Kinder sind in einem gewissen Alter wahre »lebendige Fragezeichen.« Dabei ist es sehr wichtig und vorteilhaft für die Kinder, wenn sie von Anfang an die Dinge in einer klaren, richtigen Sprache und nicht in einem groben Dialekt erklärt bekommen, z. B. »das sind Blumen« oder »da ist ein Baum« und nicht »des sein Bluamen« oder »da isch a Bam«. So werden sich die Kinder später wesentlich leichter tun im Kindergarten und in der Schule beim Lesen und Schreiben. Wir sollten uns einer gepflegten Sprache, möglichst ohne Kraftausdrücke und harter Worte, bedienen.
Ich möchte hier nochmals erinnern, was ich im Kapitel »Im Einklang leben durch harmonische Schwingungen« über Schwingungen und die Auswirkung der Worte geschrieben habe. Günstig ist es, wenn wir bei den Kindern schon früh die Freude und das Interesse an guten Büchern und am Lesen wecken.

Wenn familiäre Umstände katastrophal sind, die Kinder gröblich vernachlässigt werden oder sogar Misshandlungen ausgesetzt sind, ist es besser, dass sie in ein Heim kommen, um sie vor weiteren Schäden zu bewahren. Das ist immer eine Notlösung.
Aber es ist traurig, dass Mütter, besonders Alleinerzieherinnen, dazu **wirtschaftlich** gezwungen sind, ihre Babys und Kleinkinder immer früher in Kinderkrippen- und Kindergartenplätze unterzubringen. So werden beide **zu früh** auseinandergerissen. Da entsteht Herzeleid, Trennungsschmerz, jeden Tag aufs Neue. Daraus können lebenslange Verlustängste beim Kleinkind entstehen. Es kann nicht verstehen, warum die Mutter es weggibt.
Hier müssen **andere** Lösungen in Politik und Wirtschaft gefunden werden, z. B. Entlohnung der Mütter für die ersten Jahre. Leider wird in der heutigen Zeit die wichtige Rolle der Frau als Mutter viel zu wenig wertgeschätzt. In den ersten Lebensjahren ist eine gute Mutter-

Beziehung für das Kind unersetzbar. Diese Zeit ist kostbar und unwiederbringlich. Auch die Tendenz, die Arbeitszeiten im Handel am Abend und sogar auf den Sonntag auszudehnen, ist nicht familienfreundlich. – Das alles geht zu Lasten des Familienlebens und der Kinder. Idealerweise sollte eine Mutter bei ihrem Kind bleiben bis es 3 oder 4 Jahre alt ist, und erst dann – wenn es den Kindergarten besucht – eine Halbtagsarbeit annehmen. Das Wertvollste was wir unseren Kindern mitgeben können, sind schöne Erinnerungen an die Kindheit. Die ersten Lebensjahre des Kindes bilden die **Grundlage** für sein weiteres Leben.

Was Kinder brauchen ist:
Liebe, Ansprache, Geduld, Zuhören, Bewegung und Muße, Körperkontakt, Familiensinn, Wertorientierung, eine gute Ernährung für eine gesunde Entwicklung und
viel Zeit!

Ernährung für Kinder

Wie bereits im zweiten Kapitel »Im Einklang leben mit seinem Körper …« unter »3 Säulen der Gesundheit« empfohlen, brauchen Kinder eine aufbauende Nahrung mit Kapha-Eigenschaften. Reinen, sattvischen Lebensmitteln sollte der Vorzug gegeben und tamasische Nahrung hingegen möglichst gemieden werden, so wie es im dritten Kapitel über harmonische Schwingungen erwähnt wurde. Ein Mangel an aufbauender Nahrung in der Kindheit kann auch zu Allergien führen, weil zu viel Vata (Instabilität) entsteht. Vor allem soll die Ernährung vitalstoffreich, reich an Lebensenergie (Prana) sein, welche der wachsende Körper unbedingt braucht.

Am besten ist ein Frühstück, wenn es leicht verdaulich, aber doch energiegebend ist. Falls das Kind kein Frühstück isst oder mittags nicht nach Hause kommt, gilt dies natürlich auch für die Schuljause. Meiden Sie homogenisierte und H-Milch-Produkte. Milch soll nicht mit Saurem kombiniert werden, das macht sie schwerverdaulich. Kinder sollen also kein saures Obst zur Milch verzehren. Sauermilch, Buttermilch, Kefir und Yoghurt, kombiniert mit Oft und Saft, sind hingegen unbedenklich.
Kinder sollten wir nicht zum Essen zwingen, wenn sie keinen Appetit haben oder unter Stress stehen. Sie verlieren sonst ihren natürlichen Sättigungsreflex und ihre Verdauung wird gestört. Die so vielen üblichen süßen Zwischenmahlzeiten führen ebenfalls zu dauerhaften Verdauungsstörungen und zu Verschlackung im Körper. Damit ist für Krankheiten der Boden gelegt. Sorgen wir für Harmonie und Ruhe bei den Mahlzeiten.
Helfen wir unseren Kindern schon früh gute Gewohnheiten zu entwickeln, auch in Bezug auf Ernährung. Zwingen wir sie nie, bestimmte Dinge zu essen, schon gar nicht zum Verzehr von Fleisch und Fleischprodukten. Sie haben oft eine ganz natürliche Abneigung dagegen, weil sich ihr System dagegen wehrt. Sie spüren, dass es ihnen nicht gut tut.

Kinder befinden sich in der **Kapha-Phase ihres Lebens**, das ist die Aufbauphase. So sind sie auch anfällig für **Kapha-Erkrankungen**, besonders in der Jahreszeit, in der das Kapha-Element vorherrscht, wenn es kühl und regnerisch ist. Dazu gehören Schnupfen, Husten und Verschleimungen. Dem kann man durch Kapha-reduzierende Maßnahmen entgegenwirken, also mit austrocknenden bzw. erhitzenden, schleimlösenden Substanzen, wie z. B. Kräutern, Gewürzen und Nahrungsmitteln, also wie sie für Kapha-Naturen empfohlen werden. Diesbezügliche detaillierte Empfehlungen werden im zweiten Kapitel unter »3 Säulen der Gesundheit« gegeben.

Wie erkenne ich mein Kind?

Bereits im ersten Kapitel bin ich auf die verschiedenen Konstitutionstypen im Ayurveda eingegangen. Hier möchte ich nur kurz das Wesentliche zusammenfassen. So können wir erkennen und sehen, was für ein Potenzial das Kind mitbringt und wie man es fördern und in richtiger Weise auf es eingehen kann.

Das Kapha-Kind: Es hat einen eher kräftigen Körperbau. Dieses Kind wird eher ruhig, friedlich und geduldig sein. Es neigt weder zu Zorn, noch ist es streitlustig. Es ist ein guter Freund und verlässlich. Es ist nicht sehr spontan und gehört eher zu den langsamen Kindern. Es reagiert und lernt eher langsam, ist dafür aber umso genauer und sehr intelligent und merkt sich alles gut. Kapha-Kinder brauchen positive Motivation, Ermunterung für ihre Aktivitäten, sonst verfallen sie leicht in Antriebslosigkeit. Bewegung und Spiel im Freien sind für sie ideal.
Kapha-Kinder sollte man nicht zum Essen nötigen, weil sie ohnehin einen langsamen Stoffwechsel haben und leicht zunehmen.

Das Pitta-Kind: Dieses Kind wird eher eine mittlere Statur, eine rötliche Haut und häufig Sommersprossen haben. Hier haben wir ein sehr lebhaftes Kind vor uns. Es ist temperamentvoll, launisch, neigt zu Ungeduld und Zorn, hat Führerqualitäten und ist selbstbewusst. In der Schule ist es ehrgeizig. Es ist intelligent, lernt leicht und erfasst schnell. Spiele und Bewegung im Freien helfen, das überschäumende Temperament zu zügeln.
Pitta-Kinder werden sehr ungemütlich, wenn sie hungrig oder müde sind, sie brauchen regelmäßig ihre Mahlzeiten.

Das Vata-Kind: Es ist von zartem, schmächtigem Körperbau. Auch das Vata-Kind ist sehr lebhaft, aber sprunghaft und zappelig und kann nicht stillsitzen. Es hat viel Phantasie, gute Ideen und ist oft künstlerisch begabt. Das Vata-Kind wird leicht nervös und ängstlich. Es lernt und erfasst schnell, vergisst aber leicht, oft ist es unkonzentriert, weil es so vieles gleichzeitig machen möchte. Beruhigende Aktivitäten, wie Bücherlesen sind für diese Kinder ausgleichend. Sie brauchen besonders viel Harmonie in der Familie und Kapha-Nahrung, dass sie genügend Stabilität (Kapha) fürs ganze Leben aufbauen können.
Vata-Kinder brauchen am nötigsten Regelmäßigkeit in ihren Mahlzeiten und im ganzen Tagesablauf, damit ihre Vata-Natur nicht agitiert und gestört wird.

Wir können uns jetzt ein Bild machen von den unterschiedlichen Verhaltensweisen und den verschiedenen individuellen Bedürfnissen, die Kapha-, Pitta- und Vata-Kinder haben. So können wir auch ihre Eigenarten besser verstehen und ausgleichend darauf eingehen.
Es ist zu bedenken, dass es Mischtypen gibt. Dann werden sie die Merkmale von zwei Naturen aufweisen.

Strenge und Toleranz in der Erziehung

Auch in diesem Bereich gab und gibt es zwei Extreme. Die ältere Generation wurde meist mit autoritärer Strenge erzogen. Widerspruch wurde kaum geduldet. Verbote und Schläge waren ganz normal. Wenige hatten eine unbeschwerte Kindheit, es gab wenig Freiraum und Zeit zum Spielen, oft wurde harte Arbeit gefordert.
Die Kinder wurden auch nie gefragt, was sie möchten, ob es um das Essen ging oder um die Kleidung. Sie mussten immer gehorchen – ohne Widerrede. Vielfach wurden sie auch zu einem Beruf gezwungen, für den sie nicht geeignet waren oder keine Neigung hatten. Oft durften sie aus finanziellen Gründen, selbst bei einer Begabung, keinen Ausbildungsweg beschreiten und weiterlernen. Das hatte zur Folge, dass sie als Ungelernte ein Leben lang schwere Arbeiten im Dienst bei Fremden oder Hilfs- oder Fabriksarbeiten verrichten mussten. Bei dieser Erziehung wurde der Selbstwert der Kinder erheblich verletzt. Ihre Verletztheit machte sie oft zu unglücklichen, verbitterten und unausgeglichenen Menschen.

Bei der nächsten Generation entwickelte sich der anti-autoritäre Erziehungsstil – das andere Extrem. Das war die sogenannte Gegenbewegung – geboren aus der übermäßigen Strenge. Aber mit dieser Erziehungsart tat man den Kindern auch nichts Gutes. Durch die völlige Orientierungslosigkeit in der Erziehung, durch das fehlende Setzen von Grenzen verloren die Kinder vielfach ihren Halt, den sie durch die Eltern eigentlich gebraucht hätten.

Aber Kinder brauchen das Gefühl, dass man sich um sie kümmert und sie wollen eine Orientierung. Das gibt ihnen erst die nötige Geborgenheit.

Und heutzutage hat man oft das Gefühl, dass die Eltern die Sklaven der Kinder sind. Ständige Widerrede der Kinder den Eltern gegenüber ist ganz normal. Oft werden die Eltern auch von den Kindern beschimpft, wenn nicht alles nach ihren Wünschen geht.
Leider zählen heutzutage oft materielle Güter mehr in der Familie als das Zusammenleben, sich Zeit füreinander zu nehmen, zuzuhören und miteinander zu spielen. Wir müssen die seelischen Bedürfnisse der Kinder ernst nehmen, die materiellen »Ersatz«-Bedürfnisse werden dann automatisch an Gewicht verlieren. **Zeit schenken** ist wertvoller als materielle Zuwendung in Form von Geschenken.
Dies lässt sich durch die mannigfaltigen Verpflichtungen in Beruf und Haushalt nicht immer so leicht umsetzen. Aber **jeden Tag** – möglichst um die gleiche Uhrzeit – sollte eine gewisse Zeit ausschließlich den Kindern gewidmet sein. Dann spüren die Kinder, dass wir sie lieben und sie uns wichtig sind.

Die Gründe für das extreme Verhalten der Kinder werden wohl auch in der inkonsequenten Erziehung beider Elternteile zu suchen sein, jeder zieht das Kind auf seine Seite. Was bei einem Elternteil erlaubt ist, wird durch den anderen verboten. Das wissen die Kinder auszunutzen. Besonders bei geschiedenen Eltern – fast jede zweite Ehe geht in Brüche – ist das der Fall. Streitigkeiten werden auf dem Rücken der Kinder ausgetragen. Aber diese leiden sehr darunter und werden dadurch ganz zerrissen. Und das äußert sich auch in ihrem Verhalten und ihren Aggressionen.
Es fehlt ihnen vielfach die Vermittlung von höheren Werten mit all den traurigen Folgen.

Es gilt, auch hier wieder die **goldene Mitte** zu finden. Denn die Kinder sind unsere Zukunft. Sie sollen doch ausgeglichene Menschen werden.
Oft wird der Druck an die Kinder weitergegeben und diese lassen ihrerseits den Druck ab, indem sie aggressiv werden und an Schwächeren »Dampf ablassen«. Hinter Aggressionen steckt ein Gutteil Hilflosigkeit und Angst. Aber auch zu hohe Erwartungen erzeugen Druck und Gegendruck.
Wir können unseren Kindern helfen, wenn wir ihnen Märchen erzählen, in denen sie ihren eigenen Aggressionen oder Ängsten begegnen und sie so auflösen können. Märchen sind Seelennahrung, sie sind eine Bildersprache vom Helden oder der Heldin, von Schurken und Bösewichten, die letztendlich erfolgreich besiegt werden.
Damit kann das Kind gefühlsmäßig mitgehen und seine eigene Wut oder Angst ausleben. Und nicht nur das, es erlebt, dass man auch stark sein und siegen kann. Das schenkt dem Kind Zuversicht und eine innere Sicherheit für sein Leben. Die Märchenfigur erlebt stellvertretend für das Kind Situationen von Angst, es muss die angstbesetzte Situation nicht selbst durchmachen. Aber so, gleichsam als »Angsttraining«, lernt es mit der Angst umzugehen.
Hier kommt wieder die Gesetzmäßigkeit zum Tragen: Wenn ich gegen etwas kämpfe (in diesem Beispiel sind es Wut oder Ängste), werden sie stärker, wenn ich aber in das Gefühl hineingehe, kann ich es auflösen.

Tiefe Wahrheiten sind in alte Märchen eingekleidet, in ihnen steckt noch ein tieferer Sinn. Die meisten Märchen befassen sich mit den beiden Naturen des Menschen, der niederen/materiellen und der seelisch/göttlichen. Es geht bei wertvollen Märchen und Mythen auch um erzieherische Effekte. Sie zeigen uns auf verborgene Weise, wie wir durch die hohen Lichtkräfte die Transformation/Umwandlung unserer niederen Natur zu unserer wahren Natur, zum Hohen Selbst, erreichen können. Märchen sind die Sprache der Seele und für Kinder Seelennahrung.
Gute, lehrreiche Märchen erzählen die Geschichte unserer Seelenentwicklung, wie wir durch viele Prüfungen gehen müssen und letztendlich – nach vielen Kämpfen und Versuchungen

– uns wieder mit dem Göttlichen vereinen. Am Ende steht die mystische Hochzeit – die Vereinigung unserer Seele mit Gott. Nach vielen Kämpfen kann der Prinz endlich die Königstochter heiraten.

Von Kindern verlangen wir immer, dass sie etwas »müssen«. Machen wir doch Ausnahmen – z. B. einen »Kindertag« – wo auch Unsinniges und Spaß erlaubt ist und machen wir mit. Das löst und entkrampft und bringt wieder Lachen in die Familie. Das Leben ist ein Spiel!
Natürlich ist es wichtig, dass die Kinder Ordnung halten lernen. Aber den Kindern sollte auch ein gewisser Platz zum Spielen gehören, wo sie ungestört sind und wo sie ihre »Bauwerke« mitunter auch stehen lassen können. Wir sollten sie nicht unbedacht aus ihrem Spiel reißen und ihre gebauten Kunstwerke einfach wegräumen. Auch Kinder brauchen Anerkennung und es tut ihnen gut, wenn wir sie für ihre spielerischen Kreationen loben.
Wir können auch im Wohnzimmer ein oder zwei Schubladen für kleine Kinder einrichten, in denen sie kramen dürfen und Spielsachen verstauen können. In unserem Wohnzimmer befand sich ein Wandschrank mit vielen Regalen und auch einer Glasvitrine. Meine Kinder wussten genau, dass die Glasvitrine samt Inhalt und die Schachbücher ihres Vaters für sie tabu waren. Aber sie hatten ihre »eigenen« Schubladen, und so blieb alles andere unberührt. Man braucht also Kinder nicht aus dem Wohnzimmer »verbannen«.

Oft wird den Kindern auch unnötig viel verboten. Es ist besser, ihnen einmal einen Wunsch zu erfüllen oder etwas durchgehen zu lassen. Sie hören sonst mitunter auf wichtige Verbote gar nicht mehr hin, wenn es wirklich gefährlich für sie werden könnte, z. B. in der Küche mit Messern und dergleichen.
Aber bei drohenden Gefahren **müssen** Sie sehr konsequent, aber liebevoll auf das Einhalten des Verbots bestehen. Das kann z. B. sein, dass kleine Kinder in der Stadt stets die Hand geben müssen, vor allem beim Überqueren von Straßen und dass sie nicht einfach voraus- oder weglaufen dürfen.

Junge Eltern sind sich bei der Erziehung oft unsicher. Sie kaufen sich dann Erziehungsbücher. Darin stehen **Regeln** für Eltern, z. B. sie sollten auf keinen Fall die Kinder zu sich in ihr Bett lassen.
Wäre ich als junge Mutter diesem Rat gefolgt, hätte ich einen riesengroßen Fehler gemacht. Mein zweites Töchterlein Daniela, sie war damals knapp über ein Jahre alt, hatte durch ein bedauerliches Missgeschick einen Unfall. Es musste für mehrere Wochen in die Augenklinik, wo ihm beide Augen verbunden wurden. Daniela konnte uns nur über Spüren wahrnehmen. Als wir sie dann froh und genesen wieder nach Hause nahmen, weinte sie jede Nacht bitterlich auf. Ich lief zu ihr und versuchte sie zu beruhigen. Wenn ich meine kleine Daniela wieder versuchte in ihr Bettchen zurückzulegen, begann sie wieder heftig zu weinen.
Erst dann, wenn ich sie zu mir in das Ehebett getragen hatte, an mein Herz nahm und auch bei mir ließ, konnte sie sich wieder beruhigen. So ging es fast zwei Jahre. Später wanderte sie selber mit ihrer Decke mitten in der Nacht zu uns. Das Kind musste einen extremen Schock erlitten haben durch die plötzliche Trennung und die Zeit in völliger Dunkelheit durch die Augenbinden in der Augenklinik. Mit der Zeit verlor sich dann dieses schreckhafte Aufweinen. Damals gab es leider noch keine Bachblüten-Notfalltropfen, die ich zum Auflösen des Traumas zusätzlich hätte einsetzen können.

Wenn Kinder krank sind, tut ihnen Körperkontakt besonders gut. Als ich klein war, litt ich öfters an schmerzhafter Mittelohrentzündung. Ich kann mich noch gut erinnern, wie sich die Schmerzen wie von Zauberhand legten, wenn ich mich zu meiner Oma legen durfte.

Ich spreche hier nicht dafür, dass Kinder ständig in die Betten ihrer Eltern kommen sollen. Aber machen wir doch immer wieder Ausnahmen. Es ist doch nichts so schön, wie an freien Tagen mit den Kindern zusammen herrlich im Bett zu kuscheln und fröhlich zu sein.

Aber an diesem Beispiel können wir erkennen, dass wir immer **unser Herz** sprechen lassen müssen und nicht irgendwelchen verkopften Vorschriften folgen sollen. Nur durch liebevolle Geborgenheit konnte Daniela diesen Schock überwinden.

Schulsystem, ganzheitlich lernen

»Demütigung, geistige Unterdrückung durch verständnislose Lehrer tun schweren untilgbaren Schaden im kindlichen Gemüt, der gar oft das spätere Leben verhängnisvoll beeinflusst.«

Dr. Albert Einstein

Im zweiten Kapitel haben wir uns bereits mit der Intuition befasst, und wie wir sie fördern und trainieren können. Dabei bin ich auf das Zusammenspiel der linken und rechten Gehirnhälfte eingegangen, ebenso auf die entspannende Wirkung von Tiefenentspannung und Atemübungen.
Wir sollten Kindern Weisheit vermitteln. Weisheit ist angewandtes Wissen. Es ist wichtig, dass die Kinder in der Schule nicht nur auf die verstandesmäßige Ebene hin trainiert werden, sondern auch ihre Intuition gefördert wird. Sie werden so den Lernstoff ganzheitlich erfassen können. Das Lernen in Kombination mit harmonischer Musik, mit dazwischen liegenden Entspannungspausen und Atemübungen macht dies möglich.

Der Unterschied zwischen Weisheit und Wissen:
In der linken Gehirnhälfte wird das Wissen, das wir von der Schule und den Eltern erfahren, gespeichert. Es ist ein **Lernwissen**. Dieses wird oft eingetrichtert und muss durch **eigenes Bemühen** erworben werden. Die linke Gehirnhälfte wird durch **Ratio** bestimmt. Der Verstand ist im irdischen täglichen Leben sehr nützlich. Aber Wissen allein macht nicht glücklich. Mit dem **Intellekt** können wir nicht alles erfassen. Wir brauchen auch die Weisheit der Seele. Wir müssen etwas **ganzheitlich** erfassen, mit der linken **und** rechten Gehirnhälfte.
Reines geistiges Wissen wird in der rechten Gehirnhälfte gespeichert, das ist unsere intuitive, sensible seelische Seite. Wenn wir z. B. Musik hören oder meditieren, aktivieren wir diese Seite.
Die Weisheit wird uns durch **Hinwendung zu Gott über die Intuition geschenkt.** Weisheit heißt, etwas im Herzen begreifen, klares Erkennen. Die Intuition sollte nicht vom zweifelnden Verstand überlagert werden.
Deshalb ist es wichtig, **ganzheitlich** zu denken, mit beiden Gehirnhälften.

Vorschul-Kinder lernen spielerisch und denken noch ganzheitlich mit beiden Gehirnhälften, der rationalen und der intuitiven. Erst in der Schule werden sie zu dem einseitigen, rationalen Denkschema erzogen und dazu angehalten, **nur** mit der **linken** rationellen Seite zu lernen und zu denken. Der Ratio, dem Intellekt, dem materialistischen Erfolgs- und Leistungsdenken wird alles untergeordnet.
Ihre seelischen, musischen Qualitäten werden nicht mehr im ausreichenden Maße gepflegt und gefördert. Die feinere, verborgene Wahrnehmung der rechten Gehirnhälfte wird ihnen vorenthalten. Sensible Kinder haben es heutzutage schwer!
Kinder sind aber Seelenwesen, sie haben noch viel tiefere Wahrnehmungen, das alles wird ihnen in der Schule genommen, wenn sie nur auf die Ratio und das Leistungsdenken beschränkt werden und nicht mehr ganzheitlich erfassen dürfen.
Man muss auch die seelische Entfaltung, ihre Sensibilität für das Feine, ihre Intuition stärken und darf diese Fähigkeiten nicht verkümmern lassen!
Wir sollen Wissen und Weisheit mit Liebe weitergeben.

In Amerika sehen Kinder in der Woche über 20 Stunden fern. So schlimm ist es bei uns noch nicht, aber viel zu sehr sind die Kinder mit diesem Medium befasst. Dies alles führt zu Vata-Störungen und ist kaum die richtige »geistige« Nahrung.
Viele von uns verbringen heutzutage beruflich sehr viel Zeit am Computer. Bereits Kinder arbeiten in den Schulen mit Computern. Viele Unterrichts-Stunden werden mit der einseitigen sitzenden Tätigkeit des Lernens verbracht. Erwachsene verbringen vielfach auch noch zu Hause ihre Freizeit mit Fernseher, Computer- oder Handy-Spielen, Surfen und Chatten.
Auch viele Kinder und Jugendliche sitzen nach der Schule zu Hause noch stundenlang bei den Hausaufgaben. Wenn sie damit fertig sind, wenden sie sich ebenfalls diversen Computer-, Handy- oder Video-Spielen zu. Und wieder sind Leistungsdenken und Schnelligkeit gefordert – von Entspannung keine Spur.

Vor allem die übertriebene Computertätigkeit fördert die Überlastigkeit und Dominanz der linken Verstandesebene des Gehirns, die dem logischen, linearen Denken, Schreiben und Lesen zugeordnet ist. Hingegen wird die rechte Gehirnhälfte, die dem ganzheitlichen, intuitiven Denken, Tanz, Musik, Singen, Malen, Zeichnen, Imaginieren, Meditieren, Träumen zugeordnet ist, völlig vernachlässigt.
Wir werden völlig einseitig kopflastig. Die Folgen sind Stress und daraus resultierende Vata-Störungen, wie Verkrampfungen, Kopfschmerzen und Gereiztheit – abgesehen von immer ärmer werdenden zwischenmenschlichen Beziehungen.
Das hat für uns Erwachsene auf Dauer schädliche Auswirkungen, aber besonders für Kinder. Zudem führt das ständige, stundenlange Sitzen zu Wirbelsäulenproblemen und Verkrampfungen im Nacken. Der Bewegungsmangel bringt nachteilige Folgen für die Gesundheit. Bei Kindern ruft er zusätzlich noch häufiges Übergewicht und Haltungsschäden hervor. Diese nehmen bei den Kindern heutzutage erschreckend zu. Bewegungsarmut erzeugt wiederum Sauerstoffmangel und daraus resultierende Müdigkeit und Abwehrschwäche.

Diesen Übeln können wir entgegensteuern, indem wir einen **Ausgleich schaffen** durch Aufenthalte in der Natur, im Freien, besonders durch Wanderungen im Wald, und wenn wir Kindern Zeit und Gelegenheit geben, sich im Freien zu beschäftigen und zu spielen.
Früher war es noch üblich, dass sich Kinder am Lande in Baumhäuser zurückzogen oder ihre bestimmten Plätze in der Natur hatten. Sie fühlten sich dort besonders wohl, weil sie die harmonisierenden Kräfte der Bäume und der Natur spürten. Außerdem waren sie dadurch in ihrer Mitte.
Leider haben die Stadtkinder kaum Gelegenheit dazu, aber es ist besonders wichtig für sie, dass sie einen Bewegungsausgleich, zumindest im Freien in einem Park oder Garten zum unbeschwerten Spielen, bekommen.
Zum Ausgleichen der linken und rechten Gehirnhälfte tragen alle Tätigkeiten bei, die spielerisch und entspannend sind und die Kreativität fördern. Vor allem Kinder brauchen eine ausgleichende, harmonisierende Beschäftigung, die sie wieder auf ihre intuitive, imaginäre, träumerische rechte Ebene des Gehirns bringt.
Dazu gehört der Aufenthalt und das Beobachten und Lauschen in der Natur, fröhliche Musik hören, Singen, Märchen und Sagen lesen.
Sonst verlieren sie ganz ihre angeborene Fähigkeit zum ganzheitlichen Lernen, zum ganzheitlichen Erfassen, zum Träumen und zum Phantasieren. Alle schöpferischen Tätigkeiten, wie Musikspielen, Malen, Zeichnen, aktivieren die rechte, intuitive Gehirnhälfte, aber **keinesfalls** der Leistungssport.

Die Kinder sollen in ihren natürlichen Fähigkeiten gefördert werden und Freude daran haben. Kinder lieben auch sehr imaginäre Traum-Reisen. So kommen sie wieder in ihre Mitte, und sind den Pflichten in der Schule und dem Alltag wieder leichter gewachsen. Auch wir als Erwachsene tun gut daran, unsere spielerische Seite im Leben mehr zu fördern. Das weckt die Lebensfreude.

In Indien findet der Unterricht für die Kinder meist im Freien statt. Da haben sie noch Berührung mit der Natur und können durch die Vorgänge in der Natur auch anschaulich lernen. Das ist eine sehr lebendige Form des Unterrichts.
In indischen Schulen lernen die Kinder und geben gleichzeitig ihr Wissen an jüngere Schüler weiter. Dieses Lernmodell bewährt sich sehr. So sind die Größeren besser motiviert zu lernen. Durch das Unterrichten vertiefen sie ihr Wissen, und die kleineren Schüler profitieren davon.

Wir sollten unser Schul- und Lernmodell einmal hinterfragen und prüfen:
Wie sind die Disziplinierungsmaßnahmen, das Klima in der Klasse?
Bekommen Kinder auf positive Art Verantwortung übertragen durch Gemeinschaftsarbeiten, Schülerkreise?
Wird der Teamgeist in den Klassen gefördert oder das Konkurrenzdenken, das gegenseitige Übertrumpfen?
Sind Schüler am Entscheidungsfindungsprozess beteiligt?
Gibt es einen Schülerrat mit eigenen Regeln?
Werden grafische, anschauliche Hilfs- und Lehrmittel beim Unterricht eingesetzt?
Verstehen die Kinder den Sinn ihrer Aufgaben?
Lernen sie Rücksichtsnahme und lernen sie Streit ohne Gewalt auszutragen?
Wie sieht es mit der Toleranz für Ausländer-Kinder aus?
Gibt es einen multikulturellen Austausch?
Das sind alles Kriterien für das Schulklima, ob es förderlich ist oder nicht.
All die oben erwähnten Punkte finden in den Montessori- und Waldorf-Schulen besondere Beachtung.

Natürlich erwachsen aus dem Zuwachs fremdsprachiger Kinder gewisse Probleme beim Unterricht. Weil sie unserer Sprache kaum mächtig sind, können sie dem Unterricht nur schwer folgen. Hier sind natürlich besondere Bemühungen erforderlich.
Es könnte sich aber auch für unsere Kinder als ein unschätzbarer Vorteil erweisen, dass sie schon sehr früh mit Sprachen und Kultur anderer Völker in Berührung kommen und diese Sprachen teilweise lernen könnten. Dies würde Toleranz und Völkerverständigung untereinander fördern. Während der Schulzeit ist es wichtig, den Kindern die Konfliktbewältigung ohne Gewalt zu lehren.
Auf der anderen Seite gibt es jetzt immer mehr hochbegabte Kinder, sogenannte »Indigo-Kinder«. Das stellt alles eine große Herausforderung dar.

Woran erkennt man das hochbegabte Kind?

Es ist sehr sensibel und weiß nicht, wohin mit seiner Energie. Es langweilt sich leicht, weil es sich durch seine hohe Intelligenz total unterfordert fühlt. Diese Kinder brauchen emotional stabile Erwachsene. Sie sind leicht frustriert, wenn sie für ihre großen Ideen nicht genügend Unterstützung zum Umsetzen bekommen. Sie lernen durch eigenes Erforschen und widersetzen sich reiner Gedächtnisakrobatik oder bloßem Zuhören.
Sie können, wenn sie früh Fehlschläge erfahren, aufgeben und bleibende **Lernblockaden** entwickeln. Dann landen sie in Sonderschulen, wo sie gar nicht hingehören. Um zu den anderen Mitschülern dazuzugehören, passen sie sich oft an. Sie stecken in ihren Fähigkeiten zurück und opfern oft ihre Kreativität oder sie ziehen sich total von den anderen zurück.
Das Indigo-Kind hat nur eine kurze Aufmerksamkeitsspanne und kann nicht lange stillsitzen, außer es ist in etwas versunken, für das es Interesse hat. Es ist leicht ablenkbar. Es hat eine motorische Überaktivität, es ist ein sogenannter »Zappelphilipp« und sehr impulsiv.
Ein verständnisvoller Lehrer oder Erzieher wird das unruhige Kind ein paar Runden in der Klasse drehen lassen, ihm Bewegung zum Abbau von überschüssiger Energie ermöglichen. So fällt es diesem wieder leichter, mit Aufmerksamkeit dem Unterricht zu folgen oder seine Aufgaben fortsetzen zu können.

Ist es hingegen zu stundenlanger Bewegungslosigkeit verurteilt, reagiert es mit Widerstand durch Aggressionen oder Gleichgültigkeit. Es zieht sich dann immer mehr in seine eigene (innere) Welt zurück. Die traurige Folge sind dann die soziale Isolation und Ängste durch das gestörte Selbstwertgefühl, vor allem vor dem Verlust von geliebten Menschen.
Es gibt inzwischen immer mehr spezielle Schulen für diese hochbegabten Kinder, sodass ihnen dieses traurige Geschick immer öfters erspart bleiben wird.

Für Kinder und Lehrer in Stress-Situationen habe ich im Kapitel über die Heilung unter »Körper- und Organsprache« eine **sehr effektive Übung** zur Entspannung und zum Ausgleich. Dabei geht man kurz mit der Konzentration auf sein Herz, tut ein paar ruhige Atemzüge und stellt sich etwas Schönes vor. So tritt innerhalb von Sekunden wieder eine Beruhigung des Herzens ein.

Wie lernen Kapha-, Pitta- oder Vata-Kinder?

Ich habe bereits die Vata-, Pitta- und Kapha-Kinder vorgestellt. Sie haben ganz verschiedene Arten des Lernens:
Kapha-Kinder sind eher langsam in der Auffassung. Sie haben aber ein sehr gutes Langzeit-Gedächtnis und vergessen das Erlernte kaum.
Pitta-Kinder erfassen sehr schnell und haben ein sehr gutes Kurzzeit-Gedächtnis.
Vata-Kinder sind auch schnell in der Auffassung, vergessen aber Erlerntes wieder schnell. Sie behalten nur die Dinge im Gedächtnis, die sie sehr stark interessieren.
Wenn es um schnelles Arbeiten geht, sind die Pitta- und Vata-Kinder eindeutig im Vorteil. Aber der Schnellste ist nicht immer der Gescheiteste. Man muss hier an die Kapha-Kinder denken und ihre etwas langsamere Art bei Tests und Schularbeiten berücksichtigen. Sie haben sonst keine Chance, gute Beurteilungen zu bekommen – wenn alles nur auf Zeit geht.

Leider werden schon Kinder dem Zeitdruck unterworfen, spätestens in der Schule. Es sollte aber keinen Wettbewerb und keine Konkurrenz gegeneinander unter dem Motto »wer ist der Schnellste« geben, sondern Wettbewerbe, wie die Kinder in **Gemeinsaftsarbeit** am besten ein Projekt ausarbeiten. Das weckt den Teamgeist, auch für das spätere Leben.

Richtige Förderung der Intelligenz, Angst macht dumm

»Es ist ein sehr gravierender Fehler zu denken,
der Genuss am Sehen und Forschen ließe sich durch Zwang und Pflichtgefühl fördern.«

So äußerte sich der berühmte Wissenschaftler **Prof. Dr. Albert Einstein**. Er hatte keine guten Noten, und das rigide Schulsystem und die Lehrer waren ihm ein Gräuel. Er litt sehr darunter. Kinder erleben nicht nur zu Hause, sondern besonders in der Schule sehr oft Enttäuschungen oder Frustration. Das liegt u. a. auch an den Leistungserwartungen, mit denen sich Kinder konfrontiert sehen. Daraus erwächst bereits für die Kinder Stress. Das alles führt zu **Vata-Störungen,** wie Nervosität, Angst, Schlafstörungen, Magenschmerzen usw.
Da liegen natürlich auch die Wurzeln für ein problematisches Verhalten der Kinder. Zu Hause werden die Kinder zumeist gelobt für das, **was sie sind**, es ist also personenbezogen. Aber in der Schule werden Kinder gelobt für das, **was sie können**. Das Schulsystem ist leistungsorientiert.

Bei Angstzuständen blockiert das limbische System des Gehirns das rationale Denken des Großhirns. Man kann noch so viel gelernt und verstanden haben, es gibt Ausfälle und Erin-

nerungslücken und selbst das, was man bereits gelernt hat, fällt einem nicht mehr ein. Und so ergeht es den Kindern, wenn sie unter Stress und Leistungsdruck stehen.
Natürlich macht die Angst auch die typischen körperlichen Symptome, angefangen von Blässe, Bauchweh bis Blasendrang, Schwitzen, alles ist möglich. Das kommt besonders bei den Prüfungen zum Tragen.

Viele Eltern sind sehr ehrgeizig und verlangen von ihrem Kind gute Schulnoten. Leider setzen sie die Kinder dadurch oft sehr unter Druck und drohen ihnen Strafe an. Es werden den Kindern vielfach jede liebevolle Zuwendung oder ein aufbauender Zuspruch entzogen, und sie werden gerügt und bestraft, auch geschlagen, wenn sie schlechte Noten nach Hause bringen. Oft sollen die Kinder die Leistung und Ergebnisse bringen, die ihren Eltern versagt blieben. Es sind die Wünsche der Eltern nach Erfolg, die auf die Kinder projiziert werden.
Aber die Eltern gehen den **tieferen Ursachen** des Lernversagens oft nicht auf den Grund. Denn genau durch dieses Vorgehen entsteht die Angst, die erst recht den Lernerfolg verhindert bzw. eine erfolgreiche Prüfung. Angstmache und Druck sind kein gutes Erziehungsmittel! Sie schwächen die Lebenskraft und Lebensfreude. Angst und Panik kann so weit gehen, dass Kinder, wenn sie ein schlechtes Zeugnis haben, aus Verzweiflung Selbstmord begehen.

Viel besser wäre es, das Kind zu trösten, es neu zu motivieren und ihm zu zeigen, dass man es trotz seiner schlechten Zensuren liebt. Sonst wird es sich immer mehr verschließen, denn Angst vor den Eltern schließt Vertrauen zu ihnen aus.
Wenn Ihnen das Kind durch seine Haltung signalisiert, dass es Angst hat oder nach dem Lernen oder langen Unterricht müde ist – das können Sie erkennen, wenn es mit eingezogenem Hals und hochgezogenen Schultern mit verkrampften Gesichtsausdruck dasitzt – dann sollten Sie es eine Pause machen und entspannen lassen und alles tun, dass sich etwaige Angst löst. Lassen Sie sich erzählen, was es in der Schule ängstigt oder sonstwie bedrückt.
Mit ein paar tiefen Atemzügen am offenen Fenster und Bewegungen wie Armkreisen oder Laufen im Stehen können sie wieder ein bisschen auftanken. Oder Sie lassen das Kind für eine gewisse Zeit spielen gehen und später weitermachen mit dem Lernen.
In verkrampfter Haltung wird es kaum erfassen, was Sie ihm sagen wollen, geschweige denn, den Lernstoff gut aufnehmen und lernen können.

Wenn das Kind zu den besonders Ängstlichen, Langsamen und Müden oder Vergesslichen gehört, wenn es bei ihm nach einem Lernplatz-Wechsel plötzlich zu einem auffallend starken Leistungsabfall kommt, ist auch daran zu denken, dass es sich um einen krankmachenden, schwächenden Platz in einer Störzone handeln könnte (Wasserader-Kreuzungen oder Erdstrahlen).
Ein Sitzplatz-Wechsel (sei es in der Schule oder zu Hause) könnte Abhilfe schaffen und dem Kind geht es körperlich wieder wohler, es fühlt sich frischer und kann sich besser konzentrieren und lernen. Natürlich ist auch an einen Platzwechsel oder/und an eine Verschiebung des Bettes zu Hause zu denken. Frau Käthe Bachler, die selbst Lehrerin war, hat zahlreiche solcher Fälle dokumentiert in ihrem Buch »Erfahrungen einer Rutengängerin«.
Viele Kinder wurden völlig zu Unrecht als Versager und als Faule abgestempelt. Nach Wechsel des Schlaf- oder Lernplatzes gab es aber signifikante Verbesserungen in der Lernleistung, auch gesundheitlich ging es den Kindern besser.
Natürlich spielen auch schicksalhafte Ereignisse, z. B. Scheidung oder Todesfall oder Probleme in der Familie bei einem Leistungsabfall des Kindes eine Rolle, die zu berücksichtigen sind.

Bei **der Bachblüten-Therapie** haben sich erfahrungsgemäß zum Lernen und zur Prüfungsvorbereitung folgende Bachblüten bewährt: Gentian, Elm, Clematis, Larch, White Chestnut. Vor der Prüfung sind bei Prüfungsangst die Notfall-Tropfen empfehlenswert. Das nimmt die Panik.

In einer stressigen Prüfungssituation kommt das Kind ganz schnell zur Beruhigung des Herzens und der Nerven, wenn es kurz innehält, sich auf das Herz konzentriert, zugleich an etwas Schönes denkt und sich das Glücksgefühl in Erinnerung ruft und fühlt. Das löst den Stress.

Die Gepflogenheit, eigensinnige Kinder durch Liebesentzug zu strafen, ist kein probates Mittel zur Erziehung und zur Motivation zum Lernen. Vielmehr sollten wir dem Kind bestätigen und ihm sagen, dass wir es lieben, aber auch klarstellen, dass wir es nicht in Ordnung finden, wenn es nicht lernt und seine Sachen nicht aufräumt. Wir sollten es deswegen aber auch nicht schlecht machen und als »böse« bezeichnen – wie es so oft geschieht, sondern darauf bestehen, dass es seine Pflichten erfüllt. Durch liebevolle, aber konsequente Art können wir viel mehr erreichen.
Zum erfolgreichen Lernen ist **positive Motivation** durch Anerkennung und Ermunterung eine Voraussetzung. Daraus erwächst auch Freude. So wird auch das Selbstwertgefühl des Kindes gefördert. Viel zu sehr wird Kritik ausgeteilt, das Gute wird als selbstverständlich angesehen. So entsteht beim Kind eine ganz falsche Optik, es glaubt mit der Zeit wirklich, ein Versager und wertlos zu sein und es nicht zu verdienen, geliebt zu werden. Damit prägen wir ihm ein verheerendes Muster für sein späteres Leben ein, das es zum wirklichen Versager stempelt.
Ob und wie sich Lernfähigkeit und schöpferische Begabung eines Kindes entwickeln, hängt zum großen Teil von der Reaktion ab, die es erfährt, sobald es etwas Neues lernt.
Bekommt es immer wieder auf seine Antworten in der Schule vom Lehrer oder zu Hause, wenn es etwas nicht sofort versteht und begreift, zu hören: »Sei doch nicht so dumm!« oder »bist du blöd« wird es kein Selbstvertrauen entwickeln können. Hier ist Ungeduld fehl am Platze. Wir sollten uns die Zeit nehmen, ihm etwas zu erklären, wenn es beim Lernstoff etwas nicht versteht.
Kinder, die immer wieder negatives Feedback erfahren, reagieren frustriert und verlieren schließlich das Interesse. Sie mögen auch nicht mehr lernen, denn unbewusst verbinden sie mit dem Lernen Negatives. Dann entsteht ein verhängnisvoller Kreislauf, denn so werden die Leistungen immer schlechter.
Der weltberühmte Psychiater Dr. Frankl betonte, dass wir im Kind stets das **Beste** sehen sollen, um es zu fördern. Er konnte es wirklich selbst an Schulen beweisen, dass die Intelligenz der Kinder allein durch diese Maßnahme stieg. Sie wurden durch das Lob und die Anerkennung immer selbstsicherer und konnten ihre Leistungen und Intelligenz steigern.
Ganz wichtig ist ein positives Interesse der Eltern an den Leistungen ihrer Kinder, dass sie sie wegen ihrer Fähigkeiten loben, und stolz darauf sind und das den Kindern auch zeigen! Ein ganz wichtiger Faktor für Erfolg ist die Freude und Interesse. Jedes Kind hat bestimmte Talente und Fähigkeiten, fördern wir sie darin, denn daraus erwächst Freude und Kreativität.

Es lässt sich auch viel leichter lernen und den Lehrstoff behalten, wenn er übers **Hören, Lesen und anschaulich in Bildern** vermittelt wird. Auf diese Weise bleiben **90%** im Gedächtnis gespeichert, beim Hören allein nur 40%.

Abschließend möchte ich zum Schul- und Erziehungswesen noch ein paar Gedanken einflechten. Die heutige Zeit mit den hochbegabten Kindern und den vielen Kindern aus anderen Kulturen erfordert eine gewisse Umstrukturierung der Lehrpläne. Vor allem sollten den Schuldirektoren gewisse Freiräume gestattet werden in Bezug auf die Unterrichtsgestaltung, je nach individuellen Erfordernissen. Diese wissen um die Erfordernisse in ihren Schulen am besten Bescheid. Eine Schule am Land wird andere Bedingungen und Umstände haben als in der Stadt. Darauf muss individuell eingegangen werden können, das kann man nicht alles in einen Rahmen pressen. Das würde auch den Druck auf die Lehrer lindern, wenn sie etwas mehr Freiräume beim Unterrichten hätten und sich nicht so starr an das Unterrichtskonzept und Lehrpläne halten müssten. Sie könnten viel besser auf die individuellen Bedürfnisse der Kinder in einer Klasse eingehen und diese besser fördern.

Ich habe schon einmal gesagt, dass wir den Kindern Wissen und Weisheit vermitteln sollten. Viel zu sehr werden sie mit äußerlichen Fakten und Wissen vollgestopft. Aber das hilft ihnen im praktischen Leben kaum weiter. Was lernen sie über richtige, gewaltfreie Kommunikation miteinander? Werden ihnen die geistigen Gesetzmäßigkeiten vermittelt? Erfahren sie etwas über die Kraft ihrer Gedanken, über ihre Schöpferkräfte, wie sie sie zum eigenen und zum Wohle anderer einsetzen können?
Über die Sexualität werden ihnen zwar genau die biologischen Funktionen des Körpers erklärt. Aber erfahren sie auch, dass Sexualität auch ein seelischer Austausch, ein Ausdruck von Zärtlichkeit und Liebe zwischen zwei Menschen ist bzw. sein sollte – und nicht nur eine körperliche Funktion wie das Essen, Niesen und Schnäuzen?
Ich bedaure es sehr, dass die Kinder recht wenig vom Sinn des Lebens, über das Woher und Wohin, von den wirklich wichtigen Dingen des Lebens, über den richtigen Umgang mit ihren schöpferischen Gedankenkräften und die geistigen Gesetze vermittelt bekommen, obwohl sie das als Rüstzeug für ihr späteres Leben nötig haben – ja das ganze Leben und seine Gestaltung wird davon beeinflusst. Kinder brauchen eine Orientierung, besonders die heranwachsende Jugend.
Wegen diesen Defiziten in der schulischen Erziehung und Bildung wird es immer notwendiger, dass die Eltern vermehrt die Verantwortung übernehmen, den Kindern diese Lebensweisheiten zu vermitteln.

Seit den Schulzeiten von Prof. Dr. Albert Einstein hat sich auf dem Schulsektor vieles zum Positiven verändert. Die Prügelstrafe an Schulen ist abgeschafft. Durch die eingeräumten Schülerrechte ist Mitbestimmung und eine gewisse Demokratie in Schulen eingekehrt. Aber vielfach hat sich manches ins andere Extrem gewandelt. Leider missbrauchen böswillige Schüler diese Einrichtung und ihre Rechte, sodass sich Lehrer größten Problemen ausgesetzt sehen.
Hier haben die Eltern ihren Part zu leisten und den Kindern schon frühzeitig Vorbilder zu sein und die Kinder zu lehren, dass gegenseitiger Respekt eine Säule zum harmonischen Zusammenleben in einer Gesellschaft ist. Die Kultur in einer Gesellschaft zeigt sich in der Fähigkeit, Meinungsverschiedenheiten ohne Gewalt auszutragen.

Einzelkinder – Scheidungskinder

Einzelkinder haben es nicht immer leicht. Die ganze Aufmerksamkeit und die Erwartungen der Eltern konzentrieren sich auf dieses eine Kind. Dabei kann es vorkommen, dass es zu sehr verwöhnt, geradezu verweichlicht wird, oder dass das krasse Gegenteil eintritt, dass es zu streng erzogen wird. Durch viele Verbote will man erreichen, dass dem Kind ja nichts passiert. Da kann es leicht vorkommen, dass Einzelkinder auch zu Einzelgängern werden, sollten sie nicht in eine nette Gemeinschaft in einer Gruppe oder bei Freunden eingebunden sein. Auch bei »Nachzüglern« in einer Familie kann es vorkommen, dass sie wie Einzelkinder aufwachsen.
Einzelkinder tun sich meist schwer, wenn sie nach Jahren ein Geschwisterchen bekommen. Da kann es schon zu Eifersucht und Verlustängsten kommen, wenn man sie nicht einbezieht. Wir können das Kind auf sein Geschwisterchen vorbereiten, indem wir es die Bewegung des Ungeborenen spüren lassen, es horchen lassen. Bei der anschließenden Ankunft und Pflege des neuen Erdenbürgers sollte das Erstgeborene nicht zu sehr in den Hintergrund gedrängt werden. Wenn man die Kinder liebevoll anweist, ihrer Mama kleine Hilfsdienste in Form von Handreichungen zu leisten und sie fühlen lässt, dass man sie weiterhin sehr liebt und schätzt,wird die Geschwisterliebe und der Stolz allmählich aufblühen.
Wenn Geschwister nicht zu weit voneinander geboren werden, haben sie auch noch ziemlich gleiche Interessen und können miteinander spielen. Ich kann mich noch gut erinnern, wie

meine 3-jährige Claudia ihrer einjährigen Schwester Daniela alles vom kommenden Herbst, dem Winter und vom Christkind erzählt hat. Sie schilderte der kleinen Daniela bildhaft, was sie im Bilderbuch gesehen hat: »Jetzt kommt der Herbst und dann wird's kalt. Der Wind hat ein Gesicht und blast wuuu. Und dann kommt der Nikolaus und das Christkind.« Ich habe die beiden mittels Tonband heimlich aufgenommen. Dieser Dialog war allerliebst.
Ich glaube, Geschwister haben es schöner als Einzelkinder. Abends vor dem Einschlafen sind sie nie allein und können sich unterhalten. Voraussetzung ist, dass man mit beiden liebevoll und gerecht umgeht, sodass kein Zwist zwischen ihnen entsteht.
Heute bin ich froh, dass meine erwachsenen Töchter gute Freundschaft miteinander pflegen und sich gegenseitig helfen können. So habe ich es mir immer gewünscht. Mir als Einzelkind blieb das leider versagt. Ich fühlte mich oft recht einsam. Das sollten die Eltern bei ihrer Familienplanung mit bedenken.

Ich habe einem Medienbericht entnommen, dass in Österreich 2005 ca. 45% der Ehen wieder geschieden wurden. Das bedeutet, dass fast jede zweite Partnerschaft wieder auseinandergeht. Der Anteil ist in den Städten höher als am Lande.
Aber was bedeutet das für unsere Kinder? Es entstehen vielerlei Gefühle, wie Aggressionen, oft auch Verzweiflung und Angst, einen Elternteil zu verlieren, von ihm getrennt zu werden. Wenn Trennung unumgänglich ist, können wir Kindern ihr Leid erträglicher und die Situation verständlicher machen mit folgender Erklärung:
Wir nehmen einen Kugelschreiber oder eine Füllfeder zur Hand. Und während wir sprechen, nehmen wir den Kugelschreiber und seinen Deckel bzw. die Gewinde der Füllfeder auseinander, drehen daran und sagen: »Schau, deine Eltern sind für dich wertvoll und du magst sie beide – aber ihre Gewinde passen nicht mehr zusammen, so sehr sie sich bemühen. Sie können nicht mehr miteinander. Besser sie trennen sich, als dass sie immer traurig zusammenleben und womöglich dauernd streiten.«
Mit diesem anschaulichen Beispiel mit den Kugelschreiber- oder Füllfederteilen, die nicht mehr zusammenpassen, können die Kinder die Situation ihrer Eltern besser begreifen und die Trennung ihrer Eltern eher hinnehmen. Die Bachblüte Nr. 29, Star of Bethlehem, wäre hier die Blüte der Wahl, um den Schock und den Schmerz über die Trennung lindern zu helfen und Trost zu spenden.

Wenn man den Ehepartner vor den Kindern schlecht macht, verlieren sie den Respekt vor den Eltern. Die Kinder hängen sehr an ihren Eltern und benötigen beide Teile, um sich richtig zu entwickeln.
Es tut den Kindern weh, wenn schlecht über sie gesprochen wird. So wird ihnen das gute Bild von Vater oder Mutter zerstört. Und nicht nur das, die Kinder werden glauben, dass sie auch von Vater oder Mutter nicht mehr geliebt werden. Wenn sie zusätzlich noch in Machtspiele der Eltern verwickelt werden, leiden sie sehr darunter. Sie werden hin und hergerissen zwischen den Eltern, denn sie lieben beide.

Es kann auch vorkommen, dass sich solche elterlichen Konflikte bei den Kindern als Krankheiten oder sogar als Unfälle niederschlagen können. Heftiges Fieber kann auch durch Aufregungen und akute seelische Erschütterungen oder Konflikte auftreten. Oft tragen die Kinder »stellvertretend« für die Eltern ein Leiden aus. Sie sind der »Spiegel« für die Eltern und eine Aufforderung, endlich etwas zu ändern.
So kann sich ein längerer Partnerkonflikt auch auf die Nieren des Kindes, die Organe für Partnerschaft, niederschlagen. Mir ist so ein Fall bekannt. Auf die »Sprache des Körpers« wurde bereits im vorigen Kapitel über Heilung eingegangen.

Für Kinder sind die Eltern **Vorbilder**, sie lernen von ihnen. Je fairer sie sich zueinander verhalten, auch bei Trennungen, umso besser werden die Kinder als Erwachsene einmal selbst mit Konflikten umgehen können.

Ich habe einmal gelesen, wie Kinder sich den Vater vorstellen und wünschen: Er soll lustig, klug, warmherzig, weise, standhaft, bestimmend, ermutigend und ein Vorbild sein! Heutzutage kommt es leider immer öfter vor, dass sich die Eltern trennen und die Kinder oftmals ohne dieses Vaterbild aufwachsen müssen. Es gibt viele Scheidungswaisen. In den Nachkriegsjahren waren auch viele Kinder Waisen oder bekamen den Vater kaum zu sehen, weil er als Soldat an der Front war. Auch ich bin vaterlos aufgewachsen. Wenn dann auch noch kein Bruder da ist, haben es später junge Frauen schwer, »den Mann, das unbekannte Wesen« zu verstehen.

Viele Scheidungskinder sind auch Einzelkinder. Dann sind für sie gute Freunde wichtig. Bei Wiederverheiratungen gibt es die sogenannten »Patch-work-Familien«. Hier ist es für den »neuen« Elternteil und die »neuen« Geschwister nicht leicht, sich gegenseitig anzupassen. Oft spielen dabei auch Eifersüchteleien auf einen Elternteil eine Rolle, die das gemeinsame Zusammenleben belasten und erschweren. Meist stecken Verlustängste von Kindern dahinter. Ist die Eifersucht offensichtlich, empfehle ich die Bachblüte Nr. 15 Holly und gegen die Angst die Blüte Nr. 2 Aspen.

Man sollte alles tun, dass die Kinder merken, dass ihre Ängste unbegründet sind. Am besten wäre es, den Kindern als »neue(r)« Mama oder Papa auf kameradschaftlicher Basis zu begegnen. Ein schwerwiegender Fehler ist oft, wenn der neue Vater bzw. die neue Mutter versuchen, den durch die Scheidung verlorenen Elternteil zu ersetzen und aus dem Bewusstsein der Kinder zu verdrängen.
Wir sollten bedenken, dass jedes Kind ja schon seine eigenen Prägungen mitbekommen hat und in gewisser Weise geformt ist, wenn Familien nach Trennungen wieder neu zusammengewürfelt werden. Da braucht es Zeit zur Umstellung und zum Angewöhnen an die neuen Verhältnisse.
Dabei ist der Einsatz von Bachblüten Nr. 33 Walnut sehr wertvoll. Walnut hilft in Zeiten der Umstellung und Veränderung, sich an die neuen Verhältnisse mit einem anderen Partner oder an einen Elternteil zu gewöhnen. Nr. 2 Aspen lindert auftretende Ängste in der neuen Situation. Sie sind für Eltern und Kinder gleichermaßen gut.

Ganz wichtig finde ich, dass alle Kinder gleich gerecht behandelt werden und keines besonders bevorzugt wird, sodass von vornherein gar kein Neid, keine Konkurrenz und Intrigen unter den Kindern aufkommen können. Darauf ist besonderes Augenmerk zu richten.
So kann der Familienfriede gewahrt bleiben.

Die »neuen« Kinder dieser Zeit

Ein besonderes Phänomen unserer heutigen Zeit ist, dass seit den neunziger Jahren auf der Erde immer mehr Kinder geboren wurden mit ganz besonderen Fähigkeiten und Eigenschaften. Sie werden auch »Indigo Kinder« genannt. Diese Bezeichnung leitet sich daher ab, dass jeder Mensch sozusagen seine Lebensfarben in der Aura hat und diese ist bei den neuen Kindern dieser Zeit indigofarben. Mit der Aura-Farbe sind bestimmte Eigenschaften verbunden. Dieses Thema wurde bereits im Kapitel über harmonische Schwingungen behandelt.
Indigo-Blau ist nachtblau, es ist dem Dritten Auge, dem 6. Chakra zugeordnet. Das ist der Sitz der Intuition, der inneren Stimme, der Hellsichtigkeit und Hellhörigkeit, das Tor zur geistigen Welt. Das deutet schon das Wesen dieser Kinder an.
Diese Kinder haben ganz besondere Persönlichkeitsmerkmale, die sie von den anderen Kindern unterscheiden. Für die Indigo-Babys und Kinder gelten alle Ratschläge die ich bereits gegeben habe, aber sie müssen in **besonderem Maße** bei diesen Kindern beachtet werden.

Das Indigo-Kind ordnet sich dem herkömmlichen autoritären Erziehungsschema mit Bestrafungen nicht unter. Es ist selbstbewusst, es will Entscheidungen mit tragen und mit Respekt behandelt werden. Man muss ihm Wahlmöglichkeiten aufzeigen. Es braucht eine liebevolle Führung, viel Freiraum, aber mit **klaren**, deutlichen Strukturen und Vereinbarungen, die auch eingehalten werden müssen und die es **versteht**. Es muss die Konsequenzen seines Tuns begreifen. Dazu ein Beispiel: Es weiß genau, dass es die Schmutzwäsche in den Wäschekorb zum Waschen geben oder aufräumen soll. Tut es das nicht, wird es bald merken, dass ihm die »Lieblingshose oder Bluse« fehlen und es wird in Hinkunft ganz von selbst und **aus eigener Einsicht** und Verantwortlichkeit Ordnung halten. Strafe ist dafür keine nötig.

Auf herablassende oder lächerlich machendes Verhalten reagiert es mit Rückzug und hat kein Vertrauen mehr. Es durchschaut genau, wenn ihm etwas vorgespielt wird und verlangt absolute Wahrhaftigkeit. Diese Kinder erfassen intuitiv unsere Gedanken und Gefühlslage und reagieren darauf. Wir können ihnen nichts vormachen. Deshalb ist es gut, wenn wir ausgeglichen und in unserer Mitte sind.

Wir sollten sie zu unseren Partnern machen. Erklären Sie ihnen schon von klein an alles, was Sie tun. Bitten Sie das Kind, dabei zu helfen, die Grenzen festzulegen. Sie setzen gerne selbst die Grenzen, wenn wir ihnen dabei helfen. Bieten Sie Alternativen an, geben Sie ihnen Mitspracherecht bei Entscheidungen, halten Sie stets Wort und schließen Sie immer wieder Frieden.

Da sie ein hohes Bewusstsein haben und sich nicht leicht unterordnen können, wird ihr Wesen oft verkannt und sie werden als Störenfriede betrachtet. Wenn sie sich unverstanden fühlen, können sie sehr schwierig und rebellierend werden oder sich ganz zurückziehen und unzugänglich werden. Das führt zwangsläufig zu Reibungen mit dem bestehenden Schul- oder Gesellschaftssystem. – Aber diese Kinder sind Botschafter der neuen Zeit, wo alte Denk-, Glaubens- und Erziehungs-Konzepte neu überdacht werden müssen und auch ein Wertewandel nötig ist.

Ein besonderes Merkmal ist, dass sie hoch begabt sind und eine rasche Auffassungsgabe haben, sie können einen IQ aufweisen, der über 130 ist. Schwere Aufgaben lösen sie mit Leichtigkeit und bei leichteren Aufgaben versagen sie. Sie fühlen sich oft im normalen Unterricht unterfordert und langweilen sich. Das führt zu Unaufmerksamkeit, Störung des Unterrichts, und sie bringen schlechte Noten heim. Dadurch werden sie leider oft ganz falsch beurteilt, und in Sonderschulen verwiesen.

Ich habe einen Bericht in einer Zeitschrift von einem Schach-Wunderkind Magnus gelesen. Der junge Mann ist noch keine 15 Jahre alt, ist Norweger. Einer der weltbesten Schachspieler, Garry Kasparow, hatte Mühe, ihn bei der Schachpartie zu besiegen, er ist der jüngste lebende Schachgroßmeister der Erde.

Magnus besucht keine Schule, er wird von seinen Eltern unterrichtet, was er schätzt. Er sagt: »Das bringt einfach viel mehr, als wenn ich in meiner Klasse mit 30 Mitschülern sitze. Normaler Unterricht ist für mich nur frustrierend und nicht herausfordernd genug. Dann bin ich nicht motiviert und warte nur, bis die Schulglocke läutet und ich nach Hause kann.« schildert Magnus die Schwierigkeiten im Leben eines Hochbegabten.

Hyperaktive Kinder

Durch ihr hohes Energiepotenzial haben sie einen starken Bewegungsdrang, dem sie nachgehen müssen. Das wird als ADS (Aufmerksamkeits-Defizit-Syndrom) und ADHS (Hyperaktivität) bezeichnet. Sie schlafen auch weniger, um ihre Energie-Reserven aufzufüllen. Aber sie fühlen sich leicht überreizt und überfordert durch ihre sehr verfeinerten Sinne. Daher leiden sie oft unter seelischer Erschöpfung, chronischer Müdigkeit und häufigen Kopfschmerzen.

Ich habe in diesem Kapitel unter »wie erkenne ich mein Kind« die ayurvedischen Konstitutionstypen Vata, Pitta und Kapha vorgestellt und beschrieben, wie Sie auf das Vata-Kind eingehen können und was es braucht.

Wenn Sie ein Vata-Kind haben, wird es immer einen starken Bewegungsdrang haben, sehr schnell und spontan, oft unüberlegt sein und auch zu nervöser Unruhe und Unkonzentriertheit neigen. Vata-Kinder reagieren durch ihr sensibles Nervensystem sehr stark auf äußere Einflüsse. Für sie ist Stabilität in jeder Form und eine Regelmäßigkeit in allen Tätigkeiten wichtig, z. B. bei den Essens- und Schlafenszeiten. Sie brauchen ausreichend Schlaf.
In **besonderem** Maße gilt dies für die Kinder, die unter ADHS leiden. In ihrem Gehirn ist durch den Mangel des Dopamin-Botenstoffes die Informationsverarbeitung gestört. Es entsteht eine Reizüberflutung, durch die die Kinder so unaufmerksam, impulsiv und hyperaktiv, aber auch leicht erschöpft, überreizt und chronisch müde werden.

Mögliche Ursachen, die zu einer Verschlechterung des Zustandes beitragen oder ihn herbeiführen:
Zu viele Zwischenmahlzeiten und Getränke mit raffiniertem Zucker führen zu **Blut-Unterzucker**. Die Folge sind Müdigkeit oder Gereiztheit der Nerven und der Blut-Unterzucker ist mitunter auch eine Ursache für das hyperaktive Syndrom.
Außerdem entsteht ein **Mangel an Mineralien und Vitaminen**, denn der weiße Zucker ist ein Mineral- und Vitaminräuber, u. a. der nervenwichtigen Vitamine der B-Gruppe. Der Mangel an Mineralien und Spurenelementen verursacht aber eine Sucht nach Zucker.
Bessere, natürliche Quellen von Zucker sind Trockenobst wie Datteln, Feigen, Dörrpflaumen und Rosinen, Honig, naturbelassener Zuckersirup oder Rohrzucker sowie Ahornsirup. Das sogenannte »Studentenfutter«, eine Mischung aus Trockenfrüchten und Nüssen, stellt eine ideale Zwischenmahlzeit dar. Es ist durch die beigegebenen Nüsse gleichzeitig eine Nervennahrung für die Kinder.

Wenn Sie Ihrem Kind in das Trinkwasser täglich etwas Sole vom reinen Himalaya-Salz geben, werden Sie bald merken, dass die Sucht nach Süßigkeiten und Schokolade nachlassen wird. Der Körper bekommt endlich die Stoffe, die er braucht.
Eine gute Möglichkeit besteht auch in der Gabe von **Schüssler Salzen.** Bei starker Nervosität, besonders vor Prüfungen, ist Nr. 5 Kalium phosphoricum D6, das Nervenmittel, angebracht. Bei Kindern mit großer Unruhe und nervösen Erschöpfungszuständen eignet sich Nr. 2 Calcium phosphoricum D6. Die Tagesdosis beträgt jeweils 5 Stück Tabletten, die man auf der Zunge zergehen lässt. Calcium phosphorium D6 eignet sich besonders für Schulkinder. Es ist ein Nähr-, Wachstums- und Rekonvaleszenzmittel und wirkt nervennährend.

Die Nahrung für Kinder, besonders für Kinder mit Hyperaktivität, soll angereichert sein mit Spurenelementen, Vitaminen, insbesondere Vit. C und den Nervenvitaminen der Vit. B-Gruppe und Lecithin. **Diese Gehirnnahrung hat auch einen heilenden Effekt.** Oft resultieren ADS, Hyperaktivität, Lernschwierigkeiten durch Konzentrationsschwäche, Müdigkeit und Immunschwäche auch aus einem Mangel an Vitamin C.
Es hat sich erwiesen, dass **Nahrungsergänzungen** von Blau-Grün Algen und OPC wirksam gegen alle diese oben angeführten Probleme eingesetzt werden können. Das hat sich bei Tests in den USA herausgestellt. OPC steigert die Wirkung von Vit. C um das Zehnfache. Blau Grün Algen und OPC bewirken eine nachhaltige Verbesserung und Aufhellung des Gefühlslebens und der Steigerung der Konzentrations- und Lernfähigkeit.
Dies alles hat der Arzt Dr. David Servan-Schreiber in seinem Buch »Die neue Medizin der Emotionen« berichtet. Er empfiehlt auch die Gabe von Omega 3-Fettsäuren. Die Kapseln mit Omega 3-Fettsäuren aus der chinesischen Heilpflanze Perilla sind gut zu nehmen. Eine kostengünstigere Alternative wäre das Leinöl, aber es schmeckt nicht besonders. Hilfreich bei Allergien, Hautproblemen und Hyperaktivität ist das Nachtkerzenöl, es liefert die wertvolle essenzielle Fettsäure Omega 6.

Es wäre mitunter auch abzuklären, ob das Kind nicht an einer **versteckten Nahrungsmittel-Allergie** leidet, die auch hyperaktiv machen kann. Allergien nehmen immer mehr zu.

Auslöser sind Lebensmittelzusatzstoffe (Glutamat, Lebensmittelkonservierungs-, Aroma- und Färbstoffe), Umweltschadstoffe und Medikamente. Das Eiweiß von Kuhmilch, Hühnerei oder Weizen (Gluten) kann eine Allergie bei Kindern auslösen. Hier wird es immer notwendiger, auf die Herkunft von Milch und Eiern zu achten, dass sie nicht aus der Massentierhaltung stammen. Hier muss man auch auf pflanzliche Eiweißquellen (die für den Körper zuträglicher und wertvoller sind) zurückgreifen. Der Weizen kann u. a. durch Dinkel, Roggen, Hafer ersetzt werden.
Mittels bioenergetischer Methoden, wie z. B. Bioresonanz oder Vitalfeldtherapie können die Auslöser von Allergien gefunden und therapiert werden. Beachten und beherzigen Sie bitte die Ernährungsvorschläge, wie ich sie hier für Kinder in diesem Kapitel und im Kapitel 3 unter »Der Einfluss von Ernährung und Getränken« unterbreite, besonders den Abschnitt »Folgen denaturierter Nahrung.«

Schlaf- und Konzentrationsstörungen sowie Unruhe können auch eine Folge von **Elektrostress und HF-Strahlung** sein. Das kann durch Computer oder Fernseher oder andere Elektrogeräte im Raum entstehen. Ganz fatal wirkt sich das vor allem auf das Nervensystem der Kinder aus, wenn sie auch während der Schlafenszeit diesen Einflüssen ausgesetzt sind.
Bitte lesen Sie im Kapitel über das Wohnen nach, was Sie zur Abhilfe tun können.
Natürlich ist auch der immer mehr zunehmende Gebrauch von Handys und deren Einfluss auf das Gehirn zu bedenken, wie ich es bereits im Kapitel 3 über Schwingungen unter »Schutz vor negativen Schwingungen« beschrieben habe.

Oft führt die Unwissenheit über die Besonderheiten dieser Kinder zur Hilflosigkeit der Eltern und Erzieher, der man mit medikamentösen Gaben von **Ritalin** begegnen will. **Das sollte aber nur eine zeitlich sehr beschränkte Ausnahme in Fällen höchster Unruhe sein.** Auf Dauer hat es sehr schädliche Auswirkungen, vor allem auf das Gehirn.
Viel besser als mit Ritalin bringt man die Kinder wieder in ihre Mitte und Ruhe, indem man ihnen meditative Übungen gibt, bei denen sie sich wieder zentrieren können.
Dazu helfen ihnen ein Aufenthalt in der Stille der Natur, einfache Atem- und Yogaübungen, Entspannungsübungen, die ihnen helfen, sich zu entspannen und logisch und intuitiv, also mit beiden Gehirnhälften, zu lernen und aufzunehmen. Unser Schulsystem »trimmt« leider die Kinder, den Lernstoff einseitig verstandesmäßig zu erfassen.
Dabei ist es wichtig, dass wir **selbst** in Harmonie kommen. Wenn unsere Nerven angespannt und wir ärgerlich sind, werden wir kaum mit unserem Kind in Frieden kommen. Erst wenn wir uns ein wenig zurückziehen, entspannen und uns auf unser Herz zentrieren, dabei tief einatmen und an etwas Schönes denken, werden wir in der Lage sein, mit unserem widerspenstigen oder verstörten Kind angemessen und verständnisvoll umzugehen. Diese Technik zur Beruhigung des Herzens und zum Stressabbau ist im Kapitel über Heilung unter »Körper- und Organsprache« beschrieben.

Ärger und Spannung lassen sich mit einer Übung aus dem **Qi Gong lösen**: Wir stellen uns mit den Kindern breitbeinig und mit leicht gebeugten Knien hin, ballen die Fäuste und legen allen Ärger und Wut hinein. Dann atmen wir den Ärger kräftig aus und zugleich stoßen wir die Hände kräftig zum Boden hin. Dies wiederholen wir mehrmals.
Oder eine weitere Atemübung aus dem **Yoga**: Wir stellen uns breitbeinig hin, strecken die Arme über den Kopf, atmen dabei tief ein. Und nun lassen wir unseren Oberkörper vornüber zwischen die Beine fallen. Dabei atmen wir kräftig mit »haaa« aus und lassen alle Spannung und Stress bewusst los. Dies wiederholen wir mehrmals. bis wir uns wieder gut und gelöst fühlen.

Drei einfache **Übungen zum Harmonisieren** befinden sich im letzten Kapitel »In Einklang bringen«: unter »Wurzelchakra und Kronenchakra«, unter »Emotionen und Verstand« und unter »Kräfte der Erde und des Himmels« die 1. und 2. Position.

Wir können mit unseren Kindern, wenn sie dann entspannt sind, eine imaginäre Reise machen zu einem Wasserfall, Bach oder Meeresstand, und stellen uns vor, wie beim Einatmen die Welle kommt und Kraft gibt und mit dem Ausatmen die Welle wieder alles Belastende mitnimmt.
Diese Kinder sind allen »feinen« Heilmethoden sehr zugetan, dazu gehört Handauflegen. Sie spüren die Energie von Steinen, Bachblüten, harmonischer Musik, die ihnen wohltut. Lassen Sie sie doch ihre Bachblüten selbst für sich aussuchen. Sie werden sehen, die Kinder sind darin sehr sicher. Lassen Sie die Kinder auch Medikamente testen, bevor Sie sie ihnen geben.

Alle diese oben angeführten Maßnahmen, vor allem das Aufdecken der Ursachen und Beheben derselben, ein harmonisches Umfeld, viel Bewegung, besonders im Freien, ausreichend Schlaf, eine hochwertige, aufbauende Kost mit hoher Schwingung sind geeignet, die ADS bzw. ADSH-Symptome zu lindern bzw. in den Griff zu bekommen. Oft spüren diese Kinder genau, was sie brauchen und was ihnen gut tut. Man sollte sie dann gewähren lassen.

Verhalten bei Konflikten

Zur Konfliktlösung bzw. Konfliktvermeidung ist das Gespräch wichtig. Es sind aber Angriffe und Schuldzuweisungen wie »Du verletzt mich, ärgerst mich …« zu vermeiden, sondern Ich-Botschaften an das Kind zu geben, wie »ich fühle mich verletzt oder verärgert, es tut weh, wenn du das tust«. Damit wird das Kind viel besser umgehen können, es weiß dann, wie sich die Mutter momentan fühlt, und es werden ihm keine bösen Absichten unterstellt.

Wenn wir uns über das Verhalten der Kinder aufregen und diesen Kindern unseren Willen aufzwängen wollen, wird es unweigerlich zu Machtkämpfen kommen.
Sie spüren genau unsere Angst, wenn wir sie kontrollieren wollen, und wenn wir zu viel Druck auf sie ausüben, werden sie ängstlich und unsicher. Daher ist es immer gut, inne zu halten, unsere Impulse zu zügeln und uns **beruhigen**, indem wir uns für kurze Zeit zurückziehen.
Nachdem wir unser Herz beruhigt haben, atmen wir ein paar Mal tief ein und bitten um Beistand Gottes, der Gottesboten, wir legen die Angelegenheit in die Hände Gottes. Wir können auch einen Friedensengel oder Erzengel Haniel mit der rosa Liebeschwingung herbei bitten. Wir senden in unsere aufgewühlten Emotionen violettes Licht zur Transformation, auf dass die negativen Schwingungen im Raum aufgelöst werden. Hernach werden wir eine deutliche Erleichterung spüren und auf das Kind in adäquater Weise wieder zugehen können. Durch diese Maßnahme kann sich das Kind auch wieder beruhigen.
Natürlich sind Ordnung in der Wohnung und gute Noten wichtig. Aber was sind wirklich unsere Prioritäten am Ende des Lebens? Da zählt nur mehr das Miteinanderleben in Liebe.

In schwierigen Situationen ist für **die ganze Familie** der Einsatz von **Bachblüten** hilfreich. Diese helfen, dass sich die Kinder und die Eltern wieder beruhigen können. Es sind

- Nr. 6 Cherry Plum gegen Panik und dem Gefühl, jeden Moment zu »platzen« und durchzudrehen,
- Nr. 15 Holly bei auftretenden Zorn- und Hassgefühlen,
- Nr. 31 Vervain gegen Stress und Spannungszustände und
- Nr. 38 Willow gegen Verbitterung und düstere Stimmung und Selbstmitleid »Warum ich?«

Humor ist oft der Zauberschlüssel, der eine schwierige Situation wieder entkrampfen kann. Zeigen Sie dem Kind, dass man auch einmal über sich selbst lachen kann und lachen Sie gemeinsam miteinander. Versuchen Sie neue Lösungen gemeinsam zu finden. In einer entspannten Atmosphäre wird dies leichter geschehen können.

Wie bereits erwähnt, ist es wichtig, sich ein **gutes** Bild über das Kind und die Beziehung zueinander einzuprägen. Innerlich können wir uns das Zusammenleben im Vorhinein wunderschön ausmalen. Gebrauchen wir doch unsere Vorstellungskräfte in **positiver Weise**, verstärken wir die **guten** Seiten an unserem Kind! Dann werden auch die positiven Seiten zum Vorschein kommen. Denn das, was wir über eine Person denken, das spiegelt sie uns wieder in ihrem Verhalten zurück.
Das **Spielen** mit dem Kinde hilft, dass es sich öffnen kann. Seien Sie heiter, und lachen sie mit ihm, so oft es möglich ist, teilen Sie die Freude miteinander.
Nehmen Sie es oft in die Arme, es braucht besonders viel Hautkontakt und Wärme, und geben Sie ihm Liebe, die nicht an Bedingungen geknüpft ist. Das gibt ihm die Stabilität, die es braucht, wenn es von allen Seiten als schwierig und als »Spinner« abgetan und in seiner ganzheitlichen Sicht und Wahrnehmung nicht verstanden wird.

Der Bericht einer Kinderärztin hat mich sehr fasziniert und berührt. Sie berichtet darin von einem achtjährigen Jungen, der ihr sagte, dass das Leben nicht lebenswert für ihn sei, wenn seine Mutter ihm nicht zeigen könne, dass sie ihn lieb hätte. Es täte ihm leid, auf der Welt zu sein!
Sie schildert weiter: »Er nahm alles, was er in meinem Büro vorfand, in die Hand und untersuchte es. Meine zahlreichen Bitten, doch Platz zu nehmen, stießen auf taube Ohren. Ich sprach ihn auf eine ruhige, leise, erwachsene Weise an. Ich sagte ihm, dass es mich kränke, wenn jemand zu mir käme und ohne mich zu fragen, meine Sachen anfasse. Ich gab ihm zu verstehen, dass ich dabei das Gefühl hatte, er würde mich nicht mögen oder achten. Er entschuldigte sich. Wir schüttelten uns wie Kumpels die Hand. Er zeigte nie wieder ein unangemessenes Verhalten mir gegenüber und war aufmerksam und höflich. Das Schlüsselwort für diesen jungen Mann lautete **Respekt**!«

Indigo-Kinder provozieren, sie halten einen Spiegel vor, wir können so alte Muster an uns erkennen. Sie fordern uns auf, neue Grenzen zu finden. Indigo Kinder bringen subtile Botschaften, die all unser Wissen übersteigen. Wir sollten uns diese Kinder genau anschauen und hören auf das, was sie sagen.
Auch ihre ganz eigenen Interessen im Unterschied zu anderen Kindern lassen sie zu Außenseitern werden, sodass sie sich nicht akzeptiert fühlen. Sie interessieren sich für Wissenschaft, Metaphysik und haben oft außerordentlich hohe Begabungen, seien es mathematischer oder musischer Art. Wir müssen daher ihre Talente fördern, und ihre Energien in konstruktive Bahnen lenken.
Deshalb wurden in den letzten Jahren eigene Schulen für hochbegabte Kinder eingerichtet, (mit einem IQ von 130 und mehr) die ihrem hohen Anspruch genügen und wo sie sich verstanden fühlen und sich in ihr Umfeld integrieren können.
Sie haben ausgezeichnete Fähigkeiten bei allen elektronischen Medien und Kommunikationsmitteln.

Kinder dieser Zeit

In den letzten Jahren wurden Kinder mit AIDS geboren, aber bei späteren Nachkontrollen erwies sich, dass sie völlig gesund waren. Laufende jahrelange Tests haben erwiesen, dass diese Kinder völlig immun gegen Krankheiten sind. Das hat seine Ursache in einen Mutationssprung in der DNS.
Es werden auch sogenannte »Resilence-Kinder« geboren, die völlig unbeschadet äußerst dramatische Umstände in ihrer Familie und Umgebung überstehen, an denen andere zerbrechen würden. Es wurden in den achtziger Jahren außerordentlich medial begabte Kinder geboren, diese sind auf der ganzen Welt verbreitet. In Mexiko und in China wurden diese Kinder auf ihre Fähigkeiten untersucht. Alle diese Kinder sind weiter entwickelt als wir, sie weisen veränderte Erbinformationen auf. Sie haben 4 DNS-Stränge mehr als wir.

Seit 1995 wurden und werden »Kristall-Kinder« geboren. Diese Bezeichnung haben sie durch ihre Aura, die ähnliche Lichtbrechungen wie ein Bergkristall hat. Sie sind ausgeglichener und sanfter als die kämpferischen Indigo-Kinder, die später die Aufgabe haben, die alten, nicht mehr dienlichen Strukturen in der Gesellschaft aufzubrechen. Diese Kinder haben auch eine besondere Vorliebe für Kristalle. In dem Buch »Kristall-Kinder« berichtet Doreen Virtue über sie.
Sie sind äußerst anziehende Persönlichkeiten, auffallend sind ihre großen Augen und ihr intensiver Blick. Sie sind sehr musikalisch und singen oft, bevor sie sprechen, sie sind telepathisch begabt, sie sind höchst sensitiv, mitfühlend, lieben Natur und Tiere und haben heilerische Fähigkeiten. Sie sprechen oft über Engel, und können sich an vergangene Leben erinnern. Sie ziehen vegetarische Nahrung vor.
Derzeit inkarnieren sich »Regenbogen-Kinder«, sie fangen erst an, sich auf diesem Planeten zu zeigen. Diese Kinder haben eine ausgewogene Natur, sie sind selbstbewusst, ohne aggressiv zu sein, sie sind sehr intuitiv und medial. Der größere Anteil der Regenbogen-Kinder wartet, bis die Kristall-Kinder im gebärfähigen Alter sind, um als ihre Kinder geboren zu werden. Im Augenblick kommen sie zu Eltern, die in seelischem Gleichgewicht und Frieden sind. Sie kommen hierher zur Erde als ein Zeichen der zunehmenden Wertschätzung und Verbindung der Menschheit mit Mutter Erde in der neuen Zeit.
Die besonderen Kinder dieser Zeit werden auch »Sternenkinder« genannt. Das soll bedeuten, dass sie sich nicht aus der Evolution der Erde, sondern direkt von den Sternen inkarnieren.

Die ganz besondere Eigenart aller »neuen Kinder« ist ihre Spiritualität und oft das Auftreten von ganz besonderen Gaben und außerordentlichen medialen Fähigkeiten, wie der Hellsichtigkeit und Wahrnehmung der feinstofflichen Welt.
Sie sind die »Uri Gellers« der neuen Zeit. Sie kommunizieren mit Steinen, Tieren und Pflanzen, mit Engeln und Freunden aus der Astralwelt. Sie sind heilerisch begabt, und legen ihre Hände ganz automatisch dort auf, wo ihre Energie gebraucht wird. Ich konnte mich selbst davon überzeugen, als ein an Krankheit leidender 10-jähriger Bub während einer Geist-Heilung das ganze Geschehen bei sich hellsichtig verfolgte und die Behandlung bewusst unterstützte. Er »sah« einfach alles, was an seinem feinstofflichen Körper geschah.
Diese Kinder sehen und spüren die Ausstrahlung von Menschen und Gegenständen, z. B. von Edelsteinen, sie erfassen alles auf intuitive Weise. Sie sind mit ihrem Hohen Selbst in Kontakt. Von diesen Kindern können wir lernen, wir sollten sie fragen und bitten, dass sie uns helfen. Wir werden erstaunt sein über ihre Antworten und ihre Hilfe.
Sie sind ganz alte Seelen in einem jungen Körper, die ein altes, hohes Wissen in sich tragen, und sie wollen ernst genommen werden!
Allen diesen aufgezählten Kindern und Jugendlichen ist eines gemeinsam: Ihr Denken ist von Einheit und Eins-Sein geprägt, sie denken mit dem Herzen. Ihnen ist die Verbundenheit mit dem Universum und zu Gott bewusst. Gerechtigkeit, Liebe und Mitgefühl mit allem ist ihnen wichtig. Sie sorgen sich um Mutter Erde, die Pflanzen und Lebewesen, sie wollen Leid vermeiden und setzen sich auch dafür ein. Oft werden sie in ihren Bemühungen von den Mitmenschen nicht verstanden.
Sie werden in den nächsten 20 Jahren unsere Zukunft gestalten. Es ist derzeit eine schwierige Weltlage. Sie werden wohl deshalb mit den besonderen Fähigkeiten auf die Welt gekommen sein. Sie erinnern uns an unser eigenes wahres Wesen.

Das zeigt das nachfolgende Gedicht, das meine Tochter Daniela mit 16 Jahren verfasst hat. Abschließend möchte ich Carolina Hehenkamp zitieren, sie bringt es auf den Punkt mit dem, **was sich alle Kinder**, besonders die »neuen« Kinder dieser Zeit, **wünschen**:

»Es hat oft den Anschein, dass die Indigo Kinder als gleichwertige Erwachsene behandelt werden möchten. Das ist nicht wichtig. Sie möchten als gleichwertige Seelen behandelt werden und wünschen sich, lange das Wertvolle des Kindseins in sich bewahren zu können.«

Die Vollkommenheit

Daniela Gstöttner

Oft fühlt man sich so schlecht und klein.
Man hat dieses Gefühl, völlig nutzlos auf dieser Welt zu sein!
Doch blickt man zurück,
erkennt man das große und auch das kleine Glück.
Man erkennt die schönen Dinge des Lebens
Und weiß, man lebt nicht vergebens!

Man schätzt jede Blume auf dem Rasen
Und die Kühe, die gerade auf der Wiese grasen.
Man spürt, wie die Sonne uns Wärme schenkt
Und ihr Licht auf uns alle lenkt.
Man sieht die Wolken, wie sie über den Himmel ziehen,
und die Vögel, die vor dem Winter in den Süden fliehen.
Alles, was mir so viel Freude bereitet,
und mich auf dem richtigen Weg leitet,
versuche ich mit offenen Augen zu sehen,
denn, ich darf nicht in Leid und Bosheit der Menschen vergehen!
Die Liebe anderer und deine eigene, hilft dir, das Glück zu finden,
und die vielen Hindernisse des Lebens zu überwinden.

Man begreift es, was es heißt, auf dieser Welt zu sein.
Jetzt ist man nicht mehr klein!
Ich versuche in diesem Leben,
meinen Mitmenschen so viel Liebe und Freude wie möglich zu geben.
Ich glaube: den Sinn des Lebens erkannt zu haben!

Ich versuche mit all meinen Gaben, die mir Gott geschenkt hat,
ihm in jedem meiner vielen Leben
ein Stückchen näher entgegen zu gehen.
Einmal reicht er mir seine Hand,
und ich komme in ein Land,
welches mit nichts zu vergleichen ist.

Denn das ist die Vollkommenheit,
und ich habe endlich Zeit. Viel Zeit!
Dort kann meine Seele glücklich sein!
Und ich fühle mich so rein.
In mir ist es wunderschön,
und ich bin glücklich, in diesem Land spazieren zu gehen.

Ursachen von Gewalt und Aggression

Kinder und junge Leute sind oft sehr vielen Frustrationen und Enttäuschungen ausgesetzt. Die Ursache liegt darin, dass die Eltern oder/und die Schule ihnen in hohem Maße einen Leistungsdruck auferlegen, dem sie schwer entsprechen können.
Alles wird in unserem Schul- und Berufssystem nach **Schnelligkeit und Leistung** beurteilt. Die Wertschätzung und Anerkennung für die Person fehlt vielfach. Ihre charakterlichen Qualitäten zählen bei der Beurteilung wenig, sie spielen eine untergeordnete Rolle. Es herrscht wegen des Konkurrenzdenkens und des Wettlaufs mit der Zeit große Lieblosigkeit unter den Menschen. Besonders junge Menschen leiden darunter.

Leistungsdruck, Gewalt, Groll über schlechte Behandlung und Frust lösen Aggressionen aus. Kommen dann noch persönliche Probleme, wie Ärger mit der Freundin/dem Freund oder im Beruf dazu, dann braucht es nicht mehr viel, dass sich Frust und Ärger in Gewalttaten entladen.
Das zeigt sich bereits schon sehr deutlich an Schulen. Oft sind es gerade »unauffällige« Schüler, die plötzlich ausrasten. Sie haben wahrscheinlich schon viel zu lange und zu viel innerlich Gefühle von Zorn, Verzweiflung und Frustration unterdrückt, die sich nun in Gewalttaten oder Vandalismus Raum schaffen.
Eine andere Form der Aggression ist die Depression, da richtet sich die Aggression nach innen. Eine Folge derselben können mitunter unterbewusste »Selbstzerstörungsprogramme« wie Süchte aller Art sein.

Die Ursachen für das Aufkommen von Aggressionen können auch in einer **sehr strengen autoritären Erziehung** mit viel Unterdrückung liegen. Da wird kein Widerstand und Widerspruch geduldet. Aus Angst vor (körperlicher) Strafe unterdrückt das Kind seinen aufsteigenden Widerwillen und seine Aggressionen. Aggressionen entstehen vor allem, wenn es Ungerechtigkeiten ausgesetzt wird und wenn es überhaupt keine Freiräume mehr für sich hat, ihm alles verboten wird. Oft finden seine Aggressionen dann heimlichen Ausdruck im Quälen von jüngeren Geschwistern oder im Quälen von Tieren.

Im letzten Jahrhundert gab es fast ausschließlich autoritäre Erziehung. Züchtigung in Elternhaus und Schule war normal. Unsere Großeltern wurden so geprägt.
Kein Widerspruch wurde geduldet – eine eigene Meinung war nicht gefragt. So wurde ein ganzes Volk zu »Ja-Sagern« erzogen. Deshalb hatte der Machthaber im NS-Reich so leichtes Spiel mit den Menschen, sie waren gewöhnt, dass ihnen einer sagte, »wo es lang ging.«

Und besonders Menschen, die ein hohes (oft unbewusstes) Aggressionspotenzial in sich trugen, konnten in diesem Regime ihre Aggressionen ungezügelt und ohne Unrechtsbewusstsein ausleben in der Verfolgung des jüdischen Volkes und in den KZ-Lagern. Da kamen mit voller Wucht all ihr unterdrückter Zorn, ihre Wut aus der Kindheit zum Ausdruck und entlud sich unkontrolliert an anderen Menschen. Die in der Kindheit Unterlegenen konnten sich mit einem Mal »stark« und überlegen fühlen.
Nur so sind die unvorstellbaren Grausamkeiten zu erklären, die begangen wurden. Man darf die zerstörerische Kraft unterdrückter Aggressionen nicht unterschätzen!

Durch die Demagogie des damaligen diktatorischen Regimes wurden »Feindbilder« kreiert, Intoleranz gefördert und Hass geschürt. Ganz besonders in der heutigen Zeit besteht wieder eine große Gefahr, dass sich junge Menschen aufhetzen lassen, so wie damals. Es steckt die gleiche Dynamik dahinter, nur sind diesmal die »Opfer« nicht die Juden, sondern Ausländer.

Ein weiterer Faktor zur Entstehung von Gewalt und Aggression sind Video- oder Computerspiele. Von gewaltsamen Gedanken bis zum imaginären bzw. gar virtuellen Durchspielen von Gewaltszenen und zur tatsächlichen Gewalttat ist es nur ein kleiner Schritt. Bei den »virtuellen Bühnen« machen die Kinder und Jugendlichen ja aktiv mit beim Schlagen und Töten (Schießen, Erdolchen, Kämpfen usw.). Sie fühlen sich als »Helden«. Vor allem verschwimmen für den jungen Menschen immer mehr die Grenzen zwischen Film und Realität. Es ist kein harmloses Spielen mehr. Auf diese Weise werden die Hemmschwellen zur Gewalt immer weiter herabgesetzt. Es setzt eine Verrohung der Gefühle ein.
Es ist in der Psychologie erwiesen, dass labile, nicht in sich gefestigte Personen allein durch das Ansehen von Gewaltszenen, sei es in Kino- und Fernseh-Filmen, Videos (auch über Handys) oder in der Wirklichkeit, zur Nachahmung derselben animiert werden können.
Es hat sich bei einer Befragung jugendlicher Straftäter erwiesen, dass sie oft durch das **Ansehen von Gewaltszenen** dazu animiert wurden, diese selbst in die Tat umzusetzen.
Hier tritt wieder das Gesetz der Resonanz in Erscheinung, Gleiches zieht Gleiches an und wird verstärkt!

Oft wird ein **schwaches Selbstvertrauen** durch aggressives Auftreten in einer Gruppe überspielt. Weitere Ursachen für Gewalt sind **keine Sinnfindung im Leben, das Fehlen beruflicher Perspektiven, Arbeitslosigkeit und daraus resultierender Frust.**

Kinder loslassen

Die Pubertät ist eine Zeit des Aufruhrs auf allen Ebenen, in der Familie und im Körper des Jugendlichen. Er wird mit den Veränderungen seines Körpers und den erwachenden Kräften der Sexualität konfrontiert. Die Folge ist eine große Unausgeglichenheit.
Diese Lebensphase ist auch Ausdruck eines Loslösungsprozesses der Kinder von den Eltern. Sie lassen sich nichts mehr von ihnen sagen, nehmen kaum Ratschläge an und suchen vielmehr Anschluss an Gruppen Gleichaltriger. Verbote nützen wenig, sie rufen mitunter noch mehr Widerstand hervor. Die Meinung von »Freunden« ist mehr gefragt als die der Eltern. In dieser Lebensphase müssen die Kinder ihren Weg antreten und lernen, ihre Rolle in der Gesellschaft zu finden und anzutreten.
Wir können sie nicht mehr beschützen, und sie müssen und wollen ihre eigenen Erfahrungen machen. Das ist sehr schwer für die Eltern, besonders für die Mütter! Wie viele Sorgen machen sie sich, wenn die Kinder beginnen, abends spät heimzukommen, ohne vorher Bescheid zu sagen.

Für diese schwierige Zeit können folgende Richtlinien hilfreich sein:

- Die Jugendlichen ernst nehmen
- Alternativen vorschlagen
- Geschehen lassen
- Bei Gefahr Grenzen setzen!
- Entscheidungen begründen
- Gemeinsam Lösungen ausarbeiten auf kameradschaftlicher Basis.

Junge Leute müssen ihr positives Selbstbild erst formen. Sie haben es schwer, sich so, wie sie sind, anzunehmen. Als junges Mädchen fand ich mich äußerst unattraktiv, Pickel quälten

mich sehr, und auf Fotos von mir gefiel ich mir überhaupt nicht. Auch die heranwachsenden jungen Männer plagen die Pickel und oft genug die unausgeglichenen Proportionen ihres Körpers. Ich hatte auch kein so rechtes Geschick, mich gut zurechtzumachen, weil ich mir meiner Vorzüge noch gar nicht bewusst war.
Erst viel später erkannte ich, als ich frühere Fotografien von mir betrachtete, dass ich eigentlich recht hübsch ausgesehen hatte und eigentlich mit mir hätte zufrieden sein können.
Ich habe im ersten Kapitel unter »Selbstbild optimieren« auf die verrückte Kleidermode der Jugendlichen hingewiesen. Das ist der Spiegel ihrer Unsicherheit.

Zusätzlich führen die hormonellen Vorgänge des Erwachsenwerdens zu emotioneller Unausgeglichenheit und zu Spannungen, sie sind aufpeitschend und verunsichernd zugleich. Der junge Mensch empfindet sich einmal als Erwachsener, andererseits noch als Kind. Er fühlt sich hin- und hergerissen in seinem Bedürfnis nach Abgrenzung und der Sehnsucht nach kindlicher Geborgenheit.
In der Jugend sollte die Stabilität für das ganze Leben aufgebaut und der Grundstein für Kraft und Gesundheit gelegt werden. Deshalb empfiehlt Ayurveda, sattvische Lebensmittel in der Ernährung vorzuziehen. Diese wirken auch nicht so aufreizend und regen die Sinnlichkeit nicht so an wie rajasische (scharf gewürzte) Speisen. Sattvische Speisen und Getränke schenken einen ruhigen Geist und fördern die Ausgeglichenheit. Über diese Ernährungsform und den Einfluss von Sattva, Rajas und Tamas können Sie im Kapitel »Im Einklang leben durch harmonische Schwingungen« nachlesen.

Das zu frühe Verausgaben der sexuellen Kräfte raubt nämlich unnötig viel Lebenskraft, vermindert das Gesundheitspotenzial und die Ausstrahlung. Der junge Körper ist zwar erwachsen, aber seelisch ist der junge Mensch keinesfalls gefestigt, und kann Enttäuschungen nur sehr schwer verkraften. Außerdem können sich zu frühe sexuelle Erfahrungen, vor allem schlechte, enttäuschende, sehr nachteilig auf das Liebesleben in späteren Partnerschaften auswirken. Besonders das »erste Mal« ist sehr prägend für junge Mädchen.
Sehr wichtig in dieser Zeit ist auch richtige »geistige Nahrung« und richtiger Umgang. Auch sportliche oder kreative Aktivitäten helfen, die Sexualkraft zu sublimieren. Sie sind ideal zum »Dampfablassen«.

Wenn unsere Kinder in einem verhältnismäßig guten Elternhaus in Geborgenheit und Liebe aufgewachsen sind, sind sie auch stabiler gegen negative Einflüsse und Enttäuschungen von außen. Sie lassen sich nicht so leicht umwerfen von den Schwierigkeiten des Lebens.
Gefährlich wird es nur, wenn ein Kind wenig Liebe und Halt bekommen hat. Es wird in seiner Sehnsucht und Suche nach Liebe und Zärtlichkeit sehr leicht Opfer von Verführern. Haltsuchende lassen sich leicht täuschen, wenn jemand nett zu ihnen ist. Besonders junge Mädchen geraten dann leicht an »den Falschen« und junge Männer glauben ihr schwaches Selbstwertgefühl nur in Gemeinschaft mit anderen »aufpolieren« zu können. Da können sie leicht an **falsche Gruppen** und Freunde geraten.

Diese gewissen Gruppen sind sehr verführerisch, sie isolieren die jungen Menschen von ihren Angehörigen und suggerieren ihnen das Gefühl von Geborgenheit, obwohl sie in Wirklichkeit immer unfreier werden. Oft werden in diesen Gruppen radikale Ideen verbreitet und es wird zur Gewalt motiviert, ein »Feindbild« kreiert. Es gibt genug solche ewigen »Gestrigen«, die mit ihrem rassistischen Gedankengut junge Menschen beeinflussen. Viele von den damaligen SS-Tätern haben sich auch wieder inkarniert, und hängen sich mit Begeisterung an diese Ideen. Diese Seelen haben nichts gelernt, durch ihre Ausstrahlung ziehen sie wieder die gleichen negativen Schwingungen an oder werden von ihnen angezogen.
Vieles geschieht aus Unwissenheit und die jungen Menschen können unbewusst Opfer unguter, gefährlicher, oft schwarzmagischer Einflüsse werden. Sie fühlen sich dann auch dementsprechend ausgepowert und kommen noch mehr in Lebenskrisen.

In solchen Gruppen sind nachfolgende Gepflogenheiten durchaus üblich und »in«:
der Konsum von süßen Getränken, gemischt mit Alkohol, Red Bull, Alkohol und mitunter von Rauschgift und diversen Drogen, das Kiffen und Rauchen, aber auch das Anhören von »harter Musik mit harten Texten« und das Tragen schwarzer Kleidung. Mit dem Tragen von Schwarz wollen sie sich abgrenzen. Negative Symbole (Tatoos) am Körper verstärken Negatives und ziehen es an. All das hat einen schwächenden, verheerenden Einfluss auf die Jugendlichen.
Dies alles entspricht keinem gefestigten positiven Selbstbild, es spiegelt sich in all diesen zerstörerischen Verhaltensweisen ein gestörtes Selbstbild.

Ich möchte erinnern, was ich in Bezug auf Schwingungen geschrieben habe. Wenn Jugendliche sich Heavymetal bzw. Hard Rock mit harten Rhythmen mit oft hässlichen, destruktiven Song-Texten aussetzen oder selbst spielen und singen, schaden sie sich und anderen doppelt: erstens durch die disharmonischen Töne und aggressiven Rhythmen und zweitens durch die darin enthaltenen Worte und Botschaften. Zunehmende Nervosität, Unruhe und Aggressionen sind die Folge. Das äußert sich dann auch in zunehmenden Schwierigkeiten im familiären und beruflichen Umfeld.
Junge Leute stecken oft in Problemen, sei es familiärer oder beruflicher Art. Oft sind sie auch arbeitslos. Da sind sie für solche Annäherungen sehr offen und labil. Die Gruppen-Mitglieder von gewissen radikalen Vereinen sind oft sehr starke Persönlichkeiten, die sehr manipulativ die Sympathie des »Opfers« gewinnen.
Die jungen Leute verstricken sich immer mehr in negative Schwingungseinflüsse, von denen sie sich kaum mehr befreien können. Sie sind die Ursachen von Gewalt und Aggression, aber auch von depressiven Verstimmungen.

Wie können junge Menschen diesen unguten Einflüssen entrinnen? Bei meinen Beratungen werde ich oft mit diesem Problem konfrontiert. Als erstes wird es notwendig sein, den Kontakt mit »falschen« Freunden abzubrechen und neue, aufbauende Kontakte anzustreben. Natürlich ist in einem solchen Falle der Halt in der Familie besonders wichtig.
Im Kapitel »Im Einklang leben durch harmonischen Schwingungen« bin ich bereits auf das Gesetz der Resonanz ausführlich eingegangen, und habe mannigfaltige Möglichkeiten aufgezeigt, wie wir hilfreiche und gute Schwingungen für uns aufbauen können. Daher nur kurz einige wichtige Punkte, die Jugendliche zu beachten haben, wenn sie sich vor unguten Einflüssen bewahren bzw. davon befreien wollen:

Es gilt, möglichst viele Gefahren und negative Schwingungseinflüsse auszuschalten:
Beim Besuch in Diskotheken sollten Jugendliche ihre Getränke **nie** offen stehen lassen! Sonst kann es leicht passieren, dass böswillige Menschen unauffällig irgendwelche Tropfen oder drogenartige Stoffe in das Glas geben. Es lauern heutzutage leider überall Gefahren aller Art, auch vor Schulen, wo die jungen Leute von Drogenhändlern belagert werden.

Auf guten Umgang achten, keinen Alkohol, keine schwarze Kleidung, vor allem keine schwarze Unterwäsche, sondern helle, lichte Farbe bevorzugen, auch bei der Bettwäsche, (rosa, gelb und grün), keine Symbole tragen mit negativen Vorzeichen und applizieren, keine Drachen, Schlangen und dämonische Fratzen. Totenköpfe sind derzeit sehr »in« auf Textilien, aber sie haben keine Berechtigung außer als Warnsymbol vor giftigen, tödlichen Substanzen, kein negatives Pentagramm und die umgekehrte Hagal-Rune!

All dies zieht nur negative Einflüsse und Verderben an und beeinträchtigt alles auf ungute Art und Weise, auch die Umgebung und die Mitmenschen!

Über die Symbole bitte noch einmal nachlesen unter »Im Einklang leben durch harmonische Schwingungen.« Ein guter Schutz ist z. B. ein Anhänger mit dem göttlichen OM Zeichen.

Ein rosa Rosenquarz oder ein grüner Heilstein geben gute Heilenergien. Harmonische Musik bevorzugen, überhaupt achten und innerlich hinspüren – was tut mir gut? Alles was stärkt und harmonisiert, bevorzugen.
Bei Bedrohungen aus schwarzmagischen oder radikalen Kreisen jeden Morgen und Abend um vollkommenen Schutz und göttliche Führung bitten, die Gottesboten um Beistand bei Gefahr bitten, vor allem Erzengel Michael anrufen. Die Aura schützen, indem man sich eine strahlende Lichthülle visualisiert, die einen umgibt.

Mit all diesen Maßnahmen werden die negativen Einflüsse immer mehr zurücktreten und der junge Mensch fühlt sich wieder freier und wohler, er sieht wieder neue Perspektiven für sein Leben. Ganz wichtig ist die familiäre und fachliche Unterstützung bei der Bewältigung der ursächlichen Probleme, die den jungen Menschen erst in diese Lage gebracht haben.
Bachblüten und die im Kapitel über Heilung empfohlenen Heil-Affirmationen bilden eine zusätzliche stabilisierende Hilfe.
Wie bereits erwähnt, ist es ganz wichtig, dass sich Jugendliche von gewissen »Freunden« oder Gruppen zurückziehen und andere Kontakte knüpfen. Sie könnten ihre Interessen z. B. auf sportliche, kreative oder musikalische Aktivitäten richten, und sich da ihre Erfolgserlebnisse und Bestätigung in einer Gemeinschaft holen.

In dieser Zeit steht auch die Frage der Berufswahl und Ausbildung im Raum. Dabei sollten möglichst die Talente und Stärken bei der Berufswahl berücksichtigt werden. Ich darf in diesem Zusammenhang auf das Kapitel über Beruf und Berufung verweisen, in dem ich auf diesen Themenkomplex ausführlich eingehen werde.
Natürlich wünschen sich alle Eltern das Beste für ihr Kind, sie verbinden auch gewisse Vorstellungen damit. Es ist ganz gut, wenn wir die Kinder in ihren Talenten und Fähigkeiten unterstützen. Aber manche Eltern streben z. B. ein Studium ihres Kindes an, obwohl es viel besser zu einem handwerklichen Beruf eine Eignung hätte. Da gibt es Frust ohne Ende auf beiden Seiten. So ein junger Mensch wird total unglücklich sein, auch im späteren Leben, weil er nicht aus Freude seinem Beruf nachgeht, sondern nur aus Pflicht.

So etwas können wir verhindern, indem wir bestimmte fixe Vorstellungen und Erwartungen an die Kinder über die berufliche Zukunft loslassen. Wir müssen ihnen ihre freie Entfaltung ermöglichen, unseren Willen nicht zu dem ihren machen und sie lehren, ein freier, für sich selbst verantwortlicher Mensch zu sein.

Mit ca. 20 Jahren findet eine Ablösung von den Eltern statt, es ist ein Abnabelungsprozess, eine Chance für die Reifung und Selbständigkeit. Wir müssen unsere Kinder ihre eigenen Erfahrungen machen lassen, in dem Vertrauen, dass man ihnen ja in der Erziehung alles an Werten mitgegeben hat, dass sie so für das Leben und alle Gefahren gerüstet sind. Die Eltern müssen lernen, das Kind loszulassen, damit es seinen Weg gehen kann. Kinder sind ein Geschenk, nicht unser Eigentum.

Eure Kinder sind nicht eure Kinder.
Es sind die Söhne und Töchter von des Lebens Verlangen nach sich selber.
Sie kommen durch euch, doch nicht von euch.
Und sind sie auch bei euch, so gehören sie euch doch nicht.
Ihr dürft ihnen eure Liebe geben, doch nicht eure Gedanken,
denn sie haben ihre eigenen Gedanken.
Ihr dürft ihren Leib behausen, doch nicht ihre Seele.

Kahlil Gibran

Ideale Partnerschaft

»Eure Sehnsucht, glücklich zu sein, muss das Glück anderer einschließen.«
Paramahansa Yogananda

Bei der Partnersuche ist Menschenkenntnis, vor allem die der Physiognomie, sehr hilfreich. Nur zur Erinnerung aus Kapitel 1: An den Ohren können wir den Seelenadel ablesen, je feiner ausgeformter sie sind, umso feiner und kultivierter ist der Mensch. Die Augenachse zeigt die bewusstseinsmäßige Einstellung an. Bei tiefer Augenachse ist Vorsicht angebracht!
Wenn ein Mensch lächelt, müssen neben dem Mund auch seine Augen lächeln, das verraten die kleinen Falten um die Augen. Ist das nicht der Fall, lächelt nur der Mund, ist Verstellung im Gange.

Ist er/sie ein Vata-, Pitta- oder Kapha-Typ? Das können wir vom Körperbau ablesen. Sie werden ganz verschiedene Reaktionsweisen zeigen, je nach Konstitution. Auch die Art zu reden wird sich voneinander unterscheiden.

Das Aussehen, die Gepflegtheit von Körper und Kleidung spielen eine große Rolle, auch die ganze Körperhaltung und Ausstrahlung. Aber lassen wir uns von einer erstklassigen Erscheinung nicht zu sehr beeindrucken. Der erste Eindruck kann täuschen. Wir müssen tiefer sehen und unsere Intuition befragen. Oft haben eher unscheinbar aussehende Menschen ein schöneres Seelenleben als bestechend schöne Menschen.

Nach dem Gesetz der Resonanz ziehen wir unseren Partner an durch unsere Ausstrahlung und Schwingung, es liegt an uns. Jeder von uns wünscht sich einen idealen Partner. Dazu sollten wir unser Selbstbild optimieren und alle nötigen Schritte tun, wie wir sie im ersten Kapitel »Im Einklang leben mit sich selbst« vorfinden. Wenn wir mit uns selbst im Einklang sind, uns wertschätzen und lieben, können wir auch Liebe weitergeben.
Dann erst sind wir resonanzfähig für einen idealen Partner. Wir sollten fähig sein, auch All-Eins zu sein, die Zeit des Alleinseins zu genießen und nicht mehr abhängig sein von einem Partner, vom dem wir hoffen, dass er uns glücklich macht. Damit meine ich, dass wir das Glück **in** uns finden sollten. Wie das geschehen kann, werde ich im späteren Kapitel »Im Einklang leben mit der Seele« beschreiben.

Wir tragen als Männer und Frauen männliche und weibliche Züge in uns. Das spiegelt sich im physischen Körper wider. Wir haben männliche und weibliche Hormone zugleich. Die Frau muss lernen, ihre männlichen Seiten, und zwar den Willen und ihre Durchsetzungsfähigkeit zu leben, und der Mann soll auch seine weiblichen Seiten, vor allem die Intuition, in sich entwickeln und zu seinen Gefühlen stehen.

Wann immer es wiederholte Partnerprobleme und Trennungen gibt, sollten wir uns fragen, was an uns nicht stimmt. Vielleicht sind es unbewusste Prägungen aus der Kindheit, die Selbstwert und Selbstvertrauen untergraben. Vielleicht hat das Mädchen den Vater als gewalttätig erlebt und zieht nun als junge Frau immer wieder die gleichen Männer an.
Vielleicht wurde der Junge von seiner Mutter unterdrückt, sodass er als Mann unbewusste Hassgefühle gegen Frauen hegt, die in ihm hochsteigen gegenüber seiner Partnerin. Dann gleicht er einem emotionalen Pulverfass in einer Beziehung.
Gefühle von Minderwertigkeit, (Selbst-)Hass und Selbstverurteilung untergraben nachhaltig unser Glück, denn die Menschen reagieren in ihrem Verhalten uns gegenüber entsprechend darauf, gemäß dem Resonanzgesetz. In diesen Fällen ist das Selbstbild zu heilen und die alten unbewussten Muster müssen erkannt und gelöscht werden. Solange dies nicht geschieht, werden wir immer wieder mit den gleichen Partner-Problemen konfrontiert werden. Im Kapitel über »Heilung im Einklang mit allen Ebenen« gehe ich näher darauf ein.

Leider gehen heutzutage viele Leute, ohne sich jemals richtig kennen gelernt zu haben, sexuelle Bindungen ein, heiraten und trennen sich ebenso schnell.
Meist wird die Ehe noch geschlossen im ersten Liebestaumel, die Sexualität nimmt einen hohen Stellenwert ein. Im Alltagsleben kommt es schnell zur Ernüchterung, wenn der Beziehung die nötige Tiefe fehlt.
Oft kommt es vor, dass jungen Leuten bei ihrer ersten sexuellen Begegnung eine Schwangerschaft »passiert«. In der Folge gehen sie eine Bindung nur aus Pflichtgefühl ein. Aber bald fühlen sich beide Partner in der Ehe überfordert, die Beziehung bricht auseinander. Meist bleiben die jungen Mütter allein mit dem Kind zurück.
Junge Leute gehen oft unüberlegt Bindungen ein, sie flüchten in eine Beziehung, in der sie Geborgenheit und Liebe suchen. Es kommt einer »Flucht aus dem Elternhaus«, in dem sie nicht glücklich sind, gleich. Aber für eine erfüllende Beziehung sind beide noch zu unreif.
Manchmal werden auch Ehen geschlossen aus finanziellen Gründen oder einfach nur, damit man nicht alleine ist. Aber das ist keine Basis für eine dauerhafte Verbindung. Ständige Verlustängste werden die Begleiter in solchen Ehen sein.

In allen diesen aufgezählten Beispielen **fehlt das wichtigste Bindeglied** für eine gute Partnerschaft: Die wahre Ehegemeinschaft gründet in der Liebe. Sie ist nicht nur eine körperliche Gemeinschaft, sondern ein Einssein der Seelen. Wenn beide Partner im anderen die Seele sehen und sich gegenseitig helfen auf dem Wege zur Vervollkommnung, dann ist das eine dauerhafte Basis. Diese ist von Gott gesegnet.
Auch ist es ist wichtig, ein gemeinsames Lebensziel, gemeinsame Interessen, eine gemeinsame Weltanschauung zu haben. Diese sollten im Vordergrund stehen und erst danach die sexuelle Anziehung und finanziellen Interessen usw.

Jeder ist anders geprägt, denken wir nur an unsere Lieblingsspeisen. Die Erinnerungen und Vorlieben können ganz verschieden sein, und das alles ist zu berücksichtigen.
Wenn Paare aus unterschiedlichen Kulturen heiraten, werden sie größeren Schwierigkeiten ausgesetzt sein als andere Paare, weil ja jeder grundsätzlich verschieden aufgezogen und gesellschaftlich und religiös anders geprägt worden ist.
Selbst wenn man sich liebt, ist es nicht immer leicht, sich zu verstehen und richtig miteinander umzugehen. Mann und Frau haben verschiedene Wesensarten, er ist mehr logisch orientiert, die Frau ist meist mehr gefühlsbetont. Der Mann will klare Fakten, lange Debatten sind ihm zuwider und er denkt bei Problemen lösungsorientiert. Er hat nicht das Mitteilungsbedürfnis wie die Frau. Sie will hingegen mehr mit ihm über alles reden, was sie erlebt hat, mit ihrem Partner alles miteinander teilen. Sie neigt dazu, ihr Eigenleben dem Mann zuliebe aufzugeben (was sie nicht sollte). Der Mann wird immer seine Eigenart beibehalten und seinen Hobbys frönen. Diese Unterschiede gilt es zu überbrücken und zu berücksichtigen.
Ein Channeling möge verdeutlichen, welche Lernschritte und Erkenntnisse in einer Beziehung nötig sein können:
»Er ist noch sehr unausgeglichen in seinen Stimmungen. Aber S. sollte tiefer sehen und hinter die äußerliche Fassade. Hinter dieser steckt ein verzweifelter Mensch, der sich nach Liebe sehnt.
S. sollte sein Verhalten nicht zu persönlich nehmen und sich weniger kränken. ***E. liebt sie****, das ist das* ***Ausschlaggebende****. Er hat im Grunde nur gute Absichten.*
Sie soll ihm klarmachen, was das bei ihr für ***Gefühle*** *auslöst, wenn er sich so herrschsüchtig verhält: Sie fühlt einfach* ***Widerstand****. Sie will die alten Muster von früher nicht mehr erleben. So kann E. Einsicht erlangen, dass er genau das Gegenteil von dem erreicht, was er möchte – Distanz, Kränkung.*
Es ist wichtig, dass die beiden aus diesem Kreis ausbrechen, keine Schuldzuweisungen! Vielmehr sollten sie sich auf die schönen Seiten des Lebens konzentrieren und alles unternehmen, was ***Freude*** *macht. Freude stärkt das Herz und stabilisiert die Gesundheit und bringt* ***Schönheit*** *in das Leben. Ermutige sie. Bachblüten werden helfend dazu beitragen.«*

Reifegrade der Liebe

Es gibt einen genauen Gradmesser, an dem wir unsere Liebe prüfen können, ob sie von unreifen Bedürfnissen geprägt ist oder eine Reife erlangt hat, die zu beider Glück beitragen kann. Wir müssen im Laufe des Lebens lernen, richtig zu lieben. Meist geht unsere Liebe durch mehrere Entwicklungsstufen. Jede Partnerschaft ist ein »Lernfeld« zum Reifen und Wachsen. Sie bietet die ideale Gelegenheit, unser Ego loszulassen, die Tugenden Rücksicht, Zuverlässigkeit, Treue, Ehrlichkeit und Liebe zu entwickeln durch die Hinwendung zum Du.
Die Verliebtheit ist sozusagen die »Liebesfalle«, in der wir den Partner nur durch die »rosa Brille« sehen. Aber nur so können wir unser Herz öffnen.
Ich rede hier nicht von oberflächlichen, kurzen sexuellen Begegnungen, die gesucht werden, um möglichst schnell miteinander ins Bett gehen. Diese entbehren jeglicher Herzensenergie und sind auch nur ein »Strohfeuer«, das schnell erlischt. Es ist auch eine Form der Liebe, wenngleich auf einer sehr primitiven Stufe.

Auf der ersten Stufe der Liebe sind wir noch das bedürftige Kind, das ständig erwartet, dass der Partner uns glücklich macht. Damit sind hohe Erwartungen an ihn geknüpft. Der Partner hat sich nach der eigenen Fasson zu verhalten, er soll den oft unreifen Phantasien von einem unerreichbaren Helden oder einer feurigen Liebhaberin entsprechen und sich in seinem Verhalten voll unseren eigenen Bedürfnissen anpassen und ständig für uns Zeit haben.
Oft genug wird ein Partner emotional erpresst, indem ihm bestimmte Forderungen und Bedingungen in der Liebe gestellt werden, wie »erst wenn … dann kann ich dich lieben.« Oder »wenn du mich wirklich liebst, dann …« Durch solche Machtspiele entstehen Abhängigkeitsverhältnisse.
Wenn dann nach einiger Zeit die »rosa Brille« der Verliebtheit abfällt und der Alltag und die Realität einkehren, so ist bereits bald danach eine solche Beziehung zum Scheitern verurteilt. Sie hatte keine Basis, keine Tragfähigkeit, sie beruhte auf einer Täuschung, einer Illusion. Der Partner kann die hochgesteckten, oft unausgesprochenen Erwartungen vom Traum-Mann und der Traum-Frau nicht erfüllen, weil er einfach nicht so ist.

Nach dem Gesetz der Resonanz ziehen wir gemäß unserer Rolle den passenden Partner an – der Bedürftige den Helfer, der Starke den Schwachen, der Unterdrückte seinen Unterdrücker und das Opfer seinen Täter. So kann es zu jahrelangen Machtkämpfen kommen. Und dann gibt es endlose Schuldzuweisungen, die das Klima zwischen den beiden deutlich verschlechtern. Aus dem Rausch der Liebe wird ein hässlicher Alptraum. Der Auslöser von Streit und Machtkämpfen ist, dass sich einer der Partner ständig unterlegen fühlt.
Das ist die Stufe, in der wir noch sehr auf unseres eigenes Wohlbefinden schauen, aber ohne Rücksicht auf den anderen.
Je mehr es uns gelingt, unser Selbstwertgefühl zu stärken und Eigenverantwortung zu übernehmen, umso besser wird die Beziehung gelingen. Es gibt viele Abstufungen, bis wir lernen, uns vom Ego zum Du auszurichten. Dann werden uns die Bedürfnisse des Partners schon wichtiger. Wir sehen auch unsere Freude darin, wenn wir dem Partner helfen und ihm eine Freude machen können. Aber eine gewisse Verletzlichkeit lässt uns unduldsam und launisch sein. Vieles nehmen wir zu persönlich.
Das Besitzdenken nimmt noch sehr viel Raum ein, aber wir betrachten den Partner schon realistischer und können ihn akzeptieren in seinem Wesen, in seinen Unvollkommenheiten. Und wenn er einmal krank ist und nicht so attraktiv ist und keine Lust zum Sex hat, werden wir uns zurücknehmen und ihn trotzdem lieben.

Der Verliebte nimmt sich den anderen,
der Liebende schenkt sich dem anderen.

In einer reifen Beziehung erwarten wir nicht mehr, dass uns der andere glücklich macht, sondern fühlen uns selbst dafür verantwortlich und tun auch etwas dafür. Wenn wir eine reifere Liebesfähigkeit entfalten, werden wir den Partner als Seele betrachten, die im Körper unseres Partners steckt und die mit uns in diesem Leben eine Rolle zu spielen hat. Wir gehen aus der Identifikation der Rollen hinaus und begreifen, dass wir uns auf dem Lebensweg einfach helfen bei unserer Vervollkommnung.
So können wir auch besser mit seinen Schwächen umgehen, nehmen diese nicht mehr so persönlich, weil wir ja dahinter das wahre Wesen des Partners im Auge haben. Wir lieben ihn bedingungslos.
Dann wird die anfänglich kleine Liebespflanze zu einem starken, tragfähigen Baum, der auch unter harten und strengen Herausforderungen des Lebens nicht umfällt.

Richtiger Dialog

Für einen richtigen Dialog ist es wichtig, dass wir lernen, dem Partner zuzuhören und uns in ihn einzufühlen. Alle Missverständnisse sollten sofort geklärt werden und nicht über Nacht bestehen bleiben, sonst wird der Graben zwischen den Partnern immer größer und die Versöhnung immer schwieriger. Denn durch eine richtige Versöhnung und klärende Aussprache können wir Wichtiges vom Partner erfahren, wie er denkt und fühlt, seine Wünsche, seine Vorstellungen, seine Motive. Und darauf können wir eine Lösung aufbauen.
Das ist auch ein Geheimrezept für glückliche Ehen von Paaren, die 50 Jahre und mehr zusammen verbunden sind.

In einer Beziehung ist auch gegenseitiges Vertrauen wichtig. Aber wir sollten klugerweise gewisse Erlebnisse aus unserem Leben in unserem Herzen bewahren. Besonders in der ersten Zeit der Partnerschaft neigen wir gerne dazu, uns vorschnell anzuvertrauen und auch Ereignisse aus unserem Leben zu erzählen, mit denen wir den Partner womöglich überfordern oder eifersüchtig machen. So liefern wir nur unnötige Angriffspunkte, die später gegen uns verwendet werden könnten.

Für ein gutes Gespräch ist es hilfreich, wenn wir uns in die Rolle des anderen versetzen und versuchen, einmal seinen Standpunkt einzunehmen – in seine Haut zu schlüpfen, in den Partner hineindenken und fühlen. Ein indianisches Sprichwort lautet, erst wenn wir einen halben Mond in den Mokassins des anderen gelaufen sind, können wir ihn verstehen. Wir müssen einfach lernen, Rechthaberei und Dominanzstreben aufzugeben, denn in so einem Umfeld kann keine Verbindung gedeihen.
Aber ganz wichtig ist, den Partner aussprechen zu lassen und ihn nicht immer mit einer Gegenrede zu unterbrechen. Es soll keine Schuldzuweisungen geben, denn dies verhindert, dass der Partner kompromissbereit wird, im Gegenteil, das weckt seinen Widerstand. Wer will denn schon der Böse sein? Vielmehr sollten sich die Partner gegenseitig mitteilen, wie sie sich durch das Verhalten des anderen fühlen, denn dann können sie damit konstruktiv umgehen, Lösungen finden und überlegen, was sie in der Zukunft besser machen können.
Der Partner soll Gelegenheit haben, zu sagen, was ihn wirklich stört und beide sollten überlegen, wie sie in Hinkunft gewisse Störfaktoren abstellen können. Ein Quäntchen Humor kann jede Situation entschärfen und erleichtert die Versöhnung.

Und das Wichtigste beim Dialog miteinander:

Wenn du sprichst, lass dein Herz sprechen.
Wenn Du zuhörst, höre mit deinem Herzen.

Respekt und Achtung

Diese sind Voraussetzung für eine gute Partnerschaft und Ehe. Warum gehen viele schöne Verbindungen im Laufe der Zeit kaputt? Viele glauben, wenn sie nun den geliebten Partner geheiratet haben, dann währt die Liebe ewig und man braucht nichts mehr dazu tun. Das ist ein großer Irrtum, gerade der graue Alltag ist der Killer von Beziehungen. Da kommt es zu Reibungen.
Es ist äußerst wichtig, Liebe auch im **Alltag** zu pflegen und nicht verwelken zu lassen. Dazu gehören aufrichtige Komplimente und kleine Aufmerksamkeiten, z. B. das Leibgericht für den Partner zu kochen oder eine Blume oder kleine Aufmerksamkeiten zu schenken oder einmal Ausgehen oder etwas Schönes gemeinsam unternehmen.
Junge Frauen neigen besonders dazu, sich vollkommen dem Partner anzupassen, sie geben ihr Eigenleben auf, sie »leben nur für ihn.« Das ist falsch, denn sie verlieren dadurch genau die Eigenschaften, derentwegen sie ja der Partner liebt. Natürlich ist ein gewisser Anpassungsprozess von beiden Seiten nötig, aber wie immer ist auf das richtige Maß zu achten.

Eine Ehe ist auch einem stetigen Wandel unterworfen, sie durchläuft verschiedene Stadien. Junge Ehen werden sich anders gestalten als reife, jahrzehntelange Verbindungen. Die Ehe gibt reichlich Gelegenheit, das Ego abzuschleifen, für Reifeprozesse, Geduld und Rücksicht zu lernen.
Ein besonders großer Einschnitt geschieht, wenn das erste Kind kommt. Da ändern sich oft die Prioritäten, denn das neue Wesen beansprucht in der ersten Zeit besonders die junge Mutter. Da ist es für den Mann oft schwer, sich umzustellen und sich für einige Zeit zurückzunehmen. Die gewohnte Zweisamkeit ist endgültig vorbei. Das Liebesleben wird Einschränkungen erfahren, denn der kleine Erdenbürger braucht die Zuwendung und Pflege auch nachts, wenn er noch nicht durchschläft. Am besten ist es, wenn sich der Vater dabei mit einbringt und seine Frau zwischendurch ablöst. Die junge Mutter kann sich leichter erholen und sie wird dankbar für jeden Beistand sein. All dies fördert die Partnerschaft und die väterliche und mütterliche Bindung an das Kind wird immer inniger.
Es ist aber wichtig, dass beide in den Jahren der Elternschaft füreinander auch ein Liebespaar bleiben, ihr Liebesleben pflegen und sich bemühen, Zeit füreinander zu finden und nicht nur die Rolle der Eltern zu spielen. Sonst kann es zu Entfremdung und Ehekrisen kommen.
Die Fragen der Kindererziehung bilden oft Konfliktherde innerhalb der Familie. In der Erziehung sollte Einigkeit herrschen, schon im eigenen und im Interesse der Kinder. Damit erspart man sich viele Probleme mit den Kindern. Sie bekommen eine klare Linie und Halt in der Familie.

Wenn die Kinder erwachsen werden, sich vom Elternhaus ablösen und ausziehen, erleben die Mütter eine totale Umstellung ihres Lebens. Das Loslassen der Kinder ist nicht immer leicht. In diese Zeit fallen auch die Wechseljahre der Frau, die von Stimmungsschwankungen und körperlichen Problemen begleitet sein können.
Aber diese Zeit gibt gute Chancen für die Partnerschaft. Der Mann kann ihr beistehen und ihr durch Zuwendung zeigen, dass er sie immer noch begehrenswert findet. Da kann sich die Frau ganz neuen Aufgaben widmen, vielleicht eine Tätigkeit, ein Hobby aufnehmen, für das sie nie Zeit hatte. Diese Zeit ist auch eine Chance, sich wieder mehr gegenseitig zuzuwenden und Gemeinsamkeit und Interessen zu pflegen.

Im Pensionsalter gibt es wieder eine Umstellung. Bisher war der Mann tagsüber aus dem Haus, nun ist er ständig zu Hause. Mann und Frau müssen sich aneinander gewöhnen und den Tagesablauf aufeinander abstimmen. Das ist eine neue Herausforderung und Chance, das Leben wieder gemeinsam zu genießen. Wichtig ist, dass der Mann sich nicht unnütz im Ruhestand fühlt. Die Frau kann ihm beistehen und helfen, neue Perspektiven für sein Leben zu finden. Beide sind unabhängig und brauchen keine Rücksichten mehr auf Arbeitszeit und Kinder nehmen. Das eröffnet Möglichkeiten für Reisen und alles nachzuholen, was früher nicht möglich war. Auch kann man sich jetzt Wünsche erfüllen, die man bisher verdrängt hatte oder nicht realisieren konnte.

Das ganze Leben gibt viele Möglichkeiten, dass Partner gegenseitig ihre Liebe und Achtung füreinander zeigen, indem sie sich füreinander Zeit nehmen, sich für den anderen attraktiv machen und ihm etwas Liebes sagen. Liebevolle, zärtliche Gesten im Alltag stärken das Band der Liebe. **Dankbarkeit** ist angesagt für alles Gute, was vom Partner empfangen wird, auch **Behutsamkeit und Feingefühl**.
Liebe, Verlässlichkeit, Ehrlichkeit und Treue sind das Standbein von guten, lebenslangen und glücklichen Ehen. Die Partner stehen auch etwaige Krisen miteinander durch, und so wachsen sie immer mehr zusammen. Wahre Liebe zeigt sich, dass man sein Glück im Glück des anderen sieht. Das ist die goldene Regel, dass wir dem Partner alles das tun, was wir auch von ihm erwarten.

Eine große Liebe offenbart sich in vielen liebevollen Kleinigkeiten

Liebesleben

Unsere Sexualität stellt gemäß Ayurveda eine der Säulen von Gesundheit dar. Wie wir damit umgehen, so werden auch unsere Gesundheit, unsere Erfüllung und unsere Ausstrahlung und geistige Kraft sein. Auf die körperlichen Aspekte der Sexualität und was wir dabei beachten sollten, bin ich bereits im zweiten Kapitel »Im Einklang leben mit seinem Körper« eingegangen.
In unseren Partnerschaften nimmt das Liebesleben einen wichtigen Stellenwert ein. Wie gehen wir aber mit der Sexualität um, dass sie für uns erfüllend wird?
Gemäß der chinesischen Lehre des Tao gibt es zwei Kräfte, Yin und Yang, wobei Yin das weibliche Prinzip und Yang das männliche Prinzip ist. Jede Frau trägt in sich auch das Yang, das Männliche und der Mann auch das Yin, das Weibliche. Für eine erfüllende Sexualität sollten Mann und Frau beide Seiten ausleben. Die Frau braucht nicht nur die passive Rolle (Yin) einnehmen, sondern sollte auch aktiv ihre männliche Seite (Yang) in der Sexualität

leben und der Mann braucht nicht ständig dominant sein, sondern kann auch seine weiche, passive Yin-Seite zum Ausdruck bringen und sich »verwöhnen« lassen. Dieses Rollenspiel ist reizvoll, beide Kräfte Yin und Yang bleiben so in vollkommener Balance.

Wir sollten nur mit einem Partner, mit dem wir **alle** Aspekte des Lebens teilen können, Sexualität pflegen. Die Beziehung sollte von Respekt, Vertrauen und Liebe getragen sein. Nur so kommt es zu einem erfüllenden Liebesleben, und dadurch degradieren wir den Liebesakt nicht zu einem bloßen Abreagieren des Sexualtriebes, sondern er wird **Ausdruck von Liebe und Zärtlichkeit**. Beim Liebesakt strömt dann die Lebensenergie vom Sexualchakra in das Herzchakra hinauf und dieser ist dadurch sehr beglückend. Wahrhaft Liebende empfinden die größte Freude am Glück des anderen.

Sex ist die Vereinigung von zwei Körpern,
Liebe ist die Vereinigung von zwei Seelen.

Leider steht bei der Partnerwahl oft hauptsächlich die körperliche Anziehung im Vordergrund. Aus der anfänglichen Begeisterung am Sex wird bald Schalheit, immer neue, stärkere Reize werden gesucht. In der Folge kommt es zu Untreue und Zusammenbruch der Familie. Wie bereits erwähnt, in diesen Beziehungen **fehlt die Basis, den Partner als Seelenpartner und Freund zu sehen**, ihm in allen Lebenslagen beizustehen.

Hingegen führt Sexualität als Selbstzweck, ohne Liebe und Zärtlichkeit, zu Rücksichtslosigkeit bis in die tiefsten Abgründe menschlichen Daseins. Hier steht das egoistische, unersättliche Frönen nach Lustbefriedigung im Vordergrund bis hin zu Gewalt und Verbrechen. Es ist eine Quelle großen Leids für alle Betroffenen. Das stellt einen groben Missbrauch der Sexualkraft dar, bringt nur einen Verlust an Lebensenergie und untergräbt über kurz oder lang Gesundheit, Schönheit, und führt letztendlich zu Lebensüberdruss und Ekel. Ein ausschweifendes Leben führt zu einem Verlust an Ausstrahlung.
Wir sollten nur sexuellen Umgang pflegen, wenn beide Partner in der richtigen Stimmung und bereit zur Liebe sind. Wenn wir gesund sind, uns gesund ernähren und ausreichend Schlaf haben, so wird uns unser Körper ganz natürlich von selbst zeigen, wenn er bereit ist für sexuellen Verkehr. Dann brauchen wir auch keine künstliche Stimulierung.
Für Frauen ist es besser, den Sexualverkehr während der Schwangerschaft – besonders im Anfangs- und Endstadium – und während ihrer Periode einzuschränken oder besser zu unterlassen. Hingegen sind Zärtlichkeit, liebevolle Zuwendung, Schenken von Geborgenheit von Seiten des Partners besonders für die werdende Mutter wichtig, da sie zum Wohlbefinden und zur Gesundheit von Mutter und Kind wesentlich beitragen.
Es ist inzwischen auch wissenschaftlich erwiesen, dass Liebe und Sexualität körperliche Hormone, wie etwa Endorphine, Serotonin oder Dopamin freisetzen, die zu einem glücklicheren und gesünderem Leben führen. Dadurch werden u. a. Glücksgefühle hervorgerufen und stressbedingte Spannungen und Schmerzen gelindert.
Wärme, Nähe und Zuneigung bilden die **Basis** für ein erfüllendes Sexualleben. Es ist aber auch erwiesen, dass **Streicheleinheiten** für die Gesundheit und das Wohlbefinden das ganze Leben lang wichtig sind, ganz **unabhängig von Sex**. Durch liebevollen Körperkontakt gedeihen Babys viel besser und ältere Menschen bleiben länger vital und lebensfroh.

Vielfach wird das Bedürfnis von der Partnerin nach Zärtlichkeit vom Manne ganz falsch interpretiert, er denkt an Sex, wenn sie sich an ihn anschmiegt. Dabei will sie aber oft nur einfach in den Arm genommen werden, sich an »eine starke Schulter« lehnen« und übers Haar gestreichelt werden. Da muss der Mann lernen, feinfühlig zu sein und darf sich nicht »wie ein Elefant im Porzellanladen« benehmen. Ansonsten wird in einer Beziehung etwas sehr Feines, Wertvolles zerstört.

Es kommt vor, dass unglückliche, unerfahrene junge Mädchen und einsame Frauen an einen Mann geraten, bei dem sie Halt suchen, sich ihm naiverweise anvertrauen und in ihrem Kummer ihr Herz ausschütten möchten. Aber statt Verständnis, menschliche Wärme und Trost zu bekommen, werden sie sexuell bedrängt und überrumpelt. Und da sie sich nach menschlicher Nähe sehnen, lassen sie es auch mit sich geschehen – mehr oder weniger unfreiwillig. Dieser Missbrauch hinterlässt tiefe seelische Wunden – Vertrauen zerbricht.

Aus den Ausführungen des zweiten Kapitels konnten Sie entnehmen, dass wir durch den richtigen Umgang mit der Sexualität und Bewahren unserer Lebens- und Sexualkraft unser Gesundheitspotenzial und unsere Ausstrahlung erhöhen können. Aber nicht nur das.
Wir sollten die Sexualität keinesfalls verdrängen, sondern kompensieren, d. h., wir können die Sexualenergie im materiellen Sinn für kreative, geistige, künstlerische oder sportliche Leistungen und im spirituellen Bereich die sublimierte, umgewandelte Sexualkraft für ein schnelleres, spirituelles Wachstum nutzen.

Die Energie des 2. Chakras ist unsere mächtigste **Schöpferkraft**, die sich einerseits in der sexuellen Kraft zur Zeugung von Nachkommenschaft, andererseits aber auch in der Schöpfungskraft **geistiger oder künstlerischer Arbeit** zeigt. Große Künstler haben oft in Askese die schönsten Werke in der Malerei, Architektur, Dichtung und Musik geschaffen. Das waren ihre »geistigen Kinder«. Die Sexualkraft steht nämlich mit dem 2. Chakra, das auch der Sitz der Kreativität ist, in Verbindung. Jedem steht diese Energie für alle kreativen Tätigkeiten, wie z. B. Musizieren, Gartengestaltung, Handwerkskunst bis hin zur Kochkunst zur Verfügung.
Der Gottesliebende wandelt diese Kraft in tiefer Meditation in **geistige Kraft** um und benutzt diese zu seinem geistigen Fortschritt. Hier wandert die Lebensenergie vom Sexualchakra durch den feinstofflichen Kanal in der Mitte der Wirbelsäule zu den oberen, spirituellen Energiezentren und führt zu geistiger Ekstase und Gotteserfahrung.

Es gibt die tierische und die göttliche Natur im Menschen. Er hat den freien Willen zu entscheiden, ob er sich in Sinnlichkeit versklaven und verstricken möchte oder maßvoll mit der Sexualität umgeht, sie kreativ nützt und seine göttliche Natur immer mehr zum Ausdruck bringt.

Das ist das Geheimnis der Sexualkraft:
Sie schenkt uns nicht nur Kinder und Freude beim Liebesakt. Für den Künstler wandelt sie sich in schöpferische Kreativität, sie ist der Motor für alle großen Leistungen. Für die wahrhaft Liebenden wandelt sie sich in reine Liebeskraft, die stärker ist als alle Negativität. Alle großen Heiligen, die in Askese lebten, hatten diese universelle Liebe für alle Geschöpfe. Für den, der sein Leben höheren Zielen weiht, seine Sexualkraft bewahrt, wird sie zum Elixier spiritueller Kraft, die sich z. B. auch in Heilkräften äußern kann.
Die gleiche Kraft kann aber bei ständigem Missbrauch einen Menschen charakterlich und gesundheitlich zerstören.
Es geht also **um den weisen Gebrauch der Sexualkraft,** sie kann zerstörerisch oder das Fahrzeug zu schöpferischem Wirken und spirituellem Wachstum und Fortschritt sein.

Das mythische Symbol des Drachens stellt die Sexualkraft dar. Er ist geflügelt, das wiederum bedeutet, dass die Kräfte die der Drache verkörpert, eine spirituelle Bestimmung haben.
Meister Mikhael Aivanhov erklärt dazu:

»Die Sexualkraft ist eine Energie, die mit Benzin vergleichbar ist, Unwissende und Ungeschickte werden von ihr verbrannt – sie verbraucht nämlich deren Quintessenz – während die Eingeweihten, die mit ihr umzugehen wissen, sich in den Weltenraum aufschwingen.«

Todsünden in der Partnerschaft

Nachdem ich nun beschrieben habe, wie eine ideale Ehe und Partnerschaft gestaltet werden sollte, wollen Sie sicher wissen, wie Sie einen Bruch in der Beziehung vermeiden können.

Ein heimlicher, oft unbemerkter Killer schleicht sich im Laufe der Jahre in Beziehungen ein. Es ist die **Alltagsroutine**. Die Erfüllung der mannigfaltigen Alltags- und Berufspflichten und die Erziehung der Kinder beanspruchen sehr viel Zeit.
Dabei merken die Partner oft nicht, wie eingefahren und eintönig, ohne Abwechslung sie die Tage und Jahre miteinander verbringen. Das raubt mit der Zeit die Lebensfreude, Langeweile schleicht sich zwischen beiden ein. Im Laufe der Zeit haben sie sich nicht mehr viel zu sagen. Kinder sind die Spiegel ihrer Eltern. Sie merken und spüren genau, wenn Freudlosigkeit zwischen den Eltern herrscht. Dann fühlen sie sich zu Hause nicht mehr wohl. Das muss nicht so sein.
Da können wir Abhilfe schaffen, und immer wieder aus der täglichen Routine des Alltags aussteigen, uns Zeit füreinander nehmen und Abwechslung schaffen, gemeinsam etwas Schönes unternehmen. Es muss nichts Großes sein, aber kleine Überraschungen, Unterbrechungen des Alltags, machen eine Beziehung lebendig. Das ist auch zum Vorteil für die Kinder. Sie sind auch glücklich, wenn es ihre Eltern sind. Es ist ihnen zugleich ein Vorbild für ihr späteres Leben.

Jegliche Routine im Liebesleben, sei es zeitlich oder in der Art, macht die Beziehung für beide mit der Zeit langweilig und unerfüllend. Viele Frauen kommen viel zu kurz, weil sich der Mann keine Zeit für ein zärtliches Vorspiel nimmt. Da fehlt dann schon eine liebevolle Einstimmung. Aus lauter Routine achten Männer oft gar nicht, ob die Frau zum Höhepunkt kommt. Und wenn sich nachher der Mann einfach nur umdreht und schnarcht oder eine Zigarette raucht, aufsteht und geht, und sie nicht liebevoll in den Arm nimmt, ist das auch sehr ernüchternd für eine Frau. Für sie ist ein gewisses zärtliches, seelisches Nachklingen, ein miteinander in sich Ruhen sehr wichtig. Die Frau muss das Gefühl haben, dass **sie** gemeint ist und nicht ihr Körper. Anderenfalls kommt sie sich nur »benützt« vor.
Die Frauen wollen durch die unsensible Art ihrer Männer »alles schnell hinter sich bringen« und geben sich umgekehrt auch wenig Mühe, auf den Mann einzugehen. So kommen beide zu kurz in ihrem »Sex«-Leben, denn das ist kein Liebesleben mehr.

Wir haben uns in der ersten Zeit des Kennenlernens sicher viel Mühe gegeben, für den Partner anziehend und interessant zu sein. Wir sollten die Freude, Spannung und die Anziehung auch später aneinander lebendig halten durch Abwechslung in der Gestaltung und in der Zeitdauer des intimen Zusammenseins.
Wir können es immer wieder verschieden gestalten, spielerisch damit umgehen, ohne Zwang: Einmal nehmen wir uns viel Zeit für ein zärtliches, sanftes Zusammensein, ein andermal kann spontan die stürmische Leidenschaft mehr im Vordergrund stehen. Wir können uns auch etwas ausdenken, zwischendurch als »Zuckerl« auf bestimmte Wünsche des Partners eingehen und diese erfüllen.
Wir sollten auch das Schlafzimmer so gestalten, dass es eine angenehme Stimmung vermittelt, mit hübschen Romantik-Lampen, Kerzen usw. und freundlichen Farben. Ein unaufgeräumtes, vollgestopftes Schlafzimmer wird dazu nicht geeignet sein.
Manchmal ist eine Änderung der gewohnten Umgebung reizvoll, z. B. ein Ausflug, verbunden mit einer Übernachtung woanders. Ein Bad mit feinen Düften und Musik bildet einen guten, sinnlichen Rahmen für zärtliche Romantik. Ein schönes Abendessen bei Kerzenschein stimmt auf einen schönen Abend ein. Dafür sollte auch zwischendurch im Alltag Zeit und Gelegenheit geschaffen werden.
Jeglicher Ausstieg aus der Alltagsroutine hält eine Partnerschaft lebendig, jung und interessant. Wir können unsere Beziehung mit kleinen Freudenfesten feiern, ganz unabhängig von

Geburts- oder Hochzeitstagen. Dann erübrigen sich ganz von selbst Lust auf etwaige Seitensprünge oder eine Entfremdung und Trennung. So könnte man eine gefährdete Beziehung wieder kitten.

Es gibt Todsünden in einer Partnerschaft, die lassen die schönste Liebe nach Jahren erkalten:

Sich gehen lassen, Respektlosigkeit

Es ist schon schön, wenn man zu Hause bequeme Kleidung anziehen kann. Aber mit der Zeit kommt es vor, dass sich manchmal Partner einfach gehen lassen und sich mit den ältesten abgetragenen Kleidern ihrem Partner präsentieren. Sie geben sich keine Mühe mehr, für ihn nett und begehrenswert auszusehen, so wie es in der Zeit des Kennenlernens war.

Auch kommt es vor, dass sie sich vernachlässigen und nicht mehr körperlich pflegen. Aber Hygiene und Körperpflege sind ein Muss für die gegenseitige Anziehung. Jede Lust vergeht einem Partner, wenn Zähne und Intimbereich ungewaschen bleiben. Auch ist es nicht notwendig, den Partner bei allen Tätigkeiten in Bad und WC Anteil nehmen zu lassen. Eine gewisse gesunde Distanz ist nötig. Sonst zerstört man das Schöne, Anziehende, das einen so begehenswert für den anderen macht.

Aber zum Gehenlassen gehört auch, dass Partner sich gar keine Mühe mehr miteinander geben und gleichgültig füreinander sind, sich nicht für den anderen und seine Interessen interessieren. Mit der Zeit wird sich der so vernachlässigte Partner immer mehr zurückziehen, bis er eines Tages ganz fort ist, und sich eine erfüllendere Beziehung sucht.

Geben und Nehmen sind nicht im Einklang

Es kommt immer wieder vor, dass sich ein Partner voll und ganz für den anderen einsetzt, alles für ihn tut, aber der andere sieht sich nicht gemüßigt, auch nur eine Gegenleistung zu bringen. Im Gegenteil, er erwartet das alles mit einer Selbstverständlichkeit, während der andere Partner ständig leer ausgeht.

Es soll ja nicht sein, dass man sich jede Hilfeleistung und jeden Dienst vom Partner abgelten lässt, aber einen Ausgleich zwischen den Pflichten sollte es geben. Es kann ja nicht sein, dass einem Partner alles alleine aufgeladen wird. Auf die Dauer zerbricht so eine einseitige Beziehung.

Dem Partner ständig Schuldgefühle und Vorwürfe machen

Ständige Schuldzuweisungen und Vorwürfe, womöglich über Altes, Vergangenes können einen Partner so zermürben, dass er einfach nicht mehr kann oder wütend wird. Niemand ist ganz perfekt.

Und wenn schon der Partner einmal einen Fehler gemacht hat, z. B. einmal untreu war, sollten wir ihm dies nicht ewig nachtragen und ihm endlich auch verzeihen. Solange noch Groll zwischen den Partnern herrscht, ist auch keine liebevolle Beziehung möglich.

Wir könnten dies zum Anlass nehmen und uns fragen, was **unser** Anteil ist, dass der Partner sich bei einem anderen Menschen wohler fühlte. Was haben wir übersehen oder in der Partnerschaft nicht beachtet?

Wie können wir die tieferen Wege der Seelen durchschauen, dass es fast zu zwingenden Begegnungen zwischen Menschen außerhalb einer Ehe kommen kann? Steht uns wirklich ein Urteil darüber zu? Es kann auch eine Begegnung zwischen alten Freunden aus einem früheren Leben sein, die Menschen unwiderstehlich zueinander zieht und die eine starke Verbundenheit spüren.

Ich spreche hier nicht von leichtfertigen, oberflächlichen, absichtlich herbeigeführten außerehelichen Beziehungen.

Es ist wichtig, nicht ständig mit dem Zeigefinger auf den Partner zu zeigen und ihm die Schuld für dieses und jenes zuzuweisen mit den Worten: »Du bist schuld, dass …« Das ruft nur noch mehr seinen Widerstand hervor und provoziert Streit.

Vielmehr ist es wichtig zu sagen, wie man sich durch das Verhalten des Partners **fühlt**, z. B. »dein Verhalten hat mich traurig, mir Angst gemacht, hat mich verärgert oder enttäuscht«. Nur das führt zur Betroffenheit des Partners. Oft ist es ihm gar nicht so klar, **was** er auslöst, wenn er sich kränkend oder egoistisch verhält. Aber auf diese Weise ist der Boden für eine gute Klärung in der Beziehung geschaffen.

Kritik und ständige Rechthaberei
Ganz ähnlich verhält es sich mit der Kritiksucht. Sie kann ganz schön nerven. Alles Schöne wird in der Beziehung zerstört, weil der Partner allmählich sein Selbstvertrauen verliert, wenn er nichts mehr recht machen kann und seine Meinung einfach übergangen wird.
Wie soll er dann noch selbstbewusst und attraktiv erscheinen? Wenn Kritik berechtigt ist, dann sollte sie nicht kränkend vorgetragen werden, sondern auch mit dem Vorschlag, wie es besser gemacht werden könnte. Dem Kritiker mangelt es höchstwahrscheinlich selbst an Selbstvertrauen und mit seiner Kritik will er diesen Mangel übertünchen.

Ständige Untreue, Unehrlichkeit und den Partner alleine lassen
Viele verheiratete Männer führen das Leben eines »verheirateten Junggesellen«. Sie leben ihr früheres gewohntes Leben einfach weiter. Sie sind ständig im Gasthaus oder gehen weiter ihren Interessen, dem Sport, dem Kartenspielen und auch den Frauen nach.
Es ist abzusehen, dass solche Ehen über kurz oder lang in Brüche gehen müssen. Außerdem ist eine ständige Untreue eine tiefe Kränkung für die Frau. Sie stellt auch in gewisser Weise eine gesundheitliche Gefahr durch Ansteckung dar. Das Vertrauen zueinander geht verloren. Sie werden sich wundern, warum ich das Alleine lassen hier zugeordnet habe. Wenn einem Mann seine Interessen wichtiger sind als seine Frau, betrügt er sie um die Zeit des gemeinsamen Zusammenseins. Da braucht er gar keinen Ehebruch begehen.

Ich wurde von meinem ersten Mann viel allein gelassen. Einmal hatte ich einen Traum: Ich befand mich mit meinen beiden Kindern auf einer wunderschönen Alm. Da war ein Hang, da ging ich mit den Kindern hinauf. Aber oben standen drei sehr bedrohliche Gestalten. Ich spürte Gefahr und wollte fliehen, aber da war es schon zu spät. Die drei stießen uns mit voller Wucht den Hang hinunter, bis wir vor einer Felsnase knapp vor dem Abgrund zu liegen kamen. In höchster Not und Angst, dass wir womöglich noch in den Abgrund gestoßen werden, rief ich meinen Mann. Der aber saß etwas entfernt in der Almwirtschaft und trank ein Bier. Er hörte mich gar nicht. Ich wachte dann in Todesangst auf. Mir war klar, dass das ein Warntraum war. Die drei bedrohlichen Gestalten waren Beziehungsprobleme, finanzielle Sorgen und Krankheiten.

Eifersucht, Besitzdenken
»Du gehörst mir« hat keinen Platz in einer reifen Beziehung. Keiner gehört dem anderen – Liebe ist ein Geschenk! Ansonsten wird die Ehe zu einem Gefängnis und die Liebe erstickt. Ursachen von Eifersucht können ein geringes Selbstwertgefühl und die Unfähigkeit, sich selbst anzunehmen, sein. Wenn wir uns wert fühlen, dass der Partner uns liebt, hat die Eifersucht ihren inneren Boden verloren. Wir müssen lernen, uns selbst anzunehmen, uns liebenswert zu finden, dann fallen Verlustängste, die hinter der Eifersucht und dem Besitzdenken stehen, weg.

Eifersucht in einer Ehe ist eine große Belastung. Ständig muss der Partner Kontrollen über sich ergehen lassen, »Überwachungs«-Telefonate sind an der Tagesordnung. Es ist für den Partner sehr kränkend, wenn ihm immer wieder Untreue unterstellt wird.
Aber gerade die Eifersucht treibt womöglich den Partner in die Arme eines anderen, obwohl er dies gar nicht anstrebt. Hier wirkt die Kraft der Gedanken im Negativen, dass das, was man ständig in seinen Gedanken und Gefühlen hat, Wirklichkeit wird. Hier in diesem Fall ist es Angst, dass der Partner einen anderen findet.

Wir sollten achtsam sein im Umgang mit anderen Menschen und uns nicht leichtfertig Situationen aussetzen, in denen wir »schwach« werden. Dazu gehört das Tanzen mit einer fremden Person, besonders wenn Alkohol im Spiele ist. Manche Menschen haben einen unwiderstehlichen Magnetismus, dem man sich nur sehr schwer entziehen und widersetzen kann. Hat der andere einen stärkeren Magnetismus als wir, wird er siegen.
Besonders in Phasen von Krisen in einer Beziehung sind wir labil und leicht »anfällig« für solche Einflüsse. Seitensprünge erschweren und komplizieren die ohnehin schwierige Situation noch mehr.

Dem Partner keinen Freiraum lassen
Die Liebe braucht Freiraum, ständiges »Aufeinander Sitzen« tut nicht gut. Jeder soll dem anderen seinen eigenen Raum zum Zurückziehen, für Hobbys oder Weiterbildung lassen. Als Partner sollten wir auch weiterhin alte Freundschaften pflegen und einmal etwas alleine unternehmen können.
Es ist sehr erfrischend für eine Beziehung, wenn man sich einmal für einige Tage nicht sieht, während man Seminare besucht. So kann man sich wieder nach der Trennung aufeinander freuen und schätzt wieder mehr die Gegenwart des Partners.

Hinter der Eifersucht und diesem Punkt stecken Verlust- und Verlassenheitsängste, die aus der Kindheit oder noch aus einer früheren Inkarnation stammen können. Diese Menschen brauchen Hilfe, sie können sich oft nicht selbst helfen. Es ist zu klären, wodurch die Eifersucht entsteht, auf was sie eifersüchtig sind und was sie so traurig macht und schmerzt. Meist hat es auch mit einem geringen Selbstwertgefühl zu tun und der Unfähigkeit, sich selbst zu lieben, wie ich es bereits vorhin erwähnt habe.

Dazu ein Channeling:
»Der Sinn ihrer Partnerschaft mit R. ist, dass sie lernen muss, sich abzugrenzen, liebevoll, aber bestimmt. Je mehr ihr das gelingt, je besser wird es ihr und ihrer Beziehung gehen. Sie spürt ganz genau, dass ihre Seele Freiräume braucht, Innenschau, um zu sich selbst zu finden und Kraft zu tanken.
Aber er muss noch lernen, sich etwas zurückzunehmen und doch sicher zu sein, geliebt zu werden. Er darf den Wunsch nach Abstand nicht missdeuten und als Abweisung verstehen.
Liebe will sich ihm ganz einfach schenken, bedingungslos.
Wenn er lernt, den richtigen Abstand zu wahren und seiner Partnerin ihren Freiraum zu gewähren, können die beiden glücklich werden.«

In dieser Botschaft wurde auch betont, dass Partner seelische Freiräume und Rückzugsmöglichkeiten brauchen. Jeder Mensch hat seinen Seelenplan. Aber bei manchen Partnern erstrecken sich ihre Eifersucht und ihr Machtstreben auch auf das Seelenleben ihres Partners. Machtstreben, Verlustängste sowie Unverständnis führen oft zu einer Intoleranz gegenüber den geistigen Interessen und Bedürfnissen des Partners.
Niemand hat das Recht, in den Seelenplan eines anderen Menschen einzugreifen und ihn in seiner Lebensaufgabe zu hindern, indem er ihm jegliche spirituelle Freundschaften und Kontakte, weiterführende Seminare oder sogar diesbezügliche aufbauende Lektüre verbietet. Im Gegenteil, beide sollten sich gegenseitig unterstützen in ihrer seelischen Entwicklung.
Ich möchte in diesem Zusammenhang noch einmal die Worte des Dichters Kahlil Gibran in Erinnerung rufen, diese beziehen sich nicht nur auf unsere Kinder, sondern auch auf unsere Partner.

Und sind sie auch bei euch, so gehören sie euch doch nicht.
Ihr dürft ihnen eure Liebe geben, doch nicht eure Gedanken,
denn sie haben ihre eigenen Gedanken.
Ihr dürft ihren Leib behausen, doch nicht ihre Seele.

Machtspiele, Dominanzstreben

Diese haben mit der reifen Liebe nichts zu tun, sie sind nur egoistischen Menschen zu eigen. Herrschsucht löst wie das Schuldgefühle machen nur Widerstand aus. Es wird durch das Dominanzstreben genau das Gegenteil von dem erreicht, was erwünscht ist, nämlich Rückzug des Partners. Jeder Partner ist dann für sich isoliert.

Ständig schlechte Laune, Aggression, Streitsucht

Das ist auch ein sich Gehenlassen, nur in anderer Form. Nach außen hin geben sich Partner und Eheleute oft freundlich, strahlend. Aber kaum sind sie zu Hause, da lassen sie die Gesichter hängen und lassen ihren Launen freien Lauf. Jeglicher Frust, auch Arbeitsfrust wird beim Partner abgeladen. Oft steigert sich dies in »Angiften« und Aggression.

Es kann auch geschehen, dass ein Partner den anderen in Gegenwart von anderen heruntersetzt und ihn mit herzlosen Äußerungen verletzt. Das geschieht oft unbedacht, oft aus Unbeherrschtheit, manchmal stecken auch Komplexe dahinter, man will den anderen »klein machen«. Diese Angriffe sind noch verletzender als die vorigen. Ein Partner kann eine Zeitlang die Stiche ins Herz ertragen, aber jedes Mal geht ein Stück Liebe verloren, und einmal kommt der Zeitpunkt, wo die Liebe dadurch ganz stirbt.

Wie man lernt, richtig mit Gefühlen, insbesondere mit Ärger und Aggressionen umzugehen, habe ich bereits im zweiten Kapitel unter »Psychohygiene« dargelegt. Wenn einem an der Partnerschaft etwas liegt, wenn man den Partner liebt, sollte man alles tun, um die Beziehung zu retten und die dort gegebenen Ratschläge beherzigen. In diesem Zusammenhang möchte ich noch an die Wirkung der Worte erinnern, wie ich es im Kapitel über harmonische Schwingungen unter »Die Welt der Töne« erläutert habe.

Die Unfähigkeit, auf geäußerte Gefühle und Wünsche des Partners einzugehen, führt bei diesem verständlicherweise zu einem Gefühl des Unverstandenseins, und wenn dieses nicht durch klärende Gespräche gelöst wird, zu Ärger, Aggression und Streit.

Aber auch die Unfähigkeit, Gefühle und Wünsche seinem Partner gegenüber adäquat äußern und mitteilen zu können, führt zu Frustration, Missverständnissen und Ärger. Aber unsere Partner sind keine Hellseher.

Wir müssen lernen, dem Partner mitzuteilen was wir fühlen und bedürfen. Wenn es gelingt, mit gutem Willen eine Brücke der Verständigung wieder aufzubauen, kann so eine Beziehung gerettet werden. Wenn nicht, wird das Zuhause – das eigentlich ein Hort der Gemütlichkeit sein sollte – ein Ort, der immer mehr gemieden wird. Die Beziehung bricht auseinander.

Suchtverhalten

Wenn ein Mann sich immer mehr seinen »Kollegen« im Gasthaus zuwendet und jahrelang Alkohol konsumiert, dann beginnt sich ein Wechsel in seinem Wesen abzuzeichnen.

Er wird immer gleichgültiger gegenüber der Frau und den Kindern, das ganze Denken ist letztendlich nur mehr auf den Alkoholgenuss ausgerichtet.

Alkohol greift die Nerven an, er macht die Menschen aggressiv, ordinär oder depressiv. Alle drei Eigenschaften nagen so lange an der Partner-Beziehung, bis sie kaputt ist. Die Partnerin, oft genug die Kinder, leiden unter den Verhältnissen. Es kehren nicht nur familiäre, sondern auch finanzielle Nöte und berufliche Probleme ein. Auch die Gesundheit leidet.

Auf diese Problematik wird im Kapitel über Heilung genauer eingegangen.

Zu hohe Erwartungshaltung

Wenn ein Partner ständig eine gewisse Erwartungshaltung in Bezug auf die Sexualität hat, zerstört das mit Sicherheit jede Lust der Partnerin. Sie fühlt sich einfach nicht mehr frei und hat das Gefühl, dass sie »muss«, auch wenn sie keine Lust danach hat. Zwang tötet Lust!

So entstehen Schuldgefühle, erstens weil sie dem Partner nur etwas vorspielen muss und zweitens durch die Vorhaltungen und durch emotionale Erpressung »Du liebst mich nicht

mehr«. Dann beginnt ein unheilvoller Kreislauf. Sie traut sich oft nicht widerstehen und gibt des lieben Friedens willen nach. Der Zwang und der innere Konflikt werden für die Partnerin unerträglich und der Frust des Mannes immer größer. Das ist dann der Boden für alle möglichen Unterleibsprobleme bei der Frau. Die Seele »streikt«.
Natürlich sollten wir bedenken und berücksichtigen, dass die Bedürfnisse eines jeden Menschen verschieden sind. Wenn das Bedürfnis nach Sexualität in der Partnerschaft zu sehr auseinanderklafft – der eine will jeden Tag zweimal, der andere in der Woche zweimal oder nur im Monat zweimal, um nur ein krasses Beispiel zu nennen, dann wird es besser sein, die Beziehung zu beenden. Das kann auf die Dauer nicht gut gehen.

Viel einfacher ist es, einfach Liebe entstehen lassen, spielerisch und zärtlich damit umzugehen – ohne Druck. Der Körper zeigt dann schon ganz alleine, wann er bereit ist zur Liebe. Oft ist eine gewisse Distanz für einige Zeit wichtig, dass sich die Lebensgeister und die Lust wieder von selbst melden. Viele Männer bedenken nicht, dass Frauen ja einer Mehrbelastung mit Beruf, Haushalt und Kindern ausgesetzt sind. Da bleibt oft nicht mehr viel Energie übrig für die Sexualität. Eine Aus-Zeit, ein kleiner Urlaub, könnte da schon helfen.
Es wird ja auch einleuchten, dass eine vorangegangene Missstimmung, Beleidigungen und Streit nicht gerade förderlich für ein intimes Zusammensein sind. Es gleicht einem akrobatischen Gefühlsakt, wenn vom Partner erwartet wird, gleich danach dafür wieder »in Stimmung«, fröhlich und »gut drauf« zu sein.
Man kann ja auch nicht den Schlaf erzwingen, das funktioniert nicht. Und so ist es mit unserem feinen Instrument Körper. Seele, Geist und Körper müssen genau zusammenspielen und »stimmig« für die Liebe sein.

Und das geht nicht, wenn Schmerz und Groll in der Seele sitzen, und kein liebevolles Versöhnen stattgefunden hat. Sex ohne Liebe und nur als Pflichtübung und Routine raubt die Lust und die Lebenskraft. Hingegen, wenn wir uns auf der **Herzebene** innig begegnen, ist es etwas vom Schönsten und Erfüllendsten, was wir miteinander erleben können.
Gerade bei reiferen Menschen ist es wichtig, dass sie sich keinen Leistungsdruck auferlegen. Der Sexualakt wird wohl mehr in den Hintergrund treten, aber die Zärtlichkeit und der liebevolle Körperkontakt sollen bleiben.

♥♥♥

Es ist mir klar, dass es noch schlimmere Todsünden für die Liebe gibt, nämlich Gewalt in jeder Form, dazu zähle ich Drohungen, Unterdrucksetzen und Vergewaltigung der Partnerin. Aber in diesen Fällen der totalen Zerrüttung kann man nicht mehr von einer Partnerschaft reden. Hier kann nur mehr fachmännische Hilfe durch Beratung und Therapie und notfalls eine Notfalleinrichtung für Frauen in Anspruch genommen werden. Hier ist eine Trennung notwendig, oft schon im Interesse der Kinder.

Und hier am Ehegelöbnis »bis der Tod euch scheidet« bis zum bitteren Ende festzuhalten ist gänzlich falsch. Kein Gott ist so grausam und verlangt, dass Frauen ein Leben lang mit einem Mann in körperlicher oder geistiger Unterdrückung und Gewalt und Männer mit einer Xanthippe zusammenleben müssen.
Im Gegenteil, sie müssen sich frei machen und ihren Weg gehen, da sie sonst nie ihren eigenen für sie bestimmten Seelenweg beschreiten und sich weiterentwickeln können.
Jesus sagte ganz deutlich in Seinen Unterweisungen, dass nur LIEBE das Gebot der Ehe ist. Wenn Achtung, Wertschätzung und Liebe in einer Ehe aus welchen Gründen auch immer verloren gegangen sind oder schon von Anfang an bei der Eheschließung keine Liebe herrschte, z. B. bei Zwangs-, Versorgungs- oder Sex-Ehen, ist das kein geheiligter Ehebund.

Trennung

Viel zu oft und schnell trennen sich Partner und Eheleute schon bei den ersten Schwierigkeiten. Aber dadurch nehmen sie sich die Chance, ihrer Beziehung eine Tiefe zu geben und zusammenzuwachsen. Der österreichische Sänger Wolfgang Ambros bringt das in seinem Lied auf wienerisch »langsam wachs'n ma zam« (wachsen wir zusammen) ganz genau auf den Punkt.
Oft hilft es in einer Krise schon, die Einstellung gegenüber dem Partner zu ändern, versuchen, ihn einmal anders zu sehen, seine schönen, guten Seiten an ihm zu entdecken. Wenn wir ständig ein negatives Bild von ihm zeichnen und auch so über ihn denken, kreieren wir uns geradezu genau das, was wir nicht wünschen. Es wird durch unsere gedanklichen Schöpferkräfte geradezu gefestigt, betoniert. Es ist doch so, wenn jemand über uns eine negative fixe Meinung oder Vorstellung hat, dann passiert es wirklich so, dass wir in unserem Verhalten genau dem entsprechen – auch wenn wir das gar nicht wollen. Wir können aus diesem »Tänzchen« aber aussteigen und diesen Prozess wieder umkehren.

Es hilft dabei die Vorstellung an die Zeit des Kennenlernens voller Freude, wie wir den Partner begehenswert fanden und wie wir so viel an ihm bewunderten, seine Art schätzten und alles an ihm liebten, wie einen Gott oder eine Göttin! Und so soll es wieder werden! Das sollte unser fester Entschluss sein, wenn wir die Beziehung retten wollen.
Und mit diesem inneren Bild von dem liebenswerten Partner können wir beginnen, der Beziehung wieder neue, positive Impulse zu geben, und zwar in kleinen Schritten. Das kann zunächst durch Aufmerksamkeiten, Komplimente, Bemühen um Verständnis und Freude bereiten im Alltag geschehen.
Auch ein Ausstieg aus dem Alltag und gemeinsame schöne Unternehmungen können zur Belebung einer Beziehung beitragen. Dazu kann auch das Erfüllen eines lang gehegten Wunsches gehören oder vielleicht ein kleiner Urlaub mit Traumziel, z. B. Venedig, sodass die Romantik wieder aufblühen kann. Das alles sind Möglichkeiten, wie wir unseren Partner motivieren und ermutigen können, sich wieder für uns attraktiv zu machen, ihm helfen, das Belastende was gewesen ist, loszulassen und seine Herzenswunden zu schließen. Es kann die Chance für einen neuen, schönen Anfang in der Beziehung werden. Vielleicht ist gerade das die Lernaufgabe in der Beziehung – dass eine neue Basis für Wertschätzung und Liebe geschaffen werden soll.

Wir können unseren Problemen nicht davonlaufen, es sind Lernaufgaben und sie werden uns in anderer Form einholen, wenn wir sie nicht erfüllen. Viele glauben, alle Probleme wären mit einer Trennung gelöst, aber das ist ein Irrtum. Solange wir nicht unsere dahinter stehenden Muster, die zu Problemen geführt haben, erkennen, werden wir immer wieder ähnliche Partner anziehen und mit denen wieder die gleichen Probleme haben. Ich erinnere in diesem Zusammenhang an das Gesetz der Resonanz.
Die in uns unbewussten Muster strahlen wir aus und dann ziehen wir unserer Ausstrahlung gemäß unsere Partner an. Deshalb ist es so wichtig, dass wir unser Selbstbild innerlich und äußerlich optimieren.

Und wenn schon eine Trennung unabdingbar geworden ist, so sollten wir trachten, dass sie einigermaßen geordnet, ohne heftigen Zank und ohne Hassgefühle vonstatten geht. Im nächsten Leben dürfen wir sonst unserem »Lieblingsfeind« wieder in einer anderen Rolle begegnen. Liebe und Hass sind die stärksten Bindemittel, um Seelen aneinander zu ketten. Vielmehr sollten wir uns versöhnlich trennen und uns für die Zukunft alles Gute wünschen.

Wir sollten auch bedenken, dass man ein neues Glück nicht auf dem Unglück eines anderen aufbauen kann. Wichtig ist, dass man sich gegenseitig verzeiht und sich auch bedankt für die

schönen Stunden, die man ja auch einmal miteinander geteilt hat. Im späteren Kapitel über die Seele gehe ich auf das Thema »Vergebung« näher ein. Erst später erkennt man, dass man gerade durch diesen Partner am meisten gelernt und Fortschritte gemacht hat.
Oft entwickeln sich auch Partner einfach auseinander, obwohl sie aus reiner Liebe geheiratet haben. Das können verschiedene Interessen sein oder dass sie bewusstseinsmäßig immer weiter auseinanderklaffen. Der eine beginnt sich für Metaphysik und höhere Dinge und seine Seelenentwicklung zu interessieren, der andere kann (oder will) ihm nicht folgen. Mit der Zeit passen sie einfach schwingungsmäßig nicht mehr zusammen. Der eine kann den anderen nicht mehr verstehen.
Wir können nichts festhalten. Alles ist Wandlungen unterworfen. Die Seelen entwickeln sich weiter. Aber man kann nach der Trennung die Beziehung auf einer anderen Ebene weiterführen, z. B. auf der Ebene der Freundschaft.

In der Zeit nach der Trennung gehen die meisten von uns durch eine Phase des Kummers und auch des Zorns. Der Zorn bewahrt uns davor, dass wir in die Depression verfallen. Anfänglich wehren wir uns noch gegen das Unabänderliche, aber nach gewisser Zeit lässt der Seelenschmerz nach, können wir uns lösen und öffnen für Neues im Leben.
Durch den Liebeskummer sind unsere Energien blockiert, aber es ist wichtig, in Fluss zu bleiben, nicht in Stagnation zu verfallen. Hilfreich kann dabei der Tanz sein, dass wir uns aus der Vergangenheit lösen und in den Fluss des Lebens kommen. Der Tanz gibt uns auch die Möglichkeit, all den Zorn und Kummer hinauszustampfen, den Körper von krankmachenden Energien und Spannungen zu befreien und uns wieder Freude ins Leben zu holen.
Auch der regelmäßig angewendete Satz »Ich bin liebenswert« hilft uns, dass wir uns wieder selbst annehmen und unser angeschlagenes Selbstbewusstsein stärken können. Im Kapitel über Heilung ist ein eigenes Thema dem Einsatz von hilfreichen Affirmationen gewidmet.
Wir können uns Fragen stellen, warum geschehen diese Ereignisse jetzt, welche Erfahrungen soll ich aus der Situation machen und gewinnen?
Was bedeuten sie für den Entwicklungsweg meiner Seele? Es ist immer wichtig, den tieferen Sinn von Problemen und Trennungen zu erfragen. Meist lernt man mit einem schwierigen Partner sehr viel. Dazu dienen oft karmische Verbindungen.
In diesen Verbindungen ist noch etwas Altes aufzulösen aus einem früheren Zusammenleben. Oft sind Partner zusammengekommen, um etwas gut zu machen. Bevor sie sich inkarnierten haben sie sich auf der Astralebene als Seelen vorgenommen, wieder zusammen auf die Erde zu kommen und sich mit ihm auszusöhnen. Die Seele strebt immer die Vervollkommnung des Menschen an, ihr ist kein Ziel zu hoch. Aber auf der irdischen Ebene gestaltet sich das dann oft ungleich schwieriger.

Früher blieben Ehepaare meist ein ganzes Leben zusammen. Das war der Seelenplan für beide für dieses eine Leben. Es ist ein Phänomen dieser Zeit, dass jetzt viele Seelen sehr schnell noch viel zu lernen und zu bereinigen haben für ihre Weiterentwicklung. Da kommt es immer öfter vor, dass sie Lektionen und »Lernpläne« mit mehreren Partnern abzuschließen haben. Nach dem Gesetz der Resonanz und ihrem Karma kommen sie zusammen. Das können auch Gründe und eine Erklärung für die vielen Trennungen und Wechsel in den Partnerschaften in der heutigen Zeit sein.

Erst wenn wir unser Lernprogramm absolviert, unser Ego abgeschliffen haben, zur bedingungslosen Liebe fähig sind, sind wir der ideale Partner und ziehen unseren »idealen Partner« in unser Leben. Die Krönung ist es dann, wenn wir mit unserem wahren Seelenpartner zusammenkommen, unserem Dual, mit dem wir von Anfang an zusammengehören. Der Dualpartner ist unsere Ergänzung, er wird gegensätzliche Eigenschaften haben als wir, eben die, die uns fehlen. Aber daraus ergibt sich dann ein Ganzes. Es ist wieder eine neue Herausforderung für ein bedingungsloses Annehmen und Lieben.

Dazu ein Channeling:
»Der wahre Seelenpartner für C. ist M.... Er hat viele Jahre und Inkarnationen auf seine wahre Seelenpartnerin gewartet. Beide mussten getrennt viele Erfahrungen machen und lernen. Jetzt ist der Zeitpunkt gekommen, dass sie zueinander geführt wurden.«

Erfüllte, reife Jahre im Alter

Die Mitte des Lebens kann ein sehr schöner Lebensabschnitt werden. Wenn die eigenen Kinder erwachsen sind und das Berufsleben zu Ende geht, können wir viel äußere Verantwortung und Stress ablegen.
Natürlich ist das Loslassen der Kinder nicht immer leicht. Selbst wenn sie gehen, sind sie uns nicht verloren. Wenn auch äußerlich eine Trennung erfolgt, so bleibt doch auf der inneren Ebene das Band zwischen Eltern und Kindern erhalten. Sie werden immer wieder gerne zu uns zurückkommen und uns besuchen, vor allem dann, wenn die Kindheit mit Harmonie und Geborgenheit ausgefüllt war.
Auch der Abschied vom Berufsleben, das Eintreten in die Pension oder Rente, muss mit der richtigen Einstellung keine Tragödie sein. Es ist besonders für Männer schwer, den Lebensabschnitt des aktiven Berufslebens hinter sich zu lassen. Vor allem dann, wenn sie ihr Glück, ihren Selbstwert, ihren Erfolg und den Sinn des Lebens ausschließlich in der Arbeit gesehen haben. Um die Umstellung in den Ruhestand zu erleichtern, ist es wichtig, sich schon vorher um freundschaftliche Beziehungen zu kümmern und um erfüllende Tätigkeiten in der Freizeit.

Ich meine hier nicht den tragischen, völlig unerwarteten Verlust eines Arbeitsplatzes. Das erfordert auch eine völlige Neuorientierung. Dieses Thema befindet sich im Kapitel »Im Einklang leben mit dem Beruf und seiner Berufung«.

Wir sollten unsere Gedanken nicht zu sehr in der Vergangenheit bewegen und ihr stetig nachtrauern, sondern diese Zeit für uns positiv nützen! Wir können das entstandene »Loch« wieder auffüllen mit neuen Aktivitäten und die gewonnene Freizeit nützen, endlich alles zu tun, für das wir nie Zeit hatten. Das können z. B. das Tanzen oder gemeinsame Reisen sein. Das gibt auch Gelegenheit, die Partnerschaft zu beleben.
Es ist auch möglich, dass man seine innere Berufung, seine wahre Lebensaufgabe erkennt, frühere Fähigkeiten wiederbelebt oder neue Fähigkeiten an sich entdeckt. Man könnte endlich schöpferischen Beschäftigungen nachgehen, z. B. Malen, Musizieren, Garten pflegen und Blumen züchten usw. Eine Quelle der Freude sind oft die Enkelkinder, ein Haustier oder die Pflege von Pflanzen. Wichtig ist vor allem, dass wir Freundschaften pflegen.
In dieser Hinsicht war meine liebe mütterliche Freundin Marianne ein Vorbild. Sie war für Neues offen, und hat noch im Alter von 85 Jahren von mir und meinem Mann die Reiki-Grade I und II erlernt und empfangen. Ganz in stiller Bescheidenheit hat sie dann in ihrer Familie heilerisch zum Segen aller gewirkt. Ich habe sie auch beim Seniorentanzen begleitet.

Es ist wichtig zu wissen, dass wir alle mit zunehmendem Alter in die Vata-Phase des Lebens kommen. Bereits im ersten Kapitel habe ich die Einflüsse der Bioenergien Vata, Pitta und Kapha auf unsere Konstitution beschrieben. Kapha, Pitta und Vata wirken sich auf unser ganzes Leben aus:

In der Phase der Jugend wirkt das aufbauende Kapha, da ist der Aufbau von Stabilität körperlich und geistig vordringlich. In der Mitte des Lebens herrscht der belebende, feurige Einfluss von Pitta vor. In dieser Zeit haben wir die meiste Energie und Tatkraft.

Aber ab der Mitte des Lebens beginnt der Einfluss von Pitta immer mehr nachzulassen, und der Einfluss von Vata wird immer stärker, was vor allem die Menschen mit einer Vata-Konstitution deutlich spüren. Auch der stabilisierende Einfluss von Kapha wird schwächer.
Das bedeutet das Nachlassen der Spannkraft, Austrocknung der Gelenke und der Haut, Nachlassen der Sinne und des Gedächtnisses. Wir müssen lernen, mehr Maß zu halten mit unseren Kräften. Überanstrengung stecken wir nicht mehr so leicht weg.

Dem können wir rechtzeitig entgegenwirken durch Körperpflege und vermehrte Hautpflege, Ölmassagen und richtige Ernährung. Im zweiten Kapitel »Im Einklang leben mit seinem Körper durch harmonische Lebensweise« gebe ich Hinweise für die richtige Lebensführung, insbesondere über Ernährung in der Vata-Phase des Lebens.
Es würde hier den Rahmen sprengen, um noch mehr auf Vata und die Vata-Phase des Lebens einzugehen. In diesem Zusammenhang möchte ich auf »Das Ayurveda Lebensbuch« meines Mannes Reinhart hinweisen. Es beschreibt unsere verschiedenen Konstitutionen und gibt wertvolle Hinweise, wie wir uns gesund erhalten können und was wir gemäß unserer Konstitution in den verschiedenen Lebensphasen unseres Lebens beachten sollen, u. a. die Ernährung und Körperpflege.

Im Zenit unseres Lebens, wenn wir alle beruflichen und gesellschaftlichen Höhepunkte erlebt haben, treten – wenn wir in unserem Leben bisher ausschließlich unser Glück und Erfüllung auf der äußeren Ebene gesucht haben – Sinn- und Lebenskrisen auf.
Auch der Verlust von Jugendlichkeit und Elan und das Nachlassen der Sinne tragen dazu bei. Die schwächer werdenden Augen und Ohren sagen uns, dass wir unsere Aktivitäten nicht mehr ausschließlich auf das Außen, sondern mehr auf die innere Ebene lenken sollten.

Da ist es sehr hilfreich, allmählich Verantwortung an Jüngere abzugeben, immer mehr Anhaftungen an äußeren Erfolg und Reichtum abzulegen und mehr Aktivitäten zu unserer spirituellen Entwicklung zu pflegen – dazu gehört z. B. Innenschau, Gebet, die Pflege des wahren Ichs, der Seele.

Krisen zwingen uns, Lebensbilanz zu machen und uns auf die wahren Werte in unserem Leben zu besinnen, um wieder in unsere Mitte, zu unserem wahren Selbst zu kommen. In diesem Lebensabschnitt haben wir dazu Zeit. Wir können durch eine neue, tiefere Sinngebung unseres Lebens zu einer inneren Erfüllung und Freude finden, die unabhängig von äußeren Lebensumständen ist. Dadurch stellt sich eine gewisse Gelassenheit ein.

Wichtig ist für diesen Lebensabschnitt, all unser Tun mit dem Göttlichen immer mehr in Einklang zu bringen. Es geht nicht mehr so sehr um Erwerbung von Wissen, sondern Erwerbung von Weisheit und Liebe, die wir mit der praktischen Erfahrung an Jüngere in unsere Familie, die Enkelkinder und an andere weitergeben.

Umgang mit älteren Menschen

Wenn wir Umgang mit älteren Menschen haben, sei es in der eigenen Familie oder beruflich, ist es sehr wichtig zu wissen, wie es ihnen geht. Erst dann können wir auch in richtiger Weise auf sie eingehen und sie auch verstehen.
Wie ich schon vorhin erwähnt habe, bewirkt der Vata-Einfluss, dass die körperlichen Funktionen nachlassen, die Haut eher trocken wird und Alterserscheinungen auftauchen. Dem können wir entgegenwirken durch eine gute Ernährung, Körper- und Hautpflege. Eine kleine tägliche Ölmassage der Ohren, Hände und Fußsohlen mit Mandel- oder Sesamöl trägt zur Stabilisierung und zum Nachlassen des Vata-Einflusses bei. Vor allem bei nächtlicher Unruhe

hilft das Einmassieren der Fußsohlen vor dem Schlafengehen. Auch warme Milch mit etwas Honig trägt zum besseren Schlaf bei.
Unter dem Vata-Einfluss kommt es auch vermehrt zu Ängsten und Instabilität des Gemüts, zu Stimmungsschwankungen.
Gerade sehr aktive Menschen empfinden das Nachlassen ihrer körperlichen und geistigen Fähigkeiten (Sehen, Hören, Merkfähigkeit) und der Körperkraft als sehr deprimierend. Es deprimiert und ärgert sie sehr, immer mehr auf äußere Hilfe angewiesen zu sein. Es verstärkt auch die Lebensängste.
Für ältere Menschen ist es auch schwer, wenn aus ihrem Umkreis immer mehr Freunde und Bekannte heraussterben und sie immer einsamer werden, besonders wenn sie ihren Ehepartner bereits verloren haben. Besonders arg wird es für sie, wenn sie sich nicht mehr allein versorgen können und sie Abschied nehmen müssen von ihrer gewohnten Umgebung, in der sie vielleicht viele Jahrzehnte gelebt haben, und in ein Seniorenheim übersiedeln müssen. All das schafft Ängste vor der Umstellung.

Alle diese Verluste können zu einer Depression beitragen. Da braucht es schon große Achtsamkeit in der Umgebung, dass ältere und kranke Menschen in ihrer Einsamkeit und Not aufgefangen werden. Über den richtigen Umgang mit Depressionen gehe ich im Kapitel über Heilung näher ein.
Hier müssen wir so gut es geht, Abhilfe schaffen und die Menschen aus ihrer Isolation herausholen. Ein soziales Netz ist hier besonders wichtig.

Für alle, besonders für Personen, die in anstrengenden Pflegeberufen stehen, ist es wichtig, dass sie – nachdem sie ihren Dienst und ihre Betreuung verrichtet haben – innerlich wieder von den kranken und pflegebedürftigen Menschen und deren Problemen Abstand nehmen und sich geistig lösen, und nicht damit ständig gedanklich und emotional verbunden bleiben. Familienangehörige sollen trachten, dass sie sich gegenseitig ablösen in der Betreuung.
Sie müssen wieder **auftanken** in der Freizeit. Wenn sie das nicht tun, kommt es zu einem Kräfteverlust körperlich und energetisch. Aber es hat niemand etwas davon, wenn Sie eines Tages zusammenbrechen.

Um den bereits erwähnten Einfluss von Vata zu mindern, sind alle stabilisierenden Maßnahmen körperlicher **und seelischer** Art erforderlich. Dazu gehören liebevolle Zuwendung und menschliche Wärme.
Dazu gehört, sich Zeit nehmen und zuhören! Auch **Streicheleinheiten** sind äußerst wichtig. Oft entbehren dies ältere Menschen sehr, vor allem, wenn sie sich in Seniorenheimen befinden. Da sind keine Enkelkinder, um die sich kümmern und die sie herzen können.
Um dieses Defizit zu beheben, gibt es schon Heime, in die Streicheltiere gebracht werden. Das Liebkosen führt die Menschen aus ihrer innerlichen Isolation heraus. Schmerzen werden so auf diese Weise gelindert und das Wohlbefinden wird gesteigert. Es ist wissenschaftlich erwiesen, dass altersbedingte Leiden sogar zurückgehen. Viel mehr Seniorenheime sollten sich dieser Möglichkeiten bedienen und sie nützen!
Oft ist es schon gut, wenn wir dafür Sorge tragen, dass wenigstens eine Blume zum Pflegen da ist. Dann hat der Mensch wieder eine kleine Aufgabe, er kann für etwas sorgen. Oft leben die Menschen wieder auf, wenn ihnen die Möglichkeit gegeben wird, Tätigkeiten, die sie früher ausgeführt haben, wieder aufzunehmen, z. B. Handarbeiten oder kleine handwerkliche Arbeiten.

Nicht vergessen! Bei all der Pflege, die ältere Menschen benötigen, sollen Zuwendung und Gespräch nicht zu kurz kommen. Auch die Seele braucht Nahrung!
Ein eigenes trauriges Kapitel sind die Pflege-Heime. Gott sei Dank hat sich in den letzten Jahren vieles schon gebessert. Aber vielfach ist es noch sehr triste in diesen Häusern, vor allem die Atmosphäre.

Man sollte bedenken, dass Menschen, die nur mehr wenig von der Außenwelt wahrnehmen und kaum noch kommunizieren können, doch die Schwingungen wahrnehmen, die um sie sind. Wäre es nicht eine Idee, schöne, heilsame Musik in den Räumen erklingen zu lassen und mit freundlichen Farben und Bildern die Räumlichkeiten zu gestalten? Die schönen, wohltuenden Schwingungen kämen allen zugute, auch dem Pflegepersonal und den Besuchern. Die oft trostlose Schwingung in diesen Häusern würde weichen.

Glauben Sie mir, ich spreche nicht nur in theoretischen Phrasen. Ich möchte Ihnen die Geschichte über meine bereits verstorbene Schwiegermutter, der Mutter meines ersten Mannes, erzählen. Wir hatten stets ein sehr herzliches Verhältnis zueinander. Ich war für sie wie eine Tochter. Auch meine beiden Kinder waren für sie eine große Freude. Wir verbrachten viele schöne Stunden miteinander, besonders Advent und Weihnachten waren eine zauberhafte Zeit.
Als sie älter wurde, erkrankte sie, sie verlor allmählich ihr Gedächtnis. Allmählich vergaß sie immer mehr, sie lebte nur mehr im Augenblick, das Kurzzeitgedächtnis schwand. Wir, mein Mann und ich sowie seine Geschwister, begannen sie abwechselnd zu betreuen. Wenn ich bei ihr war, machten wir schöne Spaziergänge im Stadtpark oder ich las ihr Verschiedenes vor. Oft gingen wir auch ins nahe gelegene Café und dort erzählte sie mir wieder und wieder die gleichen Geschichten aus ihrem Leben, und geduldig hörte ich zu und leistete ihr Gesellschaft.
Nachdem ich einen ganzen Abend mit ihr verbracht hatte, und ich mich zum Heimfahren von ihr verabschiedete, klagte sie: »jetzt bin ich wieder allein, ich bin immer allein.« Sie hatte schon wieder vergessen, dass ich die letzten Stunden bei ihr gewesen war. Da war ich oft traurig darüber.

Nach Jahren kam sie auf Anraten des Hausarztes in eine geriatrische Krankenstation. Dort erkannte sie niemanden mehr, auch nicht mehr ihre eigenen Kinder. Als mein Schwager, einer ihrer Söhne zu ihr sagte: »Wir sind alle da, Mama, auch die Monika ist da«, da erschien auf ihrem Gesicht ein leises Lächeln und sie sagte mit Freude in ihrer Stimme: »Die Monika, ja – das war schön«. Das war der schönste Lohn, den ich bekommen konnte und ist eine meiner schönsten Erinnerungen.
An nichts konnte sie sich mehr erinnern, aber meine liebevolle Zuwendung hatte sich in ihr als etwas Schönes, Unvergessliches eingeprägt! Ich möchte damit sagen, dass keine liebevolle Bemühung zu groß ist, auch wenn es äußerlich so ausschaut, als ob alles umsonst sei.

Umgang mit Kindern und Senioren in anderen Kulturen

Wenn man in andere Länder reist, kann man beobachten, dass die Familienmitglieder noch eine sehr innige Gemeinschaft bilden, alle halten zusammen. Alt und Jung sind nicht getrennt. Und die Kinder wachsen in Geborgenheit auf. Vor allem durch die Großeltern bekommen sie viel Zuwendung. Da fällt es nicht so in das Gewicht, wenn die Eltern nicht so viel Zeit für sie haben. Die Großeltern haben doch im Allgemeinen mehr Geduld mit ihren Enkeln, sie stehen nicht mehr so im Zeitdruck wie ihre Eltern, die im Berufsleben stehen.

Auch bei uns gab es dieses familiäre Zusammenleben. Seit dem letzten Jahrhundert aber hat sich unsere Familienstruktur geändert, vor allem in den Städten. Früher wohnten Alt und Jung unter einem Dach, die Großeltern waren eingebunden in den Familienkreis. Die Stadtwohnungen lassen ein gemeinsames Zusammenleben wie früher nicht mehr zu, viel zu beengt sind die Räumlichkeiten.

Oft genug halfen die Großeltern bei der Erziehung der Enkelkinder. In der Liebe zu den Enkelkindern fanden sie Erfüllung und Freude. Die schönsten Erinnerungen sind doch oft die, die viele von uns mit ihren Großeltern verbinden!

Leider genießen die älteren Menschen in unserer heutigen Gesellschaft meist nicht mehr die Wertschätzung, wie sie sie in früheren Kulturen hatten oder wie es nur noch bei sehr archaischen Völkern der Brauch ist. Da waren die Alten »die Weisen«, die geachtet wurden, von denen man stets Rat holte, um weise Entscheidungen treffen zu können. Man hörte auf sie, und lernte aus ihren Erfahrungen, man würdigte sie.
Das heutige Leistungsdenken hat diese Werte in den Hintergrund treten lassen. Heutzutage zählt doch nur mehr die Leistung, die jemand erbringt. Man wird oft zum »Alten Eisen« gezählt, viel zu früh, schon ab 40 Jahren bekommen die meisten von uns keine Arbeit mehr.

Welch ein Kontrast zu den indianischen Völkern! Ich lasse hier Xokonoschtletl, meinen Freund aus Mexiko, der zum Volk der Azteken gehört, selbst sprechen:
»Wir respektieren die Natur als Ganzes. Unser ganz besonderer Respekt aber gilt den Eltern, die uns das Leben geschenkt haben, und den alten Menschen, weil sie jetzt keine Kraft mehr haben, um zu arbeiten. Sie haben all ihre Kraft für uns verbraucht.
Unsere Kinder sind die Zukunft von morgen. Und was ist mit den Alten? Statt sie wegzusperren in ein Altersheim, sollte man von ihnen lernen, denn sie haben Lebenserfahrung. Die jungen Leute haben die Kraft, aber die sogenannten ›alten Leute‹ – denn man wird niemals alt, sondern nur reif – haben die Kenntnisse, doch keine Kraft mehr. Das bedeutet, die Alten müssen mit den Jungen zusammenarbeiten und umgekehrt.«
Er hielt uns auch vor Augen, wie unsinnig das Leben in unserer Gesellschaft eigentlich geworden ist.
»Ihr steckt eure Kinder in Kindergärten, weil ihr für sie nicht Zeit habt. Und eure Eltern kommen in Altersheime. Ist das nicht unsinnig? Wäre es nicht besser, alte Leute mit den Kindern zusammenzubringen und umgekehrt? Sie brauchen sich gegenseitig.«

Er schlug vor, wenn schon Alt und Jung nicht mehr zusammenleben können, sollten doch institutionelle Möglichkeiten geschaffen werden, wo sich Alt und Jung wieder treffen, regelmäßig besuchen und eine gewisse Zeit miteinander verbringen können. Könnte man nicht Orte der Begegnung schaffen? Eine Kombination von Seniorenwohnheim und Kindergarten? Das könnte doch ein Modell für die Zukunft sein!
Diese Idee ist keine Utopie, sie ist bereits erfolgreich umgesetzt worden, z. B. in Wien/Hetzendorf mit einer Kleinkindergruppe. Das Projekt ist für beide Teile befruchtend. Es gibt den alten Menschen wieder eine Aufgabe im Leben. Im Gegensatz zu den Seniorenheimen – in denen sie nur unter sich sind und oft schnell geistig und körperlich verfallen – kehrt Freude und vermehrtes Wohlbefinden ein. Senioren können ihre Erfahrung weitergeben, und die kleinen Kinder haben die Geborgenheit, Aufsicht und Liebe, die sie brauchen. – Vergessen wir nicht, wie prägend für das ganze Leben die ersten Lebensjahre sind!

Kommunikation – Konfliktlösung

Wenn Menschen zusammenleben, kann es immer wieder Schwierigkeiten mit der Kommunikation geben. Das kann innerhalb der Familie, im Freundes- und Nachbarkreis und im Berufsleben vorkommen.
Oft genug ergeben sich aus Missverständnissen Konflikte und Streit. Was müssen wir tun, dass gar nicht erst Konflikte entstehen? Was können wir tun, dass sie sich nicht vertiefen?
Zuerst muss es zu einer **klaren Aussprache** kommen. Es ist wichtig, dass wir uns äußern, wenn uns etwas nicht passt am anderen.

Es ist kontraproduktiv, wenn wir uns einfach schmollend zurückziehen, und den anderen darüber im Unklaren lassen, was uns stört oder gestört hat.
So kommen keine Lösungen zustande, im Gegenteil, die Gräben werden nur noch tiefer, denn im Stillen lodert in uns das Feuer des Grolls oder einer Enttäuschung, das sich immer mehr steigert. Und in einem unüberlegten Augenblick platzen wir dann völlig unkontrolliert und unpassend mit unseren Vorwürfen heraus.
Das andere Extrem ist, wenn wir gleich unüberlegt losbrüllen, wenn uns etwas nicht passt. Das ist genauso kontraproduktiv. In der Unbesonnenheit fallen leicht verletzende Worte, die es noch schwerer machen, einen Zugang zueinander zu finden. Es kommt kein Dialog zustande. In beiden Fällen werden wir das Gegenteil von dem erreichen, was wir uns wünschen. Es gibt keine Lösung des Konflikts und noch mehr Abwehr.

Wenn wir selbst kritisiert werden, gehen wir vorerst einmal in uns und prüfen uns selbst, was an der Kritik wahr und berechtigt ist. Wir fragen uns, wo hat er recht mit seiner Kritik? Für uns selbst sind wir oft »betriebsblind«. – Kritik kann für uns aber wertvoll sein als eine Chance zur Änderung. Mit ihr bekommen wir Gelegenheit, Fehler an uns zu entdecken und diese zu berichtigen. Wir bereinigen diese stillschweigend und lassen sie dann hinter uns. – Ist die Kritik aber unberechtigt, so lassen wir uns keinesfalls in Feindseligkeiten verstricken.

Besser ist es, in einer ärgerlichen Situation nicht gleich loszuplatzen, sondern mehrmals tief durchzuatmen oder noch besser in einen Nebenraum zu gehen und zu versuchen, erstmals wieder zur Ruhe zu kommen. Denn in Panik oder Ärger werden wir keinen klaren Gedanken fassen können. Ich darf in diesem Fall an die verschiedenen Frequenzen Beta und Alpha erinnern. Erst wenn wir uns entspannt und in den ruhigeren Alpha-Zustand gebracht haben, etwas Abstand von der Situation haben, können wir uns in Ruhe klarmachen, was es ist, was uns wirklich stört, kränkt, ärgert, was zu ändern oder zu verbessern wäre und uns Lösungen überlegen. Erst danach werden wir in der Lage sein, einen Konflikt ordentlich zu bereinigen und Disharmonien zu beseitigen.

Damit es uns besser gelingt, angemessen und verständnisvoll mit Menschen und Konflikten umgehen zu können, empfehle ich eine kurze Entspannungstechnik zur Beruhigung des Herzens – so wie ich sie bereits bei der Kindererziehung kurz erwähnt habe. Diese Technik zur Beruhigung des Herzens und zum Stressabbau beschreibe ich genauer im Kapitel über Heilung unter »Körper- und Organsprache«. Wenn wir (wieder) ausgeglichen sind, werden sich alle Gesprächspartner auch leichter öffnen, aussprechen und einen Konflikt bereinigen können.
Bei jedem Gespräch sollten wir auch die Signale der Körpersprache beachten. Wenn jemand verkrampft ist, aus welchen Gründen auch immer – Müdigkeit, Ängste – wird er dem Gespräch nicht gut folgen können. Da sollten wir eine Pause machen und nichts erzwingen wollen.

Prüfen wir uns immer wieder, handle ich jetzt aus **meinem Herzen** heraus oder bin ich in meinem verletzlichen Ego, in meinem Rollenspiel? Handle ich aus fehlendem Selbstwertgefühl und Dominanzstreben heraus? Was ist meine Motivation dabei? Bin ich wirklich um Lösungen bemüht oder will ich den anderen nur »zur Schnecke machen«?

Es gibt zwei Arten von Streit:

a) den konstruktiven, klärenden, bei dem es zu konstruktiven, guten Lösungen und zur Versöhnung kommt,
b) den zerstörerischen, energieraubenden Streit, in dem es nur um Machtkämpfe geht, bei denen jeder Recht haben und keiner nachgeben will.

Nach dem ersteren fühlen wir uns wie befreit und erleichtert, wie nach einem Gewittersturm, die »dicke Luft« ist weg und die Versöhnung kann richtig gefeiert werden. Wir haben wieder neue Perspektiven für die Zukunft gefunden. Die gegenseitige Achtung ist bewahrt.
Beim zerstörerischen, nutzlosen Streit geht nur viel Lebenskraft verloren, es gibt keine Lösungen. Wir selbst und unser Umfeld leiden immer mehr unter der selbsterzeugten, krankmachenden Disharmonie.

Machen wir doch eine Selbstanalyse: was haben wir selbst zum Unfrieden und Konflikt beigetragen? Oft ist es uns gar nicht bewusst, womit wir zum Konflikt beigetragen haben. Wenn wir Ursachen oder Auslöser erkennen, können wir sie in Zukunft meiden.

Bei jeder Versöhnung ist es vorerst wichtig, dass wir nicht nur dem anderen verzeihen, sondern auch uns selbst unsere Fehler verzeihen, nichts mehr nachtragen und einfach neu beginnen, aus der Erkenntnis heraus, etwas daraus gelernt zu haben.
Wenn wir aus dem Herzen heraus agieren, können wir kaum etwas falsch machen.

Auf gar keinen Fall sollten wir in einer ersten emotionellen Aufwallung einen ärgerlichen Brief oder eine Botschaft an die betreffende Person **schreiben**. Da wird es schon viel schwerer, unüberlegte, beleidigende Äußerungen und Beschuldigungen zurückzunehmen. Es ist ja schriftlich fixiert. Wir können uns ja den Ärger und die Kränkung von der Seele schreiben, aber **nie** abschicken. Oft braucht es eine gewisse Zeit, bis wir klarer sehen, uns beruhigt haben. Es würde uns dann leid tun, den Brief abgeschickt zu haben. Andererseits ist es eine gute Methode, sich seinen Zorn und die Dinge, die einem nicht gefallen, in Form eines Briefes zu schreiben und diesen ganz bewusst zu verbrennen. Das Feuer wird viele negative Emotionen und Gefühle transformieren.

Eine andere Ursache für Spannungen und Konflikte liegt darin, dass wir bereits Fehler bei der Kommunikation, im **Gespräch** miteinander machen. Wir sollten darauf achten, **wie** wir uns äußern. Es macht einen großen Unterschied, wie wir unsere berechtigte Kritik vortragen.

Nehmen wir ein anschauliches Beispiel. Wir kommen nach Hause und finden Unordnung und Chaos vor. Wenn wir im ersten Ärger herausplatzen »Hier sieht es ja aus wie in einem Saustall, ihr seid ja alle so schlampig. Räumt sofort alles auf!« wird diese Kritik als ein **Angriff** empfunden werden und noch mehr Widerwillen und Ärger hervorrufen. So werden wir kaum an unser Ziel kommen.
Wenn wir uns hingegen so äußern »Hier ist es aber unordentlich. Hier muss schnell aufgeräumt werden. Könnt ihr mir dabei helfen?« greifen wir niemanden an, denn es ist nur eine **Feststellung**. Damit wird es uns leichter gelingen, die anderen zu motivieren, gemeinsam alles in Ordnung zu bringen.
Zu einer erfolgreichen, guten Kommunikation ist es wichtig, dass wir uns unsere Kritik, unsere Gefühle und unsere Wünsche ehrlich aussprechen und dabei folgendes beachten:

1. Wir teilen unsere Beobachtung **ohne** Beurteilung und Bewertung mit, wir stellen nur fest.
2. Wir sagen unsere Gefühle, **wie** wir uns fühlen.
3. Wir sagen unsere Bedürfnisse z. B. »weil ich mehr Ordnung oder Ruhe usw. brauche«.
4. Wir tragen unsere Bitte vor, um etwas (unsere Lebensqualität, das Zusammenleben, die Beziehung oder die Zusammen-Arbeit) zu verbessern oder ein Problem zu lösen, unterbreiten Vorschläge und finden gemeinsam Lösungen.

Wenn wir also eine berechtigte Kritik vortragen müssen, so sollte sie **keine Du-Botschaften** und **Schuldzuweisungen** enthalten, wie z. B. »**du bist** schuld, dass …«, »**du hast** mich trau-

rig gemacht«, »du hast mich geärgert«, »**du störst**, wenn …«, sondern sagen, wie es uns geht, wie wir **uns fühlen** in bestimmten Situationen und was uns ein Bedürfnis ist. Das könnte dann richtig lauten:
»**Ich war** traurig, als …«.
»**Ich bin** traurig, wenn du deine Versprechen nicht hältst. Ich möchte mich auf dich verlassen können. Ich bitte dich, sei in Zukunft verlässlicher.«
»**Es hat mich geärgert**, als du …«.
»**Es stört mich,** wenn du keine Ordnung hältst und ich nichts mehr finden kann. Ich brauche mehr Ordnung. Willst du mir dabei helfen?« statt »Du bist schuld, dass ich nichts finde.«
Damit kann der andere leichter umgehen, wir sprechen ja nur an, wie es uns geht, und greifen seine Person nicht an. Oft ist es dem anderen gar nicht bewusst, was er mit seinem Verhalten **bei uns** auslöst. Gemeinsam lassen sich dann Lösungen erarbeiten, wie man in Zukunft besser miteinander agieren und umgehen könnte, damit sich Unerfreuliches nicht wiederholt.

Wichtig ist, den anderen bei seiner Rede nicht zu unterbrechen, sondern seine Argumente, seinen Standpunkt anzuhören und ihn ausreden lassen. Dabei ist das Einfühlen in den anderen wichtig. Erst wenn jeder seinen Standpunkt gesagt hat, wird man versuchen, einen befriedigenden Kompromiss für alle Beteiligten zu erarbeiten. Aber jeder in der Familie oder in einer Gemeinschaft sollte vorerst seine Meinung sagen dürfen. Erst dann kann man gemeinsam neue Lösungen finden, mit der alle zufrieden sein können.
Übrigens, viel leichter wird ein Gespräch ablaufen, wenn alle im Kreis sitzen. So ist keiner ausgeschlossen und nicht abseits »im Eck.«

Wir sollten nicht nur reden, wenn man etwas erkennt, nicht nur versuchen, sondern es anschließend auch **tun** und etwas **ändern**! Und Liebe im Alltag miteinander leben. Dazu gehört auch eine gewisse Toleranz, den anderen in seiner Art anzunehmen.

Ganz wichtig ist es, **Frieden** zu schließen. Wenn wir jemand zu Unrecht beschuldigt und gekränkt haben, sollten wir uns auch entschuldigen und zur Versöhnung sagen, dass es uns leid tut. Wir können dem anderen ja auch sagen, dass wir ihn trotz allem gern haben, schätzen oder lieben. Diese Größe sollten wir schon haben. Besonders für Kinder ist es wichtig, dass sie sich unserer Liebe stets gewiss sein können, ganz gleich was sie angestellt haben.
Auf keinen Fall dürfen wir vergangene Fehler dem anderen immer wieder vorwerfen und erneut auftischen! Das geschieht meist im unüberlegten Ärger. Das führt nur zu einem erneuten Aufflammen alter Konflikte.

Wir können auch auf ganz anderer Ebene Versöhnung herbeirufen. Oft ist es schwer, einen Dialog herbeizuführen, wenn schon eine gewisse Verhärtung eingetreten ist. Eine Möglichkeit ist es, sich **im Stillen**, **in Gedanken** mit dem anderen auszusöhnen und ihm zu verzeihen, oder ihn um Verzeihung zu bitten, wenn wir uns ins Unrecht gesetzt haben. Die Seele des anderen erhält die Botschaft.
Es bietet sich eine weitere Möglichkeit, indem wir unsere unversöhnlichen Familienangehörigen, Nachbarn, Berufskollegen, Geschäftspartner, ehemaligen Freunde, aber auch unsere Feinde segnen. Durch das Segnen senden wir nur Gutes aus, und die gedanklichen Giftpfeile des Gegners prallen an uns ab. Durch das Segnen nehmen wir sehr viel negative Energie aus der Situation, und es wird mit der Zeit gelingen, Konflikte zu bereinigen.
Über das geistige Gesetz des Segnens und die Kraft des Segens bin ich bereits im ersten Kapitel eingegangen sowie im Kapitel über harmonische Schwingungen.

Wenn sich zwei Parteien streiten, können wir einen Friedensengel bitten, dass er sich dazwischen stellt. Es wird sehr schnell Ruhe einkehren. Eine weitere Möglichkeit ist, Erzengel Haniel bei Familienangelegenheiten anzurufen.

Bei einer Beratung habe ich für jemanden, der in einem fast unlösbaren Konflikt mit der Familie stand, folgende geistige Botschaft erhalten:
«Sie soll die ***ganze Familie segnen, alle eingeschlossen*** *und so wird alles zum Guten gehen. In seinem Herzen ist E. gut, betrachtet ihn als göttliches Wesen, das momentan in der Täuschung steckt. In Wirklichkeit ist er eine schöne Seele. Helft ihm, allen Schutt von der Seele abzukratzen, damit er sich wieder der Erkenntnis öffnen kann.*
Wir unterstützen Euch dabei. Habt Vertrauen, alles wird gut.«

Versöhnung – dazu ist es nie zu spät

Die Sonne am Himmel
unseres gemeinsamen Lebens
wird verdunkelt
durch Wolken von Misstrauen,
durch den Nebel von Unredlichkeit,
Verdächtigung und Verstellung,
durch die Nacht von Wut und Hass.

Die Sonne in unserem Leben
wird durch die Mauern blockiert,
die wir hochgezogen haben
zwischen den Menschen,

unsichtbare, unheimliche Mauern
in unserer eigenen Wohnung,
in unserem engsten Familienkreis.

Unerbittlich halten wir
die Türen vor denen verschlossen,
die wir nicht mehr sehen wollen.

Versöhnung:
Die einzige Hand, die die Wolken
geduldig verdrängt.

Versöhnung:
Das erste Licht am Morgen,
das die Nacht allmählich vertreibt.

Versöhnung:
Der Schlüssel, der undurchdringliche Türen
endlich wieder öffnet.

Freundschaften

Freundschaft ist die höchste Ausdrucksform der Liebe.
Sie ist dazu bestimmt, Gottes ewige Liebe zu offenbaren.
Paramahansa Yogananda

Wahre Freundschaft ist sehr schön und wertvoll. Sie ist ein Geschenk, wir müssen dankbar dafür sein. Sie muss aber gepflegt werden. Was macht eine gute Freundschaft aus?

Vieles, was ich bereits bei der Partnerschaft und im Umgang mit unseren Kindern und den älteren Menschen erwähnt habe, trifft auch für Freundschaften zu: Zu echten Freundschaften gehören Respekt, gegenseitige Akzeptanz, Treue, Zuverlässigkeit, Achtung, Ehrlichkeit, Hilfsbereitschaft.
Wahre Freundschaft ist ein gegenseitiges Geben und Nehmen, ein selbstloser Austausch. Bei einem wahren Freund fühlen wir uns wohl, wir fühlen seine Herzenswärme. Ein wahrer Freund wird uns auch nicht im Stich lassen, wenn wir in Schwierigkeiten geraten. Mit ihm können wir unsere Probleme besprechen, in der Gewissheit, dass er sie für sich behält. Bei einem wahren Freund können wir auch sicher sein, dass er unser Vertrauen und unsere Offenheit nicht ausnutzen wird. Aber zu große Vertraulichkeit ist nicht in jedem Falle angebracht. Wir sollten Freunden im Enthusiasmus nicht alles erzählen, was vielleicht später gegen einen gerichtet werden könnte. Es ist besser, gewisse Ereignisse im Leben in seinem Herzen zu bewahren. Dies gilt vor allem für spirituelle Erfahrungen. Das Gesagte könnte falsch ausgelegt werden.
Ein wahrer Freund wird uns auch auf unsere Schwächen aufmerksam machen und nicht unsere Schwächen unterstützen, z. B. ungute Gewohnheiten wie Rauchen, Trinken u. a. Durch wahre Freunde kommt viel Freude in unser Leben, weil wir viel Schönes miteinander teilen können.

Es ist besser, einen echten Freund zu haben als mehrere oberflächliche Freundschaften zu pflegen, die sehr schnell brüchig werden können. Sonst sind Enttäuschungen vorprogrammiert.
Wir müssen achtsam sein, in anfänglich schöne Freundschaften können sich auch unbemerkt über das Ego folgende Eigenschaften und Fehler einschleichen, wie:

Konkurrenzdenken, Neid,
Besitzergreifen, den Freund durch Überfürsorglichkeit in eine gewisse Unfreiheit und Abhängigkeit bringen oder
Ausnutzen der Freundschaft, um gewisse Vorteile zu erheischen, »Freundschaftsdienste«,
Distanzlosigkeit, Indiskretion, zu große Vertraulichkeit,
Unehrlichkeit,
überempfindlich und ständig beleidigt sein,
Schuldgefühle bereiten, Kritik, Vorwürfe.

Intrigen, Vertrauensbruch und Unversöhnlichkeit wirken sich zerstörerisch auf jede Beziehung aus. Verrat an einem Freund, der einem vertraut, ist das Schlimmste, was man in einer Freundschaft begehen kann.
Gute Freundschaften müssen wir hüten wie einen Schatz. Wir sollten unsere Freunde nicht enttäuschen. Und wenn wir einmal einen Fehler gemacht haben, wird ein guter Freund zur Aussöhnung bereit sein, wenn wir ihn darum bitten.
Wahre Freundschaft ist ein gutes Mittel, um das Ego abzuschleifen und unsere Liebe allmählich zu erweitern, bis sie die ganze Welt einschließt.

Beistand beim Übergang

Wie gehen wir richtig und liebevoll mit Sterbenden um? Es genügt nicht, Schwerkranken und Sterbenden rein körperliche Pflege und Unterstützung angedeihen zu lassen. Sie brauchen auch seelisch/geistigen Beistand, dass man ihnen »die inneren Türen« und »die geistigen Augen« öffnet.
Früher war es ganz natürlich, dass Sterbende ihre letzte Zeit im Kreise ihrer Lieben verbrachten. Aber vielfach ist das leider heutzutage nicht mehr möglich. Früher waren die Familien größer und man konnte sich abwechselnd leichter um die Pflege der Schwerkranken kümmern. Der Sterbeforscherin Frau Dr. Kübler-Ross ist es zu verdanken, dass es heutzutage immer mehr Hospiz-Einrichtungen gibt, in denen Schwerstkranke ihre letzte Lebenszeit noch würdevoll und schmerzfrei verbringen können. Das war ihr sehr wichtig.

Erfahren Schwerkranke, dass ihre Krankheit unheilbar ist und zum Tode führen wird, durchleben sie (aber auch die Angehörigen) verschiedene Stadien. Frau Dr. Kübler-Ross hat diese Phasen als die Phasen des Aufruhrs, der Verzweiflung, des Haderns, des Verhandelns mit Gott, der Depression bis letztendlich zur stillen Ergebenheit in das Unabwendbare, in das Schicksal, beschrieben.
In der letzten **Zustimmungs-Phase** stellt sich Frieden ein, der Kranke schließt sein Leben ab, ordnet noch seine Angelegenheiten, und lebt jeden geschenkten Tag und jede Stunde ganz bewusst, oft auch mit Dankbarkeit. Er kann sein Schicksal annehmen und konzentriert sich nur mehr auf die wesentlichen Dinge des Lebens. Dazu gehört auch noch eine eventuelle Aussöhnung. Das kann er aber nur, wenn für **Schmerzfreiheit** gesorgt wird. Aus diesem Grunde legte Frau Dr. Kübler-Ross so viel Wert auf diese ärztliche Maßnahme.
Auch der liebevolle Beistand der Angehörigen und des Pflegepersonals spielt dabei eine wesentliche Rolle. In dieser Phase kann man ihm sehr helfen und seine Würde bewahren mit guter Körperpflege und vor allem mit Ehrlichkeit, ohne Floskeln und Ausreden. Hier hilft auch kein Beschönigen über den Zustand, sondern es ist besser zu sagen: »ich weiß, du hast es jetzt schwer«. Der Kranke soll auch die Möglichkeit haben, über seinen Zustand und über die letzten Dinge zu sprechen.
Wichtig ist vor allem, dass der Mensch Wertschätzung erfährt, indem man sein Lebenswerk anerkennt und lobt, und ihm zeigt, dass man ihn gern hat.

Um dem Sterbenden beim Übergang hilfreich beistehen zu können, müssen wir zuerst wissen, wie er sich fühlt:

Der Übergang selbst ist immer schmerzfrei, aber der Sterbende hat:

a) Angst vor dem Unbekannten – so wie der Vogel an den Käfig gewöhnt ist und zögert, hinauszufliegen, wenn ihm plötzlich die Tür geöffnet wird – in ähnlicher Weise hat sich die eingekerkerte Seele an den physischen Körper mit all seinen Begrenzungen und Schwächen gewöhnt.
b) Trauer und Trennungsschmerz, die Lieben zurücklassen zu müssen.

c) Anhaftung an Besitz, Errungenschaften und das Unvermögen, diese Dinge loszulassen.
d) Unterbewusste Erinnerungen an frühere Todeserlebnisse.
e) Falsche religiöse Vorstellung, z. B. an Verdammnis und Hölle.

Durch künstliche Lebensverlängerung mittels der Apparate-Medizin und die Zwangsernährung wird der Loslösungsprozess der Seele ebenfalls erschwert. Man kann es als Zeichen des herannahenden Übergangs ansehen, wenn keine Nahrung und auch kein Wasser mehr vom Körper aufgenommen werden können. Dann sollte man die Seele gehen lassen.
Durch medizinisches Eingreifen wird der Leidensprozess des Betroffenen nur verlängert, vor allem dann, wenn keine Verbesserung der Lebensqualität oder Genesung des Betroffenen mehr zu erwarten ist.
Durch diese Maßnahmen wird verhindert, dass sich die Seele vom Körper endgültig lösen kann, sie ist gleichsam im Körper gefangen und wandert zwischen der physischen und astralen Welt hin und her. Der Mensch kann nicht leben und auch nicht sterben. Wenn man sich diese Vorgänge vor Augen hält, wird es nicht schwer fallen zu erkennen, welcher Weg zu gehen ist, um dem Sterbenden eine unnötige Verlängerung seiner Leiden zu ersparen – nämlich das Einstellen sämtlicher lebensverlängernder Maßnahmen.

Die oben aufgezählten Ängste und Gefühle plagen die Sterbenden. Es braucht einen positiven Beistand und Zuspruch, keine Unruhe, Telefonate oder gar Streitgespräche im Raum! Kinder sollen ihn noch besuchen dürfen. Es sollte eine harmonische Atmosphäre im Raum sein. Gebete und wenn erwünscht, die letzte Ölung, können hilfreich vor dem Übergang sein, und dem Scheidenden Frieden und Trost geben. Auch das Benetzen der trockenen Lippen mit Wasser tut gut.
Soweit es im Verständnis des Sterbenden ist, können wir auch ein Mantra, z. B. das Gayatri-Mantra oder das Maha Mrityunjaya Mantra oder die Silbe OM für ihn rezitieren oder ihn selbst wiederholen lassen. Diese Mantren sind im dritten Kapitel »Im Einklang leben durch harmonische Schwingungen« nachzulesen.
Durch den Namen Gottes verbinden wir uns mit der höchsten Kraft. Sanfte religiöse, spirituelle Musik kann die Schwingung im Raum erhöhen und den Vorgang erleichtern, ebenso die Gabe von entsprechenden Bachblüten gegen Ängste.

Falls der Atem unruhig oder schwer wird, können wir, wenn wir die Kunst des Handauflegens – Reiki – beherrschen, eine Hand sanft über das Herzchakra in der Mitte der Brust legen. Das wirkt sehr beruhigend auf den Atem. Mein Mann hat diese Erfahrung gemacht bei einer Patientin, zu der er gerufen wurde, und die infolge Lungenkrebs unter großer Atemnot und Angst litt. Sie hatte so einen ganz leichten und sanften Übergang.
Wichtig aber ist, dass der Scheidende die **Liebe seiner Angehörigen** oder der Anwesenden spürt. Liebevolle Zuwendung ist das beste Mittel bei der »Geburt in die andere Welt.«

In allen Kulturen, besonders in der ägyptischen und tibetanischen, war und ist die Begleitung Hinscheidender selbstverständlich. Dort gab und gibt es eigene Anweisungen in den sogenannten »Totenbüchern«.

Die **letzten Gedanken** sind entscheidend für seine weitere seelische Entwicklung. Sie entscheiden darüber, auf welche astrale Ebene die Seele nach dem Übergang hingezogen wird. Der Übergang wird wesentlich leichter für den Sterbenden, wenn er sich auf einen Namen Gottes konzentriert, auf seinen geistigen Meister einstellt und ihn anruft, zum Beispiel Jesus Christus, Buddha, Krishna, Mohammed oder Mutter Maria, je nach seinem Glauben.
Es soll der Aspekt Gottes sein, den er zu Lebzeiten am meisten geliebt und dem er vertraut hat.

Oder er kann seine Aufmerksamkeit auf das Licht lenken und sich vorstellen, dass er ins reine Licht – eine unpersönliche Manifestation Gottes – geht. Wir können ihm leise sagen: »Liebe Seele, achte auf das Licht. Geh ins Licht, sei Licht« oder z. B. »Christus und ich sind eins.«

Bei der vorgeburtlichen Einflussnahme auf das Kind, auf die ich in diesem Kapitel eingegangen bin, habe ich erklärt, dass der erste Sinn, der beim Ungeborenen erwacht, der Hörsinn ist.
Im Fall des Sterbens ist die umgekehrte Reihenfolge zu beobachten. Hier trennt sich nach und nach der feinstoffliche Körper vom physischen Körper und die Tätigkeit der Chakren erlischt nach und nach. Dabei schwindet zuerst der Geruchssinn (wir nehmen das Erdelement nicht mehr wahr), dann der Geschmackssinn (das Wasserelement), dann entschwindet der Gesichtssinn (das Feuerelement), dann erlischt der Tastsinn (das Luftelement). **Zuletzt erlischt der Gehörsinn** (Wahrnehmen des Äther-Elements), der am längsten erhalten bleibt.
So ist es wichtig und zum Vorteil des Sterbenden, mit ihm bis zuletzt zu **sprechen**, auch wenn er – oberflächlich gesehen -, nichts mehr wahrnimmt.

Auch bei Komapatienten ist die liebevolle Kontaktpflege durch Mitteilung wichtig, um ihnen zu zeigen, dass sie für uns noch leben und präsent sind.
Sie nehmen alle Worte, Gedanken und Gefühle der sie umgebenden Menschen auf. Deshalb ist es nie zu spät, ihnen noch alles zu sagen, was man noch am Herzen hat, dass man sie/ihn gern hat oder um Verzeihung bittet oder für den Sterbenden betet. Das kann auch gedanklich geschehen.

Beim Sterbenden soll man die Stirn- und Scheitelgegend nicht mehr berühren, das ist für den Hinscheidenden schmerzhaft. Aber das Streicheln über die Hand wird angenehm empfunden. Es sollte eine ruhige, harmonische Atmosphäre im Zimmer herrschen, und nicht zu viel Trauer. Das erschwert dem Scheidenden das Loslassen.
Den Sterbeprozess fühlt der Durchschnittsmensch so, wie wenn jeder Teil seines Körpers langsam einschläft, er kann sich seines Körpers deutlich bewusst sein, ohne ihn bewegen zu können. Er kann sich auch nicht mehr äußern. – Aber er sieht schon in die andere Sphäre hinein. Er nimmt seine ihn begleitenden Engel und auch seine Lieben wahr, die ihn »drüben« erwarten.

Der wichtigste Moment in meinem Leben
ist der Gegenwärtige!
Der wichtigste Mensch ist der,
der mir in diesem Moment gegenübersteht.
Und die wichtigste Tat ist immer die Liebe.
Meister Eckhardt

Nur die Liebe bleibt

Natürlich ist eine gewisse Zeit des Loslassens für die zurückgebliebenen Angehörigen nötig, und das Abschiednehmen löst traurige Gefühle aus. Aber mit dem Verstehen um die Vorgänge kann viel Leid gemildert werden, und soll allmählich der Freude weichen, dass eine Seele wieder den Übergang auf eine andere, feinere Ebene geschafft hat, auf der es keine körperlichen Probleme mehr gibt.

In Wahrheit lebt sie auf einer anderen, schöneren Sphäre. **Es gibt keine Trennung,** denn im Geist bleibt die Verbundenheit bestehen. Nur das körperliche Gefäß ist dem Zerfall preisgegeben.

Eine sehr schöne Begegnung hatte ich mit dem englischen Medium Paul Meek im Frühling 2004, der anlässlich eines Abends in Tirol zahlreiche Botschaften aus der anderen Dimension an Personen aus dem Publikum richtete, die kurz zuvor einen lieben Angehörigen verloren hatten.
Er ist ein ganz besonderer, feinsinniger Mensch. Es ist ihm ist die Gabe der Hellsichtigkeit in die Wiege gelegt und in seiner Kindheit hatte er ein Nahtoderlebnis. Er vertiefte seine Begabung mit einer speziellen Ausbildung zum Medium in England. Das ist in England durchaus üblich, nicht so wie bei uns, wo man doch noch sehr distanziert und mit wenig Verständnis dazu steht.

Paul Meek dient sozusagen als Kanal bzw. Sprachrohr für Botschaften von verstorbenen Angehörigen, die diese an ihre Mütter, Väter, Brüder, Verwandte oder Freunde richten wollen. Also die Seelen melden sich bei ihm und nie umgekehrt.

An diesem Abend kamen Botschaften von jungen Menschen, die auf plötzliche, tragische Weise durch Unfälle oder durch Selbstmord gestorben waren. Sie wollten ihre traurigen, geschockten Eltern trösten mit der Mitteilung »mir geht es gut, seid nicht mehr so traurig.« Sie versicherten ihnen ihre Liebe und baten die Eltern um Verzeihung für das Leid, das sie ihnen zu Lebzeiten verursacht hatten.
Liebevolle Ehegatten meldeten sich und überreichten ihren Frauen gedanklich Rosen zum Zeichen ihrer Liebe, Verbundenheit und Dankbarkeit. Oft sagten auch Väter, dass sie ihre Liebe zu Lebzeiten nie hätten ihren Kindern zeigen können, dass ihnen das jetzt leid tue.
Verstorbene Eltern oder Großeltern können auch »Schutzengel« für ihre zurückgebliebenen Lieben sein. In gewissen Situationen geben sie ihnen hilfreiche Gedanken ein.

Paul Meek sieht die Verstorbenen ganz nah bei den Trauernden und kann sie genau beschreiben, auch manche typische Eigenart teilen sie ihm mit, die nur die Angehörigen wissen und erkennen. Er sieht die Blumen, die sie als Zeichen der Liebe überbringen. Manchmal erteilen sie auch Ratschläge an ihre Angehörigen. Er spürt auch ihre Liebe für ihre Angehörigen.
Er erzählte uns anlässlich seines Vortrages, dass es vorkam, dass sich auch tierische Freunde bei ihm zeigten. Es sind Tiere, zu denen zu Lebzeiten eine besonders tiefe Zuneigung bestand. Die Tiere sind nach ihrem Tode ebenfalls auf der Astralebene.
Es ist den Verstorbenen ein Anliegen, ihre zurückgebliebenen Angehörigen zu trösten und ihnen zu sagen, dass sie sie lieben, dass es ihnen gut geht und sie nicht mehr so sehr um sie trauern sollen.

Sie nehmen auch unsere Gedanken an sie wahr und nehmen Gebete für sie dankbar an.
Paul Meek sieht seine Lebensaufgabe als Medium darin, trauernden Menschen Trost zu spenden und durch seine Fähigkeit zu beweisen, dass das Leben nach dem Tode fortschreitet und unsere Lieben, die von uns gegangen sind, in einer anderen Sphäre weiter leben und sehr wohl an unserem Leben liebevollen Anteil nehmen.
Er hat zwei Bücher geschrieben, in denen er seine Erfahrungen und die Astralebenen beschreibt.

Nun möchte ich von zwei Begebenheiten berichten, die ich persönlich erfahren habe:

Meine Schwägerin Edith erzählte mir von ihrem Vater. Als er verstorben war, war sie traurig und in Gedanken an ihn. Er war sehr plötzlich an einer Krankheit verstorben und sie hat sich nicht von ihm verabschieden können. Sie hat sich so sehr ein Zeichen von ihm gewünscht.
Im Zimmer hatte sie Rosen in einer Vase stehen, die bereits ziemlich verwelkt aussahen, auch das Wasser war nicht mehr frisch. Sie hatte die Absicht, die Blumen wegzuräumen, wurde aber durch einen plötzlichen Besuch daran gehindert. Also stellte sie die Vase mit dem alten Rosenstrauß in einen Nebenraum.

Als sie nach dem Fortgehen des Besuches die Blumen wegräumen wollte, waren zu ihrer völligen Überraschung die Rosen wieder ganz frisch! Sie dufteten sogar wieder!
Sofort rief sie ihre Tochter Karin an und diese fotografierte den frischen Strauß. Das war ein schöner Liebesgruß von »drüben« von ihrem Vater.

Meine Schwägerin Edith hat dieses Foto als Andenken aufbewahrt und mir liebenswerter Weise für dieses Buch zur Verfügung gestellt.

Adelheid erzählte ein Erlebnis mit ihrer kürzlich verstorbenen Schwiegermutter. Sie hat von ihrer schwerkranken Schwiegermutter geträumt, die sie bat, »sie abzuholen.« Sie hat sie dann auch ins Licht geführt, also ihr beim Übergang beigestanden im Krankenhaus.
Dem Brauch gemäß bekam sie nach der Bestattung Kerzen geschenkt. Eine davon trug die Aufschrift »nur die Liebe bleibt«. Diese Kerze hatte sie über Nacht in ihrem Hause im Gedenken an die Verstorbene brennen gelassen.

Am Morgen war die Kerze völlig ausgebrannt und ausgelaufen. Nur das Schriftband von der Kerze **»nur die Liebe bleibt«** war unversehrt übrig geblieben. – Und so ist es auch.

❀ ❀ ❀

Über dieses Thema können Sie sich noch im späteren Kapitel »Im Einklang leben mit der Seele« vertiefen.

Nur dort wo Liebe, Erkenntnis, Glaube fehlen,
wird das Leben zur Pflicht und zur Anstrengung,
schwer und unerträglich!

Die Familie wird durch Toleranz erhalten,
die Freundschaft durch Vergebung.

6. Kapitel

Im Einklang leben mit dem Beruf und seiner Berufung

Mögen alle Handlungen,
mit denen wir unser Leben gestalten,
aus unserem Herzen kommen.

In einer Fernseh-Diskussion kam zur Sprache, dass in der Arbeitswelt derzeit viele Menschen sehr frustriert und verunsichert sind. Einer der Teilnehmer der Runde, ein Personalberater für größere Firmen, erzählte von einer Begebenheit, die ihn sehr schockierte. Er wurde von der Firmenleitung eines Konzerns angewiesen, einen vorbildlichen, ausgezeichneten Abteilungsleiter – der etliche Leute unter sich hatte – trotz seiner Beliebtheit zu entlassen mit der Begründung, er hätte mehr Strenge walten lassen sollen.

Nun sind wir schon beim Kernproblem, was ist das für ein zerstörerischer Geist, der in solchen Firmenkonzernen und Ämtern wirkt? Ängste machen Menschen energielos, Arbeitsdruck und Hektik erzeugt krankmachenden Stress und Krankheiten, letztendlich wird das Betriebsklima vergiftet und die Arbeitsleistung geht zurück.
Aus Angst vor dem Verlust des Arbeitsplatzes gehen viele arbeiten, statt im Krankenstand ihre Krankheit auszukurieren. Viele Arbeitnehmer werden gezwungen, weite Pendlerwege auf sich zu nehmen. Nun sind durch den Handel auch Bestrebungen im Gange, die Ladenöffnungszeiten täglich zu verlängern und die Sonntagsarbeit einzuführen.
Das alles schadet nachhaltig der Gesundheit der Menschen und geht auch zu Lasten des Zusammenlebens innerhalb der Familien, es zieht nur Unheil nach sich. Das Familienleben zerbricht immer mehr, viele Menschen werden entwurzelt und dadurch auch manipulierbarer. Man vergisst dabei, dass Familien die Zellen eines Staates bilden. Sind diese krank, so wird es auch der Staat werden.
Das Interesse der Menschen soll auf mehr äußeres Konsumdenken gelenkt werden statt auf wahre Werte. Satte Profite stehen im Vordergrund der Interessen gewisser Unternehmer und mächtiger Konzerne, zum Schaden der Bevölkerung. Wir sollten als verantwortliche Staatsbürger dem entgegentreten und Politiker und Parteien, die diese unheilvollen Tendenzen fördern und diesbezügliche Gesetze erlassen wollen, nicht durch unsere Wahl unterstützen.

Wir haben es bei all diesen Phänomenen mit sehr destruktiven Kräften zu tun und es gibt genug Menschen, die ihnen willig dienen in ihrer Gier nach Einfluss, Macht und Geld. Wie kann es sonst möglich sein, dass Unternehmen und Banken, die durchaus hohe Gewinne erzielen, ohne Notwendigkeit Einsparungsmaßnahmen am Personal vornehmen? Die Menschen und ihre Schicksale, die privaten Katastrophen aus der Arbeitslosigkeit sind solchen Kapitalisten und Anlegern, die nur ihre Börsengewinne im Sinne haben, ziemlich egal. Es gibt Bestrebungen von sehr einflussreichen, mächtigen Kreisen, den Mittelstand zu zerstören, und die Menschen wieder mehr abhängig und manipulierbar zu machen.

Aber letzten Endes zerstören sich diese selbst, denn wenn wenig Geldmittel den Menschen zur Verfügung stehen, können auch nur wenige etwas konsumieren und kaufen. Dies wird den Konzernen – letztendlich – auf den Kopf fallen, weil sie ihre Produkte nicht mehr gewinnbringend verkaufen können. Man kann nicht unbeschadet die Existenzen von Menschen ruinieren. Dieses System wird keinen Bestand auf Dauer haben. Wir leben in einer Zeit starker Veränderungen. Dieser aufgezeigte Weg mündet letztendlich in einer Sackgasse.

Aber wie können wir diesen unheilvollen Tendenzen entgegenwirken? Indem konstruktive, aufbauende Wege gegangen werden, und zwar von beiden Seiten, von Unternehmern wie Angestellten und Arbeitern.
Für jeden erfolgreichen Chef ist es wichtig, dass er folgende Führungsqualitäten aufweist: Gerechtigkeit, Korrektheit, Einfühlungsvermögen, Verständnis, Verantwortungsbewusstsein und Wohlwollen den Arbeitnehmern gegenüber. Das wird alles zu einem guten Betriebsklima zum Wohle aller beitragen.
Hier gilt im gleichen Maße, was ich zur Förderung der Kinder geschrieben habe. Ich möchte daran erinnern, dass Ängste die Kreativität blockieren und Neid, Intrigen und Mobbing untereinander fördern. Es geht vielmehr um positive Motivation und Wertschätzung für die geleistete Arbeit, angemessene Entlohnung, um Aufstiegs- und Bildungsmöglichkeiten im Beruf, eventuelle Gewinnbeteiligung, um Aufzeigen von positiven Perspektiven für die Zukunft. Wenn die Angestellten und Arbeiter ihre Ideen auch einbringen können, kann das nur zur Verbesserung der Arbeitsmotivation beitragen. Nur so kehrt die Freude an der Arbeit ein. Es würde auch den Gesundheitspegel der arbeitenden Menschen wieder anheben, und das Krankenversicherungssystem entlasten – zum Wohle aller.
Und für Arbeitnehmer ist es wichtig, dass sie ihr Selbstbild, ihr Selbstbewusstsein und somit ihre positive Ausstrahlung stärken. Sie dürfen sich nicht klein machen lassen. Dazu müssen sie sich auch ihrer Stärken und Qualitäten bewusst sein.
Auf diese Themen gehen wir nun genauer ein. Menschenkenntnis und ein positives Selbstbild sind ein Muss für Erfolg im Beruf.

Selbstbild und Ausstrahlung optimieren

In diesem Zusammenhang darf ich auf das erste Kapitel hinweisen. Aus einem positiven Selbstbild erwächst Selbstvertrauen. Selbsterkenntnis und Menschenkenntnis sind eine Basis für ein erfolgreiches Handeln. Durch Menschenkenntnis können wir erst erkennen und sehen, was für ein Potenzial wir haben oder jemand mitbringt, wie wir es optimal einsetzen und in richtiger Weise miteinander umgehen können.
Für alle Berufe ist Menschenkenntnis unumgänglich, z. B. für Chefs oder Angestellte/Arbeiter, für Vertreter und Kunden, Geschäftsleute, Lehrer, Richter, Ärzte und für alle beratenden oder therapeutischen Berufe.

Berufsberatung aus ayurvedischer Sicht

Im ersten Kapitel habe ich auch die verschiedenen Naturelle der Menschen, ihre Qualitäten und Eigenarten vorgestellt. Jeder braucht eine für sich geeignete Arbeit, damit er sich optimal einbringen kann. Dies gilt gleichermaßen für Führungskräfte und Angestellte.
Vorerst müssen wir erkennen, welche Konstitution wir haben, denn diese spielt bei den verschiedenen beruflichen Aufgaben eine erhebliche Rolle, denn jeder Typ hat seine entsprechenden Stärken und Schwächen.
Wir dürfen nicht vergessen, dass die meisten Persönlichkeiten Mischtypen sind. Dies sollten wir bei der Beurteilung der beruflichen Eignung berücksichtigen.

Kapha
Kapha-Persönlichkeiten sind eher konservativ, sie lieben das Gewohnte und möchten gerne schon vorher wissen, was auf sie zukommt und scheuen plötzliche Veränderungen. Kapha-Persönlichkeiten brauchen als Wichtigstes Motivation bzw. Begeisterung für ihre Arbeit. Lob

ist hier ein gutes Motivationsmittel. Zu einer sitzenden Tätigkeit brauchen sie als Ausgleich auch Bewegung, um nicht träge zu werden. Sie könnten zu Depressionen neigen, wenn sie alleine arbeiten und monotone Tätigkeiten ausführen müssen, vielmehr sollten sie Abwechslung bzw. neue Herausforderungen vorfinden.
In hellen, warmen Räumen fühlen sie sich wohl, aber in kalten und nassen Arbeitsplätzen werden sie krank.

Der Kapha-Vorgesetzte: Der Kapha-Chef wird mit seiner ruhen, harmonischen, toleranten Art sicher für ein gutes Betriebsklima sorgen, aber auch auf Genauigkeit und Korrektheit seiner Angestellten achten. Seine Untergebenen können sich auf seine Entscheidungen und Aussagen verlassen. Er ist ein guter Organisator und profitiert von den guten Ideen der Vata-Persönlichkeit, nachdem er diese geprüft hat und der dynamischen Pitta-Persönlichkeit, die dann alles schnell und effektiv umsetzt. Pitta- und Vata-Typen bringen Schwung in die Firma.

Für Kapha-Konstitutionen **empfehlenswerte Berufe** sind: Kontrolleure, Politiker, Kaufleute und Unternehmer sowie beratende Berufe. Sie sind ideal für alle Tätigkeiten, die Ausdauer, Kraft, Geduld und Genauigkeit erfordern.

Pitta

Pitta-Persönlichkeiten lieben die Herausforderung, den Wettbewerb und eine anspruchsvolle Aufgabenstellung. Sie neigen aber auch zu Übertreibung und übersteigertem Ehrgeiz. Temperamentsausbrüche sind bei ihnen keine Seltenheit. Man sollte ihnen gegenüber nachsichtig und geduldig sein. Sie sind dynamische, effektive Arbeiter, stecken voller Tatendrang und guten Ideen. Wenn man sie gewähren lässt, sind sie loyal und zuverlässig. Nur sollten sie lernen, sich nicht zu überfordern und zu sich selbst und anderen rechtzeitig »nein« zu sagen. Sie eignen sich weniger zu Teamarbeiten und arbeiten oft lieber alleine. Schlecht geeignet sind für Pitta heiße Arbeitsplätze, z. B. am Backofen, Küche etc.
Sie benötigen als Ausgleich Ruhephasen (regelmäßige Arbeitspausen und Feierabend) und Entspannung (ruhige Spaziergänge, Meditation, Yoga, Tai Chi etc.).

Der Pitta-Vorgesetzte: Pitta-Persönlichkeiten sind die geborenen Führernaturen, gute Redner, sehr ehrgeizig und fordern viel von sich und ihren Mitarbeitern. Er wird von einem verlässlichen, ausgleichend wirkenden Kapha-Typ als Mitarbeiter sehr profitieren, der ihn in seinen ehrgeizigen Plänen und Projekten gründlich und genau beraten kann. Er muss nur Geduld aufbringen für die überlegte und nicht so schnelle Arbeitsweise des Kapha-Typen. Dann hat er einen treuen, zuverlässigen Mitarbeiter, auf den er stets bauen kann. Der Vata-Typ ist sehr flexibel, kreativ und liefert ihm gute Ideen und auch davon kann er optimal profitieren. Er darf ihn nur nicht zu sehr unter Leistungsdruck und Stress setzen, sondern ihm Anerkennung und Lob für seine Leistungen entgegenbringen. Dann wird dieser auch lange in seinem Betrieb bleiben.

Für Pitta-Konstitutionen **empfehlenswerte** Berufe: In der Forschung, Entwicklung, Polizei, Militär, Piloten, Handelsvertreter sowie Berufe, die Willens- und Durchsetzungskraft erfordern. Sie sind gut geeignet für alle Berufe, bei denen gute Reaktionsfähigkeit und schnelles, effektives Arbeiten erforderlich ist. Sie sind Führernaturen und brauchen Freiraum.

Vata

Vata-Persönlichkeiten brauchen keine großen Herausforderungen und sind mit einfacheren Aufgaben zufrieden, sie scheuen aber eintönige Routine. Sie benötigen Regelmäßigkeit in ihrer Tätigkeit, was ihnen hilft, konzentriert bei der Sache zu bleiben.
Auf keinen Fall eignen sie sich zu einer rein sitzenden Tätigkeit, dazu sind sie zu unruhig.

Auch nicht so gut für sie sind kalte und zugige Arbeitsplätze, Arbeiten bei flackerndem, künstlichem Licht, mit zu viel Lärm, unregelmäßigen Arbeitszeiten. Sie lieben Reisen und öftere Ortswechsel, denn dies kommt ihrer spontanen Natur entgegen. Allerdings müssen sie hierbei besonders auf Regelmäßigkeit, Ruhe und Entspannung achten, damit ihre Natur nicht aus dem Gleichgewicht kommt.
Für Tätigkeiten mit starrem Arbeitsschema sind sie auch nicht so gut geeignet. Individuelle Freiräume bei der Arbeit kommen ihrem spontanen Naturell sehr entgegen. Sie brauchen diese für ihre Phantasie und Kreativität. Sie sind oft Forscher- und Künstlernaturen, und eignen sich aufgrund ihrer Konstitution kaum für schwere körperliche Tätigkeit.

Der Vata-Vorgesetzte: Dieser wird meist viele kreative, künstlerische Ideen haben und braucht für deren Umsetzung und Finanzierung einen Manager, am besten einen bedachten, ausdauernden Kapha-Typen, der ihn gut berät und Details ausarbeitet und einen ehrgeizigen Pitta-Mitarbeiter, der mit Einsatzfreude seine Ideen praktisch umsetzt. Dem Vata-Chef allein fehlen das Durchhaltevermögen und die Energie, aber zusammen mit Kapha- und Pitta-Persönlichkeiten wird die Firma erfolgreich sein.

Für Vata-Konstitutionen **empfehlenswerte** Berufe: alle, die Flexibilität, Beweglichkeit und Schnelligkeit erfordern, z. B. sportliche Berufe sowie künstlerische Berufe, wie Musiker, Tänzer, Schauspieler, Berufe, die mit Farbgestaltung zu tun haben, wie Floristen, Innenarchitektur, im Designbereich. Auch das Vermitteln von Wissen fällt den Vata-Typen leicht, sie geben daher gute Lehrer ab.
In Berufen, wo sie ihre Kreativität und kommunikativen Fähigkeiten einbringen können, sind sie ideal.

Es ist besonders wichtig, den **richtigen Beruf entsprechend seiner Konstitution auszuüben**. Ist dies nicht möglich oder stören die Bedingungen bei der Arbeit das Dosha (Kapha, Pitta oder Vata) unserer Konstitution, sollten wir auf jeden Fall einen Ausgleich zur beruflichen Beschäftigung zu Hause, in der Freizeit und im Urlaub durch passende Aktivitäten schaffen. So können wir verhindern, dass wir mit der Zeit krank werden.

Ich möchte ein anschauliches Beispiel geben und das Modell einer **erfolgreichen Firma** vorstellen:
Vom luftigen Vata-Typen wird der Betrieb von guten Ideen und Kreativität gespeist, die aber durch die Pitta-Typen dynamisch und zügig in die Tat umgesetzt werden müssen, wobei der stabile Kapha-Typ Ordnung in die Firma bringt. Er sorgt dafür, dass die Basis, die Finanzierung für alle Projekte gesichert ist.
Er ist das ausgleichende Element zwischen den oft unstabilen Lufttypen und den sehr hitzigen Feuertypen.

Qualifikation, Bilanz der Fähigkeiten

Hier können Sie sich ein wenig selbst testen:
Sind Sie extrovertiert oder introvertiert?
Sind Sie gerne unter Menschen oder fühlen Sie sich in Gesellschaft von Menschen eher unwohl? Genießen Sie die Gesellschaft anderer, blühen Sie geradezu auf oder ziehen Sie sich lieber zurück und arbeiten alleine?
Als Introvertierter werden Sie kaum Erfolg als Vertreter haben, auch als Verkäufer werden Sie sich nicht wohl fühlen. Hingegen wird der Extrovertierte sich als Vertreter oder Verkäufer sehr gut einbringen können und erfolgreich sein. Wird er beruflich zu einem Sitzen hinter einem Schreibtisch gezwungen, »geht er ein« und wird alle Lust am Arbeiten verlieren.

Sind Sie Theoretiker oder Praktiker?
Entwerfen Sie lieber Pläne, gehen alles eher theoretisch an und tun sich beim Umsetzen in der Praxis eher schwer? Oder haben Sie »eine goldene Hand« und packen alles schnell und praktisch an – ohne lange Theorie zu studieren?

Sind Sie Führender oder Ausführender?
Tragen Sie gerne Verantwortung und **leiten Sie gerne Menschen**? Haben Sie eine gewisse Autorität? Haben Sie Führungsqualitäten? Jemand in einer Führungsposition muss auch Menschenkenntnis beherrschen, Sympathie und Toleranz, generell eine positive Einstellung haben. Er braucht eine gewisse Autorität und sollte auch Geduld und Beharrlichkeit mitbringen. Fachwissen und gute Ausbildung sind Voraussetzungen für Führungsleute. Sie müssen auch ein gutes Organisationstalent und eine gute Zeiteinteilung haben, wenn nicht, ist eine gute, gewissenhafte Sekretärin Gold wert. Guter Umgang mit Geld gehört mit zur Verantwortung, wenn Sie einen Betrieb leiten.

Arbeiten Sie lieber im Team unter Anleitung und wollen lieber genau wissen, was Ihre Aufgaben sind? Dann müssen Sie Kreativität, Fleiß, Teamgeist und Konfliktfähigkeit mitbringen. Bereitschaft zur Zusammenarbeit und Bereitschaft, aus Fehlern zu lernen, tragen ebenfalls zum erfolgreichen Beruf bei.

Wertschätzung für eigene Leistung, richtige Gesprächsführung

Ganz gleich, um welche Situation es sich handeln möge, sei es bei einem Geschäftsgespräch, bei firmeninternen Verhandlungen, bei Bewerbungen, Verkaufsgesprächen oder Lohnverhandlungen, es kommt immer darauf an, wie Sie sich repräsentieren.

Wenn Sie sich z. B. um eine Stelle bewerben, ist es wichtig, dass Sie im Bewerbungsschreiben alles hineinschreiben, was Sie gut können. Sie müssen Ihre Qualitäten und Fähigkeiten und Ihre berufliche Erfahrung positiv herausstellen und nicht die nachteiligen Dinge betonen, wie lange Sie schon Arbeit suchen oder wie wenig berufliche Erfahrung Sie haben.
Es soll herauszulesen sein, dass Sie Interesse an der Tätigkeit haben und lernfähig sind (das gilt vor allem für junge Leute). Statt »Da ich zur Zeit arbeitslos bin, möchte ich mich bei Ihnen um diese Stelle … bewerben« könnte der letzte Satz auf positive Weise so lauten: »Ich möchte mich um die Stelle … bewerben und könnte jederzeit bei Ihnen anfangen. Ich freue mich auf ein Vorstellungsgespräch.« Hinterlassen Sie auch eine Telefonnummer, sodass Sie auch schneller erreichbar sind.
Das Bewerbungsschreiben sollte Vertrauen in Ihre eigene Arbeitskraft und Ihre Fähigkeiten vermitteln und den Eindruck, dass man sich auf Sie verlassen kann. Im ersten Kapitel habe ich schon hinreichend darauf hingewiesen, wie wichtig ein positives Selbstbild ist.

Sie sollten stets auf ein ordentliches, gepflegtes Erscheinungsbild achten, vor allem aber bei einem Vorstellungsgespräch. Wichtig ist natürlich auch, dass Sie alle erforderlichen oder angeforderten Unterlagen wie Zeugnisse und dergleichen bei sich haben. Es vermittelt keinen guten Eindruck, wenn Sie schon beim ersten Mal etwas vergessen.

Ich möchte daran erinnern, dass der erste Eindruck in den ersten Sekunden entscheidend ist. Ihr Auftritt soll Selbstbewusstsein und Zuversicht ausstrahlen. Auch hier kann der Einsatz von Bachblüten nützlich sein. Ich würde die Notfall-Tropfen gegen Aufregung und Panik sowie die Nr. 19 Larch für Selbstvertrauen wählen und vor dem Gespräch einnehmen.

Sie können sich auch gedanklich positiv vorprogrammieren mit einer Erfolgs-Affirmation oder die Situation erfolgreich im Geiste vorauserleben, so wie es im zweiten Kapitel unter der Tagesvorschau angegeben ist. Dann werden Sie auch die entsprechende Ausstrahlung haben. Glauben Sie an sich!

Bei allen Gesprächen mit Vorgesetzten, Kollegen oder Verhandlungs- oder Geschäftspartnern spielt die Körperhaltung eine Rolle, sitzen Sie aufrecht. Ziehen Sie nicht den Hals ein und die Schultern hoch, setzen Sie sich nicht an den äußersten Rand des Sessels womöglich mit verschränkten Beinen, gesenktem Blick und leiser, unsicherer Stimme. Das alles signalisiert Autoritätsangst, Unsicherheit, mangelndes Selbstvertrauen, Unbehagen und Verkrampftheit. Sie können noch so gut befähigt sein und gute Ausbildungs- und Arbeitszeugnisse vorweisen, aber Sie werden mit so einer Haltung bei keinem Gespräch, vor allem nicht bei einem Vorstellungsgespräch, Erfolg haben!

Signalisieren Sie Optimismus und nehmen Sie eine entspannte Haltung ein. Ein offener Blick, Aufgeschlossenheit und eine deutliche Aussprache werden den positiven Eindruck verstärken.

Wenn jemand locker ist, kann er Informationen leichter und genauer aufnehmen. Ist er verkrampft, so geht das nur langsam und lückenhaft. Sobald wir dem Gesprächspartner anmerken, dass er verkrampft, sollten wir nicht mehr annehmen, dass er unsere Informationen aufnimmt. Dann wird es besser sein, eine Pause zu machen oder den vereinbarten Termin auf einen anderen Tag zu verschieben. Ursachen dafür können Müdigkeit, Erschöpfung oder einfach Unbehagen durch Leistungszwang oder Ängste sein.
Wenn Sie bei Besprechungen merken, dass Ihr Gegenüber, sei es ein Kollege oder der Chef, eine verschlossene Haltung einnimmt, gar mit verschränkten Armen, so können Sie das so verstehen, dass er eine ablehnende Haltung hat. Hier müssen Sie Überzeugungsarbeit mit guten Argumenten leisten, damit sie sein Vertrauen gewinnen.

Wir kommunizieren miteinander immer auf zwei Ebenen, einer rationellen und einer emotionalen. Beide Ebenen müssen angesprochen werden. Es gilt, die richtige Nähe und Distanz zu finden. Jeder Mensch achtet darauf, dass seine Unversehrtheit, sein Territorium gewahrt bleibt – nur wenige dürfen dessen Grenzen überschreiten. Daher ist es im beruflichen und gesellschaftlichen Leben wichtig, dass wir die Hoheitszone eines Menschen achten.

Dieser Bereich wird verletzt, wenn der Sekretärin zu nahe gerückt wird – indem der Chef oder Arbeitskollege ganz knapp hinter ihr steht und seinen Arm vertraulich auf ihre Schulter legt. Solche Berührungen könnten als plumpe Annäherungsversuche verstanden werden. Aber auch sie muss eine klare, aber freundliche Distanz wahren. Es mag niemand, wenn man ihm quer über seinen Schreibtisch greift, um etwas davon wegzunehmen oder hinzulegen. Bleiben Sie im beruflichen Leben per Sie. Einen Kompromiss können Sie machen, indem Sie eine Person mit Vornamen nennen, aber beim Sie bleiben, »Frau Monika, Herr Reinhart …«, aber auch erst nach einer gewissen Zeit.

Über die richtige Kommunikation bei Konflikten finden Sie im vorigen Kapitel über Partner und Familie unter »Kommunikation – Konfliktlösung« weitere Hinweise. Um einen runden Tisch wird sich die Kommunikation bei Konferenzen und Geschäftsbesprechungen leichter gestalten als um einen langen, eckigen Tisch.

In der Folge unterbreite ich Ihnen nun Vorschläge, wie Sie Probleme lösen und Ihre Lebenssituation zum Guten ändern können. Das können Probleme am Arbeitsplatz, mit dem Chef oder Berufs-Kollegen und Kolleginnen oder Arbeitslosigkeit sein.

Motivation, Ziele setzen, Schritte zum erfolgreichen Handeln

Nichts ist unmöglich, es sei denn, ihr haltet es dafür.
Paramahansa Yogananda

Wenn jemand erfolgreich ist, so hat er auch dafür gearbeitet. Viel Selbstdisziplin und Arbeit steckt dahinter. Um erfolgreich zu sein, müssen wir auch hinderliche Denkkonzepte und schädliche Gewohnheiten ablegen und loslassen – denn Erfolg ist abhängig vom richtigen Denken und Handeln. Da ist auch eine gewisse Selbstmotivation und Dynamik notwendig, die wir entwickeln müssen.
Erfolgreiche Menschen lassen sich durch Misserfolge nicht entmutigen, im Gegenteil, sie unternehmen vermehrt Anstrengungen. Sie glauben an sich, sind von ihren Ideen überzeugt und setzen sie auch um. Der Erfinder der Glühbirne Thomas Edison benötigte unzählige Versuche, bis seine erste Glühbirne brannte – alle Mitarbeiter wollten schon aufgeben – er aber nicht. Und beim allerletzten Versuch klappte es erst.
Wenn wir erfolgreich bei unseren Handlungen sein wollen, müssen wir auch unsere positive und sympathische Ausstrahlung stärken, Charisma schaffen, denn mit einer schwachen Aura werden wir »übersehen« und können uns nicht durchsetzen. Dazu gehört eine gute Portion Selbstbewusstsein und Selbstsicherheit in Bezug auf eigene Fähigkeiten.
Erfolgreiche Leute sind flexibel, kreativ und haben Teamgeist. Sie müssen auch »auf dem Boden bleiben« und Risiken richtig einschätzen lernen.
Für eine gute Zusammenarbeit in einer Firma sind auch Teamgeist und Konfliktfähigkeit gefragt. Das ist wichtig für ein gutes Betriebsklima und ein wesentlicher Faktor für ein erfolgreiches Wirken.

Erfolg hat damit zu tun, wie wir auftreten, uns kleiden. Im Berufsleben gilt »Kleider machen Leute.« Das Beherrschen des guten Tons sowie ein sicheres Auftreten tragen zum Erfolg bei.
Erfolg hat auch damit zu tun, wie wir unseren Arbeitsplatz gestalten. Es lohnt sich, wenn wir uns Gedanken über Feng Shui machen, über die Energien an unserem Arbeitsplatz, wie wir uns vor Strahlung aus dem PC schützen können.
Zu unserem Wohlbefinden und Erfolg lassen sich auch Farben, Pflanzen, Steine und Düfte einsetzen. Darüber können Sie im Kapitel »Im Einklang leben durch harmonische Schwingungen« nachlesen.
Feng Shui wird auch das Thema des nachfolgenden Kapitels sein. Sie werden dort wertvolle Hinweise zur richtigen Gestaltung Ihres Arbeitsplatzes finden. Sie können Feng Shui nicht nur zu Ihrem eigenen Wohl und Ihrer Mitarbeiter einsetzen. Auch die Kundschaft wird sich in Räumlichkeiten, die nach Feng-Shui oder Vastu-Kriterien errichtet oder eingerichtet sind, wohlfühlen. Durch die richtige Gestaltung wird nicht nur der optimale Energiefluss gefördert, sondern auch der richtige Geldfluss.

Eine weitere Voraussetzung für Erfolg ist, dass wir uns **Ziele setzen**. Hier gilt das, was wir schon über Wünsche gehört haben, wir müssen wissen, **was** wir wollen. Da lohnt sich schon eine schriftliche Zusammenstellung auf einem Blatt Papier, für die wir uns Zeit nehmen sollten. So kommen wir zur Klarheit.
Wir könnten uns fragen:
Wie kann ich meinen Idealberuf (meine Berufung) realisieren und welche Ausbildung sollte ich dazu noch haben?
Wie kann ich meinen Platz, auf den ich gestellt bin, noch besser ausfüllen und meine Fähigkeiten einbringen?
Welche Schritte sind dafür erforderlich?

Hinsichtlich unserer Person können wir uns ebenso Ziele setzen. Hierzu erstellen wir uns eine Liste. Wir notieren, wie wir uns sehen, sowohl negativ, als auch positiv, und zwar in Bezug auf unsere Eigenschaften, Fähigkeiten und Interessen. Dem stellen wir unsere erwünschten positiven Eigenschaften und Ziele gegenüber: So will ich sein, das will ich tun, das will ich haben, das will ich wissen, das ist mein Endziel, das sind meine Teilziele bis dahin.
Wir gehen auf jeden Punkt einzeln ein. Daraus erhalten wir einen Überblick, um zu wissen, was zu tun ist. In diesem Zusammenhang möchte ich an das zweite Kapitel mit dem Thema »Probleme lösen, Wünsche erfüllen, Zukunft gestalten« erinnern.

Einen wesentlichen Baustein zum Erfolg bilden auch Morgenvorschau und Tagesrückschau, die Sie schon aus dem zweiten Kapitel kennen. Durch diese werden uns Tendenzen bewusst, denen wir entgegenwirken können, andererseits können wir mittels unserer imaginären Kräfte die erwünschten Ergebnisse im Vorhinein kreieren.

Wenn man arbeitslos wird, mitunter ganz unvorbereitet, ist das ein großer Schock. Da kann es schon sein, dass man in ein »tiefes Loch« fällt. Existenzängste, Zweifel an der eigenen Leistung und Verbitterung befallen einen. Durch den Verlust des Arbeitsplatzes kann es auch zu einer reaktiven Depression kommen mit allen Begleiterscheinungen wie Resignation, Schlaflosigkeit, Panikattacken und Erschöpfungszuständen. Trachten Sie, aus diesem Zustand so schnell wie möglich wieder herauszukommen und unternehmen Sie alle Schritte, wie ich sie im Heilungskapitel dazu gebe. Nehmen Sie zur Unterstützung die erforderlichen Bachblüten.
Lassen Sie sich beraten und Ihnen helfen. Geben Sie sich auf gar keinen Fall dem Alkoholkonsum hin, um Ihre Sorgen, Ängste und den Kummer zu ertränken. Damit verschlechtern Sie Ihre Lage nur noch mehr und sind kaum fähig, die nötigen Schritte zu einer Änderung der Lebenssituation zu tun.
Unternehmen Sie vielmehr alles, um Ihre beruflichen Chancen zu erhöhen. Nutzen Sie die Zeit der Arbeitslosigkeit auch, um zu prüfen, ob Sie auch wirklich auf dem richtigen Weg im Leben sind, um dann gegebenenfalls auch eine Umschulung ins Auge zu fassen. Suchen Sie sich neue Hobbys und Beschäftigungen, um ihr Selbstbewusstsein und Selbstvertrauen neu aufzubauen und zu stärken. Gehen Sie unter Leute, schließen Sie neue Kontakte. Und hieraus kann sich eine ganz neue Möglichkeit für Ihr weiteres Leben ergeben und eröffnen. Setzen Sie sich Ziele wie oben beschrieben.

Wichtig ist, dass Sie **jetzt** damit beginnen, Ihren Erfolg zu verursachen durch rechtes Denken und Handeln. Sie können alles Förderliche anziehen oder sicher von sich fernhalten – wir funktionieren wie Sender, die ausstrahlen und empfangen. Denken wir an das Gesetz der Resonanz.
Es gilt, negative Glaubenssätze wie »Das kann ich nie schaffen« oder »das werde ich nie lernen«, und Überzeugungen »das werde ich mir nie leisten können«, »ich werde ständig vom Pech verfolgt«, »das Leben ist hart«, also sogenannte Misserfolgsformeln in Erfolgs-Formeln umzuwandeln. Diese negativen Glaubenssätze stehen sonst einem positiven Ziel entgegen. Lassen Sie keine Zweifel an Ihren Fähigkeiten aufkommen. Der Zweifel hat eine solch starke, zerstörerische Kraft, dass er all unseren guten Vorsätzen die Energie entziehen kann. Wie oft hören wir doch den Satz, »ich möchte doch, aber …« Diese Einwände sind nur hinderlich zu einem erfolgreichen Handeln. Lassen Sie sich von etwaigen Misserfolgen nicht entmutigen, sondern machen Sie eine neue Chance daraus, nehmen Sie es als Herausforderung. In diesem Zusammenhang darf ich Sie an das Mentaltraining im Kapitel über Heilung erinnern.

Erfolgsformeln könnten lauten wie: »Ich erreiche, was immer ich will«, »ich bin erfolgreich und glücklich«, »gute und kreative Arbeit wird gut bezahlt« oder »mein Beruf macht mir Freude und bringt finanziellen Gewinn« und »ich schaffe es.«

Das Einsetzen unserer intuitiven Kräfte wird uns vor manchen Gefahren bewahren und uns die richtigen »Einfälle« schenken. Wie Sie Ihre Intuition entfalten und damit umgehen, können Sie im zweiten Kapitel nachlesen. Die Fähigkeit zu Imagination liegt im 6. Chakra, dem Dritten Auge. Das alles können wir mittels regelmäßiger Meditation fördern.
Im Kapitel über Heilung haben wir uns schon mit Affirmationen befasst. Besonders effektiv sind Affirmationen, wenn wir sie unmittelbar vor dem Einschlafen oder gleich nach dem Aufwachen mit tiefster Konzentration wiederholen. Denn dann dringen sie ins Unterbewusstsein ein und erreichen letztendlich auch das Überbewusstsein. Wir sollen dabei keinen Zweifel aufkommen lassen!
Bestätigung für den Erfolg:

Ich will vorwärts schreiten im festen Vertrauen,
dass die Macht des allgegenwärtigen Guten mir das, was ich brauche,
zur rechten Zeit beschaffen wird.

In diesem Vertrauen können wir nun ans Werk gehen und alles für unseren Erfolg tun. Im zweiten Kapitel unter »Geist verändert Materie, die Macht des Willens und des Geistes« habe ich darauf hingewiesen, wie wir zum erfolgreichen Handeln kommen. Es geht immer um die Motivation und die Willenskraft, um erfolgreich zu sein. Es geht um das Loslassen der einschränkenden, begrenzenden Vorstellungen über uns.
Die Worte »unmöglich« und »das kann ich nicht« müssen wir aus unserem Wortschatz streichen. Es gibt ein englisches Sprichwort, das besagt: »Unmöglich ist ein Wort aus dem Wörterbuch der Narren.«
Wenn wir etwas vorhaben oder ändern wollen, müssen wir es auch tun, nicht nur versuchen. **Im Tun liegt die Kraft.**

Es kann dir jemand die Tür öffnen – Hindurchgehen musst du selbst.
Christin Astra

Geld und Erfolg, Einstellung zum Geld

Es ist nichts Schlechtes, Geld zu haben, aber wir sollen nur nicht daran haften. Eine negative Einstellung zum Geld verhindert, dass es uns in genügender Weise zukommt. Gott ist die Fülle selbst und wir sollen die Fülle haben. Je mehr wir auf unsere innere Kraft und Gott vertrauen, umso besser wird die Hilfe sein. In diesem Zusammenhang darf ich an das Gesetz der Fülle erinnern und an das, was ich im ersten Kapitel darüber geschrieben habe.

Geld und Gut sind an sich neutral. Es spricht nichts dagegen, wenn man es hat. Es liegt nur am Denken, in der falschen Einstellung zu ihnen. Es ist die Art des **Gebrauchs**, die entscheidet, ob Reichtum gut oder böse ist. Wir dürfen nur nicht Sklaven des Geldes und der Dinge werden.
Wer glaubt, dass Armut ein Spiegel von Heiligkeit sein müsse, der irrt. Es gibt Menschen, die den Weg der Entsagung gehen, so wie es viele Mönche tun. Aber das ist nicht der alleinige Weg zu Gott. Man kann auch viel Gutes bewirken für andere, indem man seine Mittel für gute Zwecke bereitstellt oder tatkräftig finanziell unterstützt. Wohlhabend zu sein bedeutet auch eine Verpflichtung, dass wir mit einem Teil unseres Gewinns Projekte unterstützen, die anderen zum Wohle dienen.

Vermögen bedeutet auch, dass ich etwas vermag. Besitz kann man verlieren, aber wenn ich etwas vermag, kann ich aus jeglichem Verlust wieder etwas Neues aufbauen. Darauf habe ich bereits im ersten Kapitel über die vier Lebensziele unter »Artha« hingewiesen.

Wohlstand zeigt sich auf allen Ebenen, nicht nur im Äußeren. Er bedeutet auf körperlicher Ebene auch Vitalität, Gesundheit und Lebensfreude, auf geistiger Ebene Ausgeglichenheit, Liebesfähigkeit, Wertschätzung, Dankbarkeit und auf seelischer Ebene Erkenntnis, Weisheit und Loslassen können und inneres Glück – ganz unabhängig von äußeren Umständen.

Alles mit Liebe und gerne tun und mit Konzentration

Es spielt keine Rolle, was wir tun, ob wir zu Hause beim Kochen, beim Gestalten der Wohnung, bei der Kindererziehung kreativ sind oder innerhalb einer Firma tätig oder selbstständig sind. Wenn wir es mit Liebe und gerne tun, werden wir Erfolg und Freude ernten.
Das ist das Geheimnis von allen erfolgreichen Menschen.
Sie verrichten ihre Tätigkeit mit Achtsamkeit und Konzentration. So passiert es auch kaum einmal, dass ihnen verlustreiche Fehler oder Missgeschicke aller Art durch Unachtsamkeit unterlaufen. Sie setzen auch ihre intuitiven Kräfte ein und hören auf die innere Stimme.

Sie sind mit Begeisterung dabei und hoch motiviert. Sie kennen ihre Stärken und setzen ihre Talente bewusst und kreativ ein. Daraus erwächst auch eine Freude am Tun.

Zur eigenen Berufung finden

Freude am Tun erwächst auch daraus, wenn wir wissen, was unsere Lebensaufgabe, unsere Berufung ist. Früher war es oft so, dass die Kinder nicht lange gefragt wurden, was sie einmal werden möchten. Sie mussten den Eltern Folge leisten und eine schulische Ausbildung antreten, die ihnen gar nicht lag oder den Beruf und das Werk des Vaters übernehmen.
Früher wurde dem Erstgeborenen der Hof übergeben und die übrigen Brüder mussten sich als Knechte verdingen. Für die Mädchen war ohnehin nicht viel Ausbildung vorgesehen, weil sie später heiraten sollten. Manche junge Menschen wurden einfach in ein Kloster gesteckt, ob sie für ein solches Leben befähigt waren oder nicht.

Andere durften gar keine Ausbildung absolvieren, weil die Mittel dazu einfach nicht da waren, obwohl sie talentiert, intelligent und befähigt zu etwas anderem gewesen wären, als Hilfsarbeiten zu verrichten oder in Haushalten als Bedienstete angestellt zu sein. Das weiß ich aus den Schilderungen meiner Großmutter. Es ist kein Wunder, dass ihr Leben dann hauptsächlich aus Pflichterfüllung und harter Arbeit bestand, aber nicht aus Lebensfreude und Erfüllung in beruflicher Hinsicht.

Gott sei Dank haben sich die Zeiten geändert. Aber um diesem vorzubeugen, sollten die Eltern schon frühzeitig auf die Fähigkeiten und Talente ihrer Kinder achten und dies auch bei der späteren Ausbildung berücksichtigen. Das ganze Leben wird durch die richtige oder falsche Berufswahl beeinflusst! Irgendeinmal wird der junge Mensch, wenn er die Kraft und die Möglichkeit dazu hat, einfach »aussteigen«, wenn er spürt, dass er den falschen Beruf hat.

Wie können wir unsere eigene Berufung erkennen?
Oft genug kommt es vor, dass wir schon in der Kindheit ganz bestimmte Neigungen und Interessen haben. Als mich einmal meine Verwandten fragten, was ich einmal werden wolle, antwortete ich ganz spontan »Ich möchte Buch schreiben und Sängerin werden.« Meine Seele hat es gewusst und ich habe intuitiv geantwortet. Natürlich hat das niemand ernst genommen. Sie haben gelacht und gemeint, zuerst sollte ich einmal »etwas Gescheites lernen«.

Ein besonderes Beispiel ist das Leben des sehr bekannten Künstlers André Heller. Er fügte sich nicht in die Pläne, die für ihn bestimmt waren, er war kein guter Schüler – sehr zur Unzufriedenheit seiner Mutter. Er ließ sich einfach nicht in eine Schablone pressen. Und heute – heute ist er ein anerkannter, sehr kreativer Künstler, der sich einen Namen gemacht hat. Er ist seiner Berufung gefolgt und erfolgreich damit.
Als Geschäftsmann wäre er sicherlich unglücklich geworden und die Welt wäre ärmer um die schönen Werke eines Künstlers – denken wir doch in diesem Zusammenhang u. a. an die »Kristallwelten« in Wattens in Tirol, deren Gestaltung er maßgeblich initiiert hat, und die eine Attraktion für viele Menschen aus aller Welt sind.

Unsere Seele gibt uns deutlich Hinweise, wenn wir unsere wahre Lebensaufgabe und Berufung nicht erfüllen und unser Ziel verfehlen. Da kann es schon vorkommen, dass wir immer unglücklicher werden oder uns Dinge zustoßen, die »uns aus der Bahn« werfen, und zwingen, umzudenken, auszusteigen.
Das können Krankheiten, Verletzungen und Unfälle sein. Das ist dann die »Sprache des Lebens«, die uns aufmerksam macht, dass etwas nicht stimmt, wie ich es im Kapitel über Heilung bereits ausgeführt habe.

Spätestens dann sollten wir uns fragen:
Was kann ich besonders gut, was macht mir besondere Freude? Was kann mich so recht begeistern?
Welche Fähigkeiten, Talente und Kräfte habe ich? Was sind meine Hobbys, meine Wünsche?
Wenn ich mein Leben noch einmal beginnen könnte, was würde ich dann anders machen?
Was wollte ich immer schon tun? Was wäre mein Wunschtraum?
Da wo unsere geschenkten Gaben liegen, da liegt auch unsere Aufgabe! Ein Beruf sollte etwas sein, wofür wir leben und möglichst nicht, wovon wir leben.
Und wenn wir schon aus existenziellen Gründen aus unserem Beruf nicht aussteigen können, so sollten wir wenigstens in der Freizeit unsere Fähigkeiten pflegen und irgendetwas tun, was uns Erfüllung und seelische Befriedigung schenkt. Spätestens mit Eintritt in die Pension könnten wir wieder eine Tätigkeit aufnehmen, die uns früher aus gewissen Umständen nicht möglich war, die wir immer gerne getan hätten. Das kann ein besonderes Talent, z. B. Zeichnen, Malen oder Musizieren sein. Wir sollten daran denken und etwas tun, was unserem Lebensplan entspricht.

Im Zuge einer Lebensberatung erhielt ich für eine junge, etwas behinderte Frau bezüglich ihrer Berufswahl folgendes Channeling. Es war nach ihrer Aufgabe gefragt worden und wofür sie eine besondere Neigung hat, welche Tätigkeit sie ausfüllen würde:
»Sie kann durch diese Schwierigkeiten über sich selbst hinauswachsen und ihre Kraft entdecken, die in ihr schlummert. Das ist ihre ***Aufgabe****. Diese hat sie sich gestellt, bevor sie sich inkarnierte.*
Als Beruf, der sie ***ausfüllt****, wäre eine Tätigkeit im sozialen Dienst zu empfehlen. Dabei kommt es nicht auf Schnelligkeit, sondern auf Mitgefühl und Einfühlungsvermögen an, das sie ja durch ihre Schwierigkeiten auch mit Menschen mit ähnlichen Problemen zu tun hat. Sie weiß,* ***was*** *für Hilfe nötig ist. Eine Arbeit mit Kindern oder Jugendlichen würde ihr Erfüllung bringen. Da könnte sie sich erfolgreich einbringen.*

Gleichzeitig kann durch diesen Dienst ihr Karma gelindert und ausgeglichen werden, und so kann ein sogenanntes »Unglück« ***für die Seele reiches Wachstum*** *und Fortschritt bringen.*
Sie ***spürt*** *ja jetzt schon ganz genau, dass ihre jetzige Tätigkeit nicht dem Seelenplan entspricht. Sie sollte umsatteln, einen neuen Bildungsweg ergreifen und die Voraussetzungen schaffen für einen sozialen Beruf, der sie* ***glücklich*** *machen wird.«*
Das war auch eine volle Bestätigung, was die junge Frau bereits gespürt hat. Sie hat die vorgeschlagene Berufswahl getroffen, und ist jetzt glücklicher damit als sie es vorher war.

7. Kapitel

Im Einklang leben mit seinem Umfeld, der Wohnung, dem Haus

Eine freundliche Atmosphäre in deinem Haus ist die beste Grundlage für dein Leben.
Dalai Lama

Es gibt verschiedene Möglichkeiten und Methoden, eine freundliche und aufbauende Atmosphäre in unserem Heim oder an unserem Arbeitsplatz zu schaffen. Einige davon werde ich in diesem Kapitel aufzeigen.

Die harmonische Gestaltung (Feng Shui)

Im Rahmen dieses Buches kann ich Ihnen nur ein allgemeines Bild über Feng Shui, die Lehre vom harmonischen Wohnen und Bauen, vermitteln. Wenn Sie sich in dieses Thema vertiefen möchten, so finden Sie Buchhinweise im Anhang des Buches.

Die Bedeutung von Feng Shui ist »Wind und Wasser«. Es ist eine Jahrtausende alte Harmonie- und Weisheitslehre, stammend aus China. Es wurde ursprünglich nur an kaiserlichen Höfen und in gehobenen Kreisen praktiziert. Feng Shui ist wirksam auf der ganzen Welt.

Unsere Ahnen waren noch mit den Wirkungen von Energieströmen vertraut. Sie richteten alle Bauwerke so aus, dass gute Energie eintreten konnte. Mit »Chi« bezeichnet man Lebensenergie. Es ist die gleiche Bedeutung wie bei den Begriffen Qi Gong, Tai Chi oder Reiki.

Dieser Energiefluss kann gut oder schlecht wirken, je nachdem wie wir unser Umfeld gestalten. Feng Shui ist die Lehre, wie wir den **Energiefluss** optimal durch unser Wohn- und Arbeitsfeld lenken können. Wohlbefinden und Erfolg werden durch das Zusammenspiel aller Elemente beeinflusst. Feng Shui dient in erster Linie der Schaffung und Erhaltung eines harmonischen Gleichgewichtes, der empfindlichen Balance der Natur.

Bei Feng Shui gilt das Gesetz »Wie innen so außen«. Da der äußere Raum um uns herum unserem inneren Seelenraum entspricht, sind unser Wohnraum und alles rundherum der Spiegel unseres Lebens. Diese Tatsache habe ich bereits unter »Die Sprache des Lebens« im Kapitel über Heilung angesprochen. Wir haben jederzeit die Möglichkeit, etwas energetisch zu verbessern bzw. zu korrigieren.

In Feng Shui wird die Wohnung in 8 Bereiche aufgeteilt. Es sind Karriere, Lernen, Familie/Menschheit, Reichtum, Erfolg, Ehe, Kinder, hilfreiche Menschen und das Zentrum. Dabei wird mit dem Oktagramm (Ba-Gua) gearbeitet. Das Oktagramm ist ein achteckiges Symbol des I Ging. Dieses wird wie ein Raster auf die zu analysierende Fläche aufgelegt. Zur Orientierung dient der Eingang der Wohnung oder des Hauses.

Beim Eingang liegen die drei Bereiche des Ba-Gua »Inneres Wissen«, »Karriereweg« und »Helfer, Freunde«, wobei der Eingang dem Karriereweg entspricht.

Reichtum Segen Fülle	Ruhm Selbstausdruck	Beziehungen Ehe
Familie Vorfahren Erbe	Gesundheit	Nachkommen Kinder Projekte
Inneres Wissen Selbst- verwirklichung	Karriereweg	Helfer Engel

Eingang

Wenn Sie feststellen, dass ein Bereich bei Ihrem **Haus** fehlt, setzen Sie ausgleichende Maßnahmen, indem Sie in den fehlenden Bereich Pflanzen, Büsche, eine Bank oder eine Statue aufstellen oder eine Lichtquelle darauf richten. Wenn ein Bereich in Ihrer **Wohnung** fehlt, gleichen Sie das durch Anbringen eines Spiegels, mit Licht oder Pflanzen aus.

Nicht nur das Haus oder die Wohnung, jeder einzelne Raum der Wohnung, selbst ein Schreibtisch kann gemäß dem Ba – Gua gestaltet werden. Damit eröffnet sich die Möglichkeit, bestimmte Bereiche entsprechend unseren Wünschen und Erfordernissen zu verstärken.
Den Bereich für **Partnerschaft und Beziehung**, der sich ganz im **rechten rückwärtigen Bereich** der Wohnung bzw. eines jeden Raumes befindet, können wir mit Zeichen der Liebe verstärken. Das können zwei kleine Herzen sein oder Fotografien mit dem Partner. Alles was paarweise ist, z. B. Delphine oder Glücksfische, verstärkt die Partnerschaft. Das wird der Beziehung gut tun und diese inniger machen.
Den Bereich für **Reichtum** können wir stärken mit einer silbernen Spar-Dose, Münzen oder einem Wasserfall-Bild. Dieser Bereich bezieht sich auch auf Wohlstand, Glück und Segen.

Der Platz für die **Meditation** ist am idealsten in östlicher Richtung. In östlicher Richtung kommen uns förderliche, geistige Schwingungen zum Meditieren und zur Vergeistigung zu. Hingegen kommen uns aus dem Süden und Westen aktivierende Kräfte zu, die anregen und das Bewusstsein auf körperliche Dinge lenken.

Generell verstärken Licht, geschliffene Kristalle und Klangspiele die Energie in allen Bereichen, ebenso alles Lebendige, wie Pflanzen und Tiere.
Farben, Formen und die Ausrichtung der Dinge spielen bei Feng Shui eine große Rolle, Harmonie soll spürbar werden. Die Auswahl ist bedeutsam, vor allem sollen freundliche Farben in den Räumen und in der Ausstattung der Räume vorherrschen.

Elemente und ihre Zuordnungen

Nicht nur Farben, Gegenstände und Himmelsrichtungen werden von den Chinesen im Feng Shui den **fünf Elementen** zugeordnet, sondern u. a. auch die Naturelle der Menschen.

Es sind Feuer, Erde, Metall, Wasser und Holz. Jeder der fünf **Element-Typen** hat besondere Bedürfnisse. Es sollte von jedem Element etwas in Wohnung und Haus vertreten sein, um die Energie harmonisch fließen zu lassen und als Ausgleich. **Farben und Gegenstände** können vielfältig zur Verbesserung des Chi eingesetzt werden.

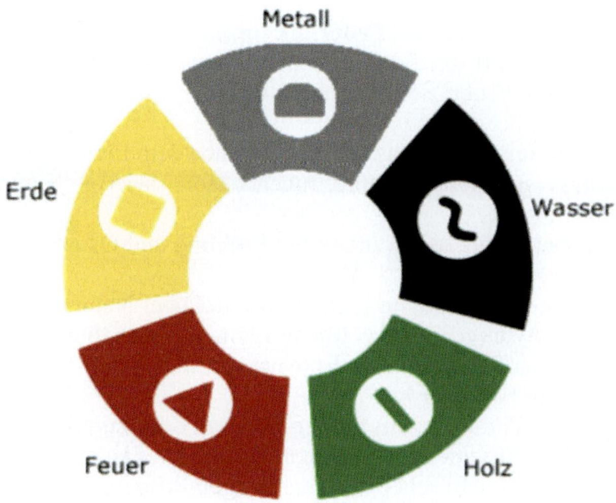

Feng Shui beschreibt **zwei Elemente-Zyklen**: den aufbauenden, nährenden und den abbauenden, erschöpfenden bzw. zerstörerischen. Der aufbauende Kreis verläuft **im** Uhrzeigersinn, der abbauende **gegen** den Uhrzeigersinn. Diese auf- und abgehenden-Zyklen sind überall in der Natur sowie im menschlichen Körper in den Organen aktiv.
Beim **aufbauenden** Zyklus wird die Energie aus dem einen Element an das nächste weitergeleitet: Das Holz nährt das Feuer, das Feuer verbrennt es zu sauberer Erde (Asche), im Inneren der Erde entstehen Metalle und Kristalle, das Metall wiederum nährt das Wasser (durch Kondensation), das Wasser bringt Holz hervor und das Holz nährt wiederum das Feuer. Nun schließt sich der Kreis.
Beim **abbauenden**, destruktiven Zyklus verfault das Holz durch das Wasser, Erde erstickt das Feuer und verunreinigt und hemmt das Wasser, Wasser bringt Metall zum Rosten und löscht Feuer, Metall wird durch das Feuer geschmolzen und Metall zerhackt Holz.

Die 5 Elemente und die 2 Zyklen spielen in der chinesischen Heilkunde eine wichtige Rolle. Sie müssen auch beim Feng Shui beim Bauen und Wohnen berücksichtigt werden. Dabei ist es wichtig, die Elemente nach dem aufbauenden Zyklus anzuwenden.

Farben und Elemente

Weiß, Silber, alles Glänzende, entspricht gemäß Feng Shui dem Element **Metall**. Es vermittelt Kühle, Klarheit, Frieden, Weite, Unschuld und Reinheit. Es ist aber keine Farbe zum Entspannen. Metall, Schmuck und Geld gehören zum Element Metall.
Zuordnungen zum Element Metall: Herbst und Westen.

Blau in allen Tönen sowie Schwarz entsprechen dem Element **Wasser**. Es vermittelt Kühle, Ruhe und erfrischt, je nach Farbton. Glas, Brunnen und Wasserspiele gehören zum Wasserelement.
Zuordnungen zum Element Wasser: Winter und Norden.

Gelb und Gold werden dem Element **Erde** zugeordnet, es geht von den sanften hellen Sonnentönen bis in beige und sanfte Brauntöne. Das ist für Kommunikation und geistiges Schaffen ideal und vermittelt Geborgenheit. Erde, Lehm, Tonziegel und Keramik entsprechen diesem Element.
Zuordnung zum Element Erde: Zentrum.

Rot/Orange entspricht dem Element **Feuer**. Es vermittelt Aktivität und Wärme. Feuer, Licht und Kerzen sowie Kunststoff werden dem Feuerelement zugeordnet.
Zuordnung zum Element Feuer: Sommer und Süden.

Grün in allen Schattierungen und Blaugrün entsprechen dem Element **Holz bzw. Luft/Wind**. Es vermittelt Natur, Gesundheit, Frühling, Jugend. Holz, faserige Naturstoffe und Pflanzen gehören zu diesem Element.
Zuordnung zum Element Holz bzw. Luft/Wind: Frühling und Osten.

Wie aus der Schöpfungsgeschichte im späteren Kapitel über Natur, Tiere, Erde, Kosmos hervorgeht, haben wir im Ayurveda als das **fünfte** Element das **Äther-Element**. Alles, was geschaffen ist, findet seinen feinstofflichen Entwurf auf ätherischer Ebene, der Akasha-Ebene, die ihren Ursprung beim Schöpfer hat.
Das ist eine interessante Parallele zum fünften Element des Feng Shui, dem Metall-Element, das ebenso wie das Äther-Element das Element des Raumes ist.
Dieses entspricht ebenfalls dem schöpferisch/geistigen Prinzip, von dem alles durchdrungen ist, und durch dessen kreative Ideen und Information alles Materielle entsteht bzw. zum Ausdruck kommt.
Die 5 Elemente werden nicht nur materiell angesehen, sondern auch energetisch.

Ein paar Grundregeln von Feng Shui – praktische Tipps

Wichtig ist grundsätzlich, dass wir daran denken, für einen **guten Energiefluss** zu sorgen. Das fängt schon beim **Haus- und Wohnungseingang** an. Er sollte eine einladende Atmosphäre haben, dass man gerne eintritt. Gestalten Sie ihn freundlich und gut beleuchtet. Ein Spiegel bringt zusätzlich noch mehr Energie hinein. Direkt vor dem Eingang sollte kein Baum oder Mast stehen, der den Energiefluss behindern könnte. Ein leicht gewundener Pfad im Eingangsbereich, mit Pflanzen mit abgerundeten Blättern, duftenden Blüten, ist nicht nur für den Energiefluss des Hauses besser, er vermittelt auch einen freundlichen Eindruck.

Idealerweise soll das Chi in **sanften Wellenbewegungen** über das Grundstück und durch alle Räume fließen, nur so wirkt es sich wohltuend auf die dort lebenden und arbeitenden Menschen aus. Generell sind Energie-Durchzüge zu vermeiden, das gilt für Luft, Licht, Wärme. Wenn sich die Energie zu schnell durch Wohnung, Haus oder Büro bewegt, haben die Bewohner nichts davon, im Gegenteil, der Durchzug schadet ihnen. Das ist z.B. der Fall, wenn sich Tür und Fenster oder Türe und Türe direkt gegenüber liegen. Das wäre schon beim Entwerfen des Grundrisses zu berücksichtigen. Die Energie, das Chi, sollte in den Räumen zirkulieren können.

Ein Drittel unseres Lebens verbringen wir im Schlafzimmer. Es ist wichtig, dass wir uns während des Schlafs gut regenerieren können. Aus diesem Grunde muss in den Schlafräumen ein besonderes Augenmerk auf eine **gute Energie** gelegt werden.

Im **Schlafzimmer und im Schlafraum für Kinder** sollten keine Elektrogeräte sein, vor allem kein Fernseher oder Computer. Wenn kein anderer Platz zur Verfügung steht, decken Sie ihn vor dem Schlafengehen mit einem Seidentuch ab und ziehen den Stecker heraus.
Es empfiehlt sich, eine Netzfreischaltung zu installieren, die des Nachts die Stromzufuhr unterbricht. Oder man schließt Geräte an eine Mehrfachsteckdose mit Schalter an, um den Strom über Nacht ganz abzuschalten.
Elektrosmog verringert die für den Schlaf so wichtige Melatoninbildung und die Zahl der Immunzellen und verändert die Hirnströme im Schlaf. Er stört wichtige Funktionen im Körper und hemmt den Energiefluss.
Unser Gehirn hat eine Frequenz von ca. ca. 8 Hertz, was der Schuhmann-Frequenz der Erde entspricht. Fernseher oder Computer erzeugen jedoch ein elektromagnetisches Schwingungsfeld von ca. 100 bis 160 Hertz. Wir sind daher einem viel schnelleren schwingenden Frequenzmuster ausgesetzt, das in der Folge Nervosität, Schlaflosigkeit und Konzentrationsschwäche hervorruft.

Salzkristall-Lampen neutralisieren elektromagnetische Schwingungen von Elektrogeräten in unseren Schlaf-, Wohn- und Arbeitsräumen. Sie erzeugen nicht nur ein angenehmes Licht, sie wirken zusätzlich durch ihre schönen Farben wohltuend auf Körper, Geist und Seele. Sie bauen ein gutes Ionenfeld auf.
Es ist durch Tests erwiesen, dass Beschwerden von hyperaktiven Kindern, wie Konzentrations- und Schlafstörungen, durch das Aufstellen von Salzkristall-Lampen bereits nach einer Woche deutlich nachließen, aber nach Entfernen der Lampen wieder auftraten. Dieser Test wurde mit Lampen aus Himalaya-Kristallen durchgeführt.
Hier ist zu beachten, was bereits in Bezug auf die Pflege von Kristallen geschrieben wurde. Salz nimmt ungute Energien auf. Da man Salzkristalle nicht mit Wasser reinigen kann, reinigen wir sie visuell mittels der Violetten Flamme und bitten dazu die Gottesboten, dass sie die Salzkristall-Lampe von unguten anhaftenden Energien reinigen und segnen mögen.

Es ist empfehlenswert, wenn wir im Schlaf- und Kinderzimmer möglichst natürliche Materialien bei der Bettwäsche verwenden und keine Federkernmatratzen in den Betten. Bevorzugen wir Holzmöbel, wenn möglich mit natürlicher Bienenwachs-Politur. Im Kapitel »Im Einklang leben durch harmonische Schwingungen« habe ich unter den Symbolen darauf hingewiesen, dass Waschanleitungssymbole bei Bett- und Nachtwäsche am besten herausgeschnitten werden sollen, auch bei Plüschtieren, die Kinder gerne ins Bett nehmen. Diese Symbole haben eine strahlenaufbauende, ungute Wirkung. Somit kann die Schlafqualität und Gesundheit auf Dauer beeinträchtigt werden.

Man sollte unbedingt darauf achten, dass Spiegel die Schlafenden nicht direkt reflektieren. Sie reflektieren nämlich verbrauchte Energien, die man beim Schlafen aussendet, zurück an den Schlafenden, und das verhindert eine Regeneration. Als Lösung bietet sich an, dass man die Spiegeltür des Schrankes über Nacht so ausrichtet, dass sie einen im Schlaf nicht reflektiert. Falls dies nicht möglich ist, kann man den Spiegel mit einer Wolldecke oder einem Seidentuch abdecken.

Ich habe bereits empfohlen, ein Seidentuch zum Abdecken von Computern und Fernsehern zu verwenden und weiße oder bunte Seidenunterwäsche zum Abschirmen gegen negative Schwingungen und Einflüsse zu tragen (besonders Masseure, Therapeuten). Das hat seinen guten Grund.

Dazu möchte ich eine kleine, lustige Episode erzählen: Vor etlichen Jahren machte ich anlässlich eines Seminars ein Experiment mit meiner Freundin Gerti. Alle Seminarteilnehmer versuchten sich in einem dunklen Raum auf die auf der anderen Seite des Raumes gegenübersitzende Person einzustellen und sie intuitiv zu erfassen, mir gegenüber saß Gerti. Der Raum war so dunkel, dass man nicht einmal die Hand vor dem Gesicht sehen konnte.
Und so versuchte ich etwas von Gerti wahrzunehmen – ihre Gedanken, Gefühle, Aura usw. Aber zu meiner Enttäuschung kam von ihr gar nichts zu mir herüber, alles schien verschleiert. Nach dem Experiment konnten die anderen Seminarteilnehmer vieles von ihren Wahrnehmungen erzählen, ich aber nichts. Ich sagte nur: »Ich habe nur Schleier gesehen.«
Da fing Gerti herzlich an zu lachen und verriet uns, dass sie sich während des Experiments mit einem Seidentuch verhüllt habe. Sie hat sich damit völlig abgeschirmt, sodass ich nichts von ihr wahrnehmen konnte. Seide lässt nichts durch, keine Strahlung und keine Schwingung.

Falls Sie sich morgens nach dem Aufwachen meist besonders matt oder »erschlagen« fühlen, und es keine logische Erklärung dafür gibt (zu spätes Zubettgehen, schweres Abendessen etc.), so möchte ich Ihnen anraten, Ihre Schlafstelle von einem Fachmann der Radiästhesie oder einen geschulten Baubiologen bzw. Geopathologen überprüfen zu lassen. Es ist durchaus möglich, dass ärztliche Befunde nichts Krankhaftes ergeben, aber im Feinstofflichen können durchaus massive energetische Störungen durch geopathische Zonen bestehen, die sich erst später auf der physischen Ebene als Krankheiten manifestieren.
Dieser Rat gilt in besonderem Maße, wenn Sie an Schlaflosigkeit oder einer chronischen Erkrankung leiden, deren Ursachen ungeklärt sind.
Strahlenbelastungen werden auch von Gegenständen in der Wohnung hervorgerufen. Eine diesbezügliche Spezialistin ist Frau Berta Eggersberger. Mittels ihrer neuen Entdeckungen ist es nicht mehr unbedingt nötig, Schlafstellen umzustellen oder Gegenstände zu entfernen. Sie hat wirksame, sparsame Mittel zur Abhilfe gefunden und entwickelt.
Im Anhang im Bücherverzeichnis finden Sie ihre Bücher und das vom Rutengeher Ulrich Holst mit wertvollen Ratschlägen zur Behebung von geomantischen Störungen, Kreuzungen von Wasseradern und Elektrosmog.
Gute »Tester« für einen Schlafplatz sind Hunde und Katzen. Hunde meiden und Katzen bevorzugen belastete Plätze, die für Menschen eine negative Wirkung haben. (Es gibt aber Ausnahmen, oft wollen Katzen einfach bei den Menschen schlafen, die sie lieben, ganz gleich, ob der Platz belastet ist oder nicht). In der Natur weisen schiefgewachsene oder gedrehte Bäume, Brennnesseln und Ameisenhäufen auf Erdstrahlen hin, auch Bienen bevorzugen diese Plätze.
Pferde, Haus- und Stalltiere weichen hingegen solchen belasteten Plätzen (Reiz-Zonen) aus bzw. gedeihen auf ihnen schlecht. Die Zimmerlinde ist ebenfalls sehr empfindlich auf Erdstrahlen, sie gedeiht nur auf strahlungsfreien Plätzen.

Zum Abschirmen gegen Erdstrahlen werden mitunter auch natürliche Materialien, wie reiner Kork, Bienenwaben-Platten oder Matratzen, gefüllt mit getrockneten Brennnesseln und Farnkraut, empfohlen. Ich habe von einem Imker erfahren, dass er Bienenwaben-Platten zum Abschirmen gegen Erdstrahlen verkauft. Sie werden unters belastete Bett gelegt. Bereits vor vielen Jahren habe ich diesen Rat auch von einem Volksheiler bekommen.
Bevor Sie größere Summen für Abschirmmittel ausgeben, machen Sie doch einfach einen Versuch mit diesen einfachen und wenig kostspieligen Volksmitteln. Es ist in jedem Falle wichtig, dass ein geschulter, erfahrener Radiästhesist den Schlafplatz überprüft und diese Maßnahmen auf Wirksamkeit nachprüft.
Idealerweise steht das Bett geschützt an der Wand mit freiem Blick auf Tür und Fenster. Deckenbalken, vor allem quer über das Bett und Schrägen, Kanten sowie schwere Bilder und Fenster über dem Kopf sind zu meiden.

Gemäß Feng Shui ist **Toilette und Bad** möglichst zu trennen, notfalls mit einem kleinen Vorhang. Die Tür zur Toilette halten Sie am besten geschlossen, ebenso den WC-Deckel, denn verbrauchte, unreine Energie sollte so schnell wie möglich die Wohnung verlassen. Um zu verhindern, dass gutes Chi von der Wohnung in das WC abfließt, kann man an der Außenseite der Tür zur Toilette einen kleinen Spiegel anbringen.

Günstige Gestaltung des Arbeitsplatzes
Gemäß Feng Shui sollte der Schreibtisch so angeordnet sein, dass Sie einen Überblick über den Raum und den Eingang haben, also nicht mit dem Rücken zur Tür sitzen. Ideal ist, wenn Sie beides im Auge haben, das Drinnen und das Draußen.
Der Schreibtisch steht idealerweise so, dass die Blickrichtung nach Nordosten oder Osten geht. Dies fördert die Konzentration. Ein Gefühl von Sicherheit schenkt etwas Stabiles im Rücken. Das kann ein Bild von einem Berg oder einer Schildkröte sein, die gemäß Feng Shui einen Schutz versinnbildlichen.
Versehen Sie Ihren Platz mit einem Gegenstand, mit dem Sie gute Erinnerungen und Gefühle verbinden. Das kann eine schöne Landschafts- oder eine Familien-Fotografie, ein Amethyst, ein harmonisierendes Symbol, z. B. die liegende Acht oder die Blume des Lebens, ein Glückssymbol, z. B. ein 7-Punkt Marienkäfer oder eine schöne Pflanze sein.
Gestalten Sie Ihren Schreibtisch entsprechend dem Ba Gua und platzieren Sie die Gegenstände in die entsprechenden Bereiche. Dabei bildet Ihr Sitzplatz den Eingang, das Feld »Karriere«. Das alles hat einen stärkenden Einfluss auf Sie für ein erfolgreiches Handeln.
Eine Spur von Lavendelduft im Raum hält frisch und beruhigt zugleich die Nerven und den Geist. Das ist gut für wichtige Gespräche.

Um einen guten Energiefluss in allen Räumlichkeiten zu gewährleisten, ist es wichtig, von Zeit zu Zeit aufzuräumen und zu **entrümpeln**. Immer wieder sammeln sich diverse Gegenstände an, die unnötig viel Energie »schlucken«, z. B. Zeitungen, Papierkram, Hausrat, Möbel, alte Kleider u. a. Sie nehmen Raum für etwas Neues weg und schaffen eine stagnierende Energie, die ermüdet und antriebslos macht. Mit dem äußeren Loslassen wächst das positive Gefühl und dann wird es immer leichter, auch überholte Bewusstseinsinhalte loszulassen.
Entfernen Sie Gegenstände und Fotos, mit denen Sie keine guten Erinnerungen verbinden, stellen oder hängen Sie diese nicht auf. Unbewusst üben sie unguten Einfluss aus, der z. B. sogar zu Misserfolg führen kann.

Vermeiden Sie Möbel mit scharfen Kanten und Ecken! Vor allem Ecken bergen in sich nicht nur eine Verletzungsgefahr, vor allem für kleine Kinder. Sie bilden auch eine aggressive Energie, die uns schädigen kann, wenn sie regelmäßig auf unseren Körper gerichtet ist. Das kann z. B. am Arbeitsplatz oder im Schlafzimmer sein.
Ich habe von einem Fall gelesen, dass eine Frau ihr jahrelanges, hartnäckiges Bronchialleiden los wurde, als sie auf den Rat ihrer Feng-Shui-Beraterin die Position ihres Bettes veränderte und somit einer Schrank-Kante auswich, deren Verlängerung sie quer über ihren Brustkorb getroffen hat.

Feng Shui empfiehlt auch **Steine** und **Zimmer-Brunnen** und Wasserspiele in der Wohnung zu unserem Wohlbefinden. Auch die Salzlampen schaffen ein gutes Raumklima. Unsere Wohnung, die Dachgärten oder Balkone können wir mit Pflanzen beleben.
Bilder von fließendem Wasser und **Wasserfällen** sind nicht nur schön und tun dem Auge gut, sie bringen etwas in Fluss, also auch unseren Geldfluss. Und das bedeutet Wohlstand. Diese Bilder dürfen Sie nicht einrahmen, das Wasser soll in den Raum fließen.

In Feng Shui spielen auch **Windspiele**, **Spiralen** und **Klangspiele** eine Rolle, sie beleben den Energiefluss. Durch ihren sanften Klang bringen Klangspiele schöne Schwingungen in den Raum.

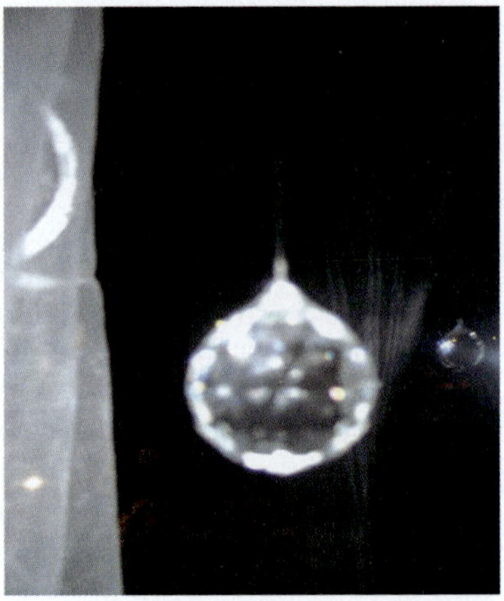

Die Anordnung der **Spiegel** soll so sein, dass gute Energie den Raum nicht verlässt bzw. ungute abgewehrt wird. Wollen Sie gute Energie hereinholen, hängen Sie den Spiegel so an die Wand, dass er gegenüber zum Fenster hängt, also Richtung nach außen.

Unerwünschte Energien können Sie auch ableiten, indem Sie einen Spiegel an der Hauswand gegenüber von unguten Nachbarn anbringen. Spiegel dienen auch dazu, einen Raum optisch zu vergrößern.

Zur guten Verteilung von Energie werden **Kristallkugeln** eingesetzt. Sie ziehen gute Energien von außen von der Sonne in unsere Räume hinein. Durch ihren Streueffekt tragen sie zur Vermehrung des vorhandenen Lichts bei. Sie können einen Energieabfluss verhindern.
Auch sogenannte »tote Ecken« von Räumen und Häusern, in denen sich verbrauchte Luft sammelt und das Chi nicht fließt, lassen sich mit Hilfe von Kristallen, Klangspielen und Licht sowie mit Bildern mit einem Wasserfall ebenfalls beleben.

Palast-Garten von Aga Khan in Pune, Indien

Gartengestaltung

Auch um das Haus soll auf den richtigen Energiefluss geachtet werden. Den Eingang des Gartens kann man mit einem **Rosenbogen** versehen, der hält schlechte Energien von draußen ab.
Wasser, Brunnen und Pflanzen spielen im Feng Shui auch eine große Rolle. Nicht umsonst wurden bei Schlössern und Palästen kunstvoll, in schönster Harmonie, Parks und Brunnen mit Wasserspielen und Teiche angelegt. Denken wir in diesem Zusammenhang nur an die Alhambra in Granada in Spanien oder an die indischen Paläste. Sie sind nicht nur zauberhaft, sie tragen auch zum Wohlbefinden der Menschen bei. Die Erbauer waren sich wohl bewusst, dass Springbrunnen den Reichtum vermehren.

Sind wir in der glücklichen Lage, einen Grund beim Hause zu haben, bieten sich gute Möglichkeiten, etwas für unser Wohlbefinden zu tun. Ein Brunnen oder ein Teich ist ideal im Garten eines Hauses, er macht friedvoll. Er sollte aber nicht im Westen des Hauses angelegt werden.

Leicht gewundene Wege entsprechen Feng Shui-Regeln. Beim Setzen der Bäume ist zu beachten, dass sie beim Heranwachsen nicht zu nahe an das Haus herankommen und das Sonnenlicht wegnehmen. Beidseits vom Hause dienen sie als Schutz.
Natürlich ergibt sich die Gelegenheit, einen **Blumengarten** anzulegen und auch Gemüse für Ihren Eigenbedarf zu pflanzen. Tipps für den Garten entnehmen Sie bitte dem Kapitel über Natur unter dem Thema »Die Schätze der Natur«.

Haben Sie keinen eigenen Garten, können Sie sich den **Balkon** als Refugium zur Erholung einrichten, in Töpfen eigene frische Küchen-Kräuter ziehen und Pflanzen wachsen lassen. Blühende Pflanzen, auch Hängepflanzen auf Balkonen, sind nicht nur hübsch, sie geben auch einen gewissen Sichtschutz. Garten und Balkon können sie mit färbigen, gläsernen Rosenkugeln schmücken.

Was wir vermeiden sollten:

- Alle spitzen Gegenstände, Geweihe und Dolche sollten wir besser nicht aufhängen.

- Keine Masken und Figuren afrikanischen, südamerikanischen oder chinesischen Ursprungs aufhängen bzw. aufstellen, die wir nicht kennen, ebenso keine Waffen und Symbole! Es können ihnen negative Schwingungen anhaften (sei es durch schwarzmagische Praktiken bei den Masken und von Unglück und Tod bei den Waffen), die uns negativ beeinflussen und schwächen.
  Bei Schlangen- und Drachenbildern bzw. Skulpturen ist Vorsicht angebracht, vor allem bei roten und schwarzen! Sie haben je nach Kulturkreis eine doppelte, also positive und/oder negative Bedeutung. Es ist besser, diese Objekte nicht in der Wohnung oder am Arbeitsplatz zu platzieren!

- Wir sollten auch eine gewisse Vorsicht bei alten, antiquarischen Schmuckstücken, Gemälden und Ziergegenständen walten lassen. Ihnen können ungute Energien von Vorbesitzern anhaften. Diese müssen vor dem Benützen bzw. Tragen unbedingt energetisch gereinigt werden, am besten mit der reinigenden Violetten Flamme.

- Vorsicht mit der Farbe schwarz! Sie sollten keine schwarzen Kerzen aufstellen. Diese ziehen nur Ungutes an. Schwarz zieht energetisch herunter, es verkörpert Finsternis und Schatten, Abgrund, Tod und das Nichts, aber auch Eleganz und Macht. Deshalb ist diese Farbe auch oft in Repräsentationsräumen und Vorzimmern bei Banken und Firmenkonzernen und Schau- und Warteräumen anzutreffen. Schwarze Möbel im privaten Bereich, wie z. B. im Schlafzimmer sind nicht sehr erbauend, sie wirken deprimierend. Schwarz ist höchstens angebracht, um gewisse Akzente, z. B. zu Weiß, zu setzen. Schwarz ist auch die Farbe des Rückzugs und der Abgrenzung.

In diesem Zusammenhang möchte ich noch an das Kapitel »Im Einklang leben durch harmonische Schwingungen«, insbesondere an den richtigen Gebrauch von Symbolen und was dabei zu beachten ist, erinnern.

Kosmische Kraft- und Heilsymbole können vielfältig zur Anwendung kommen. So sind sie nicht nur im privaten Bereich hilfreich, sondern auch im beruflichen Umfeld. Ich denke dabei an Arztpraxen, Krankenhäuser oder Ämter und Schulen.

Stellen Sie sich als Beispiel vor, Sie liegen beim Zahnarzt auf dem Behandlungsstuhl und blicken an die Decke. Wenn sich nun an der Decke ein schönes, kosmisches Symbol, z. B. die »Blume des Lebens« befindet und Ihr Blick während der Behandlung auf diesem Symbol ruht, wird Ihr Geist dadurch ruhig, es kommt weniger Angst auf. Auch der Zahnarzt und seine Assistentin profitieren von diesem Symbol, da es die Atmosphäre im Raum mit guten Schwingungen erfüllt.

Die vedische Baukunst Vastu

Der Begriff »Vastu« stammt von dem Sanskrit-Wort »Vasa« ab, was ins Lateinische übersetzt »Habitat« beziehungsweise »Gelände zum Erbauen einer Residenz« bedeutet. Vastu bezeichnet kurzerhand ein Bauland in der Natur.
Vastu Shastra ist eine Jahrtausende alte indische Wissenschaft der Architektur- und Baukunst. Vastu ist der »ältere Bruder« von Feng Shui. Vastu bezieht sich auf alle Arten von Bauten, also auf Tempel, Wohnhäuser, Dörfer und Städte. Gemäß Vastu sollen Gebäude errichtet werden, die in Harmonie mit den Gesetzmäßigkeiten der Natur stehen.

Historiker datieren die Anfänge der Vastu-Lehre auf eine Zeit zwischen 6.000 und 7.000 v. Christus. Die ersten schriftlichen Aufzeichnungen über Vastu werden auf etwa 600 v. Chr. datiert. Aus den indischen Epen geht hervor, wie früher Bauwerke in Indien nach Vastu-Kriterien errichtet worden sind.

Man beherrschte noch die Sprache der Formen. Auf die Bedeutung der Formen beim Bauen komme ich noch später zurück.
Zahlreiche Tempelbauten, die heute noch gut erhalten sind, bilden ein Zeugnis für die hohe Kultur des Bauens. Hier wären als Beispiele der Surya (Sonnen)-Tempel in Ranakpur, Rajasthan aus dem 13. Jahrhundert oder der Keshava Tempel in Somnathpur, zu erwähnen. In der orientalischen Baukunst baute man auch das Element Wasser in die Paläste und Gärten ein in Form von Brunnen, zum Wohlbefinden der Menschen.
Das schönste Denkmal innigster Liebe ist wohl der formvollendete Bau des Taj Mahal in Agra in Nordindien.
Keiner kann sich dem Zauber dieses Bauwerkes entziehen.

Aber auch in Europa beherrschte man die alte Baukunst Vastu. Sie zeigt sich in der Harmonie der Formen und der Anordnungen. Denken wir doch an die Alhambra in Südspanien. Und wenn wir einen Blick auf die römisch-griechische Baukunst werfen, sind wir beeindruckt von der Großartigkeit und Harmonie, die auch heute noch auf uns wirkt.
Auch in den indischen Palästen, die von den Mogulherrschern errichtet wurden, finden sich Wasseranlagen und Brunnen.

In vedischer Zeit vor Jahrtausenden wurden Städte in Indien nur bis zu einer bestimmten Größe gebaut. Heute können wir allenorts beobachten, dass Großstädte sich wie Moloche ausbreiten. Die sich an den Rändern entwickelnden Slumviertel sind Brutstätten für Elend und Verbrechen. Denken wir doch in diesem Zusammenhang an New York, Mexiko-City, Bombay oder Kairo und viele andere.
In der heutigen Zeit wird die Vastu-Gesetzmäßigkeit missachtet, dass Städte nur eine Größe für 55.000 Menschen erreichen sollten. Nur so sind aber das Wohlbefinden und das soziale Leben der Menschen gewährleistet. Wenn zu viele Menschen auf engstem Raum zusammengepfercht werden, kommen Aggressionen auf, so wie man es auch bei den Tieren beobachten kann.
Wie sehr wir uns schon der Natur entfremdet haben, können wir an den »Kunstprodukten«, einer Stadt wie Las Vegas erkennen, die in der Wüste errichtet wurde, und die das Wasser aus

weit entfernten Gegenden zuleiten muss. Auch durch die permanente künstliche Beleuchtung ist der natürliche Rhythmus von Tag und Nacht vollkommen ausgeschaltet.
Bevor Bauwerke in Indien errichtet wurden, wurde auch die **Geomantie** eingesetzt. Die Geomantie ist das Wissen vom richtigen Bauen, Erkennen von guten und schlechten Plätzen. Auch in unserem Kulturkreis bestand dieses Wissen. Zum Beispiel wurde die Stadt Karlsruhe nach geomantischen Kriterien errichtet. Aber leider achtet heutzutage kaum mehr jemand darauf.

Bei Vastu spielen die **vier Himmelsrichtungen** eine wichtige Rolle. Es musste sich bei den hinduistischen Bauten die kosmische Ordnung widerspiegeln. Es geht hier um »die 4 Gesichter Gottes«, auf die ich später noch zurückkommen werde.
Gemäß Vastu sind alle Außen- und Innenmauern eines Gebäudes nach den vier Haupthimmelsrichtungen auszurichten. Nur dann sind die Bedingungen gegeben, dass die herrschenden und kosmischen Energiefelder die beste Wirkung auf die Bewohner entfalten können. Z. B. treten dann die elektromagnetischen Energien der Hartmann-Linien – für den menschlichen Organismus in zuträglicher Weise – in das Gebäude ein.

Bei Vastu spielt auch der Zeitpunkt des Baubeginns eine Rolle. Nur bei bestimmten Sternen-Konstellationen soll mit dem Bau begonnen werden.
Vastu gibt auch Regeln für das Bepflanzen und das Anlegen von Brunnen. Es würde jetzt zu weit führen, wenn ich hier ins Detail ginge.

Es ist eine Grundannahme von Vastu, dass jeder begrenzte Raum ein **energetisches Eigenleben** besitzt. Seine Raumqualität wird durch die natürlichen Einflüsse bestimmt, die von **außen** auf ihn wirken. Hierzu gehören das Licht und die Wärme der Sonne, die Strahlung des Mondes, das Magnetfeld der Erde, klimatische Einflüsse sowie die Wirkung aus der umgebenden Landschaft, der Seen, Berge, Wälder usw.
Jeder Raum hat durch die natürlichen Einflüsse seine eigenen Schwingungen und Raumqualitäten. Sieben Faktoren beeinflussen die Qualität unseres eigenen Wohn- und Lebensbereichs:

1. Orientierung des Raumes bezüglich Himmelsrichtungen
2. Form des Raums
3. Maße des Raumes
4. Proportionen des Raumes
5. Baumaterial
6. Umgebung (z. B. Gewässer, Berge, Bäume)
7. Strahlungen der Erde.

Genau wie im Feng Shui gibt es im Vastu ein besonderes Kriterium für die **Raumaufteilung eines Privathauses bzw. in einer Wohnung**. Hier ein Vorschlag aus dem Buch »Vastu« von Birgit Frohn und Hans-Heinrich Rhyner für die **ideale Ausrichtung** nach Vastu-Kriterien, sodass die Bewohner den größtmöglichen Nutzen daraus ziehen können:

Wohnzimmer im Norden, Nordosten oder Osten, alternativ im Süden
Gebetsraum bzw. Hauskapelle, Bibliothek oder Studierzimmer im Nordosten
Veranda, Balkon oder Terrasse im Nordosten
Keller in Norden und Nordosten
Tresore und Wertsachen im Norden
Gästezimmer im Nordwesten
Lagerräume für leichte Waren, z. B. Lebensmittel, im Nordwesten
Garage im Südosten oder Nordwesten
Bad im Osten, alternativ im Westen oder Süden
Toilette im Nordwesten, alternativ im Südosten, Südwesten

Küche im Südosten oder Nordwesten
Heizung, Sauna im Südosten
Speisezimmer im Osten oder Westen
Kinderzimmer im Osten oder Westen
Elternschlafzimmer im Südwesten, weitere Schlafräume im Westen oder Süden
Privatbüro, Arbeitszimmer im Südwesten
Abstellräume für Schweres im Südwesten.

In Vastu werden den verschiedenen Bestandteilen des Sonnenlichtes besondere Bedeutungen zugemessen. Gemäß Vastu haben der Nordosten und der Südosten eine besondere Bedeutung. Aus dieser Richtung kommen nämlich die ultravioletten Strahlen der Morgensonne. Diese haben einen überaus guten Einfluss auf den Stoffwechsel, Durchblutung, Herz und Kreislauf.
Die Empfehlungen von Vastu stellen kein Muss dar, es sind durchaus Änderungen möglich. Vor allem in unseren kühleren Breitengraden werden wir die Anordnung des Wohnzimmers und der Veranda, Terrasse oder Balkons im Norden, Nordosten oder Osten etwas unpassend finden, besonders wenn in den Wintermonaten ohnehin wenig Licht und Wärme vorhanden sind. Eine Alternative dafür wäre der Süden oder Südwesten.

Medikamente und Erste-Hilfe-Ausrüstungen sollten im Nordosten des Hauses aufbewahrt werden. Hinsichtlich der Wertsachen ist es ratsam, sie in den **Norden** zu geben, alle anderen Richtungen verursachen Verluste und enorme Ausgaben. Die Öffnung des Safes oder des Schranks mit Wertsachen, Schmuck und Dokumenten sollte in Richtung Norden oder Osten weisen.
Generell gilt, der Norden sollte wie der Osten offen, frei, leicht und sauber gestaltet werden. Die Abstellkammer und alles, was aussortiert, nicht mehr gebraucht wird und wegkommen soll, wie die alte Ablage, nicht mehr funktionierende Maschinen und Müll, schwere Waren, sollen in den **Südwesten** des Hauses kommen, auf keinen Fall in den Nordosten! Denn das wirkt sich negativ auf die Vitalität, Karriere und Wohlstand der Bewohner aus. Das gleiche gilt für die Toilette, sie soll sich möglichst nicht im Norden oder Osten des Hauses bzw. der Wohnung befinden, auf keinen Fall im Zentrum.
Der Lagerraum für leichte Waren hat im Nordwesten seinen Platz.

Für die Anlegung von Brunnen, Springbrunnen oder Teichen im Garten eignet sich gemäß Vastu der Nordosten besonders gut. Hier herrscht das Wasser-Element. Der Südwesten oder Südosten ist zu meiden, da diese Bereiche dem Feuer-Element zugeordnet sind. Diese Bereiche wären der ideale Ort zum Grillen.
Im Osten oder Norden sollte sich das Grundstückstor bzw. der Eingang befinden. Müllhäuschen und dergl. und abgestelltes Gerät haben ihren Platz im Südwesten, keinesfalls im Norden, Nordost oder Osten.

Im Ayurveda sind wir bereits Kapha, Vata und Pitta begegnet.
Vata ist dem **Luftelement** zugeordnet, entspricht dem Wind und ist im Vastu dem **Nordwesten** zugeordnet.
Kapha besteht aus den Elementen Erde und Wasser, wobei das **Erdelement** dem **Südwesten** und das **Wasserelement** dem **Nordosten** zugeordnet wird.
Pitta ist dem **Feuerelement** zugeordnet. Es wird gemäß Vastu dem **Südosten** zugeordnet.
Sie wissen bereits, dass Vata, Pitta und Kapha ganz bestimmte Eigenschaften und Qualitäten gemäß den Elementen haben. Und danach richtet Vastu die Wohnräume aus.

Vastu empfiehlt für einen erholsamen und tiefen Schlaf, dass das **Kopfende des Bettes nach Süden** weist. Geht der Kopf in Richtung Osten, soll das die Intelligenz sowie geistige Fähigkeiten fördern.

Man sollte möglichst nicht mit dem Kopf im Norden liegen. Das führt zu schlechtem Schlaf mit wenig Erholungsqualität. Das hat mit dem zu tun, dass der menschliche Körper genauso wie die Erde magnetische Eigenschaften hat. Beim Menschen befindet sich der magnetische Nordpol am Kopf und diese beiden Pole würden sich abstoßen, was innere Spannung und Unruhe verursacht.

Hinsichtlich der **Farbgebung** decken sich Ayurveda und Feng Shui mit Vastu weitgehend. Jedes Grundstück, jedes Haus, alles was wir besitzen, spiegelt unser Leben wider und zeigt gewisse Tendenzen unseres Schicksals. Dabei spielt es eine Rolle, wo es steht, wo sich der Eingang und die Türen befinden. Feng Shui und Vastu haben beide einen spirituellen Hintergrund, es gilt, uns mit den Energien des Himmels, der inneren Harmonie und der Erde in Einklang zu bringen, schöpferisch zu sein.

Der Unterschied von Feng Shui zu Vastu liegt darin, dass Feng Shui vorwiegend auf der energetischen Ebene des Chi oder Prana wirkt, während Vastu tief in die **karmische Ebene** hineinreicht. Zur Klärung von Karma wird auch die Astrologie herangezogen.
Um karmische Einflüsse und Defekte auf energetischer, karmischer oder spiritueller Ebene zu korrigieren, verwendet Vastu **spirituelle Yantras**. Das sind uralte symbolische Darstellungen für die verschiedenen Himmelsrichtungen. Sie fungieren ähnlich wie Mantras und werden entsprechend in der Wohnung plaziert. Zum Beispiel wird ein Schutz-Yantra am Eingang angebracht.
Wir sollten viel mehr Architekten fördern, die im Einklang mit der Natur arbeiten wollen und auch die aufgezeigten wichtigen Belange hinsichtlich des Errichtens von Bauwerken berücksichtigen.

Bauen und Wohnen

Es lohnt sich, bereits vor dem Bauen eines Wohn- und Geschäftshauses die Kriterien von Feng Shui bzw. Vastu zu berücksichtigen bzw. sich in dieser Richtung von einem Fachmann beraten zu lassen. Natürlich ist es wichtig, dass auch der Baugrund, auf dem das Haus errichtet werden soll, nach Feng Shui und Vastu positive Eigenschaften und Energien hat.

Ziehen Sie einen Radiästhesisten zu Rate, damit er den Grund auf eventuell bestehende krankmachende Wasserader-Kreuzungen und Erdstrahlen und dergleichen prüft, bevor Sie einen Baugrund kaufen und bebauen.
Früher achtete man auf die Zeichen der Natur, besonders auf das Auftreten von Ameisenhäufen. Die Ameisen siedeln sich nur auf Kreuzungen von Erdstrahlen an. Dort vermied man, Wohnhäuser und Stallungen zu bauen. Schiefgewachsene oder gedrehte Bäume, Brennnesseln weisen ebenfalls auf Strahlungszonen hin, auch Bienen bevorzugen diese Plätze.
Ich habe bereits darauf hingewiesen, dass Hunde, Pferde, Haus- und Stalltiere Strahlenflüchter sind, Rehe, Störche und Schwalben gehören auch dazu. Wenn bei einem Haus Schwalben nisten oder der Storch darauf brütet, kann man sicher sein, dass dort ein guter Platz zum Wohnen ist.
Achten Sie auch darauf, dass sich der Baugrund nicht in der Nähe von Hochspannungsleitungen oder Handy-Masten befindet.
Viele Fehler und daraus resultierende Folgekosten können auf diese Weise vermieden werden. Es geht beim Bauen eines Hauses immer um einen guten Fluss der Energien und um Harmonie. Unser ganzes Leben, sei es privat oder beruflich – wird davon beeinflusst. Gesundheit, beruflicher Erfolg und eine gute Partnerschaft sind kein Zufall. Sie haben sehr viel mit unserem Wohn- und Lebensbereich zu tun. Dabei haben architektonische Formen und Farbgestaltung einen maßgeblichen Einfluss.

Die fünf Elemente des Feng Shui finden in den Landschaften und Baulichkeiten ihre Zuordnungen:

Element	**Landschaft**	**Baulichkeiten**
Holz	Bäume, Wald	Hochhaus, Säulen, Türme
Feuer	Gebirge	spitze Formen, steiles Satteldach
Erde	Flachland	Bungalow, Flachdach
Metall	kuppelartige Erhebung, Hügel	Kuppelbauten
Wasser	sanfte Hügellandschaft	unregelmäßig geformte Bauten

Die 5-Elementen-Lehre wird in der Architektur und Raumgestaltung zum Ausgleichen von Disharmonischem und zur Anpassung an die natürlichen Gegebenheiten eingesetzt.

Idealerweise sollte gemäß Feng Shui das Haus an seiner Rückseite einen schützenden, sanften Bergrücken, Hügel haben und beidseits von Bäumen oder weiteren Häusern gesäumt sein. So ist das Haus »geschützt von einer Schildkröte im Rücken, einem Drachen zur Rechten und einen Tiger zur Linken«, wie es im Feng Shui heißt. In Feng Shui gibt es verschiedene Traditionen. Die einen empfehlen einen Hauseingang im Süden, die anderen im Osten.
Vastu findet die Haupteingangstür im Nordosten oder Osten am idealsten. Das hat mit der Einstrahlung der gesundheitsfördernden ultravioletten Strahlen und der Energie der Morgen- und Vormittagssonne zu tun, die den Haupteingang des Hauses treffen sollen. Große Naturforscher wie Viktor Schauberger und Wilhelm Reich kamen übereinstimmend zu der Schlussfolgerung, dass der Norden und der Osten die Richtungen sind, aus denen die Hauptströme der Lebensenergie in den Raum einfließen. Die Ausrichtung der Fenster und Türen des Hauses bzw. der Wohnung in diese Richtung wird daher empfohlen.

Vermeiden Sie beim Bauen eines Hauses von vornherein scharfe Ecken, besser sind abgerundete Erker oder Balkone. Besonders ungünstig ist es, wenn die Ecken das Nachbarhaus treffen. Aber auch Sie selbst sollten darauf achten, dass Sie nicht von Ecken von anderen Häusern getroffen werden. Da können schützende Bäume die aggressive Energie abhalten.
Platzieren Sie beim Planen des Hauses oder der Wohnung die Toilette keinesfalls in das Zentrum, auch nicht in Bereiche »Reichtum« und »Ruhm«. Das würde Verluste jeglicher Art bedeuten und ist später nicht leicht zu korrigieren.
Beim Bauen eines Hauses sollten wir schon von vornherein möglichst auf **natürliche Materialien** achten. Günstig sind Baustoffe wie Tonziegel, Terrakotta, Natursteinplatten, Kork, Glas und Holz.
Deshalb verzichten wir beim Bauen im Hause und in der Wohnung möglichst auf Materialen, die Chemie oder Gifte enthalten. Gifte sind in vielen Farben, in Holzplatten und Lacken und Verdünnungsmitteln verborgen. Vor allem das krebserregende Formaldehyd in Profilbrettern ist zu vermeiden, ebenso Holzschutzmittel, die Lindan enthalten. Bei Lacken gibt es wasserlösliche Lacke ohne chemische Lösungsmittel. Besonders in Schlafzimmern und Kinderzimmern müssen wir darauf achten, dass dort nur Naturmöbel stehen, z. B. mit natürlicher Bienenwachs-Politur.
Auch natürliche Bodenbeläge sollten wir vorziehen, wie Holzböden, Kork und Natursteinplatten. Die Verwendung von Ziegeln ist viel besser als die Stahlbetonweise. Bei der Stahlbetonweise können sich die vielfältigen ungünstigen Einstrahlungen noch mehr verstärken.

Vermeiden Sie auf jeden Fall Asbest beim Bauen und Glasfaserisolierungen. Die verursachen schwerste Erkrankungen. Auch bei der Verwendung von Fliesen ist es wichtig, darauf zu achten, dass sie nicht radioaktiv bestrahlt sind. Das wird gemacht, damit sie ein »strahlendes« Aussehen haben. Statten Sie den Badboden mit etwas rauen Platten aus, um Rutschgefahr auszuschalten.
Eine besonders gute Atmosphäre schafft ein Kamin. Wenn es möglich ist, bauen Sie einen ein. Seine Wärme schafft ein angenehmes Raumklima. Bei anderen Heizungssystemen wird die Luft in den Räumen sehr ausgetrocknet.
Bei Lampen verzichten Sie möglichst auf Neonleuchten, die tun nicht gut. Bevorzugen Sie Lampen mit angenehmem Licht.
Dic ältere Generation achtete noch viel mehr darauf, dass auch ökonomisch gebaut wurde und der Energieverbrauch möglichst sparsam war.

Wir Menschen müssen uns ein natürliches Raumklima schaffen. Nur so werden wir uns auch zu Hause wohlfühlen. Unser Körper ist mit der Natur aufs engste verbunden. Alles Unnatürliche stört unser Wohlbefinden.

Was hinsichtlich der Gestaltung und Ausstattung von Häusern und Wohnungen für unser persönliches Wohl und unsere Gesundheit wichtig ist, gilt in besonderem Maße auch für öffentliche Gebäude und Institutionen oder Firmengebäude, in denen viele Menschen leben und arbeiten, vor allem aber für Krankenhäuser oder Arztpraxen, Heime und Schulen.

Parallelen von Feng Shui und Vastu

Das Besondere an Feng Shui und Vastu ist das **Ausgleichen von energetischen Schwachstellen im Wohnbereich und die Möglichkeit der Korrektur**, auch von karmischen Einflüssen. Indem **Sie** Materie ändern, ändert sich auch etwas in Ihrem Umfeld und Ihrem Bewusstsein, denn alles steht zueinander in Resonanz.
In diesem Rahmen kann ich nur allgemeine Vorschläge unterbreiten. Eine fachliche, individuelle Beratung schließt dann auch die Aspekte eines persönlichen Horoskops mit ein.

Liegen sich Türen und Fenster bzw. Türen und Türen gegenüber, fließt Chi direkt von einer Öffnung durch die andere ab, ohne den Raum zu versorgen. Chi lässt sich im Raum halten mit dem Anbringen eines Blickfanges, wie einer Kristall-Kugel genau zwischen gegenüberliegenden Türen oder Fenstern. So kann man den zu schnellen Energieabfluss verhindern. Auch bei langen, geraden Gängen ist es günstig, Pflanzen aufzustellen, Mobile anzubringen. Diese lassen die Energie nicht so schnell durchziehen.
Vor ein zu großes Fenster können Sie in Augenhöhe einen »Blickfang« hängen, z. B. eine geschliffene Kristallkugel, ein Mobile oder Pflanzen hinstellen.

Stellen Sie auch Möbel gerade und nicht schräg, sonst bilden sich »tote Ecken.« In dunklen Ecken und Winkeln sammelt sich stagnierende, ungute Energie. Dem können wir entgegenwirken durch Aufhängen eines belebenden Kristalls.
In fensterlosen Räumen ohne Abzug, wie in Abstellkammern, entstehen ebenfalls stagnierende Energien, die noch weitere anziehen. Wir können einen Abzug für diese verdichteten, ungünstigen Energien schaffen, indem wir sie mit einem Fensterposter versehen, das sich nach außen öffnet. Günstig ist es, dunkle Abstellräume weiß auszustreichen und eventuell mit Silberfolie zu verkleiden.

Bringen Sie jeden auftretenden Schaden möglichst gleich in Ordnung, z. B. eine ausgebrannte Glühbirne, dass er nicht weitere Schäden nach sich zieht. Solche Geschehnisse weisen uns

darauf hin, dass etwas in uns in Ordnung gebracht werden muss. Nehmen wir sie zum Anlass, etwas zu überdenken. Es ist wie bei einer Krankheit, die uns etwas sagen will, eine »Warnlampe«.
Eine platzende Glühbirne weist uns mitunter darauf hin, dass wir uns womöglich gedanklich in etwas verrannt haben. Unsere Lebenskraft und unser Energiehaushalt stehen für Elektrizität. Brennen Glühbirnen ständig durch, kann das bedeuten, dass Sie sich zu sehr energetisch verausgaben und zu wenig Energie aufnehmen.
Probleme mit Wasser haben immer mit Gefühlen zu tun, z.B. können bei einem tropfender Wasserhahn Gefühle nicht mehr zurückgehalten werden, eine Verstopfung des Ausflusses hingegen weist auf einen Gefühlsstau, auf blockierte Emotionen hin.
Hässliche Aggressionen können dazu führen, dass Unfälle passieren. Ich habe von einem Kind erfahren, das ständig dem hässlichen »Krieg« zwischen den Eltern ausgesetzt war. Letztendlich hat es einen schweren Unfall erlitten, bei dem es sich mit kochendem Wasser verbrüht hat. Die Einsicht der Eltern kam leider zu spät für das Kind. Ein lang schwelender Konflikt kann auch zu einem Schwelbrand führen.

Der Ort des Geschehens weist uns auf die Art des Problems hin, je nachdem welcher Lebensbereich betroffen ist. Liegt das Bad oder die Küche, in denen z. B. ein Wasserschaden passiert oder eine Glühbirne geplatzt ist, im Bereich »Reichtum« oder »Familie« werden Sie aufgefordert, gewisse gedankliche Einstellungen und Handlungen in diesen Bereichen zu prüfen, zu überdenken und zu revidieren. Es ist die »Sprache des Lebens«.

Pflanzen und Bäume können scharfe Ecken und Kanten, die uns vom Nachbarhaus direkt treffen, abfangen. Auch eine geschliffene Kristallkugel, die wir am Fenster anbringen, kann die aggressive Energie, die von gegenüberliegenden Hauskanten ausgeht, zerstreuen und schwächen.
Kristallkugeln, angebracht in Augenhöhe, fangen die ungute Wirkung von Ecken und Kanten im Raum ab und können diese abmildern. Den gleichen Effekt können wir auch mit Hängepflanzen oder großen Pflanzen erreichen.
Ecken lassen sich von vornherein beim Bauen vermeiden, besonders bei Erkern und Balkonen. Wir können auch Ecken in Räumen und Pfeilern die Schärfe nehmen und sie nachträglich noch etwas abrunden. Sie werden von scharfer Kritik, Einschränkung und Beschuldigung weniger betroffen sein bzw. selber »runder« und toleranter, es wird in Ihrem Leben weniger »Kanten und Ecken« geben. Bevorzugen Sie abgerundete Formen bei Möbeln zu Ihrem eigenen Vorteil.

Die Wohnung energetisch optimieren

In Indien ist es Tradition, dass bereits vor Baubeginn eine spirituelle Zeremonie zur Grundsteinlegung durch einen brahmanischen Priester durchgeführt wird. Auch wir können vor Baubeginn Gebete verrichten, und den göttlichen Segen und Schutz für das Gebäude und seine zukünftigen Bewohner erbitten.
Gemäß Vastu sollte kein Fuß in ein neues Haus oder neue Wohnung gesetzt werden, bevor nicht eine Einweihungszeremonie mit Haus- oder Wohnungssegnung durchgeführt worden ist. Das gilt in besonderem Maße für bereits vorher bewohnte Wohnungen oder Häuser.

Beim Einzug in eine Wohnung oder in ein Haus kann es vorkommen, dass man sich nicht wohl fühlt. Das kann von den vorigen Mietern/Besitzern herrühren. Ihre feinstofflichen Energien, ihre Schwingungen hängen noch in den Räumlichkeiten. Das gilt natürlich auch für ein Haus.

Wir müssen die Wohnung oder das Haus nicht nur gründlich reinigen, am besten mit einem Dampfreiniger, sondern auf jeden Fall die Räume auch energetisch reinigen, das Chi harmonisieren und stärken.
Wir räuchern die Wohnung bzw. das Haus aus mit getrocknetem Salbei oder Weihrauch. Wir gehen dabei durch alle Räume und verteilen den Rauch entlang der Wände, Türen und in alle vier Ecken. Auch der Duft von Zedern hat eine reinigende Wirkung.
Es wird auch empfohlen, vor der Räucherung die Fenster zu öffnen und im Namen von Jesus Christus alle Energien und Wesenheiten, die wir nicht hierher gebeten haben, aufzufordern, unsere Wohnung/unser Haus zu verlassen.
Dabei gehen wir von Raum zu Raum gegen den Uhrzeigersinn. Grundsätzlich entfernt man ungute Energien **gegen** den Uhrzeigersinn und führt positive Energien **im** Uhrzeigersinn zu. Es gibt hier verschiedene Traditionen und Methoden, die sich voneinander unterscheiden. Wundern Sie sich daher nicht über andere Anleitungen.

Und nun füllen Sie Ihr gereinigtes Heim mit guter Schwingung, lassen Sie zum Beispiel schöne, harmonische Musik laut durch alle Räume klingen. Segnen Sie es. Zur Heiligung eines Raumes kann auch das folgende Mantra gesungen oder gesprochen werden, das sich an Vasudeva, die allgegenwärtige Form Gottes richtet:

OM NAMO BHAGAVATE VASUDEVAYA

Während bei Mantras mit dem **Ton** gearbeitet wird, sind die **Yantras/Mandalas bildhafte** kraftvolle spirituelle, symbolische **Darstellungen,** die der Schwingung eines Mantras entsprechen.
Wie bereits unter Vastu erwähnt, gibt es für die Wohnung Yantras, u. a. zur Korrektur unguter karmischer Einflüsse, aber auch welche für **Segen und Schutz.** Das Schutz-Yantra bringt man vorzugsweise über oder neben der Eingangstüre, im Wohnungszentrum, in der Meditationsecke, aber nicht im Schlafzimmer und in den Sanitärräumen an.

Sound Clearing eignet sich ebenfalls zur energetischen Raum-Reinigung bzw. zur Schwingungserhöhung in Räumen. Diese Methode habe ich bereits beim Kapitel über harmonische Schwingungen unter »Die Welt der Töne« vorgestellt.
Mit Hilfe bestimmter Pomander von Aura Soma ist es ebenfalls möglich, Räume und Häuser von negativen Energien zu reinigen. Dazu geben Sie einige Tropfen der Essenz auf die Hand und gehen Sie so vor wie bei der Räucherung, verteilen den Duft bzw. die Schwingung der Essenz in den Räumen und halten dabei die Fenster offen, damit die unguten Energien hinausgehen können.
Der rote Pomander soll gemäß der Aura-Soma-Methode gegen ungute Einflüsse von Erdenergie und der weiße Pomander u. a. auch gegen atomare Strahlung schützen. Frau Vicky Vall setzte den weißen Pomander kurz nach der Tschernobyl-Katastrophe zum Schutz vieler Menschen ein.

Hernach gilt es, selbst mittels guter Schwingungen eine bleibende schöne, harmonische Atmosphäre in der neuen Wohnung bzw. im Haus aufzubauen. Hierzu gibt es in diesem Buche vielfältige Anregungen.

Es empfiehlt sich, jährlich im Rahmen des »Frühjahrsputzes«, eine gründliche Räucherung aller Räume vorzunehmen, damit angesammelte alte, stagnierende und zerstörerische Energien vertrieben werden.

Hierzulande besteht noch der bäuerliche Brauch, jährlich das Haus und die Ställe zu Dreikönig am 6. Jänner mit Wacholder auszuräuchern. Dabei werden alle Teile des Wacholders verwendet, das Holz, die Spitzen und die Beeren. Wacholder hat eine sehr reinigende Kraft. Auch eine Mischung aus Weihrauch, Salbei und Copal manila (Harz) kann zum Räuchern empfohlen werden. Copal ist ein besonders wertvolles Weihrauch-Harz aus Mexiko.

Auch in Hotels oder Gasthäusern ist es gut, wenn wir unser Zimmer energetisch reinigen. Wir öffnen zunächst das Fenster, klatschen in alle Ecken und lassen die darin befindliche Energie vom Vormieter hinaus.
Auf Reisen nehme ich stets gute Räucherstäbchen, z. B. Rose mit, damit kann ich problemlos in den Raum mit dem Duft eine gute Atmosphäre bringen. Auch stelle ich mir ein mitgebrachtes Heiligenbild auf. Auch habe ich immer einen kleinen Bergkristall und einen Schörl dabei (schwarzen Turmalin), die ich auf dem Fernseher platziere, da sie vor Strahlung und negativen Energien schützen.

In einem Krankenzimmer oder nach einem Streit befinden sich in einem Raum ungute, belastende Schwingungen. Bewusst oder unbewusst nimmt jeder die Schwingungen wahr und wird davon beeinträchtigt. Traurige, depressive Schwingungen belasten, nehmen Kraft und die Streitschwingungen können sogar wieder einen neuen Streit auslösen.
In diesen Raum können wir sofort violettes Licht visualisieren, das den ganzen Raum erfüllt und ungute Energien transformiert. Dazu erbitten wir auch die Hilfe der Gottesboten. Dann wird sich das Familien- oder Firmenklima wieder verbessern. Die »dicke Luft« ist weg.

Mit all diesen aufgezeigten Methoden haben wir die Möglichkeit, relativ einfach, ohne großen Aufwand und unauffällig gute Schwingungen aufzubauen.

Einsatz von Farben, Düften und Klängen

Hier möchte ich noch einmal an das Gesetz der Resonanz erinnern. Denn dieses spielt bei den Farben, Düften und Klängen eine große Rolle. Diesem Themenkreis habe ich mich bereits im dritten Kapitel über harmonische Schwingungen ausführlich gewidmet.
Die Schwingung von wunderbarer und harmonischer Musik bringt uns in Verbindung mit höheren Ebenen, hilfreiche Engelkräfte werden angezogen.

Bei der **Gestaltung unserer Wohnung** können wir die Farben optimal einsetzen. Sonniges Gelb oder warmes Orange sind ideal für sonnenarme, im Norden gelegene Räume, kühlende blaue Töne eignen sich eher für helle, sonnige Räume.
Kapha-Typen brauchen Wohnräume mit warmen und aufmunternden Tönen, wie gelb, sanftes Rot und Orange.
Vata-Typen brauchen beruhigende und warme Farben, z. B. Grün oder warmes Gelb bzw. sanfte Orangetöne.
Pitta-Typen werden sich wohler fühlen, wenn kühlende, beruhigende Farben bei der Wohngestaltung eingesetzt werden. Hier sind Blau oder Grün von Vorteil, besonders im Schlafzimmer. Die hitzigen Pitta-Leute sollten sich vor zu viel Rot-Tönen hüten, besonders in der Küche und im Kinderzimmer, denn die dauernde Einwirkung von Rot macht aggressiv. Blau wirkt hingegen beruhigend auf aggressive Menschen.
Aber auch rosarot bemalte Wände im Kinderzimmer helfen aggressiven Kindern, sich wieder zu beruhigen. Sie werden besänftigt und können dann gut einschlafen.
Die Sonnenfarbe gelb wirkt erheiternd auf das Gemüt. Sie eignet sich auch gut für geistige Tätigkeiten, besonders für das Lernen.

Die Lichtwirkung durch Farben auf Glas schafft eine wunderschöne Atmosphäre, besonders wenn der helle Sonnenschein durch bemalte Fenster scheint.

Wir können je nach Bedarf Farben, Klänge und Düfte einsetzen und beliebig auf uns einwirken lassen. Bei Duftölen und Räucherstäbchen sollten wir allerdings auf ihre Reinheit achten. Das indische Medizinsystem Ayurveda setzt ganz bewusst zusätzlich zur Therapie alle diese Mittel zur Heilung ein. Warum nicht wir auch für unser Wohlbefinden?

Das gilt im Besonderen wenn wir krank sind. Dann wandeln wir das Krankenzimmer in ein **Heilzimmer** um. Das Zimmer soll hell und gut lüftbar sein. Es kommt nicht nur auf gute Krankenpflege und gesunde Ernährung oder eine eventuelle Diät an. Umgeben Sie sich mit allem, was Sie lieben und was Ihnen gut tut. Hier nur ein paar Gestaltungsvorschläge:
Kristalle am Fenster, die das Sonnenlicht reflektieren, Lieblingsbilder oder Fotos oder ein schöner Wandbehang, ein Farbtuch mit Ihrer Lieblingsfarbe, Zimmerpflanzen und Blumen, ein Kuscheltier zum Berühren, Gegenstände, die Sie lieben und mit denen Sie schöne Erinnerungen verbinden, angenehme Düfte wie Lavendel oder Rose und in Reichweite harmonische Musik, die Sie aufbaut. Natürlich gilt dies auch für Familienangehörige, in besonderem Maße für Kinder. Die sollen ihr Lieblings-Schmusestofftier bei sich haben dürfen. Das alles wird den Gesundungsprozess wesentlich unterstützen.
Durch eine Räucherung des Krankenzimmers mit Lavendelblüten wird nicht nur die Atmosphäre des Raumes gereinigt. Lavendel wirkt auch reinigend auf die Aura und schmerzlindernd auf Körper und Seele.

Genauso lassen sich **Räume für Therapie oder Wellness gestalten**, sodass sich jeder Klient wohlfühlt.
Ich denke hier im Besonderen an Therapieräume und diverse **Beratungspraxen**, u. a. für Familien und Kinder. Da hilft eine freundliche Gestaltung den Klienten, sich besser öffnen zu können. Blühende Rosen in einer Vase oder Rosenbilder wirken auf die Herzebene. Sie haben eine besänftigende Wirkung auf das Gemüt. Dadurch wird die Gesprächsführung leichter, stressfreier und offener zu führen sein.

Die Farben rosa und sanftes grün sind dazu besonders prädestiniert. Rosa hat die Schwingung der Liebe und grün ist die Heilfarbe. Eine sanfte Farbe wie zartes Magenta hat auch eine sehr gute Heilschwingung. Die Farbe Gelb wirkt erheiternd auf das Gemüt.

So kann auch das Bild einer Sonnenblume eine gute, erhellende Schwingung in einen Raum bringen.

Mit dem blauen Farbstrahl ist Erzengel Michael verbunden. Wenn jemand schon die Hoffnung auf die Lösung seiner Probleme oder auf seine Heilung verloren hat, wird ihm die Schwingung der Farbe blau helfen können. Dazu visualisieren wir uns diese Farbe im Raum und laden in Gedanken Erzengel Michael ein, damit er die Glaubenskraft des Betreffenden stärke. Mit dem grünen Farbstrahl ist Erzengel Raphael verbunden. Wollen wir Heilung unterstützen, visualisieren wir die Farbe Grün im Raum und laden gedanklich Erzengel Raphael ein zur Förderung des Heilungsprozesses. Mit Engelbildern schaffen wir eine gute Atmosphäre in Räumen.
Alle diese Maßnahmen helfen nicht nur Klienten oder Patienten, sondern auch uns selbst, sie erleichtern uns das Arbeiten.

Die Bedeutung der Formen bei Baulichkeiten

Früher setzten die Baumeister von bestimmten Bauwerken ganz bewusst die Formen ein. Sie beherrschten die Formen- und Zahlensprache. Alles ist in unserem Kosmos geordnet. Denken wir nur an die alten Ägypter und an das Maya-Volk in Mexiko mit ihren großartigen Pyramiden. Sie beherrschten alle die Baukunst Vastu.

Gewisse Baulichkeiten sollen uns an die Unsterblichkeit unseres wahren Selbst erinnern. So stellt das untere Viereck den sterblichen, irdischen Menschen, den physischen Körper – also die Materie dar. Die unsterbliche Seele wird durch die Pyramide oder das Dreieck symbolisiert.
Das kommt auch in der Zahlensymbolik zum Ausdruck. Die Zahl 4 (Materie), die den Körper symbolisiert, und Zahl 3 (Seele), ergeben die Zahl 7, also den Menschen. Beim unerwachten Menschen ist die Seele gleichsam im »Grab« der Materie gefangen. Er »schläft« noch bewusstseinsmäßig.
Wenn aber der Mensch allmählich zu seinem wahren Bewusstsein erwacht, wird die Vierheit (der irdische Mensch) ganz von der Dreiheit (der Seele, dem wahren Selbst) durchdrungen. Dann wird aus der Drei und Vier die Sieben, die Zahl der Unsterblichkeit. Die ägyptische Pyramide bzw. das Dreieck stellt somit den vollkommenen Meister, den geistig erwachten und unsterblichen Menschen dar, der die Materie beherrscht.

Viereck =	Materie, der irdische, sterbliche Mensch
Dreieck =	die unsterbliche Individualität (Meister) oder die Seele
Kreis =	Gott, Vollkommenheit, Anfang und Ende, Alpha & Omega

Warum tragen Kirchen, Dome, indische Tempel und Moscheen Kuppeln? Aus der Bedeutung wird offensichtlich, dass die Basis stets **viereckig** ist. Das entspricht der **Materie**.
Die **Kuppeln** auf sakralen Gebäuden stellen **Gott**, die Vollkommenheit, dar.

Das Florentiner Dom-Meisterwerk mit seiner dominierenden Kuppel gibt einen beachtlichen Einblick in meisterliche Baukunst. Ein schönes Beispiel dafür bildet auch der Peters-Dom in Rom. Eine riesige Kuppel bedeckt ihn.
Vastu gelangte übrigens schon durch die Schriften des römischen Baumeisters Marcus Vitruv und des Florentiner Architekten Andrea Palladio nach Europa.

In Nepal kann man auch buddhistische Tempel (Stupa) sehen, die alle drei Formen, also Viereck, den Kreis und das Dreieck in sich vereinen. Die Basis ist das Viereck, sie wird durch einige Stiegen gebildet. Darüber befindet sich eine runde Kuppel und obenauf die Pyramide mit einer aufgesetzten kleinen Kuppel. Diese kleine Kuppel stellt Nirvana, den Himmel, dar.

Altes esoterisches Wissen ist vielfach verlorengegangen. Dieses Wissen wurde in Symbole und Formen gekleidet, um es vor Uneingeweihten zu verbergen oder vor Verfolgung zu schützen. Ich denke in diesem Zusammenhang an die Rosenkreuzer, die Alchimie und Astrologie und an Leonardo da Vinci, der die Heilige Geometrie des vollkommenen Menschen entschlüsselte.
Auch die alten Volks-Märchen enthalten verschlüsselt die Gesetze von Wiedergeburt und Karma und weisen auf den seelischen Entwicklungsweg hin. Als Beispiel möchte ich das Märchen von Frau Holle mit Goldmarie (gutes Karma) und Pechmarie (schlechtes Karma) nennen oder wenn der Prinz Prüfungen bestehen muss, ehe er seine Prinzessin heiraten darf, Verwandlungen vom Frosch zum Prinz usw.

Symbole finden wir an vielen alten Kirchen. In Kreta im schönen Amari-Tal befinden sich zahlreiche, sehr alte byzanthinische Kirchen und Kapellen, teilweise aus dem 12. Jahrhundert. An ihren Wänden kann man noch sehr viele mystische Kraft- und Schutz-Symbole, z. B. die »Blume des Lebens« und Kreuze entdecken. Der Autor Drunvalo Melchizedek schreibt darüber in seinem gleichnamigen Buch.
Über deren tiefe Bedeutung weiß man nur mehr wenig Bescheid. Auf die Bedeutung einiger Symbole gehe ich in den Kapiteln über die Völker und über die harmonischen Schwingungen ein. In ihnen liegt die tiefe Weisheit aller Völker verborgen.

In Harmonie und Einklang wohnen und leben

Machen Sie Ihr Heim und auch Ihren Arbeitsplatz zu einem Platz, an dem Sie gerne verweilen. Bauen Sie gute Schwingungen über Farben, Bilder, Pflanzen, Düfte und Symbole auf. Eine schöne Zimmerlinde zeigt Ihnen an, wo ein guter Platz in der Wohnung ist, denn nur dort gedeiht sie gut.

Hinsichtlich der Farbgestaltung sind Pastelltöne und viel silbrige und goldfarbene Accessoires vorzuziehen. Es dient zum Ausgleich der Erdenergie, damit alles leichter und heller wird. Mit roter Farbe sollte man nur gewisse Akzente setzen, sozusagen als »Farbtupfer« in der Wohnung. Kräftiges Rot sollte aber nie großflächig zur Anwendung kommen. Sanfte Rot- und Rosa-Töne schaffen hingegen eine behagliche Atmosphäre.
Ähnlich ist es auch bei der schwarzen Farbe. Schwarz kann als Kontrast zu weiß dienen. Schwarz ist keine gute Farbe zum Wohnen, vor allem keine schwarzen, massiven Möbel. Diese wirken vielfach zu schwer und erdrückend, vor allem im Schlafzimmer.
Durch entsprechende Gemälde können wir nicht nur schöne Effekte erzielen, sondern uns auch stärken und Wände beleben. Mit Farben lassen sich auch Korrekturen in Räumen vornehmen, wir können z. B. einen langen, schmalen Gang hell ausmalen, sodass er optisch größer und weiter wirkt.

Der Gebrauch von kosmischen Symbolen, z. B. der Blume des Lebens oder der liegenden Acht oder des göttlichen OM bringt Harmonie und Schutz in unsere Räume.

Lavendelduft hilft, frisch und doch ruhig und klar zu bleiben. Der Duft von Zimt ist Glücksbringer und zugleich fördert er die Intuition. Ein Amethyst trägt bei, sich entspannter und wohler zu fühlen. Blühende Pflanzen sind ein Symbol für Frühling, Wachstum und Schönheit.

Ein Wohlgefühl im Schlafzimmer vermitteln Kirschblüten, das kann auch in Form eines Bildes sein. Sie symbolisieren Partnerschaft und ein Rosenquarz trägt in sich die Schwingung der Liebe. Wenn Sie das Schlafzimmer mit einem sanften, beruhigenden Blau ausgemalt haben, bilden Möbel aus rötlichem Kirschholz einen schönen Ausgleich.

Blumenschmuck: Die Rosen wirken auf das Herzzentrum anregend, sie erhöhen Mitgefühl und Freude. Ihr Duft beruhigt und ebenso der von Sandelholz.
Aber beachten Sie beim Kombinieren von Blumen: Tulpen mögen keine Narzissen und keinen Flieder. Rosen vertragen keine Nelken und keine Reseden. Maiglöckchen sollten wir nur für sich lassen.
Es liegt ganz bei Ihnen, ob Ihr Heim der Himmel auf Erden wird oder nicht. Tragen Sie dazu bei, indem Sie jegliche Disharmonie, wie Streit, disharmonische Musik, harte Rhythmen, Unordnung möglichst vermeiden.
Wenn wir Harmonie untereinander halten, schöne Musik in unserer Wohnung erklingen lassen und sie mit feinen Düften erfüllen, laden wir ganz von selbst hohe Energien, die Engel, Glück und Wohlergehen in unser Heim ein.

Unser Heim soll ein Ort der Geborgenheit, zum Loslassen und zum Auftanken sein.

8. Kapitel

Im Einklang Leben mit der Gesellschaft

Geistige und weltliche Gesetze

Die Gesetze sind ein Spiegel der Gesellschaft, der jeweiligen Kultur und des Bewusstseins der Menschen. Sie wandeln sich ständig, angepasst dem Zeitgeist der Epochen.

Man betrachte nur einmal die Unterschiede in der Gesetzgebung in Amerika. In jedem Bundesstaat herrschen andere gesetzliche Regelungen. Nehmen wir nur einmal die Todesstrafe. Während in Texas in orthodoxen und konservativen Kreisen an der Todesstrafe festgehalten wird, ist man in anderen Bundesstaaten aus guten Gründen bereits davon abgerückt.
In orthodoxen Kreisen hält man an der biblischen Auffassung des Alten Testaments fest, dass alles »Aug um Aug, Zahn um Zahn« abgebüßt werden soll. Sie sinnen nach Rache. In ihrem Hass nehmen die Menschen nicht zur Kenntnis, dass Jesus Christus den Christen auch die erlösende Vergebung und das Erbarmen gelehrt hat. Das geistige Gesetz des Ausgleichs (Karma) wird dadurch nicht aufgehoben, aber es kann durch Vergebung gemildert werden.

Es ist nicht Sache der Menschen, einen Menschen für eine Straftat zu töten. Der Herr sagte: »**Mein** ist die Rache.« Damit ist gemeint, dass jeder die karmischen Folgen seines Tuns ernten muss, in diesem oder in einem späteren Leben.
Es hat schon zu viele Justizirrtümer gegeben. Besonders bei der schwarzen Bevölkerung besteht noch eine große Ungerechtigkeit. Diese Menschen werden meist schon vorverurteilt und bekommen auch nur Pflichtverteidiger, die sie halbherzig vertreten. Oft werden Hintergründe und andere Verdächtige gar nicht in Betracht gezogen. Auch gab es Fälle, da hat man erst nach Jahren den oder die wahren Täter gefunden. – Aber da war es schon zu spät … eine Todesstrafe lässt sich nicht mehr revidieren.

Oft weichen schon die Gesetze innerhalb der Länder voneinander ab, wie in Österreich, z. B. werden die Umwelt- und Tierschutzgesetze in jedem Land anders gehandhabt. Deshalb ist es auch so schwierig, irgendwelche notwendigen Gesetzes-Änderungen durchzusetzen, weil es keine einheitlichen Vorschriften gibt. Auch bei den gesetzlichen Regelungen über Wohnungsbeihilfen sieht es in den verschiedenen Bundesländern ganz unterschiedlich aus.

Aber auch weltweit gibt es keine einheitlichen Vorschriften. So ist die internationale Verordnung über die Herabsetzung von Schadstoffen in der Luft für die Luftreinheit in Kyoto bereits von der Mehrheit der Staaten anerkannt und verifiziert worden, nur nicht von Amerika, oder denken wir an die Beschlüsse des Atomwaffen-Sperrvertrages zum Abbau derselben.

Aber die **geistigen, kosmischen und göttlichen Gesetze** sind im Gegensatz zur irdischen Gesetzgebung **zeitlos und ewig gültig**, sie gelten für alle Menschen und Länder der Erde gleich. Wir sollten alle danach streben, im Einklang und Harmonie mit ihnen zu leben.
Eigentlich sollte sich die weltliche Gesetzgebung den göttlichen Gesetzen anpassen. Aber die Wirklichkeit sieht anders aus.
Vielen Menschen sind die geistigen Gesetzmäßigkeiten unbekannt. In Unkenntnis dieser Gesetzmäßigkeiten bringen sie sich in enorme Schwierigkeiten.

Aber hier ist es genau so wie in der weltlichen Gesetzgebung, dass Unwissenheit nicht vor Strafe schützt. Ge- und Verbote sollen eigentlich Richtlinien sein, um Gefahren und Nöten aus dem Wege zu gehen.
Im ersten Kapitel habe ich Sie im Rahmen der 4 Yoga-Wege auch mit den sozialen und individuellen Disziplinen vertraut gemacht. Die geistigen Gesetze sind in diesem Kapitel auch eingehend beschrieben. Darauf möchte ich nun nicht mehr näher eingehen.

Guter Ton, Rücksicht, Ordnung

Ein feines Benehmen ist für jeden, dem Achtung und Respekt in den mitmenschlichen Beziehungen wichtig ist, ganz normal und selbstverständlich. Für Menschen mit Herzensbildung ist es ganz natürlich, auch ohne Anstandsregeln, ein feines Benehmen an den Tag zu legen. Sie tun das ganz einfach gerne, sie sind freundlich, hilfsbereit und nehmen z. B. der Dame den Mantel ab und lassen ihr den Vortritt. Sie sind ganz einfach Kavalier und rücksichtsvoll.
Für die Karriere ist es außerordentlich wichtig, dass wir uns bei gesellschaftlichen Anlässen gemäß den Regeln des guten Tons zu benehmen wissen. Da ist es peinlich, wenn jemand nicht einmal weiß, wie Besteck zu handhaben ist oder sich nicht richtig vorzustellen weiß.

Es versteht sich von selbst, dass in einer Gesellschaft gewisse Regeln herrschen müssen, die den Umgang miteinander regeln. In der Tierwelt kann man das schon erkennen, z. B. haben die Wölfe genaue Verhaltensregeln und Gesten, wie sie sich untereinander verständigen. Die Elefanten, Pferde und Affen, um nur einige aufzuzählen, haben eine bestimmte Rangordnung, die Hühner haben eine »Hackordnung«.

Im Bienen- und Ameisenstaat hat jedes einzelne Tierchen eine bestimmte Aufgabe zu erfüllen. Da gibt es die Königin und alle anderen dienen ihr. Da gibt es die Ammen, die die Larven aufziehen, die Drohnen, welche für den Nachwuchs sorgen, die Arbeiterinnen, die die Nahrung herbeischaffen, die Bauarbeiter, die das Nest ständig reparieren und ausbauen und die »Krieger«, die von außen alle Feinde abwehren.
Die Ameisen halten sich sogar »Melkkühe«. Sie holen sich von den Blattläusen den süßen Saft.

In der ganzen Natur herrscht eine wunderbare Ordnung.
Alles ist genau aufeinander abgestimmt. Die Lebewesen (Pflanzen und Tiere) dienen einander harmonisch. Die Bienen und andere Insekten, Kolibris genießen von den Blüten der Pflanzen und Bäume und gleichzeitig bestäuben sie diese mit dem Blütenstaub, sodass die Pflanzen befruchtet sind und Früchte tragen können. Die Tiere bekommen ihre Jungen genau dann, wenn auch genügend Nahrung in der Natur gewachsen ist. Ihr Geschlechtstrieb leitet sie dann an, wenn die richtige Zeit dafür ist, um zeitgerecht die Jungen zu bekommen.
Sogar in trockenen Gegenden der Erde ist für Nahrung gesorgt, einige Tiere brauchen nur bestimmte Pflanzenblätter, z. B. nehmen die Giraffen andere Nahrung auf als die Gazellen. So gibt es keine Konkurrenz.

Der Bienen- und Ameisenstaat könnte nie funktionieren, wenn sich nicht **alle einer höheren Ordnung** fügen und zusammenarbeiten würden. Und so braucht es auch bei den Menschen gewisse Umgangsformen und Regeln im Umgang miteinander.
Es ist wohl klar, dass hinter dieser Ordnung in der Natur eine göttliche Weisheit steht, die alles lenkt. Eigentlich sind es die Devas, bestimmte Engel, die die Naturreiche führen. Sie dienen alle in Demut, nur der Mensch greift durch seinen Eigenwillen oft (zer)störend in das wunderbare Gefüge der Schöpfung ein.

Verschiedene Gesellschaftsregeln in verschiedenen Ländern

In jedem Land herrschen andere Sitten und Gebräuche. Die muss man kennen, wenn man sie bereist.
Dazu ein paar Beispiele: Bei uns ist es Sitte, dass wir uns begrüßen oder verabschieden mit einem Händedruck, in Russland ist das sogenannte »Küsschen auf die Wange« – auch unter Männern – üblich, während in vielen asiatischen Ländern ein kurzes Verbeugen ohne Berührung üblich ist.

Ich kann mich noch gut erinnern, als ich und meine Freundin noch ganz junge Mädchen waren. Wir hatten bei einem internationalen Jugendtreffen einen koreanischen Studenten kennen gelernt und wir luden ihn ein zu einem Besuch. Als er kam, verneigte er sich bei der Begrüßung am Eingang. In Unkenntnis seiner koreanischen Sitte taten wir es nicht und er verneigte sich immer wieder. Er hatte natürlich erwartet, dass wir seinen Gruß auf die gleiche Weise erwidern. Wir waren damals noch sehr kindisch und mussten darüber lachen.
In Indien ist es Sitte, sich mit einer bestimmten Geste zu begrüßen, indem man die Hände vor dem Herzen faltet und sich ein wenig verneigt. Dazu spricht man »Namasté«, einen Segensgruß. Das bedeutet übersetzt »Ich begrüße Gott in dir.«
Es ist z.B. in Kreta unmöglich, einen »türkischen« Kaffe zu verlangen, sondern man verlangt einen »griechischen«. Der Kaffee ist natürlich genau der gleiche, und schmeckt genau so gut. Aber für den Kreter ist es nicht das gleiche. Die Türken waren einst Feinde der Kreter. Es lohnt sich daher, wenn man in ein fremdes Land kommt, vorher die Gepflogenheiten und Gebräuche etwas zu studieren.

Es ist klar, dass es in jedem Land gewisse Anstandsregeln gibt. Diese sind je nach Kultur, Sitte und Land verschieden. Das hat auch mit den verschiedenen Bedingungen zu tun, unter denen die Menschen auf der Erde leben. Sie spiegeln das Selbstverständnis, die gesellschaftlichen und religiösen Prägungen sowie die jeweiligen moralischen Vorstellungen.

Es ist ein großer Unterschied, ob jemand in einer Großstadt, in den weiten Steppen in Asien oder Afrika als Nomade lebt. Die indianischen Völker sind ganz anders geprägt, als die japanischen. Die indianischen Völker sind mehr von dem Leben ihrer Vorväter in der Natur geprägt. Ihre Weisheit haben sie aus der Stille und der Beobachtung aus der Natur.
In Japan herrschen sehr große konventionelle Zwänge. Die Menschen unterordnen sich dort einer Gesellschaftsetikette, die kaum Freiräume für ihr individuelles Privatleben zulässt. Leistungsdenken steht an oberster Stelle und das Gemütsleben wird stark unterdrückt.
In den südlichen Ländern Europas Frankreich und Italien, Griechenland herrscht hingegen eine ganz andere Lebensart wie in Norddeutschland. Dort spürt man ein anderes Lebensgefühl der Menschen, sie sind spontaner, lebensfroher und sind nicht so von der Uhr bestimmt. In den nördlicher gelegenen Regionen herrscht mehr das Leistungsdenken, die deutsche »Gründlichkeit«.
Aber die Menschen spüren es ja, dass sie einen Ausgleich brauchen, deshalb fahren sie ja auch im Urlaub in den Süden. Dort lernen sie die andere unbeschwerte Lebensart der südlichen Völker kennen und schätzen.

Als ich von einer Reise aus Mexiko 1992 wieder nach Österreich heimkehrte, habe ich einen »Kulturschock« bekommen. Erst nach dieser Reise fiel mir auf, dass auf der Straße mir nur ernste Gesichter begegneten, alle in Hetze und Stress. Ich habe besonders die »Kälte« der Menschen gespürt, kaum ein fröhliches, freundliches Gesicht.
Hier bei uns lachen die Menschen viel zu wenig, geben sich viel zu wenig Zeit füreinander für ein nettes Zusammensein. Welch ein Kontrast zu Mexiko! Ich habe erlebt, wie sich die Mexikaner auch nicht inmitten eines Staus in Mexiko-City die gute Laune nehmen lassen.

In Indien herrscht wiederum ein ganz anderes Lebensgefühl. Überall begegnet man der Spiritualität der Menschen, im Taxi, im Bus, im Cafe, überall, nicht nur in Tempeln, finden sich religiöse Darstellungen von Heiligen oder göttlichen Aspekten, bekränzt mit Girlanden. Sogar im Speiselokal steht eine kleine Nische bereit, wo ein Teil der gekochten Speisen Gott dargebracht und gesegnet wird.

In den indischen Städten herrscht eine sehr lebendige Szene. In den Straßen befindet man sich inmitten eines buntes Chaos von Karren, Autos, Lastwagen, Rikschas, Kühen, verschiedenen Läden mit duftenden Spezialitäten, Blumengirlanden, herrlichen Obstständen, Geschäften mit schönen Seidenstoffen und Saris. Viele Menschen und spielende Kinder beleben die Straßen.
Aber trotz des ganzen Wirbels um mich herum – ich war in einer Rikscha unterwegs – fühlte ich mich so wunderbar ruhig, wie wenn ich intensiv meditiert hätte. Ein tiefer Friede war in mir. Hier zu Hause herrscht nicht so ein lebendiges Treiben auf den Straßen, aber trotzdem ist es schwerer, sich zu sammeln und innerlich zur Ruhe zu kommen. Indien ist von der Spiritualität geprägt, die die Menschen dort seit Jahrtausenden pflegen. Und das spürt man.

Aber kehren wir nun von unserem Ausflug in die fernen Länder wieder zum Thema der verschiedenen Gesellschaftsregeln zurück. Ich habe mit den erwähnten Beispielen nur zeigen wollen, dass es ganz klar ist, dass es in den verschiedenen Ländern und Erdteilen verschiedene Regeln des Zusammenlebens geben muss.

Wie traurig und unmenschlich es in einer sehr strenggläubig und von Intoleranz geprägten Gesellschaft zugehen kann, habe ich aus einem Dokumentarbericht im Fernsehen erfahren. In diesem Bericht wurden betroffene Frauen interviewt, sie erzählten über ihr Leben.
In Irland gab es eigene Klöster bis in die 50er-Jahre des letzten Jahrhunderts. Dorthin wurden Mädchen und junge Frauen, die ein lediges Kind erwarteten, einfach lebenslang in ein Kloster »verbannt«. Die Familie konnte die »Schande der Sünderin « nicht ertragen.
In diesen Klöstern mussten die jungen Frauen ein völlig isoliertes, freudloses Leben führen. Sie mussten auch schwere Arbeiten verrichten ohne Verdienst. Viele von ihnen waren lebenslang von der Außenwelt abgeschnitten und ihre Familie kümmerte sich auch nicht um sie. Die geborenen Kinder nahm man den Frauen ab und steckte sie in Waisenhäuser. Die halbwüchsigen, unschuldigen Mädchen aus den Waisenhäusern wurden später auch ins Kloster gesteckt, »um sie vor der Sünde zu bewahren.«
Dieses schreiende Unrecht hat sich wie gesagt bis vor 50 Jahre erhalten, bis danach endlich die Klöster geschlossen und die restlichen Frauen entlassen wurden.

Es zeigt auch die gesellschaftliche **Doppelmoral**, die man in vielen Völkern beobachten kann. Die Männer, die die meist unwissenden und unschuldigen Mädchen verführen oder ihnen gar Gewalt antun, gehen aus der Sache meist ungeschoren heraus. Die Frauen und Mädchen werden aber verteufelt. Leider sind in mohammedanischen Ländern Zwangsehen üblich, die Männer haben alle Freiheiten, die Frauen nicht, sie werden oft misshandelt.
Orthodoxe Vorschriften in Religionen und strenggläubige Moral-Vorstellungen entbehren oft jeder Menschlichkeit. Denken wir doch hier an die Sharia, die mohammedanische Gesetzgebung, wo heute noch Dieben die Hand abgehackt wird und Todesurteile mit dem Schwert üblich sind.
Jesus Christus hat sich **anders** verhalten, als die jüdischen Schriftgelehrten und Pharisäer ihn fragten, ob sie die Ehebrecherin steinigen sollten nach dem Gesetz Mose. Im Evangelium des vollkommenen Lebens ist im 36. Kapitel seine Antwort zu lesen: »Wer unter euch ohne Sünde ist, der werfe den ersten Stein auf sie.« … Und da sie aber das hörten (von ihrem eigenen Gewissen überführt), gingen sie hinaus, einer nach dem anderen …

Jesus ward allein gelassen und das Weib in der Mitte stehend. Dann sprach er zu ihr: »Weib, wo sind sie, deine Ankläger? Hat dich niemand verdammt?« Sie aber sprach: »Niemand Herr.« Und Jesus sprach zu ihr: »So verdamme ich dich auch nicht. Geh in Frieden und sündige hinfort nicht mehr.« Und an anderer Stelle: »Ich will Mitleid und kein Opfer.«

Gebote und Verbote, Gesetze und Strafen wird es immer geben. Das **Fazit aus dem Vorgesagten** lautet: Es dürfen aber die Gebote nicht **über** den Menschen stehen, sondern sie sollen ihnen als Richtlinien **dienen**. Jesus Christus war die Heilung eines Blinden wichtiger als die Einhaltung der Sabbatruhe, dafür wurde er auch von den Pharisäern getadelt. Er entgegnete darauf, dass der Sabbat für den Menschen gemacht ist und nicht gegen ihn.

Allein die Liebe ist des Gesetzes Erfüllung. Das besten Gesetze und Dienstvorschriften bewirken nichts Gutes, wenn bei der Ausübung und Vollstreckung der Gesetze nicht Gerechtigkeit **und** Liebe waltet. Selbstgerechtigkeit, Rachegefühle, Rassenhass, Vorurteile, Herzlosigkeit, Gleichgültigkeit und Intoleranz verhindern jegliches Mitgefühl.

Viele Verantwortliche und Beamte in diversen Behörden, z. B. beim Heer, bei Gericht, Polizei und Staat versehen ihren Dienst »strikt nach Vorschrift«. Das verursacht oft unnötige Härten im Vollzug der Gesetze, Vorschriften und Dienstanordnungen. Das schlimmste Beispiel dafür hatten wir ja vor über 60 Jahren, als gewisse »Befehlsempfänger« ihre schlimmsten Kriegsverbrechen und Morde damit rechtfertigten, sie hätten »nur Befehle ausgeführt« und »ihre Pflicht erfüllt.«

Gebote und Verbote, der Sinn derselben

Das Einhalten der sozialen und individuellen Disziplinen der Yoga Wege und der 10 Gebote stellt die Basis dar für geistig/seelisches Wachstum. Die 10 Gebote wären überflüssig, wenn wir liebenden Herzens wären, denn aus der Liebe heraus würden wir ganz von selbst alles vermeiden, was einem anderen Menschen oder Lebewesen schadet oder Schmerzen bereitet.

Es gibt die Tugenden Glaube, Hoffnung und Liebe, aber die Liebe ist die höchste. Diese Tugenden werden durch das Kreuz, den Anker und das Herz symbolisiert.
Alle guten Handlungen, Eigenschaften und Fähigkeiten nützen nichts, wenn wir die LIEBE nicht haben und sie nicht **leben**. Ordnung wird zu Pedanterie, Gerechtigkeit zu Härte, Religiosität zu Fanatismus, reine Intelligenz zu Dogmatismus, Hochmut und Kaltherzigkeit, Sparsamkeit zu Geiz.

Lassen wir Jesus Christus sprechen über die Liebe bei der Bergpredigt:
»Ihr habt gehört, dass gesagt ist: Du sollst deinen Nächsten lieben und deinen Feind hassen. Ich aber sage euch, die ihr höret: Liebet eure Feinde, tuet Gutes denen, die euch hassen. Segnet, die euch fluchen und betet für die, die euch beleidigen und verfolgen.«

»Wer in der Liebe bleibt, der bleibt in Gott und Gott in ihm.«
1.Joh.4.16

Das **höchste Gesetz** von Jesus lautet:

»Du sollst den Herrn, deinen Gott lieben aus ganzem Herzen,
aus ganzer Seele und aus ganzem Gemüte und
du sollst den Nächsten lieben wie dich selbst.«
Matth.22.37.39.

ॐॐॐ Von der Kraft der Liebe ॐॐॐ

♥

PFLICHT ohne Liebe macht *verdrießlich.*

VERANTWORTUNG ohne Liebe macht *rücksichtslos.*

GERECHTIGKEIT ohne Liebe macht *hart.*

ERZIEHUNG ohne Liebe macht *widerspruchsvoll.*

KLUGHEIT ohne Liebe macht *gerissen.*

FREUNDLICHKEIT ohne Liebe macht *heuchlerisch.*

ORDNUNG ohne Liebe macht *kleinlich.*

SACHKENNTNIS ohne Liebe macht *rechthaberisch.*

MACHT ohne Liebe macht *gewalttätig.*

EHRE ohne Liebe macht *hochmütig.*

BESITZ ohne Liebe macht *geizig.*

GLAUBE ohne Liebe macht *fanatisch.*

LEISTUNG ohne Liebe macht *brutal.*

URTEILSFÄHIGKEIT ohne Liebe macht *unweise.*

WAHRHEIT ohne Liebe macht *eitel.*

KÖNNEN ohne Liebe macht *egoistisch.*

EIFER ohne Liebe macht *eifersüchtig.*

ERFOLG ohne Liebe macht *einsam.*

LEIDEN ohne Liebe macht *bitter.*

GEHORSAM ohne Liebe macht *sklavisch.*

VERGEBUNG ohne Liebe macht *nachtragend.*

Laotse

♥♥ Ein Leben ohne Liebe ist sinnlos und macht krank ♥♥

9. Kapitel

Im Einklang leben mit Natur, Tieren, Erde, Kosmos

Schöpfungsgeschichte

In der Bhagavad-Purana, einer der heiligen Schriften Indiens, finden wir eine Geschichte, in der die **Schöpfung** anhand der **Entstehung der Elemente** geschildert wird:

- Zuerst war das Mahat-tattva – die unmanifestierte Materie. Durch Gottes Schöpfungsgedanke kam Bewegung in die unmanifestierte Materie,
- und es entstand Akasha, das **Äther- oder Raumelement**.
- Aus der Verdichtung des Äthers bildete sich das Vayu oder das **Luftelement**.
- Aus der Reibung der Luft entstand Tejas, das **Feuerelement**.
- Aus der Hitze des Feuers kondensierte sich Jala oder Ap, das **Wasserelement** und
- aus der Dichte des Wassers entstand Prithvi, das **Erdelement**.

Aus den Elementen entwickelten sich die **Bioenergien** Kapha, Pitta und Vata. Diese Bioenergien sind **Grundkräfte** in der gesamten Schöpfung, die auch unseren Körper regeln bzw. beherrschen. Sie werden im Ayurveda auch »Dosha« genannt.
Aus einer Verbindung von Erde und Wasser entsteht das Kapha-Dosha.
Aus der Verbindung von Feuer und etwas Wasser entsteht das Pitta-Dosha und
aus der Verbindung von Luft und Raum/Äther entsteht das Vata-Dosha.

Die Funktionen von Kapha, Pitta und Vata:
Kapha hat die Funktion der **Stabilisierung**, dient dem Aufbau und dem Zusammenhalt.
Pitta hat die Funktion der Transformation, **Umwandlung** und
Vata hat die Funktion der Koordination für alle **Bewegungen**.
Ohne diese Funktionen könnte kein Leben bestehen.

Diese Doshas wirken nicht nur in unserem Körper, sondern **in der gesamten Natur**, in Tieren, Pflanzen und Früchten – **in allen Körpern** der Schöpfung, **bis hinein in jede Zelle**.
In der Natur arbeiten alle Bioenergien – Kapha, Pitta und Vata zusammen.

Der Regen spendet der Erde Feuchtigkeit (Kapha). Die Sonne bringt mit ihrer Wärme (Pitta) alle Früchte zum Reifen. Der Wind (Vata) trägt zur Befruchtung der Pflanzen bei. Wenn diese drei Bioenergien harmonisch zusammenarbeiten, tragen sie zum Leben auf der Erde bei.
Umgekehrt, wenn diese Bioenergien in ein Ungleichgewicht kommen, können Überschwemmungen (Kapha) das Land verwüsten, zu große Hitze (Pitta) lässt die Erde austrocknen und Stürme (Vata) können verheerende Zerstörungen anrichten.

Elemente Wasser, Erde, Luft und Feuer

Der Heilige Franz von Assisi, geboren 1182, verehrte mit seinem Gebet, »den Sonnengesang«, die Elemente in der Schöpfung Gottes.

Gepriesen seist Du, mein Herr, mit allen Deinen Geschöpfen,
*zumal der Herrin, **Schwester Sonne**, denn sie ist der Tag,*
und spendet das Licht uns durch sich.
Und sie ist schön und strahlend in großem Glanz.
***Dein Sinnbild trägt sie**, Erhabenster.*

*Gepriesen seist Du, mein Herr, durch **Bruder Wind** und durch Luft und Wolken*
und heiteren Himmel und jegliches Wetter,
durch welches Du Deinen Geschöpfen den Unterhalt gibst.

*Gepriesen seist Du, mein Herr, durch **Schwester Wasser,***
gar nützlich ist es und demütig und kostbar und keusch.

*Gepriesen seist Du, mein Herr, durch **Bruder Feuer**, durch das Du die Nacht erleuchtest,*
und es ist schön und liebenswürdig und kraftvoll und stark.

*Gepriesen seist Du, mein Herr, durch unsere **Schwester, Mutter Erde**,*
die uns ernährt und lenkt und mannigfaltige Frucht hervorbringt
und bunte Blumen und Kräuter.
Lobet und preiset meinen Herrn und erweiset Ihm Dank
und dient Ihm mit großer Demut.«

Unsere Sonne nimmt einen besonderen Stellenwert in der Verehrung der Menschen ein. Die indianischen Völker, z. B. die Azteken bezeichnen die Sonne als «Vater Sonne« und die Erde als »Mutter Erde.« Auch heute noch verehren sie diese mit ihren rituellen Tänzen. Sie bringen Weihrauch dar und verehren alle Elemente. Sie möchten damit ihre Dankbarkeit gegenüber der Sonne und der Erde zum Ausdruck bringen, von denen wir Menschen alles zum Leben bekommen.

In Ägypten wurde der Sonnengott Ra verehrt als eine Manifestation Gottes. Auch in Griechenland und in Indien wurde die Sonne als der Sonnengott verehrt. Seine Namen waren »Helios« und »Surya«. Helios und Surya werden als strahlend schöne Jünglinge dargestellt mit ausgehenden Strahlen von ihrem Haupte. Im Museum in Pune/Indien sah ich vom Sonnengott Surya ein wunderschönes Gemälde.
Japan hat in seiner Flagge das Sonnensymbol und auch die Mayas und Inkas verehrten die Sonne als etwas Göttliches. Die Sonne (das Feuer) ist das lebensspendende Prinzip. Von ihr kommt alles Leben.

Der bulgarische Meister Omraam Mikhael Aivonhov erklärte die Bedeutung der Sonne folgendermaßen: Die Sonne ist eine Manifestation des Göttlichen – sie scheint gleichermaßen über die Gerechten und Ungerechten. Sie gleicht in ihren Eigenschaften Gott. Sie schenkt das Lebenslicht und versorgt alle mit Lebensenergie. Mit ihren warmen Strahlen weckt sie das Leben und lässt es gedeihen. Ohne sie könnte die Erde nicht existieren. Sie ist barmherzig wie Gott, der alle liebt, die Gerechten und die Ungerechten.

»Christus wohnt in der Sonne, er ist der Geist der Sonne. Ja, das Licht, das von der Sonne ausgeht, alles überflutet und Ursprung alles Lebens auf Erden ist, dieses Licht … ist Christus, ist der Geist Christi. Durch dieses Licht ist der Geist Christi ständig gegenwärtig, aktiv und ununterbrochen am Wirken. Christus ist natürlich eine Wesenheit, die viel größer ist als die Sonne. Er ist der Sohn Gottes, die zweite Sohn der Trinität. Christus ist überall im Universum gegenwärtig, doch für uns Menschen hier auf Erden manifestiert er Seine Gegenwart durch unsere Sonne.«

Es gibt eine seltene griechische Darstellung aus der Zeit Konstantins von **Christus als Helios, den Sonnengott.**

Alles was wächst, die Früchte, Nüsse, Gemüse und das Obst, alle Nahrung enthält Gottes Licht, Seine Kraft (Prana, Chi). Auch alle Elemente haben dazu beigetragen, dass die Früchte der Erde wachsen konnten – der Wind zur Befruchtung, das Wasser zum Wachsen, die Erde zum Nähren und das Feuer der Sonne für die Energie in der Nahrung.

Wir sollten wieder lernen bewusst zu essen und lernen, **dankbar** dafür zu sein. Ich möchte diese Gedanken vertiefen mit Sätzen, die ich einem Gedicht entnommen habe:

Lass mich sein wie die ***Erde*** *ist – lass mich wie die Erde annehmen, wo man mir gibt,*
und tausendfach zurückgeben, was ich bekommen habe.
Die Einsamkeit der Wüste und der Berge schafft Abstand
zu den lärmenden und glitzernden Dingen unserer Welt und gibt Klarheit und Ruhe.
Herr, lass mich sein wie die Erde ist, klar und ruhig.

Lass mich so wie die ***Luft*** *eine tragende Kraft sein – die Kraft, die die Mücke so sicher trägt wie den Adler.*
Die Luft gibt ohne Preis und versagt sich nie, ist niemals erschöpft und füllt jede Leere aus.
Lass mich sein wie die Luft ist, die Luft, die durch nichts begrenzt ist.
Herr, lass mich überall sein, wo ich gebraucht werde und mein Werk tun, ohne auf Dank zu achten.

***Wasser** ist völlig widerstandslos und überwindet doch den stärksten Widerstand.*

Wie immer die Gestalt eines Gefäßes auch sein mag, das Wasser passt sich dieser Form an. Und doch formt nichts anderes so intensiv wie das Wasser.
Denn es war das Wasser, das den Kontinenten die Form gab.
Wasser lehrt uns Demut, denn es sammelt sich stets am niedrigsten Punkt, und doch beugt sich selbst der Mächtigste zu ihm herab, um zu trinken.
Herr, lass mich sein wie das Wasser ist. So formbar und so formend und so demütig.

***Feuer** verwandelt alles, was es berührt. Lass mich wie das läuternde Feuer*
alles Unreine in mir verbrennen, damit das Reine erscheinen kann.
Das Licht meines Denkens soll leuchten wie Feuer,
die Liebe meines Herzens soll strahlen wie Feuer.
Lass in mir das ewige Feuer der Liebe brennen,
lass alles, was ich berühre, in Liebe brennen.
Lass mich mein Herz und die Herzen der anderen entzünden mit dem Feuer der Liebe.
Lass dieses Feuer immer weiter um sich greifen und die Welt entzünden,
bis das Feuer der Liebe die Welt erleuchtet.
Herr, lass mich sein wie das Feuer ist. Lass in mir ewig den Wunsch brennen, zu Dir zu finden.
Lass mich leuchten im Feuer der Liebe, das alles entzündet und alles verwandelt, in Liebe!

Gehen wir doch mit den **natürlichen Elementen in Harmonie!** Gewinnen wir dadurch wiederum Kraft, Harmonie und Frieden.
Verbinden wir uns wieder mit den Elementen und Kräften in der Natur:
Mit dem Element Feuer und genießen wir die Wärme der Sonne, nehmen wir ihre Kraft auf (aber nur am Morgen und am Abend, sonst ist sie zu stark!)
Mit dem Element Wasser und baden wir im Sommer im Freien oder genießen Bäder zu Hause und trinken wir reines Wasser aus Quellen.
Mit dem Element Luft und lassen uns den feinen Lufthauch um die Wangen fächeln.
Mit dem Element Erde und legen uns in eine Blumenwiese, atmen ihren Duft ein und verbinden und erden uns mit ihr. Unter den Bäumen finden wir Kraft.

Die Kraft der Elemente dient auch der Heilung:
Im Zuge einer Exkursion durch verschiedene Krankenhäuser in Indien, kamen mein Mann und ich im Rahmen der Ayurveda-Ausbildung in eine indische Naturheilklinik in der Nähe von Pune/Südindien, die von Mahatma Gandhi gegründet worden war.
Wir konnten feststellen, dass **alle Elemente** bei der Therapie zur Heilung eingesetzt wurden. Die Patienten wurden dort mit Heilkräutern und mit Wassertherapien behandelt. Sie bekamen Lehmwickel auf die kranken Körperstellen, sie lagen anschließend auf einer Dachterrasse und ließen das heilende Licht der Sonne auf sich einwirken.
Auch bei Pfarrer Kneipp war das Bestreben, mit den Kräften der Natur zu heilen. Mit seinen Wasserkuren und dem Wasser- und dem barfüßigen Wiesentreten ist er ja hinlänglich bekannt geworden.

Wir können ja auch, wie es die Essener taten, mit den Engeln Verbindung aufnehmen. Die Engel haben eine Verbindung zu den Elementen, sie lenken sie.

Zur Heilung und Reinigung bitten wir
den Engel der Erde, dass er die Unreinheiten unseres Körpers aufnehme,
den Engel des Wassers, dass er unser Herz reinigt,
den Engel der Luft, dass er unsere Gedanken reinigt und
den Engel des Feuers, dass er unsere Seele und unseren Geist heiligt.

Jahreszeiten

Der Wechsel der Jahreszeiten hat stark mit den Elementen zu tun. Im Frühjahr schenkt die **feurige Sonne** der erwachenden Natur die Kraft, zu wachsen und durchzubrechen aus der harten Kruste der Erde. Das notwendige **Wasser** des Regens und die **Erde** geben die Stabilität, dass die Pflanzen wachsen können. Die **Luft** trägt zur Bestäubung bei und die Wärme, die erhitzende Kraft der Sommersonne bringt alles zum Reifen.
Im Herbst und Winter ruht sich die Natur aus, die Ernte wird eingebracht. In der Erde sammelt sich wieder die Kraft für ein neues Jahr, einen neuen Frühling.
So können wir das Wirken der Bioenergien, der Grundkräfte Pitta, Kapha und Vata in der Natur erkennen.

Die Schätze der Natur

Von Mutter Erde werden wir reich beschenkt. Wir sind auf das Engste mit ihr verbunden, denn alle Elemente, die Mineralstoffe und Spurenelemente und das Gold der Erde sind auch **in** uns.
Wie kostbar reine Luft, reines Wasser und fruchtbare Erde sind, weiß man erst zu schätzen, wenn man es nicht mehr hat.
Denken wir doch an die Großstädte, z. B. in Japan, in denen die Menschen Gesichtsmasken wegen der schlechten, verunreinigten Luft tragen müssen.
In Afrika und anderen Gegenden der Erde leiden viele Menschen unter der Dürre und unsauberem Wasser. In Zukunft wird reines Wasser immer wertvoller werden.

Durch das Abholzen der Urwälder wird viel fruchtbarer Boden vom Wind abgetragen. Durch Überdüngung wird die Erde ausgelaugt. Zurück bleibt nur mehr unfruchtbares Land.

Die Erde schenkt uns nicht nur Luft, Wasser und Wärme, sondern auch Bodenschätze, wie Metalle, Edelsteine, Mineralien und Erdöl. Sie lässt die Früchte, Gemüse und Getreide zu unserer Nahrung wachsen, damit wir alles haben, was der Körper zu seinem Aufbau und zur Gesunderhaltung braucht.
Auch die Tier- und Pflanzenwelt arbeiten in schönster Ordnung zusammen. Sogar kleine Tiere wie Bienen und Vögel erfüllen wichtige Aufgaben. Durch das Bestäuben der Blüten tragen sie zur Befruchtung der Bäume, Sträucher und Blumen bei. Wenn sich z. B. Eichhörnchen einen Wintervorrat an Nüssen zulegen und vergraben, tragen sie auch zur Vermehrung der Nussbäume und der Haselnuss-Sträucher bei. Denn sie vergessen auch manchmal ihre Verstecke. Die Bienen spenden uns mit Honig, Blütenpollen, Propolis und Gelee Royale wertvolle Nahrung mit Vitaminen, Spurenelementen und Mineralstoffen zur Heilung. Und in der Erde sorgen die Regenwürmer für ein lockeres Erdreich.

In der Natur werden wir durch die Welt der Töne, Düfte und Farben sowie ihren Schwingungen reich beschenkt. Denken wir nur an die wunderbare Farbskala am Firmament beim Sonnenauf- und Sonnenuntergang. Die Töne aus der Natur, das Singen der Vögel, das Summen der Insekten, das Rauschen des Wassers und des Windes in den Bäumen, der Duft von Wald und Wiese – alles wirkt auf uns erquickend. Wir können sie zu unserem Wohl einsetzen. Die Elemente Wasser, Luft, Erde und die Sonnenkraft geben uns die Möglichkeit zu Heilanwendungen. Wir sehen das alles als ganz selbstverständlich an, aber wir sollten dankbar dafür sein.
Wir nehmen nicht nur wertvolle Schwingungen aus der Welt der Steine, der Pflanzen, Früchte und der Bäume auf, sondern sie liefern uns auch die nötigen Bausteine für unseren Körper und dienen uns.

Schätze aus dem Reich der Erde und des Meeres

Salz

Salz war früher so kostbar wie Gold. Es wurde einst als das »weiße Gold« gehandelt. Viele Städte weisen mit ihren Namen auf Salzvorkommen hin. Bei den Kelten wurde das Salz als »Hall« bezeichnet. Als Beispiel möchte ich nur das Tiroler Städtchen Hall nennen; das ursprünglich noch Solbad Hall hieß. Salz wird aus dem Meer und aus dem Berg gewonnen.

Warum ist das reine, unbehandelte Salz so kostbar? Es enthält sämtliche Mineralien und Spurenelemente, aus denen der menschliche Körper besteht. Unser Blut ist eine einprozentige Solelösung, es hat die gleiche Konsistenz wie das Urmeer, aus dem alles entstand.
Unser Körper braucht die Mineralstoffe und Spurenelemente der Erde, die wir mittels der Nahrung, aber auch über die Luft und das Wasser in den Körper aufnehmen.
Die Luft am Meer ist besonders reich an Spurenelementen durch das verdunstende Meerwasser und dem darin enthaltenen Meersalz.
Aber auch zu Hause können wir durch Bäder in naturbelassenem Meersalz oder Himalaya-Salz unseren Körper mit wertvollen Mineralstoffen und Spurenelementen versorgen. Dazu geben wir in das Badewasser ca. 1 kg natürliche Salzbrocken, lassen diese darin ca. ½ Stunde auflösen. Nun baden wir etwa 15 bis 20 Minuten lang bei 37 bis 38 Grad Wassertemperatur. Wir nehmen dabei nicht nur wertvolle Mineralien auf, sondern wir entschlacken und entsäuern den Körper und erweisen unserer Haut einen Schönheitsdienst. Ganz nebenbei können wir uns von unguten, belastenden Schwingungen aus Alltag und Arbeit befreien.
Es ist wichtig, dass wir auch mit den Speisen dem Körper nur naturbelassenes Kochsalz zuführen. Nur in seiner ganzen natürlichen Kombination aller Elemente, in seiner natürlichen Beschaffenheit, kann es alle Zell-Funktionen des menschlichen Körpers unterstützen und beleben.

Das feine, raffinierte Speisesalz aus dem Meer oder aus dem Berg hat alle guten Eigenschaften des reinen Natursalzes verloren, denn es ist all der Mineralien und Spurenelemente beraubt und so belastet es den Körper. Eigentlich ist es nur mehr reines Natriumchlorid, oft noch mit Zusätzen, u. a. zur besseren Rieselfähigkeit mit Aluminiumhydroxid, angereichert. Leider ist es so in dieser Form den zwei weiteren »weißen Giften«, wie raffiniertem Zucker und weißem Mehl, zuzuordnen.
Alle Produkte, die wir aus der Nahrungsmittelbranche kaufen, sind mit Industriesalz gesalzen. Wenn wir bei deren Zubereitung ein wenig Himalaya-Salz hinzugeben, können wir wenigstens einen neutralisierenden Ausgleich gegen die Wirkung des raffinierten Salzes für den Körper schaffen und die Speisen aufwerten.
Weitere wertvolle Anwendungen von naturbelassenem Salz sind:

- das Trinken von verdünnter Sole. Im zweiten Kapitel »Im Einklang leben mit seinem Körper …« unter »Gesundheitspflege« finden Sie entsprechende Anleitungen dafür.
- Inhalationen, Spülungen, Umschläge und Gesichtspackungen.
- Das Verwenden von Salzkristall-Lampen, die elektromagnetische Schwingungen in unseren Wohnräumen neutralisieren, ein gutes Ionenfeld aufbauen und zusätzlich durch ihre schönen Farben wohltuend auf Körper, Geist und Seele wirken. Natürlich sollten wir auf das Ursprungsland der Kristalle achten. Bei den reinen Himalaya-Kristallen haben wir die Gewähr für ihre heilsame Wirkung.

Perlen und Korallen

Das Meer beschenkt uns mit Perlen und Korallen als Schmuck. Perlen werden auch nachgezüchtet. Das Pulver von Perlen und Korallen wird zu Heilungszwecken eingesetzt.

Moor, Lehm und Steinöl

Über Moor-Bäder können wir dem Körper wertvolle Stoffe zuführen. In Kuranstalten werden auch heilsame Lehmpackungen verabreicht. Aus dem Berg kommt das heilkräftige Steinöl, das zu Salben und Badezusätzen verarbeitet wird.

Metalle

Sie entstehen ganz im Verborgenen im Dunkel der Erde. Das wertvollste **Metall**, das uns die Erde schenkt, ist das **Gold**. Kein anderes Metall hat die Begehrlichkeit der Menschen so geweckt wie das Gold. Gold ist das Symbol der lebensspendenden Sonnenkraft. Die Sonne wurde bei den Völkern in früheren Kulturen immer als etwas Göttliches betrachtet. Gold war auch das Symbol königlicher Macht. Reichste Vorkommen von Gold sind in Afrika. Die Nubier belieferten die Pharaonen in Ägypten einst mit Gold. Es ist das reinste Metall und oxydiert im Gegensatz zu Silber und Kupfer nicht.
Gold dient uns Menschen nicht nur als Schmuck und als Wertanlage, es wird auch in homöopathischer Form als Heilmittel gereicht und Aurum genannt. Gold ist auch in unserem Körper, in unseren Nerven. Gold wird u. a. auch verwendet für die homöopathische Herzmedizin.

In der ayurvedischen Medizin wird das **Goldwasser** empfohlen. Zur Herstellung desselben legen wir ein Goldstück in ein Gefäß mit Wasser und reduzieren die Wassermenge durch Kochen auf die Hälfte. Idealerweise nimmt man dazu ein Silbergefäß. Von dem zubereiteten Goldwasser trinken wir täglich eine kleine Menge. Dies dient der allgemeinen Stärkung, vor allem aber der Nerven.
Gold ist wie gesagt der Sonne zugeordnet und Yang-betont. Es hat daher einen stärkenden Einfluss. In der traditionellen chinesischen Medizin – TCM – werden zur Ohr-Akupunktur neben Silbernadeln auch Goldnadeln verwendet. Seemänner trugen einen goldenen Ohrring zur Stärkung ihrer Sehkraft. Er war genau an dem Energiepunkt des Ohres gesetzt, der für das Sehen zuständig ist.

Das **Silber** ist dem Mond zugeordnet und Yin-betont. Silber ist für Kinder in ihrem Wachstum gut, es leitet die Kräfte, die das Kind für den Zellaufbau benötigt. Deshalb ist ein Silberkettchen oder der erste Silberlöffel ein gutes Geschenk für kleine Kinder.
Es hat wie das Gold eine gute Leitfähigkeit. Silber hat eine keimtötende Wirkung. Es wird in der Medizin als Kolloidal-Silber gegen Infektionen eingesetzt. Auch in der Homöopathie findet es Verwendung. In Mexiko gibt es davon die größten Vorkommen.

In der **ayurvedischen Medizin** werden **Metalle und Mineralien** zu Bhasma (Asche oder Oxyd) verarbeitet. Man bekommt es als Pulver und Tabletten. Das Gold-Bhasma wird zum Aufbau des Nervengewebes verwendet. Für den Muskelaufbau wird Silber-Pulver verwendet.
Muschelkalk wird zu Shanka-Bhasma und Eisen zu Loha-Bhasma verarbeitet. Kalk bzw. Kalzium dient dem Knochenaufbau und wirkt Mangelzuständen, z.B. Osteoporose, entgegen. Das Loha-Bhasma findet seinen Einsatz bei Blutarmut.

Edelsteine

Edelsteine haben etwas Magisches an sich. Es ist ihre Kraft, ihre Ausstrahlung und ihre Schönheit, die uns besticht. Auch sie wachsen wie die Metalle ganz im Verborgenen im Dunkel der Erde in langen Zeitläufen heran. Sie tragen in sich Erinnerungen an frühere Zeiten der Erde, sie sind alle in ihnen gespeichert. Schon der Name Kristall deutet auf das Wort »Christ-All« hin und weist darauf, dass alles von Gottes Licht durchdrungen ist und Edelsteine und ihre Farben verdichtete Lichtstrahlen sind.
Wir sollten Edelsteine beachten und tragen und nicht nur in der Schmuckschatulle aufbewahren. Sie zeigen dann ihre Schönheit umso mehr. Sie verdienen unsere Dankbarkeit.

Edelsteine haben ganz verschiedene Qualitäten. Es gibt elektrische Steine, die hauptsächlich geben und magnetische, die nehmen. Die magnetischen nehmen Krankheiten und schlechte Schwingungen vom Träger. Diese sind der Rosenquarz, der Amethyst, der Türkis und der Opal. Wenn sie sehr viel Kraft abgeben, z.B. wenn der Träger krank ist, werden sie blasser oder bekommen Sprünge. Daher muss man sie pflegen, indem man sie regelmäßig energetisch reinigt und wieder auflädt, so wie ich es bereits im Kapitel »Im Einklang leben durch harmonische Schwingungen« unter »Die Welt der Pflanzen, Steine und Bäume« angegeben habe.

Edelsteine sind nicht nur schön und erfreuen uns. Sie dienen uns nicht nur zum Schmuck. Sie versorgen uns durch ihre schönen Farben mit guten Heilschwingungen. Wir können uns über das **Edelsteinwasser** – das wir mit den Kristallen von Amethyst, Rosenquarz und Bergkristall herstellen – stärken und erquicken, so wie ich es bereits im Kapitel über harmonische Schwingungen erwähnt habe.

Die Heilige Hildegard von Bingen empfahl Edelsteine zur Heilung und zum Schutz. Sie war Äbtissin eines Benediktinerklosters. Sie wurde geboren im Jahre 1098 n. Chr. und verstarb 81-jährig 1179 n. Chr. Durch ihre Visionen wurde ihr viel geistiges Wissen zuteil. Sie war auch Wissenschaftlerin und hatte auch das Heilwissen über Kräuter und Steine.

Edelsteine wirken auf drei Ebenen:

- auf der körperlichen Ebene auf die Organe
- auf der emotionalen und mentalen Ebene
- auf der geistig-spirituellen Ebene

Das Besondere bei Hildegard von Bingen ist, dass sie auch erwärmende oder kühlende Eigenschaften den Edelsteinen oder Heilpflanzen zuschrieb – ähnlich wie in der ayurvedischen Medizin. Sie beschrieb auch die Wirkungen auf die Psyche.

Hildegard-Heil-Steine: Achat (heute: Jaspis), Bergkristall, Diamant, Karfunkel (Granat), Beryll, Sarder (rotbrauner Chalzedon), Chalzedon, Hyazinth (Zirkon), Chrysopras, Topas, Jaspis (heute: Heliotrop), Kalkstein (Calcit), Karneol, Onyx (heute: Achat), Saphir, Sardonyx, Smaragd, Perlen, Ligurius (heute: Bernstein), Magnetstein, Phrasem, Chrysolith, Amethyst.

Weitere Heilsteine:
Es sind der Rosenquarz, Aquamarin, Chrysoberyll, Jade, Lapislazuli, Pyrit, Rubin und Türkis und noch viele andere. Im Kapitel über harmonische Schwingungen habe ich bereits über Edelsteine geschrieben und erklärt, wie man sie effektvoll einsetzen kann. Wichtig ist, dass sie mit der Haut Kontakt haben, denn erst dann können sie ihre Wirkung voll entfalten.

In der indischen **Astrologie (Jyotish)** werden Edelsteine auch zur Neutralisierung negativer Planeteneinflüsse im Horoskop empfohlen. Diese Steine werden als Ring oder Anhänger getragen. Auch hier ist es wichtig, dass der Stein die Haut berührt.

Schätze aus dem Reich der Pflanzen

Von den Pflanzen, ihren Früchten und Blüten, gewinnen wir wertvolle **Öle** für unsere Schönheitspflege, zur Heilung und Ernährung. Im Ayurveda werden seit altersher Ölmassagen zur Heilung und Regeneration eingesetzt. Bei der gesunden Ernährung spielt das wertvolle Olivenöl eine große Rolle.

Es ist kein Zufall, wenn irgendwo im Freien bestimmte **Heilkräuter**, Sträucher und Blumen wachsen. Was viele achtlos als »Unkraut« ansehen und womöglich ausreißen, ist in Wirklichkeit eine Pflanze, die gerade **hier** ihre heilende Wirkung verbreiten muss, weil sie an diesem Ort gebraucht wird. Pflanzen spenden nicht nur Früchte, Blätter und Wurzeln zum Heilen, sie verbreiten auch heilsame Schwingungen – auch schon über ihre Farben.
Warum wächst bzw. wuchert schon an allen Straßenrändern das Springkraut, englisch Impatiens genannt? Bei der Dr. Bach Blüten-Heilmethode werden Essenzen aus Blüten und Knospen hergestellt. Es gibt 38 Blütenessenzen und eine davon ist Nr. 18 Impatiens. Sie wird eingesetzt bei Ungeduld. Und was ist das Phänomen unserer Zeit? Ruhelosigkeit, Ungeduld und Eile.
An bestimmten Hängen wächst vermehrt der Stechginster. Mit seinen leuchtenden gelben Blüten fördert er Lebensmut und Glauben. Wie viele Menschen leben in Hoffnungslosigkeit und brauchen die heilsame Schwingung dieser Pflanze! Sie wird auch als Bachblüte Nr. 13 Gorse eingesetzt. Es ist interessant, die gelben Bach-Blüten schenken meist Lebensmut und helfen aus traurigen Gefühlen und Ängsten heraus.
Genau passend zu den Jahreszeiten wachsen für uns wichtige Früchte und Gemüse. Im Frühling wachsen für uns Kräuter, die der Reinigung und der Entschlackung des Körpers nach den Wintermonaten dienen. In den heißen Sommermonaten ernten wir erfrischendes, kühlendes Gemüse, Obst und Kräuter, z. B. die Gurken und das Minzkraut. Im Herbst bekommen wir Obst und Gemüse zum Einlagern für die Wintermonate. Genau im Winter haben wir dann nahrhafte Nüsse, das Vitamin-C-haltige Sauerkraut, Zitrusfrüchte und Obst zum Eindörren – alles was unser Körper in dieser Jahreszeit braucht.
Wenden wir uns nun diesen Schätzen im Speziellen zu, die uns die Erde schenkt.

Bäume und Sträucher

Für die keltischen Priester, die Druiden, die eine tiefe Einsicht in die Symbolkräfte der Natur hatten, stellte der Baum ein Abbild des Kosmos dar. Er symbolisiert das Leben, seine Wurzeln gewähren die Stabilität und den Halt der Erde. Aus dem Boden holt er die Nahrung, die Baumkrone stellt das Firmament mit den Sternen dar. Bäume sind die »Antennen« zum Kosmos. Sie verbinden Himmel und Erde.
Bäume sind auch ein Abbild des Menschen und seinem »inneren Lebensbaum«, dem astralen Rückenmarkskanal mit dem Wurzelchakra und seinen Gegenpol, dem Kronenchakra.
Bäume und Sträucher spenden nicht nur Früchte und Beeren, sie spenden auch Schatten, halten die Feuchtigkeit im Boden und schützen den Boden somit vor Erosion.
Bei der Bachblüten-Therapie kommen neben Blumen auch Blüten, Blätter und Knospen von Bäumen zur Anwendung, u. a. von der Olive und einigen Bäumen, die ich nun aufzählen möchte. Sie haben alle ihre bestimmten Qualitäten und Schwingungen.

Ahorn
Seine Blätter und das Holz wurden von Hildegard von Bingen geschätzt wegen seiner kühlenden Wirkungen bei Fieberzuständen und allen hitzigen Erkrankungen. Aus dem Stamm wird der süßliche Saft gewonnen, der durch Eindicken zum köstlichen Ahornsirup wird. Er ist eine gute Alternative zu Weißzucker, er hat wenig Kalorien und liefert viele Mineralstoffe.

Buche
Die Buche gibt keine Kraft ab, sondern sie nimmt Krankheiten auf, vor allem Kopfschmerzen und Migräne. Dazu müssen wir uns ihr nähern, gedanklich mit ihr Kontakt aufnehmen und unsere Stirn an sie lehnen und still mit ihr kommunizieren. Wichtig ist, sich nachher beim Baum zu bedanken. In ihrem Energiefeld werden sich Gedanken klären.
Hildegard von Bingen empfiehlt bei Fieber den Buchentee. Dazu nimmt man 15 g kleingeschnittene Buchenrinde, die man 3-4 Minuten lang in ½ l Wasser aufkochen lässt. Man seiht den Tee ab und trinkt 2-3 kleine Tassen am Tag. Idealerweise nimmt man die Rinde von 2 – 3 Jahre alten Zweigen.
Von der Rotbuche wird die **Bachblüte Nr. 3 Beech** hergestellt. Diese fördert Toleranz und Einfühlungsvermögen. Von der **Hainbuche** wird die **Bachblüte Nr. 17 Hornbeam** hergestellt. Sie wird eingesetzt bei Müdigkeit und mentaler Erschöpfung.

Linde
Von altersher ist die Linde ein Treffpunkt für die Menschen gewesen, auch bei den Kelten. Unter ihr wurde auch Rechtssprechung praktiziert. Der Linden-Platz diente auch zum Tanz und zur Unterhaltung. Die Linde ist der Baum der Verliebten. Die Linde repräsentiert die Kraft der Venus. Die Linde gedeiht nur an guten, strahlenfreien Plätzen.
Der Komponist Franz Schubert widmete ihr das bekannte Volkslied »Am Brunnen vor dem Tore, da steht ein Lindenbaum«. So ein alter Lindenbaum spendet viel Ruhe und Kraft.
Die Lindenblütenblätter werden eingesetzt als Tee zum Schweißtreiben bei Erkältungen (Infekten).

Birke
Bei den Kelten war die Birke das Symbol für Neubeginn. Wenn sie verliebt waren, brachten sie ihrem verehrten Mädchen frische Birkenzweige zu ihrer Wohnung. Die Birke soll negative, ungebetene Gäste vertreiben können. Deshalb wurden alle schamanischen Ritualgegenstände aus Birkenholz gefertigt. In den volkstümlichen Überlieferungen ist die Birke als Maibaum ein Symbol für den Lebensbaum und der wiedererwachenden Natur.
Unter einer Birke wird man sich erfrischt fühlen. Sie vertreibt Unlust und Beklemmungsgefühle, wirkt beruhigend auf die Nerven und beseitigt Denkprobleme. Sie repräsentiert die Kraft von Merkur.
Aus dem Birkensaft wird für die Kräftigung und Pflege der Haare auch Haarwasser hergestellt.

Eiche
Für die Kelten war die Eiche der heiligste Baum, weil er so kraftvoll ist. Die Druiden verrichteten ihre heiligen Zeremonien unter Eichenbäumen und verweilten in stiller Kommunikation mit Gott, um Seine Botschaften zu empfangen.
Im Zuge der Christianisierung um 724 n. Chr. ließ der Missionar Bonifaz die Eichen fällen, die von den Druiden verehrt wurden. Später wurden an diesen heiligen Plätzen Kirchen errichtet.
In der Heilkunde fanden Heilbäder aus Eichensud zur Kräftigung weite Anwendung. Die Eiche liefert auch die **Bachblüte Nr. 22 Oak**, die bei großer psychischer und körperlicher Be(Über)lastung zum Einsatz kommt. Die Eiche repräsentiert die Kraft von Mars und Jupiter. Unter den Eichen finden wir Kraft.

Tanne, Fichte und Föhre (Kiefer) und Lärche
Die Tanne ist ebenfalls ein sehr kraftvoller Baum. Sie ist der Weihnachtsbaum, zugleich auch der Baum der Wiedergeburt bei der Wintersonnenwende. Bäder mit Tannennadel-Extrakt helfen bei Erkältungen. Tannennadeln reinigen auch von unguten Schwingungen, man kann sie zum Räuchern einsetzen.
Die Fichte diente neben der Birke auch als Maibaum. Unter diesen genannten Bäumen werden wir uns gestärkt fühlen, wenn wir antriebs- und lustlos sind. Es tut den Nerven gut, wenn wir den Duft ihrer Nadeln einatmen. Die **Bachblüte Nr. 24 Pine** aus der Kiefer schenkt Selbstwertgefühl und erleichtert das Loslassen von Schuldgefühlen. Die **Bachblüte Nr. 19 Larch** aus der Lärche gibt wieder neues Selbstvertrauen und stärkt das Selbstbewusstsein.

Apfelbaum
Die Kelten beherrschten die Formensymbolik und sahen in den runden Früchten die Vollkommenheit der Erde und des Kosmos. Seit keltischer Zeit gilt der Apfel aber auch als Symbol für die Liebe und Fruchtbarkeit. Heute werden die Äpfel sehr geschätzt als eine Vitaminquelle, besonders von Vitamin C. In ihnen steckt viel Kraft.

Eberesche und Haselnuss
Eberesche (Vogelbeere) und Haselnuss liefern das beste Wünschelrutenholz. Mit einem solchen Zweig kann man Erdstrahlen und Erzadern wahrnehmen. Für den Nachweis von Wasser eignet sich besser ein gegabelter Weidenzweig, da die Weide stark mit dem Wasser verbunden ist.
Dem Haselnuss-Strauch werden gewisse Schutzkräfte zugeordnet. Er ist nützlich, wenn wir ihn im eigenen Garten pflanzen, um von außen vor schlechten Energien geschützt zu sein. Seine Nüsse sind wertvolle Gehirnnahrung.

Rosskastanien/Edelkastanie
Die Rosskastanie wird als Schutz vor Rheuma in der Hosentasche getragen. Die Heilkräfte der Rosskastanie werden auch bei Krampfadern und venösen Stauungen eingesetzt.

Aus der Kastanienknospe wird die **Bachblüte Nr. 7 Chestnut Bud** gewonnen. Sie wird eingesetzt zur besseren Lernfähigkeit. Aus den roten Kastanienblüten wird die **Bachblüte Nr. 25 Red Chestnut** gewonnen. Sie wird eingesetzt bei zu viel Sorge um andere. Aus den weißen Kastanienblüten wird die **Bachblüte Nr. 35 White Chestnut** gewonnen. Sie fördert Stille, geistige Ruhe und Konzentration beim Lernen.
Die Edelkastanie schenkt uns nicht nur ihre nahrhaften Früchte, die köstlich duftenden Maroni, die im November geröstet werden, sondern auch den Seelentröster, die **Bachblüte Nr. 30 Sweet Chestnut**. Sie wird bei tiefer Seelenqual und innerer Verzweiflung angewandt.

Walnuss-Baum
Seine Nüsse sind ein Hirntonikum. Schon ihre Form ähnelt einem Gehirn. Walnüsse halten das Ich des Menschen in seinem Denkpol, dem klaren Verstand fest, während der Alkohol gerade das Umgekehrte bewirkt. Durch ihn kommen die niederen Instinkte und der unbewusste Teil der Seele an die Oberfläche. Aber durch den Verzehr von Walnüssen kann man beim Alkoholtrinken nüchtern bleiben. Aus der Walnuss wird auch eine Bachblüte hergestellt, und zwar **Nr. 33 Walnut**. Diese hilft zum Durchbruch bei Neuentscheidungen.

Weide
Die Weide ist nicht so stark wie andere Bäume, aber sie hat eine starke Kraft zur Regeneration. Das erkannten auch die Kelten, weil sie allen unguten Einflüssen, wie Kälte und Wasser trotzte. Weidenrinde enthält den Heilstoff, aus dem das Aspirin hergestellt wird.
Von der Weide gewinnt man auch eine **Bachblüte**, und zwar **Nr. 38 Willow.** Sie hilft bei Verbitterung durch Schicksalsschläge und zur Aussöhnung.

Holunder
Bei den Holunderbäumen halten sich gerne Elfen und Zwerge auf, wie auch bei den Erlen. Im Märchen von Frau Holle spielt der Holunder eine Rolle. Wenn Krankheiten noch nicht ausgebrochen sind, also bei Erkältungen, die »noch in den Knochen stecken«, regt ein Absud die Abwehrkräfte des Körpers an. Holunderblüten und Beeren sind heilsam. Die Beeren enthalten auch sehr viel Vitamin C.

Zeder
Zedern wurden von altersher als heilig betrachtet. Es gibt verschiedene Arten von Zedern. Das Holz der **Libanon-Zeder** wurde in den orientalischen Ländern für Palast- und Tempelbauten verwendet. Auch König Salomon ließ seinen Königspalast und den Tempel aus Zedernholz erbauen. Es war sehr geschätzt wegen seiner Härte und seines besonderen Duftes.

Aus dem ersten Band der Anastasia-Bände von Wladimir Megre geht hervor, dass die **sibirische Taiga-Zeder** ein sehr kraftvoller Baum ist. Sie wird sehr alt und bis zu 40 Meter hoch. Ihr werden Heilkräfte zugesprochen.
Das Zedernöl der sibirischen Zeder ist als Heilöl aus der russischen Tradition bekannt. Korrekt handelt es sich bei der von Anastasia erwähnten sibirischen Zeder lateinisch um Pinus sibirica und ist in botanischer Sicht als Zirbelkiefer zu bezeichnen.
Aber dieser Baum hat etwas ganz besonderes. Der Großvater von Anastasia, von der die gleichnamige Buchserie erzählt, erklärt:
Die Zeder funktioniert wie eine Antenne, die höhere Energien aus dem Kosmos aufnehme und sie speichere. Sie erreiche ein Alter von 550 Jahren und mit Millionen ihrer Nadeln empfängt und speichert sie Tag und Nacht lichte Energie, und zwar über das ganze Spektrum.
Selbst ein kleines Stückchen Zeder enthält eine ungeheure Menge an gespeicherter, wohltuender Energie. Sie gibt sie wieder ab, wenn es daran im Kosmos, auch im Menschen und allem anderen Leben mangelt.
Er erklärt weiter: »In den Kosmos steigt vom Menschen nur lichte Strahlung, und aus dem Kosmos gelangt auf die Erde nur wohltuende Strahlung … Von einem Menschen boshafter

Gesinnung geht eine dunkle Strahlung aus, die nicht hinaufsteigen kann, sondern in das Innere der Erde gelangt. Von dort zurückgeworfen, kehrt sie wieder an die Oberfläche zurück – in Form von Vulkanausbrüchen, Erdbeben und Kriegen. … Die stärkste Wirkung der reflektierten dunklen Strahlung unmittelbar auf die Menschen besteht darin, dass seine bösen Gefühle verstärkt werden.«
Und weiter: »Nach 500 Lebensjahren beginnen diese Zedern zu ›klingen‹. Damit teilen sie den Menschen mit, dass diese sie absägen und mitnehmen können, um die gespeicherte Energie auf der Erde zu nutzen. So bittet die Zeder mit ihrem Klang drei Jahre lang.« Anastasias Großvater erklärt weiter, dass er vor kurzem eine solche Zeder entdeckt habe, die ganz leise klinge und nun gefällt werden müsse.

Nun möchte ich Ihnen ein uraltes **Rezept** aus den klassischen Schriften von Vastu geben, wenn Ihr Baum nicht gedeiht, **krank ist** und keine oder schlechte Früchte trägt: Der Baum soll regelmäßig mit Milch gegossen werden, die zuvor mit Gerste, Sesamsamen und Pferdedung zu gleichen Teilen gemischt, aufgekocht wurde. Diese Arznei soll den Baum in Kürze gesunden lassen. Generell mögen alle grünen und blühenden Pflanzen Pferdedung.

Aus dem was ich bisher dargelegt habe, wird deutlich, dass unsere Bäume starke Lebewesen sind und uns Menschen und der Erde demütig dienen. Sie verdienen es, dass wir respektvoll mit ihnen umgehen. Bäume sind fühlende Wesen und sie leiden unter Depressionen, wenn sie gefällt werden sollen. Über den richtigen Umgang mit ihnen habe ich bereits im Kapitel »Im Einklang leben durch harmonische Schwingungen« berichtet.
Sie überleben uns normalerweise und haben viel Wissen und Kraft in sich gespeichert. Das haben sich unsere Ahnen zunutze gemacht und sich unter sie gesetzt zur Kraftaufnahme und Heilung.

Heilpflanzen

Wir können sie innerlich und auch äußerlich anwenden.
Zur **innerlichen** Anwendung eignen sich der Kräutertee, der Absud (Dekokt), der Kaltauszug, der Press-Saft und Pflanzenpulver. Zur **äußerlichen** Anwendung kommen Extrakte und Tinkturen, Verbände und Breiumschläge, Bäder, Inhalieren und Mundwasser.
Den **Kelten**, vor allem die Druiden, waren natürlich mit der Kräuterheilkunde vertraut. Neben anderen Heilkräutern verwendeten sie den Bärlapp, Baldrian und Beifuß, die Brennnessel, die Efeupflanze, das Eisenkraut, das Johanniskraut, die Schafgarbe und die Mistel.
Die **Mistel** ist eine besondere Heilpflanze, sie wurde bei den Druiden sehr geschätzt als Kult- und Heilpflanze. Auch Paracelsus schätzte sie als Heilpflanze sehr. Erst jetzt in neuerer Zeit wurde durch modernste Untersuchungen ihre Heilwirkung auch in der Schulmedizin anerkannt.
Die Mistel galt als Allheilmittel bei den Kelten. Heutzutage werden aus der Mistel Extrakte zur Heilung hergestellt. Mistelpräparate werden auch bei Krebserkrankungen eingesetzt. Es ist erwiesen, dass die Mistel die Immunkräfte stärkt. Mistelzweige hängte man in Haus und Stall, um den Blitz abzuhalten.
Auch die medizinische **Aloe vera** wird bei Krebskrankheit eingesetzt. Sie dient als Schönheitsmittel und zur Heilung. Die Aloe vera hat eine reinigende Kraft.

Viele Heilpflanzen dienen uns oft als Küchen- und Suppengewürze. Durch die Anwendung dieser Heilpflanzen bereiten wir auch ganz nebenbei Heilnahrung zu. Auf Wiesen, in Gärten und im Wald können wir Blumen nicht nur bewundern, uns an ihrer Schönheit und an ihren Düften erfreuen, sondern sie auch als Heilpflanzen verwenden.

Hildegard von Bingen setzte neben Edelsteinen auch Gewürz-Kräuter, Bäume und Blumen zur Heilung ein. Ich möchte die Wichtigsten und Bekanntesten herausgreifen. Es sind drei Gruppen:

Heilpflanzen und Gewürze: Quendel, Bertram, Galgant, Basilikum, Süßholz, Zimt, Gewürznelke, Muskatnuss, Fenchel, Dill, Petersilie, Kümmel, Kerbel, Liebstöckl, Knoblauch, Eisenkraut, Brennnessel, Salbei, Thymian, Ingwer-Wurzel, Beifuß, Lorbeer, Melisse, Ahorn als Sirup, Wacholderbeere, Bockshornklee, Brunnenkresse, Wermut und Ysop.

Bäume: Tanne als Badeöl und Tinktur, Zypresse (gekochte Zweige ins Bad), Weinrebe (Kerne, Trauben, Blätter) und Ahorn (Sirup).

Blumen: Rose und Pfingstrose, Ringelblume, Schlüsselblume, Schafgarbe, gelber Enzian, Gundelrebe, Odermenning, Lavendel, Mariendistel, Tausendgüldenkraut, Veilchen, Wegerich, Gänseblümchen.

Natürlich kennen wir aus der **Volks-Heilkräuter-Kunde** noch etliche Heilpflanzen. Man findet sie in Bauerngärten: Es sind u. a. Kamille, Pfefferminze, Zitronenmelisse und Malve.

Auch im **Ayurveda** werden viele dieser Kräuter, Gewürze und Heilpflanzen zu Heilzwecken eingesetzt. Dazu gehört auch die Rose. Gut für das Herz ist die **Rosenmarmelade**, schon ihr Duft allein ist heilsam. So wird sie zubereitet: Man füllt ein Glas abwechselnd mit frischen Rosenblättern und Zucker. Dieses Glas stellt man dann in die Sonne. Daraus entsteht nach einiger Zeit die Rosenmarmelade. Aber es ist wirklich ein sonniger, warmer Sommer dazu nötig.

Der Ingwer stellt u. a. eine wichtige ayurvedische Heilpflanze dar, ebenso der Galgant, Zimt, Bockshornklee (Methi), Basilikum, Kardamom, Safran, Weihrauch und Ajwain. Ein speziell gutes Heilgewürz für Magen und Darm ist Kurkuma (Tumerik oder Gelbwurz), ebenso der sehr aromatische Kreuzkümmel (Cumin).
Wenn Sie sich mehr für ayurvedische Heil-Kräuter und Gewürze interessieren, kann ich Ihnen »Das Ayurveda Lebensbuch« von meinem Mann Reinhart Schacker empfehlen.

Der eigene Bio-Garten

Den eigenen Garten können Sie je nach Belieben sehr belebend mit leuchtenden Farben oder eher meditativ gestalten. Für eine meditative Atmosphäre eigenen sich Lavendel, zarte Glockenblumen, Rosen und alles Blumen mit zarten Farben.
Wenn Sie sich einen **Blumengarten oder ein Gemüsebeet** anlegen, achten Sie bitte darauf, dass sich die Pflanzen gegenseitig unterstützen und schützen vor Schädlingen. Es ist ein großer Vorteil, wenn Sie sich Gemüse für den Eigenbedarf pflanzen können. Da wissen Sie, woher es kommt und haben die Gewähr, dass es auf natürliche Weise ohne Kunstdünger und Schädlingsbekämpfungsmittel gezogen wird.
Pflanzen schützen sich gegenseitig, wenn wir sie in Mischkulturen bzw. Mischbeete anlegen. Der Anbau in Monokulturen bewirkt einen stärkeren Schädlingsbefall, da die Pflanzen sich nicht gegenseitig schützen können. Ich hatte selbst einmal einen kleinen Schrebergarten. Da habe ich Karotten zusammen mit Schnittlauch, Zwiebel, Grünsalat und rote Rüben (rote Beete) und Kohlrabi jeweils abwechselnd in eine Reihe des Beetes gesetzt. In den Schriften der Abtei Fulda im Internet finden Sie wertvolle Hinweise, wie Sie den Anbau von Pflanzen kombinieren können, um den optimalen Schutz der Beete zu erreichen.

Blumen als Freunde: Rosen bleiben gesünder mit **Ringelblumen**. Die Ringelblume ist nicht nur hübsch. Sie verträgt sich mit allen Gemüsearten und unterstützt deren Wachstum. Sie ist ein Nektar für Bienen und Schmetterlinge. Sie hält auch Ameisen vom Beet und vom Hause ab. Außerdem schützt sie Mischkulturen vor vielen Schädlingen, u. a. die Tomaten vor der weißen Tomatenfliege. Schnecken mögen sie nicht. Die Ringelblume ist auch eine ausgezeichnete Heilpflanze, vor allem für Salben bei schlecht heilenden Wunden und Krebsgeschwüren.

Auch die hübsche Kapuzinerkresse hält Schädlinge, u. a. auch Schnecken vom Gemüse ab. Knoblauch, Zwiebeln und Schnittlauch halten Obstbäume gesund, wenn sie ringsherum um diese gepflanzt sind. Auch die Rosen entwickeln in ihrer Nachbarschaft mehr Duft.

Manchmal wachsen in Ihrem Garten Pflanzen, die Sie als Unkraut ansehen. Jäten Sie es nicht aus. Es kann sein, dass Sie gerade jetzt diese Pflanze brauchen. Erfahrungen haben gezeigt, dass immer dann Pflanzen als »Unkraut« wuchern, wenn sich beim Gartenbesitzer körperliche oder emotionale Probleme zeigen. Kamillen können bei Schlaflosigkeit, Vogelknöterich bei Diabetes und Gänseblümchen bei Übersäuerung des Blutes eingesetzt werden.

Lassen Sie in Ihrem Garten einen Winkel frei für **Brennnessel**. Sie ist auf vielerlei Weise nützlich. Sie liefert das so wertvolle Eisen, wenn man sie als Gemüse zubereitet. Die Brennnesseln wachsen in der Natur gerne auf Erdstrahlung und absorbieren deren Schwingungen. Mit ihnen kann man sich vor Erdstrahlen schützen, wenn man über solchen schläft und für sein Bett keinen anderen Platz finden kann. Das rät Mellie Uyldert in ihrem Buch »Verborgene Kräfte der Pflanzen«. Dazu legt man frische Brennnesselblätter unter das Bett oder schläft auf einer Matratze, die mit getrockneten Brennnesseln und Farnkraut gefüllt ist. Früher war das auch so üblich. Lassen Sie die Bettstelle auf jeden Fall von einem Radiästhesisten nachprüfen.

Brennnesseljauche auf dem Komposthaufen lässt den Abfall schneller verrotten. Außerdem ist die Brennnessel die Mutterpflanze für die Raupen eines schönen Schmetterlings, und zwar des kleinen Fuchses.
Hecken dienen nicht nur als Windschutz, sondern auch als Unterkunft für Vögel, auch Kleingetier wie Igel, die Ihnen Schädlinge im Garten wegfressen. Schmetterlinge werden durch blühende Sträucher angelockt.

Marienkäfer sind wertvoll und nützlich, sie beseitigen die Schildläuse. Lassen Sie etwas Laub im Herbst liegen, sammeln Sie es zu Haufen. Dort finden die Igel und alle möglichen Insekten, auch der nützliche Marienkäfer, ihren Unterschlupf über den Winter.
Wie Sie Feen und andere Naturgeister in Ihren Garten einladen und was Sie dazu tun können, können Sie im Kapitel über harmonische Schwingungen im Abschnitt »Die Welt der Steine, Pflanzen und Bäume« unter »Geheimnisvolle Welt der Natur« nachlesen.

Essenzen

Aus jeweiligen Metallen, Mineralien, Edelsteinen, Pflanzen, Blüten und Bäumen werden auch verschiedene Essenzen und Elixiere zum Heilen hergestellt, und zwar die bereits erwähnten **Bachblütenessenzen**. Auch die **Homöopathie** und die **Schüssler Salz-Therapie** bedienen sich aus dem vielfältigen Reich der Mineralien und Pflanzen.
Hier wären auch die **Baumessenzen** und **Aura-Soma-Öle** (Equilibrium) mit den Pomander- und Meisteressenzen zu erwähnen. Aura-Soma-Öle enthalten ätherische Pflanzenöle, Pflanzenauszüge und Heil-Schwingungen aus Edelsteinen sowie hohe Lichtschwingungen.

Es gibt auch **Essenzen aus Metallen und Edelsteinen**. Die Herstellung von Essenzen aus Metallen und Edelsteinen beruht auf Erkenntnissen aus Alchemie und Ayurveda. Neben Gold (Aurum) und Silber (Argentum) werden noch andere Metalle zu Essenzen verarbeitet. Diese werden auf den Körper aufgetragen. Sie wirken auf die Chakren.
Aus dem Reich der Pflanzen gewinnen wir ebenfalls wunderbare **Duftessenzen** und **Räucherstoffe**. Daraus ergeben sich vielfältige Verwendungsmöglichkeiten, z.B. als Duftöle oder Badezusätze. Mittels ätherischer Duftöle, Räucherstäbchen oder beim Räuchern können wir ein angenehmes Raumklima schaffen, und diese je nach Stimmung und Zweck anwenden. Dabei ist stets auf gute Qualität der Öle bzw. der Räucherstäbchen zu achten!

Aus den Reichen der Natur werden wir reich beschenkt. Da eröffnen sich viele wunderbare und heilsame Anwendungsmöglichkeiten.

Tierschutz

»Wir sind ein Teil der Erde, und sie ist ein Teil von uns. Die duftenden Blumen sind unsere Schwestern, die Rehe, das Pferd, der große Adler, sind unsere Brüder. Die felsigen Höhen – die saftigen Wiesen, die Körperwärme der Ponys – und des Menschen – sie alle gehören zur gleichen Familie.«
»Ich liebe es, die langohrigen Maultierhirsche zu betrachten, wenn sie sich auf einem hohen Hügelkamm gegen den Himmel abzeichnen. Alle Lebewesen sind meine Verwandten – selbst ein winziger Käfer!«

Die wunderschönen Aussagen, von wem sie wohl stammen? Sie könnten vom Hl. Franziskus gesprochen worden sein. Das ist aber nicht der Fall – diese Worte kommen aus dem Mund des Indianer-Häuptlings Seattle und eines Medizinmannes aus dem Stamm der Sioux, namens Lame Deer.
Gerade dieses Volk wurde verachtet und als primitiv abgetan, völlig zu Unrecht. Unsere Umwelt würde nicht so aussehen, wenn wir die Schöpfung mehr achteten. Wir könnten viel von diesem Volk lernen.
Die Indianer fühlten sich als Teil der Erde. Für sie »lebte« die ganze Schöpfung, sei es nun Erde, Wasser, Stein, Pflanze, Tier oder Mensch. Dies drückte sich auch in ihrer Kultur, ihrer Erziehung und in ihrer Religion aus.

Wir haben nun über die Schönheit von Gottes Schöpfung erfahren. Aber wie gehen wir Menschen mit den Geschöpfen des Herrn um? Es heißt zwar in der Bibel, dass wir uns die Erde untertan machen sollen, aber nicht in dem Sinne, wie es jetzt geschieht.
Eigentlich war es der Auftrag Gottes, mit unseren geistigen, schöpferischen Fähigkeiten als Kinder Gottes eine schöne, heile Welt zu schaffen.

Die Menschen haben ihre Fähigkeiten missbraucht, Gott und den Sinn des Lebens weitgehend vergessen. Auch die Liebe ist in den Herzen weitgehend erkaltet. Sonst könnte es nicht so traurig auf der Erde aussehen, besonders bei den Tieren. Sie sind ja auf den Menschen angewiesen und ihm weitgehend ausgeliefert. Wenn der untrüglichste Gradmesser für die Herzensbildung eines Volkes und eines Menschen darin besteht, wie sie die Tiere betrachten und behandeln, dann schaut es traurig in unserer Gesellschaft aus.

Massentierhaltung und Fleischproduktion

Heutzutage wird vieles nur aus dem Aspekt betrachtet, was es für einen Nutzen bringt. Wenn es diesem Kriterium nicht entspricht, wird es gering geschätzt und sogar im schlimmsten Fall getötet.

Man sagt ja auch »Nutztiere« und »Fleischproduktion«, was ja bereits der Ausdruck einer gewissen Verrohung gegenüber den Tieren ist. Die Rinder, Kälber, Schweine, Hühner und Puten werden in den »Tierfabriken« nur mehr als Quellen für Fleisch, Milch und Eier gesehen. So vegetieren die Tiere bei der Massentierhaltung weitgehend ohne Tageslicht, ohne ausreichende Bewegung in ihren Stall-Abteilen dahin, ohne dass sie jemals eine grüne Wiese, einen Himmel gesehen hätten. Auch können sich die Kühe mit ihren Gefährten niemals berühren und sie lecken, die Muttertiere ihre Jungen nicht, weil sie getrennt in schmalen Boxen gehalten werden. Elementare Grundbedürfnisse der Tiere werden einfach nicht beachtet.
Statt die Milch den Kälbern zu geben, wird sie den Muttertieren abgemolken und die Kälber bekommen eine Pampe aus Milchersatz, die mit Antibiotika, Hormonen und Beruhigungsmitteln angereichert ist. Keine Spur von liebevollem Körperkontakt.
Die Sauen müssen immer wieder Junge werfen bis zur Erschöpfung. Sie werden bewegungslos gehalten in einem vergitterten Abteil. Auch sie brauchen Medikamente gegen den Stress.
Durch die großen Massentierhaltungsbetriebe in den EG-Ländern fällt massenhaft Gülle an. Diese führt zur Entstehung von Methangas. Dieses steigt in die Atmosphäre und zerstört zusätzlich die Ozonschicht.
Die Hühner müssen lt. EU-Beschluss auf der Fläche eines DIN-A4 Blattes zusammengepfercht auf Gittern stehen, es gibt keine Möglichkeit zum Scharren. Damit sich die Hühner nicht durch die auftretenden Aggressionen verletzen, werden ihnen die Schnabelspitzen abgeknipst. Die frisch geschlüpften männlichen Kücken sind »unnötig«, sie werden sofort »entsorgt«. In der Pferdezucht kommt es oft vor, dass junge Fohlen zum Schlachter kommen, wenn sie den Zuchtkriterien nicht entsprechen.
Ich könnte noch viel mehr schildern, aber ich möchte ihnen nur einen kleinen Einblick gewähren in die unnötige Qual der Tiere, die ihnen der Mensch durch Profitgier und Gedankenlosigkeit bereitet.

Die meisten Menschen machen sich ja nicht einmal mehr bewusst, wenn sie das abgepackte Fleisch beim Lebensmittelhändler kaufen, dass da ein Lebewesen dahinter steht, das Schmerz und Todesangst erlitten hat, als es für den Fleischverzehr getötet wurde. Man denkt nur an den Festtagsbraten, das Schnitzel usw.

Viele denken beim Genuss einer Salami nicht, dass Pferde- und Eselfleisch darin steckt. Diese Tiere werden oft in grausamsten Tiertransporten zum Schlachten geliefert. Nachdem sie ein Leben lang den Menschen gedient haben, bekommen sie einen bitteren Lohn.

Ein Erlebnis hat mich vor über 30 Jahren so bewegt, dass ich endgültig beschloss, den Verzehr von Fleisch abzustellen: Ich kam beim Gang durch den Wohnort bei einem Fleischer vorbei. Im offenen Hinterhof stand zufällig ein Laster mit geöffneter Ladefläche. Was ich darauf entdeckte, erschütterte mich zutiefst: Da lagen aufeinander gestapelt lauter junge Kälber, alle mit durchgeschnittener Kehle. Von da an wollte ich keinen einzigen Beitrag mehr zu Schlachtungen leisten! – Es ist ja die Nachfrage, die solches fördert.

Über die üblen Wirkungen des Fleischkonsums und der Fleischprodukte habe ich schon im Kapitel 2 in den »3 Säulen der Gesundheit« bei der Ernährung und im Kapitel 3 unter »der Einfluss von Ernährung und Getränken« berichtet.

Oft wird die Verehrung und der Respekt der Inder vor der Kuh als lächerlich abgetan. Aber Mahatma Gandhi erklärte, dass die Kuh das mütterliche, versorgende Prinzip Gottes ist. Von ihr bekommt der Mensch alles, was er zum Leben braucht:
Ihre Milch spendet den Babys und kleinen Kindern die erste Nahrung, wenn die Mutter keine Milch geben kann, aus der Milch wird Käse, Butter, Butterschmalz (Ghee) und Yoghurt zubereitet, ihr Fell wird zu Leder verarbeitet und der getrocknete Dung dient zum Heizen

und als Isolierschicht der Wohnhütten am Lande. Auch ihre Arbeitskraft wird gelegentlich zum Ziehen von Pflug und Wagen genutzt.

Deshalb kommen die Inder gar nicht auf die Idee, »ihre eigene Mutter« zu schlachten. In Indien gibt es eigene Stationen, wo die von der Straße kommenden Kühe versorgt und gepflegt werden.

Aufzuchtsmethoden und Dressur
Aber im Quälen der Tiere ist der Mensch sehr erfinderisch. Nicht nur bei den sogenannten »Nutztieren«, auch bei der Aufzucht von Rassehunden, bei der Dressur und bei den Katzen werden grausame Methoden angewandt.
Die Rassetiere werden so »verzüchtet«, dass sie unter kranken Hüften leiden, zu kurze Beine haben und nicht mehr springen können. Bestimmten Katzen und Hunderassen wird ihr Fell weggezüchtet, sodass sie nackt sind und ständig frieren. Und dann rühmen sich die Züchter großer Taten und werden für solche Zuchtkriterien auch noch mit Auszeichnungen bedacht.
Bei der Dressur von Polizei-Hunden werden Elektroschocks angewandt. Viele werden absichtlich »scharf« gemacht mit Quälereien, denen sie schon als Hundebabys ausgesetzt werden. Das ist ein grober Missbrauch der Tiere.

Tiere als Sache
Hunde, Katzen oder Hasen und andere Kleintiere werden allzu oft unbedacht in der ersten Begeisterung gekauft. Aber zu Ferienzeiten werden sie »lästig« und einfach ausgesetzt. Bevor man sich ein Tier anschafft, sollte man sich über seine Haltung und seine Bedürfnisse erkundigen. Es gibt ausreichend Fachliteratur.
Tierquäler kommen meist mit einer geringen Strafe davon, weil die Tiere ja rechtlich nur eine »Sache« sind und Tierquälerei gilt dann als »Sachbeschädigung.« Die Kirche schweigt zu diesen Greueln, denn die Tiere sollen ja angeblich keine Seele haben (früher wurde auch den Frauen und den Indianern eine Seele abgesprochen).

Aber jeder, der Tiere liebt, wird erkennen, dass Tiere sehr wohl Emotionen wie Zuneigung und Liebe, Freude, aber auch Trauer und Angst empfinden. Sie erspüren unsere Gedanken und Gefühle. Sie fühlen genau, wann der Besitzer beschließt, sie zu töten. Das weiß ich von einer guten Freundin, die Katzen eines Bauern betreut und füttert. Sie hat beobachtet, dass die vier ausgesuchten jungen Kätzchen, die der Bauer beschlossen hatte zu töten, schon Wochen vorher ein sehr ängstliches Verhalten an den Tag legten, während sich die anderen ungefährdeten Kätzchen unbekümmert und fröhlich zeigten. Natürlich hat sie alles zur Rettung der »Todeskandidaten« unternommen und sich bemüht, sie an gute Plätze zu bringen.
Mir hat ein Senner erzählt, als er seine Kühe auf der Alm weidete, wie sie seine Liebe erwiderten und ihm Zeichen ihrer Zuneigung gegeben haben, auf seine Rufe und ihre Namen hörten. Eine hat ihn immer besonders mit lautem Muhen begrüßt, wenn sie ihn von weitem kommen sah. **Handeln so seelenlose Wesen**?

Tiere sind treu, ohne Berechnung, fürsorglich und auch mutig. Ich könnte viele Beispiele anführen. Ich möchte nur einige besonders berührende Ereignisse mit Tieren herausgreifen:
Aus einem Zeitungsbericht habe ich entnommen, dass eine Hundemutter in der Hauptstadt von Kenia, Nairobi, ein ausgesetztes Menschen-Baby in ihrem Maul vom bewaldeten Straßenrand über eine belebte Straße bis zu ihrem Lager zu ihren eigenen Jungen getragen hat.

Hausbewohner wurden auf das Weinen des Babys aufmerksam und brachten es ins Krankenhaus. Nur der Nächstenliebe dieser Hündin verdankt dieses Baby sein Leben.
In einem anderen Fall hat sich eine Ziegenmutter schützend vor ihre Jungen gestellt, als ein Bauer, nachdem er schon das erste Zicklein erschossen hatte, auch noch ihre beiden anderen Kitzchen erschießen wollte. Diese sind dann in einem sogenannten »Gnadenhof für Tiere« untergekommen. Generell leiden Muttertiere sehr, wenn ihnen ihre Jungen fortgenommen werden, vor allem dann, wenn es zu früh geschieht.
Ich habe bei mir zu Hause kleine Zebrafinken. Jedes Tierchen hat sein eigenes Wesen. Darum kenne ich sie trotz ihres gleichen hübschen Federkleidchens alle gut auseinander. Wenn mein Mann und ich bei der Türe hereinkommen, bekunden sie ihre Freude, wir werden mit lautem Gezwitscher begrüßt. Und sie pflegen Freundschaft und Zuneigung untereinander, oft sind sie sehr treu zu ihrem Partner. Sie trauern sehr, wenn ihr Partner stirbt.

Gedankenloser Umgang mit Haustieren

Viel zu oft werden die kleinen Sänger in einen viel zu kleinen Käfig gestopft, oft genug müssen sie ihr Leben in Einzelhaft fristen, wo sie ohne Artgefährten traurig vor sich hinvegetieren. Dabei sollte doch bekannt sein, dass besonders Wellensittiche und Zebrafinken Gruppentiere sind und Gesellschaft brauchen. Oft wird nicht beachtet, ob der Käfig in der prallen Sonne steht oder ob die Tiere Wasser haben.
Bei meiner Urlaubsreise nach Kreta konnte ich beobachten, dass zwei junge Frauen ein sehr junges Hündchen auf der Fähre in den eigens vorgesehenen Hunde-Käfig kurzerhand einsperrten, ohne Wasser, ohne Futter. Sie schauten auch den ganzen Abend nicht mehr danach. Das junge Hündchen jaulte stundenlang und biss verzweifelt an den Gittern, das Tierchen war in Panik. Ich gab ihm Wasser, in das ich Notfall-Bachblüten gegen den Schock zur Linderung dazugab. Andere Hundebesitzer hingegen fütterten ihren Hund noch fürsorglich, bevor sie ihn über Nacht in den Käfig brachten. Hier fällt mir das traurige Los der Kettenhunde ein ... Ich frage mich, warum schafft man sich ein Haustier an, wenn einem das Befinden des Tieres, seine Bedürfnisse einfach egal sind?

Unnötige Quälereien

Leider setzt man Tiere auch nur zum Vergnügen Qualen aus. Das sind die grausamen Stierkämpfe in Spanien, die Hahnen- oder Hundekämpfe und die Fuchsjagd, die in England immer noch mit lebenden Füchsen betrieben wird. Dazu zählen auch Military-Pferderennen oder schwerste Hindernisrennen mit hohen Wetteinsätzen und Preisgeldern, die vielfach zu Verletzungen und sogar zum Tode von Pferden führen.
Manche »Feinschmecker« genießen Schildkrötensuppen, Vögel, Froschschenkel, Hummer und Gänseleberpastete. Sie nehmen dabei in Kauf, dass die Tiere dafür grausam gequält und getötet werden. Auch die überlangen, qualvollen Tiertransporte könnten vermieden werden, wenn die Tiere vor Ort zum Schlachten kämen. Abgepacktes Fleisch von bereits getöteten Tieren lässt sich problemloser und schmerzloser transportieren.

Tierversuche

Aber am meisten Qual wird den Tieren mit den Tierversuchen für die Medizin, für die Kosmetik, Chemie und für die Waffenindustrie angetan. Millionenfach werden Tiere zu Tode »getestet« mit Substanzen, die sie verätzen, vergiften, bis sie elendiglich sterben. Dazu gehören zum größten Teil Hunde, Katzen, Affen, Kaninchen, Meerschweinchen und Mäuse.
Bei der Medizin wird das begründet, man müsse Tierversuche durchführen, um Medikamente auf ihre Wirksamkeit für den Menschen zu testen. Aber diese Tests sind irregulär, die Ergebnisse sind auf den Menschen nicht übertragbar. Tiere reagieren oft ganz anders auf Medikamente als der Mensch, z. B. hat das Contergan bei den Tieren keine Nebenwirkungen gezeigt, aber die Kinder der Schwangeren hatten dann massive Schäden und Missbildungen davongetragen.

Das Schlimmste aber ist, dass viele Tierversuche immer wieder völlig unnötig wiederholt werden, statt sie zu verringern. Jede Pharmafirma macht separate Tierversuche für ihre eigenen Medikamente. Dabei werden schon bereits getestete Substanzen erneut einem Tierversuchs-Test unterzogen. Das gilt auch für Universitäten, in denen Frösche immer wieder zwecks Experiments und Demonstration mittels Schere geköpft werden. Die Forschung könnte mit virtuellen Methoden bzw. Videoaufzeichnungen zu Forschungs- und Demonstrationszwecken arbeiten. Genauso gut könnten Medizin und Wissenschaft dazu übergehen, vermehrt Medikamenten-Tests mit Zellkulturen durchzuführen. Alternative Möglichkeit dazu gibt es dazu schon seit 1989.

Aber dass Tiere grausam leiden müssen sogar für die Kosmetik-Industrie, für Lippenstifte, Nagellacke, Haarsprays und Cremes, das ist unverfroren. Das sind nur Alibitests, um dem Gesetz zu genügen. Die Produzenten beruhigen damit den Konsumenten, dass ihre Produkte der Depotkosmetik »getestet« worden sind, denn so können sie sich aus der Haftung für gesundheitliche Schäden beim Konsumenten skrupellos heraushalten, der dann keine Handhabe mehr gegen sie hat.
In den Cremes, Nagellacks und in den Schmink- und Färbemitteln befinden sich giftige Konservierungsstoffe und Emulgatoren zur Haltbarmachung derselben, leider auch in Toiletteartikeln des täglichen Bedarfs, z. B. in Zahnpasta und in Babypflegemitteln. Diese Substanzen werden alle getestet. Der Draize Test (Schleimhautverträglichkeitstest) sieht dann so aus, dass man die zu testenden Substanzen in die Augen der fixierten Kaninchen träufelt, die entsetzliche Qualen leiden durch die erlittenen Verätzungen.
Auch die Chemie macht Tests mit ihren Substanzen für Putzmittel und dergleichen, und die Waffenindustrie »testet« an Tieren, mit welchen Waffen man dem Gegner die größten Verletzungen beibringen kann. Es ist wie im Vorhof zur Hölle, was sich »kranke Hirne« einfallen lassen.

Auf dieses heiße Thema bin ich vor ca. 20 Jahren gestoßen, als im Zuge einer Veranstaltung ein Film vorgeführt wurde, der mich zutiefst erschüttert und nicht mehr losgelassen hat. Der Film zeigte einen kleinen Beagle-Hund (sie sind als sehr zutraulich und lieb bekannt), der qualvoll vor Schmerzen jaulte, als er vergiftet am Boden lag und nicht mehr aufstehen konnte. Er jaulte so herzzerreißend, dass es mir für einige Zeit nicht mehr aus den Ohren ging. Um die qualvollen Schreie der Tiere nicht hören zu müssen, werden Hunden mitunter auch die Stimmbänder durchgeschnitten. Affen, Meerschweinchen und Katzen sind in Vorrichtungen eingeklemmt und fixiert, so dass sie sich nicht rühren können. Das Spektrum menschlicher Grausamkeiten ist groß!
Das alles findet hinter verschlossenen Türen statt und viele wissen nichts davon, auch ich wusste es nicht. Das furchtbare Elend und grausame Leiden der Tiere ließ mich nicht mehr los und ich begann mich zu engagieren, dass etwas gegen die Tierversuche unternommen wird. Es kam zu einer Gründung eines Vereines gegen Tierversuche.
Damals kam mir das »Evangelium des vollkommen Lebens« in die Hände und ich las, wie sehr sich Jesus Christus der leidenden Kreatur erbarmt und ihr geholfen hat. Das hat mich damals motiviert.
Leider fällt all dieses Leid der Tiere auf uns Menschen zurück. Wir können unsere Gesundheit nicht durch das Leid der Tiere erkaufen, wir können nicht ungestraft Grausamkeiten dulden und sogar unterstützen.

Einsatz zum Schutz der leidenden Tiere

Jesus Christus hat sich sehr wohl für die Tiere eingesetzt, wie aus dem »Evangelium des vollkommenen Lebens« hervorgeht. Das ist noch eine aus Tibet erhaltene Urfassung der Evangelien, die von den »Correktores« nach dem Konzil von Nicäa (325 n. Chr.) verschont geblieben ist. Sie wurde in einem tibetanischen Kloster entdeckt und von dem Priester Rev. G.J.R. Ouseley um das Jahr 1881 aus dem aramäischen Urtext ins Englische übersetzt.

In diesem Evangelium sind noch alle jene Stellen erhalten, die dem damaligen römischen Reich nicht genehm waren und nach der Ernennung des Christentums zur offiziellen Staats-Religion aus der Bibel entfernt bzw. zur Unkenntlichkeit verändert wurden.
Wollen wir uns Jesu Haltung zu den Tieren zu Herzen nehmen, und uns für die leidende Kreatur einsetzen, so wie er es tat:
Auszüge aus dem »Evangelium des vollkommenen Lebens«. Es ist eines der **ursprünglich** erhaltenen Evangelien:

Jesus verdammt die Misshandlung der Tiere. 38. Kapitel
1.Und mehrere seiner Jünger kamen zu ihm und sprachen zu ihm über einen Ägypter, ...der lehrte, dass es nicht wider das Gesetz sei, die Tiere zu quälen, wenn ihr Leiden den Menschen Nutzen bringe.
2.Und Jesus sprach zu ihnen: »Wahrlich, ich sage euch, die Vorteile ziehen aus dem Unrecht, das einem Geschöpf Gottes zugefügt wird, die können nicht rechtschaffen sein. ...
3.Gott gibt die Saatkörner und die Früchte der Erde zur Nahrung; und für den Gerechten gibt es keine andere rechtmäßige Nahrung für den Körper.«

Jesus tadelt die Grausamkeit gegen ein Pferd. 21. Kapitel
1. Und es geschah, dass der Herr aus der Stadt zog ... und da kamen sie an einen Berg, dessen Wege sehr steil waren, und sie fanden einen Mann mit einem Lasttier.
2. Das Pferd aber war zu Boden gestürzt; denn die Last war ihm zu schwer, und der Mann schlug es, dass das Blut von dem Körper des Tieres rann. Und Jesus trat zu ihm hin und sprach: »Du Sohn des Greuels, warum schlägst du dein Tier? Siehst du denn nicht, dass es für seine Last viel zu schwach ist, und weißt du nicht, dass es Schmerz leidet?«
3. Der Mann aber antwortete und sprach: »Was hast du damit zu schaffen? Ich kann mein Tier schlagen, so viel es mir gefällt; denn es gehört mir, und ich kaufte es für eine schöne Summe Geldes ...«
4. Und der Herr erwiderte: »Sehet ihr denn nicht, wie es blutet, und höret ihr nicht, wie es stöhnt und jammert.« Sie aber antworteten und sprachen: »Nein, Herr, wir hören nicht, dass es stöhnt und jammert!«
5. Und Jesus wurde traurig und sprach: »Wehe euch, ihr Hartherzigen, die ihr nicht hört, wie es um Mitleid klagt und schreit zu seinem himmlischen Schöpfer, und dreimal Wehe dem, gegen den es schreit und stöhnt in seiner Qual!«
6. Und er schritt weiter und berührte das Pferd, und das Tier erhob sich, und seine Wunden waren geheilt. Aber zu dem Manne sprach er: »Gehe nun deinen Weg und schlage es künftighin nicht mehr, so auch du Mitleid zu finden hoffest.«

Jesus tadelt die gedankenlosen Treiber. 31. Kapitel
12. Und Jesus zog gen Jerusalem, und ihm begegnete ein schwer mit Holz beladenes Kamel. Das Kamel konnte die schwere Last nicht den Berg hinaufschleppen, und der Treiber schlug und misshandelte es, aber er konnte das Tier nicht von der Stelle bringen.
13. Und als Jesus es sah, sprach er zu ihm: »Warum schlägst du deinen Bruder?« Und der Mann erwiderte: »Ich wusste nicht, dass es mein Bruder ist. Ist es nicht ein Lasttier und dazu gemacht, mir zu dienen?«
14. Und Jesus sprach: »Hat nicht derselbe Gott aus dem gleichen Stoffe dieses Tier und die Kinder, die dir dienen, geschaffen und habet ihr nicht denselben Atem beide von Gott empfangen?«
15. Und der Mann staunte sehr über diese Rede. Er hörte auf, das Kamel zu schlagen, und befreite es von seiner Last. So ging das Kamel den Berg hinan, und Jesus ging vor ihm ...

Unter »Jesus tadelt die Grausamkeit gegen ein Pferd« im 21. Kapitel, Vers 5 und 6, spricht Jesus Christus ganz klar das Gesetz von Saat und Ernte (Karma) an.

Was kann unser Beitrag für die leidende Tierwelt sein?
Zuerst ist es wichtig, dass wir für unsere Haustiere gut und liebevoll sorgen, ihnen bei Beschwerden beistehen und nach einem Schock Bachblüten bzw. Notfalltropfen verabreichen. Das lindert ihre Ängste oder Panik. Wir können auch mit den Tieren liebevoll gedanklich kommunizieren. Sie reagieren auf die Schwingungen, die der Mensch aussendet. Tiere können auch unsere Aura wahrnehmen. Unangenehmen Menschen weichen sie aus, den liebevollen Menschen strömen sie zu.

Wir können die Organisationen der Tier- und Artenschützer und der Tierversuchsgegner in finanzieller Weise oder direkt unterstützen. Das gleiche gilt für Gnadenhöfe, in denen ausgesetzte, misshandelte und verstoßene Tiere aufgenommen werden und eine Heimat finden.
Wir können dafür sorgen, dass der Handel mit exotischen Tieren (Papageien) bzw. den Zähnen von Elefanten und Nashörnern (Elfenbeinprodukten) und von Schildkröten (für Suppen) verboten wird. Viele Schildkrötenarten wurden fast ausgerottet durch die Begehrlichkeit für Kämme und Brillenfassungen aus dem Schildpatt von ihren Panzern.

Das Tragen von Pelzmänteln (aus Fellen von Seehundbabys, Leoparden, Lämmern, Nerz, Fuchs usw.) sollte nicht mehr up do date sein und dafür sollen Pelzimitate in der Mode »in« werden. Die sehen genauso schick wie die echten Pelzprodukte aus und wärmen genauso. Diese sollten wir durch den Kauf fördern! Erst durch mangelnde Nachfrage werden die Felle der Tiere nicht mehr gebraucht und die grausamen Tötungen der Seehundbabys, der Lämmer für die Persianerpelze und die Pelz-Zuchtfarmen könnten ein Ende finden.

Schildkrötensuppen, Vögel, Froschschenkel, Hummer und Gänseleberpastete sollen nicht mehr auf den Speiseplan gewisser Feinschmecker kommen und verboten werden. Einfach nicht mehr kaufen und konsumieren, den Verzehr boykottieren! Nur so kann ein allgemeines Umdenken bewirkt werden, so dass dieses Verhalten nicht mehr als »nobel« gilt.
Für Hunde- und Hahnenkämpfe, halsbrecherische Military- und Hindernis-Pferderennen, bei denen es um hohe Wettquoten und Gewinne geht, sollte man Verbote erwirken. Das gilt auch für traditionelle Fuchs-Jagden auf den lebenden Fuchs und grausame Tierfallen.
Wir können Reisen in Länder meiden, in denen Tierquälerei normal ist, z.B. in Spanien. Spanien ist eigentlich ein katholisches Land, aber die »Christen« und die Kirche hat es nicht als notwendig erachtet, die Grausamkeiten der Stierkämpfe einzustellen. Nur empfindliche Umsatzbußen in der Feriensaison durch weniger Urlaubsgäste können zum Umdenken bewegen.

Durch die Umstellung unserer Ernährungsgewohnheiten und weniger Fleischverzehr können wir bewirken, dass nicht mehr so viele Tiere für die Fleischproduktion in Massentierhaltung gehalten und getötet werden müssen. Das geschieht nur wegen der riesigen Nachfrage.
Wir können dafür sorgen, dass diejenigen Bio-Bauern finanziell unterstützt und gefördert werden, die ihre Tiere gut halten, indem wir – wenn wir auf Fleisch nicht verzichten wollen – von ihnen das Fleisch, Milchprodukte, Eier, unser einheimisches Obst, Gemüse und Getreideprodukte kaufen.

Auch die Politiker sind aufgerufen, sich für die Bio-Bauern einzusetzen, dass sie angemessene Förderungen aus der EU bzw. faire Preise für ihre Produkte, z.B. für die Milch, bekommen. Die österreichischen Bio-Bauern erhalten kaum einen Ausgleich für die viel aufwändigere biologische Landwirtschaft, während Massentierhaltungsbetriebe, Lebensmittel-Großkonzerne und Großgrundbesitzer satte Förderungsgelder aus der EU einstecken. Viele Bio-Bauern können auf diese Weise ihre Betriebe wirtschaftlich kaum mehr halten und davon leben.

Besinnen wir uns auch wieder mehr auf natürliche Heil- und Hausmittel, widmen wir uns mehr der Gesundheitsvorsorge und wenden wir uns alternativen Heilmethoden zu. So können auch Medikamente eingespart werden, die durch grausame Tierversuche getestet werden. Bei Putzmitteln und Kosmetik-Artikeln sollten wir darauf achten, nur solche zu kaufen, die ohne Tierversuche produziert, also auf natürlicher Basis ohne giftige, chemische Konservierungsmittel hergestellt wurden. Protest gegen Tierversuche im Biounterricht und an Universitäten ist angesagt, es besteht doch die Möglichkeit einer Verweigerung für Studenten, dabei mitzumachen zu wollen. Durch die virtuellen Techniken (Computer etc.) sind andere anschauliche »unblutige« Lehrmethoden möglich.

Wir dürfen nicht den Fehler machen und in Hassgefühle gegen die Tierquäler verfallen. Wir sollten dafür beten, dass sie einsichtig werden. Sonst geben wir dem negativen Potenzial noch mehr schlechte Energien, die nur das Übel verstärken! Wir sollten vielmehr versuchen, im Rahmen einer Organisation einen Dialog für Alternativ-Lösungen zu finden. Fanatismus in dieser Sache richtet nur Schaden an und ruft die Gegner auf den Plan.

Aus den aufgezeigten Möglichkeiten können Sie ersehen, dass Sie eigentlich sehr viel für die Geschöpfe, die Jesus Christus »seine kleinen Brüder« nannte, tun können und auch sollten. Denn sie sind unsere Freunde.

Wahre Moral besteht nicht darin, den ausgefahrenen Geleisen zu folgen,
sondern im Herausfinden des wahren Weges für uns selbst
und diesen furchtlos zu gehen.
Mahatma Gandhi

Tiere als Freunde und Helfer

Denken wir doch dabei an den unermüdlichen Einsatz der Katastrophen- und Lawinenhunde oder der Blindenhunde. Sehr treu und gewissenhaft erfüllen sie ihre Aufgabe. Ich selbst habe eine Woche lang den rührenden Einsatz des Blindenhundes Bellami einer Teilnehmerin bei einem Heil-Seminar beobachten können. Er reagierte auf Worte und Gedanken seines auf ihn angewiesenen Frauerls und versah seinen Dienst äußerst pflichtbewusst und treu.

Tiere sind auch sehr dankbar, wenn man ihnen hilft. Im Herbst vorigen Jahres nahm ich mich einer verletzten, flugunfähigen Bachstelze an, die einer Katzenattacke zum Opfer gefallen war. Anfänglich setzte ich das geschockte Tier in einen Vogelkäfig und gab ihm von den Bachblüten die Notfalltropfen ins Trinkwasser, sodass es sich erholen konnte. Als Futter reichte ich ihm das Aufzuchtfutter meiner Zebrafinken und ließ es Obstfliegen jagen. Aber seine Lieblingsspeise waren die Haferflocken in Milch, an denen es fleißig beim Frühstück mitnaschte. Allmählich erholte es sich, machte immer mehr Flugversuche und nach drei Wochen war es wieder so weit, dass es ganz gut fliegen konnte.

Der Abschied fiel meinem Mann und mir gar nicht so leicht, als wir unseren lieb gewonnenen kleinen Hausgast an einem schönen, warmen Septembertag wieder in die Freiheit entließen. So viel Freude hatten wir mit ihm, die Bachstelze wurde immer zutraulicher, kam uns ganz nah und setzte sich mitunter aufs Knie meines Mannes. Sie blieb untertags immer in meiner Nähe, im Arbeitszimmer am Computer beim Buchschreiben leistete sie mir Gesellschaft und am Zimmerbrunnen badete sie mit Vorliebe.

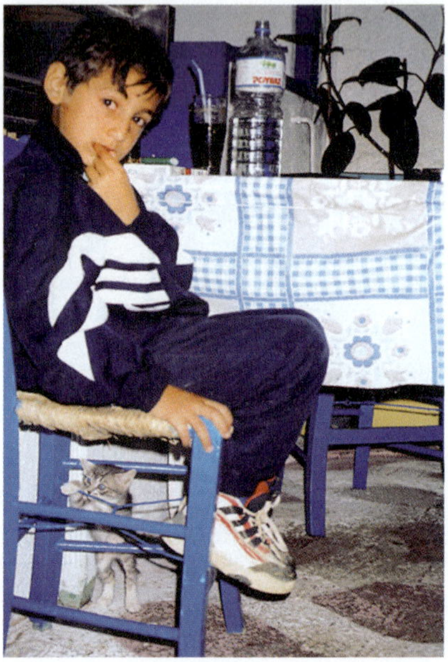

Es ist bereits erwiesen, dass Tiere auch als Therapie hilfreich eingesetzt werden können. Der Heilungsverlauf verläuft durch sie viel schneller. Denken wir doch auch u. a. an die »Delphin-Therapie« für Kinder, denen damit sehr geholfen werden kann. Den schwerkranken Kindern werden durch die Delphine unvergessliche Erlebnisse beschert, sie können sich wieder mehr für die Außenwelt öffnen und haben wieder Freude mit dem Leben.
Auch Pferde leisten bei der Hippo-Therapie wertvolle Dienste bei der Arbeit mit Behinderten.

Ältere Menschen bekommen durch Tiere ihre notwendigen »Streicheleinheiten« und können so ihrer Einsamkeit entrinnen. Tiere in Altersheimen bringen wieder Freude in den tristen Alltag der Leute. Ihre Altersbeschwerden und seelischen Schmerzen klingen ab, weil sie sich wieder etwas zuwenden und berühren können. Die vermehrte Bewegung durch das Streicheln führt dazu, dass bei den Leuten die Schmerzen in ihren Hand- und Fingergelenken gelindert und die Gelenke wieder beweglicher werden. Das hat sich in der Praxis erwiesen.
Durch ein Haustier haben alleinstehende Menschen noch die Möglichkeit, für ein Lebewesen zu sorgen, es zu streicheln und die Gemeinsamkeit mit ihm zu teilen.

In früheren Zeiten und bei vielen Natur-Völkern war/ist es ganz selbstverständlich, dass die alten Menschen ihre Aufgabe darin haben, für die kleinen Kinder zu sorgen, sie zu unterweisen und auf das Leben vorzubereiten. In unserer »zivilisierten« Welt ist das natürliche familiäre Gefüge weitgehend zerstört. Einerseits bleiben Kinder sich selber überlassen, weil die Eltern arbeiten müssen, andererseits werden ältere Menschen aufs »Altenteil« abgeschoben, weil man keine Verwendung für sie hat. Und hier füllen die Tiere diese Lücke aus.

Tiere dienen uns ganz ohne Berechnung und schenken uns einfach ihre Liebe – sie sind auf keine Erbschaft aus. Ein Hund oder eine kleine Katze ist ein Kamerad für Alt und Jung. Das Kind lernt Fürsorge und Verantwortung, der reife Mensch kann Zuwendung geben und bekommt sie auch reichlich vom Tier zurück. –
Oder so kleine Kanari-Vögel erheitern durch ihren Gesang das Gemüt. Ihre Pflege ist nicht so anspruchsvoll, sie brauchen keinen Ausgang wie der Hund.

Der Hl. Franziskus hat uns die Liebe zu allen Geschöpfen vorgelebt, er war mit allen Tieren vertraut, sogar die wilden Tiere waren ihm untertan. Er war ein wahrer Christ in der Nachfolge von Jesus.

34. Kapitel aus dem Evangelium des vollkommenen Lebens: »Jesu Liebe für alle Geschöpfe«

3. Und die Vögel sammelten sich um ihn und begrüßten ihn mit ihrem Gesang, und andere Geschöpfe krochen ihm zu Füßen und fraßen aus der Hand.

7. Und Jesus kam in ein Dorf und sah dort eine kleine Katze, die herrenlos war, und sie litt Hunger und schrie. Und er nahm sie in seine Arme und hüllte sie in sein Gewand und ließ sie an seiner Brust ruhen.

8. Und als er weiter in das Dorf hineingekommen war, gab er der Katze Nahrung und Trank. Und sie saß und trank und zeigte ihm Dankbarkeit … er gab sie einer seiner Jüngerinnen … Lorenza und sie nahm sie in Pflege.

9. Und einige aus dem Volk sprachen: »Dieser Mann sorget für alle Tiere. Sind sie seine Brüder und Schwestern, dass er sie so liebt?« Und er sprach zu ihnen: »Wahrlich, dies sind eure Mitbrüder aus dem großen Haushalte Gottes, eure Brüder und Schwestern, welche denselben Atem des Lebens von dem Ewigen haben.

10. Und wer immer für die Geringsten von ihnen sorgt und ihnen Speise und Trank gibt in ihrer Not, der tuet dieses mir, und wer es duldet, dass sie Hunger leiden, und sie nicht schützet, wenn sie misshandelt werden, erleidet dieses Übel, als ob er es mir zugefügt hätte.
Denn ebenso, wie ihr in diesem Leben getan habt, so wird euch im kommenden Leben getan werden.« Dieser letzte 10. Vers beschreibt ganz klar das Karma-Gesetz.

In gleicher Weise wie sich der Indianer-Häuptling Seattle und der Medizinmann namens Lame Deer über die Tiere aussprachen – ich habe sie anfangs zum Tierschutz zitiert – sprach auch Jesus Christus über die Tiere.

Eine **Botschaft von Jesus Christus** empfing ich im August 05 für die Teilnehmer eines Heil-Seminars, welche ich im Kapitel über Heilung niedergeschrieben habe. Dabei sprach er unter anderem auch:

»Ich bin überall, ich bin in jeder Zelle, ich bin in jedem Tier.
Auch die Tiere sind mir sehr, sehr lieb. Ich freue mich (wendet sich dabei dem lieben, treuen Blindenhund »Bellami« von Martha zu), ja – ich freue mich, dass ihr so ein Wesen unter euch habt – es ist eigentlich ein Engel. Die Tiere können auch Engel sein, unterschätzt das nicht.

Es sind eure lieben Brüder. *Die brauchen eure Zuwendung, und es schmerzt mich zutiefst, wie die Menschen mit der Kreatur umgehen. Es tut mir entsetzlich weh!*
Und bitte tut alles in eurer Möglichkeit, diese Sachen nicht zu fördern. Ob es nun Tierversuche sind, Tiertransporte sind, meidet das alles. Und wenn ihr es irgendwie unterstützen könnt organisatorisch – bitte setzt euch für die Abschaffung all dessen ein. Es ist nicht gut, wenn man es einfach so lässt. Ich alleine kann ja nichts dagegen tun, aber wenn viele das Gleiche denken, dann entsteht eine große Kraft und die kann Änderungen bewirken. Wir können nicht die Menschen, die die Kreatur quälen und Tierversuche machen und alles Mögliche, die können wir nicht so ändern.

– Wir müssen denen auch Liebe schicken, es geht nicht anders. Nur das und bitten für sie, dass sie Erkenntnis bekommen was sie anrichten. Weil sie lösen sonst eine entsetzliche Welle von Karma aus, das sich auf uns in Form von Krankheiten auswirkt. Wir können nicht Gesundheit erwarten über Tierversuche, das ist völlig unmöglich. Also da müssen die Ärzte und die Wissenschaften noch ***sehr, sehr, sehr umdenken.****«*

Umwelt- und Naturschutz

Unseren Pflanzen und Bäumen, den Gewässern verdanken wir nicht nur Nahrung, sondern auch die notwendige Sauerstoff- und Wasserversorgung. Unsere Erde schenkt uns die Nahrung. Daher sollten wir die Natur respektvoll behandeln.
Aber wie sieht es heutzutage aus? Wir wissen es alle, tagtäglich hören wir Hiobsbotschaften von Umweltskandalen in den Medien. Gewässer, Luft und Böden werden immer mehr vergiftet, Tierarten sind und werden weiter ausgerottet, desgleichen leidet die Pflanzenwelt.

Bereits im Jahre 1989 wurde anlässlich einer Ausstellung der Naturwissenschaftlichen Abteilung des Landesmuseums Innsbruck »Artenrückgang in Tirol. Wo sind sie geblieben?« festgestellt, dass eine Verarmung unserer Heimat an Tier- und Pflanzenarten stattgefunden hat. Durch Verbauung, Flurbereinigung, Einsatz von chemischen Pflanzenschutzmitteln, wurden in den letzten 40 Jahren allein in Tirol viele Tierarten ausgerottet, weil die zu ihrem Lebensraum notwendigen Pflanzen einfach beseitigt wurden. Dazu gehören Schmetterlingsarten, Käfer, Vogelarten, z. B. der Eisvogel.
Durch den Verlust von Feuchtbiotopen sind seltene Kröten, Feuersalamander ausgestorben. Durch direkte Verfolgung, also Jagd, wurden zahlreiche Tierarten ausgerottet. Dazu gehören Braunbär, Luchs, Wildschwein, Biber, Steinbock, Greifvögel, Waldrapp und viele andere. Mühsam werden einige davon im Alpenzoo in Innsbruck nachgezüchtet, auch der seltene Bartgeier.

Lassen wir den Indianer Plenty Kill, auch Luther Standing Bear genannt, sprechen:
»Der Weise maßte sich an, über Wert und Unwert des Lebens zu bestimmen, und so ging er schonungslos an sein Zerstörungswerk ...«

Diese Worte wurden vor 100 Jahren gesprochen. Leider haben sie besonders heute in der Gegenwart Gültigkeit. Der ganze Planet wird nach Bodenschätzen ausgeplündert. Nicht einmal vor der Antarktis, dem letzten unberührten Paradies, wird Halt gemacht. Man will die dort reich vorkommenden Bodenschätze gewinnen auf Kosten der dort lebenden Tierwelt.

Chemiekonzerne bieten Pflanzenschutzmittel und Schädlingsbekämpfungsmittel an, die die Gewässer und die Erde vergiften. Gifte zur Pflanzenvernichtung wurden (und werden) auch in der Kriegsführung eingesetzt. In Vietnam leiden noch nach Generationen die Kinder an Erb- und Nervenschäden. Sie sind aufs Schwerste behindert durch den damaligen Einsatz der Pflanzengifte zur Entlaubung der Pflanzen.
Bereits bei uns verbotene Pflanzengifte werden von den Chemie-Konzernen in die 3. Welt verkauft, z. B. nach Indien. Die dortigen Bauern tragen in Unkenntnis der Giftigkeit dieser Pflanzenschutzmittel schwerste Vergiftungen und Folgeschäden davon. Niemand entschädigt sie. Von einem Schmetterlingsforscher weiß ich, dass er im Zuge einer Forschungsreise in Asien in einem dünn besiedelten Gebiet beobachtete, dass die Tee-Plantagen dort reichlich mit Chemie gespritzt wurden.

Die Urwälder, die Lungen der Erde, werden von mächtigen Konzernen gerodet und ausgebeutet. Zur »Fleischproduktion« werden ganze Landstriche in den brasilianischen Urwäldern freigemacht für die Rinderzucht, um für gewisse Konzerne ihre »Burgers« zu produzieren. Zurück bleibt ausgelaugtes, ödes, unfruchtbares Land.
Soja – ein wertvoller Eiweißspender mit hohem Vitamin- und Mineralstoffgehalt – wird von der 3. Welt nach Europa importiert, in die Tierfütterung gesteckt, anstatt es den Hungernden zukommen zu lassen. 200 g Sojafleisch kann 1 kg Rindfleisch voll ersetzen.

Wertvolle Tropenhölzer werden rücksichtslos aus dem Urwald geschlagen, um den Reichen Teakmöbel zu ermöglichen und für die Papiergewinnung werden ganze Wälder abgeholzt. Für die so notwendigen Transporte werden Straßen ausgebaut, die weite Schneisen der Zerstörung in den Urwald graben. Die Tierwelt und die dortigen Einwohner werden vertrieben, ihrer Heimat und ihrer Lebensgrundlage beraubt. Und das alles nur, dass die Aktienkurse für die Reichen und Mächtigen »stimmen«. Durch ihre kurzsichtige Profitgier wird auf Generationen hinaus vieles unwiederbringlich zerstört. Die Folgen sind unabsehbar.

Haben diese »Herren« aber jemals gedacht, dass die Wälder die Lunge der Erde darstellen? Sie spenden uns den notwendigen Sauerstoff, reinigen die Luft und regeln durch Verdunstung auch den Wasserhaushalt in der Natur. Die Wurzeln der Bäume sind Wasserspeicher und schützen den Boden vor dem Abrutschen oder Abschwemmen. Durch die Abholzung riesiger Flächen wird das klimatische Verhältnis gestört, was man ja immer mehr verfolgen kann durch die vielen auftretenden jährlichen und weltweiten Überschwemmungskatastrophen.

In den Ur-Wäldern gibt es einen reichen Schatz von Heilpflanzen. Sie wirken optimal nur in ihrer gesamten Kombination von Heilstoffen, aber sie werden von der Pharma-Industrie isoliert verarbeitet. Mit den daraus gewonnenen Medikamenten erzielen sie satte Gewinne, während die Ureinwohner vor Ort, die immer respektvoll mit der Natur und ihren Schätzen umgegangen sind, weitgehend leer ausgehen.
Aber auch bei uns werden durch (Straßen)-Bauten immer wieder schöne, alte Bäume zerstört und Sträucher gerodet. Die Heimat für die Vogelwelt und Kleinlebewesen geht verloren. Schmetterlinge und andere Lebewesen sterben aus, weil sie ihrer Lebensgrundlage beraubt werden.

Wir sind jetzt schon so weit gekommen, dass Kinder uns auf die Missstände in der gesamten Umwelt aufmerksam machen, weil die Erwachsenen so unsensibel auf die Umweltprobleme reagieren. Ein Bub mit 9 Jahren fertigte in der Schule – bereits vor 10 Jahren – eine Umweltzeichnung an, wie er seine Zukunft sieht. Auf seiner Zeichnung gibt es keinen blauen Himmel, keine Tiere, nur einen verdörrten Baum, Atomkraftwerke, Totenkopfwarnungen, Müllhalden, Industriebetriebe, Autos und Beton. Er hat die Häuser bunt angemalt, als Ersatz für die Natur die es nicht mehr gibt.
Er sagte zu meiner Freundin »Tante, kann man die Technik nicht aufhalten, sonst werden wir sterben, wir haben ja keine Zukunft mehr.« Bewahren wir für die Kinder die Natur und richten wir uns nicht nur nach dem Profit!

Häuptling Seattles Worte vor 100 Jahren klingen wie eine Prophezeiung:
»Der weiße Mann behandelt seine Mutter, die Erde, und seinen Bruder, den Himmel, wie Dinge zum Kaufen und Plündern, zum Verkaufen wie Schafe oder glänzende Perlen. Sein Hunger wird die Erde verschlingen und nichts zurücklassen wie eine Wüste.«

Sinngemäß heißt es auch: Erst wenn der letzte Baum gefällt, der letzte Fluss vergiftet, die Erde und die Luft verseucht, die Tiere weitgehend ausgerottet sind, wird der weiße Mann feststellen, dass man Geld nicht essen kann.

Ich habe nun ein sehr düsteres, leider aber wahres Bild aufgezeichnet, das die heutige Gesellschaft mit der Natur und ihren Geschöpfen anrichtet. Ich möchte **aufrütteln! Jeder einzelne von uns** kann einen Beitrag zur Verbesserung leisten und umdenken. Wir brauchen nicht zu resignieren.

Umweltschutz
Im privaten Bereich können wir Umweltschutz betreiben. Da gibt es viele Möglichkeiten: Wir können beim Einkauf Getränkedosen und Plastikflaschen meiden, oder sie auf Pfand

zurückgeben. Bei diversen Sprays können wir darauf achten, dass sie nicht mit Treibgas betrieben sind. Wir können umweltfreundliche Produkte beim Kauf bevorzugen, z. B. umweltfreundliches Papier und WC-Papier. Das sind nur einige Beispiele.
Wir können Mülltrennung praktizieren. An öffentlichen Stellen gibt es bereits eigene Behälter für Papier, Glas, Dosen.
Wenn wir einmal gebrauchte, aber gut erhaltene Gegenstände und Kleider aussortieren, die wir nicht mehr brauchen, können wir überlegen, ob sie nicht jemand anderem noch nützlich sein könnten und diese einem Flohmarkt oder Secondhand-Laden zum Wiederverkauf zur Verfügung stellen. Studenten, die ihr Studium selbst finanzieren und sparen müssen, sind oft froh um Hausrat und Möbel. Ich kann mich noch gut erinnern, als ich als junge Frau meinen ersten Hausstand einrichtete, war ich froh um jede nette Tasse, ganz gleich, ob sie mit den anderen zusammenpasste. Man muss nicht immer alles sofort wegwerfen und spart dabei überflüssigen Müll. Die ältere Generation verwertete alles viel besser als wir in der heutigen Zeit. Sie war viel kreativer und zauberte aus Altem wieder etwas Neues.

Jeder von uns kann darauf achten, dass die Natur von Abfällen frei bleibt und nichts in Gewässer geschüttet wird. Es sollen doch die saubere Bergwelt, die Wälder und Seen für die Menschen erhalten bleiben und zur Erholung dienen. Leider werfen viele Touristen u. a. ihre Getränkedosen und Plastikflaschen einfach achtlos in die Natur oder Autofahrer »entsorgen« ihre ausrangierten Kühlschränke, Fernseher und diverses anderes einfach abseits der Straße. Man kann auch darauf achten, nicht jeden Weg mit dem Auto zurückzulegen. Oft ist es sogar mit einem öffentlichen Verkehrsmittel leichter und man erspart sich die mühevolle Suche nach einem Parkplatz in der Stadt. Jeder einzelne Raucher verunreinigt die Luft. Das macht bei den vielen Rauchern dann schon eine Menge aus.

Auf jeden einzelnen von uns kommt es an, dass sich etwas zum Guten ändern kann!
Jeder kann mit einem Beitrag Organisationen finanziell unterstützen, die sich für den Schutz der Tier- und Pflanzenwelt einsetzen. Dazu gehören Greenpeace und World Wildlife Found (WWF), Pro Wildlife und Vereinigungen, die gequälten Tieren helfen. Nur durch unseren persönlichen Einsatz können wir Tier- und Pflanzenarten schützen, z. B. die Wale, dass sie vor dem Ausrotten bewahrt werden. Wir können uns an Bau-Behörden oder zuständige Politiker wenden und Einspruch erheben gegen Straßenbau-Projekte, die durch Auland und Erholungsgebiete geplant sind und den Lebensraum unzähliger Tierarten (u. a. Graureiher, Eisvögel, Laubfrösche und Biber) zerstören und denen viele Bäume zum Opfer fallen würden.
Aber wichtig ist, ganz gleich für was wir uns einsetzen, dass wir dabei nie fanatisch und unbedacht werden. Es ist ungut, sich zu einem emotionalen »Kleinkrieg« hinreißen lassen. So werden wir nicht ernst genommen, und tun der Sache und uns keinen guten Dienst.

Es gibt ein einfaches Mittel für Umwelt- und Tierschutz:
Alle Produkte, die unseren Globus vergiften,
die nur durch das Quälen von Tieren produziert werden und
alle Produkte, die der Zerstörung der Natur dienen, z. B. Teakmöbel aus Tropenhölzern,
nicht mehr kaufen und konsumieren bzw. deren Gebrauch stark einschränken!

Wir können z. B. auch den Papierverbrauch oder den Gebrauch von chemischen Putzmitteln vermindern oder weniger Fleisch oder gar kein Fleisch und Fleischprodukte mehr verzehren.

Denn nur auf deutliche Umsatzrückgänge werden die jeweiligen Konzerne reagieren und sich umorientieren müssen, sie sind ja nur auf Gewinn ausgerichtet. Ethik interessiert sie nicht. Der Kunde bzw. Konsument ist König! Unsere Nachfrage bestimmt die Produktion. Machen wir uns das zunutze.

Hier mögen manche einwenden, »was kann ich allein schon ausrichten?« Aber wenn sich immer **mehr** Menschen diesen dargebrachten Gedanken und Ideen öffnen und sich dafür einsetzen, werden es schließlich Viele sein und das wird **positive Veränderungen** herbeiführen **müssen**. Denken wir doch an die Kraft der Gedanken und die Wirkung des Resonanzgesetzes. Gutes wird sich immer mehr verstärken.

Morphogenetische Felder

Der Wissenschaftler Rupert Sheldrake schildert in »Morphogenetische Felder« folgendes belegte, wissenschaftlich beobachtete Experiment. Auf einer japanischen Insel fütterten Wissenschaftler Affen mit Süßkartoffeln, die sie ihnen zum Fressen in den Sand warfen. Einmal begann einer der Affen den störenden Sand von den Kartoffeln im Meer abzuwaschen. Alle anderen Affen machten es ihm dann nach. Das war ein schöner Lernschritt:
»... 99 Affen wuschen an einem Dienstagmorgen um elf Uhr ihre Kartoffeln. Als sich ein weiterer Affe an diesem Ritual beteiligte, war die Hundert voll. Aber mit diesem hundertsten Affen vollzog sich ein Quantensprung, denn am Abend des gleichen Tages, wusch ausnahmslos die gesamte Affenkolonie ihre Süßkartoffel im Meereswasser!
Auch auf dem Festland und auf anderen Inseln imitierten die Affen diese Gepflogenheit, das heißt, eine genügend große Anzahl von Intelligenzen kann ein Bewusstseinsfeld programmieren, das sich schlagartig ausweitet.«

Was bedeutet das nun für uns? In Entsprechung zum zitierten Experiment kann also eine bestimmte Anzahl von Menschen ein neues Bewusstseinsfeld schaffen.
Wenn viele sich mit positiven Ideen zusammentun, fließen neue Kräfte in das **Kollektivbewusstsein aller Menschen** und führen neue Erkenntnisse, Einsichten und ein Umdenken zum Wohle aller herbei!

Ich werde nun ein paar **neue hoffnungsvolle Perspektiven und Möglichkeiten** aufzeigen. Dabei richte ich mich besonders an die junge Generation und rufe sie auf, diese Möglichkeiten wahrzunehmen. In deren Händen liegt das zukünftige Schicksal unserer Erde. Aber auch Verantwortliche aus Wirtschaft und Politik sind aufgerufen, neue umweltfreundliche Projekte und Erfindungen – die es bereits gibt – zu unterstützen und zu fördern. Die Gesetzgeber müssen Grundlagen dafür schaffen. Wir sollten nur die Politiker unterstützen und wählen, die diese Interessen vertreten und sich dafür auch einsetzen.
Als Bürger haben wir die Möglichkeit, positiven Einfluss darauf zu nehmen – wenn viele das Gleiche wollen und tun.

Energiegewinnung aus Sonne, Wind und Erdwärme

Es bestehen schon längst technische Möglichkeiten, Energie aus Sonne, Wind und Erdwärme sowie aus Biomasse zu gewinnen. Diese Projekte werden aber noch viel zu wenig genutzt bzw. von der Industrie nicht genügend hergestellt und von den Politiken nicht gefördert.
Hier sollten wir Bürger mittels unseres Wahlrechtes darauf einwirken, dass nur diejenigen Parteien unterstützt und gewählt werden, die die umweltfreundlichen Projekte fördern.
Viele ausgezeichnete und wertvolle Erfindungen wurden und werden zurückgehalten, nur um den Erdöl-Strom und die satten Profite der Ölkonzerne nicht versiegen zu lassen. Die Autofahrer müssen in Abhängigkeit von Treibstoff und Diesel gehalten werden.
In diesem Zusammenhang möchte ich den genialen Erfinder und Forscher Nikola Tesla (1856 – 1943), den Entdecker der »Freien Energie« erwähnen.

Die Atmosphäre, der Ozongürtel, unser Schutzmantel der Erde, darf nicht mehr weiter durch Treibgase und Abgase zerstört und verschmutzt werden. Es gibt bereits Autos mit alternativem Antrieb, wie Biodiesel, Methanol. Auch mit Gas betriebene Autos sind umweltfreundlich. Allerdings muss dies noch viel mehr gefördert werden. An dem Wasserstoff-Auto wird hoffentlich in der Zukunft intensiver geforscht.

Es ist nicht in Ordnung, Strom aus Atomkraftwerken zu fördern. Von den abgelagerten Brennstäben geht noch eine unabsehbare Gefahr für die Menschen aus, solange das Entsorgungsproblem nicht gelöst ist. Ein Mahnmal dafür möge Tschernobyl sein.

Zum Schluss möchte ich Häuptling Seattle zu Wort kommen lassen. Diese Worte waren Teil seiner Rede, die er 1855 als 80-jähriger vor dem Präsidenten der Vereinigten Staaten hielt:

»Lehrt eure Kinder, was wir unseren Kindern lehren:

Die Erde ist unsere Mutter.

Was die Erde befällt, befällt auch die Söhne der Erde ... Dieses Land ist IHM wertvoll und die Erde verletzen heißt, ihren Schöpfer zu verachten.
Wir liebten diese Erde, wie das Neugeborene den Herzschlag seiner Mutter. Wenn wir Euch das Land verkaufen, ***liebt es****, so wie wir es liebten. Kümmert euch, so wie wir uns kümmerten.*
Und mit all eurer Stärke, eurem Geist, eurem Herzen, erhaltet es für eure Kinder. Und liebt es, wie Gott uns alle liebt. Denn eines wissen wir, unser Gott ist derselbe Gott.
Die Erde ist IHM heilig. – Vielleicht sind wir doch Brüder – wir werden sehen.«

Umwelt und Wetter
Zusammenhang zwischen Gedankenkräften und Naturgewalten

Nicht nur durch unser Verhalten verursachen wir Leid für Mutter Erde, was natürlich auf uns zurückschlägt. Auch durch unsere geistige Haltung tragen wir sehr viel dazu bei. Die gesamten disharmonischen Gedanken- und Gemütsschwingungen der Menschheit tragen zur feinstofflichen Verschmutzung bei. Sie lasten wie Gewitterwolken rund um die Erde.

Meister Paramahansa Yogananda drückte dies auf seine Weise bildhaft so aus:
»Mensch und Natur sind unlösbar in gemeinsamem Schicksal verbunden. Die Kräfte der Natur wirken zusammen, um dem Menschen zu dienen; Sonne, Erde, Wind und Regen helfen ihm, seine Nahrung hervorzubringen – der Mensch lenkt die Natur, wenn auch meist unbewusst. Überschwemmungen, Orkane, Erdbeben und andere Naturkatastrophen werden durch unzählige Gedanken und Gefühle der Menschen hervorgerufen.
Jede Blume am Wegrand drückt das Lächeln eines Menschen aus, und jeder Moskito ist die Verkörperung verletzender Worte.«

Das heißt, dass jedes Hass-, Profit- und Negativdenken das geistige Potenzial zu Krieg, Elend und Naturkatastrophen darstellt! Ihrerseits tragen Naturkatastrophen und Gewalt wieder zu starken Ängsten in der Bevölkerung bei. Nicht Gott ist dafür verantwortlich zu machen, nur der Mensch hat durch seinen Missbrauch des freien Willens und seiner geistigen Kräfte die heutige Lage in der Welt verursacht. Es gilt, diese starken gedanklichen Negativ-Felder durch Positives zu entkräften.

Jeder Friedens-, Liebe- und Freundschaftsgedanke und gegenseitiger Toleranz trägt dazu bei, unsere Welt wieder heil werden zu lassen. Wer sich selbst zum Positiven ändert, setzt eine positive Ursache in die Welt und trägt dazu bei, dass dies auch andere tun können.
Denken wir doch an das Gesetz der Resonanz, das sich alles von gleicher Art anzieht und miteinander in Schwingung geht. Gleiches zieht Gleiches an.

Wollen wir endlich unsere schöpferischen Gedankenkräfte zum Heil unserer Mutter Erde und all ihrer Bewohner anwenden? Sie breiten sich durch Frequenzübertragung nach überall hin aus. Es gilt, die geistige Balance wieder herzustellen!

Ordnung im Kosmos

»Nur in Mir hat die Welt einen Sinn, nur aus MIR gewinnt die Welt Gestalt,
nur durch MICH schreitet die Welt fort.
Ich bin das Gesetz, auf dem die Bewegung der Gestirne
und das Wachstum aller lebenden Zellen beruht.«

Kosmos bedeutet »Ordnung«. Es herrscht Ordnung im Kosmos, Sterne und Planeten, sie alle ziehen ihre Bahn und beeinflussen nach kosmischen Gesetzen unsere Erde und uns.
Das ganze Jahr über können wir den Lauf der Gestirne beobachten, wie nach den Jahreszeiten die Sonnenauf- und Untergänge auf die Minute stattfinden, wie sich Tag- und Nachtgleiche und der längste Tag und die längste Nacht in schönster Ordnung Jahr und Jahr wiederholen. Und die Natur ist genau darauf abgestimmt in dem Wechsel der Jahreszeiten.
Denken wir an die geistigen und göttlichen Gesetze. Wir können sie nicht einfach unbeachtet lassen, ohne aus der Ordnung zu fallen. **Jeder sollte daher sich bemühen, mit der kosmischen Ordnung in Einklang zu schwingen.**

Alle Bereiche der Schöpfung durchdringen und beeinflussen sich gegenseitig. Die Astrologie befasst sich z. B. mit den planetarischen Einflüssen auf die Menschen. Alles ist miteinander vernetzt.
Der Mensch ist ein Mikrokosmos innerhalb des Makrokosmos. Hermes Trismegistos, der Vater der Esoterik oder »der hermetischen Philosophie«, legte die Quintessenz aller Weisheit auf der »Tabula smaragdina«, einer Tafel aus grünem Korund, nieder. Er lebte um 3.000 v. Chr., und war Priester und Eingeweihter in Ägypten und Gelehrter in Griechenland. Sein Name bedeutet »dreimal sehr groß« weil er das Wissen um die drei Welten, der physischen, astralen und göttlichen Welt besaß.
Er brachte die Gesetzmäßigkeit des Analogiegesetzes »wie oben, so unten« wie folgend zum Ausdruck:

»Wahr ist es ohne Lügen, gewiss und aufs allerwahrhaftigste.
Dasjenige, welches Unten ist, ist gleich demjenigen, welches Oben ist: Und dasjenige, welches Oben ist, ist gleich demjenigen, welches Unten ist, um zu vollbringen die Wunderwerke eines einziges Dinges. Und gleich wie von dem einzigen GOTT erschaffen sind alle Dinge ...«

Nahrungs- und Heilmittel aus der Natur (Mineral- und Pflanzenreich) enthalten alles, was auch in unserem Körper ist. Unser Körper ist ein Universum an Zellen und Lebewesen. Jedes Atom ist wiederum ein ganzer Kosmos. Der Körper ist Ausdruck unserer Emotionen und Gedanken. Durch unseren Geist können wir ihn gesund oder krank machen.

Geist und Natur

Der Davidsstern bzw. das salomonische Siegel aus der jüdischen Tradition ist ein wunderbares Symbol für die Durchdringung der geistigen und der materiellen Welt.
Bei Hermes Trismegistos findet diese Wahrheit folgenden Ausdruck: »Es steiget von der Erden gen Himmel, und wiederum herunter zur Erden, und empfanget die Kraft der Oberen- und der Unteren-Dinge.« Es ist auch ein Gleichnis für unsere Seele.

✡

Das obere Dreieck des Davidsterns stellt die göttliche Ebene dar – den Geist Gottes, das männliche Prinzip – der in die Materie – Mutter Erde eindringt. Mutter Erde ist das weibliche, empfangende Prinzip.
In der indischen Philosophie wird das so ausgedrückt in dem spirituellen Lied:
» Geist und Natur, sie tanzen zusammen, Sieg dem Geist und Sieg der Natur!«
So ist es ja auch zwischen Mann und Frau. Der Mann ist der aktive, eindringende Teil, die Frau die Aufnehmende, Empfangende.
Wir alle sind als Söhne/Töchter desselben himmlischen Vaters (Geist Gottes) und der derselben Mutter (der Natur, der Universalseele). In uns ist der Samen der Vollkommenheit bereits angelegt, gleich dem Apfelkern, in dem das ganze Potenzial eines wunderschönen Apfelbaumes verborgen liegt.

Erdheilung, wir sind alle miteinander vernetzt »Mutter Erde weint«

Unsere Erde wird auch als »Gaia« bezeichnet. Sie ist auch ein lebendiges Wesen wie wir und hat ebenso wie wir auch feinstoffliche Zentren (Chakren) und Kraftlinien, Ley Linien genannt. Ihre Schwingung beträgt mittlerweile mehr als 7,8 Hertz. Sie wird als Schumann-Frequenz bezeichnet und erhöht sich laufend.
Ihr Körper ist die Erde, ihre Flüsse und die Gewässer sind ihre Adern und ihr Blut, das Gebirge sind die Knochen, die Wälder sind ihre Lungen. Alle Pflanzen sind ihre Haare und die Haut.

Durch die großen Umweltsünden der Menschheit werden ihr große Schmerzen bereitet:
Ihr Blut, die Gewässer, werden mit Chemie und Öl vergiftet und verseucht,
ihr Fleisch, die Erde, wird mit Giften verseucht und ihre Knochen, die Berge, werden ausgehöhlt zur Ausbeutung von Gold und anderer Bodenschätze,
die Regenwälder, ihre Lungen werden immer mehr abgeholzt.
Ihre Luft wird immer mehr verpestet,
ihr magnetisches Gitternetz (feinstofflicher Körper) wurde verändert und der schützende Ozongürtel wurde beschädigt.
Durch zahlreiche Atomversuche seitens Frankreich, China, USA und anderer Länder wurde sie schwer verwundet und atomar verseucht, auch durch Atomunfälle (GAUs).
Auch ihre Geschöpfe, die gesamte Tier- und Pflanzenwelt und Naturgeister, werden gequält.

Viele Menschen verlieren sich ganz im Materiellen, andere haben den Hang zur Weltflucht. Sie wollen sich mit »den irdischen Niederungen« nicht befassen und heben ab. Beide Haltungen sind falsch.
Aber nur durch unser liebevolles **Handeln** können wir die Erde heilen und »den Himmel auf die Erde« bringen. Das müssen wir aber selbst tun. Das ist unsere Aufgabe.

Denn damit erfüllen wir die Bitte im Vaterunser – Gebet, das uns Jesus Christus gab: »Dein Reich komme, Dein Wille geschehe im Himmel also auch auf Erden«. Sein Reich ist unser eigenes liebevolles Herz.

Abhilfe tut Not! Nehmen wir praktischen Umwelt-, Natur- und Tierschutz ernst. Wir brauchen die Natur, ohne sie können wir nicht überleben. Wasser, Luft und Erde ist unsere Lebensgrundlage. Sie dürfen nicht weiter vergiftet werden. Auch die Tier- und Pflanzenwelt soll erhalten bleiben. Was ihr an Leid zugefügt wird, das werden wir sonst tragen müssen. Seien wir nicht mehr die Marionetten der Großkonzerne. Wenn wir einig sind und zusammenhalten, können wir gegen die Missstände etwas tun und werden Änderungen bewirken. Verlieren wir nicht den Mut, es wird eine gewisse Zeit dauern. Wenn ein Bewusstseinsfeld stark magnetisiert wird mit positiven, aufbauenden Gedanken von Vielen, wird die Energie des alten, materialistischen, zerstörerischen Bewusstseinsfeldes letztendlich kippen **müssen**! Ich erinnere an das morphogenetische Feld und unsere Geschichte mit den 99 Affen und was der 100ste von ihnen bewirkte.

Dr. Masaru Emoto hat in seinem Werk »Die Botschaft des Wassers« seine Forschungsergebnisse niedergelegt und bewiesen, dass durch **Gebete**, die an Gewässern gesprochen wurden, sogar verunreinigte Flüsse und Seen wieder klar wurden, was die Vergleichsfotos von den Wasserproben dokumentierten.
Welch eine Möglichkeit für alle Gewässer dieser Erde! Machen wir uns dies zunutze und gehen in die Natur und beten wir für sie. Und vor allem segnen wir sie und danken ihr für ihren Dienst, den sie uns täglich erweist und uns am Leben hält. Mutter Gaia braucht unsere Liebe und Hilfe! Bloßes Meditieren allein ist zu wenig, wir müssen auch etwas tun. Spiritualität beinhaltet auch Selbstverantwortung!

Sun Bear, ein Chippewa-Medizinmann sagte anlässlich eines Interviews 1992 in Deutschland auf die Frage, wie wir heilige Kraftorte wieder reaktivieren könnten:

»Ich denke, es gibt so viele alte Zeremonienbezirke in Deutschland, die heiligen Plätze unserer Vorfahren, dass jeder in seiner Nähe einen solchen finden müsste.
***Und wer wirklich im Einklang mit der Erde leben will, sollte an diese Plätze gehen und beten**. Sie sollten für ihn wie ein Schrein sein.*
Die Angehörigen vieler Religionen pilgern zu ihren Schreinen und Wallfahrtsorten, aber diese Stätten sind sehr viel älter als die Schreine jeder der großen Religionen. Es sind Schreine, an denen unsere Vorfahren in uralter Zeit Zeremonien für die Erdmutter und die heiligen Dinge durchführten. Und wenn Sie dorthin gehen, werden Sie sehen, dass der Geist noch immer da ist, seit tausenden von Jahren.
Gehen Sie hin, opfern Sie der Erde etwas, zum Beispiel Tabak, Maismehl oder was immer Sie für gut befinden. Bitten Sie den Geist zu kommen und Ihnen die Richtung zu weisen. Es mag sein, dass sich sehr kraftvolle Dinge ereignen.«

Daraus können wir ersehen, dass wir nicht allein durch Taten – durch aktiven Tier- Umwelt- und Naturschutz – sondern auch auf geistiger Ebene mit Gebeten der Erde (und uns) helfen können.
Welche Möglichkeiten wir haben, heilend für unsere Erde und ihre Geschöpfe wirken zu können, möchte ich nun aus meiner eigenen Erfahrung schildern:

Nachdem ich Reiki gelernt und durch Handauflegen Schmerzen lindern, heilen, Chakren stärken und ausgleichen konnte, hatte ich die Absicht, auch aus der Ferne zu wirken. Und das tat ich auch mit dem zweiten Reiki-Grad für Menschen, die Hilfe brauchten, aber nicht zu mir kommen konnten.

Während ich einmal so als Beifahrerin die Autobahnstrecke Kufstein – München fuhr, bemerkte ich, wie jämmerlich die Wälder entlang dieser Strecke aussehen, sie erbarmten mir und ich wollte ihnen helfen. Da kam mir der Gedanke, den armen, leidenden Bäumen längs der Autobahn Heilenergie zu senden. Aber wie? Ich konnte doch nicht jeden Baum einzeln Heilenergie geben – so während der Autofahrt.
So bat ich innerlich Gott, Kanal für die Heilenergie für alle Bäume entlang der Strecke sein zu dürfen, die Heilung brauchen. Es war ein Versuch meinerseits, das hatte ich noch nie gemacht in dieser Form. Meine Hände wurden ganz heiß und viel Energie strömte aus ihnen. Und so geschah es, dass sich die Natur die heilende Energie holte wo es nötig war, während mein Mann die Strecke fuhr. Ich hielt die Augen geschlossen und immer dann, wenn meine Handinnenflächen besonders heiß wurden, fuhren wir wieder an sehr leidenden Bäumen an der Autobahn vorbei.
Manchmal fuhren auch Tiertransporter an uns vorbei mit ihrer lebenden, leidenden Fracht, den darin zusammengepferchten Pferden, Rindern, Schweinen und auch Hühnern. Ich fühlte die Verzweiflung der armen Kreatur, ihre Trauer und ihr tiefes Leid. Diese Energie war so stark, dass mir ganz schwer ums Herz und zum Weinen wurde. Ich verstehe nicht, wie die Menschen so taub und blind gegenüber den leidenden Geschöpfen sind und solches Leid zulassen, und es sie so wenig berührt.
Natürlich sandte ich auch diesen vorbeifahrenden Tieren Heil- und Lichtenergie hin und betete für sie, dass sie eine Linderung ihrer Leiden erfahren. So hatte ich wenigstens den Trost, irgendetwas gegen das Leid getan zu haben.
Und so mache ich es immer wieder entlang von Autobahn-Strecken – ich bitte und danke Gott für die Heilenergie, die ich empfangen darf zum Weitergeben.

Und so können wir es alle machen in Situationen wo Hilfe nötig ist. Es muss ja nicht so ein »Großeinsatz« wie meiner auf der Autobahn sein. Wir brauchen einfach nur Gott um Heil- und Lichtenergie bitten, die Handflächen nach oben öffnen, diese empfangen und sie mit Liebe und Mitgefühl aus dem Herzen an die weitersenden, die sie brauchen, ganz gleich, wo sie sind. Wir können Gottesboten bitten, dass sie uns dabei helfen.

Anlässlich eines Heil- und Lichtseminars im August 04 machten wir als Gruppe gemeinsam eine Erdheilung, und sandten alle das rosa Licht der universellen Liebe auf die ganze Erde aus. Anschließend konnte ich folgende Durchgabe empfangen:

Botschaft von Jesus Christus

»Meine Mutter und ich freuen uns sehr über Euch und in Eurer Mitte zu sein.
Ich rufe Euch auf, einen jeden von Euch, tragt die Liebe in Eure Familien, in Euer Umfeld wo ihr lebt. ***Lebt*** *die Liebe auch im Alltag, sie ist die stärkste Kraft, sie heilt alles. Heilt in MEINEM NAMEN!*
Tragt die Liebe hin wie ein Feuer über die ganze Erde, zu allen Geschöpfen, Tieren und Pflanzen.
Geht so oft wie möglich in das allumfassende, liebende Christusbewusstsein – so wie jetzt – das nichts verurteilt, nichts ausschließt, sondern mitfühlt mit der Erde und ihren Geschöpfen.
Tretet immer wieder in das hohe ICH BIN Bewusstsein und wirkt in diesem Bewusstsein.
So trägt ihr zur ***Durchlichtung des ganzen Planeten Erde*** *bei und die Schatten der Dunkelheit müssen weichen!*
Ich brauche einen ***jeden*** *von Euch bei dieser Lichtarbeit* ***zur Heilung der Erde und ihren Geschöpfen****. Jeder von Euch hat bestimmte Gaben. Setzt sie zum Wohle und zur Heilung ein.*
Für diese Aufgabe habt Ihr Euch inkarniert.

Ihr seid schöne, starke, göttliche Wesen. Schaut nicht auf Eure und die Schwächen Eurer Mitmenschen, sondern auf das Göttliche in Euch. Achtet auf Euer Potenzial, das es zu ***entfalten*** *gilt und achtet Euren Gott IN EUCH und liebt Euch selbst. Entlasst alle Schuldgefühle und Schmerzen.*
Geht immer wieder jeden Tag in das ICH BIN Bewusstsein und wirkt in Meinem Namen in diesem Bewusstsein. Tragt die Liebe und das Licht hinaus, verstärkt so die Liebe und die Göttlichkeit bei Euch und bei den anderen.

Und seht in Euren Mitmenschen, Partnern und Kindern das Göttliche, fördert es mit Liebe. Meidet die Kritik, schaut nicht so sehr auf Eure Unvollkommenheiten. Das sind die Schatten, sie haben keinen Bestand. Sie müssen weichen durch die Kraft der Liebe!

Ihr habt in dieser Woche viel Transformationsarbeit geleistet, nicht nur zum Wohle der Erde, zu Eurem Wohl und zu dem Eurer Mitmenschen auf der irdischen Ebene. Auch auf der anderen Ebene wurden viele erlöst, viele Seelen konnten weiter gehen auf höhere Ebenen.
Ihr könnt gar nicht abschätzen, wie viel Gutes zur Erlösung und Befreiung zum Licht durch Euer Wirken geschah. Habt Dank! Ein jeder einzelne von Euch ist jetzt wichtig für die Lichtarbeit.

Ihr habt diese Woche erlebt, dass wir Euch, meine Mutter und ich, beistehen und unterstützen. Ruft uns an, wenn Ihr uns braucht.

Meine Mutter breitet ihren schützenden Mantel über Euch aus.
Wir segnen Euch und umfangen Euch mit unserer Liebe.

Gehet hin in Frieden. AMEN, AMEN, AMEN.«

Und ein andermal:
»Wie die Dinge auch sind. Ich bin hier. Indem ihr den Mitmenschen dient, dient auch ihr mir. Seid mein Werkzeug. Unterstützt mich, die Erde, die Menschen, alle Lebewesen.
Die gesamte Erde braucht eure Hilfe und euren Beistand. Verbindet euch mit den lichten Kräften und verstärkt sie, auf dass die Erde in eine höhere Schwingung kommen kann. Unterstützt diesen Prozess und wachst dabei.«

Erklärung zu »Christusbewusstsein«:
Es bedeutet einen erweiterten Bewusstseinszustand, der alles einschließt, es ist die **allumfassende, bedingungslose Liebe** für alle Geschöpfe dieser Erde.
Christusbewusstsein ist nicht an Konfession und Kultur gebunden. Es ist das universelle Bewusstsein und bedeutet Einssein mit Gott.
Christus oder Christusbewusstsein ist das von Gott ausgehende Bewusstsein, das der ganzen Schöpfung innewohnt. In den christlichen Schriften wird es »der eingeborene Sohn« genannt. In der indischen Philosophie kennt man es als »Kutastha Chaitanya«, die kosmische Intelligenz des GEISTES, welche die ganze Schöpfung durchdringt.
Christus sprach, als ER seinen Jüngern Lebewohl sagte: »Siehe, ich bin bei euch alle Tage bis an der Welt Ende.«

»Die große Invokation« ist ein universelles Gebet für die Menschheit. Es ist eine Anrufung aus der höheren, geistigen Welt. Immer mehr Menschen und Gruppen sollten diese machtvolle Anrufung zur Heilung der Erde und der Menschheit täglich beten.

Die große Invokation zur Heilung der Erde und der Menschheit

Aus dem Quell des Lichts im Denken Gottes
ströme LICHT herab ins Menschendenken.
Es werde Licht auf Erden!

Aus dem Quell der Liebe im Herzen Gottes
ströme LIEBE aus in alle Menschenherzen.
Möge Christus wiederkommen auf Erden!

Aus dem Zentrum, das den Willen Gottes kennt,
lenke plan-beseelte KRAFT die kleinen Menschenwillen
zu dem Endziel, dem die Meister wissend dienen!

Durch das Zentrum, das wir Menschheit nennen,
entfalte sich der Plan der Liebe und des Lichtes
und siegle zu die Tür zum Übel!

Mögen Licht und Liebe und Kraft
den Plan auf Erden wieder herstellen!

ॐ

10. Kapitel

Im Einklang leben mit den Völkern der Erde

»Es sollten keine verschiedenen Rassen existieren: Rote, Gelbe, Weiße, Schwarze. Es sollte nur eine Rasse geben: Menschheit.
Wir sind alle Brüder, weil wir Söhne einer Mutter sind: der Mutter Erde.«

Diese Worte stammen von Xokonoschtletl. Seine Name bedeutet: »Der, der sehr tiefe Wurzeln hat und sich davon ernährt.« Er kommt aus Mexiko und gehört zum Volk der Azteken. Ich hörte ihn das erste Mal vor 14 Jahren anlässlich eines Vortrages, den er in Innsbruck hielt.
In seiner klaren und eindringlichen Sprache hielt er uns Europäern vor Augen, was seinem Volk für ein Unrecht widerfahren ist durch die europäischen Eroberer, vor allem von Hernando Cortez, der sein Volk und seine Kultur fast ausrottete im 16. Jahrhundert.
Aber er machte uns auch aufmerksam, »wenn ihr die Erde zerstört, gehen wir mit euch unter«. Er machte klar, wie notwendig es ist, dass wir alle Völker und Nationen immer mehr zusammenrücken müssen, um die übergreifenden Probleme des Umwelt- und Naturschutzes bewältigen zu können.

Dazu ist es auch wichtig, dass sich die verschiedenen Völker schätzen und bereit sind, zusammen zu arbeiten. Vielfach sieht es heutzutage so aus, als ob jeder gegen jeden kämpfen würde. Es gibt politische, weltanschauliche und religiöse Kluften. Die Menschen werden verschieden gewertet, aber ein jeder Bürger dieses Planeten sollte denselben Wert und Wichtigkeit haben. Der erste Schritt zu einem besseren gegenseitigen Verständnis und zu Nächstenliebe ist Toleranz.
Ich möchte einen Weg aufzeigen, wie wir uns besser miteinander verständigen können, auch im Kleinen, in unserer Umgebung. Denn jedes Volk hat seine besonderen Fähigkeiten, sei es im kulturellen Bereich, in der Kunst, in der Musik, Malerei, der Dichtkunst. Jeder ist geprägt von seiner Heimat, in der er aufgewachsen ist.

Warum reisen wir so gerne in ferne Länder? Weil uns Bauten und Kunstwerke anderer Kulturen faszinieren. Denken wir doch an das wunderschöne Taj Mahal in Indien – ein Denkmal einer großen Liebe. Es zieht durch seine fast überirdische Schönheit alle Menschen in den Bann. Es zeigt, was für Fähigkeiten in den Menschen für das Schöne stecken.

Die orientalische **Kunst** bezaubert viele Menschen durch ihre harmonischen Bauten, die Kunst der Brunnenbauten, die Kunst der Teppichknüpferei, der Messingschmiede, der Schnitzerei usw. Und so gibt es viele wunderschöne Werke, die Menschen in **allen** Kulturen geschaffen haben.

Denken wir doch in Europa z. B. an die herrlichen **Bauwerke** aus früheren Epochen in Italien, Spanien, in Griechenland, in der Türkei. Der Petersdom in Rom, der Markusdom in Venedig, die maurischen Paläste in Spanien in Toledo, Sevilla und Granada, die Tempel in Griechenland und die Hagia Sofia-Moschee in Istanbul, gehören nicht ohne Grund zu dem Kulturerbe der Welt.
Aber auch in anderen Erdteilen werden wir viele eindrucksvolle Paläste und Tempelbauten finden, z. B. in China am Roten Platz die »Verbotene Stadt« oder in Indien, Tibet und in weiteren buddhistischen Ländern die Tempel mit ihren Pagoden und goldenen Kuppeln bzw.

Dächern. In all diesen Bauwerken und Museen können wir eine Vielfalt von auserlesenen Kunst-Schätzen, wie Malereien, Teppiche, Schnitzereien und dergleichen, entdecken.
Oder denken wir an die **medizinischen Künste** in Indien, an die Jahrtausende alten, zeitlos gültigen Gesundheitsregeln des Ayurveda, die für alle Menschen (nicht nur für die Inder) Geltung haben. Aus China stammt das medizinische System der Akupunktur, aber auch in Mexiko bei den alten Indianer-Kulturen, den Azteken, ist Akupunktur bekannt.
Hier werden die Akupunktur-Punkte nicht mit Nadeln aus Gold oder Silber, sondern mit den Spitzen der Agaven behandelt. Erst langsam fließen die Kenntnisse über die Meridiane (feinstofflichen Energiebahnen) in unser medizinisches Schulsystem ein, und Ärzte der Schulmedizin beginnen damit zu arbeiten.

Jedes Volk hat durch seine Lebensumstände andere Talente entwickelt. Dabei haben die Landschaften eine große Rolle gespielt. Es ist ein Unterschied, ob man in warmen, südlichen Gegenden aufwächst oder in einer kalten, kargen Bergwelt. Jedes Land erfordert eine Anpassung seiner Bewohner, sei es in der Kleidung, im Hausbau, in den Gebräuchen.

Die ziehenden Nomaden-Völker Afrikas und Asiens, die Indianer und die Ureinwohner Australiens haben ganz andere Behausungen, sie müssen mobil sein. Sie haben eine hohe Kunst entwickelt, ihre Nomadenzelte oder Tipis zu bauen. Auch handwerklich mussten sie große Geschicklichkeit erwerben. Alles musste verwertet werden, die Felle, das Holz, die Wolle usw.
Durch ihr Leben und ihre Beobachtungen haben sie eine große Fähigkeit erworben, die Zeichen der Natur zu erkennen und richten sich auch danach. Sie haben dadurch auch große Kenntnisse über die Heilpflanzen-Kunde erworben.
Ihre intuitiven Fähigkeiten sind stark, dadurch können sie mit den astralen Welten Verbindung aufnehmen. Ihre geistigen Augen sind geöffnet und sie nehmen das Feinstoffliche wahr. Diese Fähigkeiten haben wir durch unsere Kopflastigkeit zum Großteil verloren.

Ganz unterschiedlich sehen die Entwicklung und das Leben in den Städten aus. Die sesshaften Einwohner von Städten errichteten ganz andere Bauten, ihre Baukunst entwickelte sich ganz anders. Sie hatten mehr Möglichkeit zur Weiterbildung, Universitäten wurden gegründet und die Wissenschaften blühten auf. Hier entstanden die Künste der Malerei, der Dichtkunst und des Schauspiels. In bestimmten Klöstern entwickelte sich z. B. die Kunst der Ikonen-Malerei, ganze Bibliotheken von Büchern wurden in mühevoller Schreibarbeit kunstvoll geschrieben und bearbeitet. In den sogenannten Heilgärten der Klöster blühte die Kräuterheilkunde.

Aus China und Japan stammen die Künste des Tai Chi und des Qi Gong. Das sind Übungen, mit denen wir mit unserer Lebensenergie Harmonie und Gesundheit für Körper, Geist und Seele aufbauen können. Die Worte »Chi« und »Prana« bedeuten eigentlich das gleiche. Reiki, die Kunst des Handauflegens, hat auch die Silbe »ki«, was wiederum das Arbeiten mit Lebensenergie bedeutet. Es ist unsere Lebensenergie, die göttliche Energie, die alles am Leben erhält.
Diese alten Kulturen aus Indien, China und Japan haben erkannt, dass es wesentlich wichtiger ist, mit der Lebensenergie bei der Heilung zu arbeiten, als sich auf körperliche Symptombehandlung zu beschränken. Denn Lebensenergie ist ja überhaupt die Basis für eine Heilung.

Asien verdanken wir die Lehre von den richtigen Energien in unserem Wohnfeld (Feng Shui). In Japan und China machen sich tüchtige, einflussreiche Konzerne dieses alte Wissen zunutze und bauen nach diesen Kriterien und achten auch auf die Plätze, wo sie bauen. Sie sind sehr erfolgreich dabei. Auch wir in Europa haben ausgezeichnete Radiästheten und Geomanten. Aber dieses Wissen wird heutzutage bei uns leider nicht so sehr geachtet und ernst genommen.

Aber ein guter Wohn- und Schlafplatz ist eine Voraussetzung für die Gesundheit und Regeneration. Ein energetisch guter Arbeits-Platz ist auch die Brücke zum Erfolg.
Die Wissenschaft von der Harmonie des Bauens und Wohnens heißt in Indien Vastu. Es ist ein Bestandteil der Veden, den Schriften, in denen die verschiedenen, Jahrtausende alten Wissenschaftszweige aufgezeichnet wurden.

Unsere Kultur ist durch die Römer und die alten Griechen geprägt. Das nordische alte, keltische Wissen der Druiden ist bei uns weitgehend verloren gegangen. Es wurde verdrängt durch den christlichen Einfluss der Kirche, die die »heidnischen« Gebräuche abschaffte. Auf alten Heiligtümern und Kraftplätzen, oft mit Heilquellen, wurden Kirchen errichtet. Das Heilwissen der Frauen wurde bei uns im Mittelalter nahezu ausgerottet durch die Verfolgung der Kirche.

Die Völker der Erde haben viele verschiedene Talente entwickelt, in der Baukunst, im handwerklichen, medizinischen, künstlerischen, praktischen, intellektuellen und spirituellen Bereich.
Das arabische Ziffernsystem – die Grundlage der Mathematik – stammt ursprünglich aus Indien, von wo es über Arabien nach Europa gelangte. Indien ist auch die Wiege der Spiritualität. Seit Jahrtausenden wird dort die Wissenschaft des Yoga gepflegt. Erst jetzt erkennt die westliche Welt den Wert dieser Disziplin, die den Menschen zu einer geistig/seelischen Weiterentwicklung verhilft und ihn zu seinen Wurzeln bringt.

Meister Paramahansa Yogananda – der 30 Jahre in Amerika lebte – bewunderte die Effizienz und die praktischen Fähigkeiten der Amerikaner.
Er wünschte und betonte immer, wie wichtig der Austausch seines spirituellen Indiens mit den Völkern der westlichen Hemisphäre, Amerika und Europa, und umgekehrt ist.
Die Verbindung und den Ausgleich zwischen **praktischen Fähigkeiten und Spiritualität** erachtete er als **Basis** der menschlichen Existenz.

Jedes Volk kann vom anderen durch den Austausch der praktischen Fähigkeiten und des Wissensschatzes profitieren – geistig und materiell. Die Amerikaner und Europäer entdecken ihr wahres Sein, ihre Spiritualität und das indische Volk erwirbt die Fähigkeit, etwas praktisch anzugehen und effektiv umzusetzen.

Wir sollten voneinander lernen und das Schöne in den anderen Kulturen sehen und schätzen. Menschen aller Länder haben durch Inspiration und besondere Fähigkeiten herrliche Dinge geschaffen. Oft wird einem die eigene Verkrampftheit und Unbeweglichkeit erst bewusst, wenn man Tänze aus anderen Kulturen kennenlernt und erlernt. Ich lernte Afro-Tanz und das war Freude pur. Dabei lernt man wieder, die Körperbewegungen zu koordinieren. Diese Völker haben sich eine wunderbare Beweglichkeit und auch die Spontaneität bewahrt. Die Rhythmen dieser Tänze sind verspielt und lebensfroh. Auch der orientalische Bauchtanz ist eine Quelle der Harmonie. Tanz ist ein Ausdrucksmittel der Freude, des Loslassens, wieder Fröhlichseins.
Wir sollten die schönen Dinge, vor allem die Musik miteinander austauschen. Oder auch andere Kochkünste und verschiedene Geschmacksrichtungen kennenlernen.

Wichtig ist das Verständnis für das Anderssein des anderen. Wenn man andere Menschen und ihre Kultur kennen lernt, verschwindet auch die Angst. Angst hat man immer nur vor dem Unbekannten. Machen wir es den kleinen Kindern nach. Die haben keine Schwierigkeiten im Umgang miteinander, ob sie die gleiche Sprache sprechen oder nicht.

Spiritualität in anderen Völkern

Außer der Kultur gibt es noch ein besonderes Band zwischen den Völkern, die Spiritualität. Aber es besteht eine große Vielfältigkeit ihres Ausdrucks, je nach Kultur, Land und Religion.
Die Religionen finden immer einen **zweifachen** Ausdruck: den exoterischen Weg mit den äußeren Gebräuchen, Ritualen, Tänzen und Gesängen und den esoterischen Weg.
Diese mannigfachen religiösen Gebräuche und Rituale sind ja auch oft der Grund für Auseinandersetzungen wegen der verschiedenen Auslegungen der Schriften oder der Gestaltung der Rituale.
Das verdeutlicht eine Begebenheit mit dem großen Mystiker und Dichter Kabir des Mittelalters in Indien (1440 – 1518), von dem Meister Paramahansa Yogananda in seiner Autobiographie erzählt. Der Heilige hatte stets die Bestrebung, die Toleranz zwischen den verschiedenen religiösen Wegen zu fördern. Als er verstarb, stritten sich seine Anhänger und Jünger über den Bestattungsritus. Jede Gruppe bevorzugte eine andere Art, sie konnten sich darüber nicht einigen. Die Mohammedaner wollten ihn begraben, die Hindus wollten seinen Leichnam nach alter Sitte verbrennen. Noch im Tode zeigte er seine allumfassende Liebe und seine Treue zu dem Glauben, dass die Religion nicht dazu bestimmt sei, die Menschen voneinander zu trennen.
Denn als sein verhüllter Körper aufgedeckt wurde, lagen darunter nur mehr eine Menge herrlicher Blumen. So konnten die Mohammedaner und die Hindus ihren Guru (geistigen Lehrer und Meister) auf ihre eigene Art und ohne Streit bestatten, die Mohammedaner in Maghar und die Hindus in Benares. Dafür hatte der Heilige selbst durch ein Wunder gesorgt.

Aber es gibt auch den esoterischen, den **inneren Weg** der Mystik oder der Meditation, der Innenschau. Wir kennen z. B. die christlichen Mystiker und Heiligen und die »tanzenden Derwische« aus der moslemischen Religion. Sie gehen mittels der Drehbewegungen in einen Zustand der inneren Trance und kommen über diesen Weg zur Gotteserfahrung.
Meister Paramahansa Yogananda hat das mystische Werk » Rubaijat« von Omar Chajjam – einem persischen Dichter aus dem 11. Jahrhundert n. Chr. – übersetzt, und dies wurde 1996 unter dem Buchtitel »Der Wein des Mystikers« herausgegeben. Diese Arbeit war ein Teil seiner Bemühung, in den Menschen des Orients sowie des Okzidents ein tieferes Verstehen der ihnen angeborenen Göttlichkeit zu erwecken.
Aber auch von den mystischen Yogis in Indien, seinem Leben und seiner Begegnung mit Heiligen hat er in seiner »Autobiographie eines Yogi« berichtet. Der Titel »Paramahansa« bedeutet die Wiederkunft einer großen Seele, eines göttlichen Lehrers, aber auch »höchster Schwan«. Der Schwan ist das Symbol göttlicher Erleuchtung und Reinheit. Dieser Titel wurde ihm von seinem geistigen Lehrer und Meister Swami Sri Yukteswar 1936 verliehen. Nur Heilige, die eins mit Gott sind, erhalten in Indien diesen Titel. Der Mönchstitel »Yogananda« setzt sich aus »Yoga« und »Ananda« (Glückseligkeit) zusammen, das bedeutet »höchste Glückseligkeit des Yogi in der Vereinigung mit Gott.«

Auch Jesus Christus lehrte auf zweierlei Weise. Zum Volk sprach er in Gleichnissen, z. B. bei der Bergpredigt. Aber aus dem Johannes-Evangelium geht eindeutig hervor, dass er seinen Jüngern auch die innere Lehre vermittelte. Wenn darin von »7 Leuchten« oder »7 Sternen« die Rede ist, handelt es sich um die astralen Energiezentren in der Wirbelsäule, die Chakras. Er vermittelte das Wissen über Metaphysik und auch Yoga-Techniken. Er lehrte, dass Gott **in** uns ist. In seinem »Vaterunser«- Gebet steckt verborgen das gesamte Einweihungs-Wissen.

Und auf diesem Weg treffen sich alle Religionen, alle Lehren auf der inneren Ebene, im tiefsten Kern, wieder. Alle drücken sie die **gleichen** Wahrheiten aus, sie kommen auf einen Nenner, wenngleich mit verschiedenen Ausdrucksformen. Die Völker brachten und bringen ihre Erkenntnisse in verschiedenen **Symbolen** zum Ausdruck. Viele der Symbole wissen wir nicht recht zu deuten. Aber meist steckt ein sehr tiefer, mystischer Sinn dahinter.

Nehmen wir z. B. die **mystische Rose** der Rosenkreuzer. Sie ist das Symbol der entflammten Liebe zu Gott. Das **Auge im Dreieck**, umgeben von einem Strahlenkranz, können wir in vielen Kirchen finden. Es versinnbildlicht das **göttliche allsehende Auge** und die Trinität Gottes.

✝

Mit dem **christlichen Kreuz** kommt folgendes zum Ausdruck: Der Senkrechtbalken stellt das Göttliche dar. Der Querbalken ist die Materie, durch die der Christus in uns, das Göttliche gefangen gehalten wird. Wenn der Mensch gegen Gott lebt und dem Materialismus huldigt, schlägt er immer wieder seine eigene Göttlichkeit – die in ihm ist – ans Kreuz der Materie. Das Symbol des Kreuzes bestand auch schon vor dem Christentum.
In der Astrologie symbolisiert bei den Planetensymbolen das Kreuz die Materie. Die Balken des Kreuzes deuten die Gebundenheit der Materie an Zeit und Raum an.

☽ ○ +

Die **Astrologie** war vor Jahrtausenden eine Geheimwissenschaft, gehütet von Priestern. Ihr geistiges Wissen legten sie in der Symbolik der Tierkreiszeichen und der Himmelskörper nieder. Im Buch »Die Chakras« von White Eagle wird die Astrologie aus esoterischer, spiritueller Sicht erklärt. In gewissen Planetensymbolen finden sich der **Halbmond, der Kreis und das Kreuz**. Der Halbmond symbolisiert die Seele, der Kreis den Geist, die innere göttliche Sonne des Menschen und das Kreuz die Materie, das physische Leben.

Das astrologische Symbol für den Planet **Saturn** zeigt die Seele, dargestellt durch den Halbmond, gefangen im Körper **unter** dem Kreuz der Materie. Saturn ist der karmische, einschränkende Planet. Das Zeichen des **Jupiters** hingegen zeigt den Halbmond, die Seele, **über** dem Kreuz und versinnbildlicht damit das Aufwärtsstreben der Seele in die Freiheit.

+

Wie bereits aus der von mir zitierten empfangenen Durchgabe im Kapitel über harmonische Schwingungen unter »Die Welt der Symbole« und der darin gegebenen Erklärung über das Kreuz hervorgeht, stellt das **gleichschenkelige Kreuz** die **»4 Gesichter Gottes«** dar.
Es sind damit die **4 Himmelsrichtungen** Norden, Süden, Osten und Westen gemeint. Jede dieser Richtungen hat verschiedene Wirkungen, entsprechend den **4 Elementen Feuer, Luft, Wasser und Erde.** Diesen wiederum sind die Sternzeichen zugeordnet. Alles auf der Erde wird durch die 4 Elemente aus den 4 Himmelsrichtungen beeinflusst und erhalten.

Auf dem Swayambunath Tempel in Kathmandu, einem buddhistischen Heiligtum, werden die »4 Gesichter Gottes«, die 4 göttlichen Himmelsrichtungen dargestellt. Auf jeder Seite, also in alle 4 Himmelsrichtungen, ist ein göttliches Augenpaar abgebildet. Diese 4 Gesichter Gottes findet man noch auf anderen Stupas in Nepal und Indien.
Das erste Gesicht Gottes, das Nordgesicht, das nach Süden blickt, ist feurig und wirkt lebensspendend. Der Südwind bringt Hitze und wirkt auf die Menschen anreizend. Es entspricht dem Feuerelement.
Das zweite Gesicht Gottes, das Westgesicht, das nach Osten blickt, ist luftig und kühl. Es fördert die Beweglichkeit. Der Ostwind bringt Erquickung, Erfrischung. Es entspricht dem Luftelement.

Das dritte Gesicht Gottes, das Ostgesicht, das nach Westen blickt, ist feucht, nass und lauwarm. Der Westwind bringt Wärme und Niederschläge mit sich. Er macht müde. Es entspricht dem Wasserelement.
Das vierte Gesicht Gottes, das Südgesicht, das nach Norden blickt, ist kalt und wirkt zusammenziehend. Der Nordwind bringt Kälte und wirkt beruhigend. Es entspricht dem Erdelement.

Es kommt immer auf die Richtung an, in der wir stehen und hinschauen:
Stehen wir im Norden und schauen in den Süden, empfangen wir den warmen Südwind.
Stehen wir im Westen und schauen in den Osten, empfangen wir den kühlen Ostwind.
Stehen wir im Osten und schauen in den Westen, empfangen wir den Westwind, der Regen bringt.
Stehen wir im Süden und schauen in den Norden, empfangen wir den kalten Nordwind.

Nicht nur der Heilige Franz von Assisi verehrte die Elemente, auch die Essener verehrten sie und riefen die Engel der Elemente und der vier Himmelsrichtungen an.
Auf der ganzen Welt in verschiedenen Kulturen gibt es Zeugnisse für das Wissen über die Schöpfung und die Elemente und die Verehrung der »4 Gesichter Gottes.«

Hier wäre auch das **keltische Rad- oder Scheibenkreuz** zu erwähnen, das aus einem gleichseitigen Kreuz innerhalb eines Kreises besteht. Für die Kelten repräsentierte dieses Kreuz die 4 Himmelsrichtungen, die vier Mondphasen, vier Jahres- und Tageszeiten und Jahresfeste. Das Rad repräsentiert den Lauf der Zeit und die Unendlichkeit ohne Anfang und Ende und die Zahl 4 steht für die Stabilität.
Für die schamanistischen Druiden stellte das Kreuz die Kreuzung der irdischen und geistigen Welt dar, die sich im Schnittpunkt treffen – dem Ziel der schamanischen Reise.
Der Autor des Buches »Die Blume des Lebens«, Drunvalo Melchizedek, entdeckte im Osiris-Tempel in Abydos zu seiner Überraschung das christliche Zeichen des keltischen Kreuzes. Aber es scheint, dass es auch ein koptisches Symbol ist, also ägyptische Wurzeln hat. Er erklärt, dass von den Urchristen auch eine Verbindung zu den Essenern und Druiden bestanden hat.

Das **keltische Kreuz** gilt allgemein als das Zeichen des keltischen (irischen) Christentums.

Auch bei den **Indianern** ist das **Kreuz** das Symbol für die vier Himmelsrichtungen. Auf dem indianischen Pfad wird um Kraft aus den vier Himmelsrichtungen gebeten. Sie werden als die »vier Winde« bezeichnet. Diese werden durch die heilige Ziffer Vier verkörpert. Die Himmelsrichtungen werden mittels farbiger Fahnen beschworen.
Ich zitiere den Medizinmann Schwarzer Hirsch – (Black Elk 1863-1950) – aus dem Stamm der Ogalalla-Sioux, nachdem er seine heilige Pfeife entzündet hatte:

»Die vier Bänder, die hier am Rohr (der Pfeife) hängen, sind ***die vier Viertel des Alls****. Das schwarze ist für den Westen, wo die Donnerwesen wohnen, die uns Regen senden; das weiße für den Norden, von wo der große, weiße, reinigende Wind kommt; das rote für den Osten, wo der Morgenstern wohnt, der die Menschen mit Weisheit begabt; das gelbe für den Süden, wo der Sommer herkommt und die Gewalt des Wachstums für Pflanzen, Tiere und Menschen. Alle diese vier Geister sind am Ende nur* ***ein Geist****, und diese Adlerfeder hier ist für diesen einen, der gleich dem Vater ist, und sie ist auch für die Gedanken der Menschen, die sich so hoch wie die Adler erheben sollten.«*

Die indianischen Völker aus Nord- und Südamerika bringen ihre Verehrung zu Gott, dem »großen Geist«, auch Manitou genannt, durch Tänze und Rituale zum Ausdruck. Sie danken damit »Vater Sonne« und »Mutter Erde.«

Vor dem Beginn des Tanzes entzünden Azteken Weihrauch, zeichnen mit einer Adlerfeder ein **Kreuz**, räuchern anschließend in alle 4 Himmelsrichtungen und bringen dabei Gebete dar.

Für den Osten, wo die Sonne aufgeht,
für den Norden, wo die Kälte herkommt,
für den Süden, wo die Wärme herkommt und
für den Westen, wo die Sonne untergeht,
für Vater Sonne und Mutter Erde und Großmutter Mond
und alle unsere Verwandten.

Ein Kreis mit Punkt in der Mitte symbolisiert den »Großen Geist.« Es ist auch zugleich das Symbol für die Sonne und das Gold.

⊙

Xokonoschtlettl, mein aztekischer Freund erklärt:

»Unsere Tänze sind uns heilig. Alle unsere Tänze haben etwas damit zu tun, dass wir zusammen in Harmonie mit dem All leben wollen, d. h. mit dem ganzen Makrokosmos. Jeder Schritt bedeutet etwas, hat zu tun mit den Sternen, den Planeten, der Sonne oder dem Mond, den

Vögeln, ... der ganzen Flora und Fauna. Wenn wir tanzen, erzeugen wir Energie, und unsere Federn, die wir dabei auf dem Kopf tragen, arbeiten als Antennen. Sie schicken diese Energie in den Makrokosmos, und diese wird durch die Federn in den Mikrokosmos geleitet, sie geht durch die Füße in den Boden, die Mutter Erde.« Dabei sind die Trommeln der »Herzschlag von Mutter Erde.«

Sie vollziehen auch Reinigungs-Rituale: *»Die Sauna, oder bei uns die Schwitzhütte symbolisiert den Mutterleib, und wir gehen dorthin zu beten, zu meditieren, und um neu geboren zu werden«* erklärt er. Copal-Harz wird zur Räucherung bei religiösen Zeremonien und Tänzen eingesetzt.

Für die rituellen Zeremonien der **Hindus** spielen die Elemente auch eine große Rolle. Allerdings gibt es in der vedischen Philosophie 5 Elemente, die Mahabhutas, die für die Schöpfung eine große Rolle spielen. Der fromme Hindu bringt Gott bei der Verehrungszeremonie am Altar – auch Puja genannt – die Elemente dar, um uns zu erinnern, dass die gesamte Schöpfung von Gott kommt.
Er beginnt mit dem Erdelement, das durch den Geruch wahrgenommen wird, indem er ein Räucherstäbchen anzündet. Dann folgt das Wasserelement, wobei eine Muschel mit Wasser vor dem göttlichen Bild geschwenkt wird. Für das Feuerelement wird in einer Schale eine Gheelampe entzündet. Für das Luftelement wird mit einem Wedel aus Pfauenfedern Luft gefächert. Für das Raumelement, das durch den Klang repräsentiert ist, werden Lieder gesungen und Muschelhörner geblasen. Blumen symbolisieren die Schönheit der Schöpfung.

Während einer Reiki-Einstimmung, die ich gab, nahm die empfangende Person vor ihrem inneren Auge der Reihe nach die vorhin aufgezählten göttlichen Symbole, also die mystische Rose, das göttliche Auge im Dreieck und das Kreuz wahr. Nur eines wusste sie nicht zu deuten. Es war eine Pfauenfeder. Ihr war nicht bekannt, dass Sri Krishna, ein Avatar und »der Christus Indiens«, als Attribut immer eine **Pfauenfeder** als Kopfschmuck trägt. Er wird auch immer so abgebildet und dargestellt. Das Pfauenauge symbolisiert auch das göttliche Auge.

Die **Lotosblüte** ist bei den Hindus in Indien auch ein sehr schönes Symbol für die Reinheit und die Seele. Auch bei den Buddhisten und den Ägyptern galt sie als heilig. Die Lotosblüte wächst aus dem Schlamm, und ihre schöne Blüte entfaltet sich ganz unberührt vom Schmutz. So ist es auch mit unserer Seele. Unsere Seele bleibt rein und unberührt von all dem Schmutz, durch den wir im Laufe unserer irdischen Leben waten.

Alle 7 Energiezentren bzw. Chakren (Sanskritwort für »Räder«) sind astrale Blütenblätter und das Kronenchakra wird als der »tausendblättrige Lotos« beschrieben.
Das Verborgene wurde immer in einer bildhaften Sprache dargestellt. Das entsprach dem imaginären, intuitiven Erfassen der Wahrheit.
Die **weiße Lilie** ist ebenfalls wie die Lotosblüte ein Symbol der Reinheit bei den Christen.

Der **Ankh** der alten Ägypter, das Kreuz mit dem oben geschlossenen Bogen, symbolisiert Lebenskraft und ewiges Leben, es sind die Insignien des vollkommenen Menschen. Es ist ein kraftvolles Symbol des Heils.
Der Hauptgott in der frühen ägyptischen Mythologie ist Horus. Er wird als **Falke** dargestellt. Die Augen des Horus sind Sonne und Mond. Die Pharaonen wurden als Verkörperung des Horus angesehen. **Die Schlange** am Kopfschmuck des Pharao sollte andeuten, dass hier ein erwachter Gott-Mensch regierte.

Der **7-armige Leuchter** in der jüdischen Tradition stellt die 7 Chakren, unsere Energiezentren und ihre energetische Verbindung miteinander dar, wobei das Herzchakra der Mittelpunkt ist.

Der **Davidsstern** oder das Salomonische Siegel stellt die gegenseitige Durchdringung von Geist und Materie dar, den kosmischen Menschen, der die Gegensätze vereint. Das wird symbolisiert durch zwei Dreiecke, die sich gegenseitig durchdringen. Leider wurde es in der NS-Zeit schändlich missbraucht. Der dreidimensionale Davidsstern ist der Tetraeder.

Das chinesische **Yin-Yang-Symbol** bringt zum Ausdruck, dass es nicht nur schwarz oder weiß gibt, sondern dass in jedem Teil auch das andere enthalten ist. So ist im Manne (Yang) ein weiblicher Anteil und umgekehrt auch bei der Frau (Yin) die männliche Seite. Es bringt die Dualität in der Schöpfung zum Ausdruck. Yang ist das aktive, extrovertierte Prinzip, Yin das passive, introvertierte Prinzip, so wie die Sonne und der Tag Yang-betont sind und der Mond und die Nacht das Yin zum Ausdruck bringt. Yin und Yang stellen keine Gegensätze dar, sondern beide bilden letztendlich eine Einheit, sie gehören zusammen, das eine kann ohne das andere nicht sein.

Die **Lama-Mönche** in Tibet bringen ihre Gottes-Verehrung zum Ausdruck, indem sie in langen Gesängen immer wieder die **heilige Silbe »OM«** rezitieren in einer sehr ausdrucksvollen Weise mit sehr tiefer Stimmlage. Dadurch erzeugen sie starke göttliche Schwingungen, die alles durchdringen. Das **OM-Symbol** stellt die schöpferische Urkraft bzw. Ur-Schwingung Gottes dar. Für die Hindus ist die Silbe OM die Klangrepräsentanz Gottes.

In den **buddhistischen Zen-Klöstern** Japans und Chinas herrscht hingegen strenge Ruhe und Disziplin. Die Zen-Mönche schaffen durch ihre herrliche Gartenkultur mit den meditativen Brunnen und Steinwegen stille Inseln zur inneren Einkehr.

Das **Rad mit den Speichen** ist das Symbol der buddhistischen Religion. Es stellt Samsara, den Kreislauf unserer Seele von Tod und Geburt, bis zu ihrer Befreiung dar.
Der Glaube an die **Wiedergeburt** ist allen östlichen Völkern inne, auch den indianischen Völkern, den Dakotas/Lakotas, Hopis und anderen.

Die **Blume des Lebens** ist ein Symbol der heiligen Geometrie, ein uraltes, wichtiges Schutz- und Aktivierungssymbol für Lebensenergie. Es bildet einen **Kreis,** in dem sich 19 weitere Kreise befinden, die einander durchdringen, sodass sie ein Blumenmuster bilden. Man fand es überall auf der Erde, u. a. in Israel, auf dem Berg Sinai, in Tempeln Japans und Chinas, in Indien, Spanien und Deutschland.

Die bis jetzt älteste Darstellung ist etwa 4.500 Jahre alt. Sie wurde entdeckt auf einer Mauer des zweiten, mittleren Osiris-Tempels in Abydos in Mittelägypten. Es ist ein Sinnbild für die Unendlichkeit. Der Autor des Buches »Die Blume des Lebens« Drunvalo Melchizedek dokumentierte dies mit Fotos in seinem Buch.

Mit dieser Aufzählung möchte ich nur das **Einigende** zwischen allen Völkern herausstellen. Dabei erhebe ich keinen Anspruch auf Vollständigkeit meiner vielfältigen Aufzählungen. Meist werden die negativen Dinge einer Person, eines Volkes oder seiner Geschichte in den Vordergrund des Interesses gerückt, aber wir sollten stets das Gute im Auge haben und uns darauf konzentrieren. Nur so verstärken wir das Gute auch in den anderen.

Ich möchte einen Bogen der Einheit zwischen die Völker spannen, ein Band des Verständnisses zwischen den Völkern knüpfen. Ich wünsche mir einen Dialog miteinander, dass es zu mehr Verständnis füreinander kommt. Wir können gegenseitig viel voneinander lernen und unseren Horizont erweitern.

Ein schöner Weg zueinander ist das gemeinsame Musizieren. Musik ist das verbindende Band zwischen allen Völkern und öffnet die Herzen. Denken wir doch an die Vielfalt der Gesänge, der Rhythmen, Instrumente und Musikarten und die Vielfalt der Trachten, Kopfbedeckungen und des Schmucks. So viel Schönes und Kreatives steckt in den Menschen aller Kulturen! Alles ist eine Bereicherung. Was wäre die Welt ohne die schönen Künste.

Das Zusammenarbeiten und der Austausch zwischen den Völkern der Erde werden in den kommenden Jahren sehr wichtig sein. Denn wir leben in einer sehr brisanten Zeit. Darüber lesen Sie bitte im nächsten Kapitel.

Gebet der Sioux-Indianer

Großer Geist,
dessen Stimme ich in den Winden vernehme
und dessen Atem der ganzen Welt Leben spendet,
erhöre mich!

Ich trete vor Dein Angesicht als eines Deiner vielen Kinder.
Siehe, ich bin klein und schwach;
ich brauche Deine Kraft und Weisheit.

Lass mich in Schönheit wandeln und
meine Augen immer den purpurroten Sonnenuntergang schauen.
Mögen meine Hände die Dinge achten,
die Du geschaffen hast,
und meine Ohren Deine Stimme hören!

Mache mich weise, damit ich die Dinge erkennen kann,
die Du meinem Volk gelehrt hast,
die Lehre, die Du in jedem Blatt
und in jedem Felsen verborgen hast.

Ich sehne mich nach Kraft,
nicht um meinen Brüdern überlegen zu sein,
sondern um meinen größten Feind –
mich selbst –
bekämpfen zu können.

Mache mich stets bereit,
mit reinen Händen und aufrichtigen Augen
zu Dir zu kommen,
damit mein Geist, wenn das Leben
wie die untergehende Sonne entschwindet,
zu Dir gelangen kann,
ohne sich schämen zu müssen.

11. Kapitel

Im Einklang leben mit der Zeit

Eine Anekdote über die Zeit:
Ein chinesischer Professor kam nach Berlin. Sein deutscher Kollege erwartete ihn am Bahnhof. Als sie zum großen Bahnhofsvorplatz kamen, sah der Deutsche den Bus an der Haltestelle. Schnell ergriff er die Hand des Chinesen. »Kommen Sie, rasch!«, rief er ihm zu. Die beiden liefen hastig über den Platz und stiegen eilig in den Bus, der sich – kaum dass sie drinnen waren – in Bewegung setzte.
Aufatmend schaute der Deutsche auf die Uhr und sagte: »Gott sei Dank! Jetzt haben wir zehn Minuten gewonnen!«
Der Chinese fragte ihn mit sanfter Stimme: »Und was machen wir mit diesen zehn Minuten?«
Von Wladimir Lindenberg

Diese kleine Geschichte macht den Zeit-Geist unserer heutigen Gesellschaft sehr deutlich. Alles ist dem Diktat der Uhr unterworfen. Immer mehr soll in weniger Zeit geschafft werden. Unbarmherzig spüren wir alle den Druck. Die Ansprüche in Schule und Beruf werden immer höher geschraubt. Alles ist dem Leistungsdenken unterworfen. Wer nicht schnell genug ist, hat den Nachteil. Im Sport treibt dieser Zeit- und Schnelligkeitswahn Höchstblüte. Hier geht es schon um 1.000-stel Sekunden, das können wir nicht einmal denken, so kurz ist das. Das hat sich erst in letzter Zeit so entwickelt. Aber wohin soll das führen?

Mehrere Generationen vor uns gingen die Uhren noch anders. Es war keine leichte Zeit, schwere körperliche Arbeit war an der Tagesordnung, von ganz früh bis abends. Nach dem Tageswerk saßen die Leute noch auf der Bank vor dem Haus, und ließen das Geschehen des Tages noch einmal ruhig in sich ablaufen. Es war noch Zeit für Besinnung und Gebet. Am großen Stubentisch beim »Herrgottswinkel« war der Treffpunkt für das gemeinsame Zusammensein. Dort wurde vor den Mahlzeiten und zu bestimmten Zeiten gebetet, es wurde gegessen, musiziert und gesungen. In den dunklen Winternächten in der Adventzeit wurden Geschenke gebastelt und Handarbeiten angefertigt.
Alle nahmen sich noch Zeit füreinander. Auch in den alten Kramerläden, beim Bäcker und bei der Post, im Wirtshaus redeten die Leute miteinander. So war das soziale Netzwerk noch unter den Leuten intakt. Es herrschte nicht so eine Hetze wie heute.

Vielfach ist diese Lebensweise bei uns noch in der bäuerlichen Bevölkerung, bei den Bergbauern verankert. Eine gewisse Beschaulichkeit finden wir z. B. auch noch in Frankreich in der Provence, in Griechenland und Kreta.
In den kleinen Gässchen und auf den Plätzen sitzen die Leute gemütlich beisammen oder sie spielen Boccia, sie lassen sich ihren Kaffee schmecken oder genießen ein Gläschen Wein. Sie genießen einfach ihr Leben und halten inne.
Diese Menschen nehmen sich nach den Phasen von Aktivität auch Phasen der Ruhe zur Erholung. Sie haben andere Prioritäten im Leben als Leistungsdenken, es geht ihnen auch um Lebensqualität.
Und das müssen wir wieder lernen, auf die eigene innere Uhr hören und in das Leben wieder Freude bringen, das richtige Genießen lernen. Im Urlaub so auf einer Terrasse zu sitzen mit dem Blick aufs Meer oder auf einem schönen Aussichtspunkt in den Bergen in der Stille der Natur, da erwacht wieder neues Lebensgefühl. Zeitungen, Fernsehen, Computer und die Zeit werden einfach vergessen, sie sind unnötig.

Wir sollten aber dieses Lebensgefühl immer wieder kultivieren und uns dafür zwischendurch die Zeit nehmen. Viel zu wenig Zeit wird mit den Lieben verbracht. Durch die neuen Medien geht die Kommunikation zwischen den Menschen leider ganz verloren.
Arbeit ist schon gut, aber sie soll nicht den ganzen Teil unseres Lebens einnehmen. Wenn man jemand fragt, ob man sich zu einem Austausch treffen kann, hört man meistens die Antwort: »Tut mir leid, ich habe keine Zeit.« Aber für was nehmen wir uns die Zeit? Zum Leben?
Der linken Hemisphäre des Gehirns, dem Bereich für das logische, analytische Verstandes-Denken, wird auch die zeitliche Orientierung zugeordnet. Unsere ganze Gesellschaft ist verstandesorientiert, man hält sich an die »nackten Tatsachen«. Ist das der Grund, warum wir Mitteleuropäer auch so dem Diktat der Zeit unterworfen sind?

In diesem Zusammenhang sei erwähnt, dass die alten Griechen zwei Begriffe von Zeit unterschieden haben: **Chrónos und Kairós**. Der Vater des Zeus, der Urvater Chrónos, war der Gott der »absoluten« Zeit. Kairós war der jüngste Sohn des Zeus, er wurde von den Nachkommen des Chrónos ermordet. –
Und das ist das Phänomen unserer heutigen Zeit, denn leider richten wir uns in unserer rationell ausgerichteten Zivilisation fast **nur** mehr nach dem **Chronometer**, nach der gemessenen, starr eingeteilten Uhrzeit aus. Die Folgen sind vielfach Zeitdruck, Stress und Hetze. Das wirkt sich negativ auf alle Bereiche unseres Lebens aus, nicht zuletzt auf unsere Gesundheit. Ich spreche hier nicht für Undiszipliniertheit und Unzuverlässigkeit – eine gewisse Ordnung und Struktur braucht unser Leben – aber es geht hier um das **rechte Maß**.

Kairós ist hingegen die **»Lebenszeit«**, die der weiblichen, intuitiven Seite in uns Raum gibt, in der die Gelassenheit, Lebensfreude und Flexibilität, eine große Rolle spielen.
Was ich damit meine, möchte ich mit einem Erlebnis näher bringen. Ich fuhr inmitten der mexikanischen Hauptstadt Mexiko-City auf der Prachtstraße Paseo de Reforma in einem kleinen, grünen VW-Käfer-Taxi inmitten dichtestem Verkehr. Der Taxifahrer war heiter, lachte fröhlich und pfiff zu einer aus dem Autoradio schallenden mexikanischen Melodie. Keine Spur von Ärger, nein, pure Lebensfreude. Der Taxifahrer ließ sich nicht aus der Ruhe bringen. Wie schaut es in so einer Situation bei uns in Europa aus? Man sieht nur gestresste, ärgerliche Gesichter.

In Indien kommt es oft vor, dass die Züge verspätet fahren, aber die Menschen nehmen es mit Gelassenheit, ohne Ärger. In diesem Punkt müssen wir als Reisende umlernen, uns keinen starren Reiseplänen unterwerfen und zeitlich umstellen. Daher kommt auch der Spruch: »Willst du in Indien eine Tagesreise machen, so nehme dir dafür eine Woche Zeit.«
Wir sollten Urlaub und Freizeit nicht ganz verplanen, sondern uns stets Freiräume gestatten, in denen wir keinem starren Zeitplan folgen, sondern einfach den Augenblick bewusst und spontan leben. So bleibt das Leben lebendig und voller schöner Überraschungen.

Haben wir das Genießen des Lebens verlernt? Ich habe erlebt, wie in Kreta und Mexiko das Zusammenleben mit der Familie gepflegt wird. Die Feste werden gemeinsam gefeiert, alle Familienmitglieder treffen sich und oft wird gemeinsam gesungen und musiziert. Die Menschen genießen das Miteinander und nehmen sich Zeit füreinander. Das gibt ihnen die Kraft und Freude für den Alltag und schafft Ausgeglichenheit.
Ist das das Geheimnis, warum wir so gerne in südliche, ferne Länder reisen, wo die »Uhren noch anders gehen«? In kleinen Orten und Kleinstädten und ihren Gassen herrscht noch eine gewisse Beschaulichkeit, und sie haben sich auch ihren Charme bewahrt.
Es ist höchste Zeit, dass wir wieder **in unsere Mitte** kommen, und die rechte Gehirnhälfte – der das Imaginäre, das intuitive Erfassen, das ganzheitliche Denken, die Musik, Tanz und Kunst, zugeordnet sind – nicht zu kurz kommen lassen. Wir leben »ein-seitig.« Uns fehlt die Harmonie.

Schenken wir deshalb nicht nur unserer Arbeit, sondern auch allen anderen Lebensbereichen genügend Zeit und Aufmerksamkeit. Planen wir das in den wöchentlichen Terminkalender ein. Dazu gehört Zeit für die Partnerschaft, die Familie, Freunde, zum Alleinsein und zur Muße. Vergessen wir nicht zu träumen. So bringen wir jeden Aspekt unseres Lebens zur Entfaltung. Das ist wichtig für unser physisches, emotionales, geistiges und spirituelles Wohlbefinden.
Gönnen wir uns wieder mehr Kairós-Zeit, in der wir ganz im Hier und Jetzt leben und geben wir uns immer wieder Zeiten, in denen wir »die Zeit vergessen« können.

Zeit für Träume

Annemarie Schacker

Räum Platz ein für die Träume,
das Träumen am wachen Tag:
Dein Träumen
so nötig,
so notwendig,
so notwendend.

Räum Platz ein für den Traum im wachen Tag.
Teil sei er – gut, erkannt, anerkannt -
des täglichen Lebens,
des täglichen Seins,
des täglichen Tuns.

Gib ihm Raum, gib ihm Zeit,
steh zu Deinem Träumen, sei dankbar Deinem Träumen,
pflege es, hüte es, nimmt es an:
lass es Quell sein der Ruhe, der Harmonie,
des Ja-Sagens, des Ja-Lebens –
und Kraft erwächst Dir
zum Ja Sagen, zum Ja-Leben –

im Trubel, im Kreiseln, im Irregehen
und Du findest wieder Deine Mitte.

Lass Dir das Träumen nicht nehmen,
die Träume die Du gewinnst:
erhalte sie Dir,
pflege sie,
hüte sie

und drinnen, tief drinnen, in der Mitte, Deiner Mitte
wächst das Danken,
demütig,
wärmend,

und schenkt immer wieder
Dir das Leben.

Tageszeit

Die Tageszeiten haben ganz bestimmte verschiedene Qualitäten: Eine ideale Zeit am Morgen zum Wachwerden und Aufstehen, eine zum Arbeiten, eine zum Essen, eine zum Abschalten und zum Schlafengehen.
Im ayurvedischen Medizinsystem haben die Rishis (die Weisen) schon vor Jahrtausenden entdeckt, dass die Tageszeiten von den Bioenergien (Doshas) Kapha, Pitta und Vata beeinflusst werden. Im ersten und zweiten Kapitel bin ich bereits auf Vata, Pitta und Kapha und ihre Eigenschaften eingegangen.
Kapha ist langsam und stabil, Pitta ist schnell und dynamisch und Vata ist sehr beweglich und spontan. Das kommt bei den verschiedenen Konstitutionen der Menschen zum Ausdruck. Bei der Ernährung können wir uns die Eigenschaften der Doshas zunutze machen und damit ausgleichend auf unsere Konstitution einwirken, z. B. kühlend auf die Pitta-Naturen mit Kapha, wärmend auf die Vata- und Kapha-Naturen mit Pitta.
Aber auch die verschiedenen Zeitqualitäten können wir uns zunutze machen.

Diese drei Doshas Kapha, Pitta und Vata wirken überall auf der Erde, in der Natur, beim Menschen, im menschlichen Körper bis hinein in die Zellen und auch in der Zeit. Ihr Einfluss ist zu bestimmten Tageszeiten am stärksten.

Einfluss von Kapha	6 bis 10 Uhr	18 bis 22 Uhr
Einfluss von Pitta	10 bis 14 Uhr	22 bis 2 Uhr
Einfluss von Vata	14 bis 18 Uhr	2 bis 6 Uhr

Kapha ist das Prinzip der Stabilität, Aufbau und Ruhe	Elemente Erde/Wasser
Pitta ist das Prinzip der Aktivität und Umwandlung	Element Feuer
Vata ist das Prinzip der Bewegung, geistig und körperlich	Element Luft

Der beruhigende Einfluss von **Kapha** ist am stärksten in der Dämmerungszeit von 18 bis 22 Uhr. In dieser Zeit können wir am leichtesten zur Ruhe kommen. Das können wir nutzen, wenn wir gegen 22 Uhr schlafen gehen, denn um die Zeit vor Mitternacht hat der Schlaf die beste Qualität und den besten Erholungs- und Regenerationswert. Am Morgen wirkt Kapha von 6 bis 10 Uhr.

Wer am Morgen vor 6 Uhr aufsteht, wird die belebende Wirkung von **Vata** erfahren. In dieser Zeit stehen wir am Leichtesten auf. Beim späteren Aufstehen werden wir noch länger mit einer gewissen Müdigkeit zu kämpfen haben, bis wir ganz wach werden, weil dann bereits der Einfluß von Kapha spürbar wird.
Am Nachmittag von 14 bis 18 Uhr dominiert durch den Einfluss von Vata die geistige und körperliche Aktivität und Beweglichkeit. Dies ist eine gute Zeit zum Arbeiten.
Die nächtliche Vata-Zeit von 2 bis 6 Uhr bewirkt, dass gegen 4 Uhr morgens die Ausscheidungsvorgänge in Gang kommen, und meistens werden wir um diese Zeit auch wach und müssen auf die Toilette.

Die ideale Zeit zum Mittagessen ist die Mittagszeit, **Pitta** wirkt von 10 bis 14 Uhr. Da können wir am besten verdauen, weil unser »Verdauungsfeuer« besonders aktiv ist. In der Pitta-Zeit müssen die »hitzigen« Pitta-Naturen aufpassen, dass ihnen nicht ihr Temperament durchgeht.
Aber auch um Mitternacht ist Pitta-Zeit. Da beginnt oft »der große Hunger«, und die Kühlschränke werden geplündert. Eigentlich ist die Pitta-Nachtzeit von 22 bis 2 Uhr der Zell-Regeneration und der »Gewebeverdauung« vorbehalten, das heißt, Schlacken werden abgebaut und die Zellen werden regeneriert. Ist man aber wach, beginnt sich das Verdauungsfeuer zu melden und man bekommt Hunger und der Regenerationsprozess wird unterbrochen.

Es ist daher nicht besonders zuträglich, wenn wir spät abends noch ein opulentes Abendmahl essen, denn die Verdauungsorgane »gehen schlafen« und so entstehen Schlacken im ganzen Körper. Das verursacht auch eine bleierne Müdigkeit am Morgen. Da ist es besser, das Frühstück ausfallen zu lassen, bis sich wieder Hunger einstellt.
Aus diesem Grunde empfiehlt Ayurveda abends nur mehr eine kleine, leicht verdauliche Speise einzunehmen und eine frühe Schlafenszeit.

Aus diesen Erläuterungen können wir erkennen, dass die früheren Generationen noch mehr im Einklang mit der Natur und den Zeiten gelebt haben, besonders am Lande. Sie »standen mit den Hühnern auf« und »gingen mit den Hühnern schlafen«. Am »Feier-Abend« wendeten sie sich den freudigen Dingen des Lebens zu und pflegten Geselligkeit. Fernsehen mit nächtlichen Sendezeiten gab es nicht.
Natürlich haben sich die Verhältnisse von damals bis heute geändert. Berufliches Leben, Ausbildungen (Kurse am Abend) lassen diese Lebensweise oft nicht zu.
Wir können aber zumindest anstreben, die Zeitqualitäten für uns zu nutzen und im **Einklang mit den Tageszeiten** zu leben. Es wird unserer Gesundheit und dem seelischen Wohlbefinden dienen.

Unsere innere Organuhr

In der chinesischen Medizin gibt es auch das System der inneren Organuhr. Zu ganz bestimmten Tages- und Nachtzeiten sind bestimmte Organe und Meridiane energetisch besonders stark, das wird Hoch- oder Maximalzeit genannt. An den anderen Zeiten sind sie weniger aktiv, um genau 12 Stunden nach dem Hoch am absoluten energetischen Tief angekommen zu sein. Das wird als Minimalzeit oder Minuszeit bezeichnet.

Im Praktischen bedeutet dies, dass die Leber nachts von 1 bis 3 Uhr am stärksten arbeitet und 12 Stunden später zwischen 13 und 15 Uhr ihre Minimalzeit hat. Der Dickdarm ist am meisten am Morgen zwischen 5 bis 7 Uhr aktiv, während er 12 Stunden später, zwischen 17 und 19 Uhr, am schwächsten ist.

Maximal-Organzeiten:

Leber – Stoffwechsel	1 – 3 Uhr	Dünndarmmeridian	13 – 15 Uhr
Lungenmeridian	3 – 5 Uhr	Blasenmeridian	15 – 17 Uhr
Dickdarmmeridian	5 – 7 Uhr	Nierenmeridian	17 – 19 Uhr
Magenmeridian	7 – 9 Uhr	Kreislaufmeridian	19 – 21 Uhr
Pankreasmeridian	9 – 11 Uhr	3 Erwärmermeridian	21 – 23 Uhr
Herzmeridian	11 – 13 Uhr	Gallen u. Milz-Meridian	23 – 1 Uhr

Alle diese Zeiten sind Normalzeiten, dies ist zu berücksichtigen in der Sommerzeit!
Wenn wir nun die Zeiten mit den ayurvedischen Zeitqualitäten von Kapha, Pitta und Vata vergleichen, können wir aus dieser Aufstellung deutlich ablesen, dass nachts um 1 Uhr die Leber- und Stoffwechselvorgänge und in den Morgenstunden ab 5 Uhr die Ausscheidungsvorgänge in Gang kommen.

In der Mittagszeit ist der Dünndarm aktivsten. Das ist genau die Zeit nach dem Mittagessen. Der Magen hat von 19 bis 21 Uhr seine Minimalzeit. Die Empfehlungen von Ayurveda hinsichtlich der Nutzung der Zeitqualitäten sind also sehr schlüssig und dienen uns zum Wohlbefinden.

Die chinesische Medizin setzt dieses Wissen in der Diagnose ein. Aus der Uhrzeit der auftretenden organischen Störung können Rückschlüsse auf das beteiligte Energiesystem gezogen werden. Ist z. B. der Lebermeridian gestört, werden wir in der Zeit von 1 – 3 Uhr nachts nicht gut schlafen.
Bei Energiestau in einem Organsystem oder Meridian verschlechtern sich die Beschwerden in der Maximalzeit (Fülle-Zustand), hingegen bei Energiedefiziten (Leere-Zustand) treten vermehrte Beschwerden in den betreffenden Organen in der Minimalzeit auf.
Man kann beobachten, dass eine Besserung von Leere-Beschwerden auftritt in der Maximalzeit und umgekehrt bei Fülle-Beschwerden in der Minimalzeit.

Unser Biorhythmus

Wir Menschen unterstehen auch einem sogenannten Biorhythmus. Er beeinflusst folgende Lebensbereiche: Den **Körper** in seiner Dynamik und Aktivität, die **Seele** im Empfinden und Fühlen und den **Geist** im Denken und in der Kreativität. Zu ganz bestimmten Zeiten haben wir Hochs und Tiefs im körperlichen, seelischen und geistigen Bereich.

Der **körperliche** Rhythmus dauert 23 Tage, wovon 11,5 Tage in einer zunehmenden und 11,5 Tage in einer absteigenden Phase ablaufen.
Der **seelische Rhythmus** dauert 28 Tage (eine Mondphase), er wechselt alle 14 Tage in Hoch und Tief
und der **geistige Rhythmus** dauert ca. 33 Tage, welche wiederum alle 16,5 Tage in ein Hoch und Tief wechseln.

Diese Phasen überschneiden sich. Wir können also an einem Tag ein körperliches Hoch haben, geistig aber völlig im Tief sein und unter Konzentrationsschwäche leiden und keine Kreativität haben.

Hochs zeigen sich beim **Körper** durch Aktivität und gesteigerter Vitalität, im **mentalen Bereich** in guter Konzentration und guten Ideen und auf **der Gefühlsebene** im guten, harmonischen Zusammenleben, seelischer Ausgeglichenheit.

Tiefs zeigen sich im **Körper** durch Erschöpfung, wenn das Bedürfnis nach Erholung und zum Ausruhen besteht. Sie zeigen sich im **mentalen Bereich** durch Ideenlosigkeit, und auf der **Gefühlsebene** sind Zurückhaltung und Besinnung angesagt.

Die **Wechsel** von körperlichem und seelischem Rhythmus gehen sehr abrupt von sich, während der Wechsel des geistigen Rhythmus eher sanfter verläuft und nicht so stark spürbar ist.
Am Wendepunkt eines Hochs oder eines Tiefs treten dann bestimmte Beschwerden auf,
z. B. Wetterfühligkeit, Ungeduld, Zerstreutheit, depressive Verstimmungen und Gereiztheit.
Auf der körperlichen Ebene verschätzen wir uns in unseren Energiereserven, im seelischen Bereich besteht die Gefahr von Konflikten und im geistigen Bereich können wir uns nicht konzentrieren.
Den eigenen Biorhythmus kann man sich errechnen lassen, um seine Tage der Hochs und Tiefs zu kennen, und sich in seinen jeweiligen Aktivitäten danach richten zu können. Es wäre fatal, wenn wir ausgerechnet an Prüfungstagen ein geistiges Tief hätten und keine Konzentration oder an einem Tag, wo körperliche Hochleistungen wichtig sind, ausgerechnet ein Energiedefizit besteht.

Der zyklische Einfluss des Mondes

Wir unterstehen auch dem zyklischen Einfluss des Mondes. Am deutlichsten nehmen wir die Kräfte des Mondes bei Ebbe und Flut wahr. Aber der Mond wirkt auch auf die Natur, die Tierwelt und auf das Wachstum der Pflanzen.
In der **Land- und Forstwirtschaft** wurden früher die Zyklen des Mondes genau beachtet. Die alten Zimmerleute, Tischler und die Bauern wussten um den Einfluss des Mondes auf die Bäume. Das machten sie sich auch zunutze. Sie schlugen die Bäume nur zu bestimmten Zeiten, in denen das Holz besonders dauerhaft und haltbar und wenig anfällig für Schädlinge war. Aus diesem geschlagenen Holz tischlerten sie dann die Möbel und alles, was besonders lange haltbar sein sollte. Betrachten wir uns doch die Jahrhunderte alten Bauernhäuser mit ihren schön geschnitzten Balkonen. Das war das Geheimnis der Haltbarkeit des Holzes.
Christbäume zur rechten Zeit geschlagen, sind wesentlich länger haltbarer als zur unrechten Zeit.
Leider wird das alte Wissen unserer Ahnen heutzutage verlacht und nicht ernst genommen. Aber viele kehren wieder zu den alten Weisheiten zurück, die aus der Beobachtung der Natur erwuchsen. Die Bauern von früher wussten noch ganz genau, wann die ideale Zeit zum Aussäen und Ernten war und konnten so sichere und bessere Ernteerträge erzielen. Leider hat der Stadtmensch dieses Wissen und das Gespür für die Einwirkung der Mondkräfte weitgehend verloren.
Der **Gartenliebhaber** tut gut daran, sich mit den Einflüssen des Mondes zu befassen. Er wird die besten Zeiten zum Gießen und Bewässern, zum Umtopfen und zur Schädlingsbekämpfung erfahren. Alle Arbeiten mit Pflanzen, z. B. der Schnitt oder das Düngen haben ideale Zeiten.
Wir können uns auch die Kraft des Mondes zunutze machen bei allen **Haushalts- und Reinigungsarbeiten** und in der **Körperpflege**.

Aber auch **wir Menschen** werden durch die Gezeiten des Mondes auf jeder Ebene beeinflusst.
Zu Zeiten des **Vollmondes** sind die meisten Menschen unruhig, sie schlafen schlecht und sind nervös. Es gibt bei Vollmond die meisten Unfälle, Alkoholexzesse, Gewalttaten und die meisten Geburten. Ärzte, Krankenschwestern und die Polizei haben an diesen Tagen, und besonders in der Nacht, »Hochkampftag.«
Operative Eingriffe sollten auf keinen Fall bei Vollmond vorgenommen werden, je weiter weg vom Vollmond, umso besser. Am ungünstigsten sind Operationen bei Vollmond im Löwen. Gut sind Operationen bei abnehmendem Mond, außer im Löwen.
Für das Aufgeben schlechter Gewohnheiten gibt es auch ideale Zeitpunkte. Es sind die **Neumondtage**, am besten im März. Aber zu Neumondtagen soll man kein Kind zeugen.

Bei **abnehmendem Mond** sind alle Aktivitäten gut, wenn wir etwas reduzieren wollen, z. B. das Gewicht. Blutreinigungskuren sind hier gut. Alle Reinigungs- und Aufräumarbeiten und Wäsche waschen gelingen besonders gut und leicht. Es ist die Zeit Arbeiten abzuschließen.
Bei **zunehmendem Mond** sind alle aufbauenden Maßnahmen für den Körper zur Stabilisierung von Erfolg gekrönt. Hier wirken auch aufbauende Nahrung und Heilmittel besonders gut. In der Zeit des zunehmenden Mondes wird man Kraft sammeln, es ist die ideale Zeit zur Erholung. Es ist auch die Zeit des Kraftzuwachses, in der wir Energie bekommen, um neue Projekte in Angriff zu nehmen, Ideen in die Tat umzusetzen.

Jeder Tag im Monat wird von einem Sternzeichen regiert. Alle 12 Sternzeichen beeinflussen uns im Monat 2 bis 3 Tage in abwechselnder Reihenfolge. Sie beeinflussen unsere Organe, besonders wenn wir in diesem Zeichen geboren sind.

Sternzeichen	**anfällige Zonen, Organe**
Widder	Kopf
Stier	Hals, Nacken
Zwilling	Schultern, Arme, Lunge
Krebs	Magen, Speiseröhre
Löwe	Herz, Rücken, Rückgrat
Jungfrau	Nervensystem, Bauchspeicheldrüse
Waage	Nieren, Verdauungstrakt
Skorpion	Sexualorgane
Schütze	Hüften, Oberschenkel
Steinbock	Knie, Knochen, Zähne
Wassermann	Schienbeine, Knöchel
Fische	Füße

Der Widder-Einfluss wirkt z. B. auf den Kopf und die Augen. Es ist zu beobachten, dass an Widder-Tagen die Leute **gleichen Zeichens** vermehrt unter Kopfschmerzen leiden.
Der Löwe-Einfluss wirkt z. B. auf das Herz und der Fische-Einfluss auf die Füße, und an diesen Tagen treten bei Belastung öfters Beschwerden in diesen Bereichen auf.
Bei unseren Beispielen werden an Löwetagen, besonders bei Menschen dieses Zeichens, leichter Herzprobleme auftreten, und bei Fischetagen werden vermehrt Fußprobleme spürbar sein, besonders bei Menschen im Sternzeichen Fische.
Eine allgemeine Regel: Löwe- und Jungfrau-Tage sind Haarschneidetage.
An Fische- und Krebs-Tagen sollte man auf das Haare schneiden verzichten.

Dies sollte Ihnen nur ein paar Anregungen geben, um die Kraft des Mondes kennen zu lernen. Versuchen Sie es doch einmal!

Jahres- und Lebenszeiten

Jahres- und Lebenszeiten haben ganz bestimmte Qualitäten und werden auch von den Bioenergien (Doshas) Vata, Pitta und Kapha beeinflusst.

Jahreszeiten aus ayurvedischer Sicht

Die **Frühlingszeit** eignet sich besonders gut, uns von den Schlacken des Winters zu befreien. Im Frühjahr haben die Kapha-Naturen am meisten Probleme, sie leiden häufig an Erkältungskrankheiten. Hier sind alle erhitzenden Gewürze und Tees gut. Der Aufenthalt in der Sonne tut ihnen und den Vata-Naturen gut. Denn beide brauchen Wärme aus Ausgleich.

Im **Sommer** müssen die Pitta-Naturen aufpassen, sie sollen sich nicht zu sehr der Sonne aussetzen, besonders nicht in der Mittagszeit! Sie bekommen am schnellsten Sonnenbrand und auch ihr Gemüt wird in der Hitze agitiert, da kann es bei ihnen schon zu »Ausrastern« kommen. Für sie sind als Ausgleich alle kühlenden Aktivitäten, wie Baden in Seen und kühle Getränke gut. Gleichzeitig brauchen sie alles, um zur Ruhe zu kommen, um ihr hitziges Gemüt abzukühlen.

Im **Herbst** haben wieder mehr die Vata-Naturen zu leiden, und zwar unter dem Wind und der Kälte. Das verstärkt wiederum typische Vata-Beschwerden, wie z. B. Schmerzen. Hier sind alle Maßnahmen angesagt, die stabilisieren und wärmen. Für Vata-Naturen ist gut, aufbauende Nahrung zu bevorzugen.

Der **Winter** ist die ideale Zeit zum Aufbauen von Stabilität für das ganze Jahr, denn der Winter ist die Kapha-Zeit. Hier sind Besinnlichkeit, Wärme von innen und von außen angesagt. Wärmende Tees und Gewürze tun gut, besonders den Kapha- und Vata-Naturen.
Mit »Wärme« meine ich auch Herzenswärme, alle erwärmenden Aktivitäten, die der Seele gut tun, also Zärtlichkeit und Geborgenheit.

Das Mandala der Jahreszeiten und Feste

Nun wollen wir uns noch einmal unserem Leben in den verschiedenen Jahreszeiten zuwenden. Es ist wie ein Mandala, ein Kreis des Lebens, in dem wir eingebunden sind.

Der ***Frühling*** ist die Zeit, um sich der erwachenden Natur zu erfreuen, Licht und Sonne zu genießen.
Aber im Frühling erleben wir alljährlich das Wunder des Erwachens der Natur. Die Tage werden wieder länger und die Sonne bekommt mehr Kraft. Wie auf geheimem Befehl beginnen die ersten Blümlein, die Schneeglöckchen, sich aus der harten Kruste der Erde durchzukämpfen, oft auch noch durch den Schnee. Und sie kommen immer mehr zum Blühen.

Die warmen Winde und die stärkeren Sonnenstrahlen bewirken das Schmelzen des Eises, die darin gefangenen kleinen Bächlein werden vom Eis befreit und beginnen wieder zu glucksen. Auch die kleinen Tiere kommen wieder hervor aus dem Winterschlaf. Die Bienen und Schmetterlinge holen sich ihre erste Nahrung von den ersten blühenden Sträuchern. Und die Vöglein beginnen wieder ihren Morgengesang.
Und hier haben wir das Gleichnis der Natur mit unserer Seele:
Im Herbst beginnt die Natur abzusterben, die Blätter fallen ab, die Blüten verblühen. Auch wir legen einmal im Herbst des Lebens unseren Körper ab. Die Seele geht in eine andere Sphäre, in die feinstoffliche Astralwelt. Wie die Natur inkarniert (bedeutet lat. in carne »ins Fleisch herabsteigen«) sie sich nach gegebener Zeit wieder auf der Erde und tritt als neues Leben in Erscheinung. Es gibt keinen Tod!

Der Frühling ist die Zeit der **Auferstehung** des Herrn und des **Osterfestes**. Es soll uns erinnern, dass Jesus Christus auferstanden ist, und dass er auch **in uns als Christus auferstehen** will.
In seiner »Autobiographie eines Yogi« schildert Meister Paramahansa Yogananda, wie er selbst Zeuge von der Auferstehung seines eigenen geistigen Meisters und Lehrers (Guru) Swami Sri Yukteswar wurde, der am 9. März 1936 seinen Körper verlassen hatte. Swami bedeutet »Entsagender«, es ist also ein indischer Mönchstitel.
Das geschah am 19. Juni 1936 gegen 3 Uhr nachmittags, als er sich in einem Hotelzimmer in Bombay befand und meditierte. Er wurde plötzlich auf ein wundersames Licht aufmerksam. Er schildert: »Erstaunt öffnete ich die Augen und sah, dass sich der ganze Raum in eine fremdartige Welt verwandelt hatte ...

Wer aber kann meine Seligkeit beschreiben, als ich Sri Yukteswar leibhaftig vor mir stehen sah! ›Mein Sohn!‹ sagte der Meister, während er mich mit engelhaftem Lächeln anblickte. Zum ersten Mal in meinem Leben kniete ich nicht zu seinen Füßen nieder, sondern ging sofort auf ihn zu und schloß ihn ungestüm in meine Arme. Welch einzigartiger Augenblick!
›Aber seid Ihr es wirklich, Meister …? Ist dieser Körper wirklich ein genaues Ebenbild des alten, den ich in den grausamen Sand von Puri gebettet habe?‹
›Ja, mein Kind, ich bin derselbe. Dieser Körper ist aus Fleisch und Blut. Obgleich ich ihn als ätherische Substanz sehe, erscheint er deinen Augen als körperliche Form. Ich habe aus den Atomen des Kosmos einen neuen Körper gebildet …‹
Sri Yukteswar blieb zwei Stunden bei Yogananda und beantwortete alle seine Fragen. Danach verabschiedete er sich »Ich verlasse dich nun, geliebtes Kind! Bei diesen Worten fühlte ich, wie sich der Meister aus meinen Armen löste ... (dann) entschwand Sri Yukteswar meinen Blicken …«
Swami Sri Yukteswar ist am 16. März 1936 noch einer alten Frau erschienen. Als sie erfuhr, dass der Meister vor einer Woche gestorben sei und als man ihr das Grab gezeigt hatte, schüttelte sie den Kopf »Das ist unmöglich! Für ihn gibt es kein Grab! Heute morgen um 10 Uhr kam er, wie gewöhnlich, auf seinem Spaziergang an meinem Haus vorbei und blieb vor der Tür stehen. Ich unterhielt mich mehrere Minuten lang mit ihm im hellen Tageslicht. Komm heute abend zum Ashram sagte er. Und hier bin ich.«

Aus der »Autobiographie eines Yogi« geht weiter hervor, dass sich ein solches wundersames Ereignis auch mit Meister Lahiri Mahasaya (1828–1895) zugetragen hat, und zwar am 27.9.1895. Drei seiner Schüler erlebten, dass ihnen der auferstandene Meister zu gleicher Zeit um zehn Uhr morgens in seinem verklärten Körper erschien, und zwar an drei Orten, denn jeder dieser Schüler wohnte in einer anderen Stadt. Das geschah einen Tag später, nachdem sein Körper am Ganges in Benares bei einer feierlichen Feuerzeremonie verbrannt worden war.
Sein Schüler Swami Keshabananda erzählt: »Am folgenden Morgen um zehn Uhr … erstrahlte mein Zimmer plötzlich in einem überirdischen Licht. Und siehe! Vor mir stand Lahiri Mahasaya in lebendiger Gestalt! Er sah genauso aus wie immer, nur wirkte er jünger und strahlender. ›Keshabananda‹, sagte mein göttlicher Guru, ›ich bin es! Aus den zerfallenen Atomen meines verbrannten Körpers habe ich einen neuen Leib erstehen lassen.‹ Dann gab mir der transzendente Meister einige Segensworte mit auf den Weg und entschwand.«
Er sagte, dass sein Herz von einer wundersamen Seligkeit erfüllt war und dass er sich geistig emporgehoben gefühlt habe wie die Jünger Christi und Kabirs, nachdem sie ihren Meister nach dessen physischen Tod leibhaftig vor sich stehen gesehen hatten.

Als ich das das erste Mal las, konnte ich mir vorstellen, wie die Ereignisse sich mit Jesus, dem Meister (Rabboni) und seinen Jüngern/innen sowie seiner Mutter Maria vor 2.000 Jahren wirklich zugetragen haben, und erkennen, dass die Auferstehung nicht ein einmaliges Geschehen vor 2.000 war, sondern auch noch heute **in unserer Zeit** geschieht durch vollendete Meister.
Viele wollen an die Auferstehung nicht mehr glauben und halten sie auch nicht für möglich. Aber da geben sie sich einer Täuschung hin – Jesus Christus ist wirklich nach seinem Tode oftmals seinen Jüngern und im Tempel den Pharisäern und an anderen Orten der Welt in einem neuen, verklärten Leib erschienen.

Das **Pfingstfest** soll uns an den Heiligen Geist erinnern. Der Heilige Geist entspricht dem OM oder Amen, der kosmischen, göttlichen Ur-Schwingung, die die ganze Schöpfung durchdringt und erhält. Von dieser göttlichen Kraft ist in der Bibel bei Johannes 14, 26 die Rede, wenn sie vom »Tröster«, dem hl. Geist spricht. Immer wenn wir uns im Gebet geistig nach oben öffnen zum 7. Chakra, dem Kronenchakra, können wir göttliche Kraft und Seine Inspiration empfangen. So dürfen wir uns lenken lassen. Im Kapitel 13 werde ich tiefer auf das Wesen Gottes eingehen.

Der ***Sommer*** lädt uns zum Baden und zum Aufenthalt in der Natur ein. Die langen Abende laden ein, sie im Freien zu genießen. Es ist die Zeit, wo wir frisches Obst genießen können. Die Natur ist in ihrer vollen Pracht und Fülle. Die Ferienzeit dient dazu, dass wir das Sonnenlicht aufnehmen und uns mit Prana (Lebenskraft) aufladen.

Beim **Erntedankfest** im ***Herbst*** wird die ganze Fülle der Früchte des Jahres eingebracht. So sollten wir dem Herrn auch dankbar sein, dass alles gut gewachsen ist und dafür, dass wir hier alle genug zu essen haben, ganz im Gegensatz zu Afrika, wo die Menschen unter Dürre und Hungersnöten zu leiden haben. Im Herbst wird die Landschaft durch das Verfärben der Laubwälder in eine wunderbare Farbenpracht verzaubert.

Und so wie sich im Spätherbst und ***Winter*** die Natur ausruht und wieder Kraft für das neue Jahr sammelt, so sollten wir es auch tun. Herbst und Winter sind auch die Zeit der Besinnlichkeit. Der Herbst ist auch die Zeit, in der wir an die Vergänglichkeit des Lebens erinnert werden, wenn in der Natur die Farben verblassen, die Sommerblumen verblühen und alles in der Natur kahl wird und schläft. Nur im Verborgenen unter der Erde existiert das Leben in den Blumenzwiebeln und Samen weiter und die Tiere haben sich verkrochen. Wir gedenken unserer Lieben, die uns vorausgegangen sind.

Der **Advent** ist die Zeit, wo wir uns auf das heilige Geschehen in der Weihnachtsnacht vorbereiten. Mitten im Winter blüht auch die weiße Christrose. Sie ist ein Symbol, dass in der tiefsten Nacht Jesu Geburt erfolgt.

In der Zeit, wo es die längsten Nächte gibt, da geschieht alljährlich das Christwunder. Ein Licht kommt in das Dunkel der Welt.

Diese wunderbare Aufnahme von der Heiligen Familie ist beim Entwickeln eines Films entstanden, nachdem vorher bei einer kath. Messe der Priester fotografiert wurde, während er am Altar die Hl. Wandlung vollzog. Er und seine Hände sind links unten zu erkennen.

Christus will in unserem Herzen geboren werden. Viele Menschen verspüren das Wunderbare in dieser Zeit, sie spüren die Schwingungen der Liebe, die auf die Erde kommen. Die Menschen auf der ganzen Welt sind mehr bereit, ihr Herz zu öffnen und Notleidenden zu helfen und zu spenden. Sie sehnen sich nach Frieden.

Der tiefere Sinn von Weihnachten ist leider weitgehend verloren gegangen und wird zum Kommerz missbraucht. Eigentlich ist die stillste Zeit des Jahres – die sie auch sein sollte – für viele die hektischste Zeit des Jahres geworden. Die meisten denken nur an die Geschenke, an materielle Dinge.

Aber die innere Ebene zu beachten wäre viel wichtiger. Widmen wir doch in der Adventzeit und in den Weihnachtstagen eine gewisse Zeit der Meditation oder stillen Andacht.

Wir können z. B. den Adventkranz als inneres Symbol nehmen. Mit der ersten Kerze lassen wir das Licht der Harmonie in uns erstrahlen, halten inne und lassen den Alltag und Sorgen los, dieses Gefühl der Harmonie kultivieren wir bis zum 2. Sonntag.

Mit dem zweiten Licht lassen wir dem Frieden in unserem Herzen Raum, dieses Gefühl bewahren wir in uns bis zum 3. Sonntag. Mit dem Entzünden der dritten Kerze lassen wir in uns das Licht der Freude erstrahlen. Das entsteht ganz von selbst durch die innere Harmonie und den Frieden, die wir in den vorigen zwei Wochen gepflegt haben. In diesem Gefühl der Freude sind wir dankbar für alles Gute, was wir alles empfangen durften.

Am 4. Adventsonntag lassen wir mit dem Licht der vierten Kerze der Liebe in unserem Herzen Raum. Wir senden diese Liebe an alle in Nah und Ferne, auf die ganze Erde aus. Nun sind in unserem Herzen die Lichter der Harmonie, des Friedens, der Freude und der Liebe vereint! Dann werden wir in uns eine innere Freude spüren, die ganz unabhängig von äußeren Dingen und Gegebenheiten ist. Dann ist wirklich Weih-Nachten, Christus ist in uns geboren! Das Bewusstsein der allumfassenden Liebe wird spürbar. Dann haben wir wirklich »geweihte« Weihnachten, wie es schon das Wort sagt.

Zu Sylvester und am ***Jahresanfang*** ist eine gewisse Bilanz angesagt, was wir in dem alten Jahr geleistet haben und was wir noch erreichen möchten. Was ist an schädlichen Gewohnheiten abzubauen und was wollen wir stärken in uns? Was sollen wir ändern in unserem Leben?

In den Rauhnächten um Weihnachten sollten wir auch unsere Wohnungen und Häuser räuchern, segnen, so wie es früher Brauch war. So wie es in der Wohnung immer Schmutz zu entfernen gilt, so ist es auch im Feinstofflichen. Alte Schwingungen negativer Art hängen in den Räumen und können unsere Stimmung drücken und unser Wohlbefinden beeinträchti-

gen. Mit dem Räuchern mit Salbei werden solche Energien weichen. Der traditionelle Besuch »der Hl. Drei Könige« mit dem Weihrauch-Kessel bewirkt dasselbe.
Der Fasching und die Ballsaison soll Abwechslung in die Routine des grauen Alltages bringen. Lebensfreude und Humor sollen aufleben. Lachen ist gesund. Es hat einen sehr positiven Einfluss auf unser ganzes Immunsystem. Hier meine ich aber damit nicht die ausgelassenen Umtriebe mit Alkoholexzessen mit allen unangenehmen Folgeerscheinungen.
Der Aschermittwoch gemahnt uns wieder daran, dass wir hier nicht ewig verweilen. Wir dürfen aber nicht vergessen, dass nur unsere Hülle, unser Körper vergeht. Wir als Seele leben ewig. Aber wir sollten bedenken, wie sinnvoll wir unser Leben gestalten, dass wir am Ende des Lebens auch damit zufrieden sein können.

Die **Fastenzeit** gibt uns eine ideale Gelegenheit, unseren Körper und unsere Seele zu reinigen. Verbunden mit dem Fasten sollte auch die **Bereitschaft zum Loslassen** sein auf äußerer und innerer Ebene. Fasten ist nicht nur Gelegenheit und Chance für eine körperliche Reinigung und Entlastung des Organismus, sondern auch, um uns von liebgewonnenen, aber schädlichen Gewohnheiten zu distanzieren. Wichtig ist aber auch durch Verzicht zu prüfen, inwieweit wir uns von den allgemeinen Gewohnheiten, wie gutes Essen, bequemes Wohnen und gesellschaftlichem Ansehen beherrschen lassen bzw. ob wir auch ohne diese Annehmlichkeiten einen ausgeglichenen Geist bewahren können.
Auf innerer Ebene ergibt sich die Gelegenheit zum »Sorgenfasten«, indem wir auch geistig zur Ruhe kommen und abschalten. Dabei sind Meditation und Gebet hilfreich. Daraus erwächst Vertrauen in das Gute und innerer Friede. Vertrauen ist Voraussetzung, dass wir loslassen können, unsere Sorgen, (Verlust)Ängste und Anhaftungen. Mit innerem Frieden und Gottvertrauen im Herzen wird es uns auch im Leben leichter fallen, unsere erwachsen werdenden Kinder oder unsere Eltern loszulassen.
Fasten ist eine gute Vorbereitung für das Osterfest, damit auch in unserem Herzen Auferstehung geschieht. Das Osterfeuer und die Kerzen in der Osternacht symbolisieren dieses Geschehen.

Und nun schließt sich der Kreis der christlichen Jahresfeste. Sie geben uns einen schönen Rahmen, uns immer an unser wahres Sein zu erinnern. Sie sind auch eine gute Möglichkeit, das Familienleben zu festigen und Gemeinsamkeit zu erleben.

Schon vor der christlichen Ära wurden die Tages- und Nachtgleiche im Frühjahr und Herbst und die Winter- und Sommer-Sonnenwende als ganz besondere Höhepunkte des Jahres betrachtet. Die Winter- und Sommer-Sonnenwende wurde bei den nordischen Völkern besonders beachtet. In der Mitt-Sommernacht im Juni wurde und wird getanzt und Freude über die Sonne zum Ausdruck gebracht. In der Winter-Sonnenwende, der dunkelsten Zeit, gedachte man sehnsüchtig der wärmenden Kraft und des Lichts der Sonne und zündete symbolisch Kerzen an. In Schweden gibt es den schönen Brauch der Licht-Feier der Hl. Lucia (Lichtbringerin) im Dezember. Auch wir kennen das Fest Maria Lichtmess am 2. Februar, bei dem Kerzen entzündet werden.

Viele unserer Bräuche gehen auf die **vorchristliche Zeit** zurück. Im Sommer werden zur Sonnenwende in Tirol Bergfeuer entzündet. Zur Faschingszeit gibt es den traditionellen Schemenlauf in Tirol, z. B. alle 4 Jahre in Imst in Tirol. Die schön gekleideten Masken und Kopfschmuck tragenden »Roller« und »Scheller«- symbolisieren die Kräfte des Frühlings und des Winters.

Im Frühling, zur Zeit der Tag- und Nachtgleiche, wird das Osterfest gefeiert und die Osterfeuer werden entzündet. Das Wort »Ostern« stammt von »Ostara«, der nordischen Frühlingsgöttin. Symbolisch für das Erwachen allen Lebens wird auch das Osterei verschenkt. Auch der Maibaum geht auf vorchristliche Fruchtbarkeits-Bräuche zurück.

Lebenszeiten aus ayurvedischer Sicht

Auch unsere Lebenszeiten werden von Kapha, Pitta und Vata beeinflusst. Ich möchte nur mehr kurz darauf eingehen, da ich im Kapitel über die Familie auf diese Einflüsse bereits eingegangen bin.
In der Kindheit und Jugendzeit befinden wir uns in der **Kapha-Phase**. Dies ist die Aufbau-Phase (Anabolismus) unseres Lebens, in der wir die Stabilität für unser ganzes Leben aufbauen. Im Frühling unseres Lebens geht es um das Wachsen, das Entfalten der Fähigkeiten

Nach der Pubertät treten wir in die **Pitta-Phase** unseres Lebens. Das ist die aktivste Lebenszeit, es ist der Sommer unseres Lebens. Hier sind wir am tatkräftigsten, auch am feurigsten und leidenschaftlichsten. Wir bauen uns eine Existenz auf und bekommen unsere Kinder.

Ab dem 50. Lebensjahr treten wir allmählich in die **Vata-Phase** des Lebens, in den Herbst unseres Lebens ein. Da Vata für den Abbau (Katabolismus) steht, ist dieser Lebensabschnitt vom Nachlassen der körperlichen und geistigen Kräfte gekennzeichnet. Daher müssen wir rechtzeitig den Vata-Tendenzen entgegenwirken durch richtige Lebensweise, Ernährung und Körperpflege. Das gilt vor allem für Vata-Naturen. In der Vata-Phase des Lebens braucht der Körper zum Ausgleich Kapha und Pitta. Daher tun ihm alle stabilisierenden und erwärmenden Maßnahmen gut, zumal wir im Alter auch mehr frieren. Es treten Krankheiten auf, die uns mahnen, mehr nach innen zu gehen und uns zu besinnen auf die wahren Werte des Lebens.

Zeitqualitäten

Die menschliche Bewusstseins-Entwicklung

Meister Swami Sri Yukteswar, von dem ich bereits unter »Jahres- und Lebenszeiten« bei der Osterzeit über seine Auferstehung berichtet habe, erklärt in seinem Buch »Die heilige Wissenschaft« die geistige Entwicklung der Menschheit.
Die menschliche Bewusstseinsentwicklung verläuft wie ein Kreis. Es ist ein Mandala der kollektiven Seelenentwicklung. Nach kosmischen Gesetzmäßigkeiten läuft die menschlich/seelische Entwicklung in unendlich langen Zeitläufen in vielen Inkarnationen ab.

Die menschliche Bewusstseinsentwicklung bildet einen auf- und absteigenden Bogen von je 12.000 Jahren, das sind zusammen 24.000 Jahre. Es gibt Zeiten, wo die Menschen sehr weit von ihrem Wissen um ihren göttlichen Ursprung entfernt sind, und welche, wo sie voll im Gottesbewusstsein stehen.

Dazu nun eine nähere Erläuterung:
Die Bahn der Sonne durch das Himmelsgewölbe (Ekliptik) führt unser Zentralgestirn mitten durch ein Band aus 12 Sternbildern. Infolge der langsamen Kreisbewegung der Erdachse sind die Sternbilder rückläufig. Ca. alle 2.160 Jahre rückt der Äquinoktialpunkt (Frühlings-

punkt) um ein ganzes Sternbild des **Tierkreises** zurück. Diese Tierkreiszeichen beeinflussen die Menschen mit ihren entsprechenden **Eigenschaften**.

Die Sonne führt aber noch einen **anderen** Kreislauf aus, und zwar um ein **geistiges** Zentrum, dem Sitz der **göttlichen Kraft (Brahma)**. Diese göttliche Kraft lenkt **Dharma**, die **geistigen Tugenden**. Kommt die Sonne bei ihrem Kreislauf um ihren Gegenpol an jenen Punkt, der dem Sitz der schöpferischen, göttlichen Kraft (Brahma) am **nächsten** liegt, haben die geistigen Tugenden (Dharma) in der Menschheit ihre **höchste Entwicklung** erreicht. Sie hat so ein hohes Bewusstsein, dass sie das göttliche Wesen mühelos erfassen kann.

Nach Ablauf von **12.000 Jahren** erreicht die Sonne den Punkt, der am weitesten vom großen, geistigen Zentrum der göttlichen Kraft **entfernt** ist. Dharma, die geistigen Tugenden, haben dann einen **Tiefst-Stand** im menschlichen Bewusstsein. Die Menschen können nichts Göttliches mehr erfassen.
Nach diesem Punkt der weitesten Entfernung bewegt sich die Sonne während ihres Kreislaufs wieder auf den Punkt hin, der dem Sitz der göttlichen Kraft am **nächsten** ist. Und Dharma, die geistige Tugend, beginnt sich wieder zu **entfalten**. Das geschieht wiederum in einem Zeitraum von 12.000 Jahren.

Zeugnisse früherer hoher Kulturen
Archäologische Funde beweisen, dass es schon in früheren Zeitaltern ein sehr hohes Wissen auf geistiger, medizinischer und technischer Ebene gab. Sie beweisen den auf- und absteigenden Bogen der menschlichen Bewusstseins-Entwicklung durch die Jahrtausende.

Zeugen aus früherer medizinischer Kunst fanden die Archäologen bei Funden in Mexiko. 8.000 Jahre alte Schädel weisen exakte Bohrungen durch chirurgische Eingriffe auf. Aber auch in der alten medizinischen Kunst von Ayurveda in Indien waren bereits vor Jahrtausenden komplizierte operative Eingriffe üblich. Die heutigen chirurgischen Bestecke sehen ziemlich gleich aus wie die von damals.

Erich von Däniken machte viele Entdeckungen, die es eigentlich nach dem heutigen wissenschaftlichem Stand gar nicht geben sollte. In seinen Büchern hat er dies reich dokumentiert. In Irak haben Archäologen in Bagdad eine alte, elektrische Batterie gefunden. Deren Alter wurde auf ca. 5.000 Jahre geschätzt.
Heute rätseln die Forscher noch, auf welche Weise die ägyptischen Pyramiden erbaut wurden (ohne heutige technische Hilfsmittel wie Kräne u. dergl.). Wissenschaftler machten die Entdeckung, dass die Maße der Cheops-Pyramide genauestens astronomischen Erkenntnissen entsprechen. Die Ägypter bauten sie als steinernes Kalendarium und der Pyramidenschatten diente als Sonnenuhr. Einige Schächte sind exakt auf bestimmte Sternbilder zu einem ganz bestimmten Zeitpunkt ausgerichtet.

Die Mayas hatten schon vor Jahrtausenden eigene Observatorien gebaut, deren Reste man heute noch sehen kann. In Guatemala wurden die größten Maya-Städte und 65 m hohe Pyramiden gefunden.
Auch die Maya-Tempelbauten in Südmexiko/Palenque weisen auf ein hohes Wissen und Kultur in früherer Zeit hin.
Die Sonnen- und Mond-Pyramiden vom Teotihuakan in der Nähe von Mexiko City beweisen das ebenfalls. Die monumentale Konstruktion der Sonnenpyramide von Teotihuakan hat die gleiche Basis wie die der Cheops-Pyramide.
Ich konnte mich selbst von der Großartigkeit dieser gewaltigen, kilometerlangen Anlage mit Straßen, Tempelbauten und den beiden Pyramiden überzeugen, als ich 1992 anlässlich einer Reise nach Mexiko diese archäologischen Stätten besuchte. Als ich auf den Stufen der riesi-

gen Sonnen-Pyramide saß und unter mir das Treiben beobachtete, hatte ich ein Gefühl von Zeitlosigkeit, eine Ahnung von der Größe der Kultur.

Oder denken wir an die imposanten Tempel-Bauten und Ruinen von Tia-Huanaco in Peru, wo tonnenschwere Steinquader so genau auf- und ineinander gefügt sind, dass nicht einmal ein Messer zwischen Mauerritzen passt.
Über die geheimnisvollen, riesigen Bodenzeichen und Zeichnungen auf der Ebene von Nazca in Peru, die kilometerlangen, geraden Linien, die wie Landebahnen eines Flughafens aussehen, rätseln noch heute die Wissenschaftler. Die längste ist 23 km lang.
Die gewaltigen Zeichnungen kann man nämlich nur **aus der Vogelperspektive** erkennen. Es sind rätselhafte Tier-Zeichnungen, u. a. ein Affe, eine Spinne und ein Kolibri, deren Bedeutung und Symbolik weitgehend unbekannt ist.

Bei den mexikanischen Indianern, dem Papantla-Volk, gibt es eine Sonnenzeremonie, bei der mehrere junge Männer auf einen 29 m hohen Baummast klettern. Einer bleibt ganz oben auf der Spitze des Mastes und spielt auf der kleinen Plattform des Baumes die Flöte, während sich die anderen kreisförmig an Seilen gebunden mit dem Kopf voran auf die Erde zu bewegen. Die Bewegungen entsprechen genau der Anzahl der Umkreisungen der Planeten. Der Tanz ist zu Ehren von »Vater Sonne« und »Mutter Erde«. Woher stammt dieses astronomische Wissen dieses Volkes? Der steinerne »Riesenkalender« in Stonehenge in England ist ebenfalls nach astronomischen Punkten ausgerichtet.

Es gibt in vielen Völkern der verschiedenen Erdteile, nicht nur in Indien, uralte, überlieferte Schöpfungsgeschichten, u. a. bei den Hopi-Indianern. Sie gleichen einander sehr.

Man muss immer mehr den Schluss ziehen, dass Amerika und der europäische Kontinent einmal gemeinsam durch einen versunkenen Kontinent, mit Atlantis, verbunden waren. Schon der griechische Philosoph Plato (+427 v. Chr.) hat in seinen Schriften »Timaios« und »Kritias« von einer Insel im Atlantischen Ozean mit der Hauptstadt Poseidonis berichtet, die ins Meer versunken ist.
Wie könnte es sonst sein, dass ein fast völlig gleichlautendes Alphabet bei dem Maya-Volk in Mexiko und den Griechen besteht? Dazu nur ein paar Beispiele:

Alpha	–	Ha
Beta	–	Be
Delta	–	tel
Zeta	–	Ze-Ta
Kappa	–	Kappa
Lamda	–	Lam – be-ta
Xi	–	xi
Pi	–	Pi
Tau	–	Ta –u
Omega	–	Omek-ka

Leider werden von den Anthropologen die Überlieferungen von uralten, hohen Kulturen in Atlantis, Lemuria, Indien, China, Ägypten und Mexiko als Mythos abgetan, und die Wissenschaft lehrt, dass sich die Menschheit vor 10.000 Jahren in einem primitiven Steinzeitalter befunden habe.

Aber das alles findet nur **eine** logische Erklärung in den **auf- und abwärtsgehenden Zyklen** des 24.000 Jahre währenden Sonnenumlaufs um das **geistige** Zentrum, den Sitz der göttlichen Kraft (Brahma). Brahma ist in der indischen Philosophie der geoffenbarte schöpferische Gott.

Der absteigende Bogen des Sonnenlaufs bedeutet einen **Verlust** der göttlich/geistigen Kräfte, der aufsteigende Bogen ein **Steigen** der geistigen Entwicklung (Dharma – Tugenden) der Menschheit. Beide Zyklen dauern jeweils 12.000 Jahre.
Der auf- und absteigende Zyklus von je 12.000 Jahren ist aufgeteilt in 4 Zeitalter, einem eisernen, bronzenen, silbernen und goldenen:

Das Kali-Yuga dauert	1.200 Jahre = niederste Bewusstseinsstufe
das Dwapara-Yuga dauert	2.400 Jahre
das Treta-Yuga dauert	3.600 Jahre
das Satya-Yuga (goldenes Zeitalter)	4.800 Jahre = höchste Bewusstseinsstufe.
	12.000 Jahre = Daiba-Yuga

Diese Zeitperioden von je 12.000 Jahren bewirken einen vollständigen äußeren und einen inneren Wandel. Sie werden Daiba-Yuga genannt.
Im Kali-Yuga herrschen die niederste Bewusstseinsstufe der Menschheit und die größte Unwissenheit über die geistigen Dinge. Es herrscht größter Unfriede zwischen den Völkern.
Im Dwapara-Yuga ist bereits die Kenntnis über die elektrischen und feinstofflichen Kräfte vorhanden. Auch die Völker sind untereinander weitgehend friedlich und haben eine hohe Kultur.
Im Treta-Yuga sind die Erkenntnisse und das Bewusstsein der Menschheit noch weiter wie im vorigen.
Das Satya Yuga (das goldene Zeitalter) bringt die Gott-Menschen hervor mit allerhöchster Erkenntnis und Wissen. Sie handeln in völligem Einklang mit dem göttlichen Plan.

Gemäß Manu, eines großen indischen Weisen des Satya-Yuga, werden die 12.000 Jahre des Daiba Yuga als »ein Zeitalter der Götter« bezeichnet, und 1000 göttliche Zeitalter gelten als »ein Tag Brahmas.« Dieser Zyklus ist gemäß den alten Schriften der Hindus Teil eines sehr viel größeren Weltall-Zyklus.

Die letzten 13.500 Jahre

Ich möchte Ihnen nun die letzte Zeitperiode (Daiba Yuga) bis heute beschreiben.
Nach Meister Swami Sri Yukteswar war **11.500 v. Chr. der Höhepunkt des Satya Yuga, das goldene Zeitalter**. Von nun an bewegte sich die Sonne in ihrem Kreislauf wieder auf den Punkt zu, der am weitestem vom großen, geistigen Zentrum (Brahma) entfernt liegt. Die Menschheit begann allmählich wieder bewusstseinsmäßig abzusinken, je mehr sich die Sonne auf ihrer Bahn vom göttlichen Zentrum entfernte.

Nachdem im Lauf der Sonne **im Abwärtsbogen** die 4.800 Jahre des Satya-Yuga, die 3.600 Jahre des Treta-Yuga, die 2.400 Jahre des Dwapara-Yuga und 1.200 Jahre des Kali-Yuga durchschritten waren, also 12.000 Jahre später **um 500 n. Chr.**, war die Menschheit im **Kali-Yuga** am **dunkelsten Zeitpunkt** des **ganzen Sonnen-Zyklus von 24.000 Jahren** angekommen.
Damals hatten die Menschen bewusstseinsmäßig den Punkt der größten Gottesferne erreicht. Sie waren in großer Unwissenheit und konnten nichts außerhalb des Materiellen erfassen. Es herrschte großes Leid auf der Erde und es gab viele Kriege.

Jesus Christus inkarnierte sich vor 2.000 Jahren im **Kali-Yuga**, um die von Gott ausgegangene irdische Schöpfung zu Gott wieder zurückzuführen, auf die Erde wieder das Göttliche zu bringen. Er ist uns vorangegangen und hat uns vorgelebt, wie wir wieder unsere Rückkehr zu Gott antreten können. Erst durch sein Einssein mit dem göttlichen Vater wurde er zum **Christus**, seinen Sohn, unserem Erlöser. Er sagte: »Folget mir nach und tuet meine Werke ...«

Von da an, also ab **500 n. Chr**., bewegt sich die Sonne nun wieder im **Aufwärtsbogen** auf das göttliche Zentrum zu.

Vielfach wird heutzutage gelehrt, dass das Kali-Yuga noch Tausende Jahre dauern soll, so wie es in den Hindu-Kalendern fälschlich festgehalten ist.
Aber Swami Sri Yukteswar widerlegt in seinem Büchlein »Die heilige Wissenschaft« klar diesen bedauerlichen Irrtum, der 700 vor Chr. im dunklen Kali-Yuga entstanden war:
Das Bewusstsein und die Erkenntnis der Menschen hatten sich damals unter dem Einfluss des Kali-Yuga zu verdunkeln begonnen. Die Gelehrten verloren das alte, genaue Wissen der Astronomen und Astrologen und konnten die Yugas nicht mehr richtig berechnen. Später ließen sich die Gelehrten von den fehlerhaften Aufzeichnungen über die Yugas täuschen, sie übernahmen sie einfach und konnten die Ursache des erstmals aufgetretenen Fehlers um 700 v. Chr. nicht mehr erkennen.

Das aufsteigende **Kali-Yuga** währte 1.200 Jahre lang, bis **ca. 1700 n. Chr**. Durch den Einfluss des herannahenden Dwapara-Yuga entfalteten sich das geistige Verständnis und die Intelligenz der Menschheit in den letzten Jahrhunderten stetig weiter. Es wurden bereits zahlreiche Erfindungen und Entdeckungen gemacht.

Meister Swami Sri Yukteswar beschreibt verschiedene Entdeckungen, u. a. um 1.600 das Vorhandensein magnetischer Kräfte von William Gilbert, um 1609 Johannes Kepler wichtige astronomische Gesetze. Von Galilei wurde das erste Horoskop hergestellt. 1621 wurde das Mikroskop von Drebbel, einem Holländer, erfunden.
Gegen 1670 wurde von Isaak Newton das Gesetz der Schwerkraft entdeckt, er entwickelte 1671 das Spiegelteleskop.
In der Folgezeit wurden die elektrischen und feinstofflichen Kräfte entdeckt, und man begann sich ihrer zu bedienen. Im 19. Jahrhundert wurden die ersten Eisenbahnen gebaut, die Telegraphie und das Telefon sowie das Radio wurden im letzten Jahrhundert erfunden. Der Arzt Dr. Heinrich Meßmer arbeitete bereits mit den magnetischen Heilströmen durch Handauflegen.
Auch kulturell begannen sich Verbesserungen abzuzeichnen. Es entstanden die ersten bürgerlichen Gesetzbücher. Politisch kam es zu Besserungen und zu Friedensverträgen unter den Völkern.

Die Menschheit ist dann, ca. **1700 n. Chr.**, in das **Dwapara-Yuga** eingetreten. Dieses dauert 2.400 Jahre. **Im Jahre 2005 befinden wir uns also im Jahr 305 des Dwapara-Yuga**.

Nachdem die Sonne wieder im Aufwärtsbogen sämtliche Yugas durchschritten hat, wird **ca. 12.500 n. Chr.** die Menschheit wieder das **höchste** Bewusstsein innerhalb von 24.000 Jahren erlangt haben.

Durch den jetzigen Einfluss des Dwapara-Yuga bestehen wieder gute Chancen für die Menschheit in ihrer **positiven geistigen** Weiterentwicklung. Seit dem Wirken von Jesu Christi vor nahezu 2.000 Jahren sind wieder viele Menschen zurück auf dem Wege zu Gott.

Der Fortschritt der Menschheit

Ich möchte den Fortschritt der Menschheit vom **Jahre 0 bis 2000 n. Chr.** etwas grob an ein paar einfachen Beispielen skizzieren:
Damals vor 2.000 Jahren konnten die Menschen nichts Feinstoffliches erfassen und wahrnehmen. In unserer Zeit gibt es wieder viel mehr Menschen, denen der Glaube an ein jenseitiges Leben nicht fremd ist und die auch astrale, feinstoffliche Wahrnehmungen machen. Jesus musste daher seine geistige Lehre immer in Gleichnissen, in einer bildhaften Sprache zu den Menschen tragen, damit sie ihm überhaupt folgen konnten.

Alles was verging oder starb, war unwiderruflich der menschlichen Wahrnehmung entzogen. Man konnte von Ereignissen höchstens ein Gemälde oder Zeichnungen erstellen lassen oder das Bildnis einer Person in einem Gemälde, einer Zeichnung, in einer Statue oder Büste festhalten. Aber wir in unserer Zeit können Fotos und Filme machen, um die Erinnerungen an Menschen und Erlebnisse jederzeit festhalten und wachrufen zu können.
Die Musik war wirklich nur ein-malig zu hören, wenn sie verklungen war, dann konnten die Menschen die gehörte Musik nicht wieder herholen. Heutzutage haben wir alle möglichen Tonträger, die herrliche Musikstücke, Lieder und Konzerte aufnehmen und wiedergeben können. Wir haben sozusagen das Konzert im Hause.

Früher waren lange Reisen und Wegstrecken für das einfache Volk nur zu Fuß möglich, oder es wurden Tiere wie Esel, Pferde, Kamele oder Elefanten zum Reiten oder als Lasttiere eingesetzt. Das etwas schnellere Fortbewegen und Transportieren wurde durch das Fahren mit Karren oder späteren Kutschen möglich. Das alles war verhältnismäßig mühsam und langsam.
Auch die Kommunikation und die Nachrichtenvermittlung verliefen schwieriger. Lauf-Boten oder Boten zu Pferde mussten ausgesendet werden, um Nachrichten aus anderen Orten zu übermitteln.
Im letzten Jahrhundert kam die Erfindung des Telefons auf und heutzutage ist bereits eine weltweite Kommunikation per Internet möglich.
Alle die aufgezeigten Möglichkeiten, das Erstellen eines Gemäldes, einer Statue oder Büste, das Musizieren bei Hofe, das Reiten zu Pferde und das Reisen mit Kutschen waren nur der oberen Schicht vorbehalten. Für das einfache Volk gab es früher diese Möglichkeiten nicht. Das Reiten zu Pferde war höchstens den Kriegern und Edelleuten vorbehalten.
Niemand findet heute mehr etwas Besonderes dabei, Musik über einen Tonträger zu hören, Menschen und Ereignisse fotografisch oder filmisch im Bild festzuhalten oder mit dem Auto und dem Zug weite Entfernungen in kurzer Zeit zurückzulegen. Wir können heutzutage sogar Reisen auf dem Luftwege unternehmen, per Telefon/Handy und Internet weltweit kommunizieren und Nachrichten und Wissen austauschen.
Nur anhand dieser paar aufgezeigten Beispiele, der **Musik**, der **Fotografie**, des **Films** und der **Fortbewegung** und der **Kommunikation** können wir erkennen, wie der technische Fortschritt bis in das heutige Jahrhundert gewachsen ist. Aber leider hat die Menschheit nur **Fortschritte im Materiellen** erworben.

Es wird höchste Zeit, dass auch der **seelisch/geistige Fortschritt** mit den Erfindungen und wissenschaftlichen Erkenntnissen Schritt hält! Wahre Religion und Wissenschaft sollten sich treffen.
Aber hier haben wir ein eindeutiges Defizit. Dadurch sind die Menschheit und die Erde in eine große Gefahr geraten. Die menschlichen Erfindungen drohen die Menschheit an den Abgrund zu bringen oder gar zu zerstören. Denken wir an die Erfindung der Atombombe, die Erfindungen der Gen-Technik. Mit diesen Erfindungen greift der Mensch in die göttliche Schöpfungsordnung ein, er will sein wie Gott.
Wenn die **Wissenschaft** nicht mit **Weisheit und Liebe** gekoppelt ist, wird sie zu einem zerstörerischen Monster, ohne Rücksicht auf die Menschen und die späteren Generationen. Viele sensible Menschen leiden unter den Auswirkungen der Strahlungen aus Funk, aus Radar, der Fernseher und der Handys. Aber auch Zugvögel und Wale leiden unter diesen Einflüssen, sie werden irritiert bei ihren Wanderungen, weil durch die weltweiten negativen Einflüsse das magnetische Gitternetz der Erde verändert wurde.

Auch durch die Erfindung der Mikrowelle tut man den Menschen nichts Gutes. Leider hält sie überall schon ihren Einzug, selbst in Krankenhäusern werden Speisen in der Mikrowelle aufgewärmt. Es ist sicher sehr praktisch, aber alle Speisen werden so ihrer Lebensenergie

(Prana, Chi) beraubt. Leider werden jetzt schon ganze Fertigmenüs für die Mikrowelle in Kaufhäusern angeboten oder sie werden Senioren geliefert. Die gesundheitlichen Folgen werden erst nach Jahren sichtbar werden.
In dieser Situation leben wir jetzt und wir alle sind aufgerufen zur Selbsterkenntnis und zur Bewusstheit unseres wahren Seins. Uns wurden als Kinder Gottes schöpferische Fähigkeiten gegeben. Wir sollten sie weise gebrauchen, ich habe das in den vorigen Kapiteln hinreichend nahe gebracht wie das möglich ist.
In der kommenden Zeit werden immer mehr Menschen auch feinstoffliche Wahrnehmungen machen können. Gewisse geistige Fähigkeiten werden in ihnen erwachen, wie z. B. Hellsehen, -hören und –fühlen, Gedankenlesen oder zum Heilen.

Diese Zeit ist eine große Chance und Herausforderung zu seelisch/geistigem Fortschritt

Von der Astrologie wissen wir, dass jeder Mensch bei seiner Geburt unter dem Einfluss seines Tierkreiszeichens und dessen Herrschers steht, welche ihn prägen. Die Herrscher sind die Planeten, der Mond und die Sonne. Der Herrscher z. B. des Löwe-Zeichens ist die Sonne, vom Krebs der Mond, von Widder der Mars, von der Waage die Venus, vom Fisch Neptun und vom Wassermann Saturn und Uranus. Diese finden bereits im ersten Kapitel Erwähnung.
Der Geburtstermin entscheidet, unter welchem Einfluss der neu geborene Mensch steht und die Geburtskonstellation zeigt den Lern (Lehr)-plan seines Lebens auf.

Der Einfluss der Tierkreiszeichen

Aber nicht nur wir, sondern auch **unsere Erde und unser Sonnensystem** stehen unter **dem Einfluss der Tierkreiszeichen**, und zwar in riesigen Zeitzyklen. Der Umlauf unseres Sonnensystems um den Tierkreis (Zodiak) bewirkt eine rückläufige Bewegung der Äquinoktialpunkte um die zwölf Tierkreiszeichen.

Ca. 2.160 Jahre dauert es, bis der Frühlingspunkt durch ein Sternbild hindurchwandert. Das entspricht einem Weltmonat. Hat der Frühlingspunkt alle 12 Sternzeichen durchwandert, sind in etwa 25.920 Erdenjahre vergangen. Das entspricht einem **Weltjahr**.

Das bedeutet, dass
das Stier-Zeitalter durch die ägyptische und die babylonische Religion,
die Widder Ära durch die mosaische Religion und die griechisch/römische Kultur,
das nun 2.000 Jahre dauernde Fische-Zeitalter durch die christliche Religion gekennzeichnet war. Typisch für den Fische-Einfluss war das Ideal der Opferbereitschaft und Selbstlosigkeit.

Aus nachfolgender Tabelle ist die **Rückläufigkeit** der Sternzeichen ersichtlich. Das nächste kommende Zeitalter wird das Steinbock-Zeitalter sein.

Frühlingsäquinoktium		Herbstäquinoktium		
	im Stier		im Skorpion	= Stier-Zeitalter
-"-	im Widder	-"-	Waage	= Widder-Zeitalter
-"-	in den Fischen	-"-	Jungfrau	= Fische-Zeitalter
jetzige Übergangszeit				
-"-	im Wassermann	-"-	Löwe	= Wassermann-Zeitalter

Und jetzt in dieser Zeit stehen wir im **Übergang vom Fische- zum Wassermann-Zeitalter**, in das wir in ca. 200 Jahren voll eintreten werden. In den Evangelien steht geschrieben: »... und aus seinem Schoß wird lebendiges Wasser fließen.« Diese bildhafte Prophezeiung bezog sich auf den Wassermann. Das Wasser soll »lebendiges Wasser« sein, d. h. kein trockenes Bücherwissen, sondern Weisheit, die befruchtend auf alles wirkt.
Im kommenden Wassermann-Zeitalter befindet sich das Frühlingsäquinoktium im Sternzeichen Wassermann und das Herbstäquinoktium im Löwen.

Im vorhergehenden **Fische-Zeitalter (Wasserzeichen)** lernten die Menschen das Wasserelement zu beherrschen, und es wurde die Schiff-Fahrt und Navigation auf allen Meeren entwickelt. Auch die Kraft des Wasserdampfes entdeckten die Menschen und erfanden die Dampfmaschinen, mit denen sie u. a. die Schiffe und die Lokomotiven der Eisenbahn betrieben. Ihre Heilkünste begannen sie mit Wasser zu verbinden, und zwar mit heißen und kalten Wasseranwendungen. Überall entstanden Badeanstalten, Kurorte mit Bädern. Meerbäder und Moorbäder kamen in Mode.
Das Fische-Zeitalter entsprach dem Wesen des Fische-Zeichens. Im Urchristentum wurde Christus selbst als der Fisch symbolisiert. Wasser entspricht den Gefühlen. Es war das Zeitalter, das durch Jesus Christus, seine Gebote der Nächsten- und Feindesliebe und sein Mitgefühl geprägt wurde. Die Menschen sollten nicht mehr so hart miteinander umgehen, sondern die neuen Gebote »Liebe deinen Nächsten wie dich selbst«, der Feindesliebe und der Vergebung befolgen. Diese Lehre hatte es vorher noch nicht gegeben. Der Herrscher-Planet des Fische-Zeichens ist neben Jupiter der Neptun. Unter seinem Einfluss wird der Mensch fähig zur allumfassenden Liebe.

Der Wassermann ist ein **Luft-Zeichen**. Es ist dem Denken und Wissen zugeordnet. Der Wassermann wird symbolisch dargestellt als alter Mann, der Wasser aus einem Krug gießt.
Das soll die Weisheit darstellen, die das Wasser des Lebens ausgießt. Das soll den Menschen sagen, dass sie alles in sich und um sich herum ernähren und begießen sollen, damit es (gute) Früchte trägt. Der Wassermann ist das Zeichen der Kommunikation, der Erneuerer, Erfinder und Entdecker, aber auch der Gemeinschaft und Freundschaft unter den Menschen. Es geht um die Verbundenheit untereinander.

Der Einfluss des Wassermann-Zeitalters

Zeichen, dass der **Einfluss** des Wassermann-Zeitalters bereits begonnen hat, sind die gemachten Erfindungen, die mit der Luft zusammenhängen, also die Flugzeuge und Raketen, auch die Weltraumforschung.
Zum Luft-Bereich gehören auch die Erfindungen der Telekommunikation, des Telefons, Fernsehens, und der Datenverarbeitung. Das alles entspricht der heutigen Zeitqualität. Daraus kann man die Zeichen der Zeit erkennen. Das Symbol für den Wassermann sind Wellen. Das führt dazu, dass die Menschen immer mehr entdecken, dass alles aus Lichtwellen, auch infraroten und ultravioletten Wellen, besteht. Zur Therapie werden diese Elektro-, Schall- und Lichtwellen eingesetzt. Gasbetriebene Motoren werden erfunden.
Durch den Einfluss von Saturn und Uranus, den Planeten-Herrschern des Wassermanns, wird vieles Alte gehen müssen durch kommende Umwälzungen.
Aus dem »Wassermann Evangelium« von Levi ist zu entnehmen, dass Jesus Christus folgendes über den Beginn des Wassermann-Zeitalters spricht: »Dann wird der Wasserträger (Aquarius) einen Himmelsbogen weiterschreiten. Das Signet des Menschensohnes wird im Osten stehen. Die Weisen werden ihre Häupter heben; wissen werden sie, dass die Erlösung dieser Erde naht.« (Kap. 157. Vers 29 und 30).

1781, das Jahr der Entdeckung des Planeten Uranus, des Herrschers des Wassermannzeitalters, leitete eine Bewusstseinserweiterung im 20. Jahrhundert ein. Uranus bedeutet Wissen

verbinden mit Intuition und schnelles Denken. Sein Einfluss fördert allumfassendes Erkennen. Die Kräfte des Uranus verhelfen durch intuitive Eingebung zu einem Ausweg einer »saturnischen« Krise. Aber bis es zum Durchbruch des Neuen kommt, muss es zu einem Sprengen der alten Strukturen kommen.
In naher Zukunft werden viele weitere Fortschritte gemacht werden können, weil die Menschen die **Impulse der neuen Zeit spüren** werden.

Wissen und Schöpfungsmythen anderer Kulturen

Die Jahrtausende alte Maya-Kultur besitzt einen »Heiligen Kalender«, der genau die Zeit berechnet, in der die Erde in eine höhere Schwingung und Dimension geht. Das ist das **Jahr 2012**. Der Kalender ist viel genauer wie der gregorianische Kalender. Das Maya-Volk hatte ein hohes Wissen und sie waren die besten Mathematiker.
Den nordamerikanischen Indianer-Völkern, z. B. den Hopis, ist ebenso das Wissen über die Schöpfung der Erde bekannt. Auch sie sprechen von einem **neuen Zeitalter,** das jetzt anbricht. Auch sie haben das Wissen um das Jahr 2012. Ihre Berechnungen stimmen ziemlich genau mit denen des Maya-Volkes überein. Sie warnen auch vor den Gefahren, die z. B. von der Atomkraft ausgehen.
In Mexiko City wurde in einer Baugrube ein 25 Tonnen schwerer aztekischer Kalender entdeckt. Er hat einen Durchmesser von 3.60 m und ist eine massive, runde Stein-Scheibe. Auch er weist die gleichen Berechnungen auf wie die der Mayas, mit 260 Tageszyklen und einem 52-Jahre-Zyklus. Auf ihm sind die Symbole des **Siebengestirns der Plejaden** eingetragen.

Im Pergamonmuseum in Berlin befindet sich die **Sternkarte VA/243**, die aus der sumerischen Kultur aus dem Zweistromland zwischen Euphrat und Tigris stammt. Um 1840 wurde diese entdeckt bei Ausgrabungsarbeiten. Von den damaligen Astronomen dieses Volkes wurde unser Sonnensystem auf Rollzylindern getreulich abgebildet.

Auch der afrikanische **Stamm der Dogon**, in der Nähe von Timbuktu, besitzt astronomisches Wissen. Er kennt die Umlaufbahn von Sirius A und Sirius B. Dieses Wissen entstammt einer Höhle mit vielen uralten Wandzeichnungen, die von einem heiligen Mann dieses Stammes bewacht werden. Die Dogons erklärten den Forschern, dass sie dieses Wissen vor mehr als 700 Jahren von »Göttern« empfangen haben, die mit einem Raumschiff gelandet seien.
Aber erst 1862 hatte der Astronom Alvan Graham Clark, der Sohn eines Teleskopbauers, den Begleitstern Sirius B entdeckt. Sirius ist der hellste Stern am Nachthimmel. Er wird auch »Hundsstern«, Aschere oder Canicula genannt. Er ist der Hauptstern des Sternbildes »Großer Hund«. Von den Ägyptern wurden dieses Sternbild und der Stern Sirius verehrt. Es ist anzunehmen, dass der »Große« Hund ursprünglich als der schakalköpfige altägyptische Gott Anubis dargestellt wurde.
Die Wissenschaftler konnten sich zunächst noch keinen klaren Reim von den sehr präzisen Wandzeichnungen machen. Sie wussten nicht, welche Sterne auf den Wandzeichnungen abgebildet waren. Aber als Computer die Umlaufbahn von Sirius A und B berechneten, stimmten sie exakt mit den Zeichnungen der Dogons überein.
Auch sonst wussten die Dogons sehr Genaues über den zweiten, kleinen Stern, der um den Sirius kreiste, er sei klein, aber bestehe aus »schwerer Materie«, er brauche ca. 50 Jahre, um den Sirius einmal zu umkreisen. Auch ihre Angaben über den zweiten Stern bezüglich seiner »schweren« Beschaffenheit und seiner Umlaufbahn-Dauer fanden die Wissenschaftler bestätigt.

In diesem Zusammenhang ist auch eine andere Geschichte vom Buchautor Drunvalo Melchizedek interessant. Er entdeckte im Osiris-Tempel in **Abydos** nicht nur koptische Kreuz-Symbole, sondern auch eine Darstellung eines luftholenden Fisches, aber mit den Flossen eines **Delphines** aus der Zeit vor Christus.

Ganz gleich ist eine Wandzeichnung aus der Höhle vom **afrikanischen** Dogon-Volk, die ich bereits erwähnt habe. Es sagt, dass es die Götter ihrer Kultur darstellt, von denen sie ihr Wissen haben. Die Zeichnung ähnelt ganz der vorigen aus Abydos und zeigt wiederum Delphine, erkennbar an den typischen Flossen.
Als er eine Forschungs-Reise nach **Peru** unternahm, entdeckte er zu seiner Überraschung wiederum das Symbol des luftatmenden Fisches, mit den Flossen von Delphinen, im Hotel in Cuzko – fast identisch mit der Darstellung in Abydos und beim Dogon-Volk!
Er fuhr zum Titicaca-See, wo er und seine Forscher mit Uros-Indianern sprechen konnten. Er hörte eine ganz ähnliche Schöpfungsgeschichte wie bei den Dogons in Afrika. Sie schilderten, dass eine fliegende Untertasse vom Himmel gekommen und auf dem Titicaca-See gelandet sei. Es waren delphinartige Wesen, und diese bauten eine Beziehung zu den Menschen auf. Aus diesem Kontakt erwuchs dann später die hochstehende Inka-Kultur.

Sind diese Zusammenhänge nicht faszinierend und eröffnen ein ganz neues Weltbild? Es kann doch kein Zufall sein, dass an verschiedenen Kontinenten, an drei ganz weit auseinander liegenden Orten der Erde, ganz **übereinstimmende** Darstellungen und Schöpfungsgeschichten bestehen.

Alle diese aufgezählten Beispiele weisen doch sehr darauf hin, dass frühere Kulturen noch Zugang zu höheren Wesenheiten aus anderen Gestirnen (Plejaden, Sirius) hatten.
In seinem Buch »Die Götter des Sirius« berichtet der Buchautor und Weisheitslehrer K.O.Schmidt über seinen astralen Kontakt zu den geistig sehr weit fortgeschrittenen Wesenheiten vom Sirius. Wenn sich immer mehr die Schwingung der Erde und das Bewusstsein der Menschen erhöht, wird wieder, so wie früher in alten Zeiten, eine Kontaktnahme mit geistig sehr weit fortgeschrittenen Wesenheiten möglich sein.

Es gilt, unser herkömmliches Weltbild, dass wir Menschen die einzigen im All seien, völlig zu revidieren! Es gibt viel höher schwingende Planeten-Systeme im Kosmos als die Erde. Ihre hoch entwickelten Einwohner werden wir mit materiellen Mitteln, der Weltraum-Satelliten-Forschung, kaum wahrnehmen können, weil sie feinstofflich sind. Da befindet sich die heutige, materiell orientierte Wissenschaft im Irrtum, sie werden nichts finden.

Zeichen dieser neuen Zeit
In diese neue Zeitqualität, in der wir jetzt stehen, gehören die **UFO-Sichtungen** sowie das zahlreiche Erscheinen der **Korn-Kreise** bzw. Piktogramme.
Im Jahr 1992 fand ein großer, internationaler Kongress namens »Dialog mit dem Universum« in Düsseldorf statt, den ich besuchte. Ich hörte namhafte Referenten, u. a. auch von der NASA und aus der NATO. Sie diskutierten über die Menschheit an der Schwelle zum 3. Jahrtausend, über die Heilung der Erde und die Kontaktaufnahme mit außerirdischen Intelligenzen sowie über die Kornkreise.
Unter anderem waren der Astrophysiker und Autor Johannes v. Buttlar, der Kosmologe und Forscher Prof. Jim J. Hurtak und Prof. Dr. Rupert Sheldrake zu Gast. Zahlreiche filmische Dokumente über UFOS und Kornkreise, sei es in den USA oder in der Sowjetunion und an anderen Orten, wurden vorgeführt.

Ab dem Jahre 1990 tauchten Kornkreise in Kanada und Rußland sowie an anderen Orten in Europa, wie England auf. Der erste deutsche Kornkreis erschien in Grasdorf bei Hildesheim mit zahlreichen Symbolen, insgesamt mit einer Fläche von 50 x 90 m. Er wurde entdeckt am 23.7.1991. In der Nacht zum 27. Juli 1992 erschienen zwei sehr schöne Kornmuster in der Nähe von Karlsruhe. Sie wurden von vielen Menschen gesehen und fotografiert. Diese kosmischen Piktogramme sind eindrucksvolle Manifestationen einer höheren Intelligenz.

In der ehemaligen UDSSR erschienen zahlreiche Kornformationen an der Wolga, im Kaukasus, in Sibirien in Form von Zirkeln, Ovalen und Kreisen. Dies berichtete die Testpilotin und Kosmonautin, Frau Col. Dr. Marina Popovich aus der Sowjetunion.

Sun Bear, ein Chippewa-Medizinmann erzählt, dass er schon 1979 eine Vision bezüglich der Kornkreise gehabt habe. Er äußerte sich auf die Frage, was es zu bedeuten habe, dass rund um die alten Kraftorte in Südengland, speziell Stonehenge und Avebury, in den letzten Jahren geheimnisvolle Kreise im Korn auftauchen, Formationen, die an Medizinräder und die Piktogramme alter Höhlenmalereien erinnern, wie folgt:

»Ich wusste (damals) nicht, was das bedeuten sollte. Doch dann hörte ich, dass diese Kornkreise in allen Teilen der Welt auftauchten und dass ihre Symbole die heiligen Kreise der Alten sind. Deshalb sagen diese Kreise dasselbe, was ich den Menschen sage: Die Menschen müssen zurückkehren in den heiligen Kreis, um zu lernen, dass die gesamte Schöpfung dasselbe Recht zu leben hat, wie wir es haben. Darum geht es. Wir müssen beginnen, diese Dinge wieder zu ehren, Zeremonien für sie durchführen.
Die Geistwesen warnen uns, dass wir zurückkehren müssen zu den heiligen Lehren. Die Kornkreise sind Symbole für die Zeremonialkreise der Alten und für die heiligen Kreise, die man an den Wänden der Höhlen und alten Gräber in Europa und der ganzen Welt findet, die Kreise der alten Mutterreligion, als die Erdmutter verehrt wurde. Wir müssen wieder dahin zurückkehren, die Erde zu ehren.«

Auf die Frage »In Verbindung mit den Kornkreisen werden immer wieder seltsame Lichter und UFOS gesehen. Auch an anderen Orten landeten die UFOS. Wesen stiegen heraus und lehrten, dass wir die Zerstörung der Erde verhindern sollten. Wie kommentieren Sie dieses Phämomen?« antwortete er:
»Seit hunderten oder tausenden von Jahren erzählt sich mein Volk, dass einst eine große, weiße Muschel vom Himmel herniederstieg und sich öffnete. Aus ihr stiegen Wesen, die Lehrer waren und die uns viele Dinge lehrten. Sie teilten ihr Wissen mit uns. Diese Lehrer waren es, die uns unser spirituelles Wissen brachten, das von uns seit uralter Zeit bewahrt wurde. Ich glaube, dass das, was wir heute erleben, das gleiche ist. Es sind Lehrer aus dem Weltraum, die uns Wissen bringen.«

UFO-Sichtungen gehen bis auf das Jahr 1947 zurück, als ein abgestürztes UFO mit Außerirdischen in Roswell/ New Mexico/ USA geborgen wurde. In den Jahren um 1990 häuften sich die UFO-Sichtungen sehr.
Frau Col. Dr. Marina Popovich aus der Sowjetunion erzählte nicht nur von den Kornkreisen, sondern auch von UFO-Sichtungen. Auch General Pavel Popowich, zweifacher russischer Kosmonaut, berichtete davon. Diese Sichtungen wurden auch filmisch dokumentiert. Ich war sehr beeindruckt, als ich in dem Filmdokument sah, wie in einer russischen Stadt am helllichten Tag zahlreiche Leute Zeugen einer UFO-Sichtung wurden.
Col. Wendele C. Stevens aus USA, Ex-Leiter eines UFO-Aufspürprojektes der US-Luftwaffe sowie Cap. Glenn Steckling, Kapitän einer US-Fluggesellschaft, Major Hans C. Petersen und Bob Oechsler aus der NASA dokumentierten neben anderen Referenten UFO-Sichtungen und berichteten über Kontakte mit Außerirdischen.

Ein Phänomen dieser Zeit ist auch, dass immer mehr **Kinder mit besonderen Fähigkeiten** geboren wurden und werden, wie ich es bereits erwähnt habe.
In immer mehr Menschen erwachen die Intuition und besondere Fähigkeiten, es findet ein geistiges Erwachen statt.

Herausforderungen in dieser neuen Zeit

In diesen Jahren, besonders bis zum Jahre 2012, findet ein letztes Aufbäumen der dunklen Kräfte statt. Diese kreierten die **Codierung**, die »der Zahl des Tieres 666« entspricht, wie es in der Offenbarung des Johannes heißt. In einer indianischen Prophezeiung wird diese Zeit angekündigt, wenn »die Kralle des Bären« erscheint. In dieser bildhaften Sprache beschrieb man den Strich-Code zur Waren-Kennzeichnung.
Das Bankensystem arbeitet bereits mit der Bankomat-Card und alle Institutionen wie Versicherungen, Finanzämter sowie das Gesundheitswesen entwickeln ein System für »den gläsernen Menschen«. Auch die Handys und die weltweite Vernetzung durch das Internet sind Zeichen dieser Zeit. Mit ihnen verbreitet sich Gutes, aber auch viel Negatives in ungeheurer Geschwindigkeit. Wir sollten die lichten Kräfte unterstützen, und das **World Wide Web – www – für Würde, Wahrhaftigkeit und Weisheit einsetzen!**

Ich möchte Sun Bear, einen Chippewa-Medizinmann, Autor und Wegweiser für die heutige Zeit erwähnen, der viel für die Heilung der Erde unternommen hat. Ich habe ihn schon mehrmals zitiert. Er wurde 1929 im US-Staat Minnesota geboren und verstarb 1992.
Michael Hesemann, der mit ihm befreundet war, hat ihm in der Zeitschrift »Magazin 2000« 1992, Nr. 90, einen Artikel gewidmet zu seinem Gedenken. Er gibt darin ein Interview mit ihm wieder. Sun Bear erzählte ihm von seinen Visionen, die die Ereignisse der kommenden Zeit betreffen.

»Ich habe in meinen Träumen gesehen, dass große Zerstörung über die Städte kommen wird. Ich sah eine Zeit, in der sich die Städte nicht in ihrem gegenwärtigen Zustand befanden. Während der Zeit der Veränderungen werden Städte mit nuklearen Anlagen und chemischen Fabriken die gefährlichsten Plätze sein. Alle Großstädte werden den Zusammenbruch des öffentlichen Versorgungsnetzes erleben. In meinen Träumen sah ich Müllberge auf den Straßen, durch Stürme und Erdbeben zerstörte elektrische Versorgungsleitungen und geborstene Wasserrohre. Im Rahmen des großen Zusammenbruchs gab es auch kein Benzin mehr. Für die großen Städte sehe ich Rassenunruhen voraus, es kommt zur Bildung von Straßengangs, die sich gegenseitig unkontrolliert bekämpfen ...
... In meinem Träumen habe ich auch kleine Gruppen von Menschen gesehen, die in einer sehr engen Beziehung zur Erde lebten. ... Es gab keine Ismen mehr auf der Welt – keinen Katholizismus, keinen Kommunismus ... Wir alle waren lediglich menschliche Wesen, die auf heilige Weise auf der Erde lebten.

Ich betrachte die Veränderungen der Erde als etwas Positives, denn sie sind für das Überleben des Planeten notwendig. Wollen wir Menschen diese Veränderungen überleben, so müssen wir ein höheres Bewusstsein entwickeln. Und diese Veränderung wird für die gesamte Schöpfung positiv sein ... Dies ist eine Zeit, in der die Menschheit einen Schritt vorwärts machen muss.«
Diese Worte sprach Sun Bear im Mai 1991, und seine Visionen haben in erschreckender Deutlichkeit Form angenommen.

Er forderte uns in seinem Interview auch auf, dass wir unsere Verbindung zu Gott und zu den Kräften der Natur – den vier Winden – wieder aufbauen, spüren und fühlen lernen und beten sollen.
Anstatt sich passiv den Macht- und Geld-Interessen der Industrie, der Wirtschaft und Politik zu beugen und von ihnen gedankenlos treiben und manipulieren zu lassen, können wir selbst **aktiv** zu einer **positiven** Veränderung der derzeitigen Weltlage beitragen. Das können wir, indem wir diese Systeme durch unser Verhalten nicht mehr unterstützen, uns zunächst selber einbringen und zum Positiven verändern, auf die Qualität unserer Gedanken achten und nur Gutes aussenden. Das zieht Kreise und anderen wird es auch gelingen. Denken wir an das geistige Gesetz der Schwingungen: Jede einzelne gute Schwingung ist hilfreich und zählt!

Wenn viele ihren Willen zum Guten einsetzen, so wird dies zu einer **gewaltigen Kraft,** die **positive Veränderungen bewirken und einleiten kann.** Wir sind Schöpfer nicht nur unseres persönliches Schicksals, sondern auch global gesehen. Wir sind alle miteinander schicksalshaft vernetzt.
Ich möchte daran erinnern, dass sich jeder einzelne Gedanke durch Frequenzübertragung im gesamten Kosmos ausdehnt und damit für jedes Geschehen im Kosmos mitverantwortlich ist. Die höheren Ebenen beherrschen die niederen. Wir haben es in der Hand.

Ich darf in diesem Zusammenhang noch einmal an die geistigen Gesetze von Ursache und Wirkung und der Resonanz erinnern. Ein einziger positiver Gedanke kompensiert tausende negativer Gedankenkräfte, denn die höheren Lichtkräfte sind viel stärker als die negativen Gedanken auf der materiellen Ebene.

Unsere Erde ist in dieser Zeit bereits in eine höhere Schwingung eingetreten. Deshalb ist es wichtig für uns alle, dass wir uns von allen »Altlasten« befreien und der Erde bei ihrer Entwicklung in eine höhere Dimension helfen.

Channeling:
»Es ist eine Zeit großer Herausforderungen. Wir wissen, es ist oft schwer für euch. Haltet die Verbindung zu uns und bittet stets um Schutz und Führung. So können wir euch viel besser unterstützen und leiten durch alle Gefahren und Schwierigkeiten hindurch.«

Mit »wir« sind die Schutzengel und die geistigen Helfer, Heilige und Meister auf höheren Ebenen gemeint. Sie freuen sich, uns jederzeit helfen zu können. Aber da sie den freien Willen des Menschen respektieren, müssen sie warten, bis die Menschen sie um Hilfe bitten.

Eine Botschaft von **Mutter Maria:**
»Die ganze Erde, die Menschen, Pflanzen, Tiere, alle Wesenheiten brauchen Liebe zur Heilung, alle leiden sie ... Ich brauche eure Mitarbeit zur Heilung der Erde. Jeder soll in seinem Bereich Liebe leben, Liebe ist die größte Heilkraft. Vor ihr müssen alle Schatten weichen.
Und wenn ihr von Leid und Grauen auf der Welt über die Medien hört, sendet den Opfern und den Tätern Liebe hin. Verfallt nicht in Furcht und Gefühle des Hasses und der Ablehnung.
Die Menschen leben in Unwissenheit – das ist die größte Ursache für Leid.
Wenn ihr mich braucht, ruft mich an. Ich werde Euch beschützen und leiten. Wendet euch an mich, wenn ihr in Not seid und nicht weiter wisst. Ihr müsst die geistige Welt um Hilfe rufen, sonst können wir in die Geschicke nicht eingreifen. Jeder Mensch hat seinen freien Willen und in den können wir nicht eingreifen.«

Die Erde ist ein Schulungsplanet für die Seelen und hat noch eine niedrige Schwingung. Es gibt weit höher schwingende Planetensysteme. Die Erde ist eine Wesenheit und wird auch »Gaia« genannt.
Die Erde hat einen feinstofflichen Körper wie wir auch, mit Chakren und Energiebahnen (Leylines). Wir müssen ihr helfen. Wir sind aufgerufen dazu, die Erde zu durchlichten, »den **Himmel auf die Erde bringen**«, jeder auf seinem Platz mit der Liebe und dem Licht Gottes.

Der Davidsstern, das salomonische Siegel, das im SS-Regime so furchtbar am jüdischen Volk missbraucht wurde, drückt dies vollkommen aus: Es besteht aus zwei ineinander liegenden Dreiecken. Das obere Dreieck weist mit der Spitze nach unten und das untere Dreieck mit der Spitze nach oben.
Wenn ein Mensch innig betet, öffnet er sich für die göttliche Ebene (das Dreieck nach oben) – er empfängt den Geist Gottes, der auf ihn herabkommt (Dreieck nach unten). Materie trifft auf Geist, der Himmel kommt auf die Erde.

Lernphasen für die Seelen

Durch die Einflüsse der Yugas und der Sternzeichen durch den zyklischen Sonnenlauf – wird die Menschheit immer wieder Lernprozessen und Prüfungen unterzogen und erfährt gewisse Einweihungen. Das läuft in sehr langen Zeiträumen ab.

Es gab immer besondere Seelen, die ihre geistigen Einweihungen und ihre geistige Entwicklung in einem einzigen Leben abschließen konnten. Diese waren bereits so weit fortgeschritten in ihrer Entwicklung, dass sie sich über den Einfluss des dunklen Kali-Yuga und über die Beeinflussung durch die Sternzeichen erheben konnten. Aber das waren Ausnahmen. Die meisten Menschen waren den jahrtausendelangen Zeitzyklen und ihren Einflüssen unterworfen.

In den letzten Jahrhunderten hatten die Seelen mehr Zeit in ihrer Entwicklung. Sie hatten nicht so viele Lektionen auf einmal in einem Leben zu bewältigen, es genügte z. B. ein Partner für das ganze Leben. Aber in dieser Zeit ist ein starker Wandel eingetreten. Es müssen jetzt in einem Leben mehrere Leben gelebt werden, oft mit verschiedenen Partnern, damit alle alten, karmischen Verbindungen aus früherer Zeit gelöst und erlöst werden können.

Ich möchte nicht behaupten, dass das Leben früher einfacher war, aber heutzutage können wir beobachten, dass die Lebensaufgaben viel komprimierter und schneller auf uns zukommen. Wir müssen immer mehr in weniger Zeit lernen und verarbeiten.
In der jetzigen Zeit stehen wir vor überaus großen Herausforderungen. Es geht um Reifungsprozesse, die beschleunigt werden, dass die Menschen die »Altlasten« auf ihrer Seele loswerden und ihre Seelenschwingungen höher werden.
Das alles ist nur verständlich, wenn wir über die Gesetzmäßigkeiten von Karma und Wiedergeburt Kenntnis haben. Die Vertiefung über dieses Wissen, die Rolle von Schicksalsschlägen, unsere Lebensaufgabe und die geistigen Einweihungen werden im kommenden Kapitel unsere Themen sein.

Aber seien wir **zuversichtlich** in all unseren Schwierigkeiten, die wir jetzt zu bewältigen haben. Wir haben uns hier in dieser Zeit inkarniert, um in dieser Zeit gewaltige seelische Fortschritte zu machen, alles zu bereinigen aus früherer Zeit, und die Erde mit unserem erhöhten Bewusstsein der Liebe in eine höhere Schwingung zu bringen.
Channeling vom November 04 **zur Weltlage**:

»Durch die kommende Verschlechterung wird den Menschen immer mehr bewusst werden, dass eine Änderung in ihren Wertvorstellungen nötig ist. In den kommenden Jahren wird die negative Seite noch sehr stark, aber es wird ein letztes Aufbäumen der niederen Kräfte.
In den nächsten Jahren werden große Veränderungen zum Guten eintreten, weil immer mehr Menschen sich dem Licht zuwenden werden.«

Gib niemals auf, egal was passiert,
gib niemals auf, entwickle dein Herz.
Zu viele Dinge in Deinem Land entwickeln
den Verstand anstelle des Herzens.
Habe Mitgefühl und arbeite für den Frieden.
Und ich sage noch mal, gib niemals auf.
Egal was passiert, gib nicht auf!

Der 14. Dalai Lama

W
O
S

12. Kapitel

Im Einklang leben mit der Seele

So wie ein Fluss dem Meer zuströmt,
so strebt unsere Seele ihrer Heimat zu.

Entwicklungswege der Seelen

Die beiden letzten Kapitel waren eine Reise in die Vielfalt der Zeitqualitäten, die Weltepochen und zu den Völkern der Erde.
Sie konnten daraus ersehen, dass die Seelenentwicklung der Menschheit in langen Zeiträumen verlaufen ist und verläuft. Die Schwingungen des Kosmos beeinflussen die Religion, die Wissenschaften, die Kultur, Kunst, Gesetzgebung und Rechtsprechung. Das jeweilige Sternzeichen und die Yugas beeinflussen das ganze Leben der Menschheit.

Die Weltenzyklen sind ein großes Mandala in der Schöpfung, ein Kreis in vielen Kreisen:

1. Einerseits führen die Yugas zu den vielfältigen Erfahrungen der Seele aus der Einheit mit Gott und zur Ausdehnung in immer größere Vielfalt und **Verdichtung in der Materie.** Dies entspricht dem herabsteigenden Bogen von 12.000 Jahren und
2. andererseits führen sie zu einem Zurückkommen der Seelen in die Mitte, zur Heimkehr zu Gott. Das entspricht dem aufsteigenden Bogen von 12.000 Jahren. Es ist ein **Vergeistigungs-Prozess der Materie.** Der ganze Kreis von ab- und ansteigenden Bogen beträgt 24.000 Jahre.
3. Die 12 Epochen der Sternzeichen mit einer jeweiligen Dauer von ca. 2.160 Jahren prägen gemäß ihrer Eigenschaften die Völker und das Leben auf der Erde. Diese beiden Zyklen laufen parallel ab. Insgesamt dauert der ganze Sonnenbogen um die Tierkreiszeichen ca. 26.000 Jahre.

Ungeheuer groß ist der **Einfluss der Tierkreiszeichen. Alles** untersteht dem **Lauf der Sonne.** Schon die einzelnen Wochentage, die Monate und die Jahres- und Lebenszeiten werden von den Tierkreiszeichen beeinflusst. Unser ganzes Leben steht unter einem Sternzeichen und letztendlich stehen die Zeitalter, die Epochen unter dem Einfluss der Sternzeichen.
Auch in anderen Kulturen wurde dem Lauf der Sonne besondere Beachtung geschenkt. Denken wir doch in diesem Zusammenhang an Stonehenge in England, die Inka-Bauten in Peru oder die Pyramiden der Ägypter und der Mayas in Mexiko, die so genau gebaut wurden, dass sie die Sonnenstrahlen der Tag- und Nachtgleiche, Sommer- und Winter-Sonnenwende an bestimmten Stellen »einfangen« können. Danach richtete das Volk z.B. die Zeiten der Saat und Ernte aus.

Unsere Erde, die Planeten und Monde kreisen auf ihrer vorgeschriebenen Bahn in einem kleineren Kreis um die Sonne – in einem größeren Kreise mit dem Sonnensystem unserer Sonne um eine Weltsonne – und in einem noch größeren Kreise mit dem ganzen System dieser Weltsonne um eine Zentralsonne usw.
Wie bereits erwähnt, spielen der Einfluss der jeweiligen **Yuga-Epochen** und der Einfluss der jeweiligen **Sternbilder-Epochen** die ausschlaggebende Rolle. Ihre unterschiedlichen Einflüsse prägen die Menschheit in der Kunst, der Wissenschaft, der Religion und in den kulturellen Gebräuchen sowie der Gesetzgebung und Rechtsprechung.

Das kann man beobachten, wenn man die letzten 2.000 Jahre betrachtet – es haben sich deutliche Verbesserungen in vielen Bereichen abgezeichnet, denken wir nur an die dunkle Zeit des Mittelalters. Jetzt, da wir direkt vor dem Umbruch stehen, wirken noch viele alte Kräfte, aber die Energien der neuen Zeit werden immer stärker und es geht aufwärts.

Jede Epoche bringt andere Völker und Rassen hervor. Die Menschen müssen sich darin bewähren und weiterentwickeln. Nach jeweils 2.160 Jahren, das ist ein Weltenmonat, steht der Frühlingspunkt in einem anderen Zeichen des Tierkreises. Wenn die Menschen gemäß dem entsprechenden Sternbild ihre Aufgaben erfüllt haben, so können die Seelen die Erde verlassen, um auf einem anderen höheren Planeten neue Aufgaben zu übernehmen.

Geistige Lehrer, vollendete Meister, nahmen und nehmen sich voller Erbarmen der Geschicke der Menschheit an, und sind in ihrer Liebe bereit, sich freiwillig auf der Erde wieder zu verkörpern und ihr zu helfen.
Nicht nur wir, sondern auch hohe Eingeweihte müssen sich Prüfungen unterziehen in Wahrheit, Aufrichtigkeit, Gerechtigkeit, Barmherzigkeit, Demut und Göttlicher Liebe.

Neue Seelenfamilien kommen stetig nach, um wieder Sprosse für Sprosse die Jakobsleiter zu erklimmen. Es geht um die Vervollkommnung vom Menschen mit niederem, tierischem Bewusstsein zum wahren Menschen mit spirituellem Bewusstsein, voller Ethik und Mitgefühl. Auch das Mineralien-, Pflanzen- und Tierreich geht einer immer höheren seelischen Entwicklung und Bewusstheit entgegen – vom Mineral zur Pflanze, von der Pflanze zu den Tieren und von den Tieren zum Menschen.
Nicht jede Seele macht diese gesamte Entwicklung durch, einige haben sich nicht durch alle Phasen inkarniert, sondern sie inkarnierten sofort als Menschen.
Hochentwickelte Tiere, dazu gehören Pferde, Elefanten und auch unsere Haustiere (Hunde, Katzen, Kühe) können in ihrem nächsten Leben in eine menschliche Form inkarnieren. Eine Bestätigung für die Weiterentwicklung der Tiere erhielt ich, als eines meiner kleinen Zebrafinken starb. Ich erhielt die Botschaft, ich solle nicht traurig sein, es gehe ihm gut. Weil es bei mir so viel gelernt habe, könne es jetzt in eine höhere Form wechseln. Aus diesem Grunde ist es so wichtig, dass wir gut mit den Tieren umgehen, damit sie in ihrer Seelenentwicklung fortschreiten können.

Es kam auch in der weit zurückliegenden Geschichte vor, dass bereits sehr fortgeschrittene Menschen im Satya Yuga wegen schweren Missbrauchs ihrer hohen Kräfte und Macht sich wieder von ganz unten an der Evolutionsleiter verkörpern mussten. Das war ein tiefer Fall.
Unsere Seelen mussten durch tiefe Täler gehen, sie haben sich durch Leiderfahrung in vielen Leben geläutert. Durch das Leid transformierten wir unsere eigene Negativität, das Böse in uns, wir wurden lichtvoller. Und wir haben so die Möglichkeit, sehr hohe Entwicklungsschritte zu tun. Es ist wie ein kleiner Ball: je tiefer er auf den Boden fällt, umso höher kann er hüpfen.
Wir werden durch unsere eigenen leidvollen Erfahrungen auch Mitgefühl mit allen Geschöpfen und Verständnis für die Nöte der anderen entwickeln. Dann werden wir zu dem »gereinigten Gold«, das durch den alchemistischen Verwandlungsprozess gegangen ist.
Wir werden selbst zur »Medizin« für die anderen.

Die Lehren der Religionsgründer und Propheten unterlagen gewissen Wandlungen gemäß der Zeitqualität und des Entwicklungsstandes der Menschen. Jeder Religionsgründer brachte einen bestimmten Aspekt Gottes in den Vordergrund: zu Zeiten von Moses hatten die Menschen das Gottesbild eines herrschenden Gottes mit unerbittlicher Strenge und Gerechtigkeit.
Gautama Buddha lehrte die Barmherzigkeit zu allen Geschöpfen, und Jesus Christus lehrte die Menschen Nächsten- und Feindesliebe und Vergebung. Das war epochal, das hatte noch

keiner zuvor gelehrt. Er vermittelte ein anderes Gottesbild, das Bild eines liebenden Vaters, zu dem wir eine Beziehung aufbauen können. Alles Äußere ist dem Wandel unterworfen. Was für die einen noch richtig ist, ist für die anderen schon falsch. Deshalb müssen sich auch die äußeren Formen verändern, aber die ewigen kosmischen Gesetzmäßigkeiten bleiben unverändert.
Die Menschen des vergangenen Widder- und Fische-Zeitalters brauchten noch klare Regelungen des religiösen Lebens mittels Geboten und Gesetzen. Gott war für sie unerreichbar in weiter Ferne und die Priesterschaft war sozusagen der Vermittler zwischen Mensch und Gott.
Dem Fische-Zeichen ist der Planet Jupiter zugeordnet. Eine lebendige Religion sollte – im Gegensatz zu Dogma und leerem Ritual – das Gefühl des eingebettet sein in einen größeren Sinn und Rahmen vermitteln, und durch das gemeinsame Erlebnis symbolträchtiger Rituale und Feste die Menschen miteinander verbinden. Leider erfüllt sie diese Jupiterqualitäten heutzutage nur mehr unzureichend.

Aber jetzt in der Übergangszeit zum Wassermann-Zeitalter entwachsen viele Menschen diesen starren Religionsformen. Durch den Einfluss der neuen Zeit werden immer mehr Menschen eine größere Eigenständigkeit durch Entwicklung von Eigen-Verantwortung, Gewissen und Intuition entfalten, die es ihnen ermöglicht, **Gott in sich** zu entdecken und Seinen Willen auch ohne äußere kirchliche Regulierungen zu erkennen und zu befolgen. Es wird ein Wandel in den Religionsformen erfolgen müssen.

Ausgleich zwischen weltlichen Aufgaben und Spiritualität

Auf der materiellen Ebene sind wir Raum und Zeit unterworfen, aber als Seele sind wir zeitlos, auf spiritueller Ebene, wir leben immer im Jetzt. Als Beweis, dass wir ewige Geschöpfe sind, können wir sehen, dass wir uns im Laufe des Lebens zwar körperlich verändern, aber unser Ich bleibt immer dasselbe, ob als Kind, als junger Mensch oder Greis.

In den früheren Kapiteln haben wir uns mit der Pflege des Körpers, den Umgang mit unseren Emotionen und der Kraft der Gedanken befasst. Nun wollen wir uns der Pflege der Seele zuwenden. Wie bereits im ersten Kapitel erwähnt, **sind** wir eigentlich Seelen und **haben** einen Körper. Die Seele ist göttlichen Ursprungs und kennt keine Dualität, keinen Schmerz und kein Leid. Unserem wahren Wesen nach sind wir unsterblich, voller Wissen und voller Glückseligkeit.

Aber nachdem wir uns auf der Erde inkarniert haben, traten wir in die Ebene der Dualität und in Raum und Zeit ein. Nur auf der materiellen Ebene sind wir den Gegensätzlichkeiten, wie Freud und Leid unterworfen. In diesem Leben sind wir eine untrennbare Einheit von Körper, Geist/Gemüt und Seele. Diese beeinflussen sich gegenseitig. Deshalb ist es wichtig, dass wir einen Ausgleich zwischen weltlichen Aufgaben und spirituellem Leben herbeiführen.

Durch ein einseitig materialistisch ausgerichtetes Leben leidet unsere Seele. Das macht sich durch Gefühle der Unzufriedenheit, der Sinn- und Orientierungslosigkeit und Fehlen wirklicher Freude bemerkbar. Sinnliche Genüsse, äußerer Ruhm und Besitz gewähren nur kurze Freuden, um letztendlich in Überdruss zu enden. Die dadurch hervorgerufene gemütsmäßige Disharmonie, die geistige Unausgeglichenheit und Unruhe führt zu gesundheitlichen Störungen und Krankheiten.
Viele Menschen sind dem Haben-Denken verhaftet. Aus allem, was sie **haben**, das können Besitz, Ehre, Erfolg, Schönheit, sexuelle Attraktivität usw. sein, beziehen sie ihren Selbstwert. Aber alles das kann verlorengehen und das Selbstwertgefühl bricht dann wie ein Kartenhaus

zusammen. Das kann uns nicht passieren, wenn wir uns bewusst werden, wer wir in Wirklichkeit sind, ein spirituelles Wesen mit einem hohen geistigen Entwicklungspotenzial, die unsterbliche Seele, die sich mit dem Körper bekleidet und eine Rolle in diesem Leben spielt. Als dies jemand von mir erfuhr, erwiderte er: »Na und. Ich beziehe meinen Selbstwert aus dem beruflichen Erfolg. Was kann ich mir davon kaufen, was habe ich davon, wenn ich weiß, dass ich eine Seele bin?«
Zu wissen, dass wir Seelen sind, wird uns allein nicht aus dem Haben-Denken retten, sondern nur, wenn wir bewusst das Seelenleben leben, denn alle Werte, die aus der Seele kommen, wird uns niemand nehmen und es wird nie einen Verlust geben.
Erst wenn wir unserer Seele Nahrung geben, werden auch unser Körper, unser Geist/Gemüt wieder ruhig, ausgeglichen und gesund.

Deshalb sollten wir uns nie gänzlich in unseren Alltagspflichten verlieren, sondern **täglich** eine bestimmte Zeit der Meditation, Innenschau, Andacht oder Gebet widmen. Erst dadurch kommen wir wieder zur Ruhe, in unsere Mitte und können Kraft schöpfen für die Pflichten des Tages. Wir gehen ganz anders an den Tag heran, mit einem klaren, ruhigen Geist, ausgeglichen und in einer optimistischen Grundhaltung. Das strahlen wir auch aus und das wirkt sich natürlich auf das private und berufliche Leben positiv aus. Ja, es entsteht eine ganz andere Lebenshaltung, denn so fühlen wir uns nicht mehr so ausgeliefert, die Lebensängste verschwinden. Durch die innere Gewissheit über Gott fühlen wir uns getragen, beschützt und geführt. Das hat auch einen erheblichen positiven Einfluss auf unsere Gesundheit, Abwehrkraft und Nervenkraft. **Spirituell/religiöse Praktiken sind harmonisierende und entlastende Faktoren in unserem Leben.**

Dazu können wir uns einen Platz in der Wohnung einrichten, den wir entsprechend gestalten. Dieser Ort wird unser harmonischer Kraftplatz, denn die positiven Schwingungen, die wir dort durch unser Gebet oder die Meditation aufbauen, werden verstärkt und helfen uns, immer tiefer und eher in die Ruhe und die Gotteswahrnehmung zu kommen. Besonders günstig ist es, wenn wir uns dabei gegen Osten hin ausrichten. Von dort kommen uns die geistigen Kräfte in verstärktem Ausmaß zu.
Wenn wir das immer zu gleichen Zeiten praktizieren, idealerweise morgens und/oder abends, wird uns dies zu einer guten Gewohnheit, die wir nach einer gewissen Zeit gar nicht mehr missen wollen.

Was bei Gebet und Meditation zu beachten ist

Zum Gebet

Viele Menschen haben aber noch nicht das Vertrauen in die Wirkung des Gebetes. Oft kommt auch der Einwand, dass beten nicht helfe. Beim Beten werden oft entscheidende Fehler gemacht.
Für ein wirkungsvolles Gebet sind gewisse Voraussetzungen nötig. Das Gebet sollte eine stille Zwiesprache mit Gott sein. Es ist wichtig, eine liebevolle Beziehung zu Gott herzustellen. Das kann man nur, wenn eine bestimmte Vorstellung von Gott hat, z. B. als beschützenden Vater, als barmherzige Mutter oder als Freund. Jeder kann nach seinem Glauben Jesus Christus, Sri Krishna, Buddha oder Allah oder Heilige seines Vertrauens verehren und so Hingabe zu Gott entwickeln. Das ist die erste Voraussetzung für das Entstehen von Vertrauen und dass man auch an Hilfe und Führung **glaubt**. Die meisten Gebete sind auch zu schwach, weil nur mit dem Verstand und nicht mit Hingabe und Demut gebetet wird.

Als zweites ist es wichtig, mit nötiger **Tiefe** und Entschlossenheit zu beten:
Unser Gehirn ist so wie ein Radiosender. Es fängt verschiedene Wellenlängen auf. Durch das Gebet stellen wir unseren Geist auf die höchste Frequenz ein. Aber man kann nur eine Verbindung mit dem gewünschten Sender herstellen und empfangen, wenn man sich genau

auf ihn einstellt. Genauso ist es beim Gebet, es wird viel zu oft flüchtig, halbherzig und unaufmerksam gebetet. So kann man keine Verbindung zu Gott herstellen.
Schnell wird wieder zur »Tagesordnung« übergegangen, ohne überhaupt erst in die Stille zu gehen und Antwort von Gott abzuwarten. Solch ein Beten muss wirkungslos bleiben. Wenn wir aber mit Hingabe und Glauben und der nötigen Tiefe beten, werden schließlich unsere Gebete erhört werden. Auf geheimnisvolle Weise wird Er uns antworten über die innere Stimme der Intuition oder über Menschen oder Bücher, die Er uns schickt, die uns dann eine Lösung auf unser Problem zeigen.

In Notsituationen kann unser Hilferuf augenblicklich Gefahr abwenden. Ganz gleich, ob wir Gott im Gebet danken, Ihn verehren oder um Heilung oder Beistand bitten, es soll immer innig sein.
Das Geheimnis wirkungsvollen Betens ist, dass es uns die Last der Situation nimmt und Vertrauen gibt. Dies hilft, nicht mehr so viel zu grübeln und unsere geistige Kraft darauf zu verwenden, die Lösung des Problems im Vertrauen auf die göttliche Führung anzugehen. Jesus Christus bedankte sich bei seinem Himmlischen Vater für die Auferweckung des Lazarus von dem Toten noch **bevor** er ihn zum Leben erweckte.
Mit dem Gebet und dem **Dank**, dass unsere Bitte bereits **erfüllt ist**, setzen wir die eigentliche Kraft zur Erfüllung in Bewegung. Indem wir uns bedanken, glauben wir ja. »Alles, worum **ihr gläubig** bittet, das werdet ihr erhalten.«
Dazu möchte ich eine Begebenheit über eine Gebetserhörung schildern, die ich nie vergessen habe. Es hat sich vor über 20 Jahren zugetragen. Wir hatten damals zu Hause kleine Zebrafinken. Als ein Weibchen schon ein hohes Alter erreicht hatte, merkte ich, dass es zum Sterben ging. Es hielt seine Augen nur mehr geschlossen. Ich hielt das Tierchen in der Hand, labte es noch mit ein paar Tropfen Wasser. Mein damaliger Mann saß mir gegenüber. Plötzlich richtete es sich auf, öffnete die Augen, schaute uns noch einmal mit ganz großen Augen recht lieb an und verschied. Da erzählte mir Siegfried, er habe in dieser Minute im stillen Gebet gebeten, dass das Tierchen heimgehen könne, er war recht traurig. – Und im gleichen Augenblick wurde seine innige Bitte erhört!
Und wenn Gott uns schon so eine kleine Herzens-Bitte erfüllt und ein kleines Vogelseelchen nach Hause führt, wird er uns auch in großen wichtigen Anliegen helfen, darauf können wir vertrauen.

Zum Gottesdienst und der »wahren Kommunion«:
Viele katholische Christen gehen zur Kommunion in die Kirche. Sie wissen aber nicht mehr um die tiefe Bedeutung der Messe und das Mysterium der hl. Wandlung und Kommunion. Vielfach ist die Messe zu einer kraftlosen Zeremonie verkümmert. Aber mit dem Gebet und der hl. Kommunion treten wir in **Kommunikation mit Gott**.
Die Kirche wird während des Gottesdienstes mit Weihrauch geräuchert. Die guten, reinigenden Schwingungen des Weihrauchs machen es den Gläubigen leichter, sich auf den Herrn einzustimmen und selbst in höhere Schwingung zu treten. Die Orgelklänge und Gesänge stimmen in harmonischer Weise darauf ein.
Für die »wahre Kommunion« müssen wir uns aber erst **vorbereiten**, um auf »Empfang mit Ihm« gehen zu können. Dazu **reinigen wir unser Herz** von allen unguten Emotionen, versöhnen uns innerlich mit den Mitmenschen und vergeben ihnen, und machen unsere Gedanken frei von Sorgen. Wir lassen alles los und kommen innerlich zur Ruhe. Wir bereuen unsere Verfehlungen und bitten um **Vergebung** während der Messe, und nehmen eine Buße in Form von Gebeten auf uns.
Die Opferung und die **Wandlung** von Wein und der Hostien ist ein heiliger Akt, über dessen Bedeutung ich im letzten Kapitel unter »Liebe und Weisheit« ausführlich eingehen werde. Es ist bekannt, dass der Heilige Pater Pio während der hl. Wandlung in seiner geistigen Schau Christus sah. Er hielt in diesen Augenblicken inne, so dass es alle Leute merkten.

Und erst dann sind wir vorbereitet zum **Empfang** der hl. Kommunion – und gehen **in Verbindung** mit Gott. Am Ende der Messe **danken** wir für alles und bekommen den **Segen** des Priesters.

Alle diese rituellen Elemente beim katholischen Gottesdienst in der Kirche sind die **grundlegende Voraussetzung** für die richtige Verbindung zu Gott in der Meditation und auch für eine Gebetserhörung.
Das Gleiche können wir auch so zu Hause machen, bevor wir in die Kommunikation mit Gott durch das Gebet oder die Meditation gehen:
Zuerst bereiten wir den Raum so vor, dass er harmonisch ist. Wir sorgen für Ruhe. Danach stimmen wir uns ein, reinigen unser Herz und die Gedanken, lassen alle Sorgen los.
Dann erst sind wir frei, um von Gott über die innere Stimme oder die Intuition, Seine Antwort auf unsere Fragen zu vernehmen.
Danach fühlen wir Klarheit, Frieden und eine große Erleichterung. Das alles sind wirklich Zeichen, dass wir mit Gott in Verbindung getreten sind und dass Er uns geantwortet hat.
Abschließend bedanken wir uns noch einmal für alles und segnen alles und alle, d. h. unseren Körper, unser Wohnung, den Beruf, alle Familienmitglieder, vor allem Menschen, mit denen wir unsere Probleme haben. Mit dem **Dank** setzen wir die Kräfte in Gang, die zur Gesundung, zur Lösung unserer Probleme und zur Verwirklichung unserer Wünsche und Pläne beitragen werden. Mit dem Segnen wird uns alles zum Segen.

Nur wenn wir Licht in einen dunklen Raum bringen, wird die Dunkelheit daraus weichen. Und so ist es mit dem Gebet, das die Dunkelheit unserer Ängste, Sorgen und Nöte vertreibt. Es ist ein machtvolles Mittel. Je mehr wir uns im Gebet vertrauensvoll mit Gott verbinden, umso mehr Lichtkräfte werden wir entwickeln und die Schatten werden letztendlich keinen Bestand mehr haben.
Und wenn wir während des Tages einmal in Bedrängnis und Not geraten, genügt ein inneres kurzes Verweilen und ein Hilferuf an Gott, unseren Schutzengel, Jesus Christus oder Mutter Maria. Damit verbinden wir uns mit den lichten Kräften und bekommen wieder Kraft.

Betrachten wir die Worte »Gebet« und »geben«. Unsere deutsche Sprache ist sehr weise. Sie zeigt uns den Zusammenhang zwischen den Wörtern Gebet, geben, hingeben, Gabe.
Wir sollen uns geben, uns Gott beim Gebet hingeben, Hingabe im Herzen entwickeln, uns selbst als Gabe darbringen und Ihn, Seine Liebe und Sein Licht durch uns wirken lassen.

Zur Meditation
In den meisten alten Kulturen gab es **zwei** Meditationsformen, die als gleichwertig angesehen wurden. Die stille Meditation und das Meditieren mit einer Gebetskette.

Auch heute noch finden wir die **Meditationsform**, in der wir **hörbar ein Mantra** rezitieren oder beten. Jedes Mantra hat eine besondere Schwingung und Kraft. Durch das Wiederholen des Mantras werden die Schwingung und die Kraft auf den Körper und den Raum, in dem wir uns befinden, übertragen. Dadurch wird die Atmosphäre um den Meditierenden geläutert. Bei den Hindus heißt sie Japa, bei den Christen Rosenkranz-Beten und bei den Mohamme-

danern Taspi-Beten. Beim Beten mit einer Gebetskette werden bei jeder Perle ein Gebet oder ein bzw. mehrere Namen Gottes immer wiederholt, und zwar vernehmbar. **So werden alle Sinne beschäftigt**, und zwar in Beziehung zu Gott. Die Zunge spricht den Namen, das Ohr hört, der Tastsinn fühlt die Perlen der Gebetskette, die Augen sollten ein Gottesbild oder den Altar sehen, die Nase nimmt den Duft der Blumen oder des Räucherwerks wahr.
Der Geist sollte sich ganz auf den Namen konzentrieren und das Herz sollte die Freude und Verbundenheit zu Gott spüren. So werden wir mit etwas Übung nichts mehr denken oder wahrnehmen als Gott.
Dadurch werden zwar die Ursachen unserer Sorgen, Nöte und Ängste nicht entfernt, aber sie verlieren an Gewicht und wir können gelassener mit ihnen umgehen. Es geht um Entlastung von körperlichem und seelischem Druck und wir bekommen wieder Hoffnung und Auftrieb.

Die **stille Meditation** wirkt auf anderer Ebene. Hierbei **ziehen wir uns von den Sinnen, den Gedanken und Gefühlen zurück** in unseren inneren Tempel zu unserem inneren Frieden. Jesus sagte ja in der Bibel »dies (der Körper) ist der Tempel, in dem der Geist Gottes lebt.«
Meditation heißt also, die Aufmerksamkeit von den Dingen des Lebens abzuwenden, um zum inneren Ruhepol zu gelangen. Hier können wir entspannen, seelisch und geistig auftanken, um den Gegebenheiten des Lebens viel gelassener entgegenzutreten.

Für die stille Meditation ist eine harmonische Atmosphäre hilfreich und wenn möglich immer der gleiche, ungestörte Platz. Von Vorteil sind auch regelmäßige Meditationszeiten. Beruhigende Düfte von Duftölen oder Räucherstäbchen wirken harmonisierend auf den Geist.

Praxis der Meditation:
Für die Meditation ist die richtige, **korrekte Haltung (Asana)** von Bedeutung. Es ist nicht notwendig, dafür eine besondere Position einzunehmen. Es genügt eine normale, gerade Sitzposition in einem Stuhl. Die Füße ruhen fest am Boden, die Wirbelsäule und den Kopf halten wir entspannt, aber gerade, die Hände ruhen auf den Oberschenkeln nahe am Körper und die Schultern sind entspannt und fallen locker nach unten.
Bei der Meditation richten wir anfangs die **Konzentration** auf den Atem und beobachten ihn aufmerksam. Dadurch wird er ganz ruhig und mit ihm auch die Gedanken. Das ist ein guter Einstieg, einerseits dient der Atem dem Geist als Objekt der Konzentration und andererseits entspannt er Körper und Geist. Körper und Geist werden immer ruhiger.
Manche Meditationsschulen lehren die Gedankenleere, das ist nicht ganz korrekt. Es birgt in sich gewisse Gefahren. Es kann dadurch eine vagabundierende Seele Besitz vom Körper ergreifen, so wie wenn ein Autofahrer den Zündschlüssel stecken lässt und ein anderer fährt mit dem Auto davon. Richtig ist, dass wir uns von Sorgen, Verstimmungen leer machen und unser Herz reinigen, so wie ich es vorher bei der Kommunikation mit Gott beim Gebet beschrieben habe.
Wie können wir uns von Gedanken und ihren Verstrickungen leichter lösen? Dazu gibt es eine einfache Methode: Wir stellen uns vor, wir seien ein Wirt und die Gedanken seien unsere Gäste. Normalerweise beachtet ein guter Wirt seine Gäste. Aber wir behandeln sie wie ein schlechter Wirt, der seine Gäste nicht beachtet. Nicht beachtete Gäste gehen fort und kommen nicht wieder. Und so machen es auch unsere Gedanken. Sie verschwinden auf diese Weise. Wir können auch zu neu auftauchenden Gedanken sagen »nicht jetzt, später nach der Meditation komme ich auf dich zurück«. So wird es immer leichter, innerlich still zu werden.

Die Gedanken sollen wohl still werden, aber bei der Meditation muss der Geist stets **beschäftigt** sein mit der **Konzentration** auf ein Objekt. Das kann zunächst zum Stillewerden der Atem, dann ein Heiligenbild, ein Mantra (ein Name Gottes) oder das Dritte Auge sein.

Mantras – hohe Klangschwingungen, z. B. die heilige Silbe OM oder ein Name Gottes, den wir im Geist wiederholen, helfen, den Geist zu konzentrieren.
Wir können die Konzentration auch auf das **6. Chakra**, das Energiezentrum zwischen den Augen, richten. Es wird als das Dritte Auge oder als Christuszentrum bezeichnet. Dieses ist das Zentrum des göttlichen Willens und der Sitz der Intuition. Dabei ist möglich, dass Farben oder ein Licht wahrgenommen werden. Bei tiefer Hingabe wird sich die Konzentration ganz von selbst auch auf das 4. Chakra, das Herz- und Heilzentrum richten. Gott weilt in unserem Herzen als Überseele.
Durch die beharrliche Konzentration auf ein Mantra oder Gottesnamen und das Dritte Auge reißt der normalerweise ununterbrochene Fluss der Gedanken ab und kommt zur Ruhe. In dieser Zeit der Gedankenruhe werden die körperlichen Funktionen nicht mehr vom Geist beeinflusst und können sich wieder auf ihren natürlichen, gesunden Rhythmus einpendeln. Meditation bringt eine noch tiefere Entspannung als der Schlaf. Dadurch wird die natürliche Gesundheit des Körpers aufgebaut und stabilisiert.
Durch die tiefe Konzentration werden sich die Sinne ganz automatisch vom Äußeren abwenden und wir nehmen die äußere Umgebung und die Zeit nicht mehr wahr.
Wenn schließlich **Geist und die Gedanken ruhen**, konzentrieren wir uns ganz auf Gott, und zwar in der persönlichen Form, zu der wir die tiefste Beziehung haben, entweder als beschützender Vater, barmherzige Mutter oder Freund. So können wir eine liebevolle Beziehung zu Ihm herstellen, uns Ihm hingeben. Tiefer Friede, Freude sind Zeichen, dass wir mit Gott in Verbindung stehen. Nun können wir in der Sprache des Herzens mit Ihm kommunizieren oder halten unsere Konzentration weiter auf ein Mantra oder einen Gottesnamen.
Nach der Meditation lassen wir einfach den **tiefen Frieden** in uns nachklingen. In diesem meditativen Zustand werden wir viele Wahrheiten intuitiv erfassen und innere Führung bekommen.
Anhaftung entsteht aus der Angst vor Verlust, die Wurzel davon ist Existenzangst. Hass entsteht durch Liebesentzug und Abweisung, Ärger meist aus Enttäuschung, wenn gewisse Erwartungen nicht erfüllt werden und Ängstlichkeit zeigt, dass man sich seines wahren Wesens, seiner Kraft nicht bewusst ist.
Mit der Ruhe des Geistes schmelzen alle diesen negativen Emotionen dahin und die Intuition – die innere Stimme – erwacht. Mit der göttlichen Führung bekommt man immer mehr Hoffnung und Vertrauen und weiß sich von Gott beschützt, versorgt und geliebt.
Die höhere Intelligenz (Buddhi) erwacht und führt zur Erkenntnis unseres wahren Wesens, der Seele und dass wir ein Teil Gottes sind.

Breite dich aus in der Stille,
richte dein Augenmerk nach innen,
und weihe dein Bewusstsein deinem Selbst.
Denn die Wahrheit, die du suchst, liegt in dir.
Bhagavat Gita

Durch regelmäßiges Meditieren gewinnen wir eine ganz **neue Einstellung zum Leben**. Das wird mit der Zeit **ganz erhebliche positive Auswirkungen** auf unseren **Alltag**, ja unser ganzes Leben haben. Alles, was uns im Leben zukommt, sehen wir als Geschenk Gottes an, und wir sind dankbar dafür. Wir bekommen Vertrauen, dass alles, was uns zustößt, letztendlich das Beste für uns ist! Bedenken wir, dass manch eine Situation nach einer Weile für uns ganz anders aussieht, als es am Anfang schien. Wir sehen mit Gelassenheit und Vertrauen auf das »Schicksal«, wir wehren uns nicht mehr so verbissen dagegen und dadurch kehrt tiefe innere Ruhe, Frieden und Hoffnung ein.
Dies hat eine unschätzbare positive Auswirkung auf unsere Gesundheit. Selbst wenn der Körper einmal krank werden sollte, so fühlen wir uns nicht mehr wirklich krank. Das mildert den Leidensdruck und man »meditiert« im Geist nicht so viel über das Kranksein.

Wir können tiefe Freude erleben ganz unabhängig von äußeren Umständen. Früher versuchten wir Zuwendung und Liebe und alles von außen zu bekommen und fühlten uns abhängig. Durch die Meditation werden wir von Anhaftungen und Wünschen frei, weil wir Glück und Freude im eigenen Inneren erleben.
So wirken wir auch auf unsere Mitmenschen erhebend und aufbauend. Sie werden sich durch unsere gute Ausstrahlung bei uns wohl fühlen und das Zusammenleben wird sich harmonischer gestalten.
Mit Lebenskrisen, Krankheit und Tod gehen wir gelassener um. Den Tod werden wir in der Erkenntnis, dass wir eine unsterbliche Seele sind, nur als Übergangspforte in die feinstoffliche Astralwelt und geistige Welt betrachten. Wir wissen, dass wir in diesem Leben die Bedingungen für die nächste Inkarnation schaffen und werden unser Leben danach **bewusst** gestalten.

Seelenprogramm, Lebensaufgabe, Sinn des Lebens

Da die Seele ihrem Wesen nach keine Dualität, also kein Leid kennt, sind wir hier, um vielfältige Erfahrungen zu machen und daraus zu lernen. Durch die Leiderfahrung wird der Mensch gezwungen, über die Sinnfragen des Lebens sich auseinander zusetzen und die wahren Werte zu suchen.
So wie der Sportler durch das tägliche Muskeltraining immer stärker wird, gewinnen wir durch die Herausforderungen des Lebens Kraft. Sicherlich wäre ein unbeschwertes Leben schöner. Aber wir würden bei auftretenden Schwierigkeiten des Lebens nicht so belastungsfähig sein und daran verzweifeln.
Aus dem Horoskop, aus der Namensanalyse, in den Handlinien sind Lebens-Aufgaben, Talente, Fähigkeiten, aber auch Schwächen oder gesundheitliche Probleme eines Menschen zu erkennen. Dies alles hat sich unsere Seele für dieses Leben gewählt. Auch die künftigen Eltern sucht sich die Seele aus. Wir sind frei in der Entscheidung, **wie** wir mit diesen Schicksal umgehen.

Schwere Schicksale sind nicht immer nur Karma. Manche Seelen suchen sich ein Leben mit besonderen Schwierigkeiten aus, um daran zu wachsen oder anderen Gelegenheit zu geben, Nächstenliebe zu üben.
Dazu ein Beispiel aus einem Channeling für eine schwerkranke Frau:

»In dieser Angelegenheit ist Vertrauen in die göttliche Hilfe und Heilung notwendig. ***Alle lernen*** *(die Familienmitglieder)* ***und profitieren an dieser Herausforderung*** *und das stellt einen bedeutenden Lern- und Fortschritt für die seelisch/geistige Entwicklung aller dar.*
Wir haben schon gesagt, dass die ganze Familie ***Liebe leben*** *soll. Jeder kann einen Beitrag dazu leisten, dass es der Kranken wieder besser geht.*

Teilweise hat Christiane karmisch zu tragen, aber sie hat auch ***für ihre Angehörigen das Leid auf sich genommen****, dass alle die Lektion in Liebe lernen. Nun ist die Zeit ihres Opfers vorbei und jetzt darf sie Heilung und Linderung ihres Leidens erfahren.*

Eine große Seele steht hinter Christiane. Sie verdient, dass sie Hilfe bekommt. Dann hat die Seele einen ***großen Schritt*** *in dieser Inkarnation vollbracht. Das ist der Sinn der Heilung. Es sind nicht immer die schönen Rollen in einer Inkarnation, die eine Seele auf ihrem Fortschritt weiterbringen, sondern auch die Rollen in Krankheit. Sie werden auf Erden als Misserfolg betrachtet, aber auf der anderen Ebene sieht dies ganz anders aus.«*

Manchmal haben Seelen auch ganz spezielle Aufgaben:
Der berühmte Psychiater Dr. Viktor Frankl, der Vater der Logopädie, musste in jungen Jahren die Schrecken des Konzentrationslagers durchleben. Er verlor seine ganze Familie dabei. Aber er ließ sich durch das Leid nicht brechen, er bewahrte die Menschlichkeit inmitten von Grausamkeit. Er erzählte, dass er die Qualen nur überleben konnte, weil er **einen Sinn, eine Aufgabe** für das Leben in Freiheit hatte. Andere Leidensgenossen, die keinen Sinn mehr fanden (weil sie draußen keine Angehörigen mehr hatten und niemanden, der auf sie wartete) und angesichts der Umstände aufgegeben hatten, starben sehr schnell im Lager.
Er ging durch das Leid gestärkt hervor und hat später unzähligen Menschen Kraft gegeben durch sein Vorbild, seine Lehre und sein Verständnis.
Menschen, die durch schweres Leid gehen, wachsen oft über sich selbst hinaus und werden so zum Vorbild für andere. Durch das erlittene Leid haben sie Verständnis für die Mitmenschen in schweren Situationen und wissen, was diese brauchen.
Hermann Gmeiner, der Vater der SOS-Kinderdörfer, die jetzt auf der ganzen Welt verbreitet sind, war selbst ein Waisenkind und kannte die große Not derselben.
Ein trockener Alkoholiker kann anderen helfen, dass sie von der Sucht loskommen.

Gesetz des Schicksals: Karma/Wiedergeburt

Wenn es allgemein schwer fällt, bestimmte Situationen des Weltgeschehens bzw. sogenannte »Ungerechtigkeit der Welt« zu verstehen oder einzuschätzen, so liegt dies an der allgemeinen Unkenntnis über die **Gesetze von Wiedergeburt und Karma**. Diese besagen, dass Leben auf Leben wie Perlen auf einer Kette folgen. Was wir in diesem Leben schaffen, hat Auswirkungen auf das nächste Leben, und was uns jetzt geschieht (positiv wie negativ) haben wir im letzten Leben bewirkt.
Das Wort »Karma« bedeutet in der Sanskritsprache »Handlung.« Das Karmagesetz wird anhand des Vergleichs mit der Schule anschaulich: Wenn wir nicht genügend lernen und uns lieber mit etwas anderem befassen, müssen wir damit rechnen, dass wir durch die Prüfung fallen. Das ungenügende Lernen in der Schule bildet die »Ursache« für die schlechte Note bei der Schularbeit. Die schlechte Note und das Durchfallen ist dann die »Auswirkung«. Umgekehrt, wenn wir in der Schule unsere Lernaufgaben erfüllen, bestehen wir die Prüfung und kommen in eine höhere Klasse. Und so ist es auch mit unserer Lebens-Schule. Die Auswirkungen sind das Ergebnis unserer Handlungen. Wir ernten, was wir säen.

So schaffen wir Menschen uns durch unsere Lebensweise ein positives oder negatives Karma für dieses Leben und die nächste Inkarnation. So können sich karmische Auswirkungen als günstige oder schlechte Lebensumstände, als Glück oder Leid, in diesem Leben oder auch erst im **nächsten** Leben zeigen.
Das gegenwärtige Leben ist das Abbild eines vergangenen Lebens und die Vorbereitung auf ein nachfolgendes.
Gehen wir hingegen nur von **einem Leben** aus, so müssen wir zwangsläufig an einen willkürlichen, strafenden Gott denken, der Glück und Leid ungerecht verteilt. Diese Einstellung bringt viel Leid und Unversöhnlichkeit, denn viele Menschen, die um diese Gesetzmäßigkeit nichts wissen, hadern oft mit Gott, ihren Lebensumständen und den Mitmenschen, und geben den anderen die Schuld für ihr Unglück. Sie gehen aus der Selbstverantwortlichkeit heraus.

Channeling:
*»**Früher**, in einer anderen Inkarnation, hatte sie Menschen in ihrem Leben behindert, jetzt muss sie selbst in eine gewisse Abhängigkeit und Schwierigkeiten geraten in diesem Leben. Sie hat es jetzt schwerer, in diesem Leben erfolgreich zu sein. Einst hat sie Menschen eingeschränkt, jetzt muss **sie** eingeschränkt leben.*

Aber diese Erschwernisse sind gleichzeitig eine ***große Chance****, über sich selbst hinauszuwachsen. Sie sollte ihr Schicksal annehmen, es hilft ihr, Karma abzutragen und* ***Fähigkeiten*** *zu erwerben:* ***Verständnis*** *und* ***Mitgefühl*** *für andere Menschen.«*

Erkennen die Menschen, dass sie selbst in einem früheren Leben die jetzigen leidvollen Umstände durch negative Handlungen verursacht haben, können sie diese leichter annehmen und konstruktiver damit umgehen.
Außerdem ist es völlig unmöglich, sich in **einem** Leben zu vervollkommnen, wie die Kirche Jesus Christus interpretiert. Dazu braucht es viele Inkarnationen, wo wir uns stetig weiter bis zur Vervollkommnung entwickeln können.

In Wirklichkeit ist Gott die Liebe selbst. Durch Seine Gnade bringen oft gerade leidvolle Erfahrungen und Lebenskrisen die positive Wende in das Leben und sind neue Wachstums- und Orientierungschancen! Wir hinterfragen den Sinn des Lebens und kommen wieder auf das Wesentliche im Leben.

Zu Reinkarnation:
Im östlichen Kulturkreis ist der Glaube an die Reinkarnation selbstverständlich, aber in unserer westlichen Welt ist dieses Gedankengut heute weitgehend unbekannt, obwohl es im Urchristentum den Glauben daran durchaus gab. Berühmte Kirchenväter, wie Klemens von Alexandrien, Origines und der hl. Hieronymus glaubten an die Wiedergeburt.
Erst im zweiten Konzil zu Konstantinopel im Jahre 553 n. Chr. wurde diese Lehre verbannt und ihre Anhänger wurden verfolgt.
Über die Erinnerung an frühere Leben ist ein Schleier gelegt und es ist auch gut so. Nur so können wir völlig unbeschwert ein neues Leben antreten. Wir würden sonst überwältigt von den Eindrücken aus der früheren Vergangenheit.
Alles über unsere früheren Leben ist gespeichert im höheren Kausalkörper. Im ersten Kapitel ist er unter »Unser wahres Wesen« näher beschrieben. Mit der Geburt bekommen wir eine Chance, neue Lektionen zu lernen, Talente zu entwickeln und zur Wiedergutmachung gegenüber unseren Mitmenschen, denen wir früher Leid zugefügt haben. Dazu müssen wir nicht alle unsere Untaten wissen. Wenn wir nach dem Gebot »Liebe Deinen Nächsten wie Dich selbst« leben, dann lösen wir ganz von selbst schlechtes Karma auf, das wir durch ungute Taten in der Vergangenheit bewirkt haben.
Jeder, auch ein Verbrecher, wird wiedergeboren und als kleines Kind in den Arm einer Mutter gelegt, die nichts von seinen Untaten weiß und ihn liebt. Das ist Gottes Gnade und eine neue Chance.
Zum richtigen Zeitpunkt für die Seele kommt ganz von selbst die Erinnerung und Ahnung hoch. Erinnerungen werden durch starke Gefühle (Eifersucht, Ängste) ausgelöst. Wo wir sehr emotional reagieren, liegen meist karmische Ereignisse dahinter. Man sollte Kinder ernst nehmen, sie sind noch mehr mit der Seele verbunden und sie können sich an ihre früheren Leben erinnern. Darüber gibt es ausreichende Literatur und belegte Fälle in Fülle.
Prof. Dr. Ian Stevenson (*1918) von der Universität Virginia/USA hat viele Fälle wissenschaftlich geprüft und in seinem Buch »Reinkarnation« dokumentiert.

Auch Abneigungen, Vorlieben, Interessen, Talente, Fähigkeiten liefern Hinweise auf frühere Inkarnationen. Wenn wir uns in einem fremden Land und seiner Kultur besonders wohl und heimatlich fühlen, so können wir sicher sein, dass wir dort schon einmal gelebt haben. Mit manchen Menschen fühlen wir uns sofort vertraut, als wenn wir sie schon »ewig« kennen würden.

Rückführung, Gerechtigkeit

Alles ist in unserem Unterbewusstsein gespeichert. Die gespeicherten Inhalte des Kausalkörpers während der früheren Inkarnationen gehen in das neue Leben ein. Sie sind sozusagen im Zellgedächtnis vorhanden. Wenn schwere, chronische Krankheiten, Süchte, Depressionen oder Ängste oder schwere Konflikte mit Familienmitgliedern auftreten, kann eine Rückführungstherapie sehr hilfreich und aufschlussreich zur Heilung beitragen.
Eine Rückführung ist eine wertvolle Therapie, um die Ursachen der oben genannten Probleme herauszufinden. Mit dem Durcherleben werden alte Situationen noch einmal wie in einem Film durchlebt, die gespeicherten, krankmachenden Gefühle werden dadurch frei und belasten den Körper nicht mehr. Das können Ängste, Zorn, Aggressionen, Schuldgefühle sein. So wird das Unterbewusstsein von schädlichen Programmen und Energien geklärt. Die Erinnerung an früher hat keine Energie mehr, die alte Prägung ist gelöscht.
Aus den Rückführungen wird klar, dass wir alle Opfer/Täter-Rollen gespielt und uns immer wieder im Wechsel miteinander inkarniert haben. Meist sind es enge Familienangehörige, die früher einmal unsere Mutter, Schwester, Brüder oder Kinder waren, mit denen wir in diesem Leben wieder zusammenkommen.
Liebe und Hass sind die Bindeglieder, die immer wieder die Menschen – die ehemaligen Freunde und Feinde – zusammenführen. Oft haben wir in diesem Leben etwas gutzumachen, wenn wir in einem früheren Leben ihnen Unrecht angetan haben oder umgekehrt. Daraus ergeben sich karmische Seelengemeinschaften.

Channeling:
»Sie spielte auch ***in früheren Leben*** *eine große Rolle bei ihm. Es kam früher schon zu schmerzhaften, schicksalshaften Trennungen, wo sie auseinander gerissen wurden. Er konnte damals C. sein ganzes Leben nie vergessen, er trauerte ihr nach.*
Aber eine große Liebe kann nicht erlöschen*, sie bleibt Leben für Leben und so werden Liebende wieder zusammengeführt. So sind sie wieder zusammengekommen, um sich gegenseitig zu helfen.*
Dieser tiefe Schmerz hat ja auch dazu gedient, ihn in ***tiefere Dimensionen*** *seines Daseins vordringen zu lassen. Damit hat die Beziehung der beiden ihren* ***tiefen Sinn*** *erfahren ...«*

Vergebung, sich selbst verzeihen und anderen

Vielen von uns fällt es sehr schwer, zu vergeben. Jesus Christus gab uns eine Religion der Liebe. Kein anderer Prophet und Religionsgründer hat so wie er die Nächsten- und Feindesliebe und die Vergebung gelehrt. Er hat uns dies in seiner letzten Stunde in seiner schwersten Prüfung auch vorgelebt. Er litt entsetzliche Qual, und die Leute verspotteten ihn noch am Kreuz.
Und da hatte er die übermenschliche Kraft zu sagen: »Vater, vergib ihnen, denn sie wissen nicht, was sie tun.« Keine Feindseligkeit gegen seine Peiniger war in seinem Herzen. Er hätte sie mit Hilfe seiner Engel alle vernichten können. Aber er tat es nicht, sondern vergab ihnen.
Wie schaffte er das? Aus der Erkenntnis heraus, dass die Menschen sich aus ihrer Unwissenheit heraus gar nicht anders verhalten konnten. Er hatte Mitleid mit ihnen, er wusste, dass sie noch sehr unter den karmischen Auswirkungen ihrer Taten zu leiden haben würden.
Vergebung leisten können wir nur aus einer starken, lichtvollen Haltung und mit Mitgefühl. Haben wir das nicht, sind wir auf Rache bedacht, und können nicht vergeben.

Aber der **Schlüssel für die Vergebung** ist, dass wir erkennen, dass wir jetzt – selbst als Opfer – in einer besseren Lage sind als der Täter, denn er handelt(e) aus Unkenntnis und

Unwissenheit. Er weiß nichts von den karmischen Folgen seines Tuns. Wir aber wissen jetzt um das Gesetz von Ursache und Wirkung, und dass wir es selbst früher einmal verursacht haben – vielleicht sogar mit diesem Menschen.
Und aus dieser Position können wir das uns angetane Unrecht dem Täter leichter verzeihen und uns mit ihm aussöhnen, ihn von seiner Schuld »ent-lasten.« Das betrifft auch uns selbst, wenn wir Unrecht begangen haben – wir taten es damals auch aus Unwissenheit.

Aus diesem Verständnis heraus fällt es leichter zu verzeihen, uns selbst und anderen. So können auch Mitgefühl und Verstehen zwischen Opfer und Täter entstehen. Durch die Vergebung können leidvolle, karmische Bande gelöst werden.

Wenn wir nun in der Rückführung uns selber überzeugen können, was wir oder andere für Untaten vollbracht haben, ist es wichtig, **sich selbst** zu verzeihen und auch den **anderen**. Dann erlösen wir uns selbst und den anderen von unheilvollen karmischen Folgen, die in Verbindung mit der anderen Person bestehen. Wir treten aus den karmischen Verflechtungen heraus und werden frei. Das Karma zwischen uns und dem anderen ist so gelöscht.
Es spielt dabei keine Rolle, ob die betreffende Person noch lebt oder nicht. Alles geschieht auf der Seelenebene. Natürlich kann sich die Beziehung zu der anderen Person bessern. Aber das ist nicht immer das Ausschlaggebende. Ausschlaggebend ist, dass wir **unseren Teil** zur Versöhnung und Vergebung geleistet haben.

Ein Leiden karmischen Ursprungs, das jeder medizinischen Behandlung trotzt, kann mittels der Rückführung geheilt werden. Ebenso kann man in Zuge einer Rückführung den Grund für ein Suchtverhalten oder eine Depression erkennen. Wenn man die krankmachende Ursache aus dem früheren Leben durch die Rückführung erkennt, können sich Suchtverhalten und Depression von selbst lösen. Depressionen rühren oft von unbewussten Schuldgefühlen her.

Im »Vaterunser« lehrte uns Jesus Christus zu beten »vergib uns unsere Schuld, wie auch wir vergeben unseren Schuldigern«.
Bleiben wir unversöhnlich, so bleibt das karmische Band bestehen und die Folgen müssen erlitten werden, so lange – bis bei der nächsten Inkarnation endlich Versöhnung und Ausgleich wieder hergestellt ist.
Es lohnt sich, in diesem Leben sich mit allen zu versöhnen, bevor wir die Reise in die andere Welt antreten. Sonst müssen wir mit unserem »Feind« immer wieder zusammenkommen, sei es in der Familie oder im Beruf.
Das ist oft der Grund, warum oft so viel Unversöhnlichkeit zwischen Familienmitgliedern oder mit einem bestimmten Menschen besteht. Irgendwann haben wir die Schwierigkeiten uns selbst gesät, indem wir ihnen Leid zugefügt haben.

Ich möchte betonen, dass Rückführungen nicht zu Zwecken der Neugier gemacht werden dürfen, sondern nur, um ernste Lebensprobleme zu klären. Eine Rückführung darf nur auf die bestehende Problematik gerichtet sein, die zu klären ist. Rückführungen stehen im Dienste der inneren Entwicklung des Menschen. Die Rückführung soll dazu beitragen zu einer bewussteren Lebensgestaltung und zum besseren Verstehen über den Sinn des Lebens.
Dazu braucht es einen seriösen Therapeuten, der den Klienten auf einfühlsame Weise führt. Er soll die Rückführung nicht als eine reine »Technik« durchführen, sondern sich auch mit höheren, göttlichen Kräften verbinden und von ihnen auch führen lassen. Ziel einer Rückführung ist auch die Einsicht des Klienten und die Versöhnung und Vergebung.
Zu einer Rückführung braucht es keine Hypnose, sondern nur eine tiefe Entspannung, bei der der »innere Film« abläuft, wobei man sich auch der Gegenwart bewusst ist. Man lässt sich vom Therapeuten führen.

Eine weitere wunderbare und einfache Möglichkeit, Vergebung zu leisten und zu erbitten, ist die ***Bühnenheilung***. Schwierige Beziehungen, Familienkonflikte und alte Schuldgefühle können dadurch gelöst werden und die Beziehungen bessern sich dauerhaft. Die Person, die wir um Vergebung bitten möchten, muss nicht anwesend sein und braucht von der Bühnenheilung auch gar nichts erfahren. Aber ihre Seele bekommt das mit und reagiert. Das Belastende zwischen Menschen kann so aufgelöst werden.
Die Praxis der Bühnenheilung eignet sich gut für jene, die Konflikte und Probleme mit einem Menschen aus diesem Leben lösen und ihn um Vergebung bitten möchten. Es ist natürlich möglich, sie alleine durchzuführen, wenn man in der Durchführung der Bühnenheilung sicher ist. Vorteilhaft ist jedoch eine vertrauenswürdige Person dabei zu haben, die einen dabei begleiten kann. Geht es aber um Vergebung mit Seelen aus einer früheren Inkarnation, so ist unbedingt eine fachliche Begleitung erforderlich, die den Vorgang der Bühnenheilung und Rückführung kennt und überwacht!

Wichtig ist die wirkliche **innere Bereitschaft**, jemanden **um Vergebung zu bitten**, dem man Unrecht angetan hat und der darunter gelitten hat. Das können auch Menschen sein, die bereits auf der Astralebene sind. Es ist eine Erlösung, wenn Mütter Schuldgefühle wegen verstorbener oder abgetriebener Kinder haben und sich mit der Seele des Kindes aussöhnen können! Bühnenheilung ist eine wunderbare Möglichkeit, wenn zu Lebzeiten keine Versöhnung mehr zwischen Angehörigen stattgefunden hat oder um ein Missverständnis aufzuklären.
Oft ist es notwendig, dabei auch dem **anderen** zu vergeben und es ihm zu sagen. Es kommt so zu einer gegenseitigen befreienden Versöhnung. Es ist wichtig, mit dem nötigen Ernst und der Demut an die Sache heranzugehen und vorher Gott und die geistigen Helfer und Engel mit einem Gebet zu bitten, dass sie uns beistehen. Wir sorgen dafür, dass wir ungestört sind und entspannen uns.
Für die Seele gibt es keine örtliche und zeitliche Begrenzung, nur Gegenwart. Deshalb sind diese seelischen Begegnungen möglich. Es spielt keine Rolle, ob die Person lebt oder nicht.

Der Vorgang:

> Wir stellen uns ein wunderschönes Theater mit beleuchteten Logen vor, vorne eine große Bühne mit einem Vorhang. Wir setzen uns in die Mitte auf einen vorderen Platz.
> Und nun laden wir in Gedanken die Person oder Personen ein, mit denen wir uns aussöhnen möchten. Der Vorhang öffnet sich und die betreffende Person wird auf der Bühne erscheinen. Wir werden sie deutlich wahrnehmen, fühlen oder sehen. Wir gehen zu ihr auf die Bühne, knien uns vor ihr hin und bitten sie aufrichtig um Vergebung.
> In den meisten Fällen findet eine Vergebung statt. Nur wenn eine Seele sehr verletzt wurde, kann es vorkommen, dass sie nicht gleich einwilligt.
> Da bittet man die Engel und Geistführer, dass sie bei der Versöhnung helfen und der Seele klar machen, dass es für sie nicht von Vorteil ist, unversöhnlich zu bleiben. Dann wird sie einwilligen und es ist eine große Freude da! Man gibt sich die Hand und umarmt einander. Es kann auch sein, dass sich der andere auch selbst bei einem entschuldigt.
> Hat die Person die Bühne verlassen, kann man sich sicher sein, dass Vergebung stattgefunden hat. Auf diese Weise werden ungute energetische Verbindungen gelöscht und transformiert. Es gibt keine karmischen Reaktionen mehr.

Nach dieser Aussöhnung und Vergebung ist eine große Erleichterung und Freude fühlbar.

Das ist auch das Erlösungswerk von Jesus Christus. Christus bedeutet »der Gesalbte, der Erlöser«. Vor ihm herrschte das harte, gerechte Karmagesetz, das gemäß dem Alten Testament »Zahn um Zahn, Aug um Aug« erfüllt werden musste. Christus lehrte uns durch sein Beispiel die alles verzeihende, **bedingungslose Liebe**, die von karmischen Belastungen erlöst bzw. das Karma mildert. So werden unsere Seelen wieder frei und wir brauchen uns nicht mehr (mit der ausgesöhnten) Person inkarnieren, um die Schuld aufzuarbeiten.

Karmische Belastungen aus früheren Leben

Vielfach kommt es vor, dass Menschen Verletzungen in der Aura haben. Karmische Verletzungen in der Aura können von Kugeln oder Waffen herrühren von einem gewaltsamen Tod aus einem früheren Leben. Diese feinstofflichen Verletzungen verursachen oft jahrelange Schmerzen, die kein Arzt heilen kann. Ist der Gegenstand aus der Aura entfernt, so treten keine Beschwerden oder Schmerzen mehr auf.
Nach getaner Heilungsarbeit, dem Entfernen diverser Waffen und dergleichen aus der Aura, trage ich dem Geheilten auf, mindestens **21 Tage lang** ein Gebet zu sprechen:
»Ich vergebe allen, die mir Unrecht und Leid zugefügt haben, und auch ich bitte jene um Vergebung, denen ich Unrecht und Leid zugefügt habe.« Damit finden die einstigen Täter und auch der Geheilte Vergebung.

Mit diesem Versöhnungs-Gebet können wir uns von den »Altlasten« der Seele befreien. Um das geht es, dass wir frei werden.
Man hat mir berichtet, dass durch dieses Gebet der Heilungsverlauf viel schneller vonstatten ging und dass sich Beziehungen in der Umgebung unerwartet gebessert haben, die Leute auf einmal viel freundlicher wurden.

Ein Channeling für eine Kranke möge das oben Gesagte verdeutlichen:
»Im karmischen Hintergrund liegt die tiefere Ursache für ihre Erkrankung. Hier wäre die Bühnenheilung das richtige Mittel, dass D. (oder stellvertretend ihre Mutter) alle die Menschen auf die Bühne holt, denen sie gegenüber Schuldgefühle hat oder Leute, die ihr Unrecht getan haben. Es soll ein gegenseitiger Befreiungs- und Erlösungsprozess der Vergebung stattfinden.
Sie kann ja auch die Engel bitten, ihr diejenigen Menschen zu zeigen, denen sie in einer früheren Inkarnation Unrecht und Leid zugefügt hat, die ihr nicht verziehen haben und durch die sie heute – in diesem Leben – unbewusste Schuldgefühle hat. Dies würde nicht nur D. erlösen, sondern auch die damals Betroffenen. Wenn die Wurzeln dieser Krankheit ausgerottet werden – Schuld- und Hassgefühle, bewusst oder unbewusst -, kann eine Gesundung eintreten.
Wenn die Kranke bereit ist, aus der Opferrolle herauszugehen und sich mit den Ursachen ihrer Krankheit auseinanderzusetzen, kann sie durch klare Erkenntnis und bewusstes Loslassen der Vergangenheit die Basis zu ihrer Gesundung schaffen.
Diese Krankheit ist eine große Herausforderung, aber sie stellt eine ***Chance*** *zu größtem geistigen Wachstum und* ***seelischen Fortschritt*** *dar. Wenn sie lernt, sich in die Hand Gottes zu begeben, um Führung und Schutz zu bitten, ihr Herz zu öffnen und sich und den anderen zu vergeben, dann hat sie die* ***Lernaufgabe****, die* ***hinter dieser Krankheit*** *steht, erfüllt.«*

Dieser Empfehlung für eine Schwerkranke bedarf es noch einer Erläuterung. Die Angehörige dieser Kranken war mit der Praxis der Bühnenheilung vertraut. In diesem Falle war es eine sehr komplexe Angelegenheit, eine Vergebungs- und Erlösungsarbeit mit mehreren Personen (auch aus früheren Leben), die **unbedingt** einer erfahrenen, fachlichen Begleitung und Führung bedurfte.

Eine andere Durchgabe:
»Es ist im Plan, dass C. gesund wird. Sie hat ihr Karma abgedient. Zur vollständigen Heilung wäre nur noch die Versöhnung mit den Seelen notwendig. Sie soll sich an einen Gnadenort ihrer Wahl begeben, dort eine Kerze entzünden, aufrichtig bereuen und um Vergebung bitten. Mutter Maria wird ihr dabei beistehen. Sage ihr das.«

Sünde bedeutet alles, was uns trennt von Gott

Wir neigen in unserem Eigenwillen dazu, immer wieder etwas wider unser besseres Wissen zu tun. Die mahnende, innere Stimme überhören wir oft.
Wenn wir unser Glück ausschließlich von äußeren Dingen, von oberflächlichen Vergnügungen, Alkoholkonsum, sinnlichen Genüssen abhängig machen, werden wir über kurz oder lang enttäuscht werden. Es kommt zur Ent-Täuschung, weil wir einem Trugbild nachgehangen haben. Eigentlich sollten wir froh sein, wenn wir enttäuscht werden. Nur so können wir unseren Irrtum erkennen und von dieser Täuschung wieder frei werden.

Der Körper wird uns nach einer gewissen Zeit schmerzlich in Erinnerung bringen, dass wir nicht unbeschränkt und ungestraft allen Vergnügungen frönen können. Wir haben ja bereits aus dem Heilungskapitel gelernt, dass der Körper immer ein Symptom gibt, das uns zur Änderung unserer schädlichen Gewohnheiten – seien sie körperlicher, emotionaler oder mentaler Art – auffordert. Die Seele signalisiert uns damit, dass wir uns in unserem Leben von Gott entfernt haben, aus der Harmonie, aus der Liebe.
Wenn wir uns beharrlich weigern, Frieden mit jemand zu schließen, so verstoßen wir gegen das Gebot der Nächstenliebe, das uns gegeben wurde. Unnötige Härten innerhalb der Familie, Aggressionen, Zorn, die wiederum Ängste bei den anderen hervorrufen, sie alle untergraben die Verbindung zu Gott.
Wenn wir rechtzeitig auf die Stimme des Gewissens hören und **freiwillig** unsere Lebens-Lektionen lernen, braucht der einschränkende Einfluss des Planeten Saturn in unserem Horoskop nicht zwingend zum Tragen kommen, sondern wir können bewusstseinsmäßig Fortschritte machen und uns karmisches Leid ersparen.

Erkenntnisse aus der Rückführung

Alle Erfahrungen sind für die Seelen gut und richtig. Auf ihrem langen Entwicklungsweg suchte unsere Seele in vielen Inkarnationen viele ungute, ja drastische Erfahrungen. Sie entfernte sich immer mehr von Gott. Dazu gehörten auch »böse Rollen«, in denen wir unsere Macht missbraucht und vielen Menschen Qualen und Unrecht zugefügt haben.
Dann kam die Zeit, als wir unsere karmischen Schulden abgetragen und durch leidvolle Inkarnationen gingen, wo wir selbst durchlitten haben, was wir einst anderen angetan haben. Das am eigenen Leib verspürte Leiden sollte uns lehren, dass wir in Zukunft **nie** mehr dieses Leid anderen antun! Das Leid trieb uns dazu, dass wir wieder Sehnsucht nach Gott entwickelten. Und so bewegen wir uns wieder stetig auf Gott zu mit wachsenden Erkenntnissen.

Rückführungen gehen bis in die Zeit von Atlantis vor 10.000 bis 12.000 Jahren und weiter zurück. Die Menschen hatten dort schon ein hohes Wissen. Aber durch Hochmut und Machtmissbrauch kam es zur Zerstörung des ganzen Kontinents.

Auch ich habe durch die Rückführung erfahren, dass ich einmal in Atlantis eine mächtige Position hatte und mit besonderen Fähigkeiten ausgestattet war. Jetzt haben sich viele »alte Atlanter« wieder inkarniert, um Wiedergutmachung zu leisten bzw. zu verhindern, dass unsere Erde wiederum in eine so gefährliche Lage kommt wie Atlantis, das letztendlich unterging. Mit der Erfindung der Atombombe und der Raumfahrt ist ja die technische Entwicklung heutzutage ziemlich weit vorangeschritten. Nur die Menschen haben die Weisheit nicht, damit richtig umzugehen.

Um das Ganze zu verdeutlichen, möchte ich nun aus meinem eigenen Erleben schildern. Vorausschickend muss ich sagen, dass ich mein Leben lang sehr unter der Ablehnung meiner Mutter gelitten habe, während ich mich immer wieder um einen Kontakt mit ihr bemüht habe.
Erst durch eine Rückführung mit Prof. Dr. Gosztony konnte ich den schmerzlichen Konflikt mit meiner Mutter verstehen und die Ursachen dahinter erkennen. Wir waren viele Leben in Opfer/Täter-Rollen verkettet gewesen.
Daraus wurde mir klar, warum mich meine Mutter ablehnte. Im Gegensatz zu anderen Menschen, die sie sehr schätzten und liebenswert fanden, hatte sie nie einen »guten Draht« zu mir. Ich habe in diesem Leben diesen unheilvollen Kreislauf durchbrochen und ihr schon zu Lebzeiten von Herzen alles Leid, was sie mir zugefügt hat, vergeben. Das war ja auch der Sinn, dass wir wieder zusammen gekommen waren.
Einige Zeit nach dem Tode meiner Mutter hatte ich einen Traum, bei dem sie ihre Hände vors Gesicht schlug und bitterlich weinte. Immer wieder sagte sie: »Es tut mir so leid«. Da habe ich sie im Traum umarmt und sie getröstet und ihr gesagt, dass ich ihr verzeihe.
Prof. Dr. Gosztony versicherte mir nach der Rückführung, dass es jetzt meiner Mutter gut geht und sie bereits durch meine Hilfe in lichtere Sphären in der Astralwelt eingehen konnte.

Zusammenfassend ist zu sagen, dass wir durch die Rückführung unsere persönliche Vergangenheit bewältigen, Schuldgefühle loslassen und unsere Lebensaufgabe erkennen können. Wir kommen auf das Wesentliche im Leben und werden uns unserer wahren Identität als spirituelle Seele bewusst. Wir wissen dann, dass wir als Seele Leben für Leben verschiedene Rollen gespielt haben. Wir lösen uns leichter aus der völligen Identifikation mit unserem Körper, unserer Person, der jetzigen Lebensrolle, wie gesellschaftlichem Status und Karriere etc. Letztendlich verliert der Tod für uns seinen Schrecken.

Das Seelenprogramm ist nicht immer bequem!

Auf ihrem Entwicklungsweg gehen die Seelen durch viele Inkarnationen. Sie durchlaufen viele Reifungsprozesse, bis sie bewusstseinsmäßig wachsen und reifen, um letztendlich zu höherem Bewusstsein zu erwachen.

Auf der menschlichen Ebene kann man die Dinge, die einem schmerzlich widerfahren, nur aus beschränkter Sicht beurteilen. Wir können den **guten Plan** für uns auf der Seelenebene nicht mehr wahrnehmen.
Als Mensch fühlen wir uns oft ängstlich, wütend, hilflos im Alltagsleben, verletzt, ungeliebt und können uns oft selbst nicht annehmen, Schuldgefühle machen uns ganz klein. Deshalb betäuben sich ja so viele mit Alkohol und Drogen, um all diesen schmerzlichen Gefühlen wenigstens zeitweise zu entfliehen. – So gesehen ist das Leben wirklich triste – ein harter Lebenskampf im Meer der Wellen von Freuden und Leiden, weil die meisten Menschen in Unwissenheit ihre Erfüllung immer in der Außenwelt suchen. Das wahre Glück liegt aber **in** uns. Das ist das Reich unserer Seele. Wir leiden, weil wir ihren Plan nicht verstehen.

Wie wir bereits wissen, verläuft die seelische Entwicklung von uns Menschen gemäß dem Seelenplan in Entwicklungs-Stufen. So kann es z.B. vorkommen, dass eine Seele kurz vor Erreichung der nächsten Stufe steht. Dann braucht sie oft nur eine kurze Inkarnation. So kann es vorkommen, dass Kinder im Mutterleib oder noch ganz jung sterben. Hat die Seele diese kurze Lebenserfahrung gemacht, darf sie auf die nächste Stufe höhersteigen. Die Angehörigen auf der Erde trauern und sind verzweifelt. Aber wenn sie wüssten, was sich auf der

Seelenebene abspielt, dann würden sie eine andere Sicht von den Ereignissen bekommen. Sie würden sich für die aufgestiegene Seele freuen.
Gott hat jedem den freien Willen gegeben, er greift in unsere Handlungen nicht ein. Wenn wir gegen die geistigen Gesetze und die Naturgesetze verstoßen, müssen wir allerdings die leidvollen Früchte unserer Handlungen ernten. Nicht er, sondern wir selbst verursachen unsere Leiden. Und so kommt es zu endlosen Verstrickungen in vielen Inkarnationen. –Aber all die Leiden haben die Aufgabe, uns **seelisch aufzuwecken.**

Erst auf **unsere Bitte um Hilfe** in der größten Not und dem ernstlichen Willen zur Umkehr, kann Gott helfend eingreifen. Wir werden Suchende, forschen nach dem wahren Sinn des Lebens, wollen erfahren, wer wir wirklich sind und wohin unser Lebensweg gehen soll. Unser innerer Ruf als Erwachender bewirkt, dass uns geistige und irdische Lehrer und Wissen geschickt werden, dass wir unsere geistigen Erkenntnisse erweitern können.
Und nun geht es aufwärts: Geistiges Wissen wird uns zuteil, wir erfahren etwas über die Wiedergeburt und Karma. Daraus ergibt sich eine **ganz neue Sicht** über den Sinn unseres Lebens. Wir lernen, Verantwortung zu übernehmen und haben wieder ein Ziel im Leben. Immer mehr können wir unsere eigentliche göttliche Natur und unsere Berufung erkennen.
Auf dem Weg **zum wahren Nach Hause kommen** – zu unserer Quelle – Gott – werden wir auch immer wieder **Prüfungen** unterzogen, ob wir das, was wir lernten, auch **leben**.

Auf unserem Entwicklungsweg als Seele durchschreiten wir alle verschiedene Prüfungen und **vier** Einweihungen.
Die **erste** Prüfung oder Einweihung bezieht sich auf **Gefühle und Emotionen**. Diese werden dem Element **Wasser** zugeordnet, deshalb heißt sie **Wasser-Einweihung.** Es geht um das Beherrschen von zerstörerischen Emotionen, wie Neid, Zorn, Eifersucht ... usw. und um das Erwerben von Glauben, Gelassenheit und innerer Stille.

Bei der **zweiten** Einweihung, der **Luft-Einweihung**, geht es um die Beherrschung unserer Gedankenwelt. Genauso wie das unbeherrschte Gefühlsleben behindern auch unbeherrschte Gedanken unseren geistigen Fortschritt. Verstand und Gedanken werden dem Luftelement zugeordnet. Hier geht es um das Erwerben eines höheren Verständnisses, um die Intuition. Diese sollte über den Verstand gebieten. Es geht bei der **zweiten Einweihung** um die richtige Anwendung der **mentalen Kräfte**.

Durch die **dritte** Einweihung, die **Feuer-Einweihung**, sollen unsere Gemüts- und die Gedankenwelt durch die **Liebe** erwärmt werden. Die Liebeskraft äußert sich auf allen Ebenen, vorerst als Leidenschaft, bis sie zur selbstlosen und letztendlich allumfassenden Liebe (Prema) wird. Dann überschreitet der Mensch die Grenzen seiner Ichbezogenheit und vergisst sich selbst, indem er dem Nächsten dient. Dienen = lieben und umgekehrt. Diese göttliche Liebe hat verwandelnde Kraft und das niedere Selbst und alles Unvollkommene muss weichen. Dann erstrahlt das Herz-Zentrum des Menschen und der liebevolle Mensch wird Heilung und Trost für andere.

Bei der **4. Einweihung**, der **Erd-Einweihung**, sollen wir unsere erworbenen Fähigkeiten und geistigen Gaben auf die richtige Weise, im Sinne von »Herr, Dein Wille geschehe« in unserem irdischen Leben anwenden. Es geht darum, Sein Werkzeug zu sein.
Hier lernen wir zu unterscheiden zwischen unserem irdischen Ich und dem göttlichen ICH BIN. Dieses **ICH BIN ist der lebendige, universelle Christus**, der im demütigen **Herzen eines jeden Menschen geboren wird.**
Diese schrittweisen Einweihungen erfolgen im Laufe der Inkarnationen und sie laufen mehr oder weniger parallel ab.

Unsere Erde ist ein Schulungsplanet für die Seelen. Es gibt geistig weit höhere Planetensysteme, die schöner und harmonischer sind. Hier auf der Erde haben wir aus unseren Erfahrungen zu lernen.
Wenn wir die Erde beim Tode verlassen, ziehen wir auf der Astralebene Bilanz. Dabei erkennen wir genau, wo wir etwas gut zu machen haben, wo wir etwas unterlassen haben und wo wir noch etwas zu lernen haben. Bevor wir uns wieder inkarnieren, wählen wir die Lektionen und Aufgaben für das neue Leben, welche Schritte wir gehen und welche Fähigkeiten wir erwerben und welche Eigenschaften und Neigungen wir ablegen wollen.

Manche Seelen wählen einen besonders steilen, schwierigen Weg mit vielen Lektionen. Die Seele möchte immer den schnellsten Weg zu Gott gehen. Dabei kann es aber für den Menschen auf der Erde, der einen »schnellen Weg« gewählt hat, sehr schwierig werden, weil er viele »Hausaufgaben« zu bewältigen hat, die sich in Form von Schicksalsschlägen, Partnerproblemen, Trennungen oder Krankheiten niederschlagen.

Die Rolle von Schicksalsschlägen und Krankheiten

Lebenssituationen wie Schicksalsschläge, Verlust, Krankheit, schwierige Partner und Kinder sind strenge Lehrmeister. Wir können Geduld, Mut, Toleranz und Einfühlen erlernen. Außerdem, in schwierigen Situationen des Lebens, werden wir merken, wie stark unser Glauben und die Hoffnung ist. Genau die Schwierigkeiten tragen uns in die Arme Gottes, zu dem wir Zuflucht suchen.
Ganz nebenbei tragen wir karmische Belastungen ab. In vielen Fällen geht es darum, mit einem Partner gemeinsame Aufgaben zu erkennen und zu lösen.
Aber meistens erkennen wir erst – nachdem wir schwere Zeiten durchlebt haben – dass wir daraus sehr viel Erkenntnis gewonnen und Reifeschritte auf unserem Weg gemacht haben. Diese Erkenntnisse hätten wir nie gewonnen ohne diese Schwierigkeiten.
In einem Channeling für eine Ratsuchende erhielt ich folgende Antworten:

*»Den **Plan der Seele** kann der Mensch oft nicht verstehen und er bedeutet oft **anfänglich** Leid, aber es ist zum Besten für seine Entwicklung und Fortschritt.*
Durch Leiderfahrung wird jede Seele gehindert, die Fehler aus der Vergangenheit zu wiederholen und lernt daraus. Daraus resultiert seelisches Wachstum. Und darauf kommt es an.
Betet, Herr, DEIN Wille geschehe!«

*»Der **Sinn** dieses langen Leidens ist der, dass sie dadurch gewisse Seelenqualitäten erwerben konnte, die sie in einem leichten Leben nie erreicht hätte. Die Seele strebt immer das Beste, die Vervollkommnung an, auch wenn es auf dem Wege von schmerzlichen Erfahrungen ist.*
*Ihr Leiden ist nicht karmischer Natur, sondern dient zum **Seelenwachstum**, um Erwerbung von Geduld, Gottvertrauen, Hingabe an Gott, Selbstannahme.*
Mit der Konfrontation mit Krankheit, Leid und Tod wurde sie zu den wahren, wesentlichen Dingen gelenkt, sie kann nie mehr oberflächlich sein, sie hat die Gabe der Dankbarkeit erworben und die Fähigkeit, leidende Menschen zu verstehen und sich in sie hinein zu fühlen, also Mitgefühl.
Früher hat sie sich ohne Rücksicht auf ihre eigene Befindlichkeit verausgabt und mit den Menschen mitgelitten. Das war nicht richtig. Jetzt durch die Krankheit lernt sie auf die Zeichen ihres Körpers rechtzeitig zu achten, sich zu schonen und sich was Gutes zu tun.«

Schicksalsannahme und aktive Schicksalsgestaltung

In Indien ergeben sich viele Menschen in fatalistischer, hoffnungsloser Haltung ihrem Schicksal in Armut, Krankheit und Not. Sie tun auch kaum etwas, um ihre Lage zu verbessern. Sie glauben, dass sie ihr Karma abdienen müssen, um es im nächsten Leben besser zu haben.
Wir sollten diese extreme Haltung und Einstellung vermeiden. Wenn wir schon ein schweres Schicksal zu tragen haben, heißt das nicht, dass wir uns einfach blind in unser Schicksal ergeben und es so hinnehmen müssen. Wir sind aufgerufen, unseren Willen, unsere schöpferischen Kräfte konstruktiv einzusetzen und etwas für eine Änderung des Schicksals zu tun und das Beste daraus zu machen.
Es ist wichtig zu erkennen, wann und ob wir etwas ändern müssen oder nicht. Wenn etwas unabänderlich ist, müssen wir unsere Einstellung dazu ändern.

Gott, bitte gebe mir
die ***Gelassenheit,***
Dinge hinzunehmen, die ich nicht ändern kann,
den ***Mut und die Kraft,***
Dinge zu ändern, die ich ändern kann und
die ***Weisheit,***
das eine vom anderen zu unterscheiden.

Hinter jedem Problem stehen eine Lernaufgabe und eine Lösung

Nur wenn wir **Abstand** gewinnen von den Problemen des Lebens, können wir Probleme lösen. Das können wir nur in einem erhöhten Bewusstsein. So wie ein Adler die ganze Landschaft mit all ihren Tälern, Höhen, Flüssen und Wegen überblickt, können wir das Labyrinth des Lebens überblicken und die Wege des Lebens durchschauen. In den »Niederungen des Tales« können wir höchstens ein Stück vom Lauf des Flusses und eine kurze Strecke der Straße entdecken und haben keinen Überblick, d. h. wir stecken mitten in Problemen, sie nehmen uns gefangen.
Mit den verzweifelten Versuchen des Verstandes eine Lösung zu finden, kommen wir nicht weiter. Um Abstand zu gewinnen, etwas aus höherer Warte aus zu betrachten, brauchen wir Stille, Innenschau. In der so erwachenden Intuition können wir Impulse von der Seele, vom Hohen Selbst, von Engeln und unseren geistigen Helfern und Meistern empfangen und klare Erkenntnis erhalten.

Der königliche Weg der Erkenntnis oder der Weg des Leidens

Wir können den **königlichen Weg der Erkenntnis** gehen und aus allem lernen, oder den **Weg des Leidens** beschreiten über ein Symptom, eine Krankheit oder eine andere Schwierigkeit. Das Symptom ist gleichsam die »rote Warnlampe«, die uns aufruft, etwas in unserem Leben zu ändern. Wir haben die Wahl.

Über den Tod, das Sterben und Loslassen

Vor ca. 15 Jahren hatte ich mit Frau Dr. Elisabeth Kübler-Ross eine persönliche Begegnung anlässlich eines Vortrages im Kongresshaus Innsbruck.
Sie sprach über die Wichtigkeit des liebevollen Abschiednehmens, das Loslassen, die Trauerarbeit und über die »4 Quadranten« des Menschen, den körperlichen, emotionalen, mentalen und spirituellen Anteil. Ihr Vortrag war von Menschlichkeit, Einfachheit, klarer Sprache, Liebe und Spiritualität geprägt. Ihr Vortrag hätte von einem geistigen Lehrer sein können und nicht von einer Ärztin.
Sie erzählte aus ihren vielen reichen Erfahrungen mit sterbenden Menschen und aus ihren eigenen Erlebnissen als Ärztin. Ihr verdanken wir die Einrichtung von Hospizen, wo Sterbenskranke möglichst schmerzfrei ihre letzte Zeit verbringen. Schmerzfreiheit war Frau Dr. Kübler-Ross besonders wichtig, sodass der Kranke noch ganz bewusst »alle seine unerledigten Geschäfte« erledigen und mit den Angehörigen klären kann.
Der Tod ist eigentlich die **Krönung, der Höhepunkt des Lebens**. Wenn unser Leben mit Liebe und Mitgefühl ausgefüllt war, wir unsere Aufgaben erfüllt und uns unsere Wünsche erfüllen konnten, wenn wir mit allem Frieden geschlossen und losgelassen haben, dann können wir auf ein erfülltes Leben zurückblicken und dafür dankbar sein.
Wenn wir zur Erkenntnis gelangt sind, dass es mehr gibt als nur den Körper zu sättigen und Ruhm, Erfolg und Anerkennung hinterher zu jagen, dann haben wir die Lektionen des Lebens begriffen.

Als Pionierin der Sterbeforschung hatte sie keinen leichten Stand in medizinischen Kreisen. Allzu oft wurden die Äußerungen Sterbender als Halluzinationen abgetan – sie hörte aber hin, was die Menschen sagten. Der Sterbende ist schon mit der Astralebene verbunden und er kann mitunter schon wahrnehmen, dass er von seinen verstorbenen Lieben abgeholt wird oder er sieht Engel. Meistens zeigt sich dann ein Lächeln auf seinem Gesicht und die anderen wissen nicht, warum.
Selbst wenn der Sterbende nicht mehr in der Lage ist, zu sprechen, kann man noch immer mit ihm kommunizieren, und zwar **in Gedanken**. Da kann man ihm noch alles sagen, was zur Versöhnung notwendig ist. Oft tut es Menschen leid, dass sie zu Lebzeiten sich nie geäußert haben, wie viel ihnen der Angehörige bedeutet und dass sie ihn lieben. Das kann und soll man noch nachholen in dieser letzten Phase!
Auf den richtigen Beistand bin ich bereits im Kapitel »Im Einklang leben mit … Familie« eingegangen.

Ich kann mich noch gut erinnern, wie ich das bei meiner Großmutter tat, als sie im Sterben lag. Sie konnte bereits nicht mehr sprechen. Ich sagte ihr gedanklich, dass ich sie liebe und ihr nichts nachtrage von der Kindheit her. Sie hat ja alles in einer guten Absicht getan.
Ich wies sie an, sich auf das Licht zu konzentrieren und in dieses Licht hineinzugehen, wenn sie es wahrnimmt. Ihr war wohl ein wenig bange vor dem Übergang. Hatte sie doch die Angst vor dem Fegefeuer oder gar vor der Hölle, so wie sie es früher als Kind gelehrt bekommen hat. Ich bin froh, dass ich ihr sagen konnte, dass die Engel sie abholen und sie zu ihren Lieben zurückkommen wird. Das alles lief ohne Worte zwischen uns ab, ich hielt nur ihre Hand. Ich habe sie Jesus Christus anvertraut und den Engeln.
Plötzlich nahmen ihre Augen einen wunderschönen Ausdruck an, den ich bei ihr in meinem ganzen Leben noch nie gesehen hatte. Ganz schön, mit großen Augen und klaren Blickes schaute sie mich mit einem freundlichen Ausdruck an.

Ich bin froh, dass ich ihr diesen letzten Liebesdienst erweisen durfte, zumal sie mich ja als kleines Kind aufgenommen und aufgezogen hat unter sehr schwierigen wirtschaftlichen Bedingungen, ganz auf sich selbst gestellt.

Viele Menschen entwickeln große Schuldgefühle, weil ihr Angehöriger gestorben ist, und zwar just in dem Augenblick, als sie sich einmal für kurze Zeit vom Sterbenden entfernt hatten. Diese Schuldgefühle sind unbegründet. Auf diese Weise fällt es der Seele leichter, sich endgültig zu lösen. Zu große Trauer der Angehörigen macht ihr das Loslassen schwer, und sie nützt genau den Augenblick der Abwesenheit aus und geht.
Beim Tode löst sich der feinstoffliche Astralkörper und der Sterbende kann sich nicht mehr äußern, weil die Energiezentren langsam erlöschen. Zuletzt bleibt noch der Hörsinn erhalten. Deshalb ist es wichtig, zu überlegen, **was** man in der Anwesenheit von Sterbenden sagt!

Viele Mütter sind untröstlich, wenn sie Kinder verlieren durch ein Verbrechen. Sie leiden entsetzlich unter der Vorstellung, was ihr Kind durchgemacht hat. Dazu müssen sie wissen, dass sich die Seele in solch grausamen Momenten oft schon vor dem Tode vom Körper entfernt und das Kind gar nichts mehr mitbekommt, was mit ihm geschieht. Niemand stirbt ganz verlassen! Die Engel geben jeder Seele Beistand.

Und wenn Menschen Hand an sich legen, auch da bekommen sie Hilfe auf der anderen Seite und werden betreut. Es versteht sich von selbst, dass Gebete immer sehr hilfreich sind. Sie werden auf der Astralebene empfangen und dankbar angenommen. Es ist ein liebevoller Dienst für die Verstorbenen, ihnen immer wieder liebevolle Gedanken zu senden Aber auch für die Hinterbliebenen stellt das Gebet einen Trost und eine Kraftquelle dar. Die Helfer in der anderen Welt können dann umso besser den Zurückgebliebenen bei der Trauerarbeit helfen.

Der Tod ist eigentlich die Geburt in die Astralwelt und die Geburt ist das Abschiednehmen von der Astralwelt. So wie es eine irdische Nabelschnur zwischen Mutter und Kind gibt, so besteht auch eine feinstoffliche Nabelschnur zwischen dem grobstofflichen und dem feinstofflichen Astral-Körper und der Seele. Dieser Lebensfaden wird auch »Sutratma« oder »Silberschnur«, genannt.

Jede Nacht, wenn wir schlafen, trennt sich der Astralkörper vom physischen Körper, um sich kosmisch mit Lebensenergie (Prana) aufzuladen. Während des Schlafes befinden wir uns auf der Astralebene. Die meisten von uns können sich an die nächtlichen »Reisen« nicht erinnern. Wir empfangen dort mitunter auch Unterricht und Unterweisungen von hohen fortgeschrittenen Wesenheiten. Das, was wir lernen, können wir leider nicht immer ins Wachbewusstsein rufen, aber es bleibt im Unterbewusstsein gespeichert, und kommt im richtigen Moment als »Inspiration« hoch. Meistens sind es Themen und Wissensbereiche, mit denen wir uns tagsüber beschäftigen. Wir können aber durch Übung lernen, die Traumerlebnisse in das Wachbewusstsein herüberzunehmen, um wichtige verschlüsselte Botschaften der Seele zu empfangen. Träume sind nicht immer Schäume, sie zeigen unbewusstes Verdrängtes und geben uns auch Einsicht auf die astrale Ebene.

Auch bei Nahtod-Erlebnissen nach Unfällen, während Operationen oder nach schweren Qualen, z. B. unter Folter, löst sich der Astralkörper vom physischen Körper, bleibt aber mit ihm mittels der Silberschnur verbunden und intakt, und die Seele kann in den physischen Körper wieder zurückkehren. Oft sehen sich die Personen außerhalb des Körpers. Schwerkranke machen manchmal schon zu Lebzeiten Ausflüge in die astrale Welt.

Reißt hingegen das Energieband, ist der sogenannte »Tod« eingetreten. Es ist der endgültige Austritt aus dem physischen Körper, der Übergang in die subtile Welt. Frau Dr. Kübler-Ross hat diesen Vorgang sehr bildhaft und schön dargestellt:

»Der Tod ist ganz einfach das Heraustreten aus dem physischen Körper, und zwar in gleicher Weise, wie ein Schmetterling aus dem Kokon heraustritt. Sterben ist nur ein Umziehen in ein schöneres Haus.«
Der wunderschöne Schmetterling – die Seele – ist frei vom Gefängnis des physischen Körpers!

Der Tod gibt der Seele die Möglichkeit, sich von den Belastungen des Lebens auszuruhen und auf der anderen Ebene zu lernen. Er bringt Erlösung. Im Tod hören alle körperlichen Schmerzen und Gebrechen auf. Blinde sehen wieder, Lahme können gehen.
Der Sterbende legt seinen Körper ab wie alte Kleider, die man nicht mehr braucht. Im Tode gibt es den sogenannten »Lebensfilm«, wobei vor dem inneren Auge des Sterbenden das ganze Leben abläuft. Er erkennt selbst mit bestechender Klarheit, wo er etwas im Leben falsch gemacht hat und wo er lieblos war.
Menschen mit Nahtod-Erfahrung schildern alle einhellig, wie sie durch einen Tunnel in helles, großes Licht kommen, wo sie von einer wunderbaren Liebe und von Frieden umfangen werden. Das erlebten die meisten, ganz unabhängig von ihrer Konfession und ihrer Kultur. Sie wollten nicht mehr zurück und bedauerten es sehr, dass sie zurückgeholt worden sind. – Aber sie leben ihr neu geschenktes Leben viel bewusster. Sie wissen, dass das Sterben nur ein Übergang ist und haben keine Angst mehr davor.
Nur Menschen, die ganz und gar in Unwissenheit und ohne Glauben an Gott oder etwas Höheres hinübergehen, nehmen mitunter gar nichts wahr. Sie gehen in einen Dämmerschlaf über. Später, nach gegebener Zeit, nehmen sich die geistigen Helfer und Engel der Seele an und belehren sie.

Verschiedene Astralebenen

Die Seele des Verstorbenen erreicht aufgrund des Gesetzes der Resonanz jene Astralebene, die ihrem mitgebrachten **Bewusstseinszustand** entspricht. »In meines Vaters Haus sind viele Wohnungen.« Joh. 14.2. Es gibt demnach höhere, mittlere und sehr niedere Astralebenen. Je höher die Sphären sind, um so mehr sind sie durchlichtet und schöner.

Seelen von Menschen, die sich ganz den niederen Kräften hingegeben oder dem Bösen gedient haben, kommen in eine Art »Hölle«, einen seelischen Leidenszustand. Aber auch sie bekommen eine Chance zur Erlösung, dass sie zum Himmlischen Vater zurückkehren können. Niemand wird auf ewig verdammt, wie es von der Kirche gelehrt wurde.

Es besteht auch die Möglichkeit, dass Verstorbene erdgebunden bleiben und nicht in die Astralwelten gehen. Sie befinden sich dann im Mittelbereich zwischen Erde und Astralebene. Gründe sind dafür ein sehr materialistisches Bewusstsein, Anhaftung an irdischen Besitz, den sie nicht loslassen können oder Süchte.
Daher ist es auf jeden Fall zu vermeiden, Alkohol in niedergedrückter Stimmung zu trinken, wenn man sich einsam fühlt, denn dann ist man bald »nicht mehr alleine«. Es hängen sich erdgebundene Seelen ehemaliger Alkoholiker an die Aura. Regelmäßiger Alkohol- oder Drogenkonsum macht die Aura durchlässig. So wie unschuldige Kinder schöne Feen und Engel aus der höheren Astral- und Himmelswelt erblicken, so können Drogen und Alkohol-Räusche bewirken, dass Suchtkranke die abschreckenden Gestalten der astralen Hölle sehen.

Manchmal können sie auch nicht loslassen, weil sie große Sorge um ihre Angehörigen haben und sich um diese weiter kümmern wollen. Doch sobald sie bemerken, dass alles in Ordnung ist, keine Gefahr besteht und es ihren Lieben gut geht, kehren diese Seelen nach Hause ins Licht, in ihre wahre Heimat zurück. In diesem Zusammenhang möchte ich an den Film »Ghost – Nachricht von Sam« erinnern, der dies sehr eindrucksvoll und zugleich auf schöne, berührende Weise schildert.
Ein sehr schneller Tod, z. B. im Krieg oder durch Unfall kann dazu führen, dass der Verstorbene seinen Tod gar nicht registriert hat.
Oft ist der Verstorbene völlig verwirrt, wenn er hört, wenn der Priester am Grabe predigt, die Seele möge »ewig bis zu ihrer Auferstehung in Frieden ruhen«, und er steht feinstofflich daneben und stellt fest, dass er immer noch lebt, aber ohne seinen physischen Körper.
Oder manche Verstorbene glauben ganz einfach nicht, dass sie gestorben sind. Sie haben nie an ein Leben nach dem Tode geglaubt, und nun finden sie sich nicht zurecht. Sie bleiben in ihrem gewohnten Umfeld, verrichten Alltagstätigkeiten – so wie sie es zu Lebzeiten taten. Aber da sie in ihrem feinstofflichen Astralkörper sind, werden sie von der Umwelt auch nicht wahrgenommen, außer von hellsichtigen Menschen und Tieren.
Manchmal wissen sie nicht wohin und verirren sich in die leuchtende Aura eines Menschen.

Es gibt Möglichkeiten, diese erdgebundene Seelen zu befreien, indem man mit ihnen gedanklich spricht, mit ihnen betet, so wie ich es bereits unter »Beistand beim Übergang« im Kapitel über die Familie geschildert habe. Aber vorerst muss man stets die Geistführer und Engel (Gottesboten) um Beistand und Schutz bitten, um dann erst gedanklich Verbindung mit der Seele aufzunehmen.
Zuerst senden wir der erdgebundenen Seele Liebe, und dann klären wir sie über ihren Zustand auf, dass sie gestorben ist und dass es nicht recht ist, wenn sie sich die Energie eines Menschen holt. Sie soll heimkehren ins Licht, in ihr wahres Zuhause, wo schon ihre Lieben auf sie warten und sie bedingungslose Liebe erfahren wird. Wir sagen ihr auch, dass sie keine Schuldgefühle zu haben braucht und ihr bereits alles verziehen sei. Das nimmt ihr die Furcht und sie löst sich leichter aus der Aura.
Gedanklich wird ihr sodann eine Lichtsäule gebaut, in die sie dann eintreten kann. Dazu werden Erzengel Andon und die Elohim eingeladen, dass sie die Seele abholen.
Der von der Seele befreite Mensch fühlt sich danach sehr erleichtert, ist nicht mehr so müde und fühlt eine Last von den Schultern genommen. Oft kehrt auch ein Gefühl der Freude ein, das von der erlösten Seele stammt. In Fachkreisen wird dies Aura-Clearing genannt.

Der Leiter einer psychiatrischen Klinik, Dr. Wickmann, beschreibt in seinem Buch »30 Jahre unter Toten«, wie er und seine mediale Frau viele besetzte Patienten von erdgebundenen Seelen befreiten.

Oft befinden sich auch Verstorbene feinstofflich noch an Orten, wo sie eines gewaltsamen Todes gestorben sind. Diese kann man befreien, indem man Erzengel Michael um Hilfe zur Erlösung der Seelen anruft. Ich weiß dies von einer vertrauenswürdigen Person, die in einem alten Gutshof die astralen Körper mehrerer erhängter Personen wahrnahm. Auf ihre Bitte hin kam Erzengel Michael, schnitt die Personen von ihren Stricken ab und er nahm die astralen Körper in die Arme und führte sie ins Licht. Die Erlösten bedankten sich bei ihr auf innerer Ebene. Es ist nicht nur für jede einzelne Seele gut, dass sie erlöst wird, sondern auch für unsere Erde. Sie wird dadurch lichter und kann leichter in eine höhere Schwingung treten.
Die Erde leidet unter den Schwingungen von negativen, disharmonischen Gedanken und Gefühlen aller Menschen und aller unerlösten Seelen sehr. Diese niederen Schwingungen von Hass und Ängsten lasten alle wie dunkle astrale Wolken auf ihr und diese sind wiederum Auslöser von Naturkatastrophen, Unruhen und Kriegen.

Hellsichtige, medial veranlagte Personen nehmen sich sogenannten »armen Seelen« an, die an verschiedenen Orten erscheinen. Sie befreien diese aus ihrer Unwissenheit und Erdgebundenheit, damit sie in höhere Astralebenen eintreten können. Das tun sie, indem sie für sie beten und Hl. Messen für sie lesen lassen.
So ist es auch den Tagebuchaufzeichnungen der Prinzessin Eugenie von der Leyen (1867 bis 1929) zu entnehmen. Sie hat diese Erlebnisse nur ihrem Pfarrer anvertraut und das Tagebuch wurde später nach ihrem Ableben in dem Buch »Meine Gespräche mit Armen Seelen« von Dr. Peter Gehring veröffentlicht. Anfangs nahm sie die Erscheinungen dunkel, auch hässlich und furchterregend wahr – oft hatten diese Menschen zu Lebzeiten schweres Unrecht begangen. Sie waren von brennenden Schuldgefühlen und Reue, aber auch von Hass und Angst erfüllt. Eine Frau hatte z. B. einen sehr hässlichen Mund, voller Geschwüre. Sie hatte vielen Menschen ihr ganzes Leben lang mit ihrem bösen Mundwerk sehr geschadet, indem sie diese verleumdet hat. Auf astraler Ebene tritt alles zutage, da gibt es kein Verstellen – der Astralkörper zeigt die wahre Beschaffenheit der Gedanken und Gefühle.
Aber mit der Zeit, nachdem Prinzessin Eugenie von der Leyen auf die Bitten der leidenden Seelen für diese immer wieder gebetet hatte und Hl. Messen für sie lesen ließ, wurden ihre astralen Körper immer heller und schöner – bis sie sich zum Schluss für die Erlösungsarbeit bei ihr bedankten und verabschiedend mitteilten, dass sie nun in höhere Astralsphären wechseln dürfen.
Jahrelang verrichtete sie diese Erlösungsarbeit und half vielen Seelen. Die Wahrnehmungen der Adeligen blieben allen anderen verborgen. Ihr kleiner Neffe und die Haustiere waren ihre einzigen »Augenzeugen«, denn nur sie sahen die Erscheinungen. Sie wurde von allen Leuten die sie kannten, als lebensfrohe, liebevolle und gütige Person geschätzt.

Meine Schwiegermutter erzählte mir einmal einen Traum. Sie begegnete ihrer alten »Tante Tini« wieder, die bereits verstorben war. Bei dieser Gelegenheit fragte sie sie, wie es ihr gehe. Ihre Antwort war: »Mir geht es gut und einen Wein krieg ich auch«. Sie hatte zu Lebzeiten ein Tröpfchen guten Weins nicht verschmäht.
Auf die Frage, wie das Sterben sei, erklärte Tante Tini: »Du kommst durch einen dunklen Tunnel durch, aber am Ende ist es ganz licht.«
Meine Schwiegermutter hatte von diesen Dingen keine Ahnung gehabt. Sie hatte es von nirgends her erfahren. Sie hatte im Traum, auf der Astralebene, die Wahrheit erfahren.
Tante Tini war auf der Astralebene, wo die meisten Seelen hinkommen. Es ist das sogenannte »Paradies«. Es gibt dort keine körperlichen Begrenzungen und Beschwerden mehr, die Wunschgedanken verwirklichen sich sofort. Die Kommunikation geht über die Gedanken.

Kinder können mitunter nicht nur Engel, sondern auch die Astralkörper von verstorbenen Menschen wahrnehmen, manchmal ihre verstorbenen Großeltern, die sie sehr liebten. Meine Freundin Evi hat mir kurz nach dem Tode ihres Vaters erzählt, dass ihr kleiner, knapp über zwei Jahre alter Sohn im Kinderzimmer auf eine Stelle zeigte und sagte: »Schau, der Opi ist da«. Es kommt vor, dass Großeltern die Schutzengel für ihre Enkel werden, und zwar nicht nur für die Kinderzeit, auch für später. Das habe ich von einem sehr glaubwürdigen Menschen erfahren, der das selbst jetzt noch als Erwachsener erlebt. Er weiß, dass sein Großvater auf ihn schaut, er spürt oft seine Präsenz. Der Großvater hat es ihm auf dem Sterbebett versprochen.

Fortgeschrittene Seelen übernehmen auf den Astralebenen verschiedene Aufgaben oder sie stehen Menschen als Schutzengel bei. Ich weiß, dass auch meine liebe mütterliche Freundin Marianne, die vor kurzem verstorben ist, mir jetzt aus der anderen Ebene beisteht.
Sie tat sich mir anlässlich eines Channelings kurze Zeit nach ihrem Heimgang überraschend kund:

»Liebe Monika, ich bin jetzt bei Dir und freue mich, dass Du auf Deinem Weg so gut vorankommst. Ich habe Dich immer ermutigt dazu. Ich bin froh, dass Du meinem Rat gefolgt bist. Ich arbeite jetzt auf höheren Ebenen als geistiger Helfer, aber bei Heilarbeit und bei Beratungen werde ich Dich inspirieren. Sei nicht traurig um mich, jetzt bin ich glücklich und kann noch mehr helfen, als ich es auf der irdischen Ebene tun konnte. ...
In Liebe, Deine Marianne, die jetzt glücklich ist.«

Und ein paar Wochen später:
»... Ich bin jetzt bei Dir, sei nicht mehr so traurig um mich. Halte aber Dein Versprechen und setze Dich mit meiner Tochter in Verbindung ...
Ist es nicht schön, dass wir so schön miteinander plaudern können und Du mich so leicht hörst, aufnehmen kannst? Ich freue mich sehr, wir sind nicht getrennt. Ich habe hier viele Aufgaben, aber ich bin immer gerne bei Dir ... Ich gehe jetzt, ich habe noch viele Pflichten für Seelen, die hier ankommen und Hilfe brauchen. Man ruft mich.«

Meine Schwägerin Edith erzählte mir, dass sie noch einige Zeit nach dem Verscheiden ihres Mannes seine Anwesenheit um sich deutlich spürte. Sie waren zu Lebzeiten sehr innig viele Jahre miteinander verbunden gewesen. Nach einer gewissen Zeit hatte sie einen sehr lebhaften Traum, in dem sie ihrem Mann begegnete. Er sagte zu ihr, er müsse jetzt einen anderen Weg gehen und er zeigte ihn ihr auch. Er erklärte ihr, dass ihn dort am neuen Ort viele Aufgaben erwarten, er sich aber darauf freue. Es war eine wunderschöne, farbenprächtige Landschaft dort in der astralen Welt. Er bat sie auch, sie solle nicht so sehr um ihn trauern, weil er darunter leide.
Sie war sehr getröstet durch diese nächtliche Begegnung im Traum. Sie hat seine Bitte beherzigt und sich wieder dem Leben freudvoller zugewandt.

Aber auch unsere Haustiere gehen in die astrale Welt, manchmal machen sie sich noch bemerkbar bei ihren Besitzern. Als mein kleiner Zebrafink schon sehr alt war, merkte ich, dass es zum Sterben kam, er hielt die Augen geschlossen und rührte sich kaum noch. Ich nahm ihn in meine Hand, labte ihn noch mit ein wenig Wasser, gab Bach-Notfalltropfen dazu.
Im letzten Augenblick streckte er sich, machte die Augen auf und schaute mich und meinen Mann ganz groß und liebevoll wie zum Abschied an. Bei einem Channeling habe ich erfahren, dass das Tierlein bei mir sehr viel gelernt habe, und nun in eine höhere Form inkarnieren kann. Tiere können durch das Verhalten der Menschen seelische Fortschritte machen. Deshalb ist es wichtig, dass man mit ihnen gut umgeht.

Jedem, der das Wissen über den Tod, den Übergang und das Loslassen vertiefen möchte, um vielleicht selber einem Angehörigen beizustehen, darf ich das Büchlein von Dr. Elisabeth Kübler-Ross »Vom Schmetterling zur Raupe« gerne empfehlen.

Moksha – Befreiung, Vergangenheit loslassen

Wenn sich beim Tode die Seele mit dem Astral- und Kausalkörper vom physischen Körper trennt, verfällt nur der physische Körper. Die feinstofflichen Körper leben weiter in der astralen Welt, bis sich die Seele wieder in einem neuen Körper inkarniert.
Je nach den Aufzeichnungen des Kausalkörpers über unser Karma und unsere Wünsche werden sich die Umstände der nächsten Inkarnation gestalten. Dazu gehören Gesundheit oder Krankheit, Geburtsort, Lebensumstände, Freunde, Feinde, Talente, Fähigkeiten.

Um uns endgültig aus dem Kreislauf der Wiedergeburten zu befreien, ist die

- Auflösung aller karmischen Bindungen,
- die Befreiung aus der materiellen Anhaftung und
- die Erlösung unseres göttlichen Selbst nötig.

Auf die Notwendigkeit des Vergebens und die **Auflösung** der karmischen Bedingungen sind wir bereits eingegangen.

Es ist wichtig, die Anhaftung an das Materielle aufzulösen und alle materiellen Fesseln zu sprengen. Darum ist es gut, wenn wir uns bereits mitten im Leben die **Kunst des Loslassens** aneignen, sie üben und meistern. Machen wir uns bewusst, in Wirklichkeit gehört uns nichts. Alles was wir haben ist uns von Gott geschenkt worden, unsere Lieben, unsere Freunde und unser ganzer Besitz.
Diese materiellen Fesseln werden Maya (was nicht ist) oder Illusion/Täuschung genannt. Maya wird auch die Torwächterin zur spirituellen Welt oder Gottes Himmelreich genannt (nicht zu verwechseln mit dem astralen Paradies), da sie nur diejenigen Seelen einlässt, die wirklich die letzten und verborgensten Wünsche und Verlangen gelöscht haben. Alle anderen Seelen müssen entsprechend ihren Wünschen und ihrem Bewusstsein in die verschiedenen Astralsphären nach dem Tode eingehen, bis sie sich auf der Erde wiederverkörpern.
Wünsche sind wie Seile, die uns an den Kreislauf der Wiedergeburten binden. Maya bringt die verborgenen oder verdrängten Wünsche ins Bewusstsein, wo sie Gestalt annehmen, in diesem Leben oder in einem weiteren.

Bei aufkommenden Wunschgedanken haben wir zwei Möglichkeiten:
Wir erfüllen uns den Wunsch wirklich oder wir können unsere Wünsche auch prüfen ob ihrer Sinnhaftigkeit, indem wir uns in die Wunscherfüllung mental hineinversetzen und beobachten: will ich das wirklich? Bringt mir das wirklich Erfüllung?
Oft genügt es schon, sich mittels der Vorstellungskraft einen Wunsch geistig zu erfüllen, um ihn dann loslassen zu können. Denken Sie an eine Weltreise, man will an einen Ort mit schönen Erinnerungen zurück oder man möchte sich einen Lebenstraum, z. B. ein teures Auto, erfüllen. Wenn wir wirklich frei werden wollen, wäre es ja unsinnig, wenn wir uns wegen solcher Wünsche wieder an das Rad der Wiedergeburt fesseln würden.

Materielle Wünsche bringen nur kurzfristige oder zeitweilige Erfüllung, da sie an den Körper gebunden sind. Spirituelle Wünsche, die die Seele befriedigen, stehen auch im Einklang mit Gottes Wünschen. So sollten wir uns Gottes Wünsche zu eigen machen und uns fragen, was Ihn erfreuen würde, anstatt immer nur danach zu suchen, was den Körper erfreuen würde.

Maya ist letztendlich nur eine Täuschung, die es uns ermöglicht, all die unwirklichen, zum Körper gehörenden Vorstellungen als Wirklichkeit zu betrachten.
Die gesamte Schöpfung ist in Wahrheit nur ein materialisierter Gedanke Gottes, verdichtete Lichtenergie – so wie sich der unsichtbare Wasserdunst zu Wasser und bis zu Schnee und Eis sichtbar verdichten kann.

Eine große Hilfe bei der Auflösung von Anhaftungen an das materielle Leben und der **Erlösung unseres göttlichen Selbst** ist Prema oder Bhakti – die Entfaltung bedingungsloser Liebe und Hingabe zu Gott.
Dies ist eine Bewusstseinsstufe, die weit über die eines normalen Lebens hinausgeht. Sie wird uns dahin führen, Gott in allen Lebewesen (Mitmenschen, Tieren und Pflanzen) zu sehen und der gesamten Schöpfung mit Liebe zu begegnen.
Ganz von selbst werden wir eine innere Freude entwickeln, die uns unabhängig von den Wünschen nach den gröberen Freuden des materiellen Lebens macht. Je mehr wir unser göttliches Sein im Bewusstsein verankern und Liebe zu Ihm entwickeln, umso mehr wird unser materielles Bewusstsein und die körperliche »Bedeckung« verblassen! Dies ist der Anfang der Erlösung des Jivan-Atman, unseres individuellen, göttlichen Selbst.
Wenn wir so leben, tragen wir altes Karma ab, fügen aber kein neues mehr hinzu, was letztendlich zu unserer Befreiung von den Wiedergeburten führen wird. Dies nennt man Moksha.
»Wer überwindet, den will ich machen zum Pfeiler in dem Tempel meines Gottes, und er soll nicht mehr hinausgehen.« Offenbarung 3, 12.

Als Du auf die Welt kamst, weintest Du,
und um Dich herum freuten sich alle.
Lebe so, dass, wenn Du die Welt verlässt,
alle weinen und Du alleine lächelst.

Östliche Weisheit

Im Jetzt leben, so die Zukunft schaffen

Daher ist es notwendig, im Jetzt zu sein und nicht mehr der Vergangenheit nachzuhängen, denn nur im **Jetzt** schaffen wir unsere Zukunft.
Mit jedem Leben bekommen wir neue Chancen für unser geistig/seelisches Wachstum und Wiedergutmachung alter Schuld. Was wir in diesem Leben an Fortschritt nicht schaffen, können wir im nächsten fortsetzen.

Wenn wir also eine endgültige Befreiung von den Wiedergeburten anstreben, so ist es notwendig, dass wir uns auf **jeder Ebene**

- der körperlichen durch entsprechende Lebensweise,
- der astralen durch rechte Gedanken und Gefühle und
- der geistig/seelischen durch Gebet, Meditation –

immer mehr in höhere, reinere Schwingung bringen und unser göttliches Potenzial entfalten, bis wir nach dem Tode mit reinen, geläuterten feinstofflichen Hüllen vor unseren Schöpfer treten, und uns nicht mehr hier auf Erden verkörpern müssen.

Meditation am Ganges in Benares/Varanasi

13. Kapitel

Im Einklang leben mit Gott

Im Einklang mit Gottes Willen, dem Schöpfungsplan leben

Gott schläft im Stein,
träumt in der Blume,
atmet im Tier
und erwacht im Menschen.
(Indisches Sprichwort)

Die Seele ist von göttlichem Wesen und qualitativ eins mit Gott. Nur quantitativ unterscheidet sie sich von der Allmacht Gottes.
Unser Verhältnis zu Gott lässt sich deshalb am ehesten vergleichen mit dem Verhältnis eines Tropfens zum Meer oder eines Funkens zum Feuer, die von gleicher Qualität, aber nicht von gleicher Quantität sind.
Wir Menschen verfügen daher über schöpferische Fähigkeiten und wir sollten mit unseren Gedanken- und Gefühlskräften sorgsam umgehen. Der Körper stellt das **Werkzeug** der Seele dar, und deshalb ist es eine wichtige Aufgabe, gut für diesen Körper zu sorgen.

Gott (oder der innere Meister) spricht zu uns in Form unserer Intuition, die wir aber nur in der Stille vernehmen. Nur so können wir Führung von Ihm bekommen, Sein Werkzeug sein und Seinen Willen erfüllen. Gott weilt im Herzen als Überseele (Param-Atman). Sie ist der göttliche Begleiter auf unserem Weg im Kreislauf der Geburten. Die Überseele ist der göttliche Funke in unserem Herzen. Dies ist unser innerer Tempel. Jesus spricht auch von der »verborgenen Kammer«, in die wir uns zurückziehen sollen, wenn wir beten (Matthäus 6,6).
Vorstellen kann man sich den göttlichen Funken wie eine dreifärbige Flamme, die blaue Flamme der göttlichen Macht, die gelbe Flamme der göttlichen Weisheit und die rosa Flamme der göttlichen Liebe.

Wir sind untrennbar mit Gott verbunden, wir sind in Ihm und Er ist in uns – es gibt keine Trennung! Machen wir uns dies immer wieder bewusst.
Durch den göttlichen Lebensfunken und die göttliche Energie, die wir über die Energiezentren (Chakren) erhalten, werden wir mit Lebensenergie versorgt und damit wird der Herzschlag und somit der Blutkreislauf geregelt.

Ein gutes Orchester oder einen guten Chor kann es nur geben, wenn alle Musiker und Sänger im Ein-Klang nach dem Takt des Dirigenten spielen und singen. Erst dann wird die Musik als schön und harmonisch empfunden, ansonsten wird es chaotisch.
Auch wir sollten trachten, unser Leben als Musiker im Orchester der Schöpfung im Ein-Klang mit Gott zu spielen. Dann wird sich auch unser Leben schöner und harmonischer gestalten. Warum ist das für uns so schwer? Warum gibt es so viele Dissonanzen in unserem Leben und auf der Erde?

Die Rolle des Egos

Im Alter von ca. 3 Jahren beginnt die Trotzphase des Kindes. Es ist eine schwierige Zeit für die Eltern und das Kind. Aber es will und muss sich abgrenzen von den Eltern, das ist in diesem Alter für seine Persönlichkeit richtig. Auch später in der Pubertät lösen sich die Kinder von den Eltern und lassen sich nichts mehr von ihnen sagen. Sie wollen ihre eigenen Erfahrungen machen. Das sind wichtige Phasen im Leben, sie führen zur Entwicklung eines gesunden Egos, zur Selbstfindung des eigenen Weges. Diese Ablösung ist in diesem Alter ganz normal.

Bleibt der Mensch aber in dieser eigenwilligen, unbelehrbaren Phase stecken, wird er sich später zum Egoisten entwickeln, der rücksichtslos seinen Willen und seine Interessen durchsetzt und um den sich alles drehen muss. So ein Mensch bringt viel Leid in das Leben anderer, aber auch er wird unglücklich.

Darum ist es auch so wichtig, so früh wie möglich die Entwicklung der Herzensbildung zu fördern. Kinder kann man schon sehr gut etwas anvertrauen, für das sie sorgen können, z. B. eine Blume zu pflegen, etwas für andere zu tun, sie zur Hilfsbereitschaft zu erziehen, ihnen die Liebe zur Natur und zu Tieren nahe zu bringen. Indem das Kind das rechtzeitig lernt, entwickelt es ganz automatisch die Liebe zum Nächsten. Seine Interessen kreisen nicht mehr nur um sich selbst und es setzt sein Ego, seinen **Willen konstruktiv**, für Positives ein. Das wird das Kind dann später als Erwachsener auch so tun.

Es ist auch wichtig, dass die Kinder lernen, auf den wohlgemeinten Rat der Eltern zu hören, wenn sie sie vor Gefahren warnen. Die Kinder glauben und folgen ihnen nicht und setzen ihren Eigenwillen durch und tun genau das, was sie nicht sollen. Aber erst durch die eigenen schmerzhaften Erfahrungen sehen sie es ein, dass sie besser auf den Rat der Eltern gehört hätten.

Und so ist es mit uns und unserem **Verhältnis zu Gott** auch. Wir hören nicht auf Ihn, der uns immer wieder durch unsere eigene innere Stimme des Gewissens warnt und handeln oft wider besseres Wissen. Unser Eigenwille wird uns immer wieder in die Irre führen.

Oft braucht es auch ein Stück Demut. Wir wollen es uns nicht eingestehen, dass wir Hilfe brauchen und glauben, ohne Hilfe auskommen zu können.

In der heutigen materialistischen Zeit leben die meisten Menschen selbstherrlich ihr Leben ohne Spiritualität, nur für ihre eigenen Interessen. Das Ergebnis rundherum können wir Tag für Tag verfolgen. Überall um uns gibt es viel Leid und Lieblosigkeit. Viele stecken in einer Sackgasse, aus der sie nicht herauskommen.

Da braucht es einen, der uns den Weg zeigt, so wie sich der Wanderer dem Bergführer anvertrauen muss, der mit allen Gefahren des Aufstiegs auf den Berg vertraut ist. Und wer ist es? Gott. Er kennt unsere Wege, die wir zu gehen haben, Er allein!

Loslassen des Egos

Oft genug stören wir Menschen durch unseren Eigenwillen die göttliche Ordnung, indem wir die geistigen Gesetzmäßigkeiten außeracht lassen und uns nicht darum kümmern. Alles was nicht in der Wahrheit, Klarheit, Eindeutigkeit, Gerechtigkeit, Recht, Ordnung, Verlässlichkeit und vor allem nicht in der Liebe ist, verstößt gegen Gott.

Ich möchte das verdeutlichen: Wir brauchen nur zu beobachten, wie es um uns rundherum bestellt ist. Wo sprechen oder schreiben noch Menschen ehrlich die Wahrheit, sagen klar und eindeutig, was sie meinen? Wie viel Unrecht geschieht überall auf der Welt, oft herrscht Chaos statt Ordnung. Wo finden wir wirklich zuverlässige, verlässliche Menschen? Wo finden wir wirklich Mitgefühl und Liebe?

Wenn wir uns die Medien, die Politik oder das Gesellschaft- und Geschäftsleben anschauen, dann schaut es triste aus. Hier werden zwar auch freundliche Worte ausgetauscht, aber oft in manipulativer Weise gebraucht, nur um Vorteile zu erheischen. Hinter den äußeren Fassaden steckt purer Egoismus. Warum?

Wie kommen wir aus diesen Sackgassen des Leids heraus? Wie können wir im Ein-Klang mit dem Schöpfungsplan handeln? Indem wir den Eigenwillen und Eigensinn loslassen und wieder lernen, auf unsere innere Stimme zu hören.

Die Rolle des Bösen – Maya – Die Kraft der Täuschung

Es gibt zwei Kräfte: Kräfte, die für Gott wirken und Kräfte, die gegen Gott wirken. Gott ist Liebe und Wahrheit. Bosheit und Lüge stellen den Gegenpol dazu dar. Uns Menschen ist der freie Wille geschenkt worden und wir können entscheiden, welchen Kräften wir folgen. Diese Entscheidungen fällen wir in jeder Minute in unseren Handlungen. In uns angelegt ist die göttliche und die tierische Natur. Es liegt an uns, **welche Natur** wir in uns stärken.
In den Veden, den hl. Schriften Indiens, wird der Mensch als ein »zweibeiniges Tier« bezeichnet, wenn er nicht sein höheres Bewusstsein entwickelt hat.
Wie sehr die Menschen noch im tierhaften Verhalten stecken, möchte ich nur an einem Beispiel aufzeigen: Bei Nachbarstreitigkeiten kommt es oft vor, dass die Kontrahenten »ihr Revier« verteidigen mit einer Vehemenz, die unglaublich ist. Sie prozessieren unaufhörlich, bis sie letztendlich ein Vermögen verlieren oder sie tun sich gegenseitig Gewalt an.
Manchmal geht es dabei nur um ein kleines Servitut, um eine Durchgangsbewilligung, um einen halben Meter. Es ist unschwer zu erkennen, welchen Kräften sie dienen.

Im ersten Kapitel habe ich unser wahres Wesen beschrieben und auch die Chakren, die feinstofflichen Energiezentren. Aus der Aufstellung sind deutlich die Lernaufgaben abzulesen und die Bewusstseinsstufen, die wir während des Lebens durchlaufen.
Es ist wichtig, dass wir uns für das interessieren, was **über** unsere Grundbedürfnisse des Lebens – Arbeiten, Verdienst, Essen, Schlafen, Verteidigen und Sex – **hinausgeht**.
Höheres Bewusstsein bedeutet, dass uns Fragen nach dem Sinn des Lebens, dem Woher und Wohin wichtig sind. Es geht darum, dass wir unsere göttliche Natur zum Ausdruck bringen, d. h. bewusst Herzensqualitäten, wie Mitgefühl, Liebe zu anderen Lebewesen und Achtung vor der Schöpfung zu entfalten. Erst dann dürfen wir uns Menschen nennen.
Wenn wir das nicht tun, werden wir ein Raub der niederen Kräfte, so wie die oben beschriebenen »Kampfhähne« und »Revierhirsche«.

Die meisten Menschen sind sich ihres göttlichen Potenzials, ihrer Kraft nicht bewusst und versuchen, Macht, Einfluss und Erfolg nur über äußere Quellen im Materiellen zu erreichen. Das tun sie, weil sie ihre spirituellen Wurzeln vergessen haben. Auch ihre Freude und ihr Vergnügen suchen sie nur im Äußeren, weil sie keine wirkliche innere Freude mehr empfinden. Sie verstricken sich immer mehr im Fallnetz der Täuschung, das letztendlich nur Leid bringt. Was ist das Fallnetz der Täuschung?

Das Fallnetz ist die **täuschende Kraft**, die der ganzen Struktur der Schöpfung innewohnt und die zur Folge hat, dass der Eine als viele erscheint. Diese täuschende Kraft wird in der altindischen Sanskritsprache »Maya« genannt. Maya ist das Prinzip der Dualität und Gegensätzlichkeit, sie wird auch »Satan« (hebr. der Gegner) oder »Teufel« (griech. Diabolus) bezeichnet. Christus beschrieb Maya in drastischer Weise als Teufel, Mörder und Lügner: »Der Teufel ist ein Mörder von Anfang und ist nicht bestanden in der Wahrheit, denn die Wahrheit ist nicht in ihm. ... er ist ein Lügner und ein Vater derselben.« (Johannes 8.44.)

In Gottes Plan besteht die einzige Aufgabe von Satan oder Maya darin, zu versuchen, die Aufmerksamkeit des Menschen vom Geist auf die Materie zu lenken.
Die materielle Schöpfung würde sich auflösen, wenn nicht die Menschen Anhaftungen an das Materielle entwickeln würden. Nur die Anhaftungen, Wünsche und die karmischen Verflechtungen führen dazu, dass sich die Menschen immer wieder inkarnieren müssen. Sonst würden die Seelen ja wieder gleich zu Gott zurückkehren.

Diese illusionierende Kraft von Maya oder Satan verführt die Menschen dazu, dass sie ihr Glück in Sinnlichkeit, in Süchten, Sex, Alkohol, Macht und Geld suchen. Sie verspricht ihnen Genuss und Macht. Um zu Macht und Geld zu kommen, kehrt die Lüge ein und Geld wird wiederum als ein Machtmittel eingesetzt. Oft genug bleiben Mitgefühl und Achtung vor den Mitmenschen und Geschöpfen auf der Strecke. Neid und Gier lassen nicht lange auf sich warten und alle Todsünden tanzen auf der Bühne des Lebens. Die Menschen jagen ihrem vermeintlichen Glück rastlos hinterher und verfangen sich immer mehr in ihrem selbst gesponnen Netz der Begierden.

Hier finden wir auch die genialen, eiskalten Wissenschaftler, die skrupellos ihr Wissen einsetzen, um teuflische Erfindungen zu machen. Wir sollten **nicht** unbedingt vor jedem Menschen, der intelligent und gut ausgebildet ist, Respekt haben und ihn achten. Der Teufel ist auch intelligent! Denken wir doch an die Gen-Wissenschaftler, die jetzt um jeden Preis die Geheimnisse der Schöpfung enträtseln und mit ihren Manipulationen in den Schöpfungsplan eingreifen, ohne die unübersehbaren Gefahren für die Menschen zu bedenken. Wie viel Leid hat der Menschheit die Erfindung der Atombombe beschert! Ich erinnere in diesem Fall an das Kernkraftunglück in Tschernobyl.
Erst wenn der Mensch Herzensgüte entwickelt hat und diese mit Intelligenz verbindet, verdient er unseren Respekt. Sonst ist immer die Gefahr des Missbrauchs der Intelligenz gegeben.
Machthunger bringt Menschen dazu, dass sie strikt, ohne Gewissen und Skrupel grausame Befehle annehmen und weitergeben. Geldgier regiert die Drogenhändler, die Konzernbosse, die z. B. rücksichtslos die Regenwälder abholzen lassen, die Pharma-, Chemie- und Kosmetik-Konzerne, die gnadenlos unzählige Tierversuche veranlassen, die Kriegsherren und die Rüstungsindustrie. Die Sexgier regiert die Pornoszene und den Kindesmissbrauch.
Dazu gesellen sich noch die radikalen politischen Gruppen und die Menschen, die sich ganz und gar dem Bösen verschreiben. Vor über 70 Jahren stand ein ganzes Volk unter dem Einfluss niederer Energien.

Eiskalte Demagogen verführten und verführen die Menschen mit ihren Versprechungen zu Grausamkeit und Hass und setzen das in anderen Regimen heute wieder fort. Die Liebe zwischen den Menschen erkaltet. Sie appellierten und appellieren an die niedersten Instinkte im Menschen, sie schürten und schüren in den Menschen auch heute wieder Ängste.
Aber auch sogenannte heutige »Künstler« der Moderne ziehen mit ihren von niedersten Impulsen getragenen »Kunstwerken« die Menschen herunter auf ein niederes Niveau. Die ordinäre Sprache tut ihr eigenes dazu. Die Werke von gewissen Malern, Regisseuren, Autoren strotzen nur so von Schamlosigkeit, Grausamkeit oder Gewalt. Statt ihre Aufgabe zu erfüllen, die Menschen mit ihren Fähigkeiten zu erfreuen, inszenieren sie lieber »Sensationen«, nur damit ihre Geldbörse stimmt.

In ihrer unersättlichen Gier nach Macht und Geld sind viele Menschen zu allem bereit. Sie sind willige Instrumente der dämonischen Kräfte, die hinter ihnen stehen. Dämonen können auch von Menschen Besitz ergreifen. Diese kann man aber nicht vertreiben, sondern nur im Namen von Jesus Christus transformieren und umwandeln. Die Dunkelheit muss dem Licht weichen, denn das Licht Gottes und Seine Kraft der Liebe sind mächtiger als die dunklen

Mächte. Man soll das Böse nicht verleugnen, so wie es viele tun. Denn damit verdrängen sie nur die Tatsache, dass sie selbst dem Bösen verfallen können (oder sind), und geben sich so einer gefährlichen Täuschung hin. Wir müssen achtsam sein, damit wir nicht unter den Einfluss des Bösen geraten. Nicht umsonst sagte Jesus Christus, dass wir wachsam sein sollen: wachet und betet.

Eine Zeitlang genießen die Menschen ihr »Glück« und ihre Macht. Aber jeglicher Genuss im Übermaß mündet unvermeidlich in Überdruss, Krankheit und Leid. Vor allem, wenn gegen die göttliche Ordnung verstoßen wird und das Wohlleben auf Kosten anderer geschieht. Das ruft das Gesetz von Ursache und Wirkung, von Saat und Ernte auf den Plan (Karma). Meister Paramahansa Yogananda warnte seine Schüler in seiner bildhaften Sprache: »Hinter jedem Rosenbusch des Vergnügens versteckt sich eine Klapperschlange des Leids.«
Deshalb wird der Teufel von Christus als **Lügner** bezeichnet, weil er seine Versprechen auf Dauer nicht halten kann und alles in Leid mündet.

Letztlich muss das Böse dem Guten dienen

Weil der Mensch die wahre Allmacht seiner Seele und seine Verbindung zu Gott vergessen hat, leidet er. Er sucht seine Erfüllung auf der materiellen Ebene und verstrickt sich in die Trugbilder der Maya. Es kommt zu karmischen Reaktionen, die wiederum Leid und Nöte hervorrufen. Aber erst die Leiderfahrung, die durch das Böse hervorgerufen wurde, führt zur »not-wendigen« Umkehr des Menschen. Unfreiwillig und indirekt dienen die niederen Kräfte somit dem Guten. Es muss der Mensch beide Pole kennenlernen, um zur Erkenntnis zu kommen. Nur durch die Spaltung der göttlichen Einheit in Gut und Böse kann Erkenntnis erwachsen.
Und wenn die Menschen etwas Böses einem anderen antun wollen, so richtet es Gott so ein, dass aus dem Bösen oder dem erlittenen Leid letztendlich etwas Gutes entsteht. So berichtet es auch die Bibel im Alten Testament, als die Brüder Joseph zum Sklaven verkauften und Joseph dann in Ägypten zum Pharao wurde. Er sagte sinngemäß zu seinen Brüdern: »Ihr habt es schlecht gewollt mit mir, aber Gott hat es gut gemeint mit mir.« Die Auswirkungen zum Guten kommen erst viel später zum Tragen und man erkennt sie auch nicht gleich. In schweren Zeiten und Nöten lernen wir am meisten!

Materie – Dualität

Das Leben hat eine helle und eine dunkle Seite,
denn die Welt der Relativität setzt sich aus Licht und Schatten zusammen.
Sucht überall nur nach dem Guten, so dass ihr das Schöne in euch aufnehmt.

Paramahansa Yogananda

Seit jeher galt es als das höchste Ziel der Menschen, die Dualität der Schöpfung zu überwinden und ihre **Einheit mit Gott** zu erkennen.
Maya, die illusionierende Kraft, erzeugt Unwissenheit. Diese Unwissenheit oder Täuschung kann nur durch die höchste Bewusstseinsstufe, die ein Mensch erreichen kann, überwunden werden, niemals aber über den Verstand. Die großen Seher und Propheten aller Länder und Zeiten verkündeten die Wahrheit von dieser hohen Warte aus.

Wie ist so ein hohes Bewusstsein erreichbar? In jedem Menschen schlummern göttliche Fähigkeiten, sein Gehirn hat ein hohes Potenzial, das noch sehr wenig entwickelt ist. Wie hätte

sonst Jesus Christus sagen können, dass wir vollkommen sein, Ihm nachfolgen und sogar größere Werke als Er vollbringen sollen, wenn nicht alles in uns latent angelegt wäre?
Aber es hat im Laufe der Menschheitsentwicklung in früheren Zeitaltern immer Menschen gegeben, die ernsthafte Gottsucher waren und sich um Gottesverwirklichung bemühten. Sie waren die geistigen Pioniere der Menschheit. Sie strebten in vielen Leben die Vervollkommnung an, und sind auch durch die Leiden und Versuchungen des Menschseins hindurchgegangen. Diese Erleuchteten, die vollendeten geistigen Meister und die alten Weisen wissen, wie es uns Menschen geht. Sie sind für uns Wegweiser, wie wir zu unserer wahren Natur erwachen.

Auch Jesus wurde in vielen Inkarnationen auf seine spätere hohe Mission in der Rolle als Jesus Christus vorbereitet, ebenso seine Mutter Maria. Jesus war der erste Mensch, der die lange Entwicklungsreise auf der Erde vollendet hatte. Jesus hatte seine seelische Entwicklung in **früheren** Inkarnationen längst abgeschlossen und hätte sich nicht mehr inkarnieren müssen, er war frei von Karma und Anhaftung. Aber durch seine unendliche Liebe zur leidenden Menschheit nahm er eine irdische Inkarnation **freiwillig** auf sich. Er war ein Avatar. Dieses Sanskrit-Wort bedeutet »Herabsteigen einer Person, die eins mit Gott ist.«

Jesus unterwarf sich des Menschseins, er nahm alle Schwierigkeiten und Leiden des menschlichen Daseins auf sich. Er ging durch große Prüfungen und Anfechtungen. Als Mensch hat Jesus sehr gelitten, aber er wusste schon um seine Aufgabe und hohe Mission auf der Erde. Er zeigte uns durch sein Wirken, wie wir den Weg zur Vervollkommnung gehen und ihm nachfolgen können.

Jesus war vollkommen EINS mit dem Himmlischen Vater, durch ihn konnte »der eingeborene Sohn«, das universelle Christusbewusstsein, wirken. Durch Jesus wandelte der Christus auf der Erde. **Jesus** war der Mensch, aber es war der **Geist Christi**, der **durch ihn** wirkte. Deshalb wurde er zum **Christus**, zum Erlöser.
Erst durch sein Wirken, seinen Sieg über den Widersacher, seine Kraft der Liebe und die Erlösung erhielten wir Menschen die Möglichkeit zur Umkehr auf den Weg zu Gott.
Jesus als Mensch war auch Hunger, Durst, Müdigkeit und Schlaf unterworfen. Er fühlte Ängste und Verlassenheit. Aber das zeigt auch seine Größe, dass er trotz aller Widrigkeiten seine menschliche Natur besiegte und seine göttliche Natur zum Ausdruck brachte.

Zu gewissen Zeiten nannte er sich »des Menschen Sohn«, womit er seinen physischen Körper, den Menschen, meinte. Im Matthäus-Evangelium, Kapitel 20, Vers. 18-19 spricht Jesus zu seinen Jüngern: »Siehe, wir ziehen hinauf nach Jerusalem, und des Menschen Sohn wird den Hohepriestern überantwortet werden … und sie werden ihn überantworten den Heiden … ihn zu kreuzigen.«
Wenn er sich als »Gottes Sohn« bezeichnete, so meinte er damit den universellen Geist, der ihm innewohnte. Das ist aus dem Johannes-Evangelium, Kap. 10, Vers. 36, zu entnehmen.
Wenn Christus sich durch ihn äußerte, sprach er zu den Menschen: »Ich und der Vater sind eins. – Ich bin das Licht der Welt – Ich bin der Weinstock, ihr seid die Reben – Ich bin die Auferstehung und das Leben.«

Der Christus in Jesus lebte unter den Menschen als einer von ihnen,
damit auch sie lernen konnten, wie Götter zu leben.
Paramahansa Yogananda

Swami Sri Yukteswar erklärt dies in seinem Büchlein »Die heilige Wissenschaft« folgendermaßen: »Wenn das Herz ... vollkommen geläutert worden ist, spiegelt es das geistige Licht, den Sohn Gottes, nicht nur wider, sondern offenbart es auch; und wenn es auf diese Weise durch den GEIST geheiligt oder gesalbt worden ist, wird es zum CHRISTUS – zum Erlöser.«

Aus dieser Erklärung geht ganz klar hervor, dass Jesus nicht der einzige Sohn Gottes ist und war, sondern dass **wir alle** Söhne/Töchter Gottes sind. Wir können und sollen Jesus nachfolgen. Das sagte er auch. **Wir brauchen Christus – die allumfassende Liebe – nur in unser Herz einkehren und Ihn durch uns wirken lassen.** Das beschränkt sich nicht auf die christliche Religion, sondern auf **alle Menschen der Erde.**

Die Kirche verursachte durch diesen Glaubenssatz, den sie anlässlich des Konzils um 553 beschlossen hatte, eine vollkommene Trennung in getaufte Christen und ungetaufte »Heiden.« Daraus entstanden auch die Kreuzzüge und die grausame Ausrottung der indianischen Bevölkerung durch die Spanier nach der Entdeckung Amerikas durch Christoph Kolumbus im Jahre 1492 und die Zwangs-Christianisierung.

Sollte Gott die Menschen wirklich in zwei Kategorien einteilen? Sollten einerseits die getauften und erlösten Christen »in den Himmel kommen« und andererseits die Ungetauften »in die Hölle geschickt« werden? Diese Ungerechtigkeit hat mir schon als Kind nicht behagt. Ich dachte mir schon damals, was ist mit den Afrikanern, den Eskimos und allen anderen, die die christliche Religion nicht kennen oder mit den ungetauften Kindern? Das Christusbewusstsein kann über alle Menschen kommen und es ist schon über viele gekommen.

Durch das EINSSEIN mit Gott war Jesus Christus auch mit der ganzen Schöpfung verbunden, er fühlte das ganze Universum als seinen eigenen Körper. Daher fühlte er sich so stark verbunden mit allen Wesen und hatte Mitgefühl mit ihnen. Dieses Bewusstsein haben alle vollendeten Meister. Sie empfinden allumfassende, bedingungslose Liebe für alle Geschöpfe dieser Erde.
Jesus Christus, Sri Krishna und andere Avatare (göttliche Inkarnationen), alle großen Heiligen und Yogis erlebten und erleben den höchsten Zustand der Gottesvereinigung als Samadhi (göttliche Ekstase). Das wird auch das kosmische Bewusstsein genannt. Christliche Heilige haben diesen Zustand auch als »mystische Hochzeit« beschrieben. Meister Paramahansa Yogananda, der sich selbst in diesem Bewusstsein befand, erklärt:
»In den anfänglichen Stadien der Gottvereinigung verschmilzt das Bewusstsein mit dem Kosmischen Geist, seine Lebenskraft wird vom Körper zurückgezogen, der **wie tot**, starr erscheint.« Das gleiche sagt auch Apostel Paulus: »Bei unserm Ruhm, den ich habe in Christo Jesu, unserm Herrn, ich sterbe täglich.« Das ist der Savikalpa-Samadhi. In diesem Fall bleibt der Lebensfaden, die »Silberschnur«, intakt.
»Wenn der Yogi höhere Bewusstseinsstadien erreicht, ist er auch im normalen Wachzustand, ja selbst bei intensivster weltlicher Tätigkeit, mit Gott verbunden, ohne dass sein Körper dabei erstarrt.« Das ist der Nirvikalpa-Samadhi.
Das bedeutet, dass der Gottsucher voll und ganz in Gott aufgegangen ist. Das Wort »Yoga« kommt aus der altindischen Sprache Sanskrit, seine Wortwurzel ist »yuj« = zusammenfügen, vereinen. Der Yogi strebt die Vereinigung mit Gott an. Dazu darf ich auf das erste Kapitel hinweisen, in dem ich die Yoga Wege, insbesondere den Raja-Yoga, beschreibe.

Für den Erwachten **heben sich die Gegensätze der Dualität auf.** Seine Liebe und sein Mitgefühl schließt alles ein. Seine Seele ist mit Gott wieder eins. Der Erwachte ist zwar nach wie vor den äußeren Umständen auf der Welt ausgesetzt, aber er lässt sich vom äußeren Trubel nicht mehr beeinträchtigen, er bleibt innerlich gelassen, fühlt vollendeten Frieden und Freude, denn die Seele ist ihrem Wesen nach glückselig und voller Wissen.
Der Weise erkennt, dass **hinter** all der Erscheinungsweise der wechselhaften Natur nur Gottes Licht existiert. Die Schöpfung ist ein Licht-Schatten-Spiel, so wie im Kino die Bilder auf der Leinwand nur durch den Lichtstrahl erscheinen können.
Wissenschaftlich ist längst erwiesen, dass die kleinsten Teile der Schöpfung eigentlich keine materiellen Teile, sondern nur mehr **Energiewellen und Licht sind.**

Auf der Erde sind wir ständig der Dualität und dem Wechsel unterworfen und Glück wandelt sich wieder in Unglück, Freud in Leid. Nach tausenden Inkarnationen wird der Mensch des ewigen Wechsels von Freud und Leid, Geburt und Tod, Aufstieg und Verfall müde. Es entsteht in ihm der Wunsch, sich aus dem Kreislauf des Lebens und Todes zu befreien.
In seiner Autobiographie erzählt Meister Paramahansa Yogananda, dass er im Jahre 1915 angesichts der Greuel des 1. Weltkrieges sehr erschüttert war. Er sah die Bilder und die Kriegsszenen nicht nur aus der Wochenschau, sondern erlebte sie auch in einer Vision. Er fragte: »Herr, warum lässt Du so viel Leid in der Welt zu?«
Die innerliche Antwort war: »Die Schöpfung besteht sowohl aus Licht als auch aus Schatten, denn sonst kämen keine Bilder zustande. Gut und Böse gewinnen innerhalb der Maya ständig abwechselnd die Oberhand.
Oder würden sich die Menschen jemals nach einer anderen Welt sehnen, wenn die hiesige Welt nichts als Freuden böte? Erst wenn sie leiden, erinnern sie sich ihrer ewigen Heimat, die sie verlassen haben. Der Schmerz dient dazu, die Erinnerung wachzurufen, und die Weisheit zeigt ihnen den Ausweg. Das Trauerspiel des Todes hat keine Wirklichkeit … Meine Söhne sind Kinder des Lichts; sie werden nicht ewig in der Täuschung verharren.«

Nachdem die Seele durch die äußersten Erfahrungen der Trennung von Gott gegangen ist, beginnt sie nun ihre »Heimreise« zu Gott wieder anzutreten. »Der verlorene Sohn« kehrt heim.

Umgang mit Krisen

Oft ist es aber gerade die Ausweglosigkeit in einer Lebenssituation, die uns **zwingt**, alle Probleme **loszulassen** und unser Schicksal an eine höhere Macht, in Gottes Hände zu übergeben und uns führen zu lassen. Darin steckt ein verborgener Segen. Wie es schon der Volksmund sagt »wenn die Not am größten ist, ist die Hilfe am nächsten«.
Erst wenn wir unseren Eigenwillen loslassen und uns einfach in göttliche Hilfe und Führung begeben und beten »Herr, Dein Wille geschehe«, kann uns geholfen werden, und die Wege des Lebens werden geebnet. Oft nicht sofort und nicht nach unseren Vorstellungen.

Als ich mich im Jahre 1993 in einer ausweglosen Lebenssituation befand und gar nicht mehr wusste, welches Problem ich zuerst und wie lösen sollte, hatte ich nur mehr ein einziges tägliches Gebet: »Herr, ich bitte um eine gute Lösung für uns alle.« Damit meinte ich mich und meine Familie. Anfänglich verschlechterte sich sogar meine Lage, ich musste mich einer Operation unterziehen und verlor anschließend meinen Arbeitsplatz.
Dann aber, aus dieser Situation heraus, kam eine entscheidende Wende in mein Leben. Ich bewarb mich um eine neue Stelle – ich war damals Mitte 40 – und bekam einen neuen Arbeitsplatz als medizinische Schreibkraft, aber weiter entfernt von meinem Wohnort. Deshalb musste ich mir eine Wohnung in der Nähe des Dienstortes suchen und übersiedeln. Das führte allmählich zur Trennung von meiner Familie, die sehr schmerzlich war. Es folgte anschließend die Scheidung. In dieser für mich sehr schweren Zeit lernte ich meinen jetzigen Mann Reinhart kennen und schätzen. Aus Freundschaft wurde Liebe.
Langsam besserte sich meine Lebenssituation in jeder Hinsicht und ich wurde auf diese Weise auf meine neue Lebensaufgabe vorbereitet. Durch Reinhart erlernte ich die Kunst des Handauflegens und so begannen meine Heilarbeit und die Ausbildung zum Lebensberater.

Das alles konnte nur geschehen, weil ich bereit war, mich führen zu lassen und im **Einklang mit Gottes Willen** zu leben. Diese Schicksalsjahre waren nicht leicht, sie glichen einem Seiltanz über den Abgrund. Wenn man einmal diese Glaubensprüfung bestanden hat, verliert man dieses Vertrauen in die göttliche Führung nicht mehr.

Tägliches Gebet um Führung und Schutz

Wir müssen nicht alle Probleme alleine lösen und alles alleine mit viel Mühe schaffen, wir können uns helfen lassen. Wenn wir Gott in unserem Leben wieder Seinen gebührenden Platz einräumen, uns Ihm wieder vertrauensvoll zuwenden, dann wird Er uns helfen.
Vor allem können wir vertrauen, dass Er uns mit allem versorgt, was wir wirklich brauchen. Diese Wahrheit ist in der Bhagavat Gita niedergelegt mit den Worten: »Wer über Mich meditiert und Mich für sein eigen erklärt, wer sich durch unaufhörliche Anbetung mit Mir vereint, dessen Mängel behebe Ich, und dessen Verdienste mache Ich dauerhaft.«
Bhagavat Gita IX, 22.

Jesus Christus machte dies deutlich mit seinen Worten bei der Bergpredigt: »Trachtet zuerst nach dem Reiche Gottes und nach seiner Gerechtigkeit, so wird euch solches alles zufallen.«
Matthäus 6.33.
Er vertiefte das mit folgendem Gleichnis:
»Seid nicht überängstlich eures Lebens wegen … Sehet die Vögel des Himmels: Sie säen nicht und ernten nicht, noch sammeln sie in die Scheunen; und euer himmlischer Vater nährt sie doch … Und warum sorgt ihr so sehr um eure Kleidung? Sehet die Lilien auf dem Felde, wie sie wachsen; sie arbeiten nicht und spinnen nicht. Und doch, sage ich euch, Salomo in all seiner Pracht und Herrlichkeit war nicht also bekleidet wie sie.«

Bevor wir ein Problem lösen oder an eine Aufgabe herangehen müssen, sollten wir stets dafür um göttliche Führung bitten. Wenn wir im Gebet oder in der Meditation eine intuitive Eingebung und eine Antwort auf unsere Frage erhalten, sollten wir auch **danach handeln** und alles unternehmen, um es auch Wirklichkeit werden zu lassen. So können wir uns in unseren Tätigkeiten führen lassen und wir werden dann auch das Richtige tun.
Ein tägliches Gebet um göttliche Führung und vollkommenen Schutz sollte uns zur Gewohnheit werden. Durch diese Praxis werden wir ganz von selbst unsere Intuition immer mehr entwickeln. Ganz automatisch werden wir auf Gefahren im Alltag aufmerksam.

Wenn wir einen amtlichen Weg zu einer Behörde zu gehen haben oder etwas brauchen, wofür ein Handwerker nötig ist, werden wir unser Anliegen dem jeweiligen Abteilungs-Chef der Institution unterbreiten oder uns direkt an den Meister wenden. Der Chef oder der Handwerks-Meister wird unser Anliegen, unseren Antrag oder unsere Wünsche an seine Angestellten und Bediensteten mit der Anweisung weiterleiten, dass sie erledigt bzw. erfüllt werden. Der Chef oder der Präsident wird sich nie selbst um die Anliegen kümmern, sondern er stellt seine Bediensteten dazu an.
Und genauso hat Gott seine »Angestellten«, seine Helfer, die seine Wünsche erfüllen. Und das sind unsere Schutzengel oder Geistführer. Wenn wir also um etwas aufrichtig beten, dann leiten sie unsere Bitte an Gott weiter, gleichzeitig kommen von ihnen auch die Impulse aus der göttlichen Quelle, die uns helfen.
Die Bitte um vollkommenen Schutz ist deshalb wichtig, weil uns unsere Geistführer und Schutzengel nicht in dem Maße beistehen können wie sie möchten, wenn wir sie nicht darum bitten und dazu einladen. Wir haben vom Schöpfer unseren freien Willen erhalten. Es liegt an uns, sie um Schutz und Beistand zu bitten. Sie müssen unseren freien Willen respektieren.
Aber nicht nur bei Problemen, sondern in allen Bereichen des Lebens können wir um Beistand bitten. Bevor ich eine Heilarbeit beginne, verbinde ich mich mit Gott und bitte die Engel um Beistand und Unterstützung. Ihre Hilfe ist für mich eine lebendige Erfahrung. Erzengel Michael spendet Schutz und Erzengel Raphael ist der Heilungsengel.

Ich möchte noch einmal erinnern, dass jeder Bitte auch der Dank folgen soll, so wie auf das Einatmen das Ausatmen erfolgt. Daraus erwachsen der Glaube und die Kraft zur Verwirklichung des Wunsches. Und in diesem Vertrauen lassen wir alle Sorge los.

Entwicklung der Intuition durch Gebet und Innenschau

Oft ist es z. B. bei kranken Personen so, dass allein das Gespräch, die Tatsache, dass jemand zuhört und Anteil nimmt an Sorgen und Nöten, schon eine große Hilfe zur Gesundung ist! Zuhören ohne Kommentar und Belehrung hilft dem Partner, Druck abzulassen. Wenn der aufgestaute Druck erst einmal weg ist, wissen die Menschen oft intuitiv selbst, was sie tun müssen und was ihnen gut tut. Sie bekommen wieder Hoffnung und Zuversicht.
Und so ein Gespräch mit einem geduldigen Zuhörer – Gott – ist das Gebet! Gebet gibt also neue Kraft, Hoffnung und Heilung.
Durch Gebet und Innenschau erwacht in uns die Intuition und wir bekommen eine Antwort, eine Eingebung und alles ist klar. Wie schon im vorigen Kapitel beim Gebet erwähnt, sind für ein erfolgreiches Beten die volle Zuversicht und die Dankbarkeit für die Hilfe Voraussetzung.

Die Wahrheit über das Leben von Jesus Christus und seine Lehre

Ich habe bereits immer wieder in diesem Buch über Jesus Christus, sein Leben, sein Werk als Erlöser und seine Lehre berichtet, auch weitgehend Unbekanntes aus seinem Leben.
Im Kapitel »Im Einklang leben mit Natur, Tieren, Pflanzen, Erde, Kosmos« beschrieb ich, wie Jesus sich der leidenden Tiere annahm und wie er auf das Karma-Gesetz hinwies. Dort sind auch seine durch mich gechannelten aufrüttelnden und liebevollen Botschaften an uns über die Tiere und für die Heilung der Erde und ihrer Geschöpfe nachzulesen.

Unter den Jahreszeiten im Kapitel »Zeit« gedachte ich zur Osterzeit der Auferstehung von Jesus Christus, Meister Sri Yukteswar und Meister Lahiri Mahasaya. Wir sollten Jesus als den **Auferstanden sehen**, nicht immer nur als den Leidenden! Dieser Aspekt wird viel zu sehr in den Vordergrund gebracht. Es wäre richtig, ihn auch mehr in segnender Gebärde als Auferstandenen darzustellen und sich dieses so hoffnungsvolle Bild von ihm einzuprägen, statt sein Leiden und Tod am Kreuz. Der auferstandene Jesus Christus wäre dann eine **sichtbare Frohbotschaft**, die die Herzen der Menschen erhebt und Freude schenkt. Er hat die Kräfte der Dunkelheit besiegt, er lebt!

Im Neuen Testament, Joh. 18.37 heißt es »Nehmt mein Joch auf euch und lernt von mir ... So werdet ihr Ruhe finden für eure Seele, denn mein Joch drückt nicht, und meine Last ist leicht.« Damit meinte Jesus sicher nicht, dass wir sein Leiden und Kreuz auf uns nehmen sollen (wie es oft falsch ausgelegt wird), sondern wir sollen aus seinem Vorbild lernen und seine gegebenen Gebote, besonders aus der Bergpredigt, befolgen. Wenn wir das tun, so werden wir Ruhe und Erquickung finden für unsere Seele, und in unser Leben wird Freude einkehren und Leichtigkeit.Wenn wir das tun, werden wir auch »unser Kreuz« in diesem Leben leichter und mit der richtigen Einstellung ertragen, es als Lernaufgabe erkennen und daran geistig wachsen.

Seit ich die Fähigkeit habe, Botschaften aus höheren geistigen Ebenen und auch von Jesus Christus zu empfangen, ist er mir sehr nahe gekommen. Für mich ist er dann spürbare, kraftvolle und liebevolle Präsenz, von der ich ganz erfüllt bin.
Ich war zutiefst berührt, als ich die flammenden, kraftvollen und zugleich sanften, heilsamen Botschaften von Jesus Christus und von seiner Mutter im Rahmen von Heilseminaren einer ganzen Gruppe übermitteln durfte.

Während ich sprach, war mein Herz übervoll von einer gewaltigen, allumfassenden Liebe, es klopfte mir dabei bis zum Hals. Diese Liebe und Kraft strömte weiter an alle Anwesenden und war für alle spürbar.
Immer wieder kommt ihr Appell, dass wir Liebe leben sollen, dass alle Lebewesen, die ganze Erde leide und unsere Liebe und Hilfe brauchen, und **wir** sie beim Werk der Durchlichtung und Schwingungserhöhung der Erde in dieser Zeit unterstützen sollen.
Eine dieser wunderbaren Botschaften gaben Jesus Christus und Mutter Maria im August 05. Diese Botschaft ist im Kapitel über Heilung festgehalten. Ein Teil dieser Rede – betreffend die leidenden Tiere – ist im Kapitel »Im Einklang leben mit Natur, Tieren, Erde, Kosmos« nachzulesen, ebenso die Botschaft über Erdheilung vom August 04.

Als ich die Stellen, wie liebevoll sich Jesus Christus der Tiere annahm, das erste Mal vor ca. 20 Jahren im »Evangelium des vollkommenen Lebens« las, hat mich dies tief berührt. Hier wird ein ganz **anderes** Bild von ihm gezeigt. Nicht vom unerreichbar fernen Gottessohn, sondern von einem, der die Liebe und das Erbarmen für alle lebte, sich für die Verfolgten und Schwachen einsetzte, auch für die leidenden Geschöpfe, die er als »unsere jüngeren Brüder« bezeichnete.

Übersetzungsfehler und Verfälschungen in den Evangelien

Nun, wie konnte es passieren, dass seine ursprüngliche Lehre vielfach so entstellt und verstümmelt worden ist? Die Menschen der damaligen Zeit hatten einfach nicht das Bewusstsein, seine Botschaft und Lehre vollständig und richtig zu erfassen. In der griechischen Urfassung der Bibel und der Evangelien aus den ersten drei Jahrhunderten n. Chr. ist noch vieles erhalten, durch die Übersetzung ins Latein wurde vieles verfälscht. Es schlichen sich vielfach auch grobe Übersetzungsfehler oder falsche Auslegungen ein.

Als Kind wurde mir im Religionsunterricht gelehrt und auch in vielen Bibelausgaben steht, dass Johannes der Täufer in der Wüste Heuschrecken verzehrt habe. In Wirklichkeit hat Johannes der Täufer die Früchte des Johannisbrotbaumes mit wildem Honig gegessen. Brotkuchen heißt griechisch »enkris« und Heuschrecken »akris«. Die Hülsenfrüchte des Johannisbrotbaumes, der Robinie (engl. carob), wurden zu Mehl gemahlen und zu einem Brotkuchen gebacken.
Auch die Aussage von Jesus Christus wegen des reichen jungen Mannes »Es ist leichter, dass ein Kamel durch ein Nadelöhr gehe, als dass ein Reicher in das Reich Gottes gelange« führt zu Unverständnis. Das Ganze wird klar, wenn wir wissen, was Jesus mit einem Nadelöhr meinte: Mit »Nadelöhr« war die kleine Tür neben dem großen Stadttor von Jerusalem gemeint. Durch sie konnten nachts die Menschen hinein, die Wagen und Kamele aber nicht.

Kirchliche Dogmen

Und aus kirchenpolitischen Gründen wurden infolge der Kirchenkonzile, als das Christentum zur römischen Staatsreligion erhoben wurde, aus den Schriften einfach alle Stellen entfernt, die der damaligen Kirchenhierarchie bzw. dem römischen Adel nicht genehm waren – wie ich es bereits früher schon erwähnt habe. Am schwersten wiegt dabei, dass das damalige selbstverständliche Wissen und die Lehre von Karma und Wiedergeburt verboten wurden.
Seither litten und leiden Unzählige an der sogenannten »Ungerechtigkeit der Welt«, sie können nicht verzeihen und loslassen, weil sie nicht erkennen können, dass sie selbst in früheren Leben zu ihrem jetzigen Leid beigetragen haben. Diese Unwissenheit verhindert auch, dass die Menschen Verantwortung für ihre Handlungen übernehmen nach dem Motto »hinter mir die Sintflut«.
Auch der dogmatische Anspruch, dass wir uns in **einem** Leben vervollkommnen sollen, und je nach unserer Lebensführung in den Himmel, das Fegefeuer oder gar in die Verdammnis gehen, ist für die meisten nicht nachvollziehbar, unerreichbar und ergibt keinen Sinn. Es hat den früheren Generationen viele Ängste beschert und tut es auch heute noch.

Aber Jesus Christus wusste ganz genau, warum er die Botschaft gab »Ihr sollt vollkommen sein ... Ihr werdet noch größere Werke tun als ich«. In jedem Menschen ist das göttliche Potenzial zur Vervollkommnung verborgen. Aber das kann nicht in einem Leben erreicht werden. Aber es tritt in jedem von uns immer mehr hervor – besonders **jetzt** – in der heutigen Zeit der Schwingungserhöhung der Erde, dem Beginn des Wassermann-Zeitalters.

Ursprüngliche Quellen über das Leben Jesu

Ein Evangelium blieb in seiner **ursprünglichen** Form erhalten, weil es in buddhistischen Klöstern in Tibet aufbewahrt worden ist. Es wurde von Angehörigen des Essener Ordens dort zum Schutz vor Fälschern versteckt. Es wurde im 19. Jahrhundert entdeckt und vom Priester Rev. G.J. Ouseley um 1881 aus der aramäischen Sprache ins Englische übersetzt. Dieses Werk heißt »**Das Evangelium des vollkommenen Lebens**«, wie ich es bereits berichtet habe.

Aber auch das von dem amerikanischen Arzt und Prediger Levi H. Dowling (1844 -1911) geistig aus der Akasha Chronik empfangene Werk, »**Das Wassermann Evangelium von Jesus, dem Christus**« schildert das ganze Leben von Jesus Christus. Es berichtet auch von dem weitgehend unbekannten Lebensabschnitt, in dem er sich in Ägypten, Indien und Tibet und anderen Ländern aufhielt.
»Akasha« ist ein Wort aus dem Sanskrit und heißt »Ursubstanz«, aus welcher alle Dinge geformt werden. In ihr sind alle Geschehnisse aufgezeichnet. Diese Ursubstanz – heute auch als morphogenetisches Feld bezeichnet – ist von feinster Substanz und hoher Schwingung. Nur gewisse Menschen mit entsprechender Bewusstseinsstufe können Einblick in die Akasha Chronik erhalten, einer davon war Levi.
Ich gebe einige Stellen aus dem Leben von Jesus Christus wieder, die sich in den Evangelien des Neuen Testaments nirgends finden:

Aus dem 6. Kapitel »Kindheit und Jugend Jesu« des »Evangeliums des vollkommenen Lebens«:
»9.Und andere Wunder tat das Kind, und man sah, wie Blumen unter seinen Füßen emporsprossen, dort, wo bisher unfruchtbarer Boden gewesen war. Und seine Gefährten standen in Verwunderung vor ihm.
10.Und als Jesus achtzehn Jahre alt war, ward er mit Mirjam verheiratet, einer Jungfrau aus dem Stamme Juda, und er lebte mit ihr ... bis sie starb; denn Gott nahm sie zu sich, damit Jesus zu den höheren Dingen frei werde, die er zu vollbringen hätte ...«
Verlobung und Ehe Jesu sind bezeugt im Toledoth Jeschu – Ha Nassir (das Leben Jesu nach jüdischen Quellen).

Aus Anmerkungen des »Evangeliums des vollkommenen Lebens« hinsichtlich der **Lebens- und Ernährungsweise** geht hervor:
»Dass **die Familie Jesu dem Essenertum** angehörte, bzw. nahestand, ist historisch und theologisch bestätigt ... Auch Johannes der Täufer war Essener, desgleichen Jakobus, genannt der Gerechte, der Bruder Jesu.«
Aus dem Toledoth Jeschu – Ha Nassir ist zu entnehmen: »Jesus befahl mir, dass ich kein Fleisch esse und keinen Wein trinke, sondern nur Brot, Wasser, Früchte, damit ich rein befunden werde, wenn er mit mir reden will.« Dieses Pauluswort ist im Neuen Testament nicht enthalten.
Im »Wassermann-Evangelium« wie auch im »Friedensevangelium der Essener« (übersetzt und herausgegeben aus dem Aramäischen von E.B.Székely), wird dasselbe bestätigt.

Als Nahestehender des Essener-Ordens kam Jesus Christus kein Fleisch und Alkohol über die Lippen. Es stimmt daher nicht, dass er bei seinem letzten Abendmahl mit seinen Jüngern Lamm verzehrt und Wein getrunken hat. Das griechische Wort »Deipnon« weist darauf hin,

dass es sich um ein Abendessen und nicht um das Passahmahl nach der jüdischen Tradition gehandelt hat. Jesu letztes Abendmahl und seine Hinrichtung fanden **vor** dem Passahfest statt. Er hielt es zu seinem Gedenken und als Abschied von seinen Jüngern. Es wurde dabei kein Tier geopfert und kein Fleisch verzehrt.
Im griechischen Text des Johannes-Evangeliums findet sich nichts, das auf ein Ostermahl mit einem Osterlamm hindeuten würde. Heute rechtfertigen die Christen ihren Fleischverzehr damit, dass Jesus Christus beim letzten Abendmahl Lamm-Fleisch und Wein genossen habe – weil es so in der Bibel steht.
Das Abendmahl war vegetarisch, es bestand wahrscheinlich aus Gemüse wie Zwiebeln, Tomaten, Oliven, Brot und Früchten, z. B. Feigen sowie ungegorenem Wein, wie es damals Sitte war. Es war ein eingedickter Rebensaft und kein Wein, den Jesus zu sich nahm.

Zu Jesu Meisterschaft:
Es ist ja bekannt, dass die Familie Jesu nach Ägypten floh, als Jesus durch König Herodes in Gefahr war, getötet zu werden. Auch später kam er wieder nach Ägypten.

Evangelium des vollkommenen Lebens, 6. Kapitel:
»11. Und Jesus, da er das Studium des Gesetzes vollendet hatte, ging wieder nach Ägypten, auf dass er die Weisheit der Ägypter erlerne, ebenso wie es Moses getan hatte, und er erhielt die Kraft des göttlichen Namens, durch welche er Wunder wirkte.
12. Und durch sieben Jahre hindurch redete er mit Gott von Angesicht zu Angesicht, und er erlernte die Sprache der Tiere und der Vögel und die Heilkräfte der Bäume, Kräuter und Blumen und die verborgenen Kräfte der Edelsteine und lernte auch die Bewegungen der Sonne und des Mondes und der Sterne und die Macht der Schriftzeichen, die Mysterien des Kreises und des Winkelmaßes und die Verwandlung der Dinge und Formen, der Zahlen und Zeichen.
Von dort kehrte er zurück nach Nazareth, allwo er seine Eltern besuchte, und er lehrte dort selbst und in Jerusalem als ein anerkannter Rabbi, sogar im Tempel, und es hinderte ihn niemand daran.«

Zeitzeugen von Jesu Passion
Die Mystikerin Therese von Konnersreuth in Bayern, geb. 1898, erlebte viele Jahre wöchentlich – beginnend in der Nacht vom Donnerstag bis zum Freitag Mittag – die gesamte Passion von Jesus Christus in ihrer innerlichen Schau. Dabei öffneten sich ihre Stigmata und sie litt Schmerzen. Sie blutete dann aus den Wunden der Stigmata an Händen und Füßen, durch die Wunden der Dornenkrone auf dem Kopf und bei der Herzwunde.
Pilgerströme kamen um Therese Neumann zu sehen, sie zogen jeden Freitag schweigend an ihrem Bett vorbei. Auch Meister Paramahansa Yogananda besuchte die Heilige im Jahre 1935.
Er schildert in seiner Autobiografie die Begegnung mit ihr und dieses Geschehen, bei dem er sich innerlich auf sie einstellte. Er nahm wahr, was sie in ihrer Vision sah:
Der Herr trug inmitten der höhnenden Menschenmenge die Balken seines Kreuzes. Meister Yogananda beobachtete, wie Therese plötzlich entsetzt den Kopf hob und sah ebenfalls die Szene, wie Jesus unter dem Gewicht des schweren Kreuzes zu Boden gestürzt war.
Seine Vision endete. Meister Yogananda bemerkte erst später, dass sein Sekretär beim Anblick der aus vielen Wunden blutenden Seherin ohnmächtig geworden war.

Die unbekannten Jahre im Leben von Jesus Christus
Der russische Forscher und Abenteurer Nikolaus Notowitsch war 1887 im Kloster Himis Goupa zu Leh in der Provinz Ladakh (heute zum indischen Kaschmir gehörend). Er bestätigte, dass dort uralte Schriftrollen über Jesu und seine Lehre aufbewahrt würden und in die er Einblick nehmen konnte. In den Schriftrollen wurde genau berichtet von dem Propheten namens Issa, der aus Israel nach **Persien, Indien und Tibet** gereist war.

Gemäß Notowitsch waren die Originale davon in Lhasa aufbewahrt worden. Die Abschrift in Leh war in Tibetanisch, und wurde von seinem Dolmetscher übersetzt.

Reverend Ouseley, der Verfasser des Evangeliums des vollkommenen Lebens, berichtete in der Wiener Tageszeitung »Der Tag« am 2. Juni 1926 von einer Entdeckung des berühmten Asienforschers, Archäologen und Malers Prof. Nicholas Roerich, (1874-1947), der eine ausgedehnte Expeditionsreise in unerforschte Gebiete Asiens unternommen hatte.
Er habe in dem buddhistischen Kloster Himis in Tibet sehr alte Dokumente (wahrscheinlich die gleichen wie Notowitsch) gefunden, die bestätigen, dass Jesus Christus aus Palästina eine Reise nach Indien und Tibet unternommen hat, um die hinduistische und buddhistische Lehre zu studieren. Jesus wird in dem 1500 Jahre alten Manuskript unter dem Namen »Issa« erwähnt.
Es wird auch berichtet, dass bereits im Jahre 1715 der Jesuitenpater Hippolyte Desideri nach Tibet gereist war und diesbezügliche alte Dokumente gefunden hatte. Das geht aus seinem Brief aus Lhasa vom 10. April 1716 hervor.

Zuvor wurde der Name«Issa« erwähnt. Das Wort Jesus und Isa sagen dasselbe aus. Is, Isa oder Iswara beziehen sich in der Sanskrit-Sprache alle auf Gott oder das höchste Wesen. »Jesus« ist aus der griechischen Version des Namens »Joschua« oder »Jeschua« gebildet worden, einer Zusammenziehung von »Jehoschua« (»Helfer Jehovahs« oder »Erlöser«).
Der Name »Christus« ist ein Sanskrit Wort mit ähnlichem Klang und ähnlicher Bedeutung wie »Krishna«. Christus und Krishna sind in Indien Titel, die »Göttlichkeit« bedeuten. Sie weisen darauf hin, dass Jesus Christus und Sri Krishna Avatare und eins mit Gott waren. So erklärt es Meister Paramahansa Yogananda in seinen Schriften.

Jesus hat sich in Indien u. a. in den Städten Benares, Puri und in Kaschmir aufgehalten. Es existieren alte Unterlagen in den Archiven des Jagannath-Tempels von Puri im Bundesstaat Orissa, die Jesu Aufenthalt in diesem Tempel bestätigen.
In **Nordinien** in einer Stadt, die ein mongolischer Kaiser erbaut hatte, hat man eine Inschrift in arabischer Sprache auf dem Tor einer zerstörten Brücke gefunden. Diese Inschrift hatte folgenden Wortlaut:

Jesus – Friede sei mit ihm – spricht:
»Eine Brücke ist diese Welt.
Geh darüber und baue Dir kein Haus!«

Beim Studieren der Schriften wuchs in mir der Wunsch, dass doch viel mehr Menschen von dieser Wahrheit erfahren sollten, denn in der Bibel finden wir nichts von diesen Geschehnissen aus dem Leben Jesu vom 12. bis zum 30. Lebensjahr, wo er dann von Johannes dem Täufer im Jordan getauft wurde.
Aber manche Fragen über das Leben von Jesus Christus waren noch ungelöst: In den zitierten Evangelien wird berichtet, dass Jesus eine Reise in den Orient mit dem Prinzen Ravana von Orissa aus Indien antrat (Persien, Indien bis Tibet), der ihn im Tempel in Jerusalem besucht hat. Jesus hat dabei den Besuch der »drei Weisen aus dem Morgenland«, die ihn nach seiner Geburt aufgesucht, angebetet und verehrt hatten, erwidert.
Im Evangelium des vollkommenen Lebens wird auch von einer Eheschließung mit 18 Jahren berichtet.
Dem Wassermann-Evangelium von Levi ist zu entnehmen, dass Jesus seine Rückreise von Tibet nach Nazareth über Persien, Ur und Babylon unternahm. Später besuchte er Griechenland (Athen, Orakel zu Delphi) und von dort brachte ihn ein Segelschiff nach Ägypten. Im Sonnentempel von Heliopolis wird er 7 Prüfungen zur Meisterschaft unterzogen. Anschließend kehrt er nach Jerusalem zurück. Dann erfolgt die Taufe im Jordan. Da ist er dreißig Jahre alt.

Rätsel um das Leben von Jesus Christus

Über den Aufenthalt von Jesus Christus in Kashmir **nach** seiner Himmelfahrt gibt es unterschiedliche Versionen und Interpretationen von mehreren Autoren, auch die, dass Jesus nicht am Kreuz gestorben sei.
Hat Jesus Christus nach seiner Auferstehung und **nach** der Himmelfahrt noch in Kashmir in Srinagar gewirkt, wo auch in der Stadt Srinagar ein Grabmal für ihn errichtet ist? Dieser muslemische Rozabal-Schrein ist gekennzeichnet durch am Boden eingravierte Füße mit den Wundmalen des Herrn. Jesus Christus wird dort als »Isa«, aber auch unter dem Namen »Yuz Asaf« als Prophet verehrt. In Indien gab es nie Kreuzigungen. Was stimmt hier?
Im Channeling vom 17.12.04 erhielt ich die Antwort auf meine Fragen:

»Nun zu deinen Fragen über das Leben von Jesus Christus. Die heutige Zeit ist reif dafür, dass die Wahrheit über Jesus Christus an das Tageslicht kommt. Viel zu lange wurden viele Gegebenheiten aus dem Leben von Jesus Christus einfach verschwiegen. Daraus entstand ein Zerrbild seiner Lehre. Es hält die Menschen im Dunkel und verursacht unendlich viel Leid.

Er war auch in Tibet. Aber da ist ein weiterer Ausdruck der wunderbaren Tätigkeit von Jesus. – Du ahnst es schon: Nachdem er vor seinen Jüngern gen Himmel entschwand, materialisierte er seinen Körper wieder in anderen Orten, wie es bei Elias Levi geschrieben steht, u. a. auch in den Gebirgsregionen von Kaschmir, wo heute sein Grab verehrt wird.
Er wirkte dort noch viele Jahre, bis er ein sehr hohes Alter erreicht hatte. Er hinterließ ein sichtbares Zeichen seiner Person und sein verklärter Leib blieb in einer sichtbaren Form erhalten, und die Menschen konnten ihn bestatten.
Es ist so wie bei dem Heiligen und Dichter Kabir, der sich in Form von Blumen manifestierte, dass die Menschen ihn bestatten konnten.
Jesus ist wirklich gestorben, nahm einen neuen verklärten Leib an und lehrte noch viele Jahre in anderen Gegenden der Erde die Menschen.
Es ist eigentlich unerheblich, ob Jesus verheiratet war oder nicht. Nach alter Sitte wurde er mit einem Mädchen verheiratet in sehr jungen Jahren. Das Mädchen verstarb aber bald darauf. Als Mensch hat Jesus sehr gelitten, aber er wusste schon um seine Aufgabe und die hohe Mission auf der Erde.
Die Hochzeit zu Kana war nicht seine Hochzeit. Erst nach dem Tode von seiner jungen Frau trat er die Reise in ferne Länder an in Begleitung des Prinzen von Ravana.

Du fühlst, dass das wahr ist und gibt dir Klarheit. Ruhe dich aus. Und dann lasse dich führen beim Schreiben.
Wir segnen dich, gehe hin in Frieden. Mutter Maria und Jesus Christus, den du so liebst.«

Über Auferstehung und aufgestiegene Meister

Im Kapitel über die Zeit schildere ich unter den Jahreszeiten die Auferstehung von Meister Sri Yukteswar und wie er sagte: »Ja, mein Kind, ich bin derselbe. Dieser Körper ist aus Fleisch und Blut. Obgleich ich ihn als ätherische Substanz sehe, erscheint er deinen Augen als körperliche Form. Ich habe aus den Atomen des Kosmos einen neuen Körper gebildet.«

Ebenso bildete Jesus Christus aus Licht-Atomen bei der Auferstehung seinen neuen Körper. Er erschien seinem hingebungsvollen Jünger, dem Hl. Franziskus, der auch die Wundmale des Herrn trug, jede Nacht. Er erschien auch mehrmals Meister Paramahansa Yogananda. Vollkommene Meister, die eins mit Gott sind, können sich jederzeit körperlich manifestieren, wenn sie es wünschen. Sie haben die Fähigkeit, aus den Atomen Neues zu schaffen bzw. Materie umzuwandeln. Denken wir doch in diesem Zusammenhang an die Hochzeit zu Kana in Galiläa, bei der Jesus Wasser in Wein verwandelte oder an das Grabtuch Jesu, das sich in Turin befindet. So werden uns diese Wunder doch mehr greifbar.

Ich habe bereits im Kapitel »Im Einklang leben durch harmonische Schwingungen« unter »die Welt der Farben« die aufgestiegenen Meister erwähnt und dass Christus, zusammen mit anderen Meistern der Großen weißen Bruderschaft und Avataren, u. a. mit Gautama Buddha, heute im Verborgenen zum Wohle der Menschheit wirkt. Die aufgestiegenen Meister werden deshalb so bezeichnet, weil sie den Aufstieg in eine höhere Dimension schon vor langer Zeit geschafft haben. Sie waren einst Menschen wie wir und sind vor uns den Weg gegangen, den wir jetzt beschreiten.
Meister Paramahansa Yogananda berichtet in seiner Autobiographie von der Begegnung hoher Meister. In unzugänglichen Höhen des Himalajas leben erleuchtete Yogis, befreite Meister, die bereits Tausende von Jahren auf der Erde weilen, so auch Mahavatar Babaji. Meister Yogananda bestätigt, dass Christus und Babaji zusammenarbeiten.
Sie haben eine hohe Mission und dienen in Demut Gott, weitgehend verborgen vor den Augen der Menschheit. Sie bringen göttliche, segensreiche Schwingungen auf die Erde und helfen so der leidenden Menschheit und der Erde, das Gute in der Welt zu fördern. Sie wachen über das Geschick der Menschheit, und versuchen, Frieden und Harmonie zu bringen und sie auf eine höhere geistige Ebene zu heben. Doch ihnen sind Grenzen gesetzt, solange es die Menschen nicht zulassen.

Von diesen erleuchteten Yogis und dem verborgenen Wirken der aufgestiegenen Meister im Himalaja-Gebiet und seinen spirituellen Bewohnern mit einem »biblischen« Alter schreibt der Amerikaner Baird Spalding in seinem mehrbändigen Werk »Leben und Lehren der Meister im Fernen Osten«. Er war einer der Forschungsreisenden im Jahre 1894, die den fernen Osten, u. a. die abgelegenen Täler der Himalaja-Berge, aufsuchten.
Vollkommene Meister und Yogis können beliebig ihre Körper an verschiedene Orte versetzen, sich dort materialisieren und entmaterialisieren. Jesus Christus zeigte sich dort mit anderen aufgestiegenen Meistern genauso wie er es nach seiner Auferstehung bei seinen Jüngern tat. Auf wunderbare Weise materialisierten sie auch Speisen, nahmen in Gemeinschaft der dort lebenden Menschen auch diese Speisen ein, so wie es im Evangelium bei der wunderbaren Speisung der fünftausend Menschen geschah.
Baird Spalding berichtet von einer solchen Begebenheit: »Jemand von uns fragte: ›Wer redet zu uns?‹ Unser Anführer sagte: ›Bitte seid still! Unser geliebter Meister Jesus redet ...‹« Sie vernahmen die Stimme:
»Als ich sagte: Ich bin der Weg, die Wahrheit und das Leben, hatte ich nicht im Sinn, der Menschheit beizubringen, ich selber sei das eine, wahre Licht. Ich sagte auch: Alle, die vom Geiste Gottes geleitet werden, sind Söhne Gottes ...«

Aber nicht nur im Himalaja-Gebiet, sondern auf der ganzen Welt bestehen auf der feinstofflichen Ätherebene geistige Tempel und Lichtstätten von aufgestiegenen Meistern, so z. B. ein Heilungstempel über Kreta.

Der geistige Lehrer Dr. Franz Hartmann (1838 – 1912), ein bedeutender Theosoph und ein Schüler von Madame Helena P. Blavatsky (1831 – 1891), berichtet in seinem Buch »Unter Adepten und Rosenkreuzer« (neu herausgegeben 1963 von Prof. h.c. E. Issberner-Haldane) von Frau H. P. Blavatsky und ihren Kontakten mit hohen, aufgestiegenen Meistern aus dem Himalaja, u. a. mit Meister El Morya und Meister Kuthumi, von denen sie ein Leben lang geschult wurde. Er selbst nahm ebenfalls die Meister wahr. Es bestand auch eine Korrespondenz zwischen ihr und den Meistern. In seinem Buch sind Faksimile von zwei Meisterbriefen und mehrere Meister abgebildet. Mit Adept werden Erleuchtete bezeichnet.

In Südindien lebt Meister Sai Baba, der als Avatar hoch verehrt wird. Ich durfte in meinen Krisenjahren einmal seine Hilfe erfahren. Damals erzählte mir Frau Brigitte, eine liebe Bekannte, dass sie nach Indien zu Meister Sai Baba in seinen Ashram reisen wolle. Dabei bot sie mir an, einen Brief von mir mitzunehmen, den sie dann an Sri Sai Baba persönlich übergeben werde. Ich schrieb einen Brief, in dem ich meine Anliegen und die Bitte um Hilfe vortrug, und Frau Brigitte nahm ihn mit.

Ein paar Tage darauf – ich war früh auf dem Weg zur Arbeit in die Stadt – überkam mich plötzlich eine große Freude und Erleichterung. Ganz trunken vor innerlicher Freude »schwebte« ich durch die Straßen. Ich fühlte und wusste nun, dass meine Gebete um Hilfe erhört worden waren – noch bevor mein Brief wirklich übergeben worden war. Für große Meister in ihrem allumfassenden Bewusstsein gibt es keine Beschränkung von Zeit und Raum. – Und in der Tat änderten sich meine Lebensumstände nach und nach zum Guten.

Vom Autor der Anastasia-Bände, Wladimir Megre, erfahren wir über eine junge Frau namens Anastasia und von ihren Ahnen, alle mit außerordentlichen Fähigkeiten. Ihr Urgroßvater ist weit über Hundert Jahre alt, sieht aber bedeutend jünger aus, so als wäre er erst 75 Jahre alt. Sie leben im Verborgenen zurückgezogen in Russland in Sibirien, fernab von der Zivilisation in der Taiga, im Einklang mit der Natur.

Daraus können wir erkennen, was für ein Potenzial und welche Möglichkeiten in uns Menschen im verborgenen Reich unserer Seele liegen. Jetzt ist die Zeit, wo all das offenbar wird – es ist die Zeit der Schwingungserhöhung auf der Erde und damit auch des Bewusstseins der Menschen.

»Nimm mein Bild von Deinem Hausaltar in das Buch, es ist authentisch. Es ist durch mein Wirken entstanden. Jeder wird gesegnet sein, der es betrachtet.«

Mir wurde von der geistigen Welt versprochen, dass ich, wenn ich das Buch fertiggestellt hätte, noch eine Botschaft über das Leben von Jesus Christus empfangen würde. Das ging am 7. November 05 in Erfüllung. Ich war freudig überrascht, dass sich **Jesus Christus selbst** durch mich kundgab:

»Du kannst sofort aufschreiben. Du spürst ja schon die hohe Schwingung. – Heute hast du dein Werk vollendet. Und nun nehme dieses in das Buch auf:

Botschaft von Jesus Christus
Sein Leben und seine wahre Lehre

»Einiges wurde aus meinem Leben verschwiegen. Deshalb gibt es auch so viele Unklarheiten. Auch ich bin durch alle Leiden und Freuden gegangen, ich hatte in jungen Jahren eine liebe Frau, die zu meinem Leid aber bald verstarb.
Erst dann trat ich die Reise nach Indien an. Was im Wassermann Evangelium steht, ist richtig. Ich lehrte in Indien und es gibt heute noch Zeugnisse meiner Lehre dort. Ich kam bis nach Tibet. Dort wurde meine Lehre festgehalten in den Schriften.
Alsdann kam ich nach Jerusalem zurück und lehrte öffentlich im Tempel, nachdem ich die höchsten Weihen in Ägypten als Meister empfing.

Nachdem ich auferstanden war von dem Tode, ging ich an mein Erlöserwerk und erschien vielen Menschen an vielen Orten der Erde, in Ägypten und auch in Rom. Zum Schrecken erschien ich im verklärten Leib im Tempel den Hohepriestern und Pharisäern.
Mit meinem neuen Leib konnte ich mich überall hin versetzen und so auch nach Kashmir und Srinagar. Ich war ja dort kein Unbekannter mehr. Die Leute kannten mich. Ich hatte meinen göttlichen Auftrag erfüllt und verband mich nun mit meiner Dualseele Maria Magdalena.
Ich verblieb viele Jahre, bis ich wieder zu meinem Vater zurückkehrte, aber meinen Leib für die Menschen zurückließ. – Und so wird mein Grabmal bis heute bewacht.
Als vollendeter Meister konnte ich dieses Wunder tun zum Gedenken. Ich spreche hier als Meister Jesus, der vom Christus überschattet war.

Meine Lehre wurde leider in den letzten 2.000 Jahren sehr entstellt. Ich war den Essenern sehr nahe und nahm nie Fleisch und Alkohol zu mir.
Das Gesetz von Karma und Wiedergeburt war den Menschen bekannt. Aus dem Gleichnis mit dem Blinden geht es eindeutig hervor, dass die Leute darüber Bescheid wussten. Und auch als sie mich fragten, ob ich schon gekommen sei als Elias.
Leider wurden auch alle Stellen im Evangelium entfernt, wo ich mich der leidenden Kreatur annehme. Viel Leid erwächst den Menschen durch das Verhalten, wie sie mit meinen Geschöpfen umgehen. Nehme die Botschaft, die ich anlässlich des Heilseminars (August 05) gegeben habe, in das Buch auf. Die Leute sollen wissen, wie sehr ich unter ihrer Grausamkeit leide. Denn was ihr dem Geringsten eurer Brüder tut – das sind die Tiere – das tut ihr mir.

Solange meine wahre Lehre nicht beherzigt wird und nur an Dogmen festgehalten wird, solange werden die Menschen leiden und auch die, die meine Lehre ins Unkenntliche verzerren.
Aber jetzt ist die Zeit, die ich verheißen habe. Der Heilige Geist, der Tröster kommt jetzt zu euch, und teilt sich reinen Herzen mit, auf dass die Menschen wieder meine reine Botschaft vernehmen können. Jetzt erst werden die Menschen die Wahrheit erfassen können, weil durch die Schwingungserhöhung der Erde auch das Bewusstsein der Menschen steigen wird und sie empfänglicher für die wahre Lehre werden. Sie werden es intuitiv spüren.

Ich bin allzeit bei euch bis an der Welt Ende. Fürchtet euch nicht.
Nur eine kleine Weile und die Schatten müssen weichen. Vertraut, vertraut, vertraut.
Ich werde euch durch euer Herz lenken und bin ganz nah bei euch. Ihr braucht nur euer Herz für mich öffnen. Ich segne euch im Namen meines Vaters.«

★★★★★★★

Jeder, der diese Zeilen offenen Herzens liest, wird die Wahrheit intuitiv erfassen und in seinem Herzen spüren. Viele Missverständnisse werden sich klären.
Nur eine Frage bewegte mich noch, und zwar in Bezug auf Maria Magdalena. So viele Gerüchte kursieren um sie, teilweise sehr widersprüchliche. Dazu empfing ich folgende Durchgabe:

»Zur Verehrung von Maria Magdalena (in Frankreich) kam es, als sie als Jüngerin von Jesus Christus nach Frankreich und England kam. Sie war eine sehr charismatische Persönlichkeit. Das war aber vor Jesu Auferstehung. Dass sie damals bereits ein Kind von Jesus getragen habe, ist reine Spekulation.
Nach Christi Auferstehung kam sie nach dessen Himmelfahrt mit seiner Mutter nach Kaschmir. Erst dort wurden sie eine Familie.«

Auf meine aufrichtige Bitte hin um der Wahrheit willen, erhielt ich – kurz vor der Verlegung des Buches – folgende Botschaft von Jesus Christus. Nachdem ich sie aufgeschrieben hatte, wurde ich von einem tiefen Frieden und auch von großer Freude erfüllt.

»Maria Magdalena ist in Begleitung meiner Mutter mir nach Kashmir nachgereist. Das geschah nach meiner Himmelfahrt. Sie wussten aus der ständigen geistigen Verbindung, wo ich war. Erst dort wurden wir eine Familie. Mit Maria Magdalena verband mich ein inniges Band, sie war meine Dualseele. Sie war in Kashmir meine Schülerin und Frau gleichzeitig, so wie bei Mahatma Gandhi, den seine Frau als ihren geistigen Lehrer und Meister betrachtete und dem sie höchste Achtung entgegenbrachte. Unsere Beziehung beruhte auf höchstem Respekt. Es war eine geheiligte Verbindung. Es schmerzt mich, dass die Kirche ein so falsches Bild von Maria Magdalena gibt und sie unehrenhaft darstellt. Sie war eine äußerst gebildete, kluge Frau und reines Herzens, mit viel treuer Hingabe. Es bestand auch ein inniges Band zwischen ihr und meiner Mutter.
Daraus wirst du erkennen, dass die Version, dass Maria Magdalena nach meiner Auferstehung nach Frankreich und Glastonbury kam und von mir eine Tochter trug, falsch ist!

In meinem auferstandenen Körper begab ich mich an viele Orte, auch nach Glastonbury. Immer wieder ist von der Suche nach dem Heiligen Gral, dem heiligen Gefäß, die Rede. Dass in Glastonbury ein Glasbecher an einem geheiligten Ort gefunden wurde und aufbewahrt wird, ist richtig und geht auf mein Wirken zurück. Ich materialisierte ihn, dass er zu gegebener Zeit, und zwar jetzt, seine volle Kraft entfalte als heiliger Fokus meiner Energie. Du weißt, der Heilige Gral ist nichts Äußeres, sondern Dein ***Herz****, in dem ich mich niederlasse.*

Die Menschen werden in sich selbst die Wahrheit finden. Es dürfen jetzt die Wahrheiten verkündet werden durch Menschen so wie Du, die reinen Herzens sind, so wie es für diese Zeit vorausgesagt worden ist. Jetzt werden die Menschen alles erfassen können. Das war früher nicht der Fall. Dein Werk ist gesegnet, es wird vielen die Augen öffnen. Sie werden sich bewusstseinsmäßig erhoben fühlen und fühlen, dass es die Wahrheit ist. –

Ruhe Dich nun aus, Dein Werk ist vollbracht. Fühle den Frieden, den ich Dir ins Herz senke. Wisset, ICH BIN immer bei Euch, bis an der Zeit Ende. Seid gesegnet meine Lieben.

Jesus Christus, der Euch so sehr liebt.«

Gottesbild heilen, Parabel über Gott

Um eine Vertrauensbeziehung zu Gott aufbauen zu können, muss man aber erst das richtige Verständnis über Gott gewinnen.

Das Bild im Alten Testament vom strafenden Vater-Gott muss **korrigiert** werden, denn zu Ihm wird man kaum eine vertrauensvolle Beziehung aufbauen und beten können, wenn man sich vor Ihm fürchtet.
Mit dem Dogma der christlichen Kirchen von nur **einer** menschlichen Existenz kann man Gott nur ungerecht und willkürlich empfinden anhand der unterschiedlichen Bedingungen, unter denen Menschen geboren werden und leben. Allein dieses Dogma hält die Menschen in Unwissenheit und bringt unendlich viel Leid, weil die Menschen an der Gerechtigkeit zweifeln und auch den Sinn ihrer Schicksalsschläge und Krankheiten nicht begreifen können, weil sie nicht wissen, was dahintersteckt. Alles mit einem Trost abzutun, dass »alles in Gottes Ratschluss« liegt, ist einfach zu wenig für verzweifelte und trauernde Menschen!

An diesem Punkt ist es besonders wichtig, Christentum und Kirchentum zu trennen und zu **unterscheiden**! Die Lehre, die wir von Jesus Christus empfangen haben, seine Bergpredigt, sein Gebet, das »Vater unser« drücken eine unverrückbare Wahrheit und Liebe aus. Alles was er gesprochen hat, ist zeitlos gültig und entspricht den göttlichen Gesetzen.

Aber die kirchliche Obrigkeit hat aus seiner Lehre in den letzten 2.000 Jahren ein »Kirchentum« gemacht, was eigentlich der Lehre Jesu Christi gar nicht mehr entspricht. Mit seinen Dogmen setzt sich der Vatikan selbstherrlich über alles hinweg. Seine Machtansprüche sind unübersehbar und durch seine Rigitität lässt er notwendige Reformen einfach nicht zu. Man darf dabei nicht vergessen, dass das Kirchentum ein Werk von Menschen ist und diese machen Fehler.

Es gibt viele Priester und Geistliche innerhalb der Kirche, die wirklich im Sinne Jesu Christi vorbildhaft leben und viele bemühen sich auch um die notwendigen Änderungen. Aber immer mehr Menschen verlieren ihr Vertrauen in »die heilige Mutter Kirche« und treten aus. Viele verlieren so ihren Halt, den sie in ihrer Religion eigentlich gesucht haben. Das ist schade.
Das Wort »Religion« kommt ja von re = rück und ligare = verbinden. Das bedeutet, dass uns die Religionen rück-verbinden sollen mit Gott. Das Wort »Gott« ist keltischen Ursprungs und kommt von »God« – der Gute, Edle und Vollkommene.

Aber vielfach sind die verschiedenen religiösen Wege verdunkelt durch starre Glaubenssätze, Intoleranz und durch Fanatismus.
Man muss wirklich die ursprüngliche, reine Lehre und das, was Jesus Christus und andere Religionsgründer uns vorgelebt und vermittelt haben, von den äußeren Lehren der Kirchen **unterscheiden** lernen und soll nicht alles über Bord werfen.

Ich möchte daran erinnern, dass wir Gott für alle grauenhaften Zustände der Welt nicht verantwortlich machen können, sondern nach dem Gesetz des Karmas, dem Gesetz von Ursache und Wirkung, sind **wir** es selbst, die durch unsere Handlungen Glück und Leid verursachen.

Dem Menschen wurde die Freiheit gegeben, sich für Gott zu entscheiden und in Harmonie mit Seinen Gesetzen zu leben, sich zu Ihm zu bekennen oder gegen Ihn zu handeln und sich von Ihm abzuwenden, was dazu führt, dass er im Leben ganz auf sich alleine gestellt und ohne das Vertrauen auf die göttlichen Führung handeln muss.
Unsere Handlungen ziehen positive oder negative Reaktionen nach sich. Freud und Leid sind das Ergebnis unserer Handlungen. Nicht Gott straft, sondern die Reaktionen auf unsere nega-

tiven Handlungen sind es, die uns Leid bringen. Das Leid fordert uns eigentlich zur Korrektur in der Lebensführung auf, es ist im wahrsten Sinne notwendig.
Jesus Christus drückte diese Gesetzmäßigkeit, die in östlichen Religionen »Karma« genannt wird, mit einfachen Worten so aus: »Was der Mensch sät, das muss er ernten«, sowohl im Bösen als auch im Guten. Das Sanskrit-Wort Karma heißt »Handlung.«

Karma kann uns nur erreichen, solange wir in der Illusion des Getrenntseins von Gott leben und durch unser Ego eigenwillig handeln. Das Wort Sünde bedeutet »Trennung«. Lösen wir die Illusion der Trennung auf und lassen den eigenen Willen in den Willen Gottes einfließen, verursachen wir kein neues Karma.
Die Quelle allen Leids ist die Unwissenheit des Menschen über seine wahre Natur. Durch seine Identifikation mit dem Körper und seiner Rolle und durch seinen Eigenwillen verstrickt er sich immer mehr in Leid. Er lebt nicht in Einklang mit dem Schöpfer.

So wenig wir unter Wasser ein Streichholz entzünden können, so wenig können wir aber in einem Meer von Liebe (Gott ist die Liebe) lieblos handeln. Das führt unweigerlich zum Leid. Nicht Er entfernt sich von uns, wir isolieren uns vom Strom der Liebe.
Eine einfache Formel bringt es auf den Punkt: G = L+L+L, Gott ist Liebe + Licht + Leben. Und mit Liebe und Licht sollen wir unser Leben ausfüllen.

Es ist wichtig, dass wir eine liebevolle Beziehung zu Gott herstellen. Das kann nur in einer **persönlichen Form** geschehen. Gott nimmt viele Formen an, so kann Ihm jeder nach seinem Herzen nahekommen: Der Christ verehrt Jesus Christus, der Hindu verehrt Ihn als Sri Krishna oder als Göttliche Mutter, der Moslem als Allah, um nur einige Religionen aufzuzählen. Zu Gott können wir vielfältige Beziehungen aufbauen und Ihn als Vater, Mutter und Freund verehren.
Lord Krishna wird in Indien sehr verehrt als der Göttliche Geliebte. Krishna ist die Verkörperung von Bhakti, der göttlichen Liebe. Auch christliche Heilige und Mystiker empfanden eine ekstatische Liebe zu Gott, sie waren entflammt zu Ihm in göttlicher Liebe.

Wir können Gott auch als Kind in unser Herz aufnehmen und Ihn dieser Form liebevoll Fürsorge angedeihen lassen, indem wir alles tun, damit das Göttliche Kind in uns wachsen kann.
Das Weihnachtsfest, das Fest der Liebe, soll uns Christen daran erinnern, dass das Göttliche Kind in uns als göttlicher Funke Geburt nahm und dass sich vor 2.000 Jahren die Liebe selbst als Jesus Christus auf der Erde verkörperte.
Das Osterfest soll uns daran erinnern, dass das Göttliche in uns auferstehen will und soll. Der senkrechte Balken des Christuskreuzes stellt das Göttliche dar, der Querbalken symbolisiert die Materie, die sich dem Göttlichen entgegenstellt. Wie oft schlagen wir das Göttliche in uns immer wieder auf das Kreuz, indem wir lieblos sind und nur dem Materiellen dienen.

In Indien ist es Sitte, Gott in Seinen verschiedenen Aspekten in Form von Bildgestalten (Murtis – kleinen Statuen) im eigenen Hause als Gast zu verehren. Sie werden täglich neu gekleidet und die Speisen bringt man Gott am kleinen Hausaltar dar. Erst dann wird die gesegnete Speise selbst im Kreise der Familie verzehrt. Jeden Tag werden Räucherwerk und Blumen Gott dargebracht zum Zeichen der Liebe und Hingabe.

Ich konnte mich selbst davon überzeugen, als wir, mein Mann und ich, von einer indischen Medizinstudentin auch privat bei ihr zu Hause eingeladen wurden. Als sie dort ankam, begab sie sich als erstes zum Hausaltar,

kniete hin und verrichtete Gebete und entzündete ein Räucherwerk. Das tat sie mit großer Hingabe und das hat mich sehr berührt.
Auch der Ayurveda-Lehrer meines Mannes in Indien, Herr Prof. Dr. Avinash Lele, hatte in seiner Wohnung wie auch in seiner Arztpraxis einen Hausaltar. Die zubereitete ayurvedische Medizin brachte er Gott am Altar dar. Die so gesegnete Medizin bekamen dann seine Patienten. Auf diese Weise ist Gott für diese spirituellen Menschen ständig präsent im Alltag.

Nehmen wir doch die alten Traditionen wieder auf und segnen wieder unsere Speisen und unser Brot, so wie es unsere Ahnen taten. Richten wir uns doch in der Wohnung einen stillen Platz ein zur inneren Einkehr, so wie früher der »Herrgotts-Winkel« in der Stube üblich war.
Gehen wir doch wieder zu den heiligen Zeiten durch unser ganzes Haus und räuchern und segnen die Räume. Oder feiern wir wieder bewusst Erntedank. Das können wir durchaus im kleinen Rahmen unserer Familie tun. So wachsen Kinder ganz natürlich mit Gott auf.
So wie früher die Flursegen-Prozessionen über die Felder abgehalten wurden für eine gute Ernte, so können wir das in einfacher Weise tun, indem wir bei einem Spaziergang die Felder segnen. Laden wir Gott wieder in unser Leben ein und nicht nur einmal in der Woche, wenn es gerade Sonntag ist.
Bei all unseren Tätigkeiten können wir uns vorstellen, dass Seine Kraft durch uns fließt. ER gibt uns ja erst die Möglichkeit, überhaupt etwas zu tun. Von Ihm bekommen wir unsere Lebenskraft. Wenn wir stets an Ihn denken, so wird Gott ganz automatisch in unserem Leben sein.
Betrachten wir auch, dass die Gastfreundschaft der asiatischen Völker auf dem Gedanken beruht, dass mit dem Gast Gott ins Haus kommt. Der Gast wird als Stellvertreter Gottes gesehen und sollte auch so behandelt werden, als wenn Gott selber als Gast einkehren würde. Wenn man diesen Gedanken erweitert, so können wir auch Gott in jedem unserer Mitmenschen und in uns selbst sehen, da ja **alle** Wesen spirituelle Seelen sind.

Auch Jesus Christus brachte dies zum Ausdruck mit den Worten: »Das was ihr dem geringsten meiner Brüder getan habt, das habt ihr Mir getan. Denn Ich bin in ihnen und sie sind in Mir.«
Er meinte damit die ärmeren Brüder unter uns, die Mutlosen, Schwachen, Kranken und die Unterdrückten und besonders die armen Tiere, die oft verstoßen und gequält werden.

Gott hat und hatte viele **Namen** in allen Religionen und früheren Kulturen. Besonders in der hinduistischen Religion wird Er in Seinen vielen Aspekten verehrt, die alle einen eigenen Namen tragen. Z. B. ist Brahma der Schöpfer, Vishnu der Erhalter der Schöpfung. Shiva ist der Zerstörer, der aber auch das Alte, Überkommene beseitigt und Platz schafft für etwas Neues.
Im christlichen Verständnis kennen wir die Trinität Vater, Sohn und Heiliger Geist, das in der in der altindischen Sanskrit-Sprache mit Sat-Tat-OM bezeichnet wird. Sat ist Gott (der Vater) jenseits der Welt der Erscheinungen. Tat ist das immanente Christusbewusstsein (der Sohn) innerhalb der Schöpfung und Gott als OM die göttliche schöpferische Urschwingung der Heilige Geist, der »Tröster«, wie er uns von Jesus Christus verheißen wurde.
Die gleichen Wahrheiten über Gott finden sich in der christlichen Bibel und in der Bhagavat-Gita der Inder!

Hier eine kleine Allegorie zum besseren Gottesverständnis: Betrachten wir eine Frau. Ihr Ehemann beschreibt und benennt sie in einer ganz bestimmten Art und Weise, aber ganz anders werden sie ihre Kinder, ihre Eltern und Freunde, ihr Chef und der Kaufmann, bei dem sie einkauft, beschreiben und ihr auch verschiedene Namen oder Koseworte geben. – Aber alle reden immer nur von der **gleichen** Person.

Eine weitere Parabel »Die Blinden, die einen Elefanten beschreiben« soll das Wesen Gottes verdeutlichen:
Einer befühlt die Ohren und sagt: »Der Elefant ist ein Fladenbrot.«
Einer befühlt die Beine und sagt: »Der Elefant ist eine Säule.«
Einer befühlt den Rüssel und sagt: » Der Elefant ist ein Schlauch.«
Und einer befühlt den Schwanz und sagt: »Der Elefant ist ein Staubwedel.«

Und nun das Resümee: Es gibt viele Beschreibungen über Gott und jede Lehre behauptet, nur die ihre sei die richtige und es gibt Uneinigkeit. Die Parabel macht es deutlich: Jeder hat mit seiner Beschreibung recht, aber jeder beschreibt **nur einen Teilaspekt** des Elefanten bzw. von Gott. Keiner ist imstande, mit seinen beschränkten Sinnen den Elefanten bzw. Gott **als Ganzes** zu erkennen.

Gott offenbart sich auch in Seiner **unpersönlichen** Form als tiefer Friede, umfassende Liebe, Freude, innere Glückseligkeit, Weisheit, als inneres Licht, als Schönheit und Harmonie. In der Schönheit der Natur, in den Blumen, in der Stille, überall kann man Ihn wahrnehmen. Gottes Geist durchdringt die Materie. Die ganze Schöpfung ist ein verdichteter Gedanke Gottes, so wie ein Nebeltröpfchen zu einem Wassertropfen wird, der wiederum gefriert zu Schneeflocken und zu Eis. In Wirklichkeit besteht Seine Schöpfung aus reinem Licht.

Hier darf ich zwei persönliche Erlebnisse in Verbindung mit Gott einflechten, die sich unvergesslich und tief in mein Gedächtnis eingegraben haben:
Als junge Frau hatte ich es mir zur Gewohnheit gemacht, nach Dienstschluss abends, wenn ich nach Hause kam, vom Alltag Abstand zu gewinnen, innezuhalten und zu meditieren. Erst danach begann ich mit meiner Hausarbeit. Durch die regelmäßige Meditation konnte ich schon sehr schnell meine innere Ruhe und Konzentration erreichen. Wieder einmal saß ich im dunklen Zimmer, tiefer innerer Friede und Freude breitete sich in mir aus. Plötzlich wurde es ganz hell und licht vor meinen geschlossenen Augen, so dass ich glaubte, mein Mann sei gekommen und hätte das Licht eingeschaltet. Ich war sehr überrascht und öffnete die Augen. Aber ich musste feststellen, dass niemand gekommen war und es im Raum ganz dunkel war.

Ein Hindernis, um mit Gott Verbindung aufzunehmen, sind Schuldgefühle und sich unwert fühlen für Gottes Liebe. Aber Er hat uns schon längst alles verziehen!
Einen Beweis für Seine unendliche, bedingungslose Liebe bekam ich geschenkt in Indien im Jahre 1996. Damals nahm ich mit meinem Mann Reinhart an einem Sonntagsgottesdienst in einem Tempel in der Stadt Pune teil. Die Inder hatten meinen Mann und mich überaus herzlich als Gäste aufgenommen. Nachdem alle Leute wieder hinausgegangen waren, ging ich im Tempelraum ganz nach vorne, wo die blumengeschmückten Bildgestalten von Sri Krishna und Seiner Gefährtin Radha standen. Sri Krishna lebte vor 5.000 Jahren in Indien, er war König und eine Inkarnation Gottes gewesen, ein Avatar. Und so betrachtete ich ehrfürchtig und hingebungsvoll zugleich die fast lebensgroßen Figuren. Ganz ruhig stand ich alleine im Tempelraum. In stiller Kommunikation bedankte ich mich noch für alles Gute, was uns in den letzten Tagen widerfahren war und für Seinen Schutz in diesem fremden Land.
Plötzlich und völlig unerwartet wurde ich überschüttet von einem gewaltigen Strom von Liebe. Wie aus Eimern ergoss der Strom der Liebe sich über mich. Es war, als wenn sich eine große Liebe ins Tausendfache vervielfältigen oder sich mit tausenden Lieben vereinigen würde – so wie viele kleine Bäche sich zu einem riesengroßen Strom vereinigen. Dieses Erlebnis hielt einige Zeit an und es klang noch lange nach. Auch heute ist es mir noch sehr lebendig.

Zutiefst berührt konnte ich erkennen, dass Gott sich gleichermaßen in persönlicher Form in Jesus Christus und in Sri Krishna offenbart hat. Gott hat sich schon in viel früherer Zeit und auch in anderen Kulturen offenbart: »Wann immer das Dharma vergessen ist und die Ungerechtigkeit triumphiert, komme Ich wieder auf die Welt. Ich inkarniere mich, um das Gute zu befreien, das Böse zu zerstören …«(Bhagavad-Gita IV, 7-8).
»Dharma« bedeutet Religion, göttliches Gesetz, kosmische Ordnung und die Pflicht, sich zu einem »wahren« Menschen mit Humanität zu entwickeln.
Aus meinem ersten spirituellen Erlebnis wird deutlich, dass Gott sich auch in unpersönlicher Form als Licht manifestiert. Der tief Meditierende (Yogi) kann innerlich in tiefster Stille auch die göttliche Schwingung hören als den heiligen kosmischen OM-Laut. Das ist der Heilige Geist, den uns Jesus Christus als »Tröster« versprach. In dem heiligen Sanskrit-Zeichen findet dieser OM-Laut Ausdruck. Unser Amen entspricht der ursprünglichen Sprachwurzel OM bzw. AUM.

ॐ

Die Silbe OM besteht eigentlich aus drei Buchstaben Der Buchstabe A repräsentiert die manifestierte Schöpfung, U repräsentiert die unmanifestierte Schöpfung und M repräsentiert den göttlichen Willen der Schöpfung.
A repräsentiert aber auch den Wachzustand des Menschen bzw. den Körper.
U repräsentiert den Schlaf des Menschen bzw. den Geist und
M repräsentiert den spirituellen Zustand, den wir in der Meditation erreichen und die Seele, unseren göttlichen Anteil.

Zu Mutter Maria habe ich in den letzten Jahren ein inniges Verhältnis entwickelt. Das entstand durch die Heilarbeit bei den Ausbildungsseminaren, bei der wir Teilnehmer sie immer wieder um ihre Hilfe und Schutz baten. Wir alle haben ihre Präsenz nicht nur gespürt, einige haben sie auch in ihrer hellsichtigen Wahrnehmung gesehen. Sie nahmen ihren blauen Schutzmantel über uns wahr, als ich von ihr eine Botschaft empfing, die ich im Kapitel über Heilung niedergeschrieben habe.

Im Rahmen meiner beratenden Tätigkeit erhielt ich für eine Rat suchende Person folgende Botschaft am 28. 11. 2003. Diese verdeutlicht alles, was ich über das Wesen Gottes geschrieben habe.

Botschaft des Trostes

»Verliere nicht den Mut, dass sich für Dich alles zum Guten wenden wird. Du wirst jetzt sehr geprüft auf allen Ebenen, und Du musst Deine Kraft ***in Dir*** *entdecken.*

Ich (Gott) weile ***im Herzen*** *als Überseele, Ich bin nicht ferne, sondern ruhe ihm Herzen aller. Oft müssen die Menschen durch den Schmerz zu Mir finden, indem sie ihr Ego loslassen müssen und sich Mir einfach hingeben lernen. Ich bin der größte Freund, der Geliebte, von Mir kommt die Liebe und Ich sende euch auch die Menschen, die euch lieben.*
Wendet euch an Mich, Ich werde eure Wunden heilen, von Mir kommt Trost und Kraft. Oft ist Leid not-wendig, um die Zeit der »Wende der Not« einzuleiten.
Ich bin auch die Göttliche Mutter, der ihr euer Herz ausschütten könnt. Ich nehme euch in meine Arme, in denen ihr geborgen seid. Habt keine Furcht! Unter meinem Schutz und Schirm kann euch nichts anhaben.
Du darfst diese Botschaft W. geben und auch jenen, die bei Dir Rat suchen und nicht weiter wissen. Er wird sie ernst nehmen. Sie wird ihn trösten und ihm ***Kraft geben,*** *das Richtige zu tun.«*

Auf meine Frage, von wem die Botschaft stammt:

»Dies ist eine Botschaft göttlichen Ursprungs, in Seinem Aspekt als Freund/Vater, Geliebter und als Göttliche Mutter. Jesus Christus betete immer den väterlich/mütterlichen Aspekt Gottes an. Gott erscheint jedem so, wie er Ihn liebt und in dieser Form kann sich der Mensch hingebungsvoll an Ihn wenden.«
»Lasst Euch nicht vom Leid niederdrücken, betrachtet die Dinge von höherer Warte aus und mit Abstand. Das könnt ihr nur, wenn ihr euch ***nach innen*** *wendet, dort ist euer Schatz.*
In der Stille *werdet ihr euch eurer Göttlichkeit, eures wahren Wesens bewusst. Ihr seid Teil von Gott und ihr kommt von Gott und in euch ruhen die göttlichen Eigenschaften und schöpferischen Kräfte.*
Seid gesegnet, meine Kinder,

Ich bin allezeit bei Euch«

Möchten Sie Ihr Wissen über die Beziehung zu Gott vertiefen, darf ich Ihnen die »Autobiographie eines Yogi« von Paramahansa Yogananda empfehlen. Dieser indische Heilige lebte sowohl in Indien als auch im Westen, und kann uns das Verständnis Gottes sowohl aus der indischen als auch der christlichen Sicht vermitteln. Er war der geistige Brückenbauer zwischen Ost und West und lebte von 1893 bis 1952.
Nach seinem Mahasamadhi am 7. März 1952 – den endgültigen und bewussten Austritt eines Yogi aus seinem Körper – gab er ein wunderbares Zeichen seiner vollkommenen Yoga-Meisterschaft. Mahasamadhi ist ein Wort aus der altindischen Sanskritsprache. »Maha« bedeutet groß und »Samadhi« glückselige Vereinigung der Seele mit Gott.
Er sah am 27. März genauso frisch und vomTode unberührt aus wie am Abend seines Todes – er befand sich in einem unverweslichen Zustand, sein Antlitz leuchtete in einem göttlichen Glanz. Das wurde auch amtlich bestätigt.
Im Jahre 1977 – also 25 Jahre danach – gab die indische Regierung eine Gedenk-Briefmarke zu seinen Ehren heraus mit der Erklärung: »Das Ideal der Gottesliebe und des Dienstes an der Menschheit fand schönsten Ausdruck im Leben Paramahansa Yoganandas ... Er gehört zu unseren Heiligen.«

Alle großen Heiligen lassen uns durch ihr Wirken das Göttliche erkennen, das durch sie strahlt. Dazu gehört zum Beispiel der Hl. Franziskus, bekannt durch seine Liebe zu allen Geschöpfen.

In Demut sein Werkzeug sein

Jeder Mensch hat gewisse Fähigkeiten, sei es im Praktischen oder Wissenschaftlichen. Jeder kann sich einbringen, sei es die Hausfrau, indem sie mit Liebe und Kreativität kocht, ihr Heim schmückt oder sei es der handwerklich begabte Mensch. Oder denken wir an die Menschen, die eine »grüne Hand« haben und deren Blumen wunderbar unter ihrer Pflege gedeihen. Aber auch künstlerische Fähigkeiten, wie Tanzen, Malen, Musizieren und Singen sollten wir pflegen. Wir haben sie oft schon mitgebracht aus früheren Leben.

Wenn uns von Gott eine besondere Gabe geschenkt wird, dann sollten wir sie in Demut und im Dienst am Nächsten gebrauchen. Das können ganz verschiedene Begabungen sein:
Die Fähigkeit zum Heilen, Hellfühlen, Hellsehen, als Channel, als Medium. Denken wir doch an Uri Geller, der durch seine Fähigkeit, Gegenstände mittels Geisteskraft zu bewegen und zu verändern, in aller Welt bekannt geworden ist.
Wir sollten weisen Gebrauch von unseren schöpferischen Kräften machen und diese nur zum Wohle für die Mitmenschen einsetzen. Wenn Menschen nicht genügend Ethik und Demut mitbringen, besteht eine große Gefahr, dass sie mit ihrem aufgeblähten Ego nur ihre eigenen Interessen verfolgen und ihre Gaben missbrauchen.
Menschen mit besonderen Fähigkeiten werden oft von Menschen bewundert, oft »angehimmelt«. Oft wird ihnen auch viel Geld für ihre Fähigkeit angeboten. Da kann es schon passieren, dass sie mit der Zeit hochmütig und geldgierig werden. Das alles sind Ego-Fallen.

Auf unserem Lebensweg kann es immer wieder passieren, dass wir unmerklich in eine Ego-Falle geraten. Je mehr wir unser Bewusstsein erweitern, umso subtiler werden die Fallen. Ich habe es selbst beobachten können, wie bereits sehr spirituelle Menschen in Hochmut, Geldgier und Unversöhnlichkeit geraten und bewusstseinsmäßig abgeglitten sind. Diese drei Eigenschaften stellen sozusagen den Gegenpol zu Demut und Liebe dar. Sie verhindern nicht nur unseren bewusstseinsmäßigen Aufstieg in höhere Ebenen, wir rutschen auch in unserer Entwicklung wieder zurück und müssen uns wieder erneut hinaufarbeiten. Gewisse bereits erworbene geistige Fähigkeiten können uns dadurch verlorengehen.
In dieser materiellen Welt sind wir der ständig der Dualität unterworfen. Es gibt Situationen, in denen wir »geprüft« werden, und da müssen wir besonders achtsam sein!

Deshalb ist es wichtig, darauf nie zu vergessen, **von wem** die Begabung kommt und **demütig** und liebevoll zu bleiben. Mir ist es selbstverständlich, dass ich mich vor jeder Beratung, Heilarbeit oder einem Channeling auf Gott einstelle. Auch beim Schreiben dieses Buches tue ich das und bitte, dass Seine Kraft durch mich fließt, mich leitet und inspiriert.

Indem wir dem Nächsten dienen, dienen wir Gott.

Unser Potenzial erkennen

Wir sollten die Fähigkeiten unseres Geistes nicht unterschätzen und uns in unseren Möglichkeiten nicht einschränken. Unser geistiges Potenzial ist noch lange nicht ausgeschöpft. In diesem Buch habe ich Sie über die Kraft der Affirmationen und der Imagination informiert, wie Sie sich wieder heilen oder Ihre Lebensumstände wieder verbessern und optimieren können. Entwickeln Sie Ihre Intuition, erwachen Sie wieder zu sich selbst.

Einmal hatte ich ein Erlebnis, da bekam ich einen sichtbaren Beweis für die Kraft meines Geistes: Vor 20 Jahren sah ich auch einmal in einer Fernsehshow einen Auftritt von Uri

Geller. Er machte vor dem Publikum Demonstrationen über Gedankenlesen und auch, wie er Löffel und Gabeln zum Verbiegen und Uhren wieder zum Laufen brachte.
Er lud uns Fernseh-Zuschauer ein, am »Löffelbieger-Experiment« teilzunehmen. Das interessierte mich, und ich holte zu diesem Zweck einen besonders starken, dicken Löffel aus der Küche.
Dazu stimmte er uns in einer Entspannung ein. Dann hatten wir uns darauf zu konzentrieren, dass Kraft von oben in uns einströmt und diese Energie von uns zum Löffel fließt. Ich konzentrierte mich auf eine bestimmte Stelle des Löffels, rieb daran bis sie warm wurde. Damit energetisierte ich sie. Und plötzlich, siehe da, der Löffel wurde ganz weich wie ein Kaugummi und ich konnte ihn ganz leicht verbiegen. Als ich ihn in seine gewohnte Lage zurückbiegen wollte, war das Metall schon wieder spröde und brach ab.
Ich betone nochmals, dass man die Kräfte des Geistes und seine Gaben nicht missbrauchen darf, um andere Menschen zu manipulieren und zu beherrschen. Sie sollen nur für das Gute eingesetzt werden.

Wir sind göttliche Wesen, ausgestattet mit schöpferischen Fähigkeiten.

Am griechischen Tempel in Delphi stand » Mensch, erkenne Dich Selbst«, aber weitgehend unbekannt ist, dass im Inneren des Tempels der zweite Teil geschrieben stand: »Dann erkennst Du Gott.«

Meine Seele
ist die unerschöpfliche Schatzkammer
einer unendlichen Kraft,
die sich jetzt entfaltet.

Erkenntnis unseres wahren Seins, als Schöpfer leben

Wenn wir uns immer wieder vergegenwärtigen, woher wir kommen, wohin wir gehen, und wenn durch die regelmäßige Meditation in uns ein immer größer werdende Friede und eine Freude erwachen – ganz unabhängig von äußeren Umständen – wachsen wir ganz von selbst in die Erkenntnis unseren wahren Seins, als unsterbliche, spirituelle Seele, als Teil von Gott. Der Himmel ist nicht fern, durch einen Gedanken können wir uns in diesen hineinversetzen. Indem wir uns vergegenwärtigen, dass Gott IN UNS ist und unser Bewusstsein auf IHN einstellen und in das ICH BIN Bewusstsein gehen.

In diesem Bewusstsein leben wir wie ein Meister, wir werden unsere Rolle in unserem Leben meisterlich spielen und spielend meistern. So wie ein Schauspieler sich auf der Bühne stets seiner Person bewusst ist und sich nicht ganz in der Rolle, z. B. als Fürst verliert, so müssen wir uns bewusst sein, dass wir eine unsterbliche Seele sind, die nur eine Rolle in diesem Leben spielt. Lassen wir uns von den Dramen des Lebens nicht ganz einfangen, sondern werden wir uns immer wieder gewahr, wer wir wirklich sind. Vergegenwärtigen wir uns das jeden Tag, immer wieder.

Wir haben in vielen Leben viele verschiedene Rollen gespielt. Immer wieder hat sich unsere Seele in neue Gewänder gekleidet und sie wieder abgelegt, um auf der irdischen Ebene Erfahrungen zu sammeln, Talente zu entwickeln, Erkenntnisse zu gewinnen und zu reifen.
Jesus Christus sagte: »Ihr sollt vollkommen sein, wie der Vater im Himmel vollkommen ist.« Bringen wir doch die Vollkommenheit unseres wahren Wesens immer vollkommener zum Ausdruck.

Enochs Vision
Die älteste Offenbarung

Gott spricht zum Menschen:

Ich spreche zu dir.
Sei still,
wisse,
Ich bin Gott.

Ich sprach zu dir
als du geboren wurdest.
Sei still, wisse,
Ich bin Gott.

Ich sprach zu dir
bei deinem ersten Blick.

Ich sprach zu dir
bei deinem ersten Wort.

Ich sprach zu dir
bei deinen ersten Gedanken.

Ich sprach zu dir
bei deiner ersten Liebe.

Ich sprach zu dir
bei deinem ersten Lied.

Ich spreche zu dir
durch das Gras der Wiese.
Sei still, wisse,
Ich bin Gott.

Ich spreche zu dir
durch die Bäume der Wälder.

Ich spreche zu dir
durch die Täler und Hügel.

Ich spreche zu dir
durch die Heiligen Berge.

Ich spreche zu dir
durch Regen und Schnee.

Ich spreche zu dir
durch die Wogen des Meeres.

Ich spreche zu dir
durch den Tau des Morgens.

Ich spreche zu dir
durch den Abendfrieden.

Ich spreche zu dir
durch das Leuchten der Sonne.

Ich spreche zu Dir
durch die funkelnden Sterne.

Ich spreche zu Dir
durch den Sturm und die Wolken.

Ich spreche zu Dir
durch Donner und Blitz.

Ich spreche zu Dir
durch den geheimnisvollen Regenbogen.

Ich werde zu Dir sprechen,
wenn du allein bist.
Sei still, wisse,
Ich bin Gott.

Ich werde zu dir sprechen
durch die Weisheit der Alten.

Ich werde zu dir sprechen
am Ende der Zeit.

Ich werde zu dir sprechen,
wenn du meine Engel gesehen hast.

Ich werde zu dir sprechen
in Ewigkeit.
Sei still,
wisse,
Ich bin Gott.

Aus
»Die unbekannten Schriften der Essener«
Buch 2,
aus dem Aramäischen von Dr. Ed. B. Székely

Unsere größte (Sehn-)Sucht

Was bedeuten Süchte? In Wirklichkeit ist es die tiefe unbewusste Sehnsucht der Seele nach der wahren Heimat, nach Gott und nach bedingungsloser Liebe, die die Menschen in die Süchte und vergänglichen Vergnügungen des Lebens treibt. Denn wir kamen aus der göttlichen Ebene, und dort wollen wir wieder hin. Wir brauchen nicht lange suchen. ER IST IN UNS, ganz nah am Herzen und wartet auf unsere Liebe.
Und wenn wir beten und etwas erbitten möchten, legen wir die rechte Hand ans Herz. So bekommen wir ganz schnell Verbindung zu Ihm. Hernach bedanken wir uns für alles.
Unser Ursprung als individuelle Seele ist die göttliche Quelle. Aus dieser besteht eine ständige Verbindung, ein Lichtkanal über die höheren Chakren direkt zu unserem Herzen. Im Herzen ruht der göttliche Lebensfunke, er wird auch als Überseele (Param Atman) bezeichnet.

Dazu möchte ich ein Erlebnis schildern, das ich anlässlich eines Urlaubes in Kreta hatte. In Südkreta wohnten wir in einem kleinen Ort an der Küste. Ganz in der Nähe gab es eine archäologische Stätte, einen ehemaligen Äskulap-Heilungstempel. Mein Mann und suchten jeden Morgen diesen friedvollen Ort zum Meditieren auf. Als ich auf einem alten Säulensockel saß, betrachtete ich wehmütig die Reste der schönen, spiralförmigen Mosaikmuster am Boden des alten Tempels. Wie viel Hingabe steckte in dieser Arbeit des Handwerkers. Nun ist alles weitgehend zerstört.
So in diesen Gedanken vernahm ich innerlich folgende Worte:

»Suche Mich nicht in Steinen und Tempeln. Sucht Mich in eurem Herzen. Errichtet Mir dort einen Altar. Dieser wird unzerstörbar sein. Kirchen und Tempel sind hilfreich wegen ihrer guten Schwingungen für die Menschen. Aber vergesst nie, Ich weile in eurem Herzen.«

Auch eine frühere, tröstliche Botschaft, die ich anlässlich einer Lebensberatung für jemanden empfing, bestätigt diese Wahrheit:

»Betrachte Dich nicht getrennt von MIR.
ICH BIN in Deinem Herzen als Überseele immer bei Dir.
Dies (der Körper) ist der Tempel, in dem der Geist Gottes wohnt.
Diese Wahrheit findest Du in der Bhagavad Gita und in der Hl. Bibel der Christen.

Und im tiefen Gebet wirst Du diese Wahrheit ***spüren****. Es ist das lebendige Wasser des Lebens, das ich Dir reiche und Du wirst danach gesunden.*

ICH BIN die Liebe selbst und wenn Du Dich mit MIR verbindest,
verbindest Du Dich mit der größten Kraft!
Also vertraue!«

Ich weile im Herzen eines jeden Lebewesens
und von Mir kommt Wissen, Erinnerung und Vergessen
Bhagavat-Gita

ॐ ॐ ॐ

14. Kapitel

In Einklang bringen

Im ersten Kapitel wurden die geistigen Gesetze vorgestellt. Dieses Kapitel ist dem geistigen Gesetz des Ausgleichs, der Harmonie, gewidmet. Es wirkt dort korrigierend, wo etwas aus dem Gleichgewicht gekommen ist.
Diese Gesetzmäßigkeit wirkt sich aus in allen Bereichen unseres Lebens, in unserem Körper, in der Mode (Kleider, Haartracht), in den Sitten, in der Gesellschaft und in der Weltpolitik, um nur einige Beispiele zu nennen. Immer, wenn ein Extrem erreicht ist, schlägt das Pendel in die andere Richtung. Das können wir überall beobachten.
Wie wir dieser geistigen Gesetzmäßigkeit entsprechen können, das wird das Thema dieses Kapitels sein. Wenn von vornherein Extreme vermieden werden, ist es gar nicht nötig, dass die Pendelschläge so stark ausfallen. Um zu starke Extreme zu vermeiden, ist es immer wichtig, uns in unsere Mitte zu rufen. Besser noch, wir bleiben in unserer Mitte, im Einklang!

Herz und Verstand

Wir sollten uns davor hüten, den Intellekt zu unserem Gott zu machen;
gewiss, er hat starke Muskeln, jedoch keine Persönlichkeit.
Er darf nicht herrschen; nur dienen.
Albert Einstein

Entscheidungen nur über den Verstand stützen sich auf reine Tatsachen, ohne die Hintergründe von Fakten zu hinterfragen. Nehmen wir zur Anschaulichkeit lebendige Beispiele:
Ein Richter fällt ein sehr hartes Urteil, ohne den Hintergrund zu prüfen und mildernde Gründe beim Urteil zu berücksichtigen, aus welchem Beweggrund eine Straftat geschah, was hat den Täter zur Tat getrieben? Oft genug wird so das Leben eines Menschen nachhaltig zerstört, seine Zukunft auf lange Sicht verbaut. Das gleiche können auch Lehrkräfte bewirken, wenn sie junge Menschen gnadenlos bei Prüfungen durchfallen lassen, ohne eventuelle erschwerende Umstände, die zum Versagen geführt haben (familiäre Probleme, Scheidung der Eltern) zu hinterfragen bzw. zu berücksichtigen.
Oder ein Firmenmanager entlässt aus rein berechnenden Gründen Angestellte – ein Forscher entdeckt oder erfindet etwas, ohne dabei die eventuellen Konsequenzen und die Folgen, die seine Entdeckung, sein Plan oder seine Erfindung haben können, zu berücksichtigen – ein Beamter gibt Erlässe und Bescheide heraus, ohne die menschlichen Tragödien, die daraus entstehen, zu berücksichtigen.
Aus diesen aufgezählten Beispielen wird klar ersichtlich, der Richter, der Firmenmanager, der Lehrer, der Forscher, der Beamte, alle fünf haben bei ihren Entscheidungen und Handlungen nicht **das Herz** einfließen lassen, sie haben »herzlos« gehandelt. Natürlich ist es notwendig, Recht, Firmen- und Forschungsinteressen sowie Vorschriften im Auge zu behalten, aber nicht ausschließlich aus dem Blickwinkel des kalten Intellekts, sondern auch von der menschlichen, toleranten Seite aus.

Im umgekehrten Fall gibt es Menschen, die nur aus dem Gefühl heraus sprechen, Entscheidungen treffen und Handlungen setzen. Oft bedenken sie nicht die Konsequenzen ihres Handelns in ihrer Unüberlegtheit, Spontaneität oder Naivität. Oft erwachsen aus vorschneller Gutmütigkeit Enttäuschungen und Schaden, wenn sie ausgenutzt wird. Bevor man hilft, sollte man sich die Person schon etwas genauer anschauen.

Nur mit **Herz und Verstand** treffen wir die richtigen Entscheidungen und handeln auch richtig! Wenn wir aus dem Herzen agieren, werden wir nicht einseitig nur nach Fakten entscheiden und agieren, sondern auch das Wohl der Mitmenschen im Auge haben.
Der Richter könnte mildernde Gründe ins Auge fassen und nicht mit der ganzen Härte des Gesetzes sein Urteil fällen,
die Lehrkraft könnte eine Aussprache zur Klärung herbeiführen, und durch eventuelle Nachprüfungen dem jungen Menschen eine Chance geben,
der Firmenmanager könnte auch andere Strategien zur Wahrung seiner Firmeninteressen wählen, ohne dass er Menschen in finanzielle Nöte und Verzweiflung stößt,
der Forscher forscht nicht nur um der Forschung wegen, sondern berücksichtigt die Konsequenzen, die seine wissenschaftlichen Erkenntnisse bringen,
und der Beamte könnte alle Möglichkeiten ausschöpfen, Vorschriften und Beschlüsse »auch mit Herz« zu erlassen und unnötige Härten vermeiden.

Es gibt keine Ausrede, jeder kann auf seinem Platz, wo er hingestellt ist, auch sein Herz im Umgang mit Menschen sprechen lassen, ohne seine Pflichten zu vernachlässigen und unkorrekt zu sein.

Ratio/Verstand mit Intuition

Wie wir unsere Intuition entwickeln und vertiefen können, habe ich bereits im zweiten Kapitel niedergelegt. Blitzschnell können wir Wesentliches oder Hintergründe erfassen, die dem Verstand verborgen bleiben müssen.
Die Ratio, der Verstand, ist unerlässlich in unserem praktischen Leben, aber er lässt uns kläglich im Stich, wenn es um die Wahrnehmung von Gedanken, von Schwingungen oder um das Gewinnen von höheren Erkenntnissen geht.
Mittels einer guten Intuition können wir sehr schnell das Wesen eines Menschen erfassen oder auf der Autobahn gewisse Gefahren fühlen oder sicher einen uns unbekannten Ort finden. Wenn wir unsere Intuition trainieren, wird sie uns eine unschätzbare Hilfe in unserem Leben sein. Auch das Auffassen eines Lernstoffes wird wesentlich leichter vonstatten gehen, wenn wir lernen, die beiden Gehirnhälften miteinander zu verbinden und ganzheitlich zu denken.

Übung:

Wir halten beide Hände nach oben offen und die Ellbogen sind abgewinkelt.
Wir stellen uns vor, dass in jeder Hand eine Gehirnhälfte unseres Gehirns liegt.
Wir stimmen uns auf die beiden Hälften ein und versuchen Unterschiede wahrzunehmen.
Mit unseren Händen fügen wir beide Gehirnhälften zusammen, sodass sie vereint sind.
Wir stellen uns vor, dass im unteren Anteil des Gehirns eine Brücke ist, die beide Gehirnhälften miteinander verbindet.
Durch die Brücke nehmen wir wahr, wie sich die beiden Gehirnhälften angleichen.
Sie fühlen sich jetzt gleich an.
Und nun geben wir das Gehirn wieder in unseren Kopf zurück.
Wir prüfen noch einmal, ob sich die beiden Hälften gleichen und ob die Brücke vorhanden ist.
Nun ist der Ausgleich zwischen beiden Gehirnhälften geschaffen und wir können wieder ganzheitlich denken und wahrnehmen.

Eine weitere große Hilfe für das Harmonisieren der beiden Gehirn-Hemisphären ist, wenn wir die **Thymusdrüse stärken**. Wenn wir merken, dass wir in Stress kommen – und der

bewirkt eine Schwächung der Thymusdrüse, klopfen wir mehrmals hintereinander auf das Brustbein, unter dem die Thymusdrüse liegt, so wie es die Affen in ihrem Imponiergehabe tun. Das aktiviert die Thymusdrüse augenblicklich, und wir kommen so schnell wieder ins Lot.
Natürlich hilft uns auch das Anhören von harmonischer Musik, aber nicht nur das. Auch das Anhören von »Natursound«, wie das Singen von Vögeln und das Rauschen von Wasser stärkt die Thymusdrüse, lindert somit den Stress und bringt uns wiederum in unsere Mitte.
Auch das Betrachten einer schönen Landschaft, sei es mittels einer Fotografie, die wir am Arbeitsplatz platzieren oder eine kurze Erinnerung an etwas Schönes mit ein paar tiefen Atemzügen, helfen uns augenblicklich im Alltag, Stress abzubauen. So werden unsere beiden Gehirn-Hemisphären wieder gut zusammenarbeiten und wir sind intuitiv. Mit dem Aktivieren der Thymusdrüse stärken wir außerdem unsere Abwehrkräfte, die uns gesund erhalten.

Durch das patriarchische Gesellschaftssystem ist das logische, wissenschaftsorientierte Denken viel zu sehr in den Vordergrund gerückt. Männer sind willens- und verstandesbetont. Das linkshirnige Denken in unserer Gesellschaft ist sehr dominant, besonders seit dem Einzug der Naturwissenschaft, die sich nur an »Fakten« hält, die wissenschaftlich geprüft sind. Diese Einstellung führt aber eher zu einer Spezialisierung von Wissen und verstellt den Blick für ganzheitliches Erfassen von Fakten und Wahrheiten.
Nur durch dieses einseitige Denken konnten sich die Industrie und die Waffenproduktion so vermehren, sind die Menschen dem Zeitdiktat und der Hetze ausgeliefert. Es wird dem Gott Mammon alles geopfert, die gesamte Natur und das Wohlergehen der Menschen, weil das materialistische Weltbild regiert.

Wir müssen unbedingt wieder umkehren zum ganzheitlichen Denken und die rechte Hemisphäre unseres Gehirns zur Entfaltung bringen. Das ist die imaginäre und intuitive Seite des Menschen, die tiefer wahrnimmt als die linke Hemisphäre und Wesentliches erfassen kann. Sie lässt uns analog denken und Zusammenhänge erfassen. Das Wesentliche ist meist Unsichtbar! Kinder haben noch diese Wahrnehmung.
Frauen sind Bewahrerinnen des Lebens, sie fühlen ganzheitlich. Hätten sie die Macht gehabt, so hätten sie es nie zugelassen, dass die Lebensgrundlagen für die kommenden Generationen auf der Erde immer mehr zerstört werden. Frauen sind eher gefühlsbetont und haben ein gutes Gespür für lebensbedrohende Tendenzen.
Es ist erfreulich, dass in letzter Zeit auch immer mehr Männer sich ihrer weiblichen, intuitiven Seite nähern. Sie erkennen, dass sie keine »harten Männer« mehr sein müssen, die keine Tränen weinen dürfen und lassen mehr Gefühle zu. Man kann beobachten, dass sie sich mehr der Kinder annehmen. Früher war es geradezu verpönt, ein Mann mit einem Kinderwagen. Heute empfindet niemand mehr etwas besonders dabei, wenn Väter sich um ihre Kinder kümmern. Das ist eine erfreuliche Tendenz.
Männer entdecken auch immer mehr die Spiritualität und gewisse geistige Fähigkeiten, sie interessieren sich mehr für Metaphysik und entwickeln zunehmend ein neues Weltbild.
Das ist ganz wichtig, denn heutzutage befinden sich die meisten Männer in Führungspositionen, und da fallen wesentliche Entscheidungen.
Letztendlich soll ein Gleichklang zwischen Männern und Frauen angestrebt werden. Die Frauen müssen ihre männliche Seite in sich entdecken und lernen, sich durchzusetzen. Die Männer müssen hingegen lernen, mehr ihre gemütsvollen Seiten zum Ausdruck zu bringen.

Aber das Wichtigste für uns alle ist die Entfaltung der intuitiven Kräfte, der Spiritualität. Daraus erwachsen das Zulassen von wertfreier Akzeptanz, eine holistische Wahrnehmung und ein Bewusstsein des Eins-Seins aller Menschen mit der Schöpfung und dem Schöpfer.

Liebe und Weisheit

Im ersten Kapitel unter den 4 Yogawegen habe ich bereits betont, dass **Wissen mit Liebe und Weisheit** verbunden werden soll. Wissen ohne Liebe führt zu kaltem Intellekt und Religion ohne Weisheit lässt uns fanatisch werden.
Dazu der berühmte Physiker und Weltgenie Prof. Dr. **Albert Einstein**, der vor 100 Jahren seine Relativitäts-Theorie veröffentlichte:
»Wissenschaft ohne Religion ist lahm, Religion ohne Wissenschaft blind.« Auch seine Schüler Heisenberg und Max Planck teilten diese Meinung, ganz im Gegensatz zu den Wissenschaftlern der Gegenwart, für die Gott als Schöpfer leider keine Rolle spielt.

Mit der Bitte im » Vaterunser«, das uns Jesus Christus lehrte »unser tägliches Brot gib uns heute« meinte er nicht nur unsere körperliche Nahrung, die wir zum Leben brauchen, sondern auch unsere **geistige Nahrung**. Gebet und Meditation sind die geistige Nahrung für die Seele und den Geist. Und mit diesen gewinnen wir innere Ruhe, Stille, Intuition und Erkenntnis, und daraus erwächst **Weisheit und Liebe**. Aus der Liebe erwächst Einheit.

Beim letzten Abendmahl sprach Jesus zu seinen Jüngern: »Wer mein Fleisch isst und mein Blut trinkt, hat das ewige Leben.« Dieser Satz verwirrte schon viele und er wird oft total falsch ausgelegt. In diesen Worten liegt aber ein viel tieferer Sinn und Weisheit verborgen.
Im »Evangelium des vollkommenen Lebens« findet sich die Stelle, wo er seine Worte den Jüngern selbst erklärt: »Die Worte, die ich zu euch gesprochen habe, sind Geist und Leben. Den Unwissenden und den fleischlich Gesonnenen klingen sie nach Blutvergießen und Tod; aber gesegnet sind, die verstehen.«
Jesus war ein Eingeweihter, ein geistiger Meister und er brachte ein tieferes, verborgenes Wissen damit zum Ausdruck, das er in einfache Worte kleidete. Die wahre Bedeutung ist: Wenn ihr das Feuer – die Liebe – die von mir ausgeht – esst, und wenn ihr das Licht – die Weisheit trinkt – werdet ihr das ewige Leben haben.
Jesus sagte seinen Jüngern »**Meine Lehre und mein Leben sollen Speise und Trank** sein für euch, das Brot des Lebens und der Wein der Erlösung. Ebenso wie das Getreide und die Weintrauben in Fleisch und Blut verwandelt werden, also müssen auch eure natürlichen Gemüter in spirituelle verwandelt werden. Suchet die Transmutation des Natürlichen in das Spirituelle!«

Und das ist der tiefere Sinn der Bitte im »Vaterunser« »unser tägliches Brot gib uns heute«.
Wir können uns auch ganz bewusst mit der Kraft der Sonne verbinden, sie nährt uns.
Meister Omraam Mikhael Aivanov erklärt dazu: »Die Sonne lässt das Getreide und die Trauben und alle Früchte und Samen reifen. Diese Nahrung ist in tieferem Sinne auch das Fleisch und das Brot Christi: denn die Liebe, das Licht und das Leben der Sonne oder von Christi – mit der Sonne als Übermittler – verdichten sich und erscheinen auf der Erde als Pflanzen und Früchte.«
Brot und Wein sind seit alter Zeit zwei Sonnensymbole, sie zeigen zwei Eigenschaften der Sonne: Licht und Wärme. **Licht ist die Weisheit und Wärme ist die Liebe**.

Tagespflichten mit Spiritualität

»Mit Gott fang an, mir Gott hör auf, das ist der beste Lebenslauf«, so lautet ein altes Sprichwort. Mit diesen einfachen Worten ist alles gesagt.
Im Kapitel »Leben im Einklang mit der Seele« habe ich bereits beschrieben, wie wir unsere Tagespflichten mit Spiritualität in Einklang bringen können.

Es gibt Menschen, die glauben, über ihre spirituellen Pflichten die weltlichen Aufgaben vernachlässigen zu können. Wir brauchen die Materie nicht verachten, im Gegenteil. Wir brauchen sie gleichsam als Basis, als Lernfeld für unsere Entwicklung.
Erst müssen wir trachten, durch Erfahrung und Umsetzen die Materie zu bewältigen. Das geschieht durch die ersten drei unteren Chakren. Dazu gehört auch Pflichtbewusstsein, Ordnung, Verlässlichkeit und Arbeit. Es ist nicht das Ziel, geistig völlig abzuheben und sich kaum mehr um die familiären und beruflichen Pflichten oder um staatliche, gesellschaftliche Vorschriften zu kümmern. Das ist geistiger Egoismus und entspräche auch nicht dem Gesetz der Nächstenliebe. Mit Nachlässigkeit schaden wir unseren Mitmenschen. Jeder ist vom anderen abhängig, beruflich oder privat. Man muss sich schon aufeinander verlassen können. Jesus brachte das sinngemäß zum Ausdruck: »Gebt dem Kaiser, was des Kaisers ist und Gott, was Gottes ist.« Ziel des spirituellen Lebens ist ja, in Einklang mit allem, mit den Menschen und Gott, zu kommen.

Wenn wir das auch in unserem Leben umsetzen, werden wir mit der Zeit den Wechselfällen des Lebens gelassener gegenüber stehen und immer besser unsere innere Ruhe bewahren können. Die extremen Wechsel von Hochs und Tiefs, von Freude und Leid werden in unserem Leben weichen.
Das Leben wird uns weiter Wechselfälle bescheren, aber immer öfter wird es uns gelingen, auch im Anbetracht von freudigen Ereignissen oder Schwierigkeiten nicht mehr himmelshoch jauchzend oder zu Tode betrübt zu sein. Wir kennen doch die Sinuskurve mit ihren auf- und abgehenden Wellen und der Null-Linie in der Mitte.
Wenn wir uns täglich in unser inneres Sanktuarium zurückziehen in Gebet oder Meditation, werden wir Gelassenheit und innere Ruhe erlangen. Wir bleiben auf der Null-Linie der Sinuskurve des Lebens – das ist der angestrebte Zustand eines Yogis.

Wurzelchakra mit Kronenchakra

Es gibt Menschen, die ganz in ihren weltlichen Aufgaben aufgehen, ohne Ausrichtung auf etwas Höheres. Spiritualität ist für sie ein Fremdwort. Ihr Kronenchakra ist dadurch nur schwach entfaltet.
Andere hingegen schweben ständig über den Wolken, sind abgehoben. Sie glauben bei ihrer ständigen Suche nach Gott durch Weltflucht und Vernachlässigung aller irdischen Aufgaben Spiritualität erlangen zu können. Dabei vernachlässigen sie alle Belange des praktischen Lebens. In der Folge ist ihr Wurzelchakra sehr schwach. Sie haben keine Erdung und zu wenig Lebenswillen.
Ich habe hier zur Verdeutlichung krasse, extrem gegensätzliche Beispiele gegeben. Aber es ist wichtig, dass wir in unserem Leben eine Ausgeglichenheit zwischen Spiritualität und praktischem Leben anstreben, wie es bereits vorhin angeklungen ist.

Oft sind wir aus dem Gleichgewicht und fühlen uns unausgeglichen. Nachfolgend gebe ich eine hilfreiche Übung, um wieder leichter in unsere Mitte zu kommen und uns zu erden.

Übung:

Dazu ist es hilfreich, wenn wir uns ein wenig Zeit nehmen. Wir legen uns hin und entspannen. Nun legen wir eine Hand am Kronenchakra auf dem Scheitel auf und die andere Hand lassen wir auf der Leistengegend am Übergang zwischen Rumpf und Oberschenkel ruhen. Das ist die Position, mit der wir unser Wurzelchakra erreichen. Dieses liegt genau zwischen den Beinen nach unten gerichtet.

> Nun stellen wir uns vor, wie die göttliche Kraft als helles Licht durch unser Kronenchakra einströmt, zum Herzchakra fließt und von da in unsere Arme und Hände. Diese göttliche Kraft lassen wir nun auf Kronen- und Wurzelchakra einfließen, bis wir fühlen, dass sich beide gleich stark anfühlen. Dann sind die beiden Chakren komplett ausgeglichen.

Das bedeutet, dass wir wieder geerdet und zugleich mit den göttlichen Kräften verbunden sind. Wir sind in unserer Mitte. Das fühlt sich sehr gut an. Nun in diesem optimalen Bewusstseinszustand sind wir für unsere Aufgaben bereit. Er ist auch die Voraussetzung für eine gute Intuition.
Wenn wir diese Übung regelmäßig machen, können wir diesen ausgeglichenen Zustand beibehalten und werden kaum wieder in das eine oder Extrem verfallen.

Emotionen und Verstand

Es kann vorkommen, dass wir durch irgendwelche Umstände aus dem Gleichgewicht geraten, entweder werden wir von Gefühlen beherrscht oder vom Verstand. Das können wir prüfen und ausgleichen. Dabei sind gewisse Yoga-Übungen bzw. Positionen sehr hilfreich.
Eine Position nennt sich der »Baum«. Wir stehen auf einem Bein und halten die Hände über dem Kopf, die Hände werden gefaltet. Wir werden merken, dass wir auf einer Seite schwerer das Gleichgewicht halten können als auf der anderen.
Sind wir auf der linke Seite instabiler, so deutet das daraufhin, dass wir im emotionalen Bereich Probleme haben, die uns unausgeglichen machen. Ist die rechte Seite instabiler, so deutet dies auf Unausgeglichenheit im Denken und Handeln hin. Diese Übung hilft uns, **wieder in die Balance** zu kommen.

Im Yoga gibt es auch eine Entspannungshaltung, die Totenstellung oder »Tadasana« genannt wird. Sie eignet sich vorzüglich zum Entspannen und auf diese Weise wieder in unsere Mitte zu kommen:
Wir liegen auf dem Rücken (unter die Kniegelenke vielleicht ein kleiner Polster), die Hände liegen seitlich vom Körper weg mit den Handflächen nach oben. Die Beine sind leicht gespreizt und die Füße fallen locker nach außen.

Das ist die ideale Position zu einer **Tiefenentspannung** oder für eine **imaginäre Reise** nach innen, zu unserem **inneren Entspannungsort** – einen schönen Platz, an dem wir uns erholen.

Übung:

Eine imaginäre Reise in unsere Mitte.

> Wir legen uns ganz entspannt auf unser Bett oder setzen uns entspannt in einen Sessel. Sinnvoll ist es sich zu vergewissern, dass alle möglichen Lärmquellen ausgeschaltet sind. Nun konzentrieren wir uns auf unseren Atem und versuchen so ruhig zu atmen wie im Schlaf.
> Wir gehen nun in Gedanken mit unserem feinstofflichen Körper aus der Wohnung und zu einem nahen Wald. Wir durchqueren diesen Wald, bis wir die Anhöhe eines Berges erreicht haben. Hier öffnet sich der Wald und wir gehen das letzte Stück zum Gipfel über eine sanft geschwungene Wiese.
> Nun setzen wir uns nieder und betrachten, dass unsere gewohnte Welt tief unten im Tale liegt. Sie wird jetzt ganz unwichtig für uns.

Wir schließen die Augen und konzentrieren uns auf die Dinge rund um uns herum, wie den Duft der Blumen, das sanfte Rascheln des Windes und das Gezwitscher der Vögel. Wir ziehen uns immer mehr nach innen zurück und alles um uns herum verstummt. Wir nehmen nur noch das wärmende Licht der Sonne wahr, das uns umgibt. Wir werden ganz leicht und verlassen auch den Körper, mit dem wir gekommen sind.

Leicht wie eine Feder schweben wir empor. Wir sehen uns im Grase sitzen und entfernen uns sanft von all den Dingen, die irgendeine Wichtigkeit für uns gehabt haben, bis wir nur noch die wärmende Energie der Sonne und die Leichtigkeit unserer Seele verspüren. Wir konzentrieren uns auf das Gefühl der totalen Leichtigkeit, mit der wir schweben und das angenehme Losgelöstsein von allem was ist und was war. In uns tun sich eine tiefe Freude und ein Gefühl der inneren Zufriedenheit auf. Wir tauchen immer tiefer in Leichtigkeit, Freude und Frieden ein, bis wir ganz zur Leichtigkeit, Freude und Frieden werden und alle anderen Empfindungen verschwinden.

Wir genießen diese Gefühle unserer Seele solange wir möchten. Dann versuchen wir wieder unsere Umgebung auf dem Berg wahrzunehmen. Wir riechen die Blumen, wir hören die Vögel und verspüren den Wind. Wir öffnen unsere inneren Augen und sehen wieder unsere gewohnte Umgebung im tiefen Tal.
Nun erheben wir uns und gehen durch die Wiese und den Wald zurück zu unserer Wohnung. Nun spüren wir uns wieder auf dem Bett liegen oder auf dem Sessel sitzen, und versuchen mit noch geschlossenen Augen unsere Umgebung zu erspüren, ohne jedoch von ihr wieder eingefangen zu werden.

Nun öffnen wir die Augen und sind wieder in unserer Realität. Wir versuchen nach Möglichkeit, dieses Gefühl der Leichtigkeit, der Freude und des Losgelöstseins unserer Seele auch noch lange in unserer Realität nachklingen zu lassen.

Traditionelle Werte und Neuerungen

Hier in unseren Landen wurden in den letzten Jahrzehnten viele traditionelle Werte einfach über den Haufen geworfen. Alte Sitten und Gebräuche, wie Flursegen, Erntedank, das Räuchern der Häuser, das Segnen des Brotes sind weitgehend verloren gegangen. Auch viele alte Handwerkskünste sind fast ausgestorben, weil sie niemand mehr pflegt. Wo gibt es noch bei uns Schindelbauer, Fassbauer, Korbflechter? Wer beherrscht noch die Handarbeitskunst? Nur mehr wenige.
Nur noch in Heimatmuseen oder in Kirchen kann man Schätze alter Handwerkskunst, wie Schnitzereien und Stickereien bewundern. Aber werden sie heute noch hergestellt?
In den Städten beherrscht kaum noch jemand ein Instrument, noch weniger die echten, alten Volkslieder. In den Brauchtums-Vereinen wird noch Tradition gepflegt, allerdings in einem sehr isolierten Rahmen. Aber sonst geht mehr und mehr Wertvolles aus unserer Kultur verloren.
Vielfach tragen auch die neuen Medien, das Fernsehen und der Computer dazu bei. Niemand nimmt sich mehr die Zeit für obige Tätigkeiten oder hat in dieser schnell-lebigen Zeit noch Muße dafür.
Es ist ganz natürlich, wenn ein gewisser Wandel in den Gebräuchen eintritt, alles muss in Fluss bleiben. Wenn wir am ewig Gestrigen festhalten, besteht die Gefahr der Stagnation.
Eine Gefahr sehe ich allerdings darin, dass die Menschen, die eine Neuerung herbeiführen wollen, alles Alte, Traditionelle als überkommen und verstaubt abtun und verachten, und dass umgekehrt jene, die die Traditionen pflegen, jede Neuerung verteufeln.

Gegenseitige Toleranz und Klugheit bei allen Entscheidungen sind angesagt. Man sollte nicht alles was wertvoll ist, über Bord werfen, sondern den **goldenen Mittelweg** beschreiten, sich traditioneller Werte besinnen, zugleich jedoch offen sein für die Wandlung zu Neuem.

Das bezieht sich auch auf die sittlichen Werte in einer Gesellschaft. Hier hat sich in den letzten 90 Jahren zwischen den Generationen ein deutlicher, extremer Wandel abgezeichnet.
Ich weiß noch aus den Erzählungen meiner Großmutter und meiner Schwiegermutter, wie prüde sie aufgezogen wurden. Gewisse Worte, die mit der Geschlechtlichkeit zusammenhängen, durften nicht einmal ausgesprochen werden. Aufklärung war für die jungen Mädchen nicht üblich. Sie wurden, als sie ihre erste Periode bekamen, einfach ohne viel Erklärung vor die Tatsachen gestellt. Junge Mädchen wussten kaum um die biologischen Vorgänge in ihrem Körper Bescheid, geschweige denn über Sexualität. Man achtete auf die Jungfräulichkeit vor der Ehe. So verliefen die Hochzeitsnächte je nach der Art des Mannes, ob er sensibel war oder nicht, oft recht dramatisch bzw. traumatisch ab für die jungen, unwissenden Frauen. Da kam es schon oft vor, dass sie in der Hochzeitsnacht aus dem Schlafzimmer flüchteten. Sie erlebten den Schock ihres Lebens.
Es herrschte eine ziemliche Doppelmoral. Für den jungen Mann war nahezu alles erlaubt, er »musste sich ja die Hörner abstoßen«, während die jungen Frauen, wenn sie in ihrer Unwissenheit verführt und doch einmal schwanger wurden, gesellschaftlich sehr verachtet und oftmals von den Eltern bzw. von den Dienstherren verstoßen wurden. Viel Elend ist daraus erwachsen. Heutzutage kann man sich das gar nicht mehr bei uns vorstellen. Un- und außereheliche Kinder sind jetzt schon fast »normal«.

Gott sei Dank ist diese Zeit vorbei. Der Umgang miteinander ist ungezwungener geworden. – Aber nun ist unsere Gesellschaft ins andere Extrem gefallen. Was früher nur im Geheimen zu lesen oder zu sehen war, springt uns von allen Zeitschriften und Medien entgegen. Themen, die eigentlich mehr ins Nachtprogramm gehören, werden bereits am Nachmittag in aller Breite und Peinlichkeit diskutiert. Im Fernsehen bedienen sich die privaten Sender einer ausgesprochenen Schamlosigkeit. Damit wecken sie die Neugier, um die Zuseherquoten zu heben.
Verhalten, worüber man sich früher geschämt hätte, was als unsittlich galt, wird sogar als nachahmenswert dargestellt, sogenannte One-Night-Stands, flüchtige Sexabenteuer sind »in«. Viele brüsten sich sogar damit, auch junge Frauen. Die jetzige Modeströmung hält dementsprechend mit. Sie zeigt oft mehr als sie mit der Kleidung verdeckt. Ist es ein Wunder, wenn Sexualverbrechen zunehmen?
Wie sollen da die Kinder noch Respekt vor den Erwachsenen aufbringen? Viel zu früh werden sie mit den körperlichen Seiten der Sexualität konfrontiert, aber kaum wird ihnen gelehrt, dass dies ein Ausdruck seelischer Verbundenheit, Liebe und Zärtlichkeit sein soll und nicht nur ein flüchtiger Zeitvertreib, nur ein körperliches Lustgeschehen. Die Folge ist, dass junge Menschen viel zu früh Bindungen eingehen und dass »Kinder« schon Kinder bekommen. Damit sind sie dann meist überfordert und daraus erwächst wieder viel Leid für die ungeplant geborenen Kinder – ein Kreislauf von Leiden und Problemen ohne Ende – außer es gibt (Groß)-Eltern, die sich ihrer annehmen.
Natürlich hat die Pille dazu beigetragen, dass die Frauen freier mit ihrer Sexualität umgehen können. Aber bei vielen Männern ist die natürliche Rücksichtnahme und Achtung vor der Frau verlorengegangen. Wo ist das zärtliche Werben der jungen Männer geblieben? Viel zu schnell geht es »zur Sache«. Auch in der Sprache ist ein Wandel eingetreten: Früher gab es zärtliche »Stell dich eins«, Treffen oder Rendezvous. Da sprach man noch von einer zärtlichen Romanze, Liebelei. Heute ist die Begegnung zwischen zwei Menschen zu einem oberflächlichen »date« verkommen – wie unromantisch, ohne Liebe und fantasielos.

Das alles hat aber weitgehende Folgen, die nicht bedacht werden. Die Folge eines ausschweifenden Lebens ist, dass sich das Bewusstsein auf die Sexualkraft, die unteren Chakren richtet.

Doch das Zentrum der Glückseligkeit des Menschen befindet sich im 7. Chakra, dem Kronenchakra am Scheitel. Es wird auch der tausendblättrige Lotus genannt. Wenn jemand also ständig seine Aufmerksamkeit auf die untersten Chakren lenkt, ist es praktisch unmöglich für ihn, Gott zu finden und wahre Glückseligkeit zu erleben. Das ist auch der tiefere Grund für die ethischen und sittlichen Gebote aller Religionen. Die sexuelle Lust ist nur ein schwacher Abglanz der wirklichen Glückseligkeit der Seele. Wir sollten das Höhere anstreben.
Sittenverfall hat schon manche Kulturen zerstört, sie waren dadurch dem Untergang geweiht. Es ist unmöglich, sich sexuell ungezügelt, ungehemmt auszuleben und gleichzeitig schöpferische, geistige Kräfte zu entwickeln. Da müssen wir uns schon entscheiden.
Inzwischen gibt es schon Gegenströmungen zur derzeitigen sexuellen Freizügigkeit. Viele junge Menschen wollen wieder unberührt in die Ehe gehen. Aber auf jeden Fall ist ein Rückfall in das andere Extrem zu meiden. Es gilt, einen Ausgleich zwischen Prüderie und Zügellosigkeit herzustellen. Es wäre höchste Zeit, umzudenken und sich wieder auf das normale Maß von Achtung und Toleranz zwischen Mann und Frau einzupendeln.

Der schnelle Wandel der Zeiten birgt in sich die Gefahr einer gewissen Orientierungslosigkeit, besonders bei jungen Menschen. Traditionelle Werte geben und fördern auch den Halt in einer Gesellschaft. Hilfreich ist dabei das Vermitteln von höheren Werten und Lebensweisheit, Geborgenheit in der Familie sowie das gemeinsame traditionelle Feiern und Gestalten der religiösen Jahres- und Familienfeste.

Wir sollten die Werte der Vergangenheit mit den Erkenntnissen der Gegenwart **der nächsten Generation** weitergeben, sonst **verlieren** sich die wertvollen Erkenntnisse **in der vierten Generation**. Vielerorts kann man dies schon beobachten, dass wertvolles Wissen über Handwerkskunst, Pflanzen- und Tierzucht im Einklang mit der Natur sowie Heil- und Kräuterwissen und schöne religiöse Bräuche, z. B. das Segnen der Speisen usw., verloren gehen.
Prüfen und sortieren wir alles sorgfältig – und das, was wertvoll ist, wollen wir behalten und weitergeben.

Kräfte der Erde und des Himmels

Die kommende Übung ist sehr effektvoll, unseren physischen Körper und die feinstofflichen Energiekörper zu durchlichten, zu reinigen und aufzuladen. Sie verbindet uns mit den Kräften der Erde und des Himmels. Wir kommen so in ein völliges Gleichgewicht von Erdung und Verbundenheit mit den göttlichen Kräften. Ich habe diese Übung von meinem Lehrer, Herrn Dr. Danninger, erhalten und erlernt.
Bevor Sie mit der Übung beginnen, wäre es gut, wenn Sie sich die Chakren, ihre Funktionen, ihre Lage und ihre jeweiligen Farben sowie die dazugehörigen Organe, die sie versorgen, noch einmal in Erinnerung rufen. Das brauchen Sie für die Position 3. Dazu können Sie im ersten Kapitel nachlesen.
Es ist eine Übung in **6 Positionen** zum Körper/Energiebewusstsein. Wir halten jede Position 3 bis 5 Minuten.

Ablauf der Übung:

Position 1 Hände nach unten: Wir stehen aufrecht, die Beine leicht gespreizt, Knie leicht gebeugt, die Hände an beiden Seiten mit den Handflächen nach unten offen.
Wir entspannen die Schultern und wurzeln uns in der Vorstellung mit den Fußsohlen tief in die Erde ein. Wir spüren die Schwerkraft der Erde. Dort verankern und erden wir uns, wobei wir uns im Inneren der **Erde** eine Sonne vorstellen. Dieses goldene Licht nehmen wir über die Füße zum Wurzelchakra auf.

Nun lassen wir, nachdem wir uns eingewurzelt haben, in der Vorstellung eine **Erdungsschnur** vom Steißbein aus wachsen, leiten diese bis ins Innere der Erde und lassen alles Belastende, Stress und Schmerzen über sie los »Ich löse meinen inneren Widerstand auf«. Es kann sein, dass sie voll wird, dann schneiden wir sie im Geiste ab und errichten uns eine neue Erdungsschnur. Wir bitten Mutter Erde, dass sie die Energien aufnimmt und transformiert.

Position 2 Hände nach oben: Wir heben die Arme, leicht nach außen gewinkelt, über den Kopf. Wir öffnen die Hände wie eine Schale, die Fingerspitzen sind nach oben gestreckt. Wir stellen uns vor, dass nun warmes und starkes göttliches Licht aus der Sonne in unseren Körper einströmt. Wir strecken uns, bleiben aber mit den Füßen am Boden fest verankert. Wir dehnen den Brustkorb, strecken die Arme etwas nach hinten und lassen das goldene Licht in unser Herz einfließen.
Aufkommende Schmerzen in Schultern und Armen atmen wir kräftig aus und lassen sie nach unten über die Füße abfließen. Wir stellen uns vor, wie uns das goldene Sonnen-Licht des Himmels und der Erde durchströmt und sich die beiden Sonnen mit uns vereinigen. Unser Lichtkörper dehnt sich aus, und wir nehmen die Energien von Gott-Vater und Mutter Erde auf. Wir werden völlig durchlichtet und gestärkt. ICH BIN EINS. ICH BIN LICHT – eine Lichtsäule zwischen Himmel und Erde.

Position 3 Hände nach innen: Wir legen die linke Hand auf 2. Chakra unter den Nabel und rechte Hand auf das 3. Chakra, den Solar Plexus, und laden deren Organe mit Energie auf. Wir spüren die Wärme, die von unseren Händen in den Körper fließt.
Wir begrüßen jedes einzelne, beginnend mit dem Wurzelchakra, mit einem liebevollem »Hallo«, schenken ihm ein Lächeln und senden ihm Licht und Liebe aus unserem Herzen, und bedanken uns bei ihm für seine Arbeit, dass es uns ständig unsere Organe mit Energie versorgt.
Jedes Chakra öffnet sich nach vorne und nach rückwärts – wie eine trichterähnlichen Blüte. Wir atmen zur Reinigung desselben vorne in das Chakra ein und rückwärts wieder aus. Das machen wir auch umgekehrt, also atmen wir rückwärts ein und nach vorne wieder aus. Eine Ausnahme dabei bilden das Wurzel-Chakra und das Kronenchakra, welche sich nach unten bzw. nach oben öffnen.
Die vorderen Chakren sind unserer Empfindungsebene, die rückwärtigen Chakren unserer Willensebene zugeordnet. Alle Chakren liegen in der Mittelinie unseres Körpers, sie sind allesamt mit einem Energiekanal längs der Wirbelsäule – Sushumna genannt – verbunden.
Wir können uns beim Einatmen auch die passende Chakra-Farbe vorstellen und das Chakra damit aufladen. Wir stellen uns beim Wurzelchakra, das zwischen den Beinen liegt, vor, dass wir in einer prächtigen Mohnwiese stehen und die Farbe rot kräftig einatmen. Wir fahren fort mit dem 2. Chakra mit orange, beim 3. Chakra mit gelb, beim Herzchakra mit rosa oder grün und beim Halschakra mit hellblau. Beim 6. Chakra, dem Dritten Auge, lassen wir nur sanft ein ganz zartes Magenta oder Indigoblau – durchzogen mit Weiß bzw. Perlmutt – einströmen und beim Kronenchakra weißes Licht.

Position 4 Hände seitlich: Wir strecken beide Arme waagrecht nach außen, Hände nach oben abgewinkelt, und erbitten das rosa Licht der allumfassenden göttlichen Liebe, das durch unser Kronenchakra, unseren Scheitel in den Kopf, Hals, in die Schultern, Arme und zu den Handflächen fließt. Wir senden es von unseren Händen aus zu unseren Lieben und allen Menschen, Geschöpfen und Pflanzen, letztendlich um den ganzen Erdball – bis er in dieses heilende Licht ganz eingehüllt ist.

Position 5 linke Hand nach links: Wir strecken den linken Arm waagrecht nach außen und verlängern ihn in der Vorstellung, den rechten Arm halten wir vorne zur Brustmitte, die Handfläche vor das Brustbein. Wir bitten Gott um weißes, reinigendes Licht und lassen die ganze linke Körperseite und ihre Organe mit weißem Licht durchlichten, wobei es aus der linken Seite wieder ausströmt. Dabei stellen wir uns vor, wie vom Kronenchakra dieses Licht hereinkommt.
Das Gewicht verlagern wir dabei auf den linken Fuß und stehen fest auf der Erde, rechts stehen wir nur auf der großen Zehe, um die Balance zu halten.
Wir lassen unsere ganze linke Körperhälfte mit diesem wunderschönen Licht auffüllen und über den physischen Körper hinausfließen.

Position 6 rechte Hand nach rechts: Diese Position ist die gleiche wie die fünfte, der einzige Unterschied ist, dass wir nun die rechte Körperseite durchlichten und den rechten Arm waagrecht ausstrecken. Dazu verlagern wir das Gewicht auf den rechten Fuß, links stehen wir nur auf der großen Zehe, um die Balance zu halten und den linken Arm halten wir vorne zur Brustmitte, die Handfläche vor das Brustbein.
Wir lassen unsere ganze rechte Körperhälfte mit diesem wunderschönen Licht auffüllen und über den physischen Körper hinausfließen.
Wir wechseln mit Position 5 und 6 ab, bis wir merken, dass die Energie immer leichter durchfließt und beide Seiten gereinigt sind. Wir fühlen, dass unser ganzer Körper völlig durchlichtet ist, die linke und die rechte Körperhälfte. Wir lassen sie einander verbinden.
Abschließend nehmen wir kurz die Anfangsposition wieder ein, stehen gerade, die Hände an beiden Seiten mit den Handflächen nach unten gerichtet.

Nun fühlen wir uns ganz zentriert, ganz in unserer Mitte. Anschließend setzen oder legen wir uns hin. Wir spüren dem Energiefluss in unserem ganzen Körper nach. Wir bleiben in diesem ruhigen, harmonischen Zustand und lassen das Erlebte in uns nachklingen. Ideal wäre es, anschließend zu meditieren.

Was zu beachten ist:
Bei auftretenden Schmerzen in bestimmten Bereichen, besonders bei den Positionen 2, 5 und 6 in Armen und Schultern, spülen wir in der Vorstellung den Körper mit Wasser durch, damit blockierte Energie zum Fließen gebracht wird. Wir können uns aber auch eine **Lichtdusche oder einen Wasserfall** zur Reinigung vorstellen.
Ich empfehle dazu die Affirmation: **»Ich lasse alles los, ich bin frei«.**
Am Schluss bei Position 5 und 6 sollten sich beide Seiten gleich gut anfühlen.

Nach der Übung ist es wichtig, sofort ein Glas **reines Wasser** ohne Kohlensäure zu trinken, um den Reinigungs- und Entgiftungsvorgang des Körpers, der nun in Gang gekommen ist, zu unterstützen.
Wir können die Erdungsschnur jederzeit, unabhängig von den 6 Positionen, machen und Mutter Erde bitten, etwas (Schmerzen, Traurigkeit etc.) aufzunehmen und zu transformieren.

Unsere Verbindung zur Seele und zur göttlichen ICH BIN Gegenwart

Über unserem Scheitel, dem 7. Chakra, dem Kronenchakra, befinden sich noch weitere spirituelle Chakren. Das Kronenchakra ist dem 4. Chakra, dem Herzchakra, übergeordnet und hat Verbindung zum 8. Chakra, von dem es seine Energie erhält.

Das 11. Chakra ist der Heilarbeit zugeordnet. Große Heiler, die die Struktur des menschlichen Körpers heilen und neu materialisieren können, wirken auf dieser Ebene. Es ist aber nur sehr fortgeschrittenen Seelen möglich, auf diese hohe Ebene zu kommen.
Diese höheren Chakren dienen der Transformierung der höchsten, göttlichen Schwingungen und Energie, sodass wir diese Energie über die darunterliegenden Chakren in unserem grobstofflichen Körper aufnehmen können. Wir können uns ihnen nähern und Verbindung aufnehmen in einer respektvollen, meditativen Haltung.

Meditative Übung:

Nachdem wir mit Hingabe zu Gott meditiert haben mit der Konzentration auf das Herz, in dem Gott als Überseele (Param-Atman) weilt, oder auf das 6. Chakra, das Dritte Auge (wie es im Kapitel über die Seele beschrieben ist), konzentrieren wir uns nun auf den Bereich über dem Scheitel, auf das **7. Chakra**, das **Kronenchakra**, und lassen es sich öffnen wie einen Kelch. Aus diesem Kelch reicht ein Lichtkanal ca. 20 bis 30 cm weiter nach oben hin. Darauf stellen wir uns bewusstseinsmäßig ein. Wir atmen bewusst tief ein und aus und machen einen breiten Lichtstrom vom Herz, Hals hinauf zum 8. Chakra.

Nun erreichen wir unser 8. Chakra. Hier ist unsere **Seele**, unser **Hohes Selbst**. Es wird auch als Sonnenengel oder Jivan-Atman bezeichnet. Das ist unser wahres **zu Hause**. Wenn wir uns darauf einstellen, können wir tiefe Ruhe, Seelenfriede und eine wunderbare Geborgenheit fühlen. Wann immer wir Probleme bezüglich der Lebensgestaltung haben, können wir uns auf diese Ebene geistig einstellen und **Fragen** stellen. Die Seele, unser Hohes Selbst, kennt unseren Seelenplan. Dann müssen wir nach innen lauschen und können über die Intuition eine klare Eingebung erhalten.

Viele von uns haben diese Verbindung zu ihrer Seele vergessen oder glauben, es nicht wert zu sein. Beides ist Täuschung. Das sind die Gründe die uns daran hindern, mit unserem Hohen Selbst, der Seele, die wir eigentlich **sind**, ständig in Verbindung zu sein. Wir brauchen uns nur gedanklich darauf einstellen.
Das 8. Chakra ist unsere individuelle, strahlende Seelenebene und hat feinste Pastellfarben, wie zartes, helles Magenta und eine sehr hohe Schwingung. Hellsichtige nehmen dieses Chakra u. a. als goldenes, reich verziertes Füllhorn oder als schön verzierten Kelch wahr.
Die Seele, unser Hohes Selbst, stellt die Verbindung zwischen unserem Körper und noch höheren Chakren über einen Lichtkanal her. Sie transformiert die von den höheren Chakren einströmenden göttlichen Energien. Jeder Mensch ist ständig über die höheren Chakren mit seiner eigenen strahlenden Gegenwart Gottes ICH BIN, dem elektronischen Lichtkörper, verbunden.
Wir können **jederzeit** in das Bewusstsein ICH BIN EINS eintreten, wenn wir die Positionen 1 und 2 der Übung »Kräfte des Himmels und der Erde« machen und uns mit den Energien von Gott-Vater und Mutter Erde verbinden.
Wir spüren mit ganzer Seele und bestätigen es uns:

»ICH BIN die Gegenwart Gottes, die mich lenkt, schützt, erleuchtet, heilt, versorgt und alles tut, was je für mich getan werden muss.«

Wenn wir das machen, setzen wir unsere höchste göttliche Kraft in Bewegung, die in ihrer Intelligenz und Liebe alle unsere Wege ebnet und uns an das erwünschte Ziel bringt, wenn wir ein Anliegen oder einen Wunsch haben. Wir müssen uns nur dafür öffnen und einen **klaren Auftrag** in Kraft setzen, wie z. B.: »Mächtige göttliche ICH BIN Gegenwart, du weißt, dass ich einen Arbeitsplatz brauche, einen passenden Lebenspartner suche, dass ich Hilfe zu meiner Heilung brauche, dass die Realisation dieses Projektes äußerst wichtig ist, dass ich mich in einer schwierigen Lage befinde, mir finanzielle Mittel fehlen, ich eine Wohnung su-

che ... Bitte führe mich zu den richtigen Menschen, die mir weiterhelfen können. Bitte setze augenblicklich meine Bitte in Gang. Ich lege mein Anliegen nun in Deine Hände und lasse alle Sorgen und Bedenken los, in der inneren Gewissheit, dass sich alles nach göttlichem Plan erfüllen wird. Danke.«
Indem wir unser Ziel kundgetan haben, wird die göttliche Intelligenz uns so lenken, dass wir auf keine Umwege und Irrwege oder an falsche Menschen geraten werden. Es ist damit getan. Wir können nun innerlich loslassen und uns führen lassen in all unseren Handlungen.

Unsere mächtige ICH BIN Gegenwart ist gleichsam der Lokführer, der den Hebel anlässt oder der LKW-Fahrer, der den Motor einschaltet und alles in Kraft setzt. Die Wagen der Lok oder der Anhänger des LKW sind unsere Anliegen und Wünsche, die nun sicher – ohne Umwege – auf der Straße unseres Lebens ans Ziel herangeführt werden.

Im Kapitel über harmonische Schwingungen habe ich bereits unter den Farben die 7 Göttlichen Strahlen vorgestellt, die von hohen, aufgestiegenen Meistern und den Erzengeln gelenkt werden. Den 7 Farben entsprechen 7 Töne und umgekehrt, und so wird das ganze Weltall von einer Symphonie von Tönen und Farben durchdrungen. Wir können diese 7 Göttlichen Strahlen bzw. Flammen praktisch einsetzen. Zum Beispiel machen wir für eine Heilung eine Anrufung mit den Worten:

»In Namen meines Göttlichen ICH BIN rufe ich die ***grüne Flamme der Heilung*** *und Wahrheit an:*
Ströme Deine heilenden Kräfte in mich ein, in alle Nervenbahnen und jede Körperzelle. Mächtiges ICH BIN, übernimm die Herrschaft über mein äußeres Selbst und hilf mir, die Kräfte der Heilung in ihrer Fülle aufzunehmen. – So sei es!«

In gleicher Weise können wir die **violette Flamme zur Reinigung** erbitten, wenn wir niedere Energien transformieren wollen. Das kann sich auf negative Gedanken und Gefühle, energetisch belastete Gegenstände und Nahrungsmittel, auf ungute, belastende Schwingungen in der Wohnung oder im Haus, auf ungute Situationen oder Katastrophen und Krisen in bestimmten Gegenden auf der Erde beziehen. Alles, was die violette Flamme verzehrt hat, ist hernach mit gold aufzufüllen.

Für die Erdheilung ist auch die **rosa Flamme der göttlichen Liebe** besonders wichtig. Gottes Liebe ist die höchste Kraft!

Auf den sieben farbigen Strahlen des Lichts kommen die planetarischen Engelwesen, um uns Menschen weiterzuhelfen. So verbinden wir uns mit den Erzengeln, wenn wir eine Anrufung machen. Die grüne Flamme ist verbunden mit Erzengel Raphael, die violette Flamme mit Erzengel Zadkiel und die rosa Flamme mit dem Erzengel Haniel.
In ihrem Buch »Die zwölf göttlichen Strahlen« beschreibt Claire Avalon, wie wir die Qualitäten der Strahlen in unser Leben integrieren und im Einklang mit Gottes Schöpfung leben können. Es heißt, dass es jetzt wieder 12 Strahlen sind, so wie es ursprünglich der Fall war. Das ist das Zeichen des angebrochenen neuen Wassermann-Zeitalters.

Mit diesem Wissen, dass **jeder Mensch** seine strahlende, göttliche ICH BIN-Gegenwart über sich hat und Gott als Überseele in seinem Herzen weilt, können wir uns und andere Menschen mit anderen Augen betrachten – nicht als schwachen, anfälligen Menschen, sondern als Sohn/Tochter Gottes.
Wir sind uns unserer Göttlichkeit bewusst, und wissen, dass wir **nie** von Gott getrennt sind, sondern von Ihm durch die hohen göttlichen Energien gespeist und erhalten werden. Nur wir Menschen entfernen uns von Gott durch unseren Eigenwillen. Dann verringert sich der göttliche Strom. Unsere Seele ist Empfänger von Gottes Energien, sie ist gleichsam das Verbindungsglied zwischen Gott und unserem menschlichen Körper.
Wir können uns diese Verbindung zu Gott stets geistig vergegenwärtigen, uns geistig dahin versetzen und die Präsenz Gottes fühlen. Wir werden all unsere Handlungen aus diesem göttlichen Zentrum heraus tun als Schöpfer im Einklang mit Gott »Herr, Dein Wille geschehe«.
Ich habe in diesem Buch immer wieder unser wahres Selbst, das Höhere Selbst als Seele und das ICH BIN angesprochen. Alle vollendeten Meister sprachen aus dem hohen ICH BIN-Bewusstsein.

Eigene Bestätigung:

Ich bin Licht und Liebe. Ich bin ein Teil Gottes
Ich bin frei.

Tagesbewusstsein mit höchstem Bewusstsein ICH BIN

Wenn wir es lernen, während des Tages öfters kurz innezuhalten und uns dabei zu fragen «wer bin ich jetzt, welche Rolle spiele ich jetzt? In welchem Bewusstsein agiere ich jetzt? Im kleinen Ego-Bewusstsein oder im Bewusstsein meines wahren Selbst?« wird es uns immer besser gelingen, Tagesbewusstsein mit höchstem Bewusstsein ICH BIN zu verbinden, und alles, was wir nicht sind, loszulassen.
Wir brauchen uns das nur immer wieder in Erinnerung rufen, wer wir wirklich sind, uns auf unser wahres Selbst besinnen und wieder ins höchste ICH BIN-Bewusstsein gehen. In diesem Bewusstsein »stimmen wir«, sind im Einklang mit Gottes Willen, bewirken kein Karma mehr und sind in unserer schöpferischen Kraft.
Wir werden auch das Wort «ich bin« nur weise gebrauchen, denn damit setzen wir schöpferische Kräfte in Gang, die sich für uns verwirklichen, so wie es Meister St. Germain lehrte. Negative Vorstellungen von uns sollten wir aus unserem Bewusstsein streichen; wir sollten nur Gutes für uns schöpfen. Wir sollten uns disziplinieren und genau beobachten, was wir sagen oder denken. Und wenn wir uns bei negativen Gedanken und Äußerungen ertappen, sofort korrigieren bzw. widerrufen. Es kostet ein wenig Mühe, aber es lohnt sich.

Jesus Christus war ein Meister (Rabboni) und sprach das ICH BIN immer wieder aus: »Ich bin die Wahrheit und das Leben«, »Ich bin das Licht der Welt«, »Ich bin der Rebstock und ihr seid die Reben«, um nur einige zu nennen.

Meditation über
ICH BIN

Wenn ich bereit bin, schließe ich meine Augen, gestatte meinem Körper, vollkommen bewegungslos zu sein und mache mir bewusst, wer ich wirklich bin. Ich bin nicht der Körper. Ich bin vollkommenes, ewiges Bewusstsein. Ich war immer und werde immer sein; denn ICH BIN:

Ich bin ein Teil des einen allumfassenden Bewusstseins. Mein Körper aber ist mein Werkzeug, das mir dient und gehorcht. Und so nehme ich wieder einmal mein Werkzeug Körper ganz bewusst in Besitz. Durchdringe und erfülle meinen Körper bis in die letzte Zelle mit Bewusstsein. Spüre einmal ganz bewusst meine Füße, jede Zehe und erfülle meine Füße mit Bewusstsein, bin mir meiner Füße bewusst. Spüre ganz bewusst meine Füße auf dem Boden.
Und so beginne ich von unten her meinen Körper mit Bewusstsein zu erfüllen wie eine Flüssigkeit, die sich ausbreitet. So spüre ich einmal meine Unterschenkel und meine Knie, spüre meine Oberschenkel, erfülle meine Beine mit Bewusstsein. Meine Beine sind mir jetzt ganz bewusst, sind erfüllt mit Bewusstsein.
Und während ich mir meiner Füße und Beine bewusst bleibe, erfülle ich jetzt meinen Unterkörper mit Bewusstsein, sitze ganz bewusst, spüre, wie ich sitze.
Spüre, wie Bewusstsein weiter in mir ansteigt, wie Bewusstsein jetzt auch meinen Oberkörper erfüllt und in die Arme fließt. Ich bin mir meiner Arme bewusst, spüre, wie Bewusstsein jetzt in die Hände fließt, die Hände erfüllt, in jeden einzelnen Finger, bis in die Fingerspitzen bin ich erfüllt mit Bewusstsein. Und gleichzeitig nehme ich immer noch meine Füße wahr, meine Beine, meinen Unterkörper, meinen Oberkörper und meine Arme und Hände.

Und jetzt werde ich mir meiner Haltung bewusst. Prüfe einmal, ob die Haltung meines Körpers meinem Bewusstsein entspricht, richte meinen Körper ganz bewusst auf. Dann lasse ich mein Bewusstsein noch höher steigen durch den Hals in den Kopf und erfülle Hals und Kopf mit Bewusstsein. Spüre, wie sich mein Scheitelchakra öffnet und wie mir ein Zentrum von Bewusstsein über meinem Kopf bewusst wird. Spüre, dass mein Bewusstsein viel größer ist als mein Körper, meinen Körper weit überragt, und dass ein Zentrum dieses Bewusstseins über meinem Kopf ist. Ich bin mir Selbst bewusst über meinen Kopf.

Und ich erkenne: Mein Bewusstsein ist nicht in meinem Körper, sondern mein Körper ist in meinem Bewusstsein. Mein Bewusstsein umhüllt diesen Körper, umgibt ihn als Aura, überragt ihn bei weitem.
Und ich spüre ein Zentrum des Bewusstseins über meinem Kopf und ein anderes Zentrum in meinem Herzen. Und ich bin mir beider Zentren bewusst; denn beides bin ich Selbst.
Und so lasse ich jetzt einmal beide Zentren ganz bewusst verschmelzen: Herz und Verstand, Gefühl und Denken; und auf der Ebene meines Selbstes: Liebe und Weisheit verbinden sich zu einem einmaligen Individuum, zu mir Selbst.

Ich spüre einmal ganz bewusst die allumfassende Liebe in meinem Herzen und
das Bewusstsein der Klarheit, das Christusbewusstsein, über meinem Kopf.
Spüre ganz bewusst die Einheit von Liebe und Bewusstsein.
Ich bin mir meines wahren Seins bewusst,
bin wieder der, der ich wirklich bin.

Und nun stelle ich mir einmal vor, wie ich in diesem Bewusstsein an meinen Platz zurückkehre, weil ich in diesem Bewusstsein unterwegs bin, auf dem Weg zurück an meinen Platz.

Ich erlebe einmal ganz bewusst, wie mein Leben aussieht in diesem Bewusstsein an meinem Platz, mit meiner Familie, mit meinem Partner, am Arbeitsplatz und am Feierabend – immer in diesem Bewusstsein. Spüre, wie wohl ich mich dabei fühle und erkenne:
So bin ich gemeint, das bin ich wirklich. So bin ich eins mit meinem Selbst, eins mit dem Leben, eins mit dem EINEN.
Und in dieser Einheit gehe ich von nun an durch mein Leben, in diesem Bewusstsein erfülle ich meine Aufgabe. Und in diesem Bewusstsein kehre ich jetzt zurück ins Hier und Jetzt.

Wann immer ich bereit bin, öffne ich meine Augen, gestatte meinem Körper, sich wieder frei zu bewegen, bin wieder ganz bewusst im Hier und Jetzt, aber ich bin hier als der, der ich wirklich bin, und bleibe der, der ich wirklich bin: Ich Selbst.

Von der Ich-Bezogenheit zum Du und All-Eins

Bereits im ersten Kapitel habe ich unsere Lebenszyklen beschrieben. Was in der frühen Kindheit gut und richtig ist, die Phase der **Ich-Bezogenheit** und in der Jugend die Phase der Abgrenzung, muss mit dem Erwachsenwerden einer **Hinwendung zum Du** weichen.
Das geschieht meist ganz automatisch, wenn wir uns verlieben. Da ist es am leichtesten. Unsere anfängliche Verliebtheit durchläuft verschiedene Stadien. Zuerst greift noch die Ich-Sucht Raum und wir können den Partner nur bedingt annehmen. Letztendlich reift sie mit der seelischen Reife zur reinen, bedingungslosen Liebe heran.

Aber wir sollten unsere Liebe und Freundschaft nicht ausschließlich nur mit einem Menschen teilen oder auf unsere Familie beschränken, und alle anderen davon ausgrenzen, sondern allmählich diese auf unsere Mitmenschen ausdehnen.
Das können wir nur in der Erkenntnis, dass wir alle miteinander mit Gott verbunden sind und alle Menschen Ihn im Herzen tragen, ob sie es wissen oder nicht, ob sie es zum Ausdruck bringen oder nicht. Wir sind alle auf dem Weg zur Vervollkommnung. Darin sollten wir uns gegenseitig unterstützen.
Wenn wir lernen, bedingungslos zu lieben, kommen wir in das erweiterte **All-Eins Bewusstsein.**

Verstärkt und vergeistigt die Liebe, die ihr für eine Seele oder einige wenige Seelen fühlt, und bringt dann allen Menschen diese Liebe entgegen.
Paramahansa Yogananda

Expansion und Umkehr, in die Mitte kommen

Wir wissen jetzt aus den Lebenszyklen der Menschen, dass jeder in seiner Entwicklung von der Kindheit bis zum Lebensende etliche Entwicklungs-Phasen durchläuft.
Nach einer Phase der **Ich-Bezogenheit und der einseitigen Expansion** und Orientierung des Lebens nach außen wird der Mensch in seiner Lebensmitte – oft ausgelöst durch eine **Krise** – zur notwendigen Umkehr gezwungen, damit er wieder in **seine eigene Mitte findet** und in Harmonie mit sich selbst und Einklang mit Gott kommt.

Das Leben ist wie ein Kreis, **ein Mandala**. Zunächst bewegen wir uns aus unserem göttlichen Zentrum – aus unserer Mitte – heraus, an den äußersten Rand des Mandalas. Wir gehen als Seele in die Erfahrung der Materie. Aber bei der äußersten Entfernung aus unserer Mitte müssen wir uns **wenden** und wieder in unsere Mitte zurückfinden. Meist werden wir dazu durch Leiderfahrung angetrieben. Und nun schließt sich wiederum der Kreis.

So eine ähnliche Entwicklung macht auch die ganze Menschheit durch. Es geschah und geschieht auf dem seelischen Entwicklungsweg der Menschheit seit Jahrtausenden. Zunächst entfernte sich die Menschheit von Gott durch das Ego-Streben, durch Streben nach Macht und Reichtum und Vergnügungssucht. Hohe Kulturen gingen so unter und verdarben. Viel unsägliches Leid geschah.
Jetzt in dieser Zeit stehen wir **als Menschheit** wieder an einem solchen **Wendepunkt**. Entweder steuern wir vermehrt Katastrophen zu oder nehmen die größte seelische Entwicklungs-Chance wahr, die sich uns jetzt bietet.
Dazu eine Durchgabe, die ich am 26. 12.04 anlässlich der Flutkatastrophe empfangen habe:

»Die Schwingungen der Erde sind derzeit sehr niederdrückend. Lasst euch nicht entmutigen. Die Leute können in ihrer Unbewusstheit und Unwissenheit nicht den göttlichen Plan erkennen. Viel Gutes wird aus diesem dramatischen Geschehen erwachsen. Viele werden erst dadurch erwachen aus ihrem seelischen Schlaf. Sie werden erkennen, dass es höhere Werte gibt, als materiellem Erfolg nachzujagen, ihre Freude nur in der Äußerlichkeit zu suchen.
Viel Gutes wird in den Menschen aufbrechen und Solidarität.
Wie schon gesagt, die Energien der Erde lasten schwer auf euch, das ist auch der Grund für eure Beschwerden. Geht immer wieder in das ICH BIN Bewusstsein und vergegenwärtigt euch das Göttliche in euch.«

Durch die Zuspitzung der Situation auf der Erde, durch Kriege und Gewaltakte, der Umweltkrise und Naturkatastrophen – die auch ein Spiegel des Bewusstseins der Menschen sind – sind wir **gezwungen, umzukehren**, uns neu zu orientieren auf andere Werte. Das sind Bewusstseinsentfaltung, Achtsamkeit, Würde, Wahrhaftigkeit, Liebe und Weisheit. Wir müssen unsere alten Denkstrukturen und Wertvorstellungen aufbrechen und auf das Wesentliche kommen. Die Erde ist ja bereits in eine höhere Schwingung eingetreten, und da müssen wir mitziehen.
Wie und auf welchem Wege wir das tun können, habe ich ausführlich in diesem Buche dargelegt.
Mit Selbsterkenntnis und dem Wissen unserer eigenen Göttlichkeit können wir die alten, ausgetretenen Wege der Gottesferne verlassen und loslassen. Wir können als verantwortungsvoller Schöpfer unser Leben und die Verhältnisse auf der Erde zum Guten verändern. Wir haben die geistigen Kräfte dazu, denken wir nur an die geistigen Gesetze und ihre Wirkkräfte. Nutzen wir sie zum Guten.

Jetzt wissen wir, **alles ist eins**, wir sind verbunden mit der ganzen Schöpfung und dem Kosmos. Und wenn wir uns wieder innerlich mit der **höchsten Kraft – Gott – verbinden**, haben wir auch die Kraft, die nötigen Änderungen herbeizuführen.

Im Einklang mit der Schöpfung leben, stimmig sein

Um in Harmonie und stimmig mit der Schöpfung zu leben, soll unser Denken, Fühlen und Wollen müssen im Einklang stehen.
Mit dem »Vater unser« Gebet von Jesus Christus und seinen ersten 3 Bitten werden die Grundprinzipien für das menschliche Handeln angesprochen. Das sind das **Denken, Fühlen und Wollen.**
Mit einem klaren Denken können wir alles erleuchten und segnen, heiligen (geheiligt werde Dein Name). Es kommt **Licht** in unser Herz.
Mit dem richtigen Fühlen in unserem Herzen – Gott im Herzen – (Dein Reich komme) gewinnen wir **Liebe** und **Glück**.

Mit dem richtigen Wollen (Dein Wille geschehe im Himmel wie auf Erden) bekommen wir **Kraft** und handeln im Einklang mit Gott. So bringen wir den Himmel, Friede, Licht und Liebe, auf die Erde.

Um das zu ermöglichen, müssen wir auf die Einheit zwischen unseren Gedanken, Worten und Handlungen achten. Dazu kann uns das Gebet helfen: »Himmlischer Vater, lehre mich, Deine göttliche Liebe und Weisheit in jedem Gedanken, in jedem Wort und in jeder Handlung auszudrücken«.
In seiner Botschaft vom August 04, die im Kapitel über die Natur wiedergegeben ist, betonte Jesus Christus, dass wir Liebe und Wahrheit **leben sollen**. Liebe und Wahrheit sind der Weg zu Gott. Dann kommen wir ganz automatisch in Harmonie mit der Schöpfung und sind stimmig.

Die 7 Schlüssel zum Glück

Ich fasse noch einmal in aller Kürze zusammen, was uns glücklich macht. Wenn wir diese 7 Schlüssel im Leben verwirklichen, entsteht wahre, innere Freude, die ganz unabhängig von äußeren Gegebenheiten ist. Diese innere Glückseligkeit wird letztendlich auch in unserem Leben ihren Ausdruck als Harmonie und Frieden finden.

1. Bedürfnisse reduzieren,
2. Loslassen: alte, undienliche Muster, Erwartungen an andere und Anhaftungen.
3. Rechtes Denken, Fühlen und Handeln.
4. Im Jetzt leben, voll konzentriert im Ich Bin-Bewusstsein, zentriert aus unserer Mitte heraus, in der Erkenntnis, dass in jeder Situation eine Chance steckt.
5. Nächstenliebe aus der Erkenntnis, dass wir alle eins sind.
6. Glück in uns selbst finden
7. Meditation und Gebet.

Glück können wir nur erfahren, wenn wir in Einklang mit uns und unserer Seele, unseren Mitmenschen, der Welt, der Schöpfung und Gott leben.
Wenn wir diese Welt verlassen, sollten wir von uns einen positiven Fingerabdruck auf ihr hinterlassen. Die Erde sollte durch unser Leben ein wenig schöner und liebevoller geworden sein.

Einige Gedanken zum Ausklang

Ich empfehle Ihnen, das »Einklang-Lebebuch« immer wieder zur Hand zu nehmen, um das Gelesene immer weiter zu »verinnerlichen«. Es ist sehr vielseitig in seinem Inhalt, kompakt, und enthält die Essenz zu den jeweilig angesprochenen Themen. Wenn Sie sich in ein spezielles Thema weiter vertiefen möchten, darf ich Sie auf die im Anhang gegebenen Literaturhinweise zu den einzelnen Kapiteln aufmerksam machen.

Es ist mir bewusst, dass einige Beiträge dazu angetan sind, Sie zu motivieren, Ihr gewohntes Gedankengut zu überdenken, zu hinterfragen, weil sie völlig neue Fakten aufgreifen und neue Perspektiven eröffnen.

Ich habe Ihnen auch zu den jeweiligen Kapiteln Vorschläge zu Ihrer Gesundheit unterbreitet, praktische, hilfreiche Übungen zur Alltagsbewältigung vorgeschlagen und Medidationen vorgestellt.
Ich kann Ihnen den Duft einer Rose oder den Geschmack einer wohlriechenden Frucht beschreiben – aber dann wissen Sie immer noch nicht, wie diese duftet und schmeckt. Sie müssen selbst daran riechen oder kosten. Und so ist es auch, wenn ich Ihnen Übungen und Medidationen empfehle. Sie müssen diese selbst ausprobieren, um Ihren eigenen Geschmack daran zu finden.
Dies gilt im Besonderen auch für das, was ich über das Wesen Gottes, die Spiritualität, über Meditation und Gebet geschrieben habe. Solange Sie es nur lesen, bleibt es für Sie nur Theorie. Sie müssen mir nichts glauben, machen Sie Ihre eigenen Erfahrungen damit, und dann wird es auch für Sie zu Ihrer eigenen inneren Gewissheit.

Nachdem ich mit dem Schreiben dieses Buches im Herbst des Jahres 2004 begonnen hatte, vollendete ich die spirituellen Kapitel über die Seele und Gott als erstes im Dezember 04, bis auf das Thema über das Leben und die Lehre von Jesus Christus. Dieses Thema und alle anderen Kapitel arbeitete ich später im Jahre 2005 aus.
Beim Korrekturlesen vor dem Erscheinen des Buches ist mir aufgefallen, dass ich vieles was in den spirituellen Botschaften vom August 05 und November 05 von Jesus Christus und Mutter Maria durchgekommen ist, bereits in den im Vorjahr geschriebenen Kapiteln über Seele und Gott vorweg genommen habe – manchmal sogar wörtlich. Das alles lässt sich so erklären, dass ich stets beim Buchschreiben um göttliche Führung und Inspiration gebeten habe.
Die Botschaften über Heilung und Erdheilung wurden einem relativ kleinen Personenkreis übermittelt. Aber ich finde sie so wichtig und sie sind so voll von Liebe, dass ich sie auch dem Leserkreis zukommen lassen möchte. Beim Übermitteln der Botschaften spürte ich eine umfassende, universelle Liebe. Alle Zuhörer waren tief bewegt, es geschahen auch Heilungen.
Ich wünsche mir, dass Sie beim Lesen dieser Botschaften die Schwingung der Liebe und den darinliegenden Segen spüren.

Lassen Sie sich intuitiv führen und Sie werden immer **die** Seite im Buch aufschlagen, die Sie inspiriert und Ihnen weiter hilft.
Alle Ihre Gedanken und Worte sind Schwingungen und Sie ziehen immer das in Ihr Leben, das Sie gerade DENKEN.

ॐ

Ich wünsche Ihnen mit diesem Buch eine erfüllende Zeit des Gedeihens und alles Gute.
Ihre Autorin Monika Schacker

Anhang

Über die Autorin

Monika Schacker, geboren 1946 in Innsbruck, befasst sich seit der 70-er Jahre mit indischer Philosophie, Yoga und Meditation. Dazu inspirierte sie die »Autobiographie eines Yogi« von Paramahansa Yogananda.

Sie interessierte sich sehr für Heilwissen und Heilmethoden. Das führte dazu, dass sie von ihrem Mann Reinhart Schacker Reiki, die Kunst des Handauflegens, erlernte und seit 1994 als Reikimeisterin arbeitet und dies mit der Bachblüten-Therapie verbindet.

Um ihre Heilarbeit zu vertiefen, absolvierte sie in den Jahren 2001 bis 2004 Ausbildungen in Geistheilung und belegte zusätzliche Seminare in Fachgebieten wie Metaphysik etc.

Im Jahre 2002 besuchte sie einen sechsteiligen Ausbildungszyklus für Aura- und Energiearbeit, der auch Channeling und Heilungsarbeit mit Tönen (Sound Clearing) beinhaltete.

An der Internationalen Akademie der Wissenschaften absolvierte sie 1995 bei Prof. Dr. phil. Tepperwein die Ausbildung zum Dipl. Intuitions-Trainer und 2001 zum Dipl. Partnerschafts- und Eheberater. 2004 schloss sie die Ausbildung zum Dipl. Lebensberater bei Prof. Dr. phil. Kurt Tepperwein an der Internationalen Akademie der Wissenschaften ab.

Ihre Diplomarbeit, die von Prof. Dr. Tepperwein mit »sehr gut« beurteilt wurde, bildete die Grundlage für dieses Buch.

Sie belegte auch ein Seminar in Vastu – die indische Wissenschaft vom Bauen und Wohnen an der Veden-Akademie Schöna/Dresden bei Marcus Schmieke, der über dieses Thema auch mehrere Bücher verfasst hat.

Sie macht Heil- und Energiearbeit mit Reiki, arbeitet auch mit Licht-Heilung nach der Methode von Barbara Ann Brennan und heilt karmische Verletzungen der Aura. Sie ist als Lebensberaterin tätig, auch bei geistig/spirituellen Fragen, wobei sie auch das Channeling zur Klärung von Problemen einsetzt.

Zusammen mit ihrem Mann besuchte sie in den letzten Jahren auch Ayurveda-Ausbildungs-Seminare und begleitete ihn 1996 auf einer Ayurveda-Studienreise nach Indien. Sie arbeitete auch an dem im Jahre 2000 erschienenen »Ayurveda Lebensbuch« und an dem Ayurveda-Fernlehrgang ihres Mannes fachlich und gestalterisch mit. Bei dem im Jahre 2004 erschienenen Buch »Ayurveda-Kuren« verfasste sie u. a. den Bereich Wellness-Kuren.

Aus dieser Arbeit erwuchs in ihr der Wunsch, nun ein eigenes Buch zu schreiben, um ihr erworbenes Wissen und ihre praktische Erfahrung zusammenzufassen und an die Leser weiterzugeben. Sie fühlt, dass sie damit ihre wahre Berufung erfüllt.

Sie lässt in dieses Buch ihr Wissen, ihre Erkenntnisse und ihre Erfahrungen aus der Lebensberatung, aus Ayurveda, aus der praktischen Heilarbeit sowie die von ihr empfangenen Botschaften aus höheren Quellen, einfließen. Dass das in diesem Buch geschilderte Wissen ihre Herzensangelegenheit und ihre Lebensaufgabe darstellt, kann man an ihrer Begeisterung feststellen, mit der sie dieses Wissen mit dem Leser teilt.

Ein wichtiger Hinweis

Alle die in diesem Buch gegebenen Hinweise zur Gesunderhaltung und zur Selbsthilfe dienen der Gesundheitsvorsorge und sollen als begleitende, unterstützende Maßnahmen zu einer ärztlichen Therapie und Behandlung dienen. Sie ersetzen keineswegs eine medizinische Behandlung. Die Autorin und der Verlag übernehmen keine Haftung dafür.

Literaturhinweise

Zu Kapitel 1 *Im Einklang leben mit sich selbst:*

Die entschleierte Aura, Franz Wenzel/Gisela Weigl, Aquamarin Verlag 1991
Das Chakra-Handbuch, Shalila Sharamon und Bodo J. Baginski, Windpferd
Aura-Fotografie, Rositta Virag, GELA,A-5311 Loibichl am Mondsee, 2003
Das Ayurveda Lebensbuch, Reinhart Schacker, Iris Verlag, 2000 und 2004; TRIGA – der Verlag, 2008
Menschenkenntnis schnell und sicher, Dr. Hans Endres, Knaur Verlag
Körpersprache, Samy Molcho, Donauland
Das Gesicht, Spiegelbild des Charakters, Derek und Julia Parker, Donauland 1993
Körperbewusstsein, Ken Dychtwald, Synthesis Verlag, 1981
Tierkreisgeheimnis und Menschenleben, Hans Sterneder, Hermann Bauer Verlag1996
Die geistigen Gesetze, Kurt Tepperwein, Goldmann Verlag 1992

Zu Kapitel 2 *Im Einklang leben mit seinem Körper durch harmonische Lebensweise:*

Jungbrunnen Entsäuerung, Kurt Tepperwein, Goldmann Verlag, München, 2001
Gesundheitserlebnis Basenfasten, Sabine Wacker, Dr. med. Andreas Wacker, Haug Verlag 2002
Das Ayurveda Lebensbuch, Reinhart Schacker, Iris Verlag, 2000 und 2004; TRIGA – der Verlag, 2008
Ayurveda Kuren – ein Verwöhnprogramm für Gesundheit und Schönheit, Monika und Reinhart Schacker, Iris Verlag, 2004; TRIGA – der Verlag, 2008
Der Körper lügt nicht, Dr. John Diamond, Verlag für angewandte Kinesiologie, 1983
Die entschleierten Gedanken, Franz Wenzel/Gisela Weigl, Aquamarin Verlag
Kraftquelle Mentaltraining, Kurt Tepperwein, Ariston-Verlag, 1986
Die Macht des Unterbewusstseins, Dr. Joseph Murphy, Ariston Verlag

Zu Kapitel 3 *Im Einklang leben durch harmonische Schwingungen:*

Das geheime Leben der Pflanzen, Peter Tompkins, Fischer Verlag, 2002
Die Botschaft des Wassers, Dr. Masaru Emoto, deutsche Ausgabe: Koha-Verlags GmH, Burgrein, 1999
Wasserkristalle, Masaru Emoto, Koha Verlag
Blume des Lebens, Band 1 und 2, Drunvalo Melchizedek, Koha Verlag 2000
Blumen, die durch die Seele heilen, Dr. Edward Bach, Knaur Verlag
Heile dich selbst mit den Bach-Blüten, Dr. Edward Bach, Knaur Verlag, 1988
Die entschleierte Aura, Gisela Weigl, Franz Wenzel, Aquamarin Verlag 1991
Die richtige Schwingung heilt, Ingrid Kraaz, Wulfing von Rohr, Goldmann Verlag 1994
Edward Bach, Entdecker der Blütentherapie. Sein Leben .., Nora Weeks, Hugendubel 1988
Bäume helfen heilen, Manfred Himmel, Bauer Verlag 1997
Edelsteine, Renate Sperling, Tosa-Verlag, 2001
Das große Lexikon der Heilsteine, Düfte und Kräuter, Edition Methusalem, Neu-Ulm 1996
Helfersteine, Ursula Klinger-Omenka, Windpferd VerlagsgesmbH., 2005
Aura-Soma, Irene Dalichow, Mike Booth, Knaur Verlag 1994
Aura-Soma, Das Wunder der Farbheilung, Vicky Wall, Edition Sternenprinz, 1996
Naturgeister und Engel, White Eagle, Aquamarin Verlag 1986

Naturwesen – Begegnung mit Freunden, Margot Ruis, Gralsverlag, 2003
Erlebnisse mit Elfen und Zwergen, Marjorie Johnson, Tosa Verlag, 2002
Das Ayurveda Lebensbuch, Reinhart Schacker, Iris Verlag, 2000 und 2004; TRIGA – der Verlag, 2008
Das große Ayurveda-Ernährungsbuch, Rhyner/Rosenberg, Urania Verlag, 2003
Ayurveda, typgerecht kochen, Anne Bühring, Petra Räther, Gräfe und Unzer-Verlag
Das große Ayurveda-Kochbuch, Nicky Sitaram Sabnis, AT-Verlag

Zu Kapitel 4 *Heilung im Einklang mit allen Ebenen:*

Gesundheit für Körper und Seele, Louise L. Hay, Heyne-Verlag, München, 1984
12 Salze, 12 Typen, Dr. Georg Keller, Dr. Ulrike Novotny, Dr. Markus Wiesenauer, Midena Verlag, München, 2002
Die Dr. Schüßler Mineraltherapie, Dr. Günter Harnisch, Turm Verlag
Wasser & Salz, Urquell des Lebens, Dr. med.Barbara Hendel, Peter Ferreira, Ina Verlag
Wasser – die gesunde Lösung, Dr. F. Batmanghelidj, VAK Verlags GmbH, Kirchzarten bei Freiburg, 2001
Candida albicans, die maskierte Krankheit, Harold H. Markus, Hans Finck, Goldmann-Verlag 1995
Reiki, Universale Lebensenergie, Bodo J. Baginski, Shalila Sharamon, Synthesis Verlag 1989
Vom Herzen durch die Hände, Maud Nordwald Pollock, Lüchow-Verlag 2004
Sanfte Medizin bei Fliege, Bio-Ratgeber, Ritter-Verlag, 2002.
Heile dich selbst mit den Bach-Blüten, Dr. Edward Bach, Knaur Verlag, 1988
Die Bach Blütentherapie, Dr. Mechthild Scheffer, Kailash-Buch, Hugendubel,
Edward Bach, Entdecker der Blütentherapie. Sein Leben .., Nora Weeks, Hugendubel 1988
Die neue Medizin der Emotionen, Dr. David Servan-Schreiber,ISBN 15484 9, Donauland
The Journey – Der Highway zur Seele, Brandon Bays, Ullstein Verlag 2006
Was dir deine Krankheit sagen will, Kurt Tepperwein, mgv Verlag, 1991
Organsprache von A bis Z, Henry G.Tietze, Knaur Verlag 1993
Licht-Arbeit und Licht-Heilung, Barbara Ann Brennan, 2 Bände, Goldmann Verlag 1998
Wissenschaftliche Heil-Meditationen, Paramahansa Yogandanda, O.W.Barth Verlag, 1971

Zu Kapitel 5 *Im Einklang leben mit dem Partner, Kindern, Familie und Freunden:*

Sanfte Hände, Frédérick Leboyer, Kösel Verlag, 1979
Bachblüten für Kinder und Jugendliche, Judy Howard, Aurum Verlag 1997
Indigo Kinder, Lee Carroll, Jan Tober, Koha Verlag GmbH, 2004
Das Indigo-Phänomen, Carolina Hehenkamp, Schirner Verlag, 2001
Kristall-Kinder, Doreen Virtue, Schirner Verlag, 2004
Die Kunst der Partnerschaft, Dr. Kurt Tepperwein, MVG-Verlag
Über den Tod und das Leben danach, Dr. Kübler-Ross, Verlag Silberschnur GmbH.1985
Tod zeig mir das Licht, Herbert Neurauter, Eigenverlag 1997, A-6170 Zirl, Auergasse 6d

Zu Kapitel 6 *Im Einklang leben mit dem Beruf und seiner Berufung:*

An der Quelle des Lichts, Paramahansa Yogananda, Self-Realization, Fellowship Publishers, 2001
Kraftquelle Mentaltraining, Kurt Tepperwein, Ariston-Verlag, 1986

Zu Kapitel 7 *Im Einklang leben mit seinem Umfeld, der Wohnung, dem Haus:*

Die Magie des Wohnens, Denise Linn, Goldmann-Verlag 1995
Feng Shui, der Geist des Menschen bewegt die Welt, Ilse Renetzeder, Oktogon Verlags GmbH, 1998
Feng Shui in der Praxis, Andreas Faber (mit Fotos), Tosa Verlag 1999
Vastu, die indische Lehre vom gesunden Bauen und Wohnen, Birgit Frohn, Hans-Heinrich Rhyner, Irisana, 1999
Vastu für Einsteiger, Marcus Schmieke, Hans-Nietsch-Verlag
Die zwölf Erfolgsgesetze des richtigen Wohnens, Marcus Schmieke, Windpferd-Verlag
Rutengehen, altes Wissen neu entdeckt, Ulrich Holst, Verlagsgruppe Weltbild GmbH 2001
Die Wahrheit über Erdstrahlen, Band 1, Berta Eggersberger/Inge Puchalka, Eigenverlag
Die Wahrheit über Erdstrahlen, Band 2 und 3, Berta Eggersberger, Eigenverlag 1997, 2005, A 6330 Kufstein, Treidelstraße 11
Erfahrungen einer Rutengängerin, Käthe Bachler, Landesverlag 2003

Zu Kapitel 8 und 9 *Im Einklang leben mit der Gesellschaft* und *mit Natur, Tieren, Pflanzen, Erde, Kosmos:*

Wege der Erdheilung, Pogacnik Marko, Knaur Verlag
Anastasia Bücher, Serie, Wladimir Megre, Govinda und Silberschnur Verlag, 2003
Naturgeister und Engel, White Eagle, Aquamarin Verlag 1986
Die Antwort des Wassers, Masaru Emoto, Koha Verlag
Naturwesen – Begegnung mit Freunden, Margot Ruis, Gralsverlag, 2003

Zu Kapitel 10 *Im Einklang leben mit den Völkern der Erde:*

Wakan Tanka – Im Herzen sind wir alle eins, Allen C. Ross, smaragd Verlag 1992

Zu Kapitel 11 *Im Einklang leben mit der Zeit:*

Aus eigener Kraft, Paungger Johanna, Thomas Poppe, Wilhelm Goldmann-Verlag, 1993
Blume des Lebens, Band 1 und 2, Drunvalo Melchizedek, Koha Verlag 2000
Die heilige Wissenschaft, Jnanavatar Swami Sri Yukteswar Giri, O.W. Barth-Verlag, 1970
Die zwölf göttlichen Strahlen, Claire Avalon, Smaragd-Verlag, 2004
Die Schleier lichten sich, Kössner Johann, Eigenverlag Kössner, A- 3860 Heidenreichstein, Waidhofenerstraße 1

Zu Kapitel 12 *Im Einklang leben mit der Seele:*

Krise als Chance, Dr. Kurt Tepperwein, MVG Verlag
Lebenskrisen als Entwicklungschancen, Rüdiker Dahlke, C. Bertelsmann Verlag 1995
Die vier großen Einweihungen, White Eagle, Aquamarin Verlag 1990
Die Heilige Wissenschaft, Jnanavatar Swami Sri Yukteswar Giri, O.W. Barth-Verlag, 1970
Einweihung, Elisabeth Haich, Drei Eichen-Verlag, 1984
Über den Tod und das Leben danach, Dr. Elisabeth Kübler-Ross, Verlag Silberschnur GmbH.1985
Der entschleierte Tod, Franz Wenzel/Gisela Weigl, Aquamarin Verlag
Die Welt der Inkarnationslehre, Gosztonyi Alexander, Windpferd-Verlag
Der Himmel ist nur einen Schritt entfernt, Paul Meek, Verlag Thanner, München, 2003
Das Tor zum Himmel ist immer offen, Paul Meek, Verlag Thanner

Zu Kapiteln 13 und 14 ***Im Einklang leben mit Gott*** **und** ***In Einklang bringen:***

Autobiographie eines Yogi, Paramahansa Yogananda, O. W. Barth Verlag, 1974, Neuerscheinung Self Realization- Fellowship Publishers, 2001
An der Quelle des Lichts, Paramahansa Yogananda, Self-Realization, Fellowship Publishers, 2001
Das Wassermann Evangelium von Jesus dem Christus, Levi, Hugendubel Verlag, 1990
Die Religion der Bergpredigt, K. O. Schmidt, Drei Eichen Verlag,1982
Das Friedensevangelium der Essener, Bd. 1, Dr. E. Bordeaux Székely, Verlag Bruno Martin
Die unbekannten Schriften der Essener, Bd. 2, Dr. E. Bordeaux Székely, Verlag Bruno Martin
Das geheime Evangelium der Essener, Bd. 4, Dr. E. Bordeaux-Székely, Verlag Bruno Martin 1984 (neu: Mandala Media Verlag)
Das Evangelium des vollkommenen Lebens, Humata Verlag Harold S. Blume, ISBN 3-7197- 0230-8 bzw. 0384-3, 5. und 8. Auflage
Die verborgene Weisheit des Johannes-Evangeliums, White Eagle
Das Thomasevangelium, K. O.Schmidt, Drei Eichen Verlag, München 1977
Das Vaterunser, Alexander Gosztonyi, Windpferd Verlag, 1993
Leben und Lehren der Meister im Fernen Osten, Baird Spalding, Drei Eichen Verlag

Fotonachweis

Markus Wielander: Orchidee, rote Blüte, Sonnenblume und andere Blüten, Obst, Gemüse, Zitrusfrüchte, Feuer, Kristallkugel, Kristalle, Blumen-Deva in Orchidee, Claudia und Daniela, Sonnenaufgang, Rosenquarz, Schemenlauf in Imst/Tirol, Schmetterling auf weißen Blüten, Leuchter, Meditationslampe;
Othmar Gstöttner: rosa und weiße Blüten, blaue Iris-Blüten, Löwenzahn-Blüte, Blüte mit Hummel, Blumenwiese mit Käfer, Baumknospe und Turmuhr;
Edith Resch: gelber Rosenstrauß;
Michaela Koller: Blumenelfe;
Gerhard Klügl: Energiekugeln und Baum sowie 2 Schmetterlinge auf blauem Blütenstrauch.

Alle anderen Fotos, z. B. die rosa Lotosblüte oder das Taj Mahal, wurden von ***Reinhart und Monika Schacker*** in Indien und anderen Ländern, u. a. in Italien und Kreta, aufgenommen bzw. stammen aus ihrem Besitz.

In Kürze ebenfalls bei TRIGA – Der Verlag erhältlich

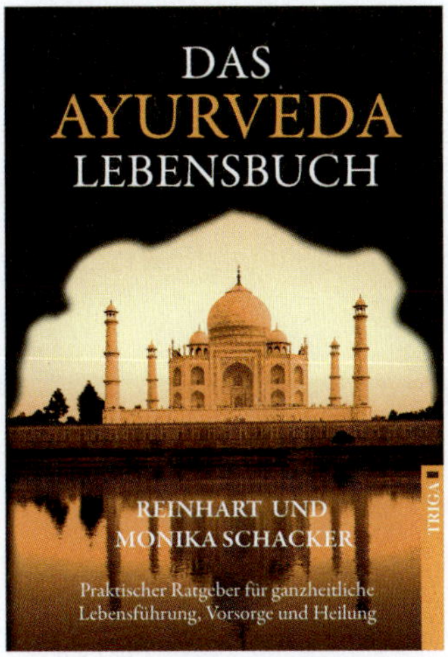

Reinhart und Monika Schacker

Das Ayurveda Lebensbuch

Praktischer Ratgeber für ganzheitliche Lebensführung, Vorsorge und Heilung

Ayurveda ist eine aus Indien stammende, ursprünglich in Sanskrit verfasste, medizinische ganzheitliche Wissenschaft, die seit über 5000 Jahren angewendet wird. Ayurveda bedeutet »die heilende Wissenschaft vom langen, gesunden Leben.«
Ayurveda umfasst alle Aspekte des Menschen, den körperlichen, den emotionalen, mentalen wie den seelisch/geistigen. Alle Lebensregeln im Ayurveda zielen darauf, den Menschen in feinere Lebensgewohnheiten zu führen, die ihn in höhere Schwingung bringen und ihm mehr Sinnerfüllung, Freude, Gesundheit, Harmonie und Bewusstseinserhebung schenken.
Harmonie des Geistes führt zur Gesundheit des Körpers und zur Heilung der Emotionen und Gedankenmuster – richtige Körperpflege, Ernährung und Lebensweise fördert wiederum die Spiritualität.
Im Ayurveda wird großer Wert auf Gesundheitsvorsorge durch positive Lebensweise gelegt. Man wartet nicht mit der Therapie, bis Krankheiten entstanden sind, sondern das Hauptaugenmerk richtet sich darauf, krankmachende Umstände zu erkennen, auszugleichen und das Entstehen von Krankheiten von vorneherein zu verhindern.
Dazu ist das Wissen über den eigenen Konstitutionstyp und das richtige Verhalten in Bezug auf Ernährung, Kleidung, Körperpflege und gesunde Lebensweise grundlegend wichtig.

Dieser Ratgeber begleitet durch den gesamten Tages-, Jahres- und Lebensablauf und gibt zahlreiche wertvolle Anregungen und Übungen zur Gesundheitserhaltung.

Das Werk zeichnet sich durch einen übersichtlichen Aufbau und eine leicht verständliche Beschreibung der ayurvedischen Begriffe aus. Es eignet sich daher vorzüglich auch als Lehrbuch für angehende Therapeuten und findet an bekannten Ayurveda-Akademien als Unterrichtsmaterial Verwendung.

- Medizinisch fundiert und äußerst effektiv
- Leicht verständlich und sofort praktisch anwendbar

***

Außerdem in Vorbereitung

Reinhart und Monika Schacker

Ayurveda-Kuren

Ein praktisches und wohltuendes Verwöhnprogramm für Gesundheit und Schönheit